PRÁCTICA Y DISTORSIÓN DE LA JUSTICIA CONSTITUCIONAL

TRATADO DE DERECHO CONSTITUCIONAL. TOMO XIII

Colección Tratado de Derecho Constitucional

I. *Historia constitucional de Venezuela*, Caracas 2013, 1096 páginas.
II. *Orígenes del constitucionalismo moderno en Hispanoamérica*, Caracas 2014, 980 páginas
III. *Cambio político y consolidación del Estado de derecho (1958-1998),* Caracas 2015, 1162 páginas
IV. *Instituciones del Estado democrático de derecho. Constitución de 1961*, Caracas 2015, 1180 páginas
V. *Derechos y garantías constitucionales en la Constitución de 1961 (La Justicia Constitucional),* Caracas 2015, 1022 páginas
VI. *Asamblea Constituyente y Proceso Constituyente (1999)*, Caracas 2013, 1198 páginas
VII. *La Constitución de 1999: El Estado Democrático y Social de Derecho*, Caracas 2014, 1190 páginas
VIII. *Golpe de Estado Constituyente, Estado Constitucional y Democracia,* Caracas 2015, 1018 páginas
IX. *Concentración y centralización del poder y régimen autoritario,* Caracas 2015, 1198 páginas
X. *Derechos y garantías constitucionales y la acción de amparo,* Caracas 2017, 1196 páginas.
XI. *El derecho y la acción de amparo en el derecho constitucional comparado,* Caracas 2017, 1150 páginas.
XII. *La justicia constitucional y Jurisdicción Constitucional,* Caracas 2017, 1198 páginas.
XIII. *Práctica y distorsión de la justicia constitucional,* Caracas 2017, 954 páginas.
XIV. *El juez legislador y la patología de la justicia constitucional,* Caracas 2017, 1060 páginas.
XV. *El desmantelamiento de la democracia y el Estado Totalitario,* Caracas 2017, 1050 páginas.
XVI. *La Destrucción del Estado de derecho, la ruina de la democracia y la dictadura judicial,* Caracas 2017, 1146 páginas

Allan R. Brewer-Carías

Profesor de la Universidad Central de Venezuela (desde 1963)
Simón Bolívar Professor, University of Cambridge (1985–1986)
Professeur Associé, Université de Paris II (1989–1990)
Adjunct Professor of Law, Columbia Law School, New York (2006–2008)

PRÁCTICA Y DISTORSIÓN DE LA JUSTICIA CONSTITUCIONAL

COLECCIÓN

TRATADO DE DERECHO CONSTITUCIONAL
TOMO XIII

Fundación de Derecho Público
Editorial Jurídica Venezolana

Caracas, 2017

http://www.allanbrewercarias.com
Email: allan@brewercarias.com

Hecho el Depósito de Ley
ISBN: 978-980-365-298-2
Depósito Legal: lf5402015340902

Editado por: Editorial Jurídica Venezolana
Avda. Francisco Solano López, Torre Oasis, P.B., Local 4, Sabana Grande,
Apartado 17.598 – Caracas, 1015, Venezuela
Teléfono 762.25.53, 762.38.42. Fax. 763.5239
http://www.editorialjuridicavenezolana.com.ve
Email fejv@cantv.net

Impreso por: Lightning Source, an INGRAM Content company
para Editorial Jurídica Venezolana International Inc.
Panamá, República de Panamá.
Email: editorialjuridicainternational@gmail.com

Diagramación, composición y montaje
por: Francis Gil, en letra Times New Roman, 10,5
Interlineado 11, Mancha 19 x 12.5 cm

CONTENIDO GENERAL

TERCERA PARTE
LOS PROBLEMAS DEL AVOCAMIENTO POR LA SALA CONSTITUCIONAL

CUARTA PARTE

LA DISTORSIÓN DE LOS INSTRUMENTOS DE LA JUSTICIA CONSTITUCIONAL

QUINTA PARTE

EL JUEZ CONSTITUCIONAL Y EL CONTROL DE CONSTITUCIONALIDAD RESPECTO DE LAS ASAMBLEAS CONSTITUYENTES

SEXTA PARTE

EL JUEZ CONSTITUCIONAL Y EL CONTROL DE CONSTITUCIONALIDAD DE LAS REFORMAS A LA CONSTITUCIÓN

SÉPTIMA PARTE
LA ILEGÍTIMA MUTACIÓN DE LA CONSTITUCIÓN POR LA JURISDICCIÓN CONSTITUCIONAL

OCTAVA PARTE
EL JUEZ CONSTITUCIONAL VS. EL PODER ELECTORAL

NOVENA PARTE

LA USURPACIÓN POR PARTE DEL JUEZ CONSTITUCIONAL DE LA POTESTAD DE LA ASAMBLEA COMO CUERPO ELECTOR DE SEGUNDO GRADO EN LA DESIGNACIÓN DE LOS TITULARES DEL PODER JUDICIAL, DEL PODER CIUDADANO Y DEL PODER ELECTORAL

PRESENTACIÓN

En este Tomo XIII de la *Colección Tratado de derecho Constitucional*, junto con los Tomos XIV, XV y XVI, se recogen una serie de estudios y trabajos destinados a estudiar, en la práctica, el funcionamiento de la Justicia Constitucional en un Estado totalitario, con una Sala Constitucional que ha estado al servicio del Poder Ejecutivo para destruir las bases del Estado de derecho y pervertir la democracia, lo que ha ocurrido sistemáticamente en Venezuela desde 2000.

Por lo que se refiere al contenido de este Tomo XIII, sobre *Práctica y distorsión de la Justicia Constitucional*, en el mismo se han recogido diversos estudios publicados en los últimos años, que se he agrupado en las siguientes nueve partes:

En la *Primera parte* se recogen los estudios relativos al problema del abuso de la Jurisdicción Constitucional, analizando sucesivamente los temas del Juez Constitucional, sus poderes de control y la patología de la justicia constitucional; del marco general para la "in" justicia constitucional con el juez constitucional sometido al poder político; y de la patología de la justicia constitucional o de cómo el guardián de la Constitución ha sido el instrumento para legitimar su violación, en el marco de la ausencia de separación de poderes.

La *Segunda parte* se refiere a los instrumentos para la "in" justicia constitucional, y en la misma se recogen estudios sobre el juez constitucional y la usurpación del pode; el tema de *Quis custodiet ipsos custodes*, es decir, de cómo la interpretación constitucional se ha trastocado en una inconstitucionalidad de la interpretación sin control; las normas sobre estos temas incorporadas en la Ley Orgánica del Tribunal Supremo de Justicia de 2004; y la ilegítima mutación constitucional efectuada por la Sala Constitucional para ampliar las competencias de la propia Jurisdicción Constitucional.

En la *Tercera parte* se recoge, en especial, el estudio sobre los problemas de la potestad de avocamiento por parte de la Sala Constitucional, su incompatibilidad con la organización y funcionamiento de la justicia, y su indebida utilización incluso para usurpar la función legislativa, subvertir el orden jurídico en procesos penales, y ejercer el control difuso de inconstitucionalidad sin aplicar preferentemente norma constitucional alguna.

En la *Cuarta parte* se recogen una serie de estudios sobre casos de sentencias de la Sala Constitucional, mediante las cuales se han distorsionado los instrumentos de la justicia constitucional, por ejemplo, respecto del método difuso de control de constitucionalidad, mediante la desaplicación general de normas y la aplicación, en su lugar, de normas derogadas; la ilegítima utilización del método difuso de control de constitucionalidad para interpretar en abstracto las leyes con carácter vinculante, sin juzgar sobre su inconstitucionalidad y reformarlas usurpando las funciones del legislador; el ejercicio indebido del control difuso de constitucionalidad; la ilegítima restricción de la popularidad de la *actio popularis* de inconstitucionalidad de las leyes; la ilegítima utilización del recurso de interpretación para que el juez constitucional, actuando como "consultor jurídico" dependiente del Poder Ejecutivo, emita "dictámenes," "pareceres" u "opiniones" jurídicas sin resolver caso alguno judicial; la asunción ilegítima por parte de la Sala Constitucional de la competencia de las otras Salas para la interpretación abstracta de leyes, sin interpretar la Constitución; la ilegítima interpretación realizada por la Sala Constitucional de sus propia sentencias, de oficio, sin proceso ni partes, mediante "boletines de prensa."; y la metamorfosis jurisprudencial y legal del recurso extraordinario de revisión constitucional de sentencias.

En la *Quinta parte*, se incluyen varios estudios referidos en particular al tema del juez constitucional y el control de constitucionalidad respecto de las Asambleas Constituyentes, en cuanto al control de la convocatoria de Asambleas Constituyentes no previstas ni reguladas en la Constitución; y al control de constitucionalidad de los poderes y ejecutorias de las Asambleas Constituyentes como poderes constituidos.

En la *Sexta parte*, se incluyen los estudios sobre el tema general del control de constitucionalidad de las reformas a la Constitución; el control de constitucionalidad de las reformas constitucionales respecto de los principios "pétreos"; la renuncia del juez constitucional a controlar la supremacía de la Constitución en materia del procedimiento para la reforma constitucional; el control de constitucionalidad de las reformas constitucionales efectuadas al margen de los procedimientos constitucionales; y el control de constitucionalidad de las reformas constitucionales efectuadas por el legislador ordinario, como fue el caso de Venezuela entre 2008 y 2010 cuando se produjo la abstención del juez constitucional de controlar la constitucionalidad de la implementación, mediante leyes y decretos leyes, de la rechazada reforma constitucional de 2007.

En la *Séptima parte*, se recogen todos los trabajos publicados en los últimos años con posterioridad a 1999, sobre la ilegítima mutación de la Constitución por parte de la Jurisdicción Constitucional, es decir, de la Sala Constitucional del Tribunal Supremo de Justicia, con particular referencia a la ilegítima mutación constitucional del principio pétreo de la alternabilidad republicana; de la forma federal del Estado; de la prohibición del financiamiento de las campañas electorales de los partidos políticos; del régimen de los antejuicios de mérito de altos funcionarios del Estado; del referendo revocatorio y su inconstitucional conversión en un "referendo ratificatorio"; y del proselitismo político en la Fuerza Armada.

En la *Octava parte*, sobre el Juez Constitucional contra el Poder Electoral, se recogen los diversos estudios escritos en relación con el proceso del referendo revocatorio presidencial desarrollado entre 2003 y 2004, que condujeron al

secuestro del Poder Electoral y de la Sala Electoral del Tribunal Supremo de Justicia por parte de la Sala Constitucional; y a la confiscación del derecho ciudadano a la participación política mediante referendo revocatorio.

Y en la *Novena parte,* se recogen los estudios sobre la usurpación por parte del juez constitucional de la potestad de la Asamblea Nacional como cuerpo elector de segundo grado en la designación de los titulares del Poder Judicial, del Poder Ciudadano y del Poder Electoral.

La mayoría de los trabajos que conforman este volumen fueron publicados aisladamente en Revistas y Obras Colectivas en muchas partes y en distintas épocas, y buena parte de los mismos en su momento se recogieron en los siguientes libros: *La Sala Constitucional versus el Estado Democrático de Derecho. El secuestro del poder electoral y de la Sala Electoral del Tribunal Supremo y la confiscación del derecho a la participación política*, Los Libros de El Nacional, Colección Ares, Caracas 2004, 172 pp.; *Crónica sobre la "In" Justicia Constitucional. La Sala Constitucional y el autoritarismo en Venezuela*, Colección Instituto de Derecho Público, Universidad Central de Venezuela, Nº 2, Caracas 2007, 702 pp.; *Práctica y distorsión de la justicia constitucional en Venezuela (2008-2012)*, Colección Justicia Nº 3, Acceso a la Justicia, Academia de Ciencias Políticas y Sociales, Universidad Metropolitana, Editorial Jurídica Venezolana, Caracas 2012, 520 pp.; *Sobre el avocamiento de procesos judiciales por parte la Sala Constitucional. (Una excepcional institución procesal concebida para la protección de "orden público constitucional," y que ha resultado en un instrumento político violatorio del derecho al juez natural, a la doble instancia y al orden procesal)*, Cuaderno de la Cátedra Fundacional León Henrique Cottin sobre Teoría de la Prueba, Universidad Católica Andrés Bello Nº 1, Editorial Jurídica Venezolana, Caracas 2013, pp. 208; y *La patología de la justicia constitucional,* Tercera edición ampliada, Fundación de Derecho Público, Editorial Jurídica Venezolana, 2014, 666 pp.

New York, septiembre de 2016

PRIMERA PARTE

EL PROBLEMA DEL ABUSO DE LA JURISDICCIÓN CONSTITUCIONAL

Esta Primera Parte del Tomo XIII de la Colección *Tratado de Derecho Constitucional*, sobre Práctica y Distorsión de la Justicia Constitucional, recoge las partes introductorias de tres libros publicados en los últimos años, analizando las jurisprudencia de la Sala Constitucional del Tribunal Supremo de Justicia, y que son: *Crónica sobre la "in" justicia constitucional. La Sala Constitucional y el autoritarismo en Venezuela*, Colección Instituto de Derecho Público, Universidad Central de Venezuela, Nº 2. Editorial Jurídica Venezolana, Caracas 2007; *Práctica y distorsión de la justicia constitucional en Venezuela (2008-2012)*, Colección Justicia Nº 3, Acceso a la Justicia, Academia de Ciencias Políticas y Sociales, Universidad Metropolitana, Editorial Jurídica Venezolana, Caracas 2012; y *La Patología de la Justicia Constitucional*, Segunda edición ampliada, European Research Center of Comparative Law, 2013.

SECCIÓN PRIMERA:

EL JUEZ CONSTITUCIONAL, SUS PODERES DE CONTROL Y LA PATOLOGÍA DE LA JUSTICIA CONSTITUCIONAL

Esta Sección es el texto de la Introducción al libro *La Patología de la Justicia Constitucional*, Segunda edición ampliada, European Research Center of Comparative Law, 2013, pp. 11-54.; Tercera edición ampliada, Editorial Jurídica Venezolana, Caracas 2014, pp. 13-42.

La segunda edición de dicho Libro estuvo precedido de la siguiente "Presentación" por parte de la Directora de dicho Centro, Natalia Bernal Cano:

El Centro Europeo de Investigaciones de Derecho Comparado,* European center of Comparative Law, *tiene EL HONOR DE PUBLICAR Y DIFUNDIR A NIVEL INTERNACIONAL, LA PRESENTE OBRA DEL ILUSTRE PROFESOR VENEZOLANO Allan Brewer-Carías, cuyos aportes intelectuales al Derecho Procesal Constitucional – muy valorados por los constitucionalistas y futuros juristas de nuestro tiempo – contribuyen a la evolución del principio de la supremacía de la Constitución y al fortalecimiento de los mecanismos de protección de los derechos de la persona.

En la obra se hace particular énfasis en el respeto de competencias, cooperación y armonía que deben existir entre los jueces y el legislador. De igual forma, se destaca la legitimidad del poder constituyente como principio fundamental que repele todo tipo de interferencia o mutación arbitraria del mismo que viole la Constitución.

Los jueces constitucionales se definen por el autor como "comisarios del poder constituyente para asegurar la supremacía constitucional." Por lo tanto, no pueden actuar de forma ilegítima en el ejercicio de sus competencias; tales como el control de constitucionalidad, la interpretación de la Constitución, la resolución de conflictos de los órganos del Estado, entre otras.

La interpretación conforme a la Constitución y el principio de conservación del derecho, son pilares fundamentales que se destacan igualmente por el autor, al describir la evolución progresiva de la labor de los jueces como creadores del derecho o legisladores positivos sometidos a la Constitución como marco del derecho.

El control de las omisiones del legislador y la aplicación directa de la Constitución cuando se presentan vacíos legislativos, son labores esenciales que en los argumentos de la obra, se explican como funciones que no pueden volverse patológicas o desconocedoras del mismo ordenamiento jurídico.

"La Patología de la Justicia Constitucional" *es una obra que permite al lector identificar las mutaciones constitucionales legítimas y razonables para evitar el "totalitarismo judicial irresponsable" o poder desmesurado de los jueces. Para tales efectos el autor explica minuciosamente aquellos cambios nocivos que violan la Constitución o reducen el núcleo esencial y alcance de los derechos. En este orden de ideas, analiza con rigor este otros temas, la evolución del fenómeno de extensión del alcance de los derechos fundamentales, la estructura y las competencias de los órganos del Estado. De igual forma, menciona que existen mecanismos de protección de los derechos humanos no previstos en la Constitución, empleados e interpretados por los jueces para la defensa del Estado de derecho. Todas estas situaciones y prácticas constitucionales son evaluadas por el autor en un espíritu conservador de la legitimidad del ejercicio de los poderes públicos, no solo respecto a la acción del poder constituyente sino a nivel de distribución y definición de competencias recíprocas constitucionalmente limitadas. Al identificar todas las manifestaciones patológicas de la justicia constitucional, el autor se opone a los fenómenos de autoritarismo y exceso de poder en los que han sucumbido diferentes países de América Latina.*

Son pocos los tratados como este que desarrollan exhaustivamente argumentos de derecho comparado en materia de justicia constitucional para identificar las anomalías del control de constitucionalidad y las fallas en las cuales han incurrido los jueces como garantes de la supremacía de la Constitución. El principal mérito de esta obra es precisamente la exhortación a los jueces para que sus respectivos poderes se ajusten a la jerarquía normativa y no se ejerzan de forma arbitraria.

Agradecemos al autor por confiarnos la publicación de la presente obra que sin duda alguna constituye uno de los más importantes legados para la evolución de la ética judicial y la transparencia de la administración de justicia.

Natalia Bernal Cano, Editora.

La tercera edición estuvo precedida de la siguiente Nota Introductiva:

En los últimos años hemos dedicado decenas de artículos y comentarios jurisprudenciales y varios libros, al estudio de ciertas irregularidades patológicas detectadas en las Jurisdicciones Constitucionales, que han sido cometidas al ejercer el control de la constitucionalidad de las leyes y demás actos estatales de rango legal del Estado, con particular referencia a Venezuela, en relación con las ejecutorias de la Sala Constitucional del Tribunal Supremo de Justicia. Así, en 2007, apareció publicado el libro *Crónica sobre la "in" justicia constitucional. La Sala Constitucional y el autoritarismo en Venezuela*, Colección Instituto de Derecho Público, Universidad Central de Venezuela, Nº 2, Caracas 2007, 702 pp., dedicado a estudiar las sentencias más emblemáticas de la patología de la justicia constitucional en el período 1999 hasta 2007; y en 2012 apareció publicado el libro *Práctica y distorsión de la justicia constitucional en Venezuela (2008-2012),* Colección Justicia Nº 3, Acceso a la Justicia, Academia de Ciencias Políticas y Sociales, Universidad Metropolitana, Editorial Jurídica Venezolana, Caracas 2012, 520 pp., el cual abarcó el estudio de la patología de la justicia constitucional en el período 2008-2012.

Al estudio de las sentencias enfermas de la Jurisdicción Constitucional, dictadas por la misma Sala Constitucional de Venezuela con posterioridad a 2012, con algunas referencias adicionales del derecho comparado en América Latina, dediqué este libro sobre *La patología de la justicia constitucional*, editado inicialmente por la Editorial Investigaciones Jurídicas/ Editorial Jurídica Venezolana, San José, Costa Rica 2012, 596 pp.; del cual en 2013 apareció una segunda edición ampliada editada por el European Research Center of Comparative Law, Bissendorf, Niedersachsen, Alemania 2013, 588 pp.

Ahora aparece esta tercera edición, de nuevo ampliada de dicha obra sobre *La patología de la justicia constitucional*, editada por la Fundación de Derecho Público, Editorial Jurídica Venezolana, a la cual se han incorporado, entre otros, los trabajos que analizan las más recientes sentencias de la Sala Constitucional que han afectado el principio democrático, algunos de los cuales se publicaron en el libro *Golpe a la democracia, dado, por la Sala Constitucional*, Editorial Jurídica Venezolana, Colección Estudios Políticos Nº 8, Caracas 2014, 354 pp.

La enfermedad de la justicia constitucional en Venezuela, que se estudia en todos los libros mencionados, y particularmente en este, sin duda afectó al propio Estado, el cual incluso, en virtud de las ejecutorias de la propia Jurisdicción Constitucional ha dejado de ser el Estado de derecho, el Estado democrático, el Estado de Justicia y el Estado descentralizado al cual tan floridamente se refiere el texto de la Constitución de 1999. El resultado de ello ha sido que la justicia impartida, particularmente en materia constitucional, en lugar de haber sido el supremo valor de dar a cada quien lo que le corresponde en plano de igualdad, se ha convertido en un instrumento utilizado por el Poder Ejecutivo, del cual se sirve "a la carta," para moldar la justicia de acuerdo con lo que sus órganos necesiten para la ejecución de las propias políticas estatales, así éstas sean contrarias a la Constitución, y particularmente cuando se ha necesitado de una "interpretación" de la misma o de leyes, para torcerlas, en forma acorde, no con la Constitución, sino con la decisión política del Ejecutivo, de que se trate.

En esta forma, la Constitución, por la vía de la interpretación constitucional vinculante, ha sido objeto de múltiples mutaciones decididas por la Sala Constitucional, por ejemplo, para centralizar competencias que eran exclusivas de los Estados de la Federación; para eliminar el principio de la alternabilidad republicana dando paso a la reelección indefinida; para asegurar el financiamiento de las actividades electorales del partido oficial; para impedir la revocación popular del mandato del Presidente de la República; para instalar en el ejercicio del Poder Ejecutivo a funcionarios no electos; para revocar el mandato de diputados y alcaldes; para admitir el proselitismo político de los militares en la Fuerza Armada; en fin, para ampliar las competencias de la propia Jurisdicción Constitucional, como por ejemplo ocurrió en materia de interpretación abstracta de la Constitución, e incluso para asegurar el absurdo e improcedente "control de la constitucionalidad" de las sentencias de la Corte Interamericana de Derechos Humanos, para declararlas como "inejecutables" en Venezuela.

Esa interpretación constitucional a la carta, además, ha servido para que por la vía de la interpretación inconstitucional, la Sala Constitucional haya procedido a reformar leyes, como por ejemplo sucedió en materia del procedimiento de amparo o para establecer normas tributarias nuevas en materia de impuesto sobre la renta; y, todo ello, casi siempre a iniciativa de los propios abogados del Estado.

A todo ello se agrega la abstención de la Sala Constitucional de controlar la constitucionalidad de todas las leyes que se han dictado para desconstitucionalizar el Estado.

Los estudios que conforman este volumen, destinados como se dijo, a analizar las enfermedades o la patología de la justicia constitucional, los hemos agrupados en las siete siguientes partes: *primero*, las actuaciones del Juez Constitucional respecto del control de las Asambleas Constituyentes; *segundo,* las actuaciones del Juez Constitucional en materia de control de constitucionalidad de las reformas a la Constitución; *tercero*, la usurpación del poder por el Juez Constitucional con ocasión del ejercicio del control de constitucionalidad de las leyes; *cuarto*, la actuación del Juez Constitucional en relación con el control de constitucionalidad del régimen político y del sistema de gobernó democrático; *quinto*, la actuación del Juez Constitucional en contra del principio democrático; *sexto*, los avances y carencias de la actuación del Juez Constitucional en la protección de los derechos humanos; y *séptimo*, el bizarro desarrollo de mecanismos de control de constitucionalidad de las sentencia de la Corte Interamericana de Derechos Humanos, para calificarlas como "inejecutables," y la aparición de algunos signos de patología de la justicia convencional.

Todo ello muestra, en lugar de un avanzado sistema de justicia constitucional como por ejemplo lo tenemos en el papel de la Constitución venezolana, más bien un agravado marco de "injusticia" en la administración de la misma, que estamos en la obligación de analizar, y frente a la cual no debemos permanecer indiferentes. Al menos debemos advertir de sus síntomas y peligros, para tratar de evitar que las enfermedades se propaguen.

En esta materia, no olvidemos que "*La indiferencia ante la injusticia es la puerta del infierno*," como nos lo recuerda siempre la inscripción que se puede leer en un monumento al Holocausto ubicado al constado del viejo pero impo-

nente edificio de la División de Apelaciones de la Corte Suprema del Estado de Nueva York, al comenzar la Avenida Madison, entre las calles 25 y 26 de Manhattan.

New York, noviembre de 2014

I. TEORÍA Y PRÁCTICA DE LA JUSTICIA CONSTITUCIONAL

La culminación de la configuración del Estado Constitucional de derecho de nuestro tiempo puede decirse que se produjo con la aceptación generalizada de la justicia constitucional, como potestad asignada a los jueces para garantizar la supremacía de la Constitución.

Conforme a esa potestad, es característica común de todos los países democráticos del mundo contemporáneo, que los jueces constitucionales tengan como función primordial interpretar y aplicar la Constitución con el fin de preservar y garantizar esa supremacía, lo que generalmente ocurre cuando ejercen el control de la constitucionalidad de las leyes, así como cuando garantizan la vigencia del principio democrático y la efectividad de los derechos fundamentales, rol en el cual también asumen el papel de adaptar la Constitución cuando los cambios sociales y el tiempo así lo requieren.

Ese proceso se completó en el mundo contemporáneo, particularmente, después de la segunda guerra mundial, partiendo de varios de los principios fundamentales del constitucionalismo contemporáneo, entre los cuales se destacan:

Primero, el principio de que la soberanía reside en el pueblo, y que ningún órgano del Estado es ni puede ser soberano, con lo cual se puso fin a la antigua soberanía del Parlamento y de la ley como supuesta expresión de la voluntad general.

Segundo, el principio de que el pueblo, en ejercicio de su soberanía, otorga la Constitución, de manera que la misma sólo puede ser modificada por el propio pueblo, directamente o mediante los mecanismos por éste dispuestos en la propia Constitución; y

Tercero, el principio de que la Constitución otorgada por el pueblo es la ley suprema del Estado y de la sociedad, la cual se impone a todos, gobernantes y gobernados, en la cual se regula no sólo el ejercicio mismo de la soberanía, sino la organización del Estado con las competencias y límites de los órganos que ejercen el Poder Público; el régimen político democrático para el funcionamiento de la sociedad; y la declaración y reconocimiento de los derechos humanos, entre los cuales se destaca el propio derecho a la Constitución y a su supremacía.

Estos tres principios implican que todos los actos estatales, incluidas las leyes, están sujetos a la Constitución y, por tanto, al control de constitucionalidad que los ciudadanos tienen el derecho de requerir para garantizar la supremacía constitucional, mediante el ejercicio de acciones y recursos ante los órganos jurisdiccionales a los cuales se asigna competencia para no aplicar las leyes que estimen inconstitucionales cuando decidan casos concretos, o para declarar su nulidad con efectos *erga omnes* al decidir procesos constitucionales.[1]

El rol de los jueces constitucionales, por tanto, puede decirse que hoy es común, sea cual sea el sistema de justicia constitucional adoptado, siendo una característica de sus funciones en el mundo contemporáneo el que se haya consolidado un proceso de convergencia progresiva de principios y soluciones,[2] lo que en muchos casos dificulta que se pueda establecer la que fue la clásica y clara distinción entre los llamados sistemas concentrados y difusos de control de constitucionalidad,[3] que tanto han dominado la materia por mucho tiempo.[4]

---

1 Véase en general sobre los sistemas de justicia constitucional, Allan R. Brewer–Carías, "La Justicia Constitucional," en *Revista Jurídica del Perú*, N° 3, 1995, Trujillo, Perú, pp. 121 a 160; Allan R. Brewer-Carías, "Control de la constitucionalidad. La justicia constitucional" en *El Derecho Público de finales de Siglo. Una perspectiva iberoamericana*, Fundación BBV, Editorial Civitas, Madrid 1996, pp. 517–570; Allan R. Brewer-Carías, *Judicial Review in Comparative Law*, Cambridge 1989; *Instituciones Políticas y Constitucionales*, Tomo VI: La Justicia Constitucional, Universidad Católica del Táchira - Editorial Jurídica Venezolana, Caracas, San Cristóbal, 1996, 21 ss.; Allan R. Brewer-Carías, *La Justicia Constitucional. Procesos y procedimientos constitucionales*, UNAM, México 2007; *Derecho Procesal Constitucional. Instrumentos para la Justicia Constitucional*, Ed. Investigaciones Jurídicas, San José Costa Rica 2012.

2 Véase Lucio Pegoraro, "Clasificaciones y modelos de justicia constitucional en la dinámica de los ordenamientos," en *Revista Iberoamericana de Derecho Procesal Constitucional*, N° 2, Instituto Iberoamericano de Derecho Procesal Constitucional, Editorial Porrúa, México 2004, pp. 131 ss.; Alfonse Celotto, "La justicia constitucional en el mundo: formas y modalidades," en *Revista Iberoamericana de Derecho Procesal Constitucional*, N° 1, Instituto Iberoamericano de Derecho Procesal Constitucional, Editorial Porrúa, México 2004, pp. 3 ss.

3 Véase por ejemplo, Francisco Fernández Segado, *La justicia constitucional ante el siglo XXI. La progresiva convergencia de los sistemas americano y europeo-kelseniano*, Librería Bonomo Editrice, Bologna 2003, pp. 40 ss.; Francisco Fernández Segado, "La obsolecencia de la bipolaridad 'modelo Americano-modelo europeo-kelseniano' como criterio analítico del control de constitucionalidad y la búsqueda de una nueva tipología explicativa," en su libro *La Justicia Constitucional: Una visión de derecho comparado*, Tomo I, Ed. Dykinson, Madrid 2009, pp. 129-220; Guillaume Tusseau, *Contre les "modèles" de justice constitutionnelle: essai de critique méthodologique*, Bononia University Press, Edition bilingue: français-italien, 2009; Guillaume Tusseau, "Regard critique sur les outils méthodologique du comparatisme. L'example des modèles de justice constitutionnelle," en *IUSTEL, Revista General de Derecho Público Comparado,* N° 4, Madrid, enero 2009, pp. 1-34

4 Véase Mauro Cappelletti, *Judicial Review in Contemporary World*, Indianapolis 1971, p.45; Mauro Cappellettiy y J.C. Adams, "Judicial Review of Legislation: European Antecedents and Adaptations", en *Harvard Law Review*, 79, 6, April 1966, p. 1207; Mauro Cappelletti, "El control judicial de la constitucionalidad de las leyes en el derecho comparado", en *Revista de la Facultad de Derecho de México*, 61, 1966, p. 28; Allan R. Brewer-Carías, *Judicial Review in Comparative Law*, Cambridge University Press, Cambridge 1989; Allan R. Brewer-Carías, *Études de droit public comparé,* Bruillant, Bruxelles 2000, pp. 653 ss. En relación con dicha diferencia, que hemos utilizado con gran frecuencia, se puede afirmar que el único aspecto de la misma que aún permanece constante, es el que se refiere al órgano jurisdiccional de control, en el sentido de que en el sistema difuso de control de constitucionalidad el mismo corresponde a todos los tribunales y jueces, siendo todos ellos "jueces constitucionales" sin la necesidad de que sus poderes estén establecidos expresamente en la Constitución; mientras que en el sistema concentrado de control de constitucionalidad, es la Constitución la que debe establecer la Jurisdicción Constitucional en forma expresa, asignando a una sola Corte, Tribunal o Consejo Constitucional, o al Tribunal o Corte Suprema existente, la facultad exclusiva de controlar la constitucionalidad de las leyes y de poder anularlas cuando sean inconstitucionales.

Lo que es claro en la actualidad, es que cualquiera sea el sistema de justicia constitucional que se adopte, el juez constitucional tiene siempre un conjunto de tareas esenciales mediante las cuales debe asegurar:

Primero, como comisario del poder constituyente, que la soberanía permanezca siempre en el pueblo y no sea usurpada por los órganos constituidos.

Segundo, como tal comisario del poder constituyente, que los principios pétreos de la Constitución permanezcan en vigencia como lo resolvió el pueblo al aprobar la Constitución.

Tercero, como garante de la supremacía constitucional que la Constitución sólo se pueda reformar conforme a los procedimientos de revisión constitucional dispuestos en el propio texto constitucional por voluntad del pueblo.

Cuarto, como garante de la rigidez constitucional que el legislador ordinario no efectúe reformas constitucionales, irrespetando los procedimientos establecidos en la Constitución.

Quinto, como poder constituido del Estado, que en el ejercicio de sus funciones de control, actúe sometido a la Constitución, conforme a las atribuciones que la misma le asigna, sin poderla mutar ilegítimamente.

Sexto, como garante del régimen político democrático previsto en la Constitución, que el acceso al poder solo se haga conforme a sus previsiones; y

Séptimo, como garante de los derechos fundamentales, su efectiva vigencia y protección conforme a los principios de la progresividad y universalidad

En efecto, y en particular refiriéndonos a la relación del juez constitucional con el legislador, que es quizás donde con más frecuencia se evidencia la patología de la justicia constitucional, los jueces constitucionales, sin duda, pueden ayudar al Legislador a llevar a cabo sus funciones; pero en ningún caso pueden sustituirlo ni pueden promulgar leyes, ni poseen base política discrecional alguna para crear normas legales o disposiciones que no puedan ser deducidas de la Constitución misma. En ese sentido es que es posible afirmar como principio general, que los jueces constitucionales aún siguen siendo considerados –como Hans Kelsen solía decir– como "Legisladores Negativos;"[5] es decir, que no pueden ser "Legisladores Positivos" en el sentido de que los mismos no pueden elaborar ni crear leyes *ex novo* que sean producto "de su propia concepción," ni pueden adoptar "reformas" respecto de leyes que han sido concebidas por otros actores legislativos.[6]

---

5 Véase Hans Kelsen, "La garantie juridictionnelle de la constitution (La Justice constitutionnelle)", en *Revue du droit public et de la science politique en France et a l'ètranger,* Librairie Général de Droit et the Jurisprudence, Paris 1928, pp. 197-257; Hans Kelsen, *La garantía jurisdiccional de la Constitución (La justicia constitucional)*, Universidad Nacional Autónoma de México, México 2001.

6 Véase Laurence Claus y Richard S. Kay, *Constitutional Courts as 'Positive Legislators' in the United States, U.S. National Report*, XVIII International Congress of Comparative Law, Washington, July, 2010, pp. 3, 5. El texto de este *National Report* y de todos los otros que se citan en esta Introducción presentados al *XVIII International Congress of Comparative Law*, Washington, Julio de 2010, se publicaron en Allan R. Brewer-Carías, *Constitucional Courts as Positive Legislators*, Cambridge University Press, New York 2011.

Este sigue siendo, sin duda, el principio general sobre la justicia constitucional en el derecho comparado en su relación con el Legislador, a pesar de que en las últimas décadas el papel de los jueces constitucionales haya cambiado considerablemente, pues su rol no limita ya a sólo declarar la inconstitucionalidad o no de las leyes, o a anularlas o no por razones de inconstitucionalidad.[7]

Al contrario, en todos los sistemas de justicia constitucional se han venido desarrollado nuevos enfoques conforme a los cuales, por ejemplo, basados en el principio de conservación de las leyes, y debido a la presunción de constitucionalidad de la cual gozan, los jueces constitucionales tienden a evitar tener que anularlas o a declararlas inconstitucionales (aún cuando sean contrarias a la Constitución), y proceden cada vez con más frecuencia a interpretarlas de acuerdo con la Constitución, en conformidad con ella, o en armonía con sus normas. Ello ha permitido al juez constitucional evitar que se produzcan vacíos legislativos y, en algunos casos, incluso, llenarlos en forma temporal y hasta permanente cuando los mismos se producen por una eventual declaración de nulidad o inconstitucionalidad de la ley.

Además, en la actualidad es aún más frecuente constatar cómo los jueces constitucionales, en lugar de estar controlando la constitucionalidad de leyes existentes, cada vez con más frecuencia controlan la ausencia de tales leyes, o las omisiones o abstenciones absolutas del legislador, o sus omisiones relativas. Al controlar estas omisiones legislativas, el juez constitucional, en muchos casos, ha asumido el papel de ayudante o de auxiliar del Legislador, creando normas que normalmente derivan de la Constitución; y aún, en algunos casos, sustituyendo al propio Legislador, asumiendo un papel abierto de "Legislador Positivo," expidiendo reglas temporales y provisionales para ser aplicadas en asuntos específicos que aún no han sido objeto de regulación legislativa, pero que deducen de la propia Constitución.

Una de las principales herramientas que han acelerado este nuevo papel de los jueces constitucionales ha sido la aplicación de principios como el de la progresividad y de la prevalencia de los derechos humanos,[8] tal y como ha ocurrido, por ejemplo, con el "redescubrimiento" del derecho a la igualdad y a la no discriminación que han hecho los jueces constitucionales en todos los sistemas. En estos casos, en interés de la protección de los derechos y garantías de los ciudadanos, lo cierto es que no han existido dudas para aceptar la legitimidad de la acción de los jueces constitucionales, aun cuando interfieran con las funciones Legislativas, al aplicar principios y valores constitucionales.

En relación con esto, en realidad, la discusión principal actual no se enfoca ya en tratar de rechazar estas actividades "legislativas" por parte de los jueces constitucio-

7 Véase en general, Allan R. Brewer-Carías, *Constitucional Courts as Positive Legislators*, Cambridge University Press, New York 2011; "Prólogo" sobre "Los tribunales constitucionales como legisladores positivos. Una aproximación comparativa," al libro de Daniela Urosa Maggi, *La Sala Constitucional del Tribunal Supremo de Justicia como Legislador Positivo,* Academia de Ciencias Políticas y Sociales, Serie Estudios Nº 96, Caracas 2011, pp. 9-70.

8 Véase Pedro Nikken, *La protección internacional de los derechos humanos: su desarrollo progresivo*, Instituto Interamericano de Derechos Humanos, Ed. Civitas, Madrid 1987; Mónica Pinto, "El principio *pro homine*. Criterio hermenéutico y pautas para la regulación de los derechos humanos," en *La aplicación de los tratados sobre derechos Humanos por los tribunales locales,* Centro de Estudios Legales y Sociales, Buenos Aires, 1997, p. 163.

nales, sino en determinar el alcance y los límites de sus decisiones y el grado de interferencia permitido en relación con las funciones legislativas. Como lo ha expresado Francisco Fernández Segado, el objetivo en realidad es evitar "convertir al guardián de la Constitución en soberano."[9] Sin embargo, muchas veces dicho objetivo no se logra, surgiendo signos patológicos fundamentalmente, primero, en las relaciones entre los jueces constitucionales y el poder constituyente, que a veces muestran a los mismos promulgando reglas constitucionales y hasta mutando la Constitución; y segundo, en las relaciones entre los jueces constitucionales y el legislador, al asumir tareas no sólo de auxiliares del mismo, complementando disposiciones legales, agregando nuevas disposiciones a las existentes y también determinando los efectos temporales de la leyes; sino llenando las omisiones absolutas o relativas del legislador.

II. LOS JUECES CONSTITUCIONALES Y EL PODER CONSTITUYENTE

Los jueces constitucionales, en efecto, siendo los comisarios del poder constituyente para asegurar la supremacía constitucional, con gran frecuencia interfieren con el propio poder constituyente, promulgando, en algunos casos, reglas de orden constitucional, por ejemplo, cuando resuelven controversias o conflictos constitucionales entre los órganos del Estado; cuando ejercen el control de constitucionalidad respecto de disposiciones constitucionales o sobre enmiendas constitucionales; y cuando realizan mutaciones legítimas a la Constitución mediante la adaptación de sus disposiciones a los tiempos modernos, dándoles significado concreto.

El primer caso se refiere a los jueces constitucionales cuando interfieren con el poder constituyente, resolviendo conflictos constitucionales o controversias entre órganos del Estado, papel que es común por ejemplo en los Estados Federales. Es así, por ejemplo, que la Corte Constitucional austriaca ha llegado a actuar como un legislador positivo, "promulgando normas de rango constitucional" al ejercer poderes de regulación, por ejemplo, en relación con la distribución de competencias entre la Federación y los "*Länder,*" (o Estados Federados) reservándose la última palabra en la materia.[10] También ha sido el caso en los Estados Unidos, donde la Suprema Corte ha ido determinando de manera progresiva las facultades del gobierno federal en relación con los Estados, basándose en la denominada "*commerce clause*," siendo difícil hoy en día imaginar cualquier cosa que el Congreso no pueda regular.[11] A través de multitud de decisiones relativas a asuntos relacionados con la forma federal del Estado y la distribución vertical de competencias, la Corte Suprema, sin lugar a dudas, han promulgado reglas constitucionales en la materia.

---

9 Véase Francisco Fernández Segado, "Algunas reflexiones generales en torno a los efectos de las sentencias de inconstitucionalidad y a la relatividad de ciertas fórmulas esterotipadas vinculadas a ellas," en *Anuario Iberoamericano de Justicia Constitucional*, Centro de Estudios Políticos y Constitucionales, N° 12, 2008, Madrid 2008, p. 161.

10 Véase Konrad Lachmayer, *Constitutional Courts as 'Positive Legislators,' Austrian National Report*, XVIII International Congress of Comparative Law, Washington, July, 2010, pp. 1-2.

11 Véase Erwin Chemerinsky, *Constitutional Law. Principles and Policies*, Aspen Publishers, New York 2006, pp. 259-260.

En otros países con forma federal del Estado, como Venezuela por ejemplo, sin embargo, el poder de control de constitucionalidad en materia de distribución de competencias entre el Poder Nacional y el de los Estados, ha servido para arrebatarle competencias a los Estados, centralizándolas, mediante una mutación ilegítima de la Constitución realizada por la Sala Constitucional del Tribunal Supremo de Justicia.[12] Tema que, por supuesto, forma parte del capítulo relativo a la patología de la justicia constitucional.

La segunda forma en la cual los jueces constitucionales pueden participar en la conformación de normas constitucionales es cuando se les otorga la facultad para controlar la constitucionalidad de las normas de la Constitución misma, como también sucede en Austria, donde se ha facultado a la Corte Constitucional para confrontar la Constitución con sus propios principios básicos, como el principio democrático, el de la forma federal del Estado, el principio del *Rechtsstaat*, la separación de poderes y el sistema general de derechos humanos.[13]

La tercera forma en la cual los jueces constitucionales interfieren con el Poder Constituyente, es cuando tienen el poder de revisar la constitucionalidad de las reformas y enmiendas constitucionales, como se prevé expresamente en Colombia, Ecuador y Bolivia, aún cuando dicho poder esté limitado a los aspectos procedimentales de las reformas.[14]

En todo caso, en esos y otros países ha habido discusiones en torno a las posibilidades de que los jueces constitucionales puedan también controlar la constitucionalidad del mérito o fondo de las reformas o enmiendas constitucionales, por ejemplo en relación con las cláusulas constitucionales inalterables (*cláusulas pétreas*) expresamente definidas como tales en las Constituciones. El principio básico en estos casos, es que las facultades de los jueces constitucionales tienen como norte mantener y garantizar la supremacía constitucional y, en particular, la supremacía de las cláusulas constitucionales pétreas, pudiendo ejercer el control de constitucionalidad respecto de reformas o enmiendas que pretendan modificarlas en contra de lo previsto en la Constitución.[15] En tales casos, sin embargo, para no confrontar la voluntad

12 Véase sentencia de la Sala Constitucional N° 565 de 15 de abril de 2008, Caso: Procurador General de la República, *interpretación del artículo 164.10 de la Constitución de 1999*, en http://www.tsj.gov.ve/decisiones/scon/Abril/565-150408-07-1108.htm Véase los comentarios en Allan R. Brewer-Carías, "La ilegitima mutación de la Constitución y la legitimidad de la jurisdicción constitucional: la "reforma" de la forma federal del Estado en Venezuela mediante interpretación constitucional," en *Memoria del X Congreso Iberoamericano de Derecho Constitucional,* Instituto Iberoamericano de Derecho Constitucional, Asociación Peruana de Derecho Constitucional, Instituto de Investigaciones Jurídicas-UNAM y Maestría en Derecho Constitucional-PUCP, IDEMSA, Lima 2009, tomo 1, pp. 29-51.

13 Véase sentencia de la Corte Constitucional VfSlg 16.327/2001. Véase en Konrad Lachmayer, *Constitutional Courts as 'Positive Legislators, Austrian National Report*, XVIII International Congress of Comparative Law, Washington, July, 2010, p. 6 (nota 20).

14 Véase las referencias en Allan R. Brewer-Carías, *Reforma Constitucional y Fraude a la Constitución. Venezuela 1999-2009*, Academia de Ciencias Políticas y Sociales, Caracas 2009, pp. 78 ss.

15 Véase Allan R. Brewer-Carías, *Reforma Constitucional y Fraude a la Constitución. Venezuela 1999-2009*, Academia de Ciencias Políticas y Sociales, Caracas 2009, pp. 78 ss.; y "La reforma constitucional en América Latina y el control de constitucionalidad", en *Reforma de la Constitución y control de cons-*

del pueblo ni sustituir al poder constituyente originario mismo, dicho control de constitucionalidad debe ejercerse antes de que la propuesta de reforma o enmienda haya sido aprobada mediante voto popular, cuando éste sea el caso.

No obstante, aun en ausencia de una autorización constitucional expresa, existen casos en los cuales los jueces constitucionales han controlado la constitucionalidad de las reformas y enmiendas constitucionales en cuanto al fondo. Éste fue el caso, por ejemplo, en Colombia, cuando la Corte Constitucional en sentencia de 26 de Febrero de 2010 anuló la Ley N° 1,354 de 2009 que convocaba a un referendo con el propósito de aprobar una reforma a la Constitución encaminada a permitir la reelección por un tercer periodo del Presidente de la República, al considerar que tal reforma contenía "violaciones sustanciales del principio democrático," e introducía reformas que implicaban la "sustitución o subrogación de la Constitución."[16]

En otros casos, como en la India, la Corte Suprema ha sido la que ha impuesto límites "tácitos" a la facultad del Parlamento para enmendar la Constitución, excluyendo de su alcance las previsiones básicas referidas a la estructura de la misma, [17] como sería por ejemplo, la facultad para efectuar el control de constitucionalidad,[18] convirtiéndose así la Corte Suprema, como lo afirmó Surya Deva, "probablemente, en la corte más poderosa de cualquier democracia."[19]

El cuarto caso en el cual los jueces constitucionales interfieren con el Poder Constituyente, se produce cuando asumen el rol de adaptar las disposiciones constitucionales a los tiempos presentes, mediante su interpretación, particularmente en materias relativas a la protección y vigencia de los derechos fundamentales. En estos casos, por ejemplo, partiendo del rol jugado por la Suprema Corte estadounidense, los jueces constitucionales "realizan legislación constitucional positiva" particularmente cuando el fallo que "dictan, crea obligaciones públicas "afirmativas" a cargo de los entes públicos.[20]

Este papel de los jueces constitucionales, sin duda, ha sido el resultado de un proceso de "redescubrimiento" de derechos fundamentales no expresamente establecidos en las Constituciones, con lo que se ha ampliado, así, el alcance de sus dispo-

---

titucionalidad. Congreso Internacional, Pontificia Universidad Javeriana, Bogotá Colombia, junio 14 al 17 de 2005, Bogotá, 2005, pp. 108-159.

16 Véase el Comunicado sobre su texto publicado por la Corte Constitucional, N° 9 de 26 de febrero de 2010, en www.corteconstitu-cional.com. Véanse los comentarios en Sandra Morelli, *The Colombian Constitutional Court: from Institutional Leadership, to Conceptual Audacity, Colombian National Report*, XVIII International Congress of Comparative Law, Washington, July, 2010, pp. 13-16.

17 Véase caso *Kesvananda Bharti v State of Kerala,* Corte Suprema de la India, en Surya Deva, "*Constitutional Courts as 'Positive Legislators: The Indian Experience," Indian National Report, XVIII International Congress of Comparative Law, Washington, July, 2010,* pp. 5-6.

18 Véase casos *Waman Rao v Union of India* AIR 1981 SC 271; *S P Sampath Kumar v Union of India* AIR 1987 SC 386; y *L Chandra Kumar v Union of India* AIR 1997 SC 1125, en *Idem*, p. 6 (nota 41).

19 *Idem*, p. 6.

20 Véase Laurence Claus y Richard S. Kay, *Constitutional Courts as 'Positive Legislators' in the United States, U.S. National Report*, XVIII International Congress of Comparative Law, Washington, July 2010, p. 6.

siciones, manteniéndose "viva" la Constitución.[21] Y es precisamente en los Estados Unidos donde la elaboración de principios y valores constitucionales por la Suprema Corte constituye "el ejemplo más destacado de legislación positiva en el transcurso de la jurisprudencia constitucional."[22] Así sucedió, en efecto, partiendo del caso *Brown v. Board of Education of Topeka*, 347 U.S. 483 (1954), cuando la Corte Suprema interpretó la cláusula de "igualdad de protección" de la Cuarta Enmienda con el fin de ampliar la naturaleza del principio de igualdad y no discriminación; o cuando decidió acerca de la garantía constitucional del "debido proceso" (Enmiendas V y XIV), o sobre la cláusula abierta de la Enmienda IX, con el propósito de desarrollar el sentido de la "libertad." Han dicho estos autores que este proceso transformó a la Corte Suprema en "el legislador [constitucional] actual más poderoso de la nación."[23]

Lo mismo ocurrió por ejemplo, en Francia, donde careciendo la Constitución de una declaración de derechos fundamentales, el papel del Consejo Constitucional durante las últimas décadas ha sido precisamente la transformar la Constitución, ampliando el *bloc de constitutionnalité*, otorgándole rango constitucional, mediante el Preámbulo de la Constitución de 1958, al Preámbulo de la Constitución de 1946, y finalmente, a la Declaración de los Derechos del Hombre y de los Ciudadanos de 1789.[24]

Este papel de los jueces constitucionales adaptando las Constituciones con el fin de garantizar los derechos fundamentales, descubriéndolos dentro de sus textos, o deduciéndolos de los previstos en los mismos, puede considerarse en la actualidad como una tendencia principal en el derecho comparado, la cual puede ser identificada en muchos países con diferentes sistemas de control de constitucionalidad, como es el caso de Suiza, Alemania, Portugal, Austria, Polonia, Croacia, Grecia y la India, donde los jueces constitucionales han efectuado cambios importantes a la Constitución, extendiendo el alcance de los derechos fundamentales.[25]

---

21 Véase Mauro Cappelletti, "El formidable problema del control judicial y la contribución del análisis comparado," en *Revista de Estudios Políticos*, Nº 13, Madrid 1980, p. 78; "The Mighty Problem" of Judicial Review and the Contribution of Comparative Analysis," en *Southern California Law Review*, 1980, p. 409.

22 Véase en Laurence Claus y Richard S. Kay, *Constitutional Courts as 'Positive Legislators' in the United States, U.S. National Report*, XVIII International Congress of Comparative Law, Washington, July, 2010, pp. 12-13.

23 *Idem*, p. 20.

24 Véase Louis Favoreu, "Le principe de Constitutionalité. Essai de definition d'apres la jurisprudence du Conseil Constitutionnel", *Recueil d'étude en Hommage a Charles Eisenman*, Paris 1977, p. 34. Véase también, en el derecho comparado, Francisco Zúñiga Urbina, *Control de Constitucionalidad y sentencia*, Cuadernos del Tribunal Constitucional, Nº 34, Santiago de Chile 2006, pp. 46-68.

25 Véase Tobias Jaag, *Constitutional Courts as 'Positive Legislators:' Switzerland, Swiss National Report*, XVIII International Congress of Comparative Law, Washington, July 2010, p 11; I. Härtel, *Constitutional Courts as Positive Legislators, German National Report*, XVIII International Congress of Comparative Law, Washington, July 2010, p. 12; Marek Safjan, *The Constitutional Courts as a Positive Legislator, Polish National Report*, XVIII International Congress of Comparative Law, Washington, July 2010, p. 9; Sanja Barić and Petar Bačić, *Constitutional Courts as positive legislators. National Report: Croatia, Croatian National Report*, XVIII International Congress of Comparative Law, Washington, July 2010, p. 23 ss.; Julia Iliopoulos-Strangas and Stylianos-Ioannis G. Koutna, *Constitutional Courts as Positive Legislators. Greek National Report,* XVIII International Congress of Comparative Law, Washing-

Por otra parte, en asuntos que no tienen relación con los derechos fundamentales, también es posible identificar casos de mutaciones constitucionales legítimas realizadas por los jueces constitucionales en asuntos constitucionales claves relacionados con la organización y el funcionamiento del Estado. El Tribunal Federal Constitucional Alemán, por ejemplo, en el caso *AWACS-Urteil* decidido en 12 de julio de 1994,[26] resolvió respecto del despliegue militar en tiempos de paz, de misiones de las Fuerzas Armadas Alemanas en otros países, que aún cuando la Constitución no lo establece, la decisión respectiva debe tener el consentimiento del Parlamento, entendiéndose que ello se derivaba del texto constitucional. En este caso, sin duda, el Tribunal mutó la Constitución, incluso dictando detalladas prescripciones legislativas sustitutivas ordenando al Legislador y al Ejecutivo proceder de acuerdo con ellas, hasta tanto se dictase la legislación correspondiente.

La Corte Constitucional de Austria, en esta materia de mutaciones constitucionales puede decirse que ha creado un nuevo marco constitucional que debe ser seguido por el Parlamento en áreas que no han sido reguladas de manera expresa en la Constitución, como sucedió, por ejemplo, en el caso de los procesos de privatización, imponiendo reglas obligatorias a todas las autoridades del Estado.[27]

El Consejo de Estado de Grecia también ha impuesto límites a los órganos del Estado en asuntos relacionados con las privatizaciones excluyendo de su ámbito, por ejemplo, los poderes de policía.[28]

La Corte Constitucional de la República de Eslovaquia, por ejemplo, ha reformulado las disposiciones constitucionales en relación con la posición y autoridad del Presidente de la República dentro de la organización general del Estado, convirtiéndose, como lo indican Ján Svák y Lucia Bertisová, en "la creadora directa del sistema constitucional de la República de Eslovaquia."[29]

Por último, la Corte Suprema de Canadá, a través del muy importante instrumento de las "decisiones referenciales" (*referal judgements*) ha creado y declarado las reglas constitucionales que, por ejemplo, rigen en procesos constitucionales impor-

---

ton, July 2010, p. 14; Joaquim de Sousa Ribeiro and Esperança Mealha, *The Constitutional Courts as a Positive Legislator, Portuguese National Report*, XVIII International Congress of Comparative Law, Washington, July 2010, pp. 9-10; Surya Deva, *Constitutional Courts as 'Positive Legislators: The Indian Experience*, *Indian National Report*, XVIII International Congress of Comparative Law, Washington, July 2010, p. 4.

26 Véase caso *BVferG*, July 12, 1994, BVeffGE 90, 585-603, en Christian Behrendt, *Le judge constitutionnel, un législateur-cadre positif. Un analyse comparative en droit francais, belge et allemande*, Bruylant, Bruxelles 2006, pp. 352-356.

27 Véase casos *Austro Control* VfSlg 14.473/1996; *Bundeswertpapieraufsicht* (Federal Bond Authority) VfSlg 16.400/2001; *E-Control* VfSlg 16.995/2003; *Zivildienst-GmbH* (Compulsory community service Ltd), VfSlg 17.341/2004, en Konrad Lachmayer, "*Constitutional Courts as 'Positive Legislators*'" Austrian National Report, XVIII International Congress of Comparative Law, Washington, July, 2010, p. 11 (nota 31).

28 Véase sentencia del Consejo de Estado N° 1934/1998, *ToS* 1998, 598 (602-603), en Julia Iliopoulos-StrangasyStylianos-Ioannis G. Koutna, *Constitutional Courts as Positive Legislators. Greek National Report*, XVIII International Congress of Comparative Law, Washington, July, 2010, p. 16 (nota 125).

29 Véase sentencia N° I. ÚS 39/93, en Ján Svák y Lucia Berdisová, *Constitutional Court of the Slovak Republic as Positive Legislator via Application and Interpretation of the Constitution, Slovak National Report*, XVIII International Congress of Comparative Law, Washington, July, 2010, p. 4.

tantes como el relativo a la "patriación" de la Constitución de Canadá que la separó del Reino Unido (*Patriation Reference,* 1981)[30]; y la posible secesión de Quebec del resto de Canadá, (*Quebec Secession Reference*, 1998)[31] determinando, como lo mencionó Kent Roach, reglas constitucionales básicas que sirven de guía da los cambios constitucionales, y destinadas además evitar crisis constitucionales potenciales.

Pero también en materia de mutaciones constitucionales, el derecho comparado muestra lamentables ejemplos de mutaciones ilegítimas, que en lugar de reforzar el constitucionalismo, lo que han hecho es romperle principio democrático y el Estado de derecho, como las que han ocurrido en Venezuela en la década 2000-1020, durante la cual la Sala Constitucional del Tribunal Supremo, al servicio del autoritarismo, ha modificado la Constitución para incluso implementar mediante sus sentencias diversas reformas constitucionales que fueron rechazadas por el pueblo mediante referendo en diciembre de 2007.[32] De nuevo, sin duda, se trata de temas que forman parte del capítulo de la patología de la justicia constitucional.

III. LOS JUECES CONSTITUCIONALES Y EL LEGISLADOR

El papel más importante y común de los jueces constitucionales, sin duda, se desarrolla en relación con la legislación existente, no sólo al declarar su inconstitucionalidad e incluso anular las leyes, sino al interpretarla de conformidad o en armonía con la Constitución, proporcionando directrices o pautas al Legislador en su tarea de legislar.

Tradicionalmente, el papel de los jueces constitucionales controlando la constitucionalidad de las leyes había estado condicionada por la aplicación del clásico binomio: *inconstitucionalidad / invalidez-nulidad* que conformó la actividad inicial de los jueces constitucionales en su calidad de "Legisladores Negativos."[33] Ese rol, en la actualidad, puede decirse que ha sido superado, de manera que los jueces consti-

---

30 Véase sentencia [1981] 1 S.C.R. 753, en Kent Roach, *Constitutional Courts as Positive Legislators: Canada Country Report*, XVIII International Congress of Comparative Law, Washington, July, 2010, p. 9.

31 *Idem*, p. 9.

32 Véanse los comentarios sobre algunos casos en Allan R. Brewer-Carías, "El juez constitucional al servicio del autoritarismo y la ilegítima mutación de la Constitución: el caso de la Sala Constitucional del Tribunal Supremo de Justicia de Venezuela (1999-2009)," en *Revista de Administración Pública*, N° 180, Madrid 2009, pp. 383-418; "El Juez Constitucional vs. La alternabilidad republicana (La reelección continua e indefinida), en *Revista de Derecho Público*, N° 117, (enero-marzo 209), Caracas 2009, pp. 205-211; "La ilegítima mutación de la constitución por el juez constitucional: la inconstitucional ampliación y modificación de su propia competencia en materia de control de constitucionalidad," en *Libro Homenaje a Josefina Calcaño de Temeltas,* Fundación de Estudios de Derecho Administrativo (FUNEDA), Caracas 2009, pp. 319-362; "La ilegitima mutación de la Constitución y la legitimidad de la jurisdicción constitucional: la "reforma" de la forma federal del Estado en Venezuela mediante interpretación constitucional," en *Memoria del X Congreso Iberoamericano de Derecho Constitucional*, Instituto Iberoamericano de Derecho Constitucional, Asociación Peruana de Derecho Constitucional, Instituto de Investigaciones Jurídicas-UNAM y Maestría en Derecho Constitucional-PUCP, IDEMSA, Lima 2009, tomo 1, pp. 29-51.

33 Véase F. Fernández Segado, *El Tribunal Constitucional como Legislador Positivo, Spanish National Report*, XVIII International Congress of Comparative Law, Washington, July, 2010, pp. 8 ss.

tucionales progresivamente han venido asumido un papel más activo en la interpretación de la Constitución y de las leyes con el fin, no sólo de anularlas o de no aplicarlas cuando fueren consideradas inconstitucionales, sino de interpretarlas en conformidad con la Constitución,[34] entre otros propósitos, para preservar la propia acción del Legislador y de las leyes que ha promulgado. En esta forma, los jueces constitucionales se han convertido en importantes instituciones de orden constitucional en la tarea de ayudar y cooperar con el Legislador en sus funciones legislativas.

En este carácter, los jueces constitucionales cada vez con más frecuencia han venido dictando decisiones interpretativas, tal como ha ocurrido en Italia, España, Francia y Hungría,[35] donde en muchos casos han decidido no anular la ley impugnada, resolviendo en cambio, modificar su significado al establecer un contenido nuevo, como resultado de la interpretación constitucional que han hecho de la ley acorde con la Constitución.[36]

En efecto, en relación con el proceso de interpretación de las leyes en armonía o en conformidad con la Constitución al momento de poner a prueba su inconstitucionalidad, los jueces constitucionales, con el fin de evitar la anulación o invalidación de la ley, con frecuencia han creado nuevas normas legislativas, en algunas ocasiones incluso alterando el significado de la disposición particular, agregando a su redacción lo que se ha considerado que le falta.

Este tipo de decisiones, llamadas "sentencias aditivas," han sido emitidas con frecuencia por la Corte Constitucional Italiana. Como lo ha explicado Gianpaolo Parodi, con estas decisiones, a pesar de que no alteran "el texto de la disposición que se declara como inconstitucional," la Corte ha "transformado su significado normativo, en ocasiones reduciendo y en otras ampliando su esfera de aplicación, pero no sin dejar de introducir una nueva norma al sistema legal," o "crear" nuevas normas.[37] Fue el caso, por ejemplo, de la decisión adoptada por la Corte Constitucional italiana en 1969 en relación con la constitucionalidad del artículo 313.3 del Código Penal donde la posibilidad de acusación por vilipendio contra la Corte Constitucional es-

---

34 Véase caso *Ashwander v. TVA*, 297 U.S. 288, 346-48 (1936), Corte Suprema de los Estados Unidos (Juez Brandeis). El principio se formuló por primera vez en el caso *Crowell v. Benson*, 285 U.S. 22, 62 (1932). Véase "Notes. Supreme Court Interpretation of Statutes to avoid constitutional decision," *Columbia Law Review*, Vol. 53, Nº 5, New York, May 1953, pp. 633-651.

35 Véase Gianpaolo Parodi, *The Italian Constitutional Court as 'Positive Legislator,"* *Italian National Report*, XVIII International Congress of Comparative Law, Washington, July, 2010, p. 3; Francisco Fernández Segado, *El Tribunal Constitucional como Legislador Positivo, Spanish National Report*, XVIII International Congress of Comparative Law, Washington, July, 2010, p. 34; Bertrand Mathieu, *Le Conseil constitutionnel 'législateur positif. Ou la question des interventions du juge constitutionnel français dans l'exercise de la function legislative, French National Report*, XVIII International Congress of Comparative Law, Washington, July, 2010, p. 13; Lóránt Csink, Józef Petrétei and Péter Tilk, *Constitutional Court as Positive Legislator. Hungarian National Report,* XVIII International Congress of Comparative Law, Washington, July, 2010, p. 4.

36 Véase Francisco Javier Díaz Revorio, *Las sentencias interpretativas del Tribunal Constitucional,* Lex Nova, Valladolid 2001, pp. 59 ss.; y en José Julio Fernández Rodríguez, *La justicia constitucional europea ante el Siglo XXI*, Tecnos, Madrid 2007, pp. 129 ss.

37 Véase Gianpaolo Parodi, *The Italian Constitutional Court as 'Positive Legislator,' Italian National Report*, XVIII International Congress of Comparative Law, Washington, July, 2010, p. 6.

taba sujeta a la previa autorización del Ministerio de Justicia y Gracia. La Corte consideró que tal autorización contrariaba su independencia y era inconstitucional, deduciendo subsecuentemente que la autorización debía ser dada por la propia Corte,[38] forzando la norma –como lo ha dicho Díaz Revorio–, a decir que no decía, incluso si se eliminaba la parte de la misma que se consideraba incompatible con la independencia de la Corte.[39] Estas decisiones aditivas también han sido aplicadas de manera regular, por ejemplo, en Alemania por parte de la Corte Constitucional Federal, y en Perú, por el Tribunal Constitucional.

Estas decisiones aditivas en la modalidad de "sentencias substitutivas" se han utilizado en forma regular, por ejemplo, de nuevo, en casos relacionados con la protección al derecho a la igualdad y a la no discriminación, buscando eliminar las diferencias establecidas en la ley. Es el caso en España, donde el Tribunal Constitucional, por ejemplo, ha extendido el beneficio de las pensiones de la Seguridad Social a "hijos y hermanos" cuando en la ley solo está concedido a "hijas y hermanas,"[40] o ha otorgado a quienes viven en unión marital de hecho y estable, los derechos otorgados a los casados en matrimonio;[41] casos en los cuales, como lo ha afirmado Francisco Fernández Segado, es posible considerar al Tribunal Constitucional Español como un "real legislador positivo."[42]

Una situación similar se puede encontrar en Portugal, donde el Tribunal Constitucional, por ejemplo, ha extendido al viudo los derechos de pensión asignadas a la viuda;[43] a las uniones *de hecho*, los derechos de las personas casadas; y a los hijos producto de las uniones *de hecho*, los derechos que se otorgan a los hijos legítimos. De acuerdo con de Sousa Ribeiro, estas decisiones se pueden considerar como sentencias aditivas, pues su implementación cambia el ámbito de las normas legislativas, independientemente de cualquier reforma a la letra de las mismas.[44]

---

38 Véase sentencia Nº 15, de 15 de febrero de 1969, en Francisco Javier Díaz Revorio, *Las sentencias interpretativas del Tribunal Constitucional,* Lex Nova, Valladolid 2001, pp. 151-152.

39 *Idem*, p. 152.

40 Véase sentencia STC 3/1993, January 14, 1993, en Francisco Javier Díaz Revorio, *Las sentencias interpretativas del Tribunal Constitucional,* Lex Nova, Valladolid 2001, pp. 177, 274; F. Fernández Segado, *El Tribunal Constitucional como Legislador Positivo, Spanish National Report*, XVIII International Congress of Comparative Law, Washington, July, 2010, p. 42.

41 Véase sentencia STC 222/1992, December 11, 1992, en Francisco Javier Díaz Revorio, *Las sentencias interpretativas del Tribunal Constitucional,* Lex Nova, Valladolid 2001, pp. 181, 182, 275; F. Fernández Segado, *El Tribunal Constitucional como Legislador Positivo, Spanish National Report*, XVIII International Congress of Comparative Law, Washington, July, 2010, p. 41.

42 Véase F. Fernández Segado, *El Tribunal Constitucional como Legislador Positivo, Spanish National Report*, XVIII International Congress of Comparative Law, Washington, July, 2010, p. 48.

43 Véase sentencia Nº 449/87 del Tribunal Constitucional, en Joaquim de Sousa Ribeiro y Esperança Mealha, *Constitutional Courts as "Positive Legislators," Portuguese National Report*, International Congress of Comparative Law, Washington, July, 2010, p. 8.

44 *Idem*, p. 9.

De manera similar, en Sudáfrica, la Corte Constitucional ha extendido algunos derechos típicos de parejas casadas, a las uniones del mismo sexo que se encuentren en situación estable.[45]

En Canadá, la Corte de Apelaciones de Ontario deshizo la definición de matrimonio como "la unión de un hombre y una mujer" y la sustituyó por concepto genérico neutral de una "unión entre personas," para permitir los matrimonios entre personas del mismo sexo. Estas decisiones, como lo afirmó Kent Roach, "equivalen a enmiendas o adiciones judiciales a la legislación."[46]

Una solución similar de decisiones aditivas para reforzar el derecho a la igualdad y a la no discriminación se puede encontrar en muchos casos similares en los Países Bajos, en Perú, Costa Rica, Argentina, Hungría, Polonia, la República Checa y Francia.[47] En este último, por ejemplo, en un caso en particular en relación con el derecho a obtener oportuna respuesta en asuntos relativos a las comunicaciones televisivas, como lo mencionó Bertrand Mathieu, el Consejo Constitucional, simplemente, "sustituyó la voluntad del legislador,"[48] cambiando la letra de la ley.

IV. LOS JUECES CONSTITUCIONALES Y LA AUSENCIA DE LEGISLACIÓN

Pero en el mundo contemporáneo, uno de los roles de mayor importancia de los jueces constitucionales no es ya el control de la constitucionalidad de las leyes existentes, sino el control de constitucionalidad de la ausencia de dichas leyes o de las omisiones que contengan las leyes sancionadas, cuando el Legislador no cumple su obligación constitucional de legislar en asuntos específicos o cuando la legislación ha sido sancionada de manera incompleta o discriminatoria.

---

45 Véase en Iván Escobar Fornos, "Las sentencias constitucionales y sus efectos en Nicaragua," en *Anuario Iberoamericano de Justicia Constitucional*, Centro de Estudios Políticos y Constitucionales, N° 12, 2008, Madrid 2008, pp. 111-112.

46 Véase Kent Roach, *Constitutional Courts as Positive Legislator, Canadian National Report*, XVIII International Congress of Comparative Law, Washington Julio 2010, p. 7

47 Véase por ejemplo, Marek Safjan, *The Constitutional Courts as a Positive Legislator, Polish National Report*, XVIII International Congress of Comparative Law, Washington, Julio 2010, pp. 13-14; Lóránt Csink, Józef Petrétei and Péter Tilk, *Constitutional Court as Positive Legislator. Hungarian National Report, Hungarian National Report*, XVIII International Congress of Comparative Law, Washington, Julio 2010, p. 5; Zdenek Kühn, *Czech Constitutional Court as Positive Legislator, Czech National Report*, XVIII International Congress of Comparative Law, Washington, Julio 2010, p. 9; J. Uzman T. Barkhuysen & M.L. van Emmerik, *The Dutch Supreme Court: A Reluctant Positive Legislator*?, Dutch *National Report*, XVIII International Congress of Comparative Law, Washington, Julio 2010, p. 14; Fernán Altuve Febres, *El Juez Constitucional como legislador positivo en el Perú, Peruvian National Report*, XVIII International Congress of Comparative Law, Washington, Julio 2010, pp. 14-15; Rubén Hernández Valle, *Las Cortes Constitucionales como Legisladores positivos, Costa Rican National Report*, XVIII International Congress of Comparative Law, Washington, Julio 2010, p. 38; Alejandra Rodríguez Galán and Alfredo Mauricio Vítolo, *Constitutional Courts as "Positive Legislators," Argentinean National Report*, XVIII International Congress of Comparative Law, Washington, Julio 2010, p. 17.

48 Véase en Bertrand Mathieu, *Le Conseil constitutionnel 'législateur positif. Ou la question des interventions du juge constitutionnel français dans l'exercise de la function legislative, French National Report*, XVIII International Congress of Comparative Law, Washington, Julio 2010, p. 16.

Este control de la constitucionalidad de las omisiones legislativas varía según se trate de omisiones absolutas y relativas, estando ambas sujetas a control de constitucionalidad.[49]

En relación con el control de constitucionalidad de las omisiones legislativas absolutas, este se desarrolla por los jueces constitucionales a través de dos medios judiciales distintos: Primero, al decidir acciones directas ejercidas contra las omisiones absolutas e inconstitucionales del Legislador; y segundo, cuando deciden acciones de amparo o de protección de derechos fundamentales presentadas contra la omisión del Legislador que en el caso particular, impide al accionante la posibilidad de efectivamente gozar de su derecho.

La acción directa de inconstitucionalidad contra las omisiones legislativas absolutas se estableció por primera vez en el mundo contemporáneo en la Constitución de la antigua Yugoslavia de 1974 (Artículo 377), habiendo influido, dos años después, en su incorporación en la Constitución de Portugal de 1976, donde se le asignó la legitimación activa para accionar a determinados altos funcionarios públicos.[50] La acción se conservó en la Constitución de 1982, teniendo las decisiones (*Parecer*) del Tribunal Constitucional, en estos casos, el sólo efecto de informar al órgano legislativo competente sobre la decisión de inconstitucionalidad de la omisión, en las cuales se puede recomendar la adopción de la legislación correspondiente.[51]

Algunos años después, la acción directa de inconstitucionalidad contra las omisiones legislativas absolutas se adoptó en algunos países latinoamericanos, en particular en Brasil (1988),[52] y luego en Costa Rica, Ecuador y Venezuela, donde se ha usado extensivamente. Una importante diferencia debe sin embargo destacarse, y es que en estos últimos países, la legitimación se ha ampliado, y en el caso de Venezuela, incluso, la acción contra las omisiones legislativas absolutas ha sido concebida como una acción popular.[53] Además, en el caso de Venezuela, la Sala Constitucional del Tribunal Supremo ha sido dotada de facultades expresas en la Constitución (Artículo 336.7) para establecer no solo la inconstitucionalidad de la omisión, sino también los términos y, de ser necesario, los lineamientos para la corrección de la omisión legislativa. En esta materia, además, la propia Sala Constitucional ha ampliado sus propias facultades en los casos de control de la omisión legislativa absoluta en relación con actos legislativos no normativos, y en 2004, por ejemplo, después de que la Asamblea Nacional no cumplió su función de designar a los miembros del Consejo Nacional Electoral, la Sala no solo declaró la inconstituciona-

---

49 Véase José Julio Fernández Rodríguez, *La inconstitucionalidad por omisión. Teoría general. Derecho comparado. El caso español,* Civitas, Madrid 1998, pp. 33, 114 ss.

50 Véase Jorge Campinos, "Brevísimas notas sobre a fiscalizacão da constitucionalidade des leis em Portugal," en Giorgo Lombardi (Coord.), *Constituzione e giustizia constitutionale nel diritto comparato*, Maggioli, Rímini, 1985; y *La Constitution portugaise de 1976 et sa garantie*, UNAM, Congreso sobre La Constitución y su Defensa, (mimeo), México, Agosto 1982, p. 42.

51 Véase en José Julio Fernández Rodríguez, *La inconstitucionalidad por omisión. Teoría general. Derecho comparado. El caso español,* Civitas, Madrid 1998, pp. 265-266.

52 Véase por ejemplo, Marcia Rodrigues Machado, "Inconstitutionalidade por omissão," en *Revista da Procuradoria Greal de São Paulo*, N° 30, 1988, pp. 41 ss.;

53 Véase Allan R. Brewer-Carías y Víctor Hernández Mendible, *Ley Orgánica del Tribunal Supremo de Justicia*, Caracas 2010.

lidad de la omisión, sino que procedió a designar directamente a dichos altos funcionarios, usurpando sin duda las facultades exclusivas de la Asamblea Nacional, lamentablemente asegurando de esta manera el control total por parte del Poder Ejecutivo del Poder Electoral.[54] Otro caso, sin duda, del capítulo de la patología de la justicia constitucional.

También en Hungría, la Constitución permite a la Corte Constitucional decidir *ex officio* o mediante petición de cualquier solicitante, en relación con la inconstitucionalidad de las omisiones legislativas, pudiendo instruir al Legislador sobre el sentido en el cual debe llevar a cabo su tarea en un lapso de tiempo específico, y hasta definiendo el contenido de las reglas que deben ser sancionadas.[55] Esta facultad también ha sido atribuida en Croacia a la Corte Constitucional, la cual también puede proceder *ex officio*.[56]

El otro medio comúnmente utilizado por los jueces constitucionales para ejercer el control de constitucionalidad en relación con las omisiones legislativas inconstitucionales son las acciones de amparo,[57] o las acciones judiciales específicas de protección de los derechos fundamentales que pueden intentarse contra los daños o amenazas que tales omisiones puedan provocar sobre dichos derechos.

En este sentido, en Alemania, la acción de amparo o de protección constitucional de los derechos fundamentales (*Verfassungsbeschwerde*),[58] ha sido utilizada por el Tribunal Constitucional Federal como un medio para ejercer el control de constitucionalidad de las omisiones legislativas, lo que se ha aplicado, por ejemplo, en casos relacionados con los derechos de los hijos ilegítimos, imponiendo la aplicación de las mismas condiciones de los legítimos, exhortando al Legislador a reformar el Código Civil en un período específico de tiempo.[59]

En la India, también, la Corte Suprema ha controlado las omisiones legislativas, al decidir acciones de protección de derechos fundamentales, como en fue el importante caso relacionado con el "acoso escolar" (*ragging / bullying*) en las Universida-

54 Véase los comentarios a las decisiones N° 2073 de 4 de agosto de 2003 (Caso: *Hermánn Escarrá Malaver y otros*) y N° 2341 de 25 de agosto de 2003 (Caso: *Hermánn Escarrá M. y otros*), en Allan R. Brewer-Carías, "El secuestro del Poder Electoral y la confiscación del derecho a la participación política mediante el referendo revocatorio presidencial: Venezuela 2000-2004," en *Boletín Mexicano de Derecho Comparado*, Instituto de Investigaciones Jurídicas, Universidad Nacional Autónoma de México, N° 112. México, enero-abril 2005 pp. 11-73.

55 Véase en Lóránt Csink, József Petrétei y Péter Tilk, *Constitutional Court as Positive Legislator, Hungarian National Report*, XVIII International Congress of Comparative Law, Washington, July, 2010, pp. 5-6.

56 Véase Sanja Barić y Petar Bačić, *Constitutional Courts as Positive Legislators, Croatian National Report*, XVIII International Congress of Comparative Law, Washington, July, 2010, pp. 12-13.

57 Véase en general en el derecho comparado: Allan R. Brewer-Carías, *Constitutional Protection of Human Rights in Latin America. A Comparative Study of Amparo Proceeding*, Cambridge University Press, New York 2009, pp. 324 ss.

58 Véase en general, Francisco Fernández Segado, "El control de las omisiones legislativas por el Bundesverfassungsgericht," en *Revista de Derecho*, N° 4, Universidad Católica del Uruguay, Konrad Adenauer Stiftung, Montevideo 2009, pp. 137-186.

59 Sentencia del Tribunal Constitucional Federal N° 26/1969 of January 29, 1969, en I. Härtel, *Constitutional Courts as Positive Legislators, German National Report*, XVIII International Congress of Comparative Law, Washington, July, 2010, p. 19.

des, en el cual la Corte no solo exigió que el Legislador promulgara la legislación omitida, sino que prescribió los pasos detallados que debían adoptarse a los efectos de frenar la nociva práctica, delineando los diferentes modos de castigo que las autoridades educativas podían utilizar. La Corte Suprema de la India incluso designó, en el 2006, a un Comité de seguimiento de las medidas judiciales adoptadas, ordenando, en el 2007, la implementación de sus recomendaciones.[60]

En una orientación similar, mediante los *equitable remedies*, como las *injunctions*, la Suprema Corte de los Estados Unidos ha desarrollado en forma progresiva el sistema de protección judicial de los derechos fundamentales (*civil right injunctions*), llenando el vacío originado por las omisiones legislativas, en particular, dictando medidas coercitivas y prohibitivas, así como de carácter estructural (*structural injunctions*).[61] Esto tuvo un desarrollo muy importante, particularmente después de la decisión de la Corte Suprema adoptada en el caso de *Brown v. Board of Education,* 347 U.S. 483 (1954); 349 U.S. 294 (1955) en el cual se declaró discriminatorio el sistema escolar dual que existía, permitiendo que los tribunales asumieran la supervisión de las políticas y prácticas institucionales del Estado con el fin de evitar la discriminación racial.[62] Estas iniciativas judiciales mediante las *injunctions* fueron aplicadas, después, en otros importantes casos litigiosos sobre derechos individuales relacionados con el tema de las reasignaciones de circunscripciones electorales, los hospitales psiquiátricos, las cárceles, las prácticas comerciales y el medio ambiente. También, al adoptar estas soluciones equitativas para la protección de los derechos fundamentales, la Suprema Corte de los Estados Unidos ha terminado creando una "legislación judicial complementaria," por ejemplo, en relación con las condiciones para las detenciones y allanamientos policiales, cuando están relacionadas con la investigación y persecución de delitos.

En América Latina las acciones de amparo constitucional también ha sido el instrumento que ha utilizado el juez constitucional para la protección de los derechos fundamentales contra las omisiones legislativas.[63] Este es especialmente el caso del *mandado de injunção* brasileño, el cual funciona precisamente como una orden judicial concedida precisamente en los casos en los cuales la ausencia de disposiciones legislativas que hacen imposible o dificultoso el ejercicio de los derechos y libertades constitucionales. Con las decisiones judiciales resultantes declarando la inconstitucionalidad de la omisión, los tribunales no sólo han otorgado al Congreso un plazo

---

60 Casos *Vishwa Jagriti Mission v Central Government* AIR 2001 SC 2793, y *University of Kerala v Council of Principals of Colleges of Kerala,* en Surya Deva, *Constitutional Courts as 'Positive Legislators: The Indian Experience, Indian National Report*, XVIII International Congress of Comparative Law, Washington, July, 2010, p. 9 (footnote 58).

61 Véase William Tabb y Elaine W. Shoben, *Remedies,* Thomson West, 2005, p. 13; Owen M. Fiss, *The Civil Rights Injunctions*, Indiana University Press, 1978, pp. 4–5; Owen M. Fiss y Doug Rendelman, *Injunctions*, The Foundation Press, 1984, pp. 33–34; y Allan R. Brewer-Carías, *Constitutional Protection of Human Rights in Latin America*, Cambridge University Press, New York 2009, pp. 69 ss.

62 Véase caso *Missouri v. Jenkins*, 515 U.S. 70 (1995), en Laurence Claus y Richard S. Kay, *Constitutional Courts as 'Positive Legislators' in the United States, US National Report*, XVIII, International Congress of Comparative Law, Washington, July, 2010, p. 31 (footnote 104).

63 Véase Allan R. Brewer-Carías, *Constitutional Protection of Human Rights in Latin America*, Cambridge University Press, New York 2009.

para corregir su omisión, sino que han establecido las reglas, algunas veces por analogía, que deben aplicarse en caso de que la omisión persista, lo que ha ocurrido por ejemplo en materia del régimen de la seguridad social y del derecho de huelga de los trabajadores del sector público.[64]

En Argentina también es posible encontrar la misma tendencia general en los casos en los cuales la Corte Suprema ha terminado actuando como órgano complementario del Legislador en asuntos relacionados con la protección de derechos fundamentales, al decidir recursos de amparo.[65] También en Colombia, al decidir recursos de *tutela*, incluso referidos a violaciones masivas de derechos humanos como las ocurridas con las personas desplazadas, la Corte Constitucional ha creado, *ex officio*, lo que se conoce con el nombre de "*estado de cosas inconstitucionales,*" configurándose una situación jurídica que ha desembocado en la sustitución de los jueces ordinarios, del Legislador y de la Administración en la definición y coordinación de las políticas públicas.[66]

En Canadá, de manera muy similar a la acción de amparo latinoamericano, conforme a la Constitución, los tribunales tienen la potestad de adoptar una amplia variedad de decisiones de protección de los derechos fundamentales, incluso exigiendo al gobierno la realización de acciones positivas con el propósito de cumplir con la Constitución y de solucionar los efectos de violaciones constitucionales. Estos poderes judiciales han sido usados ampliamente, por ejemplo, para hacer cumplir la protección de las idiomas minoritarios, y garantizar las obligaciones que en materia de bilingüismo que tienen las Provincias; en asuntos de justicia penal, debido a la ausencia de disposiciones legislativas para asegurar juicios expeditos y la presentación de evidencias al acusado por parte del fiscal acusador; y en asuntos de extradición de las personas que podrían enfrentar la pena de muerte en el Estado solicitante.[67]

En cierta forma, en el Reino Unido, a pesar de que el principio constitucional básico continúa siendo que los tribunales no pueden sustituir ni interferir en las tareas del Parlamento, también es posible identificar importantes decisiones de los mismos en materia constitucional de protección de derechos humanos, estableciendo lineamientos que suplementan las atribuciones del Parlamento o del Gobierno. Esto ha ocurrido, por ejemplo, en materia de esterilización de adultos intelectualmente discapacitados y de personas en estado vegetativo permanente, casos en los cuales

---

64 Véase Thomas Bustamante y Evanlida de Godoi Bustamante, *Constitutional Courts as "Negative Legislators: The Brazilian Case,* Brazil National Report, XVIII, International Congress of Comparative Law, Washington, July 2010, p. 19.

65 Véase en Alejandra Rodríguez Galán y Alfredo Mauricio Vítolo, *Constitutional Courts as Positive Legislators, Argentinean National Report*, XVIII, International Congress of Comparative Law, Washington, July, 2010, p. 17.

66 Véase en Sandra Morelli, *The Colombian Constitutional Court: from Institutional Leadership, to Conceptual Audacity, Colombian National Report*, XVIII, International Congress of Comparative Law, Washington, July, 2010, p. 5.

67 Véase casos: *Reference re Manitoba Language Rights* [1985] 1 S.C.R. 721; [1985] 2 S.C.R. 347; [1990] 3 S.C.R. 1417n; [1992] 1 S.C.R. 212; *R. v. Stinchcombe* [1991] 3 S.C.R. 326, en Kent Roach, *Constitutional Courts as Positive Legislators: Canada Country Report*, XVIII, International Congress of Comparative Law, Washington, July, 2010, pp. 11-12.

los tribunales han establecidos reglas para su aplicación en ausencia de la legislación pertinente.[68]

También en la República Checa, la Corte Constitucional ha llenado el vacío derivado de la omisión legislativa en asuntos como el relacionado con el aumento de alquileres en apartamentos, en los que la Corte consideró que "su rol de protectora de la constitucionalidad no puede quedar limitada a una mera posición de legislador "negativo."[69]

Durante las últimas décadas, en particular en los sistemas de control concentrado de constitucionalidad, en los casos del control de las omisiones legislativas cuando se trata de previsiones legales deficientes o inadecuadas que afectan específicamente el goce o ejercicio de los derechos fundamentales, los jueces constitucionales han venido desarrollado la técnica de declarar la inconstitucionalidad de dichas disposiciones insuficientes, pero sin anularlas, enviando en cambio directrices, lineamientos y recomendaciones y hasta mandatos al Legislador, con el fin de lograr que se corrijan las omisiones legislativas inconstitucionales. En todos estos casos, puede decirse que los jueces constitucionales han actuado como ayudantes y colaboradores del Legislador, especialmente también con el fin de proteger el derecho a la igualdad y a la no discriminación. Estas instrucciones o directrices que emanan de los jueces constitucionales dirigidas al Legislador en algunos casos son meras recomendaciones no vinculantes; en otros casos tienen carácter obligatorio; y en otros, son concebidas como "leyes" provisionales.

En términos generales, en relación con las recomendaciones judiciales no obligatorias emanadas de los jueces constitucionales, la Corte Constitucional italiana ha dictado las llamadas sentencias exhortativas o delegadas o *sentenze indiritzzo,*[70] mediante las cuales declara la inconstitucionalidad de una disposición legislativa, pero sin introducir la norma que debería aplicarse mediante la interpretación, dejando esta tarea al Legislador. En otros casos, la instrucción dirigida al legislador puede tener carácter condicional en relación con la potestad de la Corte Constitucional en materia de control de constitucionalidad, en el sentido de que si el Legislador no legisla y llena el vacío legislativo, la Corte procedería a anular la ley. En Italia también se ha desarrollado la fórmula llamada de la *doppia pronuncia,*[71] que opera cuando el Legislador no ejecuta las recomendaciones de la Corte, en cuyo caso esta declararía la inconstitucionalidad de la ley impugnada en una segunda decisión.

---

68 Véase casos *Re F (Mental Patient: Sterilisation)* [1990] 2 *AC 173; y Airedale NHS Trust v Bland,* en John Bell, *Constitutional Courts as 'Positive Legislators': United Kingdom, British National Report*, XVIII, International Congress of Comparative Law, Washington, July, 2010, p. 7.

69 Sentencia Pl. ÚS 8/02, *Rent Control II*, N° 528/2002 Sb. de 20 de noviembre de 2002; y Pl. ÚS 2/03, *Rent Control III*, N° 84/2003 Sb, de 19 de marzo de 2003, en Zdenek Kühn, *Czech Constitutional Court as Positive Legislator, Czech National Report*, XVIII, International Congress of Comparative Law, Washington, July, 2010, p. 14 (nota 58).

70 Véase L. Pegoraro, *La Corte e il Parlamento. Sentenze-indirizzo e attivitá legislativa*, Cedam, Padova 1987, pp. 3 ss.; Francisco Javier Díaz Revorio, Las *sentencias interpretativas del Tribunal Constitucional,* Ed. Lex Nova, Valladolid, 2001, p. 268.

71 Véase Iván Escovar Fornos, *Estudios Jurídicos*, Tomo I, Ed. Hispamer, Managua 2007, p. 504.

Este tipo de decisiones judiciales de tipo exhortativo también se han aceptado en Alemania donde se denominan "decisiones de apelación," mediante las cuales el Tribunal Constitucional Federal puede emitir "advertencias al Legislador," contentivas de directrices legislativas y estableciendo un plazo para que se promulgue la disposición omitida.[72]

Esta misma técnica ha sido aplicada en Francia y en Bélgica, donde el Consejo Constitucional y la Corte Constitucional, respectivamente, también han dictado este tipo de directrices dirigidas al Legislador, las cuales, aún sin tener efectos directos sobre la normativa a dictar, pueden establecer un marco para la futura acción legislativa.[73] Una técnica similar se ha aplicado en Polonia, llamada de las "señalizaciones," por medio de la cual el Tribunal Constitucional llama la atención del legislador sobre problemas de naturaleza general.[74] También se ha aplicado en Serbia, la República Checa y México.[75]

En países con sistemas de control difuso de constitucionalidad, como en Argentina, estas decisiones judiciales tipo exhorto también han sido dictadas por la Corte Suprema, en casos relacionados con acciones colectivas de amparo, exhortando a las autoridades involucradas a sancionar nuevas disposiciones legales con el fin de atender, por ejemplo, la situación de sobrepoblación y degradación del sistema penitenciario.[76] Estas facultades también han sido utilizadas en casos de control judicial de "convencionalidad" en relación con la Convención Americana de los Derechos Humanos. Una situación similar se ha producido con decisiones de la Corte Suprema de los Países Bajos, enviando al Legislador "consejos exhortativos."[77]

En muchos casos de control de la constitucionalidad de las omisiones legislativas relativas, generalmente basadas también en la violación del derecho a la no discriminación y a la igualdad, los jueces constitucionales han declarado la inconstitucionalidad de la omisión relativa, pero sin anular la disposición, asumiendo, en cambio, de manera progresiva un papel más positivo, emitiendo en relación con el Legislador, no sólo directrices sino también mandatos o instrucciones con el fin de que

---

72 Véase Francisco Javier Díaz Revorio, *Las sentencias interpretativas del Tribunal Constitucional,* Ed. Lex Nova, Valladolid, 2001, pp. 264; y Iván Escovar Fornos, *Estudios Jurídicos*, Tomo I, Ed. Hispamer, Managua 2007, p. 505.

73 Véase sentencia BVerfG, de 19 de Julio de 1966, BVerfGE 20, 56 (114-115), en Christian Behrendt, *Le judge constitutionnel, un législateur-cadre positif. Un analyse comparative en droit francais, belge et allemande*, Bruylant, Bruxelles 2006, pp. 176-179, 185 ss.

74 Véase por ejemplo la "señalización" en relación con la protección de inquilinos de de 29 de junio de 2005, OTK ZU 2005/6A/77, en Marek Safjan, *The Constitutional Courts as a Positive Legislator, Polish National Report*, International Congress of Comparative Law, Washington, July, 2010, p. 16 (nota 45).

75 Véase por ejemplo, Héctor Fix Zamudio y Eduardo Ferrer Mac Gregor, "Las sentencias de los tribunales constitucionales en el ordenamiento mexicano," en *Anuario Iberoamericano de Justicia Constitucional*, N° 12, 2008, Centro de Estudios Políticos y Constitucionales, Madrid 2008, p. 252.

76 Véase caso *Verbitsky*, CSIJ, Fallos. 328:1146, en Néstor P. Sagüés, "Los efectos de las sentencias constitucionales en el derecho argentino," en *Anuario Iberoamericano de Justicia Constitucional*, Centro de Estudios Políticos y Constitucionales, N° 12, 2008, Madrid 2008, p. 340.

77 Véase caso *Harmonisation Act* de 1989, en J. Uzman T. Barkhuysen & M.L. van Emmerik, "*The Dutch Supreme Court: A Reluctant Positive Legislator?*", *Dutch National Report*, XVIII, International Congress of Comparative Law, Washington, July, 2010, p. 6.

aquél reforme o corrija las leyes de la manera indicada por el juez. Esto ha transformado a los jueces constitucionales en un tipo de auxiliar legislativo, imponiéndole al Legislador ciertas tareas, estableciendo un plazo preciso para el desarrollo de las mismas.

Esta técnica de control de constitucionalidad ha sido utilizada en Alemania, donde el Tribunal Constitucional Federal, por medio de decisiones mandatorias ha emitido órdenes al Legislador, por ejemplo, en asuntos relacionados con el régimen de pensión alimenticia, con las incompatibilidades profesionales, con el reembolso de gastos en las campañas electorales, con las condiciones de los profesores, con el aborto y el servicio civil alternativo, incluso indicando al Legislador lo que no debe hacer a los efectos de evitar agravar las desigualdades consideradas inconstitucionales.[78]

Similares decisiones emitidas por Cortes Constitucionales puede encontrarse en Bélgica, Austria, Croacia y Colombia.[79] En el caso de Francia, debido al tradicional sistema de control de constitucionalidad a priori de las leyes ejercido por el Consejo Constitucional, uno de los medios más importantes para asegurar el cumplimiento de sus decisiones han sido las directrices, llamadas "*réserves d'interprétation*" o "*réserves d'application*", aunque no dirigidas al legislador sino a las autoridades administrativas que deben emitir los reglamentos de la ley y a los jueces que deben aplicar la ley.[80]

Finalmente, en muchos otros casos de control de la constitucionalidad de las omisiones legislativas, los jueces constitucionales no se han limitado sólo a emitir mandatos al Legislador buscando que sancione disposiciones legislativas a los efectos de llenar los vacíos producidos por sus omisiones, sino que han asumido directamente el papel de "legisladores provisionales" al incluir en sus decisiones, cuando declaran la inconstitucionalidad de previsiones legales, medidas o normas que han de aplicarse a los asuntos específicos considerados como inconstitucionales, hasta que el Legislador sancione la ley que está obligado a producir.

En estos casos, el juez constitucional declara la anulación o invalidez de la disposición inconstitucional, pero además para evitar que se materialice el vacío legislativo que la nulidad origina, establece en forma temporal ciertas normas en la materia para ser aplicadas hasta la promulgación de nueva legislación que debe emitir-

---

78 Véase sentencias BVerfG, de 14 de Julio de 1981, BVerfGE 57, 381; BVerfG, de 15 de febrero de 1967, BVerfGE 21, 183; BVerfG, de 9 de marzo de 1976, BVerfGE 41, 414, en I. Härtel, *Constitutional Courts as Positive Legislators, German National Report*, XVIII, International Congress of Comparative Law, Washington, July, 2010, p. 9.; y Christian Behrendt, *Le judge constitutionnel, un législateur-cadre positif. Un analyse comparative en droit francais, belge et allemande*, Bruylant, Bruxelles 2006, pp. 259-288

79 Véase por ejemplo, Mónica Liliana Ibagón, "Control jurisdiccional de las omisiones legislativas en Colombia," en Juan Vega Gómez y Edgar Corzo Sosa, *Instrumentos de tutela y justicia constitucional. Memoria del VII Congreso Iberoamericano de Derecho Constitucional*, Universidad Nacional Autónoma de México, México 2002, pp. 322-323.

80 Véase Bertrand Mathieu, *Le Conseil constitutionnel 'législateur positif. Ou la question des interventions du juge constitutionnel français dans l'exercise de la function legislative, French National Report*, XVIII International Congress of Comparative Law, Washington, July, 2010, p. 10.

se.[81] Los jueces constitucionales, en estos casos, en la práctica, puede decirse que actúan como "legisladores sustitutivos" aunque no para usurpar las funciones del Legislador sino para preservar su propia libertad legislativa.[82]

Esta técnica también ha sido aplicada en Alemania por el Tribunal Constitucional Federal, el cual ha asumido "un poder legislativo auxiliar" y ha actuado como una especie de "organización de reparación parlamentaria"[83] como sucedió en 1975, cuando decidió sobre la impugnación de las normas legales relativas a la despenalización parcial del aborto. En dicho proceso, después de declarar como inconstitucionales las disposiciones respectivas del Código Penal, el Tribunal consideró que "en el interés de la transparencia de la ley" era apropiado establecer una "regulación provisional" en la materia a ser aplicable hasta que las nuevas disposiciones fuesen sancionadas por el Legislador,"[84] procediendo entonces a dictar una "legislación provisional" muy detallada sobre el asunto la cual se aplicó durante casi 15 años, hasta 1992, cuando el parlamento sancionó la esperada reforma del Código. Pero la misma fue nuevamente impugnada por inconstitucional ante el Tribunal Constitucional Federal, el cual, en 1993, en una nueva decisión, después de declarar de nuevo, la reforma, como contraria a la Constitución,[85] estableció una vez más en forma por lo demás muy detallada, como "legislador real", todas las normas reguladoras sobre el aborto en el país.

En Suiza, la Corte Suprema en diferentes casos ha dictado normas con el fin de llenar el vacío creado por omisiones legislativas en materias relativas a la aplicación de derechos constitucionales, como ha ocurrido, por ejemplo, en relación con los procesos relacionados con la detención de extranjeros; el derecho de asilo; y las reglas sobre expropiaciones.[86]

También en la India, la Corte Suprema ha asumido el papel de legislador provisional en asuntos relativos a la protección de derechos fundamentales, en casos relacionados con las capturas y arrestos realizados por la policía, emitiendo avisos destinados a todos los entes gubernamentales estableciendo en detalle los requerimien-

---

81 Véase Christian Behrendt, *Le judge constitutionnel, un législateur-cadre positif. Un analyse comparative en droit francais, belge et allemande*, Bruylant, Bruxelles 2006, pp. 333 ss.

82 Véase Otto Bachof, "Nuevas reflexiones sobre la jurisdicción constitucional entre derecho y política," en *Boletín Mexicano de Derecho Comparado*, XIX, Nº 57, México 1986, pp. 848-849.

83 Véase Christian Behrendt, *Le judge constitutionnel, un législateur-cadre positif. Un analyse comparative en droit francais, belge et allemande*, Bruylant, Bruxelles 2006, p. 341, notas 309 y 310.

84 Véase sentencia BVerfG, de 25 de febrero de 1975, BVerfGE 39, 1, (68), en Christian Behrendt, *Le judge constitutionnel, un législateur-cadre positif. Un analyse comparative en droit francais, belge et allemande*, Bruylant, Bruxelles 2006, pp. 342 ff; y I. Härtel, "*Constitutional Courts as Positive Legislators,*" *German National Report*, XVIII International Congress of Comparative Law, Washington, July, 2010, p. 14.

85 Véase sentencias BVerfG, de 25 de mayo de 1993 (*Schwangerrschaftsabbruch II*), y BVerfGE 88, 203, de 25 de febrero de 1975, en Christian Behrendt, *Le judge constitutionnel, un législateur-cadre positif. Un analyse comparative en droit francais, belge et allemande*, Bruylant, Bruxelles 2006, pp. 346-351.

86 Véase sentencias BGE 91 I 329 ss. (expropiación sustantiva); BGE 94 I 286 ss. (apropiación de derechos de vecinos). Véase en Tobias Jaag, *Constitutional Courts as 'Positive Legislators:' Switzerland, Swiss National Report*, XVIII International Congress of Comparative Law, Washington, July, 2010, p. 16 (nota 89).

tos que debían seguirse en todos los casos de arresto y captura hasta que se dictasen las respectivas disposiciones legales. En este caso, aún cuando la normativa judicial era de carácter provisional y temporal, en la práctica han seguido conformando la "legislación" aplicables en la materia.[87] La Corte Suprema también ha ejercido los mismos poderes protegiendo los derechos de las mujeres trabajadoras contra el acoso sexual en los lugares de trabajo, emitiendo órdenes "para la protección de estos derechos con el fin de llenar el vacío legislativo."[88]

Dentro de este tipo de decisiones de control de constitucionalidad que incluyen normas provisionales establecidas mediante la interpretación de la Constitución, es posible incluir a las llamadas "*súmula vinculante*" emitidas por el Tribunal Supremo Federal de Brasil, como por ejemplo, las relativas a la prohibición del nepotismo en el Poder Judicial, y a la delimitación de las tierras de los pueblos indígenas.[89]

También en Venezuela es posible hallar casos en los que la Sala Constitucional del Tribunal Supremo, en ausencia de leyes reguladoras correspondientes, ha emitido decisiones que contienen disposiciones normativas, resultado del ejercicio por la Sala Constitucional de la llamada "jurisdicción normativa," mediante la cual ha establecido normas completas reguladoras de ciertas situaciones que no han sido objeto de regulación legislativa, como por ejemplo, en relación con las relaciones estables *de facto* entre hombres y mujeres, y en asuntos relativos a la fertilización in vitro.[90]

V. LOS JUECES CONSTITUCIONALES Y LOS PODERES DE CONTROL DE CONSTITUCIONALIDAD

Por último, la cuarta tendencia que puede identificarse en el derecho comparado en relación con los jueces constitucionales actuando como "legisladores positivos," se relaciona con la actividad normativa que tradicionalmente han desplegado en relación con la legislación en materia de control de constitucionalidad o de justicia constitucional. En este sentido, los jueces constitucionales no sólo han dictado normas en relación con sus propios poderes de revisión o control cuando ejercen la justicia constitucional y con las acciones que pueden ser interpuestas ante ellos, sino en relación con el procedimiento aplicable en los procesos constitucionales. Esta

---

87 Véase caso *D K Basu v State of West Bengal,* (1997) 1 SCC 416, en Surya Deva, *Constitutional Courts as 'Positive Legislators: The Indian Experience*, *Indian National Report*, XVIII International Congress of Comparative Law, Washington, July, 2010, pp. 6-7.

88 Véase caso *Vishaka v State of Rajasthan,* 1997 SC 3011, en Surya Deva, *Constitutional Courts as 'Positive Legislators: The Indian Experience*, *Indian National Report*, XVIII International Congress of Comparative Law, Washington, July, 2010, p. 8 (nota 49).

89 Véase *Súmula vinculante* N° 13, STF, *DJ* 1°.set.2006, ADC 12 MC/DF, Rel. Min. Carlos Britto, y STF, *DJ* 25.set.2009, Pet 3388/RR, Rel. Min. Carlos Britto, en Luis Roberto Barroso et al, "Notas sobre a questão do Legislador Positivo" (*Brazil),* XVIII International Congress of Comparative Law, Washington, July, 2010, pp. 33-37; 43-46.

90 Véase sentencia N° 1682 de 15 de Julio de 2005, caso *Carmela Manpieri, Interpretación del artículo 77 de la Constitución*, en http://www.tsj.gov.ve/decisiones/scon/Julio/1682-150705-04-3301.htm; y sentencia N° 1456 de 27 de julio de 2006, caso *Yamilex Núñez de Godoy,* en http://www.tsj.gov.ve/decisiones/scon/Ju-lio/1456-270706-05-1471.htm Véase Daniela Urosa Maggi, *Cortes Constitucionales como 'Legisladores Positivos:' La experiencia venezolana, Venezuelan Nacional Report*, XVIII International Congress of Comparative Law, Washington, July, 2010, p. 19-20.

situación varía, por supuesto según el sistema de control de constitucionalidad que se haya adoptado.

En el sistema difuso o descentralizado de control de constitucionalidad, el poder-deber de todos los tribunales y jueces de desechar la aplicación de leyes que estimen contrarias a la Constitución, aplicando ésta preferentemente al decidir casos concretos, no necesita estar expresamente establecido en la Constitución. Estos poderes derivan del principio de supremacía de la Constitución tal como lo delineó el Juez John Marshall, en la conocida decisión de la Corte Suprema de Estados Unidos en el caso *Marbury* vs. *Madison* 1 Cranch 137 (1803). En consecuencia, en los Estados Unidos, debido a este vínculo esencial entre la supremacía de la Constitución y la *judicial review*, el poder de los jueces de controlar la constitucionalidad de las leyes fue una creación de la Suprema Corte, como también lo fue unas décadas después en Noruega, en Grecia, y en Argentina,[91] donde el control de constitucionalidad también fue producto de la creación jurisprudencial de sus respectivas Cortes Supremas de Justicia.

Por otra parte, y en particular en relación con la protección de los derechos y libertades fundamentales, dado los principios de progresividad y prevalencia arraigados ya en el constitucionalismo contemporáneo, los jueces constitucionales en su carácter de interpretes supremos de la Constitución, en ausencia de la legislación pertinente, han creado incluso la misma acción de amparo como un medio judicial para la protección de aquellos. Este fue el caso, también de Argentina en 1957, de la República Dominicana en 1999,[92] y en la República de Eslovaquia, donde la Corte Constitucional "creó" un medio específico de protección de los derechos fundamentales.[93]

En materia específica de la protección de los derechos e intereses difusos y colectivos establecidos en la Constitución, en Venezuela, la Sala Constitucional ha admitido la acción directa del amparo en la materia, fijando su regulación;[94] y en la India, la Corte Suprema ha expandido la acción para la protección de los derechos fundamentales, para abarcar la protección de dichos derechos colectivos y difusos, conformando los llamados "litigios de interés público."[95]

---

91 Véase Allan R. Brewer-Carías, *Judicial Review in Comparative Law*, Cambridge University Press, Cambridge 1989.

92 Véase Allan R. Brewer-Carías, *Constitutional Protection of Human Rights in Latin America,* Cambridge University Press, New York, 2010.

93 Véase sentencia de la Corte Constitucional N° III. ÚS 117/01, en Ján SvákyLucia Berdisová, *Constitutional Court of the Slovak Republic as Positive Legislator via Application and Interpretation of the Constitution, Slovak National Report*, XVIII International Congress of Comparative Law, Washington, July, 2010, p. 9.

94 Véase sentencias N° 656 de 30 de junio de 2000, caso *Dilia Parra Guillen (Peoples' Defender),* en http://www.tsj.gov.ve/decisio-nes/scon/Junio/656-300600-00-1728%20.htm; N° 1395 de 21 de noviembre de 2000, caso *William Dávila* Case, en *Revista de Derecho Público*, N° 84, Editorial Jurídica Venezolana, Caracas, 2000, pp. 330; N° 1571 de 22 de agosto de 2001, caso *Asodeviprilara,* en http://www.tsj.gov.ve/decisiones/scon/Agosto/1571-220801-01-1274%20.htm. Véase Daniela Urosa Maggi, *Cortes Constitucionales como 'Legisladores Positivos:' La experiencia venezolana, Venezuelan National Report,* XVIII International Congress of Comparative Law, Washington, July, 2010, p. 11-12.

95 Véase casos *S P Gupta v Union of India* AIR 1982 SC 149; *PUDR v Union of India* AIR 1982 SC 1473; *Bandhua Mukti Morcha v Union of India* (1984) 3 SCC 161, en Surya Deva, *Constitutional*

Ahora bien, en contraste con lo que ocurre en los sistemas de control difuso de control de constitucionalidad, en los sistemas de control concentrado, la facultad exclusiva de los Tribunales o Cortes Constitucionales o de las Cortes Supremas de controlar la constitucionalidad de los actos legislativos, como Jurisdicción Constitucional, tiene que estar siempre establecida en forma expresa en la Constitución, no pudiendo ser establecida por deducción a través de decisiones judiciales.[96]

Sin embargo, si bien este principio general se ha mantenido incólume, en algunos casos, los jueces constitucionales lo que han hecho es ampliar o adaptar sus competencias de control de constitucionalidad, como ocurrió, por ejemplo, los ya mencionados casos en los cuales los Tribunales o Cortes Constitucionales han aplicado la técnica de declarar la inconstitucionalidad de las leyes, pero sin anularlas, o cuando han asumido la facultad de extender la aplicación de la ley declarada inconstitucional durante un tiempo, o cuando han emitido directrices destinadas al legislador a los efectos de que legisle en armonía con la Constitución. Esta ha sido, como se ha visto, por ejemplo, la técnica desarrollada en Alemania, incluso como lo indicó Inés Härtel, "sin autorización legal, de hecho, *contra legem.*"[97] En España, el Tribunal Constitucional ha aplicado la misma técnica también a pesar de la disposición contraria contenida en la Ley Orgánica del Tribunal Constitucional.[98]

Pero en otros casos, los jueces constitucionales han creado sus propias facultades de revisión judicial no establecidas en la Constitución, como ha sucedido en Venezuela, donde la Sala Constitucional del Tribunal Supremo ha creado un nuevo medio de control de constitucionalidad no previsto en la Constitución, como el llamado "recurso abstracto para la interpretación constitucional,"[99] que puede ser intentado por cualquier persona interesada en resolver las dudas que resulten de disposiciones constitucionales ambiguas u oscuras. Este recurso ha permitido a la Sala Constitucional emitir muchos importantes y con frecuencia controversiales fallos, y más grave aún, a través de su ejercicio por el Procurador General, la Sala Constitucional ha

---

Courts as 'Positive Legislators: The Indian Experience, *Indian National Report*, XVIII International Congress of Comparative Law, Washington, July, 2010, p. 2, 4-5.

96 Véase Allan R. Brewer-Carías, *Judicial Review in Comparative Law*, Cambridge University Press, Cambridge 1989, pp. 185 ss.; y Jorge Carpizo, *El Tribunal Constitucional y sus límites*, Grijley Ed, Lima 2009, p. 41.

97 Véase I. Härtel, *Constitutional Courts as Positive Legislators, German National Report*, XVIII International Congress of Comparative Law, Washington, July, 2010, p. 8; Francisco Fernández Segado, "Algunas reflexiones generales en torno a los efectos de las sentencias de inconstitucionalidad y a la relatividad de ciertas fórmulas esterotipadas vinculadas a ellas," en *Anuario Iberoamericano de Justicia Constitucional*, Centro de Estudios Políticos y Constitucionales, Nº 12, 2008, Madrid 2008, p. 162.

98 Véase F. Fernández Segado, *El Tribunal Constitucional como Legislador Positivo, Spanish National Report*, XVIII International Congress of Comparative Law, Washington, July, 2010, p. 6, 11.

99 Véase sentencia Nº 1077 de 22 de septiembre de 2000, caso *Servio Tulio León*, en *Revista de Derecho Público*, Nº 83, Editorial Jurídica Venezolana, Caracas 2000, pp. 247 ss. Véase Allan R. Brewer-Carías, "Le Recours d'Interprétation Abstrait de la Constitution au Vénézuéla," en *Renouvau du droit constitutionnel. Mélanges en l'honneur de Louis Favoreu*, Paris 2007, pp. 61-70; y "La ilegítima mutación de la constitución por el juez constitucional: la inconstitucional ampliación y modificación de su propia competencia en materia de control de constitucionalidad," en *Libro Homenaje a Josefina Calcaño de Temeltas*, Fundación de Estudios de Derecho Administrativo (FUNEDA), Caracas 2009, pp. 319-362.

mutado ilegítimamente, importantes disposiciones constitucionales. Fue el caso, por ejemplo, de las decisiones adoptadas en relación con los referendos consultivo y revocatorio entre 2002 y 2004, mediante los cuales la Sala transformó el referendo revocatorio en un referendo ratificatorio no establecido en la Constitución.[100] Estas decisiones, sin duda, también pertenecen al capítulo de la patología de la justicia constitucional.

Finalmente, en relación con la interferencia judicial en las funciones legislativas, también puede mencionarse el proceso de creación de normas procesales por los jueces constitucionales para el ejercicio de sus funciones de control de constitucionalidad, cuando las mismas no se han establecido en la legislación respectiva.

Con tal fin, como ha sucedido en el Perú, el Tribunal Constitucional ha afirmado poseer "autonomía procesal," habiendo ejercido facultades ampliadas en el desarrollo y complementación de las reglas procesales aplicables a los procesos constitucionales, en aspectos no regulados en forma expresa en la ley.[101]

En Alemania, igualmente se ha utilizado el mismo principio de la autonomía procesal (*Verfahrensautonomie*) para explicar las facultades desarrolladas por el Tribunal Constitucional Federal para complementar las normas procesales en el trámite del control de constitucionalidad basándose en la interpretación del artículo 35 de la Ley del Tribunal Constitucional Federal relacionado con la ejecución de sus decisiones.

En otros casos, la interferencia judicial en asuntos legislativos en relación con las normas procesales en materia de control de constitucionalidad ha sido más intensa, como ha sucedido en Colombia, donde la Corte Constitucional ha asumido incluso la competencia exclusiva para establecer los efectos de sus propias decisiones, sustrayendo la materia del ámbito de las competencias del legislador.[102]

---

100 La mutación constitucional tuvo precisamente por objeto evitar en 2004 la revocación del mandato del Presidente de la Republica, Hugo Chávez. Este había sido electo en agosto de 2000 con 3,757,744 votes; siendo suficiente para revocarle el mandato de acuerdo con la Constitución, que los votos por su revocatoria fuesen superiores a esa cifra. El número de votos a favor de la revocatoria del mandato del Presidente expresados en el referendo que tuvo lugar el 15 de agosto de 2004 fue de 3,989,008, por lo que su mandato fue constitucionalmente revocado. Sin embargo, el Consejo nacional Electoral el 27 de agosto de 2004), en virtud de que en el mismo referendo la opción por la no revocación del mandato obtuvo 5.800.629 votos, decidió "ratificar" al Presidente en su cargo hasta la terminación de su mandato en enero de 2007. Véase *El Nacional*, Caracas, 28 de agosto de 2004, pp. A-1 y A-2. Véase los comentarios al caso en Allan R. Brewer-Carías, "La Sala Constitucional vs. El derecho ciudadano a la revocatoria de mandatos populares o de cómo un referendo revocatorio fue inconstitucionalmente convertido en un "refrendo ratificatorio," en *Crónica sobre la "in" justicia constitucional. La Sala Constitucional y el autoritarismo en Venezuela*, Colección Instituto de Derecho Público, Universidad Central de Venezuela, N° 2, Editorial Jurídica Venezolana, Caracas 2007, pp. 350 ss.

101 Decisión del Tribunal Constitucional, Exp. N° 0020-2005-AI/TC, FJ 2, en Francisco Eguiguren y Liliana Salomé, *Función contra-mayoritaria de la Juridicción Constitucional, su legitimidad democrática y los conflictos entre el Tribunal Constitucional y el Legislador,* Peruvian National Report, XVIII International Congress of Comparative Law, Washington, July, 2010, p. 14; y Fernán Altuve-Febres, *El Juez Constitucional como legislador positivo en el Perú, Peruvian National Report II*, XVIII International Congress of Comparative Law, Washington, July, 2010, pp. 22-23.

102 Véase Decision C-113/93. Véase en Germán Alfonso López Daza, *Le juge constitutionnel colombien, législateur-cadre positif: un gouvernement des juges Colombian National Report I,* XVIII International Congress of Comparative Law, Washington, July, 2010, p. 9.

En Venezuela, la Sala Constitucional del Tribunal Supremo de Justicia, también ha invocado su "jurisdicción normativa" para establecer normas procesales aplicables en los procesos constitucionales cuando la materia no se ha regulado en las leyes, como ha sucedido, en particular, en los procesos destinados a controlar la omisión legislativa absoluta,[103] y de habeas data, estableciendo en detalle las normas procesales "con el fin de llenar el vacío existente."[104] El vacío legislativo, en todo caso, fue luego llenado con las previsiones de la Ley Orgánica del Tribunal Supremo de Justicia de 2010.[105]

***

De lo anteriormente señalado sobre el rol de los jueces constitucionales en sus relaciones con el poder constituyente y con el legislador y sus acciones y omisiones, es evidente que en el mundo contemporáneo los mismos han venido asumiendo de manera progresiva una ingerencia activa en áreas que hace sólo unas décadas les pertenecían exclusivamente a aquellos, en algunos casos descubriendo y deduciendo normas constitucionales, en particular en asuntos relacionados con la vigencia y protección de los derechos humanos no expresamente consagrados en la Constitución y que incluso, en muchos casos no podrían siquiera ser considerados como derivados de la intención de un Constituyente antiguo y original, cuando sancionó una Constitución concebida para una sociedad diferente.

En otros casos, los jueces constitucionales han asumido de manera progresiva funciones legislativas, complementando al Legislador en su papel de creador de leyes, en muchos casos llenando los vacíos resultantes de las omisiones legislativas, en otros, mandando lineamientos y ordenes al Legislador, y además, adoptando legislación provisional resultante del ejercicio de sus funciones de control de constitucionalidad.

Sin embargo, en todos esos casos, el principio básico que condiciona todas esas tareas de los jueces constitucionales, por supuesto, tiene que ser que los mismos como garantes de la Constitución tienen siempre que estar subordinados a la misma, sin que puedan invadir el campo y llegar a sustituir al Legislador o el del poder constituyente. Lo contrario equivaldría a desarrollar lo que se ha denominado como

---

103 Véase sentencia Nº 1556 of July 9, 2002, caso *Alfonzo Albornoz y Gloria de Vicentini*, en http://www.tsj.gov.ve/decisiones/scon/Ju-lio/1556-090702-01-2337%20.htm. Véase Daniela Urosa Maggi, *Cortes Constitucionales como 'Legisladores Positivos:' La experiencia venezolana,* Venezuelan National Report, XVIII International Congress of Comparative Law, Washington, July, 2010, pp. 10-11.

104 Véase sentencia Nº 1511 of November 9, 2009, caso *Mercedes Josefina Ramírez, Acción de Habeas Dat,* en http://www.tsj.gov.ve/ decisiones/scon/Noviembre/1511-91109-2009-09-0369.html. Véase Allan R. Brewer-Carías, "El proceso constitucional de las acciones de habeas data en Venezuela: las sentencias de la Sala Constitucional como fuente del Derecho Procesal Constitucional" en Eduardo Andrés Velandia Canosa (Coordinador), *Homenaje al Maestro Héctor Fix Zamudio. Derecho Procesal Constitucional. Memorias del Primer Congreso Colombiano de Derecho Procesal Constitucional* Mayo 26, 27 y 28 de 2010, Bogotá 2010, pp. 289-295; y Daniela Urosa Maggi, "*Cortes Constitucionales como 'Legisladores Positivos:' La experiencia venezolana,*" Venezuelan National Report, XVIII International Congress of Comparative Law, Washington, July, 2010, p. 13.

105 Véase Allan R. Brewer-Carías y Víctor Hernández Mendible, *Ley Orgánica del Tribunal Supremo de Justicia*, Editorial Jurídica Venezolana, Caracas 2010.

el "totalitarismo judicial irresponsable,"[106] que es la manifestación más evidente de la patología de la justicia constitucional producto del resquebrajamiento de las tareas esenciales de los jueces constitucionales, lo que ha sucedido, por ejemplo, cuando se han puesto al servicio de políticas autoritarias, sirviendo de instrumentos para la demolición de las bases del Estado de derecho.

Ello se ha reflejado en la práctica constitucional reciente, por ejemplo:

Primero, cuando el juez constitucional ha renunciado a ser el comisario del poder constituyente, permitiendo tanto la constitución de Asambleas Constituyentes al margen de las previsiones constitucionales, como que además, usurpen y suplanten la voluntad popular, dejando de asegurar que la soberanía permanezca siempre en el pueblo y no sea usurpada por los órganos constituidos.

Segundo, cuando el juez constitucional ha renunciado a asumir ese rol de comisario del poder constituyente para asegurar la vigencia de los principios pétreos consagrados en la Constitución, permitiendo el desarrollo de procesos de reforma constitucional en relación con los mismos, incluso sin asegurarse la participación popular.

Tercero, cuando el juez constitucional como garante de la supremacía constitucional, a pesar de que las Constituciones prevén expresamente diversos procedimientos de revisión constitucional, ha renunciado a controlar irregulares procedimientos constitucionales utilizados para la reforma constitucional, apartándose de lo dispuesto por voluntad del pueblo y que están plasmados en el propio texto constitucional, trastocándose la distinción entre los diversos procedimientos de reforma.

Cuarto, cuando el juez constitucional como garante de la rigidez constitucional ha renunciado a garantizar la rigidez constitucional y a controlar que el legislador ordinario no efectúe reformas constitucionales mediante los procedimientos de la legislación ordinaria.

Quinto, cuando el juez constitucional, a pesar de que debe asegurar su supremacía y su rigidez, sometiéndose a sus postulados, ha usurpando el poder constituyente, desligándose de la propia Constitución, llegando a veces a mutarla ilegítimamente.

Sexto, cuando el Juez Constitucional, al ejercer la justicia constitucional, ha procedido a reformar las leyes usurpando la función legislativa de la Asamblea nacional

Séptimo, cuando el Juez Constitucional como garante por antonomasia del régimen democrático previsto en la Constitución para asegurar que el acceso al poder solo se haga conforme a sus previsiones, en la práctica constitucional, se ha abstenido ilegítimamente de controlar las rupturas al hilo constitucional,

---

106 Véase Sandra Morelli, *La Corte Constitucional: un papel por definir*, Academia Colombiana de Jurisprudencia, 2002; y "*The Colombian Constitutional Court: from Institutional Leadership, to Conceptual Audacity,*" Colombian National Report, XVIII International Congress of Comparative Law, Washington, July, 2010, p. 3. Véase también, Allan R. Brewer-Carías, "*Quis Custodiet Ipsos Custodes*: De la interpretación constitucional a la inconstitucionalidad de la interpretación," en *VIII Congreso Nacional de derecho Constitucional, Perú*, Fondo Editorial 2005, Colegio de Abogados de Arequipa, Arequipa, Septiembre 2005, pp. 463-489, y en *Revista de Derecho Público*, N° 105, Editorial Jurídica Venezolana, Caracas 2006, pp. 7-27; *Crónica sobre la "In" Justicia Constitucional. La Sala Constitucional y el autoritarismo en Venezuela*, Editorial Jurídica Venezolana, Caracas 2007; y *Reforma Constitucional y Fraude a la Constitución*, Academia de Ciencias Políticas y Sociales, Caracas 2009.

Octavo, cuando en materia de protección de los derechos constitucionales, el Juez Constitucional ha admitido la reducción del ámbito de protección de los derechos, quedando excluidos de protección ciertas personas agraviadas y ciertos derechos constitucionales, y excluidos de control ciertos actos estatales lesivos, y ciertas personas a pesar de tener la condición de agraviantes.

Toda esa práctica constitucional lo que pone en evidencia es que los jueces constitucionales en muchos casos no han asumido su rol de comisarios del poder constituyente y de la supremacía constitucional; práctica que es importante estudiar y analizar a los efectos de establecer las causas, los síntomas y la evolución de los males, a los efectos de poder diagnosticarlos a tiempo y prevenir que recurran.

Se trata, por tanto, ni más ni menos, que estudiar las afecciones de la justicia constitucional, particularmente de cara a las recientes experiencias constitucionales que se han producido en algunos de nuestros países de América Latina, donde se han arraigado regímenes autoritarios tanto en fraude a la Constitución como en fraude a la propia voluntad popular.

SECCIÓN SEGUNDA:

EL MARCO GENERAL PARA LA "IN" JUSTICIA CONSTITUCIONAL: EL JUEZ CONSTITUCIONAL SOMETIDO AL PODER POLÍTICO (2007)

Esta segunda sección es el texto de la introducción del libro: *Crónica sobre la "in" justicia constitucional. La Sala Constitucional y el autoritarismo en Venezuela*, Colección Instituto de Derecho Público, Universidad Central de Venezuela, Nº 2. Editorial Jurídica Venezolana, Caracas 2007, pp. 11-44

Para que un sistema de justicia constitucional pueda funcionar adecuadamente, garantizando la supremacía de la Constitución y protegiendo los derechos fundamentales de las personas, tiene que estar estructurado dentro de un Estado de derecho que responda al principio de la separación de poderes, y en el cual estén garantizadas la independencia y la autonomía de los jueces.

En cambio, en un régimen autoritario, donde no hay separación de poderes y donde los jueces son dependientes del poder político, el sistema se torna en un insólito instrumento de injusticia, con la gravedad de que al ser impartido, por ejemplo, por una Jurisdicción Constitucional como la que ejerce la Sala Constitucional del Tribunal Supremo de Justicia, la misma, al no estar sometida a control alguno, adicionalmente constituye impune abuso de poder. En esos casos, la justicia constitucional termina siendo un instrumento de "in" justicia constitucional y de demolición del Estado de derecho.

I. LA JUSTICIA CONSTITUCIONAL EN LA CONSTITUCIÓN DE 1999 Y SU DISTORSIÓN POR LA PRÁCTICA POLÍTICA

En efecto, la Constitución de 1999 establece en forma expresa en sus artículos 266, 334 y 336 la competencia de la Sala Constitucional del Tribunal Supremo de Justicia para declarar la nulidad por inconstitucionalidad, de las leyes y demás actos de los cuerpos deliberantes de carácter nacional, estadal o municipal dictados en ejecución directa de la Constitución, así como de los actos con rango legal dictados por el Ejecutivo Nacional.

Es decir, la Constitución prevé un control judicial concentrado de la constitucionalidad de todos los actos estatales, con exclusión de los actos judiciales y de los actos administrativos respecto de los cuales prevé medios específicos de control de legalidad y constitucionalidad (recurso de casación, apelaciones y Jurisdicción Contencioso Administrativa). De acuerdo con la Constitución, por tanto, existe un control concentrado de la constitucionalidad reservado en el nivel nacional, a los actos estatales de rango legal o de ejecución directa de la Constitución (leyes, actos parlamentarios sin forma de ley y actos de gobierno); en el nivel estada], a las leyes emanadas de las Asambleas Legislativas y demás actos de ejecución directa de la Constitución; y en el nivel municipal, a las Ordenanzas Municipales, consideradas invariablemente como leyes locales, y demás actos de ejecución directa de la Constitución. Este control de la constitucionalidad de los actos estatales permite a la Sala Constitucional del Tribunal Supremo de Justicia declarar su nulidad cuando sean violatorios o colidan con la Constitución. Se trata, por tanto, como hemos dicho, de un control concentrado de la constitucionalidad de las leyes, y otros actos estatales de rango legal o de ejecución directa e inmediata de la Constitución atribuido a la Sala Constitucional.

Pero además, tanto el artículo 20 del Código de Procedimiento Civil, el artículo 19 del Código Orgánico Procesal Civil, como la propia Constitución (art. 334) permiten a todos los tribunales de la República, cuando decidan un caso concreto, declarar la inaplicabilidad de las leyes y demás actos estatales normativos cuando estimen que son inconstitucionales, dándole por tanto preferencia a las normas constitucionales. Se trata, sin duda, de la base legal del método difuso de control de la constitucionalidad.

Por tanto, el sistema venezolano de control de la constitucionalidad de las leyes y otros actos estatales, puede decirse que es uno de los más amplios conocidos en el mundo actual si se lo compara con los que muestra el derecho comparado[107], pues como se ha dicho, mezcla el control difuso de la constitucionalidad de las leyes con el control concentrado de la constitucionalidad de las mismas[108]; configurándose

107 *V.* Allan R. Brewer–Carías, *El control de la constitucionalidad de los actos estatales,* Caracas, 1977; "Algunas consideraciones sobre el control jurisdiccional de la constitucionalidad de los actos estatales en el Derecho venezolano", *Revista de Administración Pública,* n° 76, Madrid, 1975, pp. 419 a 446; "La Justicia Constitucional en Venezuela", Simposio Internacional sobre Modernas Tendencias de Derecho Constitucional (España y América Latina). Universidad Externado de Colombia, Bogotá, Nov. 1986, 102 páginas. *V.* además, M. Gaona Cruz, "El control judicial ante el Derecho Comparado" en *Archivo de Derecho Público y Ciencias de la Administración* (El Derecho Público en Colombia y Venezuela), Vol. VII, 1986, Caracas, 1986.

108 De acuerdo a la terminología acuñada por Piero Calamandrei, *La illegittimitá Costituzionale delle Leggi,* Padova, 1950, p. 5; y difundida por Mario Capelletti, *Judicial Review in the contemporary World, Indianápolis, 1971. V.* Allan R. Brewer–Carías, *Judicial review in comparative law,* Cambridge University Press, *1989;* y Allan R. Brewer–Carías, *La Justicia Constitucional,* Tomo VI, *Instituciones Políticas y Constitucionales,* Universidad católica del Táchira, Editorial Jurídica Venezolanao, Caracas san Cristóbal 1996, pp. 86 y ss.

desde el Siglo XIX[109], como un sistema mixto o integral con fundamento en el principio de la supremacía de la Constitución (artículo 7)·

Sin duda, un sistema de justicia constitucional como el previsto en la Constitución, puede considerarse como "la culminación de la edificación del Estado de derecho"[110] y la consecuencia directa del proceso de constitucionalización del mismo, es decir, de la adopción de una Constitución como ley suprema, en la cual no sólo se establece la organización de los poderes del Estado y sus limitaciones, sino que se declaran y garantizan los derechos fundamentales de los ciudadanos. Se trata, en definitiva, del logro más importante del ciudadano frente a la antigua autoridad absoluta de los órganos del Estado, y en particular, frente a la antigua supremacía y soberanía de los Parlamentos.

Sin embargo, en el mundo contemporáneo dicho Estado de derecho está construido, en primer lugar, sobre la existencia de una Constitución como norma suprema, directamente aplicable a los particulares; en segundo lugar, sobre la democracia como régimen político, que tiene por objeto asegurar el gobierno del pueblo como titular de la soberanía, sea en forma indirecta a través de representantes, o bien mediante instrumentos para su ejercicio directo; en tercer lugar, sobre el goce y ejercicio de los derechos humanos, como fin esencial del orden político; y en cuarto lugar, por encima de todo, sobre el control del poder como sistema político constitucional, que tiene por objeto impedir el abuso de quienes lo ejercen.

Estos cuatro elementos están interrelacionados de manera que ninguno puede existir aisladamente y sin que exista el otro: no puede haber efectiva supremacía constitucional, verdadera democracia, ni efectivo goce y protección de los derechos humanos si no hay control del poder; y sólo en democracia es que se concibe el sistema de derechos humanos, la posibilidad de controlar el poder y garantizar efectivamente la supremacía de la Constitución.

En otras palabras, para que pueda existir y funcionar efectivamente la democracia y se pueda asegurar realmente la protección de los derechos humanos y la supremacía constitucional mediante la justicia constitucional, se requiere de un marco constitucional que establezca y permita el control del poder, de manera que los diversos poderes del Estado puedan limitarse mutuamente, y mediante su división y distribución, el poder pueda frenar al poder. Sólo en un sistema donde exista el control del poder puede haber garantía esencial de todos los valores de la propia democracia, como el respeto a la voluntad popular, la vigencia de los derechos humanos, el pluralismo político, la alternabilidad republicana o el Estado de derecho.

---

109 *V.* los comentarios en relación con sistema mixto de justicia constitucional en Venezuela como consecuencia del principio de supremacía constitucional en R. Feo, *Estudios sobre el Código de Procedimiento Civil Venezolano,* Caracas, 1904, Tomo I, pp. 26–35; R. Marcano Rodríguez, *Apuntaciones Analíticas sobre las materias fundamentales y generales del Código de Procedimiento Civil Venezolano,* Caracas, Tomo I, pp. 36–38; A. Borjas, *Comentarios al Código de Procedimiento Civil,* Caracas, Tomo I, pp. 33–35. *V.* además, Allan R. Brewer–Carías, *El sistema mixto o integral de control de constitucionalidad en Colombia y Venezuela,* Bogotá, 1995.

110 *V.* P. Lucas Murillo de la Cueva, "El examen de la constitucionalidad de las leyes y la soberanía parlamentaria", *Revista de Estudios Políticos,* N° 7, Madrid, 1979, p. 200.

Precisamente por ello, en ese instrumento internacional excepcionalísimo como es la *Carta Democrática Interamericana* adoptada en la Asamblea General de la Organización de Estados Americanos, en Lima, el 11 de septiembre de 2001, se enumeraron en su artículo 3, como elementos esenciales de la democracia representativa, además del respeto a los derechos humanos y las libertades fundamentales; además del acceso al poder y su ejercicio con sujeción al Estado de derecho; además de la celebración de elecciones periódicas, libres, justas y basadas en el sufragio universal y secreto, como expresión de la soberanía del pueblo; y además del régimen plural de partidos y organizaciones políticas; la necesaria existencia –dice– de "la separación e independencia de los poderes públicos". Además, la misma *Carta* definió en su artículo 4°, como componentes fundamentales del ejercicio de la democracia, la transparencia de las actividades gubernamentales, la probidad, la responsabilidad de los gobiernos en la gestión pública, y el respeto por los derechos sociales y la libertad de expresión y de prensa. Además, se declaró que son igualmente fundamentales para la democracia la subordinación constitucional de todas las instituciones del Estado a la autoridad civil legalmente constituida y el respeto al Estado de derecho de todas las entidades y sectores de la sociedad. La democracia, por tanto, es mucho más que las solas elecciones y votaciones.

Sin embargo, entre todos esos elementos y componentes esenciales de la democracia, sin duda, el que se refiere a la separación e independencia de los Poderes Públicos es precisamente el que permite estructurar un verdadero régimen democrático, permite asegurar la supremacía de la Constitución y permite la efectiva vigencia de los derechos humanos[111] mediante un efectivo sistema de justicia constitucional.

No olvidemos que en nuestros países de América Latina, desde hace mucho tiempo y con todos los altos y bajos de su efectividad, hemos tenido sistemas de justicia constitucional e instituciones que han buscado asegurar el respeto a los derechos humanos, la sujeción del poder al derecho, elecciones más o menos regulares y libres y un régimen plural de partidos. Pero si nuestras democracias no terminan de arraigar, es porque nos ha faltado implantar efectivamente el último de los elementos mencionados en la Carta Democrática Interamericana, el de la efectiva "separación e independencia de los poderes"; es decir, el orden constitucional que debe existir en toda democracia para controlar y limitar el poder, y que hace posible la misma gobernabilidad de la democracia, y en particular, lograr una efectiva representación política; la posibilidad real de participación política del ciudadano; un buen gobierno que sea transparente y responsable, la garantía de los derechos humanos y la vigencia efectiva del Estado de derecho mediante la justicia constitucional.

Porque sin control del poder no sólo la democracia no es gobernable, sino que no pueden tener efectiva vigencia todos sus otros factores esenciales antes mencionados, pues sólo controlando al Poder es que puede haber elecciones completamente libres y justas, es decir, puede haber representatividad efectiva; sólo controlando al

---

111 *V.* sobre la Carta Democrática Interamericana y la crisis de la democracia en Venezuela, Allan R. Brewer–Carías, *La crisis de la democracia venezolana. La Carta Democrática Interamericana y los sucesos de abril de 2002*, Ediciones El Nacional, Caracas 2002. pp. 137 y ss. Este libro puede consultarse en la *página web:* allanbrewercarias.com (Publicaciones 2002).

poder es que puede haber pluralismo político; sólo controlando al Poder es que puede haber efectiva participación democrática; sólo controlando al Poder es que se puede asegurar una efectiva transparencia en su ejercicio, con exigencia de la rendición de cuentas por los gobernantes; sólo controlando el Poder es que se puede asegurar un buen gobierno sometido al respeto de la Constitución y del Estado de derecho; sólo controlando el Poder es que puede haber un efectivo acceso a la justicia; y sólo controlando al Poder es que puede haber real y efectiva garantía de respeto a los derechos humanos.

Al contrario demasiada concentración y centralización del poder, si no hay independencia y autonomía de los poderes, particularmente del poder judicial, y sin controles efectivos sobre los gobernantes, y peor aún, si estos tienen o creen tener apoyo popular, conduce al autoritarismo y, en definitiva, a la tiranía. Y esta fue la historia de la humanidad durante el Siglo pasado, que nos muestra precisamente a tiranos que usaron el voto de la mayoría para acceder al poder y desde allí aplicaron el autoritarismo para acabar con la propia democracia y con todos sus elementos, comenzando por los derechos humanos.

Ahora bien, para poder ejercer este control del poder, por supuesto, se requiere por sobre todo que los jueces y, en particular, el juez constitucional, sea efectivamente autónomo e independiente de las diversas ramas del poder público, pues de lo contrario, si se trata de un órgano controlado por el poder político de turno, en lugar de ser el guardián de la Constitución y del Estado de derecho, puede ser el instrumento más diabólico del autoritarismo y de la destrucción del mismo. Como a los tribunales constitucionales nadie los controla, se pueden convertir en un poder constituyente derivado no regulado en el texto constitucional, y sus inconstitucionales interpretaciones de la Constitución pueden pasar ilegítimamente a formar parte de la propia Constitución. La pregunta de siempre que suscita el poder incontrolado, *Quis custodiet ipsos custodes,* por tanto, aquí adquiere todo su significado, pues no tiene respuesta[112].

Por ello, por sobre todo, más que las competencias que le son atribuidas, lo importante en un juez o tribunal constitucional es su autonomía e independencia frente al poder. Y ese es el problema que ha existido y aún existe en muchos de nuestros países, y que aqueja la justicia constitucional en Venezuela en los comienzos del siglo XXI, donde lamentablemente la Sala Constitucional del Tribunal Supremo de Justicia, particularmente con la última reforma de la Ley del Tribunal Supremo de Justicia de 2004[113] y con la forma como desde 1999 se ha realizado la integración del mismo, no es la garantía del Estado de derecho que debería esperarse.

Lamentablemente, la integración del Tribunal Supremo se hizo con magistrados controlados por el poder político y lo que es peor, dependientes del mismo, ya que pueden ser removidos por una Asamblea Nacional totalmente controlada política-

---

112 *V.* Allan R. Brewer–Carías, "*Quis Custodiet ipsos Custodes*: De la interpretación constitucional a la inconstitucionalidad de la interpretación", en *VIII Congreso Nacional de derecho Constitucional, Perú.* Arequipa. Fondo Editorial 2005, Colegio de Abogados de Arequipa 2005, pp. 463–489. Véase este trabajo en las páginas 47 y ss. de este libro.

113 *V.* Allan R. Brewer–Carías, *Ley Orgánica del Tribunal Supremo de Justicia. Procesos y procedimientos constitucionales y contencioso administrativos*, Editorial Jurídica Venezolana, Caracas 2004.

mente por el Ejecutivo, incluso sin voto calificado. Todo ello, lamentablemente, se ha hecho en el marco de proceso de demolición progresiva y sistemática del Poder Judicial que en los últimos años se ha desarrollado en el país[114], en el cual, incluso, ha participado la propia Sala Constitucional con decisiones que han resquebrajado el Estado de derecho, que se comentan en este libro.

Por ello, el magnífico sistema de justicia constitucional que en Venezuela se construyó, pieza a pieza, durante décadas para afianzar el Estado de derecho en democracia, y que formalmente culminó con las normas de la Constitución de 1999, lamentablemente, dado el resquebrajamiento de la democracia que se ha producido en estos primeros años del Siglo XXI, se ha venido configurando en un sistema de "in" justicia constitucional que ha resquebrajado las bases del Estado de derecho, que tiene su origen en los actos de la Asamblea Constituyente de 1999, adoptados después de que la Constitución de ese año fuera aprobada mediante referendo, precisamente de nombramiento de los magistrados del Tribunal Supremo.

II. LA AUSENCIA DE DISPOSICIONES TRANSITORIAS SOBRE EL PODER JUDICIAL EN LA CONSTITUCIÓN DE 1999

Sin duda, una de las reformas constitucionales de mayor importancia sobre el Poder Judicial introducidas en la Constitución aprobada mediante referendo el 15 de diciembre de 1999, fue la transformación de la antigua Corte Suprema de Justicia que estaba dividida en tres Salas: Político-Administrativa, de Casación Civil y de Casación Penal; en un Tribunal Supremo de Justicia (Art. 262), dividido en seis Salas: Constitucional, Político-Administrativa, Electoral, de Casación Civil, de Casación Penal y de Casación Social (Art. 262); y al cual se atribuyó, además, el gobierno y administración del Poder Judicial a través de una Dirección Ejecutiva de la Magistratura (Art. 267), función que antes había estado a cargo del Consejo de la Judicatura.

Sin embargo, a pesar de ese importante cambio institucional, la Constitución no estableció norma alguna en sus Disposiciones Transitorias para regular la "transición" inmediata entre los órganos superiores del Poder Judicial que en 1999 existían conforme a la Constitución de 1961 y los nuevos órganos previstos en la nueva Constitución. Esa fue la voluntad expresada por el poder constituyente originario (el pueblo) torno a la transitoriedad constitucional, conforme al texto sancionado por la Asamblea Constituyente y que había sido sometido a referendo, lo que implicaba la continuidad de los anteriores órganos hasta que se dictaran las leyes necesarias para implementar el funcionamiento de los nuevos.

En efecto, la Constitución de 1999, si bien contiene 28 Disposiciones Transitorias en las cuales se regularon aspectos tendientes a asegurar la vigencia inmediata de la Constitución, a posponer la vigencia de algunas normas, y a establecer el programa legislativo para la ejecución de la Constitución; en el mismo nada se dispuso sobre la posible inmediata transición, por ejemplo, de los titulares electos de los

---

114 *V.* Allan Brewer–Carías, "La progresiva y sistemática demolición institucional de la autonomía e independencia del Poder Judicial en Venezuela 1999–2004", en *XXX Jornadas J.M Domínguez Escovar, Estado de derecho, Administración de justicia y derechos humanos.* Barquisimeto. Venezuela. Instituto de Estudios Jurídicos del Estado Lara. 2005 pp.33–174.

órganos representativos del Poder Público regulados conforme a la Constitución de 1961 y que habían sido electos en noviembre y diciembre de 1998; hacia los nuevos órganos del Poder Público previstos en la Constitución de 1999. En tal sentido puede afirmarse que los constituyentes, al redactar el texto constitucional, no previeron transición constitucional alguna distinta a la contenida en las referidas Disposiciones Transitorias; y ello fue lo aprobado popularmente en el referendo aprobatorio de la Constitución.[115]

Por tanto, la no previsión de normas expresas para asegurar la inmediata sustitución de los titulares de los órganos del Poder Público en las Disposiciones Transitorias producía, como en su momento dijimos[116], en relación con los magistrados de la Corte Suprema de Justicia, en un régimen democrático, que los mismos debían permanecer en sus cargos hasta tanto la nueva Asamblea Nacional que se eligiera, regulara legalmente el nuevo Tribunal Supremo de Justicia y nombrara sus Magistrados conforme a las nuevas Salas, de acuerdo con los nuevos criterios previstos en la Constitución en cuanto a la transparencia para la postulación y selección (Comité Postulaciones Judiciales).

Pero ello no ocurrió así, y desde su inicio, el Tribunal Supremo de Justicia, y en especial, su Sala Constitucional tuvo un inconstitucional origen.

III. EL INCONSTITUCIONAL ORIGEN DE LA SALA CONSTITUCIONAL

En efecto, la primera burla a la Constitución de 1999 después de que fue aprobada por referéndum de 15 de diciembre de 1999, fue realizada por la propia Asamblea Nacional Constituyente que la había sancionado, a la semana de su aprobación popular, cuando emitió el 22 de diciembre de 1999[117], a sólo dos días después de la "proclamación" de la nueva Constitución, un Decreto que no estaba previsto constitucionalmente, denominado de "Régimen de Transición del Poder Público". Ello ocurrió, además, antes de que entrara en vigencia la Constitución, ya que su publicación fue deliberadamente demorada hasta el 30 de diciembre de 1999[118].

La Asamblea Constituyente pretendió, con ello, sin que ello estuviese regulado en la Constitución aprobada por el pueblo, "hacer efectivo el proceso de transición hacia el régimen establecido en la Constitución de 1999" y, supuestamente, "permitir la vigencia inmediata de la Constitución" (art. 1). La verdad es que nada impedía dicha vigencia inmediata pues habían sido las Disposiciones Transitorias de la Constitución aprobada por el pueblo, las que habían dispuesto los aspectos concernientes a los efectos inmediatos o mediatos, según los casos, de las normas de la Constitución.

---

115 *V. Gaceta Constituyente (Diario de Debates), Noviembre 1999-Enero 2000,* Sesión de 19-11-99, N° 46, p. 3; y Sesión de 9-12-99, N° 48, pp. 5 y ss.

116 *V.* los comentarios que hicimos en Allan R. Brewer-Carías, *La Constitución de 1999,* Editorial Arte, Caracas 2000, pp. 253 y ss.; y *La Constitución de 1999. Derecho Constitucional Venezolano*, Tomo II, Editorial Jurídica Venezolana, Caracas 2004, pp. 1015 y ss.

117 *V.* en *Gaceta Oficial* N° 36.859 de 29-12-99.

118 *V.* en *Gaceta Constituyente (Diario de Debates), Noviembre 1999-Enero 2000, cit.* Sesión de 22-12-9, N° 51, pp. 2 y ss. *V. Gaceta Oficial* N° 36.859 de 29-12-99; y *Gaceta Oficial* N° 36.860 de 30-12-99.

Es decir, la Asamblea, sin ningún poder derivado del pueblo, ilegítimamente decidió dictar por sí misma y al margen de la nueva Constitución que ella misma había redactado, sancionado y proclamado dos días antes (20-12-99), un régimen constitucional transitorio no establecido en el texto de la nueva Constitución y que no fue someterlo a aprobación popular por la vía de referendo, con lo que se consumó un fraude a la propia Constitución

Supuestamente, para suplir los "vacíos" que la misma Asamblea había originado al no prever como habría pretendido un régimen de transición del Poder en las Disposiciones Transitorias, la Asamblea, en lugar de aplicar en general el principio de continuidad del Poder, incurrió en usurpación de autoridad, y procedió a adoptar un conjunto de decisiones sobre los órganos del Poder Público, violatorios del principio democrático[119]; originando un vacío constitucional[120] que luego procedió entonces a llenar.

Entre esas decisiones, además de por ejemplo, haber "creado y nombrado" una Comisión Legislativa Nacional (el denominado "Congresillo") a la cual atribuyó la función legislativa, sin autorización constitucional alguna[121]; la Asamblea Constituyente dispuso la desaparición de la antigua Corte Suprema de Justicia, sus Salas y sus dependencias las cuales pasaron a conformar el nuevo Tribunal Supremo de Justicia (cuyo régimen en el nuevo texto constitucional ni siquiera estaba en vigencia pues el Texto no se había publicado), por lo que, además de las Salas Político Administrativa, de Casación Penal y de Casación Civil de la antigua Corte Suprema de Justicia, cuya extinción se decretó, la Asamblea Nacional Constituyente "creó" las nuevas Salas Constitucional, de Casación Social y Electoral que preveía la nueva Constitución y que como se dijo, aún no estaba en vigencia (Artículo 17)

En el artículo 19 del Decreto, la Asamblea, además, designó a los nuevos Magistrados que pasaban a integrar el Tribunal Supremo de Justicia, sin sujetarse a las propias exigencias constitucionales para la postulación de candidatos y la participación de la sociedad civil en el Comité de Postulaciones Judiciales y sin sujetarse a las condiciones establecidas en la nueva Constitución para ocupar dichos cargos.

---

119 *V.* lo que expusimos en Allan R. Brewer-Carías, *Debate Constituyente (Aportes a la Asamblea Nacional Constituyente), Tomo I (8 agosto-8 septiembre 1999),* Fundación de Derecho Público-Editorial Jurídica Venezolana, Caracas 1999, pp. 76-81.

120 *V.* el estudio detallado de este Régimen en Allan R. Brewer-Carías, *La Constitución de 1999. Derecho Constitucional Venezolano*, Tomo II, *cit.* pp. 1017 y ss.

121 Con posterioridad, la Asamblea Nacional Constituyente, en fecha 30-01-2000, dictó un Decreto de Ampliación de las Competencias de la Comisión Legislativa Nacional, en el cual asignó a dicha Comisión una serie de competencias especiales para considerar diversas materias y dictar legislación al respecto. La Asamblea dictó el Decreto nuevamente "en ejercicio del poder soberano constituyente originario", con lo cual ya no era posible asignarle ningún otro calificativo al poder que se había otorgado a la Asamblea; habiendo sido calificado dicho Decreto por sentencia n° 1454 de fecha 18-2-01 de la Sala Constitucional del Tribunal Supremo de Justicia, (Caso*: C.A. Good Year de Venezuela*) como de "rango constitucional".

IV. LA SALA CONSTITUCIONAL DEL TRIBUNAL SUPREMO COMO JUEZ EN SU PROPIA CAUSA

Uno de los pilares del Estado de derecho y del control de los poderes, es que nadie puede ser juez en su propia causa, es decir, nadie puede ser, a la vez, juez y parte en un proceso, lo que se aplica, por supuesto, tanto a los ciudadanos como a los órganos del Estado.

En Venezuela, sin embargo, el órgano llamado a garantizar la supremacía constitucional, los principios del Estado de derecho y la vigencia efectiva de los derechos ciudadanos, que es la Sala Constitucional del Tribunal Supremo de Justicia, fue precisamente el que violó tan elemental principio constitucional, y fue juez en su propia causa, al decidir las acciones de inconstitucionalidad intentadas contra el mencionado Decreto de Transición del Poder Público mediante el cual se había creado la Sala y se habían nombrado sus Magistrados, llegando a decidir en un caso, que las condiciones constitucionales para ser Magistrados no se les aplican a ellos mismos. Esta conducta se configuró como un atentado a la majestad del Poder Judicial, convirtiendo a la Sala Constitucional en el instrumento para destruir la autonomía e independencia del Poder Judicial, y antes de ejercer la justicia constitucional, en muchos casos, realizar la "in" justicia constitucional.

En efecto, el mencionado Decreto sobre el Régimen de Transición del Poder Público fue inmediatamente impugnado ante la Sala Plena de la antigua Corte Suprema de Justicia en fecha 29 de diciembre de 1999, particularmente respecto a los nombramientos de los altos funcionarios públicos, en particular de los Magistrados del Tribunal Supremo de Justicia.

Constituida Sala Constitucional del nuevo Tribunal Supremo de Justicia, ésta, mediante una de sus primeras sentencia, la Nº 4 de fecha 26 de enero de 2000 (Caso: *Eduardo García*)[122], consideró que el Decreto impugnado era "un acto de rango y naturaleza constitucional" y, además:

> "[De] naturaleza organizativa, por el cual se produjo la designación de altos funcionarios del Poder Público Nacional, el cual se fundamenta en los propósitos de reorganización del Estado, conferidos a la Asamblea Nacional Constituyente".

Los magistrados de la Sala Constitucional que decidieron el caso, pusieron de lado el hecho de que estaban decidiendo sobre el acto de su propio nombramiento, y concluyeron señalando que:

> "Tomando en cuenta lo antes señalado, estima la Sala que, dado el carácter originario del poder conferido por el pueblo de Venezuela a la Asamblea Nacional Constituyente, mediante la pregunta nº 1 y la Base Comicial Octava del referendo consultivo nacional, aprobado el 25 de abril de 1999, y por tanto *la no sujeción de este poder al texto constitucional vigente para la época*, la demanda propuesta, al fundamentar las presuntas transgresiones en la referida Constitución y no en los parámetros y principios consagrados en las bases fijadas en el citado referendo, conduce forzosamente a su improcedencia".

---

122 *V.* en *Revista de Derecho Público*, Nº 81, Caracas, 2000, pp. 93 y ss.

Con posterioridad, y nuevamente, la Sala Constitucional del Tribunal Supremo de Justicia se pronunció sobre el mencionado Decreto del "Régimen de Transición del Poder Público", al ser éste impugnado en fecha 17 de enero de 2000; y mediante sentencia nº 6 de fecha 27 de enero de 2000 (Caso: *Milagros Gómez y otros vs. Asamblea Nacional Constituyente*)[123], declaró improcedente la acción de nulidad interpuesta contra el referido Decreto en el cual se había designado a los magistrados decidores, considerando que "los actos de la Asamblea Nacional Constituyente no estaban sujetos a la Constitución derogada", y que "sólo los actos dictados por la Asamblea Nacional Constituyente con posterioridad a la publicación de la nueva Constitución estarían sujetos a ésta", concluyendo entonces que la Asamblea había dictado el mencionado Decreto sin sujeción a normas constitucionales algunas, al decidir que:

> [...] "el acto de la Asamblea Nacional Constituyente impugnado en esta oportunidad publicado en la Gaceta Oficial Nº 36.859 del 29 de diciembre de 1999, esto es, con anterioridad a la vigencia de la Constitución de la República Bolivariana de Venezuela de 1999, no esta sujeto ni a ésta, ni a la Constitución de 1961".

Le atribuyó, así, el Tribunal Supremo de Justicia, *ex post facto*, rango constitucional al régimen transitorio inventado por la Asamblea Nacional Constituyente, desligándolo tanto de la Constitución de 1961 como de la propia Constitución de 1999; régimen transitorio que, además, era precisamente el que contenía el acto de designación de los propios Magistrados. Lo menos que podían haber hecho era inhibirse, pero no fue así; y esa y otras sentencias que juzgaron dicho régimen transitorio, como se ha dicho, constituyeron una violación del principio elemental del Estado de derecho conforme al cual nadie puede ser juez en su propia causa.

En otra sentencia, Nº 180 de 28 de marzo de 2000 (Caso: *Allan R. Brewer-Carías y otros*)[124] de la Sala Constitucional, con motivo de declarar sin lugar la demanda de nulidad intentada contra el Estatuto Electoral del Poder Público que había dictado la Asamblea el 30 de enero de 2000[125], el Tribunal dispuso que la Asamblea Constituyente supuestamente había tenido varias alternativas para regular el régimen constitucional transitorio: la primera, que era elaborar unas Disposiciones Transitorias que formaran parte de la Constitución para ser aprobada por el pueblo mediante referendo; y la segunda, que consistía en dictar actos constituyentes aparte, de valor y rango constitucional, que originarían un régimen transitorio constitucional paralelo, no aprobado por el pueblo.[126].

De este razonamiento resultó, entonces, el absurdo constitucional de que podía haber un régimen constitucional transitorio no previsto en la Constitución de 1999, ni aprobado por el pueblo, dictado por la Asamblea Nacional Constituyente, lo cual es totalmente incorrecto; y para reforzar esta absurda consideración, la Sala Constitucional utilizó un argumento propio del derecho privado, de que "quien puede lo

---

123 *V.* en *Revista de Derecho Público*, Nº 81, Editorial Jurídica Venezolana, Caracas, 2000, pp. 95 y ss.

124 *V.* en *Revista de Derecho Público*, Nº 81, Editorial Jurídica Venezolana, Caracas 2000, pp. 86 y ss.

125 *V.* en *Gaceta Oficial* Nº 36.884 de 03-02-00.

126 *V.* en *Revista de Derecho Público*, Nº 81, Editorial Jurídica Venezolana, Caracas, 2000, pp. 88 y ss.

más puede lo menos", totalmente inaplicable en derecho público, donde la competencia tiene que ser expresa. La Sala, en efecto argumentó como sigue:

> "Tal disposición, emanada del poder constituyente *que podía lo más,* cual era la transformación del Estado, lo que iba a adelantar mediante la aprobación de una nueva Constitución y del régimen de transición, claro *que podía lo menos,* dentro de su cometido de transformación del Estado, cual era dictar las normas que permitirían la transición entre el sistema constitucional abrogado y el nuevo, que conforme al texto constitucional de 1999, no podía de inmediato constituirse en todas sus instituciones"[127].

De lo anterior resulta, por tanto, la siguiente situación irregular:

1. La Asamblea Nacional Constituyente aprobó el 17 de noviembre de 1999 una Constitución con un régimen transitorio previsto en sus Disposiciones Transitorias, que implicaban la permanencia de los titulares de los órganos de los Poderes Públicos hasta que fueran electos los nuevos titulares. En esta expresión de la voluntad popular (referendo del 15 de diciembre de 1999) y de la voluntad de la propia Asamblea Nacional Constituyente que sancionó y proclamó la Constitución, por tanto, no quedó vacío legal alguno respecto de la transición constitucional.

2. Dicha Constitución de 1999, con dicho régimen transitorio, fue sometida a referendo aprobatorio, y así fue aprobada por el pueblo el 15 de diciembre de 1999, siendo proclamada formalmente por la Asamblea Nacional Constituyente el 20 de diciembre de 1999.

3. Con posterioridad, dos días después, la Asamblea Nacional Constituyente cambió de opinión y resolvió alterar el régimen transitorio que estaba previsto en la Constitución de 1999 y que había sido aprobado por referendo, y antes de que se publicara la Constitución para que pudiera entrar en vigencia, el 22 de diciembre de 1999 dictó el "Régimen de Transición del Poder Público", mediante el cual sustituyó a todos los titulares de los órganos del Poder Público y modificó su estructura, y en particular creó al Tribunal Supremo y su Sala Constitucional y a la Comisión de Funcionamiento y Reestructuración del Sistema Judicial. Dicho régimen originó, entonces, un supuesto "vacío legal" que la propia Asamblea pretendió llenar con normas de rango constitucional no aprobadas por el pueblo.

4. El Tribunal Supremo de Justicia, en su sentencia nº 180 del 28 de marzo de 2000 le atribuyó a dicho Régimen de Transición del Poder Público, dictado por la Asamblea Nacional Constituyente sin aprobación popular, rango y valor constitucional, contrariando así la base comicial novena del referendo del 25 de abril de 1999, que se configuraba como el conjunto normativo supra constitucional que constituía el límite de la actuación de la Asamblea.

5. En el país, entonces, y como consecuencia de la sentencia del Tribunal Supremo, han existido dos regímenes constitucionales paralelos: uno contenido en la Constitución de 1999 aprobada por el pueblo; y otro, dictado con posterioridad a dicha aprobación por la Asamblea Nacional Constituyente, no aprobado por el pue-

---

127 *V.* en *Revista de Derecho Público*, Nº 81, Editorial Jurídica Venezolana, Caracas, 2000, p. 89.

blo y de vigencia imprecisa hasta que supuestamente se apruebe toda la legislación que prevé la propia Constitución de 1999, lo cual puede durar décadas.

Por ello, por ejemplo, en mayo de 2004, cinco años después de dictada la Constitución de 1999, cuando se sancionó la Ley Orgánica del Tribunal Supremo de Justicia[128], una de sus disposiciones transitorias, a pesar de que la Constitución exige la existencia de una jurisdicción disciplinaria de los jueces, a cargo de tribunales especializados (art. 267), dispuso que la "Comisión de Funcionamiento y Reestructuración del Sistema Judicial" que había "creado" la Asamblea Nacional Constituyente al margen de la Constitución, seguía teniendo "a su cargo funciones disciplinarias, mientras se dicte la legislación y se crea la jurisdicción disciplinaria y los correspondientes tribunales disciplinarios" (Disposición Derogatoria, Transitoria y Final, Párrafo 2°, e).

El Tribunal Supremo de Justicia, lamentablemente, en lugar de cumplir su deber como juez de la constitucionalidad, quiso resolver el "vacío" creado por la Asamblea después de aprobada la Constitución de 1999 por referendo popular, con lo cual violentó el ordenamiento constitucional y frustró la esperanza de que se apuntalara el Estado de Derecho, precisamente cuando comenzaba a entrar en aplicación la nueva Constitución.

Todo este sistema de doble régimen constitucional paralelo y yuxtapuesto lo confirmó la Sala Constitucional, posteriormente, en el auto dictado el 12 de diciembre de 2000 con motivo de resolver sobre la pretensión de amparo que había acumulado la Defensora del Pueblo a la acción de nulidad por inconstitucionalidad que intentó contra la Ley Especial para la Ratificación o Designación de los Funcionarios y Funcionarias del Poder Ciudadano y Magistrados y Magistradas del Tribunal Supremo de Justicia para el Primer Período Constitucional de 14 de noviembre de 2000[129], en el cual señaló:

> "A partir de la aprobación de las bases comiciales y la instalación de la Asamblea Nacional Constituyente surge una situación inédita en el constitucionalismo nacional. En una primera fase, hasta la promulgación de la actual Constitución, sin ruptura constitucional de ninguna especie, siguió vigente la Constitución de la República de Venezuela de 1961, coexistiendo con los actos que dictó la Asamblea Nacional Constituyente, en lo que contraríen a dicha Constitución, adquirieron la categoría de actos constitucionales, ya que es el pueblo soberano, por medio de sus representantes, quien deroga puntualmente disposiciones constitucionales, creando así un doble régimen, donde como ya lo ha señalado esta Sala, coexistía la Constitución de 1961 con los actos constituyentes. Una segunda etapa, de este sistema constitucional, surge a partir de la promulgación de la Constitución de la República Bolivariana de Venezuela, la cual crea una serie de instituciones no previstas en las cartas fundamentales anteriores, pero cuyas pautas de funcionamiento no fueron consagradas en el texto constitucional, quedando sujetas a una regulación posterior mediante leyes que dictare la Asamblea Nacional.

128 *Gaceta Oficial* N° 37942 de 20-05-2004.

129 *Gaceta Oficial* N° 37.077 de 14-11-00.

Para evitar el vacío institucional mientras se promulguen las leyes, la Asamblea Nacional Constituyente decretó el Régimen de Transición del Poder Público (*Gaceta Oficial* N° 36.920 de 28 de marzo de 2000), de manera que las instituciones delineadas en la Constitución de 1999, aun no desarrolladas por las leyes, pudieran funcionar, evitándose así que las normas constitucionales quedaran sin contenido. Este régimen de transición, que se fue complementando con otras normativas emanadas del poder constituyente, necesariamente tiene naturaleza constitucional, ya que integra la Constitución, vigente mientras las instituciones se normalicen, por lo que no puede considerarse que los poderes actuales sean ilegítimos o inconstitucionales, si se fundan en el Régimen de Transición del Poder Público. Basta leer el *artículo 2 del Régimen de Transición del Poder Público,* para constatar que dicho régimen desarrolla y complementa las disposiciones transitorias de la Constitución de 1999. La normalización total de instituciones nuevas como el Poder Ciudadano y el Tribunal Supremo de Justicia, requieren de leyes orgánicas que desarrollen el texto constitucional, y mientras ellas no se dicten, las mismas se rigen por dos cuerpos legales coexistentes e integrativos: Decreto sobre el Régimen de Transición del Poder Público y la Constitución de la República Bolivariana de Venezuela, en lo que se complementan.

Por ello, en fallo de esta Sala, de fecha 30 de junio de 2000 (caso Defensoría del Pueblo), la Sala enfatizó, que cuando las leyes orgánicas respectivas se dictaren, cesaría definitivamente el régimen provisorio que gobierna a las instituciones, actualmente carentes de dichas leyes especiales, pero mientras tanto, conformaban un solo bloque constitucional el Régimen de Transición del Poder Público y la Constitución de la República Bolivariana de Venezuela, tal como lo ha apuntado esta Sala en fallos de fechas 14 de marzo y 28 de marzo de 2000"[130].

Es insólito que un tribunal constitucional, encargado de velar por la supremacía constitucional, pudiera llegar a considerar que el Régimen de Transición del Poder Público dictado por la Asamblea Nacional Constituyente, después de aprobada popularmente la Constitución de 1999 y de haber sido proclamada por la propia Asamblea, pudiera tener el mismo rango que la Constitución. ¿Para qué, entonces, se había realizado un referendo aprobatorio de la Constitución, si la Asamblea Nacional Constituyente podía luego, a su discreción, poner en vigencia normas de rango constitucional, sin aprobación popular?

El papel del Tribunal Supremo de Justicia en relación con el proceso constituyente de 1999, sin duda, se recordará en los anales de nuestra historia constitucional, pero no precisamente por su apego a la constitucionalidad, pues al contrario, fue juez en su propia causa al decidir sobre la impugnación de los actos de la Asamblea Nacional Constituyente sobre su propia creación y el nombramiento de los magistrados decidores.

Insistimos, el Tribunal Supremo de Justicia había sido "creado" por la Asamblea Nacional Constituyente, en el mismo mencionado Régimen de Transición del Poder

---

130 *V.* en *Revista de Derecho Público*, N° 84, Editorial Jurídica Venezolana, Caracas 2000, pp. 108 y ss.

Público, en el cual se nombró a sus Magistrados. Estos le debían su existencia a la Asamblea Nacional Constituyente y al Régimen Transitorio paraconstitucional en el cual sus Magistrados habían sido nombrados. No es difícil, por tanto, deducir cuál podría ser la "interpretación constitucional" que daría la Sala Constitucional si dichos magistrados no se inhibían. Declarar la inconstitucionalidad, por violación de las normas supra constitucionales adoptadas en las *bases comiciales* del referendo del 25 de abril de 1999, hubiera significado declararse a sí mismos como de designación inconstitucional. Ello explica el malabarismo constitucional que tuvieron que hacer.

De ello resultó que el "inconstitucional" régimen transitorio de la Constitución inventado por la Asamblea Nacional Constituyente, posteriormente sobrevivió bajo la dúctil conducción de la Sala Constitucional, con criterios contradictorios: Por ejemplo, en la sentencia N° 179 de 28 de marzo de 2000 (Caso: *Gonzalo Pérez Hernández y otro vs. Asamblea Nacional Constituyente*)[131], resolvió que el régimen constitucional transitorio creado por la Asamblea Nacional Constituyente estaría vigente "hasta que los poderes constituidos sean designados o electos"; pero en la sentencia n° 180 de la misma fecha (Caso: *Allan R. Brewer-Carías y otros vs. Estatuto Electoral*)[132], señaló que "El régimen de transición del poder público se proyecta hacia el futuro, no sólo hasta la instalación de la Asamblea Nacional, sino aún más allá".

En particular, en esta última sentencia se abrió la puerta a la arbitrariedad constitucional, al preverse la vigencia ilimitada de la transitoriedad, de manera que, "las normas y actos emanados de la Asamblea Nacional Constituyente tienen plena vigencia, hasta que de conformidad con la Constitución se establezca el régimen legal que vaya derogando la provisionalidad, y vaya dejando sin efectos las normas y actos emanados de la Asamblea Nacional Constituyente". En esta forma, la efectiva vigencia de la Constitución de 1999 quedó y permanece pospuesta, porque ella ha dependido de lo que haga o deje de hacer la Asamblea Nacional.

V. LA SALA CONSTITUCIONAL DEL TRIBUNAL SUPREMO DE NUEVO VUELVE A SER JUEZ Y PARTE, AL DECIDIR EN SU PROPIA CAUSA EN RELACIÓN CON EL NOMBRAMIENTO DE LOS MAGISTRADOS EN 2000

Uno de los motivos principales que originó la crisis política y la necesidad de una Asamblea Constituyente y de una reforma constitucional como la de 1999, había sido la crítica al sistema de designación por el antiguo Congreso, exclusivamente por sometida a la decisión de los partidos políticos, de los altos funcionarios públicos no electos como el Fiscal y el Contralor General de la República, pero fundamentalmente, de los Magistrados de la antigua Corte Suprema de Justicia, y que conforme a la Constitución de 1961 le daba poder discrecional al Congreso y sus mayorías partidistas para ello. Las quejas se referían a la falta de participación de la sociedad civil y al monopolio que ejercían los partidos políticos representados en el Congreso, en dichas designaciones.

---

131 *V.* en *Revista de Derecho Público*, N° 81, Editorial Jurídica Venezolana, Caracas 2000, pp. 82 y ss.

132 *V.* en *Revista de Derecho Público*, N° 81, Editorial Jurídica Venezolana, Caracas 2000, pp. 86 y ss.

Por ello, en la Asamblea Nacional Constituyente se impuso en esta materia el principio de la participación sobre el principio de la representatividad, y si bien se le atribuyó a la nueva Asamblea Nacional la competencia para designar a los titulares de los órganos no electos popularmente del Poder Público, la reforma más importante que se introdujo consistió en *quitarle a la Asamblea la potestad discrecional para hacer tales nombramientos*, regulándose una forma precisa de *participación activa de la sociedad*, consistente en atribuirle a unos Comités de Postulaciones la *potestad exclusiva* de hacer las postulaciones de candidatos ante la Asamblea Nacional. La consecuencia fue que no se podrían formular postulaciones directamente ante la Asamblea Nacional ni la Asamblea podría designar otras personas distintas a las postuladas por los Comités de Postulaciones. Esos Comités se configuraron como órganos intermedios, algunos permanentes, que obligatoriamente debían estar integrados por *representantes de los diferentes sectores de la sociedad*, y que por tanto, eran diferentes a la Asamblea Nacional y sus Comisiones y, en consecuencia, los representantes populares (diputados) no podrían formar parte de los mismos.

En cuanto a la designación de los magistrados del Tribunal Supremo de Justicia, el artículo 264 de la Constitución dispuso que las postulaciones de candidatos sólo deben hacerse ante un Comité de Postulaciones Judiciales, por iniciativa propia o por organizaciones vinculadas a la actividad jurídica; siendo dicho Comité un órgano asesor del Poder Judicial para la selección de los candidatos a magistrados del Tribunal Supremo de Justicia, integrado "por representantes de los diferentes sectores de la sociedad, de conformidad con lo que establezca la Ley" (art. 270).

Ahora bien, el procedimiento constitucional previsto para la designación de los magistrados del Tribunal Supremo, que debía ser regulado en la Ley[133], es el siguiente: El Comité, recibidas las postulaciones y "oída la opinión de la comunidad, efectuará una preselección para su presentación al Poder Ciudadano". Este órgano, integrado por el Fiscal General de la República, el Defensor del Pueblo y el Contralor General de la República (art. 273) debe efectuar "una segunda preselección que será presentada a la Asamblea Nacional, la cual hará la selección definitiva" (art. 264).

El resultado de esta regulación es que de acuerdo con la Constitución no se pueden formular postulaciones a los mencionados cargos de magistrados directamente ante la Asamblea Nacional, sino ante el Comité, y la Asamblea Nacional no puede designar para los cargos a personas que no estén en las listas de postulados que elabore el Comité de Postulaciones. Se trataba, en definitiva, del *único mecanismo directamente regulado en la Constitución* que buscaba asegurar la participación de los "diversos sectores de la sociedad" en la gestión de asuntos públicos.

En 1999, la Asamblea Nacional Constituyente, al dictar el Decreto sobre Régimen Transitorio antes mencionado, había procedido a designar a los Magistrados del Tribunal Supremo *sin apegarse* a lo que venía de establecer la Constitución aprobada por el pueblo. Sin embargo, indicó que los nombramientos serían "de carácter

---

133 A partir de mayo de 2002 ha quedado regulado en la Ley Orgánica del Tribunal Supremo de Justicia, *Gaceta Oficial* N° 37942 de 20-05-2004. *V.* Allan R. Brewer-Carías, *Ley Orgánica del Tribunal Supremo de Justicia. Procesos y procedimientos constitucionales y contencioso administrativos*, Editorial Jurídica Venezolana, Caracas 2004.

provisorio" hasta tanto la Asamblea Nacional realizase las designaciones o ratificaciones definitivas *de conformidad con la Constitución* (art. 20).

Por tanto, la Asamblea Nacional que fue electa en agosto de 2000, tenía el mandato Constitucional (tanto en virtud del texto expreso de la Constitución, como en virtud del Régimen Transitorio al cual el Tribunal Supremo reconocía rango constitucional) de designar a los magistrados en forma definitiva de conformidad con la Constitución y apegándose a su normativa.

Por supuesto, la forma de integración de los Comités de Postulaciones era esencial para que se aplicara la Constitución, por lo que la Asamblea Nacional estaba *obligada a llenar el vacío legal*, mediante una legislación que regulase los Comités de Postulaciones. Resultaba inadmisible que la Asamblea Nacional pretendiera *legislar, para no legislar*, como sucedió con la Ley Especial para la Ratificación o Designación de los Funcionarios y Funcionarias del Poder Ciudadano y Magistrados y Magistradas del Tribunal Supremo de Justicia para el primer período constitucional de 14 de noviembre de 2000[134], que violó tanto los artículos 264, 270 y 279 de la Constitución, como los artículos 20 y 33 del Decreto de la Asamblea Nacional Constituyente sobre Régimen de Transición del Poder Público cuyo rango constitucional había sido reconocido por el Tribunal Supremo. Estas normas exigían que la Asamblea Nacional, una vez electa, debía realizar las designaciones definitivas del los altos funcionarios "de conformidad con la Constitución".

La referida Ley Especial para la designación de los altos funcionarios públicos del Poder Judicial y del Poder Ciudadano, al contrario, violó la Constitución al no organizar los Comités de Postulaciones que ésta exigía y en la forma cómo ésta lo exigía, integrados por representantes de los diversos sectores de la sociedad, y en cambio, los sustituyó por una "Comisión Parlamentaria" ampliada.

En efecto, la Ley Especial dispuso que la Asamblea Nacional para hacer las designaciones de los mencionados funcionarios públicos, entre ellos de los Magistrados del Tribunal Supremo, debía designar una "Comisión integrada por 15 diputados o diputadas, que actuará como Comisión de Evaluación de Postulaciones" (art. 3); la cual, una vez instalados sus miembros, debían seleccionar, "a través de mecanismos de consulta, una lista de 12 representantes de los diversos sectores de la sociedad, que presentará ante la Asamblea Nacional para que ésta proceda a designar, por mayoría absoluta, 6 representantes, quienes integrarán la Comisión y actuarán como miembros de la misma, con derecho a voz y voto" (art. 4).

Se dispuso, además, que "para hacer efectivos los principios de publicidad y participación de la ciudadanía", la Comisión debía implementar "dichos mecanismos a través de consultas y participación de las comunidades", para lo cual debía instrumentar "mesas de diálogo donde estén representados los diversos sectores de la sociedad y con las cuales se consultarán y evaluarán las postulaciones recibidas" (art. 5). Esos representantes debían ser designados por la Comisión de listas que presentaran "las diversas organizaciones de la ciudadanía interesadas en participar en el proceso" (art. 6).

---

134 *Gaceta Oficial* Nº 37.077 de 14-11-2000.

Las postulaciones recibidas para la designación de los integrantes de los Poderes Públicos Nacionales regulados en la ley debían ser objeto de consulta pública a los efectos de que se presentasen ante el Comité los respaldos u objeciones fundadas (art. 7); y como resultado del proceso, la Comisión debía elaborar una lista de postulados para ser sometida a la consideración de la Asamblea Nacional, para la designación definitiva (art. 9).

Basta leer dicha Ley Especial para evidenciar su inconstitucionalidad. Fue una nueva burla a la Constitución y constituyó la confiscación del derecho a la participación política garantizado en forma expresa en el Texto Constitucional.

Como consecuencia de ello, mediante sendos Acuerdos[135] la Asamblea Nacional designó además de al Fiscal General de la República, al Defensor del Pueblo, al Contralor General de la República, a los Magistrados del Tribunal Supremo de Justicia, sin ajustarse a lo que disponían los artículos 264, 270 y 279 de la Constitución. La Asamblea Nacional, para proceder a designar a los mencionados altos funcionarios del Estado, por supuesto que tenía que dictar las respectivas leyes orgánicas que exigía la Constitución y llenar el vacío legal existente. Sin embargo, fue la propia Asamblea la que renunció a legislar lo que debía y, en su lugar, por su omisión o carencia legislativa, "prorrogó" el régimen transitorio dictando, en lugar de las leyes orgánicas respectivas, la Ley Especial mencionada que violaba la Constitución.

La Asamblea Nacional, así, se había burlado de la Constitución, lo que llevó a la Defensora del Pueblo, antes de ser sustituida, a intentar una acción de nulidad por inconstitucionalidad contra la Ley Especial ante la Sala Constitucional del Tribunal Supremo; lo que llevó al Tribunal Supremo de Justicia, de nuevo, a legitimar la omisión del legislador, a justificar la violación de la Constitución, actuando de nuevo como juez y parte en su propia causa.

En efecto, en la sentencia de la Sala Constitucional N° 1562 de 12 de diciembre de 2000, dictado días antes de la designación por la Asamblea Nacional de los referidos altos funcionarios del Estado, con ocasión de resolver la pretensión de amparo acumulada al recurso de nulidad por inconstitucionalidad de la Ley Especial que había intentado la Defensora del Pueblo[136] (y que nunca fue decidido), la Sala Constitucional señaló que una segunda etapa del sistema constitucional supuestamente derivado del proceso constituyente, había surgido a partir de la promulgación de la nueva Constitución, "la cual crea una serie de instituciones no previstas en las Cartas Fundamentales anteriores, pero cuyas pautas de funcionamiento no fueron consagradas en el texto constitucional, *quedando sujetas a una regulación posterior mediante leyes que dictare la Asamblea Nacional*".

De ello resulta, por tanto, que era indispensable que la Asamblea Nacional dictase tales Leyes Orgánicas para que las nuevas instituciones pudieran entrar definitivamente en funcionamiento. Por ello, la afirmación que de seguidas hizo la misma Sala Constitucional:

---

135 Publicados en *Gaceta Oficial* N° 37.105 de 22-12-00.

136 *V.* en *Revista de Derecho Público,* N° 84, Editorial Jurídica Venezolana, Caracas, 2000, pp. 108 y ss. *V.* la referencia en *El Universal,* Caracas 13-12-00, p. 1-2.

"La normalización total de las instituciones nuevas como el Poder Ciudadano y el Tribunal Supremo de Justicia requieren de Leyes Orgánicas que desarrollen el texto constitucional, y mientras ellas no se dicten, las mismas se rigen por dos cuerpos legales coexistentes e integrativos: Decreto sobre el Régimen de Transición de Poder Público y la Constitución de la República Bolivariana de Venezuela, en lo que se complementan.

Por ello, en fallo de esta Sala, de fecha 30 de junio de 2000 (caso *Defensoría del Pueblo*), la Sala enfatizó que cuando las Leyes Orgánicas respectivas se dictaren, cesaría definitivamente el régimen provisorio que gobierna a las instituciones, actualmente carentes de dichas Leyes especiales, pero mientras tanto, conformaban un solo bloque constitucional el Régimen Transitorio del Poder Público y la Constitución de la República Bolivariana de Venezuela, tal como lo ha apuntado esta Sala en fallos de fecha 14 de marzo y 28 de marzo de 2000".

De ello derivaba que el Régimen Transitorio estaría vigente hasta que la Asamblea Nacional dictase las referidas leyes orgánicas, por lo que conforme a la doctrina de la Sala, mientras esas leyes orgánicas no se dictasen, el régimen transitorio y provisorio continuaría indefinidamente. Pero en lugar de exhortar a la Asamblea Nacional a dictar dichas leyes, la Sala lo que hizo fue "legitimar" el inconstitucional contenido de la Ley Especial mencionada que no contenía las regulaciones que debían contener las leyes orgánicas indicadas, aceptando así, la burla a la Constitución[137]. No debe dejar de mencionarse que en la "Exposición de Motivos" que acompañó el Proyecto de Ley Especial, se afirmó como motivación la "*falta de disposiciones expresas* que regulen la designación de los integrantes del Poder Ciudadano y de los magistrados del Tribunal Supremo de Justicia" (que sólo la Asamblea Nacional podía dictar), constatando que "aun no existen los órganos que han de intervenir en tal designación" (que sólo la Asamblea Nacional podía regular), por lo cual se señalaba que "la Asamblea Nacional debe cubrir el vacío legal". Es decir, la falta de disposiciones resultaba de la carencia de las leyes, pero la Asamblea en lugar de sancionarlas, dictó otras normas para no regular lo que debía.

Es decir, la Asamblea Nacional no se percató que el vacío legal debía cubrirlo ella misma, no mediante la Ley Especial que violaba la Constitución, sino mediante la sanción, precisamente, de las leyes orgánicas que exigía la Constitución con las cuales se debía poner punto final al régimen provisorio y transitorio. Al renunciar a su obligación, la Asamblea Nacional "prorrogó" dicho régimen, el cual quedó vigente a su antojo, y el Tribunal Supremo así lo avaló, renunciando a su obligación como juez constitucional de "asegurar la integridad de la Constitución" (art. 334) y garantizar su "supremacía y efectividad" (art. 335).

137 El entonces Director General de la Defensoría del Pueblo, Juan Navarrete, calificó la decisión del Tribunal Supremo de Justicia como un abuso de poder. *V. El Universal,* Caracas 14-12-00, p. 1-2.

VI. LA BURLA A LA CONSTITUCIÓN EN CUANTO A LA INAPLICABILIDAD DE LAS CONDICIONES CONSTITUCIONALES DE ELEGIBILIDAD DE LOS MAGISTRADOS DEL TRIBUNAL SUPREMO PARA LOS NOMBRADOS EN EL PRIMER PERÍODO CONSTITUCIONAL

La burla sistemática de la Constitución de 1999 puede decirse que llegó a su clímax cuando la Sala Constitucional del Tribunal Supremo de Justicia decidió que las condiciones para ser magistrado del Tribunal Supremo que regula con precisión el artículo 263 de la Constitución, no resultaban aplicables a los propios Magistrados decisores que ocupaban posiciones en el Tribunal Supremo y que en 2000 aspiraban a ser ratificados por la Asamblea Nacional. De ello resultó que la Constitución, como norma suprema, era obligatoria para todas las personas e instituciones del país (art. 7), menos para los magistrados del Tribunal Supremo de Justicia a quienes precisamente como juez constitucional correspondía garantizar la supremacía y efectividad de sus normas (art. 335) y asegurar su integridad (art. 334).

En efecto, con motivo de la antes mencionada acción de nulidad por inconstitucionalidad que la Defensora del Pueblo había ejercido contra la "Ley Especial para la Ratificación o Designación de los Funcionarios o Funcionarias del Poder Ciudadano y Magistrados y Magistradas del Tribunal Supremo de Justicia para el Primer Período Constitucional", al momento de pronunciarse sobre la admisibilidad de la pretensión de amparo formulada conjuntamente con la acción de inconstitucionalidad, la Sala Constitucional, en la mencionada sentencia Nº 1562 de 12 de diciembre de 2000[138], luego de reiterar la vigencia de dos regímenes constitucionales: el establecido en la Constitución de 1999 y el establecido en el Régimen de Transición del Poder Público, resolvió solicitar a la Defensora del Pueblo que "aclarase" su solicitud de amparo. Sin embargo, de oficio, hizo una serie de consideraciones mediante las cuales "decidió" que la Constitución de 1999 no se aplicaba a los Magistrados del Tribunal Supremo de Justicia que estaban firmando la sentencia.

En efecto, en esa decisión, la Sala comenzó constatando lo siguiente sobre la designación definitiva de los Magistrados del Tribunal Supremo:

> "El Régimen de Transición del Poder Público, emanado de la Asamblea Nacional Constituyente y publicado en la Gaceta Oficial de la República Bolivariana de Venezuela de fecha 28 de marzo de 2000 (Nº 36.920), previó en su artículo 21 que la Asamblea Nacional realizará las designaciones o ratificaciones definitivas de conformidad con la Constitución, de los Magistrados del Tribunal Supremo de Justicia y de sus suplentes, ya que los Magistrados nombrados en los artículos 19 y 20 del Régimen de Transición del Poder Público, ejercerían sus cargos en forma provisoria".

Es decir, la Sala admitió que el Régimen de Transición del Poder Público exigía que se cumpliera la Constitución en el proceso de "designación o ratificación definitiva" de los Magistrados del Tribunal Supremo. Sin embargo, para desligarse de la Constitución en cuanto al cumplimiento de las condiciones de elegibilidad previstas en el artículo 263 respecto de los Magistrado en funciones que habían sido designa-

---

138 *V.* en *Revista de Derecho Público*, Nº 84, Editorial Jurídica Venezolana, Caracas 2000, pp. 108 y ss.

dos provisionalmente el 22 de diciembre de 1999, que estaban decidiendo y que aspiraban ser "ratificados", la Sala "inventó" el argumento de que la figura jurídica de la "ratificación" no estaba prevista en la Constitución, por lo que el artículo 263 de la misma supuestamente sólo se aplicaba cuando los Magistrados fueran a "designarse *ex novo"*, pero no cuando fueran ratificados. El siguiente fue el razonamiento de la Sala:

> "La figura de la ratificación no está prevista en la Constitución vigente, sino en el Régimen de Transición del Poder Público, y ella fue tomada en cuenta sólo con relación a los Magistrados del Tribunal Supremo de Justicia, mas no con respecto a los miembros del Poder Ciudadano, ya que los artículos 35, 36, 37 y 38 del Régimen de Transición del Poder Público no contemplaron la ratificación de quienes ejercían provisionalmente los cargos del Poder Ciudadano.
>
> Resultado de la aplicación necesaria del Régimen de Transición del Poder Público, el cual -como lo apunta esta Sala- es de rango constitucional, es que solo con respecto a los Magistrados del Tribunal Supremo de Justicia ha de utilizarse la figura de la ratificación, la cual carece de previsión en la Constitución, por lo que la frase del *artículo 21 del Régimen de Transición del Poder Público*, según la cual las ratificaciones definitivas *se harán de conformidad con la Constitución, carece de aplicación*, ya que como antes apuntó la Sala, la vigente Constitución no previó normas sobre ratificación de Magistrados del Tribunal Supremo de Justicia"[139].

En esta forma, de un plumazo, la Sala Constitucional como juez constitucional, que era y es la primera institución obligada a garantizar la supremacía y efectividad de las normas y principios constitucionales (art. 336), resolvió que *la Constitución no le era aplicable precisamente a los Magistrados del Tribunal Supremo* y de la Sala que eran los mismos que estaban decidiendo. Se estaban haciendo justicia, con sus propias manos en su propia causa, beneficiándose directamente con la decisión[140].

El resultado de declarar la inaplicabilidad de la Constitución para la "ratificación" de los magistrados, llevó a los Magistrados de la Sala, entonces a "legislar" y autodefinirse un "régimen especial" relativo a las condiciones de elegibilidad de ellos mismos, aplicables a ellos mismos, además, alegando el principio de no discriminación. ¿Qué mayor discriminación, en realidad, que la contraria, es decir, definir para ellos mismos y sólo para ellos un régimen especial de condiciones para ser designados? La Sala, en efecto, dijo lo siguiente:

> "En consecuencia, el régimen de ratificación debe ser especial, orientado hacia cual ha sido el rendimiento de los Magistrados a ratificarse y la calidad de sus ponencias, ya que son éstos los parámetros que permiten conocer la calidad de quienes como Magistrados ya han impartido justicia desde la más alta Magistratura, y por tanto se han hecho o no dignos de ratificación.

139 *V.* en *Revista de Derecho Público*, N° 84, Editorial Jurídica Venezolana, Caracas 2000, p. 109.

140 Por eso la Defensora del Pueblo anunciaba que solicitaría la inhibición de los Magistrados de la Sala Constitucional. *V. El Universal,* Caracas 16-12-00, p. 1-4.

Exigírsele a dichos Magistrados, además, otros requisitos que ni la Constitución (que no previó la figura), ni ninguna otra ley contempla, es crear una discriminación en contra de los ratificables, en relación con quienes no han sido Magistrados, que aspiran integrar las Salas del Tribunal Supremo de Justicia"[141].

Y luego, la Sala pasó a examinar cada una de las condiciones de elegibilidad exigidas en el artículo 263 para ser magistrado del Tribunal Supremo, así:

"Conforme al *artículo 263 de la vigente Constitución*, aplicable a los aspirantes a la más alta Magistratura, para pertenecer a ella se requiere:

1. Tener la nacionalidad venezolana por nacimiento.
2. Ser ciudadano o ciudadana de reconocida honorabilidad
3. En forma alternativa y no acumulativa:

3.1) Ser jurista de reconocida competencia, gozar de buena reputación, haber ejercido la abogacía durante un mínimo de quince años y tener título de postgrado en materia jurídica.

Se trata de un conjunto de requisitos que deben concurrir, pero que para no violar *derechos adquiridos*, también de naturaleza constitucional, hay que analizar si para la fecha de graduación del abogado, existía o no organizado en el país un sistema de postgrado a que pudiera acceder"[142].

Es de observar, sobre este tema, que aquí la Sala también cambió la Constitución, pues los postgrados universitarios no sólo se realizan inmediatamente seguidos a la fecha de graduación del interesado al terminar el pregrado. Es decir, la exigencia constitucional del postgrado es independiente de la fecha de graduación de la persona.

La Sala continuó analizando las condiciones, distorsionando la categoría legal de lo que es "profesor titular" conforme a la Ley de Universidades, así:

"3.2) Haber sido profesor o profesora universitario en ciencias jurídicas durante un mínimo de quince años, y tener la categoría de profesor titular.

La categoría de profesor titular no podría entenderse en el sentido de un grado dentro de la jerarquía de una carrera, ya que la norma para nada se refiere a la carrera universitaria, y a la necesidad de ser profesor a tiempo completo dentro de ella, que es la que permite acceder a los grados superiores; y además, quien ingresa a una universidad como instructor difícilmente puede llegar a la más alta jerarquía en un lapso de quince años. De allí que la categoría de titular tiene que ser entendida como la condición de una persona respecto de las demás.

El autor Manuel Ossorio, en su Diccionario de Ciencias Jurídicas, Políticas y Sociales, al referirse a esta acepción menciona que "en este último sentido habría categorías de abogados, médico, pintores, militares, albañiles. Es lo que

141 *V.* en *Revista de Derecho Público*, Nº 84, Editorial Jurídica Venezolana, Caracas 2000, p. 108.

142 *Idem*, p. 108.

Cabanellas ha llamado la "categoría profesional" o "estatuto personal", con lo cual no estaríamos en presencia de jerarquías dentro de una profesión sino de la condición o estatuto de una profesión, "respecto de las demás", en este caso hablaríamos de la categoría de profesor universitario por oposición a la categoría de médico o militar.

Por otra parte, la condición de titular tampoco denota exclusivamente un grado jerárquico. En efecto, el Diccionario de la Real Academia dice que titular es el que "ejerce cargo, oficio o profesión con cometido especial y propio", y agrega, a título de ejemplo, "juez, médico, profesor universitario TITULAR".

A este respecto Ossorio aclara que el titular es "aquel que ejerce un cargo u oficio por derecho propio o nombramiento definitivo; *a diferencia de substitutos, reemplazantes o interinos.* (Diccionario de Derecho Usual de Cabanellas)" (Subrayado de la Sala).

En virtud de lo expuesto, considera la Sala que este requisito para los profesores universitarios se interpreta como la exigencia de que el docente universitario tenga una antigüedad mínima de quince años como profesor y se trate de un profesor titular, es decir, ordinario activo o jubilado"[143].

Debe observarse, que en la Ley de Universidades vigente para el momento de la sanción de la Constitución, y esa fue la intención del constituyente, se define la categoría de "profesores titulares" como miembros ordinarios del personal docente (art. 87), a la cual se accede después de ascender sucesivamente desde profesor instructor, profesor asistente, profesor agregado y profesor asociado, de manera que para ser profesor titular "se requiere haber sido profesor asociado, por lo menos durante cinco años". (art. 97). Es contrario a la Ley identificar, entonces, "profesor titular" con "profesor ordinario" como lo hizo la Sala. ¿Cómo pudo la Sala, simplemente, ignorar la Ley? Para resolver la duda no se necesitaba citar a Ossorio ni a Cabanellas; bastaba con que se consultara la Ley de Universidades.

Por tanto, "profesor titular" es lo que está definido en la Ley y es falso que para poder ascender en el escalafón universitario se necesite ser profesor a tiempo completo. Además, también es falso que "sea muy difícil" ascender desde instructor a titular en un lapso de 15 años. La decisión de la Sala, en realidad, lo que constituyó fue la entronización de la mediocridad y el abandono de la excelencia universitaria que es lo que la Constitución exigía expresamente para los magistrados.

Pero el análisis de la Sala continuó con el otro requisito de elegibilidad, así:

"3.3) Ser o haber sido juez o jueza superior en la especialidad correspondiente a la Sala para la cual se postula, con un mínimo de quince años en el ejercicio de la carrera judicial, y reconocido prestigio en el desempeño de sus funciones".

---

143 *Idem*, pp. 109-110.

Al respecto, la Sala acotó:

> "Es necesario que el aspirante tenga como mínimo quince años en el ejercicio de la carrera judicial. Dentro de este lapso deben computarse no sólo los años como juez de instancia sino, eventualmente, como Magistrado de la antigua Corte Suprema de Justicia o del actual Tribunal. En efecto, según el artículo 2° del "Régimen de Transición del Poder Público", los actuales Magistrados pueden ser ratificados de forma definitiva por la Asamblea Nacional.
>
> El requisito de haberse desempeñado como Juez Superior, es una exigencia mínima. Obviamente, si se han desempeñado como Magistrados de la antigua Corte o del Tribunal Supremo de Justicia, con mayor razón (por argumento a fortiori), el aspirante a ser designado o ratificado cumpliría con este requisito constitucional.
>
> La "especialidad correspondiente a la Sala", a la que alude este numeral, debe ser interpretada de una manera amplia, al menos en lo que concierne a la Sala Constitucional y a la Sala Social.
>
> La primera, porque las atribuciones y competencias de esta Sala, en materia de protección a la Constitución abarca varios ámbitos, que exceden la especialidad académica del Derecho Constitucional; y la segunda, porque las materias de que debe conocer la Sala Social exceden también del campo laboral *strictu sensu*, que es su competencia por excelencia, por lo cual, lo ideal es que sea integrada por especialistas en las distintas materias que la Constitución y la Ley le puedan asignar (Familia, menores, etc.)".

De nuevo, en este razonamiento la Sala interpretó la exigencia constitucional de haber sido "juez superior" como quiso, a la medida de los Magistrados decisores.

Poco se puede agregar en cuanto a comentarios a esta conducta del Tribunal Supremo de Justicia, integrado por Magistrados designados por el nuevo poder político, a dedo el 22 de diciembre de 1999, que con la mayor desfachatez, en un auto judicial que lo que decidía era exigirle a la accionante, la Defensora del Pueblo, que aclarase el texto de su demanda, *aprovecharon para "decidir"* que la Constitución no le era aplicable a los magistrados integrantes del Tribunal que aspiraban a ser designados, y que estaban decidiendo, con el argumento de que de lo que se trataba era que iban a ser "ratificados" y ¡ello no estaba regulado en la Constitución!. En todo caso, la decisión de fondo de la acción intentada nunca se adoptó posteriormente, y los magistrados del Tribunal Supremo fueron designados en 2000 mediante postulaciones efectuadas ante la Asamblea nacional por un Comité de Postulaciones que no se ajustó a lo establecido en la Constitución, y muchos de ellos, sin cumplir los estrictos requisitos y condiciones para ser magistrados que establece la Constitución.

VII. LA BURLA A LA CONSTITUCIÓN EN CUANTO LA REGULACIÓN LEGAL DEL COMITÉ DE POSTULACIONES JUDICIALES EN 2004

En mayo de 2004, la Asamblea Nacional sancionó la muy esperada Ley Orgánica del Tribunal Supremo de Justicia[144], con un texto mal estructurado y peor sistematizado, uno de cuyos objetivos era aumentar el número de los Magistrados de las Salas del Tribunal Supremo. En efecto, la Ley dispuso que la Sala Constitucional estaría integrada por 7 Magistrados y las Salas Político-Administrativa, de Casación Civil, de Casación Penal, de Casación Social y Electoral por 5 Magistrados cada una de ellas (Art. 2, párrafo 2°), elevándose así el número de Magistrados de 20 a 32. En esta forma, el gobierno, que controlaba la Asamblea a través del partido de gobierno cuyos directivos eran el propio Presidente de la República y sus Ministros, nombrando por simple mayoría a los Magistrados, podía controlar totalmente al Tribunal Supremo de Justicia[145].

Como consecuencia de este aumento de los Magistrados del Tribunal Supremo, la Asamblea Nacional de inmediato inició el proceso para su selección de candidatos a Magistrados, conforme a las previsiones de la Ley Orgánica, que en materia de conformación del Comité de Postulaciones Judiciales, violaba abiertamente la Constitución y el derecho político a la participación en el mismo.

En efecto, conforme a la Ley Orgánica, el Comité de Postulaciones Judiciales es un órgano asesor del Poder Judicial para la selección de los candidatos a Magistrados del Tribunal Supremo de Justicia; designado por un período de 2 años, por mayoría simple de la Asamblea Nacional, "como máximo órgano representativo de la sociedad venezolana".

Sin embargo, en lugar de estar integrado sólo y exclusivamente "por representantes de los diversos sectores de la sociedad" como lo exige la Constitución (art. 270), la Ley Orgánica dispuso que está integrado por "once (11) miembros principales, con sus respectivos suplentes, cinco (5) de lo cuales serán elegidos del seno del órgano legislativo nacional, y los otros seis (6) miembros, de los demás sectores de la sociedad, los cuales se elegirán en un procedimiento público" (art. 13, párrafo 2°). Los diputados a la Asamblea Nacional, sin embargo, por esencia, no pueden considerarse representantes de la sociedad civil, por lo que la Ley incurrió en una violación de la Constitución al constituir en realidad, una Comisión Parlamentaria ampliada. Conforme al artículo 14, párrafo 4°, los gastos del Comité corren a cargo de la propia Asamblea, lo que confirma el carácter parlamentario de la "Comisión".

Una Comisión así conformada fue la que en 2004 tuvo a su cargo la postulación de los candidatos a Magistrados para integrar las nuevas plazas que resultaron de la sanción de la nueva Ley Orgánica del Tribunal Supremo, cuyo resultado final puede apreciarse de lo que expresó públicamente el diputado Presidente del Comité (de-

---

144 *V.* en *Gaceta Oficial* N° 37.942 de 20-05-2004. *V.* sobre dicha Ley, véase Allan R. Brewer-Carías, *Ley Orgánica del Tribunal Supremo de Justicia. Procesos y procedimientos constitucionales y contencioso-administrativos,* Editorial Jurídica Venezolana, Caracas 2004.

145 Por ello, el Presidente de la República declaró: "Tan pronto llegue a las puertas de Miraflores, la firmaré para que se activen los mecanismos previstos para revisar uno a uno los requisitos para ser magistrados...A ver si los cumplen". En *El Nacional*, Caracas, 17-05-2004, p. A-6.

signado en 2007 como Ministro del Poder Popular del Interior y Justicia), en víspera del nombramiento de aquellos:

> "Si bien los diputados tenemos la potestad de esta escogencia, el Presidente de la República fue consultado **y su opinión fue tenida muy en cuenta.**"

Y agregó:

> "**Vamos a estar claros, nosotros no nos vamos a meter autogoles**. En la lista había gente de la oposición que cumple con todos los requisitos. La oposición hubiera podido usarlos para llegar a un acuerdo en las últimas sesiones, pero no quisieron. Así que nosotros no lo vamos a hacer por ellos. **En el grupo de los postulados no hay nadie que vaya a actuar contra nosotros** y, así sea en una sesión de 10 horas, lo aprobaremos."[146].

Con razón, la Comisión Interamericana de Derechos Humanos indicó en su *Informe a la Asamblea General de la OEA* correspondiente a 2004 que "estas normas de la Ley Orgánica del Tribunal Supremo de Justicia habrían facilitado que el Poder Ejecutivo manipulara el proceso de elección de magistrados llevado a cabo durante 2004."[147]

Una Sala Constitucional integrada por magistrados respecto de los cuales el gobierno asegura públicamente que no van a "actuar contra nosotros", no puede legítimamente ejercer la justicia constitucional, y en cambio, en muchos casos, lo que ha realizado es una "**in" justicia constitucional.**

SECCIÓN TERCERA:

SOBRE LA PATOLOGÍA DE LA JUSTICIA CONSTITUCIONAL: DE CÓMO EL GUARDIÁN DE LA CONSTITUCIÓN HA SIDO EL INSTRUMENTO PARA LEGITIMAR SU VIOLACIÓN EN EL MARCO DE LA AUSENCIA DE SEPARACIÓN DE PODERES

Este estudio está basado en la Ponencia sobre "El Tribunal Supremo de Justicia en Venezuela, en el marco de la ausencia de separación de poderes, producto del régimen autoritario," presentada al *Segundo Congreso Colombiano de Derecho Procesal Constitucional*, celebrado en Bogotá, marzo 2011 y publicado en el libro: *Segundo Congreso Colombiano de Derecho Procesal Constitucional, Bogotá D.C., 16 de marzo de 2011*, Centro Colombiano de Derecho Procesal Constitucional, Universidad Católica de Colombia, Bogotá 2011, pp. 85-111. Las ideas allí expuestas fueron discutidas en la Conferencia dictada en el curso del profesor José Luis Cea Egaña, en la *Facultad de Derecho de la Universidad Católica de Chile*, Santiago de Chile, 26 de abril de 2011. El trabajo fue publicado también en el libro: *Práctica y distorsión de la justicia constitucional en Venezuela (2008-2012)*, Colección Justicia Nº 3, Acceso a la Justicia, Aca-

---

146 Declaración del diputado Pedro Carreño en *El Nacional*, Caracas 13-12-2004.

147 CIDH 2004 180.

demia de Ciencias Políticas y Sociales, Universidad Metropolitana, Editorial Jurídica Venezolana, Caracas 2012, pp. 13-50.

Dicho libro estuvo precedido de la siguiente Nota Explicativa:

"En agosto de 2007 salió publicado mi libro *Crónica sobre la "In" Justicia Constitucional. La Sala Constitucional y el autoritarismo en Venezuela*, Colección Instituto de Derecho Público, Universidad Central de Venezuela, Editorial Jurídica Venezolana (Caracas 2007, 702 pp.) en el cual analicé la labor de la Sala Constitucional del Tribunal Supremo de Justicia en los siete años precedentes, actuando como órgano que había sido progresivamente sometido al poder político, invadiendo la autonomía de otros poderes del Estado, como el Poder Electoral; olvidando garantizar la propia autonomía e independencia del Poder Judicial, al avalar la intervención del mismo; usurpando las funciones atribuidas a la Asamblea nacional, al actuar como legislador positivo; y conculcando derechos ciudadanos, en logar de ser el máximo órgano judicial garante de los mismos y de la propia Constitución.

En los cinco años que han transcurrido desde que dicho libro se publicó, la Sala Constitucional ha seguido abierta y lamentablemente el mismo camino de práctica distorsionante de la justicia constitucional, lo cual hemos analizado en diversos trabajos que se han publicados en Revistas y Obras Colectivas tanto en Venezuela como el extranjero, donde se ha puesto en evidencia la patología que afecta a la Jurisdicción Constitucional en nuestro país, la cual, en lugar de ser el guardián de la Constitución ha sido el instrumento para legitimar su violación en el marco de la ausencia de separación de poderes, y además, el ente pasivo cuando se trataba de poner fin a la interminable transitoriedad a la que ha sido sometido el propio Poder Judicial.

En ese rol de órgano al servicio del afianzamiento del autoritarismo, antes que garantizar la supremacía y rigidez constitucional, hemos sido testigos, a través del estudio de sus sentencias, de cómo la Sala Constitucional ha mutado ilegítimamente la Constitución, afectando una serie de normas y principios fundamentales como el principio pétreo de la alternabilidad republicana; la forma federal del Estado; los conceptos de República, Estado y Nación; la prohibición del financiamiento público de las campañas electorales de los partidos políticos; el régimen los antejuicios de mérito de altos funcionarios del Estado; y las propias competencias de la propia jurisdicción constitucional.

Por otra parte, la Sala Constitucional ha distorsionado ilegítimamente los propios instrumentos de la justicia constitucional, en particular, mediante la aplicación del método difuso de control de constitucionalidad, desaplicando con carácter general normas legales, y en algunos casos, ordenando la aplicación, en su lugar, de normas legales derogadas; mediante la renuncia a controlar la supremacía de la en ciertas materias como las relativas al procedimiento para la reforma constitucional; mediante la ilegítima restricción de la popularidad de la acción de inconstitucionalidad de las leyes; mediante la asunción ilegítima de la competencia de las otras Salas para la interpretación abstracta de leyes, sin interpretar la Constitución; y mediante la metamorfosis jurisprudencial del recurso extraordinario de revisión constitucional de sentencias.

En su carrera al servicio del autoritarismo, la Sala Constitucional, además, ha seguido usurpando la función legislativa que corresponde a la Asamblea Nacional, en algunos casos asumiendo el rol de legislador positivo, sin límites, reformando leyes; en otros casos, reformando leyes y modificando de oficio las reformas legales que ha hecho, incluso a espaldas de las parte; y en otros casos, desnaturalizando leyes, como ocurrió con la de que rige la Academia de Ciencias Políticas y Sociales. La usurpación se ha producido incluso respecto de las funciones no normativas de la Asamblea nacional, como la que ejerce al designar a los altos funcionarios del Estado, como fue el caso del Poder Electoral, cuyos miembros fueron designados por la Sala Constitucional, mediante el ejercicio del control de la constitucionalidad de la omisión legislativa, sustituyéndose en el propio Legislador.

Por último, en estos últimos años hemos visto al Juez Constitucional, sublevándose contra la jurisdicción internacional en materia de derechos humanos, a pesar incluso de que la Constitución otorga primacía a los mismos cuando previstos en tratados, sean más favorables a los ciudadanos. Al contrario, las sentencias de la sala Constitucional han desconocido la protección internacional de los derechos humanos declarando como "inejecutables" en el país, las decisiones de la Corte Interamericana de Derechos Humanos, de paso, violando derechos ciudadanos como al debido proceso y a ser electo. En esa carrera contra los derechos humanos, la Sala Constitucional incluso ha inventado una acción de control de constitucionalidad de las sentencias de protección internacional emanadas de la Corte Interamericana de Derechos Humanos. Además, ha desconocido el derecho al acceso a la información; e incluso el derecho de asociación, en particular, del gremio de abogados.

En este libro, que se edita ahora en la *Colección Justicia* que coordina la asociación *Acceso a la Justicia*, conforme al convenio que tiene suscrito con la *Academia de Ciencias Políticas y Sociales* y la *Universidad Metropolitana*, tiene por objeto analizar la actuación de la Sala Constitucional durante estos años 2008-2011 en su delicada tarea de impartir la justicia constitucional, y constatar cómo, en la práctica, en muchos casos lamentablemente ha resultado en una distorsión de la misma.

Concluyo agradeciendo al profesor Jesús María Alvarado Andrade por la revisión que hizo de los diversos textos para su publicación; y a la profesora Laura Louza, directora de la Asociación *Acceso a la Justicia* y coordinadora de esta Colección Justicia, no sólo por la iniciativa que tuvo en concebirla, sino que haya resuelto incluir este libro en la misma."

New York, abril de 2011.

Con razón los Tribunales Constitucionales en el mundo democrático han sido considerados como los "comisarios del poder constituyente, encargados de defender la Constitución y de velar por que todos los órganos constitucionales conserven su estricta calidad de poderes constituidos."[148]

148 Véase E. García de Enterría, *La Constitución como norma y el Tribunal constitucional,* Madrid, 1985, p. 198.

Y es que en efecto, si las Constituciones son normas jurídicas efectivas, que prevalecen en el proceso político, en la vida social y económica del país, y que sustentan la validez a todo el orden jurídico,[149] la solución institucional para preservar su vigencia y la libertad está precisamente en establecer estos comisarios del poder constituyente, como guardianes de la Constitución, que al tener por misión asegurar que todos los órganos del Estado la acaten, también tienen que adaptarse a lo que el texto fundamental establece, y actuar sometidos a su normativa, estándole vedado mutarla.

Sin embargo, lamentablemente, esta no ha sido siempre la situación con los tribunales constitucionales, y en la historia constitucional, particularmente en los regímenes autoritarios, no ha sido infrecuente que tribunales constitucionales, dado el poder que tienen asignado, lejos de garantizar el Estado de derecho, hayan sido los instrumentos utilizados por regímenes autoritarios para demoler sus bases. Y eso es precisamente lo que ha ocurrido en Venezuela a la vista del mundo democrático en la última década, y a ello es que quisiera referirme en esta exposición sobre "De cómo el guardián de la Constitución ha sido el instrumento para legitimizar su violación."

La Constitución Venezolana de 1999, adoptada por una Asamblea Nacional Constituyente y aprobada por voluntad del pueblo expresada como poder constituyente originario en el referendo aprobatorio del 15 de diciembre de 1999,[150] como toda Constitución moderna está dotada de supremacía, lo cual incluso se encuentra formalmente expresado en su artículo 7 del texto fundamental donde se expresa, que: "*La Constitución es la norma suprema y el fundamento del ordenamiento jurídico. Todas las personas y los órganos que ejercen el Poder Público están sujetos a esta Constitución,*" lo que implica que la Constitución prevalece y debe prevalecer sobre la voluntad de todos los órganos constituidos del Estado, incluyendo el Tribunal Supremo de Justicia, por lo que su modificación sólo puede llevarse a cabo conforme se dispone en su propio texto, como expresión-imposición de la voluntad popular producto de ese poder constituyente originario.

La contrapartida de la obligación de los órganos constituidos de respetar la Constitución, de manera que el poder constituyente originario prevalezca sobre la voluntad de dichos órganos estatales constituidos, es el derecho constitucional que todos los ciudadanos tienen en un Estado Constitucional, a que se respete la voluntad popular expresada en la Constitución, es decir, *el derecho fundamental a la supremacía constitucional.*[151] Nada se ganaría con señalar que la Constitución, como manifestación de la voluntad del pueblo, debe prevalecer sobre la de los órganos del Estado, si no existiere el derecho de los integrantes del pueblo de exigir el respeto de esa Constitución, y además, la obligación de los órganos jurisdiccionales de velar por dicha supremacía.

---

149 *Idem*, pp. 33, 39, 66, 71, 177 y 187.

150 Véase sobre la Constitución de 1999, Allan R. Brewer-Carías, *La Constitución de 1999. Derecho Constitucional Venezolano*, Editorial Jurídica Venezolana, Caracas 2004, 2 vols.

151 Véase Allan R. Brewer-Carías, "El amparo a los derechos y libertades constitucionales (una aproximación comparativa)" en Manuel José Cepeda (editor), *La Carta de Derechos. Su interpretación y sus implicaciones*, Editorial Temis, Bogotá 1993, pp. 21-81.

La supremacía de la Constitución está asegurada mediante la previsión en el mismo texto constitucional, por una parte, de su máximo carácter rígido al disponerse la necesaria e indispensable intervención popular para efectuar cualquier cambio a la Constitución, de manera que sólo el poder constituyente originario del pueblo puede aprobar dichas modificaciones, no existiendo en el texto constitucional poder constituyente derivado alguno; y por la otra, de todo un sistema de justicia constitucional para garantizar dicha supremacía[152] de carácter mixto o integral[153], que combina tanto el llamado método difuso como el método concentrado de control de constitucionalidad.

Así, la garantía de la supremacía constitucional se consagra, en primer lugar, mediante la asignación a todos los jueces de la República, en el ámbito de sus respectivas competencias y conforme a lo previsto en la Constitución y en la ley, de la obligación "de asegurar la integridad de la Constitución" (art. 334). Y en segundo lugar, además, mediante la asignación al Tribunal Supremo de Justicia de la tarea de garantizar "la supremacía y efectividad de las normas y principios constitucionales", como "el máximo y último intérprete de la Constitución," y de velar "por su uniforme interpretación y aplicación" (art. 335). También, la Constitución asigna en concreto a la Sala Constitucional del Tribunal Supremo, como Jurisdicción Constitucional (arts. 266,1 y 336) el ejercicio del control concentrado de la constitucionalidad de las leyes y demás actos estatales de rango legal con poderes para declarar su nulidad con efectos *erga omnes* cuando sean contrarios a la Constitución, al decidir la acción popular que todos los ciudadanos pueden interponer ante la misma.

Conforme a esas previsiones, por tanto, la Sala Constitucional del Tribunal Supremo de Justicia de Venezuela, sin duda, el instrumento más poderoso diseñado para garantizar la supremacía de la Constitución y el Estado de Derecho, la cual, por

152 Sobre este sistema, en cuanto a nuestros trabajos, véase Allan R. Brewer-Carías, *El Sistema de Justicia Constitucional en la Constitución de 1999: Comentarios sobre su desarrollo jurisprudencial y su explicación a veces errada, en la Exposición de Motivos,* Editorial Jurídica Venezolana, Caracas, 2000; *Justicia Constitucional, Tomo VII, Instituciones Políticas y Constitucionales*, Editorial Jurídica Venezolana, Caracas, 1996; "La Justicia Constitucional en la Nueva Constitución" en *Revista de Derecho Constitucional,* Nº 1, Septiembre-Diciembre 1999, Editorial Sherwood, Caracas, 1999, pp. 35-44; Allan R. Brewer-Carías, "La justicia constitucional en la Constitución de 1999", en *Derecho Procesal Constitucional,* Colegio de Secretarios de la Suprema Corte de Justicia de la Nación, A.C., Editorial Porrúa, México 2001, pp. 931-961; publicado también en *Reflexiones sobre el Constitucionalismo en América*, Editorial Jurídica Venezolana, Caracas, 2001, pp. 255-285; "Instrumentos de justicia constitucional en Venezuela (acción de inconstitucionalidad, controversia constitucional, protección constitucional frente a particulares)", en Juan Vega Gómez y Edgar Corzo Sosa (Coordinadores) *Instrumentos de tutela y justicia constitucional Memoria del VII Congreso Iberoamericano de Derecho Constitucional*, Instituto de Investigaciones Jurídicas, Serie Doctrina Jurídica, Nº 99, México 2002, pp. 75-99.

153 En cuanto a nuestros trabajos, véase Allan R. Brewer-Carías, *Judicial Review in Comparative Law*, Cambridge University Press, Cambridge, 1989; *El sistema mixto o integral de control de la constitucionalidad en Colombia y Venezuela*, Universidad Externado de Colombia (Temas de Derecho Público Nº 39) y Pontificia Universidad Javeriana (Quaestiones Juridicae Nº 5), Bogotá 1995; publicado también en *Revista Tachirense de Derecho*, Universidad Católica del Táchira, Nº 5-6, San Cristóbal, enero-diciembre 1994, pp. 111-164; en *Anuario de Derecho Constitucional Latinoamericano,* Fundación Konrad Adenauer, Medellín-Colombia 1996, pp. 163-246; y en G. J. Bidart Campos y J. F. Palomino Manchego (Coordinadores), *Jurisdicción Militar y Constitución en Iberoamérica, Libro Homenaje a Domingo García Belaúnde*, Instituto Iberoamericano de Derecho Constitucional (Sección Peruana), Lima 1997, pp. 483-560.

supuesto, como guardián de la Constitución, también está sometida a la Constitución. Como tal guardián, y como sucede en cualquier Estado de derecho, el sometimiento del tribunal constitucional a la Constitución es una preposición absolutamente sobreentendida y no sujeta a discusión, ya que sería inconcebible que el juez constitucional pueda violar la Constitución que esta llamado a aplicar y garantizar. Esa la pueden violar los otros poderes del Estado, pero no el guardián de la Constitución.

Pero por supuesto, para garantizar que ello no ocurra, el Tribunal Constitucional debe gozar de absoluta independencia y autonomía, pues un Tribunal Constitucional sujeto a la voluntad del poder en lugar del guardián de la Constitución se convierte en el instrumento más atroz del autoritarismo. El mejor sistema de justicia constitucional, por tanto, en manos de un juez sometido al poder, es letra muerta para los individuos y es un instrumento para el fraude a la Constitución.

Lamentablemente, sin embargo, esto último es lo que ha venido ocurriendo en Venezuela en los últimos años, donde la Sala Constitucional del Tribunal Supremo, como Juez Constitucional, lejos de haber actuado en el marco de sus atribuciones expresas constitucionales, ha sido sometida a los Poderes políticos del Estado, en particular, a la Asamblea Nacional y al Ejecutivo, actuando como instrumento del régimen autoritario.[154] Frente a ese rol asumido por la sala Constitucional mutando ilegítimamente la Constitución o avalando actos estatales inconstitucionales, no queda más que preguntarse lo que se plantea todo poder incontrolado: *Quis custodiet ipsos custodes?*.[155]

Este trastocamiento del rol de ser guardián de la Constitución en pasar a ser el instrumento para legitimizar su violación, sirviendo de vehículo para la demolición del Estado de derecho y el régimen democrático en Venezuela,[156] tiene su origen en la toma de control político que se efectuó sobre el Tribunal Supremo aún antes de que la nueva Constitución que lo creó fuese siquiera discutida y sancionada.

---

154 Véase Allan R. Brewer-Carías, *Crónica sobre la "In" Justicia Constitucional. La Sala Constitucional y el autoritarismo en Venezuela*, Caracas 2007.

155 Véase nuestros comentarios iniciales sobre esta sentencia en Allan R. Brewer-Carías, *El sistema de justicia constitucional en la Constitución de 1999 (Comentarios sobre su desarrollo jurisprudencial y su explicación, a veces errada, en la Exposición de Motivos)*, Editorial Jurídica Venezolana, Caracas 2000.

156 Véase, *en general*, Allan R. Brewer-Carías, "La progresiva y sistemática demolición de la autonomía e independencia del Poder Judicial en Venezuela (1999-2004)," en *XXX Jornadas J.M Domínguez Escovar, Estado de Derecho, Administración de Justicia y Derechos Humanos*, Instituto de Estudios Jurídicos del Estado Lara, Barquisimeto 2005, pp. 33-174; Allan R. Brewer-Carías, "El constitucionalismo y la emergencia en Venezuela: entre la emergencia formal y la emergencia anormal del Poder Judicial" en Allan R. Brewer-Carías, *Estudios Sobre el Estado Constitucional (2005-2006)*, Editorial Jurídica Venezolana, Caracas 2007, pp. 245-269; y Allan R. Brewer-Carías "La justicia sometida al poder. La ausencia de independencia y autonomía de los jueces en Venezuela por la interminable emergencia del Poder Judicial (1999-2006)" en *Cuestiones Internacionales. Anuario Jurídico Villanueva 2007,* Centro Universitario Villanueva, Marcial Pons, Madrid 2007, pp. 25-57, disponible en www.allanbrewercarias.com, (Biblioteca Virtual, II.4. Artículos y Estudios N° 550, 2007) pp. 1-37. Véase también Allan R. Brewer-Carías, *Historia Constitucional de Venezuela*, Editorial Alfa, Tomo II, Caracas 2008, pp. 402-454.

I. LA ILEGÍTIMA PRESIÓN EJERCIDA POR EL PODER EJECUTIVO SOBRE LA ANTIGUA CORTE SUPREMA DE JUSTICIA EN 1998-1999 Y EL COMIENZO DE SU SOJUZGAMIENTO

Ese proceso comenzó, precisamente, con la ilegítima presión que a finales de 1998 el entonces Presidente recién electo Hugo Chávez Frías ejerció sobre la antigua Corte Suprema de Justicia para que legitimara la convocatoria y subsiguiente elección de una Asamblea Nacional Constituyente que no estaba prevista en la Constitución de 1961 como mecanismo para su reforma, lo cual pudo realizarse en 1999, luego de unas ambiguas decisiones dictadas por la Corte Suprema en enero de 1999, que abrieron el camino para ello.[157]

La Asamblea Constituyente que resultó electa de aquél proceso, lamentablemente, fue la que inició el proceso de demolición de las instituciones judiciales y del Estado de derecho,[158] siendo el resultado, luego de una larga década, que el país se encuentra sometido a un gobierno autoritario donde si bien ha habido elecciones, sin embargo, no está asegurado el respeto de los derechos humanos y de las libertades fundamentales; ni la existencia de un régimen plural de partidos y organizaciones políticas; ni la separación e independencia de los poderes públicos; ni la transparencia de las actividades gubernamentales; ni la probidad y responsabilidad en la gestión pública; ni la libertad de expresión y de prensa; y ni siquiera, la subordinación de las instituciones del Estado a la autoridad civil, pues lo que existe en definitiva es un régimen militar.

El primer producto de aquél proceso constituyente fue la sanción en 1999 de una nueva Constitución, considerada por muchos como una de las mejores de América Latina; afirmación con la cual, sin embargo, nunca estuve de acuerdo excepto en lo que se refiere a sus previsiones en materia de derechos humanos, de independencia judicial y de justicia constitucional, las cuales, sin embargo y lamentablemente, son letra muerta. Como miembro de aquella Asamblea Nacional Constituyente contribuí a la redacción de muchas de esas disposiciones; pero también fui de los pocos Constituyentes que abogó por el rechazo globalmente de dicha Constitución en el referéndum de diciembre de 1999.

Pero lo más frustrante de esta celebrada Constitución es que durante su vigencia, ha sido constantemente violada por todas las ramas del Poder Público, y más grave aún, con la anuencia y participación del Tribunal Supremo de Justicia y su Sala Constitucional la cual, con los poderes de una Corte Constitucional, fue concebida

157 Véase Allan R. Brewer–Carías, "La configuración judicial del proceso constituyente o de cómo el guardián de la Constitución abrió el camino para su violación y para su propia extinción", en *Revista de Derecho Público*, Nº 77–80, Editorial Jurídica Venezolana, Caracas 1999, pp. 453 y ss.; y *Golpe de Estado y proceso constituyente en Venezuela*, UNAM, México, 2001, pp. 60 y ss.

158 Véase en general Allan R. Brewer-Carías, "El autoritarismo establecido en fraude a la Constitución y a la democracia y su formalización en "Venezuela mediante la reforma constitucional. (De cómo en un país democrático se ha utilizado el sistema eleccionario para minar la democracia y establecer un régimen autoritario de supuesta "dictadura de la democracia" que se pretende regularizar mediante la reforma constitucional)" en el libro *Temas constitucionales. Planteamientos ante una Reforma,* Fundación de Estudios de Derecho Administrativo, FUNEDA, Caracas 2007, pp. 13-74; "La demolición del Estado de Derecho en Venezuela Reforma Constitucional y fraude a la Constitución (1999-2009)," en *El Cronista del Estado Social y Democrático de Derecho*, Nº 6, Editorial Iustel, Madrid 2009, pp. 52-61

para ser la garante de la supremacía constitucional. Sin embargo, contrariamente a ese rol, la Sala Constitucional en Venezuela, estando totalmente controlada por el Poder Ejecutivo, ha sido precisamente el mecanismo utilizado para erosionar el Estado de derecho y apuntalar el autoritarismo, legitimando todas las violaciones institucionales que se han producido, y además, para lograr el falseamiento de la Constitución lo que ocurre como lo reconoció la propia Sala, cuando se otorga "a las normas constitucionales una interpretación y un sentido distinto del que realmente tienen, lo que es en realidad una modificación no formal de la Constitución misma."[159]

Ese proceso de desmantelamiento del Estado de derecho y de falseamiento o mutación de la Constitución luego de la presión ejercida sobre la antigua Corte Suprema, una vez electo el Presidente Chávez en diciembre de 1998, se inició entonces a comienzos del 1999 cuando el mismo día de la toma de posición de su cargo (2 de febrero de 1999), el Presidente convocó por Decreto y base constitucional alguna,[160] un referéndum consultivo para la convocatoria de una Asamblea Constituyente. Esa decisión se adoptó sólo dos semanas después de que la entonces muy presionada Corte Suprema dictara las antes indicadas ambiguas sentencias de 19 de enero de 1999, en las cuales, al decidir un recurso de interpretación de la Ley Orgánica del Sufragio y participación Política, sin decidir expresamente lo que se le había requerido y que era si se podía o no convocar dicha Asamblea no prevista en la Constitución sin reformarla previamente,[161] abrió la vía para su convocatoria.

Entonces, el dilema que la Corte debía resolver era la opción entre soberanía popular y supremacía constitucional, el mismo dilema que una década antes se había planteado en Colombia en 1991, y que en este país logró resolverse después de una enjundiosa decisión de la antigua Corte Suprema que dio paso a una evolución democrática ejemplar. El mismo dilema se planteó en 2009 en Honduras, donde los jueces contencioso administrativos en cambio lo resolvieron en otra forma, prohibiendo la realización de una consulta popular para violentar la Constitución, dando prevalencia el principio de su supremacía.[162]

En Venezuela, en cambio, en 1999, el juez contencioso administrativo que en ese momento era la Sala Político Administrativa de la Corte Suprema de Justicia, en su decisión se abstuvo de resolver el dilema planteado, dejando irresponsabl e-

---

159 Véase sentencia de la Sala Constitucional N° 74 de 25-1-2006 (Caso: *Acción Democrática vs. Consejo Nacional Electoral y demás autoridades electorales*), en *Revista de Derecho Público*, Editorial Jurídica Venezolana, N° 105, Caracas 2006, pp. 76 ss.

160 Véase Decreto N° 3 de 2 de febrero de 1999, en *Gaceta Oficial* N° 36.634 de 02–02–99.

161 Véase el texto de las sentencias en Allan R. Brewer–Carías, *Poder Constituyente Originario y Asamblea Nacional Constituyente,* Editorial Jurídica Venezolana, Caracas 1998, pp. 25 a 53; y véanse los comentarios a dichas sentencias en ese mismo libro, pp. 55 a 114 y en Allan R. Brewer–Carías, *Asamblea Constituyente y Ordenamiento Constitucional, Academia de Ciencias Políticas y Sociales, Caracas 1998,* pp. 153 a 228. Igualmente en *Revista de Derecho Público*, N° 77–80, Editorial Jurídica Venezolana, Caracas 1999, pp. 56 y ss. y 68 y ss.

162 Véase Allan R. Brewer-Carías, *Reforma Constitucional, Asamblea Constituyente y Control Judicial: Honduras (209), Ecuador (2007) y Venezuela (1999)*, Universidad Externado de Colombia, Bogotá 2009.

mente a la libre interpretación de todos, el curso de los acontecimientos.[163] El resultado fue, precisamente, la inicial e inconstitucional decisión del Presidente Chávez[164] adoptada con base en su propia interpretación de la ausencia de decisión judicial expresa por parte de la Corte Suprema,[165] lo que condujo a la elección, en Julio de 1999, de una Asamblea Constituyente hecha a su medida y completamente controlada por sus seguidores, conforme a un estatuto que él mismo impuso y que no fue objeto de consulta o consenso político alguno. Esa Asamblea, como dije, y de la cual formé parte, fue el principal instrumento utilizado por el Presidente para materializar el violento asalto político al poder y a todas las ramas del Poder Público, comenzando por el Poder Judicial, que se produjo, ignorando las previsiones de la entonces en vigencia Constitución de 1961.[166]

Esa Asamblea Constituyente, aún cuando no fue el producto de un golpe de Estado de corte militar como tantas otras en nuestra historia política,[167] técnicamente fue el resultado de un golpe de Estado dado contra la Constitución,[168] y adicional-

163 Sobre esta decisión de la sentencia, por ejemplo, Lolymar Hernández Camargo señaló: "lejos de dar una respuesta directa a la importante interrogante planteada, abre la posibilidad para que se realice el referendo consultivo, pero no establece con precisión el mecanismo que permita tal convocatoria, sino que entrega tal cometido a los 'órganos competentes' " en *La Teoría del Poder Constituyente. Un caso de estudio: el proceso constituyente venezolano de 1999,* UCAT, San Cristóbal, 2000, pp. 54 a 63.

164 Véase el texto de la acción de nulidad intentada contra el decreto presidencial en Allan R. Brewer–Carías, *Asamblea Constituyente y Ordenamiento Constitucional*, Academia de Ciencias Políticas y Sociales, Caracas 1999, pp. 255 a 321. Véase además, Carlos M. Escarrá Malavé, *Proceso Político y Constituyente,* Caracas 1999, anexo 4.

165 Lo que la propia Corte trató luego de corregir en un tímido y tardío intento de rectificación en sentencias de marzo y abril de 1999 (Véase en Allan R. Brewer–Carías, *Poder Constituyente Originario y Asamblea Nacional Constituyente,* Caracas 1999, pp. 169 a 185 y 190 a 198. Igualmente en *Revista de Derecho Público*, N° 77–80, Editorial Jurídica Venezolana, Caracas 1999, pp. 73 y ss., y 85 y ss), provocando que el propio Presidente también tuviera a su vez que rectificar en sus propósitos absolutistas, como consta del "Aviso Oficial" publicado en *G.O.* N° 36.658 de 10–03–99, con las bases de la convocatoria de la asamblea nacional constituyente, para ser sometida para la aprobación del pueblo en el referéndum convocado para el 25 de abril de 1999.

166 Véase Allan R. Brewer–Carías, *Golpe de Estado y proceso constituyente en Venezuela, op. cit*, p. 160.

167 Véase sobre las Asambleas Constituyentes y sus actos en la historia de Venezuela, Elena Plaza y Ricardo Combellas (Coordinadores), *Procesos Constituyentes y Reformas Constitucionales en la Historia de Venezuela: 1811–1999*, Universidad Central de Venezuela, 2 Tomos, Caracas 2005; Allan R. Brewer-Carías, *Las Constituciones de Venezuela*, Academia de Ciencias Políticas y Sociales, 2 vols., Caracas 2008; *Historia Constitucional de Venezuela*, Editorial Alfa, 2 vols, Caracas 2008.

168 La Asamblea asumió, en su Estatuto, un "poder constituyente originario."Véase en *Gaceta Constituyente (Diario de Debates), Agosto–Septiembre 1999*, Sesión de 07–08–99, N° 4, p. 144. En el acto de instalación, el presidente de la Asamblea señaló que "la Asamblea Nacional Constituyente es originaria y soberana", en *Gaceta Constituyente (Diario de Debates), Agosto–Septiembre 1999,* Sesión de 03–08–99, N° 1, p. 4. Véase el texto, además, en *Gaceta Oficial* N° 36.786 de 14–09–99. Como ha señalado Lolymar Hernández Camargo, con la aprobación del Estatuto "quedó consumada la inobservancia a la voluntad popular que le había impuesto límites a la Asamblea Nacional Constituyente... Se auto proclamó como poder constituyente originario, absoluto e ilimitado, con lo cual el Estado perdió toda razón de ser, pues si se mancilló la voluntad popular y su manifestación normativa (la Constitución), no es posible calificar al Estado como de derecho ni menos aun democrático", en *La Teoría del Poder Constituyente, cit.*, p. 73. Véase los votos salvados por razones de inconstitucionalidad respecto de la aprobación del Estatuto en Allan R. Brewer–Carías, *Debate Constituyente, (Aportes a la Asamblea Nacional Constituyente)* tomo I, *(8 agosto–8 septiembre 1999)*, Caracas 1999, pp. 15 a 39. Así mismo, en *Gaceta Constituyente (Diario de Debates), Agosto–Septiembre 1999*, Sesión de 07–08–99, N° 4, pp. 6 a 13

mente, fue en si misma el instrumento usado para dar un golpe de Estado continuado contra los Poderes constituidos.[169] La Asamblea Constituyente, en efecto, intervino todos los poderes públicos existentes, electos y constituidos unos meses antes,[170] en particular, el Poder Judicial, cuya autonomía e independencia comenzó a ser sistemáticamente demolida.[171] Y todo ello ocurrió, lamentablemente, con el consentimiento y complicidad de la antigua Corte Suprema la cual avaló la creación por la Asamblea de una Comisión de Emergencia Judicial que afectaba sus funciones, llegando la Corte incluso a nombrar a uno de sus propios Magistrados como miembro de la misma.[172] Esa Comisión, doce años después, continúa en funcionamiento en violación de la nueva Constitución, aun cuando con otro nombre.

Todos estos actos de la Asamblea Constituyente fueron sin embargo impugnados ante la mencionada ya completamente sometida Corte Suprema, la cual en otra altamente criticada decisión dictada el 14 de octubre de 1999,[173] avaló la constitucionalidad de los mismos reconociendo supuestos poderes "supra-constitucionales" de la Asamblea. Era, sin duda, la única forma que tenía la Corte Suprema para justificar la inconstitucional intervención de los Poderes Públicos, decisión por lo cual habría de pagar un muy alto precio, como fue el de su propia existencia. Con esas decisiones, en realidad la Corte Suprema había firmado su propia sentencia de muerte, desapareciendo del panorama institucional dos meses después, como la primera de las víctimas del gobierno autoritario al cual había ayudado a apoderarse del poder.

Esto sucedió el 22 de diciembre del mismo año 1999, cuando la Asamblea Constituyente, una semana después de aprobada de Constitución por voto popular (15 de diciembre de 1999), dictó un acto "constituyente" que violaba, a la vez, la antigua

---

169 Véase Allan R. Brewer-Carías, "Constitution Making in Defraudation of the Constitution and Authoritarian Government in Defraudation of Democracy. The Recent Venezuelan Experience", en *Lateinamerika Analysen*, 19, 1/2008, GIGA, German Institute of Global and Area Studies, Institute of latin American Studies, Hamburg 2008, pp. 119-142

170 Véase Decreto mediante el cual se declara la *reorganización de todos los órganos del Poder Público*" de fecha 12 de agosto de 1999, en *Gaceta Oficial* Nº 36.764 de 13–08–99; Decreto mediante el cual *se regulan las funciones del Poder Legislativo* de 25 de agosto de 1999, en *Gaceta Oficial* Nº 36.772 de 25–08–99. Sobre esto último, véase en Allan R. Brewer–Carías, *Debate Constituyente,* tomo I, *op. cit.*, pp. 75 a 113; y en *Gaceta Constituyente (Diario de Debates), Agosto–Septiembre 1999, cit.,* Sesión de 25–08–99, Nº 13, pp. 12 a 13 y 27 a 30 y Sesión de 30–08–99, Nº 16, pp. 16 a 19. Con posterioridad, sin embargo, y con la intermediación de la Iglesia Católica, el 9–9–99, la directiva de la Asamblea llegó a un acuerdo con la directiva del Congreso, con lo cual, de hecho, se dejó sin efecto el contenido del Decreto, siguiendo el Congreso funcionando conforme al régimen de la Constitución de 1961. Véase el texto del Acuerdo en *El Nacional,* Caracas 10–9–99, p. D–4.

171 El 19 de agosto de 1999, la Asamblea Nacional Constituyente resolvió declarar "al Poder Judicial en emergencia," *Gaceta Oficial* Nº 36.772 de 25–08–99 reimpreso en *Gaceta Oficial* Nº 36.782 de 08–09–99. Véase en Allan R. Brewer–Carías, *Debate Constituyente,* tomo I, *op. cit.,* p. 57 a 73; y en *Gaceta Constituyente (Diario de Debates), Agosto–Septiembre de 1999, cit.,* Sesión de 18–08–99, Nº 10, pp. 17 a 22. Véase el texto del Decreto en *Gaceta Oficial* Nº 36.782 de 08–09–99.

172 Acuerdo de la Suprema de Justicia de 23 de agosto de 1999. Véanse nuestros comentarios sobre el Acuerdo en Allan R. Brewer–Carías, *Debate Constituyente,* tomo I, *op. cit.,* pp. 141 y ss. Véanse además, los comentarios de Lolymar Hernández Camargo, *La Teoría del Poder Constituyente, cit.,* pp. 75 y ss.

173 Véase sentencia en el Caso: *Impugnación del Decreto de Regulación de las Funciones del Poder Legislativo,* en *Revista de Derecho Público*, Nº 77–80, Editorial Jurídica Venezolana, Caracas 1999, pp. 111 y ss.

(que estaba aún vigente) Constitución de 1961, y nueva y sancionada (aún no publicada) Constitución de 1999,[174] mediante el cual eliminó la Corte Suprema, destituyendo a sus magistrados junto con todos los demás altos funcionarios del Estado, incluso los que habían sido electos un año antes. Esto lo logró la Asamblea Constituyente dictado un "Decreto de Transición del Poder Público,"[175] con disposiciones constitucionales no aprobadas por el pueblo mediante referendo.

II. LA FORMA ILEGÍTIMA DE CREACIÓN DEL TRIBUNAL SUPREMO DE JUSTICIA EN 1999, SU FORMALIZACIÓN EN 2000, Y SU ACTUACIÓN INICIAL COMO JUEZ EN SU PROPIA CAUSA

La Asamblea Nacional Constituyente, en efecto, luego de su configuración al filo de las regulaciones constitucionales vigente para cuando fue convocada (Constitución de 1961)[176], luego de elaborar y discutir el texto de la Constitución de 1999 que fue sancionada en noviembre de 1999, que fue aprobada por el pueblo mediante referendo el 15 de noviembre de 1999 y que fue proclamada por la Asamblea Nacional Constituyente el 20 de diciembre de 1999; el 22 de diciembre de 1999, antes de que siquiera fuera publicada en la *Gaceta Oficial* y comenzara a tener vigencia lo que ocurrió el 31 de diciembre de 1999, fue abiertamente violada y violentada por la propia Asamblea Nacional Constituyente que la concibió, al dictar un "Decreto de Régimen Transitorio del Poder Público"[177] el cual por supuesto, no fue sometido a la aprobación popular, y por tanto no podía tener rango constitucional ni considerarse como parte integrante de la Constitución.

Con ello puede decirse que se inició el proceso de demolición de las instituciones democráticas y del Estado de derecho,[178] siendo el resultado, luego de una larga década, que el país se encuentra sometido a un gobierno autoritario donde si bien ha habido elecciones, sin embargo, no está asegurado el respeto de los derechos humanos y de las libertades fundamentales; ni la existencia de un régimen plural de partidos y organizaciones políticas; ni la separación e independencia de los poderes

---

174 Véase en *Gaceta Constituyente (Diario de Debates), Noviembre 1999–Enero 2000, cit.,* Sesión de 22–12–9, Nº 51, pp. 2 y ss. Véase *Gaceta Oficial* Nº 36.859 de 29–12–99; y *Gaceta Oficial* Nº 36.860 de 30–12–99.

175 Véase en *Gaceta Oficial* Nº 36.859 de 29–12–99.

176 Véase Allan R. Brewer–Carías, "La configuración judicial del proceso constituyente o de cómo el guardián de la Constitución abrió el camino para su violación y para su propia extinción", en *Revista de Derecho Público*, Nº 77–80, Editorial Jurídica Venezolana, Caracas 1999, pp. 453 y ss.; y *Golpe de Estado y proceso constituyente en Venezuela*, UNAM, México, 2001, pp. 60 y ss.

177 Véase en *Gaceta Constituyente (Diario de Debates), Noviembre 1999–Enero 2000, cit.,* Sesión de 22–12–9, Nº 51, pp. 2 y ss. Véase *Gaceta Oficial* Nº 36.859 de 29–12–99; y *Gaceta Oficial* Nº 36.860 de 30–12–99.

178 Véase en general Allan R. Brewer-Carías, "El autoritarismo establecido en fraude a la Constitución y a la democracia y su formalización en "Venezuela mediante la reforma constitucional. (De cómo en un país democrático se ha utilizado el sistema eleccionario para minar la democracia y establecer un régimen autoritario de supuesta "dictadura de la democracia" que se pretende regularizar mediante la reforma constitucional)" en el libro *Temas constitucionales. Planteamientos ante una Reforma,* Fundación de Estudios de Derecho Administrativo, FUNEDA, Caracas 2007, pp. 13-74; "La demolición del Estado de Derecho en Venezuela Reforma Constitucional y fraude a la Constitución (1999-2009)," en *El Cronista del Estado Social y Democrático de Derecho*, Nº 6, Editorial Iustel, Madrid, 2009, pp. 52-61.

públicos; ni la transparencia de las actividades gubernamentales; ni la probidad y responsabilidad en la gestión pública; ni la libertad de expresión y de prensa; y ni siquiera, la subordinación de las instituciones del Estado a la autoridad civil, pues lo que existe en definitiva es un régimen militar. La consecuencia de ello ha sido que durante la vigencia de la Constitución, la misma ha sido constantemente violada por todas las ramas del Poder Público, y más grave aún, con la anuencia y participación del Tribunal Supremo de Justicia y su Sala Constitucional como Juez Constitucional. Estando totalmente controlada por el Poder Ejecutivo, ha sido precisamente el mecanismo utilizado para erosionar el Estado de derecho y apuntalar el autoritarismo, legitimando todas las violaciones institucionales que se han producido, y además, para lograr el falseamiento de la Constitución lo que ocurre como lo reconoció la propia Sala, cuando se otorga "a las normas constitucionales una interpretación y un sentido distinto del que realmente tienen, lo que es en realidad una modificación no formal de la Constitución misma."[179]

Ahora bien, precisamente mediante este Decreto de Transición del Poder Público de 22 de diciembre de 1999, la Asamblea Nacional Constituyente organizó el nuevo Tribunal Supremo nombrando sus Magistrados en un número de 20 (5 en la Sala Constitucional y 3 en cada una de las Salas: Político Administrativa, de Casación Civil, Penal, Electoral y Social), número que ni siquiera la Constitución había previsto pues se dejó a la ley su determinación, sin cumplirse con las exigencias y condiciones para ser Magistrado establecidas en la nueva Constitución, con lo cual, el Tribunal resultó "transitoriamente" integrado casi completamente por personas adeptas al gobierno. El Tribunal Supremo está compuesto de seis Salas, que son: tres de Casación (Sala de Casación Civil, Sala Penal, y Sala Social), la Electoral, a cargo del contencioso electoral; la Político Administrativa como supremo tribunal de la Jurisdicción Contencioso Administrativa; y la Sala Constitucional, con poderes de control de constitucionalidad en un sistema mixto de control. El Decreto, además, transformó una Comisión de Emergencia Judicial que había creado la Asamblea Constituyente para intervenir el Poder Judicial en una Comisión de Reorganización y Funcionamiento del Poder Judicial destinada a remover a los jueces sin debido proceso, la cual continúa hoy existiendo con el aval del Tribunal Supremo.

La primera actuación que puso a prueba la efectividad del Tribunal Supremo de Justicia, recién creado, como garante de la supremacía constitucional de acuerdo a los poderes que la nueva Constitución de 1999 le otorgaba, fue precisamente, cuando al comenzar a entrar en aplicación la nueva Constitución, decidió que el ilegítimo régimen transitorio mediante el cual se lo había creado, y que no se había sometido a aprobación popular como sí había ocurrido con el texto de la Constitución, no estaba sometido ni a la nueva ni a la vieja Constitución.[180] El resultado fue una

179 Véase sentencia de la Sala Constitucional N° 74 de 25-1-2006 (Caso: *Acción Democrática vs. Consejo Nacional Electoral y demás autoridades electorales*), en *Revista de Derecho Público*, Editorial Jurídica Venezolana, N° 105, Caracas, 2006, pp. 76 ss.

180 Véase sentencia N° 6 de fecha 27 de enero de 2000, en *Revista de Derecho Público*, N° 81, (enero-marzo), Editorial Jurídica Venezolana, Caracas, 2000, pp. 81 y ss.

especie de régimen "para-constitucional" que pasó a formar parte del "bloque de la constitucionalidad," a pesar de cómo se dijo, no haber sido aprobado por el pueblo.[181]

Uno de los resultados de este inconstitucional régimen de transición constitucional había sido precisamente la "creación" y el nombramiento de los propios Magistrados del Tribunal Supremo de Justicia por la Asamblea Constituyente sin autoridad alguna para ello que le hubiera sido conferida por el pueblo, y peor aún, sin cumplir las condiciones impuestas en la nueva Constitución para tales nombramientos, y sin garantizar el derecho ciudadano a participar en los mismos a través del Comité de Postulaciones Judiciales que conforme a la Constitución debía estar integrado sólo y exclusivamente por representantes de los "diversos sectores de la sociedad" (art. 270).

Ese Comité, en la forma como fue concebido nunca ha sido creado, habiendo sido las normas constitucionales fraudulentamente distorsionadas por la Asamblea Nacional, con el silencio cómplice de la Sala Constitucional, al convertírselo de hecho en una simple "comisión parlamentaria" sujeta a la Asamblea Nacional.[182]

Esto ocurrió en 2000, cuando la recién electa Asamblea Nacional, en lugar de sancionar la Ley Orgánica del Tribunal Supremo para regular dicho Comité de Postulaciones Judiciales, lo que dictó fue una ley "para no legislar" como fue la "Ley Especial para la Ratificación o Designación de los Funcionarios del Poder Ciudadano y Magistrados y Magistradas del Tribunal Supremo de Justicia para su Primer Periodo Constitucional,"[183] en la cual deliberadamente el Legislador se abstuvo de legislar y organizar el mencionado Comité de Postulaciones Judiciales. Por ello, esa Ley Especial fue incluso impugnada ante el nuevo Tribunal Supremo por la Defensora del Pueblo, por inconstitucionalidad, por violar el derecho a la participación política de los ciudadanos;[184] acción que la Sala Constitucional nunca decidió en el fondo, considerando que la defensoría había cesado de tener interés.

Lo sorprendente fue, sin embargo, que mediante una medida cautelar de amparo que había solicitado la Defensora del Pueblo, los Magistrados de la Sala Constitucional, en lugar de inhibirse de conocer del caso que los involucraba a ellos mismos, decidieron en causa propia, resolviendo que la Constitución no les era aplicable porque supuestamente ellos no iban a ser "designados" sino que lo que iban era a ser "ratificados," forjándose así una grotesca burla a la Constitución.

En efecto, los Magistrados de la Sala Constitucional adoptaron el punto de vista de que ellos podían ser "ratificados" en sus cargos de acuerdo con la Ley Especial sin cumplir las condiciones impuestas para los nombramientos en la Constitución, porque esta sólo regulaba el "nombramiento" de los Magistrados y no contemplaba normas relativas a su "ratificación," que era la que se aplicaba a los que estaban

---

181 Véase sentencia de 28 de marzo de 2000, caso: *Allan R. Brewer-Carías y otros,* en *Revista de Derecho Público*, N° 81, (enero-marzo), Editorial Jurídica Venezolana, Caracas, 2000, p. 86.

182 Véase Allan R. Brewer-Carías, "La participación ciudadana en la designación de los titulares de los órganos no electos de los Poderes Públicos en Venezuela y sus vicisitudes políticas", en *Revista Iberoamericana de Derecho Público y Administrativo*, Año 5, N° 5-2005, San José, Costa Rica 2005, pp. 76-95.

183 *Gaceta Oficial* N° 37.077 del 14 de noviembre de 2000.

184 Véase *El Universal,* Caracas, 14 de diciembre de 2000, pp. 1-2.

ocupando el cargo, y era la que se regulaba en el Régimen de Transición de los Poderes Públicos que la Sala consideraba que tenía rango constitucional.[185]

En esa forma se produjo el nombramiento y ratificación de los Magistrados del Tribunal Supremo de Justicia en 2000, con una integración precariamente equilibrada con marcada influencia política, que lo tornó inefectivo en el control de la constitucionalidad de los actos ejecutivos. Ello se evidenció en la abstención total del Tribunal Supremo en el ejercicio del control de constitucionalidad, por ejemplo, de los casi 5° decretos leyes dictados en noviembre de 2001 con base en una ley habilitante dictada en 2000, excediendo los términos de la delegación legislativa y violando el derecho a la participación de los ciudadanos en el proceso de elaboración y discusión de las leyes.[186]

III. LA ABSTENCIÓN DEL TRIBUNAL CONSTITUCIONAL EN PRONUNCIARSE SOBRE LA CRISIS POLÍTICA CONSTITUCIONAL DE ABRIL DE 2002 ORIGINADA POR LA RENUNCIA DEL PRESIDENTE DE LA REPÚBLICA

La neutralización del Tribunal Supremo como supremo garante de la constitucionalidad se puso en evidencia en abril de 2002, con motivo de la crisis política originada por la renuncia del Presidente de la República a su cargo.

En efecto, en la madrugada del 12 de abril de 2002, después de una masiva manifestación pública que se apoderó de las calles de Caracas de rechazo a la gestión gubernamental del Presidente Hugo Chávez, que le exigía la renuncia al cargo, y luego de sucesivas manifestaciones públicas de desobediencia por parte de los altos Oficiales jefes de los diversos componentes militares por las muertes ocurridas de manifestantes indefensos y en rechazo a la ejecución de un plan de guerra represivo de los mismos que había sido ordenado por el gobierno, el Alto Mando Militar del Presidente de la República anunció públicamente al país que se le había pedido su renuncia, pues se lo consideraba responsable de esos hechos,[187] y que éste la había aceptado.[188]

---

185 Véase Tribunal Supremo de Justicia, Sala Constitucional, Decisión del 12-12-2000 en *Revista de Derecho Público,* N° 84, Editorial Jurídica Venezolana, Caracas, 2000, p. 109. Véanse comentarios en Allan R. Brewer-Carías, "La participación ciudadana en la designación de los titulares de los órganos no electos de los Poderes Públicos en Venezuela y sus vicisitudes políticas" en *Revista Iberoamericana de Derecho Público y Administrativo*, Año 5, N° 5-2005, San José, Costa Rica 2005, pp. 76-95, *disponible en* www.allanbrewercarias.com, (Biblioteca Virtual, II.4. Artículos y Estudios N° 469, 2005) pp. 1-48.

186 Véase Allan R. Brewer-Carías, "Apreciación general sobre los vicios de inconstitucionalidad que afectan los Decretos Leyes Habilitados" en *Ley Habilitante del 13-11-2000 y sus Decretos Leyes*, Academia de Ciencias Políticas y Sociales, Serie Eventos N° 17, Caracas 2002, pp. 63-103.

187 Quien había sido Vicepresidente de la República y Coordinador del partido de Gobierno hasta poco tiempo antes, y quien antes había sido Presidente de la Asamblea Nacional Constituyente en 1999, Luis Miquilena, diría el mismo día 11 de abril en la noche que: "El Presidente es el principal responsable de lo que ha ocurrido en la tarde de hoy. De esa responsabilidad no lo salvará nadie. Ahora las instituciones tienen que funcionar. La Fiscalía, el Poder Judicial y creo que hay posibilidad de que la Asamblea Nacional empiece a funcionar." Véase en *El Universal,* Caracas 12-04-02, p. 1-6.

188 El General en Jefe y a la vez, Jefe del Alto Mando Militar, Lucas Rincón anunció al país lo siguiente: "Pueblo venezolano, muy buenos días, los miembros del Alto Mando Militar deploran los lamentables acontecimientos sucedidos en la ciudad capital el día de ayer. Ante tales hechos se le solicitó al señor

Como lo diría el Tribunal Supremo de Justicia en sentencia de su Sala Plena Accidental de 14 de agosto de 2002 (Caso: *Antejuicio de mérito respecto de oficiales militares*), "una vez que se anunció por el General en Jefe la renuncia del Presidente y del Alto Mando Militar, todo el país tenía el derecho y la obligación de creer, tal como sucedió con la OEA, que en Venezuela existía crisis en el poder ejecutivo por carencia de titular de la Presidencia."[189] Ese anuncio sobre la renuncia del Presidente de la República produjo, sin duda, consecuencias jurídicas y políticas graves,[190] pues del anuncio oficial militar lo que resultaba era que en Venezuela no había gobierno civil en ejercicio, es decir, no había titulares en ejercicio del Poder Ejecutivo, y que, incluso, habría unas "nuevas autoridades."[191]

En efecto, la renuncia de un Presidente de la República constituye una falta absoluta, y la misma, conforme al artículo 233 de la Constitución, la suple el Vicepresidente Ejecutivo. En el caso del anuncio público oficial de la renuncia del Presidente Chávez el 12 de abril de 2002 por el Jefe del Alto Mando Militar, el mismo no le indicó al país como lo mandaba la Constitución, que en consecuencia de la referida renuncia, el Vicepresidente de la República del momento, Diosdado Cabello, había asumido la Presidencia y estaba en ejercicio del Poder Ejecutivo, lo que hubiera implicado que el Alto Mando Militar habría permanecido inalterado. Al contrario, el Jefe del Alto Mando Militar afirmó que sus integrantes ponían sus cargos a la orden de "nuevas autoridades," lo que implicaba, jurídicamente, también, el anuncio de que en Venezuela no había nadie en ejercicio del Poder Ejecutivo, y que supuestamente habría "nuevas autoridades."[192]

La Constitución de 1999 no regula una solución jurídica en los casos en los cuales se produce falta absoluta del Presidente y del Vicepresidente, en el sentido de que no establece quién asume en ese caso el Poder Ejecutivo. Al contrario, la Cons-

---

Presidente de la República la renuncia a su cargo, la cual aceptó. Los miembros del Alto Mando Militar ponemos, a partir de este momento, nuestros cargos a la orden, los cuales entregaremos a los oficiales que sean designados por las nuevas autoridades." Véase en Albor Rodríguez, (ed), *Verdades, Mentiras y Video. Lo más relevante de las interpelaciones en la Asamblea Nacional sobre los sucesos de abril*, Libros *El Nacional*, Caracas 2002, pp. 13 y 14

189 Véase en la sentencia Nº 38 de la Sala Plena Accidental de 14 de agosto de 2002 (Caso: *Julián Isaías Rodríguez Díaz, antejuicio de mérito de oficiales militares superiores*) publicada el 19 de septiembre de 2002, en http://www.tsj.gov.ve/decisiones/tplen/Septiembre/SENTENCIA%20DE%20LOS%20MILITARES.htm

190 Véase lo que expusimos sobre la crisis de gobierno que se originó en *El Universal,* Caracas 18-05-02, p. D-4.

191 Incluso, el Ministro de la Defensa, José Vicente Rangel comentó el mismo día 12-04-02, sobre el tema de la ruptura del hilo constitucional, que habría "*un nuevo gobierno*"; dijo no saber donde estaba el Vicepresidente Ejecutivo e indicó que "no hemos presentado renuncia puesto que a nosotros nos reemplazan", *El Nacional,* Caracas 13-04-02, p. D-9. El Tribunal Supremo de Justicia en Sala Plena Accidental en sentencia de 14-08-02, sobre esta afirmación del Ministro de Defensa dijo que "Llama la atención a la Sala que el entonces Ministro de la Defensa no haya sido tajante al calificar los acontecimientos que se acababan de producir." Véase (Caso: *Julián Isaías Rodríguez Díaz, antejuicio de mérito de oficiales militares superiores*) *cit*, en http://www.tsj.gov.ve/decisio-nes/tplen/Septiembre/SENTENCIA%20DE-%20LOS%20MILITARES.htm

192 Véase lo que expusimos en Allan R. Brewer-Carías, *La Crisis de la democracia en Venezuela. La Carta democrática Interamericana y los sucesos de abril de 2002*, Libros de *El Nacional*, Caracas 2002, p. 83 ss.

titución de 1961 si regulaba los supuestos de sucesión presidencial transitoria, al disponer que en caso de falta absoluta del Presidente, mientras el Congreso elegía un nuevo Presidente, se encargaba de la Presidencia el Presidente del Congreso, a falta de éste, el Vicepresidente del mismo (Presidente de la Cámara de Diputados) y, en su defecto, el Presidente de la Corte Suprema de Justicia (art. 187).

Con el anuncio oficial al país de la renuncia del Presidente, por tanto, se produjo una crisis de gobierno que la Constitución no resolvía.[193] Además, no había ninguna razón para que alguien pudiera poner en duda el anuncio de la renuncia del Presidente y de la propia renuncia del Alto Mando Militar, y de que habría "nuevas autoridades". El anuncio, se insiste, no lo hacía cualquier ciudadano ni cualquier funcionario; lo hacía el más alto General de la República con el más alto rango en la jerarquía militar, que había sido designado, además, por el propio Presidente de la República cuya renuncia anunciaba. Dada la seriedad de la situación, no había motivos para dudar de la certeza del anuncio ni para considerar que el anuncio público era una burla al país y al mundo.

Pero por supuesto, por las graves consecuencias de orden constitucional y política que provocaba el anuncio, el mismo debió haber requerido atención y pronunciamiento inmediato por parte de los otros órganos del Estado, y particularmente del Tribunal Supremo de Justicia o de su Sala Constitucional, la cual en definitiva era la única que podía dar una interpretación constitucional auténtica y vinculante que pudiera llenar el vacío normativo de la Constitución y contribuir a resolver la crisis política. El Tribunal Supremo de Justicia, en efecto, conforme al artículo 335 de la Constitución es el órgano llamado a garantizar "la supremacía y efectividad de las normas y principios constitucionales" y es "el máximo y último intérprete de esta Constitución" el cual debe velar "por su uniforme interpretación y aplicación," siendo "las interpretaciones que establezca la Sala Constitucional sobre el contenido o alcance de las normas y principios constitucionales" de carácter "vinculante para las otras Salas del Tribunal Supremo de Justicia y demás tribunales de la República." Conforme a esta previsión, incluso la Sala Constitucional ya había venido desarrollando amplias potestades de actuación de oficio en materias constitucionales,[194] por lo que lo menos que debió esperarse de la misma en ese momento de crisis constitucional era que asumiera su rol de garante supremo de la Constitución en situaciones de emergencia constitucional, como ocurrió, por ejemplo, con la actuación del Tri-

193 La ex Magistrada de la Corte Suprema de Justicia, Hildegard Rondón de Sansó expresó, sobre la crisis de gobierno que se produjo el 12-04-02, que la ruptura del hilo constitucional se produjo "no por razones de fuerza, sino por las imprecisiones de la Carta Magna frente a la forma de suplir la falta absoluta derivada de la renuncia tanto del Presidente como del Vicepresidente Ejecutivo de la República. El vacío de la Constitución se cubriría a través de decretos leyes de *facto*, de modo que el nuevo régimen busque y encuentre su propia juridicidad", *El Nacional*, 13-04-02, p. D-10. El Dr. René Buroz Arismendi, abogado de los oficiales generales y almirantes a quienes se le siguió un antejuicio de mérito en el Tribunal Supremo, expresó su criterio sobre los efectos del anuncio del General Rincón: "El vacío de poder se generó cuando el General Lucas Rincón en presencia del Alto Mando militar afirmó que el Presidente había renunciado junto a su gabinete. En ese momento no había visiblemente ninguna autoridad que asumiera el cargo de Presidente", *El Universal*, 11-07-02, p. 1-8.

194 Véase Allan R. Brewer-Carías, "Régimen y alcance de la actuación judicial de oficio en materia de justicia constitucional en Venezuela", en *Estudios Constitucionales. Revista Semestral del Centro de Estudios Constitucionales,* Año 4, Nº 2, Universidad de Talca, Santiago, Chile 2006, pp. 221-250.

bunal Constitucional de Guatemala al enfrentar la crisis constitucional provocada por el golpe de Estado perpetrado por el Poder Ejecutivo de ese país en 1993.[195]

Sin embargo, en abril de 2002, en Venezuela no ocurrió nada parecido, y lo que se produjo fue la abstención del Tribunal Supremo de Justicia en pronunciarse sobre la crisis política y constitucional, lo que provocó que la misma se desarrollara al punto de llegar a formarse un gobierno de transición que luego de adoptar decisiones inconstitucionales, sólo duraría horas, no llegando nunca a asumir efectivamente el poder.[196] Los Magistrados del Tribunal Supremo, en realidad, el día 12 de abril de 2002, limitaron su actuación a pronunciarse generalmente condenando los graves acontecimientos ocurridos en el país que motivaron los pronunciamientos militares, y el Presidente de dicho Tribunal, en lugar de convocar a los Magistrados para enfrentar y resolver constitucionalmente la crisis, lo que hizo fue "renunciar a su cargo para facilitar la labor del nuevo gobierno."[197] Como lo señalé en otro lugar, la renuncia del Presidente y la ausencia del Vicepresidente:

> "planteaba el grave problema constitucional derivado del vacío normativo de la Constitución que no resuelve expresamente la sucesión presidencial en caso de ausencia del Presidente y del Vicepresidente. Quien podía resolverlo era el Tribunal Supremo de Justicia, el cual se reunió el día 12 de abril en horas de mediodía, pero lejos de pronunciarse sobre los acontecimientos, lo único que se supo es que su Presidente renunció para facilitar la labor de las nuevas autoridades, es decir, en definitiva también reconocía que habría nuevas autoridades."[198]

Por ello, con razón, la ex Presidenta de la Corte Suprema de Justicia, Cecilia Sosa, señaló en mayo de 2002 que con la renuncia del Presidente del Tribunal Supremo de Justicia, lo que sucedió fue que el Tribunal "en pleno mantuviera un silencio cómplice con respecto a los hechos del 11 de abril de 2002", agregando, que el Presidente del Tribunal Supremo:

---

195 Véase Jorge Mario García Laguardia, "Justicia constitucional y defensa de la democracia. El Golpe de Estado en Guatemala en 1993," en *Cuestiones Constitucionales. Revista Mexicana de Derecho Constitucional,* N° 2, México 2000. Véase en *Revista Jurídica Virtual*, Instituto de Investigaciones Jurídicas, Universidad Nacional Autónoma de México, en http://www.juridicas.unam.mx/publica/rev/cconst/ cont/2/art/art1.htm

196 Véase sobre el acto de instalación del llamado gobierno de transición el 12 de abril de 2002 y su contrariedad a la Constitución y a la Carta Democrática Interamericana lo que hemos expuesto en Allan R. Brewer-Carías, *La Crisis de la democracia en Venezuela. La Carta democrática Interamericana y los sucesos de abril de 2002*, Libros de *El Nacional*, Caracas 2002, p. 120

197 El periodista Edgar López reseñó la renuncia de Iván Rincón a su cargo de Presidente del Tribunal Supremo de Justicia, con ocasión de la reunión del Tribunal el día 12-04-02 en horas del mediodía, antes de la instalación del llamado gobierno de transición. Señaló que Iván Rincón renunció en estos términos: "A objeto de facilitar la transitoriedad, la continuidad de las instituciones y el respeto al Estado de derecho y la seguridad jurídica, pongo a la orden el cargo de Magistrado de la Sala Constitucional y Presidente del Tribunal Supremo de Justicia", *El Nacional,* Caracas, 13-4-2002, p. D-6.

198 Véase lo que expusimos en Allan R. Brewer-Carías, *La Crisis de la democracia en Venezuela. La Carta democrática Interamericana y los sucesos de abril de 2002*, Libros de *El Nacional*, Caracas 2002, p. 94

> "era el garante, el que debía evitar que nadie violara la Constitución, pero no lo hizo. El debía alertar a todos los venezolanos sobre la ruptura del hilo democrático, pero no lo hizo. Tenemos a la cabeza del Poder Judicial a un hombre que violó su juramento de cumplir y hacer cumplir las leyes. Tenemos al frente del TSJ a un presidente indigno de su cargo. No tiene condiciones morales ni éticas. Ese señor no puede dictar más sentencias en este tribunal y mucho menos puede juzgar a los generales y almirantes que estarían implicados en la transitoriedad a la que él se plegó."[199]

Es decir, ni el Tribunal Supremo ni su Presidente se pronunciaron en forma alguna sobre la crisis de gobierno que existía originada y que fue originada por el anuncio de la renuncia del Presidente de la República. La Magistrado Blanca Rosa Mármol de León, en cambio, "denunció la posición genuflexa del máximo Tribunal ante el entonces Presidente H. Chávez. Lamentó que el Tribunal Supremo de Justicia no hubiera condenado de manera específica los delitos cometidos en los alrededores de Miraflores."[200]

En todo caso, luego de haberse abstenido en pronunciarse para solucionar la crisis constitucional que se había originado por la renuncia del Presidente de la república, al decidir sobre la solicitud del Fiscal General de la República formulada ante el Tribunal Supremo para proceder al antejuicio de merito por el delito de rebelión militar a varios de los altos oficiales por los sucesos del 12 de abril de 2002, el Tribunal Supremo en Sala Plena Accidental mediante sentencia Nº 38 de 14 de agosto de 2002, publicada el 19 de septiembre de 2002, bajo la Ponencia de su Vicepresidente, Franklin Arrieche, se pronunció sobre el anuncio de la constitución de un gobierno provisorio por los militares imputados, dejando sentada su apreciación de que si bien ello había sido provocado por "el anuncio del General en Jefe sobre la renuncia del Presidente y del Alto Mando Militar," y de que los militares "carecían de competencia" para ello, la situación era que "si no existía Presidente en ejercicio y antes se habían producido los graves acontecimientos que los militares tuvieron como móvil de sus pronunciamientos ... no puede decirse que con ello se pretendía impedir u obstaculizar el ejercicio de un poder ejecutivo sin titular, ni alterar el or-

---

199 Véase en *El Universal,* 03-05-02, p. 1-9. Por ello, la misma ex-Magistrada Cecilia Sosa acudió al Tribunal Supremo de Justicia a requerir se le "aceptara" la renuncia al Presidente del mismo, y cuando fue consultada sobre por qué sólo requirió la renuncia a Rincón, respondió: "El fue el único que nos puso la renuncia por escrito, así que yo espero que los demás magistrados también le acepten esa renuncia (*El Universal,* 03-05-02, p. 1-9).

200 Véase la reseña del periodista Edgar López. *El Nacional,* 13-4-2002, p. D-6. En otra reseña periodística de Edgar López, se ponen en evidencia las mutuas acusaciones y recusaciones entre sí, de los Magistrados del Tribunal Supremo, particularmente entre su Presidente Rincón y el Vicepresidente Arriechi, en relación con la actitud asumida por los Magistrados el 12 de abril de 2002. Se menciona el acta de la reunión del Tribunal Supremo del 12 de abril y la decisión de "los Magistrados de continuar en sus cargos". Véase además, *El Nacional,* 15-06-02, p. D-1; *El Universal,* 04-07-02, p. 1-8. Confróntese con la información contenida en los reportajes de los periodistas Irma Álvarez, *El Universal,* Caracas, 23-06-02, p. 1-9; y 08-07-02, p. 1-8; y Alejandra Hernández, *El Universal,* 14-06-02, p. 1-4. Véase además las informaciones en *El Nacional,* 19-06-02, p. D-1; 27-06-02, p. D-1; *El Universal,* 19-06-02, p. 1-10; 04-07-02, p. 1-8; 05-07-02, p. 1-7.

den y la paz interior de la Nación que ya se había roto por elementos exógenos a los imputados."[201]

Con esta decisión en la cual el Tribunal Supremo de Justicia declaró que no había méritos para enjuiciar por el delito de rebelión a los oficiales generales que se habían insubordinado contra el Presidente, considerando que al éste renunciar y no haber el Vicepresidente asumido el ejercicio del cargo, había "un poder ejecutivo sin titular," en todo caso, se inició la escalada final para la depuración de Magistrados del Tribunal Supremo que no eran afectos al gobierno, comenzando por el Magistrado Vicepresidente Franklin Arrieche quién había sido precisamente el Ponente de dicha decisión. El Magistrado fue sometido de inmediato a investigación por la Asamblea Nacional, la cual adoptó una decisión en su contra el 3 de diciembre de 2002,[202] que sin embargo fue suspendida temporalmente en sus efectos mediante el ejercicio de una acción de amparo. Y como en ese momento el gobierno no contaba con la mayoría calificada de los 2/3 para removerlo de su cargo conforme al artículo 265 de la Constitución, así continuó en forma precaria en ejercicio de sus funciones hasta el 15 de junio de 2004, cuando luego de promulgarse, al fin, la Ley Orgánica del Tribunal Supremo de Justicia el 20 de mayo de 2004,[203] la Asamblea Nacional procedió, no a "removerlo" de su cargo conforme a las previsiones constitucionales, sino a "revocar el acto administrativo de nombramiento" del Magistrado con mayoría simple conforme a la nueva fórmula de remoción que había inventado la Asamblea Nacional en dicha Ley Orgánica, violando la Constitución.

En efecto, para obviar la exigencia constitucional de una mayoría parlamentaria de las 2/3 partes de los diputados integrantes (Art. 265) para remover a los Magistrados del Tribunal Supremo de Justicia, la Asamblea Nacional, en un evidente fraude a la Constitución, al sancionar la Ley Orgánica del Tribunal Supremo en 2004, "inventó" una forma distinta de remoción de los Magistrados, que denominó como "anulación del nombramiento de los Magistrados," que se podía adoptar con mayoría absoluta de votos de los diputados (art. 23), en lugar de la mayoría calificada que exige la Constitución. En consecuencia, una vez publicada a finales de mayo

---

201 De ello concluyó la Sala Plena que "a pesar de que la Sala considere inaceptable el que alguien se arrogue la facultad de designar a un Presidente, tampoco puede concluir en que ese nombramiento encaje dentro de la descripción hecha en el artículo 476, ordinal 1, del Código Orgánico de Justicia Militar que, se ratifica una vez más, constituyó la única imputación fiscal formulada en la querella;" y que "para que pueda imputarse un hecho criminoso a una persona no basta con que ella se encuentre presente en el momento y lugar cuando y donde tal conducta se produzca sino que esa acción censurable debe emanar de ella." El Magistrado Alejandro Angulo Fontiveros, cuya Ponencia en el caso fue rechazada por la mayoría, sin embargo, dijo entre otras cosas que "La sentencia es un *"Monstrum horrendum"* del Derecho y constituye un golpe al Estado de Derecho y un ludibrio internacional. La sentencia tajó la Constitución y ha institucionalizado la injusticia y la impunidad e hizo tabla rasa del Derecho Penal, desnaturalizando todas sus finas esencias y el abecé de tan noble ciencia jurídica." Véase en la sentencia Nº 38 de la sala Plena Accidental de 14 de agosto de 2002 (Caso: *Julián Isaías Rodríguez Díaz, antejuicio de mérito de oficiales militares superiores*) publicada el 19 de septiembre de 2002, en http://www.tsj.gov.ve/decisiones/tplen/Septiembre/SENTENCIA%20DE%20-LOS%20MILITARES.htm

202 Véase la información en *El Nacional*, Caracas, 18-06-2004, p. A-4.

203 *Gaceta Oficial* Nº 37.942 del 20 de mayo de 2004. Para los comentarios sobre esta ley, véase, *en general*, Allan R. Brewer-Carías, *Ley Orgánica del Tribunal Supremo de Justicia. Procesos y Procedimientos Constitucionales y Contencioso-Administrativos*, Caracas, 2004.

de 2004 la Ley Orgánica del Tribunal Supremo, esta inconstitucional potestad fue ejercida en forma inmediata por la Asamblea Nacional el 15 de junio de 2004 para decidir la remoción anulando el acto del nombramiento, del mencionado Magistrado Franklin Arrieche, Vicepresidente del Tribunal Supremo, "en razón de haber suministrado falsa información para el momento de la aceptación de su postulación para ser ratificado en ese cargo."[204]

Por otra parte, luego de la sanción de la Ley Orgánica, una vez realizado que la Asamblea procedió a realizar los nombramientos de los nuevos Magistrados y asegurada por parte del Gobierno la mayoría en las votaciones del Tribunal Supremo, la sentencia de la Sala Plena del Tribunal de 14 de agosto de 2002, que había declarado la ausencia de méritos para juzgar por el delito de rebelión a los oficiales militares superiores que participaron en los hechos de abril de 2002, fue objeto de una petición de revisión judicial introducida por el Fiscal General de la República ante la Sala Constitucional del Tribunal Supremo alegando que, al dictársela, se había violado del derecho al debido proceso en el caso (derecho al juez natural) porque en el procedimiento respectivo previo a su emisión, un Magistrado había decidido una recusación respecto de otros Magistrados, sin tener competencia para ello.

La Sala Constitucional mediante sentencia Nº 23 de 11 de marzo de 2005 terminó así declarando con lugar la solicitud de revisión constitucional de la sentencia Nº 38 publicada el 19 de septiembre de 2002, de la Sala Plena, tal como lo había pedido el Fiscal General de la República, anulándola, y disponiendo que como los oficiales objeto del procedimiento ya estaban en situación de retiro, no había caso a que se decidiera de nuevo antejuicio de mérito alguno ante el Tribunal Supremo, pudiendo aquél acusarlos directamente ante la jurisdicción ordinaria.[205]

IV. LA BURLA LEGISLATIVA A LA CONSTITUCIÓN, AL SANCIONARSE, EN 2004, LA LEY DEL TRIBUNAL SUPREMO DE JUSTICIA, PARA ASEGURAR SU SUJECIÓN AL PODER EJECUTIVO, CON EL SILENCIO CÓMPLICE DE PROPIO TRIBUNAL

La mencionada sanción de la Ley Orgánica del Tribunal Supremo de Justicia de 2004 por la Asamblea Nacional después de una larga y deliberada abstención de cuatro años, no sólo incidió sobre la estabilidad de los Magistrados, como se ha visto, abriendo la posibilidad para su destitución por mayoría absoluta de los diputados en lugar de la mayoría calificada exigida en la Constitución, sino también en la designación de los Magistrados, para lo cual se aumentó el número de los mismos, pasándose de los 20 transitorios que la Asamblea Constituyente sin autorización constitucional había inventado en diciembre de 1999, a los 32 Magistrados que previó finalmente la Ley. A tal efecto, la Ley Orgánica distorsionó las condiciones constitucionales para el nombramiento y remoción, consolidando la conformación

---

204 Según la investigación parlamentaria, el Magistrado no habría tenido 15 años como profesor universitario titular, ni tampoco estudios de postgrado. *V.* la información en *El Nacional*, Caracas, 16-06-2004, p. A-5.

205 Véase la sentencia de la Sala Constitucional Nº 233 de fecha 11 de marzo de 2005 (Caso: *Julián Isaías Rodríguez Díaz, antejuicio de mérito a oficiales militares superiores*), en http://www.tsj.gov.ve/decisiones/scon/Marzo/233-110305-04-3227.htm

del Comité de Postulaciones Judiciales como la "comisión parlamentaria" ampliada antes analizada, sujeta a la Asamblea.

Esta reforma, en sus dos aspectos mencionados relativos a la remoción y a la designación de los Magistrados, fue altamente criticada al punto de que, por ejemplo, incluso la Comisión Interamericana de Derechos Humanos en su *Informe Anual de 2004*, señalo que carecía "de las salvaguardas necesarias para impedir que otras ramas del Poder Público pudieran minar la independencia del Tribunal."[206]

Después de esa reforma, en todo caso, el proceso de postulación y designación de los Magistrados del Tribunal Supremo, a pesar de ser supuestamente de la exclusiva competencia del Poder Legislativo, fue y ha seguido siendo completamente controlado por el Presidente de la República, dado su control de la Asamblea, como lo reconoció públicamente el Presidente de la Comisión Parlamentaria para la selección de los Magistrados, al punto de afirmar públicamente en 2004, además, que "En el grupo de postulados no hay nadie que vaya actuar contra nosotros."[207] Ello, incluso se repitió en 2010, al punto de que la Comisión Interamericana de derechos Humanos en su Informe sobre Venezuela de 2010, indicó que: "*los 49 magistrados elegidos (17 principales y 32 suplentes) serían simpatizantes del gobierno, incluyendo a dos nuevos magistrados que eran parlamentarios activos de la mayoría oficialista en la Asamblea Nacional.*"[208] Y ha sido esa configuración del Tribunal Supremo, altamente politizada y sujeta a los deseos del Presidente, lo que ha permitido la completa eliminación de la autonomía del Poder Judicial, y por ende, de la separación de poderes, permitiendo al gobierno ejercer un control absoluto sobre el Tribunal y en particular, sobre su Sala Constitucional.

Ha sido esa configuración del Tribunal Supremo, altamente politizada y sujeta a los deseos del Presidente, lo que ha permitido la completa eliminación de la autonomía del Poder Judicial, y por ende, de la separación de poderes, permitiendo al gobierno ejercer un control absoluto sobre el Tribunal y en particular, sobre su Sala Constitucional. Ello ha llegado al punto, por ejemplo, de que en algún caso en el cual el Tribunal dictó una absurda sentencia "reformando" la Ley de Impuesto sobre la Renta,[209] el Presidente la criticó, pero no por su absurdo contenido, sino porque se

---

206 Véase IACHR, *2004 Annual Report* (Follow-Up Report on Compliance by the State of Venezuela with the Recommendations made by the IACHR in its Report on the Situation of Human Rights in Venezuela [2003]), para. 174. Available at http://www.cidh.oas.org/annualrep/2004eng/chap.5b.htm

207 Declaró a la prensa: "Si bien los diputados tenemos la potestad de esta escogencia, el Presidente de la República fue consultado y su opinión fue tomada muy en cuenta." Añadió: "Vamos a estar claros, nosotros no nos vamos a meter autogoles. En la lista había gente de la oposición que cumplen con todos los requisitos. La oposición hubiera podido usarlos para llegar a un acuerdo en las últimas sesiones, pero no quisieron. Así que nosotros no lo vamos a hacer por ellos. En el grupo de postulados no hay nadie que vaya actuar contra nosotros." Véase *El Nacional*, Caracas, 13 de diciembre de 2004. La Comisión Interamericana de Derechos Humanos sugirió en su Informe a la Asamblea General de la OEA para 2004 que "estas normas de la Ley Orgánica del Tribunal Supremo de Justicia habrían facilitado que el Poder Ejecutivo manipulara el proceso de elección de magistrados llevado a cabo durante 2004." Véase Comisión Interamericana de Derechos Humanos, *Informe sobre Venezuela 2004*, párrafo 180.

208 Véase IICHR, Informe Anual 2010, OEA/Ser.L/V/II. Doc. 5 corr. 1, 7-3-2011. Véase el Informe sobre Venezuela en: http://www.cidh.oas.org/annualrep/2010sp/CAP.IV.VE-NEZUELA.2010.FINAL.doc.

209 Tribunal Supremo de Justicia, Sala Constitucional, Decisión Nº 301 del 27 de febrero de 2007 (Caso: *Adriana Vigilanza y Carlos A. Vecchio*) (Exp. Nº 01-2862) en *Gaceta Oficial* Nº 38.635 del 1 de marzo

hubiese dictado sin consultar previamente al "líder de la Revolución," advirtiendo a los tribunales que eso de decidir sin que se le consultaran los asuntos, podía considerarse "traición al Pueblo" o a "la Revolución."[210]

Y ha sido mediante el control ejercido sobre del Tribunal Supremo, que en Venezuela es el órgano encargado del gobierno y administración del sistema judicial, que el gobierno ha ejercido un control político sobre la universalidad de las instituciones judiciales, con la cooperación de la sobreviviente Comisión de Reorganización del Poder Judicial, legitimizada por el propio Tribunal Supremo. Con ello, se han hecho completamente inaplicables las magníficas previsiones constitucionales que buscaban garantizar la independencia y autonomía de los jueces.[211]

V. EL TRIBUNAL SUPREMO DE JUSTICIA Y SU COMPLICIDAD EN LA ACEPTACIÓN DE LA INAPLICACIÓN DE LAS NORMAS CONSTITUCIONALES SOBRE AUTONOMÍA E INDEPENDENCIA DE LOS JUECES

En efecto, de acuerdo con el texto constitucional, en Venezuela, jueces sólo pueden ser quienes entren en la carrera judicial mediante concurso público con participación ciudadana (art. 255). Estos, sin embargo, nunca se han implementado, estando el Poder Judicial casi exclusivamente compuesto por jueces temporales y provisorios, sin estabilidad alguna. Por ello, en el Informe de la Comisión Interamericana de Derechos Humanos de 2010, se indica que: "*el 100% de los 245 jueces nombra-*

---

de 2007. Véanse comentarios en Allan R. Brewer-Carías, "El juez constitucional en Venezuela como legislador positivo de oficio en materia tributaria" en *Revista de Derecho Público* N° 109, Editorial Jurídica Venezolana, Caracas 2007, pp. 193-212, *disponible en* www.allanbrewercarias.com, (Biblioteca Virtual, II.4. Artículos y Estudios N° 508, 2007) pp. 1-36; y Allan R. Brewer-Carías, "De cómo la Jurisdicción constitucional en Venezuela, no sólo legisla de oficio, sino subrepticiamente modifica las reformas legales que "sanciona", a espaldas de las partes en el proceso: el caso de la aclaratoria de la sentencia de Reforma de la Ley de Impuesto sobre la Renta de 2007" en *Revista de Derecho Público* N° 114, Editorial Jurídica Venezolana, Caracas 2008, pp. 267-276, disponible en http://www.brewercarias.com/Content/449725d9-f1cb-474b-8ab2-41efb849fea8/Content/II.4.575.pdf.

210 "Muchas veces llegan, viene el Gobierno Nacional Revolucionario y quiere tomar una decisión contra algo por ejemplo que tiene que ver o que tiene que pasar por decisiones judiciales y ellos empiezan a moverse en contrario a la sombra, y muchas veces logran neutralizar decisiones de la Revolución a través de un juez, o de un tribunal, o hasta en el mismísimo Tribunal Supremo de Justicia, a espaldas del líder de la Revolución, actuando por dentro contra la Revolución. Eso es, repito, traición al pueblo, traición a la Revolución." Discurso en el Primer Encuentro con Propulsores del Partido Socialista Unido de Venezuela desde el teatro Teresa Carreño, 24 de marzo de 2007, disponible en http://www.minci.gob.ve/alocuciones/4/13788/primer_encuentro_con.html, p. 45.

211 Véase, *en general*, Allan R. Brewer-Carías, "La progresiva y sistemática demolición de la autonomía e independencia del Poder Judicial en Venezuela (1999-2004)" en *XXX Jornadas J.M Domínguez Escovar, Estado de Derecho, Administración de Justicia y Derechos Humanos*, Instituto de Estudios Jurídicos del Estado Lara, Barquisimeto 2005, pp. 33-174; Allan R. Brewer-Carías, "El constitucionalismo y la emergencia en Venezuela: entre la emergencia formal y la emergencia anormal del Poder Judicial" en Allan R. Brewer-Carías, *Estudios Sobre el Estado Constitucional (2005-2006)*, Editorial Jurídica Venezolana, Caracas 2007, pp. 245-269; y Allan R. Brewer-Carías "La justicia sometida al poder. La ausencia de independencia y autonomía de los jueces en Venezuela por la interminable emergencia del Poder Judicial (1999-2006)" en *Cuestiones Internacionales. Anuario Jurídico Villanueva 2007*, Centro Universitario Villanueva, Marcial Pons, Madrid 2007, pp. 25-57, disponible en www.allanbrewercarias.com, (Biblioteca Virtual, II.4. Artículos y Estudios N° 550, 2007) pp. 1-37. Véase también Allan R. Brewer-Carías, *Historia Constitucional de Venezuela*, Editorial Alfa, Tomo II, Caracas 2008, pp. 402-454.

dos [en 2010] no habrían sido designados por concurso público de oposición, el cual es exigido por el artículo 255 de la Constitución de la República Bolivariana de Venezuela."[212] Lo cierto es que desde 2003, la Comisión Interamericana de Derechos Humanos[213] ha advertido sobre esta situación irregular, de manera que todavía en su *Informe Anual de 2008,* la calificaba como un "problema endémico" que expone a los jueces a su destitución discrecional, llamando la atención sobre el "permanente estado de emergencia al cual están sometidos los jueces."[214]

Pero si se lee el texto de la Constitución, lo que resulta es que, al contrario, los jueces sólo podrían ser removidos a través de procedimientos disciplinarios conducidos por jueces disciplinarios que deben formar una Jurisdicción Disciplinaria Judicial (art. 267). Sin embargo, de nuevo, esta última, diez años después, aún no ha sido creada, habiendo asumido la función disciplinaria respecto de los jueces la antes mencionada Comisión ad hoc[215] avalada por el Tribunal Supremo, la cual, además de remover a los jueces en forma discrecional sin garantía alguna del debido proceso,[216] como lo destacó la misma Comisión Interamericana en su *Informe de 2009*, lo peor es que ella misma no goza de independencia, pues sus integrantes son de la libre remoción discrecional de la Sala Constitucional.[217]

Esa Comisión de Reorganización, por tanto, bajo el amparo del Tribunal Supremo, literalmente ha "depurado" la judicatura de jueces que no están en línea con el régimen autoritario, como lo ha reconocido la propia Sala Constitucional,[218] remo-

212 Véase IICHR, Informe Anual 2010, OEA/Ser.L/V/II. Doc. 5 corr. 1, 7-3-2011. Véase el Informe sobre Venezuela en: http://www.cidh.oas.org/annualrep/2010sp/CAP.IV.VE-NEZUELA.2010.FINAL.doc.

213 Un juez provisorio es un juez designado mediante un concurso público. Un juez temporal es un juez designado para cumplir una tarea específica o por un periodo específico de tiempo. En 2003, la Comisión Interamericana de Derechos Humanos indicó que había sido: "informada que sólo 250 jueces han sido designados por concurso de oposición de conformidad a la normativa constitucional. De un total de 1772 cargos de jueces en Venezuela, el Tribunal Supremo de Justicia reporta que solo 183 son titulares, 1331 son provisorios y 258 son temporales." *Reporte sobre la Situación de Derechos Humanos en Venezuela*; OAS/Ser.L/V/II.118. doc.4rev.2; 29 de diciembre de 2003, par. 174, *disponible en* http://www.cidh.oas.org/countryrep/Venezuela2003eng/toc.htm. La Comisión también agregó que "un aspecto vinculado a la autonomía e independencia del Poder Judicial es el relativo al carácter provisorio de los jueces en el sistema judicial de Venezuela. Actualmente, la información proporcionada por las distintas fuentes indica que más del 80% de los jueces venezolanos son 'provisionales.'" *Id.*, par. 161.

214 Véase *Annual Report 2008* (OEA/Ser.L/V/II.134. Doc. 5 rev. 1. 25 febrero 2009), para. 39.

215 La Sala Político-Administrativa del Tribunal Supremo de Justicia ha resuelto que la remoción de jueces temporales es una facultad discrecional de la Comisión de Funcionamiento y Reestructuración del Sistema Judicial, la cual adopta sus decisiones sin seguir procedimiento administrativo alguno. Véase Decisión Nº 00463-2007 del 20 de marzo de 2007; Decisión Nº 00673-2008 del 24 de abril de 2008 (citada en la Decisión Nº 1.939 del 18 de diciembre de 2008, p. 42). La Sala Constitucional ha establecido la misma posición en la Decisión Nº 2414 del 20 de diciembre de 2007 y Decisión Nº 280 del 23 de febrero de 2007.

216 Véase Tribunal Supremo de Justicia, Decisión Nº 1.939 del 18 de diciembre de 2008 (Caso: *Gustavo Álvarez Arias et al.*)

217 Véase *Annual Report 2009*, Par. 481, en http://www.cidh.org/annualrep/2009 eng/Chap.IV.f.eng.htm.

218 Decision Nº 1.939 (Dec. 18, 2008) (Case: *Abogados Gustavo Álvarez Arias y otros*), in which the Constittutional Chamber decided the nonenforceability of the decision of the Inter American Court of Human Rights of Aug. 5, 2008 (Case: *Apitz Barbera y otros ["Corte Primera de lo Contencioso Administrativo"] vs. Venezuela [Corte IDH],* Case: *Apitz Barbera y otros ["Corte Primera de lo Contencioso Administrativo"] vs. Venezuela*, Sentencia de 5 de agosto de 2008, Serie C, Nº 182.

viendo discrecionalmente jueces que puedan haber dictado decisiones que no han complacido al Ejecutivo. Esto ha llevado a la Comisión Interamericanas de Derechos Humanos a decir, en el mismo *Informe Anual* de 2009, que "en Venezuela los jueces y fiscales no gozan de la garantía de permanencia en su cargo necesaria para asegurar su independencia en relación con los cambios de políticas gubernamentales."[219]

Uno de los casos emblemáticos que muestra esta aberrante situación tuvo lugar en 2003, cuando la Corte Primera de lo Contencioso Administrativo dictó una medida cautelar suspendiendo la ejecución de un programa de contratación pública de médicos extranjeros sin licencia, para programas sociales de atención médica; medida que se dictó a solicitud del Colegio de Médicos de Caracas que alegaba discriminación contra los médicos licenciados."[220] La respuesta del Gobierno contra una simple medida cautelar de suspensión de efectos, además de anunciar públicamente que no sería acatada,[221] fue lograr obtener de la Sala Constitucional que se avocara al conocimiento del asunto y revocara la medida; decidir el allanamiento policialmente la sede del tribunal; y hacer que el Tribunal Supremo decidiera la destitución de todos sus Magistrados y la clausura del mismo por casi un año; no sin olvidar el insulto público proferido por el Presidente de la República contra los Magistrados destituidos.[222] El caso fue llevado ante la Corte Interamericana de Derechos Humanos, la cual dictó sentencia en 2008 condenando al Estado venezolano por la violación de las garantías judiciales de los Magistrados,[223] pero la respuesta de la Sala Constitucional del Tribunal Supremo a dicha decisión, a solicitud del Procurador General de la República, fue simplemente declarar que las decisiones de la Corte Interamericana de Derechos Humanos son inejecutables en Venezuela.[224] Tan simple como eso, mostrando la total subordinación de las instituciones judiciales respecto de las políticas, deseos y dictados del Presidente de la República.

En diciembre de 2009 tuvo lugar otro asombroso caso, que fue la detención policial arbitraria de una juez penal (María Lourdes Afiuni Mora) por habérsele ocurrido ordenar, conforme a sus atribuciones y siguiendo las recomendaciones del Grupo de Trabajo de las Naciones Unidas sobre Detenciones Arbitrarias, la excarcelación de

---

219 Véase *Informe Anual de 2009*, parágrafo 480, en http://www.cidh.oas.org/annualrep/2009eng/Chap.IV.f.eng.htm

220 Véase Claudia Nikken, "El caso "Barrio Adentro": La Corte Primera de lo Contencioso Administrativo ante la Sala Constitucional del Tribunal Supremo de Justicia o el avocamiento como medio de amparo de derechos e intereses colectivos y difusos, en *Revista de Derecho Público*, N° 93-96, Editorial Jurídica Venezolana, Caracas, 2003, pp. 5 y ss.

221 "Váyanse con su decisión no sé para donde, la cumplirán ustedes en su casa si quieren..." Exposición en el programa radial *Aló Presidente*, N° 161, 24-08-2004

222 Exposición pública el 20-09-2004. Véase la información en *El Nacional*, Caracas 05-11-2004, p. A-2, donde el Presidente destituido de la Corte Primera señaló que: "La justicia venezolana vive un momento tenebroso, pues el tribunal que constituye un último resquicio de esperanza ha sido clausurado".

223 Véase sentencia de la Corte Interamericana de 5 de agosto de 2008 Caso *Apitz Barbera y otros ("Corte Primera de lo Contencioso Administrativo") vs. Venezuela,* en www.corteidh.or.cr. Excepción Preliminar, Fondo, Reparaciones y Costas, Serie C N° 182;

224 Véase sentencia de la Sala Constitucional, sentencia N° 1.939 de 18 de diciembre de 2008 (Caso *Abogados Gustavo Álvarez Arias y otros*), en http://www.tsj.gov.ve/decisio-nes/scon/Diciembre/1939-181208-2008-08-1572.html

un individuo investigado por delitos financieros a los efectos de que fuese enjuiciado en libertad como lo garantiza la Constitución. El mismo día de la decisión, el Presidente de la Republica pidió públicamente la detención de la juez, exigiendo que se le aplicara la pena máxima de 30 años establecida en Venezuela para crímenes horrendos y graves. La juez fue efectivamente detenida por la policía ese mismo día, y todavía permanece en detención, sin que se haya iniciado juicio alguno contra ella. El mismo Grupo de Expertos de Naciones Unidas consideró estos hechos como "un golpe del Presidente Hugo Chávez contra la independencia de los jueces y abogados" solicitando la "inmediata liberación de la juez" concluyendo que "las represalias ejercidas sobre jueces y abogados por el ejercicio de sus funciones garantizadas constitucionalmente creando un clima de temor, solo sirve para minar el Estado de derecho y obstruir la justicia."[225] En el *Informe* de la Comisión Interamericana de Derechos Humanos de 2010, la misma reiteró que: "el caso de la jueza Afiuni envía una fuerte señal a la sociedad y al resto de los jueces de que el poder judicial no tiene la libertad de adoptar decisiones contrarias a los intereses del gobierno, pues de hacerlo corren el riesgo de ser removidos de sus cargos, procesados y sometidos a situaciones contrarias a la dignidad humana."[226]

El hecho es que en Venezuela ningún juez puede adoptar una decisión que pueda afectar las políticas gubernamentales, los deseos del Presidente, los intereses del Estado o la voluntad de los funcionarios públicos, por lo que por ejemplo, la Jurisdicción Contencioso Administrativa ha dejado de tener efectividad e importancia.[227] Por ello, la Comisión Interamericana de Derechos Humanos después de describir con preocupación en su *Informe Anual de 2009* que en muchos casos, "los jueces son removidos inmediatamente después de adoptar decisiones judiciales en casos con impactos políticos importantes," concluyó señalando que "la falta de independencia judicial y de autonomía en relación con el poder político es, en opinión de la Comisión el punto más débil de la democracia venezolana."[228]

VI. EL TRIBUNAL SUPREMO DE JUSTICIA COMO INSTRUMENTO PARA EL CONTROL POLÍTICO DE OTROS PODERES DEL ESTADO

En esta muestra del rol jugado por el Tribunal Supremo de Justicia en el proceso de desmantelamiento del Estado de derecho en Venezuela, debe también mencionarse cómo la Sala Constitucional fue el vehículo utilizado por el gobierno para secues-

225 Véase en at http://www.unog.ch/unog/website/newsmedia.nsf/%28httpNewsByYearen%29/93687-E8429BD53A1C125768E00529DB6?OpenDocument&cntxt=B35C3&cookielang=fr. En Octubre 14, 2010, el mismo Grupo de Trabajo de la ONU solicitó formalmente al Gobierno venezolano que la Juez fuse "sometida a un juicio apegado al debido proceso y bajo el derecho de la libertad provisional". Véase en *El Universal*, 14 de Octubre de 2010, en http://www.eluniver-sal.com/2010/10/14/pol_ava_instancia-de-la-onu_14A4608051.shtml

226 Véase IICHR, Informe Anual 2010, OEA/Ser.L/V/II. Doc. 5 corr. 1, 7-3-2011. Véase el Informe sobre Venezuela en: http://www.cidh.oas.org/annualrep/2010sp/CAP.IV.VE-NEZUELA.2010.FINAL.doc.

227 Véase Antonio Canova González, *La realidad del contencioso administrativo venezolano (Un llamado de atención frente a las desoladoras estadísticas de la Sala Político Administrativa en 2007 y primer semestre de 2008), cit.*, p. 14.

228 Véase en ICHR, *Annual Report 2009*, para. 483. Available at http://www.cidh.oas.org/ annualrep/2009eng/Chap.IV.f.eng.htm

trar y tomar control directo de otras ramas del Poder Público, como sucedió con el Poder Electoral. Esto comenzó en 2002, después de la sanción de la Ley Orgánica del Poder Electoral,[229] cuando la Sala Constitucional, al declarar sin lugar un recurso de inconstitucionalidad que había ejercido el propio Presidente de la República contra una Disposición Transitoria de dicha Ley Orgánica, en un *obiter dictum* consideró que dicha Ley era inaplicable al entonces existente Consejo Nacional Electoral que existía en ese momento en materia de quórum para decidir, impidiéndosele entonces a dicho órgano poder tomar decisión alguna, considerando que debía hacerlo con una mayoría calificada de 4/5 que no estaba prevista en la Ley (la cual disponía la mayoría de 3/5). Para ello, la Sala revivió una previsión que estaba en el derogado Estatuto Electoral transitorio que se había dictado en 2000 sólo para regir las elecciones de ese año, y que ya estaba inefectivo.[230] Con ello, por la composición de entonces del Consejo Nacional Electoral, la Sala Constitucional impidió que dicho órgano funcionara y entre otras tareas, que pudiera, por ejemplo, darle curso a la iniciativa popular de más de tres millones de firmas de convocar un referendo consultivo sobre la revocación del mandato del Presidente de la República.

En todo caso, ello significó, en la práctica, la parálisis total y absoluta del Poder Electoral, lo que se consolidó por decisión de otra Sala del Tribunal Supremo, la Sala Electoral, primero, impidiendo que uno de los miembros del Consejo pudiese votar,[231] y segundo, anulando la convocatoria que había hecho el Consejo para un referendo consultivo sobre la revocación del mandato del Presidente.[232]

La respuesta popular a estas decisiones, sin embargo, fue una nueva iniciativa popular respaldada por tres millones y medio de firmas para la convocatoria de un nuevo referendo revocatorio del mandato del Presidente de la República, para cuya realización resultaba indispensable designar los nuevos miembros del Consejo Nacional Electoral. La bancada oficialista en la Asamblea Nacional no pudo hacer por si sola dichas designaciones, pues en aquél entonces no controlaba la mayoría de los 2/3 de los diputados que se requerían para ello, por lo que ante la imposibilidad o negativa de llegar a acuerdos con la oposición, y ante la perspectiva de que no se nombraran los miembros del Consejo Nacional Electoral, la vía que se utilizó para lograrlo, bajo el total control del gobierno, fue que la Sala Constitucional lo hiciera.

Para ello, se utilizó la vía de decidir un recurso de inconstitucionalidad contra la omisión legislativa en hacer las designaciones, que se había intentado, de manera que al decidir el recurso, la Sala, en lugar de exhortar a la Asamblea Nacional para que hiciera los nombramientos como correspondía, procedió a hacerlo directamente,

---

229 Véase en *Gaceta Oficial* N° 37.573 de 19-11-2002.

230 Véase Sentencia N° 2747 de 7 de noviembre de 2002 (Exp. 02-2736).

231 Véase Sentencia N° 3 de 22 de enero de 2003 (Caso: *Darío Vivas y otros*). Véase en Allan R. Brewer-Carías, "El secuestro del Poder Electoral y de la Sala Electoral del Tribunal Supremo y la confiscación del derecho a la participación política mediante el referendo revocatorio presidencial: Venezuela: 2000-2004" en *Revista Costarricense de Derecho Constitucional,* Tomo V, Instituto Costarricense de Derecho Constitucional, Editorial Investigaciones Jurídicas S.A., San José 2004, pp. 167-312.

232 Véase Sentencia N° 32 de 19 de marzo de 2003 (Caso: *Darío Vivas y otros*). Véase Allan R. Brewer-Carías, en "El secuestro del Poder Electoral y la confiscación del derecho a la participación política mediante el referendo revocatorio presidencial: Venezuela 2000-2004" en *Revista Jurídica del Perú,* Año LIV N° 55, Lima, marzo-abril 2004, pp. 353-396.

usurpando la función del Legislador, y peor aún, sin cumplir con las condiciones constitucionales requeridas para hacer los nombramientos.[233] Con esta decisión, la Sala Constitucional le aseguró al gobierno el completo control del Consejo Nacional Electoral, secuestrando a la vez el derecho ciudadano a la participación política, y permitiendo al partido de gobierno manipular los resultados electorales.

La consecuencia de todo ello ha sido que las elecciones que se han celebrado en Venezuela durante la última década, han sido organizadas por una rama del Poder Público supuestamente independiente pero tácticamente controlada por el gobierno, totalmente parcializada. Esa es la única explicación que se puede dar, por ejemplo, al hecho de que aún hoy día se desconozca cuál fue el resultado oficial de la votación efectuada en el referendo aprobatorio de 2007 mediante el cual se rechazó la reforma constitucional propuesta por el Presidente de la República. Ello es igualmente lo que explica que se pudiera sancionar la Ley Orgánica de los Procesos Electorales en 2008, para materialmente, en fraude a la Constitución, eliminar la representación proporcional en la elección de los diputados a la Asamblea nacional, al punto de que en las pasadas elecciones legislativas de septiembre de 2010, con una votación inferior al cincuenta por ciento de los votos, el partido oficial obtuvo casi los 2/3 de diputados a la Asamblea Nacional.

VII. EL TRIBUNAL SUPREMO DE JUSTICIA COMO INSTRUMENTO PARA LA ILEGÍTIMA MUTACIÓN DE LA CONSTITUCIÓN

En este contexto de sujeción política, la Sala Constitucional del Tribunal Supremo desde 2000, por otra parte, lejos de actuar como guardián de la Constitución, ha sido el instrumento más importante del gobierno autoritario para mutar ilegítimamente la Constitución,[234] imponiendo interpretaciones inconstitucionales,[235] no sólo

233 Sentencia N° 2073 de 4 de agosto de 2003 (Caso: *Hermann Escarrá Malave y otros*); y sentencia N° 2341 del 25 de agosto de 2003 (Caso: *Hermann Escarrá y otros*). Véase en Allan R. Brewer-Carías, "El secuestro del poder electoral y la conficación del derecho a la participación política mediante el referendo revocatorio presidencial: Venezuela 2000-2004", en *Stvdi Vrbinati, Rivista tgrimestrale di Scienze Giuridiche, Politiche ed Economiche*, Año LXXI – 2003/04 Nuova Serie A – N. 55,3, Università degli studi di Urbino, pp.379-436.

234 Véase en general sobre el tema, Allan R. Brewer-Carías, "El juez constitucional al servicio del autoritarismo y la ilegítima mutación de la Constitución: el caso de la Sala Constitucional del Tribunal Supremo de Justicia de Venezuela (1999-2009)", en *Revista de Administración Pública*, N° 180, Madrid 2009, pp. 383-418; "La fraudulenta mutación de la Constitución en Venezuela, o de cómo el juez constitucional usurpa el poder constituyente originario,", en *Anuario de Derecho Público*, Centro de Estudios de Derecho Público de la Universidad Monteávila, Año 2, Caracas 2009, pp. 23-65; "La ilegítima mutación de la Constitución por el juez constitucional y la demolición del Estado de derecho en Venezuela.," *Revista de Derecho Político*, N° 75-76, Homenaje a Manuel García Pelayo, Universidad Nacional de Educación a Distancia, Madrid, 2009, pp. 289-325; "El juez constitucional al servicio del autoritarismo y la ilegítima mutación de la Constitución: el caso de la Sala Constitucional del Tribunal Supremo de Justicia de Venezuela (1999-2009)", en *IUSTEL, Revista General de Derecho Administrativo*, N° 21, junio 2009, Madrid, ISSN-1696-9650.

235 Véase Allan R. Brewer-Carías, "*Crónica sobre la "In" Justicia Constitucional. La Sala Constitucional y el autoritarismo en Venezuela*, Editorial Jurídica Venezolana, Caracas 2007.

sobre sus propios poderes de control,[236] sino en materias sustantivas, sin estar sometida a control alguno.[237]

En este aspecto, uno de los instrumentos más letales utilizados para distorsionar la Constitución ha sido la invención de una acción directa para la interpretación abstracta de la Constitución, que es un medio procesal constitucional creado por la propia Sala Constitucional sin fundamento en la Constitución y sin antecedentes en el derecho comparado.[238] Mediante este recurso, que puede ser interpuesto por cualquier persona con un mínimo interés, y también, muy convenientemente por el Abogado del Estado que está sujeto al Presidente (Procurador General de la República), la Sala Constitucional ha venido "reformando" en forma ilegítima la Constitución, e incluso ha venido implementando también en una forma ilegítima, las reformas constitucionales que propuso el Presidente en 2007 y que fueron rechazadas por el pueblo mediante referéndum.

Muchos casos pueden ilustrar este inconstitucional proceso de mutación constitucional, aún cuando sólo podré referirme a algunos de ellos. Por ejemplo, ocurrió con el cambio de sentido que se hizo respecto del artículo 72 de la Constitución que regula el referendo revocatorio de mandatos de todos los cargos de elección popular. Dicha norma dispone que la revocatoria del mandato de funcionarios electos solicitada por iniciativa popular, se produce cuando en el referendo respectivo que se realice un número "*igual o mayor del número de electores* que eligieron al funcionario" vota a favor de la revocación.[239] Sin embargo, en una forma claramente incons-

---

236 La Sala Constitucional ha venido asumiendo y auto-atribuyéndose competencias no previstas en la Constitución, no sólo en materia de interpretación constitucional al crearse el recurso autónomo de interpretación abstracta de la Constitución, sino en relación con los poderes de revisión constitucional de cualquier sentencia dictada por cualquier tribunal, incluso por las otras Salas del Tribunal Supremo de Justicia; con los amplísimos poderes de avocamiento en cualquier causa; con los supuestos poderes de actuación de oficio no autorizados en la Constitución; con los poderes de solución de conflictos entre las Salas; con los poderes de control constitucional de las omisiones del Legislador; con la restricción del poder de los jueces de ejercer el control difuso de la constitucionalidad de las leyes; y con la asunción del monopolio de interpretar los casos de prevalencia en el orden interno de los tratados internacionales en materia de derechos humanos. Véase además, en *Crónica sobre La "In" Justicia Constitucional. La Sala Constitucional y el autoritarismo en Venezuela*, Colección Instituto de Derecho Público, Universidad Central de Venezuela, N° 2, Caracas 2007

237 Véase Allan R. Brewer-Carías, "*Quis Custodiet ipsos Custodes*: De la interpretación constitucional a la inconstitucionalidad de la interpretación," en *VIII Congreso Nacional de Derecho Constitucional*, Fondo Editorial and Colegio de Abogados de Arequipa, Arequipa, Perú, 2005, 463-89; y *Crónica de la "In" Justicia constitucional: La Sala constitucional y el autoritarismo en Venezuela*, Editorial Jurídica Venezolana, Caracas 2007, 11-44, 47-79.

238 Véase Sentencia N° 1077 de la Sala Constitucional de 22-09-00, caso: *Servio Tulio León Briceño*. Véase en *Revista de Derecho Público,* N° 83, Caracas, 2000, pp. 247 y ss. Este criterio fue luego ratificado en sentencias de fecha 09-11-00 (N° 1347), 21-11-00 (N° 1387), y 05-04-01 (N° 457), entre otras. Véase Allan R. Brewer-Carías, "Le recours d'interprétation abstrait de la Constitution au Vénézuéla", en *Le renouveau du droit constitutionnel, Mélanges en l'honneur de Louis Favoreu*, Dalloz, Paris, 2007, pp. 61-70

239 Sentencia N° 2750 de 21 de octubre de 2003, Caso: *Carlos Enrique Herrera Mendoza, (Interpretación del artículo 72 de la Constitución (Exp. 03-1989). Sentencia* N° 1139 de 5 de junio de 2002 (Caso: *Sergio Omar Calderón Duque y William Dávila Barrios)* Véase en *Revista de Derecho Público,* N° 89-92, Editorial Jurídica Venezolana, Caracas 2002, p. 171. Criterio seguido en la sentencia N° 137 de 13-02-2003 (Caso: *Freddy Lepage Scribani y otros*) (Exp. 03-0287).

titucional, en 2003, la Sala Constitucional convirtió dicho referendo "revocatorio" en un referendo "ratificatorio," al considerar que la revocación no se producía a pesar de que igual o mayor del número de electores que los que eligieron al funcionario votaran por la revocación, si en el referendo se depositaban más votos en contra de la revocación que a favor de la misma, en cuyo caso consideró la Sala que el funcionario antes que salir del cargo "debería seguir" en el mismo, "aunque votasen en su contra el número suficiente de personas para revocarle el mandato."[240]

Esta ilegitima mutación de la Constitución tuvo por supuesto un claro propósito, que fue el impedir que el mandato al Presidente de República, Hugo Chávez fuera revocado en 2004. Este había sido electo en agosto de 2000 con 3.757.774 votos, y n el referendo revocatorio de 2004, votaron por la revocación de su mandato 3.989.008 electores, por lo que constitucionalmente su mandato había quedado revocado automáticamente, *ex constitutione*. Sin embargo, como "por la no revocación" supuestamente habrían votado 5.800.629 de electores, el Consejo Nacional Electoral, conforme a la doctrina hecha a la medida del caso por la Sala Constitucional, decidió "ratificar" al Presidente de la República en su cargo hasta 2007.[241] Así, ilegítimamente, un referendo revocatorio fue transformado en un referendo ratificatorio o en un plebiscito que no existe en la Constitución.[242]

Otras mutaciones constitucionales ilegítimas no menos importantes han ocurrido en materia de protección de derechos humanos, también mediante sendas sentencias de la Sala Constitucional. En una de ellas, por ejemplo, la Sala Constitucional eliminó el rango supraconstitucional de los tratados internacionales en materia de derechos humanos establecido en el artículo 23 de la Constitución cuando contienen previsiones más favorables a su ejercicio que las establecidas en el derecho interno, al reservarse, a sí misma, la exclusiva competencia para decidir en la materia. Con esta mutación, además, la Sala implementó ilegítimamente una de las reformas constitucionales que había propuesto el Presidente en 2007 y que había sido rechazada por el pueblo.[243]

En otra decisión, a pesar de que el mismo artículo 23 de la Constitución dispone que los tratados internacionales en materia de derechos humanos son "de aplicación inmediata y directa por los tribunales y demás órganos del Poder Público," la misma Sala Constitucional, al contrario, les negó tal potestad a los tribunales, reservándose en forma exclusiva tal competencia, violando el texto constitucional.[244]

---

240 Sentencia Nº 2750 de 21 de octubre de 2003 (Caso: *Carlos E. Herrera Mendoza, Interpretación del artículo 72 de la Constitución*), Véase *El Nacional*, Caracas, 28-08-2004, pp. A-1 y A-2.

241 Véase en *El Nacional*, Caracas, 28-08-2004, pp. A-1 y A-2.

242 Véase Allan R. Brewer-Carías, "La Sala Constitucional vs. el derecho ciudadano a la revocatoria de mandatos populares: de cómo un referendo revocatorio fue inconstitucionalmente convertido en un "referendo ratificatorio," in *Crónica sobre la "In" Justicia Constitucional. La Sala Constitucional y el autoritarismo en Venezuela*, Editorial Jurídica Venezolana, Caracas 2007, 349-78.

243 Véase sentencia Nº 1.939 de 18 de diciembre de 2008 (Caso *Gustavo Álvarez Arias y otros*) Véase en http://www.tsj.gov.ve/decisiones/scon/Diciembre/1939-181208-2008-08-1572.html

244 Véase sentencia Nº 1492 de 15 de julio de 2003 (Caso: *Impugnación de diversos artículos del Código Penal* Véase en *Revista de Derecho Público*, Nº 93-96, Editorial Jurídica Venezolana, Caracas 2003, pp. 135 ss.

En otros casos, la mutación constitucional ha ocurrido respecto de previsiones fundamentales de la Constitución que fueron concebidas como principios pétreos, como sucedió por ejemplo con el principio de la alternabilidad republicana. Pues bien, la Sala Constitucional, simplemente, en forma deliberada, confundió el principio de "gobierno alternativo" con el principio de "gobierno electivo," ambos previstos en el artículo 6 de la Constitución, considerándolos como supuestamente sinónimos, cuando en realidad el primero apunta a evitar el continuismo o la permanencia en el poder por una misma persona, y el segundo apunta a asegurar la elección de los gobernantes. La Sala Constitucional, sin embargo, al confundir los conceptos, afirmó que la alternabilidad "lo que exige es que el pueblo como titular de la soberanía tenga la posibilidad periódica de escoger sus mandatarios o representantes" que es el principio de gobierno electivo, indicando además, que el principio "sólo se infringiría si se impide esta posibilidad al evitar o no realizar las elecciones."[245]

Con esta mutación constitucional que simplemente eliminaba el sentido de la alternabilidad, el Tribunal Supremo despejó el camino para que, en fraude a la Constitución, en febrero de 2009 se pudiera votar una Enmienda Constitucional para modificar un principio pétreo de la Constitución, lo que ocurrió sólo días después de dictada la sentencia. De ello resultó la previsión, en la Constitución, del principio contrario a la alternabilidad, que es el de la posibilidad de la reelección continua o ilimitada de cargos electivos.[246]

VIII. EL TRIBUNAL SUPREMO DE JUSTICIA COMO CÓMPLICE EN LA IMPLEMENTACIÓN *EX POST FACTO* DE LAS REFORMAS CONSTITUCIONALES DE 2007, QUE FUERON RECHAZADAS POR EL PUEBLO

La ilegitimidad de las mutaciones constitucionales impuestas por la Sala Constitucional ha llegado incluso al extremo de cohonestar la realización de reformas constitucionales en forma contraria a la Constitución, y de implementarlas luego una vez que fueron rechazadas por el pueblo.

En efecto, después de siete años del proceso constituyente de 1999, a los venezolanos se les impuso por vía de legislación y de acción de gobierno, un sistema de Estado centralizado y militarista, basado en la concentración del poder y en un modelo político de régimen socialista por el cual nadie ha votado, montado sobre una supuesta "democracia participativa" manejada por instituciones directamente controladas desde el poder central.

Todas estas deformaciones institucionales condujeron incluso al Presidente de la República en 2007, a proponer una reforma constitucional tendiente a consolidar formalmente en el texto mismo de la Constitución, un Estado socialista, centraliza-

---

245 Véase la sentencia N° 53, de la Sala Constitucional de 2 de febrero de 2009 (Caso: *Interpretación de los artículos 340,6 y 345 de la Constitución*), en http:/www.tsj.gov.ve/deci-sions/scon/Febrero/53-3209-2009-08-1610.html y en *Revista de Derecho Público* 117, Editorial Jurídica venezolana, Caracas 2009, 205-211.

246 Véase Allan R. Brewer-Carías, "El Juez Constitucional vs. La alternabilidad republicana (La reelección continua e indefinida)," en *Revista de Derecho Público* N° 117, Editorial Jurídica venezolana, Caracas 2009, 205-211

do, militarista y policial;[247] reforma que aún cuando fue sancionada por la Asamblea Nacional violando la propia Constitución que solo permite que reformas constitucionales sustantivas de ese tipo sean aprobadas mediante la convocatoria de una Asamblea Constituyente, fue rechazada por el pueblo.

Por supuesto, el Tribunal Supremo, muy diligentemente, en el curso del procedimiento de la reforma constitucional se negó a pronunciarse sobre el fraude constitucional que se estaba ejecutando, y en múltiples decisiones declaró "improponibles" las demandas de nulidad ejercidas contra el viciado proyecto de reforma,[248] lo contrario, por cierto, a lo que hizo por ejemplo, la Corte Constitucional colombiana en 2010, respecto de la Ley sobre la reforma constitucional referida al tema de la reelección presidencial.[249]

Afortunadamente, sin embargo, como se dijo, fue el pueblo quien rechazó en Venezuela mediante referendo del 2 de diciembre de 2007, la fraudulenta reforma constitucional propuesta por el Presidente; rechazo que desafortunadamente ha sido sistemáticamente burlado por el gobierno, el cual durante los últimos cuatro años, en un nuevo y continuo fraude no sólo a la Constitución sino a la voluntad popular, ha venido implementando las rechazadas reformas constitucionales mediante legislación ordinaria y decretos leyes delegados inconstitucionalmente sancionados, y que el Tribunal Supremo se ha abstenido de controlar.[250]

Así ocurrió, por ejemplo, mediante varios de los Decretos Leyes dictados en ejecución de la Ley habilitante de febrero de 2007,[251] tendientes, por ejemplo, a establecer la planificación centralizada,[252] implementar las bases del Estado Socialista y

247 Véase Allan R. Brewer-Carías, *Hacia la consolidación de un Estado Socialista, Centralizado, Policial y Militarista. Comentarios sobre el sentido y alcance de las propuestas de reforma constitucional 2007,* Colección Textos Legislativos, N° 42, Editorial Jurídica Venezolana, Caracas 2007.

248 Véase el estudio de las respectivas sentencias en Allan R. Brewer-Carías, "El juez constitucional vs. la supremacía constitucional. O de cómo la Jurisdicción Constitucional en Venezuela renunció a controlar la constitucionalidad del procedimiento seguido para la "reforma constitucional" sancionada por la Asamblea Nacional el 2 de noviembre de 2007, antes de que fuera rechazada por el pueblo en el referendo del 2 de diciembre de 2007", en *Revista de Derecho Público*, N° 112, Caracas, Editorial Jurídica Venezolana, 2007, pp. 661-694.

249 Véase la sentencia de la Corte Constitucional sobre la Ley N° 1354 de 2009, en Comunicado N° 9, de 26 de febrero de 2010, en www.corteconstitucional.com

250 Véanse los trabajos de Lolymar Hernández Camargo, "Límites del poder ejecutivo en el ejercicio de la habilitación legislativa: Imposibilidad de establecer el contenido de la reforma constitucional rechazada vía habilitación legislativa," en *Revista de Derecho Público*, N° 115 *(Estudios sobre los Decretos Leyes),* Editorial Jurídica venezolana, Caracas 2008, pp. 51 ss.; Jorge Kiriakidis, "Breves reflexiones en torno a los 26 Decretos-Ley de Julio-Agosto de 2008, y la consulta popular refrendaría de diciembre de 2007", *Idem,* pp. 57 ss.; y José Vicente Haro García, Los recientes intentos de reforma constitucional o de cómo se está tratando de establecer una dictadura socialista con apariencia de legalidad (A propósito del proyecto de reforma constitucional de 2007 y los 26 decretos leyes del 31 de julio de 2008 que tratan de imponerla)", *Idem*, pp. 63 ss.

251 *Gaceta Oficial* N° 38.617, de fecha 1° de febrero de 2007.

252 Véase por ejemplo, Allan R. Brewer-Carías, "Comentarios sobre la inconstitucional creación de la Comisión Central de Planificación, centralizada y obligatoria", *Revista de Derecho Público*, N° 110, (abril-junio 2007), Editorial Jurídica Venezolana, Caracas 2007, pp. 79-89.

del sistema económico socialista,[253] y transformar la Fuerza Armada en una Fuerza Armada Bolivariana con una Milicia no prevista en la Constitución,[254] todo lo cual había sido rechazado el pueblo.

También ha ocurrido mediante leyes, como por ejemplo, la dictada para regular el Distrito Capital como una entidad territorial totalmente dependiente del Poder Nacional,[255] reviviéndose el desaparecido "Distrito Federal" de 1864, contrariando abiertamente la Constitución que lo regula como una entidad con autonomía política. Lamentablemente para el Estado de derecho, el Presidente ha estado absolutamente seguro de que la sumisa Sala Constitucional que controla, jamás ejercerá el control de constitucionalidad sobre esos textos inconstitucionales.

En este contexto, por ello, casi no resulta sorprendente oír decir al Presidente Chávez, al referirse a los decretos leyes que dictó en agosto de 2008 implementando la rechazada reforma constitucional, simplemente: "*Yo soy la Ley. Yo soy el Estado,*"[256] repitiendo las mismas frases que ya había dicho en 2001, aún cuando con un pequeño giro (entonces dijo "*La Ley soy yo. El Estado soy yo,*"[257]) al referirse también a la legislación delegada que había sancionado violando la Constitución y que la Sala Constitucional se ha abstenido de controlar. Esas frases, como sabemos, se atribuyeron en 1661 a Luis XIV para calificar el gobierno absoluto de la Monarquía, cuando a la muerte del cardenal Gulio Raimondo Mazarino, el Rey asumió el gobierno sin nombrar un sustituto como ministro de Estado; pero la verdad histórica es que incluso Luis XIV nunca llegó a expresar esas frases.[258] Por ello, oírlas de boca de Jefe de Estado de nuestros tiempos, es suficiente para entender la trágica situación institucional de Venezuela, precisamente caracterizada por la completa ausencia de separación de poderes, de independencia y autonomía del Poder Judicial y, en consecuencia, de gobierno democrático.[259]

---

253 Por ejemplo, Ley Orgánica de Seguridad y Soberanía Agroalimentaria, y Ley para el fomento y desarrollo de la economía popular, *Gaceta Oficial* Nº 5.890 Extraordinaria de 31 julio de 2008.

254 Véase Ley sobre la Ley Orgánica de la Fuerza Armada Nacional, *Gaceta Oficial* con fecha 31 de julio de 2008.

255 *Gaceta Oficial* Nº 39.156 de 13 de abril de 2009.

256 Expresión del Presidente Hugo Chávez Frías, el 28 de agosto de 2008. Ver en Gustavo Coronel, *Las Armas de Coronel*, 15 de octubre de 2008: http://lasarmasdecoro-nel.blogspot.com/2008/10/yo-soy-la-leyyo-soy-el-estado.html.

257 Véase en *El Universal,* Caracas 4–12–01, pp. 1,1 and 2,1. Es también lo único que puede explicar, que un Jefe de Estado en 2009 pueda calificar a "la democracia representativa, la división de poderes y el gobierno alternativo" como doctrinas que "envenenan la mente de las masas." Véase la reseña sobre "Hugo Chávez seeks to cach them young," *The Economist*, 22-28 Agosto 2009, p. 33.

258 Véase Yves Guchet, *Histoire Constitutionnelle Française (1789–1958)*, Ed. Erasme, Paris 1990, p.8.

259 Véase el resumen de esta situación en Teodoro Petkoff, "Election and Political Power. Challenges for the Opposition", en *ReVista. Harvard Review of Latin America*, David Rockefeller Center for Latin American Studies, Harvard University, Fall 2008, pp. 12. Véase además, Allan R. Brewer-Carías, "Los problemas de la gobernabilidad democrática en Venezuela: el autoritarismo constitucional y la concentración y centralización del poder," en Diego Valadés (Coord.), *Gobernabilidad y constitucionalismo en América Latina*, Universidad Nacional Autónoma de México, México 2005, pp. 73-96.

Esto ha llevado a sucesivas e ilegítimas mutaciones de la Constitución hechas en fraude a la misma,[260] siendo la primera de todas en el tiempo, como se dijo, la cometida por la Sala Constitucional del Tribunal Supremo al decidir la acción de inconstitucionalidad contra el Decreto de Transición del Poder Público dictado por la Asamblea Constituyente al margen de la voluntad popular, nombrando a los propios Magistrados del nuevo Tribunal Supremo de Justicia, quienes en lugar de inhibirse, pasaron a decidir en causa propia, apresuradamente, considerando el Decreto impugnado como "un acto de rango y naturaleza constitucional,"[261] y aceptando la existencia, no de uno, sino de dos regímenes constitucionales paralelos: uno aprobado por el pueblo y contenido en la Constitución de 1999; y otro, impuesto al pueblo por la Asamblea Constituyente, dictado con posterioridad a la aprobación popular de la Constitución. Con ello, el Tribunal Supremo abrió un largo e interminable periodo de inestabilidad e inseguridad constitucional que aún continúa once años después, socavando lo poco que queda de las ruinas del Estado de derecho.

Por otra parte, en otras sentencias, ha sido directamente la Sala Constitucional la que ha implementado la rechazada reforma constitucional, cambiando por la vía de la interpretación de la Constitución, por ejemplo, las bases constitucionales del Estado federal, incidiendo en la distribución territorial del poder público, para implementar en fraude a la voluntad popular reformas constitucionales que fueron rechazadas por el pueblo. Ocurrió en 2008 mediante una sentencia dictada muy convenientemente, a solicitud del Abogado del Estado que como dije en Venezuela es un funcionario dependiente del Poder Ejecutivo (Procurador General de la República), con lo cual se transformó una competencia "exclusiva" de los Estados de la federación para la conservación, administración y aprovechamiento de autopistas y carreteras nacionales y de puertos y aeropuertos comerciales, en una competencia "concurrente" con el Poder Nacional y así permitir su centralización e intervención,[262] modificando el contenido de la norma constitucional. Con esta "interpretación constitucional," la Sala Constitucional usurpó la voluntad popular, obligando además a la Asamblea Nacional a dictar una legislación contraria a la Constitución,[263] lo que efectivamente hizo, entre otras, mediante la reforma en marzo de 2009, de la Ley Orgánica de Descentralización, Delimitación y Transferencia de Competencias del Poder Público,[264] a los efectos de eliminar las competencias exclusivas de los Estados. En esta forma, un nuevo fraude a la Constitución y a la voluntad popular que

---

260 Véase Allan R. Brewer-Carías, "El juez constitucional al servicio del autoritarismo y la ilegítima mutación de la Constitución: el caso de la Sala Constitucional del Tribunal Supremo de Justicia de Venezuela (1999-2009)", en *IUSTEL, Revista General de Derecho Administrativo*, Nº 21, junio 2009, Madrid, ISSN-1696-9650.

261 Véase sentencia Nº 4 de fecha 26 de enero de 2000, caso: *Eduardo García,* en *Revista de Derecho Público*, Nº 81, Editorial Jurídica Venezolana, Caracas 2000, pp. 93 y ss.

262 Véase. Sentencia de la Sala Constitucional, nº 565 de 15 de abril de 2008, caso Procuradora General de la República, recurso de interpretación del artículo 164.10 de la Constitución de 1999 de fecha 15 de Abril de 2008, en http://www.tsj.gov.ve/decisio-nes/scon/Abril/565-150408-07-1108.htm.

263 De ello resulta según la sentencia: "la necesaria revisión general de la Ley Orgánica de Descentralización, Delimitación y Transferencia de Competencias del Poder Público, Ley General de Puertos y la Ley de Aeronáutica Civil, sin perjuicio de la necesaria consideración de otros textos legales para adecuar su contenido a la vigente interpretación."

264 *Gaceta Oficial* Nº 39 140 del 17 de marzo de 2009.

había rechazado dicha reforma constitucional en 2007, se consumó con la participación diligente del Tribunal Supremo de Justicia.[265]

IX. EL ASALTO FINAL AL TRIBUNAL SUPREMO DE JUSTICIA Y SU SOMETIMIENTO AL CONTROL TOTAL POR PARTE DEL PODER EJECUTIVO EN DICIEMBRE DE 2010

Como antes se dijo, en las elecciones legislativas de septiembre de 2010, a pesar de que habiendo obtenido menos de la mitad del voto popular, los diputados oficialistas terminaron controlando la Asamblea, lo cierto es que al haber la oposición obtenido la mayoría del voto popular, la importancia de las elecciones de septiembre de 2010 fue determinante, particularmente porque el Presidente y sus seguidores habían planteado esas elecciones como una suerte de plebiscito sobre su propio mandato y su modelo socialista. El resultado de ello fue que efectivamente perdieron el plebiscito, con lo cual el gobierno quedó como minoría en el país, a pesar de los esfuerzos que hizo el Consejo Nacional Electoral por maquillar los resultados electorales y mostrarlos como una suerte de empate, tratando de minimizar la importancia del hecho de que la oposición hubiera ganado el voto popular.

Lo cierto, en todo caso, es que después de una década de demolición del Estado de derecho mediante el control de las diferentes ramas del Poder Público, la pérdida de la mayoría del voto popular por parte del Gobierno que en cualquier democracia hubiera conducido a implementar la elemental regla de que para gobernar hay que compartir el ejercicio del poder, en el caso del gobierno autoritario que existe en Venezuela, lo que el Gobierno anunció fue lo contrario, indicando no habría dialogo alguno con la oposición, amenazando incluso con aprobar durante los dos meses que faltan hasta que la nueva Asamblea Nacional tomase posesión en enero de 2011, leyes inconstitucionales tendientes a implementar fraudulentamente los restantes aspectos de la rechazada reforma constitucional de 2007.

Y así efectivamente ocurrió el 21 de diciembre de 2010, cuando la Asamblea Nacional materializó la amenaza que se había anunciado de implementar un llamado "Poder Popular" para ser ejercido por un "Estado Comunal" montado, en paralelo, al Estado Constitucional, sobre la base de unas Comunas y unos Consejos Comunales no previstos en la Constitución y que son controlados desde el Poder Central. Y todo ello, en fraude a la Constitución y a la voluntad popular que en 2007 había rechazado las reformas constitucionales que en tal sentido se habían propuesto, y que en septiembre de 2010 en las elecciones parlamentarias, igualmente el pueblo había se había manifestado rechazando las políticas socialistas propuestas por el Presidente de la República.

Sin embargo, a pesar de ello, como se dijo, la deslegitimada Asamblea Nacional precedente procedió a sancionar de un conjunto de Leyes Orgánicas, mediante las cuales se ha terminado de definir, al margen de la Constitución, el marco normativo de un nuevo Estado *paralelo al Estado Constitucional*, que no es otra cosa que un Estado

265 Véase Allan R. Brewer-Carías, "La Sala Constitucional como poder constituyente: la modificación de la forma federal del estado y del sistema constitucional de división territorial del poder público, en *Revista de Derecho Público*, N° 114, (abril-junio 2008), Editorial Jurídica Venezolana, Caracas 2008, pp. 247-262.

Socialista, Centralizado, Militarista y Policial denominado "Estado Comunal." Dichas Leyes Orgánicas en efecto, fueron las del Poder Popular, de las Comunas, del Sistema Económico Comunal, de Planificación Pública y Comunal y de Contraloría Social.[266] Además, en el mismo marco de estructuración del Estado Comunal montado sobre el Poder Popular, igualmente en diciembre de 2010 se reformó la Ley Orgánica del Poder Público Municipal eliminándose las Juntas parroquiales, y se reformó las Leyes de los Consejos Estadales de Planificación y Coordinación de Políticas Públicas, y de los Consejos Locales de Planificación Pública.[267] Dichas leyes han sido impugnadas por violar la Constitución y el derecho de participación de los ciudadanos en el proceso de su formación, pero frente a ello el Tribunal Supremo de Justicia solo tiene silencio.

La deslegitimada Asamblea Nacional, además, también sancionó en diciembre de 2010 una Ley habilitante autorizando al Presidente de la República para por vía de legislación delegada, dictar leyes en todas las materias imaginables, incluso de carácter orgánico, vaciando así de hecho por un período de 18 meses, hasta 2012, a la nueva Asamblea Nacional que se instaló en enero de 2011 de materias sobre las cuales poder legislar.

Es decir, contra todos los principios constitucionales que se refieren al Poder legislativo en el mundo moderno, una Legislatura que estaba concluyendo su mandato legisló sobre todo lo imaginable en materia de reforma del Estado, comprometiendo la nueva Legislatura, y además, delegó en el Presidente todas las materias imaginables, vaciando de hecho a la nueva Legislatura de su poder de legislar. Y frente a ello, a pesar de todas las impugnaciones, de parte del Tribunal Supremo sólo ha habido silencio, lo que se ha asegurado, además, con el completo control político que se ha materializado respecto del mismo, igualmente en diciembre de 2010, al elegirse nuevos Magistrados por la Asamblea Nacional, arrebatándole tal decisión que en tal sentido correspondía ser adoptada por la nueva Legislatura.

En efecto, el abuso de poder en el control político del Tribunal Supremo se ha completado al proceder, la Asamblea Nacional, a hacer el nombramiento de nuevos Magistrados del Tribunal Supremo, a pesar de que no podía hacerlo de acuerdo con el texto de la reforma de Ley Orgánica del Tribunal Supremo que la Asamblea había sancionado en el mismo año 2010;[268] nombramiento que correspondía a la nueva Asamblea Nacional que se instaló en enero de 2011, y por tanto, con la participación de de los diputados de oposición.

Para logar este fraude, y en vista de la imposibilidad que había de volver a reformar formalmente para ello la Ley Orgánica del Tribunal Supremo, a lo que se procedió fue a realizar una "reforma" de la Ley Orgánica del Tribunal Supremo sin "reformarla" formalmente las vías regulares, mediante la "reimpresión" del texto de la Ley Orgánica en la *Gaceta Oficial* por un supuesto error material de copia del texto legal, lo que se materializó sólo cuatro días después de que se efectuara la

---

266 Véase en *Gaceta Oficial* Nº 6.011 Extra. de 21-12-2010.

267 Véase en *Gaceta Oficial* Nº 6.015 Extra. de 30-12-2010.

268 Véase en *Gaceta Oficial* Nº 39.522, de 1 de octubre de 2010. Véase los comentarios en Allan R. Brewer-Carías y Víctor Hernández Mendible, *Ley Orgánica del Tribunal Supremo de Justicia de 2010,* Editorial Jurídica Venezolana, Caracas 2010.

elección de los nuevos diputados a la Asamblea como consecuencia de lo cual la bancada oficialista carecía de la mayoría calificada para hacer los nombramientos.[269]

El artículo 70 de la Ley Orgánica del Tribunal Supremo dispone, en efecto, que el plazo para presentar las candidaturas a Magistrados del Tribunal ante el Comité de Postulaciones Judiciales no debe ser "*menor de treinta días continuos,*" lo que implicaba que la Legislatura que concluía no alcanzaba a hacer los nombramientos; redacción que se cambió gracias a un "aviso" del Secretario de la Asamblea Nacional, en el cual indicó que en lugar de la palabra "menor" la palabra supuestamente correcta de la norma es la antónima, es decir, "mayor" en el sentido de que la norma debía decir lo contrario, que el plazo "*no será mayor de treinta días continuos.*"

En esta forma, con un cambio de palabras, de "menor" a "mayor," un plazo mínimo se convirtió en un plazo máximo, con la clara intención de reducir los plazos para recibir las postulaciones y proceder a la inmediata designación de los nuevos Magistrados, precisamente antes de que se instalara la nueva Asamblea Nacional en enero de 2011.[270] Así se cambia ahora el texto de las leyes en Venezuela, sin reformarlas formalmente; simplemente reimprimiendo el texto en la *Gaceta Oficial*, sin que haya institución judicial alguna que controle el desaguisado.

Con esa "reforma" legal, la Asamblea Nacional integrada por diputados que ya para ese momento no representaban la voluntad mayoritaria del pueblo, procedió entonces a materializar el asalto final al Tribunal Supremo, y llenarlo de Magistrados miembros del partido político oficial y que, además, para el momento de su elección, incluso eran de los parlamentarios que estaban terminando su mandato por efecto de la elección parlamentaria, y que por tanto, no cumplían con las condiciones para ser Magistrados que establece la Constitución.

Como lo señaló la ex Magistrada de la antigua Corte Suprema de Justicia, Hildegard Rondón de Sansó,

> "El mayor de los riesgos que plantea para el Estado la desacertada actuación de la Asamblea Nacional en la reciente designación de los Magistrados del Tribunal Supremo de Justicia, no está solo en la carencia, en la mayoría de los designados de los requisitos constitucionales, sino el haber llevado a la cúspide del Poder Judicial la decisiva influencia de un sector del Poder Legislativo, ya que para diferentes Salas, fueron elegidos cinco parlamentarios."[271]

Destacó además la profesora Sansó que "todo un sector fundamental del poder del Estado, va a estar en manos de un pequeño grupo de sujetos que no son juristas, sino políticos de profesión, y a quienes corresponderá, entre otras funciones el control de los actos normativos;" agregando que "Lo más grave es que los designantes,

---

269 Véase *Gaceta Oficial* N° 39.522, de 1 de octubre de 2010.

270 Véanse los comentarios de Víctor Hernández Mendible, "Sobre la nueva reimpresión por "supuestos errores" materiales de la LOTSJ en la *Gaceta Oficial* N° 39.522, de 1 de octubre de 2010," y Antonio Silva Aranguren, "Tras el rastro del engaño, en la web de la Asamblea Nacional," publicados en el *Addendum* al libro de Allan R. Brewer-Carías y Víctor Hernández Mendible, *Ley Orgánica del Tribunal Supremo de Justicia de 2010,* Editorial Jurídica Venezolana, Caracas 2010.

271 En Hildegard Rondón de Sansó, "OBITER DICTA. En torno a una elección," en *La Voce d'Italia*, 14-12-2010.

ni un solo momento se percataron de que estaban nombrando a los jueces máximos del sistema jurídico venezolano que, como tales, tenían que ser los más aptos, y de reconocido prestigio como lo exige la Constitución."

Concluyó reconociendo entre "los graves errores" que incidieron sobre la elección, el hecho de:

> "la configuración del Comité de Postulaciones Judiciales, al cual la Constitución creó como un organismo neutro, representante de los "diferentes sectores de la sociedad" (Art. 271), pero la Ley Orgánica del Tribunal Supremo de Justicia, lo convirtió en forma inconstitucional, en un apéndice del Poder Legislativo. La consecuencia de este grave error era inevitable: los electores eligieron a sus propios colegas, considerando que hacerlo era lo más natural de este mundo y, ejemplo de ello fueron los bochornosos aplausos con que se festejara cada nombramiento."[272]

REFLEXIÓN FINAL

Como puede apreciarse de todo lo anteriormente expuesto, lamentablemente, la génesis de la Constitución de 1999 estuvo signada por el fraude constitucional cometido con la convocatoria de la Asamblea Nacional Constituyente, a lo que siguió otro fraude cometido por la misma Asamblea al violentar el orden jurídico y dar un golpe de Estado, tanto contra la Constitución de 1961, cuya interpretación le había dado origen, como contra su producto final que fue la Constitución de 1999.

La evolución posterior ha estado también signada, por una parte, por el fraude a la Constitución tanto en el desarrollo de la rechazada reforma constitucional de 2007, como de la aprobada "enmienda constitucional" de 1999, y por la otra, por el falseamiento o ilegítima mutación de la Constitución, en fraude a la voluntad popular, obra de una Sala Constitucional controlada por el Poder Ejecutivo, que ha estado al servicio del autoritarismo.

En esta forma, después de cuatro décadas de práctica democrática que tuvo Venezuela entre 1959 y 1999, durante algo más de una década entre 1999 y 2011, en fraude continuo a la Constitución efectuado por el Legislador y por el Tribunal Supremo de Justicia, guiados por el Poder Ejecutivo, a pesar de las excelentes normas constitucionales de las cuales dispone el país, se ha venido estructurando un Estado autoritario en contra de las mismas, que ha aniquilado toda posibilidad de control del ejercicio del poder y, en definitiva, el derecho mismo de los ciudadanos a la democracia. Además, se ha venido implementando fraudulentamente la reforma constitucional rechazada de 2007, mediante decretos leyes dictados en 2008, y además, mediante las leyes emanadas de la Asamblea Nacional en diciembre de 2010 sobre el Poder Popular y el Estado Comunal, en las cuales se ha regulado un Estado Socialista y un sistema económico comunista por el cual nadie ha votado en el país.

En este contexto, por tanto, son evidentes las catastróficas consecuencias que para el Estado de derecho y para la democracia en Venezuela ha tenido la conducta del

---

272 *Idem.*

Tribunal Supremo de Justicia, que con su acción y omisión ha terminado siendo el artífice de la masacre institucional que Venezuela ha sufrido impunemente.

Ello se confirma, por lo demás, con lo expresado en el discurso de apertura del Año Judicial el 5 de febrero de 2011 pronunciado, como Orador de Orden, por Magistrado de la Sala Electoral del Tribunal Supremo, Fernando Vargas, en el cual destacó que "el Poder Judicial venezolano está en el deber de dar su aporte para la eficaz ejecución, en el ámbito de su competencia, de la Política de Estado que adelanta el gobierno nacional" en el sentido de desarrollar "una acción deliberada y planificada para conducir un socialismo bolivariano y democrático," y que "la materialización del aporte que debe dar el Poder Judicial para colaborar con el desarrollo de una política socialista, conforme a la Constitución y la leyes, viene dado por la conducta profesional de jueces, secretarios, alguaciles y personal auxiliar," agregando que:

> "Así como en el pasado, bajo el imperio de las constituciones liberales que rigieron el llamado estado de derecho, la Corte de Casación, la Corte Federal y de Casación o la Corte Suprema de Justicia y demás tribunales, se consagraban a la defensa de las estructuras liberal-democráticas y combatían con sus sentencias a quienes pretendían subvertir ese orden en cualquiera de las competencias ya fuese penal, laboral o civil, de la misma manera este Tribunal Supremo de Justicia y el resto de los tribunales de la República, deben aplicar severamente las leyes para sancionar conductas o reconducir causas que vayan en desmedro de la construcción del Socialismo Bolivariano y Democrático."[273]

Queda claro, por tanto, cual ha sido la razón del rol asumido por el Tribunal Supremo en Venezuela, como queda evidenciado de lo que hemos reseñado anteriormente, y que no es otra que como se ha anunciado en la apertura del Año Judicial de 2011, la destrucción del "llamado estado de derecho" y "de las estructuras liberales-democráticas," con el objeto de la "construcción del Socialismo Bolivariano y Democrático."

---

273 Véase la Nota de Prensa oficial difundida por el Tribunal Supremo. Véase en http://www.tsj.gov.ve/informacion/notasdeprensa/notasdeprensa.asp?codigo=8239

SEGUNDA PARTE

LOS INSTRUMENTOS PARA LA "IN" JUSTICIA CONSTITUCIONAL

SECCIÓN PRIMERA:

EL JUEZ CONSTITUCIONAL Y LA USURPACIÓN DEL PODER CON OCASIÓN DEL CONTROL DE CONSTITUCIONALIDAD

El texto de esta sección ha sido tomado, en parte, del libro: *La Patología de la Justicia Constitucional*, Tercera edición ampliada, Editorial Jurídica Venezolana, Caracas 2014, pp. 169-270.

Otro síntoma que nos muestra la patología de la justicia constitucional, que se le presenta como reto al Juez Constitucional, es que el mismo, como poder constituido que es, por más máximo intérprete que sea de la Constitución, ante todo está sometido a la misma, de manera que tiene siempre que cumplir su función de garante de la aquella, sometido a sus previsiones, las cuales no puede cambiar o mutar ilegítimamente.

Como lo expresó hace años la Sala Constitucional del Tribunal Supremo de Justicia de Venezuela en la sentencia N° 74 de 25 de enero de 2006, cuando el Juez Constitucional otorga "a las normas constitucionales una interpretación y un sentido distinto del que realmente tienen, que es, en realidad, una modificación no formal de la Constitución misma," lo que ocurre es un falseamiento de la Constitución." [274]

En tal sentido, Manuel García Pelayo, destacó como de la esencia del Estado constitucional en el mundo contemporáneo, el hecho de "que la Constitución en tanto que norma fundamental positiva, vincula a todos los poderes públicos incluido el Parlamento, y que, por tanto, la Ley no puede ser contraria a los preceptos constitucionales, a los principios de que éstos arrancan, o que se infieren de ellos, y a los valores a cuya realización aspira."[275]

---

274 Véase en *Revista de Derecho Público* N° 105, Editorial Jurídica Venezolana, Caracas 2006, pp. 76 ss.

275 Véase Manuel García Pelayo, "El 'Status' del Tribunal Constitucional", en *Revista Española da Derecho Constitucional,* Vol. I, N° 1, Madrid 1981, p. 18.

Por supuesto, la referencia era motivada por la idea clave de que la justicia constitucional, como instrumento para finalizar con el absolutismo del parlamento, estaba llamada a asegurar la sumisión del Parlamento y de la Ley a la Constitución; pero al referirse la Constitución como vinculante para "todos los poderes públicos," en esa expresión tenía que estar por supuesto incluido el Tribunal Constitucional, pues si en términos del mismo García Pelayo, se trataba de "un órgano constitucional instituido y directamente estructurado por la Constitución," [276] a pesar de ser el guardián último de la propia Constitución, el mismo tenía y tiene que estar también sometido a ella.

Es decir, si el Tribunal Constitucional, "como regulador de la constitucionalidad de la acción estatal, está destinado a dar plena existencia al Estado de derecho y a asegurar la vigencia de la distribución de poderes establecida por la Constitución, ambos componentes inexcusables, en nuestro tiempo, del verdadero "Estado constitucional,"[277] para ello tiene que adaptarse a lo que la Constitución establece, y someterse a su normativa, estándole vedado mutarla.

Por su parte, en cuanto al mismo Tribunal Constitucional español, como antes dijimos, Eduardo García de Enterría lo calificó como el "comisario del poder constituyente, encargado de defender la Constitución y de velar por que todos los órganos constitucionales conserven su estricta calidad de poderes constituidos."[278] Si las Constituciones son normas jurídicas efectivas, que prevalecen en el proceso político, en la vida social y económica del país, y que sustentan la validez a todo el orden jurídico,[279] la solución institucional para preservar su vigencia y la libertad, está precisamente en establecer estos comisarios del poder constituyente, como guardianes de la Constitución, que al tener por misión asegurar que todos los órganos del Estado la acaten, también tienen que adaptarse a lo que el texto fundamental establece, sometiéndose a su normativa, estándole vedado mutarla.

Pero lamentablemente ésta no ha sido siempre la situación con los tribunales constitucionales, y en la historia constitucional, particularmente en los regímenes autoritarios, no ha sido infrecuente que tribunales constitucionales, dado el poder que tienen asignados, lejos de garantizar el Estado de derecho, hayan sido los instrumentos utilizados por regímenes autoritarios para demoler sus bases. Lamentablemente, eso es precisamente lo que ha ocurrido en Venezuela a la vista del mundo democrático en la última década (1999-2012).

En efecto, en la Constitución Venezolana de 1999 el principio de la supremacía constitucional se encuentra formalmente expresado en su artículo 7 ("*La Constitución es la norma suprema y el fundamento del ordenamiento jurídico. Todas las personas y los órganos que ejercen el Poder Público están sujetos a esta Constitución*"), lo que implica que la Constitución debería prevalecer sobre la voluntad de todos los órganos constituidos del Estado, incluyendo el Tribunal Supremo de Justi-

276 *Idem*, p. 15.

277 *Idem*, p. 15.

278 Véase E. García de Enterría, *La Constitución como norma y el Tribunal constitucional,* Madrid, 1985, p. 198.

279 *Idem*, pp. 33, 39, 66, 71, 177 y 187.

cia, por lo que su reforma sólo puede llevarse a cabo conforme se dispone en su propio texto, como expresión-imposición de la voluntad popular producto de ese poder constituyente originario.

La contrapartida de la obligación de los órganos constituidos de respetar la Constitución, de manera que el poder constituyente originario prevalezca sobre la voluntad de dichos órganos estatales constituidos, es el derecho constitucional que todos los ciudadanos tienen en un Estado Constitucional, a que se respete la voluntad popular expresada en la Constitución, es decir, *el derecho fundamental a la supremacía constitucional.*[280] Nada se ganaría con señalar que la Constitución, como manifestación de la voluntad del pueblo, debe prevalecer sobre la de los órganos del Estado, si no existiere el derecho de los integrantes del pueblo de exigir el respeto de esa Constitución, y además, la obligación de los órganos jurisdiccionales de velar por dicha supremacía.

La supremacía de la Constitución está asegurada mediante la previsión en el mismo texto constitucional, por una parte, de su máximo carácter rígido al disponerse la necesaria e indispensable intervención popular para efectuar cualquier cambio a la Constitución,[281] de manera que sólo el poder constituyente originario del pueblo puede aprobar dichas modificaciones, no existiendo en el texto constitucional poder constituyente originario alguno, distinto al propio pueblo; y por la otra, de todo un sistema de justicia constitucional para garantizar dicha supremacía.

Ella se consagra, además, en primer lugar, mediante la asignación a todos los jueces de la República, en el ámbito de sus respectivas competencias y conforme a lo previsto en la Constitución y en la ley, de la obligación "de asegurar la integridad de la Constitución" (Art. 334). Y en segundo lugar, además, mediante la asignación al Tribunal Supremo de Justicia de la tarea de garantizar "la supremacía y efectividad de las normas y principios constitucionales", como "el máximo y último intérprete de la Constitución," y de velar "por su uniforme interpretación y aplicación" (Art. 335). También, la Constitución asigna en concreto a la Sala Constitucional del Tribunal Supremo, la Jurisdicción Constitucional (Arts. 266,1 y 336) mediante la cual ejerce el control concentrado de la constitucionalidad de las leyes y demás actos estatales de rango legal.

Conforme a estas previsiones, la Sala Constitucional del Tribunal Supremo de Justicia de Venezuela, como cualquier tribunal constitucional, sin duda, es el instrumento más poderoso diseñado para garantizar la supremacía de la Constitución y el Estado de Derecho, la cual, por supuesto, como guardián de la Constitución, también está sometida a la Constitución. Como tal guardián, y como sucede en cualquier Estado de derecho, el sometimiento del tribunal constitucional a la Constitución es una preposición absolutamente sobreentendida y no sujeta a discusión, ya que sería

---

280 Véase Allan R. Brewer-Carías, "El amparo a los derechos y libertades constitucionales (una aproximación comparativa)" en Manuel José Cepeda (editor), *La Carta de Derechos. Su interpretación y sus implicaciones*, Editorial Temis, Bogotá 1993, pp. 21-81.

281 Véase Allan R. Brewer-Carías "La intervención del pueblo en la revisión constitucional en América latina". en *El derecho público a los 100 números de la Revista de Derecho Público 1980-2005*, Editorial Jurídica Venezolana, Caracas, 2006, pp. 41-52.

inconcebible que el juez constitucional, como el guardián de la Constitución, pueda violarla, cuando es el llamado a aplicarla y garantizarla.

Pero por supuesto, para garantizar la Constitución y su supremacía, el Tribunal Constitucional debe gozar de absoluta independencia y autonomía, pues un Tribunal Constitucional sujeto a la voluntad del poder, en lugar del guardián de la Constitución, se convierte en el instrumento más atroz del autoritarismo. El mejor sistema de justicia constitucional, por tanto, en manos de un juez sometido al poder, es letra muerta para los individuos y es un instrumento para el fraude a la Constitución.[282].

Lamentablemente, sin embargo, esto último es lo que ha venido ocurriendo en Venezuela en los últimos años, donde la Sala Constitucional del Tribunal Supremo, como Juez Constitucional, lejos de haber actuado en el marco de las atribuciones expresas constitucionales antes indicadas, ha venido efectuando una inconstitucional interpretación constitucional mediante la cual ha venido asumiendo y auto-atribuyéndose competencias[283] no sólo en materia de interpretación constitucional;[284]; sino en relación con los poderes de revisión constitucional de cualquier sentencia dictada por cualquier tribunal, incluso por las otras Salas del Tribunal Supremo de Justicia;[285] con los amplísimos poderes de avocamiento en cualquier causa; con los supuestos poderes de actuación de oficio no autorizados en la Constitución; con los poderes de solución de conflictos entre las Salas; con los poderes de control constitucional de las omisiones del Legislador;[286]; con la restricción del poder de los jueces de ejercer el control difuso de la constitucionalidad de las leyes; y con la asunción del monopolio de interpretar los casos de prevalencia en el orden interno de los tratados internacionales en materia de derechos humanos.[287]

En ejercicio de estas competencias y poderes, como máximo intérprete de la Constitución, al margen de la misma y mediante interpretaciones inconstitucionales,

---

282 Véase Allan R. Brewer-Carías, *Derecho Procesal Constitucional. Instrumentos para la Justicia Constitucional,* Editorial Investigaciones Jurídicas S.A., San José, Costa Rica, 2012, pp. 11-41.

283 Véase Allan R. Brewer-Carías, "La ilegitima mutación de la Constitución por el juez constitucional: la inconstitucional ampliación y modificación de su propia competencia en materia de control de constitucionalidad" en *Temas de Derecho Constitucional y Administrativo, Libro Homenaje a Josefina Calcaño de Temeltas*, Funeda, Caracas, 2010, pp. 319-362.

284 Véase Allan R. Brewer-Carías, *Práctica y Distorsión de la Justicia Constitucional en Venezuela (2008-2012), Colección* Justicia Nº 3, Acceso a la Justicia, Academia de Ciencias Políticas y Sociales, Universidad Metropolitana, Editorial Jurídica Venezolana, Caracas, 2012, pp. 285-294.

285 Véase Allan R. Brewer-Carías, "La metamorfosis jurisprudencial y legal del recurso extraordinario de revisión constitucional de sentencias en Venezuela" en Eduardo Andrés Velandia Canosa (Director Científico), *Derecho Procesal Constitucional*, Tomo III, Vol. III. VC Editores Ltda. y Asociación Colombiana de Derecho Procesal Constitucional, Bogotá, 2012, pp. 269-304 y en *Práctica y Distorsión de la Justicia Constitucional en Venezuela (2008-2012), op. cit*, pp. 309-344.

286 Véase Allan R. Brewer-Carías, "El control de la constitucionalidad de la omisión legislativa y la sustitución del Legislador por el Juez Constitucional: el caso del nombramiento de los titulares del Poder Electoral en Venezuela" en *Revista Iberoamericana de Derecho Procesal Constitucional*, Nº 10, Editorial Porrúa, Instituto Iberoamericano de Derecho Procesal Constitucional, Lima, 2008, pp. 271-283.

287 Véase Allan R. Brewer-Carías, "*Quis Custodiet Ipsos Custodes*: De la interpretación constitucional a la inconstitucionalidad de la interpretación," en *VIII Congreso Nacional de derecho Constitucional, Perú*, Fondo Editorial 2005, Colegio de Abogados de Arequipa, Arequipa, septiembre 2005, pp. 463-489; y en *Revista de Derecho Público*, Nº 105, Editorial Jurídica Venezolana, Caracas 2006, pp. 7-27.

la Sala Constitucional al ejercer su facultad de interpretación del contenido y alcance de las normas constitucionales (Art. 334) en muchos casos incluso sin que estas sean ambiguas, imprecisas, mal redactadas y con errores de lenguaje, ha venido ilegítimamente modificando ("reformando") el texto constitucional, legitimando y soportando la estructuración progresiva de un Estado autoritario. Es decir, ha falseado el contenido de la Constitución, mediante una "mutación,"[288] ilegítima y fraudulenta de la misma.[289]

Y ello lo ha hecho el Juez Constitucional en Venezuela, lamentablemente, actuando como instrumento que ha sido del régimen autoritario,[290] como se ha analizado anteriormente, desde el momento mismo en el cual la Constitución fue sancionada y aprobada por el pueblo en diciembre de 1999, habiendo sucesivamente introducido múltiples modificaciones a la Constitución directamente, mediante sentencias interpretativas, o legitimando decisiones inconstitucionales de otros órganos del Estado, usurpando así el poder constituyente originario.

Estas modificaciones ilegítimas a la Constitución, por supuesto, al haber sido realizadas por el máximo guardián de la misma, que no tiene quien lo custodie, han quedado consolidadas en la vida político constitucional del país, al haber asumido la Sala Constitucional un poder constituyente derivado que no tiene y que no está regulado en el texto constitucional. La pregunta de siempre que suscita el poder incontrolado, *Quis custodiet ipsos custodes*, por tanto, aquí también ha adquirido todo su significado, pues no tiene respuesta.[291].

Ahora bien, uno de los principios fundamentales de la justicia constitucional es que las competencias del juez constitucional son en principio de derecho estricto, en el sentido de que deben estar establecidas en la Constitución y en las leyes.

Este principio, sin embargo, tiene diverso alcance según los sistemas de justicia constitucional. En el sistema difuso o descentralizado de control de constitucionalidad, en efecto, el poder-deber de todos los tribunales y jueces de desechar la aplicación de leyes que estimen contrarias a la Constitución, aplicando ésta preferentemente al decidir casos concretos, no necesita estar expresamente establecido en la

---

288 Una mutación constitucional ocurre cuando se modifica el contenido de una norma constitucional de tal forma que aún cuando la misma conserva su contenido, recibe una significación diferente. Véase Salvador O. Nava Gomar, "Interpretación, mutación y reforma de la Constitución. Tres extractos" en Eduardo Ferrer Mac-Gregor (coordinador), Interpretación Constitucional, Tomo II, Ed. Porrúa, Universidad Nacional Autónoma de México, México 2005, pp. 804 ss. Véase en general sobre el tema, Konrad Hesse, "Límites a la mutación constitucional", en *Escritos de derecho constitucional*, Centro de Estudios Constitucionales, Madrid 1992.

289 Véase Néstor Pedro Sagüés, *La interpretación judicial de la Constitución*, Buenos Aires 2006, pp. 56-59, 80-81, 165 ss.

290 Véase Allan R. Brewer-Carías, *Crónica sobre la "In" Justicia Constitucional. La Sala Constitucional y el autoritarismo en Venezuela*, Caracas 2007; y Allan R. Brewer-Carías, *Práctica y Distorsión de la Justicia Constitucional en Venezuela (2008-2012), Colección* Justicia Nº 3, Acceso a la Justicia, Academia de Ciencias Políticas y Sociales, Universidad Metropolitana, Editorial Jurídica Venezolana, Caracas 2012.

291 Véase nuestros comentarios iniciales sobre esta sentencia en Allan R. Brewer-Carías, *El sistema de justicia constitucional en la Constitución de 1999 (Comentarios sobre su desarrollo jurisprudencial y su explicación, a veces errada, en la Exposición de Motivos)*, Editorial Jurídica Venezolana, Caracas 2000.

Constitución. Estos poderes derivan del principio mismo de supremacía de la Constitución tal como lo delineó el Juez John Marshall, en la conocida decisión de la Corte Suprema de Estados Unidos en el caso *Marbury* vs. *Madison* 1 Cranch 137 (1803). Por ello, en los Estados Unidos, debido a este vínculo esencial entre la supremacía de la Constitución y la *judicial review*, el poder de los jueces de controlar la constitucionalidad de las leyes fue una creación de la Suprema Corte, como también lo fue unas décadas después en Argentina,[292] donde el control de constitucionalidad también fue producto de la creación jurisprudencial de sus respectivas Cortes Supremas de Justicia.

Sin embargo, en el sistema concentrado de justicia constitucional, el principio es la necesidad de contar con una disposición expresa en la Constitución estableciendo la Jurisdicción Constitucional. Es decir, en contraste con lo que ocurre en los sistemas de control difuso, en los sistemas de control concentrado, la facultad exclusiva de los Tribunales o Cortes Constitucionales o de las Cortes Supremas de controlar la constitucionalidad de las leyes, tiene que estar siempre establecida en forma expresa en la Constitución, no pudiendo ser establecida por deducción a través de decisiones judiciales.[293] Este es el principio, particularmente en cuanto a las acciones que se pueden ejercer ante el Tribunal constitucional y los poderes de este, el cual sin embargo se ha visto afectado en casos en los cuales el juez constitucional ha creado sus propias facultades de revisión judicial no establecidas en la Constitución.

Esto es lo que ha sucedido en Venezuela, donde la Sala Constitucional del Tribunal Supremo, por ejemplo, ha creado nuevos medios de control de constitucionalidad no previstos en la Constitución, como el llamado "recurso abstracto para la interpretación constitucional,"[294] que puede ser intentado por cualquier persona interesada en resolver las dudas que resulten de disposiciones constitucionales ambiguas u oscuras; y la "acción innominada de control de la constitucionalidad de las sentencias de la Corte Interamericana de Derechos Humanos."

La primera de las mutaciones ilegítimas de la Constitución efectuada por el Juez Constitucional, ha sido la creación por la Sala Constitucional de un recurso autónomo de interpretación de la Constitución no establecido ni en la Constitución ni en Ley alguna, que a la vez ha servido de vehículo para las otras mutaciones ilegítimas de la Constitución por la misma Sala Constitucional.

---

292 Véase Allan R. Brewer-Carías, *Judicial Review in Comparative Law*, Cambridge University Press, Cambridge 1989.

293 Véase Allan R. Brewer-Carías, *Judicial Review in Comparative Law*, Cambridge University Press, Cambridge 1989, pp. 185 ss.; y Jorge Carpizo, *El Tribunal Constitucional y sus límites*, Grijley Ed, Lima 2009, p. 41.

294 Véase Sentencia N° 1077 de 22 de septiembre de 2000, caso *Servio Tulio León,* en *Revista de Derecho Público*, N° 83, Editorial Jurídica Venezolana, Caracas 2000, pp. 247 ss. Véase Allan R. Brewer-Carías, "Le Recours d'Interprétation Abstrait de la Constitution au Vénézuéla," en *Renouvau du droit constitutionnel. Mélanges en l'honneur de Louis Favoreu*, Paris 2007, pp. 61-70; y "La ilegítima mutación de la constitución por el juez constitucional: la inconstitucional ampliación y modificación de su propia competencia en materia de control de constitucionalidad," en *Libro Homenaje a Josefina Calcaño de Temeltas,* Fundación de Estudios de Derecho Administrativo (FUNEDA), Caracas 2009, pp. 319-362.

Es decir, muchas de las mutaciones constitucionales ilegítimamente efectuadas tienen su origen en interpretaciones inconstitucionales que ha hecho el Juez Constitucional, no al interpretar la Constitución con motivo de resolver una acción de inconstitucionalidad u otro medio de control de la constitucionalidad de los actos estatales, sino al decidir "acciones o recursos autónomos de interpretación abstracta de la Constitución," muchos de ellos interpuestos por el propio Estado (Procurador General de la República), que la propia Sala Constitucional creó, a la vez, mutando ilegítimamente la Constitución.

En efecto, con anterioridad a la entrada en vigencia de la Constitución de 1999, el artículo 42,24 de la derogada Ley Orgánica de la Corte Suprema de Justicia había atribuido competencia a la Sala Político Administrativa de la antigua Corte Suprema para interpretar los "textos legales, en los casos previstos en la Ley." En esa misma tradición, la Constitución de 1999 estableció en forma expresa la competencia del Tribunal Supremo de Justicia, para "conocer de los recursos de interpretación sobre el contenido y alcance de los textos legales", pero "en los términos contemplados en la ley" (artículo 266,6), atribución que debe ser ejercida "por las diversas Salas conforme a lo previsto en esta Constitución y en la ley" (único aparte, artículo 266). Por ello, el artículo 5, párrafo 1°, de la Ley Orgánica de 2004, atribuyó a todas las Salas del Tribunal Supremo, competencia para:

> "52. Conocer del recurso de interpretación y resolver las consultas que se le formulen acerca del alcance e inteligencia de los textos legales, en los casos previstos en la ley, siempre que dicho conocimiento no signifique una sustitución del mecanismo, medio o recurso previsto en la ley para dirimir la situación si la hubiere."[295]

Ahora bien, a pesar de que el ordenamiento constitucional y legal venezolano sólo regulaba el recurso de interpretación respecto de textos legales, la Sala Constitucional creó jurisprudencialmente su propia competencia para conocer de recursos autónomos de interpretación abstracta de la Constitución, mediante lo que fue una inconstitucional interpretación que le dio al artículo 335 de la Constitución, que atribuye a todas las Salas del Tribunal Supremo y no sólo a la Sala Constitucional, el carácter de "máximo y último intérprete de la Constitución."

En efecto, la Sala Constitucional en sentencia N° 1077 de 22 de septiembre de 2000, consideró que los ciudadano no requerían "de leyes que contemplen, en particular, el recurso de interpretación constitucional, para interponerlo"[296], procediendo a "crear" un recurso autónomo de interpretación abstracta de las normas constitucionales no previsto constitucional ni legalmente, basándose para ello en el artículo 26 de la Constitución que consagra el derecho de acceso a la justicia, del cual dedujo

---

295 En la reforma, de la Ley Orgánica de del Tribunal Supremo de Justicia de 2010 (*Gaceta Oficial* N° 39.522 del 1 de octubre de 2010), el artículo 31.5 atribuyó a todas las Salas del Tribunal Supremo, competencia para: "Conocer las demandas de interpretación acerca del alcance e inteligencia de los textos legales, siempre que dicho conocimiento no signifique una sustitución del mecanismo, medio o recurso que disponga la ley para dirimir la situación de que se trate."

296 Véase Sentencia N° 1077 de la Sala Constitucional de 22-09-00, caso: *Servio Tulio León Briceño*. Véase en *Revista de Derecho Público,* N° 83, Caracas, 2000, pp. 247 y ss. Este criterio fue luego ratificado en sentencias de fecha 09-11-00 (N° 1347), 21-11-00 (N° 1387), y 05-04-01 (N° 457), entre otras.

que si bien dicha acción no estaba prevista en el ordenamiento jurídico, tampoco estaba prohibida, agregando que, por lo tanto:

> "No es necesario que existan normas que contemplen expresamente la posibilidad de incoar una acción con la pretensión que por medio de ella se ventila, bastando para ello que exista una situación semejante a las prevenidas en la ley, para la obtención de sentencias declarativas de mera certeza, de condena, o constitutivas. Este es el resultado de la expansión natural de la juridicidad"[297].

En esta forma, la acción de interpretación de la Constitución, en criterio de la Sala Constitucional, es una acción de igual naturaleza que la de interpretación de la ley,[298] es decir, tiene por objeto obtener una sentencia declarativa de mera certeza sobre el alcance y contenido de las normas constitucionales, que no anula el acto en cuestión, pero que busca un efecto semejante, ya que en estos casos, coincide el interés particular con el interés constitucional; agregando que:

> "La finalidad de tal acción de interpretación constitucional sería una declaración de certeza sobre los alcances y el contenido de una norma constitucional, y formaría un sector de la participación ciudadana, que podría hacerse incluso como paso previo a la acción de inconstitucionalidad, ya que la interpretación constitucional podría despejar dudas y ambigüedades sobre la supuesta colisión. Se trata de una tutela preventiva."[299]

En cuanto a la legitimidad necesaria para interponer la demanda, la Sala Constitucional ha señalado que el recurrente debe tener un interés particular en el sentido de que:

> "Como persona pública o privada debe invocar un interés jurídico actual, legítimo, fundado en una situación jurídica concreta y específica en que se encuentra, y que requiere necesariamente de la interpretación de normas constitucionales aplicables a la situación, a fin de que cese la incertidumbre que impide el desarrollo y efectos de dicha situación jurídica".

La Sala precisó además que se "está ante una acción con legitimación restringida, aunque los efectos del fallo sean generales"; por lo que señaló que "puede declarar inadmisible un recurso de interpretación que no persiga los fines antes mencionados, o que se refiere al supuesto de colisión de leyes con la Constitución, ya que ello origina otra clase de recurso".

En la antes mencionada sentencia N° 1077 de 22-09-01, la Sala Constitucional reiteró su criterio sobre la legitimación activa para intentar el recurso de interpretación, señalando que el recurrente debe tener un "interés jurídico personal y directo", de manera que en la demanda se exprese con precisión, como condición de admisibilidad, "en qué consiste la oscuridad, ambigüedad o contradicción entre las normas del texto constitucional, o en una de ellas en particular; o sobre la naturaleza y al-

---

297 Sentencia N° 1077 de la Sala Constitucional de 22-09-00, caso: *Servio Tulio León Briceño*. Véase en *Revista de Derecho Público*, N° 83, Caracas, 2000, pp. 247 y ss.

298 *Idem*

299 *Ibídem*

cance de los principios aplicables; o sobre las situaciones contradictorias o ambiguas surgidas entre la Constitución y las normas del régimen transitorio o del régimen constituyente"[300].

En este caso de esta acción de interpretación constitucional, puede decirse que se está en presencia de un proceso constitucional, que como tal debería requerir de un accionante, como consecuencia de lo debería abrirse el proceso a un contradictorio; pues así como puede haber personas con interés jurídico en determinada interpretación de la Constitución, igualmente puede haber otras personas con interés jurídico en otra interpretación. En tal sentido, la Sala debería emplazar y citar a los interesados para garantizarles el que puedan hacerse parte en el proceso, y alegar a favor de una u otra interpretación del texto constitucional. Sin embargo, sobre esto, después de haber creado el recurso, la Sala Constitucional, en sentencia N° 2651 de 2 de octubre de 2003 (Caso: *Ricardo Delgado (Interpretación artículo 174 de la Constitución),* le negó el carácter de proceso constitucional señalando que en virtud de que "el recurso de interpretación debe tener como pretensión la exclusiva determinación del alcance de normas" -en este caso constitucionales-, entonces "no hay *litis*, enfrentamiento entre unas partes, respecto de las cuales haya que procurar su defensa".

Por último, debe indicarse que en sentencia N° 1347, de 9 de noviembre de 2000, la Sala Constitucional delimitó el carácter vinculante de las interpretaciones establecidas con motivo de decidir los recursos de interpretación, señalando que:

> "Las interpretaciones de esta Sala Constitucional, en general, o las dictadas en vía de recurso interpretativo, se entenderán vinculantes respecto al núcleo del caso estudiado, todo ello en un sentido de límite mínimo, y no de frontera intraspasable por una jurisprudencia de valores oriunda de la propia Sala, de las demás Salas o del universo de los tribunales de instancia.

Como puede observarse de lo anterior, estamos en presencia de una mutación constitucional mediante la ampliación de competencias constitucionales propias que se ha arrogado la Sala Constitucional, a través de una inconstitucional interpretación de la Constitución, que no establece la posibilidad de este recurso autónomo y abstracto de interpretación de las normas constitucionales,[301] el cual, por lo demás no encuentra ningún antecedente en el derecho comparado sobre los sistemas de justicia constitucional.

Posteriormente, en la reforma de la Ley Orgánica del Tribunal Supremo de Justicia de 2010 se positivizó el recurso de interpretación constitucional, al disponerse en el artículo 25.17 la competencia de la Sala Constitucional del Tribunal Supremo de

---

300 Caso: *Servicio Tulio León Briceño*, en *Revista de Derecho Público*, N° 83, Caracas, 2000, pp. 247 y ss. Adicionalmente, en otra sentencia, N° 1029 de 13-06-2001, la Sala Constitucional atemperó el rigorismo de declarar inadmisible el recurso si no precisaba el contenido de la acción, ya que señaló que "La solicitud deberá expresar: 1.- Los datos concernientes a la identificación del accionante y de su representante judicial; 2.- Dirección, teléfono y demás elementos de ubicación de los órganos involucrados; 3.- Descripción narrativa del acto material y demás circunstancias que motiven la acción."

301 Véase Allan R. Brewer-Carías, "Le recours d'interprétation abstrait de la Constitution au Vénézuéla", en *Le renouveau du droit constitutionnel, Mélanges en l'honneur de Louis Favoreu*, Dalloz, Paris, 2007, pp. 61-70

Justicia, para "Conocer la demanda de interpretación de normas y principios que integran el sistema constitucional."

Pero además del recurso autónomo de interpretación abstracta de la Constitución, la Sala Constitucional del Tribunal Supremo ha "inventado" otra acción de inconstitucionalidad al margen de la Constitución y de la Ley que la regula, para someter a control de constitucionalidad a las sentencias de la Corte Interamericana de Derechos Humanos, lo que aparte de ser contrario a la Convención Americana de Derechos Humanos, que es de obligatorio cumplimiento mientras el Estado no la denuncie, es contrario al propio texto de la Constitución venezolana que en su artículo 31 prevé como obligación del propio Estado el adoptar, conforme a los procedimientos establecidos en la Constitución y en la ley, "las medidas que sean necesarias para dar cumplimiento a las decisiones emanadas de los órganos internacionales" de protección de derechos humanos.

Sin embargo, la Sala Constitucional del Tribunal Supremo de Justicia mediante sentencia N° 1547 de fecha 17 de octubre de 2011 (Caso *Estado Venezolano vs. Corte Interamericana de Derechos Humanos*),[302] procedió a conocer de una "acción innominada de control de constitucionalidad de las sentencias de la Corte Interamericana de Derechos Humanos," en particular de la dictada el 1° de septiembre de 2011 (caso *Leopoldo López vs. Estado de Venezuela)*, ejercida por el Procurador General de la República, condenada en la sentencia. Dicha sentencia de la Corte Interamericana de Derechos Humanos había decidido, conforme a la Convención Americana de Derechos Humanos (art. 32.2), que la restricción al derecho pasivo al sufragio (derecho a ser elegido) que se le había impuesto al Sr. Leopoldo López por la Contraloría General de la República de Venezuela mediante una decisión administrativa, no judicial, era contraria a la Convención, pues dichas restricciones a derechos políticos sólo pueden establecerse mediante imposición de una condena dictada mediante sentencia judicial, con las debidas garantías del debido proceso.

Frente a la decisión de la Corte Interamericana de Derechos Humanos de condena al Estado Venezolano por violación del derecho político del Sr. Leopoldo López, el Procurador General de la República, como abogado del propio Estado condenado, recurrió ante la Sala Constitucional del Tribunal Supremo solicitándole la revisión judicial por control de constitucionalidad de la misma, de lo cual resultó la sentencia mencionada N° 1547 de 17 de octubre de 2011 de la Sala Constitucional mediante la cual decidió conocer de la mencionada "acción innominada de control de la constitucionalidad" de la sentencia de la Corte Interamericana, y declarar que la sentencia dictada por la misma en protección del Sr. López era "inejecutable" en Venezuela, ratificando así la violación de su derecho constitucional a ser electo, y que le impedía ejercer su derecho a ser electo y ejercer funciones públicas representativas.

El Procurador General de la República, al intentar la acción, justificó la supuesta competencia de la Sala Constitucional en su carácter de "garante de la supremacía y efectividad de las normas y principios constitucionales" (Arts. 266.1, 334, 335 y 336 de la Constitución, el artículo 32 de la Ley Orgánica del Tribunal Supremo de Justicia de 2004 y artículo. 4 de la reforma de 2010), considerando básicamente que la

302 Véase en http://www.tsj.gov.ve/decisiones/scon/Octubre/1547-171011-2011-11-1130.html

República, ante una decisión de la Corte Interamericana de Derechos Humanos, no podía dejar de realizar "el examen de constitucionalidad en cuanto a la aplicación de los fallos dictados por esa Corte y sus efectos en el país," considerando en general que las decisiones de dicha Corte Interamericana sólo pueden tener "ejecutoriedad en Venezuela," en la medida que "el contenido de las mismas cumplan el examen de constitucionalidad y no menoscaben en forma alguna directa o indirectamente el Texto Constitucional;" es decir, que dichas decisiones "para tener ejecución en Venezuela deben estar conformes con el Texto Fundamental."

Después de analizar la sentencia de la Corte Interamericana, el Procurador General de la República en su solicitud consideró que la misma transgredía el ordenamiento jurídico venezolano, pues desconocía:

> "la supremacía de la Constitución y su obligatoria sujeción, violentando el principio de autonomía de los poderes públicos, dado que la misma desconoce abiertamente los procedimientos y actos legalmente dictados por órganos legítimamente constituidos, para el establecimiento de medidas y sanciones contra aquellas actuaciones desplegadas por la Contraloría General de la República que contraríen el principio y postulado esencial de su deber como órgano contralor, que tienen como fin último garantizar la ética como principio fundamental en el ejercicio de las funciones públicas."

Como consecuencia de ello, el Procurador General de la República solicitó de la Sala Constitucional que admitiera lo que llamó la "acción innominada de control de constitucionalidad", a los efectos de que la Sala declarase "inejecutable e inconstitucional la sentencia de la Corte Interamericana de Derechos Humanos del 1 de septiembre de 2011." En definitiva, la Sala concluyó que se trataba de una acción mediante la cual se pretendía:

> "ejercer un "control innominado de constitucionalidad", por existir una aparente antinomia entre la Constitución de la República Bolivariana de Venezuela, la Convención Interamericana de Derechos Humanos, la Convención Americana contra la Corrupción y la Convención de las Naciones Unidas contra la Corrupción, producto de la pretendida ejecución del fallo dictado el 1 de septiembre de 2011, por la Corte Interamericana de Derechos Humanos (CIDH), que condenó a la República Bolivariana de Venezuela a la habilitación para ejercer cargos públicos al ciudadano Leopoldo López Mendoza."

La Sala Constitucional, en definitiva, consideró que le correspondía en "su condición de último interprete de la Constitución," realizar "el debido control de esas normas de rango constitucional" y ponderar "si con la ejecución del fallo de la CIDH se verifica tal confrontación." Todo esto ha originado una bizarra situación de violación de derechos políticos por parte de los órganos del Estado venezolano, incluyendo la Sala Constitucional del Tribunal Supremo, y de formal desconocimiento de las sentencias dictadas por le Corte Interamericana de Derechos Humanos contra el Estado, a requerimiento del abogado del propio Estado condenado, al declararlas como "inejecutables" en el país.

Quedó en esta forma "formalizada" en la jurisprudencia de la Sala Constitucional en Venezuela, actuando como Jurisdicción Constitucional, y sin tener competencia constitucional alguna para ello, la existencia de una "acción innominada de control de constitucionalidad" destinada a revisar las sentencias de la Corte Interamericana de Derechos Humanos. Es decir, el Estado venezolano, con esta sentencia, estableció un control de las sentencias que la Corte Interamericana pueda dictar contra el mismo Estado condenándolo por violación de derechos humanos, cuya ejecución en relación con el Estado condenado, queda a su sola voluntad, determinada por su Tribunal Supremo de Justicia a su propia solicitud (del Estado condenado) a través del Procurador General de la Republica. Se trata, en definitiva, de un absurdo sistema de justicia en el cual el condenado en una decisión judicial es quien determina si la condena que se le ha impuesto es o no ejecutable. Eso es la antítesis de la justicia

SECCIÓN SEGUNDA:

QUIS CUSTODIET IPSOS CUSTODES?: DE LA INTERPRETACIÓN CONSTITUCIONAL A LA INCONSTITUCIONALIDAD DE LA INTERPRETACIÓN

El texto de esta sección es el de la Ponencia presentada al *VII Congreso Peruano de Derecho Constitucional*, Asociación peruana de Derecho Constitucional, Arequipa, Perú, Septiembre 2005. Este trabajo fue publicado en el libro *VIII Congreso Nacional de derecho Constitucional, Perú*, Fondo Editorial 2005, Colegio de Abogados de Arequipa, Arequipa, septiembre 2005, pp. 463-489; y en *Revista de Derecho Público*, Nº 105, Editorial Jurídica Venezolana, Caracas 2006, pp. 7-27.

El principio de la supremacía constitucional está consagrado expresamente en Venezuela en el artículo 7 de la Constitución de 1999[303], a cuyo efecto el mismo texto constitucional regula todo un sistema de justicia constitucional[304] de carácter mixto o integral[305], que combina el método difuso con el método concentrado de control de constitucionalidad.

---

303 *V.* los comentarios a la Constitución en Allan R. Brewer-Carías, *La Constitución de 1999. Derecho Constitucional Venezolano*, Editorial Jurídica Venezolana, 2 Tomos, Caracas 2004.

304 En cuanto a nuestros trabajos, *V.* Allan R. Brewer-Carías, *El Sistema de Justicia Constitucional en la Constitución de 1999: Comentarios sobre su desarrollo jurisprudencial y su explicación a veces errada, en la Exposición de Motivos*, Editorial Jurídica Venezolana, Caracas, 2000; "La Justicia Constitucional", *Instituciones Políticas y Constitucionales*, Tomo VI, Editorial Jurídica Venezolana, Caracas, 1996; "La Justicia Constitucional en la Nueva Constitución" en *Revista de Derecho Constitucional*, Nº 1, Septiembre-Diciembre 1999, Editorial Sherwood, Caracas, 1999, pp. 35-44; Allan R. Brewer-Carías, "La justicia constitucional en la Constitución de 1999", en *Derecho Procesal Constitucional*, Colegio de Secretarios de la Suprema Corte de Justicia de la Nación, A.C., Editorial Porrúa, México 2001, pp. 931-961; publicado también en *Reflexiones sobre el Constitucionalismo en América*, Editorial Jurídica Venezolana, Caracas, 2001, pp. 255-285; "Instrumentos de justicia constitucional en Venezuela (acción de inconstitucionalidad, controversia constitucional, protección constitucional frente a particulares)", en Juan Vega Gómez y Edgar Corzo Sosa (Coordinadores) *Instrumentos de tutela y justicia constitucional Memoria del VII Congreso Iberoamericano de Derecho Constitucional*, Instituto de Investigaciones Jurídicas, Serie Doctrina Jurídica, Nº 99, México 2002, pp. 75-99.

305 En cuanto a nuestros trabajos, *V.* Allan R. Brewer-Carías, *Judicial Review in Comparative Law*, Cambridge University Press, Cambridge, 1989; *El sistema mixto o integral de control de la constitucionalidad en Colombia y Venezuela*, Universidad Externado de Colombia (Temas de Derecho Público Nº 39) y Pontificia Universidad Javeriana (*Quaestiones Juridicae* Nº 5), Bogotá 1995;

En esta forma, la garantía de la supremacía constitucional se consagra, en primer lugar, mediante la asignación a todos los jueces de la República, en el ámbito de sus respectivas competencias y conforme a lo previsto en la Constitución y en la ley, de la obligación "de asegurar la integridad de la Constitución" (art. 334)[306]. En consecuencia, la justicia constitucional, como competencia judicial para velar por la integridad y supremacía de la Constitución, en Venezuela se ejerce por *todos los jueces* mediante el método difuso en cualquier causa o proceso que conozcan, el cual también se consagra en texto expreso constitucional (Art. 334). Por tanto, no es un poder que corresponda sólo al Tribunal Supremo de Justicia o a su Sala Constitucional, sino que se ejerce por todos los tribunales, además, en particular, cuando conozcan de acciones de amparo o de las acciones contencioso administrativas al tener la potestad para anular actos administrativos por contrariedad a la Constitución (como forma de contrariedad al derecho) (art. 259)[307].

En cuanto al Tribunal Supremo de Justicia, en materia de justicia constitucional, todas sus Salas tienen expresamente competencia conforme a la Constitución para garantizar "la supremacía y efectividad de las normas y principios constitucionales", correspondiéndoles a todas ser "el máximo y último intérprete de la Constitución" y velar "por su uniforme interpretación y aplicación" (art. 335). No es cierto, por tanto, como lo ha afirmado la Sala Constitucional, que ésta tenga "el monopolio interpretativo último de la Constitución"[308].

Esta apreciación es completamente errada, pues no deriva del texto de la Constitución, de cuyo artículo 335, se deriva, al contrario, que *todas las Salas* ejercen la justicia constitucional conforme a sus respectivas competencias y son el máximo y último intérprete de la Constitución. También lo es la Sala Constitucional, mediante la cual en el Tribunal Supremo de Justicia, concentra la Jurisdicción Constitucional (arts. 266, ord. 1° y 336).

Como toda Jurisdicción Constitucional, la Sala Constitucional ejerce el control concentrado de la constitucionalidad de las leyes y demás actos estatales de rango legal, conforme a las competencias expresas establecidas en la Constitución. A diferencia del método difuso de control, el método concentrado no puede desarrollarse como consecuencia de alguna labor pretoriana de los jueces en sus decisiones judiciales, sino que tiene que estar previsto *expresses verbis* por normas constituciona-

---

publicado también en *Revista Tachirense de Derecho*, Universidad Católica del Táchira, N° 5-6, San Cristóbal, enero-diciembre 1994, pp. 111-164; en *Anuario de Derecho Constitucional Latinoamericano*, Fundación Konrad Adenauer, Medellín-Colombia 1996, pp. 163-246; y en G. J. Bidart Campos y J. F. Palomino Manchego (Coordinadores), "Jurisdicción Militar y Constitución en Iberoamérica", *Libro Homenaje a Domingo García Belaúnde*, Instituto Iberoamericano de Derecho Constitucional (Sección Peruana), Lima 1997, pp. 483-560.

306 *V.* nuestra propuesta en relación con este artículo en Allan R. Brewer-Carías, *Debate Constituyente (Aportes a la Asamblea Nacional Constituyente)*, Tomo II, (9 Septiembre-17 Octubre 1999), Fundación de Derecho Público-Editorial Jurídica Venezolana, Caracas, 1999, pp. 24 y 34.

307 *V.* Allan R. Brewer-Carías, "La Justicia Contencioso-Administrativa", *Instituciones Políticas y Constitucionales*, Tomo VII, Universidad Católica del Táchira-Editorial Jurídica Venezolana, Caracas, 1997, pp. 26 y ss.

308 *V.* sentencia N° 1374 de 09-11-2000, en *Revista de Derecho Público*, N° 84, (octubre-diciembre), Editorial Jurídica Venezolana, Caracas, 2000, p. 267.

les, pues es la Constitución, como ley suprema de un país, el único texto que puede limitar los poderes y deberes generales de los tribunales para decidir la ley aplicable en cada caso; y es la única habilitada para atribuir dichos poderes y deberes en relación con ciertos actos del Estado, a ciertos órganos constitucionales, sea un Tribunal o Corte Suprema de Justicia o una Corte, un Consejo o un Tribunal Constitucional.

En Venezuela, ese órgano es la Sala Constitucional del Tribunal Supremo de Justicia, al cual la Constitución le otorga en exclusiva la potestad de anular las leyes y demás actos estatales que tengan rango legal o que sean dictados en ejecución directa e inmediata de la Constitución (art. 334), pero sin dejar de atribuir a los jueces en general el método difuso de control de constitucionalidad de las leyes en los casos concretos que decidan (art. 334).

En tal sentido, el artículo 336 de la Constitución atribuye a la Sala Constitucional del Tribunal Supremo de Justicia, como Jurisdicción Constitucional, las siguientes competencias:

"1. Declarar la nulidad total o parcial de las leyes nacionales y demás actos con rango de ley de la Asamblea Nacional que colidan con esta Constitución.

2. Declarar la nulidad total o parcial de las Constituciones y leyes estadales, de las ordenanzas municipales y demás actos de los cuerpos deliberantes de los Estados y Municipios dictados en ejecución directa e inmediata de esta Constitución y que colidan con ella.

3. Declarar la nulidad total o parcial de los actos con rango de ley dictados por el Ejecutivo Nacional que colidan con esta Constitución.

4. Declarar la nulidad total o parcial de los actos en ejecución directa e inmediata de esta Constitución, dictados por cualquier otro órgano estatal en ejercicio del Poder Público, cuando colidan con ésta.

5. Verificar, a solicitud del Presidente o Presidenta de la República o de la Asamblea Nacional, la conformidad con esta Constitución de los tratados internacionales suscritos por la República antes de su ratificación.

6. Revisar en todo caso, aun de oficio, la constitucionalidad de los decretos que declaren estados de excepción dictados por el Presidente o Presidenta de la República.

7. Declarar la inconstitucionalidad de las omisiones del poder legislativo municipal, estadal o nacional, cuando haya dejado de dictar las normas o medidas indispensables para garantizar el cumplimiento de esta Constitución, o las haya dictado en forma incompleta; y establecer el plazo y, de ser necesario, los lineamientos de su corrección.

8. Resolver las colisiones que existan entre diversas disposiciones legales y declarar cuál debe prevalecer.

9. Dirimir las controversias constitucionales que se susciten entre cualesquiera de los órganos del Poder Público.

10. Revisar las sentencias definitivamente firmes de amparo constitucional y de control de constitucionalidad de leyes o normas jurídicas dictadas por

los tribunales de la República, en los términos establecidos por la ley orgánica respectiva.

11. Las demás que establezcan esta Constitución y la ley".

En estas normas se precisan por tanto, las atribuciones de la Sala Constitucional para controlar con poderes anulatorios la constitucionalidad de las leyes y demás actos estatales de rango legal o dictados ejecución directa de la Constitución; para controlar la constitucionalidad de los tratados y los decretos de estados de excepción; para controlar la inconstitucionalidad de las omisiones del Legislador; para resolver sobre la colisión de leyes y sobre las controversias constitucionales entre órganos del Estado; y para conocer del recurso de revisión de determinadas sentencias dictadas en juicios de amparo o en las cuales los jueces hubieran ejercido el control difuso de la constitucionalidad.

La Sala Constitucional del Tribunal Supremo de Justicia, sin embargo, lejos de haber actuado en el marco de las atribuciones expresas constitucionales antes indicadas, ha venido efectuando una inconstitucional interpretación constitucional mediante la cual ha venido asumiendo y se ha auto-atribuido competencias no sólo en materia de interpretación constitucional; sino en relación con los poderes de revisión constitucional de cualquier sentencia dictada por cualquier tribunal, incluso por las otras Salas del Tribunal Supremo de Justicia; con los amplísimos poderes de avocamiento en cualquier causa; con los supuestos poderes de actuación de oficio no autorizados en la Constitución; con los poderes de solución de conflictos entre las Salas; con los poderes de control constitucional de las omisiones del Legislador; con la restricción del poder de los jueces de control difuso de la constitucionalidad de las leyes; y con la asunción del monopolio de interpretar los casos de prevalencia en el orden interno de los tratados internacionales en materia de derechos humanos

En todos estos aspectos, que analizaremos a continuación, la Sala al interpretar la Constitución, ha incurrido en inconstitucionalidad por violar la garantía del debido proceso, habiendo dado lugar a actos viciados de usurpación de funciones. Pero como a la Sala Constitucional, como custodio o guardián de la Constitución, nadie la controla, se ha convertido en un poder constituyente derivado no regulado en el texto constitucional, y sus inconstitucionales interpretaciones de la Constitución han pasado ilegítimamente a formar parte de la propia Constitución. La pregunta de siempre que suscita el poder incontrolado, ***Quis custodiet ipsos custodes,*** por tanto aquí, adquiere todo su significado, pues no tiene respuesta.

I. LA INCONSTITUCIONAL CREACIÓN DEL RECURSO AUTÓNOMO DE INTERPRETACIÓN DE LA CONSTITUCIÓN

La primera de las interpretaciones inconstitucionales efectuadas por la Sala Constitucional sobre sus competencias fue la de haber "creado" una acción autónoma de interpretación de la Constitución, sin fundamento constitucional alguno.

En efecto, con anterioridad a la entrada en vigencia de la Constitución de 1999, el artículo 42,24 de la derogada Ley Orgánica de la Corte Suprema de Justicia había atribuido competencia a la Sala Político Administrativa de la antigua Corte Suprema para interpretar los "textos legales, en los casos previstos en la Ley".

En esa misma tradición, la Constitución de 1999 estableció en forma expresa, la competencia del Tribunal Supremo de Justicia, para "conocer de los recursos de interpretación sobre el contenido y alcance de los textos legales", pero "en los términos contemplados en la ley" (artículo 266,6), atribución que debe ser ejercida "por las diversas Salas conforme a lo previsto en esta Constitución y en la ley" (único aparte, artículo 266). Por ello, el artículo 5, párrafo 1°, de la Ley Orgánica de 2004, atribuye a todas las Salas del Tribunal Supremo, competencia para:

> "52. Conocer del recurso de interpretación y resolver las consultas que se le formulen acerca del alcance e inteligencia de los textos legales, en los casos previstos en la ley, siempre que dicho conocimiento no signifique una sustitución del mecanismo, medio o recurso previsto en la ley para dirimir la situación si la hubiere".

Ahora bien, a pesar de que el ordenamiento constitucional y legal venezolano sólo regulaba y regula el recurso de interpretación respecto de textos legales, la Sala Constitucional ha creado jurisprudencialmente su propia competencia para conocer de recursos abstractos y autónomos de interpretación de la Constitución, mediante una inconstitucional interpretación que le ha dado al artículo 335 de la Constitución, que atribuye a todo el Tribunal Supremo y no sólo a la sala Constitucional, el carácter de ser "máximo y último intérprete de la Constitución"

En efecto, la Sala Constitucional en sentencia N° 1077 de 22 de septiembre de 2000, consideró, simplemente, que los ciudadano no requieren "de leyes que contemplen, en particular, el recurso de interpretación constitucional, para interponerlo"[309], procediendo a "crear" un recurso autónomo de interpretación abstracta de las normas constitucionales no previsto constitucional ni legalmente, basándose para ello en el artículo 26 de la Constitución que consagra el derecho de acceso a la justicia, del cual dedujo que si bien dicha acción no estaba prevista en el ordenamiento jurídico, tampoco estaba prohibida, agregando que, por lo tanto:

> "No es necesario que existan normas que contemplen expresamente la posibilidad de incoar una acción con la pretensión que por medio de ella se ventila, bastando para ello que exista una situación semejante a las prevenidas en la ley, para la obtención de sentencias declarativas de mera certeza, de condena, o constitutivas. Este es el resultado de la expansión natural de la juridicidad"[310].

En esta forma, la acción de interpretación de la Constitución, en criterio de la Sala Constitucional, es una acción de igual naturaleza que la de interpretación de la ley[311], es decir, tiene por objeto obtener una sentencia declarativa de mera certeza sobre el alcance y contenido de las normas constitucionales, que no anula el acto en cuestión, pero que busca un efecto semejante, ya que en estos casos, coincide el interés particular con el interés constitucional; agregando que:

---

309 *V.* Sentencia N° 1077 de la Sala Constitucional de 22-09-00, caso: *Servio Tulio León Briceño*. *V.* en *Revista de Derecho Público*, N° 83, Caracas, 2000, pp. 247 y ss. Este criterio fue luego ratificado en sentencias de fecha 09-11-00 (N° 1347), 21-11-00 (N° 1387), y 05-04-01 (N° 457), entre otras.

310 Sentencia N° 1077 de la Sala Constitucional de 22-09-00, caso: *Servio Tulio León Briceño*. *V.* en *Revista de Derecho Público*, N° 83, Caracas, 2000, pp. 247 y ss.

311 *Idem.*

"La finalidad de tal acción de interpretación constitucional sería una declaración de certeza sobre los alcances y el contenido de una norma constitucional, y formaría un sector de la participación ciudadana, que podría hacerse incluso como paso previo a la acción de inconstitucionalidad, ya que la interpretación constitucional podría despejar dudas y ambigüedades sobre la supuesta colisión. Se trata de una tutela preventiva"[312].

En cuanto a la legitimidad necesaria para interponer la demanda, la Sala Constitucional ha señalado que el recurrente debe tener un interés particular en el sentido de que:

"Como persona pública o privada debe invocar un interés jurídico actual, legítimo, fundado en una situación jurídica concreta y específica en que se encuentra, y que requiere necesariamente de la interpretación de normas constitucionales aplicables a la situación, a fin de que cese la incertidumbre que impide el desarrollo y efectos de dicha situación jurídica".

La Sala precisó además que se "está ante una acción con legitimación restringida, aunque los efectos del fallo sean generales"; por lo que señaló que "puede declarar inadmisible un recurso de interpretación que no persiga los fines antes mencionados, o que se refiere al supuesto de colisión de leyes con la Constitución, ya que ello origina otra clase de recurso".

En la antes mencionada sentencia N° 1077 de 22-09-01, la Sala Constitucional reiteró su criterio sobre la legitimación activa para intentar el recurso de interpretación, señalando que el recurrente debe tener un "interés jurídico personal y directo", de manera que en la demanda se exprese con precisión, como condición de admisibilidad, "en qué consiste la oscuridad, ambigüedad o contradicción entre las normas del texto constitucional, o en una de ellas en particular; o sobre la naturaleza y alcance de los principios aplicables; o sobre las situaciones contradictorias o ambiguas surgidas entre la Constitución y las normas del régimen transitorio o del régimen constituyente"[313].

En este caso de esta acción de interpretación constitucional, puede decirse que se está en presencia de un proceso constitucional, que requeriría de un accionante, como consecuencia de lo cual debería abrirse el proceso a un contradictorio; pues así como puede haber personas con interés jurídico en determinada interpretación de la Constitución, igualmente puede haber otras personas con interés jurídico en otra interpretación. En tal sentido, la Sala debería emplazar y citar a los interesados para garantizarles el que puedan hacerse parte en el proceso, y alegar a favor de una u otra interpretación del texto constitucional.

---

312 *Ibidem.*

313 Caso: *Servio Tulio León Briceño*, en *Revista de Derecho Público*, N° 83, Caracas, 2000, pp. 247 y ss. Adicionalmente, en otra sentencia, N° 1029 de 13-06-2001, la Sala Constitucional atemperó el rigorismo de declarar inadmisible el recurso si no precisaba el contenido de la acción, ya que señaló que "La solicitud deberá expresar: 1.- Los datos concernientes a la identificación del accionante y de su representante judicial; 2.- Dirección, teléfono y demás elementos de ubicación de los órganos involucrados; 3.- Descripción narrativa del acto material y demás circunstancias que motiven la acción."

Sin embargo, sobre esto, después de haber creado el recurso, la Sala Constitucional, en sentencia Nº 2651 de 2 de octubre de 2003 (Caso: *Ricardo Delgado (Interpretación artículo 174 de la Constitución),* le negó el carácter de proceso constitucional señalando que en virtud de que "el recurso de interpretación debe tener como pretensión la exclusiva determinación del alcance de normas -en este caso constitucionales-", entonces "no hay *litis*, enfrentamiento entre unas partes, respecto de las cuales haya que procurar su defensa". Agregó la Sala:

> "Quizás parte de la confusión derive del hecho de que la jurisprudencia de esta Sala exige, para la admisión del recurso de interpretación, la existencia de un caso concreto. Eso podría llevar a creer que se está en presencia de un litigio, así sea eventual. De hecho, en el asunto de autos, la duda interpretativa enfrenta ya a varios órganos estatales, cada uno con su particular opinión.
>
> Ahora bien, la exigencia del caso concreto no es más que un reflejo de la necesidad de reservar al recurso de interpretación su verdadera justificación y evitar que se convierta en un medio indiscriminado de resolución de consultas. Por tanto, es sólo un requisito de legitimación –es decir, la puerta al tribunal-, sin que ello se materialice luego en la posibilidad de que el juez satisfaga pretensiones distintas a la meramente interpretativa.
>
> De acuerdo con lo indicado, el caso concreto es el requisito para pedir la interpretación, demostrando que hay mérito suficiente para que sea el Máximo Tribunal de la República el que se pronuncie, pero sin que ello dé lugar a que se resuelva el mismo: lo que se aclara es la duda interpretativa que existía en ese supuesto. La controversia se seguirá o se llevará ante quien corresponda, para lo cual se supone que el fallo de la Sala debe ser de utilidad. Es la razón, precisamente, de algunos de los fallos de inadmisión que ha dictado esta Sala, en las oportunidades en que los accionantes no se han limitado en su pretensión, sino que han pedido pronunciamiento distintos a la sola interpretación, queriendo que el caso concreto sea no sólo el legitimante del recurso, sino también el fondo de lo que se decidirá. [...]
>
> Aunque en teoría la Sala no necesita realmente oír a nadie más para dar su opinión vinculante, la prudencia y la responsabilidad le exigen otra conducta. Por ello, la Sala no se limita a estudiar el caso aisladamente, con prescindencia de los pareceres ajenos, sino que procura llamar a quienes pudieran tener algo que decir y que, al hacerlo, podrían ilustrar a los magistrados en la toma de su propia postura. A veces no lo ha hecho, por la urgencia, y con ello no ha violado derecho alguno, pues -se insiste- no hay partes a las que proteger en su derecho. Ahora, el que no haya derechos en juego (aunque en el caso concreto bien puede haberlos) no implica que no haya intereses que tutelar. Para la protección de esos intereses la Sala formula invitaciones, no citaciones. No hay de qué defenderse, pero sí sobre qué opinar. [...]
>
> Entonces, la Sala, aun cuando ninguna norma le obliga a llamar a nadie para decidir un recurso de interpretación, entiende necesario hacerlo, con base en ese derecho a la participación –extendido al ámbito judicial- y con fundamento en la imprescindible tutela de los intereses. Por ello, la Sala mantiene y mantendrá como práctica la de notificar y publicar edictos. No puede ser de otra forma,

salvo en casos de urgencia, si se piensa en que el fallo será vinculante y de efectos *erga omnes"*.

Por último, debe indicarse que en sentencia nº 1347, de nueve de noviembre de 2000, la Sala Constitucional delimitó el carácter vinculante de las interpretaciones establecidas con motivo de decidir los recursos de interpretación, señalando que:

> "Las interpretaciones de esta Sala Constitucional, en general, o las dictadas en vía de recurso interpretativo, se entenderán vinculantes respecto al núcleo del caso estudiado, todo ello en un sentido de límite mínimo, y no de frontera intraspasable por una jurisprudencia de valores oriunda de la propia Sala, de las demás Salas o del universo de los tribunales de instancia".

Como puede observarse de lo anterior, estamos en presencia de una ampliación de competencias propias que se ha arrogado la Sala Constitucional, mediante una inconstitucional interpretación de la Constitución, que no establece la posibilidad de este recurso autónomo y abstracto de interpretación de las normas constitucionales. Por lo demás, nada similar existe en los sistemas de justicia constitucional conocidos.

II. LA INCONSTITUCIONAL AMPLIACIÓN DE LA POTESTAD DE LA SALA CONSTITUCIONAL EN MATERIA DE REVISIÓN DE SENTENCIAS Y LA RELATIVIDAD DEL PRINCIPIO DE LA COSA JUZGADA

La segunda de las inconstitucionales interpretaciones de la Constitución efectuada por la Sala Constitucional del Tribunal Supremo sobre sus propias competencias, se refiere al recurso extraordinario de revisión de sentencias, el cual tiene un ámbito muy preciso en la Constitución.

En efecto, de acuerdo con la innovación consagrada en el artículo 336,10 de la Constitución, que se recoge en el artículo 5, párrafo 1°,16 de la Ley Orgánica del Tribunal Supremo de Justicia, la Sala Constitucional tiene competencia para conocer del recurso extraordinario de revisión de sentencias dictadas en materia constitucional, así:

> "16. Revisar las sentencias definitivamente firmes de amparo constitucional y control difuso de la constitucionalidad de leyes o normas jurídicas, dictadas por los demás tribunales de la República".

Se trata de una competencia que tiene por objeto establecer la uniformidad de la aplicación e interpretación constitucional, únicamente en los casos de sentencias definitivamente firmes dictadas *en juicios de amparo o dictadas por los jueces en ejercicio del poder de control difuso de la constitucionalidad de las leyes y normas*, al permitirle a la Sala Constitucional conocer, a su discreción, de los recursos extraordinarios de revisión que se intenten contra esas sentencias.

En particular, sobre las sentencias dictadas en ejercicio del control difuso de la constitucionalidad, el artículo 5, párrafo 4° de la Ley Orgánica del Tribunal Supremo dispuso que "de conformidad con lo previsto en la Constitución de la República Bolivariana de Venezuela, todo tribunal de la República podrá ejercer el control difuso de la constitucionalidad únicamente para el caso concreto, en cuyo supuesto dicha sentencia estará expuesta a los recursos o acciones ordinarias o extraordinarias a que haya lugar".

El objeto de esta potestad de revisión de sentencias, sin embargo, ha sido ampliado progresiva e inconstitucionalmente por la jurisprudencia de la Sala Constitucional, de manera que mediante sentencia nº 93 de 6 de febrero de 2001 (Caso: *Olimpia Tours and Travel vs. Corporación de Turismo de Venezuela*), al agregar como objeto de revisión *otras sentencias dictadas por las Salas del Tribunal Supremo u otros tribunales*, distintas a las dictadas en materia de amparo o de control difuso de constitucionalidad, afirmando su potestad para revisar, además de estas, respecto de las siguientes:

> "3. Las sentencias definitivamente firmes que hayan sido dictadas por las demás Salas de este Tribunal o por los demás tribunales o juzgados del país apartándose u obviando expresa o tácitamente alguna interpretación de la Constitución contenida en alguna sentencia dictada por esta Sala con anterioridad al fallo impugnado, realizando un errado control de constitucionalidad al aplicar indebidamente la norma constitucional.
>
> 4. Las sentencias definitivamente firmes que hayan sido dictadas por las demás Salas de este Tribunal o por los demás tribunales o juzgados del país que de manera evidente hayan incurrido, según el criterio de la Sala, en un error grotesco en cuanto a la interpretación de la Constitución o que sencillamente hayan obviado por completo la interpretación de la norma constitucional. En estos casos hay también un errado control constitucional"[314].

La Sala Constitucional, por otra parte, en sentencia nº 727 de 8 de abril de 2003 continuó ampliando el universo de sentencias que podían ser objeto del recurso extraordinario de revisión, indicando que además de las sentencias de amparo constitucional y las sentencias de control difuso de constitucionalidad de leyes o normas jurídicas fundamentadas en un errado control de constitucionalidad, también pueden ser objeto del recurso de revisión:

> "(iii) Las sentencias que de manera evidente hayan incurrido, según el criterio de la Sala, en un error grotesco en cuanto a la interpretación de la Constitución o que sencillamente hayan obviado por completo la interpretación de la norma constitucional y (iv) Las sentencias que hayan sido dictadas por las demás Salas de este Tribunal o por los demás juzgados del país apartándose u obviando, expresa o tácitamente, alguna interpretación de la Constitución que contenga alguna sentencia de esta Sala con anterioridad al fallo que sea impugnado"[315].

En esta forma, la Sala Constitucional violando la Constitución, amplió el ámbito de su potestad constitucional revisora referida sólo a las sentencias dictadas en juicios de amparo o con motivo de control difuso de la constitucionalidad, abarcando

---

314 *V.* en *Revista de Derecho Público*, Nº 85-88, Editorial Jurídica Venezolana, Caracas, 2001, pp. 414-415.

315 Caso: *Revisión de la sentencia dictada por la Sala Electoral en fecha 21 de noviembre de 2002*, en *Revista de Derecho Público*, Nº 93-96, Editorial Jurídica Venezolana, Caracas, 2003.

otras sentencias, incluso las dictadas por las otras Salas del Tribunal Supremo, lo que constituye una limitación no autorizada en la Constitución al debido proceso y al derecho a la cosa juzgada, con importantes repercusiones en el ámbito de la seguridad jurídica y del Estado de derecho.

La Sala Constitucional en efecto, luego de analizar la garantía del debido proceso en relación con la revisión extraordinaria de sentencias definitivamente firmes, en sentencia nº 93 de 6 de febrero de 2001 (Caso: *Olimpia Tours and Travel vs. Corporación de Turismo de Venezuela*), extendió su potestad revisora en relación con sentencias que -por supuesto a juicio de la propia Sala- "se aparten del criterio interpretativo de la norma constitucional que haya previamente establecido la Sala"; para lo cual simplemente se preguntó: "¿puede esta Sala, de conformidad con lo establecido en la Constitución, revisar las sentencias definitivamente firmes diferentes a las establecidas en el numeral 10 del artículo 336 de la Constitución que contraríen el criterio interpretativo que esta Sala posee de la Constitución?". La respuesta a la pregunta, la formuló la Sala interpretando el artículo 335 de la Constitución, en particular en cuanto establece el carácter vinculante de las interpretaciones que establezca la Sala sobre el contenido o alcance de las normas y principios constitucionales; del cual dedujo que "las demás Salas del Tribunal Supremo de Justicia y los demás tribunales y juzgados de la República están obligados a decidir con base en el criterio interpretativo que esta Sala tenga de las normas constitucionales".

Sin embargo, a pesar de todas estos razonamientos, la Ley Orgánica del Tribunal Supremo pretendió volver a llevar el asunto a su límite constitucional, en el sentido de que las únicas sentencias dictadas por los tribunales que pueden ser objeto del recurso de revisión, son las sentencias definitivamente firmes de amparo constitucional y control difuso de la constitucionalidad de leyes o normas jurídicas, dictadas por los demás tribunales de la República.

Pero si bien la Ley Orgánica en este aspecto se dirigió a reducir el ámbito del objeto (sentencias revisables) de la potestad revisora, la misma Ley Orgánica consagró la posibilidad de ejercicio de esta potestad revisora, *de oficio* por la Sala Constitucional, lo que en forma inconstitucional deja a la merced de la misma Sala el principio de la cosa juzgada y acaba con el principio dispositivo.

Pero además, la misma Ley Orgánica, en forma completamente contradictoria con la indicada reducción del ámbito de las sentencias revisables a los límites constitucionales, en relación con las sentencias dictadas por las otras Salas del Tribunal Supremo de Justicia, reguló una inconstitucional ampliación de la competencia de la Sala Constitucional para revisarlas, siguiendo la jurisprudencia que había sentado la Sala Constitucional. La Ley Orgánica, ha "regularizado" la doctrina jurisprudencial y ha establecido la competencia de la Sala Constitucional (Art. 5, párrafo 1°,4) para:

> "4. Revisar las sentencias dictadas por una de las Salas, cuando se denuncie fundadamente la violación de principios jurídicos fundamentales contenidos en la Constitución de la República Bolivariana de Venezuela, Tratados, Pactos o Convenios Internacionales suscritos y ratificados válidamente por la República, o que haya sido dictada como consecuencia de un error inexcusable, dolo, cohecho o prevaricación..."

La inconstitucionalidad de esta norma es múltiple: primero, porque la Constitución no permite que una Sala del Tribunal Supremo pueda revisar las sentencias de otras Salas del mismo Tribunal. Todas las Salas son iguales, y no puede, por tanto, la Sala Constitucional, revisar las sentencias de las otras Salas y menos las sentencias de la Sala Plena en cuyas decisiones participan todos los magistrados del Tribunal Supremo, incluyendo los de la Sala Constitucional; y segundo, porque la Constitución sólo permite a la Sala Constitucional revisar las sentencias definitivamente firmes de amparo y de control difuso de la constitucionalidad, y ninguna otra mas.

III. EL PRINCIPIO DEL ORDEN PROCESAL Y LA INCONSTITUCIONAL AMPLIACIÓN DE LOS PODERES DE AVOCAMIENTO DE LA SALA CONSTITUCIONAL

Una tercera interpretación inconstitucional de la Constitución ha sido la ampliación de los poderes de avocamiento de todas las Salas del Tribunal Supremo de Justicia, particularmente de la Sala Constitucional, mediante la cual pueden paralizar todo tipo de proceso y entrar a conocerlos directamente, eliminando entre otros el orden procesal y la garantía constitucional de la doble instancia.

1. *El avocamiento como competencia de todas las Salas*

En efecto, antes de la entrada en vigencia de la Constitución la derogada Ley Orgánica de la Corte Suprema de Justicia en una normativa muy cuestionada, había atribuido a la Sala Político-Administrativa de la misma, la potestad de avocarse al conocimiento de una causa que cursara ante otro tribunal, a cuyo efecto la misma sala se había auto-restringido sus poderes[316].

Sin embargo, aún con dicha disposición limitativa, antes de que entrara en vigencia la nueva Ley Orgánica del Tribunal Supremo de Justicia, la Sala Constitucional había negado el monopolio que en materia de avocamiento tenía la Sala Político-Administrativa del Tribunal Supremo, y mediante sentencia nº 456 de 15 de marzo de 2002 (Caso: *Arelys J. Rodríguez vs. Registrador Subalterno de Registro Público, Municipio Pedro Zaraza, Estado Carabobo*) se declaró competente para conocer de solicitudes de avocamiento en jurisdicción constitucional (respecto de juicios de amparo)[317].

En otra sentencia nº 806 de 24 de abril de 2002 (Caso: *Sindicato Profesional de Trabajadores al Servicio de la Industria Cementera),* además, consideró nula la referida norma de la derogada Ley Orgánica de la Corte Suprema de Justicia de 1976 (Art. 43) que consagraba la figura del avocamiento como competencia exclusiva de la Sala Político Administrativa, argumentando que ello era "incompatible con el principio de distribución de competencias por la materia a nivel del máximo Tribunal de la República, sin que la propia Constitución lo autorice ni establezca una excepción al mismo en tal sentido"; señalando además que:

> "Esta Sala Constitucional, no obstante la claridad y laconismo con que fue redactado el precepto, objeta el monopolio que se desprende de la lectura conjunta de ambos artículos, en lo que respecta a que el trámite de las solicitudes

316 *V.* Roxana Orihuela, *El avocamiento de la Corte Suprema de Justicia*, Editorial Jurídica Venezolana, Caracas, 1998.

317 *V.* en *Revista de Derecho Público*, Nº 89-92, Editorial Jurídica Venezolana, Caracas, 2002.

de avocamiento sea una facultad exclusiva y excluyente de Sala Político Administrativa.

Es decir, y sobre ello ahondará seguidamente, esta Sala es del parecer que tal potestad es inconsistente desde el punto de vista constitucional, y que la misma corresponde, en un sentido contrario a como lo trata dicho dispositivo, a todas las Salas del Tribunal Supremo de Justicia, según que el juicio curse en un tribunal de instancia de inferior jerarquía a la Sala que en definitiva decida examinar la petición (aquí el vocablo inferior se entiende en sentido amplio, ya que algunas de estas Salas no son propiamente alzada de dichos tribunales; tal sucede con las de casación)...

Llegado este punto, siendo, pues, que la facultad de avocamiento conferida a la Sala Político Administrativa por el artículo 43 de la Ley Orgánica de la Corte Suprema de Justicia no está prevista en la Constitución, ni se deduce de ella, ni la justifica su texto, y que, por el contrario, conspira contra el principio de competencia que informa la labor que desempeñan las Salas del máximo tribunal de la República (art. 232), esta Sala concluye en que dicho precepto resulta inconstitucional...

Tales declaraciones no son, propiamente, precedentes de la posición que mantiene esta Sala Constitucional respecto al tema, toda vez que en ellas se sostuvo, al mismo tiempo, que dicha facultad excepcional, no obstante las referidas limitaciones, resultaba de la exclusiva potestad de dicha Sala Político Administrativa (*Vid.* sobre el punto de la exclusividad: *ob. cit.*, pp. 40 y 41). Criterio de exclusividad que ha sido expresamente abandonado por esta Sala desde su sentencia n° 456 del 15-03-02, caso: *Mariela Ramírez de Cabeza*. Lo que sí comparte es lo relativo a que la Sala Político Administrativa no estaba constitucionalmente facultada para examinar solicitudes de avocamiento ni adentrarse a su conocimiento cuando de conflictos ajenos a su competencia natural se tratara.

Pero, para prestar un mejor servicio a la justicia, esta Sala Constitucional dará, en atención a sus propias competencias, un giro en este camino, pues declarará que tal competencia (con los límites impuestos por la práctica judicial comentada) debe extenderse a las demás Salas del Tribunal Supremo de Justicia"[318].

Esta doctrina, evidentemente inconstitucional, por violatoria de la garantía al debido proceso, sin embargo ha sido recogida por la Ley Orgánica del Tribunal Supremo de Justicia de 2004, al establecer en su artículo 5, párrafo 1°, 48, la competencia de todas las Salas de poder avocarse al conocimiento de causas que cursen en otros tribunales, así:

"*5. P1. 48.* Solicitar de oficio, o a petición de parte, algún expediente que curse ante otro tribunal, y avocarse al conocimiento del asunto cuando lo estime conveniente".

En consecuencia se atribuyó a todas las Salas del Tribunal Supremo de Justicia, se presume que en las materias de su respectiva competencia, la potestad de recabar

---

318 *V.* en *Revista de Derecho Público*, N° 89-92, Editorial Jurídica Venezolana, Caracas 2002, pp. 179 y ss.

de cualquier "otro tribunal", es decir, distinto del Tribunal Supremo (tribunales de instancia), *de oficio o a instancia de parte*, con conocimiento sumario de la situación, cualquier expediente o causa en el estado en que se encuentre, para resolver si se avoca y directamente asume el conocimiento del asunto o, en su defecto lo asigna a otro tribunal (Artículo 18, párrafo 11°).

Sobre las repercusiones de esta atribución generalizada, la propia Ley Orgánica dispuso que debe ser ejercida, como lo indica ahora el artículo 18, párrafo 12° de la Ley Orgánica, "con suma prudencia":

> "[Y] sólo en caso grave, o de escandalosas violaciones al ordenamiento jurídico que perjudique ostensiblemente la imagen del Poder Judicial, la paz pública, la decencia o la institucionalidad democrática venezolana, y se hayan desatendido o mal tramitado los recursos ordinarios o extraordinarios que los interesados hubieren ejercido".

En estos casos, prescribe la Ley Orgánica, que al admitir la solicitud de avocamiento la Sala debe oficiar al tribunal de instancia, requiriendo el expediente respectivo, y puede ordenar la suspensión inmediata del curso de la causa y la prohibición de realizar cualquier clase de actuación; considerándose nulos los actos y las diligencias que se dicten en desacuerdo por el mandamiento de prohibición (Art. 18, párrafo 13°). La sentencia sobre el avocamiento la debe dictar la Sala competente, la cual puede decretar la nulidad y subsiguiente reposición del juicio al estado que tiene pertinencia, o decretar la nulidad de alguno o algunos de los actos de los procesos, u ordenar la remisión del expediente para la continuación del proceso o de los procesos en otro tribunal competente por la materia, así como adoptar cualquier medida legal que estime idónea para restablecer el orden jurídico infringido (Art. 18, párrafo 14°).

El avocamiento por parte de las Salas del Tribunal Supremo, por supuesto, puede ser un instrumento procesal de primera importancia para asegurar la justicia en procesos en los cuales la misma ha sido subvertida; pero a la vez, puede configurarse en el más injusto de los instrumentos procesales precisamente para acabar con la justicia.

2. *El avocamiento como competencia de la Sala Constitucional en relación con las otras Salas del Tribunal Supremo*

Pero además de haber extendido la facultad de avocamiento a todas las Salas, respecto de causas que cursen en "otros tribunal" de instancia (distintos por tanto al propio Tribunal Supremo), la Ley Orgánica ha atribuido en particular a la Sala Constitucional en el artículo 5, párrafo 1°, ordinal 4, la facultad de avocarse "al conocimiento de una causa determinada, cuando se presuma fundadamente la violación de principios jurídicos fundamentales contenidos en la Constitución de la República Bolivariana de Venezuela, Tratados, Pactos o Convenios Internacionales suscritos y ratificados válidamente por la República, aun cuando por razón de la materia y en virtud de la ley, la competencia le esté atribuida a otra Sala". En esta forma, las causas que cursan ante las diferentes Salas del Tribunal Supremo de Justicia también han quedado a la merced de la Sala Constitucional, la cual puede subvertir el orden procesal, con sólo "presumir fundamentadamente" la violación de principios constitucionales.

IV. EL PRINCIPIO DISPOSITIVO DEL PROCESO Y LA INCONSTITUCIONAL EXTENSIÓN DE LAS COMPETENCIAS DE ACTUACIÓN DE OFICIO DE LA SALA CONSTITUCIONAL

Un cuarto aspecto de la inconstitucionalidad de las interpretaciones constitucionales de la Sala Constitucional del Tribunal Supremo, se ha originado en la ampliación de las potestades de actuación de oficio de la misma, en contravención con el principio dispositivo del proceso.

1. *El régimen constitucional y legal del principio dispositivo y las excepciones constitucionales*

En efecto, la Constitución dispone que el proceso es el instrumento fundamental para la realización de la justicia (Art. 253), el cual debe desarrollarse con las debidas garantías que establece el texto fundamental (debido proceso), lo que presupone y exige no sólo un contradictorio entre partes, sino el principio dispositivo, de manera que el proceso se inicie a instancia de parte, siendo la excepción la actuación de oficio por parte de los jueces, la cual por supuesto requiere texto expreso.

En tal sentido, en cuanto a las atribuciones de la Sala Constitucional, la Constitución regula expresamente dos supuestos conforme a los cuales puede ejercer sus poderes de oficio: en primer lugar, al atribuir a las diversas Salas del Tribunal Supremo de Justicia, incluyendo a la Sala Constitucional, como lo tienen todos los tribunales de la República al resolver un caso concreto, el poder-deber de ejercer *de oficio* el control difuso de la constitucionalidad de las leyes y demás normas en caso de incompatibilidad entre ellas y la Constitución, aplicando entonces preferentemente las disposiciones de ésta última (Art. 334); y en segundo lugar, al atribuir competencia a la Sala Constitucional del Tribunal Supremo de Justicia, de actuación de oficio en materia de control obligatorio de la constitucionalidad de los decretos ejecutivos de declaratoria de estados de excepción dictados por el Presidente de la República. (Art. 336,6); competencia que se recoge el artículo 5, párrafo 1°,11 de la Ley Orgánica del Tribunal Supremo de Justicia.

Salvo estos dos supuestos, desde el punto de vista constitucional, en los procesos constitucionales rige el principio dispositivo, de manera que incluso el artículo 18, párrafo 7° de la Ley Orgánica así lo establece expresamente al indicar que el Tribunal Supremo de Justicia debe conocer de los asuntos que le competen, "*a instancia de parte interesada*".

Dicha norma de la Ley Orgánica, sin embargo, en una forma totalmente contradictoria, estableció una excepción general al principio dispositivo no autorizada en la Constitución, conforme a la cual y sin tener en cuenta el principio de la reserva legal, el Tribunal y sus Salas pueden actuar *de oficio* no sólo en los casos contemplados en la propia Ley Orgánica tal y como por ejemplo se establecía en el artículo 82 de la derogada Ley Orgánica de la Corte Suprema de Justicia[319], sino "cuando así lo amerite", es decir a la sola discrecionalidad del Tribunal y sus Salas.

319 Sustituyó el artículo 82 LOCSJ: Artículo 82. La Corte conocerá de los asuntos de su competencia a instancia de parte interesada, salvo en los casos en que pueda proceder de oficio de acuerdo con la Ley.

Esto, lamentablemente, deja a la libre apreciación de los Magistrados del Tribunal Supremo la posibilidad, sin límites, de actuación de oficio, cuando consideren que ello "lo amerita", lo cual estimamos que no se ajusta a la Constitución ni a los principios fundamentales de la administración de justicia que están montadas sobre el debido proceso y el principio dispositivo.

De nuevo, esta innovación de la Ley Orgánica, en realidad, respondió a una doctrina jurisprudencial totalmente inconstitucional que la Sala Constitucional se había venido construyendo a sí misma, para ejercer el control de constitucionalidad mediante los poderes de revisión constitucional de materialmente cualquier sentencia, para lo cual se había auto-atribuido también en forma inconstitucional poderes de control *de oficio*, rompiendo entonces el principio dispositivo.

En efecto, la Sala Constitucional en sentencia nº 331 de 13 de marzo de 2001 (Caso: *Henrique Capriles R. vs. Comisión Nacional de Casinos, Salas de Bingo y Máquinas Traganíqueles*), resolvió afirmar sus poderes de control de la constitucionalidad *de oficio*, dado el carácter de "orden público constitucional" del control de constitucionalidad, cuando con fundamento en los artículos 334 y 335 de la Constitución, deba conocer de algún asunto, para lo cual dijo:

> "Así pues, las referidas potestades de la Sala y la interpretación concatenada y armoniosa de los citados dispositivos constitucionales, la comprensión de los principios enunciados en el texto de la Exposición de Motivos de la Carta Fundamental, y la doctrina sentada por la jurisprudencia de esta Sala, que procura salvaguardar la vigencia de los postulados constitucionales, *sirven de fundamento para declarar, como garante de la supremacía de la Constitución y en ejercicio de las facultades que la misma posee, de oficio, la ilegitimidad de alguna actuación, cuando habiendo sido sometido un caso a su análisis, observe que la misma ha transgredido el orden público constitucional*, y en tal virtud proceda de manera inmediata y efectiva, a restaurar a través de la forma que considere idónea, la subversión advertida. En definitiva, considera la Sala que el control constitucional jurisdiccional constituye materia de orden público constitucional, y siendo la Sala el garante de la supremacía de la Constitución, al constatar su violación, *puede actuar de oficio,* como en efecto lo hace en esta oportunidad"[320].

O sea, con fundamento en la noción de orden público constitucional que la Sala no definió, y que en definitiva concierne a la vigencia de la propia Constitución, la Sala resolvió auto-atribuirse estos poderes de actuación *de oficio*, con lo cual no sólo rompió el principio dispositivo, sino que dejó a la merced de los Magistrados de la Sala Constitucional el principio de la cosa juzgada, sin que nadie pueda ejercer un control sobre el guardián de la Constitución.

2. *La inconstitucional asignación de poderes de actuación de oficio a la Sala Constitucional en materia de revisión de sentencias.*

Por otra parte, el artículo 5, párrafo 4° de la Ley Orgánica del Tribunal Supremo de Justicia, destinado a desarrollar la norma constitucional relativa al control difuso

320 *V.* en *Revista de Derecho Público*, N° 85-88, Editorial Jurídica Venezolana, Caracas 2001, p. 391.

de la constitucionalidad de las leyes y demás actos normativos (art. 336,10), precisó que la sentencia respectiva esta expuesta "“a los recursos o acciones ordinarias o extraordinarias a que haya lugar", pero dejó a salvo, "en todo caso", que la Sala Constitucional podía hacer uso, *de oficio o a instancia de parte,* de la competencia de revisión prevista en el numeral 16 del artículo 5 de la Ley Orgánica.

Con esta norma, por demás confusa, se estableció legalmente en relación con los poderes de la Sala Constitucional de revisión de sentencias dictadas por los tribunales en materia de control difuso de la constitucionalidad, la competencia de la Sala para realizar tal revisión no sólo a instancia de parte (recurso de revisión) sino *de oficio*. Ello, por supuesto, destruye otro principio esencial del debido proceso que es el principio de la cosa juzgada, el cual de nuevo queda a merced de los Magistrados de la Sala Constitucional sin que pueda existir control alguno sobre el controlante.

3. *La inconstitucional asignación de poderes de actuación de oficio a la Sala Constitucional en materia de avocamiento*

Por otra parte, una competencia que como se ha dicho, en la Ley Orgánica de la Corte Suprema de Justicia de 1976 estaba reservada a la Sala Político-Administrativa, como la excepcionalísima atribución de avocarse al conocimiento de causas que cursaren en otros Tribunales, *siempre a instancia de parte;* la Ley Orgánica de 2004 en su artículo 5, párrafo 1°, 48, no sólo la ha extendido a todas las Salas, sino que ha incluido además la posibilidad del avocamiento *de oficio*, al prescribir como competencia de todas las Salas:

> "Solicitar *de oficio*, o a petición de parte, algún expediente que curse ante otro tribunal, y avocarse al conocimiento del asunto cuando lo estime conveniente".

En esta forma, los principios del debido proceso relativos al orden procesal, y a la garantía de la doble instancia han quedado de nuevo a la merced de los magistrados de las Salas del Tribunal Supremo de Justicia, regulándose en forma inconstitucional el avocamiento de oficio.

4. *El confuso caso de inicio de oficio de un proceso constitucional de control incidental de la constitucionalidad de las leyes con efectos anulatorios*

Debe mencionarse, además, que la Sala Constitucional, en su doctrina de los últimos años, había venido construyendo la posibilidad de ejercer el control concentrado de la constitucionalidad de las leyes, *de oficio*, como incidente en cualquier proceso que cursare ante ella, y sin que hubiera mediado acción popular alguna.

En efecto, mediante sentencia N° 2.588 de 11 de diciembre de 2001, la Sala Constitucional afirmó:

> "[Su] facultad, en virtud de ser el juez de la ley y titular del control concentrado de la Constitución, de tramitar en cualquiera de los procedimientos a que den lugar las acciones ventilables ante ella, o de las cuales conozca, el denominado incidente de constitucionalidad, el cual existe cuando la cuestión planteada (no necesariamente alegada) sobre la constitucionalidad de una norma legal es prejudicial respecto de la resolución de un proceso constitucional o de una causa que curse ante la Sala".

Para justificar esta declaratoria de propia competencia, la Sala recurrió impropiamente a aplicar criterios de derecho comparado establecidos en sistemas exclusivamente concentrados de control de constitucionalidad de las leyes (como los europeos) y que rechazan el control difuso, que no es el caso de Venezuela dado el carácter mixto e integral, argumentando como sigue:

> "Incidentes de este tipo se han solucionado de tres modos: bien a través de un juicio de constitucionalidad sin un pronunciamiento expreso de nulidad de la ley inconstitucionalidad; ya sea por el ejercicio de un control autónomo de constitucionalidad a través de un proceso separado del que dio origen al incidente, y, finalmente, merced a un control incidental de constitucionalidad que se realiza a través de un procedimiento de constitucionalidad pero dentro del proceso que ha dado lugar al incidente.
>
> Dicha técnica fue consagrada por primera vez en el artículo 140 de la Constitución austriaca de 1920. Actualmente, la consagran la Constitución del mencionado Estado (artículos 139.1 y 140); la Ley del Tribunal Constitucional Federal alemán (artículos 67 y 95) -recurso indirecto o encubierto-; la Ley Orgánica del Tribunal Constitucional español (artículos 55.2 y 67) -cuestión previa de carácter constitucional o incidente de constitucionalidad- y lo ha desarrollado jurisprudencialmente la Corte Constitucional italiana a partir del auto nº 22, del 9 de abril de 1960 -Corte *giudice a quo o autorimessione*.
>
> La razón que apuntala esta facultad, señaladamente cuando la misma deriva en la declaratoria pro futuro y con efectos *erga omnes* de la norma inconstitucional -y no en la mera desaplicación del precepto para el caso concreto-, se afinca en la coherencia que existe entre una declaración de este tipo con la función de los tribunales constitucionales, en tanto ejecutores del denominado control concentrado de la constitucionalidad.
>
> Los términos en que se expresó la Corte Constitucional italiana a la hora de asumir esta competencia son suficientemente reveladores de la razón apuntada. Según dicho tribunal:
>
>> [....] no puede considerarse que la misma Corte -que es el único órgano competente para decidir las cuestiones de constitucionalidad de las leyes- venga obligada a aplicar leyes inconstitucionales y tampoco que, en la hipótesis de inconstitucionalidad de las leyes que regulan la materia, pueda y deba inaplicarlas, sin poner en marcha el mecanismo (de alcance general y necesario en el vigente ordenamiento) destinado a conducir, con las debidas garantías de contradictorio, a la eliminación con efectos *erga omnes*, de las leyes inconstitucionales". Citado a su vez por: Luis J. Mieres Mieres, *El incidente de constitucionalidad en los procesos constitucionales*, págs. 56 y 57)".

De lo anterior, la Sala Constitucional concluyó su razonamiento señalando lo siguiente:

> "Siendo que a los tribunales constitucionales les corresponde, como una de sus competencias esenciales, declarar la nulidad de leyes colidentes con la Constitución, luce entonces congruente con dicho cometido que, ante la presencia de normas inconstitucionales que resulten prejudiciales al asunto que en de-

finitiva vaya a decidirse (como es el presente caso), esta Sala resulte competente para declarar la nulidad de dicha norma por colidir con la Constitución, esto es, la invalide, no sólo a sus propios efectos, sino también para el resto de los tribunales, órganos del Estado y particulares.

De este modo se mantiene la unidad del ordenamiento constitucional y se evita la contradicción que resulta de la coexistencia de una norma inconstitucional (declarada así para un caso concreto), pero vigente para el resto de los operadores judiciales a falta de una natural declaratoria de nulidad. Así se establece"[321].

Esta doctrina de la Sala, por supuesto, no tiene cabida alguna en Venezuela, donde el control concentrado de la constitucionalidad de las leyes exige, instancia de parte (acción popular) y un proceso constitucional contradictorio (*litis*) en el cual se debe garantizar la citación del ente productor de la norma y la participación como partes de todos los que tengan interés procesal en el asunto. Por ello, incluso, la Sala Constitucional no tuvo más remedio, en este caso, que aclarar que debía tratarse de un proceso constitucional, donde debía abrirse un contradictorio, indicando que:

> "En cuanto al procedimiento aplicable, y especialmente respecto a la audiencia de los defensores de la ley y de los interesados, esta Sala reconoce la necesidad de que dicha audiencia se efectúe en los más de los casos, para lo cual deberá notificarse al órgano legislativo respectivo y a los demás del procedimiento en que se suscite la incidencia.
>
> Ello viene apoyado por el respecto al derecho a la defensa y por la práctica unánime de los tribunales constitucionales anteriormente mencionados"[322].

En todo caso, a pesar de esta doctrina jurisprudencial de control concentrado incidental de oficio de la constitucionalidad de las leyes, por lo demás confusa, puede considerarse que el Legislador ha reaccionado contra la misma, al disponer en el artículo 5, párrafo 3° de la Ley Orgánica del Tribunal Supremo de Justicia de 2004, que la Sala Constitucional sólo puede ejercer el control concentrado de la constitucionalidad, "en los términos previstos en esta Ley, la cual no podrá conocerlo incidentalmente en otras causas, sino únicamente cuando medie *un recurso popular de inconstitucionalidad*".

---

321 *V.* en *Revista de Derecho Público*, N° 85-88, Editorial Jurídica Venezolana, Caracas 2001, pp. 396 y ss.

322 En el caso específico de la sentencia, sin embargo, la Sala señaló: "Sin embargo, en virtud de la homogeneidad con que la jurisprudencia de este Tribunal ha venido decidiendo el tema -como más adelante se pondrá de relieve-; en vista, además, de que la decisión conllevará una mera definición de la Sala que le competa decidir el fondo de la solicitud, sin que por ello resulte afectado algún derecho sustancial del solicitante, muy al contrario, a través del mismo se garantiza su derecho a la tutela judicial efectiva, específicamente la faz que guarda relación con el derecho al juez natural, es por lo que la Sala prescindirá en este caso de dicho trámite. Así se establece. *V.* en *Revista de Derecho Público*, N° 85-88, Editorial Jurídica Venezolana, Caracas 2001, p. 397. Igualmente, la sentencia de la Sala Constitucional N° 806 de 24-04-2002 (Caso: *Sindicato Profesional de Trabajadores al Servicio de la Industria Cementera*) en *Revista de Derecho Público*, N° 89-92, Editorial Jurídica Venezolana, Caracas 2002, pp. 179 y ss.

V. EL PRINCIPIO DE LA IGUALDAD JERÁRQUICA DE LAS SALAS DEL TRIBUNAL SUPREMO Y SU RUPTURA EN LA SOLUCIÓN DE CONFLICTOS ENTRE LAS MISMAS

El quinto aspecto de interpretación inconstitucional de la Constitución, esta vez realizada por el Legislador, ha sido la que ha conducido a la ruptura del principio de la igualdad entre las Salas del Tribunal Supremo, al atribuirse a la Sala Constitucional competencia para conocer y resolver los conflictos entre las Salas, incluyendo la Sala Plena, lo que debió ser atribuida a la Sala Plena.

En efecto, el Tribunal Supremo de Justicia, al igual que la antigua Corte Suprema de Justicia, está integrado por diversas Salas (Constitucional, Político Administrativa, Casación Civil, Casación Penal, Casación Social, Electoral), cuyos magistrados, reunidos en conjunto, conforman la Sala Plena. La Constitución y la Ley Orgánica, en consecuencia, atribuyen competencias en algunos casos al Tribunal Supremo de Justicia como Sala Plena o a las Salas en particular.

Ninguna de las Salas es superior a otra, lo cual fue precisado por la propia Sala Constitucional en sentencia nº 158 de 28-03-00 (Caso: *Microcomputers Store S.A.*) al declarar que el artículo 1 de la derogada Ley Orgánica de la Corte Suprema de Justicia de 1976, era conforme con la nueva Constitución, al prohibir la admisión de recurso alguno contra las decisiones dictadas por el Tribunal Supremo de Justicia en Pleno o por alguna de sus Salas, señalando que esta norma, lejos de ser inconstitucional,

> "Más bien garantiza su aplicación, ya que tal como quedó expuesto, el Tribunal Supremo de Justicia se encuentra conformado por las Salas que lo integran, las cuales conservan el mismo grado jerárquico y todas representan en el ámbito de sus competencias al Tribunal Supremo de Justicia como máximo representante del Poder Judicial "[323].

Posteriormente, sin embargo, la Sala Constitucional al afirmar su competencia para conocer del recurso extraordinario de revisión de constitucionalidad contra las sentencias de las otras Salas del Tribunal Supremo, señaló que el artículo 1 de la Ley Orgánica de la Corte, para considerarlo compatible con la Constitución, sólo se refería "a los recursos preexistentes y supervivientes a la Constitución de 1999, distintos al recurso extraordinario de revisión constitucional de sentencias de las demás Salas del Máximo Tribunal"[324].

En todo caso, salvo esta inconstitucional extensión de la potestad revisora de la Sala Constitucional en relación con las sentencias de las otras Salas, conforme al artículo 42,7 de la Ley Orgánica derogada de 1976, como era lógico, correspondía a la Sala Plena de la antigua Corte Suprema de Justicia resolver los conflictos de

---

323 *V.* en *Revista de Derecho Público*, Nº 81, (enero-marzo), Editorial Jurídica Venezolana, Caracas, 2000, p. 109.

324 *V.* sentencia de la Sala Constitucional Nº 33 de 25-01-2001 (Caso: *Revisión de la sentencia dictada por la Sala de casación Social del tribunal Supremo de Justicia de fecha 10 de mayo de 2001, interpuesta por Baker Hugher SRL*), en *Revista de Derecho Público*, Nº 85-88, Editorial Jurídica Venezolana, Caracas, 2001, p. 405.

cualquier naturaleza que pudieran suscitarse entre las Salas que la integraban o entre los funcionarios de la propia Corte, con motivo de sus funciones.

Sin embargo, sin sentido alguno, en la Ley Orgánica de 2004 la competencia para resolver los conflictos entre las Salas, incluidos los planteados entre la Sala Plena y alguna de las Sala en particular, incomprensiblemente se le atribuyó a la Sala Constitucional (Art. 5,3), siendo que la misma es una Sala más, igual a las otras Salas del Tribunal Supremo.

Con esta atribución, en forma contraria a la Constitución, se ha investido a la Sala Constitucional de un nivel superior del cual carece, aparte de ser ella misma la que entonces resuelva los conflictos que puedan surgir entre las otras Salas y la misma Sala Constitucional.

VI. LA AMPLIACIÓN DE LOS PODERES DE LA SALA CONSTITUCIONAL EN EL CONTROL DE LA INCONSTITUCIONALIDAD DE LA OMISIÓN

Por último, debe mencionarse la inconstitucional interpretación de los poderes de la Sala Constitucional en materia de control de la inconstitucionalidad de la omisión del Legislador que regula el artículo 336,7 de la Constitución, el cual se ha recogido en el artículo 5, párrafo 1°,12 de la Ley Orgánica, al atribuir a la Sala Constitucional, competencia para:

> "Declarar la inconstitucionalidad de las omisiones del Poder Legislativo Municipal, Estadal o Nacional cuando haya dejado de dictar las normas o medidas indispensables para garantizar el cumplimiento de la Constitución de la República Bolivariana de Venezuela, o las haya dictado en forma incompleta, y establecer el plazo y, de ser necesario, los lineamientos generales esenciales para su corrección, *sin que ello implique usurpación de funciones de otro órgano del Poder Público, o extralimitación de atribuciones*".

La última frase subrayada constituye un agregado del Legislador respecto de lo establecido en la Constitución, con el cual se ha pretendido liberar a priori a la Sala Constitucional, de cualquier usurpación de funciones en los que pueda incurrir al establecer los lineamientos para la corrección de la omisión por parte del órgano legislativo.

La verdad es que el control de la inconstitucionalidad por omisión no puede implicar en caso alguno, que la Sala pueda sustituirse en el ejercicio de la competencia del órgano legislativo omiso, y asumir y ejercer su competencia; es decir, la Sala no puede, a pesar de la exoneración *a priori* de la Ley, usurpar las funciones del órgano legislativo, como ocurrió en 2003, cuando la Sala Constitucional designó a los integrantes del Consejo nacional Electoral.

En efecto, mediante la sentencia n° 2341 de 25 de agosto de-2003 (Caso: *Hermann Escarrá y otros*), la Sala Constitucional designó a los rectores del Consejo Nacional Electoral, usurpando las funciones del órgano de representación popular, al cual constitucionalmente era imposible que sustituyera, pues conforme a la Constitución, sólo la Asamblea Nacional y mediante una votación de mayoría calificada de los 2/3 de los diputados (Art. 296), con la participación de la sociedad civil (Comité de Postulaciones Electorales), puede designar dichos funcionarios. Por ello, la omisión de la Asamblea no podría ser "suplida" por ningún otro órgano del Estado y menos por la Sala Constitucional, pues ésta ni es un órgano de representación popular, ni hay forma ni manera alguna cómo pueda reflejar la mayoría calificada requerida de la representación popular[325].

En ese caso, sin duda, a través de una inconstitucional interpretación de la Constitución, hubo usurpación de funciones del órgano legislativo por parte de la Sala Constitucional, como también la habría por ejemplo, si se le ocurriera actuar como cuerpo legislador y sancionar una ley ante la omisión de la Asamblea Nacional en hacerlo.

Pero a la inconstitucionalidad de la interpretación constitucional hecha por la Sala Constitucional en ese precedente, se agrega la regulación también inconstitucional contenida en la Ley Orgánica en su artículo 5, párrafo 1°,13, en el cual se ampliaron las competencias de la Sala Constitucional, al regularse una competencia de control de las omisiones de *cualesquiera otros órganos del Poder Público*, respecto del cumplimiento de obligaciones directamente establecidas en la Constitución, al atribuirle competencia para:

> "13. Declarar la inconstitucionalidad de las omisiones de cualquiera de los órganos que ejerzan el Poder Público de rango nacional, respecto a obligaciones o deberes establecidos directamente por la Constitución de la República Bolivariana de Venezuela".

Esta disposición, tal como está redactada, implicaría la concentración en la Sala Constitucional, por ejemplo, del conocimiento de todas las acciones de amparo contra las conductas omisivas de los entes y funcionarios públicos en el cumplimiento de las obligaciones que resultan de todos los derechos constitucionales, ya que las normas que los regulan son de aplicación directa e inmediata.

VII. LA INCONSTITUCIONAL ASUNCIÓN DEL MONOPOLIO DE LA INTERPRETACIÓN DE LA CONSTITUCIÓN Y LA RESTRICCIÓN DE LOS PODERES DE CONTROL DIFUSO DE LA CONSTITUCIONALIDAD POR LOS TRIBUNALES

En séptimo lugar, debe destacarse la inconstitucional interpretación de la Constitución efectuada por la Sala Constitucional al pretender asumir el monopolio de la interpretación constitucional y restringir los poderes de control difuso de la constitucionalidad de las leyes y demás actos normativos atribuidos a todos los jueces.

En efecto, el método difuso de control de constitucionalidad existe en Venezuela desde el siglo XIX[326], y estuvo regulado en el artículo 20 del Código de Procedimiento Civil, que establece que:

---

325 *V.* sentencia N° 2341 de 25-08-2003 (Caso: *Hermann Escarrá y otros*), y los comentarios en Allan R. Brewer-Carías, *La Sala Constitucional vs. El Estado democrático de derecho, El secuestro del Poder Electoral y de la Sala Electoral del Tribunal Supremo y la confiscación del derecho a la participación política,* Ediciones Libros El Nacional, Caracas, 2004, pp. 43 y ss. *V.* este trabajo en la Tercera Parte de este libro, páginas 197 y ss.

326 *V.* Allan R. Brewer-Carías, *Judicial Review in Comparative Law*, *op. cit.*, pp. 127 y ss.; Allan R. Brewer-Carías, "La Justicia Constitucional", *Instituciones Políticas y Constitucionales,* Tomo VI, *op. cit.*, Caracas, 1996, pp. 86 y ss.

"Artículo 20: Cuando la ley vigente, cuya aplicación se pida, colidiere con alguna disposición constitucional, los jueces aplicarán ésta con preferencia".

Más recientemente se recogió en el artículo 19 del Código Orgánico Procesal Penal, con este texto:

"Artículo 19: Control de la Constitucionalidad. Corresponde a los jueces velar por la incolumidad de la Constitución de la República. Cuando la ley cuya aplicación se pida colidiere con ella, los tribunales deberán atenerse a la norma constitucional".

A los efectos de consolidar constitucionalmente el método de control difuso de la constitucionalidad de las leyes,[327], en el artículo 334 de la Constitución establece que:

"En caso de incompatibilidad entre esa Constitución y una ley u otra norma jurídica, se aplicarán las disposiciones constitucionales, correspondiendo a los tribunales en cualquier causa, aun de oficio, decidir lo conducente".

En esta forma, el método de control difuso de la constitucionalidad adquirió rango constitucional pudiendo, incluso, ser ejercido *de oficio* por los tribunales, incluyendo, por supuesto, las diversas Salas del Supremo Tribunal, como una obligación de todos los jueces de asegurar la integridad de la Constitución, en el ámbito de sus competencias para que de este modo la justicia constitucional sea ejercida por todos los Tribunales. Así se establece, conforme lo estableció la Sala Constitucional, para todos los Jueces, de cualquier nivel, "el poder deber para controlar la constitucionalidad de los actos normativos del poder Público y ofrecer a todas las personas la tutela efectiva en el ejercicio de sus derechos e intereses legítimos, al no aplicar a los casos concretos que deban decidir, las normas que estimen inconstitucionales"[328].

Pero a pesar de ello, ha sido la propia Sala Constitucional la cual en una inconstitucional interpretación de la Constitución, ha pretendido asumir el monopolio de la interrelación constitucional y limitar el ámbito del poder de los jueces de desaplicar normas que estimen inconstitucionales, al cercenarles la potestad que necesariamente deben tener para interpretar las normas constitucionales en relación con las leyes que deben aplicar en los casos concretos que decidan. Así, en la sentencia nº 833 de 15 de mayo de 2001 (Caso: *Instituto Autónomo Policía Municipal de Chacao vs. Corte Primera de lo Contencioso Administrativo*), la Sala interpretó el artículo 334 de la Constitución, y estableció "con carácter vinculante... en qué consiste el control difuso, y en qué consiste el control concentrado de la Constitución". Ello lo hizo al formularse la pregunta de ¿si en ejercicio del control difuso un juez puede interpretar los principios constitucionales, y en base a ellos, suspender la aplicación de una

327 *V.* Allan R. Brewer-Carías, *Debate Constituyente (Aportes a la Asamblea Nacional Constituyente)*, Tomo III, (18 Octubre-30 Noviembre 1999), Fundación de Derecho Público-Editorial Jurídica Venezolana, Caracas, 1999, pp. 94 a 105.

328 *V*, sentencia Nº 1213 de 30 de mayo de 2000 (Caso: *Carlos P. García P. vs. Ministerio de Justicia. Cuerpo Técnico de Policía Judicial*). *Revista de Derecho Público*, Nº 82, (abril-junio), Editorial Jurídica Venezolana, Caracas, 2000, p. 446.

norma?, respondiéndola de manera de negarle el poder a los jueces de interpretar la Constitución, al señalar que:

> "Fuera de la Sala Constitucional, debido a las facultades que le otorga el artículo 335 de la Constitución vigente, con su carácter de máximo y última intérprete de la Constitución y unificador de su interpretación y aplicación, no pueden los jueces desaplicar o inaplicar normas, fundándose en principios constitucionales o interpretaciones motu propio que de ellas hagan, ya que el artículo 334 comentado no expresa que según los principios constitucionales, se adelante tal control difuso. Esta es función de los jueces que ejercen el control concentrado, con una modalidad para el derecho venezolano, cual es que sólo la interpretación constitucional que jurisdiccionalmente haga esta Sala, es vinculante para cualquier juez, así esté autorizado para realizar control concentrado".

VIII. LA INCONSTITUCIONAL ASUNCIÓN DEL MONOPOLIO DE INTERPRETAR LA PREVALENCIA DE LOS TRATADOS EN MATERIA DE DERECHOS HUMANOS EN EL ORDEN INTERNO

En séptimo lugar, la Sala Constitucional, también mediante una interpretación inconstitucional de la Constitución, se ha atribuido una competencia exclusiva que no tiene en materia de interpretación y aplicación de los tratados internacionales sobre derechos humanos.

En efecto, en materia de derechos humanos, de acuerdo con la propia Constitución, el principio de su supremacía cede ante las normas de los tratados, pactos y convenciones internacionales relativos a derechos humanos suscritos y ratificados por Venezuela, a los que no sólo se les atribuye jerarquía constitucional, sino que incluso la Constitución dispone que prevalecen en el orden interno (constitucional o legal), "en la medida en que contengan normas sobre su goce y ejercicio más favorables a las establecidas en esta Constitución y en las leyes de la República", declarando además la Constitución expresamente que son "de aplicación inmediata y directa por los tribunales y demás órganos del Poder Público" (Art. 23).

Sobre esta norma que le otorga rango constitucional e, incluso, supra constitucional a esos instrumentos internacionales, la Sala Constitucional del Tribunal Supremo, al reivindicar un carácter de máximo y último interprete de la Constitución y de los tratados, pactos y convenios sobre derechos humanos que no tiene, pues todas las Salas del Tribunal Supremo lo tienen, ha establecido en sentencia nº 1942 de 15 de julio de 2003 (Caso: *Impugnación de diversos artículos del Código Penal*), que por adquirir los mencionados tratados jerarquía constitucional e integrarse a la Constitución vigente, "el único capaz de interpretarlas, con miras al derecho venezolano, es el juez constitucional, conforme al artículo 335 de la vigente Constitución, en especial, al intérprete nato de la Constitución de 1999, y, que es la Sala Constitucional, y así se declara". De allí la Sala señaló que "es la Sala Constitucional quien determina cuáles normas sobre derechos humanos de esos tratados, pactos y convenios, prevalecen en el orden interno; al igual que cuáles derechos humanos no contemplados en los citados instrumentos internacionales tienen vigencia en Venezuela"[329].

---

329 *V.* en *Revista de Derecho Público*, Nº 93-96, Editorial Jurídica Venezolana, Caracas 2003.

Esta interpretación de la Constitución contraría lo expresamente establecido en ella, pues esa potestad no sólo corresponde a la Sala Constitucional, sino a todos los tribunales de la República cuando actúen como juez constitucional, por ejemplo, al ejercer el control difuso de la constitucionalidad de las leyes o al conocer de acciones de amparo. La pretensión de la Sala Constitucional en concentrar toda la justicia constitucional no se ajusta a la Constitución y al sistema de justicia constitucional que regula, de carácter mixto e integral; y menos aún en materia de derechos humanos, cuando es la propia Constitución la que dispone que los tratados, pactos e instrumentos internacionales sobre derechos humanos ratificados por la República son "de aplicación inmediata y directa por los tribunales" (art. 23).

SECCIÓN TERCERA:

ALGUNAS INNOVACIONES EN LA LEY ORGÁNICA DEL TRIBUNAL SUPREMO DE JUSTICIA DE 2004 (2004)

El texto de esta sección corresponde al de la conferencia dictada en el *Seminario sobre la Ley Orgánica del Tribunal Supremo de Justicia,* Facultad de Ciencias Jurídicas, Universidad Monteávila, Caracas 9 diciembre 2004. Fue publicado en *Crónica sobre la "in" justicia constitucional. La Sala Constitucional y el autoritarismo en Venezuela,* Colección Instituto de Derecho Público, Universidad Central de Venezuela, N° 2. Editorial Jurídica Venezolana, Caracas 2007, pp. 81-128.

La Ley Orgánica del Tribunal Supremo de Justicia de 2004[330] contiene importantes innovaciones como consecuencia del desarrollo legislativo que era necesario realizar, a raíz de los cambios introducidos por la Constitución de 1999 en relación con los aspectos organizativos del Tribunal Supremo, particularmente en relación con las nuevas Salas y con el status y número de sus Magistrados, y con el régimen de gobierno y administración del Poder Judicial que ahora le corresponde realizar al Tribunal Supremo.

En cambio, en cuanto a la regulación de las competencias, procesos y procedimientos constitucionales y contencioso administrativos, puede decirse que la nueva Ley Orgánica no varió sustancialmente la normativa que contenía la derogada Ley Orgánica del la Corte Suprema de Justicia de 1976[331], aún cuando algunas innovaciones puntuales pueden identificarse, a cuyo análisis, precisamente, están destinadas estas notas. Antes, sin embargo, un comentario sobre los aspectos formales de la Ley Orgánica, los cuales si sufrieron una variación sustancial.

---

330 *Gaceta Oficial* N° 37.042 de 19-05-2004. Véanse los comentarios a dicha Ley Orgánica, en Allan R. Brewer-Carías, *Ley Orgánica del Tribunal Suprema de Justicia,* Editorial Jurídica Venezolana, Caracas 2004.

331 *V.* los comentarios a dicha Ley en Allan R. Brewer-Carías y Josefina Calcaño de Themeltas, *Ley Orgánica de la Corte Suprema de Justicia*, Editorial Jurídica venezolana, Caracas 1991.

I. LA ASISTEMATICIDAD DE LA LEY Y LA CONFIGURACIÓN DE SU ARTICULADO

En efecto, desde el punto de vista meramente formal, la nueva Ley Orgánica sí varió totalmente la técnica legislativa, la cual materialmente en ella es inexistente[332]. En la Ley Orgánica se agruparon en un solo artículo, por ejemplo, diversos artículos que estaban Títulos, Capítulos y secciones completas de la vieja Ley Orgánica. Se configuraron, así, larguísimos artículos con hasta treinta párrafos cada uno, sin numeración alguna, lo que constituye la característica más innovadora de la nueva Ley Orgánica. Ello, por supuesto, dificulta enormemente la cita de las normas.

Además, el texto de la Ley Orgánica carece de toda sistemática, al carecer de la clásica división en Títulos, Capítulos y Secciones. Ni más ni menos, parecería que los autores del Proyecto aplicaron a un texto legal la técnica de las novelas del *boom* latinoamericano de hace lustros, sin capítulos ni secciones, ni puntos y aparte.

Afortunadamente, sin embargo, en la configuración de los textos de los artículos al menos conservaron la técnica gramatical de los puntos y seguido y de los puntos y aparte.

Pero dejando aparte los aspectos formales de la Ley, particularmente en cuanto a las competencias, procesos y procedimientos constitucionales y contencioso administrativos, pueden identificarse algunas innovaciones sustanciales en los aspectos siguientes: el principio dispositivo y los poderes de oficio del Tribunal Supremo; la competencia de la Sala Plena en materia de antejuicios de méritos para el enjuiciamiento de altos funcionarios; el avocamiento como competencia de todas las Salas; el procedimiento de los juicios de nulidad; el objeto de los procesos constitucionales de control concentrado; la ampliación de los poderes de la Sala Constitucional en el control de la inconstitucionalidad de la omisión; el recurso extraordinario de revisión de sentencias; el procedimiento en materia contencioso-administrativa; la solución de conflictos entre las Salas del Tribunal Supremo; el régimen de la extinción de la instancia (perención); y la exigencia de publicación de las sentencias del Tribunal Supremo en la *Gaceta Oficial*.

II. LAS INNOVACIONES EN CUANTO AL PRINCIPIO DISPOSITIVO Y A LOS PODERES DE OFICIO DEL TRIBUNAL SUPREMO

1. *El principio dispositivo y los poderes de actuación de oficio del Tribunal Supremo*

Además de los poderes atribuidos en la Constitución a las Salas del Tribunal Supremo de Justicia, como lo tienen todos los tribunales de la República, de poder ejercer *de oficio* el control difuso de la constitucionalidad de las leyes en caso de incompatibilidad entre ellas y la Constitución, aplicando entonces preferentemente las disposiciones de ésta (Art. 334); en la Constitución sólo se establece adicionalmente un solo supuesto de competencia de actuación *de oficio* de la Sala Constitucional del Tribunal Supremo de Justicia, en materia de control obligatorio de la

---

332 *V.* las anotaciones de Carlos Luís Carrillo Artiles, *Ley Orgánica del Tribunal Supremo de Justicia*, FUNEDA, caracas 2004, pp. VII-XIV.

constitucionalidad de los decretos ejecutivos de declaratoria de estados de excepción dictados por el Presidente de la República. (Art. 336,6); competencia que se recoge el artículo 5, párrafo 1°,11 de la Ley Orgánica.

Salvo estos dos supuestos, desde el punto de vista constitucional, en los procesos constitucionales y contencioso-administrativos, rige el principio dispositivo, de manera que incluso, el artículo 18, párrafo 7° de la Ley Orgánica lo establece expresamente al indicar que el Tribunal Supremo de Justicia debe conocer de los asuntos que le competen, "a instancia de parte interesada".

Dicha norma de la Ley Orgánica, sin embargo, estableció una excepción general no autorizada en la Constitución, conforme a la cual, y sin tener en cuenta el principio de la reserva legal, se estableció que el Tribunal y sus Salas pueden actuar *de oficio*, no sólo en los casos contemplados en la propia Ley Orgánica como se establecía en el artículo 82 de la Ley derogada[333], sino "cuando así lo amerite"; es decir a la sola discrecionalidad del Tribunal y sus Salas.

Esto, lamentablemente, deja a la libre apreciación de los Magistrados del Tribunal Supremo la posibilidad sin límites de actuación de oficio, cuando consideren que ello lo amerita, lo cual estimamos que no se ajusta a la Constitución ni a los principios fundamentales de la administración de justicia.

Ahora bien, esta innovación de la Ley Orgánica, en realidad puede decirse que responde a una doctrina jurisprudencial que la Sala Constitucional se había venido construyendo para ejercer el control de constitucionalidad mediante los poderes de revisión constitucional de sentencias, de poder revisar materialmente cualquier sentencia, auto-atribuyéndose poderes de control *de oficio*, rompiendo entonces el principio dispositivo.

En efecto, la Sala Constitucional en sentencia N° 331 de 13 de marzo de 2001 (Caso: *Henrique Capriles R. vs. Comisión Nacional de Casinos, Salas de Bingo y Máquinas Traganíqueles*), resolvió afirmar sus poderes de control de la constitucionalidad *de oficio*, dado el carácter de orden público constitucional del control de constitucionalidad, cuando con fundamento en los artículos 334 y 335 de la Constitución, conozca de algún asunto, para lo cual dijo:

> "Así pues, las referidas potestades de la Sala y la interpretación concatenada y armoniosa de los citados dispositivos constitucionales, la comprensión de los principios enunciados en el texto de la Exposición de Motivos de la Carta Fundamental, y la doctrina sentada por la jurisprudencia de esta Sala, que procura salvaguardar la vigencia de los postulados constitucionales, sirven de fundamento para declarar, como garante de la supremacía de la Constitución y en ejercicio de las facultades que la misma posee, *de oficio,* la ilegitimidad de alguna actuación, cuando habiendo sido sometido un caso a su análisis, observe que la misma ha transgredido el orden público constitucional, y en tal virtud proceda de manera inmediata y efectiva, a restaurar a través de la forma que considere idónea, la subversión advertida. En definitiva, considera la Sala que el control constitucional jurisdiccional constituye materia de orden público

333 Sustituyó el artículo 82 LOCSJ: Artículo 82. La Corte conocerá de los asuntos de su competencia a instancia de parte interesada, salvo en los casos en que pueda proceder de oficio de acuerdo con la Ley.

constitucional, y siendo la Sala el garante de la supremacía de la Constitución, al constatar su violación, *puede actuar de oficio,* como en efecto lo hace en esta oportunidad"[334].

El problema con estos poderes de actuación *de oficio*, por supuesto, no sólo es que se rompe el principio dispositivo, quedando a merced de los Magistrados de la Sala Constitucional el principio de la cosa juzgada, sino que luego no hay forma de controlar al controlador. Es decir, no hay guardián sobre el garante de la supremacía de la Constitución; y si este abusa o se excede en su actuación no hay forma de controlarla.

2. *Supuestos regulados legalmente que permiten al Tribunal Supremo realizar actuaciones de oficio*

En la Ley Orgánica, por otra parte, se pueden identificar diversos supuestos expresamente regulados en los cuales se permite la actuación *de oficio* del Tribunal en juicios ya iniciados.

En primer lugar, a los efectos de poder suplir las deficiencias del recurrente en los juicios de nulidad que tienen por objeto el control concentrado de la constitucionalidad, el artículo 5, párrafo 3° de la Ley Orgánica precisa que corresponde a la Sala Constitucional conocer de dichos juicios en los términos previstos en esta Ley y "únicamente cuando medie un recurso popular de inconstitucionalidad"; pero agregando, sin embargo que en tal caso "no privará el principio dispositivo, pudiendo la Sala suplir, de oficio, las deficiencias o técnicas del recurrente sobre las disposiciones expresamente denunciadas por éste, por tratarse de un asunto de orden público".

En segundo lugar en materia de medidas cautelares, el artículo 19, párrafo 11° de la Ley Orgánica dispone que en cualquier estado y grado del proceso las partes pueden solicitar, y el Tribunal Supremo de Justicia puede acordar, *aún de oficio*, las medidas cautelares que estimen pertinentes para resguardar la apariencia de buen derecho invocada y garantizar las resultas del juicio, siempre que dichas medidas no prejuzguen sobre la decisión definitiva.

En tercer lugar en materia de perención de la instancia, de acuerdo con lo dispuesto en el artículo 19, párrafo 16° de la Ley Orgánica, la instancia se extingue de pleno derecho en las causas que hayan estado paralizadas por más de un año, antes de la presentación de los informes. Transcurrido dicho lapso, precisa la norma, el Tribunal Supremo de Justicia debe declarar consumada la perención *de oficio o a instancia de parte*, la cual debe ser notificada a las partes mediante cartel.[335].

3. *El problema del proceso constitucional de control incidental de la constitucionalidad de las leyes con efectos anulatorios y el problema de su inicio de oficio por la Sala Constitucional*

La Sala Constitucional, en su doctrina de los últimos años había venido construyendo la posibilidad de ejercer el control concentrado de la constitucionalidad de las

334 *V.* en *Revista de Derecho Público*, N° 85-88, Editorial Jurídica Venezolana, Caracas 2001, p. 391.

335 Sustituye el artículo 86 LOCSJ.

leyes, *de oficio*, como incidente en cualquier proceso que cursare ante ella, y sin que hubiera mediado acción popular alguna.

En efecto, mediante sentencia nº 2.588 de 11 de diciembre de 2001, la Sala Constitucional declaró:

> "[Su] facultad, en virtud de ser el juez de la ley y titular del control concentrado de la constitución, de tramitar en cualquiera de los procedimientos a que den lugar las acciones ventilables ante ella, o de las cuales conozca, el denominado incidente de constitucionalidad, el cual existe cuando la cuestión planteada (no necesariamente alegada) sobre la constitucionalidad de una norma legal es prejudicial respecto de la resolución de un proceso constitucional o de una causa que curse ante la Sala".

Para justificar esta declaratoria de propia competencia, la Sala impropiamente recurrió a criterios de derecho comparado establecidos en sistemas de control exclusivamente concentrados de la constitucionalidad de las leyes (como los europeos) y que rechazan el control difuso, que no es el caso de Venezuela dado el carácter mixto e integral, argumentando como sigue:

> "Incidentes de este tipo se han solucionado de tres modos: bien a través de un juicio de constitucionalidad sin un pronunciamiento expreso de nulidad de la ley inconstitucionalidad; ya sea por el ejercicio de un control autónomo de constitucionalidad a través de un proceso separado del que dio origen al incidente, y, finalmente, merced a un control incidental de constitucionalidad que se realiza a través de un procedimiento de constitucionalidad pero dentro del proceso que ha dado lugar al incidente.
>
> "Dicha técnica fue consagrada por primera vez en el artículo 140 de la Constitución austríaca de 1920. Actualmente, la consagran la Constitución del mencionado Estado (artículos 139.1 y 140); la Ley del Tribunal Constitucional Federal alemán (artículos 67 y 95) –recurso indirecto o encubierto–; la Ley Orgánica del Tribunal Constitucional español (artículos 55.2 y 67) –cuestión previa de carácter constitucional o incidente de constitucionalidad– y lo ha desarrollado jurisprudencialmente la Corte Constitucional italiana a partir del auto nº 22, del 9 de abril de 1960 –Corte *giudice a quo* o *autorimessione*.
>
> La razón que apuntala esta facultad, señaladamente cuando la misma deriva en la declaratoria pro futuro y con efectos *erga omnes* de la norma inconstitucional –y no en la mera desaplicación del precepto para el caso concreto–, se afinca en la coherencia que existe entre una declaración de este tipo con la función de los tribunales constitucionales, en tanto ejecutores del denominado control concentrado de la constitucionalidad.
>
> Los términos en que se expresó la Corte Constitucional italiana a la hora de asumir esta competencia son suficientemente reveladores de la razón apuntada. Según dicho tribunal:
>
> > "....no puede considerarse que la misma Corte –que es el único órgano competente para decidir las cuestiones de constitucionalidad de las leyes– venga obligada a aplicar leyes inconstitucionales y tampoco que, en la hipótesis de inconstitucionalidad de las leyes que regulan la materia, pueda y deba inaplicarlas, sin poner en marcha el mecanismo (de alcance general y ne-

cesario en el vigente ordenamiento) destinado a conducir, con las debidas garantías de contradictorio, a la eliminación con efectos *erga omnes*, de las leyes inconstitucionales". Citado a su vez por: Luis J. Mieres Mieres, *El incidente de constitucionalidad en los procesos constitucionales*, págs. 56 y 57)".

De lo anterior, Sala Constitucional concluyó su razonamiento señalando lo siguiente:

"Siendo que a los tribunales constitucionales les corresponde, como una de sus competencias esenciales, declarar la nulidad de leyes colidentes con la Constitución, luce entonces congruente con dicho cometido que, ante la presencia de normas inconstitucionales que resulten prejudiciales al asunto que en definitiva vaya a decidirse (como es el presente caso), esta Sala resulte competente para declarar la nulidad de dicha norma por colidir con la Constitución, esto es, la invalide, no sólo a sus propios efectos, sino también para el resto de los tribunales, órganos del Estado y particulares.

De este modo se mantiene la unidad del ordenamiento constitucional y se evita la contradicción que resulta de la coexistencia de una norma inconstitucional (declarada así para un caso concreto), pero vigente para el resto de los operadores judiciales a falta de una natural declaratoria de nulidad. Así se establece"[336].

Esta doctrina de la Sala, por supuesto, no tiene cabida alguna en Venezuela, donde el control concentrado de la constitucionalidad de las leyes exige instancia de parte (acción popular) y un proceso constitucional contradictorio (*litis*) en el cual se debe garantizar la citación del ente productor de la norma y la participación como partes de todos los que tengan interés procesal en el asunto. Por ello, incluso, la Sala Constitucional no tuvo más remedio, en este caso, que aclarar que debía tratarse de un proceso constitucional, donde debía abrirse un contradictorio, indicando:

"En cuanto al procedimiento aplicable, y especialmente respecto a la audiencia de los defensores de la ley y de los interesados, esta Sala reconoce la necesidad de que dicha audiencia se efectúe en los más de los casos, para lo cual deberá notificarse al órgano legislativo respectivo y a los demás del procedimiento en que se suscite la incidencia.

Ello viene apoyado por el respecto al derecho a la defensa y por la práctica unánime de los tribunales constitucionales anteriormente mencionados"[337].

---

336 *V.* en *Revista de Derecho Público,* N° 85-88, Editorial Jurídica Venezolana, Caracas 2001, pp. 396 y ss.

337 En el caso específico de la sentencia, sin embargo, la Sala señaló: "Sin embargo, en virtud de la homogeneidad con que la jurisprudencia de este Tribunal ha venido decidiendo el tema –como más adelante se pondrá de relieve–; en vista, además, de que la decisión conllevará una mera definición de la Sala que le competa decidir el fondo de la solicitud, sin que por ello resulte afectado algún derecho sustancial del solicitante, muy al contrario, a través del mismo se garantiza su derecho a la tutela judicial efectiva, específicamente la faz que guarda relación con el derecho al juez natural, es por lo que la Sala prescindirá en este caso de dicho trámite. Así se establece. " *V.* en *Revista de Derecho Público*, N° 85-88, Editorial Jurídica Venezolana, Caracas 2001, p. 397. Igualmente, la sentencia de la Sala Constitucional N° 806 de

En todo caso, puede considerarse que el Legislador ha reaccionado contra esta doctrina de control concentrado incidental de oficio de la constitucionalidad de las leyes, disponiendo en el artículo 5, párrafo 3° de la Ley Orgánica del Tribunal Supremo de Justicia de 2004, que la Sala Constitucional sólo puede ejercer el control concentrado de la constitucionalidad, "en los términos previstos en esta Ley, la cual no podrá conocerlo incidentalmente en otras causas, sino únicamente cuando medie *un recurso popular de inconstitucionalidad"*.

Esperemos, por supuesto, que la Sala no vaya a insistir en su tesis y vaya a anular esta norma argumentando que es limitativa de su carácter de guardián de la Constitución.

4. *La actuación de oficio de la Sala Constitucional en materia de revisión de sentencias.*

El control difuso de la Constitucionalidad de las leyes previsto en la Constitución (Art. 334) ha sido precisado en el artículo 5, párrafo 4° de la Ley Orgánica el cual dispuso que de conformidad con lo previsto en la Constitución todo tribunal de la República puede ejercer el control difuso de la constitucionalidad únicamente para el caso concreto, en cuyo supuesto la sentencia respectiva esta expuesta '"a los recursos o acciones ordinarias o extraordinarias a que haya lugar". La Ley Orgánica, sin embargo, dejó a salvo, "en todo caso", que la Sala Constitucional pueda hacer uso, *de oficio o a instancia de parte,* de la competencia de revisión prevista en el numeral 16 del artículo 5 "y se avoque a la causa para revisarla cuando ésta se encuentre definitivamente firme".

Se estableció, entonces legalmente, en relación con los poderes de la Sala Constitucional de revisión de sentencias dictadas por los tribunales en materia de control difuso de la Constitucionalidad previsto en el artículo. 336,10 de la Constitución, la competencia de la sala para realizar tal revisión no sólo mediante instancia de parte (recurso de revisión) sino *de oficio*. Ello, por supuesto, hecha por tierra el principio de la cosa juzgada que queda a merced de los Magistrados de la Sala Constitucional sin que pueda existir control alguno sobre el controlante.

5. *La actuación de oficio de la Sala Constitucional en materia de avocamiento*

Por otra parte, una competencia que en la Ley Orgánica de 1976 estaba reservada a la Sala Político Administrativa[338], como la excepcionalísima atribución de avocarse al conocimiento de causas que cursaren en otros Tribunales, siempre a instancia de parte, la Ley Orgánica de 2004 en su artículo 5, párrafo 1°, 48, no sólo la ha extendido a todas las Salas, sino que ha incluido además la posibilidad del avocamiento de oficio, al prescribir como competencia de las Salas:

> *"5. P1. 48.* Solicitar *de oficio*, o a petición de parte, algún expediente que curse ante otro tribunal, y avocarse al conocimiento del asunto cuando lo estime conveniente".

24-04-2002 (Caso: *Sindicato Profesional de Trabajadores al Servicio de la Industria Cementera)* en *Revista de Derecho Público*, N° 89-92, Editorial Jurídica Venezolana, Caracas 2002, pp. 179 y ss.

338 Sustituye el artículo 42,29 LOCSJ, con texto similar.

En esta forma, el orden procesal, la garantía del debido proceso y el derecho a la doble instancia ha quedado a la merced de las Salas del Tribunal Supremo de Justicia.

III LAS INNOVACIONES EN MATERIA DE ANTEJUICIOS DE MÉRITOS PARA EL ENJUICIAMIENTO DE ALTOS FUNCIONARIOS

Conforme al mismo artículo 5, párrafo 1°, numeral 2 de la Ley Orgánica, corresponde a la Sala Plena del Tribunal Supremo de Justicia, conforme se indica en el artículo 266,2 de la Constitución, declarar si hay o no mérito para el enjuiciamiento del Vicepresidente Ejecutivo, de los integrantes de la Asamblea Nacional o del propio Tribunal Supremo de Justicia, de los Ministros, del Procurador General de la República, del Fiscal General de la República, del Contralor General de la República, del Defensor del Pueblo, de los Gobernadores, de los "Oficiales, Generales y Almirantes de la Fuerza Armada Nacional, en funciones de comando", y de los Jefes de Misiones Diplomáticas de la República y, en caso afirmativo, remitir los autos al Fiscal General de la República o a quien haga sus veces, si fuere el caso; y si el delito fuere común, continuará conociendo de la causa hasta la sentencia definitiva.

Sobre esta atribución en materia de antejuicio de mérito, puede decirse que la Ley Orgánica ha consolidado el ilegítimo cambio que se hizo al texto de la Constitución de 1999, cuando se reimprimió el 24 de marzo de 2000[339], al beneficiar del antejuicio de mérito, no sólo a los "oficiales generales y almirantes" de la Fuerza Armada (como decía la norma original), sino a todos los "oficiales" ("Oficiales, Generales y Almirantes", dijo entonces la norma), lo cual, en definitiva no sólo no fue la intención del Constituyente sino que no estaba en el texto de la Constitución publicada el 30 de diciembre de 1999[340].

Pero además de esta regularización del ilegítimo cambio constitucional, ahora la Ley Orgánica, restringe el beneficio del antejuicio de mérito, sólo a los oficiales ("Oficiales, Generales y Almirantes") "en funciones de comando", lo cual en nuestro criterio, por lo que se refiere a los generales y almirantes constituye a una restricción claramente inconstitucional, por no estar autorizada en el texto de la Constitución.

Por otra parte, el Legislador, en este artículo, no corrigió la falla por omisión en que había incurrido el Constituyente cuando en la enumeración contenida en el artículo 266,3, ignoró al Poder Electoral como quinto Poder Público (Art. 136 de la Constitución)[341], y omitió del beneficio del antejuicio de mérito a los rectores del Consejo Nacional Electoral. Precisamente, conforme al ordinal 9 del mismo artículo 266 de la Constitución, correspondía a esta Ley Orgánica haber corregido esa discriminación injustificada respecto de los rectores del Consejo Nacional Electoral.

---

339 *Gaceta Oficial* N° 5.453 Extra de 24-03-2000

340 *Gaceta Oficial* N° 36.860 de 30-12-1999. *V.* lo expuesto en Allan R. Brewer-Carías, *La Constitución de 1999. Derecho Constitucional venezolano*, Caracas 2004, Tomo II, p. 1.277.

341 *V.* lo expuesto sobre ello por la Sala Electoral del Tribunal Supremo de Justicia en sentencia N° 45 de 17-05-2000, en *Revista de Derecho Público*, N° 82, Editorial Jurídica Venezolana, Caracas 2000, p. 181

IV. LAS INNOVACIONES EN MATERIA AVOCAMIENTO

1. *El avocamiento como competencia de todas las Salas*

Antes de la entrada en vigencia de la nueva Ley Orgánica, ya la Sala Constitucional había negado el monopolio que en materia de avocamiento tenía la Sala Político-Administrativa del Tribunal Supremo conforme a la Ley Orgánica de 1976.

En efecto, mediante sentencia nº 456 de 15 de marzo de 2002 (Caso: *Arelys J. Rodríguez vs. Registrador Subalterno de Registro Público, Municipio Pedro Zaraza, Estado Carabobo*) la Sala Constitucional se declaró competente para conocer de solicitudes de avocamiento en jurisdicción constitucional (respecto de juicios de amparo)[342]; considerando en otra sentencia nº 806 de 24 de abril de 2002 (Caso: *Sindicato Profesional de Trabajadores al Servicio de la Industria Cementera)* como nula la norma de la derogada Ley Orgánica de la Corte Suprema de Justicia de 1976 (Art. 43) que consagraba la figura del avocamiento como competencia exclusiva de la Sala Político Administrativa, en virtud de que "es incompatible con el principio de distribución de competencias por la materia a nivel del máximo Tribunal de la República, sin que la propia Constitución lo autorice ni establezca una excepción al mismo en tal sentido"; señalando además que:

> "Esta Sala Constitucional, no obstante la claridad y laconismo con que fue redactado el precepto, objeta el monopolio que se desprende de la lectura conjunta de ambos artículos, en lo que respecta a que el trámite de las solicitudes de avocamiento sea una facultad exclusiva y excluyente de Sala Político Administrativa.
>
> Es decir, y sobre ello ahondará seguidamente, esta Sala es del parecer que tal potestad es inconsistente desde el punto de vista constitucional, y que la misma corresponde, en un sentido contrario a como lo trata dicho dispositivo, a todas las Salas del Tribunal Supremo de Justicia, según que el juicio curse en un tribunal de instancia de inferior jerarquía a la Sala que en definitiva decida examinar la petición (aquí el vocablo *inferior* se entiende en sentido amplio, ya que algunas de estas Salas no son propiamente *alzada* de dichos tribunales; tal sucede con las de casación)...
>
> Llegado este punto, siendo, pues, que la facultad de avocamiento conferida a la Sala Político Administrativa por el artículo 43 de la Ley Orgánica de la Corte Suprema de Justicia no está prevista en la Constitución, ni se deduce de ella, ni la justifica su texto, y que, por el contrario, conspira contra el principio de competencia que informa la labor que desempeñan las Salas del máximo tribunal de la República (art. 232), esta Sala concluye en que dicho precepto resulta inconstitucional...
>
> Tales declaraciones no son, propiamente, precedentes de la posición que mantiene esta Sala Constitucional respecto al tema, toda vez que en ellas se sostuvo, al mismo tiempo, que dicha facultad excepcional, no obstante las referidas limitaciones, resultaba de la *exclusiva* potestad de dicha Sala Político Adminis-

---

342 *V.* en *Revista de Derecho Público*, Nº 89-92, Editorial Jurídica Venezolana, Caracas 2002.

trativa (*Vid.* sobre el punto de la exclusividad: *ob. cit.* pp. 40 y 41). Criterio de exclusividad que ha sido expresamente abandonado por esta Sala desde su sentencia n° 456 del 15-03-02, caso: *Mariela Ramírez de Cabeza*. Lo que sí comparte es lo relativo a que la Sala Político Administrativa no estaba constitucionalmente facultada para examinar solicitudes de avocamiento ni adentrarse a su conocimiento cuando de conflictos ajenos a su competencia natural se tratara.

Pero, para prestar un mejor servicio a la justicia, esta Sala Constitucional dará, en atención a sus propias competencias, un giro en este camino, pues declarará que tal competencia (con los límites impuestos por la práctica judicial comentada) debe extenderse a las demás Salas del Tribunal Supremo de Justicia"[343].

Esta doctrina ha sido recogida por la Ley Orgánica de 2004, al establecer en su artículo 5, párrafo 1°, 48, la competencia de todas las Salas para poder avocarse al conocimiento de causas que cursen en otros tribunales, así:

> "*5. P1. 48*. Solicitar de oficio, o a petición de parte, algún expediente que curse ante otro tribunal, y avocarse al conocimiento del asunto cuando lo estime conveniente".

En consecuencia se atribuyó a todas las Salas del Tribunal Supremo de Justicia, se presume, en las materias de su respectiva competencia, la potestad de recabar de cualquier tribunal "otro tribunal", es decir, distinto del Tribunal Supremo (tribunales de instancia), *de oficio o a instancia de parte*, con conocimiento sumario de la situación, cualquier expediente o causa en el estado en que se encuentre, para resolver si se avoca y directamente asume el conocimiento del asunto o, en su defecto lo asigna a otro tribunal (Artículo 18, párrafo 11°).

Sobre las repercusiones de esta atribución generalizada, la propia Ley Orgánica dispuso que esta atribución debe ser ejercida, como lo indica ahora el artículo 18, párrafo 12°, con suma prudencia,

> "[Y] sólo en caso grave, o de escandalosas violaciones al ordenamiento jurídico que perjudique ostensiblemente la imagen del Poder Judicial, la paz pública, la decencia o la institucionalidad democrática venezolana, y se hayan desatendido o mal tramitado los recursos ordinarios o extraordinarios que los interesados hubieren ejercido".

En estos casos, prescribe la Ley Orgánica que al admitir la solicitud de avocamiento, la Sala debe oficiar al tribunal de instancia, requiriendo el expediente respectivo, y puede ordenar la suspensión inmediata del curso de la causa y la prohibición de realizar cualquier clase de actuación; considerándose nulos los actos y las diligencias que se dicten en desacuerdo por el mandamiento de prohibición (Art. 18, párrafo 13°). La sentencia sobre el avocamiento la debe dictar la Sala competente, la cual puede decretar la nulidad y subsiguiente reposición del juicio al estado que tiene pertinencia, o decretar la nulidad de alguno o algunos de los actos de los procesos, u ordenar la remisión del expediente para la continuación del proceso o de los

343 *V.* en *Revista de Derecho Público*, N° 89-92, Editorial Jurídica Venezolana, Caracas 2002, pp. 179 y ss.

procesos en otro tribunal competente por la materia, así como adoptar cualquier medida legal que estime idónea para restablecer el orden jurídico infringido (Art. 18, párrafo 14°).

El avocamiento por parte de las Salas del Tribunal Supremo, por supuesto, puede ser un instrumento procesal de primera importancia para asegurar la justicia en procesos en los cuales la misma ha sido subvertida; pero a la vez, puede configurarse en el más injusto de los instrumentos procesales precisamente para acabar con la justicia.

2. *El avocamiento como competencia de la Sala Constitucional en relación con las otras Salas del Tribunal Supremo*

Pero además de haber extendido la facultad de avocamiento a todas las Salas, respecto de causas que cursen en "otros tribunal" de instancia (distintos por tanto al propio Tribunal Supremo), la Ley Orgánica ha atribuido en particular a la Sala Constitucional en el artículo 5, párrafo 1°, ordinal 4, la facultad de avocarse "al conocimiento de una causa determinada, cuando se presuma fundadamente la violación de principios jurídicos fundamentales contenidos en la Constitución de la República Bolivariana de Venezuela, Tratados, Pactos o Convenios Internacionales suscritos y ratificados válidamente por la República, aun cuando por razón de la materia y en virtud de la ley, la competencia le esté atribuida a otra Sala". En esta forma, las causas que cursan ante las diferentes Salas han quedado a la merced de la Sala Constitucional, la cual puede subvertir el orden procesal, con sólo "presumir fundamentadamente" la violación de principios constitucionales.

V. ALGUNAS INNOVACIONES EN EL PROCEDIMIENTO DE LOS JUICIOS DE NULIDAD EN GENERAL

En relación con los juicios de nulidad en general, es decir, con los procesos constitucionales de control de la constitucionalidad de las leyes y los procesos contencioso-administrativos contra los actos administrativos, la Ley Orgánica ha introducido algunas innovaciones, por ejemplo, al establecer un procedimiento uniforme; y al regular el carácter subjetivo del proceso en los juicios de nulidad.

1. *La regulación uniforme del procedimiento*

La primera innovación importante de la Ley Orgánica, en efecto, ha sido la uniformización del procedimiento en los casos de impugnación de actos estatales, de manera que tanto los procesos constitucionales como en los contencioso administrativos tienen un mismo procedimiento. Como lo ha reconocido la Sala Constitucional en la sentencia N° 1645 de 19 de agosto de 2004:

> "Los dos procedimientos principales que contenía la Ley Orgánica de la Corte Suprema de Justicia eran el concebido para tramitar la demanda de anulación de actos de efectos generales y el establecido para el caso de la impugnación de actos de efectos particulares. La ley vigente eliminó esa distinción, estableciendo reglas comunes, salvo aspectos sólo aplicables a un caso (como la petición de antecedentes administrativos) y dejando también a salvo la existencia de ciertas especificidades (como la legitimación y los plazos, más restringidos, como es natural, para la demanda contra actos individuales)".

2. *El carácter subjetivo de proceso en los juicios de nulidad*

La Ley Orgánica de 2004 también estableció en materia de juicios de nulidad (control de la constitucionalidad de las leyes y contencioso-administrativo de anulación), una innovación sustancial consistente en establecer respecto de los mismos un verdadero proceso, a cuyo efecto ha dispuesto que las acciones se deban formular mediante "demandas", prescribiendo además la necesidad de "citar" a quienes se considera como demandados. Ello configura el proceso conforme al esquema del proceso ordinario, en el cual se entabla una *litis* entre demandante y demandado

Por ello dispone la Ley Orgánica, que en el auto de admisión de las demandas, el Juzgado de Sustanciación (Art. 19, párrafo 5°; artículo 21, párrafo 12°) debe ordenar "la citación del representante del organismo o del funcionario que haya dictado el acto"; y debe ordenar "la citación de los interesados, por medio de carteles que se publicarán en un diario de circulación nacional, para que se den por citados, en un lapso de 10 días hábiles siguientes: contados a partir de la publicación del cartel o de la notificación del último de los interesados". El recurrente está obligado a consignar un ejemplar del periódico donde fue publicado el cartel, dentro de los 3 días siguientes a su publicación, de manera que el incumplimiento de esta obligación se entiende que desiste del recurso, y se debe ordenar el archivo del expediente.

En el auto de admisión de la demanda también se debe *citar* al Fiscal General de la República, si éste no hubiere iniciado el juicio, quien debe consignar un informe hasta el vencimiento del plazo para presentar los informes; y al Procurador General de la República en el caso de que la intervención de éste en el procedimiento fuere requerida por estar en juego los intereses patrimoniales de la República.

Ahora bien, al establecer estos principios sobre el carácter subjetivo del proceso, sin embargo, la Ley Orgánica omitió completar el esquema y disponer expresamente una oportunidad para que tuviera lugar el acto de contestación de la demanda. La omisión legislativa podía suplirse interpretando que para el órgano del ente público autor del acto impugnado, conforme al artículo 360 del Código de Procedimiento Civil, la contestación podía ocurrir dentro de los 20 días siguientes a la citación. Sin embargo, en virtud de que el artículo 21, párrafo 12° de la Ley Orgánica establece para los interesados emplazados por cartel, un lapso de comparecencia de 10 días contados a partir de la publicación del mismo o de la notificación del último de los interesados, la Sala Constitucional , en sentencia N° 1645 del 19 de agosto de 2004 (Caso: *Gregorio Pérez Vargas, Impugnación de la Constitución Federal del Estado Falcón*), ha interpretado la norma concluyendo, y ha "legislado" estableciendo que el acto de contestación debe ocurrir en un acto oral al cual deben ser convocadas las partes una vez transcurrido el referido lapso de 10 días.

En dicha sentencia, sobre el carácter subjetivo del proceso, la Sala observó que en la nueva Ley Orgánica se había variado la denominación "usada por la ley derogada: "notificación" en lugar de "citación"; explicando que "Ese cambió tal vez obedeció al continuo reclamo doctrinal y jurisprudencial a favor de la naturaleza subjetiva de los procesos, que exige hablar de verdaderas partes y relegar la idea de procesos objetivos, en puro interés del derecho, sin nadie a quien citar para que comparezca al juicio, sino sólo notificar para que esté enterado de su existencia". Sin embargo, sobre los alcances de la reforma, la propia Sala señaló que:

"Si ése fue el propósito, sin embargo poco logró el legislador: en realidad no cambió el fondo; únicamente lo hicieron los términos. Tras las nuevas citaciones no hay nada distinto a las anteriores notificaciones. Unas y otras no están establecidas dentro de un verdadero proceso subjetivo –un conflicto entre partes-, sino como mecanismos para poner en conocimiento de interesados –obvios, en el caso del autor del acto; posibles, en el caso de los particulares distintos al recurrente- la existencia de la demanda. Lo anterior parece irrefutable si se piensa que el legislador olvidó incluir un elemento esencial en toda citación: el emplazamiento para comparecer ante el Tribunal. Con la citación, en lenguaje procesal, en realidad se cumplen dos cometidos: uno, hacer del conocimiento del citado la existencia de una demanda que ha sido admitida; y dos, emplazarle para presentarse en el tribunal (emplazamiento y comparecencia).

En la Ley Orgánica del Tribunal Supremo de Justicia, sin embargo, sólo hay un plazo para la comparecencia: el preceptuado para los usualmente denominados terceros interesados, es decir, aquellos que acuden al tribunal en virtud del cartel publicado en prensa. A ellos se les conceden diez días hábiles *"a partir de la publicación del cartel o de la notificación del último de los interesados"*. Se observa como la ley retoma el término "notificación" de los interesados, cuando poco antes se refiere a su citación. Ello tiene su razón: el legislador estaba consciente de que el único verdaderamente citado es el autor del acto, aparte de la Procuraduría General, como representante de la República. Ni el Fiscal General de la República ni los terceros cuya identidad es imprecisa son citados: se les invita a participar. Son notificados del proceso; si es su deseo, intervendrán; si no lo consideran necesario, no lo harán. Por supuesto, los llamados por cartel pueden demostrar un interés tal que los convierta en partes, como lo son el demandante y el demandado, y con ese carácter de partes –sobrevenidas- se comportarán en el juicio, teniendo las facultades que esa condición les da.

Puede notarse, entonces, que aparte de que el legislador no regula con cuidado la institución de la citación y la notificación, incurre en el error de fijar la petición de apertura del lapso probatorio para el momento en que se practique la citación, pero no da plazos para que los citados se presenten en el tribunal. Por supuesto, no puede pensarse que la solicitud la harán el mismo día en que la citación se practica –imposible exigir tal premura, cuando no se conoce bien el caso-, pero tampoco puede dejarse indefinido el momento en que precluye la oportunidad para hacerlo. Para la Sala, pues, es obligatorio indicar cuál será ese momento, para lo cual se hacen las consideraciones siguientes:

La intención del legislador parece ser que las partes, una vez que estén citadas, puedan informar al Tribunal acerca de su deseo de que la causa cuente con un lapso probatorio. *Para ello es imprescindible emplazarles para un acto al que deberán comparecer. El único plazo, según lo indicado, es el previsto para los llamados interesados: diez días hábiles. La ley indica que ese plazo se cuenta desde la publicación del cartel o de la última notificación de los interesados, lo que para la Sala no puede tener otro sentido que el de la última citación en los casos en que no se publique cartel, al no ser esa publicación obligatoria.*

Para la Sala, debe actuarse de manera similar al caso de los juicios de amparo constitucional: es decir, citar a las partes para que comparezcan ante el Tribunal. Esa comparecencia tendrá por objeto informarles acerca de la realización de un acto al que también deberán comparecer y que será la ocasión para solicitar la apertura del lapso probatorio. Esta Sala debe, al respecto, observar lo siguiente:

Una de las innovaciones más relevantes en el ámbito judicial venezolano fue la disposición constitucional –de 1999- acerca de la oralidad en los procesos. Bastante se ha destacado ese particular, por lo que no es necesario insistir en su importancia. La experiencia, de hecho, se ha encargado de confirmar la celeridad que proporciona el método oral, amén de la sensación de cercanía entre partes y jueces.

La Ley Orgánica del Tribunal Supremo de Justicia logró, pero sólo parcialmente, incorporar esa novedad. El artículo 19, párrafo 9, contiene la obligatoriedad de informes orales. Se abandonan así los informes escritos que preveía la ley derogada, la cual únicamente establecía la oralidad a instancia de parte. En el nuevo régimen la oralidad de los informes es la regla, sin admitir excepciones.

Ahora bien, cuando se lee la totalidad de la nueva ley se puede verificar que la oralidad está ausente del resto del proceso. La Sala estima que ello constituye un apartamiento de la voluntad del Constituyente, que ha querido un proceso fundamentalmente oral y no sólo de manera muy parcial. La demanda contra una ley, es cierto, amerita un escrito concienzudo que tal vez sea innecesario en casos más sencillos, pero ello no es suficiente para que en todo el procedimiento –salvo los informes- se prescinda de la oralidad. Por el contrario, el legislador debió seguir el espíritu de la letra de la Constitución y prever actos orales.

En criterio de la Sala, la Ley Orgánica del Tribunal Supremo de Justicia carece de un acto oral al inicio del procedimiento. Lo correcto es que partes e interesados comparezcan ante el Tribunal a imponerse de los términos de la controversia. Como la ley sí prevé que las partes pueden solicitar la apertura de lapso probatorio, la Sala estima prudente regular el procedimiento de forma de permitir que ello se haga de forma oral, en un acto que, además, satisfaga otros dos principios procesales: el de concentración y el de inmediación".

En todo caso, y a pesar de todas las fallas advertidas por la Sala Constitucional, con esta disposición puede decirse que se consolidó el carácter de proceso subjetivo del contencioso de anulación de los actos administrativos[344], en el cual además de ser un juicio contra un acto administrativo en relación al cual se solicita del juez declare su nulidad, en el mismo puede haber pronunciamiento de condena que se pretenden *como consecuencia de la anulación.* Por tanto, en el contencioso de los actos administrativos, contrariamente a lo que ocurría conforme a la Ley Orgánica

344. Como lo señaló la antigua Corte Suprema, el recurso de nulidad debe considerarse como un recurso "subjetivo" pues "se protege la integridad de la norma sólo en función de la situación jurídica subjetiva igualmente alterada". *V.* sentencia de la Corte Suprema de Justicia en Sala Político-Administrativa de 03-10-85 en *Revista de Derecho Público,* N° 24, Editorial Jurídica Venezolana, Caracas, 1985, pp. 156-162.

de 1976, ahora se demanda a la persona jurídica de derecho público o estatal que dictó el acto recurrido y no sólo se impugna el acto, pudiendo además, formularse pretensiones de condena contra dichas personas de derecho público u otros entes que hayan dictado el acto. Por tanto, ahora, en el contencioso de los actos administrativos si hay propiamente un demandante y un demandado, debiendo citarse al representante del organismo o al funcionario que haya dictado el acto, e invitarse a los interesados en la impugnación del acto recurrido o en la defensa del mismo, para que se hagan parte.

VI. ALGUNAS INNOVACIONES EN RELACIÓN CON LOS PROCESOS CONSTITUCIONALES DE CONTROL CONCENTRADO

1. *El objeto de impugnación en los procesos constitucionales de control concentrado de la constitucionalidad*

De acuerdo con los ordinales 6, 7 y 8 del artículo 5°, párrafo 1° de la Ley Orgánica, el control concentrado de la constitucionalidad se ejerce por la Sala Constitucional en relación con:

-*las leyes nacionales y demás actos con rango de ley de la Asamblea Nacional*;

-las *Constituciones y leyes estadales, de las ordenanzas municipales y demás actos de los cuerpos deliberantes de los Estados, Municipios y del Distrito Capital, dictados en ejecución directa e inmediata de la Constitución*;

-los *actos con rango de ley dictados por el Ejecutivo Nacional;* y

-los *actos con rango de ley dictados por el Ejecutivo Nacional,* que colidan con la Constitución.

Además, el ordinal 9 de la misma norma agregó la competencia de la Sala Constitucional para declarar la nulidad total o parcial de

-los *actos dictados por cualquier órgano en ejercicio del Poder Público, en ejecución directa e inmediata de la Constitución,* cuando colidan con ésta y *que no sean reputables como actos de rango legal.*

Lamentablemente en la identificación del objeto de la acción de inconstitucionalidad en este último caso, el Legislador no sólo no lo calificó como "control concentrado de la constitucionalidad", como lo hizo en los tres ordinales anteriores, perdiendo la coherencia normativa, sino que no entendió las disposiciones constitucionales (arts. 334, 336,4) que se refieren al control de constitucionalidad de los "actos dictados en ejecución directa e inmediata de la Constitución", los cuales precisamente por ello, tienen rango legal, aún cuando puedan no tener valor de ley.

Las categorías de actos dictados en ejecución directa e inmediata de la Constitución y los actos con rango de ley, no son excluyentes. Los actos dictados en ejecución directa e inmediata de la Constitución, por otra parte, por ello mismo sólo pueden estar regulados por sus normas y no admiten que se pueda dictar ley alguna para regularlos. No es lo mismo, por tanto, un acto estatal dictado en ejecución directa e inmediata de la Constitución, que una norma constitucional de aplicación directa e inmediata. Ello, lamentablemente, se ha confundido en forma inaceptable por la Sala Constitucional en la sentencia n° 566 de 12-04-2004 (Caso: *Julio Borges, César*

Pérez Vivas, Henry Ramos Allup, Jorge Sucre Castillo, Ramón José Medina y Gerardo Blyde vs. Consejo Nacional Electoral) mediante la cual la Sala Constitucional se avocó al conocimiento de la causa relativa al referendo revocatorio presidencial que competía a la Sala Electoral [345], considerando que los actos administrativos impugnados ante la misma supuestamente eran actos dictados en ejecución directa e inmediata de la Constitución.

2. *El control concentrado de la constitucionalidad de las leyes como incidente con motivo del control difuso de constitucionalidad efectuado por otras Salas del Tribunal Supremo*

Con motivo del ejercicio del control difuso de la constitucionalidad de las leyes, particularmente por parte de las otras Salas del Tribunal Supremo de Justicia, la Sala Constitucional había venido desarrollando un mecanismo de control abstracto, vía incidente, de constitucionalidad de las leyes, identificando incluso poderes de control de oficio de la constitucionalidad.

Es decir, partiendo del control difuso, la Sala Constitucional ha desarrollado otro mecanismo de control concentrado de la constitucionalidad, al poder declarar la nulidad con efectos generales de disposiciones legales por vía de lo que ha llamado incidente de constitucionalidad.

En efecto, mediante sentencia nº 1225 de 19 de octubre de 2000, la Sala Constitucional trató el tema referente a la derogación tácita de leyes preconstitucionales por la entrada en vigencia de la Constitución, respecto de lo cual señaló que correspondiéndole "declarar la derogatoria con efectos *erga omnes* y *pro futuro* de una norma de rango legal vía la cláusula derogatoria única constitucional, en virtud del monopolio que en materia de protección constitucional le asigna la Constitución", tal poder podría "desplegarlo la Sala *aun de oficio* en los casos que le toque resolver, o a través de un recurso directo de inconstitucionalidad".

Sin embargo, al constatar la Sala la posibilidad de que mediante el ejercicio del control difuso de la constitucionalidad de las leyes previsto en el artículo 334 de la Constitución, otras Salas del Tribunal Supremo o cualquier tribunal de la República pudieran desaplicarlas "respecto al caso concreto, sin tener que emitir pronunciamiento alguno sobre su derogación, pero sí sobre su incongruencia material con alguna norma constitucional"; precisó que:

> "En atención a la incidencia en el ordenamiento jurídico de tal cuestión, el Tribunal o Sala desaplicante deberán remitir a esta Sala Constitucional copia de la decisión, a la cual anexarán copia de los autos, con el fin de someterlo a la revisión correspondiente, todo en obsequio de la seguridad jurídica y de la coherencia que debe caracterizar al ordenamiento jurídico en su conjunto"[346].

---

345 *V.* los comentarios en Allan R. Brewer-Carías, *La Sala Constitucional vs. El Estado democrático de derecho (El toral y de la sala Electoral del tribunal Supremo y la confiscación del derecho a la participación política),* Ediciones El Nacional, Caracas 2004, pp. 133 y ss. *V.* este trabajo en la Tercera Parte de este libro, páginas 197 y ss.

346 *V.* en *Revista de Derecho Público*, N° 84, Editorial Jurídica Venezolana, Caracas 2000, pp. 259-260.

Esta doctrina jurisprudencial, particularmente en relación con las otras Salas del Tribunal Supremo, ha sido ahora regulada expresamente en la Ley Orgánica del Tribunal Supremo, al imponerse la obligación a sus Salas de informar a la Sala Constitucional sobre las decisiones que adopten en materia de control difuso, a los efectos de que esta resuelva en abstracto sobre la inconstitucionalidad de la ley respectiva.

En efecto, en el artículo 5°, párrafo 1°,22 de la Ley Orgánica se atribuyó a la Sala Constitucional competencia para efectuar el "examen abstracto y general sobre la constitucionalidad de una norma previamente desaplicada mediante control difuso de la constitucionalidad por una Sala del Tribunal Supremo de Justicia, absteniéndose de conocer sobre el mérito y fundamento de la sentencia pasada con fuerza de cosa juzgada"; a cuyo efecto, en el artículo 5°, párrafo 5° de la Ley Orgánica se dispuso que:

> "De conformidad con el numeral 22 de este artículo, cuando cualquiera de las Salas del Tribunal Supremo de Justicia haga uso del control difuso de la constitucionalidad, únicamente para un caso concreto, deberá informar a la Sala Constitucional sobre los fundamentos y alcances de la desaplicación adoptada para que ésta proceda a efectuar un examen abstracto sobre la constitucionalidad de la norma en cuestión, absteniéndose de revisar el mérito y alcance de la sentencia dictada por la otra Sala, la cual seguirá conservando fuerza de cosa juzgada. En caso que el examen abstracto de la norma comporte la declaratoria total o parcial de su nulidad por inconstitucional, la sentencia de la Sala Constitucional deberá publicarse en la Gaceta Oficial de la República Bolivariana de Venezuela y en la Gaceta Oficial del Estado o Municipio, de ser el caso".

Por supuesto, en este caso, la Sala Constitucional estaría obligada a iniciar el proceso constitucional de inconstitucionalidad de las leyes, abriendo el contradictorio y citando mediante cartel, a todos los que puedan tener interés en ello, aplicando analógicamente el procedimiento del proceso constitucionalidad de inconstitucionalidad de las leyes regulado para cuando se inicia mediante acción popular.

VII. LAS INNOVACIONES EN CUANTO A LA AMPLIACIÓN DE LOS PODERES DE LA SALA CONSTITUCIONAL EN EL CONTROL DE LA INCONSTITUCIONALIDAD DE LA OMISIÓN

La Constitución había regulado el proceso constitucional de control de la constitucionalidad de las omisiones del Legislador (Art. 336,7), el cual se ha recogido en el artículo 5, párrafo 1°,12 de la Ley Orgánica, al atribuirse a la Sala Constitucional, competencia para:

> "Declarar la inconstitucionalidad de las omisiones del Poder Legislativo Municipal, Estadal o Nacional cuando haya dejado de dictar las normas o medidas indispensables para garantizar el cumplimiento de la Constitución de la República Bolivariana de Venezuela, o las haya dictado en forma incompleta, y establecer el plazo y, de ser necesario, los lineamientos generales esenciales para su corrección, *sin que ello implique usurpación de funciones de otro órgano del Poder Público, o extralimitación de atribuciones*".

La última frase subrayada constituye un agregado del Legislador respecto de lo que dispuso la Constitución, con la cual puede considerarse que el Legislador ha liberado a priori a la Sala Constitucional de cualquier usurpación, a pesar de que pudiera incurrir en excesos en cuanto a los lineamientos que pudiera establecer para la corrección de la omisión por parte del órgano legislativo.

La verdad es que el control de la inconstitucionalidad por omisión no puede implicar en caso alguno, que la Sala pueda sustituirse en el ejercicio de la competencia del órgano legislativo omiso, y asumir y ejercer su competencia; es decir, la Sala no puede, a pesar de la exoneración *a priori* de la Ley, usurpar las funciones del órgano legislativo. Ello sucedió, por ejemplo, en la sentencia nº 2341 de 25-08-2003 (Caso: *Hermann Escarrá y otros*) mediante la cual la Sala Constitucional designó a los rectores del Consejo Nacional Electoral, usurpando las funciones del órgano de representación popular. Conforme a la Constitución, sólo la Asamblea y mediante una votación de mayoría calificada de los 2/3 de los diputados (Art. 296), y con la participación de la sociedad civil (Comité de Postulaciones Electorales) puede designar dichos funcionarios, y la omisión de la Asamblea no puede ser "suplida" por la Sala Constitucional, pues ésta ni es un órgano de representación popular ni hay forma ni manera alguna cómo pueda reflejar la mayoría calificada requerida de la representación popular[347]. En este caso hubo usurpación de funciones, tal como la habría si a la Sala Constitucional, por ejemplo, se le ocurriera actuar como cuerpo legislador y sancionar una ley ante la omisión de la Asamblea Nacional en hacerlo.

Pero la Ley Orgánica en su artículo 5, párrafo 1°,13, además, amplió las competencias de la Sala Constitucional, al regular el control de las omisiones de *cualesquiera otros órganos del Poder Público*, respecto del cumplimiento de obligaciones directamente establecidas en la Constitución, al atribuirle competencia para:

> "13. Declarar la inconstitucionalidad de las omisiones de cualquiera de los órganos que ejerzan el Poder Público de rango nacional, respecto a obligaciones o deberes establecidos directamente por la Constitución de la República Bolivariana de Venezuela".

Esta disposición, tal como está redactada, implicaría la concentración en la Sala Constitucional, por ejemplo, del conocimiento de todas las acciones de amparo contra las conductas omisivas de los entes y funcionarios públicos en el cumplimiento de las obligaciones que resultan de todos los derechos constitucionales, ya que las normas que los regulan son de aplicación directa e inmediata. Habrá que esperar el desarrollo jurisprudencial de esta competencia para determinar la intención del Legislador.

---

347 *V.* sentencia Nº 2341 de 25-08-2003 (Caso: *Hermann Escarrá y otros*), y los comentarios en Allan R. Brewer-Carías, *La Sala Constitucional vs. El Estado democrático de derecho*, Ediciones El Nacional, Caracas, 2004, pp. 43 y ss.

VIII. LAS INNOVACIONES EN MATERIA DE RECURSO EXTRAORDINARIO DE REVISIÓN DE SENTENCIAS.

1. *La reducción del objeto del recurso de revisión constitucional de sentencias que había sido ampliado por la Sala Constitucional*

De acuerdo con la innovación consagrada en el artículo 336,10 de la Constitución, que se recoge en el artículo 5, párrafo 1°,16 de la Ley Orgánica, la Sala Constitucional tiene competencia para conocer del recurso extraordinario de revisión de sentencias dictadas en materia constitucional, así:

> "16. Revisar las sentencias definitivamente firmes de amparo constitucional y control difuso de la constitucionalidad de leyes o normas jurídicas, dictadas por los demás tribunales de la República".

Se trata de una competencia que tiene por objeto establecer la uniformidad de la aplicación e interpretación constitucional, al permitirle a la Sala Constitucional conocer, a su discreción, de los recursos extraordinarios de revisión que se intenten contra sentencias definitivamente firmes de los tribunales en materia de amparo y de control difuso de la constitucionalidad de las leyes.

En particular, sobre las sentencias dictadas en ejercicio del control difuso de la constitucionalidad, el artículo 5, párrafo 4° de la Ley Orgánica, dispuso que "de conformidad con lo previsto en la Constitución de la República Bolivariana de Venezuela, todo tribunal de la República podrá ejercer el control difuso de la constitucionalidad únicamente para el caso concreto, en cuyo supuesto dicha sentencia estará expuesta a los recursos o acciones ordinarias o extraordinarias a que haya lugar". Dicho artículo dejó "a salvo en todo caso", como se ha dicho, que la Sala Constitucional pueda hacer uso, *de oficio o a instancia de parte,* de la competencia de revisión prevista en el numeral 16 del artículo 5 "y se avoque a la causa para revisarla cuando ésta se encuentre definitivamente firme".

El objeto de esta potestad de revisión de sentencias, sin embargo había sido ampliado por la jurisprudencia de la Sala Constitucional, de manera que mediante sentencia n° 93 de 6 de febrero de 2001 (Caso: *Olimpia Tours and Travel vs. Corporación de Turismo de Venezuela*), la Sala agregó como objeto de revisión otras sentencias dictadas por las Salas del Tribunal Supremo u otros tribunales, distintas a las dictadas en materia de amparo o de control difuso de constitucionalidad, afirmando su potestad para revisar, además de estas, las siguientes:

> "3. Las sentencias definitivamente firmes que hayan sido dictadas por las demás Salas de este Tribunal o por los demás tribunales o juzgados del país apartándose u obviando expresa o tácitamente alguna interpretación de la Constitución contenida en alguna sentencia dictada por esta Sala con anterioridad al fallo impugnado, realizando un errado control de constitucionalidad al aplicar indebidamente la norma constitucional.
>
> 4. Las sentencias definitivamente firmes que hayan sido dictadas por las demás Salas de este Tribunal o por los demás tribunales o juzgados del país que de manera evidente hayan incurrido, según el criterio de la Sala, en un error grotesco en cuanto a la interpretación de la Constitución o que sencillamente

hayan obviado por completo la interpretación de la norma constitucional. En estos casos hay también un errado control constitucional"[348].

La Sala Constitucional, por otra parte, en sentencia nº 727 de 8 de abril de 2003 continuó precisando las sentencias que podían ser objeto del recurso extraordinario de revisión, indicando que además de las sentencias de amparo constitucional y las sentencias de control expreso de constitucionalidad de leyes o normas jurídicas fundamentadas en un errado control de constitucionalidad, podían ser objeto del recurso de revisión":

> "(iii) Las sentencias que de manera evidente hayan incurrido, según el criterio de la Sala, en un error grotesco en cuanto a la interpretación de la Constitución o que sencillamente hayan obviado por completo la interpretación de la norma constitucional y (iv) Las sentencias que hayan sido dictadas por las demás Salas de este Tribunal o por los demás juzgados del país apartándose u obviando, expresa o tácitamente, alguna interpretación de la Constitución que contenga alguna sentencia de esta Sala con anterioridad al fallo que sea impugnado"[349].

En esta forma, la Sala Constitucional amplió el ámbito de su potestad constitucional revisora de sentencias dictadas en juicios de amparo o con motivo de control difuso de la constitucionalidad, abarcando otras sentencias, incluso las dictadas por las otras Salas del Tribunal Supremo, lo que constituye una limitación no autorizada en la Constitución al debido proceso y al derecho a la cosa juzgada, con importantes repercusiones en el ámbito de la seguridad jurídica y del Estado de derecho. La Sala Constitucional en efecto, luego de analizar la garantía del debido proceso en relación con la revisión extraordinaria de sentencias definitivamente firmes, en sentencia nº 93 de 6 de febrero de 2001 (Caso: *Olimpia Tours and Travel vs. Corporación de Turismo de Venezuela*), extendió su potestad revisora en relación con sentencias que -por supuesto a juicio de la propia Sala- "se aparten del criterio interpretativo de la norma constitucional que haya previamente establecido la Sala"; para lo cual simplemente se preguntó: "¿puede esta Sala, de conformidad con lo establecido en la Constitución, revisar las sentencias definitivamente firmes diferentes a las establecidas en el numeral 10 del artículo 336 de la Constitución que contraríen el criterio interpretativo que esta Sala posee de la Constitución?". La respuesta a la pregunta, la formuló la Sala interpretando el artículo 335 de la Constitución, en particular en cuanto establece el carácter vinculante de las interpretaciones que establezca la Sala sobre el contenido o alcance de las normas y principios constitucionales; del cual dedujo que "las demás Salas del Tribunal Supremo de Justicia y los demás tribunales y juzgados de la República están obligados a decidir con base en el criterio interpretativo que esta Sala tenga de las normas constitucionales".

Sin embargo, a pesar de todas estos razonamientos, la Ley Orgánica del Tribunal Supremo volvió a llevar el asunto a su límite constitucional, en el sentido de que las

---

348 *V.* en *Revista de Derecho Público*, Nº 85-88, Editorial Jurídica Venezolana, Caracas, 2001, pp. 414-415.

349 Caso: *Revisión de la sentencia dictada por la Sala Electoral en fecha 21 de noviembre de 2002*, en *Revista de Derecho Público*, Nº 93-96, Editorial Jurídica Venezolana, Caracas, 2003.

únicas sentencias que pueden ser objeto del recurso de revisión dictadas por los tribunales, son las sentencias definitivamente firmes de amparo constitucional y control difuso de la constitucionalidad de leyes o normas jurídicas, dictadas por los demás tribunales de la República.

Pero si bien la innovación de la Ley Orgánica en este caso fue reducir el ámbito del objeto (sentencias revisables) de la potestad revisora, la Ley Orgánica incorporó otra innovación ya mencionada que es la previsión expresa de la posibilidad de ejercicio de la potestad revisora, de oficio, por la Sala Constitucional, lo que como se dijo, deja a la merced de la misma el principio de la cosa juzgada y acaba con el principio dispositivo.

2. *La ampliación de la competencia de la Sala Constitucional para revisar sentencias de las otras Salas*

Sin embargo, la antes mencionada reducción del ámbito de las sentencias revisables a los límites constitucionales, no se aplica a la revisión de las sentencias dictadas por las otras Salas del Tribunal Supremo de Justicia, respecto de las cuales, al contrario, se ha producido una ampliación de la competencia de la Sala Constitucional para revisarlas.

En efecto, siguiendo la jurisprudencia de la Sala Constitucional relativa a la ampliación de sus competencias de revisión de sentencias distintas a las dictadas en materia de amparo o de control difuso de la constitucionalidad dictadas por otras Salas del Tribunal, la Ley Orgánica ha "regularizado" esta tendencia atribuyendo además a la Sala Constitucional en el artículo 5, párrafo 1°,4 de la Ley Orgánica, competencia para:

> "4. Revisar las sentencias dictadas por una de las Salas, cuando se denuncie fundadamente la violación de principios jurídicos fundamentales contenidos en la Constitución de la República Bolivariana de Venezuela, Tratados, Pactos o Convenios Internacionales suscritos y ratificados válidamente por la República, o que haya sido dictada como consecuencia de un error inexcusable, dolo, cohecho o prevaricación..."

IX. ALGUNAS INNOVACIONES EN EL PROCEDIMIENTO EN MATERIA CONTENCIOSO-ADMINISTRATIVA

1. *La uniformización del procedimiento en el contencioso administrativo de anulación*

Con la Ley Orgánica de 2004, el procedimiento contencioso administrativo puede decirse que se ha uniformizado (Art. 21, párrafo 9° y ss.), siendo por tanto básicamente el mismo sea que se trate de la anulación de un acto administrativo de efectos generales, de un acto administrativo de efectos particulares o de un acto administrativo bilateral (contratos públicos). Por tanto, la distinción entre los actos administrativos de efectos generales y los actos administrativos de efectos particulares como objeto de impugnación, que había adoptado la Ley Orgánica de la Corte Suprema de Justicia de 1976 para regular dos procedimientos distintos, queda ahora sólo de interés para definir la legitimación activa para la impugnación de los actos administrativos, así como para determinar el lapso de caducidad, la solicitud de antecedentes administrativos y la posibilidad de suspensión de efectos de los actos impugnados (Art. 21, párrafo 22°).

2. *El tema del lapso para la interposición de la acción contra actos administrativos particulares y el silencio administrativo*

De acuerdo con el artículo 21, párrafo 21° de la Ley Orgánica las acciones o recursos de nulidad contra los actos administrativos particulares de la Administración:

> "[C]aducarán en el término de seis (6) meses, contados a partir de su publicación en el respectivo órgano oficial, o de su notificación al interesado, si fuere procedente y aquélla no se efectuare, o cuando la administración no haya decidido el correspondiente recurso administrativo en el término de noventa (90) días continuos, contados a partir de la fecha de interposición del mismo".

Esta norma recoge los mismos principios que estaban establecidos en la Ley de 1976 (Art. 134), pero en la misma constituye una única novedad, el establecimiento de que los 90 días referidos de silencio administrativo en la decisión de los recursos administrativos se cuentan como días "continuos", cuando conforme a los artículos 42 y 91 de la Ley Orgánica de Procedimientos Administrativos deberían contarse como días hábiles, tal y como además lo precisó la sentencia de la Sala Constitucional de 31-07-2003 (de revisión de la sentencia de la Sala Político Administrativa n° 1.378 de 26-11-2002 Caso: *RCTV C.A.*) en la cual se consideró inconstitucional la interpretación que la Sala Político Administrativa había dado a la norma del artículo 134 de la derogada Ley (que hablaba de días continuos) en el sentido ahora regulado en la nueva Ley Orgánica.

3. *El tema de la legitimación activa (interés personal, legítimo y directo) en la impugnación de los actos administrativos de efectos particulares*

La Ley Orgánica, en efecto exige un simple interés a los efectos de la impugnación de actos administrativos de efectos generales (acción popular), y un interés personal, legítimo y directo para la impugnación de los actos administrativos de efectos particulares (Art. 21, párrafo 9° LOTSJ); distinción que en nuestro criterio, sigue estando referida al carácter normativo o no normativo de los actos recurridos.

Así, los actos administrativos de efectos generales son los actos normativos, cuyos destinatarios son indeterminados e indeterminables; en cambio, los actos administrativos de efectos particulares, son los que no tienen carácter normativo, y cuyos destinatarios o es un sujeto de derecho (acto individual) o una pluralidad de ellos, pero determinados o determinables (acto general)[350].

En esta materia debe recordarse, sin embargo, que con posterioridad a la entrada en vigencia de la Constitución de 1999 y antes de la entrada en vigencia de la Ley Orgánica de 2004, la Sala Político-Administrativa del Tribunal Supremo de Justicia y la Corte Primera de lo Contencioso Administrativa, habían venido flexibilizando las condiciones de legitimación que establecía la Ley Orgánica de 1976 (y que son las mismas ahora recogidas en la Ley de 2004), habiendo llegado a considerar que a partir de la entrada en vigor de la Constitución de 1999, había quedado tácitamente derogado el criterio legitimador del "interés personal y directo" exigido en la dero-

---

350. Allan R. Brewer-Carías, *El control de la constitucionalidad de los actos estatales*. Caracas, 1977, pp. 7-10.

gada Ley Orgánica de la Corte Suprema de Justicia y ahora ratificado en la Ley Orgánica de 2004, considerando que el mismo resultaba incompatible con los principios que establece la nueva Constitución, habiendo quedado reducido el criterio legitimador al "interés legítimo".

La Sala Político Administrativa del Tribunal Supremo, en efecto, en sentencia nº 873 de 13 de abril de 2000 (Caso: *Banco FIVENEZ vs. Junta de Emergencia Financiera*), consideró que el criterio con el cual el juez debía analizar el interés del recurrente debía ser amplio, favorable al derecho constitucional al acceso a la justicia, lo que la condujo a interpretar el concepto de interés legítimo con criterio más bien amplio y progresivo y no restrictivo. Y así, partiendo del artículo 26 de la Constitución que garantiza el derecho de toda persona de acceder a los órganos de administración de justicia para hacer valer sus derechos e intereses, incluso los colectivos o difusos, así como a la tutela efectiva de los mismos y a obtener con prontitud la decisión correspondiente; en relación con la exigencia legal de que el impugnante de los actos administrativos de efectos particulares sea titular de un interés personal legitimo y directo en impugnar el acto, lo que implica "una relación directa entre el acto que se impugna y el sujeto que lo impugna, de manera que la actividad administrativa afecte de manera particular la esfera jurídica del administrado"; señaló lo siguiente:

> "Se aprecia, pues, que los criterios de legitimación fijados en la Ley Orgánica de la Corte Suprema de Justicia no son coincidentes con los de la nueva Constitución: la legitimación prevista en la citada Ley es más restringida que la de la Constitución de 1999. El concepto de "interés" es obviamente más amplio que el de "interés personal, legítimo y directo". De allí que considera esta Sala que, a partir de la entrada en vigor de la Constitución de 1999, ha quedado tácitamente derogado el criterio legitimador exigido en la Ley Orgánica de la Corte Suprema de Justicia, pues dicho criterio resulta incompatible con los principios que establece la nueva Constitución (Disposición Derogatoria única de la Constitución de 1999), al menos en lo que respecta a la exigencia de que el interés legitimador sea personal y directo.
>
> En efecto, el interés para recurrir que exige la nueva Constitución, obviamente, sigue siendo "legítimo", ya que el ordenamiento jurídico no puede proteger intereses ilegítimos. La legitimidad del interés es consustancial al interés como criterio de legitimación para la admisión del recurso contencioso administrativo, pues el ordenamiento jurídico no puede otorgar protección a los particulares en razón de intereses contrarios a la Constitución o a las leyes. Sin embargo, en lo que respecta a la condición de "directo", debe afirmarse que, a partir de la entrada en vigencia de la nueva Constitución no se puede exigir tal condición a los recurrentes. Así que, cuando el particular pueda obtener de la impugnación del acto administrativo una ventaja o evitar un perjuicio, aunque no exista una relación inmediata entre la situación derivada o creada por el acto administrativo y el recurrente, debe admitirse que éste es titular de un "interés indirecto", lo cual lo legitima para ejercer el recurso contencioso administrativo.
>
> No pueden, pues, los tribunales de lo contencioso administrativo, a partir de la entrada en vigencia de la nueva Constitución, inadmitir los recursos contencioso administrativos con fundamento en que el recurrente no es titular de un "interés directo", pues la nueva Constitución no exige este requisito, razón por

la cual ha de entenderse suficientemente legitimado para actuar quien ostente un "interés indirecto" en la resolución del asunto. Tal restricción es contraria frontalmente al artículo 26 de la nueva Constitución, antes transcrito; derecho que, por su carácter constitucional, vincula de forma inmediata y directa a todos los poderes públicos y, en especial, a la administración pública y al poder judicial, cuyos órganos están obligados en consecuencia a admitir en base al mismo la impugnación de actos por todas las personas que actúen en defensa de sus intereses legítimos. Es suficiente, pues, que se tenga un interés conforme con el ordenamiento jurídico, aunque dicho interés no sea personal y directo, impugnar actos de efectos particulares como actos de efectos generales. En lo que respecta a la exigencia de que el interés sea "personal", debe señalarse que la nueva Constitución permite el acceso a la justicia para la defensa de los intereses "difusos" y "colectivos". En efecto, el concepto de interés previsto en la nueva Constitución abarca los intereses estrictamente personales así como los intereses comunes de cuya satisfacción depende la de todos y cada uno de los que componen la sociedad.

Ahora bien, por último, cabe destacar que, no puede confundirse la legitimación por simple interés legítimo que exige la nueva Constitución con la denominada acción popular. En esta última, en los casos en que la ley la acuerde, al particular deberá admitírsele la interposición del recurso con independencia de que pueda ostentar un derecho o interés lesionado. El fundamento de la acción popular es la voluntad del legislador, y sólo procede en los casos en que éste la admita".[351]

Sin embargo, y a pesar de este criterio jurisprudencial, debe destacarse que la Ley Orgánica del Tribunal Supremo de Justicia en 2004, en su texto, volvió a repetir el contenido de la norma de la derogada Ley Orgánica de 1976 (norma que había sido considerada tácitamente derogada por la Constitución por la Sala Político Administrativa del Tribunal Supremo), exigiéndose de nuevo el interés *personal, legítimo y directo* como condición de legitimación activa para interponer el recurso contencioso de anulación contra los actos administrativos de efectos particulares (Art. 21, párrafo 9°).

4 *El tema del agotamiento de la vía administrativa en la impugnación de los actos administrativos de efectos particulares*

Otra innovación en materia del procedimiento contencioso administrativo de la Ley Orgánica, es que conforme a su artículo 19, párrafo 6°, al regular las causales generales de inadmisibilidad de las demandas, solicitudes o recursos, en particular en cuanto a la impugnación de los actos administrativos de efectos particulares, la misma eliminó la exigencia del agotamiento de la vía administrativa que establecía el artículo 124,2 de la Ley Orgánica derogada ("Cuando el recurrente no hubiere agotado la vía administrativa"); agotamiento que se cumplía mediante el ejercicio de los recursos administrativos (jerárquico) que regula la Ley Orgánica de Procedimientos administrativos.

---

351. *V.* en *Revista de Derecho Público,* N° 82, Editorial Jurídica Venezolana, Caracas, 2002, pp. 582-583.

Esta eliminación ha conducido a que dicho agotamiento ahora no sea necesario en materia contencioso administrativa, tal como lo había decidido la Sala Político Administrativa del Tribunal Supremo en sentencia nº 1609 de 28 de septiembre de 2004 (Caso: *Legisladores del Consejo Legislativo del Estado Aragua vs. Contraloría General de la República*)[352]; después de una serie de sentencias contradictorias de la misma Sala (sentencia nº 489 de 27-03-2001)[353], de la Corte Primera de lo Contencioso Administrativa (sentencia nº 688 de 2604-2001)[354], y de la Sala Constitucional (sentencia nº 833 de 25-05-2001)[355]. En esta última sentencia, sin embargo, la Sala Constitucional consideraba que estando previsto el agotamiento de la vía administrativa en la Ley Orgánica de la Corte Suprema de Justicia, se trataba de un requisito esencial para acceder a la jurisdicción contencioso administrativa.

5. *La restricción en cuanto a la suspensión de efectos de los actos administrativos impugnados*

Además de la posibilidad para el Tribunal Supremo de dictar las medidas cautelares generales (Art. 19, párrafo 11º), el artículo 21, párrafo 22º de la Ley Orgánica, sólo regula expresamente la posibilidad de suspensión de efectos del acto recurrido en relación con los juicios de nulidad de los actos administrativos de efectos particulares, estableciendo lo siguiente:

> "El Tribunal Supremo de Justicia podrá suspender los efectos de un acto administrativo de efectos particulares, cuya nulidad haya sido solicitada, a instancia de parte, cuando así lo permita la ley o la suspensión sea indispensable para evitar perjuicios irreparables o de difícil reparación por la definitiva, teniendo en cuenta las circunstancias del caso. A tal efecto, se deberá exigir al solicitante preste caución suficiente para garantizar las resultas del juicio".

Lamentablemente, con esta norma de la Ley de 2004, se retrocedió en la tendencia protectiva de los derechos de los administrados que se venía observando en la configuración del proceso contencioso administrativo contra los actos administrativos de efectos particulares[356], al establecerse ahora la obligatoriedad para el recurrente de constituir caución para que pueda acordarse la suspensión de efectos de los actos recurridos, lo que por razones económicas viene entonces a restringir el derecho al acceso a la justicia. La Ley derogada de 1976, en esta materia, sólo establecía en su artículo 136, la posibilidad de que el Tribunal pudiera exigir potestativamente (no obligatoriamente) que el solicitante prestase caución suficiente para garantizar las resultas del juicio. Por ello, dicha Ley de 1976 agregaba que "La falta de impulso

352 Expediente 2004-0659.

353 Caso: *Maribel M. López*, en *Revista de Derecho Público*, Nº 85-88, Editorial Jurídica Venezolana, Caracas 2001, pp. 268 y ss.

354 Caso: *Antonio Alves Moreira*, en *Revista de Derecho Público*, Nº 85-88, Editorial Jurídica Venezolana, Caracas 2001, pp. 270 y ss.

355 Caso: *Instituto Autónomo Policía Municipal de Chacao*, en *Revista de Derecho Público*, Nº 85-88, Editorial Jurídica Venezolana, Caracas 2001, pp. 276 y ss.

356 *V.* Allan R. Brewer-Carías, *Nuevas tendencias en el contencioso administrativo en Venezuela*, Editorial Jurídica Venezolana, caracas 1993, pp. 158 y ss.

procesal adecuado, por el solicitante de la suspensión, podrá dar lugar a la revocatoria de ésta, por contrario imperio". Esta norma se eliminó en la reforma de 2004 dada la previsión de la obligatoriedad de la caución.

Ahora bien, en relación con las leyes y con los actos administrativos de efectos generales, a pesar de que la jurisprudencia había venido admitiendo la posibilidad de suspensión de sus efectos en casos excepcionales, a juicio del juez, nada se reguló sobre ello en la Ley Orgánica de 2004. La mencionada tendencia, sin embargo, había sido ratificada en la sentencia nº 1946 de 16 de julio de 2003 de la Sala Constitucional, así:

> "[La] doctrina de la Sala en materia de solicitud de medida cautelar innominada acumulada al recurso de nulidad por inconstitucionalidad (*Cfr.* fallo n° 1.181/2001, del 29-06, Caso: *Ronald Blanco La Cruz*) ha sido conteste en afirmar que la medida de inaplicación requerida supone una interrupción temporal de la eficacia del contenido normativo de la disposición impugnada, y que, como tal, constituye una importante excepción legal al principio general, según el cual, con base en la presunta validez intrínseca a todo acto legal, éste tiene fuerza obligatoria y produce todos sus efectos desde el momento mismo de su publicación en la Gaceta Oficial, aplicándose únicamente como medida excepcional cuando sea muy difícil reparar por sentencia definitiva los daños que resulten de la aplicación del contenido normativo del texto legal impugnado, por lo cual no debe olvidarse que la inaplicación de un instrumento normativo como medida cautelar colide con la presunción de validez de los actos legales y su obligatoriedad desde su publicación en la *Gaceta Oficial* de la República, de los Estados o Municipios, circunstancia que pone de manifiesto el hecho de que un manejo sin equilibrio de aquella inaplicación causaría un quebrantamiento del principio de autoridad, por tanto, para que pueda ser acordada, tiene que existir una verdadera y real justificación.
>
> Adicionalmente, ha sido reiterada la jurisprudencia de la Sala en cuanto a que los extremos requeridos por el artículo 585 del Código de Procedimiento Civil son necesariamente concurrentes junto al especial extremo consagrado en el Parágrafo Primero del artículo 588 *eiusdem*, es decir, que debe existir fundado temor de que se causen lesiones graves o de difícil reparación cuyo origen ha de ser la aplicación de la norma impugnada, de manera tal que faltando la prueba de cualquier de estos elementos, el Juez constitucional no podría bajo ningún aspecto decretar la medida preventiva, pues estando vinculada la controversia planteada en sede constitucional con materias de Derecho Público, donde puedan estar en juego intereses generales, el Juez debe además realizar una ponderación de los intereses en conflicto para que una medida particular no constituya una lesión de intereses generales en un caso concreto".

En la misma decisión, la Sala estableció las siguientes premisas fundamentales para el otorgamiento o no de solicitudes cautelares innominadas en procedimientos de nulidad por motivos de inconstitucionalidad:

> "(i) el carácter excepcional de la inaplicación de una norma, (ii) la verosimilitud del derecho que se dice vulnerado o amenazado, (iii) la condición de irreparable o de difícil reparación por la definitiva de la situación jurídica o derecho que se alega como propio, (iv) la posibilidad efectiva de que se produz-

can nuevos daños a la parte actora u otras personas por la aplicación de la norma cuya nulidad se pretende, y (v) la necesidad de evitar perjuicios en la satisfacción de intereses comunes a todos los integrantes de la sociedad".[357].

Como se dijo, sin embargo, la nueva Ley Orgánica del Tribunal Supremo nada reguló en la materia, reduciendo la suspensión de efectos sólo respecto de los actos de efectos particulares.

6. *La nueva competencia en materia de reclamaciones por vías de hecho*

En materia de competencias de la Sala Político-Administrativa, puede considerarse como una innovación la que le atribuye el ordinal 27 del mismo artículo 5, párrafo 1°, en materia de reclamo contra vía de hecho imputables a los órganos administrativos, así:

> "27. Conocer de las reclamaciones contra las vías de hecho imputadas a los órganos del Ejecutivo Nacional y demás altas autoridades de rango nacional que ejerzan el Poder Público".

En este caso, será la jurisprudencia la que irá determinando el ámbito de esta competencia, particularmente en relación con el objeto de la acción de amparo constitucional.

7. *La acción popular en materia de impugnación de contratos públicos*

En materia contencioso administrativa de anulación, la Ley Orgánica, siguiendo la tradición establecida en la Ley Orgánica derogada (Art. 111), estableció la posibilidad de impugnación de contratos o acuerdos que celebre la Administración, pero por personas extrañas a la relación contractual.

En este caso se trata de un proceso distinto al "contencioso de los contratos administrativos", regulado en el artículo 21, párrafo 2° de la Ley Orgánica como una acción de nulidad, al precisar que:

> "Toda persona natural o jurídica, o el Fiscal General de la República o el Defensor del Pueblo podrá proponer ante el Tribunal Supremo de Justicia, demanda de nulidad, por ilegalidad o inconstitucionalidad de contratos, convenios o acuerdos celebrados por los organismos públicos nacionales, estadales, municipales o del Distrito Capital, cuando afecten los intereses particulares o generales, legítimos, directos, colectivos o difusos de los ciudadanos y ciudadanas".

En estos casos, tampoco se trata de un contencioso de las demandas contra los entes públicos que puede intentar el contratante de la Administración con motivo de la ejecución de contratos incluso administrativos (Art. 5, párrafo 1°,25 LOTSJ), sino de acciones de nulidad intentadas contra contratos, acuerdos o convenciones (sean o no considerados "administrativos") celebrados por la Administración, particular-

---

357 Caso: *Impugnación de la Ley de Tierras*. Doctrina reiterada en la sentencia N° 653 de la Sala Constitucional de 04-04-2003 (Caso *Impugnación de las Leyes de Reforma Parcial de las Leyes que establecen el Impuesto al Débito Bancario y el Impuesto al Valor Agregado*).

mente por personas extrañas a la relación contractual, que afecten los "intereses particulares o generales, legítimos, directos, colectivos o difusos de los ciudadanos".

Se trata, en definitiva, por la legitimación amplia que se consagra, y esta es la novedad, de una acción popular de nulidad que se puede ejercer contra contratos o convenios suscritos por la Administración, y no particularmente contra "contratos administrativos". En la Ley Orgánica derogada, en cambio, se exigía como legitimación, el interés personal, legítimo y directo del recurrente para la impugnación.

8. *La ampliación de las competencias de los tribunales contencioso administrativos en materia de demandas contra los Estados y los Municipios*

La Ley Orgánica, en el artículo 5, 24, atribuye a la Sala Político-Administrativa competencia para "conocer de las demandas que se propongan contra la República, los Estados, los Municipios, o algún Instituto Autónomo, ente público o empresa, en la cual la República ejerza un control decisivo y permanente, en cuanto a su dirección o administración se refiere, si su cuantía excede de 70.001 U.T. (Art. 5,24).

Sobre esta competencia, la Sala Político Administrativa del Tribunal Supremo en sentencia N° 1209 de 2 de septiembre de 2004 (Caso: *Declinatoria de competencia. Importadora Cordi C.A. vs. C.A. Venezolana de Televisión*), ha destacado su novedad al indicar que:

> "[Se] incorpora como competencia de esta Sala Político Administrativa, conocer de las demandas que se interpongan contra los Estados y los Municipios, así como contra cualquier ente público en el cual la República ejerza un control decisivo y permanente en su dirección o administración (competencia ésta, distinta a la que ya tenía esta Sala, conforme a la ley derogada y que se mantiene en la nueva ley, respecto de las demandas contra la República, los Institutos Autónomos y las empresas en las cuales el Estado tenga participación decisiva)".

En esta forma, en cuanto a las demandas contra entes públicos, en forma distinta a lo que establecía la Ley Orgánica de 1976, los órganos contencioso administrativos tienen el conocimiento de aquellas que se refieren no sólo a los *entes nacionales, sino a los estadales y municipales.* En cambio, la derogada Ley Orgánica de 1976 establecía que sólo las demandas contra la República caían dentro de la competencia de los Tribunales Contencioso-Administrativos, pues las demandas contra los Estados y Municipios se debían intentar ante los tribunales ordinarios, "de acuerdo con las previsiones del derecho común o especial", que eran los competentes para conocer de ellas en primera instancia (Art. 183 LOCSJ).

Debe destacarse que a pesar de esta ampliación competencial contenida en la Ley Orgánica, esta nada reguló respecto de la competencia de la Sala Político Administrativa en los casos de demandas que intenten los *entes públicos (República, Estados y Municipios) contra particulares;* lo que ha sido suplido por la jurisprudencia de la Político Administrativa en sentencia N° 1315 de 8 de septiembre de 2004 (Caso: *Declinatoria de competencia: Alejandro Ortega O. vs. Banco Industrial de Venezuela*); en la cual estableció la competencia de los tribunales contencioso administrativos, cuando sean los entes públicos los demandantes contra particulares, así:

"En tal sentido, y aunado a las consideraciones expuestas en el fallo antes citado (nº 1209), en atención al principio de unidad de competencia, debe establecer esta Sala que igualmente resultan aplicables las anteriores reglas para el conocimiento de todas las demandas que interpongan cualesquiera de los entes o personas públicas mencionadas anteriormente contra los particulares o entre sí".

9. *La ampliación de las competencias en materia de demandas contra entes descentralizados no empresariales: fundaciones y sociedades civiles del Estado*

Pero además de las demandas contra la República, los Estados y los Municipios, la Ley Orgánica atribuye a la Sala Político Administrativa según la cuantía, el conocimiento de las demandas contra algún "Instituto Autónomo, *ente público* o empresa, en la cual la República ejerza un control decisivo y permanente, en cuanto a su dirección o administración se refiere".

Con esta redacción lamentablemente no se despejó la duda que derivaba de la norma equivalente de la Ley de 1976, que sólo se refería a acciones contra los Institutos Autónomos y las empresas "en las cuales el Estado tuviera participación decisiva", lo que llevó a la Sala Político Administrativa en un primer momento a interpretar impropiamente la expresión "empresas del Estado" en sentido restrictivo, como incluyendo solamente las empresas en las cuales la República directamente fuera accionista, y excluyendo del fuero jurisdiccional, las empresas en las cuales un instituto autónomo u otra empresa del Estado, por ejemplo, fueran los entes accionistas[358]. Posteriormente, fue cambiando esta interpretación para abarcar las empresas del Estado controladas por otras empresas del Estado.

Sin embargo, del texto estricto de la Ley Orgánica resulta que el contencioso de las demandas contra los entes públicos descentralizados ahora está más reducido, pues sólo comprende las demandas contra algún Instituto Autónomo, ente público o empresa, en la cual *la República* ejerza un control decisivo y permanente, en cuanto a su dirección o administración se refiere. Es decir, la competencia de la Sala Política Administrativas se redujo respecto de los entes en los cuales la República directamente ejerza el control de los entes descentralizados; por lo que si quién ejerce el control es un instituto autónomo u otra empresa del Estado (holding, por ejemplo) la Sala Político Administrativa no sería competente.

Por otra parte, se debe destacar que se incorporó en la norma la competencia en materia de demandas contra otros "entes públicos" distintos a los institutos autónomos ya las empresas del Estado controlados por la República, lo que permite incluir en esa categoría, conforme a la Ley Orgánica de la Administración Pública, a las sociedades civiles del Estado y a las fundaciones del Estado. El artículo 15 de esta Ley, en efecto, diferencia los "órganos administrativos" de los "entes públicos", entendiendo por ente, "toda organización administrativa descentralizada funcional-

358. *V.* la sentencia de la Sala Político-Administrativa de 20-01-83 y la sentencia de la Corte Primera de la Contencioso-Administrativo de 24-04-83 en *Revista de Derecho Público* Nº 14, Editorial Jurídica Venezolana, Caracas, 1983, pp. 187-190. *V.* Noelia González, "Conceptos de empresas del Estado en la Ley Orgánica de la Corte Suprema de Justicia", *Revista de Derecho Público,* Nº 26, Editorial Jurídica Venezolana, Caracas, 1986, pp. 165-174.- *V.* nuestra crítica a dichas sentencias en Allan R. Brewer-Carías, *Estado de Derecho y Control Judicial*, Madrid, 1982, pp. 570 y ss.

mente con personalidad jurídica propia distinta de la República, de los Estados, de los distritos metropolitanos y de los municipios". En cambio los órganos son las unidades administrativas de la República, los Estados, los distritos metropolitanos y entes públicos a las que se les atribuyan funciones que tengan efectos jurídicos frente a terceros, o cuya actuación tenga carácter preceptivo".

10. *Las nuevas regulaciones en la Ley Orgánica del Tribunal Supremo de Justicia para la atribución de competencias jurisdiccionales, y la inutilidad de la referencia a contratos administrativos*

De acuerdo con lo antes expuesto, puede decirse que la ley Orgánica del Tribunal Supremo materialmente estableció un fuero jurisdiccional a favor de las personas jurídicas estatales, en el sentido de que corresponde a los tribunales contencioso administrativos competencia para conocer según la cuantía, de las demandas que se intenten contra la República, los Estados y los Municipios y las demás personas jurídicas estatales de derecho público y de derecho privado nacionales, independientemente de que la controversia que las origine tenga o no su origen en un contrato e independientemente de que se trate de un contrato administrativo o de un supuesto contrato de derecho privado de la Administración.

En efecto, como antes indicamos, en el artículo 5, párrafo 1°, ordinal 24 de la ley Orgánica, se atribuyó a la Sala Político-Administrativa del Tribunal Supremo competencia para "conocer de las demandas que se propongan contra la República, los Estados, los Municipios, o algún Instituto Autónomo, ente público o empresa, en la cual la República ejerza un control decisivo y permanente, en cuanto a su dirección o administración se refiere, si su cuantía excede de 70.001 U.T. Además, la Ley Orgánica, siguiendo la tradición de la Ley Orgánica anterior, en su artículo 5, párrafo 1°, ordinal 25, también atribuyó competencia a la Sala Político Administrativa para:

> "*5. P1. 25.* Conocer de las cuestiones de cualquier naturaleza que se susciten con motivo de la interpretación, cumplimiento, caducidad, nulidad, validez o resolución de los contratos administrativos en los cuales sea parte la República, los estados o los municipios, si su cuantía excede de setenta mil una unidades tributarias (70.001 U.T.)";

De las dos normas mencionadas de los ordinales 24, y 25 resulta en consecuencia, que en cuanto a las demandas contra entes públicos, en forma distinta a lo que establecía la Ley Orgánica de 1976, los órganos contencioso administrativos tienen ahora competencia para el conocimiento de aquellas que se intenten contra la República, sino contra los Estados y Municipios y además, contra las personas jurídicas estatales nacionales con forma de derecho público o de derecho privado, cualquiera sea su origen. Esas demandas, por supuesto, pueden tener su origen en cuestiones que resulten de la interpretación, cumplimiento, caducidad, nulidad, validez o resolución de *cualquier tipo de contratos* en los cuales esas personas sean parte. Por tanto, las referidas demandas pueden ser intentadas por el co-contratante de la Administración para lograr la condena de ésta al pago de una suma de dinero o de daños y perjuicios, o para restablecer una situación jurídica subjetiva y contractual lesionada por la actividad ilegítima de la Administración, es decir, por una actividad administrativa contraria al título jurídico que origina la relación jurídico administrativa: el contrato.

Por tanto, todo lo referente a los contratos del Estado en los cuales sea parte la República, los Estados, los Municipios, o los institutos autónomos nacionales o una empresa del Estado nacional, cualquiera que sea su naturaleza (administrativo o derecho privado) es de la competencia de los órganos de la jurisdicción contencioso administrativa, y en particular, si la cuantía es superior a 70.001 UT, de la Sala Político Administrativa del Tribunal Supremo.

La Ley Orgánica del Tribunal Supremo de Justicia de 2004, sin embargo, a pesar de la competencia antes mencionada del ordinal 24, la repitió en el ordinal 25, agregando sólo la frase "si su cuantía excede de setenta mil una unidades tributarias (70.001 U.T.)", estableciendo así una distribución general de competencia de los tribunales contencioso administrativos en la materia también dependiendo de la cuantía.

En esta forma, la competencia de los tribunales contencioso administrativos es general para conocer de cualquier demanda que se intente contra los entes públicos originados en cualquier tipo de contratos, según la cuantía, correspondiendo a la Sala Político Administrativa cuando la cuantía exceda de 70.000 UT; por lo que la norma del artículo 5, párrafo 1°, ordinal 25 de la Ley en cuanto a la referencia a "contratos administrativos" ahora resulta completamente inútil, al establecer la misma cuantía pero en relación a dichos "contratos administrativos".

Por ello, en contraste con lo que regulaba la Ley Orgánica de 1976, consideramos que la noción de *contrato administrativo* perdió toda significación jurídica en materia de asignación y distribución de competencias judiciales, a partir de la Ley Orgánica de 2004, por lo siguiente:

Primero, porque la noción podía tenía interés en la Ley derogada sólo debido a que se excluía de la competencia contencioso administrativa las demandas contra los Estados y Municipios, cuyo conocimiento se atribuía a los Tribunales de la jurisdicción ordinaria[359], correspondiendo sin embargo, el conocimiento de las demandas contra los Estados y Municipios basadas en contratos administrativos, como excepción a dicha exclusión, a la Sala Político Administrativa de la Corte Suprema de Justicia. En esta forma, al atribuirse a todos los tribunales contencioso administrativos competencia para conocer de cualquier tipo de demandas no sólo contra la República, sino contra los Estados y Municipios, la competencia en materia de "contratos administrativos" a los mismos tribunales con la misma cuantía, es inútil y redundante.

Segundo, porque la noción tenía interés en los casos de demandas intentadas por la República, los Estados y Municipios contra los particulares basadas en contratos administrativos, lo que se atribuía sólo a la Corte Suprema de Justicia, como *excepción* también al principio de la exclusión de la competencia contencioso administrativa en estos casos en los cuales la República, los Estados y Municipios aparecieran como demandantes de particulares, cuyo conocimiento correspondía a los Tribuna-

359 Artículo 183, ordinal 1, LOCSJ.

les de la jurisdicción ordinaria[360]. En esta forma, al atribuirse jurisprudencialmente a todos los tribunales contencioso-administrativos competencia para conocer de cualquier tipo de demandas que intenten la República, los Estados y los Municipios contra particulares a los tribunales contencioso administrativos según la cuantía, la competencia en materia de "contratos administrativos" a los mismos tribunales con la misma cuantía, es inútil y redundante.

Tercero, porque los casos de demandas contra la República, los institutos autónomos nacionales y las empresas del Estado nacionales, con motivo de "contratos administrativos", cuyo conocimiento correspondía a la antigua Corte Suprema de Justicia, como *excepción* al principio de distribución de la competencia por la cuantía entre los diversos Tribunales contencioso-administrativos[361], también resulta ahora completamente inútil, dada la competencia atribuida a todos a los tribunales contencioso administrativos según la cuantía, para conocer de cualquier demanda contra dichos entes.

En consecuencia, conforme al artículo 5, párrafo 1°, ordinal 24 de la Ley Orgánica, cualquiera que sea la naturaleza del contrato que suscriban la República, los Estados, los Municipios y los institutos autónomos y empresas del Estado nacionales, respecto de los cuales se susciten controversias respecto de los mismos que den origen a demandas, la competencia para conocer de las mismas corresponde a todos los tribunales contencioso administrativos, distribuida según la cuantía. Poco importa por tanto que se trate de "contratos administrativos", siendo completamente inútil la previsión del artículo 5, párrafo 1°, ordinal 25 de la Ley Orgánica.

X. LA INNOVACIÓN EN CUANTO A LA ATRIBUCIÓN A LA SALA CONSTITUCIONAL DE LA POTESTAD DE DIRIMIR CONFLICTOS ENTRE LAS SALAS EL TRIBUNAL SUPREMO

Conforme al artículo 42,7 de la Ley Orgánica derogada de 1976, como es lógico, correspondía a la Sala Plena de la antigua Corte Suprema de Justicia[362] resolver los conflictos de cualquier naturaleza que puedan suscitarse entre las Salas que la integraban o entre los funcionarios de la propia Corte, con motivo de sus funciones. Sin embargo, sin sentido alguno, en la Ley Orgánica de 2004 la competencia se atribuyó a la Sala Constitucional (Art. 5,3), ya que esta es una Sala más, igual a las otras Salas del Tribunal Supremo. Con esta atribución se ha investido a la Sala Constitucional de un nivel superior del cual carece, aparte de ser ella misma la que entonces resuelva los conflictos que puedan surgir entre las otras Salas y la misma Sala Constitucional.

360 Artículo 183, ordinal 2, LOCSJ.

361 Artículos 42, ordinal 15; 182, ord. 2° y 185, ord. 69, LOCSJ.

362 Artículo 42,7 LOCSJ (Corte Plena): Resolver los conflictos de cualquier naturaleza que puedan suscitarse entre las Salas que la integran o entre los funcionarios de la propia Corte, con motivo de sus funciones.

XI. LA INNOVACIÓN EN CUANTO AL RÉGIMEN DE LA EXTINCIÓN DE LA INSTANCIA (PERENCIÓN)

De acuerdo con lo dispuesto en el artículo 19, párrafo 16° de la Ley, la instancia se extingue de pleno derecho en las causas que hayan estado paralizadas por más de un año, *antes de la presentación de los informes*. Dicho término debe empezar a contarse a partir de la fecha en que se haya efectuado el último acto procesal. Transcurrido dicho lapso, dice la norma, el Tribunal Supremo de Justicia debe declarar consumada la perención *de oficio o a instancia de parte*, "la cual debe ser notificada a las partes, mediante un cartel publicado en un diario de circulación nacional". Luego de transcurrido un lapso de 15 días continuos se debe declarar la perención de la instancia[363].

La innovación fundamental de esta norma consiste en haber precisado con claridad, que la perención de la instancia no puede operar cuando la paralización por más de un año ocurra después del acto de informes, con lo que legislativamente hablando se puso fin a la absurda jurisprudencia de la Sala Político Administrativa del Tribunal Supremo que había declarado la perención de la instancia de causas que estando en estado de sentencia habían quedado paralizadas por más de un año, precisamente después de haberse realizado el acto de informes que es la última actuación de las partes.

Sin embargo, a pesar de esta novedad, la norma de la ley Orgánica ha sido calificada por la Sala Constitucional del Tribunal Supremo de Justicia en sentencia n° 1466 de 5 de agosto de 2004 (Caso: *José Manuel Vadell G.*) como "contradictoria y de imposible entendimiento", y como "absurda y carente de elemental lógica"; destacando que su última parte "crea una confusión tal que no permite establecer su inteligencia y hacer aplicativo lo que pareciera haber sido la intención del precepto". La Sala, en efecto, destacó que "carecería de sentido que antes de que se declarase la perención fuese obligatorio que se ordenase la publicación de un cartel", toda vez que la norma es inequívoca cuando establece la extinción de la instancia de pleno derecho en las causas que hayan estado paralizadas por más de un año. Además, consideró la Sala que en esa situación, no habría interesado alguno en pagar los costos de la publicación del cartel, razón por la cual resolvió "abandonar" el criterio establecido en los fallos n° 1.379 y 1.265/2004 en los cuales había ordenado "tal publicación en un esfuerzo por hacer aplicativa la norma (núm. 1.245/2004)". En fin, tomando en consideración "la ambigüedad y oscuridad de la norma", la Sala Constitucional consideró "imperativo, de conformidad con lo dispuesto en el artículo 19 del Código Civil, arbitrar una solución a la institución de la perención de la instancia de las causas que cursan ante el Tribunal Supremo de Justicia"; lo que hizo disponiendo lo siguiente:

> "En tal sentido, la Sala acuerda desaplicar por ininteligible la disposición contenida en el párrafo quince del artículo 19 de la novísima Ley Orgánica del Tribunal Supremo de Justicia, que pareciera obedecer a un *lapsus calamis* del Legislador y, en atención a lo dispuesto en el aludido artículo 19 del Código Civil, acuerda aplicar supletoriamente el Código de Procedimiento Civil, de

363 Sustituye el artículo 86 LOCSJ.

carácter supletorio, conforme a lo dispuesto en el primer aparte del artículo 19 de la Ley Orgánica del Tribunal Supremo de Justicia, en lo relativo a la perención de la instancia.

Dicho precepto legal previene, en su encabezamiento, lo siguiente:

"Toda instancia se extingue por el transcurso de un año sin haberse ejecutado ningún acto de procedimiento por las partes. La inactividad del Juez después de vista la causa, no producirá la perención".

En consecuencia, por cuanto el anterior precepto regula adecuada y convenientemente la institución que examinamos, el instituto procesal de la perención regulado en el Código de Procedimiento Civil, cuando hubiere lugar a ello, será aplicado a las causas que cursen ante este Alto Tribunal cuando se dé tal supuesto. Así se decide".

Lamentablemente, al tratar de resolver un "*lapsus calamis*" del Legislador, la Sala Constitucional incurrió en otros: no identificó el artículo del Código de Procedimiento Civil que ordenó aplicar supletoriamente, que es el artículo 267; se fundamentó sin sentido alguno, para la aplicación de dicha norma supletoriamente, en el "artículo 19 del Código Civil", que cita dos veces, cuando éste en realidad se refiere a las personas jurídicas; identificó la parte del artículo 19 que analizó, como párrafo quince (15°) del artículo 19 de la Ley Orgánica, cuando en realidad es el párrafo 16° (podría ser el *aparte* 15° del artículo); hizo referencia al "primer aparte del artículo 19 de la Ley Orgánica" cuando para ser coherentes, debió identificarlo como párrafo 2° del artículo 19; y al acordar desaplicar el mencionado párrafo 16°, en su texto completo, "suspendió" la disposición que buscaba impedir que pudiera operar la perención y se pudiera extinguir la instancia de pleno derecho en las causas que pudieran estar paralizadas por más de un año, *después* de la presentación de los informes.

Por otra parte, se debe destacar que como lo indica el artículo 19, párrafo 17° de la Ley Orgánica, la perención de la instancia no se puede declarar en los procesos que comprenda materia ambiental o penal, cuando se trate de acciones dirigidas a sancionar los delitos contra los derechos humanos, o contra el patrimonio público, o contra el tráfico de estupefacientes o sustancias psicotrópicas. El incumplimiento a esta obligación es considerado como falta grave de los Magistrados que integran la Sala y que declararon con lugar la perención pudiendo ser sancionados con la remoción del cargo.

XII. LA INNOVACIÓN RESPECTO DE LA EXIGENCIA DE PUBLICACIÓN DE LAS SENTENCIAS DEL TRIBUNAL SUPREMO EN LA *GACETA OFICIAL*

La Ley Orgánica de 2004 estableció en general para todas las sentencias del Tribunal Supremo y de sus Salas, la obligación de que se publiquen en la *Gaceta Oficial de la República* (Art. 20, párrafo 6°).

En cuanto a los juicios de nulidad, el artículo 21, párrafo 19° de la Ley reitera que el Tribunal Supremo de Justicia debe ordenar la publicación de la decisión en la *Gaceta Oficial* de la República; y en el caso de que fuese declarado con lugar el recurso, debe prescribir que en el *sumario* de ésta, se indique, con toda precisión, el acto o disposición anulada[364].

Además, esta obligación de publicar los fallos se repite y reitera sucesivamente en las normas atributivas de competencia a la Sala Constitucional para conocer de los procesos constitucionales de control de la constitucionalidad. Así, en el artículo 5, párrafo 1°,6 sobre la competencia para declarar la nulidad total o parcial de las *leyes nacionales y demás actos con rango de ley de la Asamblea Nacional,* se dispone en la segunda frase del numeral, que "La sentencia que declare la nulidad total o parcial deberá publicarse en la *Gaceta Oficial de la República Bolivariana de Venezuela,* determinando expresamente sus efectos en el tiempo".

En el artículo 5, párrafo 1°,7 sobre la competencia para declarar la nulidad total o parcial de las *Constituciones y leyes estadales, de las ordenanzas municipales y demás actos* de los cuerpos deliberantes de los Estados, Municipios y del Distrito Capital, se dispuso en la segunda frase del numeral que "La sentencia que declare la nulidad total o parcial deberá publicarse en la *Gaceta Oficial de la República Bolivariana de Venezuela* y en la Gaceta *Oficial Estadal o Municipal* que corresponda, determinando expresamente sus efectos en el tiempo".

En el artículo 5, párrafo 1°,8 sobre la competencia para declarar la nulidad total o parcial de *los actos con rango de ley dictados por el Ejecutivo Nacional,* se agregó en la segunda frase del numeral, que "La sentencia que declare la nulidad total o parcial deberá publicarse en la Gaceta Oficial de la República Bolivariana de Venezuela".

Adicionalmente, en el párrafo 3° del artículo 5 de la Ley Orgánica, en el cual se regula en general el ejercicio por la Sala Constitucional del "control concentrado de la constitucionalidad", en los casos de procesos constitucionales de nulidad, se reiteró que los efectos de las sentencias de nulidad son "de aplicación general, y se publicará en la *Gaceta Oficial de la República Bolivariana de Venezuela,* y en la *Gaceta Oficial del Estado o Municipio* según corresponda".

Por último, en los casos de procesos constitucionales de control de la constitucionalidad de las leyes como incidente con motivo del control difuso de constitucionalidad efectuado por otras Salas del Tribunal Supremo, en le artículo 5, párrafo 1°,22 de la Ley Orgánica se dispone que "En caso que el examen abstracto de la norma comporte la declaratoria total o parcial de su nulidad por inconstitucional, la sentencia de la Sala Constitucional deberá publicarse en la *Gaceta Oficial de la República Bolivariana de Venezuela* y en la *Gaceta Oficial del Estado o Municipio,* de ser el caso.

Es difícil encontrar en una ley, tal reiteración, como sucede con esta Ley Orgánica.

---

364 Sustituye los siguientes artículos LOCSJ: Artículo 119....Si fuere declarado con lugar el recurso, la Corte ordenará, además, que en el Sumario de la GACETA OFICIAL donde se publique el fallo se indique, con toda precisión, el acto o disposición anulados. Artículo 120. La decisión que recaiga deberá publicarse inmediatamente en la GACETA OFICIAL DE LA REPUBLICA DE VENEZUELA.

SECCIÓN CUARTA:

LA ILEGÍTIMA MUTACIÓN CONSTITUCIONAL PARA AMPLIAR LAS COMPETENCIAS DE LA PROPIA JURISDICCIÓN CONSTITUCIONAL

Esta sección recoge el texto del estudio sobre "La ilegítima mutación de la constitución por el juez constitucional: la inconstitucional ampliación y modificación de su propia competencia en materia de control de constitucionalidad," publicado en *Libro Homenaje a Josefina Calcaño de Temeltas*. Fundación de Estudios de Derecho Administrativo (FUNEDA), Caracas 2009, pp. 319-362. Publicado también en el libro: *Práctica y distorsión de la justicia constitucional en Venezuela (2008-2012)*, Colección Justicia Nº 3, Acceso a la Justicia, Academia de Ciencias Políticas y Sociales, Universidad Metropolitana, Editorial Jurídica Venezolana, Caracas 2012.

I. EL PRINCIPIO DE LA SUPREMACÍA CONSTITUCIONAL EN VENEZUELA, LAS MODIFICACIONES A LA CONSTITUCIÓN SÓLO CON APROBACIÓN POPULAR Y EL SISTEMA DE JUSTICIA CONSTITUCIONAL

La Constitución de Venezuela de 1999, luego de su sanción por una Asamblea Nacional Constituyente, entró en vigencia como manifestación de la voluntad del pueblo expresada como poder constituyente originario en el referendo aprobatorio del 15 de diciembre de 1999.[365]

En ella, el principio de la supremacía constitucional se encuentra formalmente expresado ("Artículo 7. *La Constitución es la norma suprema y el fundamento del ordenamiento jurídico. Todas las personas y los órganos que ejercen el Poder Público están sujetos a esta Constitución*"), lo que implica que la Constitución prevalece y debe prevalecer sobre la voluntad de todos los órganos constituidos del Estado, incluyendo el Tribunal Supremo de Justicia cuya Sala Constitucional ejerce la Jurisdicción Constitucional, por lo que su modificación sólo puede llevarse a cabo conforme se dispone en su propio texto, como expresión-imposición de la voluntad popular producto de ese poder constituyente originario.

La contrapartida de la obligación de los órganos constituidos de respetar la Constitución, de manera que el poder constituyente originario prevalezca sobre la voluntad de dichos órganos estatales constituidos, es el derecho constitucional que todos los ciudadanos tienen en un Estado Constitucional, a que se respete la voluntad popular expresada en la Constitución, es decir, *el derecho fundamental a la supremacía constitucional*.[366] Nada se ganaría con señalar que la Constitución, como manifestación de la voluntad del pueblo, debe prevalecer sobre la de los órganos del Estado, si no existiere el derecho de los integrantes del pueblo de exigir el respeto de esa

---

365 Véase sobre la Constitución de 1999, Allan R. Brewer-Carías, *La Constitución de 1999. Derecho Constitucional Venezolano*, Editorial Jurídica Venezolana, Caracas 2004, 2 vols.

366 Véase Allan R. Brewer-Carías, "El amparo a los derechos y libertades constitucionales (una aproximación comparativa)" en Manuel José Cepeda (editor), *La Carta de Derechos. Su interpretación y sus implicaciones*, Editorial Temis, Bogotá 1993, pp. 21-81.

Constitución, y además, la obligación de los órganos jurisdiccionales de velar por dicha supremacía.

La supremacía de la Constitución está asegurada mediante la previsión en el mismo texto constitucional, por una parte, de su máximo carácter rígido al disponerse la necesaria e indispensable intervención del pueblo para efectuar cualquier cambio a la Constitución, de manera que sólo el poder constituyente originario del pueblo puede aprobar dichas modificaciones, no existiendo en el texto constitucional venezolano "poder constituyente derivado" alguno; y por la otra, de todo un sistema de justicia constitucional para garantizar dicha supremacía.

En cuanto al sistema institucional para la reforma de la Constitución, en el texto se distinguen tres procedimientos diferentes: la Reforma constitucional, la Enmienda constitucional y la Asamblea Nacional Constituyente. El último medio de la convocatoria por referendo de una *Asamblea Nacional Constituyente* está dirigido a transformar el Estado, a establecer un nuevo orden jurídico y a reformar íntegramente la Constitución (artículo 347). En cambio, en los casos de los procedimientos de "Reforma Constitucional" y de "Enmienda Constitucional," los mismos están destinados a introducir reformas al texto sin alterar o modificar la estructura y principios fundamentales de la Constitución (arts. 340 y 342), requiriendo en todo caso, también, de la intervención del pueblo mediante la aprobación popular por referendo de las reformas.

En la Constitución, como se dijo, no se regula "poder constituyente derivado" alguno, y solo hay un "poder constituyente originario" que es el pueblo, el cual tiene que aprobar por referendo tanto la Enmienda como la Reforma Constitucional, o la convocatoria a Asamblea Nacional Constituyente. Es decir en el sistema venezolano, ninguna modificación a la Constitución se puede adoptar sin aprobación popular,[367] y cualquier modificación de la Constitución efectuada fuera de estos tres procedimientos, es inconstitucional e ilegítima.

En cuanto al sistema de justicia constitucional, la Constitución de 1999 como consecuencia de los principios de la supremacía y de la rigidez constitucional, ha establecido todo un sistema de justicia constitucional[368] de carácter mixto o inte-

---

367 Véase Allan R. Brewer-Carías, "La intervención del pueblo en la revisión constitucional en América latina", en *El derecho público a los 100 números de la Revista de Derecho Público 1980-2005*, Editorial Jurídica Venezolana, Caracas 2006, pp. 41-52.

368 En cuanto a nuestros trabajos, véase Allan R. Brewer-Carías, *El Sistema de Justicia Constitucional en la Constitución de 1999: Comentarios sobre su desarrollo jurisprudencial y su explicación a veces errada, en la Exposición de Motivos,* Editorial Jurídica Venezolana, Caracas, 2000; *Justicia Constitucional, Tomo VII, Instituciones Políticas y Constitucionales*, Editorial Jurídica Venezolana, Caracas, 1996; "La Justicia Constitucional en la Nueva Constitución" en *Revista de Derecho Constitucional*, Nº 1, Septiembre-Diciembre 1999, Editorial Sherwood, Caracas, 1999, pp. 35-44; Allan R. Brewer-Carías, "La justicia constitucional en la Constitución de 1999", en *Derecho Procesal Constitucional*, Colegio de Secretarios de la Suprema Corte de Justicia de la Nación, A.C., Editorial Porrúa, México 2001, pp. 931-961; publicado también en *Reflexiones sobre el Constitucionalismo en América*, Editorial Jurídica Venezolana, Caracas, 2001, pp. 255-285; "Instrumentos de justicia constitucional en Venezuela (acción de inconstitucionalidad, controversia constitucional, protección constitucional frente a particulares)", en Juan Vega Gómez y Edgar Corzo Sosa (Coordinadores) *Instrumentos de tutela y justicia constitucional Memoria del VII Congreso Iberoamericano de Derecho Constitucional*, Instituto de Investigaciones Jurídicas, Serie Doctrina Jurídica, Nº 99, México 2002, pp. 75-99.

gral[369], que combina el llamado método difuso con el método concentrado de control de constitucionalidad.

Así, la garantía de la supremacía constitucional se consagra, en primer lugar, mediante la asignación a todos los jueces de la República, en el ámbito de sus respectivas competencias y conforme a lo previsto en la Constitución y en la ley, de la obligación "de asegurar la integridad de la Constitución" (art. 334). Y en segundo lugar, mediante la asignación al Tribunal Supremo de Justicia de la tarea de garantizar "la supremacía y efectividad de las normas y principios constitucionales", como "el máximo y último intérprete de la Constitución," y de velar "por su uniforme interpretación y aplicación" (art. 335).

También, la Constitución asigna en concreto a la Sala Constitucional del Tribunal Supremo, la Jurisdicción Constitucional (arts. 266,1 y 336) mediante la cual ejerce el control concentrado de la constitucionalidad de las leyes y demás actos estatales de rango legal. A tal efecto, el artículo 336 de la Constitución atribuye a la Sala Constitucional del Tribunal Supremo de Justicia, como Jurisdicción Constitucional, las siguientes competencias:

1. Declarar la nulidad total o parcial de las leyes nacionales y demás actos con rango de ley de la Asamblea Nacional que colidan con esta Constitución.
2. Declarar la nulidad total o parcial de las Constituciones y leyes estadales, de las ordenanzas municipales y demás actos de los cuerpos deliberantes de los Estados y Municipios dictados en ejecución directa e inmediata de esta Constitución y que colidan con ella.
3. Declarar la nulidad total o parcial de los actos con rango de ley dictados por el Ejecutivo Nacional que colidan con esta Constitución.
4. Declarar la nulidad total o parcial de los actos en ejecución directa e inmediata de esta Constitución, dictados por cualquier otro órgano estatal en ejercicio del Poder Público, cuando colidan con ésta.
5. Verificar, a solicitud del Presidente o Presidenta de la República o de la Asamblea Nacional, la conformidad con esta Constitución de los tratados internacionales suscritos por la República antes de su ratificación.
6. Revisar en todo caso, aun de oficio, la constitucionalidad de los decretos que declaren estados de excepción dictados por el Presidente o Presidenta de la República.

---

369 En cuanto a nuestros trabajos, véase Allan R. Brewer-Carías, *Judicial Review in Comparative Law*, Cambridge University Press, Cambridge, 1989; *El sistema mixto o integral de control de la constitucionalidad en Colombia y Venezuela*, Universidad Externado de Colombia (Temas de Derecho Público N° 39) y Pontificia Universidad Javeriana (Quaestiones Juridicae N° 5), Bogotá 1995; publicado también en *Revista Tachirense de Derecho*, Universidad Católica del Táchira, N° 5-6, San Cristóbal, enero-diciembre 1994, pp. 111-164; en *Anuario de Derecho Constitucional Latinoamericano,* Fundación Konrad Adenauer, Medellín-Colombia 1996, pp. 163-246; y en G. J. Bidart Campos y J. F. Palomino Manchego (Coordinadores), *Jurisdicción Militar y Constitución en Iberoamérica, Libro Homenaje a Domingo García Belaúnde*, Instituto Iberoamericano de Derecho Constitucional (Sección Peruana), Lima 1997, pp. 483-560.

7. Declarar la inconstitucionalidad de las omisiones del poder legislativo municipal, estadal o nacional, cuando haya dejado de dictar las normas o medidas indispensables para garantizar el cumplimiento de esta Constitución, o las haya dictado en forma incompleta; y establecer el plazo y, de ser necesario, los lineamientos de su corrección.
8. Resolver las colisiones que existan entre diversas disposiciones legales y declarar cuál debe prevalecer.
9. Dirimir las controversias constitucionales que se susciten entre cualesquiera de los órganos del Poder Público.
10. Revisar las sentencias definitivamente firmes de amparo constitucional y de control de constitucionalidad de leyes o normas jurídicas dictadas por los tribunales de la República, en los términos establecidos por la ley orgánica respectiva.
11. Las demás que establezcan esta Constitución y la ley.

Conforme a estas previsiones, la Sala Constitucional del Tribunal Supremo de Justicia de Venezuela, sin duda, es el instrumento más poderoso diseñado para garantizar la supremacía de la Constitución y el Estado de Derecho, la cual, por supuesto, como guardián de la Constitución, también está sometida a la Constitución. Como tal guardián, y como sucede en cualquier Estado de derecho, el sometimiento del tribunal constitucional a la Constitución es una preposición absolutamente sobreentendida y no sujeta a discusión, ya que sería inconcebible que el juez constitucional pueda violar la Constitución que está llamado a aplicar y garantizar. Esa la pueden violar los otros poderes del Estado, pero no el guardián de la Constitución. Pero por supuesto, para garantizar que ello no ocurra, el Tribunal Constitucional debe gozar de absoluta independencia y autonomía, pues un Tribunal Constitucional sujeto a la voluntad del poder en lugar del guardián de la Constitución se convierte en el instrumento más atroz del autoritarismo. El mejor sistema de justicia constitucional, por tanto, en manos de un juez sometido al poder, es letra muerta para los individuos y es un instrumento para el fraude a la Constitución.

Lamentablemente, sin embargo, esto último es lo que ha venido ocurriendo en Venezuela en los últimos años, donde la Sala Constitucional del Tribunal Supremo, como Juez Constitucional, lejos de haber actuado en el marco de las atribuciones expresas constitucionales antes indicadas, ha venido desarrollando un proceso de mutación ilegítima de la Constitución que ha abarcado aspectos fundamentales del sistema constitucional, como los cambios efectuados en el régimen transitorio de la Constitución; en el régimen de los referendos revocatorios; en el rango supraconstitucional de los tratados internacionales y su aplicación inmediata; en el régimen de la protección internacional de los derechos humanos; en el principio de la alternabilidad republicana y las limitaciones a la reelección de cargos electivos; en el régimen del financiamiento público de los partidos políticos; en el régimen de la distribución de competencias en el Estado federal, y en el régimen del antejuicio de méritos a altos funcionarios públicos.[370]

En todos estos casos, en ejercicio de estas competencias y poderes, como máximo intérprete de la Constitución, pero al margen de la misma y mediante interpretaciones inconstitucionales, la Sala Constitucional al ejercer su facultad de interpretación del contenido y alcance de las normas constitucionales (art. 334) en estos casos, e incluso en ausencia de normas ambiguas, imprecisas, mal redactadas y con errores de lenguaje, ha modificado ilegítimamente el texto constitucional, en muchos casos incluso legitimando y soportando la estructuración progresiva de un Estado autoritario, del cual ha sido un instrumento.[371] Es decir, ha falseado el contenido de la Constitución, mediante una "mutación,"[372] ilegítima y fraudulenta de la misma,[373] lo que ha ocurrido desde el momento mismo en el cual la Constitución fue sancionada y aprobada por el pueblo en diciembre de 1999, habiendo sucesivamente introducido múltiples modificaciones a la Constitución directamente, mediante sentencias interpretativas, o legitimando decisiones inconstitucionales de otros órganos del Estado, usurpando así el poder constituyente originario. Estas modificaciones ilegítimas a la Constitución, por supuesto, al haber sido realizadas por su máximo guardián, que no tiene quien lo custodie, han quedado consolidadas en la vida político constitucional del país, al haber asumido la Sala Constitucional un poder constituyente derivado que no tiene y que no está regulado en el texto constitucional. La pregunta de siempre que suscita el poder incontrolado, ***Quis custodiet ipsos custodes,*** por tanto, aquí también ha adquirido todo su significado, pues no tiene respuesta.[374]

Muchas de estas mutaciones constitucionales, por otra parte, se han referido a las propias competencias del Tribunal Supremo de Justicia, en particular en materia de justicia constitucional y en relación con las atribuciones de la Sala Constitucional, adoptadas por esta última y en las cuales la propia Sala se ha auto-atribuido a si misma competencias que no le asigna la Constitución. Qué diferencia entre el actual Tribunal Supremo y la antigua Corte Suprema, el ámbito de cuya competencia estaba precisado en la Constitución y la Ley, teniendo el ciudadano seguridad jurídica

370 Véase Allan R. Brewer-Carías, "*El Juez Constitucional en Venezuela y la ilegítima mutación de la Constitución (1999-2009),*" Notas para la exposición en el Seminario del profesor Eduardo García de Enterría, Facultad de Derecho, Universidad Complutense de Madrid, abril 2009.

371 Véase Allan R. Brewer-Carías, *Crónica sobre la "In" Justicia Constitucional. La Sala Constitucional y el autoritarismo en Venezuela*, Caracas 2007.

372 Una mutación constitucional ocurre cuando se modifica el contenido de una norma constitucional de tal forma que aún cuando la misma conserva su contenido, recibe una significación diferente. Véase Salvador O. Nava Gomar, "Interpretación, mutación y reforma de la Constitución. Tres extractos" en Eduardo Ferrer Mac-Gregor (coordinador), Interpretación Constitucional, Tomo II, Ed. Porrúa, Universidad Nacional Autónoma de México, México 2005, pp. 804 ss. Véase en general sobre el tema, Konrad Hesse, "Límites a la mutación constitucional", en *Escritos de derecho constitucional*, Centro de Estudios Constitucionales, Madrid 1992.

373 Véase Néstor Pedro Sagües, *La interpretación judicial de la Constitución*, Buenos Aires 2006, pp. 56-59, 80-81, 165 ss.

374 Véase nuestros comentarios iniciales sobre esta sentencia en Allan R. Brewer-Carías, *El sistema de justicia constitucional en la Constitución de 1999 (Comentarios sobre su desarrollo jurisprudencial y su explicación, a veces errada, en la Exposición de Motivos),* Editorial Jurídica Venezolana, Caracas 2000.

de la misma sin sorpresas judiciales.!! Qué contraste con la Sala Constitucional del actual Tribunal Supremo de Justicia, cuyas competencias parecen no tener fin, configurando como una especie de saco grande y sin fondo del cual, a su gusto, los Magistrados han venido sacando nuevas normas con nuevas competencias que no tiene, como la de conocer de un recurso de interpretación abstracta de la Constitución, no establecido en ella, y a través del cual precisamente el Tribunal ha desarrollado la antes mencionada mutación ilegítima sobre aspectos fundamentales de la misma; como la de ampliar los poderes de revisión de sentencias en materia constitucional dictadas por cualquier tribunal, incluso por las otras Salas del propio Tribunal Supremo de Justicia; como la de poder avocarse ilimitadamente al conocimiento de cualquier causa, incluso cursante ante otra Sala del propio Tribunal Supremo; como la de resolución de conflictos entre las diversas Salas del Tribunal Supremo, asumiendo una jerarquía sobre ellas que no tiene; como la asunción de funciones que están reservadas al legislador como representación popular al controlar la constitucional de las omisiones del mismo; como la de restringir el poder de los jueces de ejercer el control difuso de la constitucionalidad de las leyes que les garantiza la Constitución, y como la asunción del monopolio de interpretar los casos de prevalencia en el orden interno de los tratados internacionales en materia de derechos humanos.[375]

Todas estas mutaciones ilegítimas de la Constitución han incidido en el régimen del Tribunal Supremo y de la justicia constitucional, temas a los cuales nuestra apreciada amiga Josefina Calcaño de Temeltas dedicó tantos años de trabajo y esfuerzos, tanto como docente universitaria, como en su condición de Magistrada de la Sala Político Administrativa de la antigua Corte Suprema de Justicia, donde desarrolló una destacada labor. Por ello he considerado que una manera de rendirle Homenaje en este Libro que le ofrecen sus amigos bajo la siempre generosa iniciativa de la Fundación de Estudios de Derecho Administrativo, es precisamente analizando algunas de esas mutaciones constitucionales ilegítimas que se han producido después que dejó la Corte Suprema que tanto contribuyó a consolidar. Es, además, el homenaje personal que me permito rendir a la destacada profesional que inicialmente conocí en 1969, cuando ella regresaba de sus estudios de postgrado, tiempo en el que a mi me correspondía presidir la Comisión de Administración Pública de la Presidencia de la República, con la cual colaboró brevemente. Eso fue hace ya cuarenta años, tiempo durante el cual he podido apreciar sus virtudes y contar con su invariable amistad.

375 Véase Allan R. Brewer-Carías, "*Quis Custodiet Ipsos Custodes*: De la interpretación constitucional a la inconstitucionalidad de la interpretación," en *VIII Congreso Nacional de derecho Constitucional, Perú*, Fondo Editorial 2005, Colegio de Abogados de Arequipa, Arequipa, septiembre 2005, pp. 463-489; y en *Revista de Derecho Público*, N° 105, Editorial Jurídica Venezolana, Caracas 2006, pp. 7-27.

II. LA ILEGÍTIMA MUTACIÓN DE LA CONSTITUCIÓN MEDIANTE LA CREACIÓN DEL RECURSO DE INTERPRETACIÓN ABSTRACTA DE LA CONSTITUCIÓN

Muchas de las ilegítimas mutaciones constitucionales antes mencionadas, tienen su origen en interpretaciones inconstitucionales que ha hecho el Juez Constitucional, pronunciadas, no al interpretar la Constitución con motivo de resolver alguna acción de nulidad por inconstitucionalidad u otro medio de control de la constitucionalidad de los actos estatales, sino al decidir "acciones o recursos autónomos de interpretación abstracta de la Constitución," muchos de ellos interpuestos por el propio Estado (Procurador General de la República), que la propia Sala Constitucional creó, a la vez, mutando ilegítimamente la Constitución.

En efecto, con anterioridad a la entrada en vigencia de la Constitución de 1999, el artículo 42,24 de la derogada Ley Orgánica de la Corte Suprema de Justicia había atribuido competencia a la Sala Político Administrativa de la antigua Corte Suprema para interpretar los "textos legales, en los casos previstos en la Ley." En esa misma tradición, la Constitución de 1999 estableció en forma expresa, la competencia del Tribunal Supremo de Justicia, para "conocer de los recursos de interpretación sobre el contenido y alcance de los textos legales", pero "en los términos contemplados en la ley" (artículo 266,6), atribución que debe ser ejercida "por las diversas Salas conforme a lo previsto en esta Constitución y en la ley" (único aparte, artículo 266). Por ello, el artículo 5, párrafo 1°, de la Ley Orgánica de 2004, atribuye a todas las Salas del Tribunal Supremo, competencia para:

> 52. Conocer del recurso de interpretación y resolver las consultas que se le formulen acerca del alcance e inteligencia de los textos legales, en los casos previstos en la ley, siempre que dicho conocimiento no signifique una sustitución del mecanismo, medio o recurso previsto en la ley para dirimir la situación si la hubiere.

Ahora bien, a pesar de que el ordenamiento constitucional y legal venezolano sólo regulaba y regula el recurso de interpretación respecto de textos legales, la Sala Constitucional creó jurisprudencialmente su propia competencia para conocer de recursos autónomos de interpretación abstracta e la Constitución, mediante una inconstitucional interpretación del artículo 335 de la Constitución, que atribuye a todas las Salas del Tribunal Supremo y no sólo a la Sala Constitucional, el carácter de "máximo y último intérprete de la Constitución"

En efecto, la Sala Constitucional en sentencia N° 1077 de 22 de septiembre de 2000, consideró que los ciudadanos no requieren "de leyes que contemplen, en particular, el recurso de interpretación constitucional, para interponerlo"[376], procediendo a "crear" un recurso autónomo de interpretación abstracta de las normas constitucionales no previsto constitucional ni legalmente, basándose para ello en el artículo 26 de la Constitución que consagra el derecho de acceso a la justicia, del cual dedu-

376 Véase Sentencia N° 1077 de la Sala Constitucional de 22-09-00, caso: *Servio Tulio León Briceño*. Véase en *Revista de Derecho Público,* N° 83, Caracas, 2000, pp. 247 y ss. Este criterio fue luego ratificado en sentencias de fecha 09-11-00 (N° 1347), 21-11-00 (N° 1387), y 05-04-01 (N° 457), entre otras.

jo que si bien dicha acción no estaba prevista en el ordenamiento jurídico, tampoco estaba prohibida. Agregó la Sala que, por lo tanto:

> No es necesario que existan normas que contemplen expresamente la posibilidad de incoar una acción con la pretensión que por medio de ella se ventila, bastando para ello que exista una situación semejante a las prevenidas en la ley, para la obtención de sentencias declarativas de mera certeza, de condena, o constitutivas. Este es el resultado de la expansión natural de la juridicidad[377].

En esta forma, la acción de interpretación de la Constitución, en criterio de la Sala Constitucional, es una acción de igual naturaleza que la de interpretación de la ley[378], es decir, tiene por objeto obtener una sentencia declarativa de mera certeza sobre el alcance y contenido de las normas constitucionales, que no anula el acto en cuestión, pero que busca en efecto semejante, ya que en estos casos, coincide el interés particular con el interés constitucional; agregando que:

> La finalidad de tal acción de interpretación constitucional sería una declaración de certeza sobre los alcances y el contenido de una norma constitucional, y formaría un sector de la participación ciudadana, que podría hacerse incluso como paso previo a la acción de inconstitucionalidad, ya que la interpretación constitucional podría despejar dudas y ambigüedades sobre la supuesta colisión. Se trata de una tutela preventiva[379].

En cuanto a la legitimidad necesaria para interponer la demanda, la Sala Constitucional ha señalado que el recurrente debe tener un interés particular en el sentido de que:

> Como persona pública o privada debe invocar un interés jurídico actual, legítimo, fundado en una situación jurídica concreta y específica en que se encuentra, y que requiere necesariamente de la interpretación de normas constitucionales aplicables a la situación, a fin de que cese la incertidumbre que impide el desarrollo y efectos de dicha situación jurídica.

La Sala precisó además que se "está ante una acción con legitimación restringida, aunque los efectos del fallo sean generales"; por lo que señaló que "puede declarar inadmisible un recurso de interpretación que no persiga los fines antes mencionados, o que se refiere al supuesto de colisión de leyes con la Constitución, ya que ello origina otra clase de recurso".

En la antes mencionada sentencia N° 1077 de 22-09-01, la Sala Constitucional reiteró su criterio sobre la legitimación activa para intentar el recurso de interpretación, señalando que el recurrente debe tener un "interés jurídico personal y directo", de manera que en la demanda se exprese con precisión, como condición de admisibilidad, "en qué consiste la oscuridad, ambigüedad o contradicción entre las normas del texto constitucional, o en una de ellas en particular; o sobre la naturaleza y al-

---

377 Sentencia N° 1077 de la Sala Constitucional de 22-09-00, caso: *Servio Tulio León Briceño*. Véase en *Revista de Derecho Público*, N° 83, Caracas, 2000, pp. 247 y ss.

378 *Idem*

379 *Ibidem*

cance de los principios aplicables; o sobre las situaciones contradictorias o ambiguas surgidas entre la Constitución y las normas del régimen transitorio o del régimen constituyente"[380].

En este caso de esta acción de interpretación constitucional, puede decirse que se está en presencia de un proceso constitucional, que requeriría de un accionante, como consecuencia de lo debería abrirse el proceso a un contradictorio; pues así como puede haber personas con interés jurídico en determinada interpretación de la Constitución, igualmente puede haber otras personas con interés jurídico en otra interpretación. En tal sentido, la Sala debería emplazar y citar a los interesados para garantizarles el que puedan hacerse parte en el proceso, y alegar a favor de una u otra interpretación del texto constitucional. Sin embargo, sobre esto, después de haber creado el recurso, la Sala Constitucional, en sentencia Nº 2651 de 2 de octubre de 2003 (Caso: *Ricardo Delgado (Interpretación artículo 174 de la Constitución),* le negó el carácter de proceso constitucional señalando que en virtud de que "el recurso de interpretación debe tener como pretensión la exclusiva determinación del alcance de normas –en este caso constitucionales–", entonces "no hay *litis*, enfrentamiento entre unas partes, respecto de las cuales haya que procurar su defensa".

Por último, debe indicarse que en sentencia Nº 1347, de 9 de noviembre de 2000, la Sala Constitucional delimitó el carácter vinculante de las interpretaciones establecidas con motivo de decidir los recursos de interpretación, señalando que:

> Las interpretaciones de esta Sala Constitucional, en general, o las dictadas en vía de recurso interpretativo, se entenderán vinculantes respecto al núcleo del caso estudiado, todo ello en un sentido de límite mínimo, y no de frontera intraspasable por una jurisprudencia de valores oriunda de la propia Sala, de las demás Salas o del universo de los tribunales de instancia.

Como puede observarse de lo anterior, estamos en presencia de una mutación constitucional mediante la ampliación de competencias propias que se ha arrogado la Sala Constitucional, a través de una inconstitucional interpretación de la Constitución, que no establece la posibilidad de este recurso autónomo y abstracto de interpretación de las normas constitucionales, el cual, por lo demás no encuentra ningún antecedente en el derecho comparado sobre los sistemas de justicia constitucional.

III. LA ILEGÍTIMA MUTACIÓN DE LA CONSTITUCIÓN MEDIANTE LA RESTRICCIÓN DEL CONTROL DIFUSO DE LA CONSTITUCIONALIDAD

Desde el siglo XIX en Venezuela se ha establecido el método difuso de control de la constitucionalidad de las leyes existe en Venezuela desde el siglo XIX[381], y

380 Caso: *Servicio Tulio León Briceño*, en *Revista de Derecho Público*, Nº 83, Caracas, 2000, pp. 247 y ss. Adicionalmente, en otra sentencia, Nº 1029 de 13-06-2001, la Sala Constitucional atemperó el rigorismo de declarar inadmisible el recurso si no precisaba el contenido de la acción, ya que señaló que "La solicitud deberá expresar: 1.- Los datos concernientes a la identificación del accionante y de su representante judicial; 2.- Dirección, teléfono y demás elementos de ubicación de los órganos involucrados; 3.- Descripción narrativa del acto material y demás circunstancias que motiven la acción."

estuvo regulado en el artículo 20 del Código de Procedimiento Civil, que establece que:

> *Artículo 20*: Cuando la ley vigente, cuya aplicación se pida, colidiere con alguna disposición constitucional, los jueces aplicarán ésta con preferencia.

Más recientemente se recogió en el artículo 19 del Código Orgánico Procesal Penal, con este texto:

> *Artículo 19:* Control de la Constitucionalidad. Corresponde a los jueces velar por la incolumidad de la Constitución de la República. Cuando la ley cuya aplicación se pida colidiere con ella, los tribunales deberán atenerse a la norma constitucional.

A los efectos de consolidar constitucionalmente el método de control difuso de la constitucionalidad de las leyes,[382], en el artículo 334 de la Constitución establece que:

> En caso de incompatibilidad entre esa Constitución y una ley u otra norma jurídica, se aplicarán las disposiciones constitucionales, correspondiendo a los tribunales en cualquier causa, aun de oficio, decidir lo conducente.

En esta forma, el método de control difuso de la constitucionalidad adquirió rango constitucional, el cual, incluso, puede ser ejercido *de oficio* por los tribunales, incluyendo, por supuesto, las diversas Salas del Supremo Tribunal, como una obligación de todos los jueces de asegurar la integridad de la Constitución, en el ámbito de sus competencias para que de este modo la justicia constitucional sea ejercida por todos los Tribunales. Así se establece, conforme lo indicó la Sala Constitucional, para todos los Jueces, de cualquier nivel, "el poder deber para controlar la constitucionalidad de los actos normativos del poder Público y ofrecer a todas las personas la tutela efectiva en el ejercicio de sus derechos e intereses legítimos, al no aplicar a los casos concretos que deban decidir, las normas que estimen inconstitucionales"[383].

Pero a pesar de ello, ha sido la propia Sala Constitucional la cual en una inconstitucional interpretación de la Constitución, ha cambiado la Constitución y ha asumido el monopolio de la interrelación constitucional limitando el ámbito del poder de los jueces de desaplicar normas que estimen inconstitucionales, al cercenarles la potestad que necesariamente deben tener para interpretar las normas constitucionales en relación con las leyes que deben aplicar en los casos concretos que decidan. Así, en la sentencia N° 833 de 15 de mayo de 2001 (Caso: *Instituto Autónomo Policía*

---

381 Véase Allan R. Brewer-Carías, *Judicial Review in Comparative Law, op. cit.*, pp. 127 y ss.; Allan R. Brewer-Carías, *La Justicia Constitucional,* Tomo VI, *Instituciones Políticas y Constitucionales, op. cit.*, Caracas, 1996, pp. 86 y ss.

382 Véase Allan R. Brewer-Carías, *Debate Constituyente (Aportes a la Asamblea Nacional Constituyente),* Tomo III, (18 Octubre-30 Noviembre 1999), Fundación de Derecho Público-Editorial Jurídica Venezolana, Caracas, 1999, pp. 94 a 105.

383 Véase sentencia N° 1213 de 30 de mayo de 2000 (Caso: *Carlos P. García P. vs. Ministerio de Justicia. Cuerpo Técnico de Policía Judicial). Revista de Derecho Público*, N° 82, (abril-junio), Editorial Jurídica Venezolana, Caracas, 2000, p. 446.

Municipal de Chacao vs. Corte Primera de lo Contencioso Administrativo), la Sala interpretó el artículo 334 de la Constitución, y estableció "con carácter vinculante... en qué consiste el control difuso, y en qué consiste el control concentrado de la Constitución". Ello lo hizo al formularse la pregunta de ¿si en ejercicio del control difuso un juez puede interpretar los principios constitucionales, y en base a ellos, suspender la aplicación de una norma?, respondiéndola de manera de negarle el poder a los jueces de interpretar la Constitución, al señalar que:

> Fuera de la Sala Constitucional, debido a las facultades que le otorga el artículo 335 de la Constitución vigente, con su carácter de máximo y última intérprete de la Constitución y unificador de su interpretación y aplicación, no pueden los jueces desaplicar o inaplicar normas, fundándose en principios constitucionales o interpretaciones motu propio que de ellas hagan, ya que el artículo 334 comentado no expresa que según los principios constitucionales, se adelante tal control difuso. Esta es función de los jueces que ejercen el control concentrado, con una modalidad para el derecho venezolano, cual es que sólo la interpretación constitucional que jurisdiccionalmente haga esta Sala, es vinculante para cualquier juez, así esté autorizado para realizar control concentrado.

Esta misma limitación impuesta a los jueces ordinarios de controlar la constitucionalidad de las leyes mediante el control difuso, también la ha impuesto la Sala Constitucional al limitar ilegítimamente el poder de los jueces de aplicar directamente los tratados en materia de derechos humanos y dado su rango constitucional, darle aplicación preferente respecto de las leyes.

En efecto, en materia de derechos humanos, de acuerdo con la propia Constitución, el principio de su supremacía cede ante las normas de los tratados, pactos y convenciones internacionales relativos a derechos humanos suscritos y ratificados por Venezuela, a los que no sólo se les atribuye jerarquía constitucional, sino que incluso la Constitución dispone que prevalecen en el orden interno (constitucional o legal), "en la medida en que contengan normas sobre su goce y ejercicio más favorables a las establecidas en esta Constitución y en las leyes de la República", declarando además la Constitución expresamente que son "de aplicación inmediata y directa por los tribunales y demás órganos del Poder Público" (art. 23).

Sobre esta norma que le otorga rango constitucional e, incluso, supra constitucional a esos instrumentos internacionales, la Sala Constitucional del Tribunal Supremo, al reivindicar un carácter de máximo y último interprete de la Constitución y de los tratados, pactos y convenios sobre derechos humanos que no tiene, pues todas las Salas del Tribunal Supremo lo tienen, ha establecido en sentencia N° 1942 de 15 de julio de 2003 (Caso: *Impugnación de diversos artículos del Código Penal*), que por adquirir los mencionados tratados jerarquía constitucional e integrarse a la Constitución vigente, "*el único capaz de interpretarlas*, con miras al derecho venezolano, es el juez constitucional, conforme al artículo 335 de la vigente Constitución, en especial, al intérprete nato de la Constitución de 1999, y, que es la Sala Constitucional, y así se declara". De allí la Sala señaló que:

> "es la Sala Constitucional quien determina cuáles normas sobre derechos humanos de esos tratados, pactos y convenios, prevalecen en el orden interno; al igual que cuáles derechos humanos no contemplados en los citados instrumentos internacionales tienen vigencia en Venezuela"[384].

Con esta decisión inconstitucional, la Sala Constitucional ha mutado ilegítimamente la Constitución, pues conforme a la norma de su artículo 23, esa potestad no sólo corresponde a la Sala Constitucional, sino a todos los tribunales de la República cuando actúen como juez constitucional, por ejemplo, al ejercer el control difuso de la constitucionalidad de las leyes o al conocer de acciones de amparo. La pretensión de la Sala Constitucional en concentrar toda la justicia constitucional no se ajusta a la Constitución y al sistema de justicia constitucional que regula, de carácter mixto e integral; y menos aún en materia de derechos humanos, cundo es la propia Constitución la que dispone que los tratados, pactos e instrumentos internacionales sobre derechos humanos ratificados por la República son "de aplicación inmediata y directa por los tribunales" (art. 23).

IV. LA ILEGÍTIMA MUTACIÓN DE LA CONSTITUCIÓN MEDIANTE LA AMPLIACIÓN DE LOS PODERES DE LA SALA CONSTITUCIONAL EN EL CONTROL DE LA INCONSTITUCIONALIDAD DE LA OMISIÓN

Otro proceso constitucional en materia de justicia constitucional que establece la Constitución de 1999, es el denominado control de la constitucionalidad de las omisiones de actuación de los órganos legislativos,[385] a cuyo efecto el artículo 336,7 de la Constitución atribuyó a la Sala Constitucional, competencia para:

> "Declarar la inconstitucionalidad de las omisiones del poder legislativo municipal, estadal o nacional, cuando hayan dejado de dictar las normas o medidas indispensables para garantizar el cumplimiento de la Constitución, o las hayan dictado en forma incompleta, y establecer el plazo y, de ser necesario, los lineamientos de su corrección".
>
> Esta competencia constitucional ha sido mutada ilegítimamente por la Ley Orgánica del Tribunal Supremo de Justicia, en primer lugar, al disponer de antemano que el ejercicio de la misma no implica "usurpación de funciones de otro órgano del Poder Público, o extralimitación de atribuciones"(art.5,1,13); y en segundo lugar, al haber extendido inconstitucionalmente tal potestad de controlar la omisión respecto de "cualquiera de los órganos que ejerzan el Poder Público de rango nacional, respecto a obligaciones o deberes establecidos directamente por la Constitución de la República Bolivariana de Venezuela".

Esta ampliación de poderes, más allá de los establecidos en la Constitución ha ocurrido con la anuencia de la Sala Constitucional, la cual ha ejercido este control

---

384 Véase en *Revista de Derecho Público*, Nº 93-96, Editorial Jurídica Venezolana, Caracas 2003.

385 Es una institución que tiene su origen en el sistema portugués, véase Allan R. Brewer–Carías, *Judicial Review in Comparative Law*, *op. cit.*, p. 269. Véase Jesús María Casal, "La protección de la Constitución frente a las omisiones legislativas", en *Anuario de Derecho Constitucional Latinoamericano*, Edición 2003, Konrad Adenauer Stiftung, Montevideo, 2003, pp. 33 a 82.

en muchas ocasiones, ampliando a la vez dichas competencias. En materia legislativa, por ejemplo, se destaca la sentencia Nº 3118 de 6 octubre de 2003, en la cual se declaró de oficio la inconstitucionalidad de la omisión de la Asamblea Nacional en dictar la Ley Orgánica de Régimen Municipal (Caso: *Inconstitucionalidad de la omisión de la Asamblea Nacional por no haber dictado dentro del plazo fijado por el Constituyente de 1999 una Ley sobre Régimen Municipal*), señalando ello lo podía hacer en el curso de un proceso, sin que hubiera habido el ejercicio de acción alguna. Señaló así la Sala que la situación era similar a la que existía en materia de control difuso. En este, "con ocasión de un juicio instaurado por demanda particular, el tribunal de la causa juzga la constitucionalidad de una norma," y "en este caso, se juzga la constitucionalidad de una inacción, pero también con ocasión de un proceso que surgió por recurso. En ambos supuestos el pronunciamiento puede ser de oficio, si bien el tribunal no puede ser el que funja de accionante, sino que se requiere de una inicial solicitud."[386] Con base en lo expuesto, la Sala Constitucional, en ese caso, declaró que la falta de sanción de la ley sobre régimen municipal dentro del plazo previsto en la Disposición Transitoria Cuarta de la Constitución constituía una violación del Texto Fundamental, a la que debía dársele pronta terminación; y en atención a ello, ordenó a la Asamblea Nacional preparar, discutir y sancionar dentro del plazo máximo de tres meses contados a partir de la notificación del fallo, una ley sobre régimen municipal que se adaptase a las previsiones del Capítulo IV del Título IV de la Constitución y, en especial, a los principios contenidos en su artículo 169, lo que no cumplió la Asamblea sino dos años después.

En estos casos, evidentemente, la Sala Constitucional no podría sustituirse en el legislador y dictar la ley respectiva, obviando la función de la representación popular y el procedimiento constitucional de formación de las leyes. Sin embargo, la Sala Constitucional ha forzado su rol en la materia y si bien ha reconocido que por la complejidad de la materia la Jurisdicción Constitucional difícilmente podría suplir la omisión del Legislador en su totalidad, señalando que "es constitucionalmente imposible incluso para esta Sala, pese a su amplia competencia constitucional, transformarse en legislador y proporcionar a la colectividad las normas que exige", sin embargo ha considerado que si está facultada para proporcionar soluciones a aspectos concretos, incluso por medio de la adopción de reglas generales que ocupen temporalmente el lugar de las normas ausentes, pero no para corregir por completo la inactividad del legislador y dictar las normas que se requieran[387].

En estos casos, la Sala Constitucional, ha conocido del recurso por omisión de sus funciones por parte de la Asamblea Nacional, en efectuar los nombramientos de altos funcionarios públicos no electos popularmente que debe hacer conforme a la Constitución. Así ocurrió respecto del nombramiento de los miembros (rectores) del Consejo Nacional Electoral ante la omisión de la Asamblea, pero con la peculiaridad de que la sala Constitucional no sólo declaró como inconstitucional la omisión legislativa, sino que se sustituyó en el ejercicio de tal atribución. En efecto, mediante

386 Véase en *Revista de Derecho Público*, Nº 93–96, Editorial Jurídica Venezolana, Caracas, 2003, pp. 525 ss.

387 Véase sentencia Nº 1043 de 31–5–2004 (Caso: *Consejo Legislativo del Estado Zulia*), en *Revista de Derecho Público*, Nº 97–98, EJV, Caracas 2004, p. 408.

sentencia N° 2073 de 4 de agosto de 2003, (Caso: *Hernann E. Escarrá Malavé; acción de inconstitucionalidad por omisión contra la Asamblea Nacional*), la Sala le fijó un lapso a la Asamblea Nacional para hacer los nombramientos, y luego de que la designación de los titulares del Consejo Nacional Electoral no se pudo realizar por la Asamblea Nacional, por no haber podido lograr los acuerdos políticos necesarios que aseguraran la mayoría calificada que exige la Constitución para hacer tales nombramientos, la Sala Constitucional mediante sentencia N° 2341 de 25 de agosto de 2003 (Caso: *Hernann E. Escarrá Malavé; acción de inconstitucionalidad por omisión contra la Asamblea Nacional*), una vez verificado que hasta esa fecha la Asamblea Nacional no había designado a los rectores del Poder Electoral, y estando dentro del lapso que la Sala misma se fijó para hacer la designación, procedió a hacerlo previas las siguientes consideraciones:

> "1°) Como se trata de un nombramiento provisional no previsto en la Ley Orgánica del Poder Electoral, pero que atiende al mantenimiento de la supremacía constitucional, ante el vacío institucional producto de la omisión del nombramiento de los rectores electorales, la Sala, en lo posible, aplicará la Ley Orgánica del Poder Electoral con las variables necesarias derivadas de la naturaleza de las medidas provisorias.
>
> 2°) La Sala toma en cuenta el acucioso trabajo del Comité de Postulaciones Electorales, quien recibió 408 postulaciones y las redujo, previo análisis de las mismas, a 200, y luego a 115, que fueron sometidas a un proceso público de objeciones, finalizado el cual el número de postulados aceptados quedó reducido a 86, de los cuales 63 personas fueron propuestas por la sociedad civil.
>
> En las designaciones, la Sala nombrará rectores principales o suplentes a las personas que postuló la sociedad civil, el Poder Ciudadano y las Universidades Nacionales que podían hacerlo; ello sin menoscabo de su poder para la elección de personas fuera de los que fueron candidateados.
>
> 3°) La Sala garantiza, al Poder Electoral que ella nombre en forma provisoria, la mayor autonomía, tal como corresponde a uno de los Poderes Públicos.
>
> El órgano rector del Poder Electoral, conforme al artículo 293.1 constitucional, podrá desarrollar la normativa que le asigna la Ley Orgánica del Poder Electoral, elaborar los proyectos de leyes que le corresponden con exclusividad conforme a las Disposición Transitoria Tercera de la citada Ley, y presentarlas ante la Asamblea Nacional.
>
> Corresponde al Poder Electoral la normativa tendente a la reglamentación de los procesos electorales y los referendos, en desarrollo de la Ley Orgánica del Poder Electoral, en particular la que regula las peticiones sobre los procesos electorales y referendos, así como las condiciones para ellos, la autenticidad de los peticionarios, la propaganda electoral, etc., así como resolver las dudas y vacíos que susciten las leyes electorales.
>
> 4°) Dentro de la autonomía del Poder Electoral, los órganos de dicho Poder señalarán los términos para cumplir sus cometidos.
>
> 5°) Con el fin de facilitar la integración del Consejo Nacional Electoral y sus órganos subordinados, la Sala procede a designar en esta sentencia, su

composición, así como la del Consejo de Participación Política, el cual de manera provisoria y ante el vacío constitucional, funcionará como un ente consultivo del Poder Electoral. Para este último nombramiento, la Sala tomó en cuenta las consultas que se hicieron a los partidos políticos representados en la Asamblea Nacional y que se llevaron a cabo en el Tribunal[388].

Partiendo de estas consideraciones, sin embargo, la Sala Constitucional no se limitó a suplir la abstención de la Asamblea Nacional nombrando a los rectores del Consejo Nacional Electoral, obviando los procedimientos constitucionales de postulación y de mayoría calificada de la Asamblea, sino que extralimitándose en sus funciones y limitando injustificada e ilegítimamente la propia autonomía del Consejo Nacional Electoral como órgano rector de dicho Poder Público, procedió a nombrar directamente a todos los funcionarios directivos del organismo, competencia que no correspondía a la Asamblea Nacional (sino al propio Consejo Nacional Electoral que estaba nombrando) y respecto de cuyo ejercicio no se había producido omisión alguna que pudiera justificar tales nombramientos. En efecto, en la sentencia, de acuerdo con el artículo 13 de la Ley Orgánica del Poder Electoral, la Sala además de nombrar a los rectores principales y sus respectivos; y además, designó al Presidente y Vicepresidente del cuerpo, lo que correspondía al mismo; al Secretario y al Consultor Jurídico del Consejo Nacional Electoral; a los integrantes de los órganos subordinados: Junta Nacional Electoral; Comisión de Registro Civil y Electoral; Comisión de Participación Política y Financiamiento; y a miembros de un Consejo de Participación[389].

Con esta decisión, sin duda, la Sala se sustituyó en el ejercicio de la competencia del órgano legislativo omiso, y asumió y ejerció su competencia; es decir, la Sala usurpó las funciones del órgano legislativo, ejerciéndolas al margen de la Constitución, pues constitucionalmente era imposible que lo sustituyera, ya que conforme a la Constitución, sólo la Asamblea Nacional y mediante una votación de mayoría calificada de los 2/3 de los diputados (Art. 296), con la participación de la sociedad civil (Comité de Postulaciones Electorales), puede designar dichos funcionarios. Por ello, la omisión de la Asamblea no podría ser "suplida" por ningún otro órgano del Estado y menos por la Sala Constitucional, pues ésta ni es un órgano de representación popular ni hay forma ni manera alguna cómo pueda reflejar la mayoría calificada requerida, de la representación popular[390]. En ese caso, sin duda, a través de una inconstitucional mutación de la Constitución, produciéndose una usurpación de funciones del órgano legislativo por la Sala Constitucional, en sentido similar si la Sala

388 Véase en *Revista de Derecho Público*, Nº 93–96, Editorial Jurídica Venezolana, Caracas, 2003, pp. 525 ss.

389 Véase Allan R. Brewer–Carías, "El secuestro del Poder Electoral y la confiscación del derecho a la participación política mediante el referendo revocatorio presidencial: Venezuela 2000–2004", en *Boletín Mexicano de Derecho Comparado*, Instituto de Investigaciones Jurídicas, Universidad Nacional Autónoma de México, Nº 112. México, enero–abril 2005 pp. 11–73.

390 Véase sentencia Nº 2341 de 25-08-2003 (Caso: *Hermann Escarrá y otros*), y los comentarios en Allan R. Brewer-Carías, *La Sala Constitucional vs. El Estado democrático de derecho, El secuestro del Poder Electoral y de la Sala Electoral del Tribunal Supremo y la confiscación del derecho a la participación política,* Ediciones Libros El Nacional, Caracas, 2004, pp. 43 y ss.

Constitucional, por ejemplo, se le ocurriera actuar como cuerpo legislador y sancionar una ley ante la omisión de la Asamblea Nacional en hacerlo.

V. LA ILEGÍTIMA MUTACIÓN DE LA CONSTITUCIÓN MEDIANTE LA AMPLIACIÓN DE LA POTESTAD DEL JUEZ CONSTITUCIONAL EN MATERIA DE REVISIÓN DE SENTENCIAS Y LA RELATIVIDAD DEL PRINCIPIO DE LA COSA JUZGADA

Otra ilegítima mutación de la Constitución efectuada por la Sala Constitucional del Tribunal Supremo sobre sus propias competencias, se refiere al recurso extraordinario de revisión de sentencias, el cual a pesar de tener un ámbito muy preciso en la Constitución, ha sido ampliado cambiándose la redacción de la Constitución.

En efecto, de acuerdo con el artículo 336,10 de la Constitución, que se recogió luego en el artículo 5, párrafo 1°,16 de la Ley Orgánica del Tribunal Supremo de Justicia, en una norma que fue novedosa en el sistema de justicia constitucional, la Sala Constitucional tiene competencia para conocer del recurso extraordinario de revisión de sentencias dictadas en materia constitucional, así:

> 16. Revisar las sentencias definitivamente firmes de amparo constitucional y control difuso de la constitucionalidad de leyes o normas jurídicas, dictadas por los demás tribunales de la República.

Se trata de una competencia que tiene por objeto establecer la uniformidad de la aplicación e interpretación constitucional, únicamente en los casos de sentencias definitivamente firmes dictadas exclusivamente *en juicios de amparo o dictadas por los jueces en ejercicio del poder de control difuso de la constitucionalidad de las leyes y normas*, al permitirle a la Sala Constitucional conocer, a su discreción, de los recursos extraordinarios de revisión que se intenten contra esas sentencias.

En particular, sobre las sentencias dictadas en ejercicio del control difuso de la constitucionalidad, el artículo 5, párrafo 4° de la Ley Orgánica del Tribunal Supremo dispuso que "de conformidad con lo previsto en la Constitución de la República Bolivariana de Venezuela, todo tribunal de la República podrá ejercer el control difuso de la constitucionalidad únicamente para el caso concreto, en cuyo supuesto dicha sentencia estará expuesta a los recursos o acciones ordinarias o extraordinarias a que haya lugar".

El objeto de esta potestad de revisión de sentencias, sin embargo, ha sido ampliado progresiva e inconstitucionalmente por la jurisprudencia de la Sala Constitucional, de manera que mediante sentencia N° 93 de 6 de febrero de 2001 (Caso: *Olimpia Tours and Travel vs. Corporación de Turismo de Venezuela*), al agregar como objeto de revisión *otras sentencias dictadas por las Salas del Tribunal Supremo u otros tribunales*, distintas a las dictadas en materia de amparo o de control difuso de constitucionalidad, afirmando su potestad para revisar, además de estas, respecto de las siguientes:

> 3. Las sentencias definitivamente firmes que hayan sido dictadas por las demás Salas de este Tribunal o por los demás tribunales o juzgados del país apartándose u obviando expresa o tácitamente alguna interpretación de la Constitución contenida en alguna sentencia dictada por esta Sala con anterioridad al

fallo impugnado, realizando un errado control de constitucionalidad al aplicar indebidamente la norma constitucional.

4. Las sentencias definitivamente firmes que hayan sido dictadas por las demás Salas de este Tribunal o por los demás tribunales o juzgados del país que de manera evidente hayan incurrido, según el criterio de la Sala, en un error grotesco en cuanto a la interpretación de la Constitución o que sencillamente hayan obviado por completo la interpretación de la norma constitucional. En estos casos hay también un errado control constitucional[391].

La Sala Constitucional, por otra parte, en sentencia N° 727 de 8 de abril de 2003 continuó ampliando el universo de sentencias que podían ser objeto del recurso extraordinario de revisión, indicando que además de las sentencias de amparo constitucional y las sentencias de control difuso de constitucionalidad de leyes o normas jurídicas fundamentadas en un errado control de constitucionalidad, también pueden ser objeto del recurso de revisión:

> (iii) Las sentencias que de manera evidente hayan incurrido, según el criterio de la Sala, en un error grotesco en cuanto a la interpretación de la Constitución o que sencillamente hayan obviado por completo la interpretación de la norma constitucional y (iv) Las sentencias que hayan sido dictadas por las demás Salas de este Tribunal o por los demás juzgados del país apartándose u obviando, expresa o tácitamente, alguna interpretación de la Constitución que contenga alguna sentencia de esta Sala con anterioridad al fallo que sea impugnado[392].

En esta forma, la Sala Constitucional violando la Constitución, amplió el ámbito de su potestad constitucional revisora referida sólo a las sentencias dictadas en juicios de amparo o con motivo de control difuso de la constitucionalidad, abarcando otras sentencias, incluso las dictadas por las otras Salas del Tribunal Supremo, lo que constituye una limitación no autorizada en la Constitución al debido proceso y al derecho a la cosa juzgada, con importantes repercusiones en el ámbito de la seguridad jurídica y del Estado de derecho.

La Sala Constitucional en efecto, luego de analizar la garantía del debido proceso en relación con la revisión extraordinaria de sentencias definitivamente firmes, en sentencia N° 93 de 6 de febrero de 2001 (Caso: *Olimpia Tours and Travel vs. Corporación de Turismo de Venezuela*), extendió su potestad revisora en relación con sentencias que -por supuesto a juicio de la propia Sala- "se aparten del criterio interpretativo de la norma constitucional que haya previamente establecido la Sala"; para lo cual simplemente se preguntó: "¿puede esta Sala, de conformidad con lo establecido en la Constitución, revisar las sentencias definitivamente firmes diferentes a las establecidas en el numeral 10 del artículo 336 de la Constitución que contraríen el criterio interpretativo que esta Sala posee de la Constitución?". La respuesta a la pregunta, la formuló la Sala interpretando el artículo 335 de la Constitución, en par-

---

391 Véase en *Revista de Derecho Público*, N° 85-88, Editorial Jurídica Venezolana, Caracas, 2001, pp. 414-415.

392 Caso: *Revisión de la sentencia dictada por la Sala Electoral en fecha 21 de noviembre de 2002*, en *Revista de Derecho Público*, N° 93-96, Editorial Jurídica Venezolana, Caracas, 2003.

ticular en cuanto establece el carácter vinculante de las interpretaciones que establezca la Sala sobre el contenido o alcance de las normas y principios constitucionales; del cual dedujo que "las demás Salas del Tribunal Supremo de Justicia y los demás tribunales y juzgados de la República están obligados a decidir con base en el criterio interpretativo que esta Sala tenga de las normas constitucionales".

Sin embargo, a pesar de todas estos razonamientos, la Ley Orgánica del Tribunal Supremo pretendió volver a llevar el asunto a su límite constitucional, en el sentido de que las únicas sentencias dictadas por los tribunales que pueden ser objeto del recurso de revisión, son las sentencias definitivamente firmes de amparo constitucional y control difuso de la constitucionalidad de leyes o normas jurídicas, dictadas por los demás tribunales de la República.

Pero si bien la Ley Orgánica en este aspecto fue reducir el ámbito del objeto (sentencias revisables) de la potestad revisora, la misma Ley Orgánica consagró la posibilidad de ejercicio de esta potestad revisora, *de oficio* por la Sala Constitucional, lo que en forma inconstitucional deja a la merced de la misma Sala el principio de la cosa juzgada y acaba con el principio dispositivo.

Pero además, la misma Ley Orgánica, en forma completamente contradictoria con la indicada reducción del ámbito de las sentencias revisables a los límites constitucionales, en relación con las sentencias dictadas por las otras Salas del Tribunal Supremo de Justicia, reguló una inconstitucional ampliación de la competencia de la Sala Constitucional para revisarlas, siguiendo la jurisprudencia que había sentado la Sala Constitucional. La Ley Orgánica así, ha "regularizado" la doctrina jurisprudencial y ha establecido la competencia de la Sala Constitucional (art. 5, párrafo 1°,4 para:

> 4. Revisar las sentencias dictadas por una de las Salas, cuando se denuncie fundadamente la violación de principios jurídicos fundamentales contenidos en la Constitución de la República Bolivariana de Venezuela, Tratados, Pactos o Convenios Internacionales suscritos y ratificados válidamente por la República, o que haya sido dictada como consecuencia de un error inexcusable, dolo, cohecho o prevaricación...

La inconstitucionalidad de esta norma es múltiple: primero, porque la Constitución no permite que una Sala del Tribunal Supremo pueda revisar las sentencias de otras Salas del mismo Tribunal. Todas las Salas son iguales, y no puede, por tanto, la Sala Constitucional, revisar las sentencias de las otras Salas y menos las sentencias de la Sala plena en cuyas decisiones participan todos los magistrados del Tribunal Supremo, incluyendo los de la Sala Constitucional; y segundo, porque la Constitución sólo permite a la Sala Constitucional revisar las sentencias definitivamente firmes de amparo y de control difuso de la constitucionalidad, y ninguna otra.

VI. LA ILEGÍTIMA MUTACIÓN EFECTUADA POR EL JUEZ CONSTITUCIONAL EN CUANTO A LA PROTECCIÓN INTERNACIONAL EN MATERIA DE DERECHOS HUMANOS Y LA "INEJECUTABILIDAD" EN VENEZUELA DE LAS SENTENCIAS DE LA CORTE INTERAMERICANA DE DERECHOS HUMANOS

Pero además del desconocimiento del rango supra constitucional de la Convención Americana de Derechos Humanos, la Sala Constitucional en la sentencia indicada N° 1.939 de 18 de diciembre de 2008, que se identifica como Caso *Gustavo*

Álvarez Arias y otros, cuando en realidad es el Caso: *Estado venezolano vs. La Corte Interamericana de Derechos Humanos*, ha desconocido las decisiones de la Corte Interamericana de Derechos Humanos, declarándolas inejecutables, contrariando el régimen internacional de los tratados.

Con dicha sentencia, dictada en juicio iniciado por la Procuraduría General de la República que es un órgano dependiente del Ejecutivo Nacional, la sala Constitucional declaró "inejecutable" en Venezuela la sentencia de la Corte Interamericana de Derechos Humanos de fecha 5 de agosto de 2008," dictada en el caso de los ex-magistrados de la Corte Primera de lo Contencioso Administrativo (*Apitz Barbera y otros ("Corte Primera de lo Contencioso Administrativo") vs. Venezuela*). En dicha sentencia, la Corte Interamericana en demanda contra el Estado formulada por la Comisión Interamericana de derechos Humanos a petición de dichos ex magistrados de la Corte Primera de lo Contencioso Administrativo, decidió que el Estado Venezolano les había violado las garantías judiciales establecidas en la Convención Americana al haberlos destituido de sus cargos, condenando al Estado a pagar las compensaciones prescritas, a reincorporarlos en sus cargos o en cargos similares, y a publicar el fallo en la prensa venezolana.[393]

Ahora bien, aparte de que el caso de la Convención Americana de Derechos Humanos una vez que los Estados Partes han reconocido la jurisdicción de la Corte Interamericana de Derechos Humanos, conforme al artículo 68.1 de la Convención, los mismos "se comprometen a cumplir la decisión de la Corte en todo caso en que sean partes;"[394] es la propia Constitución la que ha garantizado expresamente en Venezuela el acceso de las personas a la protección internacional en materia de derechos humanos, con la obligación del Estado de ejecutar las decisiones de los órganos internacionales. A tal efecto el artículo 31 de de la Constitución dispone:

> *Artículo 31.* Toda persona tiene derecho, en los términos establecidos por los tratados, pactos y convenciones sobre derechos humanos ratificados por la República, a dirigir peticiones o quejas ante los órganos internacionales creados para tales fines, con el objeto de solicitar el amparo a sus derechos humanos.
>
> El Estado adoptará, conforme a procedimientos establecidos en esta Constitución y en la ley, las medidas que sean necesarias para dar cumplimiento a las decisiones emanadas de los órganos internacionales previstos en este artículo.

No han faltado Estados, sin embargo, que se hayan rebelado contra las decisiones de la Corte Interamericana y hayan pretendido eludir su responsabilidad en el

---

393 Véase en www.corteidh.or.cr. Excepción Preliminar, Fondo, Reparaciones y Costas, Serie C Nº 182.

394 Como lo señaló la Corte Interamericana de Derechos Humanos en la decisión del Caso *Castillo Petruzzi*, sobre "Cumplimiento de sentencia" del 7 de noviembre de 1999 (Serie C, núm. 59), "Las obligaciones convencionales de los Estados parte vinculan a todos los poderes y órganos del Estado," (par. 3) agregando "Que esta obligación corresponde a un principio básico del derecho de la responsabilidad internacional del Estado, respaldado por la jurisprudencia internacional, según el cual los Estados deben cumplir sus obligaciones convencionales de buena fe (*pacta sunt servanda*) y, como ya ha señalado esta Corte, no pueden por razones de orden interno dejar de asumir la responsabilidad internacional ya establecida." (par. 4). Véase en Sergio García Ramírez (Coord.), *La Jurisprudencia de la Corte Interamericana de Derechos Humanos*, Universidad Nacional Autónoma de México, Corte Interamericana de Derechos Humanos, México, 2001, pp. 628-629.

cumplimiento de las mismas. La sentencia de la Corte Interamericana en el Caso *Castillo Petruzzi* de 30 de mayo de 1999 (Serie C, núm. 52), es prueba de ello, pues después de que declarar que el Estado peruano había violado en un proceso los artículos 20; 7.5; 9; 8.1; 8.2.b,c,d y f; 8.2.h; 8.5; 25; 7.6; 5; 1.1 y 2,[395] la Sala Plena del Consejo Supremo de Justicia Militar del Perú se negó a ejecutar el fallo, considerando que la misma desconocía la Constitución Política del Perú y la sujetaba a "la Convención Americana sobre Derechos Humanos en la interpretación que los jueces de dicha Corte efectúan *ad-libitum* en esa sentencia."[396]

Ahora le ha correspondido a Venezuela seguir los pasos del régimen autoritario del Presidente Fujimori en el Perú, y la Sala Constitucional del Tribunal Supremo también ha declarado en la mencionada decisión Nº 1.939 de 18 de diciembre de 2008 (Caso *Abogados Gustavo Álvarez Arias y otros*), como "inejecutable" la sentencia de la Corte Interamericana de Derechos Humanos Primera de 5 de agosto de 2008 en el caso *Apitz Barbera y otros ("Corte Primera de lo Contencioso Administrativo") vs. Venezuela* acusando a la Corte Interamericana de haber usurpado el poder del Tribunal Supremo.[397]

En su decisión, la Sala Constitucional, citando la previa decisión Nº 1.942 de 15 de julio de 2003, y considerando que se trataba de una petición de interpretación

---

395 Como consecuencia, en la sentencia la Corte Interamericana declaró "la invalidez, por ser incompatible con la Convención, del proceso en contra de los señores Jaime Francisco Sebastián Castillo Petruzzi" y otros, ordenando "que se les garantice un nuevo juicio con la plena observancia del debido proceso legal," y además, "al Estado adoptar las medidas apropiadas para reformar las normas que han sido declaradas violatoria de la Convención Americana sobre Derechos Humanos en la presente sentencia y asegurar el goce de los derechos consagrados en la Convención Americana sobre derechos Humanos a todas las personas que se encuentran bajo su jurisdicción, sin excepción alguna." Véase en http://www.tsj.gov.ve/decisiones/scon/Diciembre/1939-181208-2008-08-1572.html

396 Precisamente frente a esta declaratoria por la Sala Plena del Consejo Supremo de Justicia Militar del Perú sobre la inejecutabilidad del fallo de 30 de mayo de 1999 de la Corte Interamericana de Derechos Humanos en el Perú, fue que la misma Corte Interamericana dictó el fallo subsiguiente, antes indicado, de 7 de noviembre de 1999, declarando que "el Estado tiene el deber de dar pronto cumplimiento a la sentencia de 30 de mayo de 1999 dictada por la Corte Interamericana en el caso Castillo Petruzzi y otros." Sergio García Ramírez (Coord.), *La Jurisprudencia de la Corte Interamericana de Derechos Humanos*, Universidad Nacional Autónoma de México, Corte Interamericana de Derechos Humanos, México, 2001, p. 629 Ello ocurrió durante el régimen autoritario que tuvo el Perú en la época del Presidente Fujimori, y que condujo a que dos meses después de dictarse la sentencia de la Corte Interamericana del 30 de mayo de 1999, el Congreso del Perú aprobase el 8 de julio de 1999 el retiro del reconocimiento de la competencia contenciosa de la Corte, lo que se depositó al día siguiente en la Secretaría General de la OEA/ Este retiro fue declarado inadmisible por la propia Corte Interamericana, en la sentencia del caso *Ivcher Bronstein* de 24 de septiembre de 1999, considerando que un "Estado parte sólo puede sustraerse a la competencia de la Corte mediante la denuncia del tratado como un todo." *Idem*, pp. 769-771. En todo caso, posteriormente en 2001 Perú derogó la Resolución de julio de 1999, restableciéndose a plenitud la competencia de la Corte interamericana para el Estado.

397 El tema, ya lo había adelantado la Sala Constitucional en su conocida sentencia Nº 1.942 de 15 de julio de 2003 (Caso: *Impugnación de artículos del Código Penal, Leyes de desacato*) (Véase en *Revista de Derecho Público*, Nº 93-96, Editorial Jurídica Venezolana, Caracas 2003, pp. 136 ss.) en la cual al referirse a los Tribunales Internacionales "comenzó declarando en general, que en Venezuela "por encima del Tribunal Supremo de Justicia y a los efectos del artículo 7 constitucional, no existe órgano jurisdiccional alguno, a menos que la Constitución o la ley así lo señale, y que aun en este último supuesto, la decisión que se contradiga con las normas constitucionales venezolanas, carece de aplicación en el país, y así se declara."

formulada por la República, precisó que la Corte Interamericana de Derechos Humanos, no podía "pretender excluir o desconocer el ordenamiento constitucional interno," y que había dictado "pautas de carácter obligatorio sobre gobierno y administración del Poder Judicial que son competencia exclusiva y excluyente del Tribunal Supremo de Justicia" y establecido "directrices para el Poder Legislativo, en materia de carrera judicial y responsabilidad de los jueces, violentando la soberanía del Estado venezolano en la organización de los poderes públicos y en la selección de sus funcionarios, lo cual resulta inadmisible." Acusó además, a la Corte Interamericana de haber utilizado su fallo "para intervenir inaceptablemente en el gobierno y administración judicial que corresponde con carácter excluyente al Tribunal Supremo de Justicia," argumentando que con la "sentencia cuestionada" la Corte Interamericana pretendía "desconocer la firmeza de decisiones administrativas y judiciales que han adquirido la fuerza de la cosa juzgada, al ordenar la reincorporación de los jueces destituidos." Para realizar estas afirmaciones, la Sala Constitucional recurrió como precedente para considerar que la sentencia de la Corte Interamericana de Derechos Humanos era inejecutable en Venezuela, precisamente la decisión antes señalada de 1999 de la Sala Plena del Consejo Supremo de Justicia Militar del Perú, que consideró inejecutable la sentencia de la Corte Interamericana de 30 de mayo de 1999, dictada en el caso: *Castillo Petruzzi y otro*.

Pero no se quedó allí la Sala Constitucional, sino en una evidente usurpación de poderes, ya que las relaciones internacionales es materia exclusiva del Poder Ejecutivo, solicitó instó "al Ejecutivo Nacional proceda a denunciar esta Convención, ante la evidente usurpación de funciones en que ha incurrido la Corte Interamericana de los Derechos Humanos con el fallo objeto de la presente decisión; y el hecho de que tal actuación se fundamenta institucional y competencialmente en el aludido Tratado."

Así concluyó el proceso de desligarse de la Convención Americana sobre Derechos Humanos, y de la jurisdicción de la Corte Interamericana de Derechos Humanos por parte del Estado Venezolano, utilizando para ello a su propio Tribunal Supremo de Justicia.

Debe recordarse en efecto, que en esta materia la Sala Constitucional también ha dispuesto una ilegítima mutación constitucional, reformando el artículo 23 de la Constitución en la forma cómo se pretendía en 2007 en la antes mencionada propuesta del "Consejo Presidencial para la Reforma de la Constitución," designado por el Presidente de la República, al buscar agregar al artículo 23 de la Constitución, también en forma regresiva, que "corresponde a los tribunales de la República conocer de las violaciones sobre las materias reguladas en dichos Tratados", con lo que se buscaba establecer una prohibición constitucional para que la Corte Interamericana de Derechos Humanos pudiera conocer de las violaciones de la Convención Americana de Derechos Humanos. Es decir, con una norma de este tipo, Venezuela hubiera quedado excluida constitucionalmente de la jurisdicción de dicha Corte internacional y del sistema interamericano de protección de los derechos humanos.[398]

398 Véase sobre esta proyectada reforma constitucional Allan R. Brewer-Carías, *Hacia la consolidación de un Estado Socialista, Centralizado, Policial y Militarista. Comentarios sobre el sentido y alcance de las propuestas de reforma constitucional 2007*, Colección Textos Legislativos, Nº 42, Editorial Jurídica Venezolana, Caracas 2007, p. 122.

En esta materia, también, lo que no pudo hacer el régimen autoritario mediante una reforma constitucional, la cual al final fue rechazada por el pueblo, lo hizo la Sala Constitucional del Tribunal Supremo en su larga carrera al servicio del autoritarismo.

VII. LA ILEGÍTIMA MUTACIÓN DE LA CONSTITUCIÓN MEDIANTE LA AMPLIACIÓN DE LAS POTESTADES DEL JUEZ CONSTITUCIONAL EN MATERIA DE AVOCAMIENTO, Y EL TRASTOCAMIENTO DEL PRINCIPIO DEL ORDEN DEL PROCESO

Otra mutación constitucional en materia de justicia constitucional ha sido la ampliación de los poderes de avocamiento de todas las Salas del Tribunal Supremo de Justicia, particularmente de la Sala Constitucional, mediante la cual pueden paralizar todo tipo de proceso y entrar a conocerlos directamente y decidirlos, eliminando entre otros el orden procesal y la garantía constitucional de la doble instancia.

En efecto, antes de la entrada en vigencia de la Constitución, la derogada Ley Orgánica de la Corte Suprema de Justicia en una normativa que había sido muy cuestionada, había atribuido a la Sala Político-Administrativa de la misma, la potestad de avocarse al conocimiento de una causa que cursara ante otro tribunal, a cuyo efecto la misma Sala había auto-restringido sus poderes[399].

Sin embargo, aún con dicha disposición limitativa, y en ausencia de previsión alguna en la Constitución de 1999, la Sala Constitucional comenzó negándole a la Sala Político Administrativa el monopolio que tenía en materia de avocamiento, y mediante sentencia N° 456 de 15 de marzo de 2002 (Caso: *Arelys J. Rodríguez vs. Registrador Subalterno de Registro Público, Municipio Pedro Zaraza, Estado Carabobo*) se declaró competente para conocer de solicitudes de avocamiento en jurisdicción constitucional, en particular, respecto de juicios de amparo[400].

En otra sentencia N° 806 de 24 de abril de 2002 (Caso: *Sindicato Profesional de Trabajadores al Servicio de la Industria Cementera),* además, consideró nula la referida norma de la derogada Ley Orgánica de la Corte Suprema de Justicia de 1976 (Art. 43) que consagraba la figura del avocamiento como competencia exclusiva de la Sala Político Administrativa, argumentando que ello era "incompatible con el principio de distribución de competencias por la materia a nivel del máximo Tribunal de la República, sin que la propia Constitución lo autorice ni establezca una excepción al mismo en tal sentido"; señalando además que:

> Esta Sala Constitucional, no obstante la claridad y laconismo con que fue redactado el precepto, objeta el monopolio que se desprende de la lectura conjunta de ambos artículos, en lo que respecta a que el trámite de las solicitudes de avocamiento sea una facultad exclusiva y excluyente de Sala Político Administrativa.

---

399 Véase Roxana Orihuela, *El avocamiento de la Corte Suprema de Justicia,* Editorial Jurídica Venezolana, Caracas, 1998.

400 Véase en *Revista de Derecho Público*, N° 89-92, Editorial Jurídica Venezolana, Caracas 2002.

> Es decir, y sobre ello ahondará seguidamente, esta Sala es del parecer que tal potestad es inconsistente desde el punto de vista constitucional, y que la misma corresponde, en un sentido contrario a como lo trata dicho dispositivo, a todas las Salas del Tribunal Supremo de Justicia, según que el juicio curse en un tribunal de instancia de inferior jerarquía a la Sala que en definitiva decida examinar la petición (aquí el vocablo *inferior* se entiende en sentido amplio, ya que algunas de estas Salas no son propiamente *alzada* de dichos tribunales; tal sucede con las de casación)...
>
> Llegado este punto, siendo, pues, que la facultad de avocamiento conferida a la Sala Político Administrativa por el artículo 43 de la Ley Orgánica de la Corte Suprema de Justicia no está prevista en la Constitución, ni se deduce de ella, ni la justifica su texto, y que, por el contrario, conspira contra el principio de competencia que informa la labor que desempeñan las Salas del máximo tribunal de la República (art. 232), esta Sala concluye en que dicho precepto resulta inconstitucional...
>
> Tales declaraciones no son, propiamente, precedentes de la posición que mantiene esta Sala Constitucional respecto al tema, toda vez que en ellas se sostuvo, al mismo tiempo, que dicha facultad excepcional, no obstante las referidas limitaciones, resultaba de la *exclusiva* potestad de dicha Sala Político Administrativa (*Vid.* sobre el punto de la exclusividad: *ob. cit.* pp. 40 y 41). Criterio de exclusividad que ha sido expresamente abandonado por esta Sala desde su sentencia n° 456 del 15-03-02, caso: *Mariela Ramírez de Cabeza.* Lo que sí comparte es lo relativo a que la Sala Político Administrativa no estaba constitucionalmente facultada para examinar solicitudes de avocamiento ni adentrarse a su conocimiento cuando de conflictos ajenos a su competencia natural se tratara.
>
> Pero, para prestar un mejor servicio a la justicia, esta Sala Constitucional dará, en atención a sus propias competencias, un giro en este camino, pues declarará que tal competencia (con los límites impuestos por la práctica judicial comentada) debe extenderse a las demás Salas del Tribunal Supremo de Justicia[401].

Esta doctrina, evidentemente era contradictoria pues luego de considerar inconstitucional la figura del avocamiento en manos de la sala Político Administrativa, por no tener fundamento en la Constitución y ser violatoria de la garantía al debido proceso, pasó a declararlo como competencia de todas las Salas del Tribunal Supremo, lo que luego fue recogido por la Ley Orgánica del Tribunal Supremo de Justicia de 2004, al establecer en su artículo 5, párrafo 1°, 48, la competencia de todas las Salas de poder avocarse al conocimiento de causas que cursen en otros tribunales, así:

> 5. P1. 48. Solicitar de oficio, o a petición de parte, algún expediente que curse ante otro tribunal, y avocarse al conocimiento del asunto cuando lo estime conveniente.

---

401 Véase en *Revista de Derecho Público*, N° 89-92, Editorial Jurídica Venezolana, Caracas 2002, pp. 179 y ss.

En consecuencia se atribuyó a todas las Salas del Tribunal Supremo de Justicia, se presume que en las materias de su respectiva competencia, la potestad de recabar de cualquier "otro tribunal", es decir, distinto del Tribunal Supremo (tribunales de instancia), *de oficio o a instancia de parte*, con conocimiento sumario de la situación, cualquier expediente o causa en el estado en que se encuentre, para resolver si se avoca y directamente asume el conocimiento del asunto o, en su defecto lo asigna a otro tribunal (Artículo 18, párrafo 11°).

Sobre las repercusiones de esta atribución generalizada, la propia Ley Orgánica dispuso que debe ser ejercida, como lo indica ahora el artículo 18, párrafo 12° de la Ley Orgánica, "con suma prudencia":

> [Y] sólo en caso grave, o de escandalosas violaciones al ordenamiento jurídico que perjudique ostensiblemente la imagen del Poder Judicial, la paz pública, la decencia o la institucionalidad democrática venezolana, y se hayan desatendido o mal tramitado los recursos ordinarios o extraordinarios que los interesados hubieren ejercido.

En estos casos, prescribe la Ley Orgánica, que al admitir la solicitud de avocamiento la Sala debe oficiar al tribunal de instancia, requiriendo el expediente respectivo, y puede ordenar la suspensión inmediata del curso de la causa y la prohibición de realizar cualquier clase de actuación; considerándose nulos los actos y las diligencias que se dicten en desacuerdo por el mandamiento de prohibición (Art. 18, párrafo 13°). La sentencia sobre el avocamiento la debe dictar la Sala competente, la cual puede decretar la nulidad y subsiguiente reposición del juicio al estado que tiene pertinencia, o decretar la nulidad de alguno o algunos de los actos de los procesos, u ordenar la remisión del expediente para la continuación del proceso o de los procesos en otro tribunal competente por la materia, así como adoptar cualquier medida legal que estime idónea para restablecer el orden jurídico infringido (Art. 18, párrafo 14°).

El avocamiento por parte de las Salas del Tribunal Supremo, por supuesto, puede ser un instrumento procesal de primera importancia para asegurar la justicia en procesos en los cuales la misma ha sido subvertida; pero a la vez, puede configurarse en el más injusto de los instrumentos procesales precisamente para acabar con la justicia. Y ello es precisamente lo que ha ocurrido, en particular al mutar la Constitución la Sala Constitucional del Tribunal Supremo, al asumir la potestad de avocamiento como competencia de la Sala Constitucional en relación con las otras Salas del propio Tribunal Supremo.

Es decir, además de haber extendido ilegítimamente la facultad de avocamiento a todas las Salas respecto de causas que cursen en "otros tribunal" de instancia (distintos por tanto al propio Tribunal Supremo), la Ley Orgánica ha atribuido en particular a la Sala Constitucional en el artículo 5, párrafo 1°, ordinal 4, la facultad de avocarse "al conocimiento de una causa determinada, cuando se presuma fundadamente la violación de principios jurídicos fundamentales contenidos en la Constitución de la República Bolivariana de Venezuela, Tratados, Pactos o Convenios Internacionales suscritos y ratificados válidamente por la República, aun cuando por razón de la materia y en virtud de la ley, la competencia le esté atribuida a otra Sala". En esta forma, las causas que cursan ante las diferentes Salas del Tribunal Supremo de Justicia también han quedado a la merced de la Sala Constitucional, la cual puede subvertir el orden procesal, con sólo "presumir fundamentadamente" la violación de principios constitucionales. Y ello ha servido en más de una ocasión para trastocar ilegítimamente el orden procesal. Sucedió por ejemplo en el proceso de referendo revocatorio presidencial efectuado en 2004, el cual luego de haber sido permitida su continuación por la Sala Electoral del Tribunal Supremo al conocer de un recurso de nulidad contra una decisión del Consejo Nacional Electoral de objeción y rechazo de las firmas que soportaban la petición popular del mismo, y suspender los efectos de la misma, la Sala Constitucional se avocó a conocer el asunto y declaró la nulidad de la decisión de la Sala Electoral, con lo que se secuestró el derecho ciudadano a la participación política mediante el referendo revocatorio presidencial.[402]

VIII. LA ILEGÍTIMA MUTACIÓN DE LA CONSTITUCIÓN MEDIANTE LA AMPLIACIÓN DE LAS POTESTADES DE LA SALA CONSTITUCIONAL PARA LA SOLUCIÓN DE CONFLICTOS ENTRE LAS MISMAS Y LA RUPTURA DEL PRINCIPIO DE LA IGUALDAD JERÁRQUICA DE LAS SALAS DEL TRIBUNAL SUPREMO

Otra mutación constitucional en materia de justicia constitucional ha ocurrido al establecerse en la Ley Orgánica del Tribunal Supremo, con la anuencia del Juez Constitucional, la competencia a la Sala Constitucional para conocer y resolver los conflictos entre las diversas Salas del Tribunal Supremo, incluyendo la propia Sala Plena, es decir, el Tribunal Constitucional en pleno, competencia que sólo podría tener la propia Sala Plena; con lo que además, se ha producido la ruptura del principio de la igualdad entre las Salas del Tribunal Supremo.

En efecto, el Tribunal Supremo de Justicia, al igual que la antigua Corte Suprema de Justicia, está integrado por diversas Salas (Constitucional, Político-Administrativa, Casación Civil, Casación Penal, Casación Social, Electoral), cuyos magistrados, reunidos en conjunto, conforman la Sala Plena. La Constitución y la Ley Orgánica, en consecuencia, atribuyen competencias en algunos casos al Tribunal Supremo de Justicia como Sala Plena o a las Salas en particular.

Ninguna de las Salas en superior a otra, lo cual fue precisado por la propia Sala Constitucional en sentencia N° 158 de 28-03-00 (Caso: *Microcomputers Store S.A.*) al declarar que el artículo 1 de la derogada Ley Orgánica de la Corte Suprema de Justicia de 1976, era conforme con la nueva Constitución, al prohibir la admisión de recurso alguno contra las decisiones dictadas por el Tribunal Supremo de Justicia en Pleno o por alguna de sus Salas, señalando que esta norma, lejos de ser inconstitucional,

> Más bien garantiza su aplicación, ya que tal como quedó expuesto, el Tribunal Supremo de Justicia se encuentra conformado por las Salas que lo integran, las cuales conservan el mismo grado jerárquico y todas representan en el ámbito

402 Véase Allan R. Brewer-Carías, "El secuestro del Poder Electoral y la confiscación del derecho a la participación política mediante el referendo revocatorio presidencial: Venezuela 2000-2004", en Juan Pérez Royo, Joaquín Pablo Urías Martínez, Manuel Carrasco Durán, Editores), *Derecho Constitucional para el Siglo XXI. Actas del Congreso Iberoamericano de Derecho Constitucional,* Tomo I, Thomson-Aranzadi, Madrid 2006, pp. 1081-1126.

de sus competencias al Tribunal Supremo de Justicia como máximo representante del Poder Judicial[403].

Posteriormente, sin embargo, la Sala Constitucional al afirmar su competencia para conocer del recurso extraordinario de revisión de constitucionalidad contra las sentencias de las otras Salas del Tribunal Supremo, señaló que el artículo 1 de la Ley Orgánica de la Corte, para considerarlo compatible con la Constitución, sólo se refería "a los recursos preexistentes y supervivientes a la Constitución de 1999, distintos al recurso extraordinario de revisión constitucional de sentencias de las demás Salas del Máximo Tribunal"[404].

En todo caso, salvo esta inconstitucional extensión de la potestad revisora de la Sala Constitucional en relación con las sentencias de las otras Salas, conforme al artículo 42,7 de la Ley Orgánica derogada de 1976, como era lógico, correspondía a la Sala Plena de la antigua Corte Suprema de Justicia resolver los conflictos de cualquier naturaleza que pudieran suscitarse entre las Salas que la integraban o entre los funcionarios de la propia Corte, con motivo de sus funciones.

Sin embargo, sin sentido alguno, en la Ley Orgánica de 2004 la competencia para resolver los conflictos entre las Salas, incluidos los planteados entre la Sala Plena y alguna de las Sala en particular, incomprensiblemente se atribuyó a la Sala Constitucional (Art. 5,3), siendo que la misma es una Sala más, igual a las otras Salas del Tribunal Supremo.

Con esta atribución, en forma contraria a la Constitución, se ha investido a la Sala Constitucional de un nivel superior del cual carece, aparte de ser ella misma la que entonces resuelva los conflictos que puedan surgir entre las otras Salas y la misma Sala Constitucional.

***

Un recurso autónomo de interpretación abstracta de la Constitución como el que hemos señalado, en manos de un Juez Constitucional autónomo e independiente, sin duda que podría ser un instrumento eficaz para adaptar las normas constitución a los cambios operados en el orden constitucional de un país en un momento determinado.

Sin embargo, un recurso de esa naturaleza en manos de un Juez Constitucional totalmente dependiente del Poder Ejecutivo, en un régimen autoritario como el que se ha estructurado en Venezuela en los últimos 10 años, resolviendo en particular las peticiones interesadas que le formule el propio Poder Ejecutivo a través del Procurador General de la República, es un instrumento de mutación ilegítima de la Constitución, para cambiarla y ajustarla a la voluntad a los efectos de afianzar el autoritarismo.[405] Eso es lo que ha ocurrido en Venezuela, donde el Tribunal Supremo de

403 Véase en *Revista de Derecho Público*, N° 81, (enero-marzo), Editorial Jurídica Venezolana, Caracas, 2000, p. 109.

404 Véase sentencia de la Sala Constitucional N° 33 de 25-01-2001 (Caso: *Revisión de la sentencia dictada por la Sala de casación Social del tribunal Supremo de Justicia de fecha 10 de mayo de 2001, interpuesta por Baker Hugher SRL),* en *Revista de Derecho Público*, N° 85-88, Editorial Jurídica Venezolana, Caracas, 2001, p. 405.

405 Véase Allan R. Brewer-Carías, *Crónica de la "In" Justicia Constitucional*, Caracas 2007.

Justicia ha sido intervenido políticamente, al distorsionarse las normas constitucionales destinadas a asegurar su nombramiento a propuesta de la sociedad civil y su remoción sólo en casos excepcionales.

En efecto, en cuanto a la selección de los Magistrados del Tribunal Supremo de Justicia, la Constitución de 1999 creó un novedoso sistema, mediante el establecimiento de un Comité de Postulaciones Judiciales (art. 270), que debería estar integrado por representantes de los diferentes sectores de la sociedad. Ello, sin embargo, no se ha garantizado en los 10 años de vigencia de la Constitución: No se garantizó en la designación de Magistrados en 1999 por la Asamblea Nacional Constituyente; ni se garantizó en 2001, con la nueva la designación de Magistrados mediante una "Ley Especial" que convirtió dicho Comité en una comisión parlamentaria ampliada. Luego, después de años de transitoriedad constitucional, tampoco se garantizó en la Ley Orgánica del Tribunal Supremo de Justicia de 2004, la cual en lugar de regular dicho Comité, lo que estableció fue una Comisión parlamentaria ampliada, totalmente controlada por la mayoría oficialista del Parlamento, burlando la disposición constitucional[406]. Con dicha reforma, además, se aumentó el número de Magistrados de 20 a 32, los cuales fueron elegidos por la Asamblea Nacional en un procedimiento que estuvo enteramente controlado por el Presidente de la República, lo que incluso fue anunciado públicamente en víspera de los nombramientos, por el entonces Presidente de la Comisión parlamentaria encargada de escoger los candidatos a Magistrado.[407]

Por otra parte, en cuanto a la estabilidad de los Magistrados del Tribunal Supremo de Justicia, el artículo 265 de la Constitución dispuso que los mismos sólo podían ser removidos por la Asamblea Nacional mediante una mayoría calificada de las dos terceras partes de sus integrantes, previa audiencia concedida al interesado, en caso de faltas graves calificadas por el Poder Ciudadano. Con esta sola disposición, sin embargo, podía decirse que la autonomía e independencia de los Magistrados

---

406 Véase los comentarios en Allan R. Brewer-Carías, *Ley Orgánica del Tribunal Supremo de Justicia*, Editorial Jurídica Venezolana, Caracas 200, pp. 32 ss. El asalto al Tribunal Supremo de Justicia se inició antes con el nombramiento "transitorio", en 1999, por la Asamblea Nacional Constituyente, de los nuevos Magistrados del Tribunal Supremo de Justicia sin cumplirse los requisitos constitucionales ni asegurarse la participación de la sociedad civil en los nombramientos. Las previsiones constitucionales sobre condiciones para ser magistrado y los procedimientos para su designación con participación de los sectores de la sociedad, se continuaron violando por la Asamblea Nacional al hacer las primeras designaciones en 2002 conforme a una "Ley especial" sancionada para efectuarlas transitoriamente, con contenido completamente al margen de las exigencias constitucionales

407 El diputado Pedro Carreño, quien un tiempo después fue designado Ministro del Interior y de Justicia, afirmó lo siguiente: "Si bien los diputados tenemos la potestad de esta escogencia, el Presidente de la República fue consultado y su opinión fue tenida muy en cuenta."(Resaltado añadido). Agregó: "Vamos a estar claros, nosotros no nos vamos a meter autogoles. En la lista había gente de la oposición que cumple con todos los requisitos. La oposición hubiera podido usarlos para llegar a un acuerdo en las últimas sesiones, pero no quisieron. Así que nosotros no lo vamos a hacer por ellos. En el grupo de los postulados no hay nadie que vaya a actuar contra nosotros y, así sea en una sesión de 10 horas, lo aprobaremos." Véase en *El Nacional*, Caracas, 13-12-2004. Con razón, la Comisión Interamericana de Derechos Humanos indicó en su *Informe* a la Asamblea General de la OEA correspondiente a 2004 que "estas normas de la Ley Orgánica del Tribunal Supremo de Justicia habrían facilitado que el Poder Ejecutivo manipulara el proceso de elección de magistrados llevado a cabo durante 2004. Comisión Interamericana de Derechos Humanos, *Informe sobre Venezuela 2004*, párrafo 180.

quedaba cuestionada pues permitía una inconveniente e inaceptable injerencia de la instancia política del Poder en relación con la administración de Justicia, y con ella, efectivamente, la Asamblea Nacional comenzó a ejercer un control político directo sobre los Magistrados del Tribunal Supremo, los cuales permanentemente han sabido que en cualquier momento pueden ser investigados y removidos. Pero en la norma constitucional al menos había la garantía con la exigencia de una mayoría calificada para la votación, lo cual sin embargo fue absurdamente eliminada, al preverse otra modalidad de remoción, llamada de "revocación del acto administrativo de nombramiento" con el voto de la mayoría absoluta de los diputados, lo que se estableció en evidente fraude a la Constitución, en la Ley Orgánica del Tribunal Supremo de Justicia en 2004.[408] Esta inconstitucional previsión legal, incluso, se buscó constitucionalizar con la rechazada reforma constitucional de 2007.[409]

En esta forma, el Tribunal Supremo de Justicia de Venezuela, y dentro del mismo, su Sala Constitucional, se ha configurado como un cuerpo altamente politizado[410], lamentablemente sujeto a la voluntad del Presidente de la República, lo que en la práctica ha significado la eliminación de toda la autonomía del Poder Judicial. Con ello, el propio postulado de la separación de los poderes, como piedra angular del Estado de Derecho y de la vigencia de las instituciones democráticas, ha sido eliminando desapareciendo toda posibilidad de control judicial efectivo del poder por parte de los ciudadanos. El propio Presidente de la República incluso, llegó a decir en 2007 que para poder dictar sentencias, el Tribunal Supremo debía consultarlo previamente.[411] Con todo esto, el Poder Judicial ha pospuesto su función fundamental de servir de instrumento de control de las actividades de los otros órganos del Estado para asegurar su sometimiento a la ley, habiendo materialmente desaparecido el derecho ciudadano a la tutela judicial efectiva y al controlar del poder. En

408 Se estableció, en efecto, la posibilidad de la "revocación del acto administrativo de nombramiento los Magistrados" por mayoría para burlar la exigencia de la mayoría calificada prevista para la "remoción". Véase los comentarios en Allan R. Brewer-Carías, *Ley Orgánica del Tribunal Supremo de Justicia,* Editorial Jurídica Venezolana, Caracas 200, pp. 41 ss.

409 Véase Allan R. Brewer-Carías, *Hacia la consolidación de un Estado Socialista, Centralista, Policial y Militarista. Comentarios sobre el alcance y sentido de las propuestas de reforma constitucional 2007*, Editorial Jurídica Venezolana, Caracas 2007, pp. 114 ss.; *La Reforma Constitucional de 2007 (Inconstitucionalmente sancionada por la Asamblea nacional el 2 de noviembre de 2007)*, Editorial Jurídica venezolana, Caracas 2007. pp. 108 ss.

410 Véase lo expresado por el magistrado Francisco Carrasqueño, en la apertura del año judicial en enero de 2008, al explicar que : "no es cierto que el ejercicio del poder político se limite al Legislativo, sino que tiene su continuación en los tribunales, en la misma medida que el Ejecutivo", dejando claro que la "aplicación del Derecho no es neutra y menos aun la actividad de los magistrados, porque según se dice en la doctrina, deben ser reflejo de la política, sin vulnerar la independencia de la actividad judicial". Véase en *El Universal*, Caracas 29-01-2008.

411 Así lo afirmó el Jefe de Estado, cuando al referirse a una sentencia de la Sala Constitucional muy criticada, en la cual reformó de oficio una norma de la Ley del Impuesto sobre la renta, simplemente dijo: "Muchas veces llegan, viene el Gobierno Nacional Revolucionario y quiere tomar una decisión contra algo por ejemplo que tiene que ver o que tiene que pasar por decisiones judiciales y ellos empiezan a moverse en contrario a la sombra, y muchas veces logran neutralizar decisiones de la Revolución a través de un juez, o de un tribunal, o hasta en el mismísimo Tribunal Supremo de Justicia, a espaldas del líder de la Revolución, actuando por dentro contra la Revolución. Eso es, repito, traición al pueblo, traición a la Revolución." Discurso del Presidente de la Republica en el Primer Evento con propulsores del Partido Socialista Unido de Venezuela, Teatro Teresa Carreño, Caracas 24 marzo 2007.

esa situación, por tanto, es difícil hablar siquiera de posibilidad alguna de equilibrio entre poderes y prerrogativas del Estado y derechos y garantías ciudadanas.

La Constitución de Venezuela de 1999, sin duda, formalmente contiene en su texto el elenco de valores del Estado democrático y social de derecho más completo que pueda desearse así como una de las declaraciones de derechos humanos más completas de América Latina, con especificación de los medios para su protección por medio de la acción de amparo, y los recursos ante la Jurisdicción Constitucional y la Jurisdicción Contencioso Administrativa difícilmente contenidos con tanto detalle en otros textos constitucionales. Esas declaraciones, sin embargo, en contraste con la realidad del sistema autoritario, lo que confirman es que para que exista control de la actuación del Estado es indispensable que el Poder Judicial sea autónomo e independiente, y fuera del alcance del Poder Ejecutivo. Al contrario, cuando el Poder Judicial está controlado por el Poder Ejecutivo, las declaraciones constitucionales de derechos se convierten en letra muerta. En otras palabras, para que exista democracia como régimen político en un Estado constitucional y democrático de derecho, no son suficientes las declaraciones contenidas en los textos constitucionales que hablen del derecho al sufragio y a la participación política; ni de la división o separación horizontal del Poder Público, ni de su distribución vertical o territorial del poder público, de manera que los diversos poderes del Estado puedan limitarse mutuamente; así como tampoco bastan las declaraciones que se refieran a la posibilidad de los ciudadanos de controlar el poder del Estado, mediante elecciones libres y justas que garanticen la alternabilidad republicana; mediante un sistema de partidos que permita el libre juego del pluralismo democrático; mediante la libre manifestación y expresión del pensamiento y de la información que movilice la opinión pública; o mediante el ejercicio de recursos judiciales ante jueces independientes que permitan asegurar la vigencia de los derechos humanos y el sometimiento del Estado al derecho. Tampoco bastan las declaraciones constitucionales sobre la "democracia participativa y protagónica" o la descentralización del Estado; así como tampoco la declaración extensa de derechos humanos.

Además de todas esas declaraciones, es necesaria que la práctica política democrática asegure efectivamente la posibilidad de controlar el poder, como única forma de garantizar la vigencia del Estado de derecho, y el ejercicio real de los derechos humanos; y que el derecho administrativo pueda consolidarse como un régimen jurídico de la Administración que disponga el equilibrio entre los poderes del Estado y los derechos de los administrados. Para lograr ese equilibrio, sin duda, nuevos derechos ciudadanos deben identificarse en el Estado democrático de derecho y entre ellos, el derecho a la democracia.

Lamentablemente, en Venezuela, después de cuatro décadas de práctica democrática que tuvimos entre 1959 y 1999, durante esta última década entre 1999 y 2009, en fraude continuo a la Constitución efectuado por el Legislador y por el Tribunal Supremo de Justicia, guiados por el Poder Ejecutivo, a pesar de las excelentes normas constitucionales que están insertas en el Texto fundamental, se ha venido estructurando un Estado autoritario en contra de las mismas, que ha aniquilado toda posibilidad de control del ejercicio del poder y, en definitiva, el derecho mismo de los ciudadanos a la democracia. Ello es lo único que puede explicar que un Jefe de Estado en pleno comienzo del Siglo XXI, pueda llegar a afirmar públicamente retando a sus opositores frente a las críticas por el uso desmedido de poderes de legislación delegada: "*Yo soy la Ley. Yo soy el Estado,*"[412] o "*La Ley soy yo. El Estado soy yo.*"[413] Esas frases, repetidas por el Presidente de Venezuela en 2001 y 2008, en 1661 textualmente fueron atribuidas a Luis XIV, aun cuando nunca las llegó a pronunciar, al decidir, a la muerte del Cardenal Mazarino, no designar su sustituto como ministro de Estado, y ejercer por si solo el gobierno.[414] Por ello, pensar sólo que puedan pronunciarse por un Jefe de Estado de nuestros tiempos, lo que pone en evidencia es la tragedia institucional que vive el país, precisamente caracterizada por la completa ausencia de separación de poderes, de independencia y autonomía del Poder Judicial y, en consecuencia, de gobierno democrático y de derecho ciudadano a la democracia.[415]

---

412 Expresión del Presidente Hugo Chávez Frías, el 28 de agosto de 2008. Ver en Gustavo Coronel, *Las Armas de Coronel*, 15 de octubre de 2008: http://lasarmasdecoro-nel.blogspot.com/2008/10/yo-soy-la-leyyo-soy-el-estado.html

413 "*La ley soy yo. El Estado soy yo*". Véase en *El Universal*, Caracas 4–12–01, pp. 1,1 y 2,1.

414 La frase atribuida a Luis XIV cuando en 1661 decidió gobernar solo después de la muerte del Cardenal Mazarin, nunca llegó a pronunciarla. Véase Yves Guchet, *Histoire Constitutionnelle Française (1789–1958)*, Ed. Erasme, Paris 1990, p.8

415 Véase el resumen de esta situación en Teodoro Petkoff, "Election and Political Power. Challenges for the Opposition", en *ReVista. Harvard Review of Latin America*, David Rockefeller Center for Latin American Studies, Harvard University, Fall 2008, pp. 12. Véase además, Allan R. Brewer-Carías, "Los problemas de la gobernabilidad democrática en Venezuela: el autoritarismo constitucional y la concentración y centralización del poder," en Diego Valadés (Coord.), ***Gobernabilidad y constitucionalismo en América Latina***, Universidad Nacional Autónoma de México, México 2005, pp. 73-96.

TERCERA PARTE

SOBRE EL AVOCAMIENTO DE PROCESOS JUDICIALES POR PARTE LA SALA CONSTITUCIONAL

Esta tercera Parte es el texto del libro: *Sobre el avocamiento de procesos judiciales por la Sala Constitucional, (Una excepcional institución procesal concebida para la protección del "orden público constitucional," convertida en un instrumento político violatorio de los derechos al juez natural, a la doble instancia y al orden procesal),* Cuaderno de la Cátedra Fundacional de Teoría General de la Prueba, León Henrique Cottin, Universidad Católica Andrés Bello, Editorial Jurídica venezolana, Caracas 2013, 206 pp.

Dicho libro estuvo precedido de la siguiente Presentación del profesor León Henrique Cottin:

El día 13 de diciembre de 1993 se instauró la Cátedra Fundacional Teoría General de la Prueba "León Henrique Cottin" en la Universidad Católica Andrés Bello creada por el Profesor Allan Brewer Carias.

Allan Brewer Carias fue mi profesor y la Universidad Católica mi alma mater.

Le generosidad, sin límites, del Profesor Brewer Carias de crear una cátedra con el nombre de un alumno es demostración de lo que ha sido su fructífera vida dedicada a la enseñanza de los principios que inspiran al derecho en todas sus ramas. Enseñar es ser generoso al trasmitir conocimientos. Pero estar a disposición de sus alumnos para escucharlos y atender sus dudas, respondiéndolas, colocando por encima de todo los principios, es ser maestro.

Es fácilmente comprensible que el alumno honre al maestro. Al revés no. Solo el desprendimiento y la insistencia en enseñar lo podrían explicar.

Quiso el Profesor Brewer recordar los veinte años de la creación de la cátedra con la publicación de esta trabajo como el "Número 1 de la Colección Cuaderno de la Cátedra León Henrique Cottin." Otra vez generosidad sin límites.

Voy a tomar unas palabras del recién fallecido Profesor Eduardo García de Enterría, insigne iuspublicista del mundo occidental, sobre la magnitud de la obra de Allan Brewer Carias:

"Brewer es un milagro de la naturaleza exuberante del trópico venezolano. No ha habido, eso es seguro, jurista que le sea comparable en la bicentenaria historia de la República.

El Derecho Público que enseñó desde hace cuarenta años Brewer es, pues, inequívoca, absolutamente democrático, el Derecho Público del Estado de Derecho y de la libertad. Esa ciencia no ha hecho de él un simple abogado pronto a defender cualquier causa, sino únicamente las causas de la libertad y del pueblo soberano. Brewer es un paladín del Estado de Derecho no sólo en los libros, pues, sino en su vida de hombre público, en todas y cada una de sus obras, en todos los momentos de su vida de profesor y hombre público."

El libro, además incluyó el siguiente PRÓLOGO del profesor José Ignacio Hernández G.:

Hay, en el Derecho venezolano, figuras que no responden a una concepción racional del poder fundado en un genuino sistema republicano. Por el contrario, existen ciertas figuras que atienden a una visión típicamente autoritaria del poder, en el sentido que los órganos del Poder Público quedan facultados para tomar decisiones como consecuencia de una especie de "prerrogativa o privilegio" que no admite un entendimiento racional. Esas figuras pueden responder a un atisbo de nuestra herencia colonial. Así, el tránsito de la Colonia a la República no puede entenderse únicamente desde la clave de la ruptura, sino también, desde la clave de la continuidad. Figuras propias del sistema monárquico absoluto e irracional –derivado del Derecho divino de los Reyes- fueron asumidas por la naciente República. Algunas de esas figuras trataron de ajustarse a las formas republicanas, pero en el fondo, su esencia era la del absolutismo.

El avocamiento judicial es, precisamente, una de esas figuras. De allí lo valioso y oportuno del libro del profesor Allan R. Brewer-Carías que hoy tenemos la honra de presentar, y que asume una visión crítica de esta figura, en especial, ante los abusos cometidos por la Sala Constitucional del Tribunal Supremo de Justicia.

En esta presentación queremos efectuar algunas breves consideraciones sobre el avocamiento a la luz de los planteamientos del profesor Brewer-Carías, lo que nos llevará también a un examen crítico del modelo de justicia constitucional imperante en Venezuela y su rol en el reciente cuestionamiento judicial de la elección presidencial del pasado 14 de abril de 2013.

***

En el antiguo régimen español –que fue, recuérdese, nuestro antiguo régimen- el avocamiento era una figura común. Al margen del criterio formal para distribuir los distintos asuntos entre los órganos de la Monarquía, se admitía como prerrogativa la figura del avocamiento. Como puede deducirse, tal facultad se prestaba a tratos discriminatorios. Fue por ello que la Constitución de Cádiz, en su artículo 243, prohibió el avocamiento:

> *"Ni las Cortes ni el Rey podrán ejercer en ningún caso las funciones judiciales, avocar causas pendientes, ni mandar abrir los juicios fenecidos"*

La prohibición se justifica en el marco del Estado de Derecho que la Constitución de Cádiz de 1812 quiso implementar. No podía el Rey asumir el conocimiento de causas pendientes, pues ello abría las puertas a tratos discriminatorios y

arbitrarios, contrarios además a la igualdad y libertad del ciudadano, bases del Estado de Derecho que intentaba fundarse.

El avocamiento, en todo caso, puede justificarse en una organización administrativa jerárquica en la cual el superior conoce de los asuntos de los órganos que le son subordinados. En efecto, como explica el profesor Allan R. Brewer-Carías en el libro que hoy presentamos, el avocamiento presupone siempre un orden jerárquico, pues quien se avoca a una causa es por cuanto puede conocer de ella en función a la jerarquía, careciendo el órgano subordinado de independencia. Pero en el Poder Judicial, al no haber jerarquía –en el sentido estricto del término- no debería admitirse el avocamiento. En realidad, todo Tribunal debe ser independiente, incluso, respecto a los Tribunales Superiores.

A lo anterior se le agrega, tal y como señala el profesor Brewer-Carías, que el avocamiento en el orden judicial elimina el derecho fundamental a la doble instancia, como se reconoce en el literal h) del numeral 2 del artículo 8 de la Convención Americana sobre Derechos Humanos. El avocamiento, finalmente, violenta el derecho al juez natural, pues sustrae la competencia del Tribunal predeterminado en la Ley.

A pesar de ello, bajo la Constitución de 1961 el avocamiento fue una figura admitida como facultad excepcional –en realidad, "discrecional"- de la Sala Político-Administrativa de la Corte Suprema de Justicia. El estudio de la jurisprudencia de esa Sala, bajo el artículo 42.29 de la Ley Orgánica de la Corte Suprema de Justicia, impide formular criterios racionales sobre las condiciones bajo las cuales el avocamiento podía ser acordado. Más que una facultad discrecional –que como tal debe ser un poder limitado en la Ley- cabía hablar de una facultad "graciosa" y por ende arbitraria. La Sala Político-Administrativa se avocaba en aquellas causas en las cuales consideraba "prudente" asumir el conocimiento de juicios que cursaban ante el Juez de instancia competente por Ley, sin necesidad de atenerse a parámetros o requisitos establecidos de manera general en la Ley[416].

***

La figura del avocamiento, que de por sí es criticable, será asumida ampliamente por la Sala Constitucional del Tribunal Supremo de Justicia. El profesor Brewer-Carías analiza cómo, paulatinamente, la propia Sala Constitucional –al margen de la Constitución y las Leyes que han organizado su funcionamiento- fue ampliando ese poder, como se asumió en la sentencia Nº 806 del 24 de abril de 2002, caso Sintracemento, la cual consideró que el avocamiento no podía ser competencia privativa de la Sala Político-Administrativa, sino que debía ser competencia común a todas las Salas, siempre, en materias afines a su competencia.

---

416 Simplemente como referencia general al avocamiento bajo la derogada Ley Orgánica de la Corte Suprema de Justicia, y remitiéndonos al detallado estudio que realiza el profesor Brewer-Carías en este libro, puede verse sobre lo expuesto a Morles, Alfredo, "Los vaivenes del avocamiento" en *Revista de Derecho Público* Nº 61-62, Caracas, 1995, pp. 531-543.

Esta sentencia fue producto de una "creación" de la Sala Constitucional en ejercicio de la autoatribuida "jurisdicción normativa": el llamado "control incidental de la constitucionalidad"[417]. Es decir, que la Sala Constitucional no aplicó el control difuso ni el control concentrado de la constitucionalidad, sino que incidentalmente y de oficio, decidió que la competencia legal exclusiva de la Sala Político Administrativa para conocer del avocamiento era inconstitucional, lo que le permitió atribuir esa facultad a todas las Salas del Tribunal, incluyendo a la propia Sala Constitucional. La Sala, en ejercicio de la jurisdicción normativa, "creó" además una especie de procedimiento vinculante para el avocamiento por parte de las Salas del Tribunal, en su sentencia de 5 de abril de 2004, caso Maira Rincón Lugo[418]. La sentencia alude de esa manera a las "fases del avocamiento": una primera en la que se requiere el expediente contentivo del juicio al cual podrán avocarse las Salas, y una segunda, en la cual la Sala de que se trate asume el conocimiento del juicio, para declarar la nulidad de algún acto y la consecuente reposición del procedimiento, e incluso, para asumir directamente el conocimiento de fondo.

Uno de los problemas de esa "jurisdicción normativa" es que al no ser un poder atribuido y subordinado a la Ley, no vincula a la Sala Constitucional, quien se separa de hecho de sus criterios "vinculantes", en ocasiones, sin mayor motivación o acudiendo a razonamiento difícilmente sostenibles. Así sucedió precisamente en materia de avocamiento, al decidir la Sala Constitucional el avocamiento de ciertos juicios que cursaban ante la Sala Electoral, relacionados con la solicitud de referendo revocatorio del mandato presidencial (sentencia Nº 566 de 12 de abril de 2004, caso Ismael García)[419].

Como explica el profesor Brewer-Carías en este trabajo, esta decisión de avocamiento pretendió justificarse en que el Consejo Nacional Electoral, en materia de referendo revocatorio del mandato presidencial, actuaba en ejercicio directo de la Constitución, con lo cual, la materia era cónsona con la competencia propia de la Sala Constitucional. Un argumento ciertamente débil, pues en realidad, todo lo relacionado con el referendo forma parte de la materia electoral que determina, según la Constitución, la competencia de la Sala Electoral, al ser esa materia de rango sub-legal.

Pero además, la Sala Constitucional admitió su competencia para avocarse a una causa que cursaba ante una de las Salas del Tribunal, una posibilidad no reconocida en la sentencia "vinculante" en la cual la Sala Constitucional había "creado" su competencia para ejercer el avocamiento. En efecto, dejando a

417 Urosa Maggi, Daniela, *La Sala Constitucional del Tribunal Supremo de Justicia como legislador positivo,* Academia de Ciencias Políticas y Sociales, Caracas 2011, pp. 100 y ss.

418 Véase Urosa Maggi, Daniela, *La Sala Constitucional del Tribunal Supremo de Justicia como legislador positivo,* cit., pp. 136 y ss.

419 Como referencia general en cuanto al contexto en el cual esta sentencia fue adoptada, puede verse el libro colectivo *La guerra de las Salas del TSJ frente al referéndum revocatorio,* Aequitas, Caracas, 2004. En especial, véase el trabajo incluido en ese libro del profesor Brewer-Carías, "El secuestro de la Sala Electoral por la Sala Constitucional del Tribunal Supremo de Justicia", pp. 13 y ss, así como, del autor, *La Sala Constitucional versus el Estado Democrático de Derecho,* Libros El Nacional, Caracas 2004.

salvo el error de catalogar a la actividad del Poder Electoral como una actividad de rango legal, lo cierto es que la Sala Constitucional reconoció su competencia para avocarse a juicios sustanciados por otras Salas del Tribunal Supremo de Justicia, asumiendo de esa manera una postura según la cual, esa Sala sería una especie de "órgano superior" respecto el resto de las Salas del Tribunal Supremo de Justicia.

La Ley Orgánica del Tribunal Supremo reconoció no sólo la competencia de las Salas del Tribunal para el avocamiento, sino de manera especial, la competencia de la Sala Constitucional para ejercer el avocamiento en casos que el Legislador se cuidó de limitar en detalle. En efecto, el avocamiento procede, en el caso de la Sala Constitucional (artículo 25.16) en relación con causas "en las que se presuma violación al orden público constitucional, tanto de las otras Salas como de los demás tribunales de la República, siempre que no haya recaído sentencia definitivamente firme" Con carácter general la Ley señala – artículo 107- que esta facultad debe ser ejercida "con suma prudencia y sólo en caso de graves desórdenes procesales o de escandalosas violaciones al ordenamiento jurídico que perjudiquen ostensiblemente la imagen del Poder Judicial, la paz pública o la institucionalidad democrática".

La intención clara del Legislador es que el avocamiento sólo procede ante causas excepcionales, que en el caso de la Sala Constitucional, son además tasadas: solamente la presunción de violación del "orden público constitucional" podría justificar el avocamiento, no sólo respecto de Tribunales sino incluso de las otras Salas del Tribunal. En este punto la Ley "convalidó" la competencia de la Sala Constitucional para avocarse, incluso, a juicios de otras Salas del Tribunal. Si bien el avocamiento no puede fundamentarse en la jerarquía, en todo caso, su justificación pasa por reconocer el rango de "órgano superior" del Tribunal que se avoca. Luego, la competencia de la Sala Constitucional para avocarse a juicios conocidos por las otras Salas es una especie de reconocimiento implícito a la "superioridad" de esa Sala respecto del resto de Salas del Tribunal. A esa visión corresponde también la atribución reconocida en el artículo 25.11 de la Ley, de revisar decisiones de otras Salas.

Puede entonces concluirse, como desarrolla el profesor Brewer-Carías con extensión, que esta competencia responde a la distorsionada visión que la Sala Constitucional tiene de sus atribuciones, pues más que una Sala del Tribunal Supremo de Justicia, es en la práctica una especie de Tribunal Superior, incluso, de las otras Salas del Tribunal Supremo de Justicia. La propia Sala Constitucional justifica reiteradamente esa visión, en su condición de "máximo y último intérprete de la Constitución".

Esa afirmación es inexacta, pues la Sala Constitucional no es ni el máximo ni el último intérprete de la Constitución, y ni siquiera, en realidad, interpreta la Constitución. El artículo 335 de la Constitución señala, claramente, que el máximo y último intérprete de la Constitución es el Tribunal Supremo de Justicia, no la Sala Constitucional. En adición, esa Sala, más que interpretar la Constitución, reescribe su contenido a conveniencia. Incluso, para modificar la

letra del citado artículo 335[420]. A este aspecto, en su relación con el avocamiento, queremos dedicar las siguientes líneas.

***

En la competencia de avocamiento de la Sala Constitucional concurren dos visiones que consideramos erradas y altamente riesgosas. Por un lado, la visión según la cual la Sala Constitucional es el "máximo y último intérprete de la Constitución", que además de distorsionar el sentido del artículo 335 constitucional, necesariamente, fomenta la expansión de las competencias de esa Sala Constitucional. En efecto, siendo la Constitución la norma suprema del ordenamiento jurídico, debiendo ser aplicada e interpretada por todos los Tribunales, la Sala Constitucional termina asumiendo el rol de "máximo" Tribunal, incluso, por sobre las Salas del Tribunal Supremo de Justicia. Por el otro lado, la visión según la cual la interpretación de la Constitución no se limita al contraste entre el texto escrito de la Constitución y las Leyes y demás actuaciones – o abstenciones- de igual rango, sino que implica una labor creadora de Derecho en la llamada "jurisdicción normativa", convierte indebidamente a la Sala en auténtico "legislador positivo"[421].

Ejemplo de estas dos visiones es la sentencia de la Sala Constitucional Nº 795 de 20 de junio de 2013, estudiada por el profesor Brewer-Carías en el presente libro. En esa decisión, la Sala Constitucional de oficio (por "notoriedad judicial"), decidió avocarse a distintos recursos contencioso-electorales conocidos por la Sala Electoral y relacionados con la elección presidencial del 14 de abril de 2013. Entre los recursos cuyo conocimiento asumió la Sala Constitucional se encuentra el recurso contencioso electoral incoado por Henrique Capriles, por el cual se demandó la nulidad de toda elección por hechos de corrupción electoral.

En esa sentencia, la Sala Constitucional obvió las limitaciones que la Ley Orgánica del Tribunal Supremo de Justicia había establecido al reconocer su competencia para avocarse a juicios de otras Salas. De esa manera, pese a que la Ley, como vimos, condicionó el avocamiento de la Sala Constitucional a la presunción de violación del orden público constitucional, la sentencia comentada acordó el avocamiento considerando, simplemente, que la elección que había sido cuestionada era de trascendencia nacional:

> ***"En el caso de autos, con mayor razón, existen méritos suficientes para que esta Sala estime justificado el ejercicio de la señalada potestad, pues ha sido cuestionada la trasparencia de un proceso comicial de la mayor envergadura, como el destinado a la elección del máximo representante del Poder***

420 Véase el análisis temprano y crítico de Allan R. Brewer-Carías, en "Comentarios sobre la ilegítima 'Exposición de Motivos' de la Constitución de 1999 relativa al sistema de justicia constitucional", en *Revista de Derecho Constitucional,* Nº 2, Caracas, 2000, pp. 47-59.

421 El profesor Brewer-Carías ha sido un crítico de esa "jurisdicción normativa" que transforma a la Sala Constitucional en un "Legislador positivo". Véase en este sentido, entre otros trabajos, el prólogo que escribió al libro de Urosa Maggi, Daniela, *La Sala Constitucional del Tribunal Supremo de Justicia como legislador positivo,* cit., pp. 9 y ss.

Ejecutivo, así como la actuación de órganos del Poder Público en el ejercicio de sus atribuciones constitucionales, de lo que se deduce la altísima trascendencia para la preservación de la paz pública que reviste cualquier juzgamiento que pueda emitirse en esta causa"

Tal justificación no sólo se desvía de las limitaciones establecidas en la Ley, sino que además, es difícilmente defendible. En efecto, la Sala Constitucional se limitó a motivar el avocamiento en la trascendencia de la elección cuya "transparencia" fue cuestionada, a saber, la elección presidencial. Sin embargo, lo cierto es que en los términos de la Constitución, la Ley Orgánica de Procesos Electorales y la propia Ley Orgánica del Tribunal Supremo de Justicia, todo recurso contencioso electoral relacionado con la elección presidencial debe ser conocido por la Sala Electoral, pese a que siempre se tratará –en palabras de la Sala Constitucional- de un juicio que incide en la elección del máximo representante del Poder Ejecutivo. ¿Es que acaso puede haber un juicio electoral que cuestione una elección presidencial, sin que sea considerado un asunto de trascendencia nacional? ¿O es que, para la Sala Constitucional, no todo recurso contencioso electoral contra la elección presidencial es de trascendencia nacional?

La justificación dada por esta sentencia es, en realidad, irrelevante. La única razón por la cual la Sala Constitucional se avocó a esos juicios es por cuanto decidió, "graciosamente", que tal avocamiento era prudente. No se trata entonces de una sentencia que aplicó la Ley al caso concreto, sino que aplicó la decisión que los Magistrados de la Sala Constitucional adoptaron sobre criterios meramente subjetivos. Ello evidencia que tal avocamiento no es tratado como una competencia sujeta a la Ley, sino como una especie de "prerrogativa" basada en la sola voluntad de la Sala Constitucional.

Como no podía ser de otra manera, la sentencia comentada se dictó en consideración a las "altas funciones que como máximo garante de la constitucionalidad y último intérprete del Texto Fundamental" le "corresponden" a la Sala Constitucional. Una frase que, como vimos, permite a la Sala Constitucional adoptar cualquier decisión, incluso, al margen de sus competencias definidas en la Constitución que dice interpretar.

***

La gravedad de la sentencia comentada es mayor, cuando se consideran los antecedentes de los recursos contencioso-electorales a los cuales se avocó la Sala Constitucional, y en especial, el recurso intentado por Henrique Capriles. Ese recurso, como señalamos, se fundamentó en hechos de corrupción electoral realizados antes, durante y después de la elección del 14 de abril, que determinan la nulidad de toda la elección, de acuerdo con el artículo 215.2 de la Ley Orgánica de Procesos Electorales. Uno de los supuestos de fraude electoral denunciado, es que el entonces candidato Nicolás Maduro pudo actuar como "Presidente Encargado" y candidato presidencial, en virtud de dos sentencias de la Sala Constitucional.

En efecto, la Sala Constitucional en sentencias de 9 de enero y 8 de marzo de 2013, permitió la continuidad del Gobierno del período 2007-2013 luego del vencimiento de ese período y, posteriormente, confirmó que el Vicepresidente Ejecutivo (para el período ya fenecido para el 10 de enero de 2013) debía asu-

mir como Presidente Encargado luego de producirse la falta absoluta del Presidente electo, hecho acontecido el 5 de marzo. Finalmente, y sin motivación de ningún tipo, la sentencia de la Sala Constitucional creó un privilegio para el Vicepresidente Ejecutivo y ahora "Presidente Encargado", al permitirle postularse como candidato a la elección presidencial que debía convocarse, sin necesidad de separarse del cargo. Con ello, la Sala Constitucional simplemente desatendió –sin motivo- a los artículos 57 y 58 de la Ley Orgánica de Procesos Electorales y 128 del Reglamento Electoral, que expresamente establecen, como principio general, que todo funcionario público debe separarse del cargo que ejerce, para poder postularse a un cargo de elección popular, salvo que se trate de reelección.

Poco importó que el Vicepresidente Ejecutivo, como "Presidente Encargado", no optase a la reelección. La Sala Constitucional le permitió a ese funcionario no sólo ejercer la Presidencia como Presidente Encargado sino además, mantener tal condición al postularse como candidato. Ello facilitó el cúmulo de abusos realizados durante la campaña electoral e incluso, el propio día de la elección, todo lo cual constituye, precisamente, parte de la materia a decidir en el recurso contencioso-electoral interpuesto y a cuyo conocimiento se avocó la Sala Constitucional.

De esa manera, la Sala Constitucional, al avocarse indebidamente a ese juicio contencioso electoral, terminará conociendo de denuncias que cuestionan sus propias decisiones. Ello pone en evidencia, por un lado, el desviado ejercicio de la potestad de avocamiento, que es de por sí una potestad inconstitucional, y además, comprueba la falta de objetividad de la Sala Constitucional para conocer de un juicio en el cual ella, lejos de ser Juez, pasa a ser actor principal.

Lo anterior queda corroborado por el examen de la decisión en No. 826 de 27 de junio de 2013 de Sala Constitucional, dictada en la causa de avocamiento. Aun cuando la Sala Electoral no había remitido los expedientes a los cuales la Sala Constitucional se había avocado, en esa decisión se decidió requerir al Consejo Nacional Electoral "un informe contentivo de las resultas de las auditorías efectuadas por el ente comicial en el proceso de verificación ciudadana, incluyendo la verificación ampliada por decisión de su directorio del 18 de abril 2013, respecto del proceso electoral celebrado el 14 del mismo mes y año, así como los instrumentos que considere pertinentes a fin de ilustrar el criterio de esta Máxima Juzgadora".

La Sala Constitucional, incluso admitiendo su competencia para avocarse a los expedientes en cuestión, no podía solicitar tal información, innecesaria para los fines del avocamiento y, en todo caso, innecesaria para decidir sobre la admisión de los recursos incoados, como correspondía a la etapa procesal en la cual esos juicios se encontraban. Ello además evidencia cómo la Sala Constitucional no requirió los expedientes para decidir si se avocaba o no, ni ejerció esa competencia para declarar la nulidad de algún acto procesal por violación del orden constitucional. En realidad, los juicios a los cuales se avocó la Sala Constitucional no habían sido siquiera admitidos, con lo cual, en la práctica, la Sala Constitucional asumió el conocimiento de esos juicios para decidir si los admite o no.

Ahora bien, para decidir sobre la admisión de los recursos contencioso-electorales a los cuales se avocó, era innecesario solicitarle al Consejo Nacional Electoral el informe sobre los resultados de la auditoria, en tanto la decisión de admisión depende únicamente del cumplimiento de los extremos tasados en el artículo 180 de la Ley Orgánica del Tribunal Supremo de Justicia. Además, la Sala Constitucional anticipó pronunciamiento sobre una de las cuestiones debatidas, a saber, la naturaleza de la "auditoría" realizada por el Consejo Nacional Electoral. De acuerdo con la comentada sentencia de la Sala Constitucional Nº 826, esa auditoría fue realizada según el protocolo de la verificación ciudadana, cuando en realidad, el Consejo Nacional Electoral omitió el examen de los cuadernos de votación, que es uno de los elementos propios de la verificación ciudadana. De allí que la Sala Constitucional prejuzgó sobre una de las denuncias de corrupción electoral que habían sido formuladas en el recurso a cuyo conocimiento, de manera irregular, la propia Sala Constitucional se avocó.

Al momento en que se escriben estas líneas, la Sala Constitucional no ha emitido pronunciamiento alguno sobre la admisión de los juicios electorales a los cuales se avocó de manera indebida. Empero, como sea que el Consejo Nacional Electoral probablemente informará que la "auditoría" realizada comprobó la "veracidad" del resultado electoral, la Sala Constitucional podría optar por declarar improcedente *in limine litis* todos esos juicios. Sería ése, sin duda, un corolario coherente con el irregular avocamiento acordado por la Sala Constitucional.

***

El libro del profesor Allan R. Brewer-Carías es así oportuno, pues nos permite reflexionar críticamente sobre el avocamiento, como figura que al desconocer las reglas elementales del debido proceso y del juez natural, inevitablemente, fomenta decisiones arbitrarias. Además, este estudio crítico evidencia los notables desvíos en los cuales ha incurrido la Sala Constitucional del Tribunal Supremo de Justicia, abrogándose su condición de "máximo garante de la constitucionalidad y último intérprete del Texto Fundamental". La competencia de avocamiento asumida por la Sala Constitucional es muestra de esa concepción, al punto que la Sala Constitucional, simplemente, omite el cumplimiento de las limitaciones que la Ley Orgánica del Tribunal Supremo de Justicia impuso para ejercer el avocamiento.

Por ello, el trabajo del profesor Allan R. Brewer-Carías es un llamado de atención sobre el rol que debe cumplir la Sala Constitucional en el marco de la Constitución de 1999, y sobre los riesgos que para la libertad general del ciudadano tiene la desviada concepción de la Sala Constitucional como "máximo garante de la constitucionalidad y último intérprete del Texto Fundamental".

A tal fin, es importante recordar que la Sala Constitucional, tal y como se desprende de la ubicación topográfica del artículo 336 constitucional, que regula sus competencias, cumple una clara función: coadyuvar a la protección de la Constitución. La "protección de esta Constitución" a la cual alude el Título VIII del Texto de 1999, es ante todo protección del carácter normativo de la

Constitución, como norma suprema y fundamento del ordenamiento jurídico, como reconoce su propio artículo 7.

Ahora bien, el carácter de la Constitución como norma suprema, forma parte de uno de los principios básicos de nuestra República Liberal, fundada formalmente en 1811. La principal preocupación de esa Constitución era prevenir los abusos del despotismo, incluso, derivado del propio Gobierno electo democráticamente. De allí la idea de un Gobierno limitado, pero no sólo por la Ley, pues ésta puede ser un instrumento de opresión. La garantía última de la libertad, por ende, reside en la subordinación de la Ley y del propio Gobierno a las "leyes constitucionales", las cuales aseguran que todo Poder –sea Legislativo, Ejecutivo o Judicial– siempre sea ejercido de manera subordinada. Ningún poder, nos recuerda Francisco Javier Yanes, es ilimitado[422]. La relevancia a la supremacía de la Constitución fue tomada de la Revolución de Estados Unidos de Norteamérica[423], ante el peso que se otorgó a lo que Madison llamó una "Constitución libre y definida". La Constitución cumple, desde esta perspectiva, una clara misión: prevenir la tiranía, asegurando que todo poder – incluyendo la soberanía popular- sea siempre limitado[424].

Junto a esta visión de la justicia constitucional, como es conocido, se debe a Hans Kelsen la configuración básica del sistema concentrado de control de la constitucionalidad que rige en nuestro país. La Constitución es "fundamento del Estado, la base del ordenamiento jurídico que se pretende reconocer", o sea, "el asiento fundamental del ordenamiento estatal". Desde este carácter, la Constitución establece, de manera especial, límites de fondo a la Ley, que será nula al contravenir la Constitución. Esto fue lo que llevó a Kelsen a reducir la función del Juez Constitucional a decidir tal nulidad, actuando así como un Legislador en sentido negativo. La intención de Kelsen era limitar el poder conferido al Juez Constitucional, evitando así que se excediera en el ejercicio de sus funciones. Sin esos límites, para Kelsen, "el poder del Tribunal sería tal que devendría en insoportable"[425].

---

422 Yanes desarrolla esta posición, básicamente, en el Capítulo I de su obra (*Manual Político del Venezolano,* Academia Nacional de la Historia, Caracas, 1959).

423 *Cfr.*, Brewer-Carías, Allan, *Reflexiones sobre la Revolución Norteamericana (1776) y la Revolución Francesa (1799) y la Revolución Hispanoamericana (1810-1830) y sus aportes al constitucionalismo moderno,* Universidad Externado de Colombia, Editorial Jurídica Venezolana, Bogotá, 2008, pp. 83 y ss.

424 *Cfr*: Muñiz, Jaime Nicolás, "Estudio Preliminar", a Madison, James, *República y Libertad,* Centro de Estudios Políticos y Constitucionales, Madrid, 2005, pp. XI y ss.

425 Kelsen, Hans, "La garantía jurisdiccional de la Constitución (la justicia constitucional)", en *Revista Iberoamericana de Derecho Procesal Constitucional,* N° 10, 2008, pp. 4 y ss. Como señala el profesor Brewer-Carias, la teoría de Kelsen en cuanto al "Legislador negativo", se hizo con el propósito de reducir las funciones del Juez Constitucional a la interpretación jurídica de la Constitución. La justicia constitucional no es, entonces, función legislativa, en tanto ésta presupone una amplitud política de configuración ajena a la justicia constitucional. Véase *Judicial Review in Comparative Law*, Cambridge Studies in International and Comparative Law, New Series, Cambridge University Press, Cambridge, 1989, pp. 183 y ss. Recientemente, y con el estudio crítico de la "legislación positiva", véase Brewer-Carías, Allan, *Constitutional Courts as Positive Legislators,* Cambridge, 2011, pp. 5 y ss.

La justicia constitucional, por ende, es garante de la Constitución por cuanto salvaguarda su carácter normativo y supremo. La interpretación de la Constitución es, antes que nada, interpretación objetiva y racional de su contenido normativo, como resguardo de la libertad frente al despotismo. Lo contrario a ese rol es la concepción de acuerdo con la cual la justicia constitucional es la máxima y última intérprete de las Constitución, incluso por encima de la propia Constitución. Como advierten Laurence H. Tribe y Michael Dorf[426]:

> ***"La autoridad de la Constitución, su exigencia de obediencia, y la fuerza que nosotros permitimos que ejerza en nuestro derecho y sobre nuestras vidas, perdería todo tipo de legitimidad si sólo fuera un espejo para las ideas e ideales de los intérpretes"***

Eso es lo que ha pasado en Venezuela: la Constitución es, en la práctica, espejo para las ideas e ideales de la Sala Constitucional. Con esa visión no sólo se desarticula el concepto normativo de la Constitución, sino que además, la Sala Constitucional se erige en un poder superior incluso al contenido normativo de la Constitución. Una de las críticas recurrentes a la jurisdicción normativa es, en tal sentido, que ella socava la separación de poderes[427], en tanto permite que la Sala Constitucional asuma -por vía indirecta- el ejercicio de la función legislativa, e incluso, la propia "interpretación creativa" de la Constitución. Y la definición más exacta de tiranía, como apuntó Madison, es la acumulación de poderes en las mismas manos[428].

La Sala Constitucional debe ser garante de la constitucionalidad, en tanto le corresponde salvaguardar la supremacía de la Constitución como norma jurídica, y además, velar por el respeto a los derechos constitucionales. En tal condición, la justicia constitucional que ha de ejercer la Sala cumple un importante rol en la protección de las minorías y por ende, en la salvaguarda de la democracia y del pluralismo. En suma: la justicia constitucional, en tanto garante de la constitucionalidad, debe ser garante de la libertad, lo cual debe hacer desde una estricta función judicial o jurisdiccional, todo lo cual ciertamente admite el carácter interpretativo de esa función, lo que en modo alguno cabe equiparar a la llamada "legislación positiva"[429].

---

426 *Interpretando la Constitución,* Palestra, Perú, 2010, p. 51.

427 En general, véase Brewer-Carías, Allan, "*Quis Custodiet Ipsos Custodes*: De la interpretación constitucional a la inconstitucionalidad de la interpretación", en *Revista de Derecho Público* N° 105, Editorial Jurídica Venezolana, Caracas, 2006, pp. 7 y ss. Asimismo, véase el citado "Prólogo" al libro de Urosa Maggi, Daniela, *La Sala Constitucional del Tribunal Supremo de Justicia como legislador positivo, cit.*, pp. 9 y ss.

428 "The Federalist N° 57", en *The Federalist. A Commentary on the Constitution of the United States,* The Modern Library, New York, 2000, pp. 307-308.

429 En especial, véase Brewer-Carías, Allan, *Crónica sobre la "in" justicia constitucional. La Sala Constitucional y el autoritarismo en Venezuela*, Colección Instituto de Derecho Público, Universidad Central de Venezuela, Caracas, 2007, pp. 515 y ss. Véase también a Casal, Jesús María, *Constitución y justicia constitucional,* UCAB, Caracas, 2004, pp. 107-110. Una arista de ello es lo que Casal ha denominado "lectura democrática de la Constitución". *Cfr.*, "Algunos cometidos de la jurisdicción constitucional en democracia", en *La jurisdicción constitucional, democracia y Estado de Derecho,* UCAB, Caracas, 2005, p. 121. Daniela Urosa distingue, de esa manera, entre la labor interpretativa de la Sala Constitu-

Como lo evidencia el estudio que hoy presentamos del profesor Allan R. Brewer-Carías sobre la figura del avocamiento –de por sí cuestionable- la Sala Constitucional se ha apartado notablemente de estos postulados, al confundir la interpretación de la Constitución con la auténtica creación de preceptos normativos, alejados incluso del sentido normativo de la Constitución. Con ello, no sólo la Sala Constitucional ha desarticulado el carácter supremo y normativo de la Constitución, sino que además, se ha erigido como un poder absoluto, no subordinado ni a la Constitución ni a las Leyes que rigen su funcionamiento. Sólo resta finalizar recordando a Francisco Javier Yanes: en cualquier forma de gobierno en que se conceda un poder ilimitado o excesivo, la libertad civil será necesariamente imperfecta.

La Unión, 8 de julio de 2013

La Sala Constitucional del Tribunal Supremo de Justicia de Venezuela, mediante sentencia N° 795 de 20 de junio de 2013,[430] decidió avocarse al conocimiento de las siete causas seguidas en los juicios contencioso electoral "alfanuméricos AA70-E-2013-000025, AA70-E-2013-000026, AA70-E-2013-000027, AA70-E-2013-000028, AA70-E-2013-000029, AA70-E-2013-000031 y AA70-E-2013-000033," desarrollados ante la Sala Electoral del Tribunal Supremo de Justicia, "así como cualquier otro juicio desarrollado ante la misma" y cuyo objeto fuera "la impugnación de los actos, actuaciones y omisiones del Consejo Nacional Electoral como máximo órgano del Poder Electoral, así como sus organismos subordinados, relacionados con el proceso comicial celebrado el 14 de abril de 2013," es decir, relacionados con la elección presidencial del Ser. Nicolás Maduro que tuvo lugar en esa fecha luego del fallecimiento del ex Presidente Hugo Chávez, para completar el período constitucional 2013-2019, que no pudo iniciar.

Las razones en las cuales se fundamentó la Sala Constitucional en ese caso, para romper el orden procesal y el derecho al juez natural, fueron que actuaba:

> "en tutela de los derechos políticos de los ciudadanos y ciudadanas, del interés público, la paz institucional y el orden público constitucional, así como por la trascendencia nacional e internacional de las resultas del proceso instaurado."

Esta extraordinaria facultad fue ejercida, como lo afirmó la Sala, conforme a lo dispuesto en los artículos 25.16, 31.1, 106 y 107 de la Ley Orgánica del Tribunal Supremo de Justicia, las cuales disponen lo siguiente.

> *Artículo 25.16*. Es de la competencia de la Sala Constitucional del Tribunal Supremo de Justicia: [16] Avocar las causas *en las que se presuma violación al orden público constitucional*, tanto de las otras Salas como de los demás tribu-

cional y su desviada actuación como legislador positivo en *La Sala Constitucional del Tribunal Supremo de Justicia como legislador positivo,* cit., pp. 187 y ss.

430 Véase en http://www.tsj.gov.ve/decisiones/scon/Junio/795-20613-2013-13-0538.html

> nales de la República, siempre que no haya recaído sentencia definitivamente firme.
>
> *Artículo 31.1* Es de la competencia común de cada Sala del Tribunal Supremo de Justicia: [1] Solicitar de oficio, o a petición de parte, algún expediente que curse ante otro tribunal y avocarlo *en los casos que dispone esta Ley.*
>
> *Artículo 106.* Cualesquiera de las Salas del Tribunal Supremo de Justicia, en las materias de su respectiva competencia, de oficio o a instancia de parte, *con conocimiento sumario de la situación, podrá recabar de cualquier tribunal, en el estado en que se encuentre, cualquier expediente o causa para resolver si la avoca y asume el conocimiento del asunto* o, en su defecto, lo asigna a otro tribunal.
>
> *Artículo 107.* El avocamiento será ejercido con suma prudencia y sólo en caso de graves desórdenes procesales o de escandalosas violaciones al ordenamiento jurídico que perjudiquen ostensiblemente la imagen del Poder Judicial, la paz pública o la institucionalidad democrática.

En el caso de la sentencia N° 795 de 20 de junio de 2013, la Sala Constitucional, actuó al margen de dichas previsiones legales que citó expresamente para dictarla: no indicó porqué y en qué se basaba para presumir alguna violación al orden público constitucional; y se avocó, sin tener conocimiento sumario alguno de la situación, y sin haber recabado de la Sala Electoral expediente o causa alguna para poder resolver si la avocaba o no y asumía el conocimiento del asunto.

Se avocó, simplemente porque quiso, sin fundamentar su decisión conforme a la Ley, evidentemente que con el único propósito de evitar que el juez natural en caso de la nulidad de elecciones que es la Sala Electoral del Tribunal Supremo de Justicia, la cual también, conforme al artículo 335 de la Constitución, como todas sus Salas, en el ejercicio y ámbito de su competencia, tiene la misión de garantiza "la supremacía y efectividad de las normas y principios constitucionales," ser "el máximo y último intérprete de la Constitución" y velar "por su uniforme interpretación y aplicación."

No ha sido ésta, sin embargo, la primera vez que la Sala Constitucional usurpa las competencias de la Sala Electoral. Ya antes, en 2004, la misma Sala Constitucional mediante sentencia N° 566 de 12 de abril de 2004 (Caso: *Julio Borges, César Pérez Vivas, Henry Ramos Allup, Jorge Sucre Castillo, Ramón José Medina y Gerardo Blyde vs. Consejo Nacional Electoral*),[431] también decidió avocarse al conocimiento de las causas abiertas ante la misma Sala Electoral del Tribunal Supremo de Justicia, con motivo de los recursos contencioso administrativos de anulación de los actos del Consejo Nacional Electoral dictados en 2004 que habían impedido la realización oportuna del referendo revocatorio presidencial que se había solicitado por iniciativa popular en relación con el mandato del entonces Presidente Hugo Chávez.

---

431 Véase la sentencia en http://www.tsj.gov.ve/decisiones/scon/Abril/566-120404-04-0475.htm

Para entender el alcance y sentido de esta institución del avocamiento, mediante la cual la Sala Constitucional le ha quitado ya dos veces su competencia natural a la Sala Electoral para conocer y decidir de los recursos contencioso, y en dos oportunidades de gran trascendencia política, como fue la revocación del mandato al Presidente Chávez en 2004, y la nulidad de la elección del Sr. Nicolás Maduro como Presidente el 14 de febrero de 2013, en el proceso electoral celebrado luego del fallecimiento del primero, impidiéndole en ambos casos al juez natural (Sala Electoral) decidir las causas de las cuales era competente para conocer, y eventualmente anular los actos electorales impugnados o la elección impugnada, violado el derecho de los justiciables al juez natural que garantiza el artículo 49.4 de la Constitución, resulta, sin duda, necesario referirse a sus orígenes y evolución en Venezuela, destacando además otros antecedentes de significación de avocamientos para fines distintos a los supuestamente autorizados en la Ley, teniendo en cuenta en todo caso, que se trata de una institución que en general, no tiene parangón en el derecho comparado.

SECCIÓN PRIMERA:

PRECISIÓN SOBRE EL LA INSTITUCIÓN DEL AVOCAMIENTO COMO INSTRUMENTO PROPIO DE LA ORGANIZACIÓN DE LA ADMINISTRACIÓN PÚBLICA, Y SOBRE SU INCOMPATIBILIDAD CON LA ORGANIZACIÓN Y FUNCIONAMIENTO DE LA JUSTICIA

El avocamiento o la avocación, es decir, la posibilidad que tiene un órgano superior en una determinada organización de asumir el conocimiento de un asunto que cursa ante un órgano inferior, y decidirla en forma definitiva, es una institución propia de las organizaciones regidas por el principio de la jerarquía, como es precisamente el caso de la Administración Pública, cuyos órganos y entes están siempre ordenados internamente conforme a un sistema jerárquico conformado por la distribución vertical de la competencia del órgano o ente entre los diversos niveles de la organización. Precisamente por ello, como lo precisa el artículo 28 de la Ley Orgánica de la Administración Pública,[432] los órganos de inferior jerarquía están sometidos a la dirección, supervisión, evaluación y control de los órganos superiores de la Administración Pública con competencia en la materia respectiva.

En consecuencia, en el mundo de la Administración Pública, los órganos administrativos pueden dirigir las actividades de sus órganos jerárquicamente subordinados, mediante instrucciones, órdenes y circulares de servicio, las cuales deben difundirse adecuadamente para lo cual incluso, cuando así esté regulado o cuando así se estime conveniente por razón de los destinatarios o de los efectos que puedan producirse, deben ser publicadas en la *Gaceta Oficial* correspondiente (art. 42, LOAP).

De acuerdo con la misma disposición del artículo 28 de la Ley Orgánica de la Administración Pública, el incumplimiento por parte de un órgano inferior de las órdenes e instrucciones de su superior jerárquico inmediato obliga a la intervención de éste y acarrea la responsabilidad de los funcionarios o funcionarias a quienes sea

432 Véase en *Gaceta Oficial* N° 5890 Extraordinario de 31 de julio de 008

imputable dicho incumplimiento, "salvo lo dispuesto en el artículo 8 de esta Ley" (art. 28). Este artículo 8 en realidad, recoge el texto del artículo 25 de la Constitución que establece el principio de la responsabilidad de los funcionarios públicos por las violaciones de los derechos fundamentales garantizados en la Constitución "sin que les sirvan de excusa órdenes superiores". En consecuencia, si la orden del superior implica una violación de un derecho constitucional, y si el funcionario inferior la cumple, compromete su propia responsabilidad, y no puede excusarse por haber recibido una orden del superior. Es decir, la "salvedad" que parece implica la norma del artículo 28 de la LOAP sería que el funcionario inferior no incurriría en responsabilidad por incumplimiento de una orden superior, cuando la misma implique violación de un derecho constitucional.

Entre las múltiples atribuciones que derivan del principio de la jerarquía en la organización administrativa está precisamente, como se ha dicho, la facultad de avocamiento o de avocación que establece el artículo 41 de la Ley Orgánica de la Administración Pública, el cual autoriza al Presidente de la República, al Vicepresidente Ejecutivo, a los Ministros, a los Viceministros, a los Gobernadores, a los Alcaldes, a los superiores jerárquicos de los órganos y entes de la Administración Pública y a los demás funcionarios superiores de dirección, para poder avocarse al conocimiento y resolución de un asunto cuya resolución corresponda ordinariamente o por delegación a sus órganos jerárquicamente subordinados, cuando razones de índole técnica, económica, social, jurídica o de interés público lo hagan pertinente; facultad que exige siempre un acto administrativo motivado que debe ser notificado a los interesados.

En contraste con el principio de la jerarquía en la Administración Pública, en el orden judicial dicho principio no tiene aplicación, y esa es precisamente uno de los clásicos elementos de distinción entre "Administración" y "Justicia" en la más tradicional de las doctrinas del derecho administrativo. La "jerarquía" que existe en la organización de los tribunales, es una jerarquía destinada a garantizar un orden procesal para el desarrollo de los procesos, y para garantizarle a las partes el derecho a la revisión de las sentencias mediante el ejercicio de los recursos ordinarios (apelación) o extraordinarios (por ejemplo, el de casación) que establecen los Códigos procesales; y específicamente, para garantizarle a las personas, entre otros, el derecho a la doble instancia que conforme al control de convencionalidad ejercido por la antigua Corte Suprema de Justicia, es de rango constitucional en Venezuela en aplicación del artículo 8 de la Convención Americana sobre Derechos Humanos.[433]

La organización jerárquica en el ámbito judicial está guiada, no por el principio de la jerarquía que antes hemos mencionado como propio de la organización administrativa, sino por otros principios esenciales de la organización judicial y que son: *primero* el principio constitucional de la autonomía e independencia de los jueces, según el cual, entre otras consecuencias, éstos no pueden estar sujetos a instrucciones ni órdenes para decidir, ni siquiera las que puedan provenir de los tribunales

433 Véase la sentencia de la Sala Constitucional N° 87 del 13 de marzo de 2000 (Caso: *C.A. Electricidad del Centro (Elecentro) y otra vs. Superintendencia para la Promoción y Protección de la Libre Competencia (Procompetencia)*, en *Revista de Derecho Público*, N° 81, Editorial Jurídica Venezolana, Caracas 2000, pp. 157 y ss,

"superiores" en la jerarquía judicial; *segundo*, el derecho constitucional de las personas a ser juzgados por sus jueces naturales, es decir, única y exclusivamente por el juez que tiene legalmente asignada la competencia por la materia, el grado y el territorio para decidir el determinado proceso judicial; y *tercero*, que las decisiones que dicte el juez natural sólo pueden ser revisadas mediante los recursos judiciales ordinarios y extraordinarios.

Estos principios de la organización judicial y del funcionamiento de los procesos judiciales, son, sin duda, incompatibles con los antes mencionados principios de la jerarquía administrativa, los cuales no se aplican al ámbito judicial. Por ello, en éste campo, un juez superior, por ejemplo, no puede dirigir, supervisar, evaluar y controlar las actuaciones de los jueces inferiores, salvo mediante el conocimiento de los recursos ordinarios o extraordinarios existentes; ni puede dirigirles instrucciones, órdenes y circulares sobre cómo deben ejercer sus competencias. En este mismo sentido, los tribunales superiores no pueden avocarse al conocimiento de una causa que curse en un tribunal inferior, de manera que sólo podrían conocer de la misma si mediante el ejercicio de los recursos ordinarios o extraordinarios ejercidos por las partes, la causa llega a su conocimiento.

Es decir, como cuestión esencial de principio, puede afirmarse que la institución del avocamiento es incompatible con la Justicia, es decir, con el proceso judicial y la organización judicial, pues atenta contra el principio de independencia y autonomía de los jueces que garantiza el artículo 256 de la Constitución, contra el derecho ciudadano a la revisión de las sentencias y en todo caso, contra el derecho a la doble instancia que garantiza el artículo 8 de la Convención Americana sobre Derechos Humanos; contra el derecho ciudadano a ser juzgado por sus jueces naturales que garantiza el artículo 49.4 de la Constitución, y contra el debido orden del proceso judicial definido en los términos del artículo 257 de la misma Constitución.

SECCIÓN SEGUNDA:

LA EXCEPCIONAL POTESTAD DE AVOCAMIENTO POR PARTE DE LA SALA POLÍTICO ADMINISTRATIVA DE LA ANTIGUA CORTE SUPREMA DE JUSTICIA ESTABLECIDA EN LA LEY ORGÁNICA DE LA CORTE SUPREMA DE JUSTICIA DE 1976

Como previsión legal contraria a todos los anteriores principios y derechos, que también estaban garantizados en la Constitución de 1961, antes de la entrada en vigencia de la Constitución de 1999, la derogada Ley Orgánica de la Corte Suprema de Justicia de 1976[434] estableció entre las competencias asignadas a la Sala Político-Administrativa de dicha Corte, no previstas en la Constitución, la potestad de la misma de avocarse al conocimiento de una causa que cursara ante otro tribunal, para cuyo ejercicio, sin embargo, la propia Sala se había auto-restringido sus poderes.

---

434 Véase en *Gaceta Oficial* Nº 1.893 Extraordinario de 30 de julio de 1976. Véase los comentarios en el libro Allan R. Brewer-Carías y Josefina Calcaño de Temeltas, *Ley Orgánica de la Corte Suprema de Justicia*, Colección Textos Legislativos, Nº 8, Editorial Jurídica Venezolana, Caracas 1989, 369 pp.; 2ª. edición actualizada, Caracas 1991.

En efecto, el artículo 42.29 de la Ley Orgánica de de la Corte Suprema de Justicia le atribuyó a la Sala Político Administrativa de la misma, competencia para "solicitar algún expediente que curse ante otro Tribunal, y avocarse al conocimiento del asunto, cuando lo juzgue conveniente." Se trató, sin duda, de la consagración de una potestad discrecional, que podía referirse a cualquier causa, cursante ante cualquier tribunal diferente a la propia Corte Suprema ("otro tribunal"). Al comentar en 1989 dicha previsión legal, explicamos que por más discrecional que pudiese ser tal competencia:

> "la misma no podía ser utilizada sino en casos extremos, por ejemplo, "cuando estén en peligro, si la causa continúa su curso ante el tribunal competente, derechos y garantías constitucionales o el orden público o social; pues su uso, por la Corte, lesiona el derecho constitucional al debido proceso que consagran los artículos 60, 68 y 69 de la Constitución, el artículo 14 del Pacto Internacional de Derechos Civiles y Políticos y el artículo 8 de la Convención Americana sobre Derechos Humanos. La única posible justificación a la limitación de este derecho constitucional es para garantizar otros derechos constitucionales que en el caso concreto se considere que tienen primacía, o el orden público o social.
>
> En efecto, el derecho al debido proceso garantiza a los ciudadanos el ser juzgados "en los términos y condiciones establecidos por la Ley", lo que da origen a una serie de garantías constitucionales, entre ellas, la de ser juzgado por el juez natural, y además, por el juez competente; respetándose las vías recursivas establecidas en la ley procesal, conforme al principio de la bi-instancia, y que tienen a garantizar el derecho a la defensa. El avocamiento por la Sala Político Administrativa de una causa, por tanto, es una limitación al derecho constitucional al debido proceso, que sólo podría emplearse cuando se trata de dar primacía, en un caso concreto, a la protección de otro derecho constitucional, incluso al debido proceso, que podría quedar conculcado de seguir la causa su curso ordinario, o a la necesidad de salvaguardar el orden público y social."[435]

En consecuencia, estimamos que la Sala Político Administrativa, al hacer uso de esa potestad discrecional, primero estaba sujeta a los límites generales propios de la discrecionalidad, que son la justicia, la equidad, la proporcionalidad, la razonabilidad y la logicidad; y segundo, debía hacer siempre un balance entre dos situaciones jurídicas subjetivas constitucionales, es decir, entre dos derechos o garantías constitucionales para darle primacía a una de ellas en el caso concreto o entre un derecho o garantía constitucional y el interés general de la sociedad (orden público o social). Esta situación de balance y primacía entre el ejercicio de los derechos y garantías constitucionales e incluso, entre éstos y el interés general de la sociedad, por otra parte, no es nada extraño y es lo normal en las actuaciones de los entes estatales, pues en definitiva, los derechos y garantías constitucionales tienen en la Constitución, como limitación "las que deriven del derecho de los demás y del orden público

---

435 Véase "Prólogo" al libro de Roxana Orihuela, *El avocamiento de la Corte Suprema de Justicia*, Editorial Jurídica Venezolana, Caracas 1998, p. 9.

y social" (artículo 43, Constitución de 1961; art. 20, Constitución de 1999), y es el Estado, mediante sus órganos, el que debe resolver el conflicto que pueda haber.[436]

Es esa situación de balance, entre distintos derechos constitucionales o entre ellos y el orden público y social, dando primacía a uno u otro derecho o al interés general de la sociedad en relación al derecho al debido proceso, que estimamos también debía sopesar la Sala Político Administrativa al hacer uso de la potestad de avocamiento previsto en la Ley Orgánica, razón por la cual, sus proyectistas justificaron dicha institución del avocamiento:

> "con el fin de prevenir situaciones de desquiciamiento, caos, anarquía y otros inconvenientes a los altos intereses de la nación y que pudieran perturbar el normal desenvolvimiento de las actividades políticas, económicas y sociales consagradas en la Constitución."[437]
>
> Fue con fundamento en esos criterios, entonces que la propia Sala Político Administrativa fue delineando en una abundantísima jurisprudencia los criterios para decidir el avocamiento, por ejemplo, para evitar sentencias contradictorias; para el ejercicio de la competencia de la Corte para controlar la constitucionalidad y legalidad de los actos del Poder Público; para corregir el orden procesal vulnerado o restablecer el orden procesal flagrantemente infringido; o para evitar situaciones que pudieran acarrear trastornos, confusión, desasosiego en la colectividad, así como aquellas que puedan trabar el normal desempeño de la actividad pública.[438]

Puede decirse que, en global, la Sala Político Administrativa utilizó con prudencia esta facultad extraordinaria del avocamiento, lo que se reflejó en su sentencia una sentencia de 10 de agosto de 1989, en la cual sostuvo que tal potestad:

"ha sido hasta ahora administrada con criterios de extrema prudencia, tomando en consideración fundamentalmente la necesidad de evitar flagrantes injusticias o una denegación de justicia, o la presencia de aspectos que rebasen el interés privado involucrado y afecten de manera directa el interés público, manteniendo como una constante en su aplicación los principios rectores que atañen al orden natural de competencia, en razón de la materia que sea objeto de la solicitud."[439]

---

436 *Idem*, pp. 9-10.

437 *Idem*, pp. 9-10.

438 Para el análisis exhaustivo de la jurisprudencia de la Sala Político Administrativa en materia de avocamiento hasta 1998, véase el libro citado de Roxana Orihuela, *El avocamiento de la Corte Suprema de Justicia*, Editorial Jurídica Venezolana, Caracas 1998. Véase además, Alfredo Morles H., "Los vaivenes del avocamiento," en *Revista de Derecho Público,* Nº 61-62, Editorial Jurídica Venezolana, Caracas 1995, pp. 531-543.

439 Véase en *Revista de Derecho Público*, Nº 39, Editorial Jurídica Venezolana, Caracas 1989, p. 104.

SECCIÓN TERCERA

LA EXTENSIÓN JURISPRUDENCIAL DE LA POTESTAD DE AVOCAMIENTO POR PARTE DE LA SALA CONSTITUCIONAL DEL TRIBUNAL SUPREMO HACIA TODAS LAS SALAS DEL MISMO PARTIR DE 2002

La Constitución de 1999 nada previó en materia de avocamiento, no previendo tal potestad ni de la Sala Político Administrativa, ni de Sala alguna, y más bien, reforzó las garantías judiciales establecidas en sus mencionados artículo 49, 256, y 257 de la Constitución, de las cuales resulta evidentemente que dicha potestad era contraria a las previsiones expresas de la nueva Constitución.

A pesar de ello, la Sala Constitucional no fue requerida para juzgar sobre la inconstitucionalidad y la anulación de la previsión de la vieja Ley Orgánica de la Corte Suprema de Justicia, ni desarrolló activismo alguno, de manera que la Sala Político Administrativa del nuevo Tribunal Supremo, conforme a la Ley Orgánica de la antigua Corte Suprema que siguió en vigencia, siguió ejerciendo tal potestad de avocamiento, aún cuando con las autolimitaciones que se había impuesto jurisprudencialmente.

En la materia, en realidad, la Sala Constitucional, en lugar de analizar la institución a la luz de los nuevos principios constitucionales garantistas, en una sentencia No. 456 de 15 de marzo de 2002, más bien, ante una solicitud de avocamiento de un caso de un juicio de amparo contra un acto de un Registrador (Caso: *Arelys J. Rodríguez vs. Registrador Subalterno de Registro Público, Municipio Pedro Zaraza, Estado Carabobo*) que cursaba ante un tribunal de instancia, lo que hizo fue negarle a la Sala Político Administrativa el monopolio que legalmente tenía en materia de avocamiento en los términos de la Ley Orgánica de la Corte Suprema, y se declaró competente para conocer de solicitudes de avocamiento en jurisdicción constitucional, en particular, respecto de juicios de amparo,[440] que sin duda era una materia afín a su propia competencia al tratarse de cuestiones constitucionales.

Posteriormente, al mes siguiente, en otra sentencia No. 806 de 24 de abril de 2002 (Caso: *Sindicato Profesional de Trabajadores al Servicio de la Industria Cementera),* la Sala Constitucional al entrar a conocer de otra solicitud de avocamiento, consideró nula la norma de la derogada Ley Orgánica de la Corte Suprema de Justicia de 1976 (Art. 43) que consagraba la figura del avocamiento como competencia *exclusiva* de la Sala Político Administrativa, pero no por considerarla en si misma contraria a las garantías judiciales previstas en la Constitución, sino por considerar que esa competencia exclusiva de una Sala, era "incompatible con el principio de *distribución de competencias por la materia* a nivel del máximo Tribunal de la República, sin que la propia Constitución lo autorice ni establezca una excepción al mismo en tal sentido;" señalando además que:

440 Véase sentencia Nº 456 de la Sala Constitucional del Tribunal Supremo de Justicia de 15 de marzo de 2002 (Caso: *Arelys J. Rodríguez vs. Registrador Subalterno de Registro Público, Municipio Pedro Zaraza, Estado Carabobo*), en *Revista de Derecho Público*, Nº 89-92, Editorial Jurídica Venezolana, Caracas 2002, pp. 178-179.

"Esta Sala Constitucional, no obstante la claridad y laconismo con que fue redactado el precepto, objeta el monopolio que se desprende de la lectura conjunta de ambos artículos, en lo que respecta a que el trámite de las solicitudes de avocamiento sea una facultad exclusiva y excluyente de Sala Político Administrativa.

Es decir, y sobre ello ahondará seguidamente, esta Sala es del parecer que tal potestad es inconsistente desde el punto de vista constitucional, y que la misma corresponde, en un sentido contrario a como lo trata dicho dispositivo, *a todas las Salas del Tribunal Supremo de Justicia, según que el juicio curse en un tribunal de instancia de inferior jerarquía a la Sala que en definitiva decida examinar la petición* (aquí el vocablo *inferior* se entiende en sentido amplio, ya que algunas de estas Salas no son propiamente *alzada* de dichos tribunales; tal sucede con las de casación) [..].

Llegado este punto, siendo, pues, que la facultad de avocamiento conferida a la Sala Político Administrativa por el artículo 43 de la Ley Orgánica de la Corte Suprema de Justicia no está prevista en la Constitución, ni se deduce de ella, ni la justifica su texto, y que, por el contrario, conspira contra el *principio de competencia que informa la labor que desempeñan las Salas del máximo tribunal* de la República (art. 232), esta Sala concluye en que dicho precepto resulta inconstitucional [...]

Tales declaraciones no son, propiamente, precedentes de la posición que mantiene esta Sala Constitucional respecto al tema, toda vez que en ellas se sostuvo, al mismo tiempo, que dicha facultad excepcional, no obstante las referidas limitaciones, resultaba de la *exclusiva* potestad de dicha Sala Político Administrativa (*Vid.* sobre el punto de la exclusividad: *ob. cit.* pp. 40 y 41). Criterio de exclusividad que ha sido expresamente abandonado por esta Sala desde su sentencia Nº 456 del 15-03-02, caso: *Mariela Ramírez de Cabeza*. Lo que *sí comparte es lo relativo a que la Sala Político Administrativa no estaba constitucionalmente facultada para examinar solicitudes de avocamiento ni adentrarse a su conocimiento cuando de conflictos ajenos a su competencia natural se tratara.*

Pero, para prestar un mejor servicio a la justicia, esta Sala Constitucional dará, en atención a sus propias competencias, un giro en este camino, pues declarará que tal competencia (con los límites impuestos por la práctica judicial comentada) debe extenderse a las demás Salas del Tribunal Supremo de Justicia (subrayados nuestros)[441].

Esta doctrina evidentemente era contradictoria, pues luego de considerar inconstitucional la figura del avocamiento en manos de la Sala Político Administrativa, por no tener fundamento en la Constitución, sin entrar a confrontarla directamente con las garantías del debido proceso, pasó a declararla como competencia *de todas* las Salas del Tribunal Supremo.

441 Véase Sentencia Nº 806 de la Sala Constitucional del Tribunal Supremo de 24 de abril de 2002 (Caso: *Sindicato Profesional de Trabajadores al Servicio de la Industria Cementera),* en *Revista de Derecho Público*, Nº 89-92, Editorial Jurídica Venezolana, Caracas 2002, pp. 179-184.

Sin embargo, lo importante de esta jurisprudencia establecida y "creadora" de la figura generalizada del avocamiento en manos de todas las Salas del Tribunal Supremo, fue el criterio de la Sala, expreso e inequívoco, de que tal potestad correspondía a todas las Salas del Tribunal Supremo, *primero*, respecto de causas en curso ante tribunales de instancia de inferior jerarquía a la Sala que en definitiva decida examinar la petición, entendiendo "inferior" en sentido amplio, ya que algunas de estas Salas, como las de casación, no son propiamente alzada de dichos tribunales; y *segundo,* respecto de causas referidas a las materias afines a la competencia de la Sala respectiva, de manera que todas las Salas podían avocarse respecto de causas que estuviesen dentro de su competencia natural. Esto significaba que si se trata de una causa ante un tribunal civil, la competencia para avocarse era de la Sala de Casación Civil; si se trataba de una causa penal, la Sala competente para avocarse era la Sala Penal; y si se trataba de una causa que cursara ante tribunales contencioso administrativos, la Sala competente para avocarse era la Sala Político Administrativa.

SECCIÓN CUARTA:
LA "CREACIÓN" JURISPRUDENCIAL POR PARTE DE LA SALA CONSTITUCIONAL DEL TRIBUNAL SUPREMO, DE LA POTESTAD DE AVOCAMIENTO RESPECTO DE CAUSAS QUE CURSEN ANTE OTRAS SALAS DEL MISMO, Y NO SÓLO ANTE TRIBUNALES DE INSTANCIA

La Sala Constitucional del Tribunal Supremo de Justicia, después de haber desarrollado jurisprudencialmente la competencia de todas las Salas del Tribunal Supremo, y no sólo de la Sala Político Administrativa, para avocarse al conocimiento de causas que cursaran ante tribunales de instancia, en las materias afines a sus respectivas competencias, mediante sentencia N° 566 de 12 de abril de 2004 (Caso: *Julio Borges, César Pérez Vivas, Henry Ramos Allup, Jorge Sucre Castillo, Ramón José Medina y Gerardo Blyde vs. Consejo Nacional Electoral*),[442] procedió a crear, contra su doctrina anterior, una potestad de avocamiento de la misma Sala respecto de causas que cursaran ante otras Salas del Tribunal Supremo de Justicia, que en ningún caso podían considerarse como "tribunales" inferiores respecto de la Sala Constitucional.

Así, con ocasión de conocer una solicitud de avocamiento de un juicio contencioso electoral intentado ante la sala electoral del tribunal supremo de justicia contra decisiones del consejo nacional electoral, dictadas con ocasión de decidir sobre la solicitud de realización de un referendo revocatorio del mandato del entonces presidente de la República Hugo Chávez Frías, la Sala Constitucional procedió a secuestras la competencia de aquella Sala Electoral, y arrebatarle, sin justificación alguna, la competencia para decidir el caso, y así anular la suspensión de efectos de la decisión impugnada que se había dictado en el caso, y finalmente evitar que la Sala Electoral pudiera llegar a decidir finalmente el proceso conforme a lo que requerían los accionantes y permitir la realización del referendo revocatorio en la fecha prevista.

---

442 Véase en http://www.tsj.gov.ve/decisiones/scon/Abril/566-120404-04-0475.htm

El caso, por su connotación política, fue muy debatido,[443] siendo lo destacable del mismo, que con la sentencia N° 566 puede decirse que se inició en Venezuela, el proceso de secuestro del derecho ciudadano a la participación política mediante el referendo revocatorio del mandato del Presidente de la República; y del secuestro de la la Sala Electoral para decidir las materias de su competencia, impidiéndosela en esa ocasión el decidiera sobre la nulidad de las decisiones del consejo Nacional Electoral, que a la vez habían impedido la celebración del referendo revocatorio que la oposición había convocado en 2003-2004. para ello, una vez que la Sala Electoral sentenció suspendiendo los efectos de la decisión administrativa que impedía el referendo, la fórmula política que se utilizó para despojar a la Sala Electoral de toda posibilidad de decidir en la causa contencioso electoral respectiva en la que era juez natural. hay que recordar que entre las innovaciones más destacadas de la Constitución de 1999 en materia judicial, estuvo la creación de la Sala Electoral del Tribunal Supremo de Justicia (art. 262), como Jurisdicción Electoral, con competencia exclusiva en materia contencioso electoral (art. 297), lo que implica que las decisiones del Consejo Nacional Electoral sólo pueden ser revisadas por razones de inconstitucionalidad e ilegalidad por la Sala Electoral del Tribunal Supremo de Justicia y por más ninguna otra de sus salas.

Como el avocamiento entre salas del Tribunal Supremo evidentemente que no era procedente, pues como se ha dicho, ninguna Sala es superior a las otras; por tanto, sólo violando la constitución podía la Sala Constitucional avocarse al conocimiento de una causa cursante ante otra Sala del tribunal supremo, como precisamente lo hizo en la citada sentencia N° 566 de 2004. por ello, el magistrado Rondón Haaz, en su voto salvado a la sentencia, señaló con razón que:

> "Determina así, la Ley, que, para la procedencia del avocamiento, debe ser otro Tribunal en donde curse el expediente que será solicitado, lo cual excluye, como es evidente, a las otras Salas del Tribunal Supremo de Justicia; y no podría ser de otra forma, tanto por la igualdad de jerarquía entre las Salas como por el caos que supondría, para el proceso y los justiciables, que unas Salas pudiesen avocar las causas de las otras."[444]

En adición, en la sentencia se indicó que el avocamiento sobre causas ventiladas ante otras Salas supuestamente tenía como precedente una decisión de la Sala Político Administrativa de la antigua Corte Suprema de Justicia respecto de una causa que cursaba ante la Sala de Casación Civil en 1999, lo cual era completamente falso. Por ello, el mismo Magistrado Rondón Haaz en su Voto Salvado a la sentencia, calificó de "mendaz la declaratoria de la mayoría sentenciadora," considerándola como una "violación al Código de Ética del Abogado en que incurrieron los Magistrados que suscribieron la sentencia", pues la Sala Político Administrativa nunca había decidido avocarse al conocimiento de causa alguna que cursaba ante la Sala de Casación Civil, habiéndose limitado en decisión de 11-11-1999 a solicitarle a la Sala de Casa-

443 Véase lo que por nuestra parte hemos expuesto sobre la referida sentencia N° 566 de 2004 en: Allan R. Brewer-Carías, *La Sala Constitucional Versus El Estado Democrático de Derecho. El secuestro del poder electoral y de la Sala Electoral del Tribunal Supremo y la confiscación del derecho a la participación política,* **Los Libros de El Nacional** - Colección Ares, Caracas 2004, pp. 109 ss.

444 Véase la referencia en *Idem*, p. 138.

ción Civil un expediente sólo para estudiar una solicitud de avocamiento que había formulado el Procurador General de la República en unos juicios (Caso Capriles), solicitud que luego fue desistida por el Procurador."[445]

Este caso del avocamiento de la Sala Constitucional respecto de una causa cursante ante la Sala Electoral debe destacarse, pues como se dijo fue el inconstitucional inicio de la competencia asumida por la Sala para avocarse a causas cursantes ante otras Salas.

En efecto, en el caso, el 8 de marzo de 2004 varios diputados a la Asamblea Nacional actuando además como representantes de varios partidos de oposición, intentaron un recurso de nulidad por legalidad e inconstitucionalidad con pretensión de amparo cautelar tanto contra la Resolución del Consejo Nacional Electoral N° 131 del 2 de marzo de 2004 como del "Instructivo" de fecha 24 de febrero de 2004 mediante los cuales se había colocado las solicitudes de convocatoria de referendo revocatorio presidencial (las firmas) "en observación." El conflicto político que ello había originado, provocó todo tipo de actuaciones judiciales, entre ellas la recusación masiva de magistrados pues en el momento, contrariamente a lo que había sucedido en años anteriores y sucedió posteriormente, la Sala Electoral no estaba controlada por el poder político gubernamental.[446] En ese contexto, los representantes de los partidos de gobierno, también acudieron ante la Sala Constitucional del Tribunal Supremo solicitándole, que aún no teniendo competencia específica en la materia, se avocara al conocimiento de los recursos que habían sido intentados por ante la Sala Electoral, e impedir, así, que ésta pudiera decidir dichos recursos.[447]

Conforme a la solicitud de avocamiento, la Sala Constitucional, que había sido la que había nombrado poco tiempo antes a los miembros (rectores) del Consejo Nacional Electoral, para cubrir la "omisión" legislativa en dicha designación,[448] luego de declarar inadmisible, el 11 de marzo de 2004, la recusación intentada contra sus Magistrados por haberse formulado antes de que la solicitud de avocamiento fuera

445 Véase la referencia en *Idem*, p. 138.

446 Véase las informaciones sobre las recusaciones interpuestas por Ismael García del Comando Ayacucho, de las fuerzas políticas del gobierno, y por William Dávila, Diputado del partido de gobierno contra los Magistrados Alberto Martini Urdaneta y Rafael Hernández Uzcátegui, en El Universal, Caracas, 4 de marzo de 2004, p. 1-5; *El Nacional*, Caracas, 4 de marzo de 2004, p. A-7; y *El Nacional*, Caracas, 5 de marzo de 2004, p. 1-4. Además, adicionalmente, y en forma totalmente incomprensible en el ámbito de la jurisdicción contencioso electoral, el propio Consultor Jurídico del Consejo Nacional Electoral, cuyos actos eran precisamente los impugnados ante la Sala, también recusaría a los mismos Magistrados. Véase la referencia en Juan M. Raffalli, "Portazos en la cara", en *El Universal*, Caracas 14 de marzo de 2004.

447 Véase la información, corroborada por el Magistrado Iván Rincón, Presidente de la Sala Constitucional, en el reportaje de Edgar López, en *El Nacional*, Caracas, 04 de marzo de 2004, p. A-7; 1-5; y la información publicada en *El Nacional*, Caracas, 06 de marzo de 2004, p. A-2. Por su parte, un diputado de la oposición había, a su vez, recusado a dos Magistrados de esta Sala Constitucional en la solicitud de avocamiento de los juicios sobre el referendo revocatorio. La recusación fue presentada por el diputado Gerardo Blyde. Véase la referencia en Sentencia de la Sala Constitucional N° 347 de 11 de marzo de 2004, Exp. 04-0475.

448 Véase la sentencia de la Sala Constitucional N° 2073 de 4 de agosto de 2003 (Caso: *Hermánn Escarrá Malaver y otros*), en http://www.tsj.gov.ve/decisiones/scon/Agosto/2073-040803-03-1254%20y%-201308.htm; y la sentencia N° 2341 del 25 de agosto de 2003 (Caso: *Hemann Escarrá y otros*), en http://www.tsj.gov.ve/decisiones/scon/Agosto/poder%20electoral.htm

admitida,[449] en una decisión que según anunciaba la prensa, se habría adoptado por tres de los cinco Magistrados de la Sala y sin el quórum necesario para constituirse (de cuatro magistrados) requerido en el artículo 54 de la entonces vigente Ley Orgánica de la Corte Suprema de Justicia, decidió ordenar a la Sala Electoral que se inhibiera de tomar decisiones en los casos relacionados con el referendo revocatorio, hasta tanto la Sala Constitucional se pronunciara sobre si se avocaba o no a conocer de dichos asuntos.[450] En un "comunicado" público inusitado, el presidente de la Sala Constitucional, días después, el 15 de marzo de 2004, "explicaría" sus argumentos sobre la "legalidad" de la forma como se habría tomado la decisión,[451] y sólo el 16 de marzo de 2004 se ordenaría publicar la decisión adoptada por los tres Magistrados.[452]

Con esta decisión de impedir que la Sala Electoral pudiera dictar las decisiones en materias de su exclusiva competencia (contencioso-electoral), se iniciaba, sin duda, el secuestro institucional por parte de la Sala Constitucional respecto de otra Sala del Tribunal Supremo de Justicia, de igual jerarquía en el orden judicial, lo que por supuesto no podría tener otra explicación que no fuera la de orden político. La

---

449 Sentencia Nº 347 de 11 de marzo de 2004, Exp. 04-0475. La Sala Electoral, a su vez, también habría declarado inadmisible la recusación intentada contra sus Magistrados. Véase la información en *El Universal*, Caracas 12 de marzo de 2004. Dicha decisión, a su vez, fue objeto de un recurso de revisión por ante la Sala Constitucional, ante la cual los representantes de los sectores oficiales insistieron en recusar a los Magistrados de dicha Sala Electoral. Véase la información en *Globovisión.com*, Caracas 12 de marzo de 2004.

450 Véase la información en *El Universal*, Caracas 12 de marzo de 2004; y *Globovisión.com*, Caracas 12 de marzo de 2004.

451 En efecto en el "Comunicado" hecho público el 15 de marzo de 2004 "donde ratifica la validez de la decisión de la Sala Constitucional que impide a la Sala Electoral pronunciarse sobre el referéndum revocatorio", el Presidente de la Sala Constitucional señaló que vista la diligencia que habían formulado los dos Magistrados quienes no participaron en la decisión, que en una reunión convocada el 11 de marzo de 2004 aclarando dicho hecho, que "Presentes los cuatro magistrados Iván Rincón, José Manuel Delgado Ocando, Jesús Eduardo Cabrera (ponente) y Antonio García García se le explicó la grave situación que se estaba presentando en la Sala Electoral, el avocamiento que cursaba ante la Sala Constitucional y además el contenido de la ponencia del magistrado Jesús Eduardo Cabrera con la urgencia de la decisión que el caso ameritaba y se le explicó que el Poder Electoral había actuado con la potestad normativa que le delegó la Sala Constitucional y la que esta misma Sala dictó por excepción para el funcionamiento del Poder Electoral y que a fin de resolver sobre la procedencia o no del avocamiento se le estaba ordenando a la Sala Electoral paralizar cualquier acción de nulidad, amparo o cualquier otro recurso incoados contra los actos del Poder Electoral referidos a los procedimientos de referéndum revocatorio de cargos de elección popular e igualmente se le ordenaba abstenerse de decidir los mismos, paralizarlos y remitirlos a la Sala Constitucional al igual que todas las acciones que incoasen en este sentido. Los magistrados Iván Rincón Urdaneta, Jesús Eduardo Cabrera y José Manuel Delgado Ocando manifestaron estar de acuerdo con la sentencia y se le advirtió al magistrado Antonio García García que quedaba aprobada; *el cual exigió el texto escrito; se le entregó firmado ya por los tres magistrados que lo aprobaron* y se retiró del despacho" (cursivas agregada). No es difícil deducir de este "comunicado" cómo el Presidente de la Sala Constitucional lo que hizo en él fue confesar que la decisión la tomaron tres Magistrados y así se la presentaron firmada al cuarto, el cual por tanto no pudo haber "participado" en la toma de la misma. Véase el texto en *Globovisión.com.* Caracas 15 de marzo de 2004.

452 En una "diligencia" que se estampó en el expediente por la propia Sala, se dejaría constancia que "en el día de hoy, 16 de marzo de 2004, siendo las 4:50 de la tarde, se recibió del despacho del Magistrado Antonio García García ... la sentencia aprobada en la sesión del 11 de marzo de 2004 a las 2:30 pm. en el expediente Nº 04-0475, la cual fue devuelta sin la firma del mencionado Magistrado" por lo que entonces, la Sala lo remitía a la Secretaría para su publicación.

figura del "avocamiento," como antes se ha dicho, se había desarrollado por la Sala Constitucional para asumir el conocimiento de una causa que curse ante un tribunal inferior en materias en las cuales la Sala Constitucional pudiera tener competencia;[453] y en ningún caso podría proceder en relación con causas que se pudieran estar ventilando en otras Salas del propio Tribunal Supremo de Justicia conforme a sus propias competencias constitucionales. Además, el solicitante del avocamiento al menos debía ser parte en el proceso judicial respecto del cual se requería que la Sala asumiera el conocimiento.

Lo importante de este caso, fue que la Sala Electoral del Tribunal Supremo, reaccionó abiertamente contra el intento de secuestro por parte de la Sala Constitucional, como lo hace un órgano judicial al servicio de la justicia, siendo esa la primera vez que una Sala del mismo Tribunal Supremo pondría en duda el rol que se auto atribuía la Sala Constitucional. Así, el 15 de marzo de 2004 el Presidente de la Sala Electoral respondió el "memorando" que le había remitido la Sala Constitucional, acusándola de haber intentado "violentar el Estado de Derecho" al querer impedir que la Sala Electoral decidiera en las causas de su propia competencia,[454] anunciando que ejercería sus competencias constitucionales en la decisión del recurso de nulidad y amparo que se había intentado contra la Resolución del Consejo Nacional Electoral.

Y así lo hizo la Sala Electoral, además, declarando con lugar el amparo cautelar que se le había solicitado en protección del derecho constitucional a la participación política en el juicio de nulidad contra la Resolución del Consejo Nacional Electoral, mediante sentencia N° 24 del 15 de marzo de 2004[455] (Caso: *Julio Borges, César Pérez Vivas, Henry Ramos Allup, Jorge Sucre Castillo, Ramón José Medina Y Ge-*

---

453 El profesor José Peña Solís, ex Magistrado de la Sala Electoral y quien había sido Presidente de la misma sobre esto recordó, en declaraciones dadas a Maria Lilibeth da Corte, que la figura del avocamiento está prevista "sólo para tribunales inferiores. Una Sala no es un tribunal, todas constituyen el TSJ. No se puede pretender que una Sala pueda avocarse a lo de otra Sala, porque eso crea una crisis institucional de incalculables dimensiones", en *El Universal*, Caracas 13 de marzo de 2004.

454 En un inusitado "comunicado" leído por el Presidente de la Sala Electoral y dirigido a los Magistrados de la Sala Constitucional, según el resumen hecho por la periodista Irma Álvarez, aquél cuestionó las comunicaciones que los días 11 y 12 de marzo de 2004 se habían recibido de ésta, a través de las cuales le participaba a la Sala Electoral que estaba impedida de actuar en los casos relacionados con el referendo, en virtud de la solicitud de avocamiento formulada ante la Sala Constitucional; manifestándoles que "las referidas comunicaciones pretenden constituirse en una orden dictada, sin estar respaldada por sentencia alguna, razón por la cual la Sala Electoral ostenta todo el poder necesario para sustanciar y pronunciarse, de acuerdo a lo previsto en el artículo 297 de la Constitución y la jurisprudencia". Además dijo no entender cuál es la motivación que tuvieron estos magistrados "al pretender sustraer de su juez natural los recursos" o "al participar que hubo una sesión de Sala que no se efectuó, como lo hacen constar los magistrados Antonio García y Pedro Rondón". Sus preguntas fueron pues: ¿qué pretenden? ¿Violentar el Estado de Derecho?. Véase en *El Universal*, caracas 16 de marzo de 2004.

455 Véase en http://www.tsj.gov.ve/decisiones/selec/Marzo/24-150304-X00006.htm Véase los comentarios sobre esta sentencia en: Allan R. Brewer-Carías, "El secuestro del Poder Electoral y la confiscación del derecho a la participación política mediante el referendo revocatorio presidencial: Venezuela 2000-2004", en Juan Pérez Royo, Joaquín Pablo Urías Martínez, Manuel Carrasco Durán, Editores), *Derecho Constitucional para el Siglo XXI. Actas del Congreso Iberoamericano de Derecho Constitucional,* Tomo I, Thomson-Aranzadi, Madrid 2006, pp. 1081-1126; y en *Boletín Mexicano de Derecho Comparado*, Instituto de Investigaciones Jurídicas, Universidad Nacional Autónoma de México, N° 112. México, enero-abril 2005 pp. 11-73.

rardo Blyde vs. Consejo Nacional Electoral), suspendiendo los efectos de la Resolución N° 040302-131 de fecha 2 de marzo de 2004, dictada con fundamento en el *Instructivo sobre el tratamiento por el comité técnico superior de las firmas de caligrafía similar o renglones de planillas llenadas por la misma persona*, que había colocado "bajo observación," 876.017 firmas o solicitudes de revocatoria de mandato presidencial, sometiéndolas, al denominado "procedimiento de reparo", por considerar que los datos de identificación habían sido escritos con "caligrafía similar." Para ello, la Sala Electoral argumentó que:

> "Se denuncia la creación de nuevos criterios de validación, que podrían impedir alcanzar el número de firmas necesarias para convocar el referéndum revocatorio presidencial, y de ser ello así, existe una presunción grave de violación del mencionado derecho fundamental, consagrado en el artículo 62 de la Constitución de la República Bolivariana de Venezuela y garantizado en el artículo 70 *ejusdem,* por tanto, considera la Sala en el presente caso, satisfecho el requisito de procedencia de esta acción de amparo cautelar, constituido por el *fumus boni iuris*, que en este caso lo constituye la violación o amenaza de violación de un derecho constitucional. Así se decide."

La Sala consideró además, en cuanto al *periculum in mora,* que también resultaba igualmente evidente "por ser un hecho notorio comunicacional la inminencia del establecimiento de la fecha destinada al procedimiento de los reparos por parte del Consejo Nacional Electoral, que conforme a los actos cuya nulidad ha sido solicitada" al cual debían:

> "Acudir los ochocientos setenta y seis mil diecisiete (876.017) ciudadanos cuyas firmas fueron colocadas "bajo observación" por el máximo órgano electoral, por una parte, y por la otra, impide a los electores firmantes contenidos en las 39.060 planillas que han sido invalidadas por el Consejo Nacional Electoral, con fundamento en lo establecido en los numerales 2, 3, 4 y 5 del artículo 4 de las Normas sobre los Criterios de Validación de las Firmas y de las Planillas de Recolección de Firmas para los Procesos de Referendo Revocatorio de Mandatos de Cargos de Elección Popular, acudir a tal procedimiento de reparo a ratificar su voluntad de suscribir la solicitud de convocatoria del referéndum revocatorio presidencial, lo cual, a juicio de la Sala, reitera la necesidad de suspensión de los efectos de los actos impugnados, que de no acordarse podrían hacer ilusoria la ejecución del fallo definitivo de ser éste declarado con lugar. Así se decide."

Como consecuencia de la anterior declaratoria, la Sala, a los fines de restablecer la situación jurídica lesionada al estado en que se encontraba antes de que ocurriera la violación, y mientras se dictaba la sentencia de fondo, ordenó al Consejo Nacional Electoral que *desaplicara* a las 876.017 firmas colocadas "bajo observación" en la Resolución impugnada el criterio contenido en el Instructivo antes mencionado, que también había sido impugnado, que imponía la exigencia de ratificación de la manifestación de voluntad de los titulares de esas firmas (denominado reparo negativo). La Sala Electoral, además, con el mismo fin restablecedor de la situación jurídica infringida, *acordó incluir o sumar* a las solicitudes validadas por el Consejo Nacional Electoral para la convocatoria del referendo revocatorio que alcanzaba a 1.832.493 de solicitudes las 876.017 firmas o solicitudes antes indicadas, operación ésta que arrojaba "la cifra total de *2.708.510* de solicitudes o firmas". Como consecuencia de dicha operación aritmética la Sala Electoral ordenó al Consejo Nacional Electoral *aplicar*, a tales solicitudes, el procedimiento de reparo de conformidad con lo establecido en el artículo 31 de las "Normas para regular los procesos de referendos revocatorios de mandatos de cargos de elección popular", a los fines de que los ciudadanos que manifiesten no haber firmado soliciten su exclusión.

En cuanto a las planillas que habían sido invalidadas por el Consejo Nacional Electoral, en razón del incumplimiento de los numerales 2; 3; 4 y 5 del artículo 4 de las "Normas sobre los Criterios de Validación de las Firmas y de las Planillas de Recolección de Firmas para los Procesos de Referendo Revocatorio de Mandatos de Cargos de Elección Popular", y que alcanzaba la suma de 39.060, la Sala Electoral *ordenó* al Consejo Nacional Electoral "permitir a los electores firmantes contenidos en ellas acudir al procedimiento de reparo establecido en el artículo 31 de las mencionadas Normas."

Por último, la Sala Electoral, en su sentencia, ordenó al Consejo Nacional Electoral procediera a *efectuar el procedimiento de reparo* en el lapso establecido en el artículo 31 de las Normas citadas y luego de realizado éste procedimiento, y de existir al menos el veinte por ciento (20%) de solicitudes válidas, "proceda a convocar el referéndum revocatorio a que se refiere el presente fallo, en el lapso establecido en el artículo 33 de dichas Normas."

Con esta importante decisión,[456] la solicitud popular del referendo revocatorio del mandato del Presidente de la República, se encontraba entonces con un camino libre de obstáculos, pero no exento de consecuencias políticas ni de que en el mismo se colocaran nuevos obstáculos políticos, los cuales se anunciaron el mismo día de la decisión.

En cuanto a las consecuencias políticas, en un sistema constitucional donde la separación de poderes no garantiza totalmente su independencia, dado que la Asamblea Nacional tiene la potestad de remover a los titulares de los Poderes Públicos no electos (Poder Judicial, Poder Electoral, Poder Ciudadano: Arts. 265, 279, 296) las reacciones y amenazas no se hicieron esperar, tanto de parte del Poder Legislativo como del Poder Ejecutivo, e incluso, de órganos del Poder Ciudadano.[457]

---

456 En un inusitado "comunicado" público de fecha 16 de marzo de 2004, sin embargo, el Magistrado Luis Martínez de la Sala Electoral, quien no había firmado la decisión, pondría en entredicho "la honorabilidad de sus colegas Martini y Hernández, quienes con su decisión -dijo- "ponen en duda, no sólo su falta de objetividad e imparcialidad para conocer y decidir del presente recurso, sino su idoneidad ética para desempeñarse como jueces de la República". Véase *Globovisión.com*, Caracas 16 de marzo de 2004.

457 La decisión fue públicamente cuestionada por el Fiscal General de la República, Isaías Rodríguez, quien estimó que más que una medida cautelar lo que había dictado la Sala Electoral había sido una decisión de fondo. Señaló que el contenido de la decisión: "hace de la cautelar una decisión de fondo y no una medida provisoria, y se corre el riesgo de que cause en sí misma el agravio o el daño que pretende evitar, desnaturalizándose el contenido de ella. Es decir, pasa a ser una decisión de fondo mas no provisoria"...Por lo demás, la cautelar adelanta opinión sobre la nulidad y pudiéramos estar ante una extralimitación de atribuciones. La decisión de la Sala Electoral ha incurrido en un evidente desorden procesal, puesto que pareciera que con una medida provisional se pretende anular un acto administrativo que para los promotores del amparo constituye el verdadero fondo de la acción. Véase en *El Universal*, Caracas 16 de marzo de 2004

En cuanto al Poder Legislativo, fue primero la Junta directiva de la Asamblea Nacional, y después, la plenaria de la misma, el 16 de marzo de 2004, las que adoptarían un "acuerdo" donde se "condena enfáticamente" el fallo por considerarlo "absolutamente irrito y nulo," y lo más grave, exhortaban al Poder Ciudadano para que calificara la conducta de los magistrados como "falta grave" a los efectos de poder ser removidos por la propia Asamblea Nacional, señalando entre otras cosas que:

> "De conformidad con el artículo 265 de la Constitución, en virtud de la gravedad de las faltas éticas, morales e institucionales de los magistrados, doctores Alberto Martini Urdaneta, Rafael Hernández Uzcátegui y Orlando Gravina Alvarado, insta al Poder Ciudadano a que inicie el procedimiento de calificación de la conducta de los magistrados, como falta grave, a los fines de que el pleno de la Asamblea Nacional decida con la votación correspondiente la remoción de sus cargos."[458]

La sugerencia de la Asamblea Nacional, por supuesto, surtió efectos de inmediato, y en mismo día 16 de marzo de 2004, por una parte, representantes del partido de gobierno solicitarían ante el Tribunal Supremo de Justicia en Pleno, el inicio de un antejuicio de mérito para enjuiciar a los Magistrados Alberto Martini Urdaneta, Rafael Hernández Uzcátegui y Orlando Gravina Alvarado de la Sala Electoral,[459] seguramente por el "delito" de haber sido independientes y autónomos como jueces; y por la otra, el Consejo Moral Republicano (Poder Ciudadano), como consecuencia de la solicitud de la Asamblea Nacional, acordaría con base en el artículo 275 de la Constitución y el artículo 32 de la Ley Orgánica del Poder Ciudadano, iniciar el procedimiento de calificación de las presuntas faltas atribuidas a los mismos Magistrados de la Sala Electoral del Tribunal Supremo, en relación con la decisión anunciada por esa instancia del máximo Tribunal sobre el proceso refrendario.[460]

Pero también se produciría la reacción del Poder Ejecutivo contra una Sala del Tribunal Supremo, a través del Vice Presidente Ejecutivo de la República, quién calificaría a la sentencia como inconstitucional, subversiva, mafiosa e inmoral, reivindicando además un supuesto tutelaje de la Sala Constitucional del Tribunal Supremo de Justicia sobre el Consejo Nacional Electoral y en general sobre la materia electoral, en razón que haber sido esa Sala la que había nombrado al Consejo Nacional Electoral por la omisión de la Asamblea Nacional, lo que en criterio del representante Poder Ejecutivo "significa que todo lo relativo a la cuestión electoral corresponde estrictamente al CNE, y vía recurso a la Sala Constitucional," a cuyas decisiones se acogerían por supuestamente ser la única con "jurisdicción en esta materia, y que es la que resguarda precisamente a la Constitución de 1999."[461]

---

458 Véase en *Globovisión.com*, Caracas 16 de marzo de 2004.

459 *Idem*

460 *Ibidem.* En dicho procedimiento, con fecha 18 de marzo de 2004, el Consejo Moral Republicano requeriría de la Sala Constitucional del Tribunal Supremo de Justicia copia del Expediente de la solicitud de avocamiento que cursaba ante la misma. Véase *El Universal*, Caracas 19 de marzo de 2004.

461 Véase en *El Universal*, Caracas, 17 de marzo de 2004. Incluso, en un inusitado "Comunicado" emitido por la Embajada de Venezuela en Washington el día anterior, 15 de marzo de 2004, su afirmaba tajantemente que: "La decisión de la Sala Electoral es contraria a los artículos 335 y 336 de la Constitución de la República Bolivariana de Venezuela. Bajo la Constitución, esta Sala no tiene la competencia para

En todo caso, todas las manifestaciones de los Poderes Legislativo, Ciudadano y Ejecutivo en contra de la decisión adoptada por la Sala Electoral al suspender los efectos de la decisión del Consejo Nacional Electoral, lo que evidenciaban una vez más, en general, era la reacción del poder político contra un órgano del Poder Judicial, cuando se sintió que podía actuar con autonomía e independencia, es decir, que escapaba de su control y que no lo tenían totalmente a su servicio. En ese momento, no había otra forma de callar a la Sala Electoral del Tribunal Supremo y de impedirle que siguiera ejerciendo sus competencias constitucionales y siguiera decidiendo sobre ellas, que no fuera inhabilitándola para ello, en definitiva, secuestrándola. Y a ese objetivo se dirigieron todas las acciones imaginables, siendo la Sala Constitucional el instrumento para el secuestro y, por tanto, para de nuevo obstaculizar el camino del referendo revocatorio.

En esta forma, el mismo día de la decisión de la Sala Electoral, el Alcalde del Municipio Libertador del Distrito Capital en nombre del partido de gobierno intentaría por ante la Sala Constitucional, según se informaba en nota de prensa emitida por el propio Tribunal Supremo de Justicia, un supuesto "recurso de protección" contra la referida decisión de la Sala Electoral, alegando que la misma era supuestamente ilegal "por violatoria del artículo 135 (*sic*) de la Constitución... en cuanto a que la decisión de la Sala Constitucional del viernes pasado es vinculante o sea es de uso obligatorio por el resto de las Sala. Es así que la Sala Electoral no podía, en el día de hoy, emitir ninguna decisión con respecto al recurso de amparo porque la Sala Constitucional se había avocado al respecto". La inconstitucional tesis de que la Sala Constitucional supuestamente sería la única que podía resolver sobre la materia, se concretaba así en un recurso que, en definitiva sería un recurso de revisión de sentencias (Art. 336,10 de la Constitución), en el cual se solicitaba se suspendieran "los efectos del fallo de la Sala Electoral hasta tanto se produzca una decisión firme de la Sala Constitucional."[462]

En esta forma, de nuevo, la Sala Constitucional del Tribunal Supremo de Justicia volvía a tener en sus manos el destino del referendo revocatorio del mandato presidencial, y la posibilidad de reaccionar, a través de una decisión judicial, contra la Sala Electoral del mismo Tribunal Supremo de Justicia que había "osado" cuestionar públicamente sus pretensiones hegemónicas y la había acusado, incluso, de haber querido "violentar el Estado de Derecho;" y que además, había tenido el "atrevimiento" de asumir las competencias que tenía conforme a la Constitución y había decidido el recurso que se había interpuesto ante ella.

El primer paso para asumir el control político sobre la materia que daría la Sala Constitucional, se produjo el 16 de marzo de 2004, cuando la Sala consignó en el expediente de la solicitud de avocamiento que para impedir que la Sala Electoral decidiera en el recurso de nulidad contra la decisión del Consejo Nacional Electoral había formulado por el Sr. Ismael García, como representante del denominado Co-

---

tomar decisiones en materia constitucional. En cambio, el árbitro final de la interpretación constitucional es la Sala Constitucional de la Corte Suprema. Por lo tanto, la decisión de la Sala Electoral está en contra de los principios del debido proceso y en contra de la Ley". Véase también en *Globovisión.com*, Caracas 16 de marzo de 2004.

462 Véase la información en *El Universal*, Caracas 16 de marzo de 2004.

mando Nacional de Campaña Ayacucho, de los partidos que apoyaban al gobierno (aún no siendo "parte" en proceso judicial alguno que cursara ante la Sala Electoral para poder "solicitar" el avocamiento de una causa por parte de la Sala Constitucional), un "auto" con las siguientes motivaciones:

> "Visto que en sentencia de esta Sala Nº 2748 de 20 de diciembre de 2001 (Caso: *Javier Elechiguerra*), la Sala se declaró competente para conocer de los recursos de nulidad por inconstitucionalidad de actos emanados del Poder Electoral.
>
> Visto que es esta Sala quien dictó, por excepción, la normativa para el funcionamiento del Poder Electoral, y delegó en él, la potestad normativa para garantizar a los ciudadanos el ejercicio de los derechos políticos."

Con base en ello, la Sala Constitucional resolvió entonces paralizar toda actividad judicial de la Sala Electoral en la materia "a fin de resolver si es procedente o no el avocamiento solicitado", ordenándole, "que envíe todos los expedientes contentivos de las acciones de nulidad, amparo o cualquier otro recurso incoado contra los actos del Poder Electoral, relativos a los procesos de referendos revocatorios de mandatos de cargos de elección popular", resolviendo que:

> "En consecuencia, desde el momento en que la Sala Electoral de este Tribunal Supremo reciba la comunicación respectiva, deberá paralizar todos los procesos y se abstendrá de decidir los mismo, debiendo remitir - de inmediato- a esta Sala, hasta que se resuelva el avocamiento, cualquier acción que se incoase en dicho sentido."[463]

Debe destacarse en la motivación de este "auto," la aparentemente innecesaria referencia a que había sido la Sala Constitucional la que había dictado "la normativa para el funcionamiento del Poder Electoral" y que había sido la que había "delegado" en el Consejo Nacional Electoral "la potestad normativa para garantizar a los ciudadanos el ejercicio de los derechos políticos". Ello, sin duda, permitía vislumbrar el argumento de que la Sala Constitucional se podía considerar como una especie de "tutor" del Poder Electoral al cual le había secuestrado y limitado su autonomía, para entonces asumir en exclusividad el control jurisdiccional sobre sus actos, quitándole sus competencias en la materia a la Sala Electoral. Y ello fue precisamente lo que ocurrió, el 31 de marzo de 2004, cuando la Sala Constitucional fi-

463 Véase en *El Universal*, Caracas 17 de marzo de 2004. Para el día 18 de marzo de 2004, el Presidente de la Sala Electoral seguía argumentando que se trataba de una decisión inexistente, como lo reseña la periodista Irma Álvarez: "Por otra parte, el presidente de la Sala Electoral cuestionó el hecho de que le estén solicitando remitir, a la mayor brevedad posible, los expedientes en curso y las acciones que sean ejercidas con relación a los referendos revocatorios, partiendo para ello de una "sentencia inexistente". / En este sentido recordó que los magistrados Antonio García García y Pedro Rondón Haaz estamparon una diligencia, en el expediente en el cual el Comando Ayacucho requirió el avocamiento presto de la Sala Constitucional. / En dicha diligencia denunciaron que no estuvieron presentes en sesión alguna en la que se hubiera publicado una sentencia sobre el revocatorio. / Por ello acotó que según el art. 246 del Código de Procedimiento Civil: "no se considerará como sentencia, ni se ejecutará, la decisión a cuyo pronunciamiento aparezca que no han concurrido todos los jueces llamados por ley ni la que no esté firmada por todos". Véase en *El Universal*, 19 de marzo de 2004.

nalmente decidiría avocarse al conocimiento de la causa que cursaba no ante un "tribunal inferior" sino en otra Sala, precisamente la Sala Electoral.

En esta forma, el secuestro de la Sala Electoral por la Sala Constitucional se comenzaba a consolidar, aún cuando *ex post facto*, pues como se ha dicho, ya para el 16 de marzo de 2004 la Sala Electoral había adoptado la decisión cautelar de suspender los efectos de la Resolución del Consejo Nacional Electoral en las materias del referendo revocatorio presidencial. El paso siguiente para impedir el referendo revocatorio, por tanto, no podía ser otro que no fuera anular dicha decisión de la Sala Electoral del Tribunal Supremo e impedirle que siguiera conociendo del asunto.

Con la decisión de la Sala Constitucional, en efecto, se buscaba sustraer del conocimiento de la Sala Electoral la cuestión de fondo que era el recuso de nulidad de la Resolución del Consejo Nacional Electoral. Por ello se le ordenaba a la Sala Electoral paralizar todos los procesos, abstenerse de decidir los mismos, y remitir de inmediato a la Sala Constitucional, hasta que se resolviera el avocamiento, cualquier acción que se incoase en dicho sentido.

Pero algo imprevisto surgiría en el proceso de secuestro, y fue que la referida decisión de la Sala Constitucional de nuevo sería públicamente rechazada por la Sala Electoral, través de otro inusitado "comunicado" de su Presidente, Martini Urdaneta, de fecha 18 de marzo de 2004, en el cual aseguraba que no remitiría a la Sala Constitucional el expediente contentivo de los casos relacionados con el referendo revocatorio presidencial, tal como lo habría solicitado esta última el día anterior, 17 de marzo de 2004, agregando que:

> "Esta Sala Electoral ratifica su competencia para el conocimiento de la causa que se ventila en esta Sala accidental, y declara no a lugar los requerimientos en el oficio antes identificado, por cuanto los mismos son inaccedibles en derecho y así se declara."[464]

Pero a la polémica por el control de los juicios también se agregaría el propio Consejo Nacional Electoral al intentar ante la Sala Constitucional, como lo informara su presidente Francisco Carrasquero, "en protección y defensa de los derechos e intereses del CNE," otro recurso, esta vez, un "recurso de controversia constitucional por conflicto de poderes" entre la Sala Electoral y el Consejo Nacional Electoral con el objeto, primero, de "preservar la autonomía del Poder Electoral como el competente para resolver toda la controversia y actos relacionados con la materia electo-

---

464 La periodista Irma Álvarez reseñó lo expuesto por el Magistrado Martini Urdaneta así: En el oficio de tres páginas indicó que estas medidas las está tomando ante la existencia de un fallo emitido por la misma Sala Constitucional, el 4 de abril del 2003, según el cual el avocamiento de las causas que cursaban en la Sala Electoral sobre el referendo consultivo era "inaccedible en derecho", porque tanto la Sala Electoral como la Constitucional "cuentan con igual rango, siendo ambas en su orden las cúspides de la jurisdicción constitucional y electoral". / Con esto intentó salirle al paso a las afirmaciones según las cuales la Sala Constitucional puede avocarse y conocer los expedientes sobre el revocatorio, alegando para ello el riesgo de violación de derechos constitucionales o que el Instructivo sobre el Tratamiento de las Firmas de Caligrafía Similar tiene "efectos generales" o "colectivos". / Acto seguido, destacó Martini Urdaneta que la Sala Electoral recurrió a dicha jurisprudencia y se declaró competente para conocer los casos del revocatorio, no sólo por ser "la cúspide de la jurisdicción electoral, sino por mandato del artículo 297 de la Constitución". / De acuerdo con esta norma, "la jurisdicción contencioso electoral será ejercida por la Sala Electoral del TSJ". Véase en *El Universal*, Caracas 20 de marzo de 2004.

ral;" segundo, de solicitar se decretase "una medida cautelar innominada de suspensión de los efectos de la sentencia del 15 de marzo de 2004" que había dictado la Sala Electoral; tercero, solicitar que se acumulasen "a la causa constitucional todos los procesos que se encuentren en curso y, en especial, el proceso contencioso electoral que cursa ante la Sala Electoral;" y, cuarto, que una vez dirimida "la controversia entre la Sala Electoral y el organismo comicial, la Sala Constitucional declare la nulidad de la sentencia de fecha 15 de marzo de 2004 y se ratifique la competencia del CNE como rector del Poder Electoral."[465] Demás está decir que tal "recurso de controversia constitucional" entre un órgano del Poder Electoral (Consejo Nacional Electoral) y el órgano del Poder Judicial (Sala Electoral) llamado constitucionalmente a controlar los actos del primero, es una imposibilidad lógica y constitucional, pues de proceder no habría posibilidad alguna de control judicial de los actos del Poder Público, pues siempre se podría alegar tal "conflicto constitucional."

En todo caso, y por más ausencia de fundamento jurídico que pudieran tener las solicitudes y "recursos" que se habían intentado por ante la Sala Constitucional, lo cierto es que la misma disponía de instrumentos, así fueran inadmisibles, para poder perpetrar el secuestro final de la Sala Electoral del mismo Tribunal Supremo y consolidar la confiscación del derecho a la participación política que había hecho el Consejo Nacional Electoral. En efecto, en primer lugar, se le había formulado una solicitud de avocamiento para impedir que la Sala Electoral decidiera sobre la nulidad de la decisión del Consejo Nacional Electoral, formulada por el representante del Comando de campaña de los partidos políticos que apoyaban al gobierno, que no tenía la condición de parte en el proceso ante aquélla Sala; en segundo lugar, se había interpuesto un supuesto "recurso de protección" que no existe en el ordenamiento procesal constitucional y que más bien podía ser un recurso de revisión constitucional, que había intentado el Alcalde del Municipio Libertador en representación del partido de gobierno, contra la sentencia que ya había dictado la Sala Electoral; y en tercer lugar, también se había intentado un inexistente y absurdo "recurso de controversia constitucional por conflicto de poderes" que había intentado el Consejo Nacional Electoral que también buscaba la anulación de dicha sentencia.

No era difícil imaginarse lo que con ese cuadro podía ocurrir: por una parte, que la Sala Constitucional podía acordar el avocamiento (lo que efectivamente hizo el 30 de marzo de 2004), para lo cual el mismo día 16 de marzo la Sala, formalmente, había ordenado publicar la sentencia firmada por sólo tres Magistrados que habían ordenado a la Sala Electoral abstenerse de dictar sentencia y, en consecuencia, anular la sentencia de la Sala Electoral por haberse dictado contra lo ordenado en su decisión por la Sala Constitucional; y en segundo lugar, que la Sala también revisara la sentencia de la Sala Electoral, y la anulara por considerarla inconstitucional al haber vulnerado su "doctrina" (Lo que efectivamente también ocurrió el 23 de marzo de 2004). Es decir, ambas cosas sucedieron, y así, por lo demás, lo vaticinaba el titular de la primera página del diario *El Universal* de Caracas del día 18 de marzo

465 Véase la información en *El Universal*, Caracas 17 de marzo de 2004. El día 19 de marzo de 2004, dos de los miembros del Consejo Nacional Electoral expresaban su desacuerdo con tal solicitud. Véase en *El Universal*, Caracas, 20 de marzo de 2004.

de 2004 al anunciar que: "Anularán fallo del Sala Electoral", sobre lo cual la periodista Irma Álvarez reportó lo siguiente:

> "Como nula será declarada la sentencia que le ordenó al Consejo Nacional Electoral convocar a referendo revocatorio del mandato presidencial, después de que ejerzan su derecho a reparo las personas que no firmaron; y validar las 876 mil 017 rúbricas que fueron pasadas a observación...
>
> Los argumentos para emitir el fallo ya están claros. Según aseveró una fuente oficial, en primer lugar reiterarán que la Sala Constitucional es la competente para actuar, de acuerdo a lo previsto en el artículo 334 de la Constitución, el cual establece que les corresponde "exclusivamente" a los miembros de esta instancia "declarar la nulidad de las leyes y demás actos de los órganos que ejercen el Poder Público dictados en ejecución directa e inmediata de la Constitución o que tengan rango de ley"...
>
> Igualmente indicarán, por otra parte, que están capacitados para analizar el Instructivo sobre el tratamiento de las firmas de caligrafía similar o renglones de planillas llenadas por la misma persona que objetó la oposición, porque el mismo es considerado como "un acto administrativo de efectos generales".
>
> En consecuencia, y puesto que la aplicación de dicho instructivo afecta al colectivo, el cuestionado sólo sería un acto electoral en la medida en que fue dictado por el CNE y su revisión escaparía de las manos de la Sala Electoral."

La periodista destacaba además, en su información, como "Camino al avocamiento" lo siguiente:

> "Toda esta información fue dada a conocer por fuentes oficiales, después de que el presidente del Tribunal Supremo, Iván Rincón, y los magistrados José Delgado y Jesús Eduardo Cabrera (ponente), ordenaron publicar con tan sólo tres firmas una sentencia y la diligencia que inhabilitaban a la Sala Electoral para actuar en los casos sobre el referendo, desde el 11 de marzo.
>
> La referencia es relevante tomando en consideración que dichos actos les permitirían a los tres jueces insistir en la paralización de los procesos y la entrega de todos los expedientes vinculados con el mismo tema, por parte de la Sala Electoral, para luego determinar si procede el avocamiento."[466]

Y en efecto, la muerte anunciada de la sentencia de la Sala Electoral ocurrió una semana después, cuando la Sala Constitucional mediante sentencia No. 442 de 23 de marzo de 2004 (Caso: *Ismael García vs. Sentencia No.24 de la Sala Electoral*), al conocer el "recurso de revisión" que un diputado en nombre del Comando Ayacucho de los partidos de gobierno se había interpuesto contra la sentencia, lo declaró con lugar, anulando la sentencia conforme a su competencia establecida en el artículo 336.10 de la Constitución para revisar las sentencias en materia de amparo dictadas por las otras Salas del mismo Tribunal Supremo de Justicia que contrariasen las normas y principios constitucionales, o que se opusieran a las interpretaciones que

---

466 Véase en *El Universal*, Caracas 18 de marzo de 2004

sobre tales, hubiera realizado la Sala.[467] Esta sentencia fue rechazada por la Sala Electoral mediante sentencia Nº 27 del 29 de marzo de 2004, dictada en el mismo expediente (Caso: *Julio Borges, César Pérez Vivas, Henry Ramos Allup, Jorge Sucre Castillo, Ramón José Medina Y Gerardo Blyde vs. Consejo Nacional Electoral*),[468] en la cual, planteó ante la Sala Plena del Tribunal Supremo la "resolución de un conflicto de funcionamiento" entre las Salas Electoral y Constitucional, derivado de las "ordenes" que la segunda pretendía darle a la primera, cuando ambas tienen igual jerarquía.

Ahora bien, en cuanto a la sentencia Nº 442 de 23 de marzo de 2004 de la Sala Constitucional, al "revisar" la sentencia de la sala Electoral, en la misma se resolvió lo siguiente:

En *primer lugar*, la Sala consideró que la Sala Electoral no había respetado su doctrina relativa a la naturaleza y al trámite del amparo cautelar establecida en sentencia de la Sala Constitucional Nº 88 de 2000 (Caso: *Ducharne de Venezuela, C.A)*,[469] así como tampoco la doctrina de interpretación constitucional establecida por la Sala en el mismo fallo, al decidir la pretensión cautelar incoada *inaudita altera pars,* sin permitir al presunto agraviante plantear su oposición a la presunta cautela otorgada. La Sala señaló que del dispositivo del fallo cuestionado se habría constatado que la remisión que se había hecho al Consejo Nacional Electoral de la copia certificada de la aludida decisión, se habría hecho "con la finalidad de notificarle sobre lo ordenado, y no para que, si lo considerase pertinente, pudiera oponerse a la medida acordada, ya que la referida sentencia ordena el envío del cuaderno separado relativo a la incidencia al Juzgado de Sustanciación para la continuación de la causa".

---

467 Véase en http://www.tsj.gov.ve/decisiones/scon/Marzo/442-230304-04-0620.htm

468 Véase en http://www.tsj.gov.ve/decisiones/selec/Marzo/27-290304-X00006.htm

469 La doctrina sentada en dicha sentencia fue la siguiente: "Una vez recibida en esta Sala la acción de nulidad, interpuesta conjuntamente con amparo constitucional, el Juzgado de Sustanciación de la Sala decidirá mediante auto sobre la admisibilidad de la acción principal, a menos que por la urgencia del caso la Sala decida pronunciarse sobre la admisión de la misma, supuesto en que también la Sala se pronunciará sobre el amparo ejercido conjuntamente con la referida acción de nulidad. / En caso de que se declare inadmisible la acción principal, se dará por concluido el juicio y se ordenará el archivo del expediente. / Para el supuesto que se admita la acción de nulidad, en el mismo auto se ordenará abrir cuaderno separado en el cual se designará Ponente, a los efectos de decidir sobre el amparo constitucional. / El procedimiento de nulidad continuará su trámite por ante el Juzgado de Sustanciación, y la Sala decidirá sobre la procedencia o no del amparo constitucional. En el caso que se acuerde el amparo se le notificará de dicha decisión al presunto agraviante, para que, si lo estima pertinente, formule oposición contra la medida acordada, dentro de las cuarenta y ocho (48) horas siguientes a su notificación, supuesto en el cual se convocará para una audiencia oral y pública que se efectuará en el tercer (3º) día siguiente a la formulación de la oposición, a fin de que las partes expongan sus alegatos. En el auto en el que se fije la celebración de la audiencia oral y pública, se ordenará la notificación del Ministerio Público. / Una vez concluido el debate oral, la Sala en el mismo día deliberará, y podrá: - Pronunciarse inmediatamente sobre la oposición, en cuyo caso se expondrá de forma oral los términos de la decisión, la cual deberá ser publicada íntegramente dentro de los cinco (5) días siguientes a la audiencia en la cual se dictó aquélla." / - Diferir la audiencia oral por un lapso que en ningún momento será mayor de cuarenta y ocho (48) horas por estimar que es necesario la presentación o evacuación de alguna prueba que sea fundamental para decidir el caso, o a petición de alguna de las partes o del Ministerio Público. / La decisión recaída sobre el amparo constitucional en nada afecta la tramitación de la causa principal". Véase en http://www.tsj.gov.ve/decisiones/scon/Marzo/88-140300-0732.htm

En consecuencia de ello la Sala consideró que:

> "El quebrantamiento total del procedimiento establecido para la tramitación de las pretensiones de amparo cautelar que se acumulan a acciones de nulidad, constituye un evidente desacato a la doctrina vinculante establecida por la Sala, así como una crasa violación del derecho a la defensa y al debido proceso consagrados en el artículo 49 del Texto Fundamental, por cuanto el Consejo Nacional Electoral no pudo participar en un procedimiento que excluyó el trámite contradictorio. Todo lo anterior conduce, inevitablemente, a declarar la nulidad de la sentencia objeto de la presente solicitud de revisión, tal y como lo ha decidido esta Sala en otras oportunidades (Vid. Sentencia N° 1122/2000 del 4 de octubre, caso: *Elis Enaís Ramos*). Así se declara."

Esta decisión de la Sala Constitucional fue rechazada por la Sala Electoral en su mencionada sentencia N° 27 de 29 de marzo de 2004, en la cual señaló que la misma no podía:

> "menos que causar asombro, por decir lo menos, pues además de manifestar desconocimiento de las actuaciones cursantes en el cuaderno separado en el cual se dictó la sentencia de naturaleza interlocutoria por ella revisada –y en el que consta que si hubo oposición a la medida de amparo cautelar por distintos interesados- constituye un pronunciamiento que la vicia de falso supuesto, de hecho y de derecho..."[470]

La Sala Electoral rechazó y desestimó el argumento de la Sala Constitucional, considerando que resultaba "falso" en cuanto a la afirmación de que la Sala Electoral hubiera desconocido el procedimiento establecido por ella en el mencionado fallo N° 88 de 2000, agregando, con razón, que:

> "En el referido fallo N° 88, en modo alguno se impone al órgano jurisdiccional la obligación de indicar espesamente, en la notificación de la medida cautelar que se haga al presunto agraviante, de los recursos que dispone para oponerse a tal providencia, y es que no podría una sentencia contener tal orden, toda vez que, por una parte, estaría supliendo defensas que sólo a las partes corresponde efectuar y, por otra parte, estaría colocando en los órganos jurisdiccionales (incluyendo la misma Sala Constitucional) la carga prevista en el artículo 73 de la Ley Orgánica de Procedimientos Administrativos para los órganos de la Administración Pública...".[471]

En *segundo lugar*, la Sala Constitucional advirtió que la Sala Electoral Accidental había otorgado la tutela cautelar que se le había solicitado "con fundamento en que la presunta aplicación retroactiva de criterios de validación instaurados en los actos impugnados, '*podría impedir alcanzar el número de firmas necesarias para convocar el referéndum revocatorio presidencial*', lo cual, constituiría una presunción grave de amenaza de violación del derecho a la participación política, consa-

470 Véase en http://www.tsj.gov.ve/decisiones/selec/Marzo/27-290304-X00006.htm

471 Véase en http://www.tsj.gov.ve/decisiones/selec/Marzo/27-290304-X00006.htm

grado en el artículo 62 de la Constitución". Sin embargo, la Sala Constitucional señaló al respecto que:

> "Las circunstancias derivadas de la insatisfacción de los requisitos de validación establecidos por el Entre Rector del Poder Electoral, en ningún caso, puede constituir amenaza de violación del derecho a la participación política positivizado en el artículo 62 del Texto Fundamental, ya que el ejercicio del mismo depende del cumplimiento de los extremos previstos en el ordenamiento jurídico para cada caso, por lo que respecto al referendo revocatorio del mandato de funcionarios de elección popular, la mera solicitud de su convocatoria no genera expectativas plausibles de su efectiva realización, ya que la misma dependerá de la debida observancia de las condiciones y requisitos previstos en la Constitución y en la ley."[472]

Tal decisión de la Sala Constitucional dictada al "revisar" una sentencia de la Sala Electoral, sin duda constituía un pronunciamiento de fondo sobre la causa que cursaba ante la Sala Electoral, como si la Sala Constitucional estuviera conociendo de una "apelación". Un pronunciamiento de tal naturaleza era totalmente improcedente, por lo que la Sala Electoral en su sentencia N° 27 de 29 de marzo de 2004 lo rechazó señalando que con el mismo:

> "La Sala Constitucional Accidental se aparta abiertamente de las competencias que le han sido atribuidas por la Constitución... y delineadas por su propia jurisprudencia, para hacer pronunciamientos acerca del mérito de la causa, que la Sentencia revisada se abstiene de proferir por tratarse de una sentencia de amparo cautelar en la que, como bien sabe, le esta prohibido hacer pronunciamientos que impliquen un examen del fondo del asunto debatido, lo cual, sin duda, esta circunscrito a determinar si los actos impugnados violan o contradicen la normativa aplicable al caso de autos."[473]

Antes, en la misma sentencia, la Sala Electoral había destacado la inconsistencia procesal en la que había incurrido la Sala Constitucional al señalar que en su sentencia, "se emite pronunciamientos sobre el fondo del asunto debatido, sin que se hubiere avocado al conocimiento de la causa -figura por demás absolutamente improcedente- y sin haber tenido a la vista el expediente."

En *tercer lugar*, en relación con la presunta aplicación retroactiva de criterios de validación instaurados en el Instructivo sobre el Tratamiento por el Comité Técnico Superior de las Firmas de Caligrafía Similar o Renglones de Planillas Llenadas por la Misma Persona dictado por el Consejo Nacional, el 24 de febrero de 2004, la Sala Constitucional advirtió que;

> "El referido instructivo no consagra un nuevo criterio de validación de las solicitudes de convocatoria del referendo revocatorio del mandato de funcionarios de elección popular, ya que tal criterio motivador del acto de validación de las firmas no proviene de dicho instrumento jurídico, sino de las Normas para

---

472 Véase en http://www.tsj.gov.ve/decisiones/scon/Marzo/442-230304-04-0620.htm

473 Véase en http://www.tsj.gov.ve/decisiones/selec/Marzo/27-290304-X00006.htm

> Regular los Procesos de Referendos Revocatorios de Mandatos de Cargos de Elección Popular dictadas por el Ente Rector del Poder Electoral, el 25 de septiembre de 2003, conforme a las cuales se validaron un millón ochocientas treinta y dos cuatrocientas noventa y tres (1.832.493) solicitudes, se invalidaron treinta y nueve mil sesenta (39.060) peticiones y a los efectos similares de un auto para mejor proveer, se ordenó someter a reparo las firmas colocadas "bajo observación" que alcanzan el número de ochocientos setenta y seis mil diecisiete (876.017), según lo decidido por el Consejo Nacional Electoral mediante Resolución No. 040302-131 del 2 de marzo de 2004."[474]

Con esta decisión, de nuevo, la Sala Constitucional se pronunciaba sobre el fondo del recurso contencioso electoral en cuyo proceso se había dictado, la sentencia cautelar de amparo era el objeto de revisión.

En *cuarto lugar*, en relación con los principios de buena fe y de confianza legítima, la Sala Constitucional consideró que no eran aplicables en la constatación de la validez de actos de participación política, donde debía "verificarse la autenticidad de quienes manifestaron su voluntad de solicitar la revocatoria del mandato del Presidente de la República, y también la voluntad de quienes no se adhieren al referendo peticionado". En consecuencia, señaló la Sala que no siendo tal voluntad:

> "Un ejercicio de derechos civiles regidos por la autonomía y del principio contractual de derecho privado, corresponde al Consejo Nacional Electoral garantizar, por medio de su competencia inquisitiva, propia de la Administración Pública, que la voluntad del electorado se ajuste a la manifestación propia de lo querido por ésta para el funcionamiento del principio democrático. La Sala no encuentra, por tanto, que el Consejo Nacional Electoral haya incurrido en violación de los artículos 24 (irretroactividad de la ley) y 49, 1 y 2 (debido proceso y presunción de inocencia), y así también se declara."[475]

Sobre ello, la Sala Electoral en su mencionada sentencia N° 27 del 29 de marzo de 2004, señalaría que la Sala Constitucional pretendía "negar el beneficio de principios constitucionales como el de buena fe y el de confianza legítima a derechos fundamentales de los ciudadanos, sin razonamiento lógico y jurídico alguno, protegiendo con ello, y sin que medie un estudio y análisis profundo del caso, actuaciones de un órgano del poder público que han sido cuestionadas por sus destinatarios, alegando violaciones a sus derechos fundamentales" agregando que:

> "De la situación planteada, bien podría pensarse que lo pretendido por la Sala Constitucional Accidental es, utilizando la vía de revisión, procedente únicamente en caso de sentencias definitivas que efectúen interpretaciones de normas constitucionales o que incurran en error manifiesto al interpretar normas constitucionales, así como cuando se aparten u obvien interpretación alguna proveniente de esa Sala Constitucional Accidental- y así (actuando fuera del ámbito de su competencia) entrar a analizar el fondo del asunto objeto de un recurso contencioso electoral de nulidad, para pretender preestablecer, con ello,

---

474 Véase en http://www.tsj.gov.ve/decisiones/scon/Marzo/442-230304-04-0620.htm

475 Véase en http://www.tsj.gov.ve/decisiones/scon/Marzo/442-230304-04-0620.htm

criterios que pudieran ser calificados como "interpretación constitucional", lo que evidencia una clara extralimitación de competencia jurisdiccional arrebatándosela a su juez natural que es la Sala Electoral, órgano con igual jerarquía e integrante del mismo órgano judicial (Tribunal Supremo de Justicia), como lo ha reconocido reiteradamente la Sala Constitucional."[476]

En *quinto lugar*, la Sala Constitucional estimó que lo afirmado en el fallo objeto de la revisión referido a que "resulta evidente por ser un hecho notorio comunicacional la inminencia del establecimiento de la fecha destinada al procedimiento de los reparos por parte del Consejo Nacional Electoral", carecía "de sustentación fáctica, por cuanto la fecha para la realización de dicho evento no ha sido establecida por el Ente Rector del Poder Electoral."

En *sexto lugar*, la Sala Constitucional, después de constatar que "cuando se insta el amparo como pretensión cautelar, su procedencia, de ser el caso, tiende a la suspensión temporal de los efectos del acto o norma impugnada mientras dure el proceso principal, por ello, no tiene efectos anulatorios ni constitutivos, ya que no persigue la creación de derechos a favor del accionante," señaló en relación con la sentencia de la Sala Electoral que estaba revisando que su dispositivo:

> "Excedió la índole de un pronunciamiento de naturaleza cautelar, en virtud de que resolvió por anticipado el fondo de la *litis*, pues, no sólo suspendió los efectos de los actos impugnados, sino que las órdenes impartidas al Órgano Rector del Poder Electoral referidas a la desaplicación del criterio contenido en el *Instructivo Sobre el Tratamiento por el Comité Técnico Superior de las Firmas de Caligrafía Similar o Renglones de Planillas Llenadas por la Misma Persona*, a las firmas colocadas "bajo observación", implicó una declaratoria de nulidad del literal "h" del Primer Resuelve de la Resolución N° 040302-131 del 2 de marzo de 2004, lo cual, no le era dado otorgar en sede cautelar."[477]

En *séptimo lugar*, la Sala Constitucional advirtió en su sentencia, que la Sala Electoral en su sentencia al haber acordado sumar a las solicitudes validadas por el Consejo Nacional Electoral para la convocatoria del referendo revocatorio, las 876.017 solicitudes colocadas "bajo observación" y ordenar al Consejo Nacional Electoral aplicar a tales solicitudes el procedimiento de reparo establecido en el artículo 31 de las *Normas para Regular los Procesos de Referendos Revocatorios de Mandatos de Cargos de Elección Popular*, "creó derechos subjetivos a favor de los accionantes, lo cual resulta contrario a la naturaleza del amparo cautelar", el cual tiene "como fin la suspensión de los efectos del acto o norma señalados como lesivos, al detener la realización de ciertas actividades o impedir que las mismas se consoliden" por lo que "suspender los efectos de los actos impugnados jamás implica que se ordene hacer algo al Poder Electoral para crear nuevas situaciones jurídicas."

En *octavo lugar*, la Sala Constitucional consideró que con el dispositivo del fallo objeto de la revisión, la Sala Electoral Accidental habría negado "las facultades inquisitivas de la Administración Electoral a fin de verificar el cumplimiento de los

---

476 Véase en http://www.tsj.gov.ve/decisiones/selec/Marzo/27-290304-X00006.htm

477 Véase en http://www.tsj.gov.ve/decisiones/scon/Marzo/442-230304-04-0620.htm

requisitos constitucionales para la convocatoria de referendo revocatorio del mandato de funcionarios de elección popular, ya que este órgano del Poder Público se encuentra obligado a determinar el carácter fidedigno de la manifestación de voluntad de los firmantes, requisito que no puede presumirse como satisfecho, sin infringir el artículo 72 del Texto Fundamental."

En *noveno lugar,* la Sala Constitucional estimó que la sentencia impugnada habría violado los numerales 1 y 5 del artículo 293, el artículo 294 y los artículos 136, 137 y 138 de la Constitución, pues no sólo había suspendido "normas reglamentarias estatuidas por el Consejo Nacional Electoral, sino que se subrogó en éste para dictar reglas sobre validación de las firmas, que únicamente competen al Ente Rector del Poder Electoral conforme a las disposiciones constitucionales indicadas. Así igualmente, se declara."

Con tal afirmación, la Sala Electoral señaló que "la Sala Constitucional Accidental, llamada a '*... garantizar el cumplimiento, vigencia y respeto de los postulados constitucionales..*', como ella misma lo ha indicado tantas veces en su jurisprudencia, olvida que no existe acto del Poder Público que pueda escapar del control jurisdiccional" agregando que la aseveración de la Sala Constitucional "lesiona abiertamente lo dispuesto en los artículos 7, 25, 26, 139 y 297 de la Constitución de la República Bolivariana de Venezuela, que impiden que actos del poder público puedan ejercerse sin control alguno por parte de los órganos llamados por la Constitución a impartir justicia."[478]

En *décimo lugar*, la Sala Constitucional además advirtió que la Sala Electoral Accidental, aparte de las infracciones antes indicadas, habría incurrido:

> "En desacato a la medida que la intimó a suspender el trámite del recurso contencioso-electoral al cual se acumuló la pretensión de amparo cautelar en la cual se produjo el fallo objeto de la presente revisión, y remitir los expedientes relativos a los recursos que ante ella cursaron, mientras esta Sala Constitucional proveyera lo conducente a la admisión del avocamiento que le fuera solicitado. Ello así, la Sala Constitucional juzga que tal desacato viola flagrantemente la competencia de ésta sobre sus interpretaciones vinculantes, al objeto de garantizar la supremacía de la Constitución y la efectividad de las normas y principios constitucionales, lo que hace incurrir a la Sala Electoral Accidental en desobediencia a la autoridad, conforme lo dispone el artículo 29 de la Ley Orgánica de Amparo sobre Derechos y Garantías Constitucionales. Así, del mismo modo, se decide."[479]

Sobre esta decisión, la Sala Electoral consideró que la Sala Constitucional la había dictado "sin justificación ni motivación alguna, extralimitándose en sus atribuciones revisoras" pretendiendo "ratificar el contenido de su decisión N° 387 de fecha 16 de marzo de 2004, cuyo contenido (causa y efectos), no formó parte del *thema decidendum* que con ocasión de tal revisión conoció, inherente a una solicitud formulada en un expediente distinto (N° 2004-0475), cuya orden esta Sala Electoral Accidental resolvió no cumplir, por no existir obligación constitucional, legal ni

478 Véase en http://www.tsj.gov.ve/decisiones/selec/Marzo/27-290304-X00006.htm

479 Véase en http://www.tsj.gov.ve/decisiones/scon/Marzo/442-230304-04-0620.htm

jurisprudencial alguna para ello, en los términos que le fueron expresamente señalados al Presidente de la Sala Constitucional en la oportunidad de dar acuse a sus oficios N° 04-570, 04-571 y 04-611, mediante oficio N° 04.052 que en fecha 18 de marzo de 2004 la Sala Electoral le remitiera y cuyo contenido se ratifica en el presente fallo." La Sala Electoral, además, destacó que con esa decisión, "la Sala Constitucional Accidental pretende derivar la comisión del desacato a la inobservancia de una orden genérica y absolutamente impropia que pretendió impartir a la Sala Electoral (no sólo a la Sala Electoral Accidental que se constituyó para conocer del asunto contenido en el expediente N° 2004-000021), comprendida en los oficios ya referidos y la decisión NC 387/2004, a pesar de estar en conocimiento de las razones por las cuales esta Sala no dio cumplimiento a la aludida "orden", por considerar que la decisión no tiene el carácter ni la fuerza vinculante de una decisión legalmente proferida", y además, porque:

> "1.- La Sala Electoral no es órgano subordinado ni jerárquicamente dependiente de la Sala Constitucional, natural o Accidental, ni en el plano jurisdiccional ni de organización administrativa, además de ser la especializada por la materia conforme a lo establecido en el artículo 297 de la Constitución de la República Bolivariana de Venezuela."[480]

Por lo demás, la Sala Electoral destacó en relación con el invocado artículo 29 de la Ley Orgánica de Amparo sobre Derechos y Garantías Constitucionales, que el mismo "sólo es aplicable en caso de desacatos a mandamientos de amparo constitucional, no siendo esta la situación planteada por la Sala Constitucional Accidental, ya que la misma señaló estar conociendo de una solicitud de avocamiento y no de una acción de amparo constitucional". De allí que la Sala Electoral destacara que

> "Mal podría la Sala Constitucional Accidental pretender asimilar el desacato previsto en el mencionada Ley a la actuación de la Sala Electoral Accidental en defensa de su competencia, salvo que con ello pretenda, por una parte, amedrentar y, por la otra, distraer, mediante una sentencia de revisión constitucional, la sustracción de esta Sala del conocimiento de un recurso contencioso electoral para el cual sólo ella detenta la competencia, a los fines de ratificar con ello hacer valer una sentencia de avocamiento que, como ha quedado demostrado, es inexistente y, en consecuencia, no puede ser ejecutada."[481]

En *decimoprimer* lugar, la Sala Constitucional en su sentencia, ratificó:

> "La competencia del Poder Electoral para desarrollar la normativa que le asigna la Ley Orgánica del Poder Electoral y, en especial, la normativa tendente a la reglamentación de los procesos electorales y referendos, en particular los que regulan las peticiones sobre dichos procesos, así como las condiciones para ellos, la autenticidad de los peticionarios, la propaganda electoral etc., así como las dudas y vacíos que susciten las leyes electorales, en cumplimiento, además, de los artículos 293, numerales 1 y 5 de la Constitución de la República Boliva-

480 Véase en http://www.tsj.gov.ve/decisiones/selec/Marzo/27-290304-X00006.htm

481 Véase en http://www.tsj.gov.ve/decisiones/selec/Marzo/27-290304-X00006.htm

riana de Venezuela, conforme a lo decidido por esta Sala en sentencia N° 2341 del 25 de agosto de 2003 y, así finalmente se declara."[482]

En relación con esta decisión, la Sala Electoral señaló que la misma no causaría perjuicio alguno al sistema de derecho "si le es inmediatamente añadida la fórmula sobre el principio de legalidad (constitucional y legal) del cual deriva la posibilidad de revisión jurisdiccional de todos y cada uno de los órganos del Poder Público"; destacando que más bien, la afirmación "de la Sala Constitucional Accidental, en los términos antes referidos, constituye, más que un pronunciamiento sobre la revisión del fallo por ella efectuada, un alegato empleado en el supuesto Conflicto o Controversia Constitucional entre el Consejo Nacional Electoral y la Sala Electoral Accidental del Tribunal Supremo de Justicia, planteado ante la Sala Constitucional por el representante del órgano comicial (expediente N° 04-642), que no objeto de la revisión que de la sentencia de la Sala Electoral Accidental N° 24 de fecha 15 de marzo de 2004 hace la Sala Constitucional Accidental."[483]

Como consecuencia de todo lo anterior, la Sala Constitucional "a fin de garantizar el imperio, la supremacía y la efectividad de las normas y principios constitucionales", declaró que había lugar a la revisión que le fue solicitada y, en consecuencia, anuló la sentencia N° 24, dictada el 15 de marzo de 2004 por la Sala Electoral Accidental antes referida, "por haber incurrido en extralimitación de funciones en desacato a la doctrina de interpretación constitucional establecida por esta Sala en sentencia N° 88/2000, antes referida, así como, por infracción de lo dispuesto en los artículos 136, 137, 138, 293.1 y 294 de la Constitución."

Sobre ello, la Sala Electoral en su mencionada sentencia del 29 de marzo de 2004, destacó

> "la evidente y manifiesta improcedencia del dispositivo contenido en la sentencia dictada por la Sala Constitucional Accidental del Tribunal Supremo de Justicia, en fecha 23 de marzo de 2004, que declara la nulidad de la medida cautelar acordada por esta Sala el día 15 de marzo de 2004, pretendiendo enervar sus efectos, pues observa que es, justamente, la Sala Constitucional Accidental la que quebranta además de los principios constitucionales y legales que rigen la atribución de competencia en nuestro ordenamiento jurídico, los criterios doctrinarios establecidos por ella misma y violenta así el Estado de Derecho y de Justicia que ella misma está llamada a garantizar. Así se declara."[484]

Por último, en *decimosegundo lugar,* la Sala Constitucional ratificó:

> "La intimación realizada a Sala Electoral de este Tribunal Supremo de Justicia, en sentencia N° 387 del 16 de los corrientes, en la cual se le ordenó paralizar todos los procesos referidos a acciones de nulidad, amparo o cualquier otro recurso incoado contra los actos del Poder Electoral, relativos a los procesos de referendos revocatorios de mandatos de cargos de elección popular y de abstenerse de decidir los mismos, así como remitir, de inmediato, a esta Sala, todos

482 Véase en http://www.tsj.gov.ve/decisiones/scon/Marzo/442-230304-04-0620.htm

483 Véase en http://www.tsj.gov.ve/decisiones/selec/Marzo/27-290304-X00006.htm

484 Véase en http://www.tsj.gov.ve/decisiones/selec/Marzo/27-290304-X00006.htm

los expedientes contentivos de dichas acciones, hasta que se resuelva la solicitud de avocamiento interpuesta por el ciudadano Ismael García." [485]

En esta forma ocurrió lo que estaba anunciado: la Sala Constitucional había concluido el secuestro de la Sala Electoral del mismo Tribunal Supremo, pretendiendo someterla a su autoridad y a la obligación de acatar "su doctrina" jurisprudencial, desconociendo que la Sala Electoral tenía y tiene la misma competencia que la Sala Constitucional de ser el máximo y último interprete de la Constitución cuando decide los asuntos de su competencia (Art. 335). Al consumar dicho secuestro, la Sala Constitucional también pretendía confirmar la confiscación que el Consejo Nacional Electoral ya había decretado del derecho a la participación política de los ciudadanos mediante la petición del referendo revocatorio presidencial. Ello, sin embargo, tampoco era de extrañar pues, en definitiva, se había dictado por un órgano del Poder Público (Poder Electoral) que ya había sido previamente secuestrado por la misma Sala Constitucional.

Pero la Sala Electoral, como se ha analizado, resistió al ataque de la Sala Constitucional, y en la antes analizada sentencia N° 27 del 29 de marzo de 2004, no sólo afirmó su competencia para ejercer la Jurisdicción contencioso electoral, constatando que las distintas Salas del Tribunal Supremo "tienen la misma jerarquía en sus respectivas competencias y atribuciones", y rechazando "la intimación" que le había hecho la Sala Constitucional con base en el principio de "la igualdad que existe entre todas y cada una de las Salas que conforman el Tribunal Supremo"; sino que resolvió elevar "a la Sala Plena la resolución de un conflicto de funcionamiento derivado de una 'intimación' u 'orden' a fin de que sea analizado, por esa Sala Plena, lo perjudicial que resulta para el normal funcionamiento y administración de justicia el uso de términos imperativos de una Sala a otra de igual jerarquía." [486]

Frente a todo ello, resultaba por tanto, que la fórmula para despojar a la Sala Electoral de toda posibilidad de decidir en la causa contencioso electorales en la que era juez natural (Caso: *Julio Borges, César Pérez Vivas, Henry Ramos Allup, Jorge Sucre Castillo, Ramón José Medina Y Gerardo Blyde vs. Consejo Nacional Electoral*), era que la Sala Constitucional se avocara al conocimiento de la mismas, tal como se le había solicitado. Ya la misma Sala Electoral, en su sentencia N° 27 del 29 de marzo de 2004, antes comentada, había sido enfática en considerar que el mencionado avocamiento era:

> "a todas luces, inadmisible o en todo caso improcedente de conformidad con la pertinente jurisprudencia (Vid. Sentencia N° 806 de fecha 24 de abril de 2002, caso *Sintracemento*), además de la circunstancia de haber sido solicitado por una persona que no es parte en los procesos judiciales cuyo avocamiento solicita y haber pretendido, la Sala Constitucional Accidental hacer valer los efectos de tal avocamiento mediante una sentencia evidentemente inexistente..." [487]

485 Véase en http://www.tsj.gov.ve/decisiones/scon/Marzo/442-230304-04-0620.htm

486 Véase en http://www.tsj.gov.ve/decisiones/selec/Marzo/27-290304-X00006.htm

487 Véase en http://www.tsj.gov.ve/decisiones/selec/Marzo/27-290304-X00006.htm

Sin embargo, la Sala Constitucional, mediante sentencia que fue anunciada el 31 de marzo de 2004 (y que luego resultó ser la sentencia N° 566 del 12 de abril de 2004), decidió avocarse al conocimiento de la causa contencioso electoral antes mencionada que se había iniciado con la impugnación de la Resolución del Consejo Nacional Electoral N° 040302-131 de 2 de marzo de 2004, para lo cual en resumen construyó el siguiente argumento: que el Consejo Nacional Electoral, al normar lo relativo a los referendos revocatorios (los cuales carecían de una ley que los regulare), estaría "actuando en ejecución directa e inmediata del artículo 72 de la vigente Constitución" como consecuencia "del fallo del 25 de agosto de 2003 de la Sala Constitucional que designó el Poder Electoral", por lo que el conocimiento de la nulidad de tal tipo de actos, correspondía entonces a la Sala Constitucional, siendo por tanto incompetente *per se* para ello, la Sala Electoral.

Tal fundamentación, sin duda, era falaz, pues una Resolución del Consejo Nacional Electoral y un Instructivo dictado por un órgano subalterno de dicho Cuerpo, jamás podrían llegar a considerarse como actos de ejecución directa e inmediata de la Constitución, es decir, de "rango legal", máxime después de dictada la Ley Orgánica del Poder Electoral que rige la actuación de dicho órgano. Para llegar a esa decisión y argumentación, la Sala Constitucional decidió avocarse al conocimiento de la causa que cursaba ante la Sala Electoral conforme a los siguientes argumentos, entre otros:

"1) Que el avocamiento puede ser ordenado por cualquiera de las Salas del Tribunal Supremo de Justicia.

2) Que la jurisdicción constitucional la ejerce la Sala Constitucional.

3) Que en aras de mantener la supremacía constitucional, la Sala puede avocarse a conocer cualquier causa que curse ante tribunales inferiores e incluso en otras Salas del Tribunal Supremo de Justicia, *siempre que el objeto de dichas causas se refieran a violaciones directas e inmediatas de la Constitución*.[...]

9) Que constatada una situación que contraríe los postulados constitucionales, la Sala tiene el deber de avocarse, así la situación sea conocida por otra Sala.[488]

Ya la misma Sala Electoral, en su sentencia N° 27 del 29 de marzo de 2004, antes comentada, había sido enfática en considerar que el mencionado avocamiento era:

> "a todas luces, inadmisible o en todo caso improcedente de conformidad con la pertinente jurisprudencia (*Vid.* Sentencia N° 806 de fecha 24 de abril de 2002, Caso: *Sintracemento*), además de la circunstancia de haber sido solicitado por una persona que no es parte en los procesos judiciales involucrados cuyo avocamiento solicita y haber pretendido, la Sala Constitucional Accidental

---

488 Así se anunció en la página web del Tribunal Supremo de Justicia, el 01-04-04

hacer valer los efectos de tal avocamiento mediante una sentencia evidentemente inexistente..."[489]

El mismo Magistrado Presidente del Tribunal Supremo Iván Rincón Urdaneta, actuando como Juez de Sustanciación de la Sala Constitucional del Tribunal Supremo, en sentencia N° 94 de 2 de diciembre de 2003 (Caso: *Robert Osuna y otros vs. Consejo Nacional Electoral*), ya había incluso sido expreso y enfático en declarar incompetente a la Sala Constitucional para conocer de la impugnación de la Resolución N° 030925-465 de fecha 25 de septiembre de 2003, emanada del Consejo Nacional Electoral, mediante la cual dictó Normas para Regular los Procesos de Referendos Revocatorios de Mandatos de Cargos de Elección Popular, por considerar que era de naturaleza electoral, siendo:

> "Para este Juzgado de Sustanciación, declarar la incompetencia de la Sala para conocer el presente asunto, todo de conformidad con el ordinal 2° del artículo 84, en concordancia con el ordinal 4° del artículo 124, ambos de la Ley Orgánica de la Corte Suprema de Justicia. Así se declara."[490]

En consecuencia, el avocamiento por la Sala Constitucional del juicio de nulidad contra actos administrativos de efectos externos (Resolución) y de efectos internos (Instructivo) del Consejo Nacional Electoral, jurídicamente no era posible, pues la competencia exclusiva para controlar la constitucionalidad y legalidad de dichos actos corresponde a la Sala Electoral (Jurisdicción contencioso electoral). La Sala Constitucional en forma alguna podía llegar a tener competencia para controlar la constitucionalidad de dichos actos administrativos, dado su rango sublegal y dado que sus atribuciones como Jurisdicción constitucional, en cuanto a juicios de nulidad, estaban limitadas al conocimiento de la inconstitucionalidad de los actos de rango legal, es decir, de las leyes, de los actos con valor de ley y de los actos dictados en ejecución directa e inmediata de la Constitución que tienen, por tanto, rango de ley. Los actos impugnados ante la Sala Electoral, sin duda alguna, no encajaban en dichas categorías, por lo que no teniendo competencia la Sala Constitucional para conocer de su nulidad, no tenía posibilidad alguna de avocarse al conocimiento de la causa.

Sin embargo, en solo tres meses el Magistrado Iván Rincón Urdaneta cambiaría se opinión, y la Sala Constitucional con su voto, mediante la mencionada sentencia anunciada en su página web el 31 de marzo de 2004, que después resultó que no existía,[491] anunciaría que había decidido avocarse al conocimiento de la causa contencioso electoral antes mencionada, que se había iniciado con la impugnación de la

---

489 Véase en http://www.tsj.gov.ve/decisiones/selec/Marzo/27-290304-X00006.htm

490 Exp. N° AA50-T-2003-002900

491 La Sala Constitucional en un inusitado "Comunicado" difundido el 16-04-2004 "frente al uso político del derecho, ante la pretendida judicialización de la política, y ante las falsas, temerarias y tendenciosas declaraciones en los diversos medios de comunicación social" del Magistrado de la propia Sala Pedro Rondón Haaz, señalaría que el proyecto de sentencia N° 566 de 12 de abril de 2004 habría sido aprobado el 31 de abril de 2004. Esto fue nuevamente señalado en el texto de la sentencia N° 628 de 23 de abril de 2004 mediante la cual se declararon improcedentes las aclaratorias a la sentencia N° 566 de 12 de abril de 2004.

Resolución del Consejo Nacional Electoral N° 040302-131 de 2 de marzo de 2004, lo cual haría, entre otras cosas, a costa de la irresponsable destrucción, de un sólo plumazo, de uno de los principios fundamentales del ordenamiento constitucional formal venezolano, como lo es el de la formación del derecho por grados partiendo de la Constitución, conforme al llamado principio de la "pirámide de Kelsen."[492]

La falaz argumentación construida por la Sala Constitucional para perpetrar este atentado contra el orden constitucional fue la siguiente: que el Consejo Nacional Electoral, al normar lo relativo a los referendos revocatorios (ya que no se había dictado aún una ley específica sobre referendos), estaría "actuando en ejecución directa e inmediata del artículo 72 de la vigente Constitución" como consecuencia "del fallo del 25 de agosto de 2003 de la Sala Constitucional que designó el Poder Electoral," por lo que el conocimiento de la nulidad de tal tipo de actos, correspondía entonces a la Sala Constitucional, siendo por tanto incompetente *per se* para ello, la Sala Electoral.

Tal fundamentación, sin duda, no era más que una construcción jurídica elaborada con el único objetivo de concluir el secuestro de la Sala Electoral, pues una Resolución del Consejo Nacional Electoral y un Instructivo para un Comité Técnico dictado por un órgano subalterno de dicho Cuerpo, jamás podrían llegar a considerarse como actos de ejecución directa e inmediata de la Constitución, es decir, de "rango legal." Dichos actos, en todo caso, eran actos de rango sublegal, es decir, actos administrativos dictados en ejecución de normas de rango legal como la Ley Orgánica del Poder Electoral e, incluso, en ejecución de las Normas para Regular los Procesos de Referendos Revocatorios de Mandatos de Cargos de Elección Popular dictadas por el propio Consejo Nacional Electoral conforme a la autorización constitucional que tiene. El carácter sublegal de dichos actos administrativos impugnados resultaba, incluso, de la propia "base legal" plasmada en sus textos.

Para llegar a la absurda mutación de unos actos administrativos de rango sublegal dictados en ejecución directa e inmediata de la legislación, e indirecta y mediata de la Constitución, en actos estatales de rango "legal" supuestamente dictados en ejecución directa e inmediata de la Constitución, la Sala Constitucional en la anunciada "sentencia"[493], que luego resultó no existir o ser sólo el proyecto de la senten-

---

492 Véase sobre esto, Allan R. Brewer-Carías, ""El control de constitucionalidad de los actos del Poder Ejecutivo dictados en ejecución directa e inmediata de la Constitución y el principio de la formación del derecho por grados en Venezuela," en *Revista Jurídica UDABOL*, Universidad de Aquino Bolivia, Año 1, N° 1, La Paz 2012, pp. 83-129

493 Así se anunció en la página web del Tribunal Supremo de Justicia, el 01-04-04. El Magistrado Rondón Haaz de la Sala Constitucional en su Voto Salvado a la sentencia N° 566 de 12-04-2004 diría que "La nota de prensa que apareció en el sitio web del Tribunal el 31 de marzo de 2004 es violatoria del artículo 59 de la Ley Orgánica de la Corte Suprema de Justicia y, por tanto, es inaceptable... la nota de prensa en cuestión informó sobre el contenido de la sentencia, antes de su publicación y, por tanto, de su existencia misma como actuación judicial, en evidente esguince evasivo del cumplimiento de la norma que se precitó". Dicho Voto Savado, aun cuando no fue publicado junto con la sentencia, se incorporó al Voto Salvado presentado por el mismo Magistrado a la sentencia N° 628 de 23-04-2004 que declaró improcedentes las aclaratorias respecto de la sentencia N° 566. La sentencia, con el N° 566, en todo caso, sólo sería publicada el día 12-04-04, coincidencialmente el mismo día en el cual la Sala Electoral, mediante sentencia N° 37, decidiría el recurso de nulidad intentado contra de los actos del Consejo Nacional Electoral referidos a las llamadas solicitudes (del referendo revocatorio presidencial) con caligrafía similar,

cia N° 566 de 12 de abril de 2004,[494] fundamentó su competencia como Jurisdicción constitucional para poder avocarse al conocimiento de la causa en lo siguiente:

"4) Que la Sala Constitucional, conforme a sentencia de 20 de diciembre de 2001 (caso: Javier Elechiguerra), ratificó su competencia para conocer de los recursos que se interpongan contra las leyes o actos de los poderes públicos que se dicten en ejecución directa de la Constitución.

5) Que el Poder Electoral al normar lo relativo a los referendos revocatorios, los cuales carecen de una ley que los regule, está actuando en ejecución directa e inmediata del artículo 72 de la vigente Constitución.

6) Que tal potestad del Poder Electoral es producto del fallo del 25 de agosto de 2003 de la Sala Constitucional que designó el Poder Electoral...

8) Que a pesar que las Salas se encuentran en igual plano jerárquico dentro del Tribunal Supremo de Justicia, dada la potestad de la Sala Constitucional, conforme lo prevén el artículo 266.1 Constitucional y el Título VIII sobre la protección a la Constitución, para garantizar la supremacía constitucional, ella tiene la competencia sobre las nulidades de los actos del Poder Electoral, a los cuales se les atribuye violación directa de normas constitucionales.

10) Que en sentencia de 11 de noviembre de 1999, la Sala Político-Administrativa de la Corte Suprema de Justicia, pidió a la Sala de Casación Civil, los expedientes conocidos por ella, relacionados con la sucesión de Miguel Ángel Capriles, con el fin de decidir si se avocaba o no a conocer de los procesos relacionados con dicha sucesión, lo que constituye un antecedente de la posibilidad de avocamiento entre Salas..

11) Que en vista de no haber enviado la Sala Electoral a la Constitucional, los expedientes que se le solicitaron según oficio N° 04-0570, y constarle que dicha Sala Electoral conocía de causas para las cuales carecía de competencia, la Sala Constitucional decidió avocarse a conocer dichas causas, aunado a que constató un desorden procesal proveniente de que la Sala Electoral Accidental resolvió una solicitud de amparo cautelar en uno de

---

declarándolo con lugar, juicio cuyo conocimiento pretendía avocarse la Sala Constitucional. Véase en http://www.tsj.gov.ve/decisiones/scon/Abril/566-120404-04-0475.htm

494 Véase sobre esta sentencia: Allan R. Brewer-Carías, *El secuestro de la Sala Electoral por la Sala Constitucional del Tribunal Supremo de Justicia,* Libros El Nacional, Caracas 2007; "El secuestro de la Sala Electoral por la Sala Constitucional del Tribunal Supremo de Justicia," en Rafael Chavero G. (Coordinador), *La Guerra de las Salas del TSJ frente al Referéndum Revocatorio,* Editorial Aequitas, Caracas 2004, pp. 13-58; "El secuestro del Poder Electoral y de la Sala Electoral del Tribunal Supremo y la confiscación del derecho a la participación política mediante el referendo revocatorio presidencial: Venezuela: 2000-2004," en *Revista Costarricense de Derecho Constitucional*, Tomo V, Instituto Costarricense de Derecho Constitucional, Editorial Investigaciones Jurídicas S.A. San José 2004, pp.167-312. La importancia de dicha sentencia fue servir, lamentablemente, de instrumento para impedir que la Sala competente del Tribunal Supremo de Justicia (Sala Electoral) pudiera ejercer sus competencias para controlar la legalidad de los actos del Consejo Nacional Electoral, y con ello, lograr impedir la realización del referendo revocatorio presidencial. Véase además, Allan R. Brewer-Carías, *Crónica sobre la "in" justicia constitucional. La Sala Constitucional y el autoritarismo en Venezuela*, Colección Instituto de Derecho Público, Universidad Central de Venezuela, N° 2, Caracas 2007, 702 pp.

los procesos de nulidad incoado contra los actos del Poder Electoral, sin haber admitido el juicio de nulidad; y donde sentenció el fondo de la acción de nulidad dentro de una medida cautelar, desnaturalizando dicha medida, lo que originó el fallo N° 442 del 23 de marzo de 2004 de esta Sala que anuló lo decidido en dicho amparo, y el cual se dictó en el juicio de revisión incoado por el ciudadano Ismael García, en su carácter de Diputado de la Asamblea Nacional por el estado Aragua y Coordinador Nacional de la agrupación de ciudadanos Comando Nacional de Campaña Ayacucho, de la sentencia N° 24 dictada, el 15 de marzo de 2004, por la Sala Electoral Accidental de este Tribunal Supremo de Justicia."[495]

Con la "anunciada" anulación de la sentencia cautelar N° 24 del 15 de marzo de 2004 de la Sala Electoral y con el "anunciado" avocamiento de la causa supuestamente decidido por la Sala Constitucional, habría quedado consolidado, por tanto, el secuestro de la Sala Electoral al pretenderse imposibilitarla para decidir en cualquier caso vinculado a los referendos revocatorios, quedando confiscado el derecho ciudadano a la participación política; y todo ello, mediante decisiones que luego se constató no existían, de la Sala Constitucional la cual, al contrario, tenía por misión asegurar el funcionamiento de los órganos del Poder Público y el ejercicio de los derechos ciudadanos.

Como se dijo, la sentencia de avocamiento que había sido anunciada públicamente por la Sala Constitucional el 31 de marzo de 2004, resultó que no existía o que sólo era un proyecto de una decisión que se adoptaría el 12 de abril de 2004 cuando la Sala publicó la sentencia N° 566, sin el Voto Salvado de un de sus Magistrados, avocándose al conocimiento de la causa[496]. El avocamiento entre Salas del Tribunal Supremo, como hemos argumentado, evidentemente que no es procedente, pues ninguna Sala es superior a las otras; por tanto, sólo violando la Constitución podía la Sala Constitucional avocarse al conocimiento de una causa cursante ante otra Sala del Tribunal Supremo, como lo hizo en la sentencia N° 566,[497] en la cual, además, indicó que ello supuestamente ya tenía como precedente una decisión de la Sala Político Administrativa de la antigua Corte Suprema de Justicia respecto de una causa que cursaba ante la Sala de Casación Civil en 1999, lo cual era completamente falso.[498]

---

495 Véase en http://www.tsj.gov.ve/decisiones/scon/Abril/566-120404-04-0475.htm

496 El Magistrado Rondón Haaz de la Sala Constitucional, calificaría la sentencia de nula, por haber sido publicada sin su voto salvado, para cuya consignación disponía de cinco días. Véase *Globovisión. Com*, Caracas 15 de abril de 2004.

497 El Magistrado Rondón Haaz, en su Voto Salvado a la sentencia, en efecto señaló con razón que: "Determina así, la Ley, que, para la procedencia del avocamiento, debe ser otro Tribunal en donde curse el expediente que será solicitado, lo cual excluye, como es evidente, a las otras Salas del Tribunal Supremo de Justicia; y no podría ser de otra forma, tanto por la igualdad de jerarquía entre las Salas como por el caos que supondría, para el proceso y los justiciables, que unas Salas pudiesen avocar las causas de las otras". Véase el texto del Voto salvado en el Voto salvado que presentó a la sentencia N° 628 de 23 de abril de 2004.

498 El Magistrado Rondón Haaz, en su Voto Salvado a la sentencia, como antes se ha dicho, calificó de "mendaz la declaratoria de la mayoría sentenciadora", calificándola como una "violación al Código de Ética del Abogado en que incurrieron los Magistrados que suscribieron la sentencia", pues la Sala Polí-

En esta sentencia N° 566, la Sala Constitucional de nuevo justificó su competencia para avocarse en el supuesto carácter de actos de ejecución directa de la Constitución de los dictados por el Consejo Nacional Electoral, y que eran objeto del juicio de nulidad ante la Sala Electoral. La Sala Constitucional para ello, señaló que su propia doctrina sobre su competencia para avocarse del conocimiento de causas (sentencia N° 806 del 24 de abril de 2002, Caso: *Sintracemento*), merecía "ser ajustada a la realidad jurídico-procesal, por cuanto para avocarse al conocimiento de un asunto *se requiere del poder de decisión sobre el fondo o mérito de la causa, y ello porque justamente con el avocamiento se deroga la competencia del juez que conoce, basada en causas que lo justifiquen, siempre que el avocante sea también competente.*"

En consecuencia, para justificar lo injustificable, es decir, la derogación de la competencia de la Sala Electoral como juez natural de la Jurisdicción contencioso electoral, se refirió a su competencia para conocer de los recursos de inconstitucionalidad que se interpongan contra leyes o actos de los poderes públicos "que se dicten en ejecución directa de la Constitución o que tengan rango de ley", reiterando el criterio establecido en sentencia N° 2748 del 20 de diciembre de 2001 (Caso: *Fiscal General de la República (Javier Elechiguerra Naranjo)*), en la cual ya se había confundido el criterio para la calificación de dichos actos dictados en ejecución directa de la Constitución. En efecto, en la sentencia N° 566 de 12 de abril de 2004, la Sala citó parcialmente la referida sentencia N° 2748 de 20 de diciembre de 2004, copiando el siguiente extracto donde señaló que el criterio se basaba en:

> "... la forma de cómo un determinado acto jurídico se articula con las normas constitucionales, es decir si su ejecución obedece en primer término a una disposición legal que regula su práctica o si deriva directamente de una norma constitucional que no requiere de ley alguna que regule el ejercicio del derecho o de la atribución que fundamenta el acto. Es un hecho bastante generalizado que los derechos fundamentales y la normativa que se refiere a la creación de órganos de los poderes públicos y su habilitación, en la mayoría de las constituciones vigentes en distintos países, son considerados de aplicación inmediata y directa."[499]

La Sala Constitucional, en dicha sentencia N° 2748, con anterioridad al párrafo citado, había señalado que el hecho de que algunos actos estatales sean dictados *en ejecución directa de normas constitucionales:*

> "... significa que la competencia para ejecutar dichos actos esté de tal manera, clara e indubitable, atribuida por la Constitución al órgano ejecutante que no requiera de una ley habilitante que regule su ejercicio y que, la misma Constitu-

---

tico Administrativa nunca había decidido avocarse al conocimiento de causa alguna que cursaba ante la Sala de Casación Civil, habiéndose limitado en decisión de 11-11-1999 a solicitarle a la Sala de Casación Civil un expediente sólo para estudiar una solicitud de avocamiento que había formulado el Procurador General de la República en unos juicios (Caso *Capriles*), solicitud que luego fue desistida por el Procurador.

499 Véase en http://www.tsj.gov.ve/decisiones/scon/Abril/566-120404-04-0475.htm

ción no lo reserve (su ejercicio) a la creación de una ley por el Poder Legislativo."[500]

En realidad, en dicha sentencia la Sala, en efecto, confundió dos principios constitucionales: una cosa es el principio de la aplicación directa e inmediata de las normas constitucionales que en materia de derechos fundamentales o de competencia de los órganos del Poder Público no requieren (pero no excluyen) la existencia previa de leyes para ser aplicadas (este es el criterio desarrollado en la sentencia); y otra cosa es el rango que tiene los diversos actos del Poder Público en ordenamiento jurídico en relación con la Constitución, en el sentido de que algunos son dictados en ejecución directa e inmediata de la Constitución (rango legal) no siendo posible su regulación por ley y otros lo son en ejecución directa e inmediata de la legislación e indirecta y mediata de la Constitución (rango sub legal).

En efecto, en su sentencia, para impropiamente atribuirse una competencia que no tiene, la Sala Constitucional confundió la noción de actos estatales de ejecución directa e inmediata de la Constitución, con las normas constitucionales de aplicación directa e inmediata. Se insiste, los primeros, los actos de "ejecución directa e inmediata de la Constitución" no sólo no requieren de ley alguna que los regule, sino que constitucionalmente no podría dictarse ley alguna que se interponga entre la norma constitucional y el acto estatal.[501] Por ello es que se dice que son actos dictados en ejecución directa e inmediata de la Constitución, es decir, de rango legal conforme a la teoría de la formación escalonada del orden jurídico, que están sometidos al control de constitucionalidad por parte de la Sala Constitucional (Jurisdicción constitucional), ya que no son actos en cuya emisión el órgano respectivo pueda estar condicionado por la ley alguna. Otra cosa son las normas constitucionales de "aplicación directa e inmediata" de la Constitución, que no requieren de ley alguna para su aplicación, pero que no excluyen su necesaria sanción. Los actos que se dicten para ejecutar estas normas son actos administrativos que por ser de rango sub legal están sometidos no sólo a la Constitución sino a la ley, y por eso es que su control corresponde a la Jurisdicción contencioso-administrativa a la Jurisdicción contencioso electoral, en su caso.

La Sala Constitucional, muy interesadamente, confundió dichas nociones, pretendiendo aplicar su competencia de control de constitucionalidad respecto de actos administrativos como los dictados por el Consejo Nacional Electoral, basándose en el argumento circunstancial de que "no se ha dictado una ley para regular ninguna de las modalidades "referendarias", (ignorando de paso, por ejemplo, a la Ley Orgánica del Sufragio y Participación Política), llegando entonces a la absurda conclusión -que el Magistrado Rondón Haaz en su Voto Salvado calificó como un "disla-

500 Véase en *Revista de Derecho Público*, N° 85-88, Editorial Jurídica Venezolana, Caracas 2001, pp. 389-390.

501 En materia electoral, con razón, el Magistrado Rondón Haaz en su Voto Salvado a la sentencia señaló: "No cabe duda, según el tenor de las normas en cuestión, que la materia electoral debe ser regulada por ley -y no podría ser de otra forma, puesto que atañe al ejercicio de derechos constitucionales como a la participación y al sufragio-, de modo que no se trata de un materia que no requiera de ley alguna que regule el ejercicio del derecho o de la atribución que fundamenta el acto; todo lo contrario".

te"- de que los actos dictados a tales efectos por el Consejo Nacional Electoral serían:

> "actos en ejecución directa e inmediata de la Constitución, fundados en el artículo 72 y en la Disposición Transitoria Octava de la Carta Magna. La invocatoria de la Ley Orgánica del Poder Electoral y el mismo artículo 293 constitucional es a los solos efectos de fundamentar la competencia, pero no hay texto legal pre o post-constitucional que regule los procesos de referendos revocatorios de mandatos de cargos de elección popular".

La Sala Constitucional, luego de "justificar" de esa manera su supuesta competencia para conocer de la nulidad de los actos mencionados del Consejo Nacional Electoral, y de analizar las vicisitudes del caso en el cual la Sala Electoral ratificó su competencia en la materia, decidió avocarse al conocimiento de las causas, con el siguiente argumento:

> "Esta Sala atendiendo a la razonabilidad y ponderación de los hechos suscitados con ocasión de las causas sobre las cuales se ha formulado la presente solicitud, y en aras de preservar la correcta administración de justicia, que conlleva al desarrollo de un proceso donde se garantice la aplicación de los principios y garantías constitucionales, visto que se ha producido al menos en un proceso un desorden procesal en la Sala Electoral que atenta contra el Estado de Derecho y la transparencia de la justicia, juzga pertinente avocarse al conocimiento de las causas señaladas por el solicitante, las cuales resolverá con carácter definitivo. Así se decide."[502]

La consecuencia del avocamiento fue la orden a la Sala Electoral de remitirle de inmediato los expedientes respectivos "así como todos los expedientes contentivos de las acciones de nulidad, amparo o cualquier otro recurso incoado contra los actos del Poder Electoral, relativos a los procesos de referendos revocatorios de mandatos de cargos de elección popular". Además, declaró nula cualquier decisión que en dichos expedientes se hubiera podido haber tomado por la Sala Electoral "a partir de la fecha de recepción de la orden de remisión de los expedientes, comunicada según oficio N° 04-0570 de esta Sala. Además, de lo ya anulado según sentencia de esta Sala N° 442 del 23 de marzo de 2004". Concluyó la Sala informándole al Consejo Nacional Electoral "que sólo debe acatar las decisiones de esta Sala Constitucional en la materia de que se trata este fallo", declarando que "la doctrina contenida en el presente fallo tiene carácter vinculante."

Sobre esto último, por supuesto, salvo para tratar de imponer "a la fuerza" lo resuelto en la sentencia, no se entiende cual es la doctrina vinculante que establece, pues la Sala no "interpretó" en su sentencia norma o principio constitucional alguno, respecto dela cual se pueda identificar su carácter vinculante.[503]

---

502 Véase en http://www.tsj.gov.ve/decisiones/scon/Abril/566-120404-04-0475.htm

503 Como lo advirtió el Magistrado Rondón Haaz en su Voto Salvado:"El fallo del que se difiere solucionó -en forma por demás desacertada- un caso concreto y analizó la potestad de avocamiento que la Ley Orgánica de la Corte Suprema de Justicia otorga al Tribunal Supremo de Justicia, pero no interpretó el contenido o alcance de norma, principio o valor alguno de rango constitucional, de modo que sus razonamientos para la resolución del caso de autos no gozan del carácter vinculante a que se refiere el artícu-

En definitiva, la sentencia No. 566 de la Sala Constitucional, al subvertir principios fundamentales del ordenamiento constitucional como el de la formación del derecho por grado; al subvertir el orden procesal al pretender despojar a la Jurisdicción electoral de sus competencias, pretendiendo convertir a la Sala Electoral en un órgano judicial subordinado, creó un desorden procesal inaceptable y, como lo destacó el Voto Salvado del Magistrado Rondón Haaz, las:

> "evidentes contradicciones de dicho fallo y las groseras incongruencias del mismo con los criterios conformantes de la jurisprudencia de la Sala, la divorcian y distancian abismalmente del propósito de uniformidad en la interpretación y aplicación de la Constitución de la República Bolivariana de Venezuela que preceptúa el artículo 335 *eiusdem*."[504]

Ahora bien, como antes se dijo, el mismo día en el cual la Sala Constitucional publicaba la sentencia N° 566 de 12 de abril de 2004 avocándose al conocimiento de la causa en el juicio de nulidad que había sido intentado por Julio Borges, César Pérez Vivas, Henry Ramos Allup, Jorge Sucre Castillo, Ramón José Medina y Gerardo Blyde contra el "Instructivo sobre el tratamiento por el Comité Técnico Superior de las firmas de caligrafía similar o renglones de planillas llenadas por la misma persona" del 24 de febrero de 2004, y la Resolución N° 040302-131 del 2 de marzo de 2004 del Consejo Nacional Electoral, la Sala Electoral del Tribunal Supremo dictó la indicada sentencia No. 37 de 12 de abril de 2004[505] en la cual, no sólo anuló dichos actos administrativos, sino que planteó "ante la Sala Plena del Tribunal Supremo de Justicia, de conformidad con lo dispuesto en el artículo 42, numeral 21 de la Ley Orgánica de la Corte Suprema de Justicia, el conflicto de competencia entre esta Sala Electoral Accidental y la Sala Constitucional Accidental."

La Sala Electoral, en su sentencia, comenzó por analizar como punto previo las irregularidades vinculadas a la supuesta sentencia de la Sala Constitucional de 31 de marzo de 2004 fecha en la cual había anunciado que se avocaba al conocimiento de la causa, al señalar que la Sala había recibido el 1° de abril de 2004 el oficio N° 04-0697 de la Sala Constitucional, del cual se daba cuenta en la Sala Electoral el mismo 12 de abril de 2004, notificándole a la Sala que "el 31 de marzo de 2004, había aprobado una sentencia mediante el cual se había declarado procedente el avocamiento solicitado por el ciudadano Ismael García, de diversas causas expresando además, "...la sentencia aprobada por es[a] Sala declara nula cualquier decisión que en dichos expedientes se haya tomado por parte de es[ta] Sala Electoral Accidental o Principal, a partir de la fecha de recepción de la orden de remisión de los expedientes mencionados, y que fue comunicada a es[ta] Sala según oficio N° 04-0570 emanado de es[a] Sala Constitucional; además de lo anulado anteriormente según sentencia N° 442 del 23 de marzo de 2004, dictada por es[a] Sala.".

---

lo 335 de la Constitución de la República Bolivariana de Venezuela, cuya finalidad, como revela el título y capítulo de la Constitución en donde se inserta la norma, es la protección y garantía de la Carta Magna"

504 Véase en http://www.tsj.gov.ve/decisiones/scon/Abril/566-120404-04-0475.htm

505 Véase en http://www.tsj.gov.ve/decisiones/selec/Abril/37-120404-000037.htm

De lo anterior concluyó la Sala Electoral señalando que:

"...del contenido del mencionado oficio se evidencia, de manera inequívoca, que esa Sala Constitucional Accidental pretende darle a tal comunicación la fuerza ejecutoria de la sentencia de avocamiento que la misma expresa haber dictado el día 31 de marzo de 2004 y que a la fecha no se encuentra publicada, de manera que aún no cumple con los extremos que establece el artículo 247 del Código de Procedimiento Civil.

No obstante ello la Sala Constitucional Accidental emitió, el miércoles 31 de marzo de 2004, una Nota de Prensa publicada en la página web del Tribunal Supremo de Justicia, constituyendo un hecho público comunicacional, y a pesar de la referida irregularidad procesal, pues vulnera lo dispuesto en el artículo 59 de la Ley Orgánica de la Corte Suprema de Justicia, señala que establece doctrina vinculante, obviando que la publicación de los fallos se erige como un requisito *sine qua non* a los fines de que éstos puedan ser considerados como válidos y, en consecuencia, surtir los efectos de ley, evidenciando la clara intención de la Sala Constitucional Accidental de abrogarse una competencia que no le corresponde y sustraer con ello a esta Sala Electoral -natural y Accidental- del conocimiento de todas las causas relacionadas con *"...los procesos de referendos de mandatos de cargos de elección popular."*[506]

La Sala Electoral, por otra parte, rechazó y negó que existiera en la causa un supuesto "desorden procesal", acusando a la Sala Constitucional de pretender con dicha orden":

"...construir un imaginario desacato por parte de esta Sala Electoral, (que) no tiene sustento legal alguno que avale su procedencia, ya que su pretendido fundamento es una sentencia inexistente por la indebida constitución del órgano y por la omisión de las firmas de todos los Magistrados, de lo cual da fe el Comunicado que el Presidente de la Sala Constitucional emitió en vista de la diligencia suscrita por los Magistrados Antonio García García y Pedro Rondón Haaz. En efecto, en dicho Comunicado el Magistrado Iván Rincón Urdaneta reconoce que se le "*advirtió*" al Magistrado Antonio García García que la sentencia ya estaba aprobada por los Magistrados Iván Rincón, José Delgado Ocando y Jesús Eduardo Cabrera, que "*...se le entregó el texto escrito firmado* ya *por los tres magistrados que lo aprobaron*", sin que a la presente fecha esta situación hubiere sido "aclarada" por los organismos competentes, toda vez que en la misma se discute la veracidad de las afirmaciones que expresan unos y otros Magistrados de igual jerarquía."[507]

Finalmente, la Sala Electoral Accidental reafirmó su competencia para conocer de todas las acciones interpuestas, razón por la cual pasó a decidir la causa", analizando separadamente el Instructivo y la Resolución impugnados.

En cuanto al "Instructivo sobre el tratamiento por el Comité Técnico Superior de las firmas de caligrafía similar o renglones de planillas llenadas por la misma perso-

506 Véase en http://www.tsj.gov.ve/decisiones/selec/Abril/37-120404-000037.htm

507 Véase en http://www.tsj.gov.ve/decisiones/selec/Abril/37-120404-000037.htm

na", la Sala Electoral comenzó por precisar que el mismo había sido dictado por el Consejo Nacional Electoral conforme *"...las atribuciones que le confieren los artículos 1, 5 y los numerales 1, 4 y 33 de la Ley Orgánica del Poder Electoral, y en general, con base en las Normas para regular los Procesos de Referendos Revocatorios de Mandatos de Cargos de Elección Popular...".* Las primeras normas, conforme al análisis de la Sala "no atribuyen, de manera directa, al Consejo Nacional Electoral la atribución para dictar el Instructivo bajo estudio", y en cuanto al artículo 33 de la Ley Orgánica, su ordinal 33 le atribuye al Consejo la competencia para "*establecer las directrices vinculantes a sus órganos subordinados y a las oficinas regionales electorales.".* Conforme a esa base legal, la Sala concluyó señalando, con razón, que el Instructivo, "como su nombre lo indica, es un acto de carácter interno, dictado por el máximo órgano electoral, cuya eficacia está limitada a su acatamiento por parte del Comité Técnico Superior -órgano este jerárquicamente inferior a aquél- a quien está dirigido"; y que como todos los actos de carácter interno "tienen como característica general que carecen de valor normativo, pues no son actos externos y no son vinculantes para los administrados, en consecuencia, no surgen de ellos derechos en la esfera de los administrados, ni a través de los mismos se puede incidir, legítimamente, sobre su esfera jurídica subjetiva, lo cual no obsta para que, en algunos casos y siendo esto contrario a derecho, puedan afectar dicha esfera jurídica subjetiva". Precisamente, por la naturaleza del Instructivo, la Sala Electoral consideró que mediante el mismo no podía "afectarse la esfera jurídica subjetiva de los ciudadanos cuyas "firmas o solicitudes" se vean involucradas en la interpretación que se hace en dicho Instructivo (firmas cuyos datos han sido escritos con caligrafía similar)."

Sentado lo anterior, la Sala Electoral pasó a analizar si el contenido del Instructivo aplicaba e interpretaba de manera correcta, lo dispuesto en los artículos 29, numeral 5 de las "Normas para regular los Procesos de Referendos Revocatorios de Mandatos de Cargos de Elección Popular", y los numerales 1 y 3 de las "Normas sobre los Criterios de Validación de las Firmas y de las Planillas de Recolección de Firmas para los Procesos de Referendo Revocatorio de Mandatos de Cargos de Elección Popular". Del análisis de dichas normas, la Sala concluyó señalando:

> "Lo anterior le permite a este sentenciador concluir, *prima facie*, que lo que exige el legislador en el numeral 5 del artículo 29 de las Normas para regular los Procesos de Referendos Revocatorios de Mandatos de Cargos de Elección Popular es que no exista mas de una firma o rúbrica proveniente de la misma persona para que ésta pueda ser considerada fidedigna y, en consecuencia válida, debiendo entenderse, en primer término, que lo que se pretende evitar, con tal disposición, es que una persona suscriba mas de una manifestación de voluntad (que se expresa mediante la firma y la huella dactilar*), lo cual no guarda relación alguna con el llenado de los datos del firmante en la planilla,* cuya única exigencia normativa para determinar su validez -contenida en el numeral 1 del mismo artículo 29- es que entre ellos (nombre y apellido, cédula de identidad y fecha de nacimiento) exista congruencia, a efectos de constatar, de manera cierta, la identificación del ciudadano que, con su firma y su huella dactilar -como únicos elementos determinantes de la manifestación de voluntad exigidos por la norma bajo análisis-, suscribe la solicitud correspondiente, y su condición de elector. Ello se confirma con lo establecido en los numerales 1 y 2 del artículo

28 de las referidas Normas, los cuales establecen que para verificar los datos de los electores contenidos en la solicitud, los mismos se transcribirán y serán confrontados con los datos del Registro Electoral *"...a los fines de establecer su condición de elector en la circunscripción correspondiente."*, igualmente, y a efectos de ratificar esta interpretación, es indispensable referirse a lo establecido en el numeral 2 del artículo 3 de las "Normas sobre los Criterios de Validación de las Firmas y de las Planillas de Recolección de Firmas para los Procesos de Referendo Revocatorio de Mandatos de Cargos de Elección Popular" que establece que una *"firma"* no se considerará válida *"cuando carezca de la firma o de la huella dactilar del elector."*, lo que lleva, inevitablemente, a colegir que los datos pueden estar impresos en la planilla pero lo que determina su validez como solicitud es la existencia de la firma y la huella, como elementos determinantes para considerar perfeccionada la manifestación de voluntad de la persona a quien corresponden los datos y que le otorgan el atributo de personalísima a la solicitud...

Determinado todo lo anterior, esta Sala considera que el espíritu de la disposición contenida en el numeral 5 del artículo 29 de las Normas para regular los Procesos de Referendos Revocatorios de Mandatos de Cargos de Elección Popular, está dirigido a establecer, como causa de invalidez de la solicitud, el que más de una firma provenga de una misma persona, lo cual está referido, sin dudas, a que una misma persona efectúe más de una solicitud para la misma convocatoria a referendo revocatorio de mandato de cargo de elección popular. Tal disposición se complementa con lo dispuesto en el numeral 4 del artículo 3 de las "Normas sobre los Criterios de Validación de las Firmas y de las Planillas de Recolección de Firmas para los Procesos de Referendos Revocatorios de Mandatos de Cargos de Elección Popular" que establece, como causal de invalidez de la firma, *"4.- Cuando los datos y las firmas aparezcan repetidas, caso en el cual quedarán todas invalidadas"*, sin que pueda entenderse, como pretende interpretar el órgano electoral mediante el Instructivo cuya nulidad ha sido solicitada, que el espíritu de esa norma está orientada a considerar que el llenado de los datos de diferentes ciudadanos en la planilla -que no la firma y la huella dactilar- por una misma persona equivale a que tal solicitud ha sido suscrita varias veces por esa persona, y proceder, entonces, a encuadrarlas dentro del supuesto de invalidez previsto en el numeral 5 del artículo 29 tantas veces referido, y, en consecuencia, calificarlas de "firmas bajo observación" por el solo hecho de haber sido llenados los datos por una misma persona, aunque la firma y la huella dactilar hayan sido estampadas por los ciudadanos a quienes realmente tales datos corresponden, lo cual no sólo resulta absurdo sino totalmente contrario a lo que la norma interpretada quiso sancionar con la invalidez y que, como se dijo, se contrae a la realización de varias solicitudes efectuadas por un mismo ciudadano o ciudadana para convocar a un mismo referendo revocatorio de mandato de cargo de elección popular...

Esta Sala, en virtud de todas las anteriores consideraciones, observa que la equiparación que el Consejo Nacional Electoral hace en el "Instructivo sobre el tratamiento por el Comité Técnico Superior de las firmas de caligrafía similar o renglones de planillas llenadas por la misma persona" entre firma y huella, por una parte, y los datos, por la otra, para imponerle a estos últimos las condiciones exigidas en el numeral 5 del artículo 29, con el fin de aplicar a las solicitudes que se encuentren en el supuesto de hecho contenido en el criterio establecido en el Instructivo que se analiza (datos escritos con caligrafía similar) las consecuencias jurídicas derivadas de la inobservancia de la mencionada norma (su invalidación por no considerarse fidedignas) produce efectos jurídicos no perseguidas por dicha norma, lo que implica, de suyo, su total contrariedad con el espíritu que la inspira y que busca la autenticidad de la manifestación de voluntad expresada por el ciudadano o ciudadana que la suscribe, lo que hace a dicho instrumento ilegal por su contrariedad a la disposición que le sirve de base, y que, por tanto, determina su nulidad. Así se declara."[508]

La Sala, además, precisó sobre el carácter personalísimo de la solicitud de referendo revocatorio, que tal carácter "sólo es capaz de proporcionarlo la firma y la huella dactilar que son, justamente, los elementos previstos en la normativa aplicable para imprimirle a los datos tal carácter."

De todo lo anterior, la Sala Electoral concluyó señalando respecto del Instructivo que el mismo había impuesto:

> "A los ciudadanos, cuyas solicitudes se encuentran en ese supuesto de hecho, una carga no prevista por la norma, al colocarlas "bajo observación", justificándola en su imposibilidad o incapacidad para verificar los requisitos impuestos en dicha normativa (firma y huella dactilar) creando, mediante un criterio interpretativo contenido en un acto interno, condiciones de validez no establecidas en la norma interpretada y que, como se dijo antes, traen consigo consecuencias jurídicas contrarias a su espíritu, y que indirectamente inciden en la esfera jurídica subjetiva de los solicitantes del Referéndum Revocatorio del mandato de Presidente de la República, lo cual conduce a este sentenciador a declarar la nulidad por ilegalidad del "Instructivo sobre el tratamiento por el Comité Técnico Superior de las firmas de caligrafía similar o renglones de planillas llenadas por la misma persona", y así se decide."[509]

En cuanto a la Resolución, la Sala Electoral consideró que al haberse dictado parcialmente "con fundamento en el criterio de interpretación impartido al Comité Técnico Superior mediante el referido Instructivo, tal motivación resulta suficiente para declarar la consecuente nulidad de dicha Resolución. Así se decide."

La Sala Electoral, por último, se refirió a la decisión que contenía la Resolución anulada, de invalidar 39.060 planillas no recogidas en Actas de Cierre, considerándola lesiva de los derechos de los recurrentes, pues los vicios que se les imputaban eran "vicios que si bien las hacen nulas conforme a dicha norma, constituyen causales de invalidación no imputables a los firmantes contenidos en tales planillas, pues consisten en errores o vicios atribuibles a los funcionarios designados por el Consejo Nacional Electoral"; concluyéndola Sala que:

> "En virtud de ello, y no resultando posible ni admisible en derecho que las consecuencias que se deriven de errores de la administración le sean imputadas a los particulares, esta Sala considera necesario restituir los derechos vulnera-

508 Véase en http://www.tsj.gov.ve/decisiones/selec/Abril/37-120404-000037.htm

509 Véase en http://www.tsj.gov.ve/decisiones/selec/Abril/37-120404-000037.htm

dos mediante tal decisión, ordenando al Consejo Nacional Electoral la aplicación, a tales planillas, de lo dispuesto en el artículo 31 de las Normas para regular los Procesos de Referendos Revocatorios de Mandatos de Cargos de Elección Popular, por considerar que las mismas encuadran en el supuesto de hecho previsto en el primer aparte de dicho artículo, por tanto, el máximo órgano electoral deberá aplicar a las mencionadas planillas la consecuencia jurídica prevista en la norma referida que establece la posibilidad de someter al procedimiento de reparo las solicitudes contenidas en las 39.060 planillas relacionadas en el literal C de la mencionada resolución, a fin de que tales ciudadanos puedan ratificar su voluntad de solicitar la convocatoria de un referendo revocatorio presidencial. Así se decide."[510]

Como consecuencia de todo lo anteriormente expuesto, la Sala Electoral, en su sentencia, concluyó declarando con lugar el recurso contencioso electoral que habían interpuesto conjuntamente con acción de amparo cautelar, los ciudadanos Julio Borges, César Pérez Vivas, Henry Ramos Allup, Jorge Sucre Castillo; Ramón José Medina y Gerardo Blyde, anulando, en consecuencia, el "Instructivo sobre el tratamiento por el Comité Técnico Superior de las firmas de caligrafía similar o renglones de planillas llenadas por la misma persona" y la Resolución N° 040302-131 de fecha 2 de marzo de 2004, dictada por el Consejo Nacional Electoral.

En virtud de ello, la Sala Electoral ordenó al Consejo Nacional Electoral, *primero*, validar las firmas colocadas "bajo observación" relacionadas en el literal "h" del Primer Resuelve de la Resolución anulada, y que alcanzaba el número de 876.017, "dentro del lapso de cinco (5) días continuos siguientes a la notificación de la presente decisión"; *segundo*, aplicar a tales solicitudes el procedimiento de reparo conforme a lo establecido en el segundo aparte del artículo 31 de las Normas para regular los procesos de Referendos Revocatorios de mandatos de cargos de elección popular, "a los fines de que los ciudadanos que manifiesten no haber firmado soliciten su exclusión, dentro del lapso de cinco (5) días continuos siguientes a la notificación de la presente decisión"; *tercero,* incluir en el proceso de reparo a ser convocado, a los electores firmantes contenidos en las 39.060 planillas que habían sido invalidadas por dicho órgano electoral, con fundamento en lo establecido en los numerales 2, 3, 4 y 5 del artículo 4 de las Normas sobre los Criterios de Validación de las Firmas y de las Planillas de Recolección de Firmas para los Procesos de Referendo Revocatorio de Mandatos de Cargos de Elección Popular, conforme lo dispone el primer aparte del artículo 31 de las Normas para regular los procesos de referendos revocatorios de mandatos de cargos de elección popular, "dentro del lapso de cinco (5) días continuos siguientes a la notificación de la presente decisión"; *cuarto,* procediera a efectuar el procedimiento de reparo en el lapso establecido en el artículo 31 de las citadas Normas "y luego de realizado éste procedimiento, y de existir al menos el veinte por ciento (20%) de solicitudes válidas, proceda a convocar el referéndum revocatorio a que se refiere el presente fallo, en el lapso establecido en el artículo 33 de dichas Normas."

510 Véase en http://www.tsj.gov.ve/decisiones/selec/Abril/37-120404-000037.htm

Finalmente, la Sala Electoral, en virtud de la decisión que había anunciado la Sala Constitucional el 31 de marzo de 2004, planteó "ante la Sala Plena del Tribunal Supremo de Justicia, de conformidad con lo dispuesto en el artículo 42, numeral 21 de la Ley Orgánica de la Corte Suprema de Justicia, el conflicto de competencia entre esta Sala Electoral Accidental y la Sala Constitucional Accidental". Como hemos dicho, esa norma atribuye competencias a las Salas de Casación Civil y Penal para dirimir conflictos entre tribunales de sus jurisdicciones, pero no a la Sala Plena.

La sentencia N° 37 de la Sala Electoral, como se dijo, se publicó a las 9:45 a.m. del día 12 de abril de 2004. Ese mismo día, como se ha analizado anteriormente, la Sala Constitucional mediante sentencia N° 566 (publicada irregularmente sin el Voto Salvado del Magistrado Rondón Haaz)[511] resolvería avocarse al conocimiento de la causa.

Pero cabía preguntarse: ¿Cuál causa? ¿Una donde ya existía sentencia definitivamente firme como la antes comentada de la Sala Electoral? La Sala Constitucional, por ello, también decidiría en su sentencia de avocamiento, que "Se declara NULA cualquier decisión que en dichos expedientes se haya tomado por la Sala Electoral Accidental o Principal, a partir de la fecha de recepción de la orden de remisión de los expedientes, comunicada según oficio N° 04-0570 de esta Sala". La Sala Constitucional, además, en su sentencia de avocamiento reiteraría "lo ya anulado según sentencia de esta Sala N° 442 del 23 de marzo de 2004", es decir, la nulidad de la sentencia de la Sala Electoral dictada al decidir la medida cautelar de amparo en la misma causa; decisión que, por lo demás, se podía considerar que había cesado en sus efectos ese mismo día, al haber la Sala Electoral dictado la sentencia definitiva en la causa.

Lo cierto, en todo caso, es que, por una parte, el Consejo Nacional Electoral había continuado el proceso de elaboración del reglamento destinado a regular los procedimientos de "reparos" de las firmas o solicitudes del referendo revocatorio, cuyo texto había venido discutiendo con los diversos "actores" de los diversos procedimientos de referendos revocatorios, tanto del oficialismo como de la oposición[512], a pesar de la anulación judicial por la Sala Electoral de los actos del Consejo Nacional Electoral que exigían los reparos de las firmas rechazadas en el referendo revocatorio presidencial[513]; y por la otra, para el día 15 de abril de 2004, ya se anunciaba en la prensa que la Sala Constitucional anularía la sentencia definitiva de la Sala Electoral[514] con motivo de decidir sobre las solicitudes de "aclaratoria" de la sentencia

---

511 Véase el reportaje de Juan Francisco Alonso en *El Universal*, Caracas 15 de abril de 20043

512 En la prensa del día 20 de abril de 2004, el Presidente de la Junta Electoral Nacional, Jorge Rodríguez anunciaba que el proceso de consultas había concluido y que el Reglamento sería aprobado ese día. Véase *El Universal*, Caracas 20 de abril de 2004.

513 Por ello, con razón, Hermán Escarrá advertía sobre la incongruencia que resultaba que se estuviese discutiendo y negociando sobre los reparos cuando había una sentencia definitiva que había anulado los actos del Consejo Nacional Electoral. Esto, dijo, "nos puede colocar a nosotros en contumacia frente a una sentencia que ha ordenado que las más de 800 mil firmas sean sumadas aritméticamente, cuya consecuencia inmediata no es otra que la convocatoria del referendo revocatorio presidencial". Véase en *El Universal*, Caracas 16 de abril de 2004.

514 En el reportaje de Juan Francisco Alonso, se indicaba que "La invalidación se producirá bajo el argumento de que la instancia que interpreta la Carta Magna es la única competente para conocer los casos

Nº 566 de 12 de abril de 2004, que habían sido formuladas por el Consejo Nacional Electoral y el denominado Comando Ayacucho. El viernes 16 de abril de 2004, desde la Secretaría de la Sala Constitucional se informaría a la prensa que "la invalidación había sido acordada" y uno de los conjueces "había confirmado el anuncio a los representantes de los medios de comunicación"[515]; y el martes 20, diputados de la oposición solicitarían a la Sala Electoral procediera a la ejecución forzosa de su sentencia[516].

El dilema que se planteaba en esa situación y en ese momento era diabólico para la oposición: si hubiera aceptado ir al procedimiento de reparos de solicitudes del referendo presidencial, conforme al Reglamento que aprobara el Consejo Nacional Electoral, ello hubiera podido significar no sólo el desconocimiento por la propia oposición de la sentencia de la Sala Electoral que había anulado tal exigencia de ir a reparos de firmas o solicitudes, en cuyo caso, la Sala Constitucional no tendría apremio alguno en hacer efectiva la anunciada anulación de dicha sentencia, sino la aceptación de la confiscación que se había producido del derecho ciudadano a solicitar la realización de un referendo revocatorio presidencial. Si la oposición, en cambio, se negaba a ir al procedimiento de reparos de solicitudes, alegando que la sentencia de la Sala Electoral surtía plenos efectos ya que no había sido anulada por la Sala Constitucional, entonces la propia oposición hubiera sido la que habría renunciando a ejercer tales derechos de reparos en la "oportunidad" que fijare el Reglamento. Una vez que ello ocurriera, quedaba siempre la posibilidad de que la Sala Constitucional anularía con efectos *ex tunc* la sentencia de la Sala Electoral, con lo que confirmaría que las decisiones del Consejo Nacional Electoral nunca habrían perdido vigencia, y habiendo la oposición entonces renunciado a ejercer los reparos, el referendo revocatorio presencial no se llegaría a realizar.

El dilema, sin embrago, no llegaría a plantearse efectivamente en esos términos, y sería simplificado por la Sala Constitucional el 23 de abril de 2004, mediante la

---

relacionados con los referendos, debido a la ausencia de un instrumento legal que los regule y que los magistrados Alberto Martini, Rafael Hernández y Orlando Gravina (suplente de Luis Martínez) desacataron a la Constitucional cuando se pronunciaron sobre la validez de las llamadas rúbricas asistidas, aun cuando se lo habían prohibido", *El Universal*, Caracas 15 de abril de 2004

515 . Sin embargo, como lo reseñó el periodista Juan Francisco Alonso: "Pero a las 2:30 p.m. De La Hoz corrigió la versión: "Cuenta con la aprobación de cuatro magistrados, pero no ha sido aprobada". Aseguró que todo se debió "a una confusión" y ofreció disculpas a los periodistas... Por su parte, el conjuez Vadell afirmó que el fallo había contado con su respaldo y con el de los magistrados Rincón y Cabrera. Del mismo modo aseguró que el magistrado Pedro Rondón Haaz había participado en la reunión y que había salvado su voto". Véase en *El Universal*, Caracas 17 de abril de 2004.

516 El Diputado Gererdo Blyde informaría que: "una vez vencido el plazo de cinco días -que la propia decisión establecía como lapso para cumplir con el dictamen-, el TSJ debe emplazar al ente comicial a decir cuáles han sido sus gestiones para acatar la medida. / "Una vez que sea recibido el informe o si no es recibido en el CNE, entonces solicitaremos la ejecución forzosa y los siguientes pasos que, en este proceso de ejecución de sentencia, vamos a continuar ante la Sala Electoral", dijo el dirigente de la tolda amarilla. / El diputado también solicitó formalmente ante la Sala Constitucional que -hasta no decidirse el conflicto de competencias planteado ante la Sala Plena- se abstenga de producir nuevas decisiones respecto al avocamiento del caso de las firmas. / Tras una visita a la secretaría de la Sala Plena, Blyde pudo confirmar que el caso del conflicto de competencias está siendo enviado del Juzgado de Sustanciación a la cuenta de la Sala para nombrar ponentes, de modo que ya se estaría aproximando una decisión al respecto". Véase en *El Universal. com*, Caracas, 20 de abril de 2004.

sentencia N° 628[517] dictada con ocasión de decidir las solicitudes de aclaratoria que se le habían formulado respecto de la sentencia No. 566 de 12 de abril de 2004 mediante la cual se había avocado al conocimiento de la causa; con la cual volvió a secuestrar a la Sala Electoral, negándole sus competencias y declarando nulas de nulidad absoluta sus decisiones, y negando, además, de antemano, las posibles competencias de la Sala Plena del mismo Tribunal Supremo.

En la sentencia N° 628 de 23 de abril de 2004, en efecto, la Sala Constitucional Accidental resolvió (declarándolas improcedentes) las solicitudes de aclaratoria de la sentencia N° 566 de "31 de marzo de 2004 y publicada el 12 de abril de 2004", en la cual se había declarado procedente el avocamiento solicitado por el ciudadano Ismael García, en su carácter de representante del Comando Nacional de Campaña Ayacucho"; y que le había sido solicitada tanto el apoderado del Consejo Nacional Electoral como el mismo solicitante inicial, Ismael García; señalando lo siguiente:

En primer lugar, que no existían:

> "...dudas acerca de la actuación irregular de la Sala Electoral Accidental, a partir del 11 de marzo de 2004, fecha en la cual esta Sala hizo el requerimiento de todos los expedientes antes indicados; de modo que, tal y como se expresó en la motiva del fallo objeto de la presente aclaratoria, se produjo un desorden procesal y una serie de infracciones constitucionales que conllevaron a que "...Se declara(ra) nula cualquier decisión que en dichos expedientes se haya tomado por la Sala Electoral Accidental o Principal, a partir de la fecha de recepción de la orden de remisión de los expedientes, comunicada según oficio N° 04-0570 de esta Sala. Además, de lo ya anulado según sentencia de esta Sala N° 442 del 23 de marzo de 2004", y por ende es **nula** de nulidad absoluta y por lo tanto **carente de efectos jurídicos** la sentencia No. 37 dictada por la Sala Electoral Accidental el 12 de abril de 2004. Así se decide."

En segundo lugar, en relación con las decisiones que debía acatar el Consejo Nacional Electoral que la Sala Constitucional, en su sentencia, había dicho que en materia referendaria eran sólo las dictadas por dicha Sala Constitucional, esta ratificó el criterio de que *"la materia referendaria atiende a una Ley especial que no se ha dictado, motivo por el cual lo que a ella se refiere es ejecución directa del artículo 72 constitucional",* siendo dicha materia de su competencia exclusiva, aclarando que:

> '...la Ley Orgánica del Sufragio y Participación Política (publicada en Gaceta Oficial N° 5.223 Extraordinario del 28 de mayo de 1998) que es preconstitucional, si bien contiene un conjunto de normas que se refieren a "referendos", las mismas como se desprende de su texto (veáse, Título VI "De los Referendos") no se compadecen con los referendos contemplados en la Constitución de 1999 (v. artículos 181 y 185 de la Ley citada), y por tanto no tiene aplicación dicha Ley en los procesos referendarios actuales.
>
> Ahora bien, sin negar la competencia que esta Sala Constitucional ha reconocido a la Sala Electoral en la materia propia que le asigna la Constitución, no

517 Véase en http://www.tsj.gov.ve/decisiones/scon/Abril/628-230404-04-0475.htm

pueden confundirse las normas sobre elecciones (sean éstas o no populares), de las normas que regulan los procesos de referendos revocatorios de mandatos de cargos de elección popular, las cuales no han sido consagradas aún expresamente en una ley. Por ello, independientemente de la jurisdicción contencioso electoral que ejerce como antes se apuntó la Sala Electoral a través del conocimiento de determinadas acciones, lo relativo a la materia referendaria en cuanto a los actos del ente electoral destinados al desarrollo concreto del derecho a referendo, por ser, actualmente, ejecución directa e inmediata del Texto Constitucional compete única y exclusivamente a esta Sala Constitucional."

En tercer lugar, en relación con el "carácter vinculante" que la Sala Constitucional había atribuido a lo resuelto en su sentencia N° 566 conforme al artículo 335 de la Constitución, la Sala señaló que:

> "Las interpretaciones que efectúe esta Sala Constitucional son vinculantes para los tribunales de la República y para las otras Salas que conforman este Alto Tribunal (esto es, Sala Político-Administrativa, Sala Electoral, Sala de Casación Civil, Sala de Casación Penal, Sala de Casación Social y Sala Plena inclusive, pues la norma en referencia no la excluye y más bien a ella hace referencia el artículo 262 constitucional cuando se refiere al funcionamiento del Tribunal Supremo de Justicia)."

De ello, la Sala señaló que "cualquier decisión que contraríe lo sostenido en tal doctrina es inconstitucional y por ende objeto de revisión por parte de esta Sala", por lo cual:

> "Al haberse declarado procedente el avocamiento solicitado por el ciudadano *Ismael García*, no existe la incertidumbre planteada, ya que lo ordenado por esta Sala Constitucional en la sentencia objeto de la presente aclaratoria no puede ser alterado, mucho menos considerando un supuesto conflicto de competencia ante la Sala Plena de este Alto Tribunal en una sentencia nula de nulidad absoluta como lo es la N° 37 de la Sala Electoral Accidental del 12 de abril de 2004 (véase punto N° 7 del dispositivo), pues reiterando lo antes dicho, la doctrina contenida en la sentencia N° 566 aprobada por esta Sala el 31 de marzo de 2004 y publicada el 12 de abril de 2004 tiene carácter vinculante y por tanto debe ser acatada por las demás Salas de este Tribunal y por los demás tribunales de la República. Así se decide."[518]

Después de haber "decidido" sobre todas las cuestiones antes indicadas, sin embargo, la Sala Constitucional concluyó señalando que no tenía nada que aclarar, ya que supuestamente no existían puntos dudosos u oscuros en la sentencia N° 566 del 12 de abril de 2004, razón por la cual declaró improcedentes las aclaratorias solicitadas.

En esta forma, la Sala Constitucional, con la excusa de declarar improcedentes las aclaratorias que se le solicitaron respecto de la sentencia N° 566 de 12 de abril de 2004, no sólo cambió la fecha de dicha sentencia al señalar que no era del 12 de abril de 2004 sino del "31 de marzo de 2004 y publicada el 12 de abril de 2004",

---

518 Véase en http://www.tsj.gov.ve/decisiones/scon/Abril/628-230404-04-0475.htm

sino que decidió sobre una materia que no se le había solicitado declarando que la sentencia de la Sala Electoral N° 38 de esa misma fecha de 12 de abril de 2004, era una "sentencia nula de nulidad absoluta"; y además, de paso, habría sentado el criterio de que las sentencias de la Sala Plena también serían revisables por la Sala Constitucional si se apartaban de sus "interpretaciones vinculantes", lo cual sería un disparate, pues los Magistrados de la Sala Constitucional son también miembros de la Sala Plena.

El Magistrado Rondón Haaz salvó su voto en relación con dicha decisión, en cuyo texto materialmente transcribió su Voto salvado a la sentencia N° 566 de la Sala Constitucional que antes se ha comentado y que no había sido publicado con la misma, agregando sin embargo, que:

> "Por otra parte, no consta que la sentencia N° 566, que, en todo caso, es la que pudo sustraer a la Sala Electoral el conocimiento de la causa, haya sido notificada a dicha Sala antes de que dictara la sentencia N° 37. Si, como lo apuntó la Sala Constitucional en la decisión N° 566 (*Consideraciones para Decidir*, punto 3.-), la remisión del expediente no era necesaria para la decisión sobre el avocamiento, ningún sentido tenía ordenar la paralización de una causa (mediante decisión inexistente por carecer de las firmas de dos Magistrados, como se razonará *infra*), cuyo conocimiento no había asumido todavía la Sala Constitucional."

Además, el Magistrado disidente advirtió con razón, que la "sentencia aclaratoria, a pesar de que declara la improcedencia de las solicitudes de aclaración, innovó respecto del fallo a que se refiere, en violación del artículo 252 del Código de Procedimiento Civil", señalando entre otros aspectos, lo siguiente:

> "Es incomprensible que se desestimen las solicitudes de "aclaratorias" que fueron examinadas, y, a la vez, la Sala Constitucional declare la nulidad de la sentencia N° 37 de la Sala Electoral, que fue pronunciada después del fallo n° 566 de aquélla, a pesar de que la nulidad "declarada" se refirió, con absoluta indeterminación, a cualquier decisión que "*se haya tomado por la Sala Electoral Accidental...*", es decir, incluso las que ya habían sido pronunciadas el 12 de abril de 2004, cuando se dictó el pronunciamiento N° 566. Ni siquiera mediante una solicitud de ampliación era procedente la nulidad de la sentencia N° 37 de la Sala Electoral, porque no formó parte del *thema decidendum* respecto de la petición de avocamiento y, por ende, del dispositivo del fallo N° 566 de la Sala Constitucional."[519]

En esta forma, la posibilidad de realización del referendo revocatorio del mandato del Presidente de la República, conforme a las solicitudes que se habían formulado ante el Consejo nacional Electoral, quedaba sometida a lo que había resuelto el Consejo Nacional Electoral mediante Resolución N° 040302-131 del Consejo Nacional Electoral de 2 de marzo de 2004, complementada con las *Normas que tienen por objeto regular la fase de reparo* aprobadas el 20 de abril de 2004. Con ello, el referido procedimiento de "reparo" se había convertido en un "tercer firmazo" con

---

519 Véase en http://www.tsj.gov.ve/decisiones/scon/Abril/628-230404-04-0475.htm

menos posibilidades y con menos días, sometiéndose a los ciudadanos a intensas presiones políticas y gubernamentales, pues en definitiva, lo que constitucionalmente era el simple ejercicio de un derecho ciudadano de peticionar, a los ojos y oídos del poder político y del Gobierno se había convertido en una afrenta contra el Presidente de la República y contra todos los órganos del Estado, dispuestos a vengarla contra más de tres millones de venezolanos que habían osado solicitar la convocatoria de un referendo, y que quedaban marginados de toda posible relación con el Estado, incluso para el ejercicio de sus más elementales derechos.[520]

En todo caso, conforme a la sentencia Nº 566 de 12 de abril de 2004, lo que puede decirse, aparte de todas las inconstitucionalidades antes comentadas, es que fue el inicio de la doctrina de la posibilidad para la Sala Constitucional de avocarse al conocimiento de procesos que cursen en otras Salas, pero limitada a que se haga "en aras de mantener la supremacía constitucional," cuando en los mismos se *"contraríe los postulados constitucionales,"* y "siempre que "siempre que el objeto de dichas causas se refieran a violaciones directas e inmediatas de la Constitución." De manera que lo único innovativo de esta decisión en materia de avocamiento, en realidad, fue permitir que la Sala Constitucional se pudiera avocar al conocimiento de causas que cursen ante otras Salas del propio Tribunal Supremo, pero siempre conservando el principio de la afinidad de la competencia, por razón de la materia, en el caso concreto, para preservar los postulados constitucionales, garantizar la supremacía constitucional y en casos de violaciones directas a la Constitución. Es decir, la Sala consideró que cuando se tratase de "garantizar la supremacía constitucional, conforme al Estado de derecho y de justicia", y "constatada una situación que contraríe los postulados constitucionales," entonces debía avocarse al conocimiento des asunto, "sin importar que se trate de una Sala de este Tribunal quien conoce la causa, siempre que haya necesidad de garantizar la supremacía de la Constitución."

Un último comentario sobre la sentencia Nº 566 y es que en la misma, la Sala Constitucional se avocó sin haber tenido a su vista el expediente del juicio avocado, considerando la sala que no se precisaba "en este caso el expediente de la causa cursante en la Sala Electoral para el avocamiento aquí solicitado, pues es un hecho notorio comunicacional que lo debatido en el mismo así como en otros casos que tienen igual contenido, cursantes en la Sala Electoral, es un asunto de interés nacional".

---

520 Sobre todo lo anteriormente expuesto, véanse los comentarios a dichas sentencias en Rafael Chavero G. (Coordinador), *La Guerra de las Salas del TSJ frente al Referéndum Revocatorio,* Editorial Aequitas. Caracas 2004; y Allan R. Brewer-Carías, *La Sala Constitucional Versus El Estado Democrático de Derecho. El secuestro del Poder Electoral y de la Sala Electoral del Tribunal Supremo y la confiscación del derecho a la participación política,* ***Los Libros de El Nacional*** - Colección Ares, Caracas 2004, pp. 136 ss.

SECCIÓN QUINTA:
LAS PREVISIONES DE LA LEY ORGÁNICA DEL TRIBUNAL SUPREMO DE 2004, FORMALIZANDO LA POTESTAD DE AVOCAMIENTO POR PARTE DE TODAS LAS SALAS DEL TRIBUNAL SUPREMO, Y LA COMPETENCIA EXCEPCIONAL DE LA SALA CONSTITUCIONAL, RESPECTO DE CAUSAS CURSANTES ANTE LAS OTRAS SALAS

La doctrina jurisprudencial sentada por la Sala Constitucional hasta 2004, tanto en materia de consagración de la potestad de todas las Salas, y no sólo de la Sala Político Administrativa, para avocarse al conocimiento de causas que cursaban ante los tribunales de instancia (inferiores), como en cuanto a la consagración de la competencia de la Sala Constitucional para avocarse al conocimiento de causas que cursaban ante otras Salas del mismo Tribunal Supremo fue recogida en la Ley Orgánica del Tribunal Supremo de Justicia de 2004.[521]

En dicha Ley Orgánica, en efecto, *en primer lugar*, conforme a su artículo 5, párrafo 1°, 48, se le asignó competencia de todas las Salas para poder avocarse al conocimiento de causas que cursen en otros tribunales, así:

> "Artículo: 5. P1. 48. Solicitar de oficio, o a petición de parte, algún expediente que curse ante otro tribunal, y avocarse al conocimiento del asunto cuando lo estime conveniente."

Además, el artículo 18 de la misma Ley Orgánica del Tribunal Supremo, estableció lo siguiente:

> "Cualesquiera de las Salas del Tribunal Supremo de Justicia en las materias de su respectiva competencia, de oficio o a instancia de parte, ***con conocimiento sumario de la situación***, podrá recabar de cualquier tribunal de instancia, en el estado en que se encuentre, cualquier expediente o causa, ***para resolver si se avoca, y directamente asume el conocimiento del asunto, o, en su defecto lo asigna a otro tribunal.***

Esta atribución deberá ser ejercida con suma prudencia y sólo en caso grave, o de escandalosas violaciones al ordenamiento jurídico que perjudique ostensiblemente la imagen del Poder Judicial, la paz pública, la decencia o la institucionalidad democrática venezolana, y se hayan desatendido o mal tramitado los recursos ordinarios o extraordinarios que los interesados hubieren ejercido.

> La Sala requerida ***examinará las condiciones concurrentes de procedencia del avocamiento,*** en cuanto que el asunto curse ante algún tribunal de la República, independiente de su jerarquía y de especialidad, que la materia vinculada sea de la competencia de la Sala, sin importar la etapa o fase procesal en que éste se encuentre, así como las irregularidades que se alegan hayan sido oportunamente reclamadas sin éxito en la instancia a través de los recursos or-

---

521 Publicada en *Gaceta Oficial* N° 37.942 de 19 de mayo de 2004. Sobre dicha Ley orgánica, véanse los comentarios en Allan R. Brewer-Carías, *Ley Orgánica del Tribunal Supremo de Justicia. El Tribunal Supremo de Justicia y los procesos y procedimientos constitucionales y contenciosos administrativos*, Colección Textos Legislativos, N° 28, Editorial Jurídica Venezolana, Caracas 2004.

dinarios. *Al admitir la solicitud de avocamiento, la Sala oficiará al tribunal de instancia, requiriendo el expediente respectivo, y podrá ordenar la suspensión inmediata del curso de la causa y la prohibición de realizar cualquier clase de actuación.* Serán nulos los actos y las diligencias que se dicten en desacuerdo por el mandamiento de prohibición.

La sentencia sobre el avocamiento la dictará la Sala competente, la cual podrá decretar la nulidad y subsiguiente reposición del juicio al estado que tiene pertinencia, o decretar la nulidad de alguno o algunos de los actos de los procesos, u ordenar la remisión del expediente para la continuación del proceso o de los procesos en otro tribunal competente por la materia, así como adoptar cualquier medida legal que estime idónea para restablecer el orden jurídico infringido."

En consecuencia, conforme a estas normas, se atribuyó legalmente a todas las Salas del Tribunal Supremo de Justicia, y no sólo a la Sala Político Administrativa, se entiende que en las materias afines a la respectiva competencia natural de cada Sala, la potestad de recabar de cualquier "otro tribunal" distinto del Tribunal Supremo, es decir, de los tribunales de instancia, *de oficio o a instancia de parte*, con conocimiento sumario de la situación, cualquier expediente o causa en el estado en que se encuentre, para resolver si se avoca y directamente asumir el conocimiento del asunto o, en su defecto lo asigna a otro tribunal (Artículo 18, párrafo 11°).

La gran innovación legislativa, en esta Ley Orgánica de 2004, fue la previsión excepcionalísima de la potestad de actuación de oficio de las Salas del Tribunal Supremo de Justicia, con lo cual quedaron autorizadas para avocarse de oficio de las causas mencionadas, sin requerimiento o solicitud de las partes en el proceso respectivo.

Por ello, sobre las repercusiones de esta atribución generalizada de competencia, y este poder de actuación de oficio, la propia Ley Orgánica de 2004 fue muy cuidadosa en establecer expresamente que la misma debía ser ejercida, como lo indicó el artículo 18.12 de la misma, "con suma prudencia":

> "y sólo en caso grave, o de escandalosas violaciones al ordenamiento jurídico que perjudique ostensiblemente la imagen del Poder Judicial, la paz pública, la decencia o la institucionalidad democrática venezolana, y se hayan desatendido o mal tramitado los recursos ordinarios o extraordinarios que los interesados hubieren ejercido."

En estos casos, la Ley Orgánica prescribió un procedimiento en dos etapas: primero, la *admisión* del trámite de avocamiento, fuera de oficio, o a solicitud de parte, en cuyo auto la Sala debía oficiar al tribunal de instancia, requiriendo el expediente respectivo, pudiendo ordenar la suspensión inmediata del curso de la causa y la prohibición de realizar cualquier clase de actuación; considerándose nulos los actos y las diligencias que se dicten en desacuerdo por el mandamiento de prohibición (Art. 18, párrafo 13°); y segundo, la sentencia de avocamiento que debía resultar en una decisión con sólo dos opciones: primero, la decisión de avocarse al conocimiento de la causa "y directamente asumir el conocimiento del asunto" hasta la decisión definitiva del proceso; y segundo, "en su defecto," decidir asignarlo "a otro tribunal," es decir, "ordenar la remisión del expediente para la continuación del proceso o de los procesos en otro tribunal competente por la materia" (Artículo 18, párrafo 11°). En ambas opciones, conforme al mismo artículo 18, párrafo 11 de la Ley

Orgánica de 2004, la Sala competente, podía "decretar la nulidad y subsiguiente reposición del juicio al estado que tiene pertinencia, o decretar la nulidad de alguno o algunos de los actos de los procesos [...], así como adoptar cualquier medida legal que estime idónea para restablecer el orden jurídico infringido" (Art. 18, párrafo 14°).

El avocamiento por parte de todas las Salas del Tribunal Supremo, por supuesto, a pesar de ser contrario a las garantías judiciales del juez natural y del debido proceso en general, sin embargo, podía considerarse como un instrumento procesal de primera importancia para precisamente asegurar esos derechos cuando han sido violados, garantizar la justicia en procesos en los cuales la misma ha sido subvertida. Por eso su uso exigía la Ley que se hiciera con prudencia, y sólo "en caso grave, o de escandalosas violaciones al ordenamiento jurídico que perjudique ostensiblemente la imagen del Poder Judicial, la paz pública, la decencia o la institucionalidad democrática venezolana, y se hayan desatendido o mal tramitado los recursos ordinarios o extraordinarios que los interesados hubieren ejercido," pues de lo contrario, podía configurarse como el más injusto de los instrumentos procesales precisamente para acabar con la justicia.

Pero en *segundo lugar*, además de haber extendido la facultad de avocamiento a todas las Salas, respecto de causas que cursen en "otros tribunal" de instancia (distintos por tanto al propio Tribunal Supremo), la Ley Orgánica atribuyó en particular a la Sala Constitucional, en el artículo 5, párrafo 1°, ordinal 4, la facultad de avocarse:

> "al conocimiento de una causa determinada, cuando se presuma fundadamente la violación de principios jurídicos fundamentales contenidos en la Constitución de la República Bolivariana de Venezuela, Tratados, Pactos o Convenios Internacionales suscritos y ratificados válidamente por la República, aun cuando por razón de la materia y en virtud de la ley, la competencia le esté atribuida a otra Sala."

En esta norma se permitió expresamente a la Sala Constitucional avocarse a causas que, por razón de la materia, deben ser resueltas por otras salas, pero por supuesto, condicionada esta excepcional competencia a que "se presuma fundamentadamente la violación de principios jurídicos fundamentales contenidos en la constitución."

Ello mismo lo precisó la Sala Constitucional, por ejemplo, en la sentencia N° 3015 de 14 de octubre de 2005 (Caso *Banplus*), luego de precisar el sentido de la expresión de que el avocamiento que corresponde a las Salas es "en las materias de su respectiva competencia," indicando con precisión que:

> "las solicitudes de avocamiento que se presenten ante este Tribunal Supremo de Justicia, deberán ser tramitadas por la Sala a cuya competencia esté atribuida la materia propia de la controversia que se solicita sea objeto del avocamiento. De esta forma, debe hacerse un examen de la naturaleza propia de cada pretensión y las materias que forman parte del abanico competencial de cada

una de las Salas que constituyen este Máximo Tribunal, para la cabal determinación de la competencia para el conocimiento del caso concreto."[522]

Después de ello, la Sala Constitucional constató que el legislador había consagrado en el citado artículo 5.4 de la misma Ley Orgánica de 2004 "un avocamiento cuya competencia es exclusiva" de la Sala Constitucional, al permitirle:

> "*avocarse al conocimiento de una causa determinada, cuando se presuma fundadamente la violación de principios jurídicos fundamentales contenidos en la Constitución de la República Bolivariana de Venezuela, Tratados, Pactos o Convenios Internacionales suscritos y ratificados válidamente por la República, aun cuando por razón de la materia y en virtud de la ley, la competencia le esté atribuida a otra Sala.*" (resaltado de la Sala).

Y agregó la sala en esa sentencia que:

> "Esta excepcional potestad de avocamiento atribuida a la Sala, se encuentra consagrada en virtud de las altas funciones que como órgano protector y defensor de la constitucionalidad tiene atribuida, la cual en determinados casos por ser de cierta trascendencia al mundo jurídico o al conglomerado nacional puede reservarse su conocimiento con carácter de exclusividad, ***previa verificación de ciertos desórdenes procesales que ameriten el control de esta Sala por la presunta vulneración de principios jurídicos fundamentales.***" [523]

En esta forma, las causas que cursan ante las diferentes Salas del Tribunal Supremo de Justicia también han quedado a la merced de la Sala Constitucional, la cual puede subvertir el orden procesal, pero sólo cuando presuma "fundamentadamente" la violación de principios constitucionales. No se trata en este caso sólo de que pueda haber "graves desórdenes procesales" o "escandalosas violaciones al ordenamiento" que incluso, acumulativamente, perjudiquen "ostensiblemente," (i) "la imagen del Poder Judicial";(ii) "la paz pública;"(iii) "la decencia," o (iv) "la institucionalidad democrática," sino en la necesidad de que la Sala Constitucional, en relación con otras Salas, tenga necesidad de garantizar la supremacía de la Constitución al constatarse una situación que contraríe los postulados constitucionales.

SECCIÓN SEXTA:
EL EJERCICIO DE LA POTESTAD DE AVOCAMIENTO POR LA SALA CONSTITUCIONAL PARA IMPEDIR AL JUEZ CONTENCIOSO ADMINISTRATIVO COMO JUEZ NATURAL, DECIDIR DETERMINADAS CAUSAS JUDICIALES, Y CONTRIBUIR A LA VEZ A LA EJECUCIÓN DE POLÍTICAS PÚBLICAS, SIN TENER COMPETENCIA PARA ELLO

La potestad de avocamiento por parte de la Sala Constitucional, como se ha dicho, no siempre se ha utilizado para la protección del orden público constitucional, o de los principios fundamentales de la Constitución, sino que en muchos casos se ha

522 Véase en http://www.tsj.gov.ve/decisiones/scon/Octubre/3015-141005-05-1840.htm

523 Véase en http://www.tsj.gov.ve/decisiones/scon/Octubre/3015-141005-05-1840.htm

utilizado para otros fines, en evidente desviación de poder. Así ocurrió, ya vigente la Ley Orgánica del Tribunal Supremo de 2004, entre 2006 y 2009, al haberse utilizado la figura del avocamiento por la Sala Constitucional del Tribunal Supremo, respecto de unos juicios contencioso administrativos y de amparo, que fueron paralizados mientras se implementaba una política pública nacional de nacionalización de la competencia "exclusiva" de los Estados en materia aeroportuaria que establece el artículo 164.10 de la Constitución de 1999, período durante el cual, la Sala incluso mutó la Constitución, usurpó la función legislativa, vació los juicios de objeto, y terminó confiscando bienes de propiedad privada.

En todo caso, para entender esta situación, en este caso es indispensable fijar sus antecedentes. En efecto, de acuerdo con el artículo 164.10 de la Constitución de 1999, una de las materias que se califica como de la "competencia exclusiva de los Estados," es "la conservación, administración y aprovechamiento de carreteras y autopistas nacionales, así como de puertos y aeropuertos de uso comercial...." (ord. 10). Dicha competencia, sin embargo, ya desde 1989 correspondía a los Estados en virtud de que conforme al artículo 137 de la anterior Constitución de 1961 les había sido transferida por el Poder Nacional, mediante la Ley Orgánica de Descentralización, Delimitación y Transferencia de Competencias del Poder Público de 1989, [524] la cual además había asumido el Estado Nueva Esparta mediante la "Ley por la cual el Estado Nueva Esparta asume la Administración y mantenimiento de los Puertos y Aeropuertos Públicos de uso Comercial ubicados en su territorio" de 1991.[525] En ejecución de esas leyes y de la competencia exclusiva descentralizada, la Gobernación del Estado Nueva Esparta desde el año 1993 decidió contratar, mediante concesión, la prestación del servicio aeroportuario y el mantenimiento y operación del Aeropuerto. Luego de rescindido el primer contrato, conforme a las nuevas previsiones de la Constitución de 1999, la Gobernación decidió suscribir un nuevo Contrato de concesión en 2004, esta vez con un Consorcio (Unique IDC), para lo cual conforme al artículo 23.4 de la Ley de Concesiones de Obras y Servicios Públicos del Estado Nueva Esparta de 1997, procedió a otorgarlo mediante adjudicación directa conforme a lo dispuesto en el artículo 23.4 de la ley de Concesiones del Estado Nueva Esparta de 1997, motivando la decisión mediante Decreto 1188 de 26 de febrero de 2004.[526] Dicho Decreto fue posteriormente anulado mediante la Resolución 0001-05 de 10 de junio de 2005 del propio Gobernador,[527] la cual fue impugnada vía amparo y acciones contencioso administrativas de nulidad, siendo a su vez

524 Véase artículo 11, Ley Orgánica de Descentralización, Delimitación y Transferencia de Competencias del Poder Público de 1989, en *Gaceta Oficial* Nº 4153 de 28 de diciembre 1989. Véase sobre esta Ley: Allan Brewer Carías, "Bases Legislativas para la descentralización política de la federación centralizada (1990: el inicio de una reforma)," en *Leyes para la Descentralización Política de la Federación,* Colección Estudios Legislativos Nº 11, Editorial Jurídica Venezolana, Caracas 1990, p. 17. La Ley Orgánica se reformó posteriormente en 1993. Véase en *Gaceta Oficial,* Nº 35.327 de 28 de octubre de 1993.

525 Véase la Ley por la cual el Estado Nueva Esparta asume la Administración y el Mantenimiento de los Puertos y Aeropuertos Públicos de Uso Comercial ubicados en su Territorio, *Gaceta Oficial* del Estado Nueva Esparta Extraordinaria de 31 de julio de 1991. Véase en *Informe sobre la descentralización en Venezuela. Memoria del Dr. Allan R. Brewer-Carías, Ministro de Estado para la Descentralización*, Presidencia de la República, Caracas 1994, pp. 992- 997.

526 *Gaceta Oficial* del Estado Nueva Esparta Nº Extraordinario N° 284, de 26 de febrero de 2004

527 *Gaceta Oficial* del Estado Nueva Esparta Nº Extraordinario E-443 de 10 de junio de 2005

derogada por el mismo Gobernador mediante Decreto N° 806 de 17 de julio de 2006,[528] mediante la cual el Estado Nueva Esparta decidió rescatar anticipadamente la concesión conforme al artículo 53 de la Ley de promoción de la Inversión Privada mediante Concesiones de 1999.

Los juicios contencioso administrativos y de amparo que habían sido iniciados por el Consorcio Concesionario ante los tribunales competentes contencioso administrativos fueron los que fueron avocados, de oficio, por la Sala Constitucional en 2006, paralizándose el curso de los mismos, no sin antes acumular a las causas un nuevo recurso de nulidad contencioso administrativo ejercido directamente ante la Sala, para terminar tres años después, en 2009, declarando "agotado el avocamiento" y remitiendo los autos para la decisión de las causas por los tribunales contencioso administrativos, en las que se pretendía el restablecimiento de la concesión, una vez vaciadas totalmente de contenido y objeto, pues la Sala había "entregado" previamente el Aeropuerto al Poder Nacional. Esa intervención de la Sala Constitucional del Tribunal Supremo de Justicia en el caso sin duda constituye un caso manifiesto de desviación de poder, pues como se verá, la Sala Constitucional se avocó sin tener competencia al conocimiento de recursos contencioso administrativos, para posteriormente, la misma Sala rehusar a pronunciarse sobre el fondo de la controversia a cuyo conocimiento se había avocado, suspendiendo en la práctica la tramitación de dichos recursos por un período de casi tres años, para finalmente declarar agotado el avocamiento sin realizarse tramite sustancial alguno en el marco de dichos procedimientos. La Sala Constitucional del Tribunal Supremo, además, le entregó la administración del Aeropuerto al Poder Nacional sin fundamento constitucional alguno, produciendo un vaciamiento del objeto de los recursos sometidos a su conocimiento. Esto constituyó una usurpación inaceptable de la competencia exclusiva que tienen los Estados en materia de administración de aeropuertos conforme el artículo 164.10 de la Constitución de Venezuela. La Sala Constitucional –una vez declarado el "agotamiento del avocamiento" y entregado el Aeropuerto al Poder Nacional- remitió al juez natural la tramitación de los recursos contencioso administrativos, a quien en todo caso, le era jurídicamente imposible poder revertir la entrega del Aeropuerto al Consorcio Concesionario que el Tribunal Supremo de Justicia había hecho a favor del Poder Nacional, confiscando propiedad privada y eliminando la competencia del Estado Nueva Esparta. Y todo lo anterior, realizado en el contexto de una política de Estado de reversión de la descentralización y apropiación de los aeropuertos nacionales por parte del Poder Nacional en desmedro de los poderes estatales, que se había iniciado en el año 2007, plasmándose en un recurso de interpretación del artículo 164.10 constitucional formulado por el Procurador General de la República, el proyecto de reforma constitucional de 2007 que afectaba dicha norma, la decisión de la Sala Constitucional mutando la competencia exclusiva de los Estados en materia aeroportuaria, y la reforma de la Ley Orgánica de Descentralización por expresa exhortación de la propia Sala Constitucional, convirtiendo una competencia exclusiva de los Estados en competencia concurrente. De todo ello resulto la entrega del Aeropuerto Santiago Mariño al Poder Ejecutivo, en para-

528 *Gaceta Oficial* del Estado Nueva Esparta, N° E-734 del 17 de julio de 2006.

lelo a la reversión que se produjo a favor del Poder nacional de la administración de todos los aeropuertos nacionales de uso comercial del país.

En ese contexto, en materia de avocamiento, la Sala Constitucional dictó las siguientes decisiones: primero, la sentencia N° 1502 del 4 de agosto de 2006[529] mediante la cual, entre otros, se avocó *de oficio* al conocimiento de las varias acciones de amparo constitucional y contencioso-administrativas de nulidad (contra, la Resolución N° 0001-05 de 2005 revocatoria del Decreto N° 1.188 de 2004), que involucraban tanto al Consorcio Concesionario, como a la Gobernación del Estado Nueva Esparta, resolviendo también *de oficio,* la intervención de la administración del Aeropuerto entregándola a una Junta Interventora; segundo, la sentencia N° 313 del 6 de marzo de 2008[530] mediante la cual, después de entrar a conocer directamente de otro recurso de nulidad (contra el Decreto N° 806 de 17 de julio de 2006), la Sala Constitucional ordenó la acumulación de los procesos y la tramitación de los recursos de nulidad siguiendo el procedimiento de los juicios de nulidad de los actos administrativos; y tercero, la sentencia N° 155 del 4 de marzo de 2009,[531] mediante la cual la Sala Constitucional del Tribunal Supremo de Justicia declaró "agotado el avocamiento" renunciando a decidir las causas de las que se había avocado, remitiendo los expedientes al mismo tribunal contencioso administrativo que había conocido de los juicios, declarando además, terminado el proceso de intervención del Aeropuerto, entregándolos al Ministerio del Poder Popular para la Infraestructura, Obras Públicas y Vivienda.

Mediante la primera sentencia 1502 del 4 de agosto de 2006, en efecto, la Sala Constitucional del Tribunal Supremo de Justicia, mediante avocamiento, sustrajo del conocimiento del juez natural (el Juzgado Superior en lo Civil y Contencioso Administrativo de la Región Nor-Oriental), el recurso contencioso administrativo de nulidad incoado contra la Resolución N° 0001-05 de 2005 y también el recurso contencioso administrativo de nulidad ejercido contra el Decreto N° 806 de 2006; le arrebató a la Sala Político-Administrativa del Tribunal Supremo de Justicia la competencia para avocarse al conocimiento del recurso contencioso administrativo de nulidad incoado contra la Resolución N° 0001-05; y modificó el régimen del procedimiento para la impugnación de los dos actos antes señalados: originalmente sujetos al conocimiento de dos instancias. Dicho avocamiento se decidió, de oficio. Para el momento en el cual se produjo el avocamiento, ya estaba en vigencia el artículo 5, numeral 4 de la Ley Orgánica del Tribunal Supremo de Justicia de 2004, conforme al cual la posibilidad de avocamiento de causas por parte de la Sala Constitucional estaba confinada a casos en los cuales "***se presuma fundadamente*** **la violación de principios jurídicos fundamentales contenidos en la Constitución de la República Bolivariana de Venezuela, Tratados, Pactos o Convenios Internacionales suscritos y ratificados válidamente por la República,** *aun cuando por razón*

529 Ver sentencia N° 1502 del 4 de agosto de 2006 dictada por la Sala Constitucional del Tribunal Supremo de Justicia http://www.tsj.gov.ve/decisiones/scon/Agosto/1502-040806-05-1812.htm

530 Ver sentencia N° 313 del 6 de marzo de 2008 dictada por la Sala Constitucional del Tribunal Supremo de Justicia, en http://www.tsj.gov.ve/decisiones/scon/Marzo/313-060308-05-1812.htm

531 Ver sentencia N° 155 del 4 de marzo de 2009 dictada por la Sala Constitucional del Tribunal Supremo de Justicia, en http://www.tsj.gov.ve/decisiones/scon/Marzo/155-4309-2009-08-0864.html

de la materia y en virtud de la ley, la competencia le esté atribuida a otra Sala." En el caso de la sentencia 1502 de 2006, la Sala Constitucional no sólo carecía de competencia para avocarse al conocimiento del recurso contencioso administrativo de anulación ejercido contra la Resolución N° 0001-05 y para admitir y tramitar el recurso contencioso administrativo ejercido contra el Decreto N° 806, ambos del Gobernador del Estado, sino que además, nada dijo en relación con los motivos (v. gr. violación de principios jurídicos fundamentales contenidos en la Constitución) que habría tenido para atraer las causas a su fuero. En el primer caso – el avocarse al conocimiento del recurso contencioso administrativo de nulidad ejercido contra la Resolución N° 0001-05 -, la competencia material para avocarse correspondía -en principio- a la Sala Político-Administrativa del Tribunal Supremo de Justicia. En el segundo caso – el haber admitido y tramitado el recurso contencioso administrativo ejercido contra el Decreto N° 806- , en el que no medió decisión alguna de avocamiento, la competencia para conocer correspondía al Juzgado Superior en lo Civil y Contencioso Administrativo de la Circunscripción Judicial de la Región Nor-Oriental. En la sentencia de avocamiento N° 1502 de 4 de agosto de 2006, pendiente como estaba de decisión la solicitud de avocamiento que había sido formulada, la Sala Constitucional se limitó a indicar que tenía competencia para avocarse al conocimiento de la causa, considerando que *"se encuentran involucrados intereses que guardan relación con el orden constitucional"*; así como la *"utilidad"* del Aeropuerto objeto del contrato de concesión *"para el interés público en razón del servicio que prestan y por la importancia en sí que representa para el Poder Nacional y para la colectividad la materia aeronáutica."* Dichos motivos, por muy plausibles, en realidad nada tenían que ver con la violación de principios jurídicos fundamentales contenidos en la Constitución exigidos para el ejercicio de esa excepcional facultad. En lo que atañe al recurso contencioso administrativo contra el Decreto N° 806, la Sala Constitucional resolvió admitirlo y acumularlo a las causas avocadas, sin competencia alguna para ello.

Posteriormente, la Sala Constitucional, por la sentencia N° 313 del 6 de marzo de 2008 ordenó "tramitar" mediante avocamiento, conjuntamente en un mismo procedimiento (el de los juicios de nulidad de los actos administrativos) "los *recursos de nulidad interpuestos por Unique IDC contra la Resolución núm. 0001-05 (...) y contra el Decreto núm. 806 (....).*"[532] Sin embargo, era evidente que la Sala Constitucional no podía asumir ni excepcionalmente ni en forma alguna el conocimiento de los mencionados juicios contencioso-administrativos de nulidad, pues nadie había invocado, ni siquiera ella misma, la violación de principios jurídicos fundamentales de orden constitucional, como lo exige la norma legal que dio fundamento a su actuación. Por ello, en este caso, lo que ocurrió fue que la Sala Constitucional secuestró el conflicto judicial existente entre el Consorcio Concesionario y el Estado Nueva Esparta, para evitar que en el mismo se pudieran producir decisiones que pudieran reafirmar la competencia del Estado Nueva Esparta en materia aeroportua-

---

532 Ver sentencia N° 313 del 6 de marzo de 2008 dictada por la Sala Constitucional del Tribunal Supremo de Justicia http://www.tsj.gov.ve/decisiones/scon/Marzo/313-060308-05-1812.htm. Ver también sentencia N° 538 dictada con motivo de solicitud de ampliación formulada por la representación el Estado Nueva Esparta, de fecha 8 de abril de 2008 http://www.tsj.gov.ve/decisiones/scon/Abril/538-080408-05-1812.htm

ria, y el eventual restablecimiento de la concesión al Consorcio Concesionario, sin que fuera posible argumentar que luego, con la decisión definitiva contenida en su sentencia N° 155 de 4 de marzo de 2009, al considerar "agotado el avocamiento" y ordenar la remisión del expediente en el que se tramitaban los recursos al juez natural, sin que este pudiese llegar a revertir la entrega que se había hecho del Aeropuerto al Poder Ejecutivo nacional. En realidad, en este caso, las actuaciones de la Sala Constitucional lo que ponen es de manifiesto la *desviación de poder* con la que actuó, al utilizar si ser competente la facultad de avocamiento prevista en la Ley Orgánica del Tribunal Supremo de Justicia, no para *preservar* la *supremacía constitucional;* sino para evitar que los tribunales competentes se pronunciaran sobre la nulidad de los actos emitidos por el Gobernador del Estado Nueva Esparta y, más allá, ***para entregar definitivamente el Aeropuerto al Poder Nacional; y*** al fin, rehusarse a pronunciarse sobre el fondo de los asuntos que atrajo para sí y, además, de manera progresiva y arbitraria, confiscar los derechos del Concesionario en el caso.

La institución del avocamiento para que las Salas del Tribunal Supremo se avoquen al conocimiento de causas que cursan en otros tribunales, es precisamente para eso, para que la Sala respectiva "se avoque" al conocimiento de un asunto, de manera que si se avoca no puede haber luego resolver no avocarse. No puede haber avocamiento para no avocarse. La Sala respectiva, luego de admitir la solicitud, sólo podría decidir no avocarse cuando considere que el avocamiento es improcedente. No está previsto ni ha sido práctica de la Sala Constitucional, luego de decidir avocarse y asumir el conocimiento de una causa, pura y simplemente declarar "agotado" el avocamiento y remitir el conocimiento del juicio en el mismo tribunal ante el cual se tramitó antes de la intervención extraordinaria del Tribunal Supremo de Justicia. Por ello, lo más notable del caso comentado es que el avocamiento fue realizado por la Sala Constitucional del Tribunal Supremo para en definitiva no "avocarse" al conocimiento y resolución del conflicto al cual se había avocado, paralizando sin embargo la tramitación de los procedimientos a los cuales se avocó por un período de prácticamente 2 años hasta entregarle el control y administración del Aeropuerto en disputa al Poder Nacional por sentencia N° de 155 de 4 de marzo de 2009. En dicha fecha, la Sala Constitucional declaró "agotado el avocamiento" y ordenó la remisión del juicio a la jurisdicción contencioso-administrativa sin nunca haber entrado a tramitar sustantivamente dichos procedimientos y privando de paso al Consorcio –y al Estado de Nueva Esparta- de la administración de dicho Aeropuerto en consistencia y sintonía con la voluntad del Poder Nacional de eliminar la competencia exclusiva que tenían los Estado bajo el marco constitucional vigente a efectos de conseguir que la administración del Aeropuerto pasara a manos del Poder Nacional.

En efecto, debe mencionarse que en forma paralela a la suspensión de la tramitación de los procesos contencioso administrativos al conocimiento de los cuales se había avocado la Sala Constitucional del Tribunal Supremo, el Procurador General de la República a requerimiento del Ministerio del Ejecutivo Nacional con competencia en materia de aeropuertos, intentó ante la Sala Constitucional en junio de 2007, un recurso de interpretación del artículo 164.10 que regula la competencia exclusiva de los Estados en materia de conservación administración y mantenimiento de los aeropuertos nacionales de uso comercial; y el Presidente de la República, por su lado, había sometido al país un proyecto de reforma Constitucional en agosto del mismo año 2007, que abarcaba la misma norma constitucional para eliminar el carácter exclusivo de dicha competencia.

En efecto, tanto en las propuestas formuladas por la Comisión Presidencial para la Reforma Constitucional en junio de 2007,[533] como en el Anteproyecto para la Primera Reforma Constitucional presentado por el Presidente de la República el 15 de agosto de 2007 ante la Asamblea Nacional,[534] en relación con la distribución de competencias públicas entre los tres niveles territoriales de gobierno, se buscaba atribuir al Poder Nacional, en el artículo 156.27, la competencia para la conservación, administración y aprovechamiento de autopistas y carreteras nacionales, puertos y aeropuertos de uso comercial; es decir, se pretendía "nacionalizar" la competencia que el artículo 164.10 de la Constitución de 1999 atribuyó a los Estados en la misma materia, lo que hubiera implicado la modificación de los ordinales 9 y 10 del artículo 164 de la Constitución, que asignan competencia a los Estados en materia de "la conservación, administración y aprovechamiento de carreteras y autopistas nacionales, así como de puertos y aeropuertos de uso comercial, en coordinación con el Ejecutivo Nacional."[535] Dicha la reforma constitucional propuesta, a pesar de haber sido sancionada por la Asamblea Nacional en noviembre de 2007, fue rechazada por el pueblo en el referendo de diciembre de 2007,[536] por lo que la competencia de los Estados establecida en el referido artículo 164.10 quedó sin modificación, sin que exista duda alguna sobre su redacción o sentido, cuando atribuye expresamente a los Estados competencia "exclusiva" para conservar, administrar y aprovechar las carreteras y autopistas nacionales, así como puertos y aeropuertos de uso comercial, en coordinación con el Poder Nacional. Tan clara es la disposición que, precisamente por ello, se buscó reformarla mediante la rechazada reforma constitucional.

---

533 El documento circuló en junio de 2007 con el título "Consejo Presidencial para la Reforma de la Constitución de la República Bolivariana de Venezuela, "Modificaciones propuestas". El texto completo fue publicado como *Proyecto de Reforma Constitucional. Versión atribuida al Consejo Presidencial para la reforma de la Constitución de la República Bolivariana de Venezuela*, Editorial Atenea, Caracas, 1 de julio de 2007. Véase la referencia en Allan R. Brewer-Carías, *Hacia la Consolidación de un Estado Socialista, Centralizado, Policial y Militarista. Comentarios sobre el sentido y alcance de las propuestas de reforma constitucional 2007,* Colección Textos Legislativos, Nº 42, Editorial Jurídica Venezolana, Caracas 2007.

534 Véase el documento ya citado: *Proyecto de Exposición de Motivos para la Reforma Constitucional, Presidencia de la República, Proyecto Reforma Constitucional. Propuesta del presidente Hugo Chávez Agosto 2007;* y la publicación *Proyecto de Reforma Constitucional. Elaborado por el ciudadano Presidente de la República Bolivariana de Venezuela, Hugo Chávez Frías* Editorial Atenea, Caracas agosto 2007.

535 Véase Allan R. Brewer-Carías, *La Reforma Constitucional de 2007 (Comentarios al Proyecto Inconstitucionalmente sancionado por la Asamblea Nacional el 2 de Noviembre de 2007),* Colección Textos Legislativos, Nº 43, Editorial Jurídica Venezolana, Caracas 2007, pp. 75 ss.

536 El proyecto de reforma constitucional sólo recibió el voto favorable del 28% de los votantes inscritos en el Registro Electoral. Aún hoy no se conocen los resultados definitivos de la votación en el referendo, pero si sólo se toma en cuenta los resultados anunciados por el Consejo Nacional Electoral el día 2 de diciembre de 2007 en la noche, del un universo de más de 16 millones de electores inscritos, sólo acudieron a votar 9 millones doscientos mil votantes, lo que significó un 44% de abstención; y de los electores que votaron, sólo votaron por aprobar la reforma (voto SI), 4 millones trescientos mil votantes, lo que equivale sólo al 28 % del universo de los electores inscritos en el Registro Electoral o al 49,2% de los electores que fueron a votar. En dicho referendo, por tanto, en realidad, no fue que "triunfó" el voto NO por poco margen, sino que lo que ocurrió fue que la propuesta de reforma fue rechazada por el 72% de los electores inscritos, quienes votaron por el NO (50,7%) o simplemente no acudieron a votar para aprobar la reforma.

Sin embargo, en evidente fraude, tanto a la Constitución como a la voluntad popular, y utilizando a la Sala Constitucional del Tribunal Supremo de Justicia,[537] el Poder Ejecutivo logró burlar la voluntad popular y obtuvo de dicha Sala, respondiendo la solicitud de interpretación que había formulado el Procurador General de la República, antes mencionada, una "interpretación constitucional" contraria a la norma, mediante una ilegítima "mutación constitucional" sin que se reformara formalmente y a través de los mecanismos regulares el texto de la Constitución.[538] Ello ocurrió mediante la sentencia N° 565 de 15 de abril de 2008,[539] en la cual, la Sala Constitucional estableció que la competencia exclusiva antes mencionada que tienen los Estados, ya no era una competencia exclusiva, sino concurrente y sujeta a la voluntad del Ejecutivo Nacional, el cual podría intervenirla y reasumirla, como hizo respecto de todos los aeropuertos. Para dictar la sentencia mencionada, la Jurisdicción Constitucional no sólo desconoció el principio de la supremacía constitucional que se impone a todos los órganos del Estado, incluyendo al juez constitucional, sino que ejerció ilegítimamente su potestad de interpretación de la Constitución para modificarla sin alterar su texto.

Después de una ilegítima "mutación constitucional" de esta naturaleza, realizada mediante una interpretación vinculante que trastocó el orden jurídico, como lo dijo la propia Sala, se "genera una necesaria revisión y modificación de gran alcance y magnitud del sistema legal vigente." Por ello no pudo la Sala Constitucional concluir en otra forma que no fuera advirtiendo "de oficio y por razones de orden público constitucional, ... que el contenido de la presente decisión debe generar una necesaria revisión y modificación del ordenamiento jurídico legal vigente," para lo cual exhortó a la Asamblea Nacional que "proceda a la revisión y correspondiente modificación de la normativa legal vinculada con la interpretación vinculante establecida en la presente decisión[540], en orden a establecer una regulación legal con-

537 Véase Allan R. Brewer-Carías, "El juez constitucional al servicio del autoritarismo y la ilegítima mutación de la Constitución: el caso de la Sala Constitucional del Tribunal Supremo de Justicia de Venezuela (1999-2009)", en *Revista de Administración Pública*, N° 180, Madrid 2009, pp. 383-418.

538 Una mutación constitucional ocurre cuando se modifica el contenido de una norma constitucional de tal forma que aún cuando la misma conserva su contenido, recibe una significación diferente. Véase Salvador O. Nava Gomar, "Interpretación, mutación y reforma de la Constitución. Tres extractos," en Eduardo Ferrer Mac-Gregor (coordinador), *Interpretación Constitucional*, Tomo II, Ed. Porrúa, Universidad Nacional Autónoma de México, México 2005, pp. 804 ss.. Véase en general sobre el tema, Konrad Hesse, "Límites a la mutación constitucional," en *Escritos de derecho constitucional*, Centro de Estudios Constitucionales, Madrid 1992

539 Véase sentencia de la Sala Constitucional No 565 de 15 de Abril de 2008 (Caso *Procuradora General de la República, recurso de interpretación del artículo 164.10 de la Constitución de 1999*), en http://www.tsj.gov.ve/decisiones/scon/Abril/565-150408-07-1108.htm. Véanse los comentarios sobre esta sentencia en Allan R. Brewer-Carías, "La Ilegítima mutación de la Constitución y la Legitimidad de la Jurisdicción Constitucional: La "Reforma" de la forma federal del Estado en Venezuela mediante interpretación constitucional," en *Memoria del X Congreso Iberoamericano de Derecho Constitucional*, Instituto Iberoamericano de Derecho Constitucional, Asociación Peruana de Derecho Constitucional, Instituto de Investigaciones Jurídicas-UNAM y Maestría en Derecho Constitucional-PUCP, IDEMSA, Lima 2009, tomo 1 , pp. 29-51.

540 De ello resulta, según la sentencia, "la necesaria revisión general de la Ley Orgánica de Descentralización, Delimitación y Transferencia de Competencias del Poder Público, Ley General de Puertos y la Ley de Aeronáutica Civil, sin perjuicio de la necesaria consideración de otros textos legales para adecuar su contenido a la vigente interpretación."

gruente con los principios constitucionales y derivada de la interpretación efectuada por esta Sala en ejercicio de sus competencias." Es decir, la Sala conminó al legislador a legislar en contra de la Constitución de 1999, y conforme a una ilegítima modificación constitucional de la misma impuesta por ella misma,[541] por lo que la Asamblea Nacional, siguiendo el mandato de la sentencia de la Sala Constitucional, efectivamente sancionó el 17 de marzo de 2009, una "reforma" parcial de la Ley Orgánica de Descentralización, Delimitación y Transferencia de Competencias del Poder Público,[542] con la cual se modificó el régimen constitucional de la competencia estadal eliminando las competencias exclusivas de los Estados establecidas en los ordinales 3 y 5 del artículo 11 de dicha Ley. Además se agregaron dos nuevas normas en las cuales se dispuso que "el Poder Público Nacional por órgano del Ejecutivo Nacional, podrá revertir por razones estratégicas, de mérito, oportunidad o conveniencia, la transferencia de las competencias concedidas a los estados, para la conservación, administración y aprovechamiento de los bienes o servicios considerados de interés público general, conforme con lo previsto en el ordenamiento jurídico y al instrumento que dio origen a la transferencia" (art. 8); y que "El Ejecutivo Nacional, por órgano del Presidente o Presidenta de la República en Consejo de Ministros, podrá decretar la intervención conforme al ordenamiento jurídico, de bienes y prestaciones de servicios públicos transferidos para su conservación, administración y aprovechamiento, a fin de asegurar a los usuarios, usuarias, consumidores y consumidoras un servicio de calidad en condiciones idóneas y de respeto de los derechos constitucionales, fundamentales para la satisfacción de necesidades públicas de alcance e influencia en diversos aspectos de la sociedad" (art. 9). Con ello se completó el fraude constitucional dispuesto por la Sala Constitucional, trastocándose el régimen federal.

De lo anterior resultó, entonces que la decisión de la Sala Constitucional del Tribunal Supremo N° 155 de fecha 4 de marzo de 2009 poniendo fin al avocamiento, se enmarcó en el contexto de una voluntad expresa y deliberada del Poder Nacional de recuperar para sí la administración y control de los puertos y aeropuertos cuya administración se encontraba conferida exclusivamente y por mandato constitucional a los Estados, Con base en todo ello, por tanto, unas semanas después, el Presidente de la República en Consejo de Ministros dictó el Decreto N° 6.646 de 24 de marzo de 2009,[543] donde se autorizó al Ministro entonces del Poder Popular para las Obras Públicas y Vivienda (Infraestructura, en todo caso), para que constituyera una em-

---

541 En cierta forma ocurrió lo que Néstor Pedro Sagués calificó como una "manipulación interpretativa," que lamentablemente puede conducir a la "perversión" de la Constitución. Véase Néstor Pedro Sagües, *La interpretación judicial de la Constitución*, LexisNexis, Buenos Aires 2006, p. 2. En este caso, lo que ocurrió fue que la Sala Constitucional una vez el por voluntad popular fue rechazada una reforma constitucional (2007), hizo que la norma de la Constitución de 1999 que se quería reformar, en virtud de su sentencia lo que se quería que dijera con la rechaza reforma. Y ello sin posibilidad alguna de control. Véase Allan R. Brewer-Carías, "*Quis Custodiet Ipsos Custodes*: De la interpretación constitucional a la inconstitucionalidad de la interpretación", en *Revista de Derecho Público*, No 105, Editorial Jurídica Venezolana, Caracas 2006, pp. 7-27.

542 Ley Orgánica de Descentralización, Delimitación y Transferencia de Competencias del Poder Público de marzo de 2009, en *Gaceta Oficial* N° 39.140 del 17 de marzo de 2009.

543 Decreto N° 6.646 de 24 de marzo de 2009, en *Gaceta Oficial* N° 39.146 de 25 de marzo de 2009. http://www.pgr.gob.ve/dmdocuments/2009/39146.pdf.

presa del Estado bajo la forma de sociedad anónima, que habría de denominarse "Bolivariana de Aeropuertos", cuyo objeto principal sería "el acondicionamiento, mantenimiento, desarrollo, administración, explotación y aprovechamiento del conjunto de instalaciones, bienes y servicios que comprende la infraestructura aeronáutica civil propiedad de la República Bolivariana de Venezuela." [544] Con ello, en esa misma fecha, el Ejecutivo procedió a revertir al Poder Nacional el manejo de los aeropuertos de los Estados Táchira, Miranda, Zulia, Carabobo, Anzoátegui,[545] con excepción precisamente del Aeropuerto del Estado Nueva Esparta, el cual había sido ya entregado al Poder Ejecutivo Nacional mediante sentencia de la Sala Constitucional del Tribunal Supremo N° 155 de 4 de marzo de 2009.[546]

De todo lo anterior, ante el "avocamiento para no avocarse" de la Sala Constitucional, la única explicación del mismo fue que fue realizado, simplemente, para evitar que los tribunales competentes contencioso-administrativos se pudieran llegar a pronunciar en los juicios de nulidad contra actos administrativos del Estado Nueva Esparta, pudieran ratificar la competencia de los Estados en la materia aeroportuaria, y pudieran eventualmente restituir la concesión a la empresa concesionaria demandante, pudiera seguir administrando el Aeropuerto. A fin de cuentas, en ejecución de una política de Estado, la intención final fue poner al Ejecutivo Nacional, contra la Constitución, en posesión del Aeropuerto, lo que efectivamente hizo la Sala Constitucional sin competencia alguna para ello.

La sentencia N° 155 de 4 de marzo de 2009, en definitiva, privó a ambas partes – al Concesionario y al Estado de Nueva Esparta- de su pretensión de administrar el Aeropuerto, de manera que cuando ambas partes requirieron de la Sala Constitucional que señalara si la entrega de los Aeropuertos al Ejecutivo Nacional era o no una medida cautelar., la Sala emitió una nueva sentencia (aclaratoria) No. 1044 de 23 de julio de 2009, precisando que la referida entrega *estaría supeditada a la resolución*

---

544 Véase Resolución del Ministerio del Poder Popular para las Obras Públicas y Vivienda designando una Comisión de Enlace para la Entrega, Manejo y Control del Aeropuerto Internacional del Caribe "General en Jefe Santiago Mariño", en *Gaceta Oficial* N° 39.143 de 20 de marzo de 2009 en *Gaceta Oficial* N° 39.143 de 20 de marzo de 2009, Acuerdo de la Asamblea Nacional, por el cual se autorizó la "reversión" al Poder Ejecutivo Nacional de los bienes que constituyen la infraestructura de los aeropuertos que allí se mencionan en *Gaceta Oficial* N° 39.145 del 24 de marzo de 2009, en *Gaceta Oficial* N° 39.145 de 24 de marzo de 2009 , Acta constitutiva de la Sociedad Anónima Bolivariana de Aeropuertos (BAER), en *Gaceta Oficial* N° 39.233 de 3 de agosto de 2009 y Resolución que declara la reversión inmediata al Poder Ejecutivo Nacional, por órgano de este Ministerio, de los bienes que conforman la infraestructura aeronáutica civil ubicada en el estado Anzoátegui, así como también las competencias para la conservación, administración y aprovechamiento que sobre los mismos se ejercen, en *Gaceta Oficial* N° 39.342 de 8 de enero de 2010.

545 La sentencia N° 155 de 4 de marzo de 2009, en este aspecto argumentó que "con el fin de garantizar la prestación continua, pacífica e ininterrumpida de los servicios aeroportuarios del Estado Nueva Esparta, y ante la incapacidad de las partes de asumir el control de las instalaciones aeroportuarias, dada la situación de conflictividad que existe entre ellas y que se manifiesta a través de las causas que se encuentran pendientes de resolución; y visto que el Poder Nacional tiene como Máxima Autoridad garantizar la paz social y la preservación del interés general de la colectividad, así como la competencia en la prestación de los servicios públicos, ordena la entrega de las instalaciones aeroportuarias al Ejecutivo Nacional, por órgano del Ministerio del Poder Popular para la Infraestructura[...]

546 Véase sentencia de la Sala Constitucional del Tribunal Supremo N° 155 de 4 de marzo de 2009, en http://www.tsj.gov.ve/decisiones/scon/Marzo/155-4309-2009-08-0864.html.

del juicio contencioso administrativo pendiente. No obstante," debiendo entenderse, en todo caso, que "*los efectos de la sentencia N° 155, del 4 de marzo de 2009, no abarcan las decisiones que el Ejecutivo Nacional pueda dictar en materia de aeropuertos.*" Ello lo que significó fue, en definitiva, que por voluntad de la Sala Constitucional la administración del Aeropuerto estaba supeditada a las decisiones que el Ejecutivo Nacional adoptara, independientemente de las resultas del juicio contencioso administrativo pendiente, y que no habían sido otras que no fuera la reversión general de la administración de todos los aeropuertos de los Estados, y que ya podían considerarse medidas irreversibles. En ese caso del Aeropuerto del Estado Nueva Esparta, anticipándose incluso a la inconstitucional reforma de la Ley Orgánica de Descentralización de 17 de marzo de 2009, fue entonces la sentencia N° 155 de 4 de marzo de 2009 de la Sala Constitucional, la que entregó su manejo y control definitivo al Poder Ejecutivo Nacional para que lo administrara a través del Ministerio del Poder Popular para la Infraestructura. Así, fue la Sala Constitucional la que en definitiva, sin competencia alguna de orden constitucional o legal para ello, procedió a "nacionalizar" el Aeropuerto y entregar sus instalaciones al Poder Ejecutivo Nacional, despojando a la empresa Concesionaria de sus derechos, de manera irreversible, pues evidentemente ejecutó una clara política de Estado definida desde el año 2007 por el Presidente de la República. Ante esta realidad, ningún tribunal ordinario contencioso administrativo parecería que podría tener poder para revertir la entrega del Aeropuerto al Ejecutivo Nacional.

De lo anterior resulta que la actuación de la Sala Constitucional, en este caso, fue esencialmente contraria a la ley y abusiva, al utilizar la figura del avocamiento para conocer de unos procesos para lo cual carecía de competencia, paralizar unos juicios contenciosos administrativos de nulidad, y vaciarlos de contenido y objeto. Indudablemente que el avocamiento está previsto en el ordenamiento jurídico, pero el mismo tiene una limitante esencial, y es que para que la Sala del Tribunal Supremo pueda decidir avocarse al conocimiento de una causa, *tiene que tener competencia material afín a la del tribunal que lleva la causa.*; y tratándose de la Sala Constitucional, sólo puede estar fundamentada en violaciones de principios fundamentales de orden constitucional o en resguardo del orden público constitucional.[547].

SECCIÓN SÉPTIMA:

LA REGULACIÓN DE LA POTESTAD DE AVOCAMIENTO DE LAS SALAS DEL TRIBUNAL SUPREMO DE JUSTICIA EN LA LEY ORGÁNICA DEL TRIBUNAL SUPREMO DE JUSTICIA DE 2010

La orientación establecida en la antes comentada jurisprudencia, y en la Ley Orgánica del Tribunal Supremo de Justicia de 2004, fue recogida en la reforma de la

547 Véase Allan R. Brewer-Carías, "La ilegítima mutación de la constitución por el juez constitucional: la inconstitucional ampliación y modificación de su propia competencia en materia de control de constitucionalidad," en *Libro Homenaje a Josefina Calcaño de Temeltas*. Fundación de Estudios de Derecho Administrativo (FUNEDA), Caracas 2009, pp. 319-362.

Ley Orgánica del Tribunal Supremo de 2010,[548] disponiéndose entre las competencias comunes de todas las Salas del Tribunal Supremo, la posibilidad de solicitar de oficio o a petición de parte ***"en las materias de su respectiva competencia,"*** algún expediente que curse ante otro tribunal, y avocarse al conocimiento del asunto en los casos que disponga la ley (Art. 31.1), para lo cual la Ley Orgánica ha establecido los siguientes principios del procedimiento.

Además, en materia de competencias, también dispuso la Ley Orgánica en su artículo 25.16, la competencia de la Sala Constitucional del Tribunal Supremo de Justicia para:

> "avocar las causas ***en las que se presuma violación al orden público constitucional***, tanto de las otras Salas como de los demás tribunales de la República, siempre que no haya recaído sentencia definitivamente firme."

Ello ya se había establecido en la antes mencionada sentencia N° 566 de 14 de abril de 2004, mediante la cual se había creado esa potestad de la Sala Constitucional, al resolver la sala para justificar su avocamiento respecto de unos juicios contencioso electorales que cursaban ante la Sala Electoral, mediante una "doctrina" que tenía "carácter vinculante,"[549] que:

> "Esta Sala atendiendo a la razonabilidad y ponderación de los hechos suscitados con ocasión de las causas sobre las cuales se ha formulado la presente solicitud, y en aras de preservar la correcta administración de justicia, que conlleva al desarrollo de un proceso donde se *garantice la aplicación de los principios y garantías constitucionales*, visto que se ha producido al menos en un proceso un *desorden procesal* en la Sala Electoral **que atenta contra el Estado de Derecho y la transparencia de la justicia**, juzga pertinente avocarse al conocimiento de las causas señaladas por el solicitante, las cuales resolverá con carácter definitivo. Así se decide."[550]

El procedimiento, en estos casos, se reguló expresamente en el artículo 106 de la Ley Orgánica al precisar:

> "Artículo 106. Cualesquiera de las Salas del Tribunal Supremo de Justicia, **en las materias de su respectiva competencia**, de oficio o a instancia de parte,

---

548 Ley Orgánica del Tribunal Supremo de Justicia, *Gaceta Oficial* N° 39.483 de 9 de agosto de 2010. Sobre dicha Ley orgánica, véanse los comentarios en Allan R. Brewer-Carías, "Introducción General al régimen del Tribunal Supremo de Justicia y de los procesos y procedimientos constitucionales y contencioso electorales," en Allan R. Brewer-Carías y Víctor R. Hernández Mendible, *Ley Orgánica del Tribunal Supremo de Justicia*, Editorial Jurídica Venezolana, Caracas 2010, pp. 7-164

549 Sin embargo, como lo advirtió el Magisrado Rondón Haaz en su Voto Salvado: "El fallo del que se difiere solucionó –en forma por demás desacertada- un caso concreto y analizó la potestad de avocamiento que la Ley Orgánica de la Corte Suprema de Justicia otorga al Tribunal Supremo de Justicia, pero no interpretó el contenido o alcance de norma, principio o valor alguno de rango constitucional, de modo que sus razonamientos para la resolución del caso de autos no gozan del carácter vinculante a que se refiere el artículo 335 de la Constitución de la República Bolivariana de Venezuela, cuya finalidad, como revela el título y capítulo de la Constitución en donde se inserta la norma, es la protección y garantía de la Carta Magna."

550 Véase en http://www.tsj.gov.ve/decisiones/scon/Abril/566-120404-04-0475.htm

con conocimiento sumario de la situación, podrá recabar de cualquier tribunal, en el estado en que se encuentre, cualquier expediente o causa para resolver si la avoca y asume el conocimiento del asunto o, en su defecto, lo asigna a otro tribunal."

La condición legal esencial para que el avocamiento pueda iniciarse, por tanto, es que se trate de una causa que corresponda *a la materia de la competencia* de la Sala respectiva, por lo que legalmente está proscrito que una Sala del Tribunal Supremo se avoque al conocimiento de una causa que corresponde a materias de la competencia de otra Sala del Tribunal Supremo. Como lo ha dicho la Sala Constitucional en la sentencia N° 806 del 24 de abril de 2002 (Caso: *Sintracemento*), "para avocarse al conocimiento de un asunto se requiere del poder de decisión sobre el fondo o mérito de la causa, y ello porque justamente con el avocamiento se deroga la competencia del juez que conoce, basada en causas que lo justifiquen, siempre que el avocante sea también competente."[551] De acuerdo con este principio legal, por tanto, la Sala Constitucional por ejemplo sólo podría avocarse, en principio, del conocimiento de procesos constitucionales, como por ejemplo, de acciones de amparo; competencia que sin embargo se ha ampliado, como antes se dijo, respecto de todo proceso cuando se presuma que en el mismo hay "violación del *orden público constitucional*" (art. 25.16).

Esta atribución debe ser ejercida, como lo indica el artículo 107 de la misma Ley Orgánica:

> "con suma prudencia y sólo en caso de graves desórdenes procesales o de escandalosas violaciones al ordenamiento jurídico que perjudiquen ostensiblemente la imagen del Poder Judicial, la paz pública o la institucionalidad democrática."

Legalmente, por tanto, hay una limitante general expresa de manera que una Sala cualquiera no puede avocarse al conocimiento de una causa que curse ante un tribunal inferior en materias afín a su respectiva competencia, sino como lo indica la norma, en "casos de graves desórdenes procesales" o de "escandalosas violaciones al ordenamiento" siempre que, acumulativamente, perjudiquen "ostensiblemente," primero, "la imagen del Poder Judicial"; segundo, "la paz pública;" tercero, "la decencia," o cuarto, "la institucionalidad democrática."

La Sala respectiva debe examinar las condiciones de admisibilidad del avocamiento, en cuanto que el asunto curse ante algún tribunal de la República, independientemente de su jerarquía y de especialidad o de la etapa o fase procesal en que se encuentre, así como de las irregularidades que se aleguen hayan sido oportunamente reclamadas sin éxito en la instancia a través de los recursos ordinarios (Artículo 108).

Luego de recibir la solicitud, o del auto que ordena proceder de oficio, se abre el procedimiento que tiene dos etapas:

Primero, *la etapa de admisión del avocamiento*, en la cual, con los elementos de que dispone la Sala admite o no el mismo. Si no lo admite, el expediente se archiva,

---

551 Véase en http://www.tsj.gov.ve/decisiones/scon/Abril/806-240402-00-3049.htm

y si decide admitir la solicitud de avocamiento, la Sala debe oficiar al tribunal de instancia, requiriendo el expediente respectivo, y puede ordenar la suspensión inmediata del curso de la causa y la prohibición de realizar cualquier clase de actuación. De acuerdo con el mismo artículo 108, "serán nulos los actos y las diligencias que se dicten en desacato a la suspensión o prohibición que se expida."

Segundo, luego de recibidos los recaudos, viene *la etapa de la decisión sobre el avocamiento*, en la cual la Sala debe decidir si se avoca o no al conocimiento del asunto, o con más precisión, como dice el artículo 106 de la ley Orgánica, "si se avoca y asume el conocimiento del asunto o, en su defecto, lo asigna a otro tribunal." En el primer caso, si la Sala se avoca, es para asumir directamente el conocimiento del asunto y decidir el juicio mediante sentencia definitiva; y en el segundo caso, en el supuesto de que decida no avocarse, conforme al mismo artículo 109, debe asignarlo a otro tribunal, o más precisamente, debe "ordenar la remisión del expediente para la continuación del proceso o de los procesos en otro tribunal competente por la materia." En ambos casos, sea que decida asumir la causa o decida no asumirla y remitirla a otro tribunal, la Sala respectiva tiene competencia para "decretar la nulidad y subsiguiente reposición del juicio al estado que tenga pertinencia, o decretar la nulidad de alguno o algunos de los actos de los procesos [...], así como adoptar cualquier medida legal que estime idónea para restablecer el orden jurídico infringido" (Art. 109).

Lo más importante de esta facultad excepcional de las Salas del Tribunal Supremo de Venezuela, que rompe ostensiblemente el orden procesal, y atenta contra el derecho convencional a la doble instancia, es que, en todo caso, para que una Sala del Tribunal Supremo se avoque al conocimiento de una causa que cursa ante otro tribunal, tiene que tratarse de un tribunal *con competencia afín a la competencia natural de la Sala*, de manera que esta sólo puede avocarse, como lo dice el artículo 106, "en las materias de su respectiva competencia," no procediendo el avocamiento, en consecuencia, cuando se trata de materias ajenas a su respectiva competencia de la Sala en cuestión. Por ello el articulo dispone que "la sentencia sobre el avocamiento *la dictará la Sala competente*," y no otra, que fue precisamente lo resuelto inicialmente por la Sala Constitucional, como se ha indicado, en la sentencia N° 806 del 24 de abril de 2002 (caso: *Sintracemento*), al precisar que la potestad de avocamiento correspondía a todas las Salas "*en atención a la competencia material que tienen atribuidas.*"

Por otra parte, debe indicarse, que esta potestad de avocamiento de las Salas del Tribunal Supremo, incluyendo la Sala Constitucional, sólo permite a la Sala respectiva, en la sentencia sobre avocamiento, tomar la decisión de avocarse y entrar directamente al conocimiento de la causa, o de no avocarse y remitir el expediente a otro tribunal competente de instancia. Es decir, tanto la norma del artículo 18 de la Ley Orgánica de 2004 como las de los artículos 106 y siguientes de la ley Orgánica de 2010, establecen dos únicas fases procesales para el avocamiento: la admisión del avocamiento y la decisión de avocarse o no avocarse. Al "admitirse" una solicitud de avocamiento –o al decidirse de oficio la apertura del procedimiento-, el Tribunal Supremo oficia al tribunal que conoce de la causa, requiriéndole el expediente respectivo, y puede además ordenar la suspensión inmediata del curso de la causa y la prohibición de realizar cualquier clase de actuación. Con el expediente en la mano, pasa la Sala del Tribunal Supremo *avocante* a examinar las condiciones concurrentes de procedencia, para resolver **si se avoca, y directamente asume el conocimiento del asunto** o, en su defecto –es decir, si no se avoca, **lo asigna a otro tribunal**. En esa sentencia de avocamiento, en todo caso, la Sala competente puede "decretar la nulidad y subsiguiente reposición del juicio al estado que tiene pertinencia, o decretar la nulidad de alguno o algunos de los actos de los procesos [...], así como adoptar cualquier medida legal que estime idónea para restablecer el orden jurídico infringido;" y en el último caso (decisión de no avocarse), puede "ordenar la remisión del expediente para la continuación del proceso o de los procesos **en otro tribunal competente por la materia**."

En tal sentido, por ejemplo, el profesor Román José Duque Corredor, ha expresado sobre la facultad de avocamiento que la Sala Constitucional ha sido del criterio de que:

> "esta potestad reviste carácter extraordinario porque altera las garantías del juez natural y del doble grado de jurisdicción, por lo que ha de darse estricto cumplimiento al contenido del artículo 18 de la Ley Orgánica del Tribunal Supremo de Justicia, en cuanto a su ejercicio por la Salas de dicho Tribunal; En este orden de ideas, vale la pena señalar que según la norma citada, (...) el legislador circunscribió su ejercicio a la posibilidad de: (1) de asumir "*el conocimiento del asunto*", con lo cual la respectiva Sala decide el fondo del asunto planteado". O, (2) *"decretar la nulidad y subsiguiente reposición del juicio al estado que tiene pertinencia, o decretar la nulidad de alguno o algunos de los actos de los procesos, u ordenar la remisión del expediente para la continuación del proceso o de los procesos en otro tribunal competente por la materia, así como adoptar cualquier medida legal que estime idónea para restablecer el orden jurídico infringido"*; supuestos en los cuales es posible que la causa pueda ser objeto de revisión por los tribunales de instancia nuevamente". [552]

De ello resulta que el avocamiento no consiste en el sentido de que la Sala primero decide avocarse al conocimiento de una causa, para luego decidir si la remite a otro tribunal. El procedimiento en realidad, en líneas generales sigue el siguiente *iter* procesal: (i) Solicitud ante el Tribunal Supremo; (ii) Decisión de recabar el expediente o causa; (iii) Decisión sobre admisión de la solicitud de avocamiento; (iv) Decisión sobre avocamiento en el sentido de resolver si se avoca o no se avoca. Si el Tribunal Supremo decide avocarse, es para avocarse, no para remitirlo a otro tribunal. Esto puede ocurrir sólo si la decisión del Tribunal Supremo es de no avocarse, en cuyo caso, sin embargo, no debe remitir la causa al mismo tribunal. sino ordenar que el proceso continúe en otro tribunal competente en la materia, como lo reguló luego la Ley Orgánica del Tribunal Supremo de Justicia en 2010 (art. 109).

---

552 Véase Román José Duque Corredor, *Límites constitucionales a la facultad de avocamiento y debido razonamiento de las sentencias,* en http://acienpol.org.ve/cmacien-pol/Resources/SentenciasCIJ/Limites%20constitucionales%20de%20la%20facultad%20del%20avocamiento%20y%20el%20debido%20razonamiento%20de%20las%20sentencias.pdf.

SECCIÓN OCTAVA:

EL EJERCICIO DE LA POTESTAD DE AVOCAMIENTO POR LA SALA CONSTITUCIONAL PARA USURPAR LA FUNCIÓN LEGISLATIVA, SUBVERTIR EL ORDEN JURÍDICO EN PROCESOS PENALES, Y EJERCER EL CONTROL DIFUSO DE INCONSTITUCIONALIDAD SIN APLICAR PREFERENTEMENTE NORMA CONSTITUCIONAL ALGUNA

La potestad de avocamiento en manos de la Sala Constitucional, habiendo sido construida jurisprudencialmente por la propia Sala Constitucional, y luego formalizada en la Ley Orgánica del Tribunal Supremo de 2004 y en la reforma de 2010, por supuesto, ha sido un poderosísimo instrumento para garantizar los principios constitucionales y corregir procesos en los que se ha cometido alguna inconstitucionalidad, pero a la vez ha sido un instrumento que ha servido para la subversión del orden jurídico por la propia Sala Constitucional, como sucedió en 2011, al haber ordenado, previo avocamiento, la desaplicación general de normas vigentes, aplicando en su lugar, no la Constitución, sino otras normas legales pero derogadas, es decir, ante la imposibilidad de ordenaren un proceso la aplicación retroactiva de una ley penal más gravosa a la libertad, logró ilegítimamente el mismo resultado, ordenando aplicar una ley derogada que también era mas gravosa a la libertad, reviviéndola mediante la desaplicación de la ley vigente más favorables aplicable al caso, por vía de un supuesto control difuso de la constitucionalidad, pero con efectos *erga omnes*, sin embargo, sin aplicar "preferentemente" norma constitucional alguna.

Ello fue lo que ocurrió, efectivamente, después de que la Sala Constitucional se avocó al conocimiento de una causa penal que cursaba ante la Sala Penal del mismo Tribunal Supremo, al dictar la sentencia N° 794 de 27 de mayo de 2011,[553] en la cual resolvió con "carácter vinculante para todos los tribunales de la República, incluso para las demás Salas del Tribunal Supremo de Justicia:"

> PRIMERO: "desaplicar por control difuso de la constitucionalidad el artículo 213 de la Ley de Instituciones del Sector Bancario, publicada en la *Gaceta Oficial* N° 6.015 extraordinario, del 28 de diciembre de 2010;" y
>
> SEGUNDO, "la aplicación de la norma contenida en el artículo 432 de la Ley General de Bancos y otras Instituciones Financieras publicado en la *Gaceta Oficial* N° 5.892, del 31 de julio de 2008 [que estaba derogada], y en el resto de los supuestos -actuaciones-, la aplicable al momento de la comisión del delito, atendiendo a los principios de temporalidad de la ley penal."

---

553 Caso: *Avocamiento procesos penales sobre delitos bancarios*. Véase en http://www.tsj.gov.ve:80/decisiones/scon/mayo/11-0439-27511-2011-794.html . Véase los comentarios en Allan R. Brewer-Carías, "El Juez Constitucional vs..el orden jurídico, al ordenar la desaplicación general de normas aplicables y la aplicación, en su lugar, de normas derogadas (O cómo el Juez Constitucional, ante la imposibilidad de ordenar la aplicación retroactiva de una ley penal más gravosa a la libertad, logró ilegítimamente el mismo resultado, ordenando aplicar una ley derogada que también era mas gravosa a la libertad, mediante la desaplicación por vía de control difuso pero con efectos *erga omnes*, de la ley más favorables aplicable al caso)," en *Revista de Derecho Público* N° 127, julio-septiembre 2011, Editorial Jurídica Venezolana, Caracas 2011, pp. 183-200.

En ese caso, la Ley de Instituciones del Sector Bancario de diciembre de 2010 había despenalizado unos hechos en relación con la apropiación y distracción de recursos en materia bancaria, reformando la previsión de la Ley General de bancos de julio de 2008 que en cambio los penalizaba. Con esta sentencia, como se comenta al final, la Sala Constitucional del Tribunal Supremo (i) utilizó en forma ilegítima la figura del avocamiento para fines distintos a los que fundamentan esa excepcional figura procesal, con el objeto de (ii) distorsionar y utilizar en forma ilegítima tanto el método de control difuso de la constitucionalidad de las leyes, para fines distintos al establecido en la Constitución y en el Código Orgánico Procesal Penal, como (iii) el control de constitucionalidad de las leyes, para usurpar la función legislativa, e impedirle al legislador realizar con libertad constitucional la política legislativa; resolviendo finalmente (iv) en abierta violación del principio constitucional del "*in dubio pro reo*" que establece el artículo 24 del Texto Fundamental, disponer la inaplicabilidad general de una ley aplicable que beneficiaba a los procesados, y al mismo tiempo ordenar que fuese aplicada una ley ya derogada que los perjudicaba, y que fue ilegítimamente revivida.

La sentencia tuvo su origen en una solicitud formulada el día 29 de marzo de 2011, tres semanas después de que se publicara una nueva reforma parcial de la Ley de Instituciones del Sector Bancario,[554] por unos Fiscales del Ministerio Público en la cual requirieron de la Sala Constitucional del Tribunal Supremo de Justicia, que se avocara al conocimiento de unas causas que la Sala de Casación Penal del mismo Tribunal, las cuales a su vez, de oficio, había solicitado en avocamiento pues cursaban ante tribunales del Circuito Judicial Penal del Área Metropolitana de Caracas, y que se seguían a unos ciudadanos por delitos bancarios conforme a las previsiones del artículo 432 de Ley General de Bancos y Otras Instituciones Financiera de 2008,[555] que había sido la Ley conforme a la cual los Fiscales habían presentado la acusación.

Dicho artículo 432 de la Ley General de 2008, sobre "Apropiación o Distracción de Recursos," disponía lo siguiente:

> "Artículo 432. Los miembros de la junta administradora, directores, administradores, funcionarios o empleados de un banco, entidad de ahorro y préstamo, institución financiera o casa de cambio que se apropien o distraigan en provecho propio o de un tercero, los recursos del banco, entidad de ahorro y préstamo, institución financiera o casa de cambio, cuyo depósito, recaudación, administración o custodia tengan por razón de su cargo o funciones, serán penados con prisión de ocho (8) a diez (10) años".

Posteriormente, en 2010, la Ley General de Bancos fue reformada, sustituyéndose por la Ley de Instituciones del Sector Bancario[556] que incidió en el texto del antes mencionado artículo 432, sobre "apropiación o distracción de recursos," que pasó a ser el artículo 213, con el siguiente texto:

---

554 *Gaceta Oficial* N° 39.527 del 02 de marzo de 2011.

555 *Gaceta Oficial Extra*. N° 5892 del 31 de julio de 2008.

556 *Gaceta Oficial Extra*. N° 6.015 de 28 de diciembre de 2010.

> "Artículo 213. Quienes con la intención de defraudar a una institución del sector bancario y a los efectos de celebrar operaciones bancarias, financieras, crediticias o cambiarías, presenten, entreguen o suscriban, balances, estados financieros, y en general, documentos o recaudos de cualquier clase que resulten ser falsos, adulterados o forjados, o que contengan información o datos que no reflejen razonablemente su verdadera situación financiera, serán penados con prisión de diez a quince años y con multa igual al cien por ciento (100%) del monto total distraído.
>
> Con la misma pena serán castigadas, las personas naturales que señala el artículo 186 de la presente Ley, de las instituciones sometidas al control de la Superintendencia de las Instituciones del Sector Bancario, que conociendo la falsedad de los documentos o recaudos antes mencionados aprueben las referidas operaciones."

Posteriormente, como lo indicaron los Fiscales solicitantes del avocamiento, la Ley de Instituciones del Sector Bancario fue reformada de nuevo en marzo de 2011, publicada solo unos días antes de la solicitud, y con la misma -dijeron los Fiscales- "se retorna a la descripción históricamente consagrada en el ordenamiento jurídico venezolano, tal y como se evidencia del contenido del artículo 216, quedando en dicho dispositivo, sobre "Apropiación o distracción de recursos. Información falsa para realizar operaciones bancarias," claramente descrita la conducta punible," en los términos siguientes:

> "Artículo 216. Las personas naturales señaladas en el artículo 186 de la presente Ley, que se apropien o distraigan en provecho propio o de un tercero los recursos de las Instituciones del Sector Bancario regulado por la presente Ley, cuyo depósito, recaudación, administración o custodia tengan por razón de su cargo o funciones, serán penados con prisión de diez (10) a quince (15) años, y con multa igual al cien (*sic*) por ciento (100%) del monto total de lo apropiado o distraído. Con la misma pena será sancionado el tercero que haya obtenido el provecho con ocasión de la acción ilícita descrita en la presente norma. Quienes con la intención de defraudar a una institución del sector bancario y a los efectos de celebrar operaciones bancarias, financieras, crediticias o cambiarias, presenten, entreguen o suscriban, balances, estados financieros, y en general, documentos o recaudos de cualquier clase que resulten ser falsos, adulterados o forjados, o que contengan información o datos que no reflejen razonablemente su verdadera situación financiera, serán penados con prisión de diez a quince años y multa igual al cien (*sic*) por ciento (100%) del monto total distraído. Con la misma pena serán castigadas, las personas naturales que señala el artículo 186 de la presente Ley, de las instituciones del Sector Bancario, que conociendo la falsedad de los documentos o recaudos antes mencionados aprueben las referidas operaciones."

De esta secuela de textos legales, lo que es claro es que en el artículo 432 de la Ley General de Bancos de 2008 vigente al momento de la acusación penal en los casos concretos procesados en las causas, contenía unos determinados hechos como punibles de delitos bancarios; que en cambio el artículo 213 de la reforma de la Ley General de Bancos de 2010, aún cuando conservando el mismo acápite del artículo, despenalizó varios de dichos mismos hechos; y que con la nueva reforma de la Ley de Instituciones del Sector Bancario de 2011, se volvieron a penalizar los hechos, volviéndose a lo que los Fiscales solicitantes llamaron la descripción "histórica" que tenía del artículo 432 de la Ley de 2008.

De lo anterior se deduce entonces que durante un período preciso de tiempo de algo más de dos meses, entre el 20 de diciembre de 2010 y el 2 de marzo de 2011, determinados hechos relativos a actividades bancarias quedaron completamente despenalizados. Ello implicaba que en ese período de tiempo, por voluntad del legislador, no podían iniciarse nuevas causas penales por "delitos bancarios" que pudieran tener su origen en los hechos despenalizados. Y ello, precisamente, es lo que explica la extraña solicitud de avocamiento formulada ante la Sala Constitucional respecto de causas penales que a la vez habían sido solicitadas en avocamiento de oficio por la Sala de Casación Penal del Tribunal Supremo. La solicitud de avocamiento planteada ante la Sala Constitucional no sólo no estaba basada en ninguna situación grave subversión del orden procesal o de violación del debido proceso, sino tampoco como lo exige la Ley Orgánica del Tribunal Supremo en ninguna razón de *presunción alguna de violación al orden público constitucional* (art. 25.16), sino simplemente en que los Fiscales del Ministerio Público consideraron que "en virtud de la vigencia sucesiva de Leyes Penales," y si bien los artículos de la Ley de 2008 y la de la reforma de 2010 se referían "al delito de 'apropiación o distracción de recursos de instituciones financieras, cuyo *nomen iuris* conserva intacto el de la ley precedente," sin embargo, -dijeron- la última norma "incurre en una confusa descripción de dicho tipo penal." En el argumento, por tanto, no había ninguna ,motivación que apuntara a la violación de principios constitucionales o del orden público constitucional, y más bien según los Fiscales, del contenido de la norma del artículo 213 de la Ley de 2010 lo que se derivaría era que

> "la descripción de las acciones que se reputan como típicamente perseguibles a título de apropiación o distracción, no parecieran guardar estrecha relación con la voluntad legislativa que quedó expresada en el *referido nomen iuris*. Es decir, no contemplan de forma adecuada y univoca tales conductas (distraer o apropiarse), situación que ha generado una evidente confusión respecto a la adecuación de tales hechos, los cuales son a todas luces lesivos del orden socioeconómico y de significativa relevancia en el derecho penal económico."

Consideraron entonces los Fiscales que la Sala Constitucional era "la única cuyas competencias pudieran abarcar integralmente tal asunto, y darle una solución cónsona con el marco constitucional vigente."

Cual era la relación de tales argumentos y de la solicitud de avocamiento, con los casos concretos que cursaban en sendas causas penales por delitos cometidos bajo la vigencia de la Ley de 2008, que se despenalizaron por algo más de dos meses, entre el 28 de diciembre de 2010 y el 2 de marzo de 2011 cuando se volvieron a penalizar, sin embargo, es un misterio, salvo que con ello lo que se pretendiera fuera convertir en hechos punibles hechos cometidos durante el breve período señalado, cuando no eran punibles porque habían sido legalmente despenalizados.

Ello lo hizo la Sala Constitucional al avocarse al conocimiento del asunto, decidir la desaplicación del artículo 213 de la de Instituciones del Sector Bancario de 2010, con carácter *erga omnes*, y ordenar la aplicación del artículo 432 de la derogada Ley General de Bancos de 2008 para, a renglón seguido, ordenar devolver los autos a la Sala de Casación Penal para que continuara conociendo de los asuntos de los cuales a su vez se había avocado, y no había llegado a conocer.

Para el logro de este despropósito, en una extensa sentencia de 155 páginas[557] la Sala Constitucional se dispuso a

> "determinar si del contenido del artículo 213 de la Ley de Instituciones del Sector Bancario (*G.O.* N° 6.015 extraordinario, del 28 de diciembre de 2010), puede derivarse una despenalización de la conducta delictiva calificada como apropiación o distracción de recursos, lo que afectaría no sólo el curso del presente proceso, sino además incidiría en el desarrollo de la actividad bancaria y, en la eficacia y vigencia de las normas constitucionales que informan ese sector de la economía."

Para ello, la Sala entró a fijar "el marco teórico para poder juzgar el caso concreto," para lo cual entró a precisar

> "el régimen jurídico estatutario de derecho público aplicable al sector bancario, desde el ángulo del Estado Social de Derecho que determina la interpretación del sistema económico consagrado en la Constitución de la República Bolivariana de Venezuela y, de los cimientos históricos y económicos que dieron origen a la actual regulación penal vinculada con la normativa que rige la denominada actividad bancaria o financiera, que se sistematiza en términos generales en la creación, funcionamiento y liquidación de las instituciones que son autorizadas para la captación, manejo, aprovechamiento y la inversión del ahorro."

La Sala Constitucional entonces pasó a analizar el sistema de la Constitución económica, y en particular, la relación entre los valores esenciales de la libertad de empresa y de la regulación económica, y del derecho de propiedad y de su limitación legal, considerando que ninguno de ellos se puede erigir "como un valor absoluto, propenso a avasallar a cualquier otro que se le interponga," debiendo al contrario convivir armoniosamente, de manera que "las exigencias de cada uno de ellos, no sean asumidas con carácter rígido o dogmático, sino con la suficiente flexibilidad para posibilitar su concordancia." En definitiva, concluyó la Sala constatando que ni la libertad económica ni el derecho de propiedad eran derechos absolutos, y que "como casi todo derecho -a excepción de los derechos a la vida y a la integridad- conocen excepciones o limitaciones" que el legislador puede establecer siempre actuando "bajo el principio de racionalidad o de no arbitrariedad."

En este contexto normativo la Sala pasó a abordar el desarrollo de las normas que regulan la actividad bancaria, considerando al sistema financiero como una actividad que en relación con sus usuarios es de eminente interés público, sometida al principio de justicia social, de manera que al regulársela "no sólo se garantiza la tutela de los derechos de los titulares de la actividad económica sino de los usuarios

---

557 Véase en http://www.tsj.gov.ve:80/decisiones/scon/mayo/11-0439-27511-2011-794.html Véase igualmente en *Revista de Derecho Público* N° 127, julio-septiembre 2011, Editorial Jurídica Venezolana, Caracas 2011, pp. 183-200;

del mismo." Consideró, además, como una manifestación propia de la actividad normativa del Estado, la relativa al ámbito penal, de manera que la pena tenga la función de prevención de los hechos (delitos) que atenten contra los bienes protegidos," siendo "la tipificación del delito y la fijación de la pena, parte de la política o discrecionalidad legislativa." Por ello, consideró la Sala, que:

> "en principio el legislador puede establecer o eliminar figuras delictivas, graduar las penas aplicables, determinar el género o la extensión de éstas, bajo criterios de atenuación o agravación de las conductas penalizadas, todo de conformidad con la valoración, examen y ponderación que se efectúe en torno de los fenómenos sociales y del grado de daño que ciertos comportamiento puedan a causar o llegar a causar en la sociedad.

El siguiente paso que tomó la Sala, en su análisis, se refirió al artículo 114 de la Constitución que dispone que "El ilícito económico, la especulación, el acaparamiento, la usura, la cartelización y otros delitos conexos, serán penados severamente de acuerdo con la ley," deduciendo de su texto que el mismo impone al Legislador:

> "un conjunto de limitaciones para el ejercicio de la función legislativa, pero a la vez, comporta un parámetro interpretativo, para el juez en el análisis de la legislación penal en la materia, que debe ponderarse con otros principios aplicables a la legislación penal como los derechos fundamentales referidos a la irretroactividad de la ley, debido proceso, el principio de tipicidad entre otros."

En particular, en cuanto a la penalización de actividades desarrolladas en el marco del sector bancario, consideró la Sala que las mismas responden a:

> "la necesidad el Estado de reaccionar ante hechos punibles cometidos por personas en una especial circunstancia de poder o estatus económico, en un ámbito en el cual las partes que integran el sistema actúan de buena fe, abusan de su posición, en detrimento de los débiles jurídicos tutelados por el ordenamiento jurídico bien sea en provecho propio o de terceros."

De allí dedujo la Sala que la primera aproximación al cumplimiento del contenido del artículo 114 de la Constitución

> "es la obligación del legislador de evitar groseras o escandalosas lagunas de punibilidad, que deberá llenar con la creación de delitos nuevos, perfeccionando los existentes mediante la delimitación de conductas que difícilmente puedan ser sancionadas con los delitos ya existentes, pero que afectan un bien jurídico determinado que requiere de una tipificación de los comportamientos que puedan ponerlo en peligro o lesionarlo."[558]

En este marco, fue precisamente que la Sala pasó a efectuar la interpretación del contenido y alcance de la norma contenida en el artículo 213 de la Ley de Instituciones del Sector Bancario de diciembre de 2010, teniendo presente "la necesidad de provocar una reacción total de los valores, principios y derechos constitucionales,

---

558 Véase en http://www.tsj.gov.ve:80/decisiones/scon/mayo/11-0439-27511-2011-794.html Véase igualmente en *Revista de Derecho Público* N° 127, julio-septiembre 2011, Editorial Jurídica Venezolana, Caracas 2011, pp. 183-200.

que permee o alcance todos los ámbitos del ordenamiento jurídico y, permita forjar una resolución de fondo acorde con los principios de la Constitución de la República Bolivariana de Venezuela, para el caso en el cual se avoca." Para ello, la Sala Constitucional pasó revista histórica, en Venezuela y en el derecho comparado, al régimen y evolución de la legislación en materia de bancos, desde el derecho romano y los tiempos medievales, hasta los tiempos modernos, con particular referencia a los casos de Estados Unidos, México y Venezuela, constatando el carácter expansivo de la intervención estatal en sector bancario y financiero, con especial énfasis (i) en la regulación de la idoneidad de los sujetos a cargo de las actividades en el sector (los banqueros); (ii) en la regulación sobre el desarrollo la actividad bancaria para entre otros aspectos, defender los intereses de la sociedad en general y, de los usuarios de la banca en particular; (iii) en la regulación sobre el control de la actividad bancaria y las sanciones como consecuencia del incumplimiento de la normativa estatutaria correspondiente; y (iv) en la regulación de las sanciones y los delitos bancarios, para lo cual la Sala destacó que "la mayor injerencia en la regulación, control, supervisión y medidas de saneamiento del sistema bancario, se ha manifestado proporcionalmente en materia sanciones administrativas y delitos" extendiendo la responsabilidad de las personas naturales o jurídicas involucradas.

Con base en ello, pasó entonces la Sala Constitucional a determinar si del contenido del artículo 213 de la Ley de Instituciones del Sector Bancario de diciembre de 2010,[559] podía derivarse una despenalización de la conducta delictiva calificada como apropiación o distracción de recursos, que pudiera afectar el curso del proceso penal a cuyo conocimiento se había avocado la Sala.

Para ello, la Sala advirtió de entrada que "la apropiación o distracción como *nomen iuris* en el derecho penal económico, se inscribe en el marco de lo que en el derecho penal general se ha regulado bajo la calificación de apropiación indebida calificada" regulado en Venezuela desde 1873, en los artículo 466 y 468 del Código Penal. En este tipo delictivo, dijo la Sala, el bien jurídico tutelado es la propiedad, agravándose el delito por ejemplo, cuando la persona que recibe la cosa para restituirla o para hacer de ella un uso determinado, como un banquero, corredor, cajero o cobrador de una empresa.

Dicho delito especial vinculado a la actividad bancaria, se estableció por primera vez en la Ley General de Bancos y Otras Instituciones Financieras de 1993, en una norma que se mantuvo en la legislación bancaria en la reforma de la Ley General de Bancos y Otras Instituciones Financieras publicada de 2001,[560] en cuyo artículo 432, conforme lo apreció la Sala, se "delimitó de forma más precisa, a los sujetos activos en la comisión del delito de apropiación o distracción de recursos, incluyéndose a los funcionarios de un banco, entidad de ahorro y préstamo, institución financiera o casa de cambio." La norma se conservó en la reforma de la Ley General de Bancos y otras Instituciones Financieras, de julio de 2008, en el texto que se transcribió anteriormente, así como en las reformas de la misma Ley General de diciembre de 2009;[561] y de 19 de agosto de 2010 (art. 396).[562]

559 *Gaceta Oficial* N° 6.015 extraordinario, del 28 de diciembre de 2010.

560 *Gaceta Oficial* N° 5.555 del 13 de noviembre de 2001.

561 *Gaceta Oficial* N° 5.947 extraordinario del 23 de diciembre de 2009.

De todas esas normas, la Sala dedujo que resultaba "claro un desarrollo histórico normativo que, a la par de las crisis financieras," habían quedado sometidas bajo su ámbito de vigencia temporal, potenciando el incremento de las penas aplicables y el mantenimiento del *nomen iuris."* La Sala constató, incluso, que en la entonces vigente (para el momento de la sentencia) Ley de Instituciones del Sector Bancario de marzo de 2011,[563] la norma establecía una regulación similar (art. 216).

Fue entonces en este contexto normativo, que la Sala pasó a abordar el tema del contenido y alcance del artículo 213 de la Ley de Instituciones del Sector Bancario de diciembre de 2010 que, como se dijo, establece igualmente el delito de "Apropiación o distracción de recursos," pero con otra redacción, como antes se transcribió. Para ello, la Sala Constitucional pasó a destacar la importancia del principio de la legalidad en materia sancionatoria, así como la garantía *nullum crimen nulla poena sine lege*, citando una importante sentencia de la propia Sala N° 490 de 12 de abril de 2011, en la cual concluyó con carácter vinculante que:

> "El principio de legalidad, en su formulación más general se traduce en la sujeción a la Ley, ante todo de la sujeción del Poder Público al Derecho, razón la que, p. ej., ese Poder no está legitimado para perseguir y sancionar a una persona por un comportamiento que la Ley no asocia a una sanción para el momento del hecho, y, por argumento en contrario, tampoco puede desconocer y no aplicar (a menos que la estime inconstitucional y la desaplique en ejercicio del control difuso de la constitucionalidad) una norma jurídica que sí está prevista en el ordenamiento jurídico.
>
> Sólo el o los órganos a los cuales el Texto Constitucional le otorga la potestad de crear leyes están legitimados para crear otras que las deroguen y tal atribución no radica en la Sala de Casación Penal ni en ningún otro ente del Poder Judicial, si no, ante todo, en la Asamblea Nacional, tal como se indicó en el criterio plasmado anteriormente.
>
> Así como 'Ningún magistrado (...) puede con justicia decretar a su voluntad penas contra otro individuo', ese funcionario tampoco puede desconocer delitos y penas que sí dispone la Ley.
>
> En tal sentido, de lo precedentemente expuesto se desprende que no sólo viola el principio de legalidad y, por ende, el debido proceso (artículo 49.6 constitucional) y la tutela judicial efectiva (artículo 26 *eiusdem*) reconocer la existencia de una norma que realmente no está prevista en el ordenamiento jurídico, sino también desconocer una norma jurídica que sí forma parte de él ...".[564]

Pero a pesar de tan clara doctrina vinculante, en los párrafos siguientes de la sentencia, la Sala Constitucional pasó a desconocerla, y mediante la construcción de una teoría de la interpretación jurídica a la medida, pasó a "desconocer delitos y

562 *Gaceta Oficial* N° 39.491 del 19 de agosto de 2010.

563 *Gaceta Oficial* N° 39.627 del 02 de marzo de 2011.

564 Dictada en una revisión de sentencia. Véase en http://www.tsj.gov.ve/decisiones/scon/Abril/490-12411-2011-10-0681.html.

penas" que sí disponía la ley," y por vía de control difuso, pasó a "decretar a su voluntad penas contra otro individuo" ignorando lo que recién había afirmado de que sólo la Asamblea Nacional tiene la "potestad de crear leyes" siendo la única " legitimada para crear otras que las deroguen," no estando dicha atribución en órgano alguno del "Poder Judicial."

Partiendo del fin que debe tener toda ley, conforme al artículo 4 del Código Civil en relación con la intención del legislador, consideró la Sala que para la interpretación de la norma resultaba siempre aplicable el elemento teleológico o finalista, vinculado a los principios y valores constitucionales, fijando el criterio de que "en materia de delitos económicos la discrecionalidad del legislador penal, no es tan amplia como en otros ámbitos" de manera que dado el contenido del artículo 114 de la Constitución antes señalado donde se hace referencia a los ilícitos económicos, en concordancia con los artículos 2, 112, 299 y 308 del Texto Fundamental, ello según la Sala "permite afirmar con mayor claridad que el control de la actividad legislativa por esta Sala, pueda y deba corregir la protección deficiente de los derechos y, en general de los imperativos Constitucionales."

Es decir, ni más ni menos, la Sala se erigió en órgano corrector o reformador de leyes cuando estime que han establecido una "protección deficiente" a los "imperativos constitucionales" que ella misma deduce. Por ello, la Sala pasó de inmediato a declarar o a aclarar que:

> "Ello no comporta que esta Sala, en base a tales postulados, pueda afirmarse como un legislador en materia penal y crear tipos penales, no establecidos en el ordenamiento jurídico, siendo evidente en tales casos, un vicio de inconstitucionalidad, causado por una obvia usurpación de funciones de acuerdo con el artículo 138 de la Constitución, pero sí permite que la Sala en su labor interpretativa del ordenamiento jurídico, en el marco del principio de conservación de los actos, deba con los elementos contenidos en la propia norma penal, aclarar el contenido y alcance de la misma en orden a garantizar que el Derecho esté al servicio de la convivencia, del desarrollo y del progreso humano; vale insistir, que la técnica jurídica sea instrumento útil para alcanzar estos propósitos, pero que, en caso de insuficiencia, se imponga la búsqueda de medios adecuados a la satisfacción de la necesidad de hacer justicia."[565]

Pero lo que resultó de su sentencia fue precisamente lo que se pretendió negar, procediendo la Sala a convertirse en "un legislador en materia penal y crear tipos penales, no establecidos en el ordenamiento jurídico," mediante el subterfugio de desaplicar el artículo 213 de la Ley de Instituciones del Sector Bancario de diciembre de 2010, que había despenalizado ciertas conductas bancarias, desconociendo la voluntad del legislador, reviviendo para ello una previsión de una Ley que había sido derogada.

La Sala lo que alegó, usurpando la función del legislador, es que debía "evitar una interpretación que fomente la impunidad y desconozca el contenido mismo de

---

565 Véase en http://www.tsj.gov.ve:80/decisiones/scon/mayo/11-0439-27511-2011-794.html Véase igualmente en *Revista de Derecho Público* N° 127, julio-septiembre 2011, Editorial Jurídica Venezolana, Caracas 2011, pp. 183-200.

los valores, principios y derechos que informan el ordenamiento jurídico," y que entonces, "la denominada apropiación o distracción de recursos, [...] no puede concebirse bajo planos de razonabilidad y justicia como una conducta lícita o permitida por el ordenamiento jurídico." Agregó además, la Sala que siendo la conducta de apropiación o distracción de recursos conductas de naturaleza delictual:

> "cualquier norma que desnaturalice su antijuricidad y el alcance de la tipicidad de las mismas, "legalizaría formalmente" un caos el sistema financiero; una anarquía que imposibilitaría lograr los fines del Estado Social de Derecho y de Justicia, y que vulneraría, en definitiva la dignidad humana individual y colectiva, al afectarse el nivel de vida de la colectividad en los términos antes señalados, en tanto la impunidad de la misma, generaría una crisis sistémica en el sector."

De todo ello, concluyó la Sala deduciendo que el ordenamiento constitucional le imponían como "al juez constitucional, que en ejercicio de su competencia de control de la actividad legislativa, garantice que "El ilícito económico, (...) y otros delitos conexos, serán penados severamente" (artículo 114 *eiusdem*)," lo que implica "no sólo que deban ser tipificadas las conductas delictivas, sino que además sean penadas con mayor severidad;" concluyendo con la afirmación de que:

> "Asumir otra posición interpretativa, resultaría contraria a la naturaleza de los valores, principios y derechos que informan la Constitución, por cuanto en el presente caso se procedería a despenalizar una conducta lesiva *per se* -derivada de la naturaleza de la actividad de intermediación bancaria-, reconocida como tal en el propio texto de la ley, y cuya legalización o deficiente penalización, desconocería el derecho de la sociedad, y de los afectados directa e indirectamente por la presunta apropiación o distracción indebida de recursos imputada, lo que inexorablemente incidiría, como se ha señalado, en el normal desarrollo de la sociedad."

Es decir, a pesar de que la norma del artículo 213 de la Ley de Instituciones del Sector Bancario de diciembre de 2010, efectivamente había despenalizado determinadas conductas bancarias, la Sala, simplemente desconoció dicha decisión del legislador, considerando en definitiva, que aceptarla sería generar "la destrucción o desintegración de la sociedad y, del sistema económico." La Sala Constitucional señaló entonces, en una admonición dirigida al Legislador, que "ningún órgano u ente puede en ejercicio de las competencias que le son atribuidas, afirmar un grado tal de discrecionalidad que le permita aseverar que tiene la opción de actuar en contra de la Constitución, los derechos y las garantías que en ella se consagran," concluyendo entonces que la:

> "norma contenida en el mencionado artículo 213 de la Ley de Instituciones del Sector Bancario, deba ser objeto de una interpretación como parte del régimen normativo de responsabilidad penal en el ordenamiento sectorial bancario, que impide que el sistema legal haga vacuo el contenido el artículo 144 de la Constitución de la República Bolivariana de Venezuela y, por el contrario se dé plena eficacia los principios y derechos contenidos en los artículos 2, 112, 299 y 308 *eiusdem*."

Con base en todo lo anterior, la Sala apuntó sobre el mencionado artículo 213 de la Ley de Instituciones del Sector Bancario de diciembre de 2010, señalando que en el mismo,

> "a pesar de que el legislador reconoció la antijuricidad de la conducta referida a la apropiación o distracción de recursos en materia bancaria, existe una inconsistencia en los elementos que integran la norma penal, que no permite a la aplicación de la misma, (Cfr. Sentencia de la Sala N° 1.466/04), ya que aunado a la calificación propia del tipo penal de apropiación o distracción de recursos enunciados en el *nomen iuris* de la misma, el legislador realiza la descripción normativa de un conjunto de acciones, que en el contexto de una interpretación literal o sistemática de la norma, generan un desorden que la erigen como contradictoria y de imposible entendimiento, que la constituye en una norma contraria al contenido del artículo 114 de la Constitución, en tanto no permite calificar claramente el hecho punible que se corresponde con la pena en ella establecida."

De ello concluyó la Sala afirmando que "el artículo 213 *eiusdem*, es una norma ininteligible y, por lo tanto, contraria al deber de tipificación suficiente contenido en artículo 114 de la Constitución y los principios de racionalidad y no arbitrariedad que deben regir la función legislativa (*Cfr.* Sentencia de esta Sala Nros. 2/09, 1.178/09 y 490/11)," por lo que conforme al artículo 334 de la Constitución, resolvió que:

> "desaplica por control difuso de la constitucionalidad el artículo 213 de la Ley de Instituciones del Sector Bancario, publicada en la *Gaceta Oficial* N° 6.015 extraordinario, del 28 de diciembre de 2010, teniendo el presente fallo carácter vinculante para todos los tribunales de la República, incluso para las demás Salas de este Tribunal Supremo de Justicia (*Cfr.* Sentencia de esta Sala N° 1.380/09)."[566]

Se observa, en este caso, que en forma contraria a los principios que informan el control difuso de la constitucionalidad de las leyes que fijan los efectos de la sentencia con efectos entre las partes del proceso, la Sala Constitucional procedió a darle efectos *erga omnes*, lo que resulta de declarar vinculante la inaplicabilidad de la norma para todos los tribunales.

Sin embargo, era evidente que con la sola desaplicación general de la norma del artículo 213 de la Ley que despenalizaba conductas bancarias, no quedaba resuelta la voluntad de la Sala de, al contrario y en contra de la voluntad del Legislador, llegar a imponer la penalización de la apropiación o distracción de recursos, para lo cual tuvo entonces que pasar a resolver el interrogante de que "frente a la desaplicación se plantea igualmente si la misma debe considerarse como una despenalización del delito de apropiación o distracción de recursos, como tipo penal especial aplica-

566 Véase en http://www.tsj.gov.ve:80/decisiones/scon/mayo/11-0439-27511-2011-794.html Véase igualmente en *Revista de Derecho Público* N° 127, julio-septiembre 2011, Editorial Jurídica Venezolana, Caracas 2011, pp. 183-200.

ble en el sector bancario," y abordar para ello, el tema de "la sucesión temporal de leyes que regulan la materia."

Con tal propósito, la Sala Constitucional partió del principio constitucional establecido en el artículo 24 del Texto fundamental que garantiza que "ninguna disposición legislativa tendrá efecto retroactivo, excepto cuando imponga menor pena" y que "cuando haya dudas se aplicará la norma que beneficie al reo," principio que se regula también en la Convención Americana sobre Derechos Humanos (Pacto de San José de Costa Rica), la cual en su artículo 9, dispone la aplicación de la ley más benigna, al señalar que: "nadie puede ser condenado por acciones u omisiones que en el momento de cometerse no fueran delictivos según el derecho aplicable. Tampoco se puede imponer pena más grave que la aplicable en el momento de la comisión del delito. Si con posterioridad a la comisión del delito la ley dispone la imposición de una pena más leve, el delincuente se beneficiará de ello."

De estas normas la Sala concluyó señalando:

> "como regla general interpretativa en el caso de sucesión de leyes, que la aplicación retroactiva de la ley penal más benigna, ya que con posterioridad a la comisión del delito, la ley disponga la imposición de una pena más leve o de cualquier otro elemento que favorezca al procesado debe prevalecer."

Luego pasó la Sala a mencionar el artículo 15 del Pacto Internacional de Derechos Civiles y Políticos, donde dijo se:

> "expresa con toda precisión el alcance de la irretroactividad de la ley penal y de la retroactividad de la ley penal más benigna, al establecer que "1. Nadie será condenado por actos u omisiones que en el momento de cometerse no fueran delictivos según el Derecho nacional o internacional. Tampoco se impondrá pena más grave que la aplicable en el momento de la comisión del delito. Si con posterioridad a la comisión del delito la ley dispone la imposición de una pena más leve, el delincuente se beneficiará de ello".

Pero, increíblemente, fue en las previsiones del artículo 15.2 del Pacto Internacional de Derechos Civiles y Políticos, en los que la Sala pretendió "descubrir" que los anteriores principios "encuentran su límite" al disponer que:

> "Nada de lo dispuesto en este articulo, se opondrá al juicio ni a la condena de una persona por actos u omisiones, que en el momento de cometerse, fueran delictivos, según los principios generales del derecho reconocidos por la comunidad internacional".

En esta norma la Sala encontró que se imponía una interpretación que permitía "la desaplicación de la retroactividad de la norma penal más favorable y, a su vez, la aplicación de la denominada ultractividad de las normas penales en casos *excepcionales.*"

Lo importante, sin embargo, es que no se trata de un límite a la irretroactividad de la ley ni al principio de la aplicación al reo de la ley más favorable, sino de una previsión excepcional, dispuesta cuando el Pacto se adoptó en el seno de las Naciones Unidas, para dar respuesta a la necesidad de castigar crímenes contra la humanidad que se produjeron durante la segunda guerra mundial, como los de "genocidio," lo que por supuesto nada tiene que ver con delitos bancarios.

De la norma del Pacto Internacional, la Sala Constitucional dedujo, sin embargo, que lo que había era una "obligación de hacer" impuesta a los Estados de "sancionar efectivamente los hechos contrarios a los derechos fundamentales," y de "perseguir y sancionar a los responsables de crímenes contra la humanidad," así como de "prevenir, investigar y sancionar toda violación de derechos reconocidos por la Constitución e instrumentos internacionales de derechos humanos." Y a renglón seguido pasó a argumentar respecto al tema de la despenalización de delitos bancarios en Venezuela, en relación con el "alcance y contenido de derecho a la libertad económica y a la estabilidad y sustentabilidad del sistema económico como derechos humanos fundamentales," concluyendo entonces que debía

> "necesariamente aplicarse el principio "*tempus regit actum*" a los delitos de índole económico bancario, como el de apropiación o distracción de bienes, con base a las imposiciones que la propia Constitución (artículo 114) establece en la materia, que se materializan y ratifican en relación a la prohibición de impunidad ya señalada en la materia de derechos humanos fundamentales (artículo 15.2 del Pacto Internacional de Derechos Civiles y Políticos)."

En consonancia, la Sala consideró que como en los supuestos de leyes excepcionales y temporales, que en el caso sometido a su consideración, "dada la desaplicación por control difuso de la constitucionalidad del artículo 213 de la Ley de Instituciones del Sector Bancario de diciembre de 2010," también resultaba aplicable "el principio de ultractividad" en la medida:

> "que el artículo 432 de la Ley General de Bancos y otras Instituciones Financieras (*Gaceta Oficial* N° 5.892, del 31 de julio de 2008) contempla la norma más favorable -y por lo demás vigente para el momento de la comisión del hecho ilícito penal-, en relación con el tipo penal de apropiación o distracción contenido en el artículo 216 del vigente Decreto con Rango, Valor y Fuerza de Ley de Reforma Parcial de la Ley de Instituciones del Sector Bancario (*Cfr. Gaceta Oficial* N° 39.627 del 02 de marzo de 2011, que establece una pena de 10 a 15 años de prisión).[567]

La Sala en definitiva, contrariando la voluntad del Legislador, o corrigiéndola o enmendándola, resolvió que si no hubiera tomado su decisión, de desaplicar una norma aplicable al caso, y de aplicar una norma ya derogada al mismo caso "se despenalizaría una conducta que como ya se señaló, es antijurídica por sí misma, en el marco del ejercicio de la actividad financiera" y como si se tratase de delitos de genocidio o lesa humanidad, conforme al artículo 15.2 del Pacto Internacional de derechos Civiles y Políticos, podía resultar "contraria no sólo a los intereses generales del Estados, sino que además a su estabilidad económica en los términos antes expuestos."

De esta sentencia se destacan los siguientes aspectos medulares:

567 Véase en http://www.tsj.gov.ve:80/decisiones/scon/mayo/11-0439-27511-2011-794.html Véase igualmente en *Revista de Derecho Público* N° 127, julio-septiembre 2011, Editorial Jurídica Venezolana, Caracas 2011, pp. 183-200.

1. En primer lugar, con la sentencia, se produjo una **ilegítima utilización de la figura del avocamiento**, para fines distintos a los que fundamentan esa excepcional figura procesal.

En efecto, si bien el artículo 31.1 de la Ley Orgánica del Tribunal Supremo de Justicia de 2010, reguló en general la posibilidad del avocamiento por parte de las Salas del Tribunal Supremo de Justicia, siguiendo la orientación de la jurisprudencia y de las normas de la Ley Orgánica de 2004, lo que implica la potestad de solicitar de oficio, o a petición de parte, "algún expediente que curse ante otro tribunal, y avocarse al conocimiento del asunto cuando lo estime conveniente;" la misma fue sometida a normas precisas.

Conforme al artículo 106 de la Ley Orgánica del Tribunal Supremo, la solicitud de avocamiento ante y por parte del Tribunal Supremo, no sólo debe necesariamente plantearse en cualquiera de las Salas del Tribunal Supremo de Justicia "*en las materias de su respectiva competencia*," sino que en principio debe referirse a causas que cursen ante "*cualquier tribunal*" inferior o como lo dice el artículo 108 de la ley Orgánica, "ante algún tribunal de la República." No está previsto en principio, por tanto, el avocamiento entre Salas del Tribunal Supremo, salvo por parte de la Sala Constitucional, respecto de causas "en las que se presuma violación al orden público constitucional" (art. 25.16) o respecto de procesos de amparo constitucional.

En el presente caso, la competencia en materia penal y de interpretación de la ley penal e incluso, sobre su aplicación temporal y sobre su control de constitucionalidad mediante el control difuso de constitucionalidad previsto en el artículo 334 de la Constitución y en el artículo 19 del Código Orgánico Procesal Penal, corresponde *exclusivamente* a la Sala de Casación Penal.

Por otra parte, en los procesos penales donde ocurrió el avocamiento por parte de la Sala Constitucional no estaba planteado ningún asunto de naturaleza constitucional ni se denunció violación alguna del orden público constitucional, por lo que la Sala Constitucional simplemente usurpó las funciones de la Sala de Casación Penal.

El avocamiento tiene un objeto procesal preciso conforme al artículo 106 de la ley Orgánica, y es que la Sala que se avoca resuelva sólo y exclusivamente si "asume el conocimiento del asunto o, en su defecto, lo asigna a otro tribunal." Lo que no puede ocurrir es que una Sala se avoque para no avocarse a conocer del asunto, o se avoque para no asignar el asunto a otro tribunal, y más bien, simplemente, tome una decisión que correspondía al tribunal que conocía del asunto para luego devolvérselo. Y esto es lo que ha ocurrido en este caso, en el cual la Sala Constitucional se avocó para ejercer una competencia que correspondía exclusivamente a la Sala de Casación Penal, como era aplicar el artículo 334 de la Constitución ejerciendo el control difuso de la constitucionalidad de las leyes, si era el caso, para luego devolverle la causa a la propia Sala de Casacón Penal.

Pero además, como lo indica expresamente el artículo 107 de la Ley Orgánica del Tribunal Supremo, el avocamiento es una atribución que debe "ser ejercida con suma prudencia y sólo en caso de graves desórdenes procesales o de escandalosas violaciones al ordenamiento jurídico que perjudiquen ostensiblemente la imagen del

Poder Judicial, la paz pública o la institucionalidad democrática."[568] Nada de ello ocurría en los procesos penales que la Sala Constitucional decidió conocer por vía del avocamiento; en ellos no se denunció, por ejemplo, que existieran "graves desórdenes procesales" ni se alegó que existieran "escandalosas violaciones al ordenamiento jurídico," ni se argumentó en forma alguna que las mismas perjudicaban "ostensiblemente la imagen del Poder Judicial, la paz pública o la institucionalidad democrática" de manera que se exigiese la intervención de la Sala.

Por otra parte, la Sala que se avoque al conocimiento de un asunto, tiene determinado en forma precisa el contenido posible de la sentencia a dictar, lo que se deriva de los motivos que pueden y deben originar este procedimiento excepcional. Ese contenido, de acuerdo con el artículo 109 de la Ley Orgánica, puede ser: (i) "decretar la nulidad y subsiguiente reposición del juicio al estado que tenga pertinencia;" (ii) "decretar la nulidad de alguno o algunos de los actos de los procesos;" (iii) "ordenar la remisión del expediente para la continuación del proceso o de los procesos en otro Tribunal competente en la materia;" y (iv) "adoptar cualquier medida legal que estime idónea para el restablecimiento del orden jurídico infringido." No puede la Sala que se aboca al conocimiento de un asunto adoptar cualquier medida judicial, sino las anteriores precisamente establecidas en la Ley, de manera que incluso la última aparentemente general de adoptar "cualquier medida judicial que estime idónea" es sólo posible si se ha comprobado que hay una infracción al "orden jurídico" que deba ser restablecido. Lo que nunca puede ocurrir, en cambio, es que la Sala se avoque al conocimiento de un asunto y luego lo devuelva al mismo Tribunal.

Con la decisión comentada, en realidad, fue la Sala Constitucional la que, en realidad, al haber usurpado funciones de la Sala de Casación Penal, provocó un grave desorden procesal, violando escandalosamente el ordenamiento jurídico con lo que ha perjudicado ostensiblemente la imagen del Poder Judicial, y la institucionalidad democrática; máxime si con su decisión, la Sala en definitiva, desaplicó una ley más favorable a los encausados que era aplicable, para ordenar aplicar al caso una ley derogada que además era menos favorable a los procesados.

2. En segundo lugar, con la sentencia dictada se produjo una **distorsión e ilegítima utilización del control difuso de la constitucionalidad de las leyes**, para fines distintos al establecido en la Constitución.

En efecto, como es sabido, en el sistema venezolano de justicia constitucional o de control de la constitucionalidad de las leyes, como sistema mixto o integral que es, se distingue, por una parte, el método de control concentrado de la constitucionalidad que corresponde a la Sala Constitucional como Jurisdicción Constitucional, cuando conoce en general de las acciones populares de nulidad, teniendo la sentencia en los casos de decisiones anulatorias, efectos generales con validez *erga omnes*. La decisión, en estos casos, en principio, es de carácter prospectiva ya que tiene consecuencias *ex nunc y pro futuro;* es decir, la ley anulada por inconstitucional, en principio es considerada en general como habiendo surtido efectos hasta su anulación por el Tribunal o hasta el momento que éste determine como consecuencia de la decisión. En estos casos, por consiguiente, en general, la decisión tiene efectos

568 A ello, la Ley de 2004 agregaba, el perjuicio a la decencia" y que se hubiesen "desatendido o mal tramitado los recursos ordinarios o extraordinarios que los interesados hubieren ejercido."

"constitutivos" ya que la ley se vuelve inconstitucional solamente después de la decisión,[569] aún cuando la Ley Orgánica del Tribunal Supremo, como es sabido, le otorga competencia a la Sala Constitucional para determinar los efectos de su decisión en el tiempo.

Por otra parte, está el método de control difuso de la constitucionalidad previsto en el artículo 334 de la Constitución, conforme al cual cualquier juez puede tomar una decisión sobre la inconstitucionalidad de una ley aplicable al caso concreto que esta conociendo, resolviendo para decidirlo, aplicar preferentemente la Constitución y desaplicar la ley. Esta decisión solo tiene efectos *inter partes*, de manera que la ley declarada inconstitucional, en principio, es nula y no surte ningún tipo de efectos para el caso concreto y para las partes en el mismo. Por ello, en este caso, la decisión es, en principio, retroactiva en el sentido de que tiene consecuencias *ex tunc* o *pro pretaerito,* es decir, la ley declarada inconstitucional se considera como si nunca hubiera existido o nunca hubiera sido válida para el caso concreto exclusivamente. En estos casos, esta decisión tiene efectos declarativos, en el sentido de que declara la nulidad preexistente de la ley inconstitucional para el caso concreto.[570] Lo importante ha tener en cuenta respecto del método de control difuso es que el mismo sólo está previsto para ser ejercido *incidenter tantum,* es decir, en un proceso concreto que el juez esté conociendo conforme a su competencia y en la decisión del mismo, en el cual, por tanto, la inconstitucionalidad de la ley o norma no es ni el objeto de dicho proceso ni el asunto principal del mismo. Como lo dice el artículo 334: "En caso de incompatibilidad entre esta Constitución y una ley u otra norma jurídica, se aplicarán las disposiciones constitucionales, correspondiendo a los tribunales en cualquier causa, aun de oficio, decidir lo conducente."En consecuencia, en este caso, siempre debe iniciarse y estar en curso un proceso ante un tribunal competente en cualquier materia, por lo que el método difuso de control de la constitucionalidad siempre es de carácter incidental, en el sentido de que la cuestión de inconstitucionalidad de una ley y su inaplicabilidad, se plantea al decidir un caso o proceso concreto, cualquiera sea su naturaleza, en el cual la aplicación o no de una norma concreta es considerada por el juez como relevante para la decisión del caso. En consecuencia, en el método difuso de control de constitucionalidad, el *thema decidendum,* es decir, el objeto principal del proceso y de la decisión judicial no es la consideración abstracta de la constitucionalidad o inconstitucionalidad de la ley o su aplicabilidad o inaplicabilidad, sino más bien, la decisión de un caso concreto, por ejemplo, en materia civil, penal, administrativa, mercantil o laboral, etc., en el cual la cuestión de constitucionalidad sólo es un aspecto incidental en el proceso que sólo debe ser considerada por el juez para resolver la aplicabilidad o no de una ley en la decisión del caso concreto, cuando surgen cuestiones relativas a su inconstitucionalidad.[571]

---

569 Allan R. Brewer-Carías, *El control concentrado de la constitucionalidad de las leyes,* Editorial Jurídica Venezolana, Caracas 1994, pp. 32 ss.

570 Véase Allan R. Brewer-Carías, "El método difuso de control de constitucionalidad de las leyes en el derecho venezolano," en Victor Bazán (coord.), *Derecho Procesal Constitucional Americano y Europeo*, Edit. Abeledo-Perrot, dos tomos, Tomo I, Buenos Aires, Rep. Argentina, 2010, pp. 671-690.

571 Véase Allan R. Brewer-Carías, *Judicial Review in Comparative Law,* Cambridge University Press, Cambridge 1989, pp. 131 ss.; "El método difuso de control de constitucionalidad de las leyes en el dere-

En el caso de la decisión de la Sala Constitucional N° 794 del 27 de mayo de 2011, la Sala se avocó al conocimiento de la causa, como se ha dicho, para no avocarse, de manera que la decisión que tomó no fue para decidir una causa penal para cuya resolución debía aplicar preferentemente la Constitución y desaplicar una ley, sino que fue una decisión independiente totalmente de la causa penal que resolvió debía continuar su curso en la Sala de Casación Penal. La decisión de la Sala Constitucional, fue entonces, una decisión cuyo único propósito fue "juzgar" la "constitucionalidad" del artículo 213 de la Ley de Instituciones del Sector Bancario con entera independencia respecto de decisión alguna de un caso concreto relativo a las causas penales de las cuales se avocó, para no avocarse. Por ello, en este caso, no puede decirse que la Sala Constitucional haya aplicado con preferencia la Constitución y desaplicado una ley para decidir ningún caso concreto penal, que al contrario resolvió no decidir.

Con ello, la Sala Constitucional, además, ilegítimamente usurpó lo que era competencia exclusiva de la propia Sala de Casación Penal, es decir, al decidir las causas, resolver sobre la constitucionalidad mediante el ejercicio del control difuso de la constitucionalidad de las leyes conforme al artículo 334 de la Constitución y al artículo 19 del Código Orgánico Procesal Penal, para lo cual esta tenía competencia exclusiva. La Sala Constitucional, en este caso, en un "proceso" cuyo objeto "principal" no era conocer y resolver sobre unas causas penales, se avocó a las mismas pero para ejercer el control de constitucionalidad del artículo 231 de la Ley de Instituciones del sector Bancario, usurpando a priori, lo que era competencia exclusiva de la Sala de Casación Penal, máxime si en la misma decisión resolvió devolverle a la misma las causas para su decisión.

Pero además, debe observarse que otra de las características del control difuso de la constitucionalidad de las leyes se refiere a los efectos de la decisión que adopten los tribunales en relación con la constitucionalidad o aplicabilidad de una ley en un caso concreto. El régimen general en relación a determina a quienes afecta la decisión, es que la decisión adoptada por el juez sólo tiene efectos en relación con las partes en el proceso concreto en la cual aquella se adopta. En otras palabras, en el método difuso de control de constitucionalidad, la decisión adoptada sobre la inconstitucionalidad e inaplicabilidad de la ley en un caso concreto, sólo tiene efectos *in casu et inter partes,* es decir, en relación con el caso y exclusivamente, en relación con las partes que han participado en el mismo, por lo que no puede ser aplicada a otras personas extrañas a la relación procesal. Esta es la consecuencia directa del antes mencionado aspecto relativo al carácter incidental del método difuso de control de constitucionalidad, que exige que sólo se pueda ejercer en un proceso particular desarrollado entre partes específicas, por lo que la decisión sólo se puede aplicar a este proceso en particular y a las partes del mismo y, en consecuencia, no puede ni beneficiar ni perjudicar a ningún otro individuo ni a otros procesos. En consecuencia, conforme al método difuso, si en una decisión judicial una ley es considerada inconstitucional, esto no significa que dicha ley haya sido invalidada y que no sea efectiva y aplicable en otros casos. Sólo significa que en cuanto concierne a

---

cho venezolano," en Victor Bazán (coord.), *Derecho Procesal Constitucional Americano y Europeo*, Edit. Abeledo-Perrot, dos tomos, Tomo I, Buenos Aires, Rep. Argentina, 2010, pp.671-690.

ese proceso particular y a las partes que en el mismo intervinieron, en el cual el Juez decidió la inaplicabilidad de la Ley, es que ésta debe considerarse inconstitucional, nula y sin valor, sin que ello tenga ningún efecto con relación a otros procesos, otros jueces y otros particulares.

Sin embargo, en los procesos desarrollados ante la Sala Constitucional, en materias de su competencia, por ejemplo, en un proceso de amparo o con motivo de la revisión constitucional de sentencias (art. 336.10), la Sala Constitucional, al decidirlos podría ejercer el control difuso de la constitucionalidad de la ley aplicable al caso concreto, y como Jurisdicción Constitucional en esas materias de su competencia, podría resolver darle carácter vinculante a su interpretación constitucional, en particular cuando están involucrados derechos colectivos y difusos, en cuyo caso los efectos de la decisión podrían ser de carácter *erga omnes*.[572] Sin embargo, ello sólo podría ocurrir cuando la Sala Constitucional adopte una decisión definitiva de un proceso constitucional que sea de su competencia y concierna a derechos colectivos o difusos.

Lo que no puede hacer la Sala Constitucional, es pretender ejercer el control difuso de la constitucionalidad de una ley con efectos vinculantes *erga omnes,* sin decidir una causa concreta en materias de su competencia, como ha ocurrido en este caso, en el cual la Sala se avocó para no avocarse ni para conocer de una causa penal, sino sólo para resolver declarar una ley inaplicable con efectos generales, es decir, no para decidir algún caso concreto, y luego devolver las actas y la causa al tribunal competente.

3. En tercer lugar, con la sentencia dictada por la sala Constitucional se produjo una **distorsión e ilegítima utilización del control de constitucionalidad de las leyes para usurpar la función legislativa**.

En efecto, la Constitución de 1999 otorgó a la Sala Constitucional amplios poderes en materia de control de la constitucionalidad de las leyes, consolidando la Jurisdicción Constitucional en el país. En su ejercicio, sin embargo, como lo indicó la Sala Constitucional, precisamente en esta sentencia de marzo de 2011, la Sala Constitucional declaró que no se puede sustituir al Legislador particularmente en la definición de la política legislativa sancionatoria penal. Es el Legislador el competente de acuerdo con la Constitución, para establecer los tipos penales y las sanciones, conforme al principio de la legalidad; y no pueden los otros órganos del Poder

---

572 Así lo decidió, por ejemplo, la Sala Constitucional del Tribunal Supremo de Justicia de Venezuela al resolver un proceso de amparo intentado en defensa de intereses colectivos o difusos, en sentencia Nº 85 de 24 de enero de 2002, (Caso: *Asociación Civil Deudores Hipotecarios de Vivienda Principal (Asodeviprilara) vs. Superintendencia de Bancos y Otras Instituciones Financieras y otros*), al expresar que como resultado de ese control: "la ley sobre la que se ejerce el control no ha sido anulada por inconstitucional, y sólo deja de aplicarse en el caso concreto, que en materia de acciones por derechos e intereses difusos o colectivos, que es la que conduce a la doctrina planteada, tienen un rango de desaplicación de mayor amplitud, producto de lo "universal" de la pretensión y de la naturaleza *erga omnes* de los fallos que en ellos se dictan; y por ello la desaplicación de la ley al caso, no resulta tan puntual como cuando en un juicio concreto se declara inaplicable una ley por inconstitucional, o se declara inconstitucional a una norma ligada a la situación litigiosa". Véase en *Revista de Derecho Público*, Nº 89-92, Editorial Jurídica Venezolana, Caracas 2002.

Público, incluido el propio Tribunal Supremo, conforme a sus propias palabras, según se ha citado con anterioridad,

> "perseguir y sancionar a una persona por un comportamiento que la Ley no asocia a una sanción para el momento del hecho, y, por argumento en contrario, tampoco puede desconocer y no aplicar (a menos que la estime inconstitucional y la desaplique en ejercicio del control difuso de la constitucionalidad) una norma jurídica que sí está prevista en el ordenamiento jurídico."

Por ello, conforme lo ha dicho la Sala, sólo el Poder legislativo como órgano al cual el Texto Constitucional "le otorga la potestad de crear leyes está legitimados para crear otras que las deroguen y tal atribución no radica en [...] ningún [...] ente del Poder Judicial, si no, ante todo, en la Asamblea Nacional." Ello implica, como la propia Sala lo dijo, que "Ningún magistrado (...) puede con justicia decretar a su voluntad penas contra otro individuo', ese funcionario tampoco puede desconocer delitos y penas que sí dispone la Ley." Por ello, la conclusión de la propia Sala Constitucional, en el sentido de que "no sólo viola el principio de legalidad y, por ende, el debido proceso (artículo 49.6 constitucional) y la tutela judicial efectiva (artículo 26 *eiusdem*) reconocer la existencia de una norma que realmente no está prevista en el ordenamiento jurídico, sino también desconocer una norma jurídica que sí forma parte de él ...".[573]

Sin embargo, como se ha visto, en la sentencia comentada, al contrario de estas afirmaciones, la Sala Constitucional, mediante la construcción de una teoría de la interpretación jurídica hecha a la medida, pasó a "desconocer delitos y penas que sí dispone la ley," y por vía de control difuso, pasó a "decretar a su voluntad penas contra otro individuo" ignorando que sólo la Asamblea Nacional tiene la "potestad de crear leyes" siendo la única " legitimada para crear otras que las deroguen," no estando dicha atribución en órgano alguno del "Poder Judicial," incluido la propia Sala Constitucional.

Con la decisión, comentada, en realidad, lo que efectivamente ocurrió -parafraseando el texto mismo de la decisión- fue que la Sala Constitucional asumió el rol de "legislador en materia penal" creando, al "revivir" normas derogadas, "tipos penales, no establecidos en el ordenamiento jurídico," lo que pone en evidencia "un vicio de inconstitucionalidad, causado por una obvia usurpación de funciones de acuerdo con el artículo 138 de la Constitución." Ello fue lo que hizo la Sala Constitucional ordenando inaplicar en forma general una norma aplicable y ordenando aplicar también en forma general una norma derogada.

La Sala, al tomar su decisión –y parafraseando de nuevo su decisión - en forma alguna puede decirse que haya desarrollado una "labor interpretativa del ordenamiento jurídico, en el marco del principio de conservación de los actos," de manera que "con los elementos contenidos en la propia norma penal," hubiera aclarado "el contenido y alcance de la misma en orden a garantizar que el Derecho esté al servicio de la convivencia, del desarrollo y del progreso humano." Nada de eso ocurrió. La Sala no elaboró nada en relación con "el principio de conservación de los actos," que no aplicó; ni "con los elementos contenidos en la propia norma penal," realizó

---

573 Sentencia de N° 490/11 citada en esta sentencia comentada.

actividad alguna para aclarar "el contenido y alcance de la misma." Pura y simplemente resolvió su inaplicación a pesar de que era más favorable, pero para ordenar aplicar una norma inexistente por derogada, es decir, creando una norma nueva más gravosa para los encausados, pues la derogada, como tal, había dejado de existir, y no podía ser "revivida."

En todo caso, con una usurpación de funciones legislativas como la producida por la sentencia comentada, la Sala Constitucional del Tribunal Supremo simplemente le niega la potestad que tiene en legislador de penalizar conductas y a la vez de despenalizarlas. Parecería, de acuerdo con la sentencia, que una vez penalizada una conducta, el legislador en el futuro no tiene otro camino que no sea asegurar su perpetuidad, y si algún cambio normativo puede producir solo puede ser para agravar la penalización, pero nunca para despenalizar, olvidándose, por lo demás, del principio de la primacía de la libertad y de los derechos individuales sobre las actuaciones del Estado en nuestro sistema constitucional.

En otras palabras, la Constitución al otorgar al Legislador la potestad para determinar delitos y penas, no erige el *jus puniendi* como teniendo primacía sobre la libertad; sino al contrario, condiciona su ejercicio al principio de la libertad y primacía de los derechos humanos. La sala Constitucional, sin embargo, en su sentencia invirtió estos principios.

4. En cuarto lugar, con la sentencia de la Sala Constitucional que se comenta, se produjo una **abierta violación del principio constitucional del "*in dubio pro reo*"** que establece el artículo 24 del Texto Fundamental, y en el cual se impone al operador judicial el principio de que "cuando haya dudas se aplicará la norma que beneficie al reo."

En la sentencia comentada, al contrario, la Sala Constitucional, ante la duda que podía derivarse del cambio de redacción del artículo sobre apropiación y disposición de recursos en la Ley sobre actividades bancarias, no sólo ignoró el principio, sino que deliberadamente decidió en contra el mismo, al resolver, en el caso de duda, suspender la aplicación de la norma que beneficiaba al reo y poner en vigencia una norma derogada que lo perjudicaba más.

Y para ello, violando fragrante una garantía constitucional del debido proceso penal, la Sala Constitucional insólitamente invocó la protección de derechos fundamentales universales, apelando nada menos que al artículo 15.2 del Pacto Internacional de Derechos Civiles y Políticos que buscaba asegurar la no impunidad en materia de genocidio o delitos de lesa humanidad, como si un delito en materia bancaria en un país determinado pudiese ser equiparado con esos delitos hacia los cuales, sin duda, fue que apuntó, apenas concluida la segunda guerra mundial, el referido Pacto Internacional; lo que hace aún más absurda la sentencia.

SECCIÓN NOVENA:

EL NUEVO SECUESTRO DE LA SALA ELECTORAL DEL TRIBUNAL SUPREMO DE JUSTICIA POR PARTE DE LA SALA CONSTITUCIONAL, MEDIANTE AVOCAMIENTO DE LOS JUICIOS DE NULIDAD DE LA ELECCIÓN PRESIDENCIAL DE ABRIL DE 2013

El día 14 de abril de 2013, en medio del legado de odio y resentimiento políticos que dejó el recién fallecido Presidente Higo Chávez, y con un candidato del Estado que desarrolló la campaña electoral alegando ser "su hijo," se desarrolló en Venezuela el proceso electoral para elegir a la persona que debía completar el período constitucional 2013-2019 que aquél no pudo iniciar, por imposibilidad física, no sólo porque como se informó, estaba ausente del país postrado en una cama de hospital en La Habana, sino porque como también se informó, estaba totalmente incapacitado para juramentarse el 10 de enero.

El Consejo Nacional Electoral luego de una larga espera ya casi a la media noche del mismo día 14 de abril, anunció un boletín informativo los resultados obtenidos después de escrutados el 92 % (14,775,741) de los votos emitidos en el país, en el cual dio como ganador al candidato del Estado y del gobierno, quien además estaba en ejercicio de la Presidencia, Nicolás Maduro por un margen del 1.59 %, en relación a la votación obtenida por el candidato de la oposición, Henrique Capriles Radonski. Los resultados ofrecidos fueron los siguientes: Henrique Capriles: 7,270,403 con 49.20%; Nicolás Maduro: 7,505,338 con 50.80%.

Este resultado, y las dudas existentes sobre la limpieza del proceso electoral en su conjunto, incluido su manejo electrónico luego de saberse antes de las elecciones que miembros del partido de gobierno tenían las claves de acceso al mismo, llevó a candidato de la oposición, como era lo esperado, a cuestionar el resultado ofrecido, razón por la cual a los pocos días de las elecciones se presentaron diversos recursos contencioso electorales con el propósito de impugnar los resultados del proceso comicial celebrado el 14 de abril de 2013 ante la Sala Electoral del Tribunal Supremo de Justicia, que es al competente conforme a la Constitución para conocer de los mismo no sin antes haberse producido varios pronunciamientos públicos de la Presidenta del Tribunal Supremo, negado la posibilidad de revisiones, auditorias o cuestionamiento de las elecciones.[574]

Con fecha 20 de junio de 2013, la sala Constitucional mediante sentencia No. 795,[575] de oficio, y sólo por notoriedad judicial, constató que ante la Sala Electoral se encontraban en sustanciación siete procesos contencioso electorales, en los expedientes identificados con los números AA70-E-2013-000025, AA70-E-2013-000026, AA70-E-2013-000027, AA70-E-2013-000028, AA70-E-2013-000029, AA70-E-2013-000031 y AA70-E-2013-000033, en los cuales de habían impugnado las referidas elecciones de 14 de abril de 2013. La Sala, en atención a dichas impugnaciones, procedió, de oficio, a fundamentar el avocamiento de dichas causas, anali-

---

574 Véase por ejemplo en http://www.eluniversal.com/nacional-y-politica/elecciones-2013/130417/para-la-presidenta-del-tsj-no-existe-el-conteo-manual; y en http://globovision.com/articulo/presidenta-del-tsj-en-venezuela-el-sistema-manual-no-existe-se-ha-enganado-a-la-poblacion.

575 Véase en http://www.tsj.gov.ve/decisiones/scon/Junio/795-20613-2013-13-0538.html.

zando en el capítulo "Único" de la sentencia, el artículo 25.16 de la Ley Orgánica del Tribunal Supremo de Justicia de 2010, en el cual se definió dijo, como "competencia privativa de esta Sala Constitucional, la de "Avocar las causas en las que se presuma violación al orden público constitucional, tanto de las otras Salas como de los demás tribunales de la República, siempre que no haya recaído sentencia definitivamente firme."

Se trata, como lo identificó la Sala en la sentencia, de una "extraordinaria potestad, consecuente con las altas funciones que como máximo garante de la constitucionalidad y último intérprete del Texto Fundamental" que se han asignado a esta Sala Constitucional, reconociendo que

> "el avocamiento es una figura de superlativo carácter extraordinario, toda vez que afecta las garantías del juez natural y, por ello, debe ser ejercida con suma prudencia y sólo en aquellos casos en los que pueda verse comprometido el orden público constitucional (*vid.* sentencias números 845/2005 y 1350/2006)."

La doctrina y la norma que autoriza el avocamiento es, sin duda clara, y de aplicación estricta por la excepcionalidad de la potestad, al exigir como motivo para la avocación que "se presuma violación al orden público constitucional" para lo cual, lo mínimo que se requiere es que la Sala haya tenido previamente conocimiento del expediente de la causa para poder deducir una presunción de violación del orden público constitucional. Por lo demás, efectivamente tiene que tratarse de que del estudio de los expedientes resulta dicha presunción de "violación al orden público constitucional" y no de cualquier otro motivo, ni siquiera que el tema debatido tenga importancia nacional

Pero por lo visto del texto de la sentencia, esta limitación legal no tuvo importancia alguna para La Sala Constitucional, la cual simplemente anunció que":

> "no sólo hará uso de esta facultad en los casos de posible transgresión del orden público constitucional, ante la ocurrencia de acciones de diversa índole en las cuales se podría estar haciendo uso indebido de los medios jurisdiccionales para la resolución de conflictos o con el fin de evitar el posible desorden procesal que se podría generar en los correspondientes juicios, sino también cuando el asunto que subyace al caso particular tenga especial trascendencia nacional, esté vinculado con los valores superiores del ordenamiento jurídico, guarde relación con los intereses públicos y el funcionamiento de las instituciones o que las pretensiones que han generado dichos procesos incidan sobre la institucionalidad democrática o el ejercicio de los derechos fundamentales de los ciudadanos, particularmente sus derechos políticos."

Es decir, para la Sala, su poder de avocación podría ejercerse ilimitadamente, por cualquier motivo de interés general, como (i) la "posible transgresión del orden público constitucional," (ii) "la ocurrencia de acciones de diversa índole en las cuales se podría estar haciendo uso indebido de los medios jurisdiccionales para la resolución de conflictos," (iii) "con el fin de evitar el posible desorden procesal que se podría generar en los correspondientes juicios," (iv) "cuando el asunto que subyace al caso particular tenga especial trascendencia nacional," (v) cuando dicho asunto "esté vinculado con los valores superiores del ordenamiento jurídico, guarde relación con los intereses públicos y el funcionamiento de las instituciones" o (vi) "que las pretensiones que han generado dichos procesos incidan sobre la institucionalidad democrática o el ejercicio de los derechos fundamentales de los ciudadanos, particularmente sus derechos políticos."

Todo ello es esencialmente contrario a lo que dispone la norma atributiva de competencia, la cual no autoriza en forma alguna a que mediante avocamiento, la Sala pretenda fundamentar una potestad universal para "aclarar las dudas y agenciar los procesos previstos para darle respuesta a los planteamientos de los ciudadanos y garantizar el ejercicio de sus derechos." Ello no está autorizado en norma alguna, por lo que los párrafos siguientes de la sentencia no pasan de ser pura retórica vacía, que:

> "Así pues, la jurisdicción constitucional en la oportunidad respectiva debe atender al caso concreto y realizar un análisis en cuanto al contrapeso de los intereses involucrados y a la posible afectación de los requisitos de procedencia establecidos para la avocación, en los términos expuestos, con la finalidad de atender prontamente a las posibles vulneraciones de los principios jurídicos y los derechos constitucionales de los justiciables.
>
> De esta manera, la competencia de la Sala establecida en la referida disposición viene determinada, como se expuso, en función de la situación de especial relevancia que afecte de una manera grave al colectivo, en cuyo caso, la Sala podría uniformar un criterio jurisprudencial, en aras de salvaguardar la supremacía del Texto Fundamental y, así, el interés general.

Luego la Sala, para seguir buscando cómo justificar un avocamiento que era a todas luces improcedente apeló a un supuesto "criterio consolidado" de la Sala citando las sentencias números 373/2012 y 451/2012) según el cual "especialmente en los asuntos litigiosos relacionados con los derechos de participación y postulación, se encuentra vinculado el orden público constitucional," razón por la cual al decir de la Sala, "en el caso de autos," es decir de la impugnación de las elecciones del 14 de abril de 2013,

> "con mayor razón, existen méritos suficientes para que esta Sala estime justificado el ejercicio de la señalada potestad, pues ha sido cuestionada la trasparencia de un proceso comicial de la mayor envergadura, como el destinado a la elección del máximo representante del Poder Ejecutivo, así como la actuación de órganos del Poder Público en el ejercicio de sus atribuciones constitucionales, de lo que se deduce la altísima trascendencia para la preservación de la paz pública que reviste cualquier juzgamiento que pueda emitirse en esta causa."

O sea que la Sala Electoral podrá ser despojada de su competencia por la Sala Constitucional, a su arbitrio, cada vez que se impugne unas elecciones.

Con base en lo antes indicado, y sólo con base en ello, mediante la sentencia No. 795 de 20 de junio de 2013, la Sala Constitucional "de oficio, en tutela de los derechos políticos de los ciudadanos y ciudadanas, del interés público, la paz institucional y el orden público constitucional, así como por la trascendencia nacional e internacional de las resultas del proceso instaurado," se avocó al conocimiento de las siete antes identificadas causas contencioso electorales

> "así como cualquier otra que curse ante la Sala Electoral de este Máximo Juzgado y cuyo objeto sea la impugnación de los actos, actuaciones u omisiones del Consejo Nacional Electoral como máximo órgano del Poder Electoral, así como sus organismos subordinados, relacionados con el proceso comicial celebrado el 14 de abril de 2013."

De todo ello, la Sala entonces ordenó a la Sala Electoral, que le remitiera todas y cada de las actuaciones correspondientes, no antes de avocarse como lo exige la Ley Orgánica, sino después de ello.

Esta decisión de la Sala Constitucional, implica, entre otros aspectos, lo siguiente:

Primero, que la Sala Constitucional, materialmente ha vaciado de competencias a la Sala Electoral, violando la Constitución, al avocarse en este caso para conocer de impugnaciones a un proceso electoral presidencia. Cualquiera que se haga en el futuro, va a implicar el mismo interés general alegado por la Sala, y podrá ser avocado por esta.[576]

En segundo lugar, la Sala Constitucional tendrá que comenzar decidiendo sobre la admisibilidad de los recursos contenciosos electorales, ninguno de los cuales había llegado a ser admitido judicialmente.

En tercer lugar, para ello, los magistrados de la Sala Constitucional que participaron en las decisiones de 9 de enero de 2013 y de 8 de marzo de 2013 mediante las cuales ante la ausencia del Presidente Chávez del país, y su posterior fallecimiento, se instaló en el ejercicio de la Presidencia de la república a Nicolás maduro, a quien además se autorizó a ser candidato a la presidencia sin separarse del cargo de Vicepresidente, pues los recursos cuestionan la forma cómo se ejerció la Presidencia de la república desde el 8 de diciembre de 2012 hasta el 14 de abril de 2013.[577]

Seguramente nada de esto sucederá: los recursos de nulidad quizás no sean admitidos con la celeridad debida; y no haya inhibición alguna. Y si son decididos ya se encuentran decididos de antemano.[578] En realidad, la sentencia de avocamiento de la Sala Constitucional no es sino una muestra más de la actuación de un órgano del Estado, no sujeto a control alguno, que se ha colocado por encima de la Constitución y la ley, que muta y reforma la Constitución a su antojo y libremente; que reforma las leyes sin limite; que las interpreta *contra legem*; que se inventa poderes por encima de la propia Constitución, como el de controlar ilimitadamente a las otras Salas del Tribunal Supremo; que confisca bienes; que impone Presidentes sin

---

576 Como lo ha dicho la profesora Cecilia Sosa Gómez, ex Presidenta de la antigua Corte Suprema de Justicia: "La Sala Constitucional por sentencia de 20 de junio de 2013 borró el artículo constitucional 297 al resolver que esa Sala no estaba en condiciones para sentenciar las demandas de nulidad de las elecciones celebradas el 14 de abril de 2013," en "La auto implosión de un Tribunal," publicado en *Panorama.com.ve*, 28 de junio de 2013, en http://m.panorama.com.ve/not.php?id=72067.

577 Véase José Ignacio Hernández G., "¿Por qué la Sala Constitucional le quitó a la Sala Electoral las impugnaciones?," en http://www.venetubo.com/noticias/%BFPor-qu%E9-la-Sala-Constitucional-le-quit%F3-a-la-Sala-Electoral-las-impugnaciones-R34977.html.

578 Como también lo ha dicho la profesora Cecilia Sosa G., ex Presidenta de la antigua Corte Suprema de Justicia: "Estos expedientes ya están sentenciados, y no hay nada que esperar de la Sala Constitucional," en "La auto implosión de un Tribunal," publicado en *Panorama.com.ve*, 28 de junio de 2013, en http://m.panorama.com.ve/not.php?id=72067.

legitimidad democrática; y que hasta controla la actuación de los tribunales internacionales declarando sus sentencias inejecutables y hasta "inconstitucionales." Con esta sentencia de avocamiento, además, ahora abiertamente, puede decirse que todo en Venezuela depende de la Sala Constitucional, y que todo ella lo controla, y además, dirige.

CUARTA PARTE

LA DISTORSIÓN DE LOS INSTRUMENTOS DE LA JUSTICIA CONSTITUCIONAL

SECCIÓN PRIMERA:

LA DISTORSIÓN DEL MÉTODO DIFUSO DE CONTROL DE CONSTITUCIONALIDAD: LA DESAPLICACIÓN GENERAL DE NORMAS APLICABLES, Y LA APLICACIÓN, EN SU LUGAR, DE NORMAS DEROGADAS.

El texto de esta Sección es el del trabajo sobre "El juez constitucional vs. el orden jurídico, al ordenar la desaplicación general de normas aplicables, y la aplicación, en su lugar, de normas derogadas.(O de cómo el Juez Constitucional, ante la imposibilidad de ordenar la aplicación retroactiva de una ley penal más gravosa a la libertad, logró ilegítimamente el mismo resultado, ordenando aplicar una ley derogada que también era más gravosa a la libertad, mediante la desaplicación por vía de control difuso pero con efectos *erga omnes*, de la ley más favorable aplicable al caso)," para su publicación en *Revista de Derecho Público*, Nº 127, (julio-septiembre 2011), Editorial Jurídica Venezolana, Caracas 2011, pp. 183-200. **Fue publicado en en libro: *Práctica y distorsión de la justicia constitucional en Venezuela (2008-2012)*, Colección Justicia Nº 3, Acceso a la Justicia, Academia de Ciencias Políticas y Sociales, Universidad Metropolitana, Editorial Jurídica Venezolana, Caracas 2012, pp. 203-222.**

I. La Sala Constitucional del Tribunal Supremo mediante sentencia N° 794 de 27 de mayo de 2011,[579] ante la imposibilidad de ordenar la aplicación retroactiva de una ley penal que era más gravosa a la libertad, logró ilegítimamente el mismo resultado, ordenando aplicar una ley derogada que también era más gravosa a la libertad, mediante la desaplicación por vía de control difuso, pero con efectos *erga omnes*, de la ley más favorable aplicable al caso.

En otras palabras, la Sala Constitucional en Venezuela, como juez constitucional, con ocasión de avocarse a un caso para no avocarse, como ya que no podía ordenar que se aplicara retroactivamente una nueva ley más gravosa a hechos pasados, me-

579 Caso: *Avocamiento procesos penales sobre delitos bancarios*. Véase en http://www.tsj.gov.ve:80/decisiones/ scon/mayo/11-0439-27511-2011-794.html.

diante una sentencia vinculante dictada ejerciendo el control difuso de la constitucionalidad, ordenó desaplicar en términos generales la ley aplicable al caso, que era más favorable pues despenalizaba los hechos, ordenando la aplicación de la ley que ésta última derogaba, reviviéndola, y que era más gravosa pues penalizaba los hechos.

En dicha sentencia, en definitiva, la Sala Constitucional resolvió con "carácter vinculante para todos los tribunales de la República, incluso para las demás Salas del Tribunal Supremo de Justicia:"

> PRIMERO: "desaplicar por control difuso de la constitucionalidad el artículo 213 de la Ley de Instituciones del Sector Bancario, publicada en la *Gaceta Oficial* N° 6.015 extraordinario, del 28 de diciembre de 2010;" y
>
> SEGUNDO, "la aplicación de la norma contenida en el artículo 432 de la Ley General de Bancos y otras Instituciones Financieras publicado en la *Gaceta Oficial* N° 5.892, del 31 de julio de 2008 [que estaba derogada], y en el resto de los supuestos -actuaciones-, la aplicable al momento de la comisión del delito, atendiendo a los principios de temporalidad de la ley penal."

En ese caso, la Ley de diciembre de 2010 había despenalizado unos hechos en relación con la apropiación y distracción de recursos en materia bancaria, reformando la previsión de la Ley de julio de 2008 que en cambio los penalizaba. Con esta sentencia, como se comenta al final, la Sala Constitucional del Tribunal Supremo (i) utilizó en forma ilegítima la figura del avocamiento para fines distintos a los que fundamentan esa excepcional figura procesal, con el objeto de (ii) distorsionar y utilizar en forma ilegítima tanto el método de control difuso de la constitucionalidad de las leyes, para fines distintos al establecido en la Constitución y en el Código Orgánico Procesal Penal, como (iii) el control de constitucionalidad de las leyes, para usurpar la función legislativa, e impedirle al legislador realizar con libertad constitucional la política legislativa; y finalmente (iv) resolvió en abierta violación del principio constitucional del "*in dubio pro reo*" que establece el artículo 24 del Texto Fundamental, disponer la inaplicabilidad general de una ley aplicable que beneficiaba a los procesados, y al mismo tiempo ordenar que fuese aplicada una ley ya derogada que los perjudicaba, y que fue ilegítimamente revivida.

II. La sentencia tiene su origen en una solicitud formulada el día 29 de marzo de 2011, tres semanas después de que se publicara una nueva reforma parcial de la Ley de Instituciones del Sector Bancario,[580] por unos Fiscales del Ministerio Público en la cual requirieron de la Sala Constitucional del Tribunal Supremo de Justicia, que se avocara al conocimiento de unas causas que la Sala de Casación Penal del mismo Tribunal, a su vez, de oficio, había solicitado en avocamiento de las que cursaban ante tribunales del Circuito Judicial Penal del Área Metropolitana de Caracas, y que se seguían a unos ciudadanos por delitos bancarios conforme a las previsiones del artículo 432 de Ley General de Bancos y Otras Instituciones Financiera de 2008,[581]

580 *Gaceta Oficial* N° 39.527 del 02 de marzo de 2011.

581 *Gaceta Oficial Extra*. N° 5892 del 31 de julio de 2008.

que había sido la Ley conforme a la cual los Fiscales habían presentado la acusación.

Dicho artículo 432 de la Ley General de 2008 disponía lo siguiente:

> Apropiación o Distracción de Recursos
>
> "*Artículo 432*. Los miembros de la junta administradora, directores, administradores, funcionarios o empleados de un banco, entidad de ahorro y préstamo, institución financiera o casa de cambio que se apropien o distraigan en provecho propio o de un tercero, los recursos del banco, entidad de ahorro y préstamo, institución financiera o casa de cambio, cuyo depósito, recaudación, administración o custodia tengan por razón de su cargo o funciones, serán penados con prisión de ocho (8) a diez (10) años".

Posteriormente, en 2010, la Ley General de Bancos fue reformada, sustituyéndose por la Ley de Instituciones del Sector Bancario[582] que incidió en el texto del antes mencionado artículo 432, que pasó a ser el artículo 213, con el siguiente texto:

> "Apropiación o distracción de recursos.
>
> *Artículo 213*. Quienes con la intención de defraudar a una institución del sector bancario y a los efectos de celebrar operaciones bancarias, financieras, crediticias o cambiarías, presenten, entreguen o suscriban, balances, estados financieros, y en general, documentos o recaudos de cualquier clase que resulten ser falsos, adulterados o forjados, o que contengan información o datos que no reflejen razonablemente su verdadera situación financiera, serán penados con prisión de diez a quince años y con multa igual al cien por ciento (100%) del monto total distraído.
>
> Con la misma pena serán castigadas, las personas naturales que señala el artículo 186 de la presente Ley, de las instituciones sometidas al control de la Superintendencia de las Instituciones del Sector Bancario, que conociendo la falsedad de los documentos o recaudos antes mencionados aprueben las referidas operaciones".

Posteriormente, como lo indicaron los Fiscales solicitantes del avocamiento, la Ley de Instituciones del Sector Bancario fue reformada de nuevo en marzo de 2011, publicada solo unos días antes de la solicitud, y con la misma -dijeron los Fiscales- "se retorna a la descripción históricamente consagrada en el ordenamiento jurídico venezolano, tal y como se evidencia del contenido del artículo 216, quedando en dicho dispositivo claramente descrita la conducta punible," en los términos siguientes:

> "Apropiación o distracción de recursos. Información falsa para realizar operaciones bancarias.
>
> *Artículo 216*. Las personas naturales señaladas en el artículo 186 de la presente Ley, que se apropien o distraigan en provecho propio o de un tercero los recursos de las Instituciones del Sector Bancario regulado por la presente Ley,

582 *Gaceta Oficial Extra*. N° 6.015 de 28 de diciembre de 2010.

cuyo depósito, recaudación, administración o custodia tengan por razón de su cargo o funciones, serán penados con prisión de diez (10) a quince (15) años, y con multa igual al cien (*sic*) por ciento (100%) del monto total de lo apropiado o distraído. Con la misma pena será sancionado el tercero que haya obtenido el provecho con ocasión de la acción ilícita descrita en la presente norma. Quienes con la intención de defraudar a una institución del sector bancario y a los efectos de celebrar operaciones bancarias, financieras, crediticias o cambiarias, presenten, entreguen o suscriban, balances, estados financieros, y en general, documentos o recaudos de cualquier clase que resulten ser falsos, adulterados o forjados, o que contengan información o datos que no reflejen razonablemente su verdadera situación financiera, serán penados con prisión de diez a quince años y multa igual al cien (*sic*) por ciento (100%) del monto total distraído. Con la misma pena serán castigadas, las personas naturales que señala el artículo 186 de la presente Ley, de las instituciones del Sector Bancario, que conociendo la falsedad de los documentos o recaudos antes mencionados aprueben las referidas operaciones."

De esta secuela de textos legales, lo que es claro es que en el artículo 432 de la Ley General de Bancos de 2008 vigente al momento de la acusación penal en los casos concretos procesados en las causas, contenía unos determinados hechos como punibles de delitos bancarios; que en cambio el artículo 213 de la reforma de la Ley General de Bancos de 2010, aún cuando conservando el mismo acápite del artículo, despenalizó varios de dichos mismos hechos; y que con la nueva reforma de la Ley de Instituciones del Sector Bancario de 2011, se volvieron a penalizar los hechos, volviéndose a lo que los Fiscales solicitantes llamaron la descripción "histórica" que tenía del artículo 432 de la Ley de 2008.

De lo anterior se deduce entonces que durante un período preciso de tiempo de algo más de dos meses, entre el 20 de diciembre de 2010 y el 2 de marzo de 2011, determinados hechos relativos a actividades bancarias quedaron completamente despenalizados. Ello implicaba que en ese período de tiempo, por voluntad del legislador, no podían iniciarse nuevas causas penales por "delitos bancarios" que pudieran tener su origen en los hechos despenalizados. Y ello, precisamente, es lo que explica la extraña solicitud de avocamiento formulada ante la Sala Constitucional respecto de causas penales que a la vez habían sido solicitadas en avocamiento de oficio por la Sala de Casación Penal del Tribunal Supremo. La solicitud de avocamiento planteada ante la Sala Constitucional no estaba basada en ninguna situación grave subversión del orden procesal o de violación del debido proceso, sino simplemente en que los Fiscales del Ministerio Público consideraron que "en virtud de la vigencia sucesiva de Leyes Penales," y si bien los artículos de la Ley de 2008 y la de la reforma de 2010 se referían "al delito *de* 'apropiación o distracción de recursos de instituciones financieras, cuyo *nomen iuris* conserva intacto el de la ley precedente," sin embargo, -dijeron- la última norma "incurre en una confusa descripción de dicho tipo penal." Según los Fiscales, del contenido de la norma del artículo 213 de la Ley de 2010 se derivaría que

"la descripción de las acciones que se reputan como típicamente perseguibles a título de apropiación o distracción, no parecieran guardar estrecha relación con la voluntad legislativa que quedó expresada en el *referido nomen iuris*. Es decir, no contemplan de forma adecuada y univoca tales conductas (distraer o apropiarse), situación que ha generado una evidente confusión respecto a la adecuación de tales hechos, los cuales son a todas luces lesivos del orden socioeconómico y de significativa relevancia en el derecho penal económico."

Consideraron entonces los Fiscales que la Sala Constitucional era "la única cuyas competencias pudieran abarcar integralmente tal asunto, y darle una solución cónsona con el marco constitucional vigente."

Cual era la relación de tales argumentos y de la solicitud de avocamiento, con los casos concretos que cursaban en sendas causas penales por delitos cometidos bajo la vigencia de la Ley de 2008, que se despenalizaron por algo más de dos meses, entre el 28 de diciembre de 2010 y el 2 de marzo de 2011 cuando se volvieron a penalizar, sin embargo, es un misterio, salvo que con ello lo que se pretendiera fuera convertir en hechos punibles hechos cometidos durante el breve período señalado, cuando no eran punibles porque habían sido legalmente despenalizados.

Ello lo hizo la Sala Constitucional al avocarse al conocimiento del asunto, decidir la desaplicación del artículo 213 de la de Instituciones del Sector Bancario de 2010, con carácter *erga omnes*, y ordenar la aplicación del artículo 432 de la derogada Ley General de Bancos de 2008 para, a renglón seguido, ordenar devolver los autos a la Sala de Casación Penal para que continuara conociendo de los asuntos de los cuales a su vez se había avocado, y no había llegado a conocer.

III. Para el logro de este despropósito, en una extensa sentencia de 155 páginas la Sala Constitucional se dispuso a

> "determinar si del contenido del artículo 213 de la Ley de Instituciones del Sector Bancario (*G.O.* N° 6.015 extraordinario, del 28 de diciembre de 2010), puede derivarse una despenalización de la conducta delictiva calificada como apropiación o distracción de recursos, lo que afectaría no sólo el curso del presente proceso, sino además incidiría en el desarrollo de la actividad bancaria y, en la eficacia y vigencia de las normas constitucionales que informan ese sector de la economía."

Para ello, la Sala entró a fijar "el marco teórico para poder juzgar el caso concreto," para lo cual entró a precisar

> "el régimen jurídico estatutario de derecho público aplicable al sector bancario, desde el ángulo del Estado Social de Derecho que determina la interpretación del sistema económico consagrado en la Constitución de la República Bolivariana de Venezuela y, de los cimientos históricos y económicos que dieron origen a la actual regulación penal vinculada con la normativa que rige la denominada actividad bancaria o financiera, que se sistematiza en términos generales en la creación, funcionamiento y liquidación de las instituciones que son autorizadas para la captación, manejo, aprovechamiento y la inversión del ahorro."

La Sala Constitucional entonces pasó a analizar el sistema de la Constitución económica, y en particular, la relación entre los valores esenciales de la libertad de empresa y de la regulación económica, y del derecho de propiedad y de su limitación legal, considerando que ninguno de ellos se puede erigir "como un valor absoluto, propenso a avasallar a cualquier otro que se le interponga," debiendo al contrario convivir armoniosamente, de manera que "las exigencias de cada uno de ellos, no sean asumidas con carácter rígido o dogmático, sino con la suficiente flexibilidad para posibilitar su concordancia." En definitiva, concluyó la Sala constatando que ni la libertad económica ni el derecho de propiedad eran derechos absolutos, y que "como casi todo derecho -a excepción de los derechos a la vida y a la integridad- conocen excepciones o limitaciones" que el legislador puede establecer siempre actuando "bajo el principio de racionalidad o de no arbitrariedad."

En este contexto normativo la Sala pasó a abordar el desarrollo de las normas que regulan la actividad bancaria, considerando al sistema financiero como una actividad que en relación con sus usuarios es de eminente interés público, sometida al principio de justicia social, de manera que al regulársela "no sólo se garantiza la tutela de los derechos de los titulares de la actividad económica sino de los usuarios del mismo." Consideró, además, como una manifestación propia de la actividad normativa del Estado, la relativa al ámbito penal, de manera que la pena tenga la función de prevención de los hechos (delitos) que atenten contra los bienes protegidos," siendo "la tipificación del delito y la fijación de la pena, parte de la política o discrecionalidad legislativa." Por ello, consideró la Sala, que:

> "en principio el legislador puede establecer o eliminar figuras delictivas, graduar las penas aplicables, determinar el género o la extensión de éstas, bajo criterios de atenuación o agravación de las conductas penalizadas, todo de conformidad con la valoración, examen y ponderación que se efectúe en torno de los fenómenos sociales y del grado de daño que ciertos comportamiento puedan a causar o llegar a causar en la sociedad.

El siguiente paso que tomó la Sala, en su análisis, se refirió al artículo 114 de la Constitución que dispone que "El ilícito económico, la especulación, el acaparamiento, la usura, la cartelización y otros delitos conexos, serán penados severamente de acuerdo con la ley," deduciendo de su texto que el mismo impone al Legislador:

> "un conjunto de limitaciones para el ejercicio de la función legislativa, pero a la vez, comporta un parámetro interpretativo, para el juez en el análisis de la legislación penal en la materia, que debe ponderarse con otros principios aplicables a la legislación penal como los derechos fundamentales referidos a la irretroactividad de la ley, debido proceso, el principio de tipicidad entre otros."

En particular, en cuanto a la penalización de actividades desarrolladas en el marco del sector bancario, consideró la Sala que las mismas responden a:

> "la necesidad el Estado de reaccionar ante hechos punibles cometidos por personas en una especial circunstancia de poder o estatus económico, en un ámbito en el cual las partes que integran el sistema actúan de buena fe, abusan de su posición, en detrimento de los débiles jurídicos tutelados por el ordenamiento jurídico bien sea en provecho propio o de terceros."

De allí dedujo la Sala que la primera aproximación al cumplimiento del contenido del artículo 114 de la Constitución

> "es la obligación del legislador de evitar groseras o escandalosas lagunas de punibilidad, que deberá llenar con la creación de delitos nuevos, perfeccionando los existentes mediante la delimitación de conductas que difícilmente puedan ser sancionadas con los delitos ya existentes, pero que afectan un bien jurí-

dico determinado que requiere de una tipificación de los comportamientos que puedan ponerlo en peligro o lesionarlo."

IV. En este marco, fue precisamente que la Sala pasó a efectuar la interpretación del contenido y alcance de la norma contenida en el artículo 213 de la Ley de Instituciones del Sector Bancario de diciembre de 2010, teniendo presente la necesidad de provocar una reacción total de los valores, principios y derechos constitucionales, que permee o alcance todos los ámbitos del ordenamiento jurídico y, permita forjar una resolución de fondo acorde con los principios de la Constitución de la República Bolivariana de Venezuela, para el caso en el cual se avoca." Para ello, la sala Constitucional pasó revista histórica, en Venezuela y en el derecho comparado, al régimen y evolución de la legislación en materia de bancos, desde el derecho romano y los tiempos medievales, hasta los tiempos modernos, con particular referencia a los casos de Estados Unidos, México y Venezuela, constatando el carácter expansivo de la intervención estatal en sector bancario y financiero, con especial énfasis (i) en la regulación de la idoneidad de los sujetos a cargo de las actividades en el sector (los banqueros); (ii) en la regulación sobre el desarrollo la actividad bancaria para entre otros aspectos, defender los intereses de la sociedad en general y, de los usuarios de la banca en particular; (iii) en la regulación sobre el control de la actividad bancaria y las sanciones como consecuencia del incumplimiento de la normativa estatutaria correspondiente; y (iv) en la regulación de las sanciones y los delitos bancarios, para lo cual la Sala destacó que "la mayor injerencia en la regulación, control, supervisión y medidas de saneamiento del sistema bancario, se ha manifestado proporcionalmente en materia sanciones administrativas y delitos" extendiendo la responsabilidad de las personas naturales o jurídicas involucradas.

Con base en lo anteriormente analizado, pasó entonces la Sala Constitucional a determinar si del contenido del artículo 213 de la Ley de Instituciones del Sector Bancario de diciembre de 2010,[583] podía derivarse una despenalización de la conducta delictiva calificada como apropiación o distracción de recursos, que pudiera afectar el curso del proceso penal a cuyo conocimiento se había avocado la Sala.

Para ello, la Sala advirtió de entrada que "la apropiación o distracción como *nomen iuris* en el derecho penal económico, se inscribe en el marco de lo que en el derecho penal general se ha regulado bajo la calificación de apropiación indebida calificada" regulado en Venezuela desde 1873, en los artículo 466 y 468 del Código Penal. En este tipo delictivo, dijo la Sala, el bien jurídico tutelado es la propiedad, agravándose el delito por ejemplo, cuando la persona que recibe la cosa para restituirla o para hacer de ella un uso determinado, como un banquero, corredor, cajero o cobrador de una empresa.

Dicho delito especial vinculado a la actividad bancaria, se estableció por primera vez en la Ley General de Bancos y Otras Instituciones Financieras de 1993, en una norma que se mantuvo en la legislación bancaria en la reforma de la Ley General de Bancos y Otras Instituciones Financieras publicada de 2001,[584] en cuyo artículo 432, conforme lo apreció la Sala, se "delimitó de forma más precisa, a los sujetos activos

583 *Gaceta Oficial* N° 6.015 extraordinario, del 28 de diciembre de 2010.

584 *Gaceta Oficial* N° 5.555 del 13 de noviembre de 2001.

en la comisión del delito de apropiación o distracción de recursos, incluyéndose a los funcionarios de un banco, entidad de ahorro y préstamo, institución financiera o casa de cambio." La norma se conservó en la reforma de la Ley General de Bancos y otras Instituciones Financieras, de julio de 2008, en el texto que se transcribió anteriormente, así como en las reformas de la misma Ley General de diciembre de 2009;[585] y de 19 de agosto de 2010 (art. 396).[586]

De todas esas normas, la Sala dedujo que resultaba "claro un desarrollo histórico normativo que, a la par de las crisis financieras," habían quedado sometidas bajo su ámbito de vigencia temporal, potenciando el incremento de las penas aplicables y el mantenimiento del *nomen iuris."* La Sala constató, incluso, que en la entonces vigente (para el momento de la sentencia) Ley de Instituciones del Sector Bancario de marzo de 2011,[587] la norma establecía una regulación similar (art. 216).

Fue entonces en este contexto normativo, que la Sala pasó a abordar el tema del contenido y alcance del artículo 213 de la Ley de Instituciones del Sector Bancario de diciembre de 2010 que, como se dijo, establece igualmente el delito de "Apropiación o distracción de recursos," pero con otra redacción, como antes se transcribió. Para ello, la Sala Constitucional pasó a destacar la importancia del principio de la legalidad en materia sancionatoria, así como la garantía *nullum crimen nulla poena sine lege*, citando una importante sentencia de la propia Sala Nº 490 de 12 de abril de 2011, en la cual concluyó con carácter vinculante que:

> "El principio de legalidad, en su formulación más general se traduce en la sujeción a la Ley, ante todo de la sujeción del Poder Público al Derecho, razón la que, p. ej., ese Poder no está legitimado para perseguir y sancionar a una persona por un comportamiento que la Ley no asocia a una sanción para el momento del hecho, y, por argumento en contrario, tampoco puede desconocer y no aplicar (a menos que la estime inconstitucional y la desaplique en ejercicio del control difuso de la constitucionalidad) una norma jurídica que sí está prevista en el ordenamiento jurídico.
>
> Sólo el o los órganos a los cuales el Texto Constitucional le otorga la potestad de crear leyes están legitimados para crear otras que las deroguen y tal atribución no radica en la Sala de Casación Penal ni en ningún otro ente del Poder Judicial, si no, ante todo, en la Asamblea Nacional, tal como se indicó en el criterio plasmado anteriormente.
>
> Así como 'Ningún magistrado (...) puede con justicia decretar a su voluntad penas contra otro individuo', ese funcionario tampoco puede descocer delitos y penas que sí dispone la Ley.
>
> En tal sentido, de lo precedentemente expuesto se desprende que no sólo viola el principio de legalidad y, por ende, el debido proceso (artículo 49.6 constitucional) y la tutela judicial efectiva (artículo 26 *eiusdem*) reconocer la existencia de una norma que realmente no está prevista en el ordenamiento

585 *Gaceta Oficial* Nº 5.947 extraordinario del 23 de diciembre de 2009.

586 *Gaceta Oficial* Nº 39.491 del 19 de agosto de 2010.

587 *Gaceta Oficial* Nº 39.627 del 02 de marzo de 2011.

jurídico, sino también desconocer una norma jurídica que sí forma parte de él …”.[588]

V. Pero a pesar de tan clara doctrina vinculante, en los párrafos siguientes de la sentencia, la Sala Constitucional pasó a desconocerla, y mediante la construcción de una teoría de la interpretación jurídica a la medida, pasó a “desconocer delitos y penas” que sí disponía la ley,” y por vía de control difuso, pasó a “decretar a su voluntad penas contra otro individuo” ignorando lo que recién había afirmado de que sólo la Asamblea Nacional tiene la “potestad de crear leyes” siendo la única “ legitimada para crear otras que las deroguen,” no estando dicha atribución en órgano alguno del “Poder Judicial.”

Partiendo del fin que debe tener toda ley, conforme al artículo 4 del Código Civil en relación con la intención del legislador, consideró la Sala que para la interpretación de la norma resultaba siempre aplicable el elemento teleológico o finalista, vinculado a los principios y valores constitucionales, fijando el criterio de que “en materia de delitos económicos la discrecionalidad del legislador penal, no es tan amplia como en otros ámbitos” de manera que dado el contenido del artículo 114 de la Constitución antes señalado donde se hace referencia a los ilícitos económicos, en concordancia con los artículos 2, 112, 299 y 308 del Texto Fundamental, ello según la Sala “permite afirmar con mayor claridad que el control de la actividad legislativa por esta Sala, pueda y deba corregir la protección deficiente de los derechos y, en general de los imperativos Constitucionales.”

Es decir, ni más ni menos, la Sala se erigió en órgano corrector o reformador de leyes cuando estime que han establecido una “protección deficiente” a los “imperativos constitucionales” que ella misma deduce. Por ello, la Sala pasó de inmediato a declarar o a aclarar que:

> “Ello no comporta que esta Sala, en base a tales postulados, pueda afirmarse como un legislador en materia penal y crear tipos penales, no establecidos en el ordenamiento jurídico, siendo evidente en tales casos, un vicio de inconstitucionalidad, causado por una obvia usurpación de funciones de acuerdo con el artículo 138 de la Constitución, pero sí permite que la Sala en su labor interpretativa del ordenamiento jurídico, en el marco del principio de conservación de los actos, deba con los elementos contenidos en la propia norma penal, aclarar el contenido y alcance de la misma en orden a garantizar que el Derecho esté al servicio de la convivencia, del desarrollo y del progreso humano; vale insistir, que la técnica jurídica sea instrumento útil para alcanzar estos propósitos, pero que, en caso de insuficiencia, se imponga la búsqueda de medios adecuados a la satisfacción de la necesidad de hacer justicia.”

Pero lo que resultó de su sentencia fue precisamente lo que se pretendió negar, procediendo la Sala a convertirse en “un legislador en materia penal y crear tipos penales, no establecidos en el ordenamiento jurídico,” mediante el subterfugio de desaplicar el artículo 213 de la Ley de Instituciones del Sector Bancario de diciembre de 2010, que había despenalizado ciertas conductas bancarias, desconociendo la

588 Dictada en una revisión de sentencia. Véase en http://www.tsj.gov.ve/deci-siones/scon/Abril/490-12411-2011-10-0681.html.

voluntad del legislador, reviviendo para ello una previsión de una Ley que había sido derogada.

La Sala lo que alegó, usurpando la función del legislador, es que debía "evitar una interpretación que fomente la impunidad y desconozca el contenido mismo de los valores, principios y derechos que informan el ordenamiento jurídico," y que entonces, "la denominada apropiación o distracción de recursos, [...] no puede concebirse bajo planos de razonabilidad y justicia como una conducta lícita o permitida por el ordenamiento jurídico." Agregó además, la Sala que siendo la conducta de apropiación o distracción de recursos conductas de naturaleza delictual,

> "cualquier norma que desnaturalice su antijuricidad y el alcance de la tipicidad de las mismas, "legalizaría formalmente" un caos el sistema financiero; una anarquía que imposibilitaría lograr los fines del Estado Social de Derecho y de Justicia, y que vulneraría, en definitiva la dignidad humana individual y colectiva, al afectarse el nivel de vida de la colectividad en los términos antes señalados, en tanto la impunidad de la misma, generaría una crisis sistémica en el sector."

De todo ello, concluyó la Sala deduciendo que el ordenamiento constitucional le imponían como "al juez constitucional, que en ejercicio de su competencia de control de la actividad legislativa, garantice que "El ilícito económico, (...) y otros delitos conexos, serán penados severamente" (artículo 114 *eiusdem*)," lo que implica "no sólo que deban ser tipificadas las conductas delictivas, sino que además sean penadas con mayor severidad;" concluyendo con la afirmación de que:

> "Asumir otra posición interpretativa, resultaría contraria a la naturaleza de los valores, principios y derechos que informan la Constitución, por cuanto en el presente caso se procedería a despenalizar una conducta lesiva *per se* -derivada de la naturaleza de la actividad de intermediación bancaria-, reconocida como tal en el propio texto de la ley, y cuya legalización o deficiente penalización, desconocería el derecho de la sociedad, y de los afectados directa e indirectamente por la presunta apropiación o distracción indebida de recursos imputada, lo que inexorablemente incidiría, como se ha señalado, en el normal desarrollo de la sociedad."

Es decir, a pesar de que la norma del artículo 213 de la Ley de Instituciones del Sector Bancario de diciembre de 2010, efectivamente había despenalizado determinadas conductas bancarias, la Sala, simplemente desconoció dicha decisión del legislador, considerando en definitiva, que aceptarla sería generar "la destrucción o desintegración de la sociedad y, del sistema económico." La Sala Constitucional señaló entonces, en una admonición dirigida al Legislador, que "ningún órgano u ente puede en ejercicio de las competencias que le son atribuidas, afirmar un grado tal de discrecionalidad que le permita aseverar que tiene la opción de actuar en contra de la Constitución, los derechos y las garantías que en ella se consagran," concluyendo entonces que la:

> "norma contenida en el mencionado artículo 213 de la Ley de Instituciones del Sector Bancario, deba ser objeto de una interpretación como parte del régimen normativo de responsabilidad penal en el ordenamiento sectorial bancario, que impide que el sistema legal haga vacuo el contenido el artículo 144 de la

Constitución de la República Bolivariana de Venezuela y, por el contrario se dé plena eficacia los principios y derechos contenidos en los artículos 2, 112, 299 y 308 *eiusdem*."

Con base en todo lo anterior, la Sala apuntó sobre el mencionado artículo 213 de la Ley de Instituciones del Sector Bancario de diciembre de 2010, señalando que en el mismo,

> "a pesar de que el legislador reconoció la antijuricidad de la conducta referida a la apropiación o distracción de recursos en materia bancaria, existe una inconsistencia en los elementos que integran la norma penal, que no permite a la aplicación de la misma, (*Cfr.* Sentencia de la Sala N° 1.466/04), ya que aunado a la calificación propia del tipo penal de apropiación o distracción de recursos enunciados en el *nomen iuris* de la misma, el legislador realiza la descripción normativa de un conjunto de acciones, que en el contexto de una interpretación literal o sistemática de la norma, generan un desorden que la erigen como contradictoria y de imposible entendimiento, que la constituye en una norma contraria al contenido del artículo 114 de la Constitución, en tanto no permite calificar claramente el hecho punible que se corresponde con la pena en ella establecida."

De ello concluyó la Sala afirmando que "el artículo 213 *eiusdem*, es una norma ininteligible y, por lo tanto, contraria al deber de tipificación suficiente contenido en artículo 114 de la Constitución y los principios de racionalidad y no arbitrariedad que deben regir la función legislativa (*Cfr.* Sentencia de esta Sala Nros. 2/09, 1.178/09 y 490/11)," por lo que conforme al artículo 334 de la Constitución, resolvió que:

> "desaplica por control difuso de la constitucionalidad el artículo 213 de la Ley de Instituciones del Sector Bancario, publicada en la *Gaceta Oficial* N° 6.015 extraordinario, del 28 de diciembre de 2010, teniendo el presente fallo carácter vinculante para todos los tribunales de la República, incluso para las demás Salas de este Tribunal Supremo de Justicia (*Cfr.* Sentencia de esta Sala N° 1.380/09)."

Se observa, en este caso, que en forma contraria a los principios que informan el control difuso de la constitucionalidad de las leyes que fijan los efectos de la sentencia con efectos entre las partes del proceso, la Sala Constitucional procedió a darle efectos *erga omnes*, lo que resulta de declarar vinculante la inaplicabilidad de la norma para todos los tribunales.

VI. Sin embargo, era evidente que con la sola desaplicación general de la norma del artículo 213 de la Ley que despenalizaba conductas bancarias, no quedaba resuelta la voluntad de la Sala de, al contrario y en contra de la voluntad del Legislador, llegar a imponer la penalización de la apropiación o distracción de recursos, para lo cual tuvo entonces que pasar a resolver el interrogante de que "frente a la desaplicación se plantea igualmente si la misma debe considerarse como una despenalización del delito de apropiación o distracción de recursos, como tipo penal especial aplicable en el sector bancario," y abordar para ello, el tema de "la sucesión temporal de leyes que regulan la materia."

Con tal propósito, la Sala Constitucional partió del principio constitucional establecido en el artículo 24 del Texto fundamental que garantiza que "ninguna disposición legislativa tendrá efecto retroactivo, excepto cuando imponga menor pena" y que "cuando haya dudas se aplicará la norma que beneficie al reo," principio que se regula también en la Convención Americana sobre Derechos Humanos (Pacto de San José de Costa Rica), la cual en su artículo 9, dispone la aplicación de la ley más benigna, al señalar que: "nadie puede ser condenado por acciones u omisiones que en el momento de cometerse no fueran delictivos según el derecho aplicable. Tampoco se puede imponer pena más grave que la aplicable en el momento de la comisión del delito. Si con posterioridad a la comisión del delito la ley dispone la imposición de una pena más leve, el delincuente se beneficiará de ello."

De estas normas la Sala concluyó señalando:

> "como regla general interpretativa en el caso de sucesión de leyes, que la aplicación retroactiva de la ley penal más benigna, ya que con posterioridad a la comisión del delito, la ley disponga la imposición de una pena más leve o de cualquier otro elemento que favorezca al procesado debe prevalecer."

Luego pasó la Sala a mencionar el artículo 15 del Pacto Internacional de Derechos Civiles y Políticos, donde dijo se:

> "expresa con toda precisión el alcance de la irretroactividad de la ley penal y de la retroactividad de la ley penal más benigna, al establecer que "1. Nadie será condenado por actos u omisiones que en el momento de cometerse no fueran delictivos según el Derecho nacional o internacional. Tampoco se impondrá pena más grave que la aplicable en el momento de la comisión del delito. Si con posterioridad a la comisión del delito la ley dispone la imposición de una pena más leve, el delincuente se beneficiará de ello".

Pero, Eureka!!, en las previsiones del artículo 15.2 del Pacto Internacional de Derechos Civiles y Políticos, la Sala pretendió "descubrir" que los anteriores principios "encuentran su límite" al disponer que:

> "Nada de lo dispuesto en este articulo, se opondrá al juicio ni a la condena de una persona por actos u omisiones, que en el momento de cometerse, fueran delictivos, según los principios generales del derecho reconocidos por la comunidad internacional".

En esta norma la Sala encontró que se imponía una interpretación que permitía "la desaplicación de la retroactividad de la norma penal más favorable y, a su vez, la aplicación de la denominada ultractividad de las normas penales en casos *excepcionales.*"

Lo importante, sin embargo, es que no se trata de un límite a la irretroactividad de la ley ni al principio de la aplicación al reo de la ley más favorable, sino de una previsión excepcional, dispuesta cuando el Pacto se adoptó en el seno de las Naciones Unidas, para dar respuesta a la necesidad de castigar crímenes contra la humanidad que se produjeron durante la segunda guerra mundial, como los de "genocidio," lo que por supuesto nada tiene que ver con delitos bancarios.

De la norma del Pacto Internacional, la Sala Constitucional dedujo, sin embargo, que lo que había era una "obligación de hacer" impuesta a los Estados de "sancionar efectivamente los hechos contrarios a los derechos fundamentales," y de "perseguir y sancionar a los responsables de crímenes contra la humanidad," así como de "prevenir, investigar y sancionar toda violación de derechos reconocidos por la Constitución e instrumentos internacionales de derechos humanos." Y a renglón seguido pasó a argumentar respecto al tema de la despenalización de delitos bancarios en Venezuela, en relación con el "alcance y contenido de derecho a la libertad económica y a la estabilidad y sustentabilidad del sistema económico como derechos humanos fundamentales," concluyendo entonces que debía

> "necesariamente aplicarse el principio "*tempus regit actum*" a los delitos de índole económico bancario, como el de apropiación o distracción de bienes, con base a las imposiciones que la propia Constitución (artículo 114) establece en la materia, que se materializan y ratifican en relación a la prohibición de impunidad ya señalada en la materia de derechos humanos fundamentales (artículo 15.2 del Pacto Internacional de Derechos Civiles y Políticos)."

En consonancia, la Sala consideró que como en los supuestos de leyes excepcionales y temporales, que en el caso sometido a su consideración, "dada la desaplicación por control difuso de la constitucionalidad del artículo 213 de la Ley de Instituciones del Sector Bancario de diciembre de 2010," también resultaba aplicable "el principio de ultractividad" en la medida:

> "que el artículo 432 de la Ley General de Bancos y otras Instituciones Financieras (*Gaceta Oficial* N° 5.892, del 31 de julio de 2008) contempla la norma más favorable -y por lo demás vigente para el momento de la comisión del hecho ilícito penal-, en relación con el tipo penal de apropiación o distracción contenido en el artículo 216 del vigente Decreto con Rango, Valor y Fuerza de Ley de Reforma Parcial de la Ley de Instituciones del Sector Bancario (*Cfr. Gaceta Oficial* N° 39.627 del 02 de marzo de 2011, que establece una pena de 10 a 15 años de prisión).

La Sala en definitiva, contrariando la voluntad del Legislador, o corrigiéndola o enmendándola, resolvió que si no hubiera tomado su decisión, de desaplicar una norma aplicable al caso, y de aplicar una norma ya derogada al mismo caso "se despenalizaría una conducta que como ya se señaló, es antijurídica por sí misma, en el marco del ejercicio de la actividad financiera" y como si se tratase de delitos de genocidio o lesa humanidad, conforme al artículo 15.2 del Pacto Internacional de derechos Civiles y Políticos, podía resultar "contraria no sólo a los intereses generales del Estados, sino que además a su estabilidad económica en los términos antes expuestos."

VII. De esta sentencia se destacan los siguientes aspectos medulares:

1. En primer lugar, con la sentencia, se produjo una **ilegítima utilización de la figura del avocamiento**, para fines distintos a los que fundamentan esa excepcional figura procesal.

En efecto, si bien el artículo 31.1 de la Ley Orgánica del Tribunal Supremo de Justicia de 2010, reguló en general la posibilidad del avocamiento por parte de las Salas del Tribunal Supremo dc Justicia, siguiendo la orientación de la jurisprudencia y de las normas de la Ley Orgánica de 2004, lo que implica la potestad de solicitar de oficio, o a petición de parte, "algún expediente que curse ante otro tribunal, y avocarse al conocimiento del asunto cuando lo estime conveniente;" la misma fue sometida a normas precisas.

Conforme al artículo 106 de la Ley Orgánica del Tribunal Supremo, la solicitud de avocamiento ante y por parte del Tribunal Supremo, no sólo debe necesariamente plantearse en cualquiera de las Salas del Tribunal Supremo de Justicia "*en las materias de su respectiva competencia*," sino que en principio debe referirse a causas que cursen ante "*cualquier tribunal*" inferior o como lo dice el artículo 108 de la ley Orgánica, "ante algún tribunal de la República." No está previsto en principio, por tanto, el avocamiento entre Salas del Tribunal Supremo, salvo por parte de la Sala Constitucional, respecto de causas "en las que se presuma violación al orden público constitucional" (art. 25.16) o respecto de procesos de amparo constitucional.

En el presente caso, la competencia en materia penal y de interpretación de la ley penal e incluso, sobre su aplicación temporal y sobre su control de constitucionalidad mediante el control difuso de constitucionalidad previsto en el artículo 334 de la Constitución y en el artículo 19 del Código Orgánico Procesal Penal, corresponde *exclusivamente* a la Sala de Casación Penal.

Por otra parte, en los procesos penales donde ocurrió el avocamiento por parte de la Sala Constitucional no estaba planteado ningún asunto de naturaleza constitucional ni se denunció violación alguna del orden público constitucional, por lo que la Sala Constitucional simplemente usurpó las funciones de la Sala de Casación Penal.

El avocamiento tiene un objeto procesal preciso conforme al artículo 106 de la ley Orgánica, y es que la Sala que se avoca resuelva sólo y exclusivamente si "asume el conocimiento del asunto o, en su defecto, lo asigna a otro tribunal." Lo que no puede ocurrir es que una Sala se avoque para no avocarse a conocer del asunto, o se avoque para no asignar el asunto a otro tribunal, y más bien, simplemente, tome una decisión que correspondía al tribunal que conocía del asunto para luego devolvérselo. Y esto es lo que ha ocurrido en este caso, en el cual la Sala Constitucional se avocó para ejercer una competencia que correspondía exclusivamente a la Sala de Casación Penal, como era aplicar el artículo 334 de la Constitución ejerciendo el control difuso de la constitucionalidad de las leyes, si era el caso, para luego devolverle la causa a la propia Sala de Casacón Penal.

Pero además, como lo indica expresamente el artículo 107 de la Ley Orgánica del Tribunal Supremo, el avocamiento es una atribución que debe "ser ejercida con suma prudencia y sólo en caso de graves desórdenes procesales o de escandalosas violaciones al ordenamiento jurídico que perjudiquen ostensiblemente la imagen del Poder Judicial, la paz pública o la institucionalidad democrática."[589] Nada de ello ocurría en los procesos penales que la Sala Constitucional decidió conocer por vía del avocamiento; en ellos no se denunció, por ejemplo, que existieran "graves desórdenes procesales" ni se alegó que existieran "escandalosas violaciones al ordenamiento jurídico," ni se argumentó en forma alguna que las mismas perjudicaban "ostensiblemente la imagen del Poder Judicial, la paz pública o la institucionalidad democrática" de manera que se exigiese la intervención de la Sala.

589 A ello, la Ley de 2004 agregaba, el perjuicio a la decencia" y que se hubiesen "desatendido o mal tramitado los recursos ordinarios o extraordinarios que los interesados hubieren ejercido."

Por otra parte, la Sala que se avoque al conocimiento de un asunto, tiene determinado en forma precisa el contenido posible de la sentencia a dictar, lo que se deriva de los motivos que pueden y deben originar este procedimiento excepcional. Ese contenido, de acuerdo con el artículo 109 de la Ley Orgánica, puede ser: (i) "decretar la nulidad y subsiguiente reposición del juicio al estado que tenga pertinencia;" (ii) "decretar la nulidad de alguno o algunos de los actos de los procesos;" (iii) "ordenar la remisión del expediente para la continuación del proceso o de los procesos en otro Tribunal competente en la materia;" y (iv) "adoptar cualquier medida legal que estime idónea para el restablecimiento del orden jurídico infringido." No puede la Sala que se aboca al conocimiento de un asunto adoptar cualquier medida judicial, sino las anteriores precisamente establecidas en la Ley, de manera que incluso la última aparentemente general de adoptar "cualquier medida judicial que estime idónea" es sólo posible si se ha comprobado que hay una infracción al "orden jurídico" que deba ser restablecido. Lo que nunca puede ocurrir, en cambio, es que la Sala se avoque al conocimiento de un asunto y luego lo devuelva al mismo Tribunal.

Con la decisión comentada, en realidad, fue la Sala Constitucional la que, en realidad, al haber usurpado funciones de la Sala de Casación Penal, provocó un grave desorden procesal, violando escandalosamente el ordenamiento jurídico con lo que ha perjudicado ostensiblemente la imagen del Poder Judicial, y la institucionalidad democrática; máxime si con su decisión, la Sala en definitiva, desaplicó una ley más favorable a los encausados que era aplicable, para ordenar aplicar al caso una ley derogada que además era menos favorable a los procesados.

2. En segundo lugar, con la sentencia dictada se produjo una **distorsión e ilegítima utilización del control difuso de la constitucionalidad de las leyes**, para fines distintos al establecido en la Constitución.

En efecto, como es sabido, en el sistema venezolano de justicia constitucional o de control de la constitucionalidad de las leyes, como sistema mixto o integral que es, se distingue, por una parte, el método de control concentrado de la constitucionalidad que corresponde a la Sala Constitucional como Jurisdicción Constitucional, cuando conoce en general de las acciones populares de nulidad, teniendo la sentencia en los casos de decisiones anulatorias, efectos generales con validez *erga omnes*. La decisión, en estos casos, en principio, es de carácter prospectiva ya que tiene consecuencias *ex nunc y pro futuro;* es decir, la ley anulada por inconstitucional, en principio es considerada en general como habiendo surtido efectos hasta su anulación por el Tribunal o hasta el momento que éste determine como consecuencia de la decisión. En estos casos, por consiguiente, en general, la decisión tiene efectos "constitutivos" ya que la ley se vuelve inconstitucional solamente después de la decisión,[590] aún cuando la Ley Orgánica del Tribunal Supremo, como es sabido, le otorga competencia a la Sala Constitucional para determinar los efectos de su decisión en el tiempo.

Por otra parte, está el método de control difuso de la constitucionalidad previsto en el artículo 334 de la Constitución, conforme al cual cualquier juez puede tomar una decisión sobre la inconstitucionalidad de una ley aplicable al caso concreto que

590 Allan R. Brewer-Carías, *El control concentrado de la constitucionalidad de las leyes,* Editorial Jurídica Venezolana, Caracas 1994, pp. 32 ss.

esta conociendo, resolviendo para decidirlo, aplicar preferentemente la Constitución y desaplicar la ley. Esta decisión solo tiene efectos *ínter partes*, de manera que la ley declarada inconstitucional, en principio, es nula y no surte ningún tipo de efectos para el caso concreto y para las partes en el mismo. Por ello, en este caso, la decisión es, en principio, retroactiva en el sentido de que tiene consecuencias *ex tunc* o *pro pretaerito,* es decir, la ley declarada inconstitucional se considera como si nunca hubiera existido o nunca hubiera sido válida para el caso concreto exclusivamente. En estos casos, esta decisión tiene efectos declarativos, en el sentido de que declara la nulidad preexistente de la ley inconstitucional para el caso concreto.[591] Lo importante ha tener en cuenta respecto del método de control difuso es que el mismo sólo está previsto para ser ejercido *incidenter tantum,* es decir, en un proceso concreto que el juez esté conociendo conforme a su competencia y en la decisión del mismo, en el cual, por tanto, la inconstitucionalidad de la ley o norma no es ni el objeto de dicho proceso ni el asunto principal del mismo. Como lo dice el artículo 334: "En caso de incompatibilidad entre esta Constitución y una ley u otra norma jurídica, se aplicarán las disposiciones constitucionales, correspondiendo a los tribunales en cualquier causa, aun de oficio, decidir lo conducente."En consecuencia, en este caso, siempre debe iniciarse y estar en curso un proceso ante un tribunal competente en cualquier materia, por lo que el método difuso de control de la constitucionalidad siempre es de carácter incidental, en el sentido de que la cuestión de inconstitucionalidad de una ley y su inaplicabilidad, se plantea al decidir un caso o proceso concreto (*cases and controversies*), cualquiera sea su naturaleza, en el cual la aplicación o no de una norma concreta es considerada por el juez como relevante para la decisión del caso. En consecuencia, en el método difuso de control de constitucionalidad, el *thema decidendum,* es decir, el objeto principal del proceso y de la decisión judicial no es la consideración abstracta de la constitucionalidad o inconstitucionalidad de la ley o su aplicabilidad o inaplicabilidad, sino más bien, la decisión de un caso concreto, por ejemplo, en materia civil, penal, administrativa, mercantil o laboral, etc., en el cual la cuestión de constitucionalidad sólo es un aspecto incidental en el proceso que sólo debe ser considerada por el juez para resolver la aplicabilidad o no de una ley en la decisión del caso concreto, cuando surgen cuestiones relativas a su inconstitucionalidad.[592]

En el caso de la decisión de la Sala Constitucional N° 794 del 27 de mayo de 2011, la Sala se avocó al conocimiento de la causa, como se ha dicho, para no avocarse, de manera que la decisión que tomó no fue para decidir una causa penal para cuya resolución debía aplicar preferentemente la Constitución y desaplicar una ley, sino que fue una decisión independiente totalmente de la causa penal que resolvió debía continuar su curso en la Sala de Casación Penal. La decisión de la Sala Constitucional, fue entonces, una decisión cuyo único propósito fue "juzgar" la "consti-

---

591 Véase Allan R. Brewer-Carías, "El método difuso de control de constitucionalidad de las leyes en el derecho venezolano," en Víctor Bazán (coord.), *Derecho Procesal Constitucional Americano y Europeo,* Edit. Abeledo-Perrot, dos tomos, Tomo I, Buenos Aires, Rep. Argentina, 2010, pp. 671-690.

592 Véase Allan R. Brewer-Carías, *Judicial Review in Comparative Law,* Cambridge University Press, Cambridge 1989, pp. 131 ss.; "El método difuso de control de constitucionalidad de las leyes en el derecho venezolano," en Víctor Bazán (coord.), *Derecho Procesal Constitucional Americano y Europeo,* Edit. Abeledo-Perrot, dos tomos, Tomo I, Buenos Aires, Rep. Argentina, 2010, pp. 671-690.

tucionalidad" del artículo 213 de la Ley de Instituciones del Sector Bancario con entera independencia respecto de decisión alguna de un caso concreto relativo a las causas penales de las cuales se avocó, para no avocarse. Por ello, en este caso, no puede decirse que la Sala Constitucional haya aplicado con preferencia la Constitución y desaplicado una ley para decidir ningún caso concreto penal, que al contrario resolvió no decidir.

Con ello, la Sala Constitucional, además, ilegítimamente usurpó lo que era competencia exclusiva de la propia Sala de Casación Penal, es decir, al decidir las causas, resolver sobre la constitucionalidad mediante el ejercicio del control difuso de la constitucionalidad de las leyes conforme al artículo 334 de la Constitución y al artículo 19 del Código Orgánico Procesal Penal, para lo cual esta tenía competencia exclusiva. La Sala Constitucional, en este caso, en un "proceso" cuyo objeto "principal" no era conocer y resolver sobre unas causas penales, se avocó a las mismas pero para ejercer el control de constitucionalidad del artículo 231 de la Ley de Instituciones del sector Bancario, usurpando a priori, lo que era competencia exclusiva de la Sala de Casación Penal, máxime si en la misma decisión resolvió devolverle a la misma las causas para su decisión.

Pero además, debe observarse que otra de las características del control difuso de la constitucionalidad de las leyes se refiere a los efectos de la decisión que adopten los tribunales en relación con la constitucionalidad o aplicabilidad de una ley en un caso concreto. El régimen general en relación a determina a quienes afecta la decisión, es que la decisión adoptada por el juez sólo tiene efectos en relación con las partes en el proceso concreto en la cual aquella se adopta. En otras palabras, en el método difuso de control de constitucionalidad, la decisión adoptada sobre la inconstitucionalidad e inaplicabilidad de la ley en un caso concreto, sólo tiene efectos *in casu et inter partes,* es decir, en relación con el caso y exclusivamente, en relación con las partes que han participado en el mismo, por lo que no puede ser aplicada a otras personas extrañas a la relación procesal. Esta es la consecuencia directa del antes mencionado aspecto relativo al carácter incidental del método difuso de control de constitucionalidad, que exige que sólo se pueda ejercer en un proceso particular desarrollado entre partes específicas, por lo que la decisión sólo se puede aplicar a este proceso en particular y a las partes del mismo y, en consecuencia, no puede ni beneficiar ni perjudicar a ningún otro individuo ni a otros procesos. En consecuencia, conforme al método difuso, si en una decisión judicial una ley es considerada inconstitucional, esto no significa que dicha ley haya sido invalidada y que no sea efectiva y aplicable en otros casos. Sólo significa que en cuanto concierne a ese proceso particular y a las partes que en el mismo intervinieron, en el cual el Juez decidió la inaplicabilidad de la Ley, es que ésta debe considerarse inconstitucional, nula y sin valor, sin que ello tenga ningún efecto con relación a otros procesos, otros jueces y otros particulares.

Sin embargo, en los procesos desarrollados ante la Sala Constitucional, en materias de su competencia, por ejemplo, en un proceso de amparo o con motivo de la revisión constitucional de sentencias (art. 336.10), la Sala Constitucional, al decidirlos podría ejercer el control difuso de la constitucionalidad de la ley aplicable al caso concreto, y como Jurisdicción Constitucional en esas materias de su competencia, podría resolver darle carácter vinculante a su interpretación constitucional, en particular cuando están involucrados derechos colectivos y difusos, en cuyo caso los efectos de la decisión podrían ser de carácter *erga omnes.*[593] Sin embargo, ello sólo podría ocurrir cuando la Sala Constitucional adopte una decisión definitiva de un proceso constitucional que sea de su competencia y concierna a derechos colectivos o difusos.

Lo que no puede hacer la Sala Constitucional, es pretender ejercer el control difuso de la constitucionalidad de una ley con efectos vinculantes *erga omnes,* sin decidir una causa concreta en materias de su competencia, como ha ocurrido en este caso, en el cual la Sala se avocó para no avocarse ni para conocer de una causa penal, sino sólo para resolver declarar una ley inaplicable con efectos generales, es decir, no para decidir algún caso concreto, y luego devolver las actas y la causa al tribunal competente.

3. En tercer lugar, con la sentencia dictada por la sala Constitucional se produjo una distorsión e ilegítima utilización del control de constitucionalidad de las leyes para usurpar la función legislativa.

En efecto, la Constitución de 1999 otorgó a la Sala Constitucional amplios poderes en materia de control de la constitucionalidad de las leyes, consolidando la Jurisdicción Constitucional en el país. En su ejercicio, sin embargo, como lo indicó la Sala Constitucional, precisamente en esta sentencia de marzo de 2011, la Sala Constitucional declaró que no se puede sustituir al Legislador particularmente en la definición de la política legislativa sancionatoria penal. Es el Legislador el competente de acuerdo con la Constitución, para establecer los tipos penales y las sanciones, conforme al principio de la legalidad; y no pueden los otros órganos del Poder Público, incluido el propio Tribunal Supremo, conforme a sus propias palabras, según se ha citado con anterioridad,

> "perseguir y sancionar a una persona por un comportamiento que la Ley no asocia a una sanción para el momento del hecho, y, por argumento en contrario, tampoco puede desconocer y no aplicar (a menos que la estime inconstitucional y la desaplique en ejercicio del control difuso de la constitucionalidad) una norma jurídica que sí está prevista en el ordenamiento jurídico."

Por ello, conforme lo ha dicho la Sala, sólo el Poder legislativo como órgano al cual el Texto Constitucional "le otorga la potestad de crear leyes está legitimados para crear otras que las deroguen y tal atribución no radica en [...] ningún [...] ente del Poder Judicial, si no, ante todo, en la Asamblea Nacional." Ello implica, como la propia Sala lo dijo, que "Ningún magistrado (...) puede con justicia decretar a su

---

593 Así lo decidió, por ejemplo, la Sala Constitucional del Tribunal Supremo de Justicia de Venezuela al resolver un proceso de amparo intentado en defensa de intereses colectivos o difusos, en sentencia N° 85 de 24 de enero de 2002, (Caso: *Asociación Civil Deudores Hipotecarios de Vivienda Principal (Asodeviprilara) vs. Superintendencia de Bancos y Otras Instituciones Financieras y otros*), al expresar que como resultado de ese control: "la ley sobre la que se ejerce el control no ha sido anulada por inconstitucional, y sólo deja de aplicarse en el caso concreto, que en materia de acciones por derechos e intereses difusos o colectivos, que es la que conduce a la doctrina planteada, tienen un rango de desaplicación de mayor amplitud, producto de lo "universal" de la pretensión y de la naturaleza *erga omnes* de los fallos que en ellos se dictan; y por ello la desaplicación de la ley al caso, no resulta tan puntual como cuando en un juicio concreto se declara inaplicable una ley por inconstitucional, o se declara inconstitucional a una norma ligada a la situación litigiosa". Véase en *Revista de Derecho Público*, N° 89-92, Editorial Jurídica Venezolana, Caracas, 2002.

voluntad penas contra otro individuo', ese funcionario tampoco puede desconocer delitos y penas que sí dispone la Ley." Por ello, la conclusión de la propia Sala Constitucional, en el sentido de que "no sólo viola el principio de legalidad y, por ende, el debido proceso (artículo 49.6 constitucional) y la tutela judicial efectiva (artículo 26 *eiusdem*) reconocer la existencia de una norma que realmente no está prevista en el ordenamiento jurídico, sino también desconocer una norma jurídica que sí forma parte de él…".[594]

Sin embargo, como se ha visto, en la sentencia comentada, al contrario de estas afirmaciones, la Sala Constitucional, mediante la construcción de una teoría de la interpretación jurídica hecha a la medida, pasó a "desconocer delitos y penas que sí dispone la ley," y por vía de control difuso, pasó a "decretar a su voluntad penas contra otro individuo" ignorando que sólo la Asamblea Nacional tiene la "potestad de crear leyes" siendo la única "legitimada para crear otras que las deroguen," no estando dicha atribución en órgano alguno del "Poder Judicial," incluido la propia Sala Constitucional.

Con la decisión, comentada, en realidad, lo que efectivamente ocurrió –parafraseando el texto mismo de la decisión– fue que la Sala Constitucional asumió el rol de "legislador en materia penal" creando, al "revivir" normas derogadas, "tipos penales, no establecidos en el ordenamiento jurídico," lo que pone en evidencia "un vicio de inconstitucionalidad, causado por una obvia usurpación de funciones de acuerdo con el artículo 138 de la Constitución." Ello fue lo que hizo la Sala Constitucional ordenando inaplicar en forma general una norma aplicable y ordenando aplicar también en forma general una norma derogada.

La Sala, al tomar su decisión –y parafraseando de nuevo su decisión– en forma alguna puede decirse que haya desarrollado una "labor interpretativa del ordenamiento jurídico, en el marco del principio de conservación de los actos," de manera que "con los elementos contenidos en la propia norma penal," hubiera aclarado "el contenido y alcance de la misma en orden a garantizar que el Derecho esté al servicio de la convivencia, del desarrollo y del progreso humano." Nada de eso ocurrió. La Sala no elaboró nada en relación con "el principio de conservación de los actos," que no aplicó; ni "con los elementos contenidos en la propia norma penal," realizó actividad alguna para aclarar "el contenido y alcance de la misma." Pura y simplemente resolvió su inaplicación a pesar de que era más favorable, pero para ordenar aplicar una norma inexistente por derogada, es decir, creando una norma nueva más gravosa para los encausados, pues la derogada, como tal, había dejado de existir, y no podía ser "revivida."

En todo caso, con una usurpación de funciones legislativas como la producida por la sentencia comentada, la Sala Constitucional del Tribunal Supremo simplemente le niega la potestad que tiene en legislador de penalizar conductas y a la vez de despenalizarlas. Parecería, de acuerdo con la sentencia, que una vez penalizada una conducta, el legislador en el futuro no tiene otro camino que no sea asegurar su perpetuidad, y si algún cambio normativo puede producir solo puede ser para agravar la penalización, pero nunca para despenalizar, olvidándose, por lo demás, del

---

594 Sentencia de N° 490/11 citada en esta sentencia comentada.

principio de la primacía de la libertad y de los derechos individuales sobre las actuaciones del Estado en nuestro sistema constitucional.

En otras palabras, la Constitución al otorgar al Legislador la potestad para determinar delitos y penas, no erige el *jus puniendi* como teniendo primacía sobre la libertad; sino al contrario, condiciona su ejercicio al principio de la libertad y primacía de los derechos humanos. La sala Constitucional, sin embargo, en su sentencia invirtió estos principios.

4. En cuarto lugar, con la sentencia de la Sala Constitucional que se comenta, se produjo una **abierta violación del principio constitucional del "*in dubio pro reo*"** que establece el artículo 24 del Texto Fundamental, y en el cual se impone al operador judicial el principio de que "cuando haya dudas se aplicará la norma que beneficie al reo."

En la sentencia comentada, al contrario, la Sala Constitucional, ante la duda que podía derivarse del cambio de redacción del artículo sobre apropiación y disposición de recursos en la Ley sobre actividades bancarias, no sólo ignoró el principio, sino que deliberadamente decidió en contra el mismo, al resolver, en el caso de duda, suspender la aplicación de la norma que beneficiaba al reo y poner en vigencia una norma derogada que lo perjudicaba más.

Y para ello, violando fragrante una garantía constitucional del debido proceso penal, la Sala Constitucional insólitamente invocó la protección de derechos fundamentales universales, apelando nada menos que al artículo 15.2 del Pacto Internacional de Derechos Civiles y Políticos que buscaba asegurar la no impunidad en materia de genocidio o delitos de lesa humanidad, como si un delito en materia bancaria en un país determinado pudiese ser equiparado con esos delitos hacia los cuales, sin duda, fue que apuntó, apenas concluida la segunda guerra mundial, el referido Pacto Internacional; lo que hace aún más absurda la sentencia.

SECCIÓN SEGUNDA

LA ILEGÍTIMA UTILIZACIÓN DEL MÉTODO DIFUSO DE CONTROL DE CONSTITUCIONALIDAD PARA INTERPRETAR EN ABSTRACTO LAS LEYES CON CARÁCTER VINCULANTE, SIN JUZGAR SOBRE SU INCONSTITUCIONALIDAD, Y REFORMARLAS USURPANDO LAS FUNCIONES DEL LEGISLADOR

El texto de esta sección fue publicado en el libro: *Práctica y distorsión de la justicia constitucional en Venezuela (2008-2012),* Colección Justicia Nº 3, Acceso a la Justicia, Academia de Ciencias Políticas y Sociales, Universidad Metropolitana, Editorial Jurídica Venezolana, Caracas 2012, pp. 223-232.

I. El 31 de marzo de 2011, y publicada 6 de junio de 2011, en una causa seguida a los ciudadanos Martin Javier Jiménez y Rafael Celestino Belisario por ante el Juzgado de Primera Instancia en lo Penal en Funciones de Juicio del Circuito Judicial Penal de la Circunscripción Judicial del Estado Guárico, extensión Valle de La Pascua, se dictó sentencia mediante la cual resultaron condenados, los antes mencionados ciudadanos a cumplir la pena de diez (10) años y seis (6) meses de prisión, por los delitos de invasión, perturbación violenta a la posesión pacífica e incendio. Contra dicha sentencia, los defensores de los condenados ejercieron sendos recursos de apelación.

La sentencia mediante los cuales fueron condenados los ciudadanos antes mencionados se dictó en aplicación de los artículos 471-a y 472, ambos del Código Penal, que establecen los tipos penales referidos a la invasión y a la perturbación violenta de la posesión de bienes inmuebles, en la siguiente forma:

> *Artículo 471-A.* Quien con el propósito de obtener para sí o para un tercero provecho ilícito, invada terreno, inmueble o bienhechuría, ajenas, incurrirá en prisión de cinco años a diez años y multa de cincuenta unidades tributarias (50U.T.) a doscientas unidades tributarias (200 U.T.). El solo hecho de invadir, sin que se obtenga provecho, acarreará la pena anterior rebajada a criterio del juez hasta en una sexta parte. La pena establecida en el inciso anterior se aplicará aumentada hasta la mitad para el promotor, organizador o director de la invasión.
>
> Se incrementará la pena a la mitad de la pena aplicable cuando la invasión se produzca sobre terrenos ubicados en zona rural.
>
> Las penas señaladas en los incisos precedentes se rebajarán hasta en las dos terceras partes, cuando antes de pronunciarse sentencia de primera o única instancia, cesen los actos de invasión y se produzca el desalojo total de los terrenos y edificaciones que hubieren sido invadidos. Será eximente de responsabilidad penal, además de haber desalojado el inmueble, que el invasor o invasores comprueben haber indemnizado los daños causados a entera satisfacción de la víctima.
>
> Si el hecho se hubiere cometido por varias personas con armas, o por más de diez sin ellas, la prisión será de dos años a seis años; e igualmente se aplicará la pena respectiva por el porte ilícito de armas.
>
> *Artículo 472.* Quien, fuera de los casos previstos en los dos artículos anteriores y por medio de violencia sobre las personas o las cosas, perturben la pacífica posesión que otro tenga de bienes inmuebles, será castigado con prisión de un año a dos años, y resarcimiento del daño causado a la víctima de cincuenta unidades tributarias (50 U.T.) a cien unidades tributarias (100 U.T.).Si el hecho se hubiere cometido por varias personas con armas, o por más de diez sin ellas, la prisión será de dos años a seis años; e igualmente se aplicará la pena respectiva por el porte ilícito de armas.

Pendiente el caso de ser resuelto en apelación, uno de los defensores públicos ante diversas Salas del Tribunal Supremo solicitó a la Sala Constitucional que se avocara al conocimiento de la causa conforme a la competencia asignada en el artículo 25.16 de la Ley Orgánica del Tribunal Supremo de Justicia, para *'Avocar las causas en las que se presuma la violación del orden público constitucional, tanto de las otras Salas como de los demás tribunales de la República, siempre que no haya recaído sentencia definitivamente firme".*

La solicitud de avocamiento se basó en el alegato del "orden público constitucional controvertido contenido en sus artículos 2, 26 y 49, que supone privar a un campesino de su libertad mediante la equívoca solicitud de juzgamiento proferida ilegalmente por el Ministerio Público de tramitarle un juicio con la aplicación de leyes penales. Lo que no se corresponde con su condición humana de agricultor;" alegando el solicitante que "cundo el legislador delineó la competencia agraria, lo hizo estableciendo la competencia exclusiva y excluyente de los juzgados agrarios 'para conocer de los conflictos surgidos entre particulares con ocasión a la actividad agrícola."

Argumentó además el solicitante, que "el conocimiento y sustanciación de la presente causa, le debió corresponder en todo momento al juez ordinario agrario, por cuanto las situaciones explanadas durante el proceso penal -lo cual originaron la presente solicitud de avocamiento- se encuentran tipificadas en el artículo 197 de la Ley de Tierras y Desarrollo Agrario en el marco de las competencias de los juzgados agrarios de primera instancia, como un conflicto surgido entre particulares con ocasión a las actividades agrícolas, siendo que las funciones y competencias de la jurisdicción penal ordinaria se encuentran bien delimitadas en el Código Orgánico Procesal Penal."

Alegó además, el solicitante, que "al ser condenado penalmente un campesino por acciones entre particulares derivados de la actividad agrícola consagradas en la Ley de Tierras y Desarrollo Agrario, origina tan palmario desorden procesal en la presente causa que atenta contra el orden público y fundamentalmente los derechos constitucionales de mi representado, lo que amerite la intervención urgente de este digno Poder Judicial, declarando procedente el avocamiento aquí solicitado de conformidad con lo establecido en el artículo 16 numeral 25 de la Ley Orgánica del Tribunal Supremo de Justicia."

Con base en ello, concluyó el solicitante precisando su solicitud, peticionando a la Sala Constitucional "que sea desaplicado por control difuso toda normativa penal para casos futuros, especialmente los referidos a la comisión de los delitos INVASIÓN, previsto y sancionado en el artículo 471-A del Código Penal, PERTURBACIÓN VIOLENTA A LA POSESIÓN DE BIENES INMUEBLES, previsto y sancionado en el artículo 472 en concordancia ibídem, cuando se trate de conflictos campesinos suscitados con ocasión a la actividad agraria y por ende se correspondan con las competencias establecidas en el artículo 197 de la Ley de Tierras y Desarrollo Agrario."

II. La Sala Constitucional procedió de inmediato a avocarse al conocimiento del asunto, y con fecha 8 de diciembre de 2011 (Expediente Nº 11-0829) dictó sentencia Nº 1811 (Caso: *Martín Javier Jiménez y Rafael Celestino Belisario*),[595] en el estado en el cual se encontraba la causa, es decir, en segunda instancia, para lo cual procedió a precisar, como punto previo, sobre el carácter extraordinario del avocamiento que pues con el mismo se afectan "las garantías constitucionales del juez natural y del doble grado de jurisdicción," por lo cual debía ejercerse conforme a lo previsto en el artículo 107 de la Ley Orgánica del Tribunal Supremo de Justicia, "con suma prudencia y sólo en caso de graves desórdenes procesales o de escandalosas violaciones al ordenamiento jurídico que perjudiquen ostensiblemente la imagen del Poder Judicial, la paz pública o la institucionalidad democrática venezolana."

Consideró la Sala, que la figura del avocamiento, por supuesto, presupone la existencia de un juicio, por lo que precluye indefectiblemente cuando el expediente

595 Véase en http://www.tsj.gov.ve/decisiones/scon/Diciembre/1881-81211-2011-11-0829.html.

objeto del mismo, ha culminado efectivamente, es decir, que en el mismo se haya dictado sentencia definitivamente firme. En esos casos, consideró la Sala, no tendría efecto procesal alguno avocarse al conocimiento de la causa, "por cuanto dicha potestad se erige como una figura procesal que ante las posibles distorsiones procesales que puedan ocasionarse en el decurso de un proceso, justifican la afectación del orden normal de la distribución de competencias por el grado de la jurisdicción. (Vid. Entre otras, sentencias de esta Sala Nros. 2147/2004 y 133/2005)."

Dicho lo anterior, constató la Sala que no tenía conocimiento de que las apelaciones interpuestas contra la sentencia dictada en primera instancia se hubiesen decidido, por lo cual procedió a avocarse al conocimiento de la causa, conforme a lo alegado por el solicitante, pasando a determinar las conductas que de invasión, perturbación violenta de la posesión de bienes inmuebles e incendio por las cuales habían sido condenados los ciudadanos en primera instancia, enmarcarían en la estructura de la tipicidad del derecho penal; o siendo conductas referidas a conflictos agrarios, su resolución concierne al Juez agrario, según lo alegado por el solicitante.

Pasó luego la Sala a analizar el concepto de tipicidad como garantía jurídico-política y social de la propia libertad y seguridad individual, "en el entendido que la ley debe definir previamente y de manera precisa, el acto, hecho u omisión que constituye el delito," de lo que se deriva el *principio de legalidad*, que tiene su fundamento en el artículo 49.6 de la Constitución, "que no es mas que la prohibición que pesa sobre el juzgador de enjuiciar como ilícitos, aquellos comportamientos que no se adecúen al tipo legal, aun cuando los mismos parezcan manifiestamente injustos o contrarios a las buenas costumbres o a la moral." La conclusión de la Sala, entonces fue que "el principio de legalidad *(nullum crimen)* y la tipicidad, se encuentran estrechamente vinculados, el primero implica que la conducta punible esté necesariamente prevista en una ley formal, mientras que la tipicidad constituye la descripción inequívoca de tal conducta en el texto legal.

Pasó luego la Sala a referirse al ejercicio de la función punitiva del Estado, destacando que el mismo "debe velar porque ese ejercicio, no se torne arbitrario y desproporcional, y, es justamente, a través del principio de legalidad que el mismo Estado regulará su ejercicio, evitando calificar como punibles conductas que no lo son e imponiendo sanciones que no son aplicables a la naturaleza de las acciones erróneamente consideradas como delictivas."

III. Con base en lo anterior, pasó la Sala a referirse al caso concreto, constatando que los ciudadanos Rafael Celestino Belisario y Martin Javier Jiménez, habían sido acusados y condenados por la presunta comisión del delito de invasión, perturbación violenta de la posesión de bienes inmuebles e incendio, previstos y sancionados en los artículos 471 -a, 472 y 343, respectivamente del Código Penal. Sin embargo, al revisar las actas procesales, la Sala constató la existencia de títulos diversos como la Declaratoria de Garantía de Permanencia, otorgada por el Instituto Nacional de Tierras (INTI), sobre un fundo denominado "San Jerónimo", de acuerdo a lo establecido en el artículo 17 de la Ley de Tierras y Desarrollo Agrario; y el documento de compra venta sobre un fundo denominado "El Chiquero" desprendiéndose que de los testimoniales y de los documentales sobre los que se fundamentó el Juzgado en Funciones de Juicio para condenar a los antedichos ciudadanos, "que entre el ciudadano Rafael Belisario y la ciudadana Carmen Susana existía una disputa con respecto a los fundos denominados "El Chiquero" y el fundo "San Jerónimo", ambos colindantes entre sí, por el derecho de explotación agrícola y pecuario."

De allí pasó la Sala a considerar que de las normas del Código Penal relativas a los delitos de invasión y perturbación a la posesión pacífica, los mismos llevan implícita la probanza del derecho que se pretende violentado, propiedad o posesión, de manera que "es menester la existencia de un instrumento demostrativo del derecho que se alegue, y el cual se vea cercenado por la invasión o la perturbación." De ello dedujo la sala, como evidente, "que para la consumación de ambos delitos se requiere la incuestionable propiedad o posesión sobre el bien inmueble objeto del delito, por parte de quien resultare victima en la causa penal, de lo que se deriva la cualidad de *ajeno* -perteneciente a otra persona- para el infractor, como elemento constitutivo del tipo." Además, se requiere para la aplicación de los tipos penales mencionados, que se esté en presencia, por un lado, del "ánimo de obtener un *provecho injusto*, vale decir que no se posea ningún título que acredite derecho alguno sobre el bien objeto del delito," y en el otro caso "que no exista disputa alguna sobre la titularidad del bien, de ser así, mal podría entenderse la posesión como *pacífica*."

Partiendo de estos principios, la Sala pasó a considerar el alegato de que ante la Jurisdicción penal "se juzgaron hechos cuyo conocimiento corresponde a la jurisdicción agraria," a cuyo efecto se refirió al artículo 186 de la Ley de Tierras y Desarrollo Agrario, establece que "Las controversias que se susciten entre particulares con motivo de las actividades agrarias serán sustanciadas y decididas por los tribunales de la jurisdicción agraria, conforme al procedimiento ordinario agrario, el cual se tramitará oralmente, a menos que en otras leyes se establezcan procedimientos especiales"

Después de algunas consideraciones sobre el derecho a la seguridad alimentaria (art. 305 de la Constitución), y a la naturaleza de la actividad agraria que había sido objeto de análisis por la Sala en sentencia anterior (N° 262/2005), la Sala consideró que "la jurisdicción especial agraria es la llamada a amparar los principios constitucionales previstos en los artículos 2, 26, 49, 305 y 307 y que el legislador concentró en el artículo 1 de la Ley de Tierras y Desarrollo Agrario," advirtiendo que

> "la protección constitucional a la producción agropecuaria interna, se observan diferencias sustanciales entre la posesión o propiedad civil, -que es la que persiguen proteger las normas penales sustantivas comentadas- y la posesión agraria en el marco de la protección constitucional y legal, puesto que la posesión agraria se conforma con el principio de preeminencia del desarrollo de la actividad social sobre la particular. Es decir, por encima de los derechos particulares, se sobreponen los derechos que emergen del uso del bien destinado a la producción de alimentos o rubros útiles para el consumo humano, que permitan satisfacer las necesidades agroalimentarias tanto de quien la produce o trabaja como de su entorno familiar o colectivo."

No se entiendo, sin embargo, lo cual además no se explica, con base en qué surge la supuesta diferencia entre la posesión o propiedad civil y la posesión agraria. No basta que esta última pueda estar vinculada a la seguridad alimentaria, para establecer "diferencias." La seguridad alimentaria no es la única actividad humana que esté privilegiada en la Constitución. Tan importante como la misma es por ejemplo, la construcción de viviendas, y allí no hay "diferencia" alguna entre lo que el régimen civil y el habitacional, salvo por lo que se refiere a la regulación de arrendamientos.

En todo caso, de establecer la diferencia señalada, sin argumentos, la Sala consideró forzoso concluir que

> "la resolución de los conflictos surgidos entre particulares relacionada con la actividad agraria corresponde resolverlas a la jurisdicción especial agraria, si de ellas se derivan las instituciones propias del derecho agrario, y seguirse a través del instrumento legal que lo regula, por lo que, pretender encuadrar el supuesto de hecho correspondiente a conflictos entre campesinos, derivados de la actividad agroproductiva en los supuestos legales previstos en los tipos penales de invasión y perturbación violenta de la posesión, a los cuales les corresponde la aplicación del procedimiento ordinario regulado en la Ley de Tierras y Desarrollo Agrario para dirimir este tipo de conflictos, de acuerdo al contenido de sus artículos 186 y 197, atenta contra la norma constitucional que recoge el principio del debido proceso, establecido en el artículo 49 del texto constitucional, lo que encuentra pleno fundamento en las características propias de la competencia agraria."

Concluyó entonces la sala señalando que "no resultan aplicables a los casos en los cuales exista un conflicto entre particulares, originados por la producción agroproductiva, los tipos penales establecidos en los artículos 471-a y 472 del Código Penal, si a través de la investigación iniciada por el Ministerio Público, se evidencie una disputa en relación al derecho invocado sobre el inmueble objeto del proceso, bien sea mediante las figuras establecidas en el Código Civil Venezolano o mediante cualquiera de estos títulos, debidamente otorgados por el organismo facultado para ello –Instituto Nacional de Tierras- a alguna o ambas partes, pues, en tales casos compete al juez de primera instancia agraria, –quien debe velar por el mantenimiento de la seguridad agroalimentaria del Estado y el aseguramiento y biodiversidad ambiental- la resolución de las demandas entre particulares que se inicien con ocasión de la actividad agrícola. Y así se decide."

IV. De todo lo anterior, concluyó la Sala Constitucional considerando que en virtud de que los artículos 471-a y 472 del Código Penal, que contienen los tipos penales de invasión y de perturbación a la posesión pacífica, "no hacen distinción en cuanto a los casos en los cuales las acciones que se presuman delictivas, versen sobre la disputa de bienes destinados a la actividad agraria o que pudieran presumirse de vocación agrícola," en estos casos se desprende "la falta de competencia material (*ratione materiae*) del juez penal," razón por la cual procedió conforme al artículo 334 de la Constitución, a desaplica

> "por control difuso de la constitucionalidad los artículos 471-a y 472 del Código Penal Venezolano, en aquellos casos en donde se observe un conflicto entre particulares devenido de la actividad agraria, conforme a las previsiones establecidas en el artículo 197 de la Ley de Tierras y Desarrollo Agrario, resultando aplicable el procedimiento ordinario agrario establecido en el Capítulo VI del texto legal mencionado y competente para conocer en estos supuestos los juzgados de primera instancia agraria, teniendo el presente fallo carácter vinculante para todos los tribunales de la República, incluso para las demás Salas de este Tribunal Supremo de Justicia."

Al suspender la aplicación de las normas citadas del Código Penal en los casos indicados, la Sala Constitucional pasó a conocer de la causa a la cual se avocó, y considerando que los títulos otorgados sobre garantía de permanencia en las tierras en disputa, se desprendía "un posible conflicto de deslinde de predios rurales," resultando forzoso concluir que de tales hechos "emerge una disputa entre particulares producto de la actividad agraria, -cardinal 2 del artículo 197 de la Ley de Tierras y Desarrollo Agrario- para lo cual se requería la intervención de la jurisdicción especial agraria, con el objeto de resolver dicho conflicto y no la de la jurisdicción penal ordinaria."

Como consecuencia, la Sala Constitucional, ante la evidente violación del debido proceso, contenido en el artículo 49 de la Constitución, en lo que se refiere al principio de legalidad y al derecho a ser juzgado por los jueces naturales en las jurisdicciones ordinarias o especiales, y vista la imposibilidad de sanear el acto, actuando de conformidad con lo establecido en el artículo 195 del Código Orgánico Procesal Penal, decretó la nulidad absoluta de todas las actuaciones realizadas en la presente causa, decretando por tanto el sobreseimiento de la causa seguida por los delitos de invasión y de perturbación violenta a la posesión pacífica a los ciudadanos Rafael Belisario y Martín Javier Jiménez., ordenando su inmediata libertad; y en cuanto al delito de incendio, de conformidad con el artículo 196 del mismo Código, ordenó la reposición de la causa a la etapa de investigación, a los fines de la prosecución de la investigación penal, por el delito de incendio, previsto en el artículo 343 del Código Penal.

La Sala Constitucional, además, al desaplicar por control difuso de la constitucionalidad los artículos 471-a y 472 del Código Penal en aquellos casos en donde se observe un conflicto entre particulares devenido de la actividad agraria," declaró

> "con carácter vinculante para todos los tribunales de la República, incluso para las demás Salas de este Tribunal Supremo de Justicia la aplicación del *procedimiento ordinario agrario establecido en el Capítulo VI de la Ley de Tierras y Desarrollo Agrario,* en aquellos casos en donde se observe un conflicto entre particulares devenido de la actividad agraria, y en el resto de los supuestos ajenos a esta circunstancia especialísima –conflicto entre particulares con ocasión de la actividad agraria-, se aplicarán los tipos contenidos en las normas cuya desaplicación se declara para los casos indicados."

V. La Sala Constitucional, en esta sentencia, por más plausible que pueda ser la intención de proteger a los trabajadores del campo, desde el punto de vista constitucional, ha distorsionado totalmente el método difuso de control de constitucionalidad de las leyes, el cual ha perdido su sentido. En efecto, debe recordarse que el método difuso de control de constitucionalidad fue establecido en Venezuela desde el siglo XIX en el Código de Procedimiento Civil, en cuyo artículo 20 actualmente se dispone que:

> "*Artículo 20:* Cuando la ley vigente, cuya aplicación se pida, colidiere con alguna disposición constitucional, los jueces aplicarán ésta con preferencia".

Esta norma se repitió, más recientemente, en el artículo 19 del Código Orgánico Procesal Penal, al disponer que:

"*Artículo 19:* Control de la Constitucionalidad. Corresponde a los jueces velar por la incolumidad de la Constitución de la República. Cuando la ley cuya aplicación se pida colidiere con ella, los tribunales deberán atenerse a la norma constitucional".

Y luego se recogió en la Constitución de 1999 al disponerse en el artículo 334, que:

"En caso de incompatibilidad entre esa Constitución y una ley u otra norma jurídica, se aplicarán las disposiciones constitucionales, correspondiendo a los tribunales en cualquier causa, aun de oficio, decidir lo conducente".

Estas normas, como lo ha dicho la Sala Político Administrativa del Tribunal Supremo en sentencia Nº 1213 de 30 de mayo de 2000 (Caso: *Carlos P. García P. vs. Ministerio de Justicia. Cuerpo Técnico de Policía Judicial*):establecen "para todos los Jueces, de cualquier nivel, el poder–deber para controlar la constitucionalidad de los actos normativos del poder Público" y poder decidir "no aplicar a los casos concretos que deban decidir, las normas que estimen inconstitucionales."[596]

Se trata por tanto, de un método de control de la constitucionalidad de las leyes, para cuyo ejercicio se exige ante todo que un juez respectivo esté conociendo de un caso concreto para el cual tiene competencia, y para cuya resolución necesariamente considere que la norma legal que debe aplicar para resolverlo, es contraria a la Constitución, es decir, es inconstitucional, y por tanto, por ello procede en el caso concreto a aplicar preferentemente la Constitución, y a desaplicar las normas legales, con efectos *in casu et inter partes*.

VI. Ahora bien, de la sentencia comentada lo que resulta es que la Sala Constitucional ha distorsionado el instrumento del control difuso de la constitucionalidad de los actos normativos, lo que resulta de lo siguiente:

En primer lugar, ha pretendido la Sala Constitucional ejercer el control difuso de constitucionalidad de los actos normativos, pero sin que medie control de constitucionalidad alguno. Ni la sentencia, en efecto, ni en los alegatos del solicitante, hay argumento alguno en el cual se indique que los artículos 471-A y 472 del Código Penal sean inconstitucionales, es decir, que violen alguna norma constitucional, y que por ello, se deba aplicar preferentemente alguna norma constitucional, y se deban desaplicar las citadas normas del Código Penal para resolver el caso concreto. La Sala Constitucional, por tanto, lo que ha hecho en esta sentencia es un uso abusivo de la potestad de control difuso de la constitucionalidad, pues no ha ejercido control alguno de constitucionalidad respecto de los mencionados artículos del Código Penal.

Es decir, la Sala ha ordenado desaplicar las mencionadas normas del Código Penal, para resolver el caso concreto, sin argumentar ni considerar ni declarar que las mismas se consideran contrarias a la Constitución. Al contrario expresamente ha afirmado que las mismas deben aplicarse en todos los casos en los cuales no haya conflicto entre particulares con ocasión de la actividad agraria.

596 Véase en *Revista de Derecho Público*, Nº 82, Editorial Jurídica Venezolana, Caracas, 2000, p. 446.

La Sala Constitucional, por tanto, ha distorsionado el control difuso de la constitucionalidad de las leyes en esta sentencia, y ha usado la potestad que del mismo deriva para fines distintos a los establecidos en la Constitución.

En segundo lugar, la Sala Constitucional también ha distorsionado el instrumento del control difuso de la constitucionalidad de los actos normativos, al resolver desaplicar para decidir un caso concreto unas normas del Código Penal, que no declara como inconstitucionales, pero con carácter general, *erga omnes,* estableciendo una doctrina vinculante "para todos los tribunales de la República, incluso para las demás Salas de este Tribunal Supremo de Justicia," ordenando en forma general "la aplicación del procedimiento ordinario agrario establecido en el Capítulo VI de la Ley de Tierras y Desarrollo Agrario, en aquellos casos en donde se observe un conflicto entre particulares devenido de la actividad agraria," y disponiendo que en esos casos no deberán aplicar los mencionados artículos 471-A y 472 del Código Penal.

Con esta decisión, la Sala Constitucional ha violentado uno de los principios constitucionales que limita los efectos del control difuso de la constitucionalidad al caso concreto y a sus partes. En ejercicio del control difuso de la constitucionalidad – e independientemente que en este caso no se haya ejercicio sustancialmente – no puede producir efectos *erga omnes*, es decir, de carácter general.

En tercer lugar, la Sala Constitucional ha establecido una doctrina "con carácter vinculante" sobre la interpretación de unas normas del Código Penal, sin tener competencia alguna para ello y sin dar argumento alguno para adoptar la interpretación que propone. En realidad, de la lectura del fallo resulta que no hay efectivamente un ejercicio de interpretación de las normas que explique por qué no son aplicables a la actividad agraria, y en particular, a los conflictos entre particulares. Tampoco hay razones para sólo declarar inaplicables las normas a los conflictos entre particulares, y no entre los que puedan surgir entre campesinos y el propio Estado o sus entes.

En todo caso, la posibilidad en Venezuela de que la Sala Constitucional establezca doctrinas vinculantes, está expresamente prevista en el artículo 335 de la Constitución, donde se establece que "Las interpretaciones que establezca la Sala Constitucional *sobre el contenido o alcance de las normas y principios constitucionales* son vinculantes para las otras Salas del Tribunal Supremo de Justicia y demás tribunales de la República." Es decir, para que la Sala Constitucional pueda establecer una doctrina vinculante para todos los tribunales, debe tratarse siempre de una interpretación constitucional, y nunca de una interpretación legal.

En cuarto lugar, la distorsión del ejercicio del control difuso de constitucionalidad de las leyes ha sido tal en este caso, que mediante su supuesto ejercicio -pues no hubo declaratoria de inconstitucionalidad alguna de las normas del Código Penal-, la Sala Constitucional ha usurpado la potestad de las otras Salas del Tribunal Supremo de Justicia, de resolver los recursos de interpretación de las Leyes, conforme a lo dispuesto en el artículo 266.6 que le atribuye la potestad exclusiva para "Conocer de los recursos de interpretación sobre el contenido y alcance de los textos legales, en los términos contemplados en la ley."

La Sala Constitucional no tiene competencia alguna para interpretar en abstracto las leyes, sino como consecuencia de una interpretación que haga de una norma constitucional. En este caso, no ha habido una interpretación abstracta de la Constitución que haya derivado en la interpretación de las normas citadas del Código Penal.

Y por último, *en quinto lugar*, lo que la Sala Constitucional ha hecho en la sentencia comentada, es proceder a "reformar" de oficio el Código Penal, al cambiar los tipos delictivos establecidos en forma expresa en los artículos 471-A y 472 del Código Penal y disponer que los mismos no se aplican cuando se observe un conflicto entre particulares devenido de la actividad agraria, en cuyo caso debe aplicarse el procedimiento ordinario agrario establecido en el Capítulo VI de la Ley de Tierras y Desarrollo Agrario; y en cambio, las normas sí se aplican en el resto de los supuestos ajenos a esa circunstancia especialísima -conflicto entre particulares con ocasión de la actividad agraria-.

Con esta decisión, por tanto, lo que ha hecho la Sala Constitucional es actuar como Legislador positivo, reformando el Código penal, y usurpando las funciones de la Asamblea Nacional, a la cual constitucionalmente le corresponde sancionar las leyes y las reformas a las mismas.

VI. Después de dictada sentencia, como ya parece ser una costumbre de la Sala Constitucional, sobre todo ante sentencias disparatadas, en 12 de diciembre de 2011, se publicó una Nota de Prensa en la página web del Tribunal Supremo, titulada "TSJ desaplicó artículos 471-a y 472 del Código Penal en casos donde hay un conflicto entre particulares devenido de la actividad agraria,"[597] en la cual se "explicó lo siguiente:

Primero que la Sala al avocarse al conocimiento del asunto, "desaplicó, por control difuso de la constitucionalidad los artículos 471-a y 472 del Código Penal Venezolano, en aquellos casos donde se observe un conflicto entre particulares devenido de la actividad agraria." Ello, por supuesto no es cierto, pues la Sala ni hizo consideración alguna sobre la inconstitucionalidad de los artículos, es decir, no los juzgó inconstitucionales, para haberlos desaplicado. En realidad, lo que hizo fue, con el artilugio de haber ejercido un supuesto control difuso sobre esas normas, lo que hizo fue reformarlas, en particular, los tipos delictivos en ellas establecidos y disponer que por tanto las mismas no se aplican a "casos donde se observe un conflicto entre particulares devenido de la actividad agraria."

Segundo, que como los campesinos condenados por los delitos de invasión habían sido dotados de garantía de permanencia en las tierras por acto administrativo del Instituto Nacional de Tierras, en la disputa concreta que surgió con quien tenía un derecho de posesión, se trataba de una disputa entre particulares producto de la actividad agraria, que requería la intervención de la jurisdicción especial agraria, con el objeto de resolver dicho conflicto y no la de la jurisdicción penal ordinaria; concluyendo que los hechos por los cuales habían sido condenados los ciudadanos, no revestían carácter penal. Con ello, lo que hizo la Sala Constitucional fue confirmar que lo que había decidido era modificar o reformar el tipo delictivo establecido en los artículos 471-A y 472 del Código Penal.

Tercero, en el caso concreto, la consecuencia de esa reforma con efectos retroactivos, fue que declarar, de conformidad con el artículo 195 del Código Orgánico Procesal Penal, la nulidad absoluta de todas las actuaciones realizadas, decretando la

597 Véase en http://www.tsj.gov.ve/informacion/notasdeprensa/notasdeprensa.asp?co-digo=9054.

libertad de los condenados, y en cuanto al delito de incendio, ordenó reponer la causa a la fase de investigación.

Cuarto, que consecuencia de lo anterior, la Sala "declaró con carácter vinculante, la aplicación del procedimiento ordinario agrario establecido en el Capítulo VI de la Ley de Tierras y Desarrollo Agrario, en aquellos casos en donde se observe un conflicto entre particulares devenido de la actividad agraria y en el resto de los supuestos ajenos a esta circunstancia especialísima -conflicto entre particulares con ocasión de la actividad agraria-, los tipos contenidos en las normas cuya desaplicación se declara para los casos indicados." Es decir, como la Sala había legislado, la única forma de dar aplicación general, *erga omnes* a su decisión, era declararla obligatoria "con carácter vinculante" para lo cual, sin embargo, no tenía competencia alguna, dado que no se trataba de una interpretación constitucional que es donde la Sala puede dar carácter vinculante a sus sentencias.

Diciembre 2011

SECCIÓN TERCERA:

SOBRE CÓMO NO DEBE EJERCERSE EL CONTROL DIFUSO DE CONSTITUCIONALIDAD DE LAS LEYES POR UN JUEZ ORDINARIO.

En esta sección se recoge el texto del artículo "Sobre cómo no debe ejercerse el control difuso de constitucionalidad de las leyes por un juez ordinario. El caso de una sentencia de un juez de Municipio de Caracas, que para "garantizar la tutela judicial efectiva," con la excusa de ejercer el control difuso, violó la Constitución y la Ley, distorsionando el contenido del artículo 185-A del Código Civil," en *Revista de Derecho Público*, No. 134 (abril-junio 2013), Editorial Jurídica Venezolana, Caracas 2013, pp. 189-198

I. Un Juzgado de Municipio del Área Metropolitana de Caracas, al conocer de una solicitud de divorcio por mutuo consentimiento conforme al procedimiento no contencioso previsto excepcionalmente en el artículo 185-A del Código Civil, mediante sentencia dictada de 13 de mayo de 2013,[598] con la excusa de que estaba ejerciendo el *control difuso de constitucionalidad de las leyes* establecido en el artículo 334 de la Constitución de 1999, y desde el siglo XIX, en el artículo 20 del Código de Procedimiento Civil -cuya existencia el cual el Juez ignoró completamente-, procedió, no a desaplicar dicha norma porque la hubiera considerado contraria a la Constitución aplicando preferentemente las previsiones de ésta como hubiera resultado si efectivamente hubiese ejercido dicho control, sino muy por el contrario, procedió a decidir aplicando dicho artículo -el único, además, en el cual fundamentó su decisión-, pero "reformándolo" íntegramente, trastocando su contenido y sentido, transformado el procedimiento no contencioso previsto en el mismo, usurpando la competencia de los jueces de primera instancia en lo civil, en un supuesto "proceso contencioso" municipal de divorcio sujeto a la sola voluntad del cónyuge solicitante, sin la necesidad del consentimiento del otro cónyuge, y es más, a pesar de la nega-

598 Juzgado Vigésimo de Municipio de la Circunscripción Judicial del Área metropolitana de Caracas.

ción de los hechos por el mismo, y en contra de la objeción formulada por el Ministerio Público.

Con la sentencia, el Juez de Municipio se arrogó la potestad de la propia Sala Constitucional del Tribunal Supremo de Justicia de interpretar la Constitución en los términos del artículo 335 de la Constitución, y asumir la potestad que dicha Sala se ha arrogado, de "reformar" normas legales,[599] particularmente de procedimiento, para "adaptarlas" a las previsiones de la Constitución, altamente cuestionada, y que ha resultado en la "reforma", por ejemplo, del procedimiento en los juicios de amparo[600] o de las normas adjetivas en materia de lapsos procesales.[601]

La sentencia dictada por el Juez de Municipio, en todo caso, es una muestra de cómo no debe ejercerse el control difuso de la constitucionalidad de las leyes en el país, y de cómo el pretendido ejercicio de dicho poder-deber de los jueces sin el conocimiento mínimo de lo que el mismo significa, puede originar arbitrariedades judiciales como la mencionada, incurriendo en absoluta inconstitucionalidad e ilegalidad.

II. En efecto, como es bien sabido, todo juez de la República tiene la potestad de ejercer el control difuso de constitucionalidad de las leyes en la decisión de los casos concretos sometidos a su conocimiento, a los efectos de asegurar la supremacía e integridad de la Constitución, conforme a lo previsto en el segundo párrafo del artículo 334 de la Constitución, y que desde el siglo XIX, en el artículo 20 del Código de Procedimiento Civil.[602] Dichas normas permiten al juez ordinario, para la decisión del caso concreto sometido a su conocimiento, a solicitud de parte o de oficio, que en los casos en los cuales consideren que exista una incompatibilidad entre la norma legal que deba aplicar para la decisión judicial del caso y una norma de la Constitución, pueda aplicar esta última con preferencia y desaplicar en el caso con-

599 Véase Állan R. Brewer-Carías, "La Sala Constitucional del Tribunal Supremo reformando leyes, y como jurisdicción constitucional, autoproclamándose sin límites, como legislador positivo," en *Revista de Derecho Público*, N° 128 (octubre-diciembre 2011), Editorial Jurídica Venezolana, Caracas 2011, pp. 197-204.

600 Véase Allan R. Brewer-Carías, "El juez constitucional como legislador positivo y la inconstitucional reforma de la Ley Orgánica de Amparo en Venezuela mediante sentencias interpretativas," en Eduardo Ferrer Mac-Gregor, Arturo Zaldívar Lelo de Larrea (Coordiandores), *La Ciencia del Derecho Procesal Constitucional (Estudios en homenaje a Héctor Fix-Zamudio en sus 50 años como investigador del Derecho, (Homenaje Venezolano)*, Universidad Nacional Autónoma de México (UNAM), Fundación de Estudios de Derecho Administrativo (FUNEDA), Editorial Jurídica Venezolana (EJV), Caracas 2012, pp. 261-279.

601 Véase Allan R. Brewer-Carías, "La sentencia de los lapsos procesales (1989) y el control difuso de la constitucionalidad de las leyes", en *Revista de Derecho Público*, N° 40, Editorial Jurídica Venezolana, Caracas, octubre-diciembre 1989, pp. 157-175.

602 El artículo 334 de la Constitución dispone: [...]: "En caso de incompatibilidad entre esa Constitución y una ley u otra norma jurídica, se aplicarán las disposiciones constitucionales, correspondiendo a los tribunales en cualquier causa, aun de oficio, decidir lo conducente" [...]. El artículo del Cósigo de procedimiento Civil dispone: *Artículo 20:* Cuando la ley vigente, cuya aplicación se pida, colidiere con alguna disposición constitucional, los jueces aplicarán ésta con preferencia." Además, el artículo del Código Orgánico Procesal Penal dispone: "*Artículo 19:* Control de la Constitucionalidad. Corresponde a los jueces velar por la incolumidad de la Constitución de la República. Cuando la ley cuya aplicación se pida colidiere con ella, los tribunales deberán atenerse a la norma constitucional".

creto la norma legal que rige para el asunto a decidir en el proceso o procedimiento específico.[603]

En la aplicación del control difuso, por tanto, el juez tiene que haber efectuado una confrontación entre la norma legal que está llamado a aplicar para decidir el caso y una norma constitucional específica, para poder concluir que aquella es contraria a la Constitución, es decir, es inconstitucional, y por tanto, decidir el caso ignorando la norma legal, es decir, desaplicándola, dando preferencia a la norma constitucional.

III. En ejercicio del control difuso de constitucionalidad, por tanto, el juez ordinario está limitado a resolver el caso, mediante una decisión expresa de desaplicar una norma legal cuando considere que es incompatible con la Constitución, dando preferencia para decidir el caso a la norma constitucional específica, la cual, por tanto, rige entonces su decisión. En ese ejercicio del control difuso de constitucionalidad, por tanto, no le es dable al juez ordinario cambiar el contenido de una disposición legal, bajo el argumento de que es contraria a la Constitución, y aplicarla para decidir el caso; al contrario, lo único que puede es no aplicarla, dando preferencia a la Constitución.

Es decir, el juez ordinario, si considera que la norma legal que está llamado a aplicar para decidir el caso concreto es inconstitucional, lo que puede decidir es no aplicarla en la decisión del caso, aplicando preferentemente la Constitución; pero lo que no puede hacer es que con la excusa del control difuso de constitucionalidad y de que hay normas constitucionales que establecen determinadas garantías judiciales, resolver entonces aplicar efectivamente el artículo de la ley, pero a su manera, en forma distinta a lo establece su texto, es decir, "modificando las normas procesales" que contiene, tal y como lo afirma el juez en su sentencia (folio 522), que es lo ha hecho la Sala Constitucional del Tribunal Supremo de Justicia en algunos casos en los cuales como supremo tribunal ha interpretado la Constitución ha aplicado el control difuso de constitucionalidad.

En la sentencia mencionada, el Juez Municipal, al decidir, en realidad, no ejerció control difuso de constitucionalidad alguno, sino que en lo que incurrió fue en una clara manifestación de arbitrariedad judicial, usurpar la potestad exclusiva de la Sala Constitucional, como tal supremo intérprete de la Constitución (art. 335), de establecer con carácter general una interpretación general del texto constitucional.

IV. En el caso concreto de la sentencia del Juzgado de Municipio que se comenta, la misma, conforme a lo que establece el artículo 185-A del Código Civil, resolvió la solicitud de divorcio formulada por un cónyuge, **única y exclusivamente en aplicación de dicho artículo 185-A del Código Civil**, para cuyo efecto, el Juez en la sentencia, no sólo **copió el texto íntegro** de la norma al comienzo de las "Motivaciones para decidir" de su fallo (folios 516 y 517), sino que dicha norma **fue el único fundamento legal** del Primero de los **"Dispositivos"** de la decisión, que fue declarar:

603 Sobre el control difuso de control de constitucionalidad véase, Allan R. Brewer-Carías, "El método difuso de control de constitucionalidad de las leyes en el derecho venezolano", en Victor Bazán (coord.), *Derecho Procesal Constitucional Americano y Europeo*, Edit. Abeledo-Perrot, dos tomos, Buenos Aires, Rep. Argentina, 2010, Tomo I, pp.671-690.

"con lugar la solicitud de divorcio intentada [...] de conformidad con lo establecido en el artículo 185-A del Código Civil de Venezuela" (folio 530).

Dicha norma, que como se dijo, **fue la única norma legal que el juez aplicó al resolver el procedimiento**, fue la que fue abiertamente violada por el mismo, no sólo cambiándole radicalmente su texto, sino su contenido, sentido y propósito.

El Juez, al decidir, por tanto, en realidad, no ejerció control difuso de constitucionalidad alguno ya que no desaplicó la norma por considerarla por ejemplo que era incompatible con alguna norma constitucional. Al contrario, el Juez, como se dijo, dictó su sentencia única y exclusivamente con fundamento en dicha norma del artículo 185-A, pero cambiándole el texto, vaciándolo de contenido, y trastocando su propósito de regular una vía procesal excepcional de divorcio por mutuo consentimiento.

El juez, so excusa del ejercicio del control difuso de la constitucionalidad lo que hizo fue en realidad, además de usurpar la potestad de la sala Constitucional conforme al artículo 335 de la Constitución, usurpar además, la función legislativa en relación con la reforma de las leyes que está reservada constitucionalmente al legislador (art. 218), pues para decidir el caso concreto modificó una norma del Código Civil en beneficio del solicitante del procedimiento.

El Juez, por tanto, al decidir el caso, lo que hizo fue reformar el artículo 185-A del Código Civil en forma evidentemente inconstitucional y arbitraria, violando la ley y la Constitución, usurpando la función legislativa, resultando una sentencia ineficaz y nula de nulidad absoluta en los términos del artículo 138 de la Constitución al disponer que "Toda autoridad usurpada es ineficaz y sus actos son nulos."

V. La norma del artículo 185-A del Código Civil, en efecto, dispone claramente el *tramite del procedimiento no contencioso de divorcio* que consagra, aplicable a la solicitud de divorcio formulada por un cónyuge alegando la ruptura prolongada de la vida en común por haber permanecido ambos cónyuges separados de hecho por más de 5 años, disponiendo lo siguiente:

Primero, que el juez *debe declarar el divorcio* sólo: (i) si el otro cónyuge una vez citado reconociere la separación, y (ii) si el Ministerio Público no hiciese oposición a la solicitud. En este caso, las dos condiciones legales deben cumplirse, es decir, son acumulativas para que el juez pueda decidir la solicitud de divorcio, en el sentido de que es indispensable que el otro cónyuge debe reconocer el hecho de la separación alegada, y el Ministerio Público no debe haber hecho oposición a la solicitud.

Segundo, que en cambio, el juez *debe declarar terminado el procedimiento y archivar el expediente,* alternativamente, en caso: (i) de que el otro cónyuge no haya comparecido a la citación; (ii) de que el otro cónyuge atendiese la citación pero negare los hechos de la separación alegados en la solicitud; o (iii) de que el Ministerio Público los negare. En cualquiera de las tres alternativas indicadas en la norma, el juez debe obligatoriamente declarar terminado el procedimiento y archivar el expediente.

Por estas previsiones del artículo, el trámite de divorcio conforme a las mismas se configura como un procedimiento no contencioso, que se equipara a un divorcio por mutuo consentimiento. En el procedimiento previsto no hay otras pruebas que la que acrediten el matrimonio (partida de matrimonio) y en caso de extranjero, la residencia en el país, de manera que en el mismo, no se admite contención, ni hay posibilidad alguna de apertura de articulación probatoria. Si el otro cónyuge distinto al solicitante reconoce el hecho de la separación alegada con ello termina el procedimiento mediante la declaración de divorcio; pero en cambio, si el otro cónyuge distinto al solicitante no atiende la citación y no comparece, o si negare el hecho de la separación, en cualquiera de estos casos con ello termina el procedimiento y debe archivarse el expediente. Igualmente ocurre si el Ministerio Público hace oposición a la solicitud, en cuyo caso el procedimiento también termina y se debe archivarse el expediente. En estos casos, por supuesto, si alguno de los cónyuges desea iniciar el proceso contencioso de divorcio, conforme a las causales establecidas en el Código Civil, debe entonces acudir a las previsiones que para ello establece el Código de Procedimiento Civil dentro de los procedimientos especiales.

VI. El juez de Municipio, en el caso de la sentencia comentada de 13 de mayo de 2013, al aplicar el artículo 185-A del Código Civil para decidir el caso sometido a su consideración, en cambio, y contrariamente a lo explicado respecto al contenido de la norma, ignoró completamente su texto, contenido y propósito, trastocó el procedimiento no contencioso contenido en la misma, cambiándolo por un proceso contencioso, todo ello en franca violación del artículo 253 de la Constitución que lo obligaba a "conocer de las causas y asuntos de su competencia *mediante los procedimientos que determinen las leyes*," e igualmente, en franca violación del derecho al debido proceso del cónyuge distinto del solicitante a ser juzgado "con las garantías establecidas en la Constitución y en la ley" (artículo 49.4), en este caso, las establecidas precisamente en el artículo 185-A del Código Civil.

Sin embargo, al contrario, y en contra del carácter no contencioso del procedimiento establecido en el mencionado artículo 185-A del Código Civil, que no ha sido reformado por el legislador ni interpretado constitucionalmente por la Sala Constitucional en forma distinta a lo que inequívocamente establece, y que garantiza al cónyuge distinto al solicitante que si negare el hecho alegado de la separación, o si el Ministerio Público objetare la solicitud, **el procedimiento tiene que declararse terminado y se debe ordenar el archivo del expediente**; el Juez de Municipio, - se repite -, ignorando el texto y sentido del artículo 185-A del Código Civil, **procedió a aplicarlo, pero no para decidir conforme a su texto la terminación del procedimiento ya que el cónyuge distinto al solicitante había negado los hechos de la separación y el Ministerio Público se había opuesto a la solicitud, sino para decidir el caso ignorando el contenido de la norma y reformándolo. Es decir, el juez de Municipio no desaplicó la norma para decidir el caso concreto, sino que la aplicó -fue la única que aplicó- pero cambiándole su texto, contenido y propósito.**

Para ello, el juez utilizó diversos argumentos que se encuentran diseminados a lo largo de su sentencia, indicando, por una parte, que:

> "resulta jurídicamente imposible afirmar que el proceso de divorcio seguido por el artículo 185-A es un procedimiento de naturaleza voluntaria" (folio 520).

La afirmación ante todo, contradice abiertamente el texto de la norma así como su propósito y razón, que al contrario prevé expresamente un procedimiento no contencioso. Pero además, esa afirmación, en realidad, no resultó evaluación constitucional alguna que hubiera llevado al juez a concluir que dicha norma era inconstitucional, y que para resolver el caso debía desaplicarla dando preferencia a una norma constitucional; sino que al contrario, a pesar de dicha afirmación tan tajante y errada contrariando el texto expreso de la ley, concluyó aplicando la norma, siendo incluso la única que supuestamente aplicó para resolver el caso, pero vaciándola de contenido y cambiando su texto.

VII. La sentencia dictada por el Juez de Municipio, además, y en una forma incomprensible, se dictó contrariando abiertamente la decisión que un Juzgado Superior que se había dictado un mes antes en el caso, con motivo de un conflicto de competencia que se había planteado entre un tribunal de primera instancia y el Juzgado de Municipio, precisamente por el mismo tema de carácter del procedimiento.[604] El Juzgado Superior Séptimo, en la sentencia dictada el 10 de abril de 2013, al resolver que en el caso el tribunal competencia para conocer del procedimiento previsto en el artículo 185-A del Código Civil era del Juzgado de Municipio, lo hizo luego de precisar que conforme a dicha norma, "la no comparecencia o la negativa del cónyuge notificado sobre los hechos no puede en modo alguno considerarse una oposición por cuanto en el presente procedimiento de jurisdicción voluntaria no admite oposición por parte del cónyuge no solicitante, pues la norma es clara al señalar que el proceso culmina si el cónyuge niega el hecho," por lo que "la negativa de los hechos realizada por la cónyuge del solicitante no lo constituyen en un divorcio contencioso" (folio 390).

El Juzgado Superior Séptimo consideró como un verdadero "dislate" que el Juez de Municipio hubiera "instruido el procedimiento en forma ajena a las regulaciones legales previstas y posibles para este tipo de acción en la normativa positiva venezolana" (folio 391), calificando de "error" esa instrucción irregular (folio 392), afirmando que el único juicio contencioso para disolver el vínculo matrimonial es "el juicio de divorcio y el procedimiento contencioso de separación de cuerpos y bienes," siendo el previsto en el artículo 185-A del Código Civil una alternativa de disolución de dicho vínculo "de mutuo acuerdo" (folio 391). De ello concluyó el Juzgado Superior que:

> "resulta inadmisible que es este caso se hubiese tramitado una solicitud de divorcio propuesta conforme al 185-A del Código Civil, como si se tratase de un asunto contencioso, permitiendo a las partes ejercer facultades no sólo más allá de las permitidas en la ley, sino más allá de las deseadas por el legislador, violentando absolutamente el orden público que regula la normativa y régimen del matrimonio, en este caso, el de su disolución." (folio 392).

En el caso concreto, el Juzgado Superior Séptimo apreció que "no existiendo mutuo consentimiento entre los cónyuges de cara a la decisión que debía disolver el vínculo en el procedimiento iniciado a tenor del artículo 185-A del Código Civil," habiendo sido negados los hechos por el cónyuge distinto al solicitante y habiendo el Ministerio Público manifestado oposición a la solicitud, "ninguna articulación o posibilidad de trámite cognitivo podía dársele a este procedimiento, pues eso es tanto como crear un procedimiento no previsto en la Ley, desconociendo el contenido y

---

604 Juzgado Superior Séptimo en lo Civil, mercantil y del Tránsito de la Circunscripción Judicial del Área metropolitana de Caracas, Exp. AP71-R-2013-000224.

orden expresa establecida en la Ley positiva, ex artículo 185-A del Código Civil, lo que resulta a todas luces inadmisible" (folio 393).

Y de todo ello concluyó el Juzgado Superior Séptimo pronunciándose "contra los vicios que infectan el proceso," considerando "que en el caso de que se dictara sentencia en un proceso que se ha tramitado como este, inexorablemente se obtendría una decisión absoluta y radicalmente nula, al estar en contravención con una norma positiva expresa que no permite dar el trámite contencioso que se le está dando a este asunto."(folio 393). a

VIII. Y ello fue precisamente lo que el Juez de Municipio hizo en su sentencia de 13 de mayo de 2013, en la cual al cambiar el carácter no contencioso del procedimiento previsto en el artículo 185-A y convertirlo en un proceso contencioso, llegó a equiparar la negación del hecho de la separación por el cónyuge distinto al solicitante prevista en la norma, a un alegato de reconciliación como si se tratara de "cualquier procedimiento de divorcio," donde, afirmó, "se hace necesario aportar las pruebas que demuestran la existencia de tal causal" (folio 520).

Partiendo de esta absurda distorsión del procedimiento legalmente prescrito, en contra de la doctrina que un mes antes había sentado en el caso el Juzgado Superior Séptimo, el Juez de Municipio concluyó en la sentencia que se comenta, afirmando en contra del texto expreso de la norma, que el procedimiento establecido en el artículo 185-A del Código Civil tiene "naturaleza contenciosa" (folio 520 in fine), indicando que:

> "al ser alegada dentro del procedimiento la reconciliación de los cónyuges o la inexistencia de una separación fáctica por más de 5 años, procede entonces la apertura de una articulación probatoria como la establecida en el artículo 607 del Código de Procedimiento Civil" (folios 520, 521).

Con ello, al hacer esta equiparación ilegal entre un procedimiento no contencioso y un juicio contencioso de divorcio, el Juez de Municipio, en esta sentencia y con esa consideración, violó el derecho al debido proceso del cónyuge distinto al solicitante en los casos en los cuales conforme al artículo 185-A del Código Civil niega el hecho de la separación alegada, al exigirle que en tal caso, como si fuese un alegato de "reconciliación," en un juicio contencioso de divorcio, debe probar tal hecho negativo de que no hubo la separación alegada en la solicitud. Ello además es contrario con los más elementales principios que rigen las pruebas en el proceso y que se resumen en las siguientes conocidas expresiones latinas que es bueno recordar: ***Factum negatis nulla est probatio. Factum negatis probatio nulla sit*** (Del hecho que niega no existe probación alguna); ***Negamtis probatio nulla est*** (Para los que niegan no existe ninguna prueba); ***Impossibilium nulla obligatio est*** (No existe obligación alguna de las cosas imposibles).

En el procedimiento concreto que originó la decisión del Juez, por otra parte, de las actas del expediente resulta que no es cierto que el cónyuge distinto al solicitante, haya asumido una "posición de negar que hayan surgido diferencias irreconciliables entre los cónyuges" (folio 521), como sin fundamento alguno lo afirmó el Juez, ya que a lo que dicho cónyuge se limitó fue a negar los hechos alegados por el cónyuge solicitante ejerciendo el derecho que expresamente le otorga el artículo 185-A del Código Civil, derecho que el juez en su sentencia le negó.

El ejercicio de ese derecho por parte del cónyuge distinto del solicitante, a lo que conducía legalmente conforme al mencionado artículo 185-A era a la necesaria y obligatoria decisión del juez, precisamente para salvaguardar el derecho a la defensa y al debido proceso, de dar por terminado el procedimiento no contencioso y archivar el expediente, dejando en manos de las partes acudir, si era su decisión, al proceso contencioso de divorcio de acuerdo con el Código de Procedimiento Civil ante el Juez de Primera Instancia competente. No le era dable al Juez de Municipio reformar el artículo 185-A del Código Civil, convertir el procedimiento no contencioso previsto en dicha norma en un proceso contencioso de divorcio, y usurpar así la competencia de los jueces de primera instancia.

Con esta decisión, al declarar con lugar el divorcio en forma contraria al artículo 185-A del Código Civil, el juez de Municipio violó además el derecho del cónyuge distinto al solicitante a ser juzgado por el juez natural garantizado en el artículo 49.4 de la Constitución, que en caso de divorcio mediante un proceso contencioso, es el juez de primera instancia en lo civil.

IX. Por otra parte, el juez de Municipio, para adopta su decisión **aplicando el artículo 185-A del Código Civil**, pero reformando y cambiando su texto, contenido y propósito, argumentó que el "verdadero problema" de dicho artículo "para la tramitación **de esta solicitud de divorcio**" (folio 521), - argumento que demuestra que no fue una abstracción la que guió su decisión como se hubiera requerido de un juez constitucional respecto de las solicitudes de divorcio conforme a esa norma - , es que el procedimiento en la misma previsto, dijo el juez:

"dispone que una de las partes podría privar a la otra de obtener la declaratoria de disolución del vínculo matrimonial al permitirle que por su sola voluntad se extinga el procedimiento" (folios 521-522).

La afirmación, por supuesto, no sólo parte de una premisa contraria a la esencia del método difuso de control de constitucionalidad de las leyes que, como lo indica la jurisprudencia de la Sala Constitucional citada por el propio Juez, exige que se ejerza "en interés ajeno al propio beneficio de su titular, esto es, se ejerce en protección del interés general" (folio 524), y no "de ésta solicitud de divorcio" (folio 521); sino que también parte de un falso supuesto, pues en el caso del artículo 185-A del Código Civil, es el Legislador el que ha dispuesto que si el cónyuge distinto al solicitante "negare el hecho" entonces el Juez debe dar por terminado el procedimiento. Y esa regulación legal, en forma alguna priva a ninguno de los cónyuges de la posibilidad de obtener una declaratoria de disolución del vínculo matrimonial; solo que deben obtenerlo por las vías ordinarias contenciosas previstas en el ordenamiento jurídico, ante el juez de primera instancia mediante un juicio contencioso de divorcio, y no ante un Juez de Municipio en un procedimiento no contencioso.

X. El Juez de Municipio, en su sentencia, agregó además, para tratar de justificar la "reforma" que en su decisión efectuó del mencionado artículo 185-A del Código Civil, que desde la entrada en vigencia de la Constitución de 1999:

> "no puede tolerarse la existencia de un procedimiento en el cual una de las partes no pueda obtener que se tutelen judicialmente sus derechos, alegar y probar en su favor cuando la otra parte haya contradicho los hechos alegados en su petición y obtener una decisión judicial, que con fuerza de cosa juzgada, dirima la controversia planteada" (folio 522).

Ante esta afirmación debe indicarse que no es cierto que con la regulación del procedimiento no contencioso del artículo 185-A del Código Civil se prive a los cónyuges de las garantías judiciales para la tutela efectiva y defensa de sus derechos e intereses, que están previstas en el proceso de divorcio ante el juez de primera instancia que establece el Código de Procedimiento Civil, que es el proceso que por voluntad del Legislador se establece en el mismo en materia de juicios de divorcio, como "instrumento fundamental para la realización de la justicia" en los términos del artículo 257 de la Constitución.

Por ello, lo decidido por el Juez de Municipio en su sentencia, transformando un procedimiento no contencioso y pretender convertirlo en un proceso contencioso de divorcio, pero sin haber desarrollado un verdadero proceso, usurpando la función del juez de primera instancia en lo civil, ignorando la opinión vinculante del Ministerio Público, y contrariando lo decidido en el caso por un Juzgado Superior, lo en realidad se configura es en una violación flagrante del derecho al debido proceso del cónyuge distinto al solicitante.

XI. Para tratar de justificar la arbitrariedad judicial cometida de modificar el artículo 185-A del Código Civil para aplicarlo a un caso concreto y específico en beneficio del solicitante, el Juez indicó que de acuerdo con lo previsto en el artículo 334 de la Constitución:

"no es posible contemplar la posibilidad de aplicar un procedimiento que impida a una de las partes tutelar efectivamente sus derechos, en particular el derecho a solicitar y obtener la disolución del vínculo matrimonial, por la sola voluntad de la parte contra la cual se pretende hacer obrar este derecho" (folio 526).

Ante esta afirmación debe observarse, ante todo, que el artículo 334 de la Constitución nada establece sobre los procedimientos y procesos judiciales, de manera que la sola norma no podría invocarse para ejercer el control difuso de constitucionalidad, que exige indicar el artículo constitucional que se pretende aplicar preferentemente a la noma legal que se considera inconstitucional, y que por tanto el Juez decide desaplicar para decidir el caso. En este caso, en la sentencia del Juez de Municipio, dicha norma constitucional de supuesta aplicación preferente no se indicó, y además, la norma que se considera supuestamente contraria a la Constitución no se desaplicó, sino más bien fue la única que el juez aplicó para adoptar su decisión.

XII. Por otra parte, debe mencionarse que lo argumentado por el juez, puso además en evidencia la violación más absoluta del artículo 21 de la Constitución que garantiza el derecho a la igualdad ante la ley; y de los artículos artículo 255, in fine y 256 de la Constitución que exigen que los jueces decidan y actúen con imparcialidad, pues como se expresa en el texto antes mencionado de la sentencia, la misma sólo se dicta para la supuesta salvaguarda de los derechos del solicitante en la petición de divorcio formulada conforme al artículo 185-A del Código Civil, ignorando totalmente **el derecho previsto también en dicha norma del cónyuge distinto al solicitante del divorcio**, que es el derecho de negar el hecho alegado en la solicitud y, como consecuencia, el derecho de que en tal caso se dé por terminado el procedimiento y se archive el expediente como lo impone la ley.

Olvidó deliberadamente el Juez de Municipio que el artículo 185-A del Código Civil, en efecto, no sólo establece el derecho de un cónyuge de solicitar el divorcio conforme a dicha norma, que tanto se ha afanado el juez en "tutelar," violando para ello, con su arbitraria sentencia, dicha norma legal y la Constitución; sino que dicha norma del Código Civil que el juez aplica, también consagra el derecho del cónyuge distinto al solicitante, tanto de negar el hecho formulado en la petición, como de obtener con ello que el juez declare terminado el procedimiento y ordene archivar el expediente, a lo que está obligado el juez; derecho que en forma alguna priva al cónyuge solicitante de su derecho a la tutela judicial efectiva y entablar un juicio de divorcio mediante el proceso contencioso de divorcio que regula el Código de Procedimiento Civil.

Al decidir el juez en su sentencia aplicando el artículo 185-A del Código Civil, pero limitándose a proteger exclusivamente el derecho del cónyuge solicitante del divorcio, pero ignorando y desprotegiendo el derecho del cónyuge distinto al solicitante también consagrado en el mismo artículo, que – se insiste - el juez aplicó, lo que puso en evidencia fue una absoluta parcialidad a favor del solicitante en perjuicio del otro cónyuge, violando el derecho a la igualdad de las partes que condiciona todo proceso judicial y que garantiza el artículo 21 de la Constitución, en cual también ha sido quebrantado con la sentencia.

XIII. Por último, debe mencionarse que la sentencia del Juez de Municipio, al violar normas de orden público como la que establece el artículo 185-A del Código Civil, al trastocar el procedimiento que regula, en particular violó además la norma del artículo 285.1 de la Constitución que asigna al Ministerio Público la función de "garantizar en los procesos judiciales el respeto a los derechos y garantías constitucionales," razón por la cual el mencionada norma del Código Civil exige en el procedimiento no contencioso en él previsto, no sólo que se cite al Ministerio Público enviándole copia de la solicitud indicativa del hecho de la separación alegada, sino que "si el Fiscal del Ministerio Público lo objetare, se declarará terminado el procedimiento y se ordenará el archivo del expediente."

Esta es una norma imperativa, que además tiene relación con las competencias del Ministerio Público, que son de orden público. Basta que el Ministerio Público objete la solicitud, incluso independientemente de que el cónyuge distinto al solicitante no negare el hecho, para que el juez esté obligado a terminar el procedimiento.

En el caso, incluso el Juzgado Superior que resolvió el conflicto de competencia en su sentencia antes mencionada expresamente advirtió que constaba en actas, la opinión del Ministerio Público, "tercero de buena fe, y , a los fines de este procedimiento, garante del orden público asociado a la figura del matrimonio, que en fecha 22 de febrero de 2013, consignó opinión en la que expresó que el presente procedimiento debió ser cerrado y archivado el expediente" (folio 392).

Pero todo ello no sólo lo ignoró el Juez de Municipio en su afán de proteger sólo el derecho del solicitante de divorcio conforme al artículo 185-A del Código Civil, sino que llegó a afirmar, violando abiertamente dicha norma, que "la oposición realizada por el Fiscal del Ministerio Público, por si sola, no produce la terminación del proceso"(folio 529), lo cual no es cierto.

El Juez, sin embargo, citó algunos autores y una sentencia para tratar de reforzar su ilegal aserto, en las cuales lo que en realidad se indica es que la objeción del Ministerio Público en estos casos, debe ser "fundamentada y probada" considerándose la posibilidad para los jueces de desechar dichas objeciones sólo cuando sean "infundadas" (folio 530). Aún cuando ello no está indicado en la norma, en todo caso, para desechar una objeción del Ministerio Público en estos procesos, si se hubiese atenido a esas opiniones doctrinales y jurisprudenciales, lo mínimo que el Juez de

Municipio debía haber hecho era fundamentar su decisión de ignorar la objeción del Ministerio Público lo que le exigía razonar porqué la consideró "infundada." Sobre ello, sin embargo, ni una palabra se consigue en la sentencia.

En fin, a la vista de tantas inconstitucionalidades e ilegalidades cometidas por el Juez de Municipio, lo que queda claro es que con decisiones como la que comentamos, en realidad, lo que estamos es en presencia, no de la aplicación por el juez ordinario del método difuso de control de constitucionalidad de las leyes, de larga tradición en Venezuela, sino de un ejemplo de cómo un juez ordinario, no debe ejercerse esa potestad.

New York, mayo 2013

SECCIÓN CUARTA:

LA ILEGÍTIMA RESTRICCIÓN DE LA POPULARIDAD DE LA ACCIÓN DE INCONSTITUCIONALIDAD DE LAS LEYES

Esta sección es el texto del estudio sobre "La acción popular de inconstitucionalidad en Venezuela y su ilegítima restricción por el juez constitucional," publicado en *Revista de Derecho Público*, Nº 123, (julio-septiembre 2010), Editorial Jurídica Venezolana, Caracas 2010, pp. 207-214. Publicado en *Práctica y distorsión de la justicia constitucional en Venezuela (2008-2012)*, Colección Justicia Nº 3, Acceso a la Justicia, Academia de Ciencias Políticas y Sociales, Universidad Metropolitana, Editorial Jurídica Venezolana, Caracas 2012, pp. 271-283.

I. EL SISTEMA MIXTO O INTEGRAL DE JUSTICIA CONSTITUCIONAL EN VENEZUELA

La Constitución venezolana de 1999 establece en forma expresa en sus artículos 266, 334 y 336 la competencia de la Sala Constitucional del Tribunal Supremo de Justicia para declarar la nulidad por inconstitucionalidad con poderes anulatorios de las leyes y demás actos de los cuerpos deliberantes de carácter nacional, estadal o municipal dictados en ejecución directa de la Constitución, así como de los actos con rango legal dictados por el Ejecutivo Nacional. Es decir, la Constitución prevé un control judicial concentrado de la constitucionalidad de todos los actos estatales, con exclusión de los actos judiciales y de los actos administrativos respecto de los cuales prevé medios específicos de control de legalidad y constitucionalidad (recurso de casación, apelaciones y Jurisdicción Contencioso Administrativa).

De acuerdo con la Constitución, por tanto, existe un control concentrado de la constitucionalidad referido, en el nivel nacional, a los actos estatales de rango legal o de ejecución directa e inmediata de la Constitución (leyes, actos parlamentarios sin forma de ley y actos de gobierno); en el nivel estada], a las leyes emanadas de las Asambleas Legislativas y demás actos de ejecución directa de la Constitución; y en el nivel municipal, a las Ordenanzas Municipales, consideradas invariablemente como leyes locales, y demás actos de ejecución directa de la Constitución.

Pero además, tanto el artículo 334 de la como la propia Constitución de 1999, como el artículo 20 del Código de Procedimiento Civil y el artículo 19 del Código

Orgánico Procesal Civil, autorizan a todos los jueces y tribunales de la República, cuando decidan un caso concreto, para declarar la inaplicabilidad de las leyes y demás actos estatales normativos cuando estimen que son inconstitucionales, dándole por tanto preferencia a las normas constitucionales. Se trata, sin duda, de la base constitucional y legal del método difuso de control de la constitucionalidad.

Por tanto, el sistema venezolano de control de la constitucionalidad de las leyes y otros actos estatales puede decirse que es un sistema mixto o integral, de los más amplios conocidos en el mundo actual si se lo compara con los que muestra el derecho comparado,[605] pues mezcla el llamado control difuso de la constitucionalidad de las leyes con el control concentrado de la constitucionalidad de las mismas.[606]

Este sistema mixto o integral de control de la constitucionalidad[607] tiene su fundamento en el principio básico del constitucionalismo del carácter de norma suprema que tiene la Constitución, la cual no sólo regula orgánicamente el funcionamiento de los órganos estatales sino que establece los derechos fundamentales de los ciudadanos; y que declarado además expresamente en el artículo 7 de la Constitución de 1999, ha conducido, inevitablemente, al desarrollo del sistema mixto de justicia constitucional en Venezuela establecido desde hace más de un Siglo[608].

En torno al carácter mixto del sistema venezolano, la antigua Corte Suprema de Justicia insistió al referirse al ámbito del control de la constitucionalidad de las leyes, al señalar que está encomendado:

> "No tan sólo al Supremo Tribunal de la República, sino a los jueces en general, cualquiera sea su grado y por ínfima que fuere su categoría. Basta que el funcionaria forme parte de la rama judicial para ser custodio de la Constitución y aplicar, en consecuencia, las normas de ésta prevalecientemente a las leyes ordinarias... Empero, la aplicación de la norma fundamental por parte de los jueces de grado, sólo surte efecto en el caso concreto debatido, y no alcanza, por lo mismo, sino a las partes interesadas en el conflicto; en tanto, que cuando

---

605 Véase Allan R. Brewer–Carías, *Judicial Review in Comparative Law,* Cambridge University Press, Cambridge 1998; *La Justicia Constitucional. Procesos y Procedimientos Constitucionales*, Ed. Porrúa, México 2007.

606 De acuerdo a la terminología acuñada por Piero Calamandrei, *La illegittimitá Costituzionale delle Leggi,* Padova, 1950, p. 5; y difundida por Mario Capelletti, *Judicial Review in the contemporary World, Indianápolis, 1971.* Véase Allan R. Brewer–Carías, *Judicial review in comparative law,* Cambridge University Press, *1989.* Véase además, Allan R. Brewer–Carías, *El sistema mixto o integral de control de constitucionalidad en Colombia y Venezuela,* Bogotá, 1995.

607 Véase en general, Allan R. Brewer–Carías, *La Justicia Constitucional,* Tomo VI, *Instituciones Políticas y Constitucionales, Caracas 1996,* Caracas San Cristóbal 1996, pp. 86 y ss.

608 Véanse los comentarios en relación con sistema mixto de justicia constitucional en Venezuela como consecuencia del principio de supremacía constitucional en Allan R. Brewer-Carías, "El sistema mixto o integral de control de la constitucionalidad en Colombia y Venezuela", en G. J. Bidart Campos y J. F. Palomino Manchego (Coordinadores*), Jurisdicción Militar y Constitución en Iberoamérica, Libro Homenaje a Domingo García Belaúnde*, Instituto Iberoamericano de Derecho Constitucional (Sección Peruana), Lima 1997, pp. 483-560; Allan R. Brewer-Carías, "Algunas consideraciones sobre el control jurisdiccional de la constitucionalidad de los actos estatales en el Derecho venezolano," en *Revista de Administración Pública,* Nº 76, Madrid, 1975, pp. 419 a 446. Véase además, M. Gaona Cruz, "El control judicial ante el Derecho Comparado," en *Archivo de Derecho Público y Ciencias de la Administración* (El Derecho Público en Colombia y Venezuela), Vol. VII, 1986, Caracas, 1986.

se trata de la ilegitimidad constitucional de las leyes pronunciadas por el Supremo Tribunal en ejercicio de su función soberana, como intérprete de la Constitución y en respuesta a la acción pertinente, loa efectos de la decisión se extienden *erga omnes* y cobran fuerza de ley. En el primer caso, el control es incidental y especial; y en el segundo, principal y general; y cuando éste ocurre, vale decir, cuando el recurso es autónomo, éste es formal o material, según que la nulidad verse sobre una irregularidad concerniente al proceso elaborativo de la ley, o bien que no obstante haberse legislado regularmente en el aspecto formalista, el contenido intrínseca de la norma adolezca de vicios sustanciales"[609].

II. EL PROCESO DE CONTROL DE CONSTITUCIONALIDAD DE LAS LEYES Y DEMÁS ACTOS DE SIMILAR RANGO Y VALOR MEDIANTE LA ACCIÓN POPULAR DE INCONSTITUCIONALIDAD

Ahora bien, refiriéndonos en particular al control concentrado de la constitucionalidad de las leyes, el más importante proceso constitucional que se desarrolla ante la Jurisdicción Constitucional y que ha sido históricamente el que ha caracterizado al sistema venezolano, es el que tiene por objeto que la Sala Constitucional del Tribunal Supremo juzgue con poderes anulatorios y a instancia de cualquier persona, mediante acción popular,[610] la constitucionalidad de las leyes y de los demás actos estatales de igual rango o valor que las leyes.

De acuerdo con el artículo 334 de la Constitución, y conforme a una tradición que se remonta a 1858,[611] corresponde exclusivamente a la Sala Constitucional "como Jurisdicción Constitucional, declarar la nulidad de las leyes y demás actos de los órganos que ejercen el Poder Público dictados en ejecución directa e inmediata de la Constitución o que tengan rango de ley," razón por la cual, conforme al artículo 336 de la Constitución, tiene las siguientes atribuciones de control concentrado de la constitucionalidad de determinados actos estatales, con poderes anulatorios:

1. Declarar la nulidad total o parcial de las *leyes nacionales* y demás actos con *rango de ley* de la Asamblea Nacional que colidan con esta Constitución".
2. Declarar la nulidad total o parcial de las *Constituciones* y *leyes estadales*, de las *ordenanzas municipales* y demás actos de los cuerpos deliberantes de los Estados y Municipios dictados en *ejecución directa e inmediata* de la Constitución y que colidan con ésta.
3. Declarar la nulidad total o parcial de *los actos con rango de ley* dictados por el Ejecutivo Nacional que colidan con esta Constitución.
4. Declarar la nulidad total o parcial de los *actos en ejecución directa e inmediata* de la Constitución, dictados por cualquier otro órgano estatal en ejercicio del Poder Público".

---

609 Véase sentencia de la antigua Corte federal de 19–6–53, en *Gaceta Forense*, Nº 1, 1953, pp. 77 y 78.

610 Véase Allan R. Brewer–Carías, *El control de la constitucionalidad de los actos estatales*, Caracas 1977, pp. 120 y ss.

611 Véase Allan R. Brewer–Carías, *La Justicia Constitucional*, Tomo VI, *Instituciones Políticas y Constitucionales*, Caracas San Cristóbal *1996*, pp. 131 y ss.

El artículo 15, ordinales 1 a 4 de la Ley Orgánica del Tribunal Supremo de Justicia de 2010[612] repite y precisa estas atribuciones de la Sala Constitucional, al atribuirle poderes para anular los siguientes actos estatales cuando violen la Constitución:

1. Declarar la nulidad total o parcial de las *leyes nacionales y demás actos con rango de ley de la Asamblea Nacional*, que colidan con la Constitución de la República Bolivariana de Venezuela.
2. Declarar la nulidad total o parcial de las *Constituciones y leyes estadales, de las ordenanzas municipales y demás actos* de los cuerpos deliberantes de los Estados y Municipios dictados *en ejecución directa e inmediata de la Constitución* y que colidan con ella.
3. Declarar la nulidad total o parcial de *los actos con rango de ley que sean dictados por el Ejecutivo Nacional,* que colidan con la Constitución de la República Bolivariana de Venezuela.
4. Declarar la nulidad total o parcial de los actos *en ejecución directa e inmediata de la Constitución,* dictados por cualquier órgano estatal en ejercicio del Poder Público, cuando colidan con aquella.

En ejercicio de estas cuatro competencias, la Sala Constitucional ejerce entonces el "control concentrado de la constitucionalidad", el cual, de conformidad con la Constitución, como lo precisa el artículo 32 de la Ley Orgánica del Tribunal Supremo:

> "sólo corresponderá a la Sala Constitucional en los términos previstos en esta Ley, mediante *demanda popular de inconstitucionalidad*, en cuyo caso, no privará el principio dispositivo, pudiendo la Sala suplir, de oficio, las deficiencias o técnicas del demandante por tratarse de un asunto de orden público. Los efectos de dicha sentencia serán de aplicación general, y se publicará en la Gaceta Oficial de la República, y en la Gaceta Oficial del Estado o Municipio según corresponda."

Con esta disposición expresa no sólo se ratificó el principio dispositivo para el inicio del control concentrado de la constitucionalidad mediante el ejercicio de la acción popular, sino que se acuñó a nivel legal la popularidad de la acción al denominársela "demanda popular de inconstitucionalidad." Ello implica que la legitimación activa para intentar las acciones que originan el proceso constitucional de nulidad de las leyes corresponde a cualquier persona, configurándose la acción como una *actio popularis,* la cual, conforme al artículo 135 de la Ley Orgánica, también la puede interponer el Fiscal General de la República y también, conforme al artículo 281,3 de la Constitución, el Defensor del Pueblo.

---

612 Véase *Gaceta Oficial* N° 39.522, de 1 de octubre de 2010. La Ley estaba publicada en *Gaceta Oficial* N° 39.483 de 9 de agosto de 2010, pero fue modificada por supuesto "error material" en la publicación. Fue sancionada el 11 de mayo de 2010, y fue inicialmente publicada en *Gaceta Oficial* N° 5.991 Extraordinario de 29 de julio de 2010.

III. LA LEGITIMACIÓN ACTIVA EN LA ACCIÓN POPULAR QUE CORRESPONDE A CUALQUIER CIUDADANO CON BASE EN EL SIMPLE INTERÉS EN LA CONSTITUCIONALIDAD

En efecto, conforme a esas disposiciones, todo habitante de la República con capacidad jurídica puede intentar la acción de inconstitucionalidad contra las leyes, sin distingo alguno, sean emanadas de la Asamblea Nacional, de los Consejos Legislativos de los Estados de la federación o de los Concejos Municipales (Ordenanzas); incluyendo las leyes aprobatorias de tratados.[613]

Esta popularidad de la acción, sin embargo, de acuerdo con el régimen legal anterior a la Ley Orgánica del Tribunal Supremo de 2010, en virtud de las previsiones de la antigua Ley Orgánica de la Corte Suprema de Justicia de 1976 y de la derogada Ley Orgánica del Tribunal Supremo de Justicia de 2004, había sido objeto de restricciones al exigirse que la ley impugnada debía "afectar" en alguna forma "los derechos o intereses" del recurrente. Ello condujo a la posibilidad de introducir restricciones mínimas razonables, sin eliminar la popularidad de la acción. Por ejemplo, si se trataba de una ley de un Estado, se podía exigir que el impugnante fuera residente de dicho Estado o tuviera bienes o intereses en el mismo, de manera que la ley impugnada pudiera afectarlo en alguna forma, y éste pudiera tener un simple interés en la constitucionalidad de la ley. Si por ejemplo, se trataba de la impugnación de una Ordenanza Municipal se podía exigir, al menos, que el recurrente fuera residente del Municipio respectivo o, por ejemplo, tuviera bienes en el mismo, de manera que sus derechos o su simple interés pudieran ser lesionados. En estos casos, por supuesto, no se perdía el carácter popular de la acción, pero la legitimación era precisada. En cambio, si se trataba de una ley nacional, en principio, cualquier habitante del país con capacidad jurídica podía impugnar la ley pues su interés simple en la constitucionalidad estaría lesionado por la ley inconstitucional. Sin embargo, aún en estos casos, algunas precisiones a la legitimación activa podían surgir: si se trataba, por ejemplo, de la impugnación de una ley que estableciera una discriminación respecto a las mujeres, violatoria de la Constitución por discriminatoria, la acción, en principio, no podía ser intentada sino por una mujer.[614]

Sin embargo, y aún con la previsión legal mencionada, como lo precisó la Corte Primera de lo Contencioso Administrativo en sentencia de 22 de marzo de 2000, "todo ciudadano capaz en derecho, tiene la cualidad para impugnar el acto general, cuando lo ataque por inconstitucionalidad", por lo que tratándose de una "acción popular" "*se ha requerido un simple interés para la acción popular de inconstitucionalidad* ... y este ha sido definido como el derecho general otorgado por Ley a todo ciudadano, para que pueda acudir a los tribunales competentes a demandar la nulidad de un acto general viciado de inconstitucionalidad .... Se dice acción popu-

---

613 Véase Allan R. Brewer-Carías, "El control de la constitucionalidad de las leyes aprobatorias de Tratados Internacionales y la cuestión constitucional de la integración latinoamericana", *Revista de Derecho Público*, Nº 44, Editorial Jurídica Venezolana, Caracas, 1990, pp. 225 a 229.

614 Véase en contrario, la sentencia de la antigua Corte Suprema de Justicia en Sala Plena de anulación del art. 970 del Código de Comercio, en *Jurisprudencia de Ramírez y Garay*, 1er. semestre, Caracas 1964, p. 599, *cit.*, por Humberto J. La Roche, *El control jurisdiccional de la constitucionalidad en Venezuela y Estados Unidos*, Maracaibo, 1972, p. 100.

lar, por cuanto comporta la posibilidad cierta de que cualquier persona *actualice y concrete en el acto impugnado* un derecho que es general a los ciudadanos"[615].

En sentido similar, la antigua Corte Suprema de Justicia en Corte Plena, con motivo de la impugnación por vía de acción popular del Código Orgánico Tributario, había apreciado la legitimación del accionante en su condición de contribuyente así:

> "Tal como se alega en la demanda, la accionante –persona jurídica constituida– aparece con el interés legítimo que exige el artículo 112 de la Ley de la Corte para demandar la nulidad de disposiciones del Código Orgánico Tributario que es un acto legislativo de efectos generales, por cuanto es contribuyente de impuesto sobre la renta que solicitó reintegro, y por eso le conciernen las normas del Código Orgánico Tributario, en especial las que son objeto de la nulidad demandada en este caso"[616].

En ese caso, era la condición de contribuyente la que daba la legitimación para impugnar la ley. Ahora bien, en todo caso, si en algún momento pudieron haber dudas sobre la posible restricción a la popularidad de la acción,[617] las mismas fueron dilucidadas por la antigua Corte Suprema de Justicia, la cual había considerado que la exigencia del artículo 112 de la derogada Ley Orgánica del Tribunal Supremo de Justicia de 2004 (eliminada en la Ley Orgánica de 2010) en el sentido de que la ley impugnada afectase "los derechos e intereses" del accionante, no significaba que la acción popular se hubiese eliminado, ni que se hubiese establecido una especial exigencia de legitimación activa para el ejercicio de la acción popular de control de la constitucionalidad.

El objetivo de la acción popular, dijo entonces la Corte, es la "defensa objetiva de la majestad de la Constitución y de su supremacía", y si es cierto que la Ley Orgánica requiere que el accionante sea afectado "en sus derechos e intereses", esta expresión debe interpretarse en forma "rigurosamente restrictiva"[618]. Con base en ello, la antigua Corte Suprema de Justicia, llegó a la conclusión de que:

> "Cuando una persona ejerce el recurso de inconstitucionalidad en los términos del artículo 112 de su ley, *debe presumirse*, al menos relativamente, que el acto recurrido en alguna forma afecta los derechos o intereses del recurrente en su condición de ciudadano venezolano, salvo que del contexto del recurso apa-

---

615 Véase sentencia de la Corte Primera de lo Contencioso administrativo de 22–03–00, caso: *Banco de Venezolano de Crédito v. Superintendencia de Bancos*, *Revista de Derecho Público*, N° 81, EJV, Caracas 2000, pp. 452–453.

616 Véase la sentencia de 15-10-85 en *Revista de Derecho Público*, N° 25, Editorial Jurídica Venezolana, Caracas, 1986, p. 110.

617 Véase L. H. Farías Mata, "¿Eliminada la Acción Popular del Derecho Positivo Venezolano?", en *Revista de Derecho Público*, N° 11, Editorial Jurídica Venezolana, Caracas, 1982, pp. 5-18.

618 Sentencia de la Corte en Pleno de 30–06–82, en *Revista de Derecho Público*, N° 11, EJV, Caracas 1982, p. 138.

rezca manifiestamente lo contrario, o que el mismo fuere declarado inadmisible conforme al artículo 115 de la ley de la Corte"[619].

En esta forma quedó definitivamente claro que la popularidad de la acción de inconstitucionalidad es completa, de manera que tiene legitimación activa para impugnar el acto "cualquier persona capaz procesalmente," sea persona natural o jurídica, sin necesidad de que sea necesario en forma alguna que se tenga que alegar que la ley impugnada lesione en alguna forma "la esfera jurídica privada del accionante."

Luego de sancionada la Constitución de 1999, la Sala Constitucional en sentencia N° 1077 de 22 de septiembre de 2000, sobre la legitimación activa en la acción popular, puntualizó que con la misma "cualquier persona capaz procesalmente tiene interés procesal y jurídico para proponerla, sin necesidad de un hecho histórico concreto que lesione la esfera jurídica privada del accionante" en cuyo caso, el actor es "un tutor de la constitucionalidad y esa tutela le da el interés para actuar, haya sufrido o no un daño proveniente de la inconstitucionalidad de una ley"[620]; habiéndose resumido la doctrina en la materia en sentencia N° 37 de 27 de enero de 2004 (Caso: *Impugnación de los artículos 129 y 132 de la Ley de Minas*), así:

> "Nuestra legislación procesal establece de manera verdaderamente excepcional en el derecho comparado, una legitimación amplísima cuando se trata de la impugnación de actos normativos, incluso de rango sub–legal. No se trata, en realidad, de una acción popular pura, en el sentido de estar reconocida a todos y en cualquier caso, pero sí se le acerca mucho, puesto que difícilmente faltará entre la población el simple interés que la ley exige para demandar.
>
> Siendo una acción de naturaleza básicamente popular prácticamente pierde sentido la referencia al interés propio del accionante. Bastaran exponer las razones para impugnar la norma para que el tribunal –esta Sala, de ser un acto de rango legal– entre a analizar la procedencia del recurso. La inadmisión, de darse, se producirá normalmente a causa de la evidencia de que el demandante carece del más mínimo interés, toda vez que las acciones judiciales deben tener una justificación que no sea la meramente teórica. Por tanto, no es al actor a quien en realidad toca demostrar su interés, el cual puede fácilmente presumirse; corresponde hacerlo a quien se opone a la demanda, o al juez, si es que lo verifica de oficio.
>
> De esta manera, la amplitud de la legitimación reconocida en la legislación venezolana –para el caso de la impugnación de actos normativos– hace que se presuma el interés del actor, a menos que de los autos se desprenda su carencia, caso en que el juez debe rechazarla.
>
> Esa amplísima legitimación obedece a la necesidad –no aceptada por otros sistemas jurídicos– de que toda persona que pudiera ser sujeto de la aplicación

---

619 *Idem.* De acuerdo a este criterio, por tanto, como lo ha dicho la Corte Suprema en Sala Plena, la acción popular en definitiva "puede ser ejercida por cualquier ciudadano plenamente capaz". Sentencia de 19–11–85, en *Revista de Derecho Público*, N° 25, EJV, Caracas 1986, p. 131.

620 Véase Caso: *Servio Tulio León Briceño*, en *Revista de Derecho Público*, N° 83, EJV, Caracas 2000, pp. 248 ss.

de una norma, tenga capacidad para debatir en juicio su validez. La acción de nulidad, por ello, tiene entre nosotros un carácter de abstracción: no se requiere un caso concreto, sino apenas la posibilidad –ni siquiera probabilidad– de su existencia"[621].

Esta popularidad de la acción de inconstitucionalidad fue además constatada por la Sala Constitucional Nº 796 de 22 de julio de 2010 (Caso: *Asociación civil SUMATE, Francisco Javier Suárez y otros*), en la cual indicó que:

> "por regla general, se ha establecido que la acción de nulidad por inconstitucionalidad es una acción popular que puede ser ejercida por cualquier ciudadano, vale decir, que toda persona tiene, en principio, la cualidad o interés procesal para la impugnación de las leyes o actos con rango de ley, por medio de la acción de nulidad por inconstitucionalidad. Dicho en otros términos, la legislación venezolana no exige un interés procesal calificado, ni por la posible existencia de una especial situación de hecho que vincule alguna posición jurídico-subjetiva con cierta norma legal (individualizada), ni por el ejercicio de un cargo público, sea de representación popular o sea dentro del Poder Ciudadano".[622]

Conforme a esta doctrina, por tanto, y habiendo sido eliminada de la ley Orgánica del Tribunal Supremo la exigencia de que la ley impugnada mediante la acción popular tuviese que afectar los derechos e intereses del recurrente, todo habitante del país con plena capacidad jurídica puede intentar la acción de inconstitucionalidad contra las leyes, sin distingo alguno, sean emanadas de la Asamblea Nacional, de los Consejos Legislativos de los Estados de la federación o de los Concejos Municipales (Ordenanzas).

IV. LA ILEGÍTIMA LIMITACIÓN A LA POPULARIDAD DE LA ACCIÓN POPULAR EN VENEZUELA POR LA SALA CONSTITUCIONAL

Este principio de la popularidad de la acción de inconstitucionalidad, tal como se ha enunciado, por tanto, no está sujeto a excepción alguna, de manera que basta que se trate de una persona capaz procesalmente conforme al ordenamiento jurídico, para tener la legitimación necesaria para conforme al derecho a la participación ciudadana, solicitar a la Sala Constitucional que se pronuncie sobre la constitucionalidad de las leyes y demás actos estatales de ejecución directa de la Constitución, sin excepción alguna.

Toda persona tiene en este sentido el derecho constitucional a la participación política mediante el ejercicio de esta acción de inconstitucionalidad, el cual no admite limitación, restricción o suspensión alguna, y menos aún, discriminando a alguna o algunas personas en relación con otras, en violación al derecho a la igualdad que en los términos del artículo 21 de la Constitución no admite excepciones.

La Sala Constitucional del Tribunal Supremo, sin embargo, sin que persona alguna se lo hubiese solicitado y en su desmedido afán de descalificar a todos los que

621 Véase en *Revista de Derecho Público*, Nº 97–98, EJV, Caracas 2004, pp. 402 ss.

622 Véase en http://www.tsj.gov.ve/decisiones/scon/Julio/796-22710-2010-09-0555.html

manifiesten legítima oposición al gobierno autoritario, en la misma última sentencia citada N° 796 de 22 de julio de 2010 (Caso: *Asociación civil Súmate, Francisco Javier Suárez y otros*),[623] después de reconocer el carácter popular de la acción, le negó a una conocida Asociación Civil, la *Asociación Civil Súmate*, que en los últimos años se ha destacado precisamente por su activa participación en materia de control sobre los procesos electorales y para garantizar el ejercicio del derecho activo y pasivo al sufragio, el derecho a participar en el control de constitucionalidad de las leyes, desestimando la cualidad de la misma como Asociación para interponer una acción popular contra los actos estatales de convocatoria a un referendo aprobatorio para una enmienda constitucional, declarado su "falta de legitimación" para interponer una demanda de nulidad.

La motivación para semejante arbitrariedad, en resumen fue que la referida Asociación habría recibido en algún momento, *in illo tempore*, "financiamiento de naciones extranjeras para desarrollar actividad pública", lo que a juicio de la Sala implicaba que entonces carecía "de legitimidad para actuar en defensa de intereses extranjeros sobre asuntos de política interna," lo cual aparentemente dedujo la Sala, en contra de lo que disponen los propios estatutos de la Asociación, donde se define como su objetivo esencial, el "promover en todas las formas posibles de la democracia como sistema de convivencia social dentro del marco de la libertad y el respeto a los derechos humanos."

La acción popular de inconstitucionalidad la había intentado la *Asociación Civil Súmate* y otros ciudadanos, contra diversos actos del Consejo Nacional Electoral relativos a la convocatoria del referendo aprobatorio de la enmienda constitucional que se había fijado para el 15 de febrero de 2009, a los efectos de prever la reelección continua e ilimitada de los cargos de elección popular (lo que era contrario al principio de alternabilidad republicana),[624] la cual, en definitiva, fue declarada como "improponible" porque a juicio de la Sala, los actos impugnados habían sido "exclusivamente dictados con miras a la realización de la enmienda constitucional celebrada el 15 de febrero de 2009" considerando que resultaba patente que constituían "actos preparatorios" de una enmienda constitucional, y por ello, que supuestamente "no son impugnables por vía autónoma," renunciando así, una vez más, como lo había hecho en 2007 respecto de la rechazada reforma constitucional de ese año, a ejercer la justicia constitucional respecto de los procedimientos de reforma y enmienda constitucional.[625] Tratándose de una acción popular de inconstitucionalidad, para declararla "improponible," por supuesto, no había necesidad alguna en analizar

---

623 Véase en http://www.tsj.gov.ve/decisiones/scon/Julio/796-22710-2010-09-0555.html

624 Véase Allan R. Brewer-Carías, "El Juez Constitucional vs. La alternabilidad republicana (La reelección continua e indefinida), en *Revista de Derecho Público*, N° 117, Caracas 2009, pp. 205-211

625 Véase Allan R. Brewer-Carías, "El juez constitucional vs. la supremacía constitucional", en *Revista Iberoamericana de Derecho Procesal Constitucional,* N° 9, Editorial Porrúa, Instituto Iberoamericano de Derecho procesal Constitucional, México 2008, pp. 17-60; "El juez constitucional vs. la supremacía constitucional. (O de cómo la jurisdicción constitucional en Venezuela renunció a controlar la constitucionalidad del procedimiento seguido para la "reforma constitucional" sancionada por la Asamblea Nacional el 02 de noviembre de 2007, antes de que fuera rechazada por el pueblo en el referendo del 02 de diciembre de 2007)", en *Revista de Derecho Público*, N° 112, Editorial Jurídica Venezolana, Caracas 2007, pp. 661-694.

la "legitimidad" de los recurrentes, todos personas jurídicas o naturales venezolanos, precisamente dada la popularidad de la acción. Sin embargo, la Sala, con el único y deliberado propósito de pretender dañar a una de las agrupaciones de la sociedad civil más activas del país en defensa de los principios democráticos y del ejercicio del sufragio y el voto, dictó sentencia para eliminarle ignominiosamente legitimación para intentar la "acción popular" para solicitar el ejercicio del control de constitucionalidad por parte de la Jurisdicción Constitucional.

Para llegar a esta absurda conclusión, en forma por demás contradictoria, la Sala, como se dijo, reconoció ampliamente el carácter popular de la acción de inconstitucionalidad, citando precedentes en sentencias anteriores, recordando que "el juicio de inconstitucionalidad a que se refiere el artículo 334 del Texto Fundamental, el cual (tal como señaló esta Sala en sentencia N° 2735 del 7 de agosto de 2003, dictada en el caso *Ildemaro Brett Smith*), presenta un carácter eminentemente objetivo, toda vez que la Sala Constitucional, al ejercer en forma exclusiva el control concentrado de la constitucionalidad de las leyes, toma un acto que tiene el rango o valor de ley y lo contrasta directamente con las normas, los altos principios de definición, organización y funcionamiento del Estado y; con los valores históricos, políticos, económicos, sociales y democráticos que están reconocidos en la Constitución;" y reconociendo que a los efectos del ejercicio de ese poder, se ha establecido que la acción popular "puede ser ejercida por cualquier ciudadano," lo que significa "que toda persona tiene, en principio, la cualidad o interés procesal para la impugnación de las leyes o actos con rango de ley, por medio de la acción de nulidad por inconstitucionalidad," no exigiéndose "un interés procesal calificado, ni por la posible existencia de una especial situación de hecho que vincule alguna posición jurídico-subjetiva con cierta norma legal (individualizada), ni por el ejercicio de un cargo público, sea de representación popular o sea dentro del Poder Ciudadano."

Concluyó la Sala incluso señalando, citando la sentencia N° 3125 del 20 de octubre de 2005 (Caso: *Francesco Casella Gallucci y Alice Juliette García Guevara*), que el ejercicio de la acción popular "no requiere de mayores exigencias en la legitimación, por lo que cualquier persona, natural o jurídica, posee la legitimación para ejercerla."

Pero luego de esta declaración de principios sobre la acción popular, la Sala pasó a otro plano, y comenzó a referirse a que "las organizaciones que se desenvuelven como actores sociales, encuentran cabida en el contexto público siempre que su estructura de financiamiento sea transparente y, por tanto, gocen de cierto nivel de independencia," señalando que dichas organizaciones (partidos, grupos de electores, etc.), supuestamente deben actuar públicamente "en favor de los miembros de la sociedad nacional y no de agentes externos que pudieran intervenir en la vida política de un Estado, lesionando el derecho de la Nación a su autodeterminación, su independencia y soberanía."

De allí pasó la Sala a afirmar que la vida política nacional puede verse afectada por "la actuación de organizaciones vinculadas ideológica, orgánica y funcionalmente a intereses foráneos que las patrocinan con el objeto de propugnar sus intereses particulares, para así incidir en las políticas públicas y crear condiciones favorables para el desarrollo de pretensiones expansionistas en los económico y político;" agregando que "tanto los capitales transnacionales, como algunos Estados con posiciones anacrónicamente colonialistas, vulneran el derecho a la autodeterminación nacional y la soberanía popular mediante el estímulo económico, técnico o logístico de ciertas actividades, como la propaganda ideológica, que tienen por finalidad orientar la política de otros Estados para hacerla más favorable a sus propios intereses" lo cual, concluyó, "incorpora al proceso de toma de decisiones políticas, una voluntad ajena al consenso nacional, a la idiosincrasia y a las aspiraciones propias de cada nación," cuando "las guías políticas deben ser internas y no externas a las sociedades." Y en esa línea de razonamiento, la Sala llegó a recordar que "la obtención de recursos financieros, ya sea de manera directa o indirecta, provenientes de estados extranjeros *con la intención de emplearse en perjuicio de la República* [y] los intereses del Pueblo" podría eventualmente configurar el delito de traición a la patria" (art. 140 del Código Penal).

Nada de lo anteriormente dicho por la Sala Constitucional podría pensarse que podría ser aplicado a una ONG como la *Asociación Civil Súmate*, comprometida con el proceso democrático venezolano, con el claro objetivo de "liderizar y cooperar con iniciativas" que repercuten directamente en rasgos fundamentales de la democracia, y realizar actividades tendientes a "fomentar la libertad individual y la expresión del libre pensamiento y el ejercicio pleno de los derechos y el cumplimiento de de los deberes consagrados en la Constitución venezolana y demás leyes de la República." Ello, como toda organización con fines políticos, podría traducirse en la finalidad de "pretender guiar al Pueblo Venezolano en la adopción de posiciones políticas," lo que aparentemente la Sala Constitucional consideró peligroso, pues un vocero de la Asociación había dicho en un programa de radio que en el pasado las actividades de la Asociación habían sido "parcialmente financiadas por la *National Endowment for Democracy*, que es una organización vinculada financiera e ideológicamente a la política de otra nación, pues se encuentra supervisada y recibe permanentemente fondos del Congreso de los Estados Unidos" financiamiento que la Sala consideró que constituye "una típica manifestación de la política intervencionista de una potencia extranjera para incidir en los asuntos internos del Estado venezolano…que hace dependiente a la organización financiada y la somete a la línea de actuación que determina el financista para que continúe la asignación de los fondos."

La Sala además señaló, que como "los recursos que de manera mediata asignó el Congreso de los Estados Unidos a la "Asociación Civil Súmate", a los fines de "*liderizar"* a un sector de la población que se presenta opositor al gobierno," ello "representa una franca lesión de la autonomía funcional que demanda la actuación pública y, dentro de ésta, a los procesos políticos internos del Estado venezolano, concretamente los actos preparatorios del proceso de enmienda constitucional." Y de allí, concluyó la Sala desestimando la cualidad de la *Asociación Civil Súmate* para interponer una acción popular "en salvaguarda de la plena soberanía de la República, de su independencia y del deber que tienen los órganos del Estado de no someterse a un poder extranjero," "por carecer de legitimidad para actuar en defensa de intereses extranjeros sobre asuntos de política interna."

Con todo el anterior juego de palabras y frases, después de constatar que la Asociación, con toda legitimidad, ***primero***, buscaba "…liderizar o cooperar con iniciativas" que repercutían directamente sobre rasgos fundamentales de la democracia, con el fin de "pretender guiar al Pueblo Venezolano en la adopción de posiciones políticas;" ***segundo***, que en el pasado, parcialmente, habría recibido financiamiento del

National Endowment for Democracy" –lo que en el marco del ordenamiento venezolano no tenía nada de ilegítimo-, entidad que la Sala calificó como "una organización vinculada financiera e ideológicamente a la política de otra nación," pues esta "supervisada y recibe permanentemente fondos del Congreso de los Estados Unidos;" ***tercero*** que tal financiamiento constituía, "una típica manifestación de la política intervencionista de una potencia extranjera para incidir en los asuntos internos del Estado venezolano;" y ***cuarto,*** que asignar de "manera mediata" dichos recursos a la Asociación, "a los fines de '*liderizar'* a un sector de la población que se presenta opositor al gobierno legítimo y democrático de la República," ello supuestamente "representa una franca lesión de la autonomía funcional que demanda la actuación pública y, dentro de ésta, a los procesos políticos internos del Estado venezolano, concretamente los actos preparatorios del proceso de enmienda constitucional."

En consecuencia, la Sala Constitucional, pura y simplemente, sin autoridad alguna para ello, desestimó la cualidad de la Asociación Civil "para interponer la presente demanda de nulidad, por carecer de legitimidad para actuar en defensa de intereses extranjeros sobre asuntos de política interna."[626]

O sea, que conforme a esta arbitraria doctrina jurisprudencial, en definitiva, la acción popular de inconstitucionalidad dejó de ser "popular," en el sentido de que para la Sala Constitucional no "toda persona" tiene la cualidad o interés procesal para intentarla, careciendo de legitimación, por ejemplo, según la Sala, aquellas "personas" que liderizen sectores que sean de oposición "al gobierno legítimo y democrático."

La decisión de la Sala Constitucional, respecto del tema de la restricción de la legitimación activa para ejercer la acción popular en el caso de la *Asociación Civil Súmate*, contó con un Voto Salvado del Magistrado Pedro Rafael Rondón Haaz, quien para ello se limitó a hacer referencia al *Informe de la Comisión Interamericana de Derechos Humanos* de 2009 ("Democracia y Derechos Humanos en Venezuela"),[627] en el cual, particularmente en relación con el derecho de asociación, se insistió en el principio de que las reglamentaciones que se puedan establecer por los Estados sobre la inscripción, vigilancia y control de organizaciones, deben asegurar que tales requisitos legales no impidan, retrasen o limiten la creación o funcionamiento de estas organizaciones, notando con preocupación la situación de que en Venezuela, si bien se permitía la "conformación de organizaciones de la sociedad civil por parte de extranjeros y se permite su financiamiento externo, se continúa restringiendo la participación en los asuntos públicos de ciertas organizaciones en virtud de su financiamiento, del origen nacional de sus integrantes, de su forma de organización o de la ausencia de leyes que regulen su actividad," todo ello con base en unas sentencias de la propia Sala Constitucional dictadas en 2000 (30 de junio, 21 de agosto y 21 de noviembre).

---

626 Véase en http://www.tsj.gov.ve/decisiones/scon/Julio/796-22710-2010-09-0555.html.

627 Véase http://www.cidh.org/countryrep/Venezuela2009sp/VE09.indice.sp.htm.

Dichas sentencias, totalmente restrictivas del derecho a la participación de la sociedad civil[628] mediante asociaciones, la Comisión encontró que en definitiva, aplicadas "en términos discriminatorios contra organizaciones independientes, podría tener un efecto excluyente, lo que resulta inaceptable para la participación abierta de la sociedad civil." La Comisión también expresó su juicio de que los Estados debían "abstenerse de restringir los medios de financiación de las organizaciones de derechos humanos" y al contrario "deben además permitir y facilitar el acceso de las organizaciones de derechos humanos a fondos extranjeros en el marco de la cooperación internacional, en condiciones de transparencia."

En el caso de la *Asociación Civil Súmate*, aparte de que nada impide en el ordenamiento jurídico venezolano que pueda recibir financiamiento externo, lo que es bien común en el mundo de las ONGs, el hecho de haber recibido en el pasado, alguna vez, fondos de el *National Endowment for Democracy* de los Estados Unidos (en forma "mediata" dijo la Sala en la sentencia), por supuesto, no la convierte en una organización que pueda considerarse como "dependiente" y "sometida" "a la línea de actuación" que determine tal Fondo, que la Sala consideró como "vinculado financiera e ideológicamente a la política de Estados Unidos." La Sala Constitucional, al realizar tal absurda argumentación, lo único que perseguía era discriminar inconstitucionalmente a una Asociación civil que ha cumplido una labor encomiable desde el punto de vista de la oposición al gobierno autoritario, e incluso dejar sembrada la duda en torno a las consecuencias que pueden derivarse del destino que una entidad vinculada a la oposición pueda dar a tales fondos, al decir en la sentencia que "la obtención de recursos financieros, ya sea de manera directa o indirecta, provenientes de estados extranjeros *con la intención de emplearse en perjuicio de la República* [y] los intereses del Pueblo." Afortunadamente la reforma constitucional de 2007 que pretendía declarar al Estado, en la Constitución, como Estado Socialista con el socialismo como ideología oficial,[629] fue rechazada por el pueblo, pues de lo contrario, cualquier funcionario espontáneo hubiera podido interpretar que cualquier actuación de la oposición contraria a la ideología socialista, debía considerarse como "perjudicial a la República" y a los "intereses del pueblo," y por tanto tipificale como traición a la patria. La Sala Constitucional, a pesar del rechazo popular a tal reforma, sin embargo, diligentemente y actuando una vez más al servicio del autoritarismo, dejó abierta la duda para que la jauría política se pudiese manifestar al mejor estilo excluyente posible.[630]

---

628 Véase los comentarios a algunas de dichas sentencias en Allan R. Brewer-Carías, *La Constitución de 1999. Derecho Constitucional Venezolano*, Tomo I, Caracas 2004.

629 Véase Allan R. Brewer-Carías, "El sello socialista que se pretendía imponer al Estado," en *Revista de Derecho Público*, N° 112, Editorial Jurídica Venezolana, Caracas 2007, pp. 71-76.

630 Días después de conocerse la sentencia, la diputada del Partido Socialista Unido de Venezuela Iris Valera, expresó iba "a solicitar que María Corina Machado, candidata a la Asamblea Nacional, sea inhabilitada, luego que se conociera el fallo del TSJ que señala a la organización Súmate, de la cual Machado fue directiva, de recibir fondos del extranjero." Véase en *El Universal*, 31 de julio de 2010, en http://www.eluniver-sal.com/2010/07/31/pol_art_valera-solicitara-in_1990146.shtml y en http://politica.eluniversal.com/2010/07/30/v2010_ava_varela-solicitara-in_30A4274691.shtml

SECCIÓN QUINTA:

LA ILEGÍTIMA UTILIZACIÓN DEL RECURSO DE INTERPRETACIÓN PARA QUE EL JUEZ CONSTITUCIONAL ACTUANDO COMO "CONSULTOR JURÍDICO" DEPENDIENTE DEL PODER EJECUTIVO, EMITA UN "DICTAMEN" SOBRE LA "LEY DEL 2014 DEL SENADO DE LOS ESTADOS UNIDOS PARA LA DEFENSA DE LOS DERECHOS HUMANOS Y LA SOCIEDAD CIVIL DE VENEZUELA"

Texto de esta sección es el del estudio sobre "La inconstitucional confusión e inversión de roles en el Estado totalitario: el juez constitucional actuando como "consultor jurídico" dependiente del Poder Ejecutivo en la emisión de un "dictamen" sobre la "Ley del 2014 del Senado de los Estados Unidos para la defensa de los derechos humanos y la sociedad civil de Venezuela," publicado en *Revista de Derecho Público*, Nº 141, (Primer semestre 2015, Editorial Jurídica Venezolana, Caracas 2015, pp. 191-202.

I. LA FALLA MANIFIESTA EN LA CONDUCCIÓN DE LAS RELACIONES EXTERIORES POR PARTE DEL JEFE DE ESTADO, Y LA SOLICITUD AL TRIBUNAL SUPREMO DE LA EMISIÓN DE UN "DICTAMEN" SOBRE LA "*LEY DEL 2014 PARA LA DEFENSA DE LOS DERECHOS HUMANOS Y LA SOCIEDAD CIVIL DE VENEZUELA*" DE LOS ESTADOS UNIDOS.

Tal como lo dispone el artículo 236 de la Constitución, si hay alguna función del Estado cuyo ejercicio corresponde exclusivamente al Presidente de la República en su carácter de Jefe de Estado (art. 226), además de "dirigir la acción del Gobierno" (ord. 2), es la de "dirigir las relaciones exteriores de la República" (ord. 4).

Por ello, con ocasión de la sanción por el Senado de los Estados Unidos de América el 8 de diciembre de 2014, de la "Ley del 2014 para la Defensa de los Derechos Humanos y la Sociedad Civil de Venezuela," (*Venezuela Defense of Human Rights and Civil Society Act of 2014),*[631] cualquier observación, reacción o protesta del Estado venezolano en relación con la misma, correspondía se expresada y manifestada por el Presidente de la República como Jefe de Estado, correspondiendo además al Ministro de Relaciones Exteriores, como órgano inmediato del Presidente como Jefe del Ejecutivo Nacional (arts. 226 y 242), la preparación de cualquier comunicado oficial en relación con dicha Ley.

Dicha Ley, como lo resumió el Viceprocurador de la República en escrito de 11 de febrero de 2015, que se comenta más adelante, está "dirigida a imponer sanciones a cualquier funcionario actual o anterior, o cualquier persona que actúe en representación del gobierno venezolano, que haya perpetrado o sea responsable por ordenar o dirigir actos de violencia o de abusos de los derechos humanos en Venezuela, con-

631 Véase el texto de la Ley en: https://www.govtrack.us/congress/bills/113/s2142/text . Véase la información sobre su sanción en: http://cnnespanol.cnn.com/2014/12/09/senado-de-ee-uu-aprueba-proyecto-que-contempla-sanciones-contra-miembros-del-gobierno-de-venezuela/

tra las personas que participaron en las protestas antigubernamentales que iniciaron el 4 de febrero de 2014 y de futuros actos de violencia similares."

Correspondía por tanto al Poder Ejecutivo de la República, si era el caso, protestar ante el gobierno de los Estados Unidos sobre dichas sanciones. Sin embargo, sobre el ejercicio de dicha función, lo que se conoce es la expresión pública de quien ejerce la jefatura del Estado, Sr. Nicolás Maduro, manifestada el día siguiente de la sanción de dicha Ley en los Estados Unidos, el 9 de diciembre de 2014, indicando que "Los insolentes senadores norteamericanos aprobaron una ley y que para sancionar a Venezuela,: y preguntándose: "¿quién es el senado de EEUU para sancionar a la patria de Bolívar?", para en definitiva limitarse a pedir respeto a EEUU, indicando que "No aceptamos sanciones, es la patria de Bolívar que ustedes tienen que aprender a respetar".[632]

Días después de esas manifestaciones, según reportó el 19 de diciembre de 2014 el diario *La Izquierda Diario*:

> "apenas se diera a conocer el dictamen del mandatario estadounidense, Nicolás Maduro afirmó que Obama, ha dado "un paso en falso" en contra de Venezuela: "Repudio las insolentes medidas tomadas por la Elite Imperial de los Estados Unidos contra Venezuela". Antes de la decisión de Washington de normalizar sus relaciones con Cuba, Maduro encabezó el lunes 15 una concentración en la que invitó a Estados Unidos a "meterse su visa, donde tiene que meterse la visa."[633]

En las semanas siguientes no se conoció de ninguna "Nota diplomática" de protesta ni de alguna otra respuesta oficial y razonada del Estado venezolana presentada ante el gobierno de los Estados Unidos de América, y lo único que se conoce fue el discurso del Sr. Maduro ante el Tribunal Supremo de Justicia, con ocasión de la apertura del año judicial de 2015, pronunciado el día 2 de febrero de 2015, en el cual según reseña de *Infocifras*:

> "solicitó al Tribunal Supremo de Justicia la elaboración de un dictamen contra las sanciones impuestas por el gobierno de Estado Unidos sobre algunos funcionarios del gobierno nacional.
>
> "Creo necesario un dictamen en relación a las pretendidas sanciones ante el Congreso de EE UU", dijo Maduro.

Durante el discurso de apertura del año judicial 2015, el jefe de Estado señaló que la sanción del Senado estadounidense pasa "por encima del Poder Judicial y de nuestra Constitución (…) me pregunto si el congreso de EE UU tiene jurisdicción sobre Venezuela para dictar leyes" se cuestionó Maduro.

Instó a los magistrados a utilizar sus "facultades autónomas", como poder de la República, para emitir opiniones y sentencias sobre el marco de las leyes internacio-

632 Véase en: http://versionfinal.com.ve/principales/maduro-encabeza-ascenso-de-oficiales-tecnicos-de-la-fuerza-armada/

633 Véase en: http://www.laizquierdadiario.com/Estados-Unidos-aprueba-sanciones-al-gobierno-de-Maduro

nales, al tiempo que hizo un llamado a promover la discusión en las bases de la organización popular."[634]

Luego, el 4 de febrero de 2015, el mismo Presidente de la República anunció lo que sin duda ya sabía, en un discurso en la Universidad Militar de Venezuela, indicando que: "la titular del Tribunal Supremo de Justicia, Gladys Gutiérrez, le dijo que acogía su idea de rechazar las sanciones de Estados Unidos a funcionarios del gobierno y enviar magistrados a países de América Latina para denunciar la injerencia," anunciando que "Muy pronto el alto tribunal dictará una sentencia histórica sobre la pretendida ley de sanciones del Congreso de Estados Unidos, repudiándola, rechazándola."[635]

Es decir, ni más ni menos, el Jefe de Estado, en lugar de ejercer sus funciones constitucionales, lo que hizo simplemente fue quizás solicitarle al Tribunal Supremo de Justicia, como si se tratara de una dependencia jerárquica más del Poder Ejecutivo, la elaboración de un "dictamen" sobre la Ley aprobada por el Senado de los Estados Unidos, como si dicho Supremo Tribunal fuese la "consultoría jurídica" del Poder Ejecutivo, o aceptar que el Tribunal Supremo jugara ese rol, confirmando con ello la unicidad y concentración total del Poder en el Estado Totalitario que existe en el país,[636]

En virtud de dicha solicitud-orden dada por quien ejerce la Jefatura del Estado al Tribunal Supremo, para que emitiera el "dictamen" indicado, la implementación de la misma se concretó con la solicitud formulada la semana siguiente, el día 11 de febrero de 2015, ante la Sala Constitucional del mismo, por el "Viceprocurador General de la Republica," bajo la forma de una "*demanda de interpretación de los artículos 1, 5 y 322 de la Constitución.*" La Procuraduría General de la República, en efecto, es el órgano del Poder Ejecutivo encargado de "asesorar, defender y representar, tanto judicial como extrajudicialmente, los bienes, derechos e intereses patrimoniales de la República" (art 247); competencia que al decir de la Procuraduría, para fundamentar su legitimación para interponer demandar, *"no se limita a la defensa de un patrimonio susceptible de estimación económica de la República, sino que el mismo debe ser entendido en su amplia acepción, es decir, en su latu sensu tal como lo expresa el artículo 1 de la Constitución, el cual es objeto del presente recurso de interpretación."*

Y así fue entonces cómo la Sala Constitucional del Tribunal Supremo procedió a cumplir la orden que le había dado el Jefe de Estado, abocándose a la elaboración del "dictamen" jurídico que le había sido solicitado-ordenado, encubriéndolo sin embargo, bajo la forma de una "sentencia" que es la N° 100 de fecha 20 de febrero

---

634 Véase en *Infocifras*, 2 de febrero de 2015, en: https://cifrasonlinecomve.wordpress.com/2015/02/02/maduro-exige-dictamen-del-tsj-contra-sanciones-de-ee-uu/

635 Véase "Maduro anuncia que TSJ emitirá sentencia contra sanciones de Estados Unidos," en *El Nacional*, 5 de febrero de 2015, en: http://www.el-nacional.com/politica/Maduro-TSJ-sentencia-sanciones-Unidos_0_568743296.html

636 Véase Allan R. Brewer-Carías, *Estado Totalitario y Desprecio a la Ley*, Editorial Jurídica Venezolana, Caracas 2014.

de 2015,[637] de supuesta interpretación de los artículos 1, 5 y 322 de la Constitución, que establecen es lo siguiente:

> *Artículo 1.* La República Bolivariana de Venezuela es irrevocablemente libre e independiente y fundamenta su patrimonio moral y sus valores de libertad, igualdad, justicia y paz internacional en la doctrina de Simón Bolívar, el Libertador.
>
> Son derechos irrenunciables de la Nación la independencia, la libertad, la soberanía, la inmunidad, la integridad territorial y la autodeterminación nacional.
>
> *Artículo 5.* La soberanía reside intransferiblemente en el pueblo, quien la ejerce directamente en la forma prevista en esta Constitución y en la ley, e indirectamente, mediante el sufragio, por los órganos que ejercen el Poder Público.
>
> Los órganos del Estado emanan de la soberanía popular y a ella están sometidos.
>
> *Artículo 322.* La seguridad de la Nación es competencia esencial y responsabilidad del Estado, fundamentada en el desarrollo integral de ésta y su defensa es responsabilidad de los venezolanos y venezolanas; también de las personas naturales y jurídicas, tanto de derecho público como de derecho privado, que se encuentren en el espacio geográfico nacional.

Por supuesto, de todo lo anterior, *primero*, basta leer dichas tres normas para evidenciar, como el propio Viceprocurador General de la República lo expresó en su demanda, que "*los artículos objeto de interpretación, establecen claramente que, la República Bolivariana de Venezuela, es libre e independiente, siendo que dicha independencia está fundamentada en la defensa de su patrimonio moral y sus valores de libertad, igualdad y paz internacional, cuyos derechos son irrenunciables, que no permiten injerencias externas, en atención al derecho de libre determinación de los pueblos o derecho de autoderminación, principio fundamental del Derecho Internacional Público que tiene carácter inalienable, lo que sin duda constituye una reafirmación de la independencia como elemento esencial de la existencia del Estado, como soberano y libre de toda dominación o protección de potencia extranjera;*" y *segundo*, basta leer la sentencia para percatarse que la misma en nada está destinado a "interpretar" las tres normas citadas. Su objeto y contenido es otro, ni más ni menos, que expresar lo que debió haber hecho el Ejecutivo Nacional, por lo que independientemente de las razones o no para rechazar la mencionada ley extranjera, la sentencia está viciada de usurpación de funciones, y es nula de nulidad absoluta e ineficaz (art. 138 de la Constitución).

Por lo demás, de la misma petición formulada por el Viceprocurador, se evidencia que nada alegó sobre supuesta "ambigüedad o carencia" de dichas normas constitucionales, que hubiera podido generar dudas en cuanto a su contenido y alcance, para que ameritasen una interpretación constitucional por parte del Tribunal Supremo.

---

637 Véase en: http://historico.tsj.gob.ve/decisiones/scon/febrero/174494-100-20215-2015-15-0142.HTML

Por ello, precisamente, la sentencia de la Sala Constitucional No. 100 de 20 de febrero de 2015, nada "interpretó" en relación con dichas normas, habiéndose limitado en realidad a expresar el "dictamen" jurídico cuya redacción correspondía al Poder Ejecutivo, y que éste le había solicitado.

II. LA VÍA ESCOGIDA PARA LA EMISIÓN DEL DICTAMEN "EJECUTIVO" SOLICITADO POR EL PODER EJECUTIVO A LA SALA CONSTITUCIONAL: UNA FALSA "DEMANDA" DE INTERPRETACIÓN CONSTITUCIONAL, PERO SIN ARGUMENTO INTERPRETATIVO ALGUNO

La vía para obtener del tribunal Supremo de Justicia el dictamen solicitado-ordenado, fue un supuesto recurso de interpretación constitucional intentado en relación con los mencionados artículos 1, 5 y 322 de la Constitución, lo cual era falso, pues como lo expresó el propio Viceprocurador en su demanda, las mismas "*establecen claramente,*" los dos primeros, la "*declaración de Venezuela como una República libre e independiente, siendo el pueblo el que ostenta la soberanía, y el último referente a la Seguridad de la Nación.*"[638] Sobre esas normas, por tanto, por su claridad, nada había que interpretar

Sin embargo, contradictoriamente, el mismo funcionario, por orden del Presidente de la República, intentó la demanda de interpretación constitucional de dichas normas, argumentando sobre una supuesta "incertidumbre jurídica" que le surgía "*acerca del alcance del contenido*" de las mismas, como "*consecuencia*" de la sanción *por el* Senado de los Estados Unidos de América, el 8 de diciembre de 2014, de la "*Ley del 2014 para la Defensa de los Derechos Humanos y la Sociedad Civil de Venezuela'['Venezuela Defense of Human Rights and Civil Society Act of 2014;* considerando que con ello existiría una "*duda razonable relativa al contenido y alcance*" de las normas, pues dicha Ley extranjera estaba:

> "*dirigida a imponer sanciones a cualquier funcionario actual o anterior, o cualquier persona que actúe en representación del gobierno venezolano, que haya perpetrado o sea responsable por ordenar o dirigir actos de violencia o de abusos de los derechos humanos en Venezuela, contra las personas que participaron en las protestas antigubernamentales que iniciaron el 4 de febrero de 2014 y de futuros actos de violencia similares, previendo para ello, que el Presidente de ese país impondrá a las personas que él determine, las siguientes sanciones: Bloqueo de Activos, [...] ubicados en los Estados Unidos de América, [...];Exclusión del país, rechazo de una visa, revocatoria de la inmigración o nacionalidad de conformidad con la Ley que regula la materia inmigratoria de ese país, u otra documentación del extranjero"[...]. Adicionalmente, dicha Ley prevé que cualquier persona que viole o intente violar cualquier autorización, resolución judicial o prohibición, establecida en ese texto legal.*"(sic)"

638 En el texto de esta segunda parte se conservan en cursiva las referencias al escrito de demanda del Viceprocurador, según se reseña en el propio texto de la sentencia N° 100 de la sala Constitucional de 20 de febrero de 2015.

Sobre estas sanciones previstas en una Ley extranjera, que el representante de la Procuraduría consideró que "*ni siquiera tienen una clara intención de castigo, pues ellas se traducen en medidas que ya corresponden al Ejecutivo norteamericano por aplicación ordinaria de su ordenamiento jurídico*," el mismo funcionario estimó en cuanto a la Ley, que la misma era un "*acto del Poder Legislativo de un gobierno extranjero cuyos efectos recaen de manera selectiva sobre ciudadanos venezolanos, en razón del ejercicio de funciones públicas en nuestro país.*" Ello, precisamente, a juicio del Procurador, constituía la "*situación jurídica concreta y específica*" necesaria para poder plantear el recurso de interpretación constitucional ante el Tribunal Supremo, de unas normas que establecían claramente lo que indicaban, lo que fundamentó aduciendo que:

> "*Este acto legislativo, así como las potenciales consecuencias de su aplicación, la difusión mediática que se le ha pretendido dar y las declaraciones y opiniones del Gobierno Norteamericano al respecto, conforman un ambiente político en la comunidad internacional y una visión económica de la República Bolivariana de Venezuela que vulnera la realidad y somete a juicio la institucionalidad del Estado venezolano.*"

Agregó el Procurador, que si bien su recurso no tenía por objeto "*precisar la constitucionalidad de la mencionada Ley norteamericana, menos aún a la luz de un Derecho foráneo,*" consideró que el señalamiento en dicha Ley extranjera de "*responsabilidad por la comisión de delitos de lesa humanidad por funcionarios venezolanos, en territorio venezolano,*" a los cuales se impondrían "*las sanciones descritas en la mencionada Ley*," si bien:

> "*no tiene efecto jurídico alguno en la República Bolivariana de Venezuela, ni en ningún otro país del mundo, sí repercute en la imagen de dicho funcionario, con ocasión del ejercicio de sus funciones y, en consecuencia, afecta negativamente la percepción de legitimidad e institucionalidad de ciudadanos venezolanos respecto del Poder Público venezolano, fundamentándolo además en un falso matiz de legalidad*".

El Procurador continuó fundamentando sobre la situación fáctica que originó su demanda, indicando que en definitiva, la mencionada Ley dictada en un país extranjero tenía "*como objeto señalar a Venezuela ante la comunidad mundial, como una Nación que por decisión de su gobierno, o quien detenta el poder, comete tropelías y desmanes que conculcan los derechos humanos del pueblo venezolano*" donde se ha producido "*la presunta acumulación de poder en el Poder Ejecutivo, trayendo como consecuencia el deterioro de las garantías a los derechos humanos que a juicio de ese instrumento han permitido al gobierno nacional intimidar, censurar y enjuiciar a todas aquellas personas que lo han criticado*".

Ello, consideró el Procurador que generaba:

> "*una visión distorsionada del Estado venezolano, de su Gobierno, del Poder Público constituido legítimamente, tratando de generar como consecuencias, dentro del país y en la comunidad internacional: desconfianza; sensación de inestabilidad política, económica y social; falta de institucionalidad y Estado de Derecho; ausencia de derechos públicos y de los órganos para su ga-*

rantía y control; etc. En resumen, el caldo de cultivo para argumentos como el de 'Estado forajido' y la inminencia de una intervención internacional".

En definitiva, el representante de la Procuraduría consideró que "*aún cuando la jurisdicción de la Ley norteamericana ciertamente no alcanza nuestro territorio*" sin embargo, estimó que *"tras el bastidor de una presunta actuación institucional del Congreso de los Estados Unidos de Norteamérica,"* en realidad se escondía, *un ataque contra la existencia misma del Estado venezolano, sus instituciones y su pueblo;"* agregando finalmente que *a pesar de que las mencionadas normas sancionatorias parecieran tener un carácter programático, su contenido representa para el Estado venezolano una injerencia en sus asuntos internos, vulnerando su soberanía, dado su ensañamiento contra los funcionarios que ejercen altos cargos del Poder Público Nacional".*

Todo lo anterior, a juicio del representante de la Procuraduría, configuraban los:

> *"argumentos fácticos que contextualizan la situación en la cual se ha colocado al Estado venezolano como consecuencia de actuaciones presuntamente legítimas del Poder Legislativo de un gobierno extranjero, habilitando a su vez al Poder Ejecutivo a realizar actos en menoscabo de la soberanía, la autodeterminación, la independencia y otros valores superiores de la República Bolivariana de Venezuela".*

De ello entonces dedujo el representante de la Procuraduría General, que *"el actual escenario genera una profunda duda respecto de la actuación que debe tener el Estado venezolano ante una situación como la generada por la Ley" ["Ley de Defensa de los Derechos Humanos y la Sociedad Civil de Venezuela por los EE.UU"],* todo lo cual evidenciaban unas:

> *"circunstancias excepcionales de las que derivan una duda razonable de intromisión de un Estado extranjero en los asuntos internos de Venezuela, pretendiendo vulnerar su soberanía y los derechos como Nación a la independencia, la libertad, y la autodeterminación nacional, poniendo en riesgo la seguridad de la Nación"*

Y precisamente para "despejar" esa duda, fue que la Procuraduría solicitó de la Sala Constitucional la "correcta interpretación *de la extensión de los preceptos constitucionales que desarrollan dichos principios, esenciales a la existencia misma del Estado venezolano"* pues *"aunque la Ley mencionada no modifica aspectos del ordenamiento jurídico nacional, sus efectos pueden llegar a vulnerar caracteres esenciales al Estado venezolano mismo, como la libertad, la independencia, la igualdad, la justicia y la paz internacional;"* agregando finalmente como conclusión que;

> *"la mencionada Ley extranjera se inmiscuye en asuntos internos de la República, siendo necesaria la guía doctrinaria de esa digna Sala para precisar de forma infalible el valor de los preceptos constitucionales a la hora de determinar la existencia de las conductas distorsionadas que ya se han explicado, por parte de potencias extranjeras, con pretensiones de dirección de los destinos de un país. Ello seguramente resguardará la actuación del Poder Público, en su conjunto, frente a las particularidades de las situaciones planteadas."*

Esta conclusión la completó el Procurador, luego de constatar que la Constitución "*ampara los derechos humanos de los habitantes de la República,*" peguntándose entonces primero, sobre:

> "*cómo puede un instrumento jurídico dictado por una autoridad gubernamental extranjera, regular supuestos de hechos que conlleven consecuencias jurídicas como sancionar a funcionarios públicos actuales o anteriores, así como a representantes del gobierno venezolano o que tengan relación con estos, violentando de esta manera la soberanía nacional y el principio de la autodeterminación de los pueblos previstos en nuestra Carta Magna*".

Y segundo sobre

> "*si el Senado de los Estados Unidos de Norteamérica tiene jurisdicción para dictar leyes que sancionen a nacionales de otros Estados, sobre presuntos delitos ocurridos en el territorio de dichos Estados, que presuntamente afectan a los nacionales de dichos Estados y que deben ser perseguidos y castigados en éstos, si resultare procedente de las debidas averiguaciones*".

En definitiva, de esto resulta que lo que el Viceprocurador requirió del Tribunal Supremo, no fue realmente una interpretación de los artículos 1, 5 y 322 de la Constitución, que según él mismo "establecen claramente" lo que disponen, sino que decidiera sobre cuál es el sentido y alcance de la competencia que tienen los órganos legislativos y ejecutivos de un Estado extranjero, conforme a sus propias leyes, para dictar los actos jurídicos que las mismas prevén; todo lo cual fue reconocido por la propia Sala Constitucional al admitir la solicitud de interpretación formulada, y declararla de mero derecho, con base en hechos que:

> "se vinculan al instrumento llamado como "*ley para la defensa de los derechos humanos y la sociedad civil en Venezuela 2014*" y a otras actuaciones desplegadas por los Estados Unidos de América, con incidencia directa en todo el Pueblo venezolano, en su Estado y en la Comunidad Internacional."

III. EL VERDADERO SENTIDO DEL SUPUESTO PROCESO JUDICIAL DE "INTERPRETACIÓN CONSTITUCIONAL," QUE EN REALIDAD ERA JUZGAR Y CONDENAR, EN EL ÁMBITO DE LAS RELACIONES INTERNACIONALES, LA COMPETENCIA DE OTROS ESTADOS PARA DICTAR SUS PROPIAS LEYES

Precisamente por el sentido de la petición formulada por el Viceprocurador General de la república, la propia Sala Constitucional, desde la primera línea de la parte motiva de su sentencia, aun cuando identificó el asunto que se le sometió a su consideración, como "la interpretación de los artículos 1, 5 y 322 de la Constitución de la República Bolivariana de Venezuela, con relación a la aprobación del documento denominado "*ley para la defensa de los derechos humanos y la sociedad civil en Venezuela 2014*" y otras acciones emprendidas por autoridades de los Estados Unidos de América, con relación al Pueblo y al Estado venezolano;" en realidad lo que constató es que no se encontraba:

> "ante una solicitud ordinaria de interpretación constitucional, sino ante una solicitud de interpretación por ordenación implícita encauzada a la protección y resguardo de la vigencia y efectiva aplicación de la Constitución de la República Bolivariana de Venezuela." (?).

En todo caso, precisamente por ello, la Sala Constitucional en su sentencia identificó el objeto del proceso con base en los fundamentos aducidos, no como un proceso de interpretación constitucional, sino como una tarea en la cual además de "formular el examen y estudio en el plano jurídico a los fines de resolver el requerimiento jurisdiccional presentado," se trataba de:

> "advertir ante la comunidad internacional, respetuosa del derecho, la justicia y la paz, la violación de las costumbres y normas del Derecho Internacional, derivadas del instrumento llamado "*ley para la defensa de los derechos humanos y la sociedad civil en Venezuela 2014*", aprobado por los Estados Unidos de América, junto a otros actos similares de hostilidad provenientes de autoridades y poderes de ese Estado, interviniendo en los asuntos internos del Estado venezolano, empleando como justificación supuestas violaciones a los derechos humanos ocurridas en la República Bolivariana de Venezuela."

Para ello, la Sala Constitucional, de entrada, en la parte motiva de su sentencia-dictamen, anunció que su fallo, además, perseguía:

> "el deber humano de reivindicar los derechos de todos los pueblos que históricamente han sido víctimas de acciones injerencistas e irrespetuosas y, al mismo tiempo, alzar la voz de la conciencia jurídica universal para que cese toda acción que atente contra el Derecho Internacional, el Derecho de los pueblos y la humanidad."

Con base en estas premisas y luego de destacar como "punto previo" la paradoja que a juicio de la Sala surgía de unas acciones externas (como las derivadas de la ley extranjera) que "sustentan a la ligera en la protección del Pueblo venezolano," pero que a la vez "atentan contra la ordenación social, política, económica y jurídica que el mismo se ha dado legítimamente, en fin, contra su libre determinación, su soberanía, su independencia y su democracia," la misma pasó a transcribir *in extenso* los "textos declarativos del Derecho Internacional, atinentes a los Derechos Humanos y a los derechos de los pueblos, así como a algunos principios ordenadores de las relaciones de la comunidad internacional," y entre ellos, los Preámbulos de la Declaración Universal de Derechos Humanos, de la Carta de la Naciones Unidas, del Pacto Internacional de los Derechos Civiles y Políticos, del Pacto Internacional de Derechos Económicos, Sociales y Culturales, así como diversas normas de Pacto Internacional de los Derechos Civiles y Políticos. De todas esas normas, la Sala dedujo, de entrada, del "examen jurídico" que la ocupaba, "las graves violaciones del orden que vincula jurídicamente a los Estados Unidos de América con la República Bolivariana de Venezuela y, en general, con la comunidad internacional."

Luego pasó la Sala, en su sentencia, a analizar "los principios de soberanía, independencia e igualdad soberana, como "conceptos interrelacionados," y sobre su significado que tienen en el mundo contemporáneo con abundantes citas doctrinales, concluyendo sobre la soberanía, que "ningún país debe imponer a otros, por su sola voluntad, sin el consentimiento de éstos, disposiciones jurídicas que vinculen a sus nacionales fuera del ámbito territorial del Estado transgresor, y lo contrario vulneraría gravemente las normas que reconocen el derecho de soberanía de los Estados;" y sobre la independencia e igualdad, "que ningún Estado puede arrogarse o ejercer en solitario potestades que a todos los Estados les corresponde y que están asociadas al establecimiento de un conjunto de normas que vinculan tanto a las personas naturales como jurídicas que sean nacionales de dicho Estado, y a la efectividad de dichas normas dentro de su territorio, tanto a nacionales como a extranjeros, salvo las excepciones que el propio Derecho internacional reconoce."

Seguidamente la Sala pasó a transcribir y analizar otro conjunto de normas internacionales, específicamente de la "Declaración sobre la inadmisibilidad de la Intervención en los Asuntos Internos de los Estados Protección de su Independencia y Soberanía" (Asamblea General de las Naciones Unidas, 1965); de la Convención sobre Derechos y Deberes de los Estados (Séptima Conferencia Internacional Americana, Montevideo 1933); de la Carta de la Organización de los Estados Americanos –OEA- (1948); de la Resolución 2625 (XXV) de la Asamblea General de las Naciones Unidas contentiva de la Declaración Relativa a los Principios de Derecho Internacional Referentes a las Relaciones de Amistad y a la Cooperación entre los Estados de Conformidad con la Carta de las Naciones Unidas (1970); de la Declaración sobre los principios de derecho internacional referentes a las relaciones de amistad y a la cooperación entre los Estados, de conformidad con la Carta de Naciones Unidas, adjunta a la Resolución 2625 (XXV) del 24 de octubre de 1970; destacando de todos estos instrumentos que "el Derecho Internacional consagra, desde tiempos remotos, los principios de no intervención directa o indirecta, y sea cual fuere el motivo, en los asuntos internos o externos de cualquier otro."

Luego de citas doctrinales sobre el mismo tema, la Sala para "la delimitación fáctica que motivó la solicitud que aquí se resuelve," se refirió al fenómeno "denominado por varios sectores de la filosofía como la inversión de los derechos humanos [...] en cuyo nombre se aniquila a los propios derechos humanos," refiriéndose en particular a una sentencia de la Corte Internacional de Justicia, "en el caso relativo a las actividades militares y paramilitares en y contra Nicaragua (Nicaragua contra los Estados Unidos de América), fallo del 27 de junio de 1986, [que] decidió que los Estados Unidos de América actuaron en perjuicio de la República de Nicaragua (http://www.icj-cij.org/homepage/sp/)," destacando en especial de dicho fallo internacional, lo resuelto "sobre el principio de no intervención." Sobre este principio, además, la sentencia de la Sala hizo mención a "las 23 resoluciones de la Asamblea General de Naciones Unidas, en las que solicitan con aprobación de mayoría contundente de los países que la integran, el fin del bloqueo económico impuesto por Estados Unidos a la República de Cuba."

De todo el análisis efectuado de los diferentes instrumentos internacionales antes mencionados, tal y como se tratara – como en efecto se trató- de un dictamen jurídico de un órgano ejecutivo a cargo de la conducción de las relaciones exteriores de la República – la Sala se refirió a "los principios que orientan las relaciones internacionales tales como la independencia, igualdad entre los Estados, libre determinación y no intervención en sus asuntos internos, solución pacífica de los conflictos internacionales, cooperación, respeto de los derechos humanos y solidaridad entre los pueblos en la lucha por su emancipación y el bienestar de la humanidad," concluyendo la Sala, sin más, "que el instrumento dado a conocer como "*ley para la defensa de los derechos humanos y la sociedad civil en Venezuela 2014*", vulnera precisamente los axiomas básicos del Derecho Internacional," y "viola el principio de igualdad soberana entre los Estados, según el cual estos poseen, en el plano jurídico internacional, los mismos deberes y derechos." De todo ello, consideró la Sala, en consecuencia, que:

> "el acto legislativo extranjero referido por la parte solicitante, además de representar un abierto quebrantamiento de la aludida prohibición al constituir una intervención en asuntos de la jurisdicción interna del Estado venezolano, principalmente carece de validez y efectividad en tanto los Estados Unidos de América no tienen jurisdicción alguna para sancionar y promulgar actos de faz legal con aplicación en la República Bolivariana de Venezuela. En tal virtud, encuentra esta Sala Constitucional que es absolutamente nula la ubicación o existencia en el plano jurídico para la República Bolivariana de Venezuela y sus nacionales, del acto o documento extranjero aludido en la solicitud presentada ante esta Máxima Instancia de la Jurisdicción Constitucional."

Finalizó su argumentación la Sala, transcribiendo los diversos Comunicados de organizaciones internacionales en apoyo del Estado de Venezuela, como los emitidos por la Alianza Bolivariana para los Pueblos de Nuestra América – Tratado de Comercio de los Pueblos (ALBA-TCP) (10-2-2015); la Comunidad de Estados Latinoamericanos y Caribeños (CELAC), la Unión de Naciones Suramericanas (UNASUR), y el Movimiento de Países No Alineados (MNOAL), considerando que esas manifestaciones "constituyen el testimonio de la solidaridad entre los pueblos que profesan volitivamente el respeto al Derecho, y que luchan por alcanzar el bienestar general, ajenos a cualquier intento de dominación o neocolonialismo."

En el resto de la parte motiva de la "sentencia," la Sala reiteró repetidamente las mismas apreciaciones sobre los principios de soberanía, independencia, igualdad y no intervención, refiriéndose además a los principios de seguridad de a Nación, y a que "resulta injustificable e inaceptable que un país procure legislar y sancionar fuera de las fronteras del mismo;" a las "repudiables actuaciones injerencistas" que se hacen en nombre de la ley extranjera; a que "ningún otro Estado tiene potestad para imponerle al pueblo venezolano ordenamiento jurídico o establecerle una forma de pensar y autodeterminarse política, jurídica y socialmente en general;" a que "la actuación unilateral que aquí se objeta, tiene como írrito propósito alterar la forma política del pueblo y del Estado venezolano;" y en fin, a que por su rol de "máximo y último garante jurisdiccional del orden constitucional y de los derechos" de los venezolanos, "tiene el deber fundamental de tutelar la voluntad del Pueblo y condenar cualquier acción que atente contra ellos, en este caso, las acciones injerencistas del Congreso y del Ejecutivo estadounidense, que con ellas han llevado a esas instituciones por el camino de la antijuridicidad y la ilegitimidad, para deshonra del pueblo al cual se deben."

Todo ello siguiendo parcialmente lo argumentado contradictoriamente por el Viceprocurador solicitante del pronunciamiento de la Sala Constitucional, quien en su "demanda," , por una parte expresó que "*la mencionada Ley extranjera se inmiscuye en asuntos internos de la República;*" y por la otra fue reiterativo en considerar que la mencionada Ley extranjera: "*no tiene efecto jurídico alguno en la República Bolivariana de Venezuela, ni en ningún otro país del mundo*;" y "*no modifica aspectos del ordenamiento jurídico nacional.*"

IV. LA "SENTENCIA INTERPRETATIVA" QUE NADA INTERPRETÓ Y MÁS BIEN, SE CONFIGURÓ COMO UNA MANIFESTACIÓN POLÍTICA DEL ESTADO QUE SOLO PODÍA EMANAR DEL PODER EJECUTIVO

De todo lo expuesto a lo largo de la parte motiva de la sentencia, ninguna línea ni párrafo de la misma lo destinó la Sala a considerar posibles ambigüedades o carencias de los artículos 1, 5 y 322 de la Constitución, que ameritasen ser interpretados; ni ejercicio alguno de interpretación de dichas normas, siendo su contenido pura y simplemente, un pronunciamiento del Estado venezolano en materia de relaciones internacionales que constitucionalmente sólo el Poder Ejecutivo podía hacer.

Por ello, la apreciación final de la Sala Constitucional sobre "la manifiesta ilegitimidad, nacional e internacional, de la "*ley para la defensa de los derechos humanos y la sociedad civil en Venezuela 2014*", y de las acciones emprendidas por los Estados Unidos de América en contra del Estado venezolano," las cuales consideró como una "circunstancia generadora de responsabilidad interna e internacional de ese Estado y las autoridades respectivas, ante su pueblo y ante la Comunidad de Naciones," generando, esos "hechos ilícitos internacionales," entre otros, los siguientes "derechos del Estado objeto de perjuicios":

"(1) denunciar y exigir el cese de la conducta ilícita, (2) exigir las debidas garantías de que las mismas no se repetirán, (3) ver reparada plenamente la lesión, sea mediante la restitución, la indemnización o la satisfacción, y (4) exhortar a los demás países y a la comunidad internacional, para que coadyuven a tutelar esos derechos, en virtud, entre otros, de los principios de solidaridad y reciprocidad, justicia y paz internacional."

Con base en todo ello, la sentencia-dictamen, en lugar de interpretar los artículos 1, 5 y 322 de la Constitución, que era lo que se la había solicitado por el Viceprocurador General de la República, lo que hizo fue concluir con el siguiente pronunciamiento, como si se tratase de una Nota diplomática o de un Comunicado del Ministerio de Relaciones Exteriores:

"1. Que los Estados Unidos de América no tienen jurisdicción alguna, de ninguna intensidad, forma o atributo, para sancionar y promulgar actos de faz legal con aplicación en la República Bolivariana de Venezuela, siendo que el documento identificado como "*ley para la defensa de los derechos humanos y la sociedad civil en Venezuela 2014*", carece de validez y efectividad y es absolutamente nula su ubicación o existencia en el plano jurídico para la República Bolivariana de Venezuela y sus nacionales.

2. Que la "*ley para la defensa de los derechos humanos y la sociedad civil en Venezuela 2014*", así como otras acciones emprendidas por los Estados Unidos de América, en contra de la República Bolivariana de Venezuela, del Estado venezolano y del Pueblo venezolano, no sólo vulneran todas las fuentes del Derecho Internacional (principios, jurisprudencia, costumbres y tratados y otros instrumentos internacionales), sino que adversan los más emblemáticos criterios jurídicos y éticos de la humanidad, además de quebrantar normas, valores, principios, derechos y garantías tanto del Derecho interno de la República Bolivariana de Venezuela, como, probablemente, del propio Derecho interno de aquel Estado que ha desplegado estas írritas y lamentables acciones de agresión.

3. Que esas acciones injerencistas generan responsabilidad internacional para los Estados Unidos de América y para las autoridades respectivas que las han desplegado o han ayudado a desplegarlas; incluso, pudieran generar responsabilidad jurídica ante su pueblo y ante el orden interno de la República Bolivariana de Venezuela; razón por la que las autoridades venezolanas están legitimadas para encausar las investigaciones y los procesos correspondientes.

4. Que la comisión de estos hechos antijurídicos generan, entre otros, los derechos del Estado objeto de perjuicios, a través de los medios que establece el orden internacional, (1) a denunciar y exigir el cese de la conducta ilícita, (2) a exigir las debidas garantías de que las mismas no se repetirán, (3) a ver reparada plenamente la lesión, sea mediante la restitución, la indemnización o la satisfacción, y (4) exhortar a los demás países y a la comunidad internacional, para que coadyuven a tutelar esos derechos, en virtud, entre otros, de los principios de solidaridad y reciprocidad, justicia y paz internacional."

Y nada más, salvo ordenar la remisión de copia de la sentencia a los otros Poderes Públicos, y su publicación en la *Gaceta Oficial*, con indicación de lo siguiente en el "sumario" respectivo:

> "Sentencia que declara que los Estados Unidos de América no tienen jurisdicción alguna, de ninguna intensidad, forma o atributo, para sancionar y promulgar actos de faz legal con aplicación en la República Bolivariana de Venezuela, siendo que el documento identificado como *"ley para la defensa de los derechos humanos y la sociedad civil en Venezuela 2014"*, carece de validez y efectividad y es absolutamente nula su ubicación o existencia en el plano jurídico para la República Bolivariana de Venezuela y sus nacionales."[639]

Basta leer estas resoluciones de la Sala Constitucional para constatar la inversión o confusión de roles que con ella se han producido en el Estado Totalitario que existe en Venezuela, caracterizado por un sistema de concentración y unicidad del Poder Público, en sustitución de la separación de Poderes, de manera que la condena razonada del Estado venezolano respecto de las acciones de un Estado extranjero que se consideran lesivas a la República, no se emite por el Poder Ejecutivo sino por el Poder Judicial. [640]

---

639 Si se hubiese tratado de una sentencia interpretativa, el texto informativo para el "Sumario" de la *Gaceta Oficial* debió haber sido el que sin embargo está en el "portal" de Internet del Tribunal Supremo (http://www.tsj.gob.ve/decisiones#1) al informar sobre el Expediente N° 15-0142 y sobre la sentencia N° 100, que tiene el siguiente texto: "**Se interpretan los artículos 1,5 y 322 de la Constitución Nacional,"** lo que evidentemente es falso y contradice el verdadero contenido de la sentencia que es el que precisamente su mismo texto se ordena anunciar en la *Gaceta Oficial.*

640 Por ello, incluso, el propio titular del diario *El Universal* del día 20 de febrero de 2015, donde se recoge la rueda de prensa dada por la Presidenta del Tribunal Supremo, anunciando la sentencia, que indica: "TSJ rechazó sanciones de EEUU por vulnerar el derecho internacional," expresando la reseña del periodista Víctor la Cruz que: "La Sala Constitucional del Tribunal Supremo de Justicia (TSJ) condenó las acciones injerencistas del Congreso y del ejecutivo de Estados Unidos (EEUU), por las sanciones que impusiera ese país a algunos funcionarios venezolanos, por su presunta participación en violación de derechos humanos." Véase en: http://www.eluniversal.com/nacional-y-politica/150220/tsj-rechazo-sanciones-de-eeuu-por-vulnerar-el-derecho-internacional.

Con la sentencia, la Sala no sólo cumplió como supuesto órgano dependiente, la orden que le dio el Presidente de la República de emitir un dictamen en el cual se condenara la sanción por el Senado de los Estados Unidos de América de la "Ley del 2014 para la Defensa de los Derechos Humanos y la Sociedad Civil de Venezuela," y las actividades desplegadas por el Poder Ejecutivo de ese país en ejecución de la misma, lo que conforme a la Constitución es una competencia que sólo puede ejercida por el propio Poder Ejecutivo; sino que al prestarse para esta maniobra, violó su propia competencia en materia del recurso de interpretación constitucional, al dictar una sentencia-dictamen en la cual nada se interpreta respecto de los artículos 1, 5 y 322 de la Constitución, como supuestamente se le había "solicitado," y que por su claridad, nada contenían que pudiera ser objeto de interpretación.

Nueva York, 21 de febrero de 2015

SECCIÓN SEXTA:

LA INCONSTITUCIONAL CONFUSIÓN E INVERSIÓN DE ROLES DEL JUEZ CONSTITUCIONAL EN EL ESTADO TOTALITARIO: SOBRE CUANDO EL JUEZ CONSTITUCIONAL, DEJANDO DE CONTROLAR LA CONSTITUCIONALIDAD DE LOS ACTOS DE LOS PODERES PÚBLICOS, PASA A ACTUAR COMO "ASESOR LEGAL" O "CONSULTOR JURÍDICO" DE LOS MISMOS

Esta sección es el texto del trabajo presentado como Ponencia en el X Jornadas Iberoamericanas y el V Congreso Colombiano de Derecho *Procesal Constitucional*, organizadas por el *Centro Colombiano de Derecho Procesal Constitucional* y el *Instituto Iberoamericano de Derecho Procesal Constitucional*, Bucaramanga, 13-15 abril de 2016, publicado en el libro: Ana Giacomette Ferrer (Coordinadora), *Jurisdicción y garantías Constitucionales en Iberoamérica. A 25 años de la Constitución de Colombia*, Centro Colombiano de Derecho Procesal Constitucional, Instituto de Iberoamericano de Derecho Procesal Constitucional, Grupo Editorial Ibáñez, Bogotá 2016, pp. 383-410.

La Jurisdicción Constitucional en Venezuela, a cargo de la Sala Constitucional del Tribunal Supremo de Justicia, tiene a su cargo, conforme al artículo 334 de la Constitución, ejercer el control concentrado de la constitucionalidad de las leyes y demás actos de los órganos que ejercen el Poder Público dictados en ejecución directa e inmediata de esta Constitución o que tengan rango de ley, y declarar su nulidad cuando colidan con aquella. Es en tal contexto que el Tribunal Supremo de Justicia garantiza la supremacía y efectividad de las normas y principios constitucionales; y siendo el máximo y último intérprete de la Constitución, debe velar por su uniforme interpretación y aplicación, pudiendo, conforme al artículo 335 de la Constitución, establecer interpretaciones sobre el contenido o alcance de las normas y principios constitucionales como de carácter vinculantes para las otras Salas del Tribunal Supremo de Justicia y demás tribunales de la República.

Para cumplir con esta función de contralor de la constitucionalidad, el artículo 336 de la Constitución le atribuye a la Sala competencias específicas, *primero*, para declarar la nulidad (i) de las leyes nacionales y demás actos con rango de ley de la

Asamblea Nacional que colidan con esta Constitución; (ii) de las Constituciones y leyes estadales, de las ordenanzas municipales y demás actos de los cuerpos deliberantes de los Estados y Municipios dictados en ejecución directa e inmediata de esta Constitución y que colidan con ella; (iii) de los actos con rango de ley dictados por el Ejecutivo Nacional que colidan con esta Constitución; (iv) de los actos en ejecución directa e inmediata de esta Constitución, dictados por cualquier otro órgano estatal en ejercicio del Poder Público, cuando colidan con ésta: *segundo*, verificar, a solicitud del Presidente de la República o de la Asamblea Nacional, la conformidad con esta Constitución de los tratados internacionales suscritos por la República antes de su ratificación; *tercero*, revisar, aun de oficio, la constitucionalidad de los decretos que declaren estados de excepción dictados por el Presidente de la República; *cuarto*, declarar la inconstitucionalidad de las omisiones del poder legislativo municipal, estadal o nacional, cuando haya dejado de dictar las normas o medidas indispensables para garantizar el cumplimiento de esta Constitución, o las haya dictado en forma incompleta; y establecer el plazo y, de ser necesario, los lineamientos de su corrección; *quinto*, resolver las colisiones que existan entre diversas disposiciones legales y declarar cuál debe prevalecer; *sexto*, dirimir las controversias constitucionales que se susciten entre cualesquiera de los órganos del Poder Público; y *séptimo*, revisar las sentencias definitivamente firmes de amparo constitucional y de control de constitucionalidad de leyes o normas jurídicas dictadas por los tribunales de la República, en los términos establecidos por la ley orgánica respectiva.[641]

Esas son las atribuciones del órgano judicial que en el país cumple las funciones de Jurisdicción Constitucional, las cuales se traducen, en definitiva, todas, en el ejercicio del control de la constitucionalidad de actos del Estado pasa asegurar la supremacía de la Constitución. En ese marco de atribuciones, por tanto, la Jurisdicción Constitucional ni es asesora de los otros Poderes del Estado, si puede cumplir con las tareas de "consultor jurídico" ni del Presidente de la República ni del Presidente de la Asamblea Nacional.

Sin embargo, dado el control político que en Venezuela, desde 2000, el Poder Ejecutivo ha ejercido sobre el Tribunal Supremo de Justicia, logrado además, por el control que también ejerció sobre la Asamblea Nacional hasta 2015,[642] la Jurisdicción Constitucional ha sido el instrumento para asegurar la ausencia de control de constitucionalidad y consecuentemente, con sus decisiones o con la inhibición de decidir, el apuntalamiento del régimen autoritario, dejando de lado la supremacía constitucional; habiéndose convertido, paulatinamente en un simple consejero legal o consultor jurídico de los otros poderes del Estado. Ello ha dado lugar a una especie de "in" justicia "a la carta," que se ha manifestado en múltiples casos, los cuales incluso llegaron a dar origen, en unos casos, a mutaciones ilegítimas y fraudulentas de la Constitución adoptadas por la Sala Constitucional para satisfacer los caprichos

641 Véase en general Allan R. Brewer-Carías, *La Justicia Constitucional (Procesos y Procedimientos Constitucionales)*, Editorial Porrúa/ Instituto Mexicano de Derecho procesal Constitucional, México 2007.

642 Véase Allan R. Brewer-Carías, *Estado Totalitario y Desprecio a la Ley. La desconstitucionalización, desjuridificación, desjudicialización y desdemocratización de Venezuela*, Fundación de Derecho Público, Editorial Jurídica Venezolana, segunda edición, Caracas 2015.

del Ejecutivo,[643] y en otros casos, convirtiéndose en un mecanismo diabólico del Estado para incluso zafarse de cumplir sentencias condenatorias que se han dictado contra el mismo por la Corte Interamericana de Derechos Humanos, por violaciones a los derechos humanos. Para ello, el Procurador General de la República más de una vez acudió ante su "asesor legal" servil, que ha sido la Sala Constitucional, para que ésta declarara expresamente lo que el Estado quería, que era que esas sentencias internacionales fueran consideradas "inejecutables" en el país, como en efecto lo decidió en cuestión de días,[644] exhortando de paso al Ejecutivo a denunciar la Convención Americana de Derechos Humanos lo que hizo en una especie de colusión espuria en 2013.

Entre los ejemplos más recientes sobre cómo el Juez Constitucional distorsionó su rol, y lejos de controlar la constitucionalidad de los actos estatales, lo que hizo fue actuar como asesor legal del Poder Ejecutivo y del Poder Legislativo, a los que queremos referirnos en esta Ponencia, está una decisión adoptada en 2015, en las cuales el Tribunal Supremo se limitó a dar una "opinión legal" al Presidente del órgano legislativo, sin ejercer control de constitucionalidad alguna; y otra adoptada en 2016, en la cual la Sala Constitucional dio su asesoría legal para darle la seguridad que el Presidente de la Repúblico quería para cumplir una obligación constitucional.

I. EL JUEZ CONSTITUCIONAL ASESORANDO AL PRESIDENTE DE LA ASAMBLEA NACIONAL QUE HABÍA TERMINADO SU MANDATO EN DICIEMBRE DE 2015: EL CASO DE LAS SESIONES EXTRAORDINARIAS DE LA ASAMBLEA NACIONAL DESPUÉS DE TERMINAR SU PERÍODO CONSTITUCIONAL

La Sala Constitucional, como se dijo, en particular ha venido asumiendo el rol de consultor jurídico sumiso de los órganos del Estado, en muchos casos actuando como mal y deshonesto "abogado" de ellos, "asesorándolos" directamente para encubrir sus arbitrariedades, lo que ha podido hacer específicamente después de haber creado en 2000, el instituto procesal para ello que ha sido la vía del recurso de inter-

643 Véase en general Allan R. Brewer-Carías, *Crónica sobre la "In" Justicia Constitucional. La Sala Constitucional y el autoritarismo en Venezuela*, Colección Instituto de Derecho Público, Universidad Central de Venezuela, Nº 2, Caracas 2007; *Práctica y Distorsión de la Justicia Constitucional en Venezuela (2008-2012),* Colección Justicia No. 3, Acceso a la Justicia, Academia de Ciencias Políticas y Sociales, Universidad Metropolitana, Editorial Jurídica Venezolana, Caracas 2012; *La Patología de la Justicia Constitucional*, Tercera edición ampliada, Fundación de Derecho Público, Editorial Jurídica Venezolana, 2014

644 Véase en general Allan R. Brewer-Carías, "El carácter vinculante de las sentencias de la Corte Interamericana de Derechos Humanos y su desprecio por los tribunales nacionales: los casos del Perú, Venezuela y de República Dominicana," en *Revista Iberoamericana de Derecho Procesal Constitucional*, Nº 22, Julio diciembre 2014, Instituto Iberoamericano de Derecho Procesal Constitucional, Editorial Porrúa, México, 2014, pp. 77-119; "La incompetencia de la Administración Contralora para dictar actos administrativos de inhabilitación política restrictiva del derecho a ser electo y ocupar cargos públicos (La protección del derecho a ser electo por la Corte Interamericana de Derechos Humanos en 2011, y su violación por la Sala Constitucional del Tribunal Supremo al declarar la sentencia de la Corte Interamericana como "inejecutable"),Estudio elaborado para la obra colectiva coordinada por Jaime Rodríguez Arana, *El Derecho Administrativo en Perspectiva. Libro Homenaje a José Luis Meilán Gil*, La Coruña 2011.

pretación abstracta de la Constitución.[645] Con ello, el Juez Constitucional puso a disposición de los órganos del propio Estado, en particular, del abogado del Estado que es el Procurador General de la República, la posibilidad de acudir ante la Sala Constitucional y solicitarle "interpretaciones" abstractas de la Constitución, "a la carta," aún respecto de normas que son claras y nada de ambigüedad tienen, solo para que el Juez constitucional avale de antemano la actuación arbitraria e inconstitucional que se proyectaba realizar.

La última de estas actuaciones de la Sala Constitucional como "asesor legal" del Estado, y no como contralor judicial del mismo, fue la solicitud de interpretación constitucional del artículo 220 de la Constitución que el Presidente de la Asamblea Nacional le formuló por escrito el 15 de diciembre de 2015, que fue el último día de las sesiones ordinarias de la Legislatura que se había iniciado el 5 de enero de 2011. La solicitud de asesoría fue resuelta por la Sala solo una semana después, mediante sentencia N° 1758 de 22 de diciembre de 2015,[646] y lo que perseguía fue que la Sala le dijera al Presidente de la Asamblea lo que este quería oír, que era que la Asamblea Nacional que estaba terminando su período constitucional, que ya había terminado sus sesiones ordinarias y que solo debía esperar la toma de posesión de la nueva Asamblea el 5 de enero de 2015, por la elección de los nuevos diputados que había ocurrido el día 6 de diciembre de 2015. Durante el interregno que quedaba entre dicha elección y el inicio del nuevo período constitucional del Poder Legislativo, mientras los nuevos diputados tomaban posesión de sus cargos, el Presidente de la Asamblea lo que quería oír era que la Asamblea saliente o moribunda podía hacer lo que le viniera en ganas. Y eso fue lo que la Sala Constitucional resolvió, por supuesto, satisfaciendo lo requerido e incluso dando más de lo pedido.

1. *Sobre el período constitucional de la Asamblea Nacional, las restricciones constitucionales a su actuación y las sesiones extraordinarias de la Asamblea que terminaba su período, avaladas ex ante por la Sala Constitucional en diciembre de 2015*

En efecto, la Sala Constitucional del Tribunal Supremo, en relación con la Asamblea Nacional que terminó el 15 de diciembre de 2015 sus sesiones ordinarias, mediante sentencia de 22 de diciembre de 2015 dijo lo que el saliente Presidente de la misma quería oír en la solicitud que había formulado el 15 de diciembre de 2015, y que era que a pesar de que las sesiones ordinarias de la Asamblea habían finalizado el mismo día de su solicitud, ello supuestamente nada impedía para que la Comisión Delegada de la Asamblea pudiera convocar a la Asamblea que fenecía a sesiones extraordinarias, para que siguiera reuniéndose y funcionando en los días que restaban del su período constitucional, y ello, a pesar de que ya estaban electos los diputados de la nueva Asamblea Nacional, y así la Asamblea que fenecía y que el

---

645 Véase Allan R. Brewer-Carías, "*Quis Custodiet Ipsos Custodes*: De la interpretación constitucional a la inconstitucionalidad de la interpretación", en *Revista de Derecho Público*, N° 105, Editorial Jurídica Venezolana, Caracas 2006, pp. 7-27. Publicado en *Crónica sobre la "In" Justicia Constitucional. La Sala Constitucional y el autoritarismo en Venezuela*, Colección Instituto de Derecho Público. Universidad Central de Venezuela, N° 2, Editorial Jurídica Venezolana, Caracas 2007, pp. 47-79.

646 Véase en http://historico.tsj.gob.ve/decisiones/scon/diciembre/184220-1758-221215-2015-2015-1415.HTML.

solicitante presidía, pudiera hacer lo que le viniera en ganas, ni siquiera hasta que terminara su mandato, sino "hasta que la nueva Asamblea se instalara," lo que efectivamente ocurrió hasta el 4 de enero de 2015.

Ello, por supuesto, como lo entiende hasta un lego, no fue nada constitucional, y más bien fue contrario a todos los principios del Estado democrático de derecho, pues es contrario al régimen de democracia representativa, que rige tanto para los sistemas parlamentarios[647] como para los presidenciales respecto de la actuación de los órganos representativos del pueblo, en el sentido de que un parlamento ya es su fase de disolución no puede comprometer el nuevo Parlamento en fase de constitución.

En Venezuela, dentro del sistema presidencial de gobierno que nos rige, los períodos constitucionales de los Poderes Públicos, cuando tienen su origen en elecciones directas, como es el caso del Poder Ejecutivo y del Poder Legislativo, tienen fecha fija de comienzo y de terminación, de manera que el Presidente de la República en funciones, cesa en su cargo al terminar su período constitucional, oportunidad en la cual el nuevo Presidente que sea electo inicia su mandato. Así, en Venezuela siendo el período presidencial de seis años (art. 230), el mismo se inicia el día "diez de enero del primer año de su período constitucional, mediante juramento ante la Asamblea Nacional" (art. 231). Durante el tiempo que transcurre desde la elección del nuevo Presidente, generalmente en diciembre del año precedente, hasta la toma de posesión del cargo el 10 de enero, el Presidente saliente ciertamente continúa en su cargo, pero la más elemental norma democrática representativa impone que cualquier decisión que pueda comprometer al nuevo gobierno debe ser consultada con el Presidente electo. Ello sería el caso, por ejemplo, de la declaratoria de estados de excepción o de la declaratoria de la restricción de garantías constitucionales (art. 236.7). En una sociedad democrática, sería inconcebible que el Presidente saliente, pudiera adoptar esas decisiones ignorando al Presidente electo.

Los mismos principios se aplican en relación con el Poder legislativo. De acuerdo con la Constitución, los diputados a la Asamblea Nacional tienen un período constitucional de cinco años (art 192), que se inicia el día 5 de enero del año inmediatamente siguiente al de la elección, que es el día en el cual comienza el primer período anual de las sesiones ordinarias de la Asamblea Nacional, que dura hasta el quince de agosto. Como lo indica la Constitución, esas sesiones las inician los diputados, sin convocatoria previa, el "cinco de enero de cada año o el día posterior más inmediato posible" (art. 219). En cuanto al segundo período anual de sesiones de la Asamblea Nacional, el mismo comienza el quince de septiembre o el día posterior

647 En los sistemas parlamentarios, en principio, el mandato del viejo parlamento, cuando ha sido disuelto y convocadas nuevas elecciones generales, termina, y los asuntos en trámite decaen. Sin embargo, para asegurar la continuidad de la institución, en algunos países como Francia, Bélgica y Portugal, el extinto Parlamento podría volver a reunirse antes de la instalación del siguiente solo si se presentan casos extraordinarios; en Italia, se considera que se produce la prórroga del Parlamento disuelto hasta la formación del nuevo que resulte electo; y en España, lo que pervive en una cada Cámara es una comisión extraordinaria o Diputación permanente, encargada de asumir ciertas competencias en el período que se extiende desde la disolución hasta la reunión del nuevo Parlamento (artículo 78 de la Constitución). En todo caso, sin embargo, la regla general es que en ese período, en general establecida como norma no escrita o convención constitucional, es que el viejo Parlamento nunca puede comprometer la actuación del nuevo Parlamento.

más inmediato posible y termina el quince de diciembre de cada año (art. 219), por lo que el último año de período constitucional de la Asamblea, sus sesiones ordinarias terminan el 15 de diciembre. Para ese momento ya los nuevos diputados en todo caso han sido electos, por lo que en principio la Asamblea que termina a partir del 15 de diciembre no tiene más sesiones ordinarias.

Por supuesto, la Asamblea, durante los recesos, siempre puede ser convocada para sesiones extraordinarias, entre otras instituciones, por su Comisión Delegada, "para tratar las materias expresadas en la convocatoria y las que les fueren conexas," necesariamente "*cuando así lo exija la importancia de algún asunto*" (art. 196.1), pudiendo además "considerar las que fueren *declaradas de urgencia* por la mayoría de sus integrantes" (art. 220). Son por supuesto situaciones extraordinarias para tener que tratarse en sesiones extraordinarias, razón por la cual, lo lógico es que tengan que tener una justificación extraordinaria. De lo contrario, no se trataría de sesiones "extraordinarias."

Pues bien, en virtud de que el partido de gobierno y el gobierno mismo perdió abrumadoramente en Venezuela la elección parlamentaria del 6 de diciembre de 2015, y con ello perdió la mayoría que tuvo durante cinco años en la Asamblea Nacional, el Presidente de la misma, quién actuó impunemente y sin control alguno durante todo ese período, en diciembre de 2015 pretendió que la Asamblea que fenecía hiciera, en días, lo que no hizo en años, todo para tratar de evitar o anular la actuación que correspondía a la nueva representatividad democrática.

Para ello, para buscar "legitimar" las arbitrariedades que se proponía, fue que el Presidente de la Asamblea que fenecía acudió ante la Sala Constitucional, el mismo día en el cual finalizó el período ordinario de sesiones de la Asamblea, y con ello, los períodos ordinarios de la misma para todo su período constitucional, para pedir una "interpretación constitucional" precisamente del artículo 220 de la Constitución antes mencionado, que nada tiene de ambiguo u oscuro, para pretender seguir gobernando, a pesar de su situación terminal.

La motivación de la solicitud formulada por dicho Presidente saliente de la Asamblea saliente ante la Sala Constitucional, fue una supuesta e inocente "duda razonable" que le surgió al mismo, precisamente en relación con el "alcance de las materias que pudieran ser tratadas para el supuesto de convocatoria a sesiones extraordinarias," así como:

> "sobre la oportunidad máxima en que la Asamblea Nacional, podría realizar este tipo de sesiones, tomando en cuenta, como ya aquí se ha comentado, que esta es la última etapa de funciones correspondiente al actual periodo legislativo Constitucional que fuera iniciado el pasado 05 de enero de 2011."

En consecuencia, el Presidente de la Asamblea solicitó de la Sala Constitucional que determinara: *primero*, si la Asamblea estaba facultada "para convocar sesiones extraordinarias que tengan por objeto ejercer cualquiera de las atribuciones establecidas en su artículo 187 y demás normas constitucionales y legales contenidas en el ordenamiento jurídico venezolano," o "si las atribuciones constitucionales y legales del Parlamento Nacional con ocasión de convocatorias a sesiones extraordinarias, se verían de algún modo mermadas por encontrarse en la etapa final del periodo constitucional para el cual fue electo"; y *segundo*, si dichas sesiones extraordinarias "dada la particularidad del presente caso, se mantiene hasta tanto se verifique la primera sesión ordinaria anual de la Asamblea Nacional, que deberá ser instalada para su próximo periodo Constitucional."

El Presidente de la Asamblea Nacional saliente, por supuesto, sabía qué era lo que iba a decidir la Sala Constitucional, al punto de haberse anunciado ya desde el 20 de diciembre, que la Comisión Delegada iba a convocar a sesiones extraordinarias a la Asamblea Nacional para seguir actuando.[648]

En todo caso, a pesar de haber ya decidido el saliente Presidente de la Asamblea Nacional convocar a las sesiones extraordinarias, en virtud de la "duda razonable" que el mismo le planteó a la Sala Constitucional, la misma procedió a "decidir sin más trámites el presente asunto," es decir, sin oír a todos los otros diputados que pudieran haber tenido interés en la petición, violando el derecho al debido proceso, resolviendo pura y simplemente – repitiendo lo que dice el artículo interpretado, que por ello no requería de interpretación – que la Comisión Delegada de la Asamblea Nacional, conforme a los artículos 195 y 196 de la Constitución, tenía competencia para convocar la Asamblea Nacional a sesiones extraordinarias "cuando así lo exija la importancia de algún asunto" (artículo 196.1), para "tratar las materias expresadas en la convocatoria y las que les fueren conexas;" así como también "considerar las materias que fueren declaradas de urgencia por la mayoría de sus integrantes" (artículo 220); concluyendo que por cuanto:

> "los diputados y diputadas de la actual Asamblea Nacional se encuentran dentro del período constitucional para el cual fueron electos, no existe restricción para convocar a sesiones extraordinarias –de acuerdo al artículo 220 constitucional- y ejercer las atribuciones que le confiere la Constitución."

Concluyó la Sala, además, para decidir, ignorando la exigencia del artículo 196.1 de la Constitución al disponer que en todo caso la convocatoria solo procedía "*cuando así lo exija la importancia de algún asunto*," afirmando falsamente, no solo que la Constitución "no limita las atribuciones de la Asamblea Nacional ni las materias a tratar por ella, ni al tipo sesión ni a la oportunidad en la que se efectúen," sino que como la Asamblea tenía competencia en "todo lo demás que le señalen esta Constitución y la ley" (art. 185.6), entonces "todas esas atribuciones de la Asamblea Nacional podrán ser tratadas tanto en sesiones ordinarias como en sesiones extraordinarias de la Asamblea Nacional."

La Sala Constitucional, además, consideró que:

> "el período constitucional de la Asamblea Nacional es de cinco (5) años, se inicia el 5 de enero posterior a la elección o el día posterior más inmediato posible, y ejerce plenamente sus atribuciones y competencias hasta el 4 de enero posterior a los comicios que elija a la siguiente Asamblea, o hasta que, en fin, se instale la nueva Asamblea, tomando en consideración que el artículo 219

648 Véase por ejemplo, "Venezuela: Parlamento chavista convoca sesiones extraordinarias para nombrar magistrados. La mayoría parlamentaria afín al Gobierno del presidente Nicolás Maduro, que cesará funciones el 4 de enero para que al día siguiente asuma una mayoría opositora, convocó a cuatro sesiones extraordinarias el martes y miércoles próximo para nombrar a jueces del Tribunal Supremo de Justicia (TSJ), por *EFE/TF*, 20/12/2015, en http://www.miamidiario.com/politica/asamblea-nacional/venezuela/oposicion/magistrados/diosdado-cabello/tsj/351421.

Constitucional alude al cinco de enero de cada año o el día posterior más inmediato posible."

Y ese fue todo el "razonamiento" "interpretativo" de la sentencia, concluyendo la decisión "frente a las *dudas interpretativas* expresadas por el Presidente de la Asamblea Nacional," en síntesis, con las siguientes decisiones:

> "1.- Que la Asamblea Nacional no se encuentra impedida constitucionalmente para convocar sesiones extraordinarias una vez finalizado el segundo periodo decisiones ordinarias del último año de su respectivo ciclo constitucional;" y
>
> 2.- "Que el alcance de las materias que pudieran ser tratadas para el supuesto de convocatoria a sesiones extraordinarias de la Asamblea Nacional, está determinado por todas las expresadas en la convocatoria y las que fueren declaradas de urgencia por la mayoría de sus integrantes, así como también las que les fueren conexas, dentro del ámbito de todas las atribuciones que el orden constitucional y jurídico en general le asigna a la Asamblea Nacional, señaladas en el artículo 187 de la Constitución de la República Bolivariana de Venezuela."

Y todo ello, además, la Sala resolvió que se podía hacer "con independencia que esta fuera la "última etapa de funciones correspondiente al actual periodo legislativo Constitucional que fuera iniciado el pasado 5 de enero de 2011", con el agregado de que:

> "la Asamblea Nacional actual está en pleno ejercicio de sus potestades y debe continuar ejerciendo las atribuciones que le son propias *hasta el día inmediatamente anterior al que se instale la nueva Asamblea Nacional*, dado que el periodo para el cual fueron electos sus integrantes se mantiene vigente."

2. *La inconstitucional designación de los magistrados del Tribunal Supremo por la Asamblea que finalizaba en las sesiones extraordinarias*

En esta forma, con el "aval" jurídico *ex ante* de la Sala Constitucional, la Comisión Delegada de la Asamblea debió haber resuelto convocar a sesiones extraordinarias de la misma quizás el mismo día de la sentencia, el 22 de diciembre de 2015, para que la Asamblea que finalizaba procediera de inmediato a tomar toda suerte de decisiones. Dicho Acuerdo de convocatoria, sin embargo, no apareció publicado en la *Gaceta Oficial*, razón por la cual los ciudadanos simplemente desconocieron cuál habría sido el alcance de los actos que la misma se había llamado a sí misma a adoptar.

Este fue el primer vicio que afectó la actuación "extraordinaria" de la Asamblea Nacional.

Luego de la sentencia de la Sala Constitucional, y de haber comenzado la Asamblea que finalizaba sus sesiones extraordinarias, la primera *Gaceta Oficia*l que circuló, fue la N° 40.815 de fecha 23 de diciembre de 2015, en la cual se dio cuenta de que en ese mismo día, la Asamblea había adoptado un Acuerdo procediendo en "sesión extraordinaria" a "designar" a 13 magistrados principales y 19 magistrados suplentes de las diversas Salas del Tribunal Supremo de Justicia.[649]

Como acertadamente se indicó en el Editorial del diario *El País*, del 29 de diciembre de 2015:

> "El que uno de los últimos actos de una Asamblea que ya no goza del mandato popular, sea fidelizar políticamente al máximo órgano judicial, no responde precisamente al buen uso democrático de aceptar la derrota electoral. Que el régimen además haya presionado a jueces del Supremo para conseguir sus jubilaciones anticipadas —o también para que aquellos juristas cuyo mandato vencía en el futuro inmediato renunciaran— es una ilegalidad y una muestra de que Maduro sigue sin querer entender que los venezolanos han encargado a la oposición que elabore las leyes y que su deber es respetar este encargo."[650]

Esta decisión de la Asamblea finalizante, sin duda, fue inconstitucional, primero y ante todo, porque la Asamblea Nacional no tiene ni tenía competencia alguna para "designar" magistrados del Tribunal Supremo, y menos actuando como cuerpo legislador, es decir, con el voto de la mayoría de votos de los diputados presentes en la sesión respectiva. Lo que asigna la Constitución a la Asamblea Nacional es la competencia para "elegir" a dichos Magistrados ("serán electos" dice el artículo 264) del Tribunal Supremo, lo cual sólo puede hacer actuando como Cuerpo elector indirecto, de segundo grado, que solo puede cumplir mediante el voto de la mayoría de las 2/3 partes de sus miembros, y asegurando mediante un Comité de Postulaciones, integrado con representantes de diversos sectores de la sociedad (art. 270), la participación ciudadana.[651]

Este vicio esencial de inconstitucionalidad que hizo que el acto de "designación" de los magistrados fuera nulo, con vicio de nulidad absoluta, por haber usurpado la Asamblea Nacional actuando como cuerpo legislador la autoridad y voluntad popular que solo podía representar como Cuerpo electoral, en algún momento deberá ser corregido obligatoriamente por la nueva Asamblea Nacional que se instaló el 5 de enero de 2016, la cual puede, pura y simplemente, revocar dicho acto parlamentario inconstitucional, y proceder a "elegir" como Cuerpo Elector de segundo grado, a los nuevos Magistrados del Tribunal Supremo conforme a la Constitución. En el mismo vicio, por supuesto, había ya incurrido la Asamblea Nacional en la "designación" de

649 Véase el "Acuerdo mediante el cual se designa a los Magistrados y Magistradas Principales y Suplentes del Tribunal Supremo de Justicia, en *Gaceta Oficial* Nº 40.816 de 23 de diciembre de 2015; y el "Acuerdo mediante el cual se corrige por error material el Acuerdo de fecha 23 de diciembre de 2015, donde se designa a los Magistrados y Magistradas Principales y Suplentes del Tribunal Supremo de Justicia," en *Gaceta Oficial* Nº 40.818 de 29 de diciembre de 2015.

650 Véase en http://www.lapatilla.com/site/2015/12/29/editorial-el-pais-espana-las-trampas-de-maduro/

651 Véase lo que hemos expuesto en Allan R. Brewer-Carías, "La participación ciudadana en la designación de los titulares de los órganos no electos de los Poderes Públicos en Venezuela y sus vicisitudes políticas", en *Revista Iberoamericana de Derecho Público y Administrativo*, Año 5, Nº 5-2005, San José, Costa Rica 2005, pp. 76-95.

otros magistrados del Tribunal Supremo que se había efectuado, también inconstitucionalmente, en diciembre de 2014.[652]

Pero la "designación" de los magistrados del Tribunal Supremo efectuada el 23 de diciembre de 2015, adicionalmente estuvo viciada de inconstitucionalidad, por constituir un fraude a la Constitución, como lo destacaron José Ignacio Hernández,[653] la Academia de Ciencias Políticas y Sociales, y el Grupo de Profesores de Derecho Público de Venezuela,[654] en síntesis, por los siguientes motivos:

En primer lugar, por la inconstitucional conformación del llamado Comité de Postulaciones Judiciales, el cual a pesar de que conforme al artículo 270 de la Constitución debe ser un órgano asesor del Poder Judicial integrado exclusivamente por representantes de los diferentes sectores de la sociedad, se configuró como un órgano dependiente y asesor de la Asamblea, integrado además, por diputados, que por esencia son representantes de la sociedad política, y con manifiestas inclinaciones político partidistas a favor del partido de gobierno, el cual, además, no aseguró el derecho ciudadano a participar en el proceso de selección de magistrados, en violación del 164 de la Constitución.

En segundo lugar, porque para el momento en el cual la Asamblea dio inicio al proceso de selección de magistrados, en octubre de 2015, no existían vacantes en el Tribunal Supremo para ser llenadas, anunciándose en fraude a la ley, que sin embargo supuestamente se producirían jubilaciones de magistrados pero sin precisión alguna sobre quién tenía derecho a ello.[655] Se buscó forzar así la salida de magistrados, para que la Asamblea que finalizaba pudiera hacer nuevas designaciones, anticipándose al debacle electoral que se sabía que para el gobierno se produciría el 6 de

652 Véase lo que hemos expuesto en Allan R. Brewer-Carías, "El golpe de Estado dado en diciembre de 2014, con la inconstitucional designación de las altas autoridades del Poder Público," en *Revista de Derecho Público,* N° 140 (Cuarto Trimestre 2014, Editorial Jurídica Venezolana, Caracas 2014, pp. 495-518

653 Véase José Ignacio Hernández, "5 violaciones cometidas durante la designación de los magistrados del TSJ," en *Prodavinci*, 23 de diciembre de 2015, en http://prodavinci.com/blogs/5-violaciones-cometidas-durante-la-designacion-de-los-magistrados-del-tsj-por-jose-i-hernandez/

654 Véase en http://cidep.com.ve/files/documentos/ComunicadoGPDPmagistrados.pdf; y en http://www.el-nacional.com/politica/Profesores-Derecho-Publico-nombramiento-TSJ_0_766123520.html

655 Por ello, los Colegios de Abogados de Amazonas, Anzoátegui, Apure, Aragua, Barinas, Carabobo, Cojedes, Delta Amacuro, Distrito Capital, Falcón, Guárico, Lara, Mérida, Miranda, Monagas, Nueva Esparta, Portuguesa, Sucre, Táchira y Zulia, n Pronunciamiento de diciembre de 2015 expresaron el criterio de que : "en violación del ordenamiento constitucional de la República, la mayoría oficialista desde el mes de octubre pasado, en previsión de la derrota en las elecciones parlamentarias del 6 de diciembre, inició el proceso de nombramiento de nuevos magistrados cuyos períodos no se habían vencido. A estos efectos, el régimen exigió a un importante grupo de esos funcionarios que solicitaran anticipadamente su jubilación, para hacer nuevos nombramientos y garantizar de esta manera doce años más con magistrados sometidos al actual partido de gobierno. Esta conducta desconoce la voluntad popular que se expresó el 6 de diciembre pasado, que exige un cambio en la manera totalitaria de conducir los asuntos públicos por parte de un régimen no interesado en respetar la dignidad de la persona humana, ni el carácter apartidista que deben tener los órganos del Estado y, en particular, del Poder Judicial. La maniobra a que nos referimos, además de ser una burla a la soberanía del pueblo, demuestra el propósito bastardo que persigue el régimen, evidenciado en la violación de normas constitucionales, de la Ley Orgánica del Tribunal Supremo de Justicia y del Reglamento Interno del Comité de Postulaciones Judiciales de la Asamblea Nacional."

diciembre de 2015, y que luego impediría al Partido de gobierno colocar sus fichas en el Tribunal Supremo.

En tercer lugar, porque a pesar de que la Ley Orgánica del Tribunal Supremo de Justicia dispone que el lapso de postulación ante el Comité "*no será mayor de treinta días continuos*" (art. 70), como se estableció en una "reforma legal" que se efectuó mediante la ilegítima "reimpresión" de la Ley en *Gaceta Oficial* en diciembre de 2010, el Comité, en violación a la misma, otorgó sucesivas prórrogas que excedieron dicho "lapso máximo" y se extendieron hasta el 8 de diciembre, es decir, hasta después de conocerse los resultados de la elección de los diputados a la nueva Asamblea Nacional, que fue cuando se publicó la lista de los postulados; todo lo cual vició el procedimiento, y con ello, la decisión del Comité. Durante esos días, por ello, la Facultad de Ciencias Jurídicas y Políticas de la Universidad Central de Venezuela, el 19 de diciembre de 2015, expresó en Comunicado que:

> "Toda esta prisa por designar los magistrados del TSJ por una Asamblea Nacional cuyo mandato legislativo está a pocos días de vencer, en violación flagrante y grotesca de las regulaciones constitucionales y legales sobre la materia, constituye prueba fehaciente que se pretende desconocer el sagrado principio democrático según el cual la soberanía reside en el pueblo. Es claro que los venezolanos expresaron el 6D su más categórico rechazo a la gestión parlamentaria que está por fenecer. El Estado de Derecho significa límites jurídicos al Poder; por eso, toda autoridad usurpada es ineficaz y sus actos son nulos. En Democracia los objetivos no se alcanzan como sea, sino respetando la voluntad popular expresada mediante los cauces legalmente establecidos."[656]

Con ello, la Asamblea que estaba terminando, en virtud de que sus sesiones ordinarias concluyeron el 15 de diciembre de 2015, y ya no podía en ellas nombrar a los magistrados a su gusto, comenzó a preparar el camino para proceder a designarlos en sesiones extraordinarias, a pesar de que ello no podía calificarse de nada extraordinario, y menos para una Asamblea que estaba culminando su período. Todo lo cual evidenció, como lo destacó el *Grupo de Profesores de Derecho Público*, que la verdadera intención de la saliente Asamblea "era asumir ella, directa, desesperada y abusivamente, decisiones que debieron ser consideradas por la Asamblea que se instalará el 5 de enero de 2016."

En cuarto lugar, por violación del procedimiento establecido para la preselección de los candidatos a magistrados por el Comité de Postulaciones, y ello ocurrió, primero, porque la publicación de los preseleccionados efectuada por la Asamblea el 8 de diciembre de 2015 no hizo mención alguna respecto de cuáles eran las vacantes de magistrados que iban a ser cubiertas, ni sobre cuál era el origen de las postulaciones; segundo porque, debiendo haberse vencido el lapso de impugnaciones de 15 días que se inició con dicha publicación, el día 23 de diciembre, ya la Asamblea, el mismo día 22, constituida en sesión extraordinaria, inició las deliberaciones violando dicho lapso de impugnaciones; tercero, porque el Comité nunca se pronunció

---

656 Véase "Designacion precipitada de Magistrados del TSJ en contra de la soberanía popular," Caracas 19 de diciembre de 2015, en http://www.ucv.ve/fileadmin/user_upload/facultad_ciencias_juridicas/ederecho/Designaci%C3%B3n__Magistrados_TSJ_2015-.pdf

sobre las impugnaciones formuladas el día 19 de diciembre, ni por tanto, se le dio el lapso de tres días que los impugnados tenían para responderlas después de vencido el lapso de impugnación. Todo ello implicó la prescindencia total y absoluta del procedimiento prescrito, lo cual vicia el acto de selección de nulidad absoluta.

En quinto lugar, por violación del procedimiento establecido para la selección definitiva de postulados, primero, porque el baremo que el Comité de Postulaciones Judiciales debía aprobar para efectuar una primera preselección, no fue adoptado; segundo, porque dicha primera lista debía conformarse "en orden alfabético" por "cada una de las Salas que conforman el Tribunal Supremo de Justicia," lo que no se hizo; y , porque la misma debía haber sido remitida al Comité de Evaluación de Postulaciones del Poder Ciudadano, el cual, dentro de los diez días continuos siguientes a la recepción de la documentación debía haber remitido al Comité, una segunda preselección que debía presentarse ante la Asamblea Nacional para la selección definitiva, lo que tampoco se hizo. Todo ello, igualmente implicó la prescindencia total y absoluta del procedimiento prescrito, lo cual vicia el acto de selección de nulidad absoluta, pues sin siquiera esperar al vencimiento del lapso de impugnación, como se dijo, la Asamblea comenzó el 22 de a deliberar sobre la designación de magistrados.

En sexto lugar, por violación del procedimiento de formación del acuerdo parlamentario para la designación de los magistrados, que en los términos (aún inconstitucionales) de la Ley Orgánica del Tribunal Supremo de Justicia, si no se logra elegirlos con el voto de las 2/3 partes de los diputados, debe convocarse una nueva sesión luego de tres días hábiles. En violación de la Ley, la Asamblea, el día 22 de diciembre, que fue el mismo día de la sentencia de la Sala Constitucional, se procedió a convocar dos sesiones extraordinarias por día (cuando conforme al Reglamento debe haber al menos 24 horas entre una y otra) para ser celebradas cada una en dos días: una el mismo día 22 de diciembre (a las 4:00 pm y 8:00 pm) y el 23 de diciembre (a las 9:00 am y 1:00 pm).

La "designación" de magistrados en esa forma, en consecuencia, constituyó un acto nulo, viciado de nulidad absoluta, al haber sido emitido por la Asamblea en violación de la Constitución, de la Ley Orgánica del Tribunal Supremo de Justicia, y además, dictado en fraude a la Constitución y a la voluntad popular, que debería ser revocado por la nueva Asamblea Nacional que se instaló el 5 de enero de 2015.

3. *Las leyes de última hora de la Asamblea Nacional que estaba feneciendo.*

Las sesiones extraordinarias de la Asamblea Nacional, que la Sala Constitucional del Tribunal Supremo la asesoró a convocar el 22 de diciembre de 2015, y que se extendieron hasta el 4 de enero de 2016, adicionalmente, fueron ilegítimamente utilizadas, con abuso y desviación de poder por la Asamblea Nacional que había terminado sus sesiones ordinarias del período constitucional, para legislar desenfrenadamente, emitiendo sobre todo leyes y reformas de leyes para tratar de bloquear o menoscabar los poderes de la nueva Asamblea Nacional; y otro tanto se hizo, además, desde el Poder Ejecutivo, mediante decretos leyes delegados, entre los que se destaca el de la reforma de la Ley del Banco Central de Venezuela, para quitarle a la Asamblea la posibilidad de designar parte del Directorio de la institución como lo indica la Constitución.

Esa legislación sancionada comprendió las siguientes leyes según aparecieron publicadas en la *Gaceta Oficial*, sin que nadie se hubiese enterado de cuándo, cómo, y en cuales días, en medio de las fiestas navideñas, fueron elaboradas y menos discutidas, sancionadas y promulgadas; y sin que en forma alguna se hubiese dado cumplimiento al artículo 211 de la Constitución que impone a la Asamblea, durante el procedimiento de discusión y aprobación de los proyectos de leyes, el consultar "a los ciudadanos y a la sociedad organizada para oír su opinión sobre los mismos."

Así, en la *Gaceta Oficial* Nº **40.817 de 28 de diciembre de 2015, se informó sobre las siguientes leyes que aparecerían publicadas en la *Gaceta Oficial* Extraordinaria Nº 6207 de esa fecha:** Código Orgánico Penitenciario; Ley de Telesalud; Ley Orgánica de Recreación; Código de Ética del Juez Venezolano y Jueza Venezolana; Ley de Creación de la Comisión Nacional de Derecho Internacional Humanitario; Ley de Protección al Nombre y Emblema de la Cruz Roja; Ley de Calidad de las Aguas y del Aire; Ley Orgánica del Servicio de Bombero y de los Cuerpos de Bomberos y Bomberas y Administración de Emergencias de Carácter Civil; Ley de Comunicación del Poder Popular; Ley de Semillas; Ley de Reforma Parcial de la Ley Orgánica de la Defensa Pública; Ley de Disciplina Militar.

Igualmente **se informó sobre la sanción de las siguiente quince (15) leyes aprobatorias de Protocolos, Memorándum de Entendimiento, Convenios y Acuerdos internacionales: que aparecerían publicadas en la *Gaceta Oficial* Extraordinaria Nº 6208 de la misma fecha del 28 de diciembre de 2015:** Ley Aprobatoria del Protocolo de Integración Educativa y Reconocimiento de Certificados, Títulos y Estudios de Nivel Primario/ Fundamental/ Básico y Medio/ Secundario, entre los Estados Partes del MERCOSUR y Estados Asociados; Ley Aprobatoria de la Enmienda de Doha al Protocolo de Kyoto; Ley Aprobatoria del Memorando de Entendimiento entre el Gobierno de la República Bolivariana de Venezuela y el Gobierno de la República Helénica para la Cooperación Energética; Ley Aprobatoria del Convenio sobre el Registro de Objetos Lanzados al Espacio Ultraterrestre; Ley Aprobatoria del Acuerdo entre los Estados Partes del MERCOSUR y Estados Asociados sobre Cooperación Regional para la Protección de los Derechos de Niños, Niñas y Adolescentes en Situación de Vulnerabilidad; Ley Aprobatoria del Convenio de Reconocimiento de Certificados, Títulos o Diplomas de Educación Universitaria entre el Gobierno de la República Bolivariana de Venezuela y el Gobierno de la República de Mali; Ley Aprobatoria del Protocolo de Integración Educativa y Reconocimiento de Certificados, Títulos y Estudios de Nivel Primario y Medio No Técnico entre los Estados Partes del MERCOSUR, la República de Bolivia y la República de Chile; Ley Aprobatoria del Convenio de Cooperación Específico para la Ejecución de la Misión Milagro entre el Gobierno de la República Bolivariana de Venezuela y el Gobierno de Granada; Ley Aprobatoria del Protocolo de Integración Educativa y Reconocimiento de Certificados, Títulos y Estudios de Nivel Primario y Medio No Técnico; Ley Aprobatoria del Convenio de Reconocimiento de Certificados, Títulos o Diplomas de Educación Universitaria entre el Gobierno de la República Bolivariana de Venezuela y el Gobierno de la República de Guinea Bissau; Ley Aprobatoria del Acuerdo entre el Gobierno de la República Bolivariana de Venezuela y el Gobierno del Estado de Palestina para la Promoción y Protección Bilaterales y Recíprocas de las Inversiones; Ley Aprobatoria del Convenio de Cooperación Específica para la Ejecución de la Misión Milagro entre el Gobierno de la República Bolivariana de Venezuela y el Gobierno de la Federación de San Cristóbal y Nieves; Ley Aprobatoria del Acuerdo Marco de Cooperación entre la República Bolivariana de Venezuela y la República islámica de Irán; Ley Aprobatoria del Acuerdo para la Implementación de Base de Datos Compartidas de Niños, Niñas y Adolescentes en Situación de Vulnerabilidad del MERCOSUR y Estados Asociados; y Ley Aprobatoria del Acuerdo que debe regir las Actividades de los Estados en la Luna y Otros Cuerpos Celestes.

Posteriormente, en *Gaceta Oficial* N° **40.819 de 30 de diciembre de 2015, se anunció la sanción y promulgación de las siguientes leyes, igualmente aprobatorias de Acuerdos, Protocolos, Memorándum de Entendimiento y Convenciones internacionales:** Ley Aprobatoria del Acuerdo entre la República Bolivariana de Venezuela y la República de Colombia sobre el Transporte Internacional de Carga y Pasajeros por Carretera; Ley Aprobatoria del Acuerdo entre el Gobierno de Arabia Saudita y el Gobierno de la República Bolivariana de Venezuela para Evitar la Doble Tributación y Prevenir la Evasión Fiscal en Materia de Impuesto Sobre la Renta; Ley Aprobatoria del Protocolo de Integración Cultural del MERCOSUR; Ley Aprobatoria de los Principios Básicos de los Procesos de Reestructuración de la Deuda Soberana, aprobados en ocasión del Sexagésimo Noveno Período de Sesiones de la Asamblea General de la Organización de las Naciones Unidas, mediante Resolución N° 69/319, de fecha 10 de septiembre de 2015; Ley Aprobatoria del Acuerdo Bilateral sobre Asistencia Administrativa Mutua para la Adecuada Aplicación de la Legislación de Delitos Aduaneros entre el Gobierno de la República Bolivariana de Venezuela y el Estado de Qatar; Ley Aprobatoria del Acuerdo de París de la Convención Marco de Naciones Unidas sobre el Cambio Climático; Ley Aprobatoria del Acuerdo de Cooperación en Materia Legal entre el Gobierno de la República Bolivariana de Venezuela y el Estado de Qatar; y Ley Aprobatoria del Memorándum de Cooperación en Materia de Juventud y Deporte entre el Gobierno de la República Bolivariana de Venezuela y el Estado de Qatar.

II. EL JUEZ CONSTITUCIONAL COMO ASESOR AL SERVICIO DEL PODER EJECUTIVO CONTRA LA ASAMBLEA NACIONAL: EL CASO DE LA DECISIÓN DE UN BIZARRO RECURSO DE INCONSTITUCIONALIDAD CONTRA UNA SUPUESTA Y FUTURA OMISIÓN LEGISLATIVA

Entre las más recientes decisiones de la Sala Constitucional en su nuevo rol de asesor del Poder Ejecutivo, se destaca la No. 3 del 14 de enero de 2016,[657] emitida con ocasión de las secuelas que resultaron de la decisión de la Sala Electoral del mismo Tribunal Supremo de Justicia, dictada mediante sentencia N° 260 (Caso:*Nicia Marina Maldonado, contra el acto de votación de las elecciones parlamentarias del estado Amazonas*) mediante la cual la Sala Electoral al admitir el recurso ordenó “de forma provisional e inmediata la suspensión de efectos de los actos de totalización, adjudicación y proclamación” de los órganos electorales respecto de todos los cuatro diputados que habían sido electos en el Estado Amazonas;[658] en las

657 Véase en http://historico.tsj.gob.ve/decisiones/scon/enero/184316-03-14116-2016-16-0003.HTML

658 Véase en http://www.tsj.gob.ve/en/decisiones#3. Sobre ello, véase José Ignacio Hernández quien afirmó que “la Sala Electoral no puede, en virtud de una medida cautelar, modificar los efectos jurídicos de esa

elecciones del 6 de diciembre de 2015. Dicha proclamación no podía ser "suspendida" ni siquiera provisionalmente, pues ya había ocurrido, y sus efectos se habían agotado. Sólo se pueden suspender, incluso provisionalmente, los efectos de los actos cuando aún no ha ocurrido, para que no ocurra; o lo está en curso de ocurrir, para evitar que ocurra; pero no se puede suspender lo que ya ocurrió. Así, se puede suspender el embarazo de una mujer antes de que ocurra o durante la gestación, pero una vez nacido el niño, ni el embarazo ni el nacimiento pueden ser "suspendidos." Por tanto, la sentencia N° 260 de 30 de la diciembre de 2015 simplemente, por errada – errada de un error judicial inexcusable - era inejecutable,[659] o sea, no podía ser cumplida, y por tanto no era susceptible de ser acatada por nadie. Y la única culpable de que no pudiera ser cumplida o acatada fue la propia Sala Electoral, por su error. Por ello concluíamos, al comentar la sentencia, que la misma era simplemente de imposible cumplimiento, señalando el 4 de enero de 2016, en la víspera de la instalación de la Asamblea nacional, que:

> "la elección de los diputados del Estado Amazonas ya se efectuó hace un mes, en diciembre de 2015, y todos los actos "de totalización, adjudicación y proclamación" de esa elección se efectuaron totalmente. No es jurídicamente posible entonces, en ese caso, "suspender" los efectos de un acto cuyos efectos ya se cumplieron. La sentencia, por tanto, es simplemente inejecutable.
>
> Es decir, en resumen, la sentencia de la Sala Electoral del Tribunal Supremo de Justicia N° 260, tan esperada durante estos días de fin y comienzo de año 2015-2016, no es más que un bodrio inconstitucional, de contenido delictivo, e inejecutable que no puede ser acatada."[660]

Sin embargo, en virtud de que a pesar de dicha decisión N° 260 de 30 de diciembre de 2015, la Junta Directiva de la nueva Asamblea después de instalarse procedió a juramentar a los diputados mencionados en virtud de que desde diciembre, apenas habían sido electos, ya habían sido proclamados por las autoridades electorales, y gozaban de inmunidad, con ocasión de una denuncia de "desacato" de dicha sentencia formulada por miembros del partido de gobierno, la Sala Electoral del Tribunal Supremo dictó una nueva sentencia N° 001 de 11 de enero de 2016,[661] en la cual, en definitiva, resolvió que la Junta Directiva de la Asamblea había incurrido en desaca-

---

proclamación y "suspender" el mandato popular de representación ya perfeccionado, pues los efectos de la proclamación ya se cumplieron." Véase en "Luego de los 4 diputados suspendidos por el TSJ: ¿Qué va a pasar?," en Prodavinci, 30 de diciembre de 2015, en http://prodavinci.com/blogs/luego-de-los-4-diputados-suspendidos-por-el-tsj-que-va-a-pasar-por-jose-ignacio-hernandez/

659 En igual sentido, véase José Ignacio Hernández, "¿Qué dijo la Sala Electoral para "suspender" a los diputados de Amazonas?," en *Prodavinci*, 4 de enero de 2016, en http://prodavinci.com/blogs/que-dijo-la-sala-electoral-para-suspender-a-los-diputados-de-amazonas-por-jose-i-hernandez/

660 Véase Allan R. Brewer-Carías, "La inconstitucional, delictiva e inejecutables sentencia de la Sala Electoral pretendiendo "suspender" las elecciones de diputados el Estado Amazonas,' 4 de enero de 2016, en http://www.allanbrewercarias.com/Content/449725d9-f1cb-474b-8ab2-41efb849fea3/Content/LA%20INCONSTITUCIONAL,%20DELICTIVA%20E%20INEJECUTABLE%20SENTENCIA%20DE%20LA%20SALA%20ELECTORAL%20%204-1-2016.pdf.

661 Véase en http://historico.tsj.gob.ve/decisiones/selec/enero/184253-1-11116-2016-X-2016-000001.HTML

to de su anterior sentencia (N° 260, del 30 de diciembre de 2015), e igualmente los diputados "suspendidos" con su *participación en el acto de juramentación*, igualmente habían **incurrido en desacato** de la mencionada sentencia. La Sala Electoral, además, decidió que la juramentación de dichos diputados estaba por tanto, viciada de nulidad absoluta por "usurpación de autoridad."

La Sala Electoral, además, en la sentencia, le ordenó a la Junta Directiva de la Asamblea Nacional, "*la desincorporación inmediata*" de los mencionados diputados, declarando "*nulos absolutamente* los actos de la Asamblea Nacional que se hayan dictado o *se dictaren*, mientras se mantenga la incorporación de los ciudadanos sujetos de la decisión N° 260 del 30 de diciembre de 2015 y del presente fallo."

En definitiva, como lo observó el Secretario General de la Organización de Estados Americanos Luis Almagro en carta enviada el 12 de enero de 2016 a quien ejerce la Presidencia de la República, Nicolás Maduro:

> "Los resultados de las elecciones legislativas en el Estado de Amazonas fueron cuestionados a través de un recurso contencioso electoral presentado por el PSUV ante la Sala Electoral del TSJ que ordenó la suspensión de los efectos de los actos de totalización, adjudicación y proclamación emanados de los órganos subordinados del CNE.
>
> Esta determinación contradice la voluntad de la ciudadanía manifestada en la elección del pasado 6 de diciembre y anula la proclamación ya realizada por el CNE.
>
> La Asamblea Nacional, un día después de instalada, decidió juramentar a los tres diputados del Estado de Amazonas.
>
> A raíz de este acto, ayer 11 de enero el TSJ declaró en desacato a la junta directiva de la Asamblea Nacional y ordenó la inmediata separación de los tres diputados.
>
> Extralimitándose en sus funciones, declaró que los actos de esta Asamblea Nacional serán nulos mientras estén en funciones los tres diputados de Amazonas."[662]

Ahora bien, en esa situación de conflicto de poderes, y en vista de que días después (15 de enero) el Presidente estaba obligado a acudir ante la Asamblea nacional a presentar su Mensaje Anual, con el propósito de justificar su no comparecencia ante la misma, el día 12 de enero de 2016, es decir, al día siguiente de haberse dictado la sentencia N° 001 de la Sala Electoral mediante la cual, sobre la base de un supuesto desacato, la misma había paralizado el funcionamiento de la Asamblea Nacional, declarando nulos los actos que pudiera efectuar en el futuro de permanecer incorporados los diputados por el Estado Amazonas; la Procuraduría General de la República en representación y por órdenes del Ejecutivo Nacional, acudió ante la Sala Constitucional del Tribunal Supremo, interponiendo un extraño "recurso de inconstitucionalidad por omisión legislativa [...] como consecuencia de la nulidad absoluta de las actuaciones de la Asamblea Nacional declarada por la Sala Electoral de ese Tribunal Supremo de Justicia en sentencia N° 1 de fecha 11 de enero de

662 Véase en http://www.oas.org/documents/spa/press/CARTA.A.PRESIDENTE.MADURO.12.01.16.pdf

2016," alegando que el Ejecutivo Nacional supuestamente se encontraba "imposibilitado" para cumplir con el mandato constitucional de presentar su Mensaje Anual.

Se trató entonces, de un recurso de inconstitucionalidad por omisión, *pero no de una omisión que ya que hubiera ocurrido*, sino de una que supuestamente podía ocurrir en el futuro, es decir, de una futura omisión, que era la supuesta imposibilidad de la Asamblea para recibir en el futuro el mensaje del Presidente, alegando que:

> "la Asamblea Nacional no está en condiciones de dictar actos válidos, hasta tanto no desincorpore a los ciudadanos Julio Haron Ygarza, Nirma Guarulla y Romel Guzamana, pues se encuentra en desacato de un mandamiento de amparo cautelar, lo que la imposibilita para sesionar, convocar y recibir al Primer Mandatario del Ejecutivo Nacional para que haga presencia a los fines del cumplimiento de lo previsto en el artículo 237 constitucional (...)".

El asesor jurídico del Poder Ejecutivo, en definitiva, que es quien asesora, defiende y representa judicial y extrajudicialmente los bienes, derechos e intereses de la República, le consultó a la Sala Constitucional, a la vez como si fuera otro "asesor jurídico" del Ejecutivo, que si el Presidente de la República atendía en el futuro a una convocatoria por parte del órgano legislativo nacional "estaría validando actos que han sido declarados como absolutamente nulos por el Poder Judicial (...);" indicándole entonces a la Sala Constitucional que sin embargo, el Presidente si estaba dispuesto a "presentar el referido mensaje ante el Poder Judicial, Electoral y Ciudadano y ante el Pueblo Soberano, representado por los Consejos Presidenciales del Gobierno Popular y el Parlamento Comunal (...)"; lo que por supuesto era evidentemente contrario a la Constitución, pues en ningún caso la Sala Constitucional podía atender siquiera al planteamiento, por ser abiertamente inconstitucional.

Sin embargo, la Sala Constitucional procedió a estudiar la "consulta," dictando para ello, la sentencia Nº 3 del 14 de enero de 2016,[663] precisando que "el objeto de la solicitud" era precisamente declarar la inconstitucionalidad, de una omisión ya ocurrida, sino que podía ocurrir en el futuro, en el sentido de:

> "la declaratoria de la omisión inconstitucional de la Asamblea Nacional para recibir el mensaje anual del Presidente de la República Bolivariana de Venezuela (Poder Ejecutivo) previsto en el artículo 237 de la Constitución de la República Bolivariana de Venezuela, ya que el órgano parlamentario (Junta Directiva), de acuerdo a la sentencia N° 1 dictada por la Sala Electoral el 11 de enero de 2016, incurrió en desacato a la medida cautelar acordada por ese mismo órgano jurisdiccional en sentencia N° 260 dictada el 30 de diciembre de 2015; y, por lo tanto, está inhabilitada para ejercer sus atribuciones constitucionales de control político de gestión."

En otras palabras, que como la Asamblea Nacional, al haber juramentado tres diputados electos en el Estado Amazonas habría incurrido en desacato de lo ordenado en la sentencia Nº 1 de la Sala Electoral del 11 de enero de 2016, mediante la cual, ésta, materialmente había prohibido al Parlamento poder funcionar, y como ello

663 Véase en http://historico.tsj.gob.ve/decisiones/scon/enero/184316-03-14116-2016-16-0003.HTML

implicaba en entonces, hacia el futuro, que el Presidente supuestamente no podía presentar ante la Asamblea su Mensaje, entonces se le pedía a la Sala Constitucional que decidiese sobre ese futura posible omisión de la Asamblea de sesionar para recibir el mensaje Anual del Presidente, solicitándole entonces que fuera la Sala Constitucional la que "supliera la aludida omisión" futura.

Aparte de que el recurso por omisión regulado en la Constitución (art. 336.7) solo se refiere a omisiones ya ocurridas del poder legislativo "cuando haya dejado de dictar" una medida, sin embargo, con base en lo alegado sobre omisiones futuras, la Sala Constitucional procedió a decidir, como suele hacer en casos similares, violando "discrecionalmente" los principios del debido proceso al no oír los intereses contrapuestos, particularmente de la Asamblea Nacional, considerando el asunto como de mero derecho, "sin necesidad de abrir procedimiento alguno," por estimar que la causa "no requería la comprobación de asuntos fácticos."

Sin embargo, después de afirmar – y decidir, porque así lo dio por sentado - que la situación planteaba en la solicitud "incapacitaba al Poder Legislativo para ejercer sus atribuciones constitucionales de control político de gestión," la Sala en definitiva no se pronunció sobre lo solicitado, es decir, la posible y "futura omisión legislativa," al constatar, como "hecho notorio comunicacional," que el día en que estaba dictando la sentencia es decir, el mismo 13 de enero de 2016:

> "la Junta Directiva de la Asamblea Nacional *acató la orden impartida por la Sala Electoral del Tribunal Supremo de Justicia* a través de las sentencias N° 260/2015 y 1/2016, procediendo en consecuencia, a realizar una sesión ordinaria en la cual dejó sin efecto la sesión celebrada el día 6 de enero de 2016, desincorporando a los ciudadanos Nirma Guarulla, Julio Haron Ygarza y Romel Guzamana como candidatos electos por voto uninominal, voto lista y representación indígena en el proceso electoral realizado el 6 de diciembre de 2015 en el estado Amazonas para elección de diputados y diputadas a la Asamblea Nacional. Igualmente, de manera expresa se decidió *dejar sin efecto la juramentación de los mismos, así como también "las decisiones tomadas desde la instalación del Parlamento*".

En consecuencia, dijo la Sala Constitucional, que como "la omisión inconstitucional de la Asamblea Nacional cesó al haber cumplido con la orden impartida por Sala Electoral del Tribunal Supremo de Justicia," a pesar de que en realidad, como se trataba de una solicitud respecto de una omisión "futura," que no había ocurrido y que por tanto no podía haber cesado, sino que lo que podía haber ocurrido era que no se produciría, la Sala Constitucional estimó "que no existe actualmente impedimento alguno para que el Presidente de la República Bolivariana de Venezuela (Poder Ejecutivo) proceda a dar cuenta ante el Poder Legislativo de los aspectos políticos, económicos, sociales y administrativos de su gestión durante el año 2015, tal como lo ordena el artículo 237 del Texto Fundamental," concluyendo con la decisión que:

> "*Cesó* la omisión inconstitucional por parte de la Asamblea Nacional, para que el Presidente de la República dé cuenta de los aspectos políticos, económicos, sociales y administrativos de su gestión durante el año 2015."

Decisión que, como se dijo, es totalmente incongruente porque no se puede afirmar ni en lógica ni en derecho que algo que aún no ha ocurrido haya cesado. Tan simple como eso, una omisión futura, no puede decirse que haya cesado, y la Constitución no permite recursos por omisión que puedan intentarse contra la Asamblea, por supuestas omisiones en las que pueda incurrir en el futuro.

En todo caso, como consecuencia de haber cesado la supuesta futura omisión inconstitucional en la que supuestamente podía incurrir la Asamblea Nacional, al haberse dejado sin efecto las juramentaciones de los diputados por el Estado Amazonas, el Presidente de la República, como previsto, acudió ante la Asamblea Nacional a presentar su Memoria anual.

Otro asunto fue que en lugar de presentar dicha Memoria, en realidad lo que hizo fue presentar ante la Asamblea Nacional un "decreto de Estado de Emergencia Económica," para enfrentar una supuesta "guerra económica" contra el país, que solo su gobierno y su antecesor habían declarado contra el pueblo de Venezuela, hasta sumirlo en la miseria.

SECCIÓN SÉPTIMA:

LA ASUNCIÓN ILEGÍTIMA POR LA SALA CONSTITUCIONAL DE LA COMPETENCIA DE LAS OTRAS SALAS PARA LA INTERPRETACIÓN ABSTRACTA DE LEYES, SIN INTERPRETAR LA CONSTITUCIÓN

Esta sección es el texto del trabajo sobre "La Sala Constitucional vs. la competencia judicial en materia de interpretación de las leyes," publicado en *Revista de Derecho Público*, Nº 123, (julio-septiembre 2010), Editorial Jurídica Venezolana, Caracas 2010, pp. 187-196. Publicado en *Práctica y distorsión de la justicia constitucional en Venezuela (2008-2012)*, Colección Justicia Nº 3, Acceso a la Justicia, Academia de Ciencias Políticas y Sociales, Universidad Metropolitana, Editorial Jurídica Venezolana, Caracas 2012, pp. 285-294.

I. En el ordenamiento jurídico venezolano a los jueces corresponde, por esencia, la tarea de interpretar las leyes para su aplicación en los casos concretos que deban decidir, incluyendo, la interpretación de las mismas confronte a la Constitución. Por ello, todos los jueces, de acuerdo con el artículo 334 de la Constitución, en el ámbito de sus competencias, están en la obligación de asegurar la integridad de la Constitución, de manera que en caso de incompatibilidad entre ella y una ley u otra norma jurídica, deben, aun de oficio, aplicar con preferencia las disposiciones constitucionales y decidir lo conducente, es decir la inaplicabilidad de las normas legales.

Es más, la antigua Corte Suprema de Justicia en Sala Político Administrativa en sentencia de 21 de noviembre de 1990 (Caso PDVSA), con razón señalo que la interpretación de las normas legales ni siquiera es "es del monopolio del Poder Judicial," pues la misma corresponde, incluso, a "cualquier administración o cualquier particular a quien corresponda adoptar una decisión concreta," a cuyo efecto "deberá también, normalmente, interpretar previamente la ley, tarea que tendrá que desarrollar -al igual que el juez, en su caso y posteriormente, en vía judicial de revisión de la actuación administrativa previa- con estricta sujeción a las normas de nuestro ordenamiento positivo, y, particularmente, a las reglas que proporciona el artículo 4 del Código Civil."[664]

Pero en el ámbito judicial, debe destacarse, además, que en el ordenamiento venezolano se ha establecido un mecanismo de interpretación abstracta de las leyes, mediante la atribución al Tribunal Supremo de Justicia de la competencia para conocer de recursos autónomos de interpretación, particularmente a partir de la sanción de la ley Orgánica de la Corte Suprema de Justicia de 1976. En efecto, antes de esa fecha puede decirse que no era usual la existencia de una competencia de interpretación abstracta de las leyes,[665] salvo en relación con leyes especificas, como fue el caso de la Ley de Carrera Administrativa de 1970 en la cual se consagró un recurso de interpretación ante el Tribunal de la Carrera Administrativa, en relación a las dudas que pudieran surgir en cuanto a la aplicación e interpretación de la misma y de sus Reglamentos, aclarándose, sin embargo, que el ejercicio de dicho recurso no podía ser motivo para la paralización de ninguna medida que las autoridades competentes puedan ordenar[666]. Mediante esta norma legal se puede decir que por primera vez en Venezuela se consagró expresamente la competencia de interpretación abstracta de leyes atribuida a la jurisdicción contencioso-administrativa, aún cuando en este caso, limitada al contencioso-funcionarial.

Posteriormente, la Ley Orgánica de la Corte Suprema de Justicia de 1976 estableció en forma general la competencia de la Sala Político Administrativa de la Corte Suprema Tribunal para "conocer del recurso de interpretación y resolver las consultas que se le formulen acerca del alcance e inteligencia de los textos legales", pero "en los casos previstos en la Ley" (Art. 42,24).[667] Como lo precisó la antigua Corte Suprema de Justicia en su sentencia de 14 de marzo de 1988 (Caso Concejo Municipal del Distrito Bruzual del Estado Yaracuy), este "medio de actuación procesal está reservado de manera exclusiva para aquellos casos en los cuales el texto legal cuya interpretación se solicita lo permita expresamente. Resulta, por tanto, improcedente el ejercicio y en forma indiscriminada y general, del recurso de interpretación respecto de cualquier texto legal, si no sé encuentra expresamente autorizado por el propio legislador."[668] Ello implicó, incluso que con base en esta atribución, la antigua Corte Suprema de Justicia se reservara la competencia para conocer, incluso, del recurso de interpretación previsto en la derogada Ley de Carrera Administrativa. Posteriormente, otras leyes regularon el recuso de interpretación, como

664. Consultada en original.

665. Allan R. Brewer-Carías y Enrique Pérez Olivares. "El Recurso Contencioso-Administrativo de Interpretación en el Sistema Jurídico Venezolano", en *Revista de la Facultad de Derecho*. Universidad Central de Venezuela, N° 32, Caracas, 1965, pp. 103-126.

666. Artículo 64 de la derogada Ley de Carrera Administrativa de 1970.

667. Sentencia de la Corte Suprema de Justicia en Sala Político-Administrativa de 27-04-82 en *Revista de Derecho Público*, N° 10, Editorial Jurídica Venezolana, Caracas, 1982, p. 174.

668. Véase en *Revista de Derecho Público*, N° 34, Editorial Jurídica Venezolana, Caracas 1988, pp. 146-147.

sucedió por ejemplo, con la Ley Orgánica del Poder Judicial (Art. 148); la propia Ley Orgánica de la Corte Suprema de Justicia de 1976; y la Ley de Licitaciones.[669]

Siguiendo esta tradición legislativa, la Constitución de 1999 estableció como competencia del Tribunal Supremo de Justicia, el "conocer de los recursos de interpretación sobre el contenido y alcance de los textos legales", pero "en los términos contemplados en la ley" (artículo 266,6), atribución que debía ser ejercida "por las diversas Salas conforme a lo previsto en esta Constitución y en la ley" (único aparte, artículo 266). Por ello, el artículo 5, párrafo 1°, de la Ley Orgánica de 2004, atribuye a todas las Salas del Tribunal Supremo, competencia para:

> 52. Conocer del recurso de interpretación y resolver las consultas que se le formulen acerca del alcance e inteligencia de los textos legales, en los casos previstos en la ley, siempre que dicho conocimiento no signifique una sustitución del mecanismo, medio o recurso previsto en la ley para dirimir la situación si la hubiere.

Más recientemente, la Ley Orgánica del Tribunal Supremo de Justicia de 2010,[670] en su artículo 31.5, siguiendo la orientación de la LOTSJ 2004, también atribuyó a todas las Salas del Tribunal Supremo, competencia para conocer del recurso de interpretación de las leyes, así:

> 5. Conocer las demandas de interpretación acerca del alcance e inteligencia de los textos legales, siempre que dicho conocimiento no signifique una sustitución del mecanismo, medio o recurso que disponga la ley para dirimir la situación de que se trate.

Y adicionalmente, en específico a la Sala Político Administrativa la misma Ley Orgánica de 2010 le atribuyó en su artículo 26.21, competencia para conocer de "Los recursos de interpretación de leyes de contenido administrativo."

Esta competencia para interpretar en abstracto la leyes atribuidas a las Salas del Tribunal Supremo, en todo caso, no sustituye la competencia de los jueces ordinarios, de manera que estos ni siquiera podrían renunciarla "ni delegar la señalada aplicación de la norma -previa su interpretación por el mismo- ni menos aún la decisión del caso concreto, en el órgano judicial al que se le hubiere dado competencia para interpretar, con carácter vinculante, sólo la norma -se insiste- sin extender su tarea al caso concreto, lo cual le está vedado."[671]

II. Por otra parte, en material de interpretación de la Constitución, también es función de los jueces interpretarla para aplicarla en los casos concretos que deban decidir, incluso para ejercer el control difuso de la constitucionalidad de las leyes. Como es sabido, no existía en el ordenamiento jurídico venezolano un recurso autónomo de interpretación abstracta de la Constitución, como el que existía respecto de las leyes. Sin embargo, y aún en ausencia de competencia constitucional en la mate-

---

669. Sentencia de la Corte Suprema de Justicia en Sala Político-Administrativa de 11-08-81 en *Revista de Derecho Público,* N° 8, Editorial Jurídica Venezolana, Caracas, 1981, p. 138. Véase artículo 78 de la Ley de Licitaciones. *G.O.* N° 34.528 de 10-08-90.

670 Véase en *Gaceta Oficial* Extraordinaria N° 5.991 de 29 de julio de 2010.

671 Consultada en original.

ria, la Sala Constitucional en 2000 consideró que "no requieren los ciudadano de leyes que contemplen, en particular, el recurso de interpretación constitucional, para interponerlo,"[672] procediendo entonces a crear un recurso autónomo de interpretación de las normas constitucionales, no previsto constitucional ni legalmente, basándose para ello en el artículo 26 de la Constitución que consagra el derecho de acceso a la justicia, del cual dedujo que si bien dicha acción no estaba prevista en el ordenamiento jurídico, tampoco estaba prohibida, agregando que, por lo tanto:

> No es necesario que existan normas que contemplen expresamente la posibilidad de incoar una acción con la pretensión que por medio de ella se ventila, bastando para ello que exista una situación semejante a las prevenidas en la ley, para la obtención de sentencias declarativas de mera certeza, de condena, o constitutivas. Este es el resultado de la expansión natural de la juridicidad[673].

Siguiendo la jurisprudencia de la Sala Constitucional, la Ley Orgánica del Tribunal Supremo de Justicia de 2010 ha regulado por primera vez a nivel legislativo, la competencia expresa de la Sala Constitucional para "conocer la demanda de interpretación de normas y principios que integran el sistema constitucional." Esta competencia, que da origen al proceso constitucional de interpretación constitucional,[674] tal como se ha regulado, es mucho más amplia que la que se había venido desarrollando jurisprudencialmente, pues incluye demandas de interpretación de "normas y principios" no sólo de la Constitución, sino de las fuentes que "integren el sistema constitucional," sin que se defina el ámbito del mismo.

Mediante este recurso, en todo caso, la Sala Constitucional tiene competencia para interpretar en abstracto la Constitución, pero no tiene competencia para interpretar en abstracto normas legales, sino como consecuencia de la interpretación que haga de normas constitucionales. Por ello, la Sala Constitucional en sentencia No 602 de 9 de abril de 2007 (Caso: *Solicitud de interpretación del artículo 22 de la ley de Promoción y Protección de Inversiones*) al declarar inadmisible dicho recurso de interpretación de un artículo de una ley, precisó el ámbito de su competencia reducida a interpretar el Texto Fundamental y las normas que integran el bloque de la constitucionalidad, lo que "es distinta a la de interpretación de 'textos legales'" que corresponde a todas las Salas del Tribunal Supremo. Por ello, dijo la Sala, que la misma había declinado aceptar su competencia "cuando se trata de pretensiones interpretativa de textos legales," aclarando que "no puede, entonces, sostenerse que la relación de una norma legal con las normas constitucionales sea fundamento suficiente para que esta Sala fije su sentido y alcance, pues sería tanto como desplazar a ella la casi totalidad de las acciones autónomas de interpretación."[675]

---

672 Este criterio fue luego ratificado en sentencias de fecha 09-11-00 (Nº 1347), 21-11-00 (Nº 1387), y 05-04-01 (Nº 457), entre otras.

673 Sentencia Nº 1077 de la Sala Constitucional de 22-09-00 (Caso: *Servio Tulio León Briceño),* en *Revista de Derecho Público,* Nº 83, Editorial Jurídica Venezolana, Caracas, 2000, pp. 247 y ss.

674 Véase sobre el recurso Allan R. Brewer-Carías, "Le recours d'interprétation abstrait de la Constitution au Vénézuéla", en *Le renouveau du droit constitutionnel, Mélanges en l'honneur de Louis Favoreu*, Dalloz, Paris 2007, pp. 61-70

675 Consultada en original.

El principio general en esta materia, es que los Tribunales Constitucionales como la Sala Constitucional, son intérpretes de la Constitución y no de las leyes, excepto cuando lo hacen en conexión con la Constitución. Esto es, la interpretación de leyes por los Tribunales Constitucionales sólo puede realizarse mediante la interpretación de la Constitución, sea declarando la inconstitucionalidad de la ley, declarando sin lugar la acción de inconstitucionalidad, estableciendo una interpretación conforme con la Constitución, o en el caso venezolano, mediante un recurso abstracto de interpretación constitucional. La función de los Tribunales Constitucionales no es entonces interpretar las leyes aisladamente, sin interpretar la Constitución, siendo esta tarea la que normalmente corresponde a los jueces. En este sentido, por ejemplo, Iván Escobar Fornos ha señalado que "el juez constitucional no puede interpretar o corregir la ley ordinaria si no es con relación a su constitucionalidad...La tarea de interpretar la ley corresponde a la justicia ordinaria...El juez constitucional no tiene competencia para interpretar, corregir y aplicar la ley directamente, sin contrastarla con la Constitución."[676] En esos casos, el Tribunal Constitucional interpreta la Constitución y la ley, pero la interpretación aislada de la ley sin interpretar la Constitución, no es más que una reforma legislativa de un texto legal realizada por el Tribunal Constitucional. Como lo ha explicado Francisco Díaz Revorio:

> "para que una sentencia interpretativa se mantenga dentro de las funciones del Tribunal Constitucional es preciso que la interpretación o el contenido normativo que el Tribunal establece como conforme a la Constitución, sea realmente consecuencia de las exigencias constitucionales, y no una 'nueva' norma carente de fundamento constitucional."[677]

Ahora bien, en la misma sentencia N° 602 de 9 de abril de 2007, la Sala Constitucional aclaró que incluso en los casos de recursos de interpretación de textos legales, a los efectos de determinar la competencia de la Sala respectiva, lo relevante era "precisar la 'materia' que regula la norma en cuestión, es decir, el ámbito de relaciones sobre las que incide (civiles, mercantiles, laborales, administrativas, por citar parte de una clasificación tradicional de relaciones inter-subjetivas regidas por el derecho)." Por tanto, en el caso concreto decidido, tratándose de una norma que regulaba el arbitraje respecto de inversiones extranjeras, la Sala lo consideró como un asunto de derecho público declinando la competencia en la sala Político Administrativa del mismo Tribunal Supremo.[678]

III. Sin embargo, la Sala Constitucional no ha sido consecuente ni con los principios fundamentales en la materia ni con su propia doctrina jurisprudencial, y en evidente fraude a la Constitución, ha distorsionado su propia competencia y la competencia de las Salas del Tribunal Supremo de Justicia, asumiendo directamente la interpretación de textos legales sin interpretar normas constitucionales o supuesta-

---

676 Véase Iván Escobar Fornos, "Las sentencias constitucionales y sus efectos en Nicaragua," en *Anuario Iberoamericano de Justicia Constitucional*, Centro de Estudios Políticos y Constitucionales, N° 12, 2008, Madrid 2008, pp. 104; y *Estudios Jurídicos*, Tomo I, Ed. Hispamer, Managua 2007, p. 497.

677 Véase Francisco Javier Díaz Revorio, *Las sentencias interpretativas del Tribunal Constitucional,* Lex Nova, Valladolid 2001, pp. 296-297.

678 Consultada en original.

mente "interpretando" normas constitucionales que no requieren de interpretación alguna.

Un caso notorio fue precisamente en relación con la interpretación del artículo 22 de la Ley de Promoción y Protección de Inversiones, en cuanto al consentimiento otorgado por el Estado para arbitrajes internacionales, particularmente en relación con la aplicación de la Convención del CIADI. Luego de que la Sala Constitucional había declinado en la Sala Político Administrativa, mediante la citada sentencia N° 609 de 9 de abril de 2007, la competencia para conocer de la interpretación de dicha norma y que esta última Sala declarara inadmisible la solicitud de interpretación por falta de legitimación (sentencia N° 927 de 5 de junio de 2007), la Sala Constitucional, al año siguiente, procedió a interpretar la norma a solicitud esta vez del Procurador General de la República con la excusa de interpretar el artículo 258 de la Constitución, que por su texto, no requería de interpretación constitucional alguna. En efecto, el artículo 258 de la Constitución dispone que "la ley promoverá el arbitraje, la conciliación, la mediación y cualesquiera otros medios alternativos para la solución de conflictos," configurándose como una norma orientadora de la acción legislativa, perfectamente clara con nada oscuro, ambiguo o inoperante, por lo que era obvio que el verdadero propósito del recurso de interpretación constitucional formulado por los representantes de la República de Venezuela, no era obtener una interpretación aclaratoria de dicho artículo constitucional, sino mas bien, la utilización de este recurso de interpretación constitucional como un vehículo para obtener una interpretación de orden legal, del Artículo 22 de la Ley de Promoción y Protección de Inversiones de 1999, en el sentido de que el mismo no contenía una oferta pública y unilateral del Estado para someter a arbitraje internacional ante el CIADI controversias relativas a inversiones internacionales, respecto de lo cual nada decía, ni por asomo, el artículo 22 de la Ley de Promoción y Protección de Inversiones. En particular, el Procurador General de la República al formular su solicitud de interpretación constitucional del artículo 258 de la Constitución lo que en realidad solicitó fue una declaración de que el "Artículo 22 de la Ley de Promoción y protección de Inversiones no puede ser interpretado en el sentido de que constituya el consentimiento del Estado para ser sometido a arbitraje internacional" y que dicha norma del artículo 22 "no contiene una oferta unilateral para el arbitraje, es decir, que no suple la falta de declaración expresa otorgada por escrito por parte de autoridades venezolanas para someterse a arbitraje internacional, ni tampoco mediante un acuerdo o tratado bilateral que lo establezcan explícitamente."[679]

La Sala Constitucional, dictó rápidamente decisión en la materia, la N° 1.541 de fecha 17 de octubre de 2008, para lo cual observó que la Constitución de 1999 efectivamente permitía a la República poder dar su consentimiento unilateral para someter disputas relativas a inversiones extranjeras a arbitraje internacional.[680] Sin embargo, en relación con el artículo 22 de la Ley de promoción y Protección de Inversiones, pasó la Sala Constitucional a interpretar la norma, tal como lo había sido solicitado el procurador, indicando que la misma no constituía tal expresión de con-

---

679 Véase las transcripciones del texto de la solicitud del Procurador en la sentencia Decisión N° 1.541 de 17 octubre de 2008 en *Gaceta Oficial* N° 39.055 de 10 de noviembre de 2008, p. 365.483.

680 Decisión N° 1.541 de 2008, pp. 365.486 y 365.492.

sentimiento unilateral.[681] La decisión contó con un Voto Salvado, del Magistrado Pedro Rafael Rondón Haaz, quien también había disentido de la decisión de la misma Sala al admitir el supuesto recurso de interpretación constitucional, en el cual enfatizó que la Sala Constitucional para dictar su decisión había actuado *ultra-vires* cuando se involucró en la interpretación de un texto legal (Artículo 22),[682] argumentando que el Artículo 258 no planteaba ninguna duda razonable que requiriera interpretación, pues se trataba únicamente de un exhorto al legislador para que promoviera el arbitraje. El magistrado disidente consideró con razón que la solicitud de interpretación en cuestión lo que tenía por objeto era obtener de la Sala Constitucional un dictamen u opinión jurídica, configurándose ello como una especie de control *a priori* judicial sobre la actividad del Legislador, que no existe en Venezuela, buscando en definitiva el ejercicio de la función legislativa por la Sala Constitucional. Para ello, señaló el magistrado disidente que la decisión de la Sala no interpretó ni aclaró el Artículo 258 de la Constitución, que fue lo que motivó el recurso del procurador, pues era evidente que este precepto era claro y no generaba duda alguna. En esta forma, consideró el magistrado disidente que la Sala Constitucional se había excedido en el ejercicio de su competencia al involucrarse en la interpretación del Artículo 22 de la Ley de de promoción y Protección de Inversiones, lo que es de competencia exclusiva de la Sala Político-Administrativa del Tribunal Supremo de Justicia, como la misma Sala lo había decidido previamente, contradiciendo su propia jurisprudencia. Por ello, el Magistrado disidente señaló que en definitiva la Sala Constitucional al interpretar el Artículo 22 de la mencionada Ley había ejercido una "función legislativa," es decir, había actuado como legislador Positivo, al establecer, mediante un procedimiento de revisión judicial *a priori*, reglas que el Legislador debe seguir en el futuro con el fin de expresar el consentimiento del Estado al arbitraje internacional mediante una ley.[683]

En este caso se trató, en consecuencia, de la utilización indebida de un recurso de interpretación constitucional interpuesto a requerimiento del Procurador para interpretar una norma constitucional (artículo 258) que no requiere interpretación, con la excusa de interpretar una norma legal aisladamente. Se trató de una manipulación fraudulenta de lo que resultó la usurpación por parte de la sala Constitucional de la competencia de la Sala Político Administrativa para interpretar las leyes.

IV. Pero en un caso más reciente, la misma Sala Constitucional ha usurpado de nuevo las competencias de interpretación de la Sala Político Administrativa en materia de interpretación de leyes, pero esta vez ejerciendo la competencia que el artículo 266.6 de la Constitución atribuye a todas las Salas para interpretar las leyes, pero con la escusa de que para ello necesitaba interpretar unas normas constitucionales, lo cual no era cierto. La Sala Constitucional en definitiva, calificó un recurso de interpretación de leyes como un recurso de interpretación constitucional, para despojar a la Sala Político Administrativa de su competencia para decidir, interpretando leyes sin interpretar la Constitución para resolver situaciones de hecho concretas.

---

681 *Id.*, pp. 365.495-365.497.

682 Voto Salvado, Decisión Nº 1.541 de 2008, p. 365.498.

683 Voto Salvado, Decisión Nº 1.541 de 2008, p. 365.498.

En efecto, un grupo de ciudadanos que se atribuyeron el carácter de funcionarios de la Alcaldía Metropolitana de Caracas, "asistidos" por una Organización No Gubernamental, "Quinto Mandamiento de Derechos Humanos," formularon un recurso de interpretación conforme al artículo 266.6 de la Constitución referido a la interpretación de artículos de la Ley Especial de Transferencia de los Recursos y Bienes Administrados Transitoriamente por el Distrito Metropolitano de Caracas al Distrito Capital, la Ley Especial sobre la organización y régimen del Distrito Capital y la Ley Especial del régimen municipal a dos niveles del Área Metropolitana de Caracas," alegando que a pesar de estar trabajando en la Alcandía del Distrito Metropolitano de Caracas, no habían recibido remuneración y estaban fuera del presupuesto, pues se consideraba que estaban asignados al gobierno del Distrito Capital. Alegaron que al ser excluidos de la nómina de la Alcaldía del Distrito Metropolitano de Caracas, se estaba violando derechos económicos, sociales, laborales contenidos en la Constitución y en pactos internacionales. Posteriormente, los abogados asistentes, en otro escrito copiaron los artículos 169, 171 y la Disposición Transitoria Primera de la Constitución, que se refieren a la organización municipal y a los distritos metropolitanos indicando que *"por vía de consecuencia estas normas constitucionales deben ser interpretadas en concordancia con..."* las leyes que fueron objeto del recurso. La Sala Constitucional en decisión Nº 797 de 22 de julio de 2010 (Caso *Quinto Mandamiento de derechos Humanos*),[684] invirtió los términos de la solicitud y supuestamente procedió a interpretar los referidos artículos 169, 171 y la Disposición Transitoria Primera de la Constitución, que se refieren a la organización municipal y a los distritos metropolitanos, "*en concordancia con* el artículo 5 de Ley Especial de Transferencia de los Recursos y Bienes Administrados Transitoriamente por el Distrito Metropolitano de Caracas al Distrito Capital, de los numerales 4 y 5 del artículo 9 de la Ley Especial sobre la Organización y Régimen del Distrito Capital, y de la Disposición Transitoria Tercera de la Ley Especial del Régimen Municipal a Dos Niveles del Área Metropolitana de Caracas.".

Las disposiciones constitucionales cuya interpretación se solicitó por vía de consecuencia de la interpretación de unas normas legales, fueron el artículo 169, que se refiere a la *legislación que debe regir la organización de los municipios*; e artículo 171, sobre la *organización de distritos metropolitanos*; y la Disposición Transitoria Primera de la Constitución, sobre el *régimen del Distrito Capital*. Y las disposiciones legales que supuestamente "por vía de consecuencia" so solicitó se interpretasen fueron, la Disposición Transitoria Tercera de la Ley Especial del Régimen Municipal a Dos Niveles del Área Metropolitana de Caracas, que estableció el régimen de los derechos laborales del personal al servicio del Distrito Metropolitano de Caracas, que debían ser garantizados autoridades del Área Metropolitana de Caracas; el artículo 5 de la Ley Especial de Transferencia de los Recursos y Bienes Administrados Transitoriamente por el Distrito Metropolitana de Caracas al Distrito Capital, sobre el régimen de transferencia de funcionarios a ser transferidos; y los numerales 4 y 5 del artículo 9 de la Ley Especial sobre la Organización y Régimen del Distrito Capital, los cuales indican, sobre las competencias del Jefe de Gobierno de Distrito Capital en materia reelaboración del presupuesto. El objeto de la interpretación solicitada

---

684 Véase en http://www.tsj.gov.ve/decisiones/scon/Julio/797-22710-2010-10-0252.html

en definitiva era que se estableciera "a quién de los entes involucrados, correspondía asegurarles su estabilidad laboral, sus derechos laborales y correspondientes pagos."

La Sala comenzó su decisión recordando su propia competencia para conocer el recurso de interpretación constitucional que ella misma había creado (sentencia N° 1.077 del 22 de septiembre de 2000, caso: *Servio Tulio León*), precisando además, la competencia que en materia de interpretación de leyes que "corresponde a cada una de las Salas del Tribunal Supremo según la materia afín al objeto del mismo y las competencias atribuidas a cada una de éstas, de conformidad con lo dispuesto en el artículo 5.52 de la Ley Orgánica del Tribunal Supremo de Justicia." Luego observó que como la Sala tiene el monopolio competencial para el conocimiento de las acciones de interpretación sobre el alcance e inteligencia de normas constitucionales, como ocurre en el caso sometido a su conocimiento, en el cual se solicitó la interpretación de los artículos 169, 171 y de la Disposición Transitoria Primera de la Constitución de la República Bolivariana de Venezuela, aún cuando "por vía de consecuencia" se haya solicitado la interpretación de "normas legales de desarrollo de dichos preceptos constitucionales," la competencia entonces es de la propia Sala Constitucional, y así lo declaró en el caso "conforme a lo establecido en el artículo 335 de la Constitución de la República Bolivariana de Venezuela, según el criterio jurisprudencial expuesto (caso: *Servio Tulio León*), y a tenor de lo dispuesto en el artículo 5.52 de la Ley Orgánica del Tribunal Supremo de Justicia, en concordancia con su primer aparte." El artículo 5.52, sin embargo, no regula recurso de interpretación constitucional alguno sino más bien un recurso de interpretación de leyes atribuyendo el conocimiento a todas las Salas con competencia afín a la materia debatida.

En la sentencia, en todo caso, lo que hizo la Sala Constitucional fue sólo interpretar las normas legales mencionadas, a lo cual se dedicar toda la decisión, glosándolas e interpretándolas, sin siquiera mencionar las normas constitucionales mencionadas, concluyó simplemente diciendo que "conforme a la interpretación de las normas constitucionales antes realizada, en concordancia con las leyes de desarrollo citadas, el personal adscrito a la distintas dependencias administrativas del Distrito Metropolitano de Caracas permanecerán funcionarial o laboralmente en dicho ente público municipal, debiendo sus autoridades garantizar su estabilidad, para lo cual ajustarán su estructura orgánica y funcional, al caso." Para ello, se insiste, la Sala no interpretó ni hizo análisis alguno de las normas constitucionales cuya "interpretación se solicitó," sino que se limitó a resolver la cuestión de hecho que se le había planteado con motivo de aplicar unas normas legales. No hubo por tanto interpretación constitucional alguna que "por vía de consecuencia" pudiera conducir a lo decidido sobre las normas legales.

En definitiva, en esa forma, la Sala concluyó que en virtud de que la Comisión de Transferencia (prevista en Ley Especial de Transferencia de los Recursos y Bienes Administrados Transitoriamente por el Distrito Metropolitano de Caracas al Distrito Capital) no transfirió la Secretaría de Infraestructura del Distrito Metropolitano de Caracas al Distrito Capital, la dependencia administrativa en la cual laboraban los solicitantes "queda adscrita al primero de los mencionados, motivo por el cual, ese ente metropolitano municipal debe garantizar la estabilidad de todo el personal que labora en la referida dependencia. Así se declara."

Luego pasó la Sala a considerar la "denuncia de orden social" que manifestaron los recurrentes, a quienes se les había "negado la prestación efectiva de servicio y el sueldo o salario que les corresponde," de lo cual dedujo que "el punto a dilucidar en la presente interpretación constitucional y, en concordancia con lo alegado por los accionantes, consiste en determinar si a empleados como ellos, que pertenecen a la nómina del Distrito Metropolitano de Caracas, y cuya dirección no ha sido eliminada ni traspasada al Distrito Capital, tienen derecho a seguir percibiendo sus sueldos o salarios y demás beneficios laborales." Apreció entonces la Sala que en las normas legales cuya interpretación se solicitó, en cierta forma se regula la relación funcionarial o laboral de los empleados del Distrito Metropolitano de Caracas y del Distrito Capital, y que dada la cuestión social envuelta debía decidir con la mayor celeridad y estando "probada la relación de empleo, no puede el Distrito Metropolitano de Caracas dejar de cumplir sus obligaciones sin violar los derechos funcionariales o laborales de su personal," resolviendo "la interpretación solicitada y, en consecuencia, interpreta las referidas disposiciones en el sentido de que los funcionarios recurrentes siguen siendo trabajadores de la Alcaldía Metropolitana de Caracas y por ende acreedores de todos los beneficios laborales inherentes."

El tema que resalta no es por supuesto la preocupación de la Sala Constitucional por resolver un problema de orden laboral de unos funcionarios públicos, por más loable que sea; sino que la vía escogida para ello no es la que está acorde con lo que significa una interpretación abstracta de la Constitución, en caso de oscuridad o incongruencias de normas constitucionales. En la sentencia, no se interpretó en forma alguna las normas constitucionales citadas, sino que, abusando de su potestad de interpretar la Constitución, lo que se resolvió fue una cuestión de hecho laboral concreta con base en la aplicación de unas normas legales, tarea judicial que no corresponde a la Sala Constitucional, sino a otros tribunales.

V. Esta usurpación de las funciones del juez ordinario por parte de la Sala Constitucional fue destacada por el Magistrado Pedro Rafael Rondón Haaz, quien en su Voto Salvado a la sentencia, constató que la petición de interpretación en efecto tenía por objeto sólo normas legales, de manera que "las constitucionales apenas fueron mencionadas," por lo que la Sala lo que debió fue declarar su incompetencia pues lo que se pretendía era una interpretación de normas de rango infraconstitucional, y remitir el asunto al conocimiento de la Sala Político-Administrativa. El Magistrado disidente, con razón, le observó a la Sala que no podía "pasarse por alto la mención con la que puede presumirse que la mayoría quiso evadir este insalvable escollo: que la transferencia de bienes, recursos y dependencias del Distrito Metropolitano de Caracas al Distrito Capital *"se reguló vía legal, pero bajo fundamento constitucional"*, como si todas las leyes no tuviesen que regular la materia que sea su objeto *bajo fundamento constitucional,* o no fuesen todas *leyes de desarrollo constitucional."*

Más grave aún fue la observación que hizo el Magistrado disidente en el sentido de que el dispositivo de la sentencia nada tuvo que ver con interpretación constitucional alguna, lo que se revela del propio contenido de la sentencia reducido a declarar que *"resuelve la interpretación"* en el sentido de que *"los funcionarios recurrentes* (sic) *siguen siendo trabajadores de la Alcaldía Metropolitana de Caracas y por ende acreedores de todos los beneficios laborales inherentes",* lo cual, "como es obvio, es un hecho que no se desprende en forma alguna de los artículos 169 (legislación municipal; su organización, gobierno y administración), 171 (legislación en materia de distritos metropolitanos) o la Disposición Transitoria Primera (deber de la Asamblea Nacional de aprobar la ley especial sobre el régimen del Distrito Capital) de la Constitución de la República Bolivariana de Venezuela, disposiciones respecto de las cuales no se pronunció la existencia de alguna oscuridad u ambigüedad, que fue el fundamento de la petición."

La controversia sometida irregularmente al conocimiento de la Sala Constitucional, en este caso, en definitiva, como lo afirmó el Magistrado disidente, no tenía por objeto obtener una declaración de certeza sobre el contenido y alcance de normas y principios constitucionales que le presenten dudas, la cual supuestamente como se afirmó en la sentencia, "no beneficiará a un particular o a una relación jurídica determinada, sino al colectivo," sino dando por probado hechos fundamentales no comprobados y más bien cuestionados en autos, resolver una "controversia, cuya resolución no corresponde a una interpretación, por cierto, ni constitucional ni legal, porque no es asunto de mero derecho sino estrictamente fáctico: ¿fueron transferidos o no la Secretaría de Infraestructura y los recursos que le corresponden del Distrito Metropolitano de Caracas al Distrito Capital?"

En esta forma, una vez más, la Sala Constitucional ilegítimamente distorsiona su competencia para interpretar normas y principios constitucionales, procediendo pura y simplemente a interpretar normas de rango legal, violando elementales normas del debido proceso, resolviendo controversias de hechos cuyo conocimiento corresponde a los tribunales ordinarios. Con ello, en definitiva lo que ha hecho el juez constitucional es actuar como "legislador positivo."

SECCIÓN OCTAVA:

LA ILEGÍTIMA INTERPRETACIÓN REALIZADA POR LA SALA CONSTITUCIONAL DE SUS PROPIA SENTENCIAS, DE OFICIO, SIN PROCESO NI PARTES, MEDIANTE "BOLETINES DE PRENSA'."

Se recoge en esta sección el texto de trabajo sobre "Comentarios sobre el 'caso: consolidación de la inmunidad de jurisdicción del estado frente a tribunales extranjeros,' o de cómo el tribunal supremo adopta decisiones interpretativas de sus sentencias, de oficio, sin proceso ni partes, mediante 'boletines de prensa'," publicado en *Revista de Derecho Público*, Nº 118, (abril-junio 2009), Editorial Jurídica Venezolana, Caracas 2009, pp. 319-330. Publicado en *Práctica y distorsión de la justicia constitucional en Venezuela (2008-2012)*, Colección Justicia Nº 3, Acceso a la Justicia, Academia de Ciencias Políticas y Sociales, Universidad Metropolitana, Editorial Jurídica Venezolana, Caracas 2012, pp. 295-308.

El Tribunal Supremo de Justicia, mediante "Boletín de Prensa" publicado en su *página web* el 15 de junio de 2009 ("*Autor*: Prensa TSJ"), con el título: "Se consolida la inmunidad de Venezuela frente a tribunales extranjeros,"[685] decidió, presumiblemente en Sala Plena, emitir de oficio un pronunciamiento contentivo de conclusiones relativas al alcance de varias sentencias anteriores dictadas por una de sus

685 Véase en http://www.tsj.gov.ve/informacion/notasdeprensa/notasdeprensa.asp?codi-go=6941

Salas, la Sala Constitucional, sin que nadie se lo hubiese pedido, sin proceso constitucional alguno y, por tanto, sin partes ni contradictorio.

Las sentencias de la Sala Constitucional que fueron objeto de esta novedosa forma de ser interpretadas, fueron las siguientes: sentencia N° 97/09 (*Caso*: Interpretación artículos 1 y 151 de la Constitución, accionantes: Fermín Toro Jiménez y otros, de 11/02/2009)[686]; N° 1.942/03 (Caso: *Impugnación artículos Código Penal -Leyes de Desacato-*, accionante: Rafael Chavero Gazdik, de fecha 15/07/2003);[687] N° 1.541/08 (Caso: *Interpretación artículo 258 de la Constitución, accionantes: Hildegard Rondón de Sansó y otros* -Procuraduría General de la República-, de fecha, 17/10/2008)[688] y N° 1.939/08 (Caso: *Interpretación de sentencia de la Corte Interamericana de Derechos Humanos*, accionante: abogados Gustavo Álvarez Arias y Procuraduría General de la República, de fecha 18/12/2008),[689] en las cuales se trataron diversas materias tales como la interpretación de las normas constitucionales sobre la inmunidad relativa de jurisdicción del Estado, el arbitraje internacional y el consentimiento del Estado, y la ejecutabilidad de las decisiones dictadas por tribunales internacionales.[690]

Ahora bien, del contenido de dicho "Boletín de Prensa," parecería deducirse, como lo afirmó el abogado y destacado escritor Luis Brito García (quien fue accionante en uno de los procesos constitucionales en los cuales se dictó una de esas sentencias) en escrito de 21 de junio de 2009,[691] que se trataría de una nueva modalidad de dictar "*Sentencia por boletín de prensa*," que habría adoptado el Tribunal Supremo de Justicia, en Pleno; modalidad decisoria irregular ante la cual el propio Brito García se preguntó:

> "¿Cómo debemos interpretar esta proclama pública espontánea de un tribunal que sólo puede pronunciarse a instancia de parte y mediante sentencia? ¿Su boletín es un veredicto? ¿Crea una nueva jurisdicción, la mediática? ¿Hace jurisprudencia? ¿Debe ser aplicado? ¿Fue acordado por mayoría de los magistrados?"[692]

Lo interesante a destacar es que la novedosa e irregular "sentencia por boletín de prensa," según lo afirmó el propio Brito García, se dictó al día siguiente de la aparición de unas declaraciones suyas, el día 14 de junio de 2009, en el periódico *La*

---

686 Véase en http://www.tsj.gov.ve/decisiones/scon/Febrero/97-11209-2009-08-0306.html. Exp- 08-0306

687 Véase en *Revista de Derecho Público*, N° 93-96, Editorial Jurídica Venezolana, Caracas 2003, pp. 136 ss., 164 ss., y 170 ss.

688 Véase en *Revista de Derecho Público*, N° 116, Editorial Jurídica Venezolana, Caracas 2008, pp. 129 ss.

689 Véase en *Revista de Derecho Público*, N° 116, Editorial Jurídica Venezolana, Caracas 2008, pp. 236 ss. Véase además, Allan R. Brewer-Carías, "El juez constitucional vs. la justicia internacional en materia de derechos humanos", en *idem.*, pp. 249 ss.

690 Erradamente, sin embargo, en el "Boletín de Prensa" se utilizó la expresión "tribunales extranjeros" para referirse a los "internacionales." "Tribunales extranjeros," en realidad, son los tribunales de otros Estados, a cuyas decisiones no se refieren las sentencias objeto del Boletín de Prensa

691 Véase, Luis Britto García, "¡Venezuela será condenada y embargada por jueces y árbitros extranjeros!," en http://www.aporrea.org/actualidad/a80479.html Fecha de publicación: 21/06/2009

692 *Ídem.*

Razón con el título "Perdimos el derecho a ser juzgados según nuestras leyes, nunca las juntas arbitrales foráneas han favorecido a nuestro país"[693] y, presumiblemente en respuesta a las mismas, en las cuales criticó la decisión de la Sala Constitucional del Tribunal Supremo de Justicia N° 97/09 (*Caso*: Interpretación artículos 1 y 151 de la Constitución, accionantes: Fermín Toro Jiménez y otros, de 11/02/2009),[694] que había declarado inadmisible la acción que él mismo junto con otros abogados había intentado, indicando que con esa decisión, la Sala Constitucional pretendía "someter a Venezuela a la jurisdicción de tribunales y árbitros extranjeros en las controversias sobre sus contratos de interés público."[695] Ello, por supuesto no era cierto, ya que la Sala Constitucional se había limitado a declarar inadmisible una acción de interpretación de unos artículos de la Constitución que consideró no requerían de tal interpretación, pues establecían el principio de la inmunidad relativa de jurisdicción del Estado.

En todo caso, según lo que declaró Brito García, al día siguiente de formular sus declaraciones públicas (14-06-2009), el 15 de junio de 2009, el Tribunal Supremo de Justicia "publica un comunicado donde procura contradecir tales declaraciones."[696]

Ahora bien, para entender adecuadamente el alcance de la referida "sentencia por boletín de prensa" del Tribunal Supremo de Justicia según la calificó Britto García, sin duda, hay que hacer referencia a los antecedentes del caso, comenzando por la propia sentencia de la Sala Constitucional N° 97/09 (*Caso*: Interpretación artículos 1 y 151 de la Constitución, accionantes: Fermín Toro Jiménez y otros, de 11/02/2009), que fue la criticada por Brito García, dictada, como se dijo, en un proceso en el cual él mismo fue accionante, y mediante la cual la Sala Constitucional declaró inadmisible la acción que había intentado junto con otros por falta de legitimación activa y, además, por considerar que las normas cuya interpretación se había requerido no necesitaban de interpretación alguna.

---

693 Véase Carlos Díaz, entrevista a Luis Brito García, "Perdimos el derecho a ser juzgados según nuestras leyes, nunca las juntas arbitrales foráneas han favorecido a nuestro país," *La razón*, Caracas 14-06-2009. Publicado el 20-06-2009 por Luis Britto García en http://luisbrittogarcia.blogspot.com/2009/06/tsj-lesiono-soberania.html

694 Véase en http://www.tsj.gov.ve/decisiones/scon/Febrero/97-11209-2009-08-0306.html. Exp- 08-0306

695 *Ídem.*

696 Véase Luis Brito García, "¡Venezuela será condenada y embargada por jueces y árbitros extranjeros!," en http://www.aporrea.org/actualidad/a80479.html Fecha de publicación: 21/06/2009

I. LA SENTENCIA N° 97/09 DE LA SALA CONSTITUCIONAL DE DECLARATORIA DE LA INADMISIBILIDAD DE LA ACCIÓN DE INTERPRETACIÓN DE LOS ARTÍCULOS 1 Y 151 DE LA CONSTITUCIÓN POR FALTA DE LEGITIMIDAD DE LOS RECURRENTES

En efecto, en fecha 12 de marzo de 2008, varios ciudadanos, y entre ellos, Luis Brito García, interpusieron por ante la Sala Constitucional del Tribunal Supremo de Justicia, una acción de interpretación respecto del contenido y alcance de los artículos 1 y 151 de la Constitución de la República Bolivariana de Venezuela, en los cuales se dispone lo siguiente:

> *Artículo 1.* La República Bolivariana de Venezuela es irrevocablemente libre e independiente y fundamenta su patrimonio moral y sus valores de libertad, igualdad, justicia y paz internacional en la doctrina de Simón Bolívar, el Libertador.
>
> Son derechos irrenunciables de la Nación la independencia, la libertad, la soberanía, la inmunidad, la integridad territorial y la autodeterminación nacional.
>
> *Artículo 151.* En los contratos de interés público, si no fuere improcedente de acuerdo con la naturaleza de los mismos, se considerará incorporada, aun cuando no estuviere expresa, una cláusula según la cual las dudas y controversias que puedan suscitarse sobre dichos contratos y que no llegaren a ser resueltas amigablemente por las partes contratantes, serán decididas por los tribunales competentes de la República, de conformidad con sus leyes, sin que por ningún motivo ni causa puedan dar origen a reclamaciones extranjeras.

Después de reseñar todas las argumentaciones de los accionantes, la Sala Constitucional en su sentencia N° 97/09 (*Caso*: Interpretación artículos 1 y 151 de la Constitución, accionantes: Fermín Toro Jiménez y otros, de 11/02/2009),[697] resumió la pretensión de los mismos considerando que, en esencia, estimaban que:

> "la interpretación conjunta y conciliada de los artículos 1 y 151 de la Constitución, en concordancia con la del 301 *ejusdem* [sic], conduce a que el primero deba ser considerado como principio rector privativo que integra los Principios Fundamentales, y el otro como su aplicación al caso específico de los contratos de interés público suscritos por el Estado con personas jurídicas privadas extranjeras. Mientras que el artículo 301, en desarrollo del principio de igualdad también consagrado en la Disposición Fundamental Primera, asimismo, impide admitir que personas, empresas u organizaciones extranjeras puedan excluirse de los tribunales y las leyes venezolanas, que son obligatorias para los nacionales".

Con base en ello, solicitaron a la Sala Constitucional que declarase que:

> "la aparente excepción a que se contrae la regla general establecida en el artículo 151 de la Constitución es sólo aparente, y no restringe la regla de la irrenunciabilidad de la inmunidad de jurisdicción y legislación del Estado vene-

697 Véase en http://www.tsj.gov.ve/decisiones/scon/Febrero/97-11209-2009-08-0306.html. Exp- 08-0306

zolano en materia de contratos de interés público, consagrada como principio rector en el artículo 1 *ejusdem* [*sic*]. Esto, porque alude a contratos de interés público que por su naturaleza son tratados internacionales y que por la condición de los sujetos que los celebran, Estados o empresas del sector público estatal con otros Estados u Organizaciones internacionales, son sujetos de Derecho Internacional Público".

Aparte de la improcedente confusión en la que incurrieron los accionantes al mezclar "contratos de interés públicos" con "tratados internacionales," lo cual no tiene asidero alguno en el orden constitucional, en su escrito los accionantes alegaron, según lo reseñó la Sala Constitucional, que si esta llegaba a considerar:

> "que el referido artículo 151 de la Constitución sí consagra una excepción a la regla de la inmunidad de jurisdicción y primacía de su [sic] legislación del Estado venezolano, en virtud de que dicha supuesta excepción estaría en contradicción flagrante con el principio del carácter irrenunciable de la inmunidad de jurisdicción y legislación consagrada en el artículo 1 *ejusdem* [sic] de los Principios Fundamentales, aplicable en forma privativa a todos los actos unilaterales o bilaterales, incluidos los contratos de interés público celebrados por el Estado venezolano, y de que también estaría en contradicción evidente con el principio de igualdad establecido en los artículos 1° [*sic*] y 301 *ejusdem* [*sic*], dicha excepción debe reputarse en lo adelante como eliminada del texto constitucional, es decir, deberá ser declarada inexistente, ya que ni siquiera otra norma constitucional puede contradecir o invalidar las comprendidas como Principios Fundamentales en el Título I de la Constitución de la República Bolivariana de Venezuela".

La Sala Constitucional en su sentencia, como se dijo, declaró la inadmisibilidad de la acción de interpretación constitucional propuesta, para lo cual analizó las condiciones de admisibilidad de dicha acción que, como se sabe, fue de creación de la propia Sala Constitucional.[698] Entre esas condiciones, en particular respecto de la legitimación para accionar, la Sala ha exigido que los accionantes deben "ostentar un *interés personal*, *directo* y *actual* que derive de una situación jurídica concreta, como consecuencia inmediata de la incertidumbre que se origina con respecto al contenido y alcance de un precepto constitucional que afecta francamente la esfera de intereses del requirente." La consecuencia de este criterio es que según la Sala, el fundamento del interés de quien solicita la interpretación tiene que ser la existencia de una situación jurídica, eventualmente dañosa para el solicitante, derivada de la duda planteada respecto del contenido de una norma constitucional a un caso concreto; de lo que resulta necesario que "dicho interés esté vinculado a un situación jurídica actual, no virtual o hipotética, a fin de evitar que la interpretación dada por la Sala se convierta en un mero ejercicio académico, sin la finalidad práctica de integrar o armonizar la Norma Fundamental."[699]

---

698 Véase sentencia N° 1077/2000, caso S*ervio Tulio León*, en *Revista de Derecho Público*, N° 83, Editorial Jurídica Venezolana, Caracas 2000, pp. 247 ss.

699 Véase también sentencia N° 1383/2008, caso *Luis Hueck Henríquez*, en *Revista de Derecho Público*, N° 112, Editorial Jurídica Venezolana, Caracas 2008, pp. 596-601

En el caso concreto de la acción interpuesta por Brito García y otros, la Sala Constitucional constató que los accionantes se habían arrogado:

> "la representación de los intereses difusos del pueblo venezolano que, genéricamente, resultaría afectado por una interpretación constitucional que denuncian contraria al principio de soberanía y autodeterminación de la República Bolivariana de Venezuela, pues –en su criterio– el establecimiento de cláusulas compromisorias en los contratos de interés público supondría una declinatoria inexcusable de la jurisdicción del Estado a favor de árbitros u órganos de justicia extranjeros."

Sin embargo, en el caso, la Sala estimó que los accionantes no plantearon hecho concreto alguno que articulado con las normas cuya interpretación solicitaron, pudieran estas afectar "de manera directa o siquiera eventual sus situaciones jurídicas, como consecuencia de la presunta oscuridad de las disposiciones de la Carta Magna antes referidas."

De ello concluyó la Sala que "el interés procesal de los accionantes" resultaba "insuficiente," declarando la demanda como "inadmisible al carecer los accionantes de la legitimación requerida para intentarla." Sin embargo, la Sala Constitucional consideró necesario referirse también a las normas constitucionales cuya interpretación se solicitó, y llegó a la conclusión de que las mismas no sólo no eran oscuras o dudosas, sino que ya habían sido objeto de interpretación. En particular, la Sala se refirió a su sentencia previa N° 1541/2008 (Caso: *Interpretación artículo 258 de la Constitución, accionantes*: Hildegard Rondón de Sansó y otros -Procuraduría General de la República-, de fecha, 17/10/200),[700] en la cual ya se había efectuado un amplio análisis de las disposiciones constitucionales de cuyo contenido los accionantes derivaban una aparente contradicción. A tal efecto, en particular, la Sala Constitucional indicó sobre el alcance del artículo 151 de la Constitución respecto de la posibilidad de someter a arbitraje internacional la solución de controversias relativas a contratos de interés público, que compartía el criterio que la Sala Político Administrativa de la antigua Corte Suprema de Justicia había sentado en sentencia del 17 de agosto de 1999 (Caso *Apertura petrolera*),[701] en relación con el artículo 127 de la Constitución de 1961 (equivalente al artículo 151 de la Constitución de 1999), en el sentido de que:

> "resulta evidente (...), que la redacción de la citada norma no deja la menor duda de que el constituyente al incorporar en los contratos de interés público la excepción si no fuera improcedente de acuerdo con la naturaleza de los mismos se acogió al sistema de inmunidad relativa que ya había establecido la constitución de 1947. Sistema que por lo demás impera en los países desarrollados, que permanentemente someten sus controversias internacionales a los árbitros que elijan uno u otro Estado, buscando con ello evitar que la jurisdicción interna de

---

700 Véase en *Revista de Derecho Público*, N° 116, Editorial Jurídica Venezolana, Caracas 2008, pp. 129 ss.

701 Véase el texto en Allan R. Brewer-Carías (Compilador), *Documentos del Juicio de la Apertura Petrolera (1996-1999),* Caracas, 2004, en www.allanbrewercarias.com (Biblioteca Virtual, I.2. Documentos, N° 22, 2004, pp. 280-328).

alguno de ellos tienda -como pareciera inevitable- a favorecer a su país en la disputa de que se trate (…)'.

Respecto de ello, la Sala Constitucional en la mencionada sentencia N° 97/09 (Caso: *Interpretación artículos 1 y 151 de la Constitución, accionantes: Fermín Toro Jiménez y otros*, de 11/02/2009),[702] consideró que dentro de las condiciones generales que fomentan y permiten la inversión extranjera en el mundo contemporáneo, es "una práctica común y deseada por la mayoría de los inversionistas, la necesidad de someter las posibles diferencias derivadas del desarrollo de las correspondientes actividades económicas, a una jurisdicción que a juicio de las partes interesadas no tienda a favorecer los intereses internos de cada Estado o de particulares envueltos en la controversia;" considerando además, que:

> "el constituyente al incluir al arbitraje en el sistema de justicia de la República, atendió bajo un enfoque pragmático a la necesidad de permitir en nuestro ordenamiento jurídico constitucional, que en contratos de interés general el Estado tenga la posibilidad de someter los conflictos que se produzcan con ocasión de los mismos a la jurisdicción arbitral y así viabilizar las relaciones económicas internacionales necesarias para el desarrollo del país."

Concluyó la Sala indicando que "en aquellos contratos de interés general en los cuales se incorpore una cláusula arbitral no resulta errado afirmar que los mismos deben inscribirse dentro de la **cláusula de inmunidad jurisdiccional relativa**;" y que:

> "Por lo tanto, en el contexto constitucional vigente y desde una perspectiva relativa a la determinación de la jurisdicción, resulta imposible sostener una teoría de la inmunidad absoluta o afirmar en términos generales la inconstitucionalidad de las cláusulas arbitrales en contratos de interés general, por el contrario, para determinar la validez y extensión de la respectivas cláusulas arbitrales se deberá atender al régimen jurídico particular correspondiente."

Concluyó la Sala afirmando que la interpretación anterior,

> "consolida el **principio de soberanía**, en tanto reconoce la posibilidad del Estado de actuar en el marco constitucional y legal, para someter controversias relativas a contratos de interés general al sistema de justicia y particularmente a la actividad jurisdiccional desarrollada por los árbitros; por lo que resulta responsabilidad del Estado determinar el alcance, oportunidad y conveniencia, para someter determinados 'negocios' a un sistema de arbitraje u otro medio alternativo de resolución de conflictos; lo cual por lo demás, en forma alguna se vincula con un pronunciamiento respecto a la determinación del ordenamiento jurídico aplicable para la resolución del conflicto, sino se refiere exclusivamente a la posibilidad de someter a arbitraje las correspondientes controversias."

Finalmente la Sala indicó que "en aquellos contratos de interés general en los cuales se incorpore una cláusula arbitral no resulta errado afirmar que los mismos deben inscribirse dentro de la cláusula de inmunidad jurisdiccional relativa;" y que

702 Véase en http://www.tsj.gov.ve/decisiones/scon/Febrero/97-11209-2009-08-0306.html. Exp- 08-0306

dicho aserto "*en forma alguna se constituyen en un cambio de criterio de esta jurisdicción constitucional en la materia.*"[703]

En la sentencia N° 97/09 (Caso: Interpretación artículos 1 y 151 de la Constitución, accionantes: Fermín Toro Jiménez y otros, de 11/02/2009)[704] de declaratoria de inadmisibilidad de la acción de interpretación de los artículos 1 y 151 de la Constitución, la Sala Constitucional además, hizo referencia a otra sentencia anterior, la N° 1.942/03 dictada con motivo de la ejecución de las decisiones de órganos judiciales internacionales (Caso: impugnación artículos Código Penal –Leyes de desacato, accionante Rafael Chavero G.),[705] en la cual afirmó que:

> "si bien es posible que el Estado se someta válidamente a la jurisdicción internacional, en caso que la decisión del correspondiente órgano contraríe el sistema jurídico constitucional interno, la misma sería inejecutable en la República, circunstancia que no debería producirse en la medida que la misma esté fundamentada correctamente en el marco jurídico aplicable para la resolución del correspondiente conflicto, como serían tratados internacionales, leyes o disposiciones contractuales, los cuales en todo caso deberán necesariamente atender a las normas de orden público de cada Estado en los cuales se pretenda ejecutar la decisión."

Con base en los razonamientos contenidos en las sentencias citadas, en su sentencia N° 97/09 la Sala concluyó declarando la inadmisibilidad de la acción de interpretación de los artículos 1 y 151 de la Constitución, por falta de legitimación activa, indicando que:

> "no existe una duda razonable respecto de los alcances de los artículos 1 y 151 de la Constitución y, por el contrario, de tales normas deriva una relación armónica que en ningún caso niega la soberanía o contradice el principio de autodeterminación de la República Bolivariana de Venezuela; motivo por el cual la demanda intentada también resulta inadmisible, en razón de la inexistencia de oscuridad en las disposiciones constitucionales analizadas. Así se decide."

II. LA CRÍTICA FORMULADA A LA SENTENCIA N° 97/09 DE LA SALA CONSTITUCIONAL DE DECLARATORIA DE LA INADMISIBILIDAD DE LA ACCIÓN DE INTERPRETACIÓN DE LOS ARTÍCULOS 1 Y 151 DE LA CONSTITUCIÓN

Con fecha 14 de junio de 2009, como se ha dicho, en declaraciones dadas al diario *La Razón*, Luis Brito García criticó[706] la sentencia de la Sala Constitucional N°

703 Véase en http://www.tsj.gov.ve/decisiones/scon/Febrero/97-11209-2009-08-0306.html. Exp- 08-0306

704 *Ídem*.

705 Véase en *Revista de Derecho Público*, N° 93-96, Editorial Jurídica Venezolana, Caracas 2003, pp. 136 ss., 164 ss., y 170 ss.

706 Véase Carlos Díaz, "Perdimos el derecho a ser juzgados según nuestras leyes, nunca las juntas arbitrales foráneas han favorecido a nuestro país", entrevista a Luis Britto García, *La Razón*, Caracas 14-06-2009; publicado el 20 -06-2009 por Luis Britto García en http://luisbrittogarcia.blogspot.com/2009/06/tsj-lesiono-soberania.html.

97/09 (Caso: *Interpretación artículos 1 y 151 de la Constitución, accionantes: Fermín Toro Jiménez y otros*, de 11/02/2009)[707], antes reseñada, considerando que con la misma, la Sala pretendía "ni más ni menos que destruir la soberanía de Venezuela," considerando que ésta:

> "comprende el poder absoluto y perpetuo de la República de darse las propias leyes, aplicarlas con las propias autoridades y solucionar las controversias sobre su aplicación según dichas leyes y con los tribunales propios."
>
> Estos principios son inherentes a la noción misma de soberanía, y desde 1868, el internacionalista argentino Carlos Calvo, indignado por la invasión de Francia e Inglaterra contra México, sostuvo que: 1) Los Estados no pueden ingerirse en los asuntos de otros, en virtud del principio de igualdad entre ellos 2) los extranjeros no pueden gozar de mayores derechos y privilegios que los nacionales, 3) y empresas y ciudadanos extranjeros deben solucionar sus controversias ante los tribunales internos del Estado territorial donde están establecidos." [708]

Luego de hacer referencia a la Cláusula Calvo,[709] de larga tradición en Venezuela y en América Latina, conforme a la cual, según lo expresa el mismo artículo 151 de la Constitución, las controversias que puedan suscitarse con motivo de contratos de interés público "por ningún motivo ni causa pueden dar origen a reclamaciones extranjeras;" Brito García consideró, a pesar de que la sentencia que criticaba sólo declaró la inadmisibilidad de su acción de interpretación, y ratificó el contenido del artículo 151 de la Constitución que admite el arbitraje internacional en los contratos públicos,[710] que con la sentencia, el Estado:

---

707 Véase en http://www.tsj.gov.ve/decisiones/scon/Febrero/97-11209-2009-08-0306.html. Exp- 08-0306

708 Véase Carlos Díaz, "Perdimos el derecho a ser juzgados según nuestras leyes, nunca las juntas arbitrales foráneas han favorecido a nuestro país", entrevista a Luis Britto García, *La Razón*, Caracas 14-06-2009; publicado el 20 -06-2009 por Luis Britto García en http://luisbrittogarcia.blogspot.com/2009/06/tsj-lesiono-soberania.html

709 Esta Cláusula tuvo su origen en los trabajos de Carlos Calvo, quien la formuló en su libro *Tratado de Derecho Internacional*, publicado inicialmente en 1868, después de estudiar la intervención Franco-Británica en el Río de la Plata y la intervención de Francia en México. La Cláusula Calvo fue adoptada por primera vez en Venezuela en la Constitución de 1893 como respuesta a los reclamos diplomáticos formulados por países Europeos contra Venezuela como consecuencia de contratos firmados por el país con ciudadanos extranjeros. Véase Tatiana Bogdanowsky de Maekelt, "Inmunidad de Jurisdicción de los Estados" en *Libro Homenaje a José Melich Orsini,* Vol. 1, Caracas 1982, pp. 213 ss.; Allan R. Brewer-Carías, "Principios especiales y estipulaciones obligatorias en la contratación administrativa," en *El Derecho Administrativo en Latinoamérica*, Vol. II, Ediciones Rosaristas, Colegio Mayor Nuestra Señora del Rosario, Bogotá 1986, pp. 345-378; Allan R. Brewer-Carías, "Algunos aspectos de la inmunidad jurisdiccional de los Estados y la cuestión de los actos de Estado (*act of state*) en la jurisprudencia norteamericana" en *Revista de Derecho Público* N° 24, Editorial Jurídica Venezolana, Caracas 1985, pp. 29-42.

710 Véase sobre el tema, Beatrice Sansó de Ramírez, "La inmunidad de jurisdicción en el Artículo 151 de la Constitución de 1999," en *Libro Homenaje a Enrique Tejera París, Temas sobre la Constitución de 1999,* Centro de Investigaciones Jurídicas (CEIN), Caracas 2001, pp. 333-368; Alfredo Morles, "La inmunidad de Jurisdicción y las operaciones de Crédito Público" en *Estudios Sobre la Constitución, Libro Homenaje a Rafael Caldera,* Vol. III, Caracas, 1979, pp. 1.701 ss.; Allan R. Brewer-Carías, *Contratos Administrativos*, Colección Estudios Jurídicos N° 44, Editorial Jurídica Venezolana, Caracas 1992, pp. 262-265.

> "en primer lugar, pierde el derecho a ser juzgado según sus propias leyes. En segundo lugar, pierde el derecho a ser juzgado por sus propios tribunales. En tercer lugar, tiene que improvisar complejos y costosos mecanismos de defensa en territorios extranjeros, o encomendar sus intereses a bufetes mercenarios. Y, en fin, prácticamente nunca las juntas arbitrales foráneas han favorecido a nuestro país, y en líneas generales deciden contra los países en vías de desarrollo y a favor de las transnacionales."

Todas estas afirmaciones, por supuesto, carecían de base, pues la sentencia, al declarar inadmisible la acción propuesta, se había limitado a ratificar el contenido del artículo 151 de la Constitución que establece el principio de la inmunidad relativa de jurisdicción del Estado. Sin embargo, distorsionando la sentencia, Britto García, ante la pregunta que se le formuló sobre si con "este precedente legislativo (sic) se puede aniquilar la soberanía legislativa y jurisdiccional en Venezuela", respondió que:

> "Lamentablemente sí. De ahora en adelante será inútil que Venezuela legisle en defensa de sus intereses, porque las controversias sobre sus contratos de interés público podrían ser decididas de acuerdo con otras leyes foráneas, o por el parecer libre de una junta arbitral. Será igualmente inútil que Venezuela tenga tribunales, porque las decisiones más importantes relativas a su interés público serán adoptadas por órganos foráneos."

De nuevo, se trata de afirmaciones sin fundamento jurídico, pues el principio de la inmunidad relativa de jurisdicción deja precisamente en manos del Estado la decisión soberana de someter o no las controversias que surjan de contratos de interés público a tribunales nacionales o a tribunales arbitrales internacionales.

Finalmente, en cuando al significado de la sentencia del Tribunal Supremo de 97/09, y las diferencias que podría tener comparada con las adoptadas por la antigua Corte Suprema de Justicia antes de 1999 ("Cuarta República") en materia de soberanía, Brito García llegó a decir, también sin fundamento alguno, que "ni siquiera la Cuarta República se había atrevido a negar la soberanía de Venezuela en términos tan categóricamente inconstitucionales." Ello no tiene fundamento pues la Sala Constitucional en la sentencia 97/09 ni negó la soberanía del Estado ni incurrió en inconstitucionalidad al afirmar la existencia del principio de inmunidad relativa de jurisdicción en la Constitución.

III. EL BOLETÍN DE PRENSA DEL TRIBUNAL SUPREMO EN RESPUESTA A LA CRÍTICA PERIODÍSTICA DE UN LITIGANTE O LA "SENTENCIA MEDIANTE BOLETÍN DE PRENSA"

Fue precisamente al día siguiente de las declaraciones de prensa antes mencionadas dadas por Luis Brito García, criticando la sentencia de la Sala Constitucional N° 97/09 (Caso: *Interpretación artículos 1 y 151 de la Constitución*, accionantes: Fermín Toro Jiménez y otros, de 11/02/2009)[711], que había declarado la inadmisibilidad de la acción de interpretación que junto con otros había propuesto respecto de

711 Véase en http://www.tsj.gov.ve/decisiones/scon/Febrero/97-11209-2009-08-0306.html. Exp- 08-0306

los artículos 1 y 151 de la Constitución, cuando apareció publicado en la página web del Tribunal Supremo de Justicia, un "Boletín" o "nota" de prensa cuya autoría se atribuye a "Prensa/TSJ" con el título "Se consolida la inmunidad de Venezuela frente a tribunales extranjeros,"[712] en el cual el Tribunal Supremo formuló una serie de conclusiones respecto del contenido de las sentencias de la Sala Constitucional Nros. 97/09, 1.942/03, 1.541/08 y 1.939/08, antes mencionadas.

Este "Boletín de prensa," como se ha dicho, fue considerado por Britto García como la "respuesta" del Tribunal Supremo a la crítica periodística que él había formulado contra la decisión de la Sala Constitucional, calificándolo como una "*sentencia por boletín de prensa*" para cuya preparación -dijo-, el Tribunal Supremo se habría tomado un sólo día, en contraste con el año que se había tomado sentenciando "en contra de nuestro país" ("Celeridad contra los venezolanos, tardanza para defender la soberanía de Venezuela"); agregando que lo "más insólito" es que con el Boletín, el Tribunal Supremo,

> "tras denegar justicia sobre los recursos que le interponemos, salga sin que nadie se lo pida a pronunciarse sobre las opiniones de los ciudadanos a quienes consideró despojados de "interés y legitimación".

En todo caso, en la "sentencia-boletín" o "boletín-sentencia" como la calificó Brito, el Tribunal Supremo formuló las siguientes conclusiones:

Primero, comenzó afirmando al referirse a las anteriores sentencias de la Sala Constitucional que comenta, que:

> "es falso que con base a las mismas, se afirme que el Poder Judicial venezolano no tiene potestad soberana para decidir las controversias sobre contratos de interés público suscritos por la República o someta las controversias derivadas de los mismos a los tribunales extranjeros, por el contrario, las mencionadas sentencias reiteran que el Estado es absolutamente soberano, por lo que no puede someterse a tribunales extranjeros en tanto no exista una manifestación válida, expresa e inequívoca para dirimir sus conflictos en órganos jurisdiccionales extranjeros.

De ello resulta la ratificación del criterio sentado por la Sala Constitucional en el sentido de que de acuerdo con los artículos 151 y 258 de la Constitución, el Estado, en ejercicio de su poder soberano, puede consentir someter controversias relativas a contratos de interés nacional a tribunales arbitrales internacionales, conforme a la cláusula de inmunidad relativa de jurisdicción establecida en la Constitución.

En *segundo* lugar, el Tribunal Supremo afirmó que "no es cierto que conforme a tales fallos bastaría el consentimiento de un funcionario para que Venezuela sea juzgada y condenada por árbitros o tribunales extranjeros de acuerdo con leyes foráneas," pues para ello se requiere "un consentimiento de las altas autoridades del Poder Nacional" haciendo referencia a lo previsto en los artículos 11 a 13 de la Ley Orgánica de la Procuraduría General de la República, y artículo 3 de la Ley de Arbitraje Comercial. Debe decirse, sin embargo, que estas normas no regulan consentimiento alguno: la primera se refiere a la necesidad de que los contratos públicos que

712 Véase en http://www.tsj.gov.ve/informacion/notasdeprensa/notasdeprensa.asp?codi-go=6941

contengan cláusulas arbitrales deban someterse al estudio jurídico del abogado del Estado (Procuraduría General de la República); el segundo artículo se refiere a los tipos de controversias que no pueden ser sometidas a arbitraje, como por ejemplo, las que sean contrarias al orden público. Es el artículo 4 de esta Ley el que exige que en los contratos en los cuales una de las partes del acuerdo arbitral sea un ente público, se requiera la autorización por escrito del Ministro de tutela respectivo.[713]

En *tercer* lugar, el Tribunal indicó que:

> "las sentencias reiteran, que en el caso de arbitrajes de inversión o la aprobación de cualquier otro mecanismo que suponga el sometimiento a una jurisdicción internacional *-vgr.* Corte Penal Internacional, Corte Interamericana de Derechos Humanos, Tribunales subregionales como el Tribunal Andino, centros de arbitraje, conciliaciones, entre otros-, su validez y eficacia requiere, no solo de la manifestación de voluntad del Presidente de la República, sino además de una ley aprobatoria del tratado por parte de la Asamblea Nacional."

En *cuarto* lugar, el Tribunal también indicó, al reafirmar "el principio de soberanía y autodeterminación de la República" que:

> "es posible que el Estado Venezolano de acuerdo a las normas aplicables, pueda denunciar o modificar los convenios suscritos -antes de 1999- con otras naciones en los cuales se sometió la resolución de controversias a órganos internacionales. Muestra de ello, es la sentencia N° 1.939/08, en la cual la Sala Constitucional exhortó al Ejecutivo Nacional para que denunciara la Convención Americana sobre Derechos Humanos, que sometió a la República a la jurisdicción de la Corte Interamericana de los Derechos Humanos, ante la evidente usurpación de funciones en que incurrió la misma."

En *quinto* lugar, en particular, en relación con el artículo 22 de la Ley de Promoción y Protección de Inversiones que contiene el consentimiento expreso unilateralmente formulado por el Estado para someter la resolución de controversias en materia de inversiones a tribunales arbitrales internacionales,[714] el Tribunal Supremo en su "Boletín de prensa" declaró al contrario, confundiendo "tribunales arbítrales internacionales" con "jurisdicciones de otros países," que:

> "Las sentencias eliminan el riesgo que significaba interpretar al artículo 22 de la Ley de Promoción y Protección de Inversiones como una oferta o invitación abierta de Venezuela a someterse a la jurisdicción de otros países, tal y como se ha intentado plantear en el foro internacional, por sujetos con intereses contrarios a la República Bolivariana de Venezuela, como es el caso de las grandes trasnacionales de la energía."

---

713 Véase por ejemplo, Allan R. Brewer-Carías, "El arbitraje y los contratos de interés nacional," en *Seminario sobre la Ley de Arbitraje Comercial*, Biblioteca de la Academia de Ciencias Políticas y Sociales, Serie Eventos, N° 13, Caracas 1999, pp. 169-204.

714 Véase lo que expusimos en Allan R. Brewer-Carías, "Algunos comentarios a la Ley de Promoción y Protección de Inversiones: contratos públicos y jurisdicción," en *Arbitraje comercial interno e internacional. Reflexiones teóricas y experiencias prácticas*, Serie Eventos 18, Academia de Ciencias Políticas y Sociales, Caracas 2005, pp. 279-288.

En verdad, sin embargo, esto último sólo fue decidido en la sentencia de la Sala Constitucional N° 1.541/08 (Caso: *Interpretación artículo 258 de la Constitución, accionantes: Hildegard Rondón de Sansó y otros* -Procuraduría General de la República-, de fecha, 17/10/2008)[715] que fue dictada al resolver una acción de interpretación constitucional del artículo 258 de la Constitución interpuesta por el propio Estado (Procuraduría General de la República), pero que resultó en una interpretación del mencionado artículo 22 de la Ley de Promoción y Protección de Inversiones de 1999.

En *sexto* lugar, en la llamada por Brito "sentencia mediante boletín de prensa," el Tribunal Supremo señaló que:

> "Las sentencias exhortan el establecimiento de centros alternativos a los pertenecientes a las grandes potencias, destacándose la reciente iniciativa de los Presidentes de Tribunales Supremos de UNASUR, por constituir centros de arbitrajes latinoamericanos (*vid.* Declaración de Nueva Esparta, de la III Cumbre de Presidentes de Poderes Judiciales de UNASUR)."

En *séptimo* lugar, el Tribunal Supremo constató que las sentencias reconocían y consolidaban "la actividad desarrollada por el gobierno de la República a lo largo de casi diez años de vigencia de la Constitución, tiempo en el cual se han celebrado diversos convenios y acuerdos, en los cuales se somete a la República a órganos jurisdiccionales internacionales, tales como tratados bilaterales de protección de inversiones suscritos con países amigos como Argentina, Cuba e Irán."

En *octavo* lugar, las sentencias reiteraron las consideraciones formuladas en la sentencia N° 1.942/03 (Caso: *Impugnación artículos Código Penal -Leyes de Desacato-, accionante: Rafael Chavero Gazdik*, de fecha 15/07/2003);[716] respecto a la ejecución de las decisiones de órganos judiciales internacionales, según la cual:

> "(...) como principio general, la preeminencia de la soberanía que sólo puede ser derogada por vía de excepción en casos singulares y precisos (...) las decisiones de los órganos judiciales internacionales existentes, institucionales o ad hoc (arbitrales), de carácter sectorial, para su ejecución en el Estado destinatario, no pueden obviar impunemente la soberanía nacional de estos (...). En caso de menoscabo de la Constitución, es posible sostener que, aun en esta hipótesis, no hay lugar a responsabilidad internacional por la inejecución del fallo, por cuanto éste atenta contra uno de los principios existenciales del orden internacional, como es el debido respeto a la soberanía estatal. El respeto al derecho interno de cada país y el agotamiento de la jurisdicción interna, son valores constantes para que proceda la decisión de esos órganos jurisdiccionales supranacionales, transnacionales o internacionales (...). El respeto al derecho interno se convierte así en un requisito previo, que sirve de dique de contención a que se dicten fallos que desconozcan, al menos, las normas constitucionales de los suscritores de los Convenios o Tratados. Planteado así, ni los fallos, laudos,

---

715 Véase en *Revista de Derecho Público*, N° 116, Editorial Jurídica Venezolana, Caracas 2008, pp. 129 ss.

716 Véase en *Revista de Derecho Público*, N° 93-96, Editorial Jurídica Venezolana, Caracas 2003, pp. 136 ss., 164 ss., y 170 ss.

dictámenes u otros actos de igual entidad, podrán ejecutarse penal o civilmente en el país, si son violatorios de la Constitución, por lo que por esta vía (la sentencia) no podrían proyectarse en el país, normas contenidas en Tratados, Convenios o Pactos sobre Derechos Humanos que colidiesen con la Constitución o sus Principios rectores (...)". (Sentencia de la Sala Constitucional Nº 1.942/03).

Por último, en noveno lugar, el "Boletín de Prensa" del Tribunal Supremo reafirmó que "toda decisión o laudo internacional, puede ser objeto de control constitucional, si se pretende ejecutar en Venezuela, tal y como lo asentó la Sala Constitucional en el fallo Nº 1.939/08, en el caso: "Corte Interamericana de Derechos Humanos vs. Jueces de la Corte Primera de lo Contencioso Administrativo", y en la decisión Nº 1.541/08, que a su vez ratifica la sentencia Nº 1.942/03."

Luego de la emisión del "Boletín de prensa" antes comentado, el mismo abogado Luis Brito García reaccionó contra la "respuesta" del Tribunal Supremo a sus declaraciones que contenía, calificando el "boletín," como se ha dicho, como una "sentencia por boletín de prensa" dictada "sin que nadie se lo pida a pronunciarse sobre las opiniones de los ciudadanos a quienes consideró despojados de 'interés y legitimación'".

Independientemente de los calificativos emitidos por Luís Britto García, ante el "Boletín de prensa" comentado, y de lo errado de sus apreciaciones sobre lo que en verdad se estableció en la sentencia N° 97/09 (Caso: *Interpretación artículos 1 y 151 de la Constitución, accionantes: Fermín Toro Jiménez y otros, de 11/02/2009*),[717] sin duda, la reacción del Tribunal Supremo ante una crítica periodística constituye una "novedosa" forma judicial del Alto Tribunal de expresar su "opinión" sobre determinados asuntos litigiosos, la cual debe ser rechazada, pues además de inconveniente, es ilegal por no tener competencia alguna el Tribunal para ello. Todavía en Venezuela, y a pesar de la ampliación de los poderes de actuación de oficio que se ha construido la Sala Constitucional,[718] el principio dispositivo sigue siendo el norte del debido proceso.

SECCIÓN NOVENA:

LA METAMORFOSIS JURISPRUDENCIAL DEL RECURSO DE REVISIÓN EXTRAORDINARIA DE SENTENCIAS ANTE LA JURISDICCIÓN CONSTITUCIONAL

Esta sección contiene el texto del trabajo elaborado para el *Tercer Congreso Colombiano de Derecho Procesal Constitucional y el Segundo Encuentro de la Asociación Mundial de Justicia Constitucional*, Asociación Colombiana de Derecho Procesal Constitucional, Cali, 23-25 Mayo, 2012. Publicado como "La metamorfosis jurisprudencial y legal del recurso extraordinario de revisión

---

717 Véase en http://www.tsj.gov.ve/decisiones/scon/Febrero/97-11209-2009-08-0306.html. Exp- 08-0306

718 Véase Allan R. Brewer-Carías, "Régimen y alcance de la actuación judicial de oficio en materia de justicia constitucional en Venezuela", en *Estudios Constitucionales. Revista Semestral del Centro de Estudios Constitucionales,* Año 4, Nº 2, Universidad de Talca, Santiago, Chile 2006, pp. 221-250

constitucional de sentencias en Venezuela" en Eduardo Andrés Velandia Canosa (Director Científico). *Derecho procesal constitucional.* Tomo III, volumen III. VC Editores Ltda. y Asociación Colombiana de Derecho Procesal Constitucional, Bogotá 2012, p. 269-304. Publicado también con el título: "La revisión extraordinaria de sentencias ante la jurisdicción constitucional," en el *libro Práctica y distorsión de la justicia constitucional en Venezuela (2008-2012)*, Colección Justicia Nº 3, Acceso a la Justicia, Academia de Ciencias Políticas y Sociales, Universidad Metropolitana, Editorial Jurídica Venezolana, Caracas 2012, pp. 309-344; y en el libro: *Derecho Procesal Constitucional. Instrumentos para la Justicia Constitucional*, Ediciones Doctrina y Ley Ltda., Bogotá 2013, pp. 559-594.

I. EL RECURSO EXTRAORDINARIO DE REVISIÓN EN LA CONSTITUCIÓN DE 1999

En la propuesta que formulamos ante la Asamblea Nacional Constituyente el 31 de octubre de 1999 sobre la previsión formal del control difuso de la constitucionalidad de las leyes en el texto constitucional, consideramos que como consecuencia de su previsión expresa en la Constitución:[719]

> "También debería atribuirse a la Sala Constitucional una competencia para conocer de un recurso extraordinario de revisión que pueda intentarse contra las sentencias de última instancia en las cuales se resuelvan cuestiones constitucionales relativas a las leyes, de conocimiento discrecional por la Sala. En esta forma, en materia de cuestiones de constitucionalidad, la Sala Constitucional de la Suprema Corte, a su juicio, podría tener la última palabra en estas materias y en los casos en los que estime necesario estatuir con fuerza de precedente y uniformizar la jurisprudencia."[720]

Se trataba, por tanto, de una propuesta para establecer un recurso extraordinario de revisión de sentencias en materia constitucional que podía interponerse ante la Sala Constitucional, siguiendo la orientación que en la materia se podía identificar en el derecho comparado, particularmente en los sistemas mixtos o integrales de control de la constitucionalidad,[721] que como el venezolano, combinan el método difuso con el método concentrado de control de constitucionalidad. En dichos sistemas se habían venido previendo mecanismos extraordinarios para la revisión de sentencias dictadas por los tribunales de instancia en materia constitucional, atri-

---

719 El método difuso de control de constitucionalidad de las leyes en Venezuela se incorporó en la legislación a través del Código de Procedimiento Civil desde el siglo XIX. Véase Allan r. Brewer-Carías, "El método difuso de control de constitucionalidad de las leyes en el derecho venezolano", en Víctor Bazán (coord.), *Derecho Procesal Constitucional Americano y Europeo*, Edit. Abeledo-Perrot, dos tomos, Buenos Aires, Rep. Argentina, 2010, Tomo I, pp. 671-690.

720 Véase Allan R. Brewer-Carías, *Debate Constituyente (Aportes a la Asamblea Nacional Constituyente)*, Fundación de Derecho Público, Caracas 1999, Tomo III, p. 105.

721 Para ese momento era el caso, por ejemplo, de Colombia en la Constitución de 1991. Véase Allan R. Brewer-Carías, *Constitutional Protection of Human Rights in Latin America. A Comparative Study of Amparo Proceedings*, Cambridge University Press, 2009, pp. 397-415.

buyéndose el conocimiento de tales recursos de revisión a la Jurisdicción Constitucional, como órgano de control concentrado de control de constitucionalidad

Conforme a esta orientación, en la discusión final que se desarrolló en la Comisión Constitucional de la Asamblea Constituyente en septiembre de 1999 sobre el conjunto de normas relativas a la justicia constitucional, ratificamos nuestra propuesta sobre este recurso de revisión constitucional de sentencias, incorporando dentro de las sentencias que podían ser objeto la revisión, además de las dictadas en ejercicio del control difuso de constitucionalidad, a las sentencias dictadas en los juicios de amparo constitucional, resultando finalmente la norma del artículo 336.10 de la Constitución, en el cual se atribuye a la Sala Constitucional, competencia para:

> "*10.* Revisar las sentencias definitivamente firmes de amparo constitucional y de control de constitucionalidad de leyes o normas jurídicas dictadas por los tribunales de la República, en los términos establecidos por la ley orgánica respectiva."

Esta potestad asignada a la Sala Constitucional, por tanto, en cuanto a las sentencias objeto de revisión, se refiere a sentencias "definitivamente firmes," las cuales como lo ha dicho la Sala Constitucional, "adquieren dicho carácter cuando han agotado todas las instancias judiciales posibles o se han vencido los lapsos para poder acudir a ellas, pues el numeral 10 del artículo 336 constitucional "(...) no intenta de manera alguna crear una tercera instancia en los procesos de amparo constitucional o de control de constitucionalidad de leyes o normas jurídicas."[722]

Por otra parte, en cuanto al objeto de la revisión constitucional asignada a la sala Constitucional, en los términos de la Constitución, la misma busca establecer la uniformidad de la aplicación de la Constitución y de interpretación constitucional, por lo que fue expresamente prevista en la Constitución para la revisión de las sentencias propiamente constitucionales, es decir, únicamente respecto de las sentencias definitivamente firmes dictadas *en juicios de amparo o dictadas por los jueces en ejercicio del poder de control difuso de la constitucionalidad de las leyes y normas*, al permitirle a la Sala Constitucional conocer, a su discreción, de los recursos extraordinarios de revisión que se intenten contra esas sentencias. La potestad revisora, por tanto, en definitiva, tiene por objeto hacer valer los principios constitucionales y la uniformidad en la interpretación de las normas constitucionales y legales, es decir, como lo ha dicho la Sala Constitucional, tiene una función "nomofiláctica," de defensa de la Constitución y leyes, siendo su consecuencia jurídico procesal: "declarar la inexistencia o nulidad de la sentencia definitivamente firme sometida a revisión, e incluso de todo el proceso que la precede."[723] Es decir, existiendo una infracción constitucional o una violación de las interpretaciones vinculantes que haya podido haber emitido la Sala Constitucional, a su juicio:

---

722 Véase sentencia de la Sala Constitucional Nº 93 del 06-02-2001 (Caso: "*Corpoturismo*"), citada en sentencia de la Sala de 04-05-2007 (Caso *Nelson Mezerhane*), Exp. 07-0353).

723 Véase sentencia Nº 365 de 10 de mayo de 2010 (Caso: *Fernando Pérez Amado (Revisión de sentencia de la Sala de Casación Penal del Tribunal Supremo de Justicia)*, Véase en *Revista de Derecho Público*, Nº 122, Editorial Jurídica Venezolana, Caracas 2010, pp. 189

> "la revisión posibilita corregir errores, que por estar cubiertos por la cosa juzgada no deben permanecer inmutables, constituyendo un daño social mayor que el principio de inviolabilidad de lo juzgado; pudiendo generar una verdadera injusticia, que no es posible sostener."[724]

Habiéndose previsto este recurso extraordinario por primera vez en el ordenamiento jurídico en la propia Constitución de 1999, que fue publicada en diciembre de ese año, lo primero que se planteó respecto del mismo fue el tema de los efectos temporales de la norma constitucional, para determinar si la potestad de revisión y el recurso respectivo sólo se podían intentar contra sentencias dictadas con posterioridad a la entrada en vigencia de la misma, o también se podría ejercer contra sentencias de amparo o las dictadas en materia de control difuso de constitucionalidad emitidas antes del 31 de diciembre de 1999.

Como lo resumió la Sala Constitucional en sentencia N° 1257 de 7 de octubre de 2009 (Caso: *Consorcio Precowayss*; Revisión Sentencia N° 1.308 Sala Político Administrativa del 26-11-99),[725] la jurisprudencia de la misma fue pacífica en sostener, desde sus primeras decisiones sobre el tema:

> "que en atención a lo establecido en el artículo 24 de la Constitución vigente (el cual prohíbe que disposición alguna tenga efecto retroactivo, excepto cuando imponga menor pena), las solicitudes de revisión dispuestas en el artículo 336.10 *eiusdem*, así como las que la propia jurisprudencia le ha sumado (Véase en *Revista de Derecho Público* Sentencia N° 93 de 6-2-2001, p. 406 y ss.) sólo tuvieran alcance respecto a decisiones dictadas durante la vigencia de la norma configuradora de dicho medio; debido a que para las decisiones dictadas bajo el régimen jurídico imperante en la Constitución de 1961, no estaba previsto una vía de revisión con este talante, ni existía un órgano con la entidad que hoy ostenta la Sala Constitucional.[726]

No obstante, la propia Sala Constitucional en sentencia N° 1.695 del 12 de septiembre de 2001 (caso: *Jesús Ramón Quintero*), dejó abierta la posibilidad de revisar sentencias proferidas con anterioridad a la vigencia de la Constitución de 1999, aún cuando en forma restrictiva, y sólo "bajo aquellas circunstancias en que la propia Constitución permite la retroactividad de una norma jurídica, esto es, en el supuesto que contempla el artículo 24 de la Constitución de la República Bolivariana de Venezuela, referido a la aplicación de normas que impongan menor pena,"[727] como sería el caso de una sentencia de carácter penal en la cual se favorezca al reo. En este mismo sentido excepcional y restrictivo lo resolvió la Sala en sentencia N° 1.760 del 25 de septiembre de 2001 (caso: "*Antonio Volpe González*").

---

724 *Id.*

725 Véase en *Revista de Derecho Público*, N° 120, Editorial Jurídica Venezolana, Caracas 2009.

726 *Id.*

727 *Id.*

II. LA NATURALEZA DEL RECURSO DE REVISIÓN CONSTITUCIONAL DE SENTENCIAS

En la Constitución, al preverse la potestad revisora de la Sala Constitucional, como ocurrió en todos los casos de las competencias que le fueron asignadas en el mismo artículo 336, no indicó expresamente que se trataba de una competencia de la Sala Constitucional que debía ejercer cuando se formulara ante la misma un recurso extraordinario, es decir, que debía iniciarse a instancia de parte interesada.

Ello, por supuesto, era innecesario, pues se derivaba de la redacción general de la norma en la cual, como se dijo, en la atribución de todas las competencias asignadas a la Sala Constitucional en ejercicio de la Jurisdicción Constitucional, si bien no se hace referencia alguna a las acciones o recursos respectivos, se da por sentado el principio dispositivo del proceso que es la regla en el ordenamiento jurídico, siendo excepcional la previsión de la potestad de oficio asignada a la Sala Constitucional, lo cual sólo se establece en el artículo 336.6 para la revisión "aun de oficio," de la constitucionalidad de los decretos que declaren estados de excepción.

Incluso, por el requerimiento de instancia de parte, la Sala Constitucional, en la primera sentencia dictada luego de instalarse, la sentencia N° 1 de 20 de enero de 2000 (Caso: *Emery Mata Millán*), llegó a considerar que la revisión prevista en el artículo 336.10, podía incluso ejercerla mediante la institución de la "consulta" prevista en el artículo 35 de la Ley Orgánica de Amparo Sobre Derechos y Garantías Constitucionales. Sin embargo consideró que "como la institución de la revisión a la luz de la doctrina constitucional es otra... considera esta Sala que en forma selectiva, sin atender a recurso específico y sin quedar vinculado por peticiones en este sentido, la Sala por vía excepcional puede revisar discrecionalmente las sentencias de amparo que ... sean de la exclusiva competencia de los Tribunales de Segunda Instancia, quienes conozcan la causa por apelación y que por lo tanto no susceptibles de consulta, así como cualquier otro fallo que desacate la doctrina vinculante de esta Sala, dictada en materia constitucional."[728]

Por tanto, esta potestad revisora de sentencias constitucionales asignada a la Sala Constitucional, como lo propusimos a la Asamblea Nacional Constituyente,[729] se concibió para ser ejercida mediante el ejercicio de un recurso extraordinario, es decir, a instancia de parte interesada, que en estos casos es una de las parte en el proceso respectivo donde se hubiese dictado la sentencia, con la precisión, sin embargo, de que el mismo es siempre del conocimiento discrecional por parte de la Sala Constitucional; ello, a los efectos evitar que se pudiera abrir una vía de recurso que pudiera considerarse como de obligatoria admisión y decisión por la Sala, contra todas

---

728 Véase en *Revista de Derecho Público,* N° 81, Editorial Jurídica Venezolana, Caracas, 2000, p. 227). En esta primera sentencia de la Sala, por tanto, si bien se asimiló en forma incorrecta la institución de la revisión a la consulta, se apuntó correctamente al carácter extraordinario del recurso de revisión, así como al carácter discrecional de la potestad revisora de la Sala, como lo propusimos en la Asamblea. Véase las referencias a nuestras proposiciones comentadas en José Vicente Haro G., "La justicia constitucional en Venezuela y la Constitución de 1999" en *Revista de Derecho Constitucional*, Editorial Sherwood, N° 1, Caracas, sep-dic. 1999, pp. 166 y 167.

729 En cierta forma, el recurso es similar al denominado writ of cerciorari del sistema norteamericano. *V.* Allan R. Brewer-Carías, *Judicial Review in Comparative Law*, *op. cit.,* p. 141. Véase los comentarios de Jesús María Casal, *Constitución y Justicia Constitucional*, Caracas 2000, p. 92.

las sentencias referidas, lo cual sería imposible de manejar por la multitud de casos en los cuales podría interponerse.

Por el carácter discrecional de la admisión del recurso extraordinario o solicitud de revisión, al mismo se lo ha considerado, como la propia Sala Constitucional lo ha observado, como similar al *writ of certiorari* norteamericano, mediante el cual la Suprema Corte de Justicia llega a ejercer el control de constitucionalidad.[730] En tal sentido, la Sala, en sentencia Nº 365 de 10 de mayo de 2010 (Caso: *Fernando Pérez Amado (Revisión de sentencia de la Sala de Casación Penal del Tribunal Supremo de Justicia*),[731] consideró que:

> "La potestad de revisión se asemeja al *"right of certiorari"* propio del sistema anglosajón en cuanto le interesa el conocimiento de aquellos casos de relevancia constitucional, por lo que en procura del fin antes advertido, la cosa juzgada de aquellos fallos sometidos a revisión puede verse afectada con el propósito final de reafirmar los valores supremos del Estado democrático y social de Derecho y de Justicia que proclama el artículo 2 de la Constitución de la República Bolivariana de Venezuela, y lograr la justicia positiva en el caso concreto." [732]

Este carácter discrecional de la potestad de revisión otorgada a la Sala Constitucional para escoger los casos en los cuales, por su importancia o interés constitucional, puede estimar conveniente conocer del recurso de revisión, como lo señaló la propia Sala Constitucional en su sentencia nº 727 de 8 de abril de 2003, implica en definitiva, que la norma constitucional no ha creado "una tercera instancia en los procesos cuyas decisiones son sometidas a revisión." La norma lo que dispone es "una potestad estrictamente excepcional y facultativa para la Sala Constitucional que, como tal, debe ejercerse con la máxima prudencia en cuanto a la admisión y procedencia de recursos de revisión de sentencias definitivamente firmes."[733]

En todo caso, sobre la discrecionalidad de la potestad de la Sala para entrar a conocer los recursos o de las solicitudes de revisión formulados a instancia de parte, ello fue advertido por la Sala desde el inicio, por ejemplo en su sentencia de 2 de marzo de 2000 (caso: *"Francia Josefina Rondón Astor"*), ratificada en sentencia del 13 de julio de 2000 (caso: *"Asociación de Propietarios y Residentes de la Urbanización Miranda"*), indicando que dicha

> "discrecionalidad que se atribuye a la facultad de revisión constitucional, no debe ser entendida como una nueva instancia y, por tanto, la solicitud en cuestión se admitirá sólo a los fines de preservar la uniformidad de la interpretación de normas y principios constitucionales o cuando exista una deliberada viola-

---

730 Véase Allan R. Brewer-Carías, *Judicial Review in Comparative Law*, *op. cit.*,

731 Véase en *Revista de Derecho Público,* Nº 122, Editorial Jurídica Venezolana, Caracas 2010, pp. 189

732 Véase sentencia de la Sala Constitucional Nº 365 del 10-05-2010 (Caso*: Fernando Pérez Amado; Revisión de sentencia de la Sala de Casación Penal del Tribunal Supremo de Justicia),* en *Revista de Derecho Público,* Nº 122, Editorial Jurídica Venezolana, Caracas 2010, pp. 189 ss.

733 Caso: *Revisión de la sentencia dictada por la Sala Electoral en fecha 21 de noviembre de 2002*, en *Revista de Derecho Público*, Nº 93-96, Editorial Jurídica Venezolana, Caracas 2003.

ción de preceptos de ese rango, lo cual será analizado por esta Sala, siendo siempre facultativo de ésta, su procedencia."[734]

Por ello, la Sala Constitucional, años después precisó en la sentencia de 4-5-2007 (Caso *Nelson Mezerhane*), que:

> "la labor tuitiva del Texto Constitucional mediante la revisión extraordinaria de sentencias no se cristaliza de forma similar al establecido para los recursos de gravamen o impugnación, diseñados para cuestionar la sentencia, para ese entonces, definitiva. Para la revisión extraordinaria el hecho configurador de la procedencia no es el mero perjuicio, sino que, además, debe ser producto de un desconocimiento absoluto de algún precedente dictado por esta Sala, de la indebida aplicación de una norma constitucional, de un error grotesco en su interpretación o, sencillamente, de su falta de aplicación, lo cual se justifica en el hecho de que en los recursos de gravamen o de impugnación existe una presunción de que los jueces de instancia o casación, de ser el caso, actúan como garantes primigenios de la Carta Magna. Sólo cuando esa presunción logra ser desvirtuada es que procede, en tales casos, la revisión de la sentencia."[735]

Por ello, la insistencia de la jurisprudencia de la Sala Constitucional en explicar que la revisión constitucional que le ha sido atribuida "no puede ni debe entenderse como una tercera instancia ni como parte de los derechos a la defensa, a la tutela judicial efectiva y al amparo consagrados en la Constitución y en las leyes, sino como un mecanismo extraordinario cuya finalidad consiste en mantener la uniformidad a la interpretación de la norma y principios constitucionales; debiendo entenderse como expresión jerárquica y procesal de salvaguarda de la Constitución.[736] Es decir, la potestad revisora asignada a la Sala Constitucional, "no permite a las partes una nueva posibilidad de atacar las determinaciones judiciales de primero y segundo grado," de manera que:

> "Su sentido y razón consisten en asegurar que, por parte del tribunal que tiene a su cargo la guarda de la integridad y supremacía de la Carta Magna, se unifiquen los criterios con base en los cuales ella se interpreta y aplica en materia de derechos, se elabore la doctrina constitucional y se tracen las pautas de la jurisprudencia, a propósito de casos paradigmáticos, sobre el alcance de los principios, postulados, preceptos y reglas de la Constitución, corrigiendo, si hay lugar a ello, las desviaciones y errores de equivocadas interpretaciones y decisiones judiciales. [737]

---

734 Véase las citas y la ratificación del criterio en sentencia de la Sala Constitucional de 04-05-2007, (Caso *Nelson Mezerhane*) (Exp. 07-0353).

735 Véase en sentencia de la Sala n° 2.957 del 14-12-2004 (Caso: *"Margarita de Jesús Ramírez")* ratificada en sentencia de la Sala de 04-05-2007 (Caso *Nelson Mezerhane*) (Exp. 07-0353).

736 Véase sentencia de la Sala Constitucional N° 365 del 10-05-2010 *(Caso: Fernando Pérez Amado;* Revisión de sentencia de la Sala de Casación Penal del Tribunal Supremo de Justicia), en *Revista de Derecho Público*, N° 122, Editorial Jurídica Venezolana, Caracas 2010, pp. 189 ss.

737 *Id.*

Por otra parte, como la misma Sala Constitucional lo ha sostenido, dicha revisión constitucional tampoco se configuró como:

> "un recurso ordinario concebido como medio de defensa ante las violaciones o injusticias sufridas a raíz de determinados fallos, sino una potestad extraordinaria y excepcional de esta Sala Constitucional cuya finalidad es mantener la uniformidad de los criterios constitucionales en resguardo de la garantía de la supremacía y efectividad de las normas y principios constitucionales, lo cual reafirma otro valor como lo es la seguridad jurídica. (Sentencia N° 1725/2003 del 23 de junio, recaída en el caso: *Carmen Bartola Guerra*); por lo tanto, no hay ninguna duda sobre el carácter eminentemente discrecional de la revisión y con componentes de prudencia jurídica, estando por tanto destinada a valorar y razonar normas sobre hechos concretos a fin de crear una situación jurídica única e irrepetible.[738]

De esto resulta, en consecuencia, como también lo advirtió la Sala Constitucional en sentencia N° 1137 de 11 de julio de 2008,[739] que mediante la solicitud de revisión de sentencias:

> "no es dable a los justiciables cuestionar lo afirmado en un determinado fallo, alegando que quien juzgó no debió emplear tal o cual fundamento, plasmado como consecuencia de la actividad propia del juez; pues estas actuaciones soberanas, la aplicación o interpretación del derecho por parte de los órganos judiciales, no puede revisarse a menos que de ella se derive una infracción del Texto Fundamental, lo cual incluye desacato a alguna doctrina jurisprudencial asentada por la Sala, que inste a esta máxima juzgadora de la constitucionalidad el ejercicio de su potestad extraordinaria."[740]

Esta doctrina la ha resumido la Sala Constitucional más recientemente al recordar que sentencia dictada el 4 de mayo de 2007 (Caso. *Nelson Mezerhane*), que al ser la revisión constitucional un mecanismo extraordinario de tutela constitucional la misma "tiene entonces sus limitaciones," requiriendo el planteamiento de unos supuestos específicos que aseguren un "ejercicio apropiado a la defensa real de los preceptos y principios constitucionales", de manera que:

> "no sólo baste con establecer los supuestos en que tal revisión puede proceder, en cuanto a las denuncias constitucionales de fondo que sean presentadas, sino también los requisitos que permitan ordenar la admisibilidad de la revisión, de manera que sea un filtro de las solicitudes de revisión que no puedan prosperar, como aquéllos en los que sólo se procure una nueva instancia o la simple inconformidad con un fallo que desfavorezca a la parte solicitante, volviendo a

---

738 *Id.*

739 Véase Caso: *Trina Jacqueline González Cortez vs. Decisión Juzgado Cuarto de Primera Instancia en lo Civil, Mercantil y del Tránsito de la Circunscripción Judicial del Estado Carabobo, Revista de Derecho Público,* N° 115, Editorial Jurídica Venezolana, Caracas 2008.

740 Véase en *Revista de Derecho Público,* N° 115, Editorial Jurídica Venezolana, Caracas 2008.

plantear el caso sin presentar una argumentación que conlleve al estudio de la interpretación constitucional." [741]

Por ello, la expresión de la misma Sala, auto-restringiendo su propia potestad revisora, de que estando envuelta la interpretación uniforme de la Constitución y la garantía de la cosa juzgada, la Sala debe

> "guardar la máxima prudencia en cuanto a la admisión y procedencia de solicitudes que pretendan la revisión de sentencias que han adquirido el carácter de cosa juzgada judicial; de allí que posea la facultad de desestimación de cualquier solicitud de revisión, sin ningún tipo de motivación, cuando, en su criterio, compruebe que la revisión que se solicita, en nada contribuye a la uniformidad de la interpretación de normas y principios constitucionales, en virtud del carácter excepcional y limitado que posee la revisión."[742]

Siendo en todo caso la revisión constitucional de sentencias una potestad asignada a la Sala Constitucional para resolver las instancias de parte que se formulen para ello en forma discrecional, según la libre apreciación que haga la Sala en cada caso, conforme a su juicio de oportunidad y conveniencia por supuesto vinculados a la importancia constitucional del asunto para lograr interpretación constitucional uniforme o corregir vicios grotescos en un proceso, la Sala puede "reservarse las razones por las cuales decide revisar o no un caso en particular; siendo plausible si así lo estima pertinente explicar, como se señaló, el por qué de tal decisión." [743]

En otra sentencia de 2001, sobre este mismo tema de la discrecionalidad del ejercicio de la potestad de revisión, la Sala Constitucional, razonando de acuerdo con lo que establecía el artículo 102 de la ahora derogada Ley Orgánica de la Corte Suprema de Justicia de 1976, precisó sobre la admisibilidad de las solicitudes de revisión extraordinaria, que la Sala "posee una potestad discrecional de admitir o no admitir el recurso cuando así lo considere," manteniendo

> "el criterio que dejó sentado la sentencia dictada por esta Sala en fecha 2 de marzo de 2000 (caso: *Francia Josefina Rondón Astor*) en cuanto a que esta Sala no está en la obligación de pronunciarse sobre todos y cada uno de los fallos que son remitidos para su revisión, y la negativa de admitir la solicitud de revisión extraordinaria como violación del derecho a la defensa y al debido proceso de las partes, por cuanto se trata de decisiones amparadas por el principio de la doble instancia judicial.

---

741 Véase sentencia de la Sala Constitucional de 04-05-2007 (Caso *Nelson Mezerhane*), Exp. 07-0353)

742 Véase sentencia de la Sala Constitucional N° 633 de 21-04-2008 (Caso: *Miguel Ángel Carriles Cannizzaro*; Revisión de Sentencia de la Sala de Casación Civil), en Véase *Revista de Derecho Público*, N° 114, Editorial Jurídica Venezolana, Caracas 2008, p. 228. Véase igualmente sentencia de la misma Sala Constitucional 1152 de 11-07-2008 (Caso: *Pedro Daniel Álvarez y Alejandro Chirinos*; Revisión de la Sala de Casación Social de este Tribunal Supremo de Justicia), en *Revista de Derecho Público*, N° 115, Editorial Jurídica Venezolana, Caracas 2008, p. 563

743 Véase sentencia de la sala constitucional N° 365 del 10-05-2010 (Caso: *Fernando Pérez Amado; Revisión de sentencia de la Sala de Casación Penal del Tribunal Supremo de Justicia*), en *Revista de Derecho Público*, N° 122, Editorial Jurídica Venezolana, Caracas 2010, pp. 189 ss.

Por lo tanto esta Sala puede en cualquier caso desestimar la revisión, "...sin motivación alguna, cuando en su criterio, constate que la decisión que ha de revisarse, en nada contribuya a la uniformidad de la interpretación de normas y principios constitucionales...".[744]

Por otra parte, dado el carácter discrecional de la revisión, La Sala Constitucional al decidir la solicitud o recurso no está ligada a precedente alguno de la misma, siendo su criterio que "aceptar lo contrario supondría una especie de petrificación de su potestad revisora en detrimento de su función de guardián y último intérprete supremo de la Constitución."[745]

Es decir, como la misma Sala lo ha argumentado,

> "pudiera reexaminarse un criterio anterior de la Sala ante nuevas solicitudes de revisión que conlleven nuevos o distintos alegatos aun cuando exista cosa juzgada al respecto, pudiendo estimarlas o rechazarlas; pues el precedente invocado por las partes no puede funcionar *stricto sensu* con la eficacia persuasiva del precedente judicial, toda vez que cada caso será decidido en atención al análisis de los valores jurídicos que rodean una situación concreta; aceptar lo contrario conllevaría una suerte de petrificación de la potestad que le ha sido otorgada a la Sala Constitucional mediante la revisión.[746]

En otras palabras, como la misma Sala Constitucional lo ha observado, en tanto intérprete supremo de la Constitución la misma "no tiene por qué estar obligada por la fuerza persuasiva de un criterio adoptado anteriormente en revisión respecto a un caso que aun cuando se alega es idéntico a otro previamente decidido, efectivamente no lo es." En realidad, "las situaciones jurídicas que se consideraron para resolver un caso concreto sometido primeramente a la consideración de la Sala, pudieron haber variado o presentar una diferencia o impacto social relevante con el caso cuya solución ha sido invocada."[747] En definitiva, ha considerado la Sala que la función del juez constitucional en este supuesto de revisión de sentencias constitucionales

> "está sometida al imperio de la Constitución y no al precedente judicial invocado, más aún cuando este precedente invocado no responde de manera exacta al caso concreto ni su impacto social es similar; lo contrario implicaría ante la invocación de situaciones jurídicas aparentemente similares, una suerte de anclaje de la potestad revisora de la Sala; cuando por su propia naturaleza el ejercicio de una potestad es impredecible. Así se declara.[748]

---

744 Véase sentencia de la sala Constitucional Nº 93 de 06-02-2001 (Caso: *Olimpia Tours and Travel vs. Corporación de Turismo de Venezuela*), en *Revista de Derecho Público*, Nº 85-88, Editorial Jurídica Venezolana, Caracas 2001, pp. 415, ss.

745 Véase sentencia de la Sala Constitucional Nº 365 del 10-05-2010 (Caso: *Fernando Pérez Amado*; Revisión de sentencia de la Sala de Casación Penal del Tribunal Supremo de Justicia), en *Revista de Derecho Público*, Nº 122, Editorial Jurídica Venezolana, Caracas 2010, pp. 189 ss.

746 *Id.*

747 *Id.*

748 *Id.*

Las decisiones dictadas por la Sala Constitucional en ejercicio de dicha potestad revisora, por supuesto, constituyen, en caso de que así se disponga, "precedentes vinculantes para los demás tribunales de la República e incluso para las demás Salas que integran este Alto Tribunal," pero como lo ha dicho la Sala, "no pueden las partes solicitantes en revisión invocarlos para vincular a la Sala Constitucional, ya que en su condición de Máximo y último intérprete de la Carta Magna, puede estimarlo inaplicable al caso concreto o puede incluso modificar o reexaminar sus criterios, ante nuevos y distintos alegatos que no habían sido expuestos a su conocimiento con anterioridad, y que la lleven a considerar nuevas violaciones a principios y derechos constitucionales, para lo cual la Sala deberá motivar sus decisiones para justificar la razonabilidad del fallo contentivo del nuevo criterio."[749]

III. EL DESARROLLO JURISPRUDENCIAL INICIAL SOBRE LOS PRINCIPIOS PROCESALES APLICABLES AL RECURSO EXTRAORDINARIO DE REVISIÓN EN AUSENCIA DE PREVISIÓN LEGAL

1. *Algunos principios generales de orden procesal*

El artículo 336.10 de la Constitución, como se ha visto, le atribuyó a la Sala Constitucional potestad para revisar las sentencias indicadas en la norma "en los términos establecidos por la ley orgánica respectiva." La ley, por tanto en principio debía establecer los términos conforme a los cuales se realizaría la revisión constitucional de sentencias. Sin embargo, estando en la previsión constitucional consagrado un derecho a recurso, así fuese la decisión sobre su conocimiento por parte de la Sala, de carácter discrecional, dicho recurso o solicitud comenzó a ser ejercido y admitido por la Sala, a pesar de que la Ley Orgánica del Tribunal Supremo no se hubiese dictado, lo que ocurrió en 2004.

Así, en ausencia de legislación reguladora de la Jurisdicción Constitucional, o del Tribunal Supremo,[750] fue la propia Sala Constitucional la que fue construyendo progresivamente, mediante su labor interpretativa, los contornos de este recurso extraordinario de revisión y el alcance de su potestad revisora.

En esta forma, luego de una intensa labor jurisprudencial, ya para finales de 2000, como consecuencia de las sentencias n°s 1, 2, 44 y 714 de ese mismo año, la Sala resumió el conjunto de reglas o condiciones que debía presentar una sentencia para que procediera dicho recurso, así como los principios procesales que debían guiar la potestad revisora, en la siguiente forma:

"1°) La sentencia que se pretenda someter a revisión debe haber cumplido con la doble instancia, bien sea por la vía de la apelación o de la consulta, por lo cual no debe entenderse como una nueva instancia.

2°) La revisión constitucional se admitirá sólo a los fines de preservar la uniformidad de la interpretación de normas y principios constitucionales o cuando exista una deliberada violación de preceptos de ese rango, lo cual

---

749 *Id.*

750 El tema sigue estando regulado transitoriamente en la Ley Orgánica del Tribunal Supremo de Justicia de 2010.

será analizado por la Sala Constitucional, siendo siempre facultativo de ésta su procedencia.

3°) Como corolario de lo anterior, a diferencia de la consulta, el recurso de revisión constitucional no procede *ipso iure*, ya que éste depende de la iniciativa de un particular, y no de la del juez que dictó la decisión, a menos que la propia Sala Constitucional de oficio así lo acuerde, tomando en cuenta siempre la finalidad del recurso"[751].

En esta sentencia, por supuesto, la Sala confirmaba el carácter de "recurso" que originaba la revisión constitucional, que la sentencia calificó como "recurso de revisión constitucional" precisando que la revisión constitucional de sentencias nunca podía proceder ni siquiera *ipso iure*, por remisión de la sentencia por el juez que hubiese dictado la decisión, "ya que dependía de la iniciativa de un particular," con lo cual ratificaba el principio dispositivo en la materia. La Sala Constitucional, por otra parte, en sentencia más reciente N° 1259 de 7 de octubre de 2009, al referirse a los "interesados en solicitar la revisión de alguna sentencia definitivamente firme" estableció la doctrina de que "inexorablemente" deben estar asistidos o debidamente representados por un abogado para la interposición del escrito contentivo de dicha solicitud, debiendo ello constar en su contenido y consignar, junto al libelo, en el caso de apoderados, el documento debidamente otorgado que acredite la representación para esa causa, con el fin de verificar dicho carácter, de conformidad con lo previsto en el aparte quinto del artículo 19 de la Ley Orgánica del Tribunal Supremo de Justicia.[752]

Por otra parte, en cuanto a los requisitos procesales para la admisibilidad del recurso interpuesto por parte interesada, la Sala Constitucional, en sentencia N° 227 de 16 de marzo de 2009, exigió que "quien pide una revisión de sentencia debe presentar copia certificada del fallo a revisarse, no pudiendo suplirse ello, ni siquiera por la vía del artículo 429 del Código de Procedimiento Civil, ya que en materia de revisión no hay contraparte que controle lo aportado por el solicitante."[753]

2. *La ampliación del objeto del recurso de revisión respecto de sentencias distintas a las previstas en la Constitución*

Como se ha dicho, el objeto del recurso extraordinario de revisión ante la Sala Constitucional, tal como se estableció en la Constitución, fue sólo en relación con dos tipos de sentencias definitivamente firmes dictadas en materia constitucional:

---

751 Véase sentencia de la Sala Constitucional 02-11-2000 (Caso: *Roderick A. Muñoz P. vs. Juzgado de los Municipios Carache, Candelaria y José Felipe Márquez Cañizales de la Circunscripción Judicial del Estado Trujillo*), en *Revista de Derecho Público*, N° 84, Editorial Jurídica Venezolana, Caracas, 2000, p. 367.

752 Véase sentencia de la Sala Constitucional N° 1259 de 07-10-2009 (Caso: *Agropecuaria La Auxiliadora S.A.*), en *Revista de Derecho Público,* N° 120, Editorial Jurídica Venezolana, Caracas 2009. En igual sentido la sentencia de la misma Sala N° 324 de 06-05-2010 (Caso: Jhonathar Monterola vs. Caribbean SPA, S.A.), en *Revista de Derecho Público,* N° 122, Editorial Jurídica Venezolana, Caracas 2010, pp. 185 ss.

753 Véase sentencia en el caso *Sonia Herminia Gómez y otros*; Revisión de sentencia de la Sala Político Administrativa, en *Revista de Derecho Público,* N° 117, Editorial Jurídica Venezolana, Caracas, 2009, pp. 167 ss.

"las sentencias definitivamente firmes de amparo constitucional y de control de constitucionalidad de leyes o normas jurídicas dictadas por los tribunales de la República" (art. 336.10)

Siendo un mecanismo extraordinario de revisión de sentencias, la norma constitucional era, sin duda, de interpretación restrictiva.

La Sala Constitucional, sin embargo, en un proceso de mutación de la Constitución, mediante la sentencia nº 93 de 6 de febrero de 2001 (Caso: *Olimpia Tours and Travel vs. Corporación de Turismo de Venezuela*), comenzó a ampliar su propia competencia revisora, agregando como objeto de revisión otras sentencias distintas a las dictadas en materia de amparo o de control difuso de constitucionalidad, y dictadas, no sólo por los tribunales de instancia, sino por las otras Salas del propio Tribunal Supremo, afirmando su potestad para revisar, además de estas, las siguientes:

> "3. Las sentencias definitivamente firmes que hayan sido dictadas por las demás Salas de este Tribunal o por los demás tribunales o juzgados del país apartándose u obviando expresa o tácitamente alguna interpretación de la Constitución contenida en alguna sentencia dictada por esta Sala con anterioridad al fallo impugnado, realizando un errado control de constitucionalidad al aplicar indebidamente la norma constitucional.
>
> 4. Las sentencias definitivamente firmes que hayan sido dictadas por las demás Salas de este Tribunal o por los demás tribunales o juzgados del país que de manera evidente hayan incurrido, según el criterio de la Sala, en un error grotesco en cuanto a la interpretación de la Constitución o que sencillamente hayan obviado por completo la interpretación de la norma constitucional. En estos casos hay también un errado control constitucional."[754]

Para esta ampliación, la Sala Constitucional, luego de analizar la garantía del debido proceso en relación con la revisión extraordinaria de sentencias definitivamente firmes, en esa misma sentencia nº 93 de 6 de febrero de 2001 (Caso: *Olimpia Tours and Travel vs. Corporación de Turismo de Venezuela*), fundó la extensión de su potestad revisora en relación con sentencias que -por supuesto a juicio de la propia Sala- "se aparten del criterio interpretativo de la norma constitucional que haya previamente establecido la Sala," para lo cual se formuló, simplemente, la siguiente pregunta:

> "¿Puede esta Sala, de conformidad con lo establecido en la Constitución, revisar las sentencias definitivamente firmes diferentes a las establecidas en el numeral 10 del artículo 336 de la Constitución que contraríen el criterio interpretativo que esta Sala posee de la Constitución?"

La respuesta a la pregunta, la dio la propia Sala interpretando el artículo 335 de la Constitución, en particular en cuanto al carácter vinculante de las interpretaciones que establezca la Sala sobre el contenido o alcance de las normas y principios constitucionales; del cual dedujo que "las demás Salas del Tribunal Supremo de Justicia y

754 Véase sentencia de la Sala Constitucional Nº 93 de 06-02-2001, (Caso: *Olimpia Tours and Travel vs. Corporación de Turismo de Venezuela),* en *Revista de Derecho Público*, Nº 85-88, Editorial Jurídica Venezolana, Caracas, 2001, pp. 414-415.

los demás tribunales y juzgados de la República están obligados a decidir con base en el criterio interpretativo que esta Sala tenga de las normas constitucionales". De allí siguió el siguiente razonamiento de la Sala:

> "El hecho de que el Tribunal Supremo de Justicia o los demás tribunales de la República cometan errores graves y grotescos en cuanto a la interpretación de la Constitución o no acojan las interpretaciones ya establecidas por esta Sala, implica, además de una violación e irrespeto a la Constitución, una distorsión a la certeza jurídica y, por lo tanto, un quebrantamiento del Estado de Derecho. Por ello, la norma contenida en el artículo 335 de la Constitución establece un control concentrado de la constitucionalidad por parte de esta Sala en lo que respecta a la unificación de criterio relativa a la interpretación de la Constitución.
>
> El Texto Fundamental le otorga pues a la Sala Constitucional una potestad única y suprema en cuanto a la interpretación de la Constitución.... Ahora bien, ¿cómo puede esta Sala ejercer esa potestad máxima de interpretación de la Constitución y unificar el criterio interpretativo de los preceptos constitucionales, si no posee mecanismos extraordinarios de revisión sobre todas las instancias del Poder Judicial incluyendo las demás Salas en aquellos casos que la interpretación de la Constitución no se adapte al criterio de esta Sala? Es definitivamente incongruente con la norma constitucional contenida en el artículo 335 antes citado que, habiendo otorgado la Constitución a esta Sala el carácter de máximo intérprete de los preceptos constitucionales en los términos antes señalados, y habiendo establecido el Texto Fundamental el carácter vinculante de tales decisiones, no pueda esta Sala de oficio o a solicitud de la parte afectada por una decisión de alguna otra Sala del Tribunal Supremo de Justicia o de algún tribunal o juzgado de la República, revisar la sentencia que contraríe una interpretación de algún precepto constitucional previamente establecido o que según esta Sala erróneamente interprete la norma constitucional.
>
> De conformidad con lo anterior, sería inútil la función integradora y de mantenimiento de la coherencia o ausencia de contradicciones en los preceptos constitucionales ejercida por esta Sala, si ésta no poseyera la suficiente potestad para imponer el carácter vinculante de sus interpretaciones establecido expresamente en el artículo 335 de la Constitución o que no pudiera revisar sentencias donde es evidente y grotesca la errónea interpretación.
>
> En el mismo sentido, la norma constitucional referida sería inútil si los tribunales de la República o las demás Salas del Tribunal Supremo de Justicia, en ejercicio del control difuso de la constitucionalidad establecido en el artículo 334 de la Constitución, no pudieren corregir decisiones que se aparten del criterio interpretativo establecido por la Sala Constitucional. Es, más bien, imperativo para todos los tribunales del país así como para las demás Salas del Tribunal Supremo de Justicia, en ejercicio del control difuso de la constitucionalidad establecido en el artículo 334 de la Constitución de la República Bolivariana de Venezuela, revocar en segunda instancia aquellas decisiones que se aparten de alguna interpretación que esta Sala haya realizado de las normas constitucionales.
>
> Es pues evidente, que la Constitución de la República Bolivariana de Venezuela estableció una fórmula para cohesionar la interpretación de la norma constitucional, y, en tal sentido, el Texto Fundamental designó a la Sala Consti-

tucional como el ente con la máxima potestad para delimitar el criterio interpretativo de la Constitución y hacerlo vinculante para los demás tribunales de la República y las demás Salas del Tribunal Supremo de Justicia. Por ello, la Sala Constitucional posee discrecionalmente la potestad coercitiva otorgada por la Constitución para imponer su criterio de interpretación de la Constitución, cuando así lo considere en defensa de una aplicación coherente y unificada de la Carta Magna, evitando así que existan criterios dispersos sobre las interpretaciones de la norma constitucional que distorsionen el sistema jurídico creando incertidumbre e inseguridad en el mismo.

Por consiguiente, esta Sala considera que la propia Constitución le ha otorgado la potestad de corregir las decisiones contrarias a las interpretaciones preestablecidas por la propia Sala o que considere la Sala acogen un criterio donde es evidente el error en la interpretación de las normas constitucionales. Esto tiene el propósito de imponer la potestad constitucional de la Sala Constitucional de actuar como "máximo y último intérprete de la Constitución". Se desprende entonces del artículo 335 de la Constitución de la República Bolivariana de Venezuela, que esta norma establece expresamente la potestad de revisión extraordinaria de sentencias definitivamente firmes que se aparten de la interpretación que de manera uniforme debe imponer esta Sala.

Posee entonces potestad esta Sala para revisar tanto las sentencias definitivamente firmes expresamente establecidas en el numeral 10 del artículo 336 contra aquellas, tal como se dejó sentado anteriormente, así como las sentencias definitivamente firmes que se aparten del criterio interpretativo de la norma constitucional que haya previamente establecido esta Sala, lo que en el fondo no es más que una concepción errada del juzgador al realizar el control de la constitucionalidad, y así se declara."[755]

La Sala Constitucional, por otra parte, en sentencia nº 727 de 8 de abril de 2003 continuó ampliando el universo de sentencias que podían ser objeto del recurso extraordinario de revisión, indicando que además de las sentencias de amparo constitucional y las sentencias de control difuso de constitucionalidad de leyes o normas jurídicas fundamentadas en un errado control de constitucionalidad, también pueden ser objeto del recurso de revisión:

"(iii) Las sentencias que de manera evidente hayan incurrido, según el criterio de la Sala, en un error grotesco en cuanto a la interpretación de la Constitución o que sencillamente hayan obviado por completo la interpretación de la norma constitucional y

(iv) Las sentencias que hayan sido dictadas por las demás Salas de este Tribunal o por los demás juzgados del país apartándose u obviando, expresa o táci-

755 Véase en *Revista de Derecho Público*, N° 82, Editorial Jurídica Venezolana, Caracas 2001, pp. 412-414.

tamente, alguna interpretación de la Constitución que contenga alguna sentencia de esta Sala con anterioridad al fallo que sea impugnado."[756]

Con base en estas decisiones, la Sala Constitucional, en todos los casos de revisión de sentencias, al analizar su propia competencia invariablemente hace referencia a la sentencia señalada N° 93 del 6 de febrero de 2001 (caso: "*Corpoturismo*"), en la cual la Sala "determinó su potestad extraordinaria, excepcional, restringida y discrecional, de revisar las siguientes decisiones judiciales:"

"(...) 1. Las sentencias definitivamente firmes de amparo constitucional de cualquier carácter, dictadas por las demás Salas del Tribunal Supremo de Justicia y por cualquier juzgado o tribunal del país.

2. Las sentencias definitivamente firmes de control expreso de constitucionalidad de leyes o normas jurídicas dictadas por los tribunales de la República o las demás Salas del Tribunal Supremo de Justicia.

3. Las sentencias definitivamente firmes que hayan sido dictadas por las demás Salas de este Tribunal o por los demás tribunales o juzgados del país apartándose u obviando expresa o tácitamente alguna interpretación de la Constitución contenida en alguna sentencia dictada por esta Sala con anterioridad al fallo impugnado, realizando un errado control de constitucionalidad al aplicar indebidamente la norma constitucional.

4. Las sentencias definitivamente firmes que hayan sido dictadas por las demás Salas de este Tribunal o por los demás tribunales o juzgados del país que de manera evidente hayan incurrido, según el criterio de la Sala, en un error grotesco en cuanto a la interpretación de la Constitución o que sencillamente hayan obviado por completo la interpretación de la norma constitucional. En estos casos hay también un errado control constitucional (...)". [757]

Además, la Sala ha estimado que, además de los supuestos fijados por el artículo 336.10 constitucional así como de los delimitados por la Sala en su sentencia N° 93 del 6 de febrero de 2001, caso: *"Corpoturismo"*, también pueden ser objeto de revisión constitucional las sentencias de naturaleza interlocutoria, incluidos los proveimientos cautelares, sólo cuando pongan fin al proceso.[758]

3. *El desarrollo de la revisión constitucional por parte de la Sala Constitucional respecto de las sentencias de las otras Salas del Tribunal Supremo*

De acuerdo con el artículo 262 de la Constitución, el Tribunal Supremo funciona en Sala Plena y en las Salas Constitucional, Político-Administrativa, Electoral, de Casación Civil, de Casación Penal y de Casación Social. Todas las Salas, por tanto, constituyen el Tribunal Supremo de Justicia, cada cual con su específica integración

756 Véase la sentencia en el Caso: *Revisión de la sentencia dictada por la Sala Electoral en fecha 21 de noviembre de 2002*, en *Revista de Derecho Público*, N° 93-96, Editorial Jurídica Venezolana, Caracas 2003.

757 Véase por ejemplo, la sentencia de la Sala Constitucional de 04-05-2007 (Caso *Nelson Mezerhane*) (Exp. 07-0353).

758 Véase la sentencia de Sala Constitucional de 04-05-2007 (Caso *Nelson Mezerhane*), Exp. 07-0353)

y competencia, y no hay Sala alguna que esté por encima de otra, o que se desligue del Tribunal Supremo. Cuando una Sala decide, decide el Tribunal Supremo de Justicia como máximo Tribunal de la República, por lo que dichas sentencias no pueden ser revisadas por ninguna otra instancia judicial superior que no existe[759].

Por lo demás, en materia de justicia constitucional, es la propia Constitución la que establece expresamente que todas las Salas del Tribunal Supremo tienen como competencia garantizar "la supremacía y efectividad de las normas y principios constitucionales", correspondiéndoles a todas ser "el máximo y último intérprete de la Constitución" y velar "por su uniforme interpretación y aplicación" (art. 335). No es cierto, por tanto, como se ha afirmado, que la Sala Constitucional sea "el máximo y último intérprete de la Constitución"[760], o como lo ha señalado la propia Sala Constitucional de tener "el monopolio interpretativo último de la Constitución."[761] Esta es una apreciación completamente errada, que no deriva del texto de la Constitución, de cuyo artículo 335, al contrario, se deriva que *todas las Salas* ejercen la justicia constitucional conforme a sus respectivas competencias y son el máximo y último intérprete de la Constitución. También lo es la Sala Constitucional, mediante la cual el Tribunal Supremo de Justicia, concentra la Jurisdicción Constitucional (arts. 266, ord. 1° y 336).

En todo caso, sobre el carácter de todas las Salas como Tribunal Supremo, la propia Sala Constitucional se pronunció en sentencia N° 158 de 28-03-00 (Caso: *Microcomputers Store S.A.*) al declarar que el artículo 1 de la Ley Orgánica de la Corte Suprema de Justicia de 1976, está conforme con la nueva Constitución, al prohibir la admisión de recurso alguno contra las decisiones dictadas por el Tribunal Supremo de Justicia en Pleno o por alguna de sus Salas, señalando que esta norma, lejos de ser inconstitucional,

> Más bien garantiza su aplicación, ya que tal como quedó expuesto, el Tribunal Supremo de Justicia se encuentra conformado por las Salas que lo integran, las cuales conservan el mismo grado jerárquico y todas representan en el ámbito de sus competencias al Tribunal Supremo de Justicia como máximo representante del Poder Judicial[762].

Posteriormente, sin embargo, la Sala Constitucional al afirmar su competencia para conocer del recurso extraordinario de revisión de constitucionalidad contra las sentencias de las otras Salas del Tribunal Supremo, señaló que el artículo 1 de la Ley Orgánica de la Corte, para considerarlo compatible con la Constitución, sólo se refería "a los recursos preexistentes y supervivientes a la Constitución de 1999, dis-

---

759 Véase los comentarios de Jesús María Casal, *Constitución y Justicia Constitucional*, *op. cit.*, p. 110.

760 Véase en José Vicente Haro G., "La justicia constitucional en Venezuela y la Constitución de 1999" en *Revista de Derecho Constitucional*, Editorial Sherwood, N° 1, Caracas, sep-dic. 1999, pp. 137 y 146.

761 Véase la sentencia N° 1374 de 09-11-2000, en *Revista de Derecho Público*, N° 84, Editorial Jurídica Venezolana, Caracas, 2000, p. 267.

762 Véase en *Revista de Derecho Público*, N° 81, Editorial Jurídica Venezolana, Caracas, 2000, p. 109.

tintos al recurso extraordinario de revisión constitucional de sentencias de las demás Salas del Máximo Tribunal"[763].

Consideramos que era totalmente contraria a la Constitución, por tanto, la "sugerencia" u "orientación" que formuló la "Exposición de Motivos de la Constitución" en el sentido de que:

> "La ley deberá consagrar un mecanismo de carácter extraordinario mediante el cual la Sala Constitucional pueda revisar los actos o sentencias de las demás Salas del Tribunal Supremo de Justicia que contraríen la Constitución o las interpretaciones que sobre sus normas o principios haya previamente fijado la Sala Constitucional...[764]

La misma "Exposición" más adelante, en sentido similar errado, señaló que:

> En todo caso, la ley orgánica respectiva garantizará que ningún órgano del Poder Público quede fuera del control constitucional, estableciendo entre otros aspectos, la competencia de la Sala Constitucional para controlar la constitucionalidad de las actuaciones de las demás Salas del Tribunal Supremo de Justicia, mediante el mecanismo extraordinario que considere más adecuado."

Ante esta extraña e inaceptable "sugerencia", señalamos apenas se publicó la Constitución, lo siguiente:[765]

En *primer lugar*, de acuerdo con el texto constitucional, en ningún caso podría admitirse que el Tribunal Supremo de Justicia es sólo "Supremo" en una Sala y no lo es en las otras. Ello no es lo que regula la Constitución que considera como parte del Tribunal Supremo de Justicia, igualmente "Supremas", a todas sus Salas las cuales al sentenciar, sentencian como "Tribunal Supremo de Justicia" en los casos que conocen conforme a sus respectivas competencias.

En *segundo lugar,* no es posible constitucionalmente hablando, que se pueda someta a "control concentrado de constitucionalidad" ante la Sala Constitucional algún acto o sentencia de las otras Salas del Tribunal Supremo, las cuales, como toda sentencia, son esencialmente de rango sublegal, es decir, no son actos estatales dictados en ejecución directa e inmediata de la Constitución. Por ello no debía establecerse un recurso u otro "mecanismo de carácter extraordinario" para ser ejercido contra las sentencias de las Salas del Tribunal Supremo (¿incluyendo la Sala Plena?), por ante la Sala Constitucional. Ello convertiría a la Sala Constitucional en la

---

763 Véase sentencia de la Sala Constitucional N° 33 de 25-01-2001 (Caso: *Baker Hugher SRL; Revisión de la sentencia dictada por la Sala de casación Social del Tribunal Supremo de Justicia de 10-05- 2001),* en *Revista de Derecho Público*, N° 85-88, Editorial Jurídica Venezolana, Caracas 2001, p. 405.

764 La Sala Constitucional, sin embargo, le ha dado pleno valor a dicha sugerencia de la Exposición de Motivos, desarrollando, con base en la misma, su potestad para revisar de manera extraordinaria sentencias incluso dictadas por las otras Salas. Véase las sentencias de 09-03-2000 (Caso: *José Alberto Zamora Quevedo*), de 07-06-2000 (Caso: *Mercantil Internacional, C.A.*), y N° 93 de 06-02-2001 (Caso: *Olimpia Tours and Travel vs. Corporación de Turismo de Venezuela*), en *Revista de Derecho Público*, N° 85-88, Editorial Jurídica Venezolana, Caracas 2001, pp. 408.

765 Véase Allan R. Brewer-Carías, "Comentarios sobre la ilegítima "Exposición de Motivos" de la Constitución de 1999 relativa al sistema de justicia constitucional", en *Revista de Derecho Constitucional*, N° 2, Enero-Junio 2000, Caracas 2000, pp. 47-59.

única realmente "suprema", sustituyendo al Tribunal Supremo de Justicia en tal supremacía.

Si una Sala del Tribunal Supremo no acata una interpretación constitucional vinculante establecida por la Sala Constitucional, ello lo que podía originar era una controversia constitucional, que tendría que ser resuelta por la propia Sala Constitucional, conforme a lo establecido en el ordinal 9 del artículo 336, pero sin que ésta pudiera convertirse en órgano revisor de las sentencias de las otras Salas. Además, para que pudiera darse la controversia era necesario que la interpretación vinculante establecida por la Sala Constitucional, lo fuera realmente, indicando con precisión, en la sentencia respectiva, cómo debe interpretarse la norma constitucional, decisión que, además, debe publicarse en *Gaceta Oficial.*

En todo caso, debe señalarse que si bien es cierto, como lo explicó la "Exposición" que "todo acto del Poder Público, sin excepción, debe estar sometido al control constitucional", por lógica, ello excluía a las sentencias del Tribunal Supremo de Justicia. No tiene lógica alguna que con este aserto se pretendiera establecer un control de la constitucionalidad de las sentencias de las Salas del Tribunal Supremo a ser ejercido por la Sala Constitucional, y se excluyera de dicho control a las sentencias de la propia Sala Constitucional. *Quis custodiem ipsos custodes?* El absurdo de esta situación ponía en evidencia la ilegitimidad del planteamiento.[766]

La Sala Constitucional, sin embargo, en sentencia N° 520 de 7 de junio de 2000 y N° 1115 de 4 de octubre de 2000 (Caso: *Judith Andrade vs. Tribunal Supremo de Justicia)* ya había anunciado que las sentencias de las demás Salas del Tribunal Supremo podrían ser revisadas por la Sala Constitucional, al señalar:

> "En este orden de ideas, y en atención al principio de supremacía constitucional, del cual deriva el indiscutible carácter normativo de todos sus preceptos, así como de la potestad de tutela constitucional que de manera novedosa le asigna la Constitución, esta Sala deja a salvo la posibilidad normativa de revisar los actos o sentencias de las demás Salas del Tribunal Supremo de Justicia que contraríen la Constitución o las interpretaciones que sobre sus normas o principios haya fijado previamente, según lo dispuesto en los artículos 334 y 335 de la Constitución de la República Bolivariana de Venezuela, y así lo ha venido expresando esta Sala Constitucional en muchas de sus decisiones, como en la sentencia N° 520 de 07 de junio de 2000, donde se lee lo siguiente:
>
> En consecuencia, por constituir la facultad de revisión de los actos o sentencias dictadas por los tribunales de la República y de las otras Salas de este Tribunal Supremo, en especial en materia de amparo, una disposición constitucional vinculante para el funcionamiento de esta Sala, no obstante que no se ha promulgado la ley orgánica correspondiente, puede este órgano jurisdiccional, en resguardo del orden público constitucional, ejercer esa facultad en interés de la aplicación y correcta interpretación de los valores constitucionales, lo que a su vez es exigido por el ordinal 10 del artículo 336 de la vigente Constitución."[767]

766 *Id.*

767 Véase en *Revista de Derecho Público*, N° 84, Editorial Jurídica Venezolana, Caracas, 2000, p. 257.

Posteriormente, en sentencia Nº 33 de 25 de enero de 2001 (Caso: *Revisión de la sentencia dictada por la Sala de Casación Social del Tribunal Supremo de Justicia de fecha 10 de mayo de 2001, interpuesta por Baker Hugher S.R.L*), la Sala Constitucional, al analizar el artículo 336 de la Constitución como un sistema de salvaguarda de la Constitución, señaló:

> 1.- Desde esta perspectiva, tiene firme asidero la posibilidad de que este Máximo Intérprete revise decisiones, autos o sentencias de las demás Salas del Tribunal Supremo de Justicia que contraríen la Constitución o las interpretaciones que sobre sus normas o principios haya fijado la Sala. Ello es así, en primer lugar, desde que dichos operadores judiciales están también, a tenor de lo que expresa el primer párrafo del artículo 334 de la Constitución "...en la obligación de asegurar la integridad de esta Constitución". De igual modo, están obligadas las demás Salas, conforme al primer párrafo del artículo 335 constitucional, a garantizar "...la supremacía y efectividad de las normas y principios constitucionales", y serán, en sus respectivas jurisdicciones y según sus competencias, los máximos y últimos intérpretes de esta Constitución. Asimismo, en sus respectivas jurisdicciones y según sus competencias, velarán por su uniforme interpretación y aplicación. Ello significa que las demás Salas están siempre vinculadas directamente a los principios y normas de su competencia, por lo que su tarea interpretativa la cumplen conforme a la potestad que les confiere la Constitución; del mismo modo, a esta Sala Constitucional corresponde la jurisdicción constitucional y la protección de la Constitución, como lo disponen los artículos 266.1, 334.1, 335 y 336.1 *eiusdem*.
>
> Dicha potestad de revisión se deduce positivamente del artículo 335 *eiusdem*, cuando afirma que las "interpretaciones que establezca la Sala Constitucional sobre el contenido y alcance de las normas y principios constitucionales son vinculantes para las otras Salas del Tribunal Supremo de Justicia y demás Tribunales de la República". Tal vinculación no podría ser meramente ética, como lo era la Ley para el Monarca en un estadio de la evolución política del Estado Moderno, quien estaba supuesto a cumplirla en tanto código valorativo de conducta, pero no existía poder alguno, más que su propia conciencia, para hacer que la cumpliera.
>
> No estamos frente a una situación siquiera parecida a la que fue objeto de la reseña anterior. Nuestra Constitución, por el contrario, al vincular a las demás Salas de este Tribunal Supremo a la doctrina de la Sala Constitucional (artículo 334, primer párrafo y artículo 335, segundo párrafo), según el principio de supremacía de la Constitución, y al dar potestad a esta Sala Constitucional para tutelar la Carta Magna como cúspide de la Jurisdicción Constitucional, en ejercicio del Poder de Garantía Constitucional, deviene, pues, autorizada para revisar tanto las decisiones que dicten las demás Salas en contravención de la Norma Fundamental, como en oposición a las interpretaciones que de la Constitución asiente la Sala Constitucional[768].

---

768 Véase en *Revista de Derecho Público*, Nº 85-88, Editorial Jurídica Venezolana, Caracas, 2001, pp. 403-404.

En la misma sentencia, la Sala Constitucional sobre el alcance de la revisión extraordinaria de sentencias de las demás Salas del Tribunal Supremo, lo siguiente:

> 1.- La potestad de revisión abarca, pues, tanto las decisiones que se denun1.- La potestad de revisión abarca, pues, tanto las decisiones que se denuncien violatorias de la doctrina de la Sala Constitucional, como las decisiones que infrinjan principios o reglas de rango constitucional, siempre que hubieren sido dictadas con posterioridad a la entrada en vigencia de la Constitución. Ello en razón de que sería un contrasentido que la Sala Constitucional (órgano en ejercicio del Poder de Garantía Constitucional), pueda vincular con sus decisiones a las demás Salas (cúspides en sus respectivas jurisdicciones: penal, civil, político-administrativa, social, electoral, plena), pero que éstas no estuvieran vinculadas a la Constitución más que formalmente, y sus posibles decisiones inconstitucionales, no estén sujetas a ningún examen. No es lógico que la fuente del ordenamiento político-jurídico de nuestro país no pudiera, según esta tesis, contrastarse con las decisiones de las demás Salas, pero, que sí cupiera el contraste de estas decisiones con la doctrina de la Sala Constitucional, que es realización de esa Norma Fundamental.
>
> Tal conclusión resulta, por decir lo menos, constitucional. Tanto como pretender que sólo tienen opción de solicitar la revisión de tales sentencias, aquellos ciudadanos cuyos casos hayan felizmente coincidido con una sentencia previa de esta Sala Constitucional donde se haya vertido algún criterio vinculante para las demás Salas. Si la Sala Constitucional nada ha dicho al respecto, ¿el ciudadano debe soportar la violación a sus derechos o garantías constitucionales por esa sola razón? Por otra parte, cabría formular otra pregunta: ¿cuánto tiempo debe pasar antes que la Sala logre desarrollar una doctrina densa, amplia y diversa sobre aspectos fundamentales, que haga posible cumplir esta garantía de revisión?. Esta Sala considera que tal postura sería incorrecta, en razón de que los ciudadanos no pueden quedar en la incertidumbre, sujetos a que tal doctrina se desarrolle[769].

En esta forma, la Sala Constitucional amplió el ámbito de su potestad constitucional revisora de sentencias dictadas en juicios de amparo o con motivo de control difuso de la constitucionalidad, abarcando otras sentencias, *incluso las dictadas por las otras Salas del Tribunal Supremo*, lo que constituía una limitación no autorizada en la Constitución al debido proceso y al derecho a la cosa juzgada, con importantes repercusiones en el ámbito de la seguridad jurídica y del Estado de derecho.

---

769 *Id.* La admisibilidad del recurso de revisión contra las sentencias de las otras Salas se reiteró en sentencia Nº 93 de 06-02-2001 (Caso: *Olimpia Tours and Travel vs Corporación de Turismo de Venezuela*), en *Revista de Derecho Público,* Nº 85-88, Editorial Jurídica Venezolana, Caracas 2001, pp. 406 ss.

4. *El desmantelamiento del principio dispositivo y del carácter de "recurso" que tiene la vía procesal prevista en la Constitución para la revisión constitucional de sentencias*

Debe mencionarse además, en relación con la antes mencionada sentencia nº 93 de 6 de febrero de 2001 (Caso: *Olimpia Tours and Travel vs. Corporación de Turismo de Venezuela*), que en ella la Sala también dispuso que:

> "En cuanto a la potestad de esta Sala para revisar de oficio las sentencias definitivamente firmes en los mismos términos expuestos en la presente decisión, esta Sala posee la potestad discrecional de hacerlo siempre y cuando lo considere conveniente para el mantenimiento de una coherencia en la interpretación de la Constitución en todas las decisiones judiciales emanadas por los órganos de administración de justicia."[770]

Con esta sentencia, por tanto, la Sala Constitucional como antes se dijo, no sólo comenzó a ampliar su propia competencia en cuanto a las sentencias que pueden ser objeto revisión, al margen de lo establecido en la Constitución, lo que es ilegítimo en materia de justicia constitucional concentrada, llegando a someter incluso a revisión las sentencias de las otras Salas del Tribunal Supremo; sino que además, sin base constitucional alguna, se auto atribuyó competencia para revisar *de oficio* las sentencias de los tribunales de la República y de las Salas, violando el principio dispositivo,[771] desvirtuando el carácter de la vía extraordinaria de revisión como la propia de un recurso, como lo había afirmado en sentencias precedentes.

En efecto, como se dijo, la Sala llegó a establecer que la competencia para revisar las decisiones de alguna otra Sala del Tribunal Supremo de Justicia o de algún tribunal o juzgado de la República, que contraríe una interpretación de algún precepto constitucional previamente establecido o que según esta Sala erróneamente interprete la norma constitucional, podía realizarla la Sala "*de oficio o a solicitud de la parte afectada.*"

5. *La remisión obligatoria a la Sala Constitucional por los jueces de las sentencias dictadas en caso de control difuso de la constitucionalidad*

Debe señalarse, por otra parte, que la Sala Constitucional en ausencia de previsiones legales, también comenzó a establecer jurisprudencialmente un incidente de constitucionalidad, con motivo del ejercicio del control difuso de la constitucionalidad que pudieran realizar los jueces de instancia, al establecer que los mismos no sólo podían de oficio remitir el asunto para el conocimiento de la Sala Constitucional, sino que estaban obligados a hacerlo.

Así, en una sentencia N° 1.998 del 22 de julio de 2003 (caso: *"Bernabé García"*), la Sala señaló lo siguiente:

---

770 Véase en *Revista de Derecho Público*, N° 85-88, Editorial Jurídica Venezolana, Caracas, 2001, pp. 415.

771 Véase la sentencia de la sala Constitucional N° 93 de 06-02-2001 (Caso: *Olimpia Tours and Travel vs Corporación de Turismo de Venezuela*), en *Revista de Derecho Público,* N° 85-88, Editorial Jurídica Venezolana, Caracas 2001, pp. 406 ss.

> "(…) para la mayor eficacia de la conexión entre el control concentrado, que corresponde a esta Sala, y el control difuso, que corresponde a todos los jueces de la República, debe darse, como se dio en la sentencia que antes se citó, un trato diferente a la remisión ex oficio que, para su revisión, haya hecho el juez que la dictó; se obtendrá así una mayor protección del texto constitucional y se evitará la aplicación general de normas inconstitucionales o la desaplicación de normas ajustadas a la Constitución en claro perjuicio para la seguridad jurídica y el orden público constitucional. Por las razones que preceden se reitera que, no sólo el juez puede remitir las sentencias definitivamente firmes en las cuales, en resguardo de la constitucionalidad, desaplique una norma, sino que está obligado a ello.
>
> Si, por el contrario, no se aceptara la remisión hecha de oficio antes aludida, el control difuso no tendría más efecto práctico que el que deviniese de su aplicación al caso concreto, en perjuicio del orden público constitucional, pues, su canal de conexión con el control concentrado -que tiene efectos *erga omnes*- estaría condicionado a la eventual solicitud de revisión de la persona legitimada para ello, con la consiguiente disminución del alcance potencial de los instrumentos con que el nuevo texto constitucional ha provisto a esta Sala (carácter vinculante de sus decisiones y facultad de revisión), con la finalidad de hacer más eficaz el resguardo de la incolumidad constitucional. Es por ello, que esta Sala acepta la remisión de las presentes actuaciones (…)".[772]

Sobre ello, la Corte Segunda de lo Contencioso Administrativo en sentencia de 8 de febrero de 2010 (Caso: *CORP BANCA, C.A. Banco Universal contra la Superintendencia de Bancos y Otras Instituciones Financieras*) resumió la situación anterior a la entrada en vigencia de la ley Orgánica del Tribunal Supremo en la siguiente forma:

> "Ahora bien, una vez realizado el control difuso, a partir de la vigente Constitución, la Sala Constitucional tiene la facultad de revisar las sentencias que lo contengan, tal como lo señala el artículo 336.10 constitucional; y a falta de una Ley Orgánica que lo regule, y antes de que se promulgara la Ley Orgánica del Tribunal Supremo de Justicia, la Sala había decido que las sentencias de última instancia que aplicaran el control difuso, debían ser informadas a la Sala Constitucional, a fin de calificar si el control había sido mal o bien aplicado.
>
> En sentencia de 08 de agosto de 2.001 (Caso: *Jesús Pérez Salazar y Rafael Muñoz*), la Sala sostuvo que 'el juez constitucional debe hacer saber al Tribunal Supremo de Justicia sobre la decisión aprobada, a los efectos de la revisión discrecional atribuida a la Sala Constitucional conforme lo disponen los artículos 335 y 336.10 de la Constitución de la República Bolivariana de Venezuela". [773]

---

772 Citada en la sentencia de la Sala Constitucional de Sala de 04-05-2007 (*Caso Nelson Mezerhane*) (Exp. 07-0353)

773 Véase en *Revista de Derecho Público*, N° 121, Editorial Jurídica Venezolana, Caracas 2010, pp. 189 ss.

IV. EL TRATAMIENTO DE LA POTESTAD DE REVISIÓN CONSTITUCIONAL DE SENTENCIAS EN LA LEY ORGÁNICA DEL TRIBUNAL SUPREMO DE 2004

1. *El objeto de la revisión extraordinaria*

Ahora bien, repitiendo la fraseología del artículo 336,10 de la Constitución, el artículo 5, párrafo 1°,16 de la Ley Orgánica del Tribunal Supremo de Justicia de 2004,[774] dispuso que la Sala Constitucional tiene competencia para:

> "16. Revisar las sentencias definitivamente firmes de amparo constitucional y control difuso de la constitucionalidad de leyes o normas jurídicas, dictadas por los demás tribunales de la República".

Esta competencia excepcional de revisión por parte de la Sala Constitucional, a su juicio y discreción, mediante un recurso extraordinario[775] se puede ejercer contra sentencias de *última instancia* dictadas por los tribunales de la República, incluidas las otras Salas del Tribunal Supremo, en materia de amparo constitucional o dictadas en ejercicio del método difuso de control de la constitucionalidad de las leyes.

Nada más dispuso directamente la Ley Orgánica de 2004 sobre el recurso extraordinario de revisión. Sin embargo, en otras normas conexas, se establecieron previsiones que contribuyeron a darle contorno legal a la competencia de la Sala.

2. *La positivización de la potestad de revisión de oficio*

En efecto, en cuanto a las sentencias dictadas en materia de control difuso de la constitucionalidad de las leyes previsto en la Constitución (Art. 334) la Ley Orgánica del Tribunal Supremo de 2004 precisó en el artículo 5, párrafo 4° de la Ley Orgánica, que,

> "*Artículo 5. P4*. De conformidad con lo previsto en la Constitución de la República Bolivariana de Venezuela, todo tribunal de la República podrá ejercer el control difuso de la constitucionalidad únicamente para el caso concreto, en cuyo supuesto dicha sentencia estará expuesta a los recursos o acciones ordinarias o extraordinarias a que haya lugar; quedando a salvo en todo caso, que la Sala Constitucional haga uso, de oficio o a instancia de parte, de la competencia prevista en el numeral 16 de este artículo y se avoque a la causa para revisarla cuando ésta se encuentre definitivamente firme".

En esta forma, conforme a la Constitución, todo tribunal de la República puede ejercer el control difuso de la constitucionalidad únicamente para el caso concreto, en cuyo supuesto la sentencia respectiva esta expuesta "a los recursos o acciones

---

774 Véase Ley Orgánica del Tribunal Supremo de Justicia en *Gaceta Oficial* N° 37.942 de 20-5-2004

775 Véase en general, José V. Haro G., "El mecanismo extraordinario de revisión de sentencias definitivamente firmes de amparo y control difuso de la constitucionalidad previsto en el artículo 336, numeral 10 de la Constitución," en *Revista de Derecho Constitucional,* N° 3 (julio-diciembre), Editorial Sherwood, Caracas, 2000, pp. 231-266; Adán Febres Cordero, "La revisión constitucional", en *Nuevos estudios de derecho procesal, Libro Homenaje a José Andrés Fuenmayor*, Vol. I, Tribunal Supremo de Justicia, Colección Libros Homenaje, N° 8, Caracas, 2002 pp. 489 a 508.

ordinarias o extraordinarias a que haya lugar", entre los cuales se destaca el recurso de revisión que puede ejercerse ante la Sala Constitucional contra cualquier sentencia firme de última instancia en la que el juez respectivo haya ejercido el control difuso.

Dicho artículo, sin embargo, dejó "a salvo en todo caso", que la Sala Constitucional pueda hacer uso, *de oficio o a instancia de parte,* de la competencia de revisión prevista en el numeral 16 del artículo 5 "y se avoque a la causa para revisarla cuando ésta se encuentre definitivamente firme".

Se estableció así entonces, en una norma de derecho positivo, por demás confusa relativa a los poderes de la Sala Constitucional de revisión de sentencias dictadas por los tribunales en materia de control difuso de la Constitucionalidad (artículo. 336,10 de la Constitución), la competencia de la Sala para poder realizar tal revisión, no sólo a instancia de parte (recurso de revisión), sino *de oficio*. Ello, por supuesto, desmoronaba definitivamente el principio de la cosa juzgada que quedaba a merced de los Magistrados de la Sala Constitucional sin que pudiera existir control alguno sobre el órgano controlante.

3. *La contradictoria reducción legal del objeto de la revisión constitucional*

Como señalamos, la Sala Constitucional violando la Constitución, había ampliado el ámbito de su potestad constitucional revisora que en el texto fundamental solo estaba referida a las sentencias dictadas en juicios de amparo o con motivo del ejercicio del control difuso de la constitucionalidad por los jueces, con lo que fue abarcando otras sentencias, incluso las dictadas por las otras Salas del Tribunal Supremo, lo que constituye una limitación no autorizada en la Constitución al debido proceso y al derecho a la cosa juzgada, con importantes repercusiones en el ámbito de la seguridad jurídica y del Estado de derecho.

Frente a ello, puede decirse que la Ley Orgánica del Tribunal Supremo de 2004 en su artículo 5, párrafo 1°,16, pretendió volver a llevar el asunto a su límite constitucional, en el sentido de que las únicas sentencias dictadas por los tribunales de instancia que conforme a dicha norma pueden ser objeto del recurso de revisión, son las sentencias definitivamente firmes de amparo constitucional y control difuso de la constitucionalidad de leyes o normas jurídicas, dictadas por los demás tribunales de la República.

Pero si bien la Ley Orgánica en este aspecto se dirigió a reducir el ámbito del objeto (sentencias revisables) de la potestad revisora, la misma Ley Orgánica consagró la posibilidad de ejercicio de esta potestad revisora, *de oficio* por la Sala Constitucional, lo que en forma inconstitucional deja a la merced de la misma Sala el principio de la cosa juzgada y acaba con el principio dispositivo.

4. *La ampliación legal del objeto de revisión particularmente respecto de las sentencias de las otras Salas del Tribunal Supremo*

La Ley Orgánica de 2004, siguiendo la jurisprudencia de la Sala Constitucional en cuanto a la ampliación que había hecho ilegalmente de sus competencias de revisión de sentencias,[776] incluso abarcando las dictadas por otras Salas del Tribunal Supremo (distintas a las dictadas en materia de amparo o de control difuso de la constitucionalidad), regularizó dicha ampliación, atribuyendo a la Sala Constitucional en el artículo 5, párrafo 1°,4 de la Ley Orgánica, además de la competencia para revisar sentencias dictadas en juicios de amparo o en las cuales el juez hubiese ejercido el control difuso de constitucionalidad, competencia para:

> "Revisar las sentencias dictadas por una de las Salas, cuando se denuncie fundadamente la violación de principios jurídicos fundamentales contenidos en la Constitución de la República Bolivariana de Venezuela, Tratados, Pactos o Convenios Internacionales suscritos y ratificados válidamente por la República, o que haya sido dictada como consecuencia de un error inexcusable, dolo, cohecho o prevaricación; asimismo podrá avocarse al conocimiento de una causa determinada, cuando se presuma fundadamente la violación de principios jurídicos fundamentales contenidos en la Constitución de la República Bolivariana de Venezuela, Tratados, Pactos o Convenios Internacionales suscritos y ratificados válidamente por la República, aun cuando por razón de la materia y en virtud de la ley, la competencia le esté atribuida a otra Sala".

Sobre esta nueva competencia, la propia Sala Constitucional se hizo eco de inmediato, de manera que por ejemplo, en sentencia N° 1.854 de 28 de noviembre de 2008, haciendo referencia a una previa sentencia de N° 325, del 30 de marzo de 2005 (caso: "*Alcido Pedro Ferreira y otros*"), consideró que en virtud de la entrada en vigencia de la Ley Orgánica del Tribunal Supremo de Justicia, existía la posibilidad de revisar

> "la sentencias dictadas por las demás Salas integrantes del Tribunal Supremo de Justicia cuando se denuncien: i) violación de principios jurídicos fundamentales contenidos en la Constitución de la República Bolivariana de Venezuela, Tratados, Pactos o Convenios Internacionales suscritos y ratificados válidamente por la República y ii) cuando estas sentencias se hayan dictado con ocasión de: a) error inexcusable, b) dolo, c) cohecho o d) prevaricación y, el último supuesto legal (artículo 5, cardinal 16 de la Ley Orgánica del Tribunal Supremo de Justicia), que se limitó a reproducir lo establecido en el artículo 336, cardinal 10 constitucional, el cual ha sido objeto de un desarrollo exhaustivo por esta Sala en la referida sentencia N° 93/01, entre otras."[777]

En todo caso, la inconstitucionalidad de la referida norma en nuestro criterio es múltiple: primero, porque la Constitución no permite que una Sala del Tribunal Supremo pueda revisar las sentencias de otras Salas del mismo Tribunal. Todas las Salas son iguales, y no puede, por tanto, la Sala Constitucional, revisar las senten-

---

776 En sentencia de la Sala Constitucional N° 899 de 31-5-2002, la Sala se había arrogado la competencia para de oficio dejar sin efecto dediciones judiciales que considerase quebrantaban preceptos constitucionales. Véase en *Revista de Derecho Público*, N° 85-88, Editorial Jurídica Venezolana, Caracas 2001, pp. 393-394.

777 Véase Caso: *Jesús Ángel Barrios Mannucci; Revisión decisión Sala de Casación del Tribunal Supremo de Justicia*, en *Revista de Derecho Público*, N° 116, Editorial Jurídica Venezolana, Caracas 2008, pp. 242 ss.

cias de las otras Salas y menos las sentencias de la Sala Plena en cuyas decisiones participan todos los Magistrados del Tribunal Supremo, incluyendo los de la Sala Constitucional; y segundo, porque la Constitución sólo permite a la Sala Constitucional revisar las sentencias definitivamente firmes de amparo y de control difuso de la constitucionalidad, y ninguna otra más.

5. *La revisión constitucional y el incidente de constitucionalidad sólo en el caso de sentencias del las otras Salas del Tribunal Supremo*

Con motivo del ejercicio del control difuso de la constitucionalidad de las leyes, particularmente por las otras Salas del Tribunal Supremo de Justicia, como se ha dicho, la Sala Constitucional desarrolló un mecanismo de control abstracto, vía incidente, de control de la constitucionalidad de las leyes, desarrollando incluso poderes de control de oficio. Es decir, partiendo de la aplicación del método difuso de control de constitucionalidad, la Sala Constitucional desarrolló otro mecanismo de control concentrado de la constitucionalidad, al declarar la nulidad con efectos generales de disposiciones legales por vía de lo que ha llamado incidente de constitucionalidad.

En efecto, mediante sentencia N° 1225 de 19 de octubre de 2000, la Sala Constitucional trató el tema referente a la derogación tácita de leyes preconstitucionales por la entrada en vigencia de la Constitución, respecto de lo cual señaló que correspondiéndole "declarar la derogatoria con efectos *erga omnes* y *pro futuro* de una norma de rango legal vía la cláusula derogatoria única constitucional, en virtud del monopolio que en materia de protección constitucional le asigna la Constitución", tal poder podría "desplegarlo la Sala aun de oficio en los casos que le toque resolver, o a través de un recurso directo de inconstitucionalidad"... Sin embargo, al constatar la Sala la posibilidad de que mediante el ejercicio del control difuso de la constitucionalidad de las leyes previsto en el artículo 334 de la Constitución, otras Salas del Tribunal Supremo o cualquier tribunal de la República pudieran desaplicarlas "respecto al caso concreto, sin tener que emitir pronunciamiento alguno sobre su derogación, pero sí sobre su incongruencia material con alguna norma constitucional"; precisó que:

> En atención a la incidencia en el ordenamiento jurídico de tal cuestión, el Tribunal o Sala desaplicante deberán remitir a esta Sala Constitucional copia de la decisión, a la cual anexarán copia de los autos, con el fin de someterlo a la revisión correspondiente, todo en obsequio de la seguridad jurídica y de la coherencia que debe caracterizar al ordenamiento jurídico en su conjunto[778].

Esta doctrina jurisprudencial, particularmente en relación con las otras Salas del Tribunal Supremo también fue regulada expresamente en la Ley Orgánica del Tribunal Supremo de 2004, al imponerse la obligación a sus Salas de informar a la Sala Constitucional sobre las decisiones que adopten en materia de control difuso, a los efectos de que esta resuelva en abstracto sobre la inconstitucionalidad de la ley respectiva.

---

778 Véase en *Revista de Derecho Público*, N° 84, Editorial Jurídica Venezolana, Caracas 2000, pp. 259-260

En efecto, en el artículo 5°, párrafo 1°,22 de la Ley Orgánica se atribuyó a la Sala Constitucional competencia para efectuar el "examen abstracto y general sobre la constitucionalidad de una norma previamente desaplicada mediante control difuso de la constitucionalidad por una Sala del Tribunal Supremo de Justicia, absteniéndose de conocer sobre el mérito y fundamento de la sentencia pasada con fuerza de cosa juzgada"; a cuyo efecto, en el artículo 5°, párrafo 5°, se dispuso que:

"De conformidad con el numeral 22 de este artículo, cuando cualquiera de las Salas del Tribunal Supremo de Justicia haga uso del control difuso de la constitucionalidad, únicamente para un caso concreto, deberá informar a la Sala Constitucional sobre los fundamentos y alcances de la desaplicación adoptada para que ésta proceda a efectuar un examen abstracto sobre la constitucionalidad de la norma en cuestión, absteniéndose de revisar el mérito y alcance de la sentencia dictada por la otra Sala, la cual seguirá conservando fuerza de cosa juzgada. En caso que el examen abstracto de la norma comporte la declaratoria total o parcial de su nulidad por inconstitucional, la sentencia de la Sala Constitucional deberá publicarse en la Gaceta Oficial de la República Bolivariana de Venezuela y en la Gaceta Oficial del Estado o Municipio, de ser el caso."

Por supuesto, en este caso, la Sala Constitucional estaría obligada a iniciar el proceso constitucional de inconstitucionalidad de las leyes, abriendo el contradictorio y citando, mediante cartel, a todos los que puedan tener interés en ello, aplicando analógicamente el procedimiento del proceso constitucionalidad de inconstitucionalidad de las leyes regulado para cuando se inicia mediante acción popular.

6. *La extensión del incidente de constitucionalidad para la revisión de sentencias sin participación de las partes en el proceso*

La Sala Constitucional, sin embargo, aún en ausencia de previsiones legales en la Ley Orgánica del Tribunal Supremo de 2004, extendió el incidente de constitucionalidad a todas las sentencias de los jueces de instancia en las que se declare la inconstitucionalidad de una norma, vía el control difuso de la constitucionalidad, indicando en sentencia N° 127 del 31 de enero de 2007 (caso: *"Juan Carlos Peralta"*), la obligación que tienen todos los jueces de someter a consulta de la sala Constitucional las sentencias de control difuso, indicando o siguiente:

"(...) En los términos reseñados, debe considerarse que la legislación estudiada no reporta novedad en cuanto al tratamiento que venía dando la Sala, antes de su vigencia, a las sentencias definitivas de control difuso de la constitucionalidad dictadas por los órganos judiciales, y aun cuando ese cuerpo normativo no señaló explícitamente su obligación de elevar tales fallos a la consulta de esta Sala, tal proceder -como antes se vio- es indispensable de cara a preservar la eficacia de la figura tratada, en tanto mecanismo de conexión entre ambas modalidades de control de la constitucionalidad (difuso y concentrado), razón por la cual no caben dudas en cuanto a su actual aplicabilidad.

La sentencia, sin embargo, fue más allá de la previsión de una revisión automática de sentencias en las cuales se hubiese ejercido el control difuso de constitucionalidad, y estableció que en el procedimiento que se desarrolla ante la Sala, las partes del proceso en el cual se dictó la sentencia no pueden intervenir, declarando el procedimiento como un procedimiento objetivo en el cual las partes nada tienen que argumentar. La sentencia, en efecto dispuso que:

> La figura de la consulta, así entendida, arroja luces sobre su naturaleza objetiva, en cuanto instrumento de articulación -vía precedente judicial- entre el control difuso (en manos de todos los órganos jurisdiccionales) y el control concentrado (a cargo de esta Sala, respecto de los actos dictados en ejecución directa e inmediata la Constitución). Ese carácter objetivo, entonces, impide considerar la consulta en referencia como una instancia recursiva que permita a las partes impugnar cualquier gravamen derivado del fallo de desaplicación, pues se supone que tal debate se llevó a cabo -precisamente- en las instancias que le otorgaron su fuerza de definitiva y no compete a la Sala revisar tales juzgamientos. Su función a través de esta vía está ceñida a señalar si el control difuso fue efectuado correctamente o no.
>
> Así las cosas, no cabe admitir la participación de las partes que trabaron el juicio dentro del cual tuvo lugar la desaplicación normativa, cuando se active la consulta sobre el control difuso, en la medida en que -como se señaló- no constituye un mecanismo destinado a resguardar su situación jurídica controvertida, sino la preservación de la uniformidad del orden constitucional (...)".[779]

7. *La inadmisibilidad del recurso de revisión si previamente el juez ha sometido a consulta la sentencia que ejerce el control difuso*

El absurdo de la jurisprudencia de la Sala Constitucional, al desarrollar el mecanismo de revisión automática y obligatoria de las sentencias en las cuales se haya ejercido el control difuso de constitucionalidad, que deben ser remitidas a la sala Constitucional, ha llegado al extremo de negar o considerar inadmisible los recursos extraordinarios de revisión contra esas mismas sentencias intentados por las partes, si está pendiente de decisión una consulta sobre la misma sentencia.

Es decir, cuando se ejerce un recurso de revisión de una sentencia en la cual se ejerció el control difuso de constitucionalidad, si la misma sentencia ha sido remitida la Sala Constitucional en virtud de la consulta del control difuso de la constitucionalidad efectuado, "con la finalidad que la Sala estudie la conformidad constitucional de la norma desaplicada en el marco de su potestad de interpretación de la Constitución, ya que sus decisiones son vinculantes para todos los órganos jurisdiccionales del país, y los mismos están obligados a decidir con base en el criterio interpretativo que haga de las normas constitucionales, pues, de no ser así, ello implicaría, además de una violación a la Constitución, una distorsión a la certeza jurídica y, por lo tanto, un quebrantamiento del Estado de Derecho (Vid. Sentencia de la Sala N° 93/2001)."[780]

De ello, la Sala Constitucional ha deducido, sin fundamento alguno, que una vez que un juez de instancia ha sometido a consulta una sentencia donde realizó el control difuso de la constitucionalidad de una ley, entonces ya no puede interponerse un

779 Citada en la sentencia de la Sala Constitucional de 04-05-2007 (Caso *Nelson Mezerhane*) (Exp. 07-0353)

780 *Id*

recurso extraordinario contra la sentencia. Así, en sentencia N° 990 del 11 de mayo de 2006 (caso: *"Hernando Díaz Candia Bernardo y otros"*), señaló lo siguiente:

> "(...) Como quedó apuntado anteriormente, la sentencia que pretenden los solicitantes se revise, declaró improcedente la suspensión de los efectos de la Providencia Administrativa N° PADS-453, dictada por el Director General de la Comisión Nacional de Telecomunicaciones (CONATEL), en lo que se refiere a la sanción impuesta a la parte accionante consistente en una multa de veinticinco mil unidades tributarias (25.000 UT) de conformidad con lo dispuesto en el numeral 1 del artículo 166 de la Ley Orgánica de Telecomunicaciones, a la vez que desaplicó para el caso en concreto el artículo 205 de la Ley Orgánica de Telecomunicaciones.
>
> Ahora bien, estando en presencia de la desaplicación de normas, el artículo 5 numeral 22 de la Ley Orgánica del Tribunal Supremo de Justicia le impone a esta Sala Constitucional, como máximo garante e intérprete de la Constitución, el deber de efectuar un examen abstracto y general sobre la constitucionalidad de la norma previamente desaplicada mediante control difuso -en este caso- por otra Sala de este alto Tribunal, absteniéndose de conocer sobre el mérito y fundamento de la sentencia pasada en autoridad de cosa juzgada.
>
> Esa labor de juzgamiento atribuida a esta Sala, trae como consecuencia, que mientras esté pendiente por decidir lo acertado o no de la aplicación del control difuso -en este caso- del artículo 205 de la Ley Orgánica de Telecomunicaciones, no es admisible una solicitud de revisión a instancia de parte sobre la licitud de la constitucionalidad de la sentencia dictada, como medio de control, toda vez que, si esta Sala, en su labor de juzgamiento considera que el control difuso fue ejercido incorrectamente, el dispositivo de la sentencia que de ella emane, lógicamente debe ordenar se dicte una nueva sentencia con sujeción a lo que se dictamine en el fallo, y obviamente los efectos de la sentencia analizada quedarían enervados. Es decir, que el pronunciamiento que se efectúe por parte de esta Sala Constitucional sobre el control difuso aplicado en determinada sentencia, tiene prelación, a cualquier medio extraordinario de control que se ejerza sobre la licitud de la referida sentencia, pues se trata como refiere el artículo 5 numeral 22 de la Ley Orgánica del Tribunal Supremo de Justicia, de un análisis general y abstracto de la constitucionalidad de la norma previamente desaplicada que interesa al orden público general, y no de la constitucionalidad de la sentencia como tal, que sólo tendrá incidencia en el caso en concreto. ....
>
> Como consecuencia de lo anteriormente expuesto, la presente solicitud de revisión no puede ser resuelta de inmediato, pues como antes se dijo se encuentra pendiente la consulta de un fallo emanado de la Sala Político-Administrativa, a la cual se exhorta -en lo adelante- a cumplir en tiempo oportuno con lo dispuesto en el párrafo cuarto del artículo 5 de la Ley Orgánica del Tribunal Supremo de Justicia (...)".[781]

La Sala Constitucional posteriormente, en sentencia de 4 de mayo de 2007 (Caso *Mezerhane*) ha advertido que:

---

781 *Id*

"pendiente la consulta del control de la constitucionalidad le corresponderá a la Sala analizar el ejercicio del control difuso en la interpretación de la norma, dado el propósito y razón de esta especial labor de juzgamiento atribuida a la Sala, atendiendo a la doctrina constitucional imperante, lo que viene a significar que el fallo que desaplica una norma por control difuso de la constitucionalidad está sujeto a la labor de consulta por parte de esta Sala, puesto que puede ser confirmado o no su criterio, lo cual genera una prejudicialidad que priva ante la eventual revisión que se solicite de éste."[782]

La Sala concluyó entonces, con la declaración general de que en esos casos, el recurso extraordinario de revisión que se pueda interponer contra el mismo fallo por la parte interesada, es "inadmisible", violando sin duda el derecho de acceso a la justicia y el mismo artículo 336.10 de la Constitución. Sobre esto, el Magistrado Rondón Haaz, en su voto salvado a esa sentencia, indicó:

En primer lugar, destaca la incongruencia entre estas afirmaciones y la dispositiva, ya que de aquellas no se deriva causa alguna de inadmisibilidad sino, en todo caso, de prejudicialidad, tal como lo resolvió la Sala en el precedente que se citó, la sentencia n° 990 de 11-05-06.

En segundo lugar, de esta decisión se concluye que no existiría la posibilidad de interposición de solicitudes de revisión con fundamento en los artículos 336.10 de la Constitución y de la Ley Orgánica del Tribunal Supremo de Justicia y 5.4 y 5.16 de la Ley Orgánica del Tribunal Supremo de Justicia, en los casos en que el motivo de la solicitud sea la desaplicación de normas ya que, en estos casos, siempre prelará la consulta obligatoria a la que se deben someter este tipo de actos jurisdiccionales por parte del juez que los pronuncie, la cual crearía una cosa juzgada que impediría la formulación de argumentos acerca del asunto ya resuelto: la contrariedad a derecho o no de la desaplicación que se hubiere hecho en el caso concreto.

Se pretende derogar así, sin más, el artículo 5.4 de la Ley que rige a este Máximo Tribunal, que dispone:

"*Artículo 5*. Es de la competencia del Tribunal Supremo de Justicia como más alto Tribunal de la República. / (...)

4. Revisar las sentencias dictadas por una de las Salas, cuando se denuncie fundadamente la violación de principios jurídicos fundamentales contenidos en la Constitución de la República Bolivariana de Venezuela, Tratados, Pactos o Convenios Internacionales suscritos y ratificados válidamente por la República, o que haya sido dictada como consecuencia de un error inexcusable, dolo, cohecho o prevaricación; / (...)" (Subrayado añadido).

¿Cómo se podrá denunciar la violación de principios jurídicos fundamentales o que una sentencia de desaplicación fue dictada como consecuencia de un error inexcusable, dolo, cohecho o prevaricación si no se puede pedir la revisión?

---

782 *Id*

Por otra parte, queda también sin efecto lo que establece el aparte tercero del mismo artículo 5:

"De conformidad con lo previsto en la Constitución de la República Bolivariana de Venezuela, todo tribunal de la República podrá ejercer el control difuso de la constitucionalidad únicamente para el caso concreto, en cuyo supuesto dicha sentencia estará expuesta a los recursos o acciones ordinarias o extraordinarias a que haya lugar; quedando a salvo en todo caso, que la Sala Constitucional haga uso, de oficio o a instancia de parte, de la competencia prevista en el numeral 16 de este artículo y se avoque a la causa para revisarla cuando ésta se encuentre definitivamente firme."

No ofreció la mayoría sentenciadora ningún argumento para la transformación de lo que declaró como motivo de prejudicialidad en una causal de inadmisibilidad."[783]

Con base en todos estos argumentos, la Sala Constitucional, en sentencia de 4 de mayo de 2007, con motivo de decidir un recurso extraordinario de revisión constitucional que se había intentado contra una sentencia en la cual el juez había ejercido el control difuso de constitucionalidad, y que había sido enviada "en consulta" ante la Sala Constitucional; destacó que "en el caso de autos van aparejados el aspecto medular de análisis del control difuso y la solicitud de revisión constitucional, lógicamente atendiendo a sus ámbitos de objeto de control," indicando que el criterio expuesto en las sentencias antes citadas resultaba aplicable, en el entendido que el pronunciamiento que debía realizar la Sala sobre el control difuso aplicado en la sentencia enviada en consulta "tiene prelación a cualquier medio extraordinario de control que se ejerza sobre dicha sentencia." De ello la Sala concluyó que:

"a efectos de establecer una doctrina diáfana sobre la revisión de sentencias que resuelvan un control difuso, esta Sala concluye que no procede la revisión constitucional en casos como el de autos, por lo que en el presente caso la misma debe ser declarada inadmisible."[784]

En relación con esta sentencia, el Magistrado Pedro Rondón Haaz también salvó su voto, indicando que lo que se procedía en supuestos en los cuales "se pretenda la revisión de una sentencia de control de constitucionalidad, sometida como está ésta a consulta obligatoria ante esta Sala" era:

"la acumulación de los expedientes –el continente de la solicitud de parte y el continente de la consulta- para su resolución en conjunto, lo que permitiría tomar en cuenta los argumentos del solicitante respecto del control difuso y, una vez que sea resuelto ese punto, y sólo en caso de que se convalidase la desaplicación, se pasara al conocimiento de otros motivos de revisión que hubieren podido esgrimirse. En cambio, si se resuelve primero la consulta, habrá, se insiste, cosa juzgada respecto al punto del ejercicio del control de constitucionalidad con lo cual se privaría a las partes de la oportunidad de formulación de ale-

783 *Id*

784 *Id*

gaciones al respecto; alegatos que, si bien, en principio (salvo que se trate de sentencias de otras Salas del Tribunal Supremo de Justicia) son irrelevantes para la Sala en lo que a los intereses subjetivos de las mismas se refiere, cobran protuberancia a título de colaboración con la labor de tuición de la integridad y coherencia de la interpretación de las normas, principios y valores constitucionales de las que es máximo garante esta Sala Constitucional. Si se tratase de decisiones de otras Salas, habría un verdadero derecho de las partes a la presentación de sus argumentos porque, en esos casos, la Sala ha reconocido la posibilidad de que se pida y se obtenga protección a los derechos constitucionales de los justiciables a través de la revisión constitucional.

En el asunto de autos, los únicos motivos de revisión que esgrimió el peticionario conciernen al errado control de constitucionalidad que se habría hecho en la sentencia objeto de su pretensión, lo cual hace especialmente patente que una sola decisión podría haber abarcado tanto la consulta como la solicitud sin necesidad, sin siquiera, de un eventual examen subsidiario de otros alegatos. Por el contrario, si la Sala llega a la conclusión, con ocasión de la consulta, de que resultó contraria a derecho la desaplicación de norma legal que se hizo, la pretensión del solicitante habría quedado satisfecha, de modo que no habría lugar al ejercicio de la revisión y si llega a la conclusión contraria, se le habrá privado de la posibilidad de presentación de sus argumentos jurídicos, los cuales habrían podido ser de utilidad para la juzgadora.[785]

V. EL TRATAMIENTO DE LA POTESTAD DE REVISIÓN CONSTITUCIONAL DE SENTENCIAS EN LA LEY ORGÁNICA DEL TRIBUNAL SUPREMO DE 2010

De acuerdo con las previsiones de Ley Orgánica del Tribunal Supremo de Justicia de 2010,[786] contra las sentencias dictadas por el Tribunal Supremo de Justicia, en cualquiera de sus Salas, siendo el más alto Tribunal de la República, no se puede oír ni admitir acción o recurso alguno, "salvo lo que se dispone" en la Ley, que es lo previsto en el artículo 25.10, 25.11 y 25.12 de la Ley (Art. 3), en los cuales se regula la competencia de la Sala Constitucional para conocer del recurso de revisión constitucional de sentencias, incluyendo las de las otras Salas.

En este sentido, en el artículo 25.10 de la Ley Orgánica de 2010 se previó como competencia de la Sala Constitucional, sin relación alguna con sentencias de amparo o en las cuales se efectúe el control difuso como lo exige la Constitución, el:

> "10. Revisar las sentencias definitivamente firmes que sean dictadas por los Tribunales de la República, cuando hayan desconocido algún precedente dictado por la Sala Constitucional; efectuado una indebida aplicación de una norma o principio constitucional; o producido un error grave en su interpretación; o por falta de aplicación de algún principio o normas constitucionales".

785 *Id*

786 Véase Ley Orgánica del Tribunal Supremo de Justicia en *Gaceta Oficial* Nº 39.483 de 09-08-2010.

A esta competencia se suma la indicada en el artículo 25.11 y 25.12 de la Ley Orgánica de 2010, para:

> "11. Revisar las sentencias dictadas por las otras Salas que se subsuman en los supuestos que señala el numeral anterior, así como la violación de principios jurídicos fundamentales que estén contenidos en la Constitución de la República Bolivariana de Venezuela, tratados, pactos o convenios internacionales suscritos y ratificados válidamente por la República o cuando incurran en violaciones de derechos constitucionales.
>
> 12. Revisar las sentencias definitivamente firmes en las que se haya ejercido el control difuso de la constitucionalidad de las leyes u otras normas jurídicas, que sean dictadas por las demás Salas del Tribunal Supremo de Justicia y demás Tribunales de la República".

En la Constitución, como se ha señalado, la revisión constitucional de sentencias se había establecido como una competencia excepcional que tenía por objeto establecer la uniformidad de la aplicación e interpretación constitucional, al permitirle a la Sala Constitucional conocer, a su discreción, de los recursos extraordinarios de revisión que se pudieran intentar sólo en contra de sentencias definitivamente firmes de los tribunales emitidas en juicios de amparo y con motivo de ejercer el control difuso de la constitucionalidad de las leyes.

Sin embargo, siguiendo la jurisprudencia de la propia Sala Constitucional en cuanto a la ampliación de sus propias competencias de revisión de sentencias, para abarcar las dictadas por las otras Salas del Tribunal Supremo y por los tribunales, distintas a las dictadas en juicios de amparo o con motivo de ejercer el control difuso de la constitucionalidad, el Legislador ha terminado de regularizar en la Ley Orgánica de 2010, sin fundamento constitucional por supuesto, esta amplísima competencia de revisión.

Por otra parte, en el caso específico del control difuso de la constitucionalidad de leyes, particularmente cuando es ejercido por las otras Salas del Tribunal Supremo de Justicia, la Sala Constitucional también había venido desarrollando un mecanismo de control abstracto, vía incidente, de la constitucionalidad de las leyes, desarrollando incluso poderes de control de oficio de la constitucionalidad. Es decir, partiendo del control difuso, la Sala Constitucional había desarrollado otro mecanismo de control concentrado de la constitucionalidad, al declarar la nulidad con efectos generales de disposiciones legales por vía de lo que ha llamado incidente de constitucionalidad.

Esta posibilidad ahora se ha recogido en el artículo 33 de la Ley Orgánica de 2010 al disponer que:

> "Cuando cualquiera de las Salas del Tribunal Supremo de Justicia y los demás tribunales de la República ejerzan el control difuso de la constitucionalidad deberán informar a la Sala Constitucional sobre los fundamentos y alcance de la desaplicación que sea adoptada, para que ésta proceda a efectuar un examen

abstracto sobre la constitucionalidad de la norma en cuestión. A tal efecto deberán remitir copia certificada de la sentencia definitivamente firme."[787]

En estos casos, conforme al artículo 34 de la Ley,

> "cuando se declare la conformidad a derecho de la desaplicación por control difuso, la Sala Constitucional podrá ordenar el inicio del procedimiento de nulidad que dispone esta Ley. Igualmente procederá cuando el control difuso de la constitucionalidad sea ejercido por dicha Sala."

Como se dijo, esta posibilidad ya se había establecido por la Sala Constitucional mediante sentencia N° 1225 de 19 de octubre de 2000,[788] particularmente en relación con las otras Salas del Tribunal Supremo. Estando ahora regulada expresamente en la Ley Orgánica (Arts. 33 y 34), la Sala Constitucional estaría obligada a iniciar el proceso constitucional de inconstitucionalidad de las leyes, abriendo el contradictorio y citando, mediante cartel, a todos los que puedan tener interés en ello, aplicando analógicamente el procedimiento del proceso constitucionalidad de inconstitucionalidad de las leyes regulado para cuando se inicia mediante acción popular.[789]

En todo caso, la única norma procesal respecto de esta potestad de revisión de sentencia en la Ley Orgánica, se consagró en su artículo 35 en el cual se dispone que:

> "*Artículo 35.* Cuando ejerza la revisión de sentencias definitivamente firmes, la Sala Constitucional determinará los efectos inmediatos de su decisión y podrá reenviar la controversia a la Sala o Tribunal respectivo o conocer la causa, siempre que el motivo que haya generado la revisión constitucional sea de mero derecho y no suponga una nueva actividad probatoria; o que la Sala pondere que el reenvío pueda significar una dilación inútil o indebida, cuando se trate de un vicio que pueda subsanarse con la sola decisión que sea dictada".

***

Como señalamos al inicio, la intención de la proposición formulada ante la Asamblea Nacional Constituyente para incorporar en la normativa sobre la justicia constitucional, la potestad de la Sala Constitucional del Tribunal Supremo de Justicia, como Jurisdicción Constitucional, para poder revisar por razones de inconstitu-

---

787 El artículo 5, párrafo 5° de la Ley Orgánica de 2004 agregaba en esta misma norma la aclaratoria lógica de que la sala debía abstenerse "de revisar el mérito y alcance de la sentencia dictada por la otra Sala, la cual seguirá conservando fuerza de cosa juzgada.

788 Véase en *Revista de Derecho Público*, N° 84, Editorial Jurídica Venezolana, Caracas 2000, pp. 259-260.

789 Véase también sobre el tema del contradictorio, la sentencia de la Sala Constitucional N° 806 de 24-04-2002 (Caso: *Sindicato Profesional de Trabajadores al Servicio de la Industria Cementera),* en *Revista de Derecho Público*, N° 89-92, Editorial Jurídica Venezolana, Caracas 2002, pp. 179 y ss.

cionalidad sentencias definitivamente firmes dictadas en materia constitucional, se concibió, tal como lo expusimos en 1999:[790]

Primero, como resultado de la interposición de un "recurso extraordinario de revisión." "Extraordinario," porque se trataba de vía procesal que se configuraba como una excepción al principio de la cosa juzgada que acompaña a las sentencias definitivamente firmes. "Recurso," pues la potestad de la Sala Constitucional solo se podía ejercer cuando una de las partes en el proceso judicial específico donde se había dictado la sentencia, asumiera la iniciativa de formular la petición o solicitud de revisión ante la Sala, como parte interesada. Ello descartaba totalmente la posibilidad de que la Jurisdicción Constitucional pueda, de oficio, es decir, sin instancia de parte, por la sola iniciativa quizás, por ejemplo, de alguno de sus Magistrados. Y "revisión," porque la potestad de la Jurisdicción Constitucional quedaba limitada a revisar la sentencia objeto del recurso, desde el punto de vista estrictamente constitucional, no pudiendo convertirse el mismo en otra nueva instancia en el proceso ya concluido.

Segundo, el objeto del recurso extraordinario de revisión, es decir, las sentencias que podían ser revisadas por la Sala Constitucional debían ser las sentencias definitivas y firmes de última instancia, que no podían ser objeto de recurso judicial alguno, pero con la especificidad de que debían ser dictadas en procesos en los cuales "se resolvieran cuestiones constitucionales relativas a las leyes." Es decir, las sentencias objeto del recurso extraordinario de revisión, sólo podían ser "sentencias constitucionales" dictadas por la jurisdicción ordinaria, en las cuales se plantearan y resolvieran cuestiones de constitucionalidad de las leyes, como son precisamente las dictadas en los juicios de amparo, que son de contenido esencialmente constitucional, y las dictadas por cualquier juez cuando para la decisión del caso concreto sometido a su consideración, ejerce el método difuso de control de constitucionalidad de las leyes, y resuelve desaplicar una ley que estima inconstitucional, aplicando preferentemente la Constitución.

Tercero, como de acuerdo con el artículo 335 de la Constitución, todas y cada una de las Salas del Tribunal Supremo de Justicia, y no sólo la Sala Constitucional, "garantizará la supremacía y efectividad de las normas y principios constitucionales;" y "será el máximo y último intérprete de esta Constitución y velará por su uniforme interpretación y aplicación," por supuesto, en el ámbito de sus respectivas competencias judiciales, la concepción del recurso extraordinario de revisión ante la Sala Constitucional se formuló apuntando a que las sentencias sujetas a revisión eran las dictadas por los tribunales de instancia, y no pensando que las sentencias dictadas por las otras Salas del Tribunal Supremo o por la Sala Plena, que pudieran dictar en su respectivo carácter de "máximo y último intérprete de esta Constitución," en materia constitucional, es decir, en materia de amparo o ejerciendo el control difuso de constitucionalidad.

Cuarto, si bien la iniciativa para dar lugar a la revisión de sentencias, conforme al principio dispositivo, se colocaba en cabeza de una parte interesada, que debía haber sido parte en el proceso judicial donde se dictó la sentencia, quien tenía derecho a

790 Véase Allan R. Brewer-Carías, *Debate Constituyente (Aportes a la Asamblea Nacional Constituyente)*, Fundación de Derecho Público, Caracas 1999, Tomo III, p. 105.

ejercer el recurso extraordinario de revisión ante la Sala Constitucional, ésta, sin embargo, no estaba obligada a oír el recurso, teniendo la potestad discrecional de decidir oírlo o no, según su apreciación sobre el tema constitucional planteado, la necesidad de formular una interpretación constitucional o propugnar a la uniformización de la jurisprudencia constitucional.

Lo anterior fue precisamente lo que se resumió en el contenido de la norma del artículo 336.10 de la Constitución de 1999, al asignar a la Sala Constitucional competencia "revisar las sentencias definitivamente firmes de amparo constitucional y de control de constitucionalidad de leyes o normas jurídicas dictadas por los tribunales de la República, en los términos establecidos por la ley orgánica respectiva."

Este marco constitucional original del recurso extraordinario de revisión, sin embargo, como se puede apreciar de lo antes expuesto al analizar la trayectoria de la jurisprudencia de la Sala Constitucional en la materia, en decisiones que luego, algunas, fueron convertidas en derecho positivo en normas de la Ley Orgánica del Tribunal Supremo de Justicia; sufrió una metamorfosis, de manera que:

Primero, el carácter exclusivamente de recurso que tenía la vía procesal de revisión constitucional, sujeta a la iniciativa de parte interesada, fue cambiado completamente, asumiendo la Sala Constitucional progresivamente poderes de oficio para revisar sentencias.

Segundo, las sentencias objeto de la revisión constitucional fue progresivamente ampliado, eliminándose la concepción constitucional restringida que sólo y exclusivamente se refiere a las sentencias dictadas en juicios de amparo o por los jueces con ocasión del ejercer el método difuso de control de constitucionalidad de las leyes, asumiendo la sala la revisión de todo tipo de sentencia, lo que se reguló en la Ley Orgánica, aún cuando conservando el motivo de revisión sólo respecto de cuestiones constitucionales.

Tercero, mediante el desarrollo jurisprudencial de la potestad de revisión constitucional de sentencias, también fueron sometidas a la potestad revisora de la sala Constitucional, las sentencias dictadas por las otras Salas del Tribunal Supremo, incluyendo la Sala Plena, en la cual participan los propios Magistrados de la Sala Constitucional.

Cuarto, en cuanto a las sentencias dictadas por cualquier tribunal de la República, incluyendo las otras Salas del Tribunal Supremo de Justicia cuando ejercen el método difuso de control de constitucionalidad de las leyes, el desarrollo jurisprudencial efectuado por la Sala Constitucional en la materia, ha desembocado en la imposición de un mecanismo de revisión constitucional automática y obligatoria, de manera que las mismas deben ser informadas y remitidas a la Sala Constitucional para su revisión. En esos casos, la revisión de la sentencia respectiva se puede realizar sin intervención de la parte interesada, cuyo derecho a ejercer el recurso extraordinario, incluso, se ha cercenado cuando esté pendiente de decisión una consulta en la materia.

QUINTA PARTE

EL JUEZ CONSTITUCIONAL Y EL CONTROL DE CONSTITUCIONALIDAD RESPECTO DE LAS ASAMBLEAS CONSTITUYENTES

El texto de esta Quinta parte es el de la primera parte del libro: *La Patología de la Justicia Constitucional*, Tercera edición ampliada, Editorial Jurídica Venezolana, Caracas, 2015, pp. 43-197.

SECCIÓN PRIMERA:

EL JUEZ CONSTITUCIONAL Y EL CONTROL DE CONSTITUCIONALIDAD RESPECTO DE LA CONVOCATORIA DE ASAMBLEAS CONSTITUYENTES NO PREVISTAS NI REGULADAS EN LA CONSTITUCIÓN

No ha sido infrecuente que en América latina, ante la crisis de los sistemas políticos, y ante la falta de respuesta de las instituciones democráticas, se plantee la necesidad de recomponer el sistema político apelando a la voluntad popular, mediante la convocatoria de una Asamblea Constituyente. Sin embargo, ello, para ser factible, tiene que tener una regulación constitucional.

En efecto, los mecanismos para la reforma de la Constitución en una sociedad democrática constituyen una de las piezas esenciales del Estado Constitucional, del Estado de derecho y de la democracia constitucional,[791] pues al ser establecidos en la propia Constitución, puede decirse que la soberanía popular queda perfectamente juridificada; es decir, sujeta a limitaciones en cuanto a su manifestación, no sólo impuestas a los órganos del Estado mismo, sino al funcionamiento de la propia democracia y a la manifestación de dicha soberanía popular.

Por ello, si bien en la generalidad de las Constituciones se proclama que la soberanía reside en el pueblo o que corresponde al pueblo del cual emanan todos los poderes del Estado, sin embargo, le imponen al propio pueblo, en su ejercicio, la

791 Véase lo expuesto en Allan R. Brewer-Carías, "La reforma constitucional en una sociedad democrática" (Conferencia dictada en el acto de presentación del libro *Visión y análisis comparativo de reformas constitucionales en Iberoamérica,* Senado de la República Dominicana, Santo Domingo 12 de julio 2006), en *Estudios sobre el Estado constitucional (2005-2006),* Editorial Jurídica Venezolana, Caracas, 2007, pp. 709-712. Véase también en www.allanbre-wercarias.com, Sección I, 1, 943 (2006).

observancia de las propias disposiciones constitucionales. Por ello, a la soberanía popular en las Constituciones se la ha dotado de un carácter jurídico y no sólo fáctico, lo que por supuesto no implica que se haga de la Constitución una fuente de la soberanía misma. El pueblo es el soberano y, como tal, es el que juridifica, al adoptar la Constitución, el ejercicio de su propia soberanía, otorgando además, a la misma, carácter supremo. En el Estado constitucional, por tanto, es el pueblo el que se autolimita a través de la Constitución adoptada como norma suprema para ejercer la soberanía; de manera que la Constitución normativiza su ejercicio.

Pero sin duda, la soberanía, a pesar de ser dotada en las Constituciones de ese carácter jurídico, en definitiva resulta ser un concepto político o una cuestión de hecho, cuyo ejercicio en una sociedad democrática tiene que tender a fundamentarse en el consenso político, para lograr que sea, precisamente, la expresión del pueblo. En otras palabras, el ejercicio de la soberanía popular en un Estado constitucional de derecho, nunca puede consistir en la imposición de la voluntad de una fracción sobre la otra. Tiene que buscar responder al consenso político, que por supuesto es cambiante, como también es cambiante el juego de las relaciones sociales y políticas.

La clave del éxito de las Constituciones, como normas dotadas de supremacía, en cualquier sociedad democrática es, precisamente, llegar a ser el resultado del consenso o de un pacto de toda una sociedad –y no de voluntades circunstanciales– y, además, poder prever en sus normas, tanto la forma de materialización de los cambios constitucionales, como los mecanismos que permitan garantizar, en su momento, que la voluntad popular no vaya a ser suplantada.

Por eso, la normativización de la soberanía popular, más que una limitación impuesta por el propio pueblo a su manifestación, es una garantía para que al pueblo pueda asegurársele la libre determinación de decidir su futuro. Por eso es que decimos que la juridificación de la soberanía popular implica su autolimitación procedimental, mediante el establecimiento de normas que aseguren efectivamente la formación de la voluntad soberana.

En todo caso, los mecanismos de reforma constitucional deben ser regulados en las Constituciones en forma tal que asegurando la manifestación de la voluntad popular, a la vez, permita que se realicen los cambios necesarios que exige cualquier sociedad democrática. Se trata, siempre, de la búsqueda del equilibrio entre soberanía popular y supremacía constitucional, que son los principios que siempre están presentes en toda reforma constitucional: Por una parte, la supremacía constitucional, que implica que la Constitución es la ley de leyes, que obliga por igual a gobernantes y gobernados, prescribiendo los mecanismos para la reforma constitucional como límites a los poderes constituidos y al propio pueblo; y por la otra, la soberanía popular que faculta al pueblo, como titular de la soberanía, el ejercicio del poder constituyente para modificar el Estado constitucional, su organización y la propia Constitución, en la forma prescrita en ella misma.

El *primero*, el principio de la supremacía constitucional, es un concepto jurídico; y el segundo, el de la soberanía popular, es un concepto político (aunque juridificado); y en torno a ambos es que gira el poder constituyente, es decir, el poder de reformar la Constitución que siempre debe resultar de un punto de equilibrio entre ambos principios. Ni la supremacía constitucional puede impedir el ejercicio de la soberanía por el pueblo, ni este pueda expresarse al margen de la Constitución. En esta forma, en el equilibrio entre ambos principios, que es el equilibrio entre el derecho y los hechos, o entre el derecho y la política, es cómo el poder constituyente debe manifestarse en un Estado constitucional y democrático de derecho. Es decir, la reforma constitucional debe resultar del equilibrio previsto en la Constitución entre soberanía popular y supremacía constitucional, como juridificación del poder constituyente, para hacerlo operativo desde el punto de vista democrático.

Por todo lo anterior, puede decirse que la reforma de la Constitución o el poder de reforma constitucional, es un poder jurídico que descansa en un acto de autolimitación del poder constituyente el cual fija en el texto constitucional los mecanismos de actuación de ese poder de revisión. Por ello el artículo 375 de la Constitución de Honduras declara enfáticamente que ella en caso alguno pierde su vigencia ni deja de cumplirse "cuando fuere modificada por cualquier otro medio y procedimiento distintos del que ella mismo dispone;" y la Constitución de Venezuela igualmente dispone que la misma "no perderá su vigencia si dejare de observarse por acto de fuerza o porque fuere derogada por cualquier otro medio distinto al previsto en ella" (art. 333).

Lo importante a destacar, en todo caso, es que esta juridificación o fijación jurídica no implica que la soberanía nacional, como poder constituyente, desaparezca. En realidad puede decirse que por la propia autolimitación constitucionalmente establecida, una vez regulado el poder constituyente en la Constitución, el mismo entra en un estado latente pero teniendo siempre la posibilidad de manifestarse cuando sea requerido, conforme al procedimiento que el mismo pueblo ha instituido en el texto constitucional.

Por ello la importancia que tiene para el Estado constitucional democrático de derecho que esta juridificación del poder constituyente sea, en definitiva, un instrumento para el fortalecimiento de la democracia. Se trata de la previsión, en forma de normas, de los mecanismos pacíficos y racionales para que el pueblo adopte en un momento y circunstancias determinadas el orden político y jurídico apropiado para sus fines esenciales. De allí la posibilidad misma de plantear el mecanismo constitucional de la Asamblea Constituyente para la reforma de la Constitución, pero para ello, obviamente, el mismo tiene que ser previamente juridificada.

En todo caso, cualquiera que sea el procedimiento constitucionalmente establecido para la reforma constitucional, el mismo debe garantizar la manifestación democrática de la voluntad popular en el marco constitucional, y evitar que por la fuerza o por la expresión de mayorías circunstanciales se imponga la voluntad de una facción del pueblo sobre las otras. La historia, por lo demás, enseña que nada que se imponga a una sociedad por la fuerza perdura; ni nada que pretenda basarse en la imposición de la voluntad de una facción de la sociedad aplastando o excluyendo a las otras, perdura.

Una reforma constitucional, por tanto, para que perdure, por sobre todo, tiene que ser un instrumento para la inclusión, el consenso y la conciliación. Es cierto que a veces ha sido el resultado de un armisticio después de alguna guerra fraticida, como tantos ejemplos nos muestra la historia; en otros casos, ha sido el resultado de un pacto para evitar la confrontación, como también nos lo muestra la historia reciente. Pero en todo caso, debe ser un instrumento de conciliación, que permita no sólo adaptar las Constituciones a las exigencias políticas de los tiempos contemporáneos, sino que las mismas sean efectivamente la manifestación de la voluntad popular. Ese es el reto que todo país tiene al plantearse el tema de la reforma constitucional, cuya asunción tiene que garantizar la perdurabilidad de la democracia, perfeccionándola para todos. Ese es el reto, por lo demás, en los casos en los cuales se ha planteado la convocatoria de una Asamblea Constituyente para reformar la Constitución no estando dicha institución prevista en el propio texto constitucional. Dos experiencias recientes deben destacarse, en las cuales la respuesta del Juez Constitucional fue distinta: en el caso de Venezuela en 1999, el Juez Constitucional se abstuvo de decidir con claridad el conflicto planteado entre soberanía popular y supremacía constitucional, abriendo la vía de la Asamblea Constituyente mediante una sentencia ambigua;[792]; en el caso de Honduras en 2009, en cambio, el Juez Constitucional se enfrentó a los designios del Presidente de la República de querer imponer su voluntad de convocar una Asamblea Constituyente sin reformar la Constitución.

I. EL CASO DE COLOMBIA EN 1991: LA PROPUESTA DEL PRESIDENTE DE LA REPÚBLICA PARA LA REALIZACIÓN DE UNA CONSULTA POPULAR SOBRE LA CONVOCATORIA DE UNA ASAMBLEA NACIONAL CONSTITUYENTE NO PREVISTA EN LA CONSTITUCIÓN, SOBRE LA BASE DE UN ACUERDO POLÍTICO GENERAL DE CONSENSO Y LUEGO DE VARIAS CONSULTAS POPULARES, CON EL AVAL DEL JUEZ CONSTITUCIONAL

La crisis política en la cual se encontraba Colombia a finales de los años ochenta, con el colapso de los partidos políticos tradicionales, provocó la necesidad de buscar alternativas para recomponer el sistema político, habiéndose planteado la fórmula de convocar para ello a una Asamblea Constituyente. El debate político condujo a que durante el mandato del Presidente Virgilio Barco, en 1988 se concretara el intento de convocar un referendo constituyente, propuesta que sin embargo no pudo avanzar políticamente, no sólo por falta de acuerdo político general de consenso sobre el tema, sino porque en ausencia de ello, surgía sobre todo el escollo de que la institución de la Asamblea Constituyente no estaba regulada en la Constitución de 1886 como mecanismo de reforma constitucional.

El artículo 209 de la misma, en efecto, establecía los mecanismos para la reforma constitucional atribuyéndolo a los poderes constituidos, con la aprobación por mayoría cualificada del Congreso en dos legislaturas continúas. El tema era esencialmente político, por lo que el Presidente Barco promovió dicho acuerdo entre los partidos políticos y los movimientos sociales, conocido como el "Acuerdo de la Casa de Nariño" de fecha 20 de febrero de 1988, creando una Comisión para promover la Asamblea Constituyente. Dicho Acuerdo, sin embargo, fue anulado unos meses después de haber entrado en funcionamiento la Comisión, por sentencia del Consejo de Estado.

---

792 Véase Allan R. Brewer-Carías, *Asamblea Constituyente y Ordenamiento Constitucional*, Biblioteca de la Academia de Ciencias Políticas y Sociales, Caracas, 1999; y *Poder Constituyente Originario Y Asamblea Nacional Constituyente (Comentarios sobre la interpretación jurisprudencial relativa a la naturaleza, la misión y los límites de la Asamblea Nacional Constituyente),* Editorial Jurídica Venezolana. Caracas, 1999, 25 ss.

Luego del fracaso de este intento, el Gobierno del presidente Barco tomó la iniciativa legislativa para llevar a cabo la modificación constitucional necesaria, lo cual tampoco tuvo éxito, particularmente porque en el proyecto de reforma se había incorporado, además, la prohibición de la extradición de nacionales, que era un tema sensible particularmente frente al narcotráfico, y a las imputaciones que por este delito se habían efectuado en los Estados Unidos de América.

El proyecto de reforma fue retirado en diciembre de 1988, y otros acontecimientos políticos agravaron la situación política general, entre ellos, el asesinato del candidato presidencial Luis Carlos Galán, el aumento del terrorismo urbano, el asesinato de Carlos Pizarro, también candidato a la Presidencia por parte de los grupos guerrilleros. Incluso en ese mismo mes de diciembre se llegó a proponer la convocatoria de un "Referendo extraordinario por la paz y la democracia" que debería realizarse el 21 de enero de 1990 para consolidar los acuerdos de paz que se habían logrado con movimientos guerrilleros (M-19). La presión violenta que se originó por el narcotráfico para que la consulta al pueblo también se refiriera a la extradición, obligó al gobierno del presidente Barco a abandonar totalmente la iniciativa.

Fue entonces a comienzos de 1990 cuando grupos de estudiantes de varias universidades del país impulsaron la inclusión de lo que se llamó una "séptima papeleta" en las elecciones parlamentarias y municipales previstas para el 11 de marzo de 1990 permitiendo a la ciudadanía pronunciarse en favor o en contra de una Asamblea Constituyente, para así buscar apoyar para la convocatoria a una asamblea constituyente, a pesar de que este mecanismo de reforma constitucional no estaba autorizado en la Constitución y contrariaba expresa prohibición constitucional (artículo 13 del plebiscito de 1957).

Sin embargo, el respaldo a esta iniciativa popular por algo más de dos millones de votos que fueron contados informalmente, creó una situación de facto que el gobierno del Presidente Barco interpretó, adoptando el decreto N° 927 de 3 de mayo de 1990 por el cual se facultó a la organización electoral para contabilizar los votos que se depositaran en las elecciones presidenciales del 27 de mayo, para expresar apoyo o rechazo a la posibilidad de convocar una asamblea encargada de reformar la Constitución. El 86 por ciento de los colombianos se pronunció entonces por una asamblea constituyente que redactara una nueva Carta Fundamental.

Antes de la votación, y con motivo de la impugnación del Decreto N° 927 de 1990, sin embargo, la Corte Suprema dictó la sentencia N° 59 de 24 de mayo de 1990,[793] en la cual se afirmó –como lo reseño la Corte posteriormente en la sentencia N° 138 de 9 de octubre de 1990-, que la autorización que el Gobierno había hecho para que la organización electoral contabilizara los votos que se podían presentar por la convocatoria de una Asamblea Constitucional, encontraba:

> "sustento en las manifestaciones de violencia que continuamente azotan al país, en la ineficacia de las instituciones para enfrentar esas situaciones, en la necesidad de "rediseñar" dichas instituciones para ponerlas acordes con los tiempos modernos, en la decisión de la voluntad popular mayoritariamente expresada el pasado 27 de mayo en favor de la posibilidad de convocar una

---

793 Véase el texto en ftp://ftp.camara.gov.co/camara/basedoc/csjnf/sp/1990/csj_sp_s59_2505_1990.html

Asamblea Constitucional y –sobre todo– en el fundamento de legitimidad que debe tener la organización política."[794]

Con la votación que pudiese producirse en favor de la convocatoria de una Asamblea Constitucional, la Corte Suprema afirmó que se confería un mandato político, que como voluntad popular, debía ser contabilizada lo cual había sido ordenado en Decreto N° 927 de 1990. Por ello, en definitiva, dicho Decreto fue declarado constitucional por la Corte Suprema en la sentencia N° 59 de 24 de mayo de 1990, en la cual, entre otros aspectos, agregó – como luego lo resumió en la sentencia N° 138 de octubre de 1990- "que el fortalecimiento de las instituciones políticas fundamentales era necesario para hacer frente a las muy diversas formas de ataque a que se viene sometiendo la paz pública y que así lo había entendido la opinión nacional hasta convertirse en este punto en un "clamor popular" que tenia significación política; a este respecto dijo también: "Este movimiento ha sido tan eficaz, que los mismos alzados en armas en todos los acuerdos que vienen realizando con el Gobierno para poner fin a la subversión, han condicionado su reintegro a la vida civil a la realización de dicha Asamblea".[795]

Una vez electo César Gaviria como Presidente, luego del acuerdo político celebrado con los grupos políticos representados en el Congreso, puede decirse que recogió e institucionalizó el mandato electoral del 11 de marzo y del 27 de mayo de 1990 y lo elevó a la categoría de ley en sentido material emitiendo el Decreto legislativo N° 1926 24 de agosto de 1990[796] que dictó en ejercicio de las facultades de estado de sitio, mediante el cual fijó el temario sobre el cual debía versar la reforma de la Constitución y convocó a los colombianos para que el 9 de diciembre de 1990 eligieran a los miembros de la Asamblea. En esta forma, el gobierno asumió la iniciativa del proceso, pero trasladando parte de la responsabilidad del desarrollo, del mismo, por una parte, a la decisión que debí adoptar la Corte Suprema de Justicia sobre la constitucionalidad del decreto, con antelación a la realización de la votación; y por la otra, al electorado mismo, en dicha votación, para que eligiera los setenta de la Asamblea.

Este decreto, después de tres sucesivas expresiones de voluntad popular expresadas a partir de la "séptima papeleta," fue sometido a control de constitucionalidad por parte de la Corte Suprema de Justicia, la cual en sentencia N° 138 de 9 de octubre de 1990,[797] dictada antes de que se eligiera la Asamblea Constituyente, decidió que la misma era un órgano habilitado para ejercer el poder constituyente, para lo cual no tenía límite en el ejercicio de sus competencias, declarando sin embargo la inconstitucionalidad del decreto (inexequibilidad) sólo en cuanto a fijarle temario a la Asamblea restringiéndole sus atribuciones. La Corte, en la parte esencial final de la extensa sentencia decidió que:

---

794 Véase las referencia s la sentencia en http://hdhc.blogspot.com/2007/05/csj-sentencia-138-de-1990.html

795 Véase las referencias en la sentencia en http://hdhc.blogspot.com/2007/05/csj-sentencia-138-de-1990.html

796 Véase en *Diario Oficial* N° 39.512, de 24 de agosto de 1990. Véase el texto en http://www.presidencia.gov.co/prensa_new/decre-toslinea/1990/agosto/24/dec1926241990.pdf

797 Véase el texto en las referencia s la sentencia en http://hdhc.blogspot.com/2007/05/csj-sentencia-138-de-1990.html

"si bien el derecho a darse una Constitución jurídica, como reguladora de la organización política, surge inicialmente con la función primordial de limitar el ejercicio del poder, de atribuir competencias, también es cierto que hoy se le agrega la de integrar los diversos grupos sociales, la de conciliar intereses opuestos, en la búsqueda de lo que se ha denominado el consenso constitucional, por lo que el acuerdo sobre el contenido de la Constitución se convierte en una premisa fundamental para el restablecimiento del orden público, la consecución de la armonía social, la convivencia ciudadana y la paz, con todo lo que dicho concepto implica como fin último de la organización estatal [...] Tanto por razones filosóficas como jurisprudenciales, para definir si el Decreto 1926 de 24 de agosto de 1990 es constitucional no basta compararlo con los artículos 218 de la Constitución y 13 del Plebiscito del primero de diciembre de 1967 sino tener en cuenta su virtualidad para alcanzar la paz. Aunque es imposible asegurar que el mencionado decreto llevará necesariamente a la anhelada paz, no puede la Corte cerrar esa posibilidad.

Se recogen aquí, al más alto nivel normativo, las ideas de la Constitución como tratado de paz entre los individuos y grupos que componen la sociedad, y del constitucionalismo de consenso o de tregua como alternativa al constitucionalismo de guerra o de conflicto que ha caracterizado la evolución política nacional. En desarrollo de esta racionalidad de reconciliación democrática, la Corte declara exequible el decreto 1926, con excepción de su temario restringido y de la caución en dinero para garantizar la seriedad de 'la aspiración por parte de los candidatos a la asamblea, porque es preciso proceder con toda diligencia y previsión a interpretar los anhelos de cambio y renovación de las instituciones que ha expresado el pueblo, primero informalmente [el 11 de marzo] y luego del 27 de mayo en forma legítima y avalada por la propia sentencia Nº 59 de 24 de mayo de 1990 de la Corte Suprema de Justicia."[798]

En esta forma, la Asamblea Constituyente colombiana quedó facultada para reformar íntegramente la Carta Política, habiéndose elegido el 9 de diciembre de 1990 los 70 constituyentes que la compusieron, quienes asumieron dicha tarea, como en efecto lo hizo el año siguiente, cuando sancionó la Constitución de 1991.

Dicho proceso, gracias a la base de consenso político que existió para la convocatoria y composición de dicha Asamblea constituyente, y la subsiguiente sentencia de la Corte Suprema de Justicia que supo interpretar su rol en medio no sólo del consenso político existente, sino de la crisis política del país, el mismo pudo evolucionar posteriormente en forma democrática, como hoy lo constatamos. Para ello, como años después lo explicaría en Venezuela Cesar Gaviria Trujillo:

"Nuestra Asamblea Constituyente fue fruto de un sano equilibrio entre el pragmatismo político y la creatividad jurídica. Ambos se combinaron para abrir un camino nuevo que parecía inalcanzable, para movilizar políticamente a todo un país en torno a la idea de la necesidad de cambiar la Constitución por fuera del Congreso de la República. Y de que tal cambio tenía que trascender la sim-

798 Véase la cita en Hernando Valencia Villa, "El Constituyente de 1990 y la Constituyente de 1991," en http://www.banrepcul-tural.org/sites/default/files/lablaa/revistas/analisispoliti-co/ap11.pdf

ple operación de algunas instituciones. Lo que se requería era un cambio en los principios que fundaban la nacionalidad, en lo que comúnmente se denomina la parte dogmática de la Constitución."

Agregando sobre el consenso político logrado para convocar la Asamblea, lo siguiente:

"Apelamos entonces al mecanismo que fue usado para regresar a la democracia y hacerle frente a la violencia partidista, después de la ruptura constitucional del General Rojas, de crear el Frente Nacional. Ello fue un Acuerdo político que esta vez incluiría no solo a los partidos tradicionales de Colombia, el liberal y el Conservador, sino a las nuevas fuerzas políticas, el Movimiento de Salvación Nacional y el movimiento de la recién desmovilizada guerrilla, el M-19.

Después de una extensa negociación suscribimos dos acuerdos políticos con los jefes de los partidos y fuerzas políticas que obtuvieron en esas mismas elecciones más del 96% de los votos. En ellos se definieron los lineamientos generales para la convocación, elección, integración y organización de la Asamblea Constitucional. También se fijaron el número de sus delegatarios, sus poderes y su competencia, que estaba limitada a los temas de reforma señalados expresamente en él. Además, mediante esos acuerdos se convocó a la ciudadanía a votar el 8 de diciembre de 1990. Así, las fuerzas políticas eran las que respaldaban, en representación del pueblo, esta segunda etapa de auto convocatoria."[799]

Luego de dichos acuerdos políticos, y del consenso existente en el país, la Corte Suprema de Justicia, como Juez Constitucional adoptó su decisión, con la cual poniéndose a tono con el objetivo final de salvar la democracia y el Estado de Derecho, abrió la posibilidad de que se convocara la Asamblea Constituyente que por su integración plural pudo redactar la Constitución como pacto político o tratado de paz.

II. EL CASO DE VENEZUELA DE 1999: LA CONVOCATORIA POR EL PRESIDENTE DE LA REPÚBLICA DE UNA CONSULTA POPULAR SOBRE LA CONVOCATORIA DE UNA ASAMBLEA CONSTITUYENTE NO PREVISTA EN LA CONSTITUCIÓN, Y LA AMBIGUA DECISIÓN ADOPTADA POR EL JUEZ CONSTITUCIONAL (JURISDICCIÓN CONTENCIOSO ADMINISTRATIVA)

En Venezuela, también sumida en una grave crisis política que afectó a los partidos tradicionales, durante la campaña electoral presidencial de 1998, el entonces candidato Hugo Chávez Frías propuso al electorado como su fundamental propuesta política sobre el Estado, la convocatoria de una Asamblea Nacional Constituyente para "refundar el Estado", la cual tampoco estaba prevista en la Constitución de

799 Véase Cesar Gaviria Trujillo, ¿Cómo nació la Asamblea Constituyente colombiana?, *Palabras del Secretario General de la Organización de los Estados Americanos, César Gaviria en el encuentro "Jornadas Constituyentes" organizado por el Consejo Nacional Electoral de Venezuela,* Caracas, Venezuela, 15 de julio 1999, en http://7papeleta.org/2010/01/22/%C2%BFcomo-nacio-la-asamblea-constituyente-colombiana-cesar-gaviria-trujillo-caracas-1999/

1961 como un procedimiento válido para la reforma constitucional. La Constitución, en realidad sólo establecía expresamente dos mecanismos para su revisión, que eran la "enmienda" y la "reforma general."[800]

Una Asamblea Constituyente cuando no es producto de un golpe de Estado o una ruptura fáctica del orden constitucional, para poder ser convocada tiene que estar regulada constitucionalmente como mecanismo para la reforma de la Constitución, como a partir de la Constitución de 1999 se estableció expresamente en Venezuela.[801] En 1998, por tanto, ante la propuesta del entonces Presidente electo Hugo Chávez Frías sobre la Asamblea Constituyente, el problema jurídico que se planteaba era determinar cómo elegirla.

En esta forma, la misma crisis del régimen democrático que se había producido en Colombia en las mismas décadas de los ochenta y noventa, en Venezuela, a diferencia de lo que ocurrió en Colombia, no originó una recomposición democrática del sistema político que hubiese sido el producto de un consenso político entre todos los actores del sistema, pues en realidad lo que ocurrió fue el apoderamiento del poder por un solo grupo político, que lo asaltó a mansalva y con alevosía, utilizando fraudulentamente los instrumentos democráticos para terminar de destruir lo que quedaba de sistema de partidos, demoler las instituciones democráticas e imponer un régimen autoritario, lo que se inició precisamente mediante la convocatoria y elección en 1999 de una Asamblea Constituyente sectaria, exclusionista y excluyente. En Venezuela, lamentablemente no aprendimos las virtudes de la negociación y el consenso democráticos, y la Asamblea Constituyente de 1999, al contrario de la de Colombia en 1990, fue impuesta al país por una facción política que aplastó la institucionalidad democrática.

Sobre la propuesta de convocar la Asamblea Constituyente en Venezuela, a comienzos de 1999, nos referíamos al dilema jurídico de siempre en esta materia en el sentido si –decíamos–, ¿la vamos a convocar violando la Constitución o la vamos a convocar respetando la Constitución?, y agregábamos:

> "En el pasado, por la fuerza, siempre hemos optado por la primera vía; en el momento presente, con la globalización democrática que caracteriza al mundo contemporáneo y con el desarrollo político de nuestro propio pueblo, no habría derecho a que el nuevo gobierno y los partidos tradicionales, por su incomprensión, también nos lleven a tomar la vía del desprecio a la Constitución, precisamente, la "fulana Constitución," como se la ha calificado recientemente.
>
> Las fuerzas políticas tradicionales representadas en el Congreso tienen que aceptar que el sistema político iniciado en los años cuarenta, sencillamente ter-

---

800 Véase sobre estas previsiones Allan R. Brewer-Carías, "Los procedimientos de revisión constitucional en Venezuela" en *Boletín de la Academia de Ciencias Políticas y Sociales*, N° 134, Caracas 1997, pp. 169-222; y en Eduardo Rozo Acuña (Coord.), *I Procedimenti di revisione costituzionale nel Diritto Comparato,* Atti del Convegno Internazionale organizzato dalla Facoltà di Giurisprudenza di Urbino, 23-24 aprile 1997, a cargo del Prof., Università Degli Studi di Urbino, pubblicazioni della Facoltà di Giurisprudenza e della Facoltá di Scienze Politiche, Urbino, Italia, 1999, pp. 137-181.

801 Véase los comentarios sobre los mecanismos de reforma de la Constitución en la Constitución de 1999 en Allan R. Brewer-Carías, *La Constitución de 1999. Derecho Constitucional Venezolano*, Editorial Jurídica venezolana, Tomo I, Caracas 2004, pp. 157 ss.

minó, y tienen que entender que el precio que tienen que pagar por mantener la democracia, consecuencia de su incomprensión pasada, es reformar de inmediato la Constitución para establecer el régimen de la Asamblea Constituyente, en la cual, sin duda, nuevamente perderán cuotas de poder.

Pero las nuevas fuerzas políticas también representadas en el Congreso, y el presidente electo Hugo Chávez Frías, también tienen que entender que la Constitución no está muerta, que es el único conjunto normativo que rige a todos los venezolanos y que su violación por la cúpula del poder lo único que lograría sería abrir el camino a la anarquía.

Los venezolanos de comienzos del siglo XXI no nos merecemos una ruptura constitucional y tenemos que exigir que la inevitable y necesaria Asamblea Constituyente se convoque y elija lo más pronto posible, pero mediante un régimen establecido constitucionalmente, pues no hay otra forma que no sea mediante una reforma de la Constitución para establecer la forma de la Asamblea (unicameral o no), el número de sus integrantes, las condiciones y forma de su elección y postulación (uninominal o no) su rol democrático y su relación con los principios republicanos y de la democracia representativa, incluyendo, la separación de los Poderes Públicos.

Ninguna otra autoridad o poder del Estado puede establecer ese régimen y menos aún puede ser el resultado de una consulta popular o referéndum consultivo. Este, para lo único que sirve es para obtener un mandato popular que habría que actualizar constitucionalmente, mediante una reforma del Texto Fundamental. De lo contrario sería como si se pretendiera establecer la pena de muerte, prohibida en el artículo 51 de la Constitución, mediante un simple "referéndum consultivo." Si éste se realizase, lo único que significaría sería la expresión de una voluntad popular que habría de plasmarse en la reforma constitucional del artículo 51 de la Constitución, pero no podría nunca considerarse, en sí mismo, como una reforma a la Constitución.

Lo mismo sucede con el tema de la Asamblea Constituyente: la elección de Hugo Chávez Frías puede considerarse como la expresión de una voluntad popular pro constituyente que debe plasmarse en la Constitución mediante su reforma específica. Por ello, si el 23 de enero próximo el Congreso inicia la reforma específica de la Constitución para establecer el régimen de la Constituyente, para cuando se realice el referéndum consultivo prometido por el Presidente electo (60 días después del 15 de febrero, es decir, el 15 de abril) podría en realidad realizarse el referéndum aprobatorio de la reforma constitucional que regule la Constituyente y procederse a su convocatoria.

Esta es una fórmula para resolver el tema de la constitucionalización de la Asamblea Constituyente, la cual es indispensable para poder convocarla democráticamente, es decir, en el marco de la Constitución, conforme a la cual fue electo presidente Hugo Chávez Frías y se juramentará próximamente en su cargo."[802]

802 Véase Allan R. Brewer-Carías, (sobre la Asamblea Constituyente) "Necesaria e inevitable", en *El Universal*, Caracas, 19-01-1999, p. 1-14.

Por tanto, a comienzos de 1999, la discusión jurídica relativa a la posibilidad de la convocatoria de una Asamblea Constituyente en 1999 se centró en la cuestión de si resultaba o no necesario que dicho instrumento político estuviese previamente regulado en la Constitución; es decir, la discusión exigía resolver el dilema entre soberanía popular y supremacía constitucional. Con fundamento en el primer principio, el de la soberanía popular, se sostenía que mediante un *Referéndum* regulado incluso sólo legalmente, podía consultarse al pueblo sobre la convocatoria y régimen de la Asamblea Constituyente, y como resultado de esa manifestación del pueblo soberano, podía procederse a convocarla para reformar la Constitución aún cuando esta no previera su existencia, no siendo necesaria una reforma previa para regularla. Con fundamento en el segundo principio, el de la supremacía constitucional, se sostenía y sosteníamos[803] que para convocar una Asamblea Constituyente había que previamente preverla y regularla en la Constitución mediante una Reforma Constitucional.

Es decir, estando aún bajo la vigencia de la Constitución de 1961, la única forma de poder convocar una Asamblea Constituyente en Venezuela, era reformando la Constitución para regularla, y si no se reformaba la Constitución, era si ello resultaba de alguna interpretación judicial que se hiciese de la Constitución por parte de la Corte Suprema de Justicia, como juez constitucional, para precisamente, evitar que ocurriera una confrontación fáctica entre el principio de la soberanía popular y el principio de la supremacía constitucional.

El tema que se debatía en 1998 era en definitiva sobre la forma de convocar la Asamblea Constituyente que tanto había prometido el Presidente electo, en el sentido de que: o se reformaba previamente la Constitución para regularla y luego elegía, como planteábamos;[804] o se convocaba sin regularla previamente en la Constitución, sólo apelando a la soberanía popular al margen de las previsiones constitucionales[805] como lo planteaba el Presidente electo. Se trataba, en definitiva de resolver el conflicto constitucional mencionado entre supremacía constitucional y soberanía popular, que sólo la Corte Suprema podía enfrentar y asumir, pues sólo el juez contencioso administrativo actuando como juez constitucional podía hacerlo.

Sin embargo, aún antes de que se pudiera asumir que la Corte Suprema habría resuelto el conflicto, lo cierto es que el Presidente electo había optado pública y abiertamente por la segunda vía, anunciando públicamente su decisión de convocar la Asamblea Constituyente apenas asumiera la Presidencia de la República, el 2 de febrero de 1999, sin necesidad de reformar previamente la Constitución de 1961 para regularla. Durante esos días, en todo caso apoyado, por la popularidad que en

---

803 Véase Allan R. Brewer-Carías, *Asamblea Constituyente... op. cit.* p. 56.

804. Véase en Allan R. Brewer-Carías, *Asamblea Constituyente y Ordenamiento... cit.*, pp. 153 a 227; Allan R. Brewer-Carías, "El desequilibrio entre soberanía popular y supremacía constitucional y la salida constituyente en Venezuela en 1999, en *Revista Anuario Iberoamericano de Justicia Constitucional,* N° 3, 1999, Centro de Estudios Políticos y Constitucionales, Madrid 2000, pp. 31-56.

805. Sobre los problemas jurídicos que precedieron a la conformación de la Asamblea Nacional Constituyente, véase Hildegard Rondón de Sansó, *Análisis de la Constitución venezolana de 1999,* Editorial Ex Libris, Caracas, 2001, pp. 3-23.

ese momento tenía, formuló amenazas y ejerció indebida y públicamente presiones contra la Corte Suprema de Justicia buscando apoyo de su propuesta.[806]

La propuesta presidencial, en todo caso, consistía en utilizar ilegítimamente la vía de un referendo consultivo previsto en una ley para convertirlo en un "referendo decisorio," en fraude a la Constitución. En 1999, por ello, indicábamos que

> "La convocatoria a dicha Asamblea Constituyente, sin estar prevista en la Constitución, siempre consideramos que no sería otra cosa que un desconocimiento de la Constitución de 1961. En efecto, el referéndum consultivo que prevé el artículo 181 de la Ley Orgánica del Sufragio es un medio de participación popular de carácter consultivo y no de orden decisorio. Es evidente que una consulta al pueblo nunca podría considerarse inconstitucional, pues es una manifestación de la democracia. Pero pretender que mediante una consulta popular pudiera crearse un órgano constitucional, como la Asamblea Constituyente, establecerse su régimen y que pudiera proceder a realizar la reforma constitucional eso si podía considerarse inconstitucional, pues ello implicaría reformar la Constitución, y para ello, habría que seguir ineludiblemente el procedimiento pautado en el artículo 246 que exige la actuación del Poder Constituyente Instituido que implica, incluso, que la reforma sancionada se someta a un referéndum aprobatorio. Sustituir todo ello por un referéndum consultivo podía considerarse como una violación de la Constitución.
>
> El referéndum consultivo, en realidad, sólo es eso, una consulta que se traduce en la manifestación de un mandato político que debe ser seguido por los órganos constitucionales para reformar la Constitución y regular lo que la consulta popular propone. Pero pretender que con la sola consulta popular se pudiera crear un nuevo Poder Constituyente de reforma, podía significar el desconocimiento de la Constitución y la apertura del camino de la anarquía.
>
> El problema constitucional que estaba planteado, sin embargo, sólo podía ser resuelto por la Corte Suprema de Justicia, y así ocurrió con las mencionadas sentencias del 19-01-99."[807]

En efecto, para diciembre de 1998, la Corte Suprema conocía de sendos recursos de interpretación del artículo 181 de la Ley Orgánica del Sufragio y Participación Política, que era la única norma que regulaba los referendos consultivos, que habían sido intentados para que resolviera, justamente, sobre la posibilidad de una consulta popular (referendo consultivo) sobre la convocatoria de la Asamblea Nacional Constituyente, a través de un "referendo consultivo" como el establecido en dicha norma, y si "se puede determinar *la existencia de voluntad popular para una futura reforma constitucional* y, en caso afirmativo, si ese mecanismo legal de participación puede servir de fundamento a los efectos de convocar a una Asamblea Constituyente, de manera tal que se respete el ordenamiento constitucional vigente."

---

806 Véase las críticas que expresamos en su momento a las presiones presidenciales al Poder Judicial, en Allan R. Brewer-Carías, "Expresiones de Chávez atentan contra independencia del Poder Judicial," en *Cambio*. Mérida, 14 de febrero 1999, p. 3; y en *Frontera*. Mérida, 14 de febrero 1999, p. 3-A.

807 Véase en Véase en Allan R. Brewer-Carías, *Asamblea Constituyente y Ordenamiento... cit.*, pp. 181-182

El resultado de la presión política que se originó, fue precisamente la emisión de dos sentencias por la Corte Suprema, el 19 de enero de 1999,[808] dos semanas antes de que el Presidente electo tomara posesión de su cargo, en las cuales la Corte Suprema, sin resolver expresamente lo que se le había solicitado interpretar, sin embargo se refirió ampliamente al derecho constitucional a la participación política y glosó también ampliamente, aún cuando en forma teórica, la doctrina constitucional sobre el poder constituyente, desencadenando así el proceso que luego no pudo ni contener ni limitar, costándole como se dijo, su propia existencia.

En relación con el mencionado dilema que existía en ese momento político entre supremacía constitucional y soberanía popular, de la interpretación que se dio a las mencionadas sentencias de la Corte Suprema sobre si se podía convocar un *referéndum consultivo* sobre la Asamblea Constituyente, en definitiva se dedujo que la misma se podía crear mediante la sola manifestación de esa voluntad popular consultiva, aunque fuera expresada al margen de la Constitución de 1961, sin que ésta se reformara previamente.

El tema que debió enfrentar la Corte Suprema era dilucidar cuál principio de los dos que constituyen los dos pilares fundamentales que rigen al Estado Constitucional, debía prevalecer en Venezuela en ese momento: o el principio democrático representativo o el principio de la supremacía constitucional, lo que en todo caso exigía que se mantuviera el equilibrio entre ambos[809]. Para ello, la Corte comenzó por constatar que la Constitución de 1961, como cualquiera de las Constituciones rígidas contemporáneas (que son materialmente todas las del mundo, con excepción de la del Reino Unido y la de Israel), gozaban de supremacía, pues estaba "en el tope de la jerarquía normativa del país, de manera que su acatamiento está por encima de las leyes ordinarias". Esa Constitución de 1961 establecía el *Estado Constitucional*, que conforme a la sentencia:

> "cimienta su estructura y razón de ser en dos principios fundamentales: a) Por un lado, en la tesis de la *democracia* o "gobierno del pueblo, por el pueblo y para el pueblo"; b) por otro, en el principio de la *supremacía de la Constitución,* que coloca a esta en la cúspide del ordenamiento jurídico del Estado, lo cual *obliga tanto a los gobernantes como a los gobernados* a someterse a ella."

En estos párrafos, la sentencia destacó las bases del sistema constitucional venezolano, propios de un Estado Constitucional democrático representativo, es decir, un Estado organizado por una Constitución que goza de supremacía y rigidez; conforme al régimen de la democracia que indudablemente es representativa, en contraste

808 Véase el texto en *Revista de Derecho Público*, Nº 78-80, Editorial Jurídica Venezolana, Caracas 1999, pp. 55-73. Véase los comentarios a dichas sentencias en Allan R. Brewer-carías, "La configuración judicial del proceso constituyente o de cómo el guardián de la Constitución abrió el camino para su violación y para su propia extinción", en *Idem.* pp. 453 ss.; y en Allan R. Brewer-Carías, *Asamblea Constituyente y Ordenamiento Constitucional,* Academia de Ciencias Políticas y Sociales, Caracas 1999, pp. 151 ss.

809. Véase los comentarios sobre el dilema en Lolymar Hernández Camargo, *La Teoría del Poder Constituyente. Un caso de estudio: el proceso constituyente venezolano de 1999,* UCAT, San Cristóbal, 2000, pp. 53 y ss.; Claudia Nikken, *La Cour Suprême de Justice et la Constitution vénézuélienne du 23 Janvier 1961.* Thèse Docteur de l'Université Panthéon Assas, (Paris II), Paris 2001, pp. 366 y ss.

con la democracia directa que la praxis política dejó en la historia. Eso significaba, ni más ni menos, que la Constitución, como manifestación de la voluntad popular expresada como Poder Constituyente, era la norma suprema que obliga a los órganos del Poder Público, como Poderes Constituidos y a los ciudadanos, que sólo puede ser modificada conforme a sus propias normas (rigidez).

Sin embargo, formulado el planteamiento, la sentencia señaló la doble cuestión que estaba planteada en el recurso de interpretación que se le había formulado, y que es la tensión existía, por una parte, entre el principio de la *soberanía popular y de la democracia* y, por la otra, el principio de la *supremacía constitucional;* es decir, como dice la sentencia, por una parte:

> "Si la Constitución, como norma suprema y fundamental puede prever y organizar sus propios procesos de transformación y cambio, en cuyo caso, el principio democrático quedaría convertido en una mera declaración *retórica*";

y por otra parte,

> "o si se estima que, para preservar la soberanía popular, es al pueblo a quien corresponderá siempre, como titular del Poder Constituyente, realizar y aprobar cualquier modificación de la Constitución, en cuyo supuesto lo que se verá *corrosivamente* afectada será la idea de supremacía".

Después de realizar algunas citas doctrinales genéricas, la sentencia precisó el dilema así:

> "El asunto planteado es el dilema de si la propia Constitución, le es dado regular sus propios procesos de modificación y de reforma o si se considera que la soberanía corresponde directamente al pueblo, como titular del Poder Constituyente, reordenando al Estado. En el primer caso estaríamos en presencia del Poder Constituido. En el segundo, el Poder Constituyente tendría carácter absoluto e ilimitado".

De este dilema concluyó la Corte señalando que

> "Pareciera ocioso indicar que la idea de supremacía deja de tener sentido cuando se considera que Poder Constituyente y Poder Constituido se identifican y que el Poder Constituyente es creado por la Constitución, en lugar de considerarse a la Constitución como obra del Poder Constituyente".

La verdad es que de estos párrafos no se entiende constitucionalmente la conclusión del dilema entre soberanía popular y supremacía constitucional que planteó la Corte, pues la Constitución siempre es obra del Poder Constituyente que la sanciona, y es ese Poder Constituyente el que organiza políticamente a la sociedad prescribiendo un régimen democrático representativo, en el cual el pueblo solo puede actuar mediante sus representantes conforme a la Constitución que es obra del Poder Constituyente.

Este, el Poder Constituyente, al dictar la Constitución, es el que resuelve subsumirse en el marco de una Constitución otorgándole supremacía y prescribiendo la forma de su modificación, que no se verifica en forma alguna, por los Poderes constituidos, sino por el Poder Constituyente Instituido en la propia Constitución que se manifestaba finalmente mediante un *Referéndum aprobatorio* de la reforma constitucional (art. 246 de la Constitución de 1961), que implicaba la manifestación directa y final del pueblo soberano. No era acertado, por tanto, como lo hizo la Corte en la sentencia, confundir el Poder Constituyente Instituido de reforma de la Constitución con los Poderes Constituidos, los cuales no podían reformarla en ningún caso.

En ese dilema, si la Corte se atenía al sólo principio democrático de democracia representativa que está a la base del Estado constitucional, el pueblo soberano sólo podía manifestarse como poder constituyente instituido mediante los mecanismos de modificación constitucional previstos en la Constitución de 1961 (art. 246). Sin embargo, de acuerdo con lo expresado por la Corte Suprema de Justicia en su mencionada sentencia, "Si la Constitución, como norma suprema y fundamental puede prever y organizar sus propios procesos de transformación y cambio..., *el principio democrático quedaría convertido en una mera declaración retórica..."* Es decir, conforme a esa frase se podía deducir que para que el principio democrático no fuera una mera "declaración retórica," los procesos de cambio o transformación constitucional no debían quedar reducidos a los que se preveían en la Constitución como norma suprema y fundamental. Pero si la Corte se atenía al otro principio del constitucionalismo moderno, el de la supremacía constitucional, es decir, el necesario respeto de la Constitución adoptada por el pueblo soberano que obliga y se impone por igual, como lo dijo la Corte, tanto a los gobernantes (poderes constituidos) como a los gobernados (poder constituyente), toda modificación de la voluntad popular plasmada en la Constitución sólo podía realizarse a través de los mecanismos de reforma o enmienda que establecía la misma Constitución que era, precisamente, obra de la soberanía popular. Sobre ello, sin embargo, la Corte Suprema dijo que "Si se estima que para preservar la soberanía popular, es al pueblo a quien corresponderá siempre, como titular del poder constituyente, realizar y aprobar cualquier modificación de la Constitución,... *la que se verá corrosivamente afectada será la idea de supremacía.*" Es decir, para que el principio de la supremacía constitucional no se viera corrosivamente afectado, las modificaciones a la Constitución sólo la podía realizar el pueblo a través de los mecanismos previstos en la propia Constitución.

Era claro, por tanto, cual era el dilema abierto desde el punto de vista constitucional en ese momento histórico de Venezuela: o la soberanía popular era pura retórica si no podía manifestarse directamente fuera del marco de la Constitución; o la supremacía constitucional se veía corrosivamente afectada si se permitía que el pueblo soberano, como titular del poder constituyente, pudiera modificar la Constitución fuera de sus normas.

Del planteamiento del dilema mencionado la Corte señaló en su sentencia que "la pregunta que se formula es si procede convocar a una revisión de la Constitución o si procede la convocatoria a un Poder Constituyente, a un poder soberano," pasando luego a analizar el artículo 4° de la Constitución, respecto del cual señaló que conforme los criterios interpretativos tradicionalmente expuestos:

> "consagra exclusivamente el principio de la representación popular por estimar que la soberanía reside en el pueblo, pero que este no puede ejercerla directamente sino que lo hace a través de los órganos del poder público a quienes elige, es decir, que el medio para depositar ese poder soberano es el sufragio".

Es decir, la Corte en su sentencia, al referirse al artículo 4° de la Constitución de 1961 que establecía que la soberanía reside en el pueblo quien la ejerce mediante representantes, interpretó conforme a lo que consagra, que no es otra cosa que el principio de la democracia representativa conforme al cual el pueblo soberano solo puede actuar mediante sus representantes electos.

Pero frente a este principio constitucional, la Corte, en su sentencia, se refirió sin embargo al principio de la democracia directa (que confundió con "democracia participativa") señalando que:

> "Un sistema participativo, por el contrario, consideraría que el pueblo retiene siempre la soberanía ya que, si bien puede ejercerla a través de sus representantes, también puede por sí mismo hacer valer su voluntad frente al Estado. Indudablemente quien posee un poder y puede ejercerlo delegándolo, con ello no agota su potestad, sobre todo cuando la misma es originaria, al punto que la propia Constitución lo reconoce"

De esta apreciación sobre la democracia directa confundida con democracia participativa, que aparentemente contrasta con el principio de la democracia representativa que adopta la Constitución, la Corte continuó su argumentación sobre la posibilidad que tiene el pueblo de manifestarse directamente y no a través de representantes, en la forma siguiente:

> "De allí que el titular del poder (soberanía) tiene implícitamente la facultad de hacerla valer *sobre aspectos para los cuales no haya efectuado su delegación.* La Constitución ha previsto a través de sufragio la designación popular de los órganos de representación; pero no ha enumerado los casos en los cuales esta potestad puede directamente manifestarse.
>
> Ahora bien, no puede negarse la posibilidad de tal manifestación si se estima que ella, por reconocimiento constitucional, radica en el ciudadano y sólo cuando la misma se destina a la realización de funciones del Estado específicamente consagrados en el texto fundamental (funciones públicas), se ejerce a través de los delegatarios. De allí que, la posibilidad de delegar la soberanía mediante el sufragio en los representantes populares, no constituye un impedimento para *su ejercicio directo en las materias en las cuales no existe previsión expresa de la norma sobre el ejercicio de la soberanía a través de representantes.* Conserva así el pueblo su potestad originaria para casos como el de ser consultado en torno a materias objeto de un referendo".

Conforme a este razonamiento de la Corte, resultaba entonces, sin duda, la posibilidad de efectuar un referendo consultivo sobre la convocatoria de una Asamblea Constituyente; pero no resultaba posibilidad alguna de que mediante una consulta se pudiera regular y convocar una Asamblea Constituyente no prevista ni regulada en la propia Constitución, que acometiera la reforma constitucional, pues, precisamente, es la Constitución *la que regulaba expresamente* que la reforma constitucional debía realizarse por el Poder Constituyente Instituido mediante la participación de representantes electos integrantes de las Cámaras Legislativas y la aprobación de la misma por el pueblo mediante un *Referéndum aprobatorio* (art. 146 de la Constitución de 1961). Precisamente, en este supuesto de reforma de la Constitución, estamos en presencia de un caso en el cual, conforme lo indica la sentencia, el pueblo soberano, al sancionar la Constitución mediante sus representantes, reguló mediante *previsión expresa* la forma para la realización de la reforma constitucional a través de sus delegados y de un *Referéndum aprobatorio*.

De manera que en este caso, conforme a lo que señaló la Corte, si bien la consulta popular sobre la convocatoria de una Asamblea Constituyente podía hacerse; sin embargo, la misma, si se convocaba, no tenía autoridad constitucional para reformar la Constitución, pues en forma expresa ésta regula cómo puede reformarse por el Poder Constituyente Instituido. Se insiste, conforme al criterio de la Corte, la soberanía popular podía manifestarse directamente "cuando *no existe previsión expresa* de la norma sobre el ejercicio de la soberanía a través de representantes"; por lo que en sentido contrario, cuando existía previsión expresa de la norma constitucional sobre el ejercicio de la soberanía a través de representantes, no podía manifestarse directamente dicha soberanía popular.

Precisamente, en relación con la reforma constitucional, el artículo 246 establecía en forma expresa cómo debía manifestarse la soberanía popular a tales efectos, previendo la participación de los representantes electos (Senadores y Diputados) que integraban las Cámaras Legislativas y la participación directa posterior del pueblo soberano mediante un *Referéndum aprobatorio* de la reforma constitucional. Por tanto, en esta parte de la motivación de la sentencia lejos de deducirse que se podría modificar la Constitución vía una Asamblea Constituyente no prevista en la misma como consecuencia de una consulta popular, en realidad resultaba lo contrario.

En efecto, siempre consideramos que para que la soberanía popular manifestada en un *Referéndum Consultivo* se materializara en la convocatoria de una Asamblea Constituyente, el *régimen de la Constituyente* tenía necesariamente que estar consagrado con rango constitucional. Es decir, sólo la Constitución podría establecer el carácter de dicha Asamblea (unicameral o bicameral); la forma de elección (uninominal, plurinominal, por cooptación, por representación corporativa); las condiciones de elegibilidad de los constituyentes; las condiciones de postulación de los mismos (por firmas abiertas, por partidos políticos, por grupos de electores); la duración de su mandato y sus funciones y poderes, particularmente en relación con los Poderes Constituidos (Congreso, Corte Suprema de Justicia, Poder Ejecutivo, Poderes estadales, Poderes municipales).En nuestro criterio, por tanto, siempre consideramos que no bastaba un *Referéndum Consultivo* para que pudiera convocarse una Asamblea Constituyente, pues el régimen de la misma no podía ser establecido por los Poderes Constituidos, ni por Ley del Congreso, ni por Decreto Ejecutivo[810].

El *Referéndum Consultivo* lo que podía significar era, sólo, la manifestación de voluntad del pueblo dirigida al Poder Constituyente Instituido para que pudiera proceder a regular la Constituyente en la Constitución, y poder convocarla. Por consiguiente, el Poder Constituyente Instituido -como consecuencia de dicho mandato- debía ser el encargado de reformar la Constitución para regular la Constituyente, conforme al procedimiento previsto en el artículo 246; reforma que debía someterse a *Referéndum aprobatorio*. En consecuencia, consideramos que todo intento de convocar una Asamblea Constituyente, basado en una consulta popular (*Referéndum consultivo*), sin que interviniera la representación popular recién electa constituida

810 *Idem*, p. 63.

en el Congreso, y sin que interviniera el pueblo mediante un *Referéndum aprobatorio* como Poder Constituyente Instituido, de acuerdo con la Constitución, debía ser considerada como una violación de la misma y, en consecuencia, del derecho ciudadano a su supremacía constitucional.

Por tanto, como se ha dicho, la Constitución de 1961 no preveía que se pudiera convocar una Asamblea Constituyente para reformar la Constitución conforme al artículo 4° del propio texto. Es cierto que esa norma señala que "la soberanía reside en el pueblo" pero agrega "quien la ejerce, mediante el sufragio, por los órganos del Poder Público". De ello resulta, que para que esta norma pudiera entrar en aplicación para la convocatoria de una Asamblea Constituyente era necesario que la Constitución misma la regulase como un órgano del Poder Público, en ese caso del Poder Constituyente Instituido y, además, estableciera cuál es el régimen del sufragio para que el pueblo eligiera sus representantes en la Asamblea.

Por ello, siempre estimamos que un *Referéndum Consultivo* sobre la Constituyente no podía conducir a otra cosa que a materializar una manifestación de voluntad, por el pueblo soberano, constitutiva de un mandato político y popular dirigido a los órganos del Poder Público, particularmente al Poder Constituyente Instituido para que asumiera, conforme a la Constitución, su reforma para regular la Constituyente, es decir, para establecer el régimen de la Asamblea Constituyente como un mecanismo de reforma constitucional. Siempre consideramos que nadie más tenía el poder constitucional ni la competencia para regular dicho régimen, el cual no podía derivar de un *Referéndum consultivo,* pues se distorsionaría el funcionamiento del Poder Constituyente Instituido que regula la Constitución.

Esto, incluso, deriva de los propios razonamientos de la sentencia de la Corte Suprema de Justicia del 19 de enero de 1999. En efecto, como se ha dicho, la sentencia precisa con claridad, sobre el *Referéndum consultivo* regulado en el artículo 181 de la Ley Orgánica del Sufragio y Participación Política, que:

> "Aún cuando el resultado de la decisión popular adquiere *vigencia inmediata,* (se refiere a la voluntad popular manifestada a través de la consulta), *su eficacia sólo procedería cuando, mediante los mecanismos legales establecidos,* se dé cumplimiento a la modificación jurídica aprobada".

Es decir, la consulta popular debe considerarse en forma inmediata como la manifestación del pueblo (vigencia), pero conforme al criterio de la Corte, ello no bastaba para considerar que tenía eficacia si la consulta conducía a una reforma del ordenamiento jurídico, en cuyo caso, la eficacia de la manifestación de la voluntad popular sólo se producía cuando mediante los mecanismos legales o constitucionales se diese cumplimiento a la modificación jurídica aprobada en el *Referéndum consultivo*.

Un ejemplo puede aclarar el planteamiento de la Corte: se puede convocar a un *Referéndum Consultivo* sobre el establecimiento de la pena de muerte en el país; el cual tendría vigencia inmediata, como consulta popular, pero no tendría efectividad sino hasta tanto el Poder Constituyente Instituido reformase el artículo 58 de la Constitución que no sólo regula el derecho a la vida como inviolable, sino que prohíbe el establecimiento de la pena de muerte. En este sentido la eficacia del *Referéndum consultivo* solo procedía cuando se hiciese la reforma constitucional; como lo dijo la Corte:

> "siguiendo procedimientos ordinarios previstos en el orden jurídico vigente, a través de los órganos del Poder Público *competentes* en cada caso. Dichos órganos estarán en la obligación de proceder en ese sentido".

Por supuesto, las modificaciones al orden jurídico para hacer eficaz la voluntad popular manifestada en el Referéndum, sólo pueden adoptarse por los órganos del Poder Público que tengan constitucional y legalmente *competencia* para hacer las reformas. Dicha competencia, en ningún caso, podría derivar del propio *Referéndum consultivo,* a menos que se persiga delegar el Poder Constituyente Originario en un órgano de los Poderes Constituidos, lo que sería atentatorio con el principio democrático de la soberanía popular.

En la sentencia de la Corte Suprema, como ya se ha dicho, se insistió en este mismo argumento, pero específicamente referido al *Referéndum consultivo* sobre la convocatoria a una Asamblea Constituyente, al destacarse que ello tenía especial transcendencia nacional

> "en la medida en que los resultados de una consulta popular como la que se pretende, sería factor decisivo para que los órganos *competentes* del Poder Público Nacional diseñen en los mecanismos de convocatoria y operatividad de una Asamblea a los fines propuestos; o para que, previamente, tomen la iniciativa de enmienda o de reforma que incluya la figura de una Asamblea de esta naturaleza".

En esta decisión, sin embargo, se abrieron dos posibilidades concretas para que el *Referéndum* sobre la Asamblea Constituyente adquiriera eficacia. En *primer* lugar, que los órganos competentes del Poder Público Nacional diseñasen los mecanismos de convocatoria y operatividad de una Asamblea a los fines propuestos. En este caso, por supuesto, lo importante era determinar si algún órgano del Poder Público Nacional (Ejecutivo o Legislativo) tenía *competencia* para "diseñar los mecanismos de convocatoria y operatividad de una Asamblea Constituyente" a los fines de reformar la Constitución. La respuesta evidentemente era y es negativa, pues conforme al ordenamiento jurídico vigente, ningún órgano del Poder Público tenía ni tiene competencia para ello y menos aún cuando los mecanismos de convocatoria de una Asamblea Constituyente comportaban, modificaciones a la Constitución. Este era el caso, por ejemplo, del establecimiento de un sistema puramente uninominal para la elección de los constituyentes, lo que implicaba la reforma del artículo 113 de la Constitución que consagraba el derecho político a la representación proporcional de las minorías.

Pero en *segundo* lugar, la sentencia de la Corte planteó la alternativa, como *consecuencia de la consulta popular* sobre la convocatoria de la Asamblea Constituyente, de que previamente los órganos del Poder Público Nacional (se refirió al Congreso) tomasen la iniciativa de enmienda o de reforma de la Constitución que incluyera la figura de la Asamblea Constituyente.

No se olvide que conforme al mencionado artículo 246 de la Constitución, la reforma constitucional una vez sancionada por las Cámaras como cuerpos colegisladores, se debe aprobar mediante *Referéndum aprobatorio.* Ninguna norma autoriza en la Constitución, a cambiar dicho régimen por un *Referéndum Consultivo*, cuyo texto -el de la consulta- se formule sin una sanción previa por los representantes del pueblo en el Congreso, y que sea producto de la sola voluntad del Ejecutivo Nacional.

Nada, por tanto, impedía que se convocase a un *Referéndum consultivo* para consultar al pueblo sobre el tema de la convocatoria a una Constituyente; en cambio, en la Constitución, nada se regula para que una reforma constitucional se derivase de una consulta popular, sin que su texto hubiese sido discutido y sancionado por las Cámaras Legislativas que integran el Congreso y luego sancionado mediante *Referéndum aprobatorio*.

La Corte Suprema de Justicia, sin embargo, señaló en su sentencia, que las normas constitucionales relativas a la reforma constitucional no ataban al Poder Constituyente manifestado mediante un *Referéndum consultivo*, de lo que deriva la posibilidad de que mediante este se pudiera estructurar otra vía para la reforma de la Constitución, mediante una Asamblea Constituyente, no prevista expresamente en ella.

Para llegar a esta conclusión, la Corte Suprema de Justicia, en su sentencia dedicó un Capítulo (V) a la "Técnica interpretativa de la Ley Orgánica del Sufragio y Participación Política", cuyo artículo 181 había sido objeto del recurso de interpretación intentado. Conforme al criterio de la Corte:

> "Ello se circunscribe a determinar si de conformidad con dicha norma, puede convocarse a un referéndum consultivo, a los fines de determinar si corresponde a la voluntad popular que se convoque a Asamblea Constituyente".

Al precisar sus consideraciones sobre este tema, la Corte puntualizó en la sentencia, que el "análisis interpretativo" que hacía, "versaba sobre la convocatoria a referéndum" y nada más; precisando que la interpretación que realizó no versaba ni se refería "a consulta plebiscitaria", sobre lo cual agregó:

> "En realidad, si bien ambas figuras tienden a confundirse teóricamente, mientras el referéndum se refiere a un texto o proyecto, el plebiscito tiende a ratificar la confianza en un hombre o gobernante" (Cfr. Leclerq, Claude, *Institutions Politiques et Droit Constitutionnels,* París 3 ème Edition, pág. 137).

La Corte, en esta forma, deslindó los conceptos y precisó el mecanismo de participación política que regulaba el artículo 181 de la Ley Orgánica del Sufragio y Participación Política, que quedó reducido a un *Referéndum consultivo,* que como se ha dicho antes, tiene por objeto consultar la opinión del pueblo sobre una decisión que, por supuesto, normalmente está plasmada en un proyecto por escrito. Por eso, la Corte señaló que el *Referéndum consultivo* se refiere a un texto o proyecto, que es el que debe someterse a consulta.

En cuanto al plebiscito, no sólo se traduce en un voto de confianza "a un hombre o gobernante" como lo dijo la Corte, sino que su carácter nunca es consultivo sino decisorio. Con el plebiscito se le pide al pueblo que decida; con el *Referéndum consultivo* se le pide al pueblo su opinión sobre una decisión que debe adoptar el órgano del Poder Público que formula la consulta.

Ahora bien, hechas estas precisiones y analizado el artículo 181 de la Ley Orgánica del Sufragio y Participación Política, la Corte concluyó señalando que de dicha norma se desprendía "la consagración jurídica de la figura del referéndum consultivo como mecanismo llamado a canalizar la participación popular en los asuntos públicos nacionales."

Al constatar que la duda planteada por los solicitantes del recurso de interpretación "viene fundamentalmente referida al aspecto sustancial del *Referéndum consul-*

tivo"; con el objeto de determinar "si la materia objeto del mismo podría estar referida a la voluntad popular de reformar la Constitución mediante la convocatoria de una Asamblea Constituyente"; y luego de analizar las materias que conforme al artículo 181 de la Ley Orgánica del Sufragio y Participación Política no pueden someterse a referéndum, la Corte concluyó señalando que:

> "el principio general en materia de participación democrática radica en que la globalidad de los asuntos de especial trascendencia nacional puede ser consultado a través de este mecanismo."

Sin embargo, a renglón seguido, la Corte hizo el razonamiento ya referido anteriormente en varias oportunidades, de que el resultado del *Referéndum Consultivo* no tenía efectos de inmediato, sino "sólo procedería cuando, mediante los mecanismos legales establecidos, se dé cumplimiento a la modificación jurídica aprobada."

Es decir, el *Referéndum consultivo* sobre la convocatoria de una Asamblea Constituyente podía hacerse y adquiría vigencia, pero no sería eficaz para reformar la Constitución sino una vez regulada dicha Asamblea en la propia Constitución o en otro instrumento acorde con la consulta popular como mecanismo político del Poder Constituyente Instituido para hacer la reforma general.

Ahora, si bien el razonamiento lógico de la sentencia conduciría a la primera conclusión, la misma podía interpretarse también en el segundo sentido, dada la consideración que hizo sobre la distinción entre Poder Constituyente y Poderes Constituidos, en el Capítulo relativo a la interpretación del artículo 181 de la Ley Orgánica del Sufragio y Participación Política, señalando lo siguiente sobre el Poder Constituyente Originario:

> "El Poder Constituyente Originario se entiende como potestad primigenia de la comunidad política para darse una organización jurídica y constitucional. En este orden de motivos, la idea del Poder Constituyente presupone la vida nacional como unidad de existencia y de decisión. Cuando se trata del gobierno ordinario, en cualquiera de las tres ramas en que se distribuye su funcionamiento, estamos en presencia del Poder Constituido. En cambio, lo que organiza, limita y regula normativamente la acción de los poderes constituidos es función del Poder Constituyente. Este no debe confundirse con la competencia establecida por la Constitución para la reforma de alguna de sus cláusulas. La competencia de cambiar preceptos no esenciales de la Constitución, conforme a lo previsto en su mismo texto, es Poder Constituyente Instituido o Constituido, y aun cuando tenga carácter extraoficial, está limitado y regulado, a diferencia del Poder Constituyente Originario, que es previo y superior al régimen jurídico establecido."

Distinguió así la Corte, en su sentencia, tres conceptos esenciales del constitucionalismo moderno. En *primer* lugar, la del Poder Constituyente Originario el cual, a decir verdad, en los Estados Constitucionales estables solo se manifiesta una vez, al constituirse el Estado, como "potestad primigenia de la comunidad política para darse una organización jurídica y constitucional". En ese caso, como lo dijo el Abate Sieyès el 20 de julio de 1789 ante el Comité Constitucional de la Asamblea revolucionaria,

> "El poder constituyente todo lo puede... No se encuentra de antemano sometido a ninguna Constitución... Por ello, para ejercer su función, ha de verse libre de toda forma y todo control, salvo los que a él mismo le pudiera adoptar."[811]

Así concebido, el Poder Constituyente originario es *supra leges* y queda *legibus solutus*, fuera de toda limitación. Es un hecho que precede al derecho que dicho Poder crea y ordena en una Constitución.

Sin embargo, este Poder Constituyente Originario, en el mundo contemporáneo, es una mera representación histórica. Ese fue el que asumieron las Asambleas coloniales norteamericanas para crear, *ex novo,* Estados soberanos y ese fue el que asumió la Asamblea Nacional francesa con la Revolución, para transformar radicalmente el Estado francés. Así también fue el Congreso General de las Provincias de Venezuela, cuando organizó la Confederación de Venezuela en 1811 y antes, así fueron las manifestaciones de los Cabildos Capitales de las Provincias de la Capitanía General de Venezuela que adoptaron las Constituciones Provinciales.

Pero una vez constituidos los Estados modernos, el Poder Constituyente Originario, así concebido, difícilmente aparece de nuevo, salvo que sea como manifestación *fáctica,* producto de una revolución y, por tanto, de situaciones de hecho.

Por ello, no es frecuente que ni siquiera después de una ruptura constitucional en un país constituido, se active en forma absoluta e inmediata el Poder Constituyente Originario. Así resulta de la práctica constitucional de nuestro país donde, a pesar de las rupturas constitucionales, las Asambleas o Congresos Constituyentes de 1830, 1858, 1863, 1893, 1901, 1904, y 1946 nunca se conformaron *legibus solutus,* pues siempre tuvieron los limites derivados del principio republicano y de la conservación del ordenamiento jurídico precedente en todo lo no modificado por la nueva Constitución que se adoptaba.

En todos los casos, además, el Poder Constituyente originario se constitucionalizó al adoptarse la Constitución, y el principio de la representación democrática condicionó su ejercicio. Como lo ha destacado Pedro de Vega al comentar las ideas de Sieyès:

> "Al ser la Nación un ente abstracto, que sólo puede expresar su voluntad a través de representantes, la potestad constituyente sólo podrá actuarse a través del mecanismo de la representación. El poder constituyente deja de ser entonces el poder en el que el pueblo directamente participa, como titular indiscutible de la soberanía, para convertirse en el poder de las Asambleas en las que la Nación delega sin competencias."[812]

Esto condujo, incluso, a que en Europa se pasara inconvenientemente de la Soberanía Nacional a la Soberanía y absolutismo de los Parlamentos, principio que sigue rigiendo en la Constitución del Reino Unido (el de la Soberanía parlamentaria por delegación del pueblo).

---

811 Véase la cita en Pedro De Vega, *La Reforma Constitucional y la Problemática del Poder Constituyente,* Madrid, 1988, p. 28.

812 Véase Pedro De Vega, *op. cit* p. 32.

Ahora bien, como principio, en el Estado Constitucional, una vez aprobada la Constitución, el Poder Constituyente Originario desaparece, se subsume en la Constitución, se juridifica o constitucionaliza, y ese texto adquiere supremacía, regulándose usualmente el Poder Constituyente Instituido, como mecanismo para reformar o modificar la Constitución.

Distintos al Poder Constituyente Originario y al Poder Constituyente Instituido, son los Poderes Constituidos, que son el producto de la voluntad del Poder Constituyente manifestada a través de la Asamblea, están sometidos esencialmente a la Constitución y no pueden modificarla.

Ahora bien, en cuanto al Poder Constituyente Instituido, es decir, el poder de modificar la Constitución, este es el resultado constitucional de la tensión que deriva de los dos principios señalados que son pilares del Estado Constitucional, ya comentados: el principio de la democracia representativa y el principio de la supremacía constitucional, y que se encuentra inserto en el constitucionalismo desde la primera Constitución de la República Francesa de 1791, que estableció:

> "La Asamblea Nacional constituyente declara que la Nación tiene el derecho imprescindible de cambiar su Constitución, sin embargo, considerando que es más conforme al interés nacional, usar únicamente por los medios expresados en la propia Constitución del derecho de reformar los artículos que, según la experiencia, se estime deben ser cambiados, establece que se procederá a ello por medio de una Asamblea de revisión."[813]

En consecuencia, es de la esencia del constitucionalismo moderno tanto el concepto de Poder Constituyente Originario como el de Poder Constituyente Instituido para reformar la Constitución, distintos al de los Poderes Constituidos, los cuales no pueden reformar la Constitución y se encuentran sometidos a ésta. Por ello, tiene razón la Corte Suprema cuando en la sentencia comentada expresó que:

> "En este sentido, se observa que el hecho de estar enmarcado históricamente el Poder Constituyente en la normativa constitucional, no basta para entenderlo subrogado permanentemente al Poder Constituido.
>
> Pretender lo contrario, o sea, que las facultades absolutas e ilimitadas que en un sistema democrático corresponden por definición a la soberanía popular puedan ser definitivamente abdicados en los órganos representativos constituidos, equivaldría, en palabras de BERLIA: "que los elegidos dejan de ser los representantes de la nación soberana para convertirse en los representantes soberanos de la nación". (Cfr. BERLIA, G. "*De la Compétence Constituante*" en *Revue de Droit Public,* 1945 p. 353, citado por Pedro DE VEGA en *La Reforma Constitucional y la Problemática del Poder Constituyente*, Editorial Tecnos, Madrid, 1985, p. 231)."

De ello resulta, por tanto, que el Poder Constituyente tanto Originario como Instituido no puede quedar subrogados a los Poderes Constituidos; y que si bien el Poder Constituyente Originario corresponde al pueblo, éste es el que, como tal, tiene

813 Art. Primero, Título VII, Véase en Jacques Godechat (ed), *Les Constitutions de la France, depuis 1789*, París 1979, págs. 65-66.

facultades absolutas e ilimitadas; no así sus representantes electos en una Asamblea Constituyente, los cuales no pueden confundirse con el propio pueblo soberano, ni la Asamblea Constituyente puede ser comprendida en forma alguna con el Poder Constituyente Originario.

Por último, en el Capítulo de la sentencia de la Corte Suprema relativo a la "técnica interpretativa de la Ley Orgánica del Sufragio y Participación Política", la Corte entró a hacer algunas consideraciones sobre la reforma constitucional confundiendo lamentablemente, el Poder Constituyente Instituido con los Poderes Constituidos. En efecto, la Corte señaló:

> "Nuestra Carta Magna, no sólo predica la naturaleza popular de la soberanía sino que además se dirige a limitar los mecanismos de reforma constitucional que se atribuyen a los Poderes Constituidos, en función de constituyente derivado.
>
> Así, cuando los artículos 245 al 249 de la Constitución consagran los mecanismos de enmienda y reforma general, está regulando los procedimientos conforme a los cuales el Congreso de la República puede modificar la Constitución. Y es por tanto, a ese Poder Constituido y no al Poder Constituyente, que se dirige la previsión de inviolabilidad contemplada en el artículo 250 *ejusdem.*
>
> De allí, que cuando los poderes constituidos propendan a derogar la Carta Magna a través de "cualquier otro medio distinto del que ella dispone" y, en consecuencia, infrinjan el límite que constitucionalmente se ha establecido para modificar la Constitución, aparecería como aplicable la consecuencia jurídica prevista en la disposición transcrita en relación con la responsabilidad de los mismos, y en modo alguno perdería vigencia el Texto Fundamental."

Ante estas afirmaciones debe dejarse muy claramente establecido que conforme a la Constitución de 1961, era incorrecto decir que la reforma constitucional se atribuía a "los Poderes Constituidos, en función de poder constituyente derivado". Al contrario, en la Constitución se distinguía, con toda precisión, entre los Poderes Constituidos (de los cuales forman parte, en particular, a nivel nacional, el Congreso o a nivel estadal, las Asambleas Legislativas), y el Poder Constituyente Instituido para la reforma constitucional que no se puede confundir con aquellos. Una cosa es constatar que algunos Poderes Constituidos, en alguna forma, participen en el Poder Constituyente Instituido de reforma constitucional; y otra es decir que el Poder Constituyente Instituido de reforma constitucional se atribuye a los Poderes Constituidos, lo cual no es correcto.

En efecto, el Poder Constituyente Instituido para la reforma constitucional, conforme al artículo 246 de la Constitución, funcionaba como proceso complejo, con la participación de las siguientes instituciones: los representantes populares electos; las Cámaras Legislativas Nacionales; y el pueblo directamente mediante *Referéndum aprobatorio*. Por tanto, no era cierto que la Constitución atribuyera al Congreso de la República (Poder Constituido) la potestad de poder modificar la Constitución; y tampoco era cierto que la reforma constitucional se atribuyera a los Poderes Constituidos, en función de constituyente derivado; al contrario, se atribuía al Poder Constituyente Instituido en cuya formación participaban, en un acto complejo, tanto los representantes electos popularmente considerados individualmente, como las Cámaras Legislativas Nacionales y el pueblo soberano.

Siendo errada la premisa de la que partió la Corte al confundir el Poder Constituyente Instituido para la reforma constitucional con los Poderes Constituidos, en nuestro criterio, era igualmente errada la apreciación que formuló en el sentido de que el artículo 250 de la Constitución sobre la inviolabilidad de la Constitución, solo estaría dirigido a los Poderes Constituidos y no al Poder Constituyente. Al contrario, mientras la Constitución estaba vigente, el artículo 250 se aplicaba al Poder Constituyente Instituido para la reforma constitucional y era, conforme a los principios de la democracia representativa y de la supremacía constitucional, un freno a la aparición del Poder Constituyente originario, que solo podría manifestarse *de facto.* Sin embargo, la Corte Suprema, en su sentencia continuó en su línea de razonamiento sobre el Poder Constituyente originario, no limitado y absoluto, señalando lo siguiente:

> "Sin embargo, en ningún caso podría considerarse al Poder Constituyente originario incluido en esa disposición (art. 250), que lo haría nugatorio, por no estar expresamente previsto como medio de cambio constitucional. Es inmanente a su naturaleza de poder soberano, ilimitado y principalmente originario, el no estar regulado por las normas jurídicas que hayan podido derivar de los poderes constituidos, aún cuando éstos ejerzan de manera extraordinaria la función constituyente.
>
> Esta, indudablemente, es la tesis recogida por el propio constituyente de 1961, el cual, consagró normas reguladoras de la reforma o enmienda de la Constitución dirigidas al Poder Constituido y a un tiempo, incluso desde el Preámbulo, la consagración de la democracia como sistema político de la nación, sin soslayar, coherentemente, el reconocimiento de la soberanía radicada directamente en el pueblo.
>
> Ello conduce a un conclusión: la soberanía popular se convierte en supremacía de la Constitución cuando aquélla, dentro de los mecanismos jurídicos de participación decida ejercerla."

Tres aspectos deben destacarse de estos párrafos de la sentencia.

En *primer lugar,* la afirmación de que el Poder Constituyente no está regulado por las normas jurídicas que hayan podido emanar de los Poderes Constituidos. Ello es evidente y entendemos que nadie lo niega, pues sería contrario al principio de la soberanía popular. Sin embargo, una cosa es que el Poder Constituyente Originario no esté sometido a las normas jurídicas que puedan emanar de los Poderes Constituidos y otra es que el Poder Constituyente no esté sometido a su propia obra, que es la Constitución. Lo primero nadie lo refuta, pero lo segundo es totalmente refutable pues sería contrario al principio de la supremacía constitucional. Una vez que en un país, el Poder Constituyente sanciona una Constitución, la constitucionalización del Estado y del orden jurídico implica que el texto es supremo y que, como lo afirmó la Corte en la misma sentencia "obliga tanto a los gobernantes como a los gobernados a someterse a ella" y los gobernados son, precisamente, el pueblo soberano que al sancionar la Constitución se autolimita y se somete a su propia norma. Como también lo dijo la Corte en el párrafo antes transcrito, es la soberanía popular la que se convierte en supremacía constitucional cuando aquélla lo decida a través de los mecanismos de participación previstos en el ordenamiento jurídico.

En consecuencia, no es cierto que en la Constitución de 1961, las normas reguladoras de la reforma constitucional estén sólo "dirigidas al Poder Constituido". Constituyen, sin duda, manifestaciones de la rigidez constitucional que proscribe que la Constitución pueda ser modificada mediante la legislación ordinaria adoptada a las Cámaras Legislativas como Poder Constituido, pero no puede decirse que sólo están dirigidas a los Poderes Constituidos. Al contrario, esencialmente regulan al Poder Constituyente Instituido y constituyen una autolimitación que el Poder Constituyente Originario se ha impuesto.

Por ello, insistimos, la conclusión que se formuló en el último de los párrafos transcritos de la sentencia es precisamente la manifestación de la autolimitación mencionada del Poder Constituyente Originario: la soberanía popular (Poder Constituyente Originario) se convierte en supremacía de la Constitución cuando aquélla (soberanía popular, Poder Constituyente Originario) dentro de los mecanismos jurídicos de participación decida ejercerla (la soberanía popular).

Y así, efectivamente, cuando se sancionó la Constitución de 1961 el Congreso constituyente en representación de la soberanía popular, decidió ejercerla, y convertir el proceso de reforma constitucional, en supremacía constitucional.

En *segundo lugar,* debe mencionarse, de nuevo, la afirmación de la Corte de que los Poderes Constituidos pueden ejercer "de manera extraordinaria la función constituyente". Ello, se insiste, es incorrecto. De acuerdo con la Constitución, las Cámaras Legislativas como Poderes Constituidos, jamás ejercen ni ordinaria ni extraordinariamente la función constituyente. Participan en el Poder Constituyente Instituido, como también participa el pueblo soberano al aprobar mediante *Referéndum aprobatorio* la reforma constitucional. Pero de allí a atribuirle a los Poderes Constituidos la función constituyente hay una gran distancia.

En *tercer lugar,* debe destacarse la referencia que hizo la Corte al Preámbulo de la Constitución, como consagratorio de la democracia como sistema político de la Nación, con el reconocimiento de la soberanía radicada directamente en el pueblo. Ello llevó a la sentencia a dedicarle un Capítulo (VI) al "Preámbulo de la Constitución", particularmente por lo que se refiere a la declaración relativa al orden democrático "como único e irrenunciable medio de asegurar los derechos y la dignidad de los ciudadanos". El Preámbulo, sin duda, constituye expresión de un "proyecto político nacional", que es el de la democracia *representativa* plasmado en el artículo 4 del Texto Constitucional, la cual siempre debe conciliarse con el principio de la supremacía constitucional que informa todo el articulado de la Constitución.

Finalmente, de nuevo debe hacerse particular referencia al último párrafo de la cita anterior de la sentencia, donde se afirma, con razón, que "la soberanía popular se convierte en supremacía de la Constitución cuando aquélla, dentro de los mecanismos jurídicos de participación, decida ejercerla".

De ello deriva, en *primer lugar*, el principio de autolimitación del Poder Constituyente Originario cuando adopta la Constitución, y convierte la soberanía popular en supremacía constitucional, lo que implica que el pueblo soberano debe también regirse por la Constitución que él mismo ha adoptado. En consecuencia, la Constitución de 1961 rige incluso para el pueblo, quien es quien se ha impuesto la autolimitación de que la misma sea reformada, con su directa participación (*Referéndum aprobatorio*), en el Poder Constituyente Instituido.

Pero en *segundo lugar,* el mencionado párrafo de la sentencia permite que en caso de que la soberanía popular se manifieste mediante los mecanismos jurídicos de participación, como un *Referéndum consultivo,* a través del mismo pueda instituirse otra forma de reforma constitucional, cediendo allí el principio de la supremacía constitucional frente a la soberanía popular.

Este, en definitiva, fue el punto medular de la solución política que el máximo órgano jurisdiccional dio al conflicto que estaba planteado, entre soberanía popular y supremacía constitucional: aún cuando la Constitución no regula expresamente la Asamblea Constituyente como Poder Constituyente Instituido para la reforma constitucional, la misma puede ser convocada como resultado de una consulta popular realizada mediante *Referéndum consultivo* regulado en la Ley Orgánica del Sufragio y Participación Política, que la Corte consideró como manifestación del derecho a la participación política, como un derecho inherente de la persona humana; convirtiéndose entonces la soberanía popular, de nuevo, en supremacía constitucional.

De ello resultaba, por supuesto, que no era necesaria reforma constitucional alguna para que se pudiera reconocer como derecho constitucional al referendo o la consulta popular sobre la convocatoria al pueblo para una Asamblea Constituyente. Pero en realidad, ese no era el problema; este resultaba de la secuela de la consulta popular. En efecto, una vez efectuado el *Referéndum consultivo* conforme al artículo 182 de la Ley Orgánica del Sufragio y Participación Política, si la respuesta era por el "si" para la convocatoria a la Asamblea Constituyente, ello tenía "vigencia inmediata" en cuanto a mandato popular obligatorio para los órganos del Estado, el cual, sin embargo, en sí mismo no tenía eficacia, como lo afirmó la Corte en la sentencia, sino:

> "cuando, mediante los mecanismos legales establecidos, se dé cumplimiento a la modificación jurídica aprobada. Todo ello siguiendo *procedimientos ordinarios previstos en el orden jurídico vigente,* a través de los órganos del Poder Público *competentes* en cada caso."

He aquí el problema jurídico, que quedaba por resolver y que dependía de la forma cómo se hiciera la consulta popular o de la manera como se manifestase la voluntad popular. Una vez que el pueblo, mediante el *Referéndum consultivo,* se manifestase a favor de la convocatoria de una Asamblea Constituyente, venía ineludiblemente la tarea de establecer formalmente el régimen de la misma por los órganos del Poder Público Nacional *con competencia* para ello, los cuales debían, obligatoriamente, mediante los mecanismos legales *establecidos,* dar cumplimiento a la modificación jurídica aprobada en el referéndum. Sin embargo, en el ordenamiento constitucional y legal vigente no había atribución de competencia alguna, a órgano alguno del Poder Público Nacional, para establecer el régimen de una Asamblea Constituyente con poder para reformar la Constitución por una vía distinta a la de los artículos 245 y 246 de la Constitución.

Ese régimen no podría establecerse ni por una Ley del Congreso ni por un Decreto del Presidente de la República, salvo que en la consulta popular se preguntase expresamente sobre los diversos elementos que configurarían dicho régimen (carácter, número de miembros, forma de elección, condiciones de elegibilidad, duración, mandato acorde con la Constitución vigente) y sobre el órgano del Poder Público que debía regular la Constituyente. Sin embargo, en dicho régimen no se podían establecer condiciones de elegibilidad de los constituyentes distintos a los previstos en el artículo 112 de la Constitución; ni un sistema electoral totalmente uninominal que por ejemplo, no garantice el derecho a la representación proporcional de las minorías como lo prevé el artículo 113 de la Constitución. Para establecer un régimen de esa naturaleza, indudablemente que en la Constitución, la competencia la tenía el Poder Constituyente Instituido para la reforma constitucional conforme al artículo 246 de la Constitución. Precisamente, por este escollo jurídico, quizás, la sentencia expresamente se refirió a las dos vías que se abrían para hacer efectivo el *Referéndum consultivo* sobre la convocatoria a una Asamblea Constituyente:

La *primera*, era que "los órganos *competentes* del Poder Público Nacional diseñen los mecanismos de convocatoria y operatividad de una Asamblea Constituyente", por supuesto, conforme a los términos de la consulta. Para que esta primera vía fuera factible, tenía que existir en el ordenamiento jurídico la atribución de *competencia* a algún órgano del Poder Público Nacional para establecer el régimen de una Constituyente para modificar la Constitución en una forma distinta a la prevista en los artículos 245 y 246 de la Constitución, y esa atribución no existía. La única posibilidad que quedaba, sin embargo, desde el punto de vista jurídico-constitucional, era que en la propia consulta popular no sólo se formularan las preguntas sobre el régimen de la Constituyente, sino se inquiriera al pueblo sobre el órgano del Poder Público que debía formalizar ese régimen, y siempre que el mismo no implicase modificaciones a la Constitución vigente.

La segunda, como alternativa, era que previamente a la convocatoria efectiva de la Asamblea Constituyente, los órganos del Poder Público Nacional "tomen la iniciativa de enmienda o de reforma que incluya la figura de una Asamblea Constituyente"; lo cual resultaba necesario si el régimen de la Constituyente implicaba reformas a la misma Constitución (por ejemplo, conforme a lo señalado, a los artículos 112 y 113).

La Corte, en definitiva, lo que resolvió fue la constitucionalidad del *Referéndum consultivo* sobre la convocatoria de una Asamblea Constituyente, pero no resolvió expresamente sobre la constitucionalidad de su convocatoria sin que se estableciera previamente su régimen mediante una reforma constitucional.

Sin embargo, todos los argumentos de la motivación de las sentencias apuntaban a que, dependiendo de cómo se hiciera la consulta popular, se legitimase posteriormente el instrumento político de la Asamblea Constituyente convocada para reformar la Constitución, incluso sin que se produjese una reforma constitucional previa, pero siempre que su estatuto resultara, todo, del Poder Constituyente Originario manifestado mediante *Referéndum* que reflejase la voluntad popular, como efectivamente ocurrió con el *Referéndum Consultivo* del 25 de abril de 1999 que permitió la elección de la Asamblea Nacional Constituyente el 25 de julio de 1999, fijándole su misión y los límites de su actuación en democracia y en un Estado de Derecho.

De lo anterior queda claro que en ese momento, de la discusión jurídica que se había abierto en el país para enfrentar el dilema entre soberanía popular y supremacía constitucional, habían quedado precisadas las dos posiciones indicadas:

Por una parte, la de quienes sostenían y sostuvimos que derivado del principio de la supremacía constitucional, en el Estado constitucional democrático de derecho representativo la Constitución establece los mecanismos para su revisión (reforma y enmienda), y al no regular a la Asamblea Constituyente como medio para la reforma, para que ésta pudiera convocarse debía previamente crearse y establecerse su régimen en el texto constitucional, mediante una reforma constitucional, que le diese *status* constitucional.

Por otra parte, la de quienes sostenían, encabezados por el Presidente de la República, que derivado del principio de que la soberanía reside en el pueblo como lo decía el artículo 4 de la Constitución de 1961, la consulta popular sobre la convocatoria y régimen de la Asamblea Constituyente, como manifestación de dicha soberanía popular declarada por el pueblo como poder constituyente originario mediante referendo, era suficiente para que la misma se convocara y eligiera, y acometiera la reforma constitucional sin necesidad de que previamente se efectuase una reforma constitucional para regularla. Se trataba, en definitiva, del debate sobre el poder constituyente en el Estado constitucional democrático representativo que intermitentemente ha dominado la discusión constitucional en todos los Estados modernos, y que siempre ha estado en la precisa frontera que existe entre los hechos y el derecho.

La Corte Suprema de Justicia en Sala Constitucional, actuando como juez constitucional, sin embargo, no optó por ninguna de las dos posiciones, y en las sentencias de 19 de enero de 1999, sin resolver expresamente y con claridad el asunto, abrió la vía para interpretar que la figura de una Asamblea Constituyente, aún cuando no prevista en el texto de la Constitución, podía ser creada y regulada por los ciudadanos en ejercicio del derecho a la participación política, mediante un *Referéndum Consultivo*. Es decir, que el poder constituyente originario, que es el pueblo, podía manifestar su voluntad mediante un *Referéndum Consultivo* y crear la Asamblea Nacional Constituyente como instrumento político para reformar la Constitución.

Para ello se limitó a decidir que la consulta popular mediante *Referéndum* sobre la convocatoria a una Asamblea Constituyente conforme al artículo 181 de la Ley Orgánica del Sufragio y Participación Política era perfectamente legítima y constitucional, pero sin resolver expresamente el problema constitucional de si era o no necesaria la reforma constitucional previa que regulara la Asamblea Constituyente para poder convocarla. Las sentencias, en realidad, fueron de contenido ambiguo, lo que permitió que fueran "interpretadas" como la supuesta solución al conflicto constitucional existente, dando lugar, como consecuencia de un "referendo consultivo," a la subsecuente convocatoria, elección y constitución de una Asamblea Nacional, lo que en todo caso ocurrió en democracia y sin ruptura constitucional a la usanza tradicional.

En las mismas, en definitiva, la Sala se limitó a decidir que conforme al artículo 181 de la Ley Orgánica del Sufragio y Participación Política, sí se podía realizar un referendo consultivo, para consultar el parecer del pueblo sobre la convocatoria de una Asamblea Constituyente; lo que nadie negaba, pues se trataba de una consulta popular sobre una materia de trascendencia nacional; pero sin decidir sobre el otro asunto que se le había planteado, y que era el esencial desde el punto de vista constitucional, es decir, sobre si en definitiva, para convocar la Asamblea Constituyente bastaba el referendo consultivo o era necesario, además, reformar previamente la Constitución, la Corte nada resolvió ni decidió, y menos en forma precisa y clara.

En realidad, sobre este asunto, en las sentencias, la Sala llegó a la conclusión de que una vez efectuado un referendo consultivo conforme al artículo 181 de la Ley Orgánica del Sufragio y Participación Política, "aún cuando el resultado de la decisión popular adquiera vigencia inmediata, *su eficacia sólo procedería* cuando, mediante los *mecanismos legales establecidos se de cumplimiento a la modificación jurídica aprobada.* Todo ello siguiendo procedimientos ordinarios previstos en el orden jurídico vigente, a través de los órganos del Poder Público *competentes* en cada caso. Dichos órganos estarán en la *obligación de proceder* en ese sentido."

De este párrafo lo que se deducía, en realidad, era que una consulta popular sobre la convocatoria a una Asamblea Constituyente no bastaba para efectivamente convocarla y reunirla, de manera que la consulta popular sólo podía interpretarse como un mandato político para que los órganos del Poder Público *competentes* pudieran proceder a efectuar las modificaciones jurídicas derivadas de la consulta popular, siguiendo los procedimientos ordinarios previstos en el orden jurídico vigente, tanto constitucional como legal. Sólo después de que estas modificaciones se efectuasen, conforme al criterio de la Corte, que no podían ser otras que no fueran las que resultasen de una revisión constitucional (reforma o enmienda), entonces era que la consulta popular podía ser efectiva. Ello implicaba que para efectuar la reforma e incorporar a la Constitución la figura de la Asamblea Constituyente, debía asegurarse la participación de los diputados y senadores y de las Cámaras Legislativas, con la participación del pueblo vía referendo aprobatorio conforme a los artículos 245 y 246 de la Constitución de 1961.

Es decir, lejos de decidir con precisión la cuestión constitucional planteada respecto de la posibilidad constitucional de la convocatoria de una Asamblea Constituyente sin una reforma previa de la Constitución, las sentencias de la Corte Suprema del 19 de enero de 1999, dentro de su imprecisión y ambigüedad, dejaron abierta la discusión constitucional, y con ello, la vía jurídico-judicial para la convocatoria de un referendo consultivo para que el pueblo se pronunciara sobre la convocatoria de una Asamblea Nacional Constituyente, sin que esta institución estuviese prevista en la Constitución de 1961, vigente en ese momento, como un mecanismo de revisión constitucional[814]. Con esta decisión, la Corte Suprema no sólo sentó las bases para el inicio del proceso constituyente venezolano de 1999, sino que dio comienzo al proceso que condujo al golpe de Estado perpetrado por la Asamblea Constituyente y, casi un año después, a que los nuevos titulares del Poder Público decretaran la extinción de la propia Corte Suprema que con su abstención había iniciado el proceso que les dio origen.

El resultado de esta ausencia de decisión de la Corte, sin embargo, en el momento político que vivía el país, en la práctica fue suplida por la "opinión pública" que se conformó por los titulares de primera página de los diarios nacionales de los días 20 de enero de 1999 y siguientes, los cuales fueron los que abrieron efectiva e insólitamente dicha vía hacia el proceso constituyente, al "informar" en grandes letras que, supuestamente, la Corte Suprema de Justicia había decidido que se podía proceder a convocar una Asamblea Nacional Constituyente para revisar la Constitución, sin necesidad de reformar previamente la Constitución de 1961, que la regulara[815].

---

814. Véase Jesús María Casal, "La apertura de la Constitución al proceso político", en *Constitución y Constitucionalismo Hoy*, Fundación Manuel García-Pelayo, Caracas 2000, pp. 127 y ss.

815. *El Nacional*, Caracas 21-01-99, p. A-4 y D-1; *El Universal*, Caracas 21-01-99, p. 1-2 y 1-3; *El Universal*, Caracas 20-01-99, p. 1-15. El titular de primera página del diario *El Nacional* del 20-01-99 rezó así: "CSJ, considera procedente realizar un referéndum para convocar la Constituyente"; el titular del cuerpo de *Política* del mismo diario, del 21-01-99, rezó así: "No es necesario reformar la Constitución para convocar el referéndum" y el del día 22-01-99 rezó así: "La Corte Suprema no alberga dudas sobre la

En ese momento, la euforia de los que de ello derivaron un "triunfo" jurídico[816], y la incredulidad y duda de otros, que no encontraban la "decisión" que anunciaba la prensa en el texto de la sentencia, impidieron precisar con exactitud el contenido de la misma.[817]

El resultado final de esta carencia, y la opinión pública construida de ella, buscándose evitar el conflicto constitucional, desviaron la discusión jurídica constitucional hacia otros aspectos, siendo el resultado final la convocatoria del referendo consultivo sobre la Asamblea Nacional Constituyente que se efectuó en abril de 1999, la elección de la misma en julio de 1999, y la subsiguiente asunción del "poder constituyente originario" por la Asamblea a partir de agosto de 1999, con lo cual intervino todos los poderes constituidos, entre ellos el Poder Judicial, disolviendo el Congreso y finalmente a la propia Corte Suprema que le había dado origen, dando, en fin, un golpe de Estado.

III. EL CASO DE HONDURAS DE 2009: LA PROPUESTA DEL PRESIDENTE DE LA REPÚBLICA PARA LA REALIZACIÓN DE UNA CONSULTA POPULAR SOBRE LA CONVOCATORIA DE UNA ASAMBLEA NACIONAL CONSTITUYENTE NO PREVISTA EN LA CONSTITUCIÓN, EL TRATAMIENTO APLICADO POR EL JUEZ CONSTITUCIONAL (JURISDICCIÓN CONTENCIOSO ADMINISTRATIVA) SUSPENDIENDO LA PROPUESTA, Y LA LAMENTABLE MALA PRAXIS FINAL DEL TÉCNICO EJECUTOR (LOS MILITARES).

El precedente venezolano de convocatoria de un referendo consultivo sobre la convocatoria de una Asamblea Nacional Constituyente no prevista en la Constitución, para reformarla, se siguió a la letra en 2007 por el presidente Rafael Correa en Ecuador, donde se recurrió a la misma fórmula, haciéndose prevalecer la expresión de la voluntad popular mediante una simple consulta, aún manifestada sin asidero constitucional, conduciendo a la Asamblea Constituyente a la asunción del Poder total del Estado, salvo el del Presidente de la República, no sólo para redactar una

---

viabilidad de la Constituyente". Véase los comentarios coincidentes de Lolymar Hernández Camargo, *La Teoría del Poder Constituyente, cit.*, p. 63.

816. Ello se deducía de la propia Exposición de Motivos del Decreto N° 3 del 02-02-99 del Presidente de la República convocando al referendo consultivo sobre la Asamblea Nacional Constituyente en la se dijo que: "b) La Corte Suprema de Justicia, en sus decisiones del 19 de enero de 1999, ha establecido que para realizar el cambio que el país exige, es el Poder Constituyente, como poder soberano previo y total, el que puede, en todo momento, modificar y transformar el ordenamiento constitucional, de acuerdo con el principio de la soberanía popular consagrado en el artículo 4 de la Carta Fundamental; c) El referendo previsto en la Ley Orgánica del Sufragio y Participación Política, es un mecanismo democrático a través del cual se manifiesta el poder originario del pueblo para convocar una Asamblea Nacional Constituyente y un derecho inherente a la persona humana no enumerado, cuyo ejercicio se fundamenta en el artículo 50 del Texto Fundamental y que, ese derecho de participación, se aplica no sólo durante elecciones periódicas y de manera permanente a través del funcionamiento de las instituciones representativas, sino también en momentos de transformación institucional que marcan la vida de la Nación y la historia de la sociedad". (*Gaceta Oficial* N° 36.634 de 02-02-99).

817. Véase Allan R. Brewer-Carías, *Poder Constituyente Originario y Asamblea Nacional Constituyente,* Fundación de Derecho Público, Caracas 1999, pp. 66 y ss. Véase además, lo expuesto en Allan R. Brewer-Carías, *Golpe de Estado y proceso constituyente en Venezuela,* UNAM, México 2002, pp. 85 y ss.

nueva Constitución sino para intervenir y controlar todos los otros poderes del Estado.[818]

En Ecuador, sin embargo, lo que se evidenció fue el *síndrome del retardo* pues el Tribunal Constitucional a pesar de los intensos conflictos entre el Congreso y el Tribunal Electoral, sólo decidió sobre la convocatoria de la Asamblea Constituyente no prevista en la Constitución pero con "plenos poderes" constitucionales muy tardíamente, cuando la misma había sido electa.

En todo caso, la modalidad de la convocatoria de una consulta popular para obtener la opinión del pueblo sobre la convocatoria de una Asamblea Nacional Constituyente no prevista en la Constitución como mecanismo de reforma constitucional, para con base en la expresión popular poder convocarla, forzando la prevalencia de la soberanía popular sobre la supremacía constitucional, fue también lo que quiso imponer en Honduras el Presidente José Manuel Zelaya en 2009, con la diferencia de que en ese país, los tribunales de la jurisdicción contencioso administrativa actuando en ese caso, sin duda, como tribunales constitucionales, efectivamente asumieron su función, y funcionaron y decidieron como contralores de la constitucionalidad y legalidad de las actuaciones del Presidente de la República, llegando a suspender los efectos de los actos ejecutivos dictados en la materia.[819]

En efecto, el 24 de marzo del 2009, en cadena televisiva y de radio, el Presidente de Honduras anunció que en Consejo de Ministros del día anterior (23 de marzo de 2009), se había emitido un Decreto Ejecutivo N° PCM-05-2009, en el cual se había ordenado realizar una "amplia consulta popular" para que la ciudadanía hondureña pudiera expresar libremente su acuerdo o no con la convocatoria a una Asamblea Nacional Constituyente, a los efectos de dictar y aprobar una nueva constitución política, disponiendo que el ente que estaría a cargo de la ejecución del Decreto sería el Instituto Nacional de Estadística (INE), previendo la realización de la consulta para el último domingo del mes de junio del 2009.

El texto de la consulta popular que el Presidente de la República proponía, en lo que en definitiva era un "referendo consultivo," consistía en la siguiente pregunta:

---

818 Véase lo expresado sobre este proceso en Allan R. Brewer-Carías, "El inicio del proceso constituyente en Ecuador en 2007 y las lecciones de la experiencia venezolana de 1999," texto de la Videoconferencia dada el 19 de abril de 2007 desde la Universidad de Columbia, Nueva York, al Programa de Postgrados de Jurisprudencia, Universidad San Francisco de Quito, 19 abril 2007. Véase en www.allanbrewercarias.com, Sección I, 1, 949 (2007).

819 Para la narración de los hechos y actos estatales adoptados en este caso, así como las diversas decisiones y actuaciones judiciales realizadas por la Jurisdicción contencioso administrativa y la Corte Suprema de Honduras, hemos partido exclusivamente, del estudio del contenido de las copias de las actas procesales respectivas. Véase *Expediente Zelaya*, Documentos, *El Nacional*, Caracas.Véase las copias de las actas procesales ante la Jurisdicción contencioso administrativa y la Corte Suprema de Honduras, en *Expediente Zelaya*, Documentos, *El Nacional*, Caracas. Véase Allan R. Brewer-Carías, "Reforma constitucional, asamblea nacional constituyente y control judicial contencioso administrativo: El caso de Honduras (2009) y el precedente venezolano (1999)", en *Revista Aragonesa de Administración Pública*, No.34, (junio 2009), Gobierno de Aragón, Zaragoza 2009, pp. 481-529; y en *Revista Mexicana Statum Rei Romanae de Derecho Administrativo. Homenaje de Nuevo León a Jorge Fernández Ruiz*, Con. 3, Julio-Dic 2009, Asociación Mexicana de Derecho Administrativo, Facultad de Derecho y Criminología de la Universidad Autónoma de Nuevo León, Monterrey, México 2009, pp.11-77.

"¿Está usted de acuerdo que en las elecciones generales del 2009, se instale una cuarta urna para decidir sobre la convocatoria a una Asamblea Nacional Constituyente que apruebe una nueva Constitución Política?"

Este Decreto N° PCM-005-2009, según se afirmó en el primer "Considerando" del Decreto N° PCM-019-2009 de fecha 26 de mayo de 2009, *nunca se llegó a publicar* por el Poder Ejecutivo en el Diario Oficial, "por razones de mérito y oportunidad." Por ello se lo consideró como un *acto administrativo tácito de carácter general emitido por el Poder Ejecutivo* que había sido ampliamente publicitado, aún cuando no formalmente publicado en el Diario Oficial, que es el requisito para que cualquier acto de efectos generales pueda producir efectos (artículo 255 de la Constitución y artículo 32 de la Ley de Procedimiento Administrativo).

En todo caso, en virtud de que la publicitada propuesta presidencial se apartaba de lo que la Constitución de Honduras establecía en materia de reforma constitucional, el 8 de mayo de 2009, dos fiscales del Ministerio Público, órgano constitucional al cual corresponde ser garante de la Constitución, presentaron ante el Juzgado de Letras de lo Contencioso Administrativo de Tegucigalpa (Municipio del Distrito Central), una demanda ordinaria contencioso administrativa "contra el Estado de Honduras," de declaratoria de ilegalidad y la nulidad del "*acto administrativo tácito de carácter general emitido por el Poder Ejecutivo*" y que estaba contenido en el mencionado Decreto Ejecutivo N° PCM-05-2009, por considerar que el mismo no estaba ajustado a derecho.

Los Fiscales solicitaron además, ante el mismo Juzgado contencioso administrativo, como medida cautelar, que suspendiera los efectos del acto impugnado. En el proceso (Orden de ingreso N° 151-2009), el Estado de Honduras estuvo representado por la Procuradora General de la República, quien actuó en el proceso.

El Artículo 121 de la Ley de la Jurisdicción de lo Contencioso Administrativo prescribe que procede la suspensión de efectos de los actos administrativos impugnados en vía contencioso administrativa, cuando "la ejecución hubiere de ocasionar daños o perjuicios de reparación imposible o difícil," por lo que con base en dicha norma, en el libelo de la demanda que originó el juicio, la parte demandante, es decir, el Ministerio Público, solicitó ante el Juez contencioso administrativo que dictase una medida cautelar incidental de suspensión de los efectos del acto administrativo impugnado, lo que efectivamente fue decidido por el Juzgado el 27 de mayo de 2009 mediante sentencia interlocutoria de suspensión del acto impugnado (es decir, del Decreto presidencial N° PCM-05-2009 de 23 de marzo de 2009).

Para dictar dicha sentencia interlocutoria, el Juez contencioso administrativo actuando como juez constitucional, apreció la solicitud del Ministerio Público que se fundamentaba en la consideración de que el acto administrativo impugnado era "de gran impacto que ocasionaría daños y perjuicios de reparación imposible al sistema democrático del país *en franca violación a la Constitución de la República y demás leyes,* así como perjuicios económicos, por ejecutar acciones de la dimensión de una consulta a nivel nacional, y por perjuicios graves a la sociedad de difícil reparación a todas las instituciones del poder ejecutivo, y se prohíba a todas las empresas privadas que estén ejerciendo contratos para la ejecución del decreto."

Y además, en su sentencia el Juez agregó que la parte demandada, es decir, el Estado de Honduras representado por la Procuradora General de la República, al devolver la vista, había reconocido que el Juzgado tenía la potestad de suspender actos administrativos, y había indicado que el acto impugnado, de ser ciertas las imputaciones sobre el mismo, "constituye grave infracción al ordenamiento jurídico, que lesiona intereses del Estado de Honduras y de la generalidad del pueblo hondureño, ocasionando un daño al Estado de Honduras de reparación imposible, así como de las erogaciones económicas ya que el poder ejecutivo ha publicitado por medios de comunicación privados para el cometido del acto administrativo impugnado, y que generan gastos cuantiosos para la administración pública, los que tienden a incrementarse cada día." Es decir, ambas partes en el proceso contencioso administrativo, representantes de instituciones fundamentales del Estado, estuvieron contestes con los poderes del juez contencioso administrativo sobre la suspensión de los efectos del acto impugnado, y con que dicho Juez, de acuerdo con la Ley de la Jurisdicción, emitiera la sentencia que correspondiera.

Por su parte, el Juez Titular del Juzgado contencioso administrativo para decidir la incidencia de suspensión de efectos del Decreto presidencial impugnado, consideró que cuando se resuelven solicitudes de esta naturaleza, "se ha de tomar en consideración que la tutela judicial no será efectiva, si al pronunciarse la sentencia definitiva, resulta difícil o prácticamente imposible la satisfacción de la pretensión contenida en la demanda," considerando entonces que la correcta decisión de solicitud que se le había formulado, exigía conforme a la más clásica técnica judicial en materia de medidas cautelares:

> "la ponderación y armonización de dos principios en pugna, por un lado, el de la efectiva tutela judicial, y, por otro, el de la eficacia de la acción administrativa, esto por la presunción de legitimidad del acto impugnado, principios que buscan evitar que con la ejecución del acto impugnado se causen perjuicios de difícil o imposible reparación, de no decretarse la suspensión del acto que se impugna, por lo que al decretar la suspensión de los efectos de un determinado acto impugnado lo que se busca es prever que al momento de emitirse un fallo definitivo sea meramente declarativo e ineficaz con respecto a las pretensiones del demandante."

Con base en lo anterior, el Juez en su sentencia interlocutoria de suspensión, teniendo en cuenta que ambas partes en el proceso habían estado contestes sobre sus facultades legales en materia contencioso administrativa para decidir sobre la revisión, suspensión y nulidad de actos administrativos; y considerando "que El Estado de Honduras es un Estado de Derecho, por lo que sus actuaciones están sometidas únicamente al imperio de la Constitución de la República y las leyes," decidió que era "procedente decretar la suspensión del acto administrativo tácito objeto de revisión en el presente juicio por considerar que su implementación redundaría en daños de carácter económico, político y sociales que serían de imposible reparación para el Estado de Honduras."

Esa decisión la adoptó el Juez contencioso administrativo, como se dijo, en tanto que juez constitucional, en aplicación de los artículos 5, 80, 82, 90, 245, 303, 304 y 305 de la Constitución de la República; artículos 1,11, 40 y 137 de la Ley de Organización y Atribuciones de los Tribunales; artículos 1,2; 3, 7, 13 letra b), 101, 120, 121, 122, 125, 129, 132 y 134 de la Ley de la Jurisdicción de lo Contencioso Administrativo; artículos 130, 131, 134, 138, 141 y 142 del Código de Procedimientos Civiles; y artículos 9, 15 y 16 de la Ley del Ministerio Público; y además, en aplicación del Oficio número SCSJ-3623-88 y Acuerdo número 03-98 de la Honorable Corte Suprema de Justicia.

La consecuencia de declarar con lugar la cuestión incidental de suspensión de los efectos del acto impugnado, que era el acto administrativo tácito de carácter general impugnado contenido en el Decreto Ejecutivo N° PCM-05-2009 del 23 de marzo del 2009, tal como lo habían solicitado los Fiscales del Ministerio Público demandantes, fue además, la orden judicial de suspensión de "cualquier tipo de publicidad sobre lo establecido en el mismo" y, en general, "del procedimiento de consulta a los ciudadanos por parte del Poder Ejecutivo a través del Presidente Constitucional de la República, o cualquiera de las instituciones que componen la estructura administrativa del Poder Ejecutivo."

Por tanto, el objetivo de la decisión cautelar de suspensión de efectos del acto administrativo impugnado fue el que el Presidente de la República y, en general, todos los órganos del Poder Ejecutivo se abstuvieran de realizar actividad alguna relativa a la propuesta presidencial de consulta popular a los ciudadanos sobre el tema de una Asamblea Nacional Constituyente no prevista en la Constitución. Para asegurar el cumplimiento de la sentencia, el Juez en su decisión, mandó notificarla "al Señor Presidente Constitucional de la República a través del Señor Secretario de Estado en el Despacho Presidencial, para su conocimiento y cumplimiento inmediato, haciéndole las prevenciones establecidas en el artículo 101 de la Ley de la Jurisdicción de lo Contencioso Administrativo de no cumplir la misma."

La anterior decisión del Juez contencioso administrativa, como se dijo, fue dictada el día 27 de mayo de 2009 suspendiendo los efectos del acto administrativo tácito contendido en el Decreto ejecutivo N° PCM-05-2009 de 24 de marzo de 2009 (nunca publicado), que ordenaba la realización de una consulta popular no autorizada en la Constitución. Sin embargo, y quizás sabiendo el Presidente de la República que la decisión del Tribunal Contencioso Administrativo iba a ser dictada suspendiendo los efectos de su PCM-05-2009 de 23 de marzo de 2009, el cual como se dijo nunca fue publicado en Gaceta Oficial "por razones de mérito y oportunidad"(es decir, deliberadamente); el día anterior a la sentencia, es decir, el 26 de mayo de 2009, el Presidente de la República en Consejo de Ministros emitió un "nuevo" Decreto Ejecutivo N° PCM-19-2009, el cual tampoco fue publicado en el Diario Oficial *La Gaceta* sino un mes después, es decir, el día 25 de Junio de 2009 (N° 31.945), mediante el cual se decidió anular y dejar "sin ningún valor y efecto" el Decreto PCM-05-2009 que ordenaba una consulta popular, a partir de su emisión; y que como se dijo había sido el acto impugnado y cuya suspensión de efectos era inminente. Ello, por supuesto era contradictorio: si un acto no publicado en el Diario oficial como lo decía uno de los Considerandos del decreto no surtía efectos, no parecía lógico que en el mismo decreto se resolviese "dejar sin efectos" un acto que supuestamente no había surtido efectos.

En todo caso, en lugar del Decreto de 23 de marzo de 2009 que se revocaba y, en concreto en lugar de la "consulta popular" que entonces se había ordenado, mediante un nuevo Decreto N° PCM-20-2009 dictado el mismo día 26 de mayo de 2009 (publicado también un mes después en el Diario Oficial *La Gaceta* N° 31.945 del 25 de junio de 2009), el Presidente había dispuesto que se realizase, no una consulta popular, sino "*una encuesta nacional de opinión*," que se debía llevar a cabo el 28 de junio de 1999, en la cual debía formularse una pregunta similar en su forma a la antes propuesta para la "consulta popular, pero sustancialmente distinta, de si:

"¿Está usted de acuerdo que en las elecciones generales del 2009, se instale una cuarta urna en la cual el pueblo decida la convocatoria a una Asamblea Nacional Constituyente? Si___ No____."

En el nuevo Decreto, que se calificó como "de ejecución inmediata" aún cuando debía publicarse en el Diario Oficial (artículo 5), además, se instruía "a todas las dependencias y órganos de la Administración pública, Secretarias de Estado, Instituciones Descentralizadas y Desconcentradas, para que se incorporasen y ejecutasen activamente, "todas las tareas que le sean asignadas para la realización del proyecto denominado "Encuesta de Opinión Pública convocatoria Asamblea Nacional Constituyente," considerando que según el referido Decreto, ello constituía, "una actividad oficial del Gobierno."

La diferencia era notoria: antes lo que se buscaba era que el pueblo, con una respuesta afirmativa a la pregunta de la "consulta popular," decidiera "*sobre la convocatoria a una Asamblea Nacional Constituyente que apruebe una nueva Constitución Política*"; ahora lo que se buscaba era que el pueblo con una respuesta afirmativa a la pregunta de una "encuesta nacional de opinión," decidiera "*la convocatoria a una Asamblea Nacional Constituyente.*" El efecto de la manifestación popular era, por tanto, radicalmente distinto, y lo que aparentemente era una propuesta para una "consulta popular" y luego para una "encuesta de opinión," se había convertido en una propuesta para un referendo decisorio tendiente a lograr una "decisión" popular al margen de la Constitución. Tal como ocurrió en Venezuela en febrero de 1999, cuando el Presidente de la República, utilizando la vía de un "referendo consultivo" previsto en una ley, propuso la formulación de una pregunta que era más bien la de un referendo decisorio no previsto en ley alguna, con el cual se pretendía modificar la Constitución.[820]

El nuevo Decreto N° PCM-20-2009, por otra parte, contenía una extensa motivación entre otros, en los Artículos 2 y 5,1 de la Constitución, en los cuales se dispone que la soberanía corresponde al pueblo del cual emanan todos los Poderes del Estado, agregando que "el Gobierno debe sustentarse en el principio de la democracia participativa del cual se deriva la integración nacional, que implica participación de todos los sectores políticos en la administración pública, a fin de asegurar y fortalecer el progreso de Honduras basado en la estabilidad política y en la coalición nacional." En los considerandos del Decreto se afirmaba igualmente que "la sociedad hondureña ha experimentado cambios sustanciales y significativos en los últimos veintisiete años, cambios que demandan un nuevo marco constitucional para adecuarlo a la realidad nacional, como una legítima aspiración de la sociedad." Por último, en el decreto se afirmó que había sido en virtud de diversas solicitudes de ciudadanos en forma individual o por medio de sectores y grupos sociales organizados del país, que el Poder Ejecutivo, había "decidido convocar a la ciudadanía en general para que emita su opinión y formule propuestas de solución a problemas

---

820. Véase en Allan R. Brewer-Carías, *Asamblea Constituyente y Ordenamiento... cit.*, pp. 180 ss.

colectivos que les afecte; como ser la instalación de una cuarta urna que permita un eficaz ejercicio de su derecho."

Dos días después de este Decreto N° PCM-19-2009, en fecha 29 de mayo del 2009, el Presidente de la República, mediante cadena nacional informo al pueblo Hondureño a través del entonces Secretario de Estado en el Despacho de la Defensa Nacional, Dr. Edmundo Orellana Mercado, que el Presidente constitucional en Consejo de Ministros, había aprobado otro acuerdo ejecutivo N° 027-2009, en el cual se ordenaba se llevase a la practica una "encuesta nacional de opinión," bajo la responsabilidad del Instituto Nacional de Estadística (INE), y en este, se ordenaba a las Fuerzas Armadas de Honduras, que apoyasen con sus medios logísticos y demás recursos necesarios al Instituto Nacional de Estadística (INE), estableciendo que dicho acuerdo ejecutivo entraba en vigencia a partir de su fecha (29/05/09).

Estos Decretos, son de los que en el derecho administrativo se conocen como "reedición" de los actos administrativos dictados después de que han sido impugnados en vía contencioso administrativa y, en este caso, en la víspera de que se suspendieran judicialmente sus efectos, por otros actos administrativos que en definitiva perseguían objetivos similares, lo que está proscrito en materia contencioso administrativa, pues constituye una burla a los poderes de control de la jurisdicción.

El mismo día del anuncio presidencial del decreto N° PCM-27-2009, el 29 de mayo de 2009, los abogados del Ministerio Público que actuaban como parte demandante en el proceso contencioso administrativo (parte incidentista) solicitaron aclaratoria de la sentencia interlocutoria de suspensión de efectos que se había dictado, y el Juez Titular, al constatar sus propios poderes como los de todos los jueces de la Jurisdicción contencioso administrativa para adoptar "cuantas medidas sean necesarias para satisfacer totalmente lo resuelto en los fallos que emitan, esto, a fin de asegurar el estricto cumplimiento de lo ordenado en los mismos, para la ejecución de la tutela judicial efectiva, y no se evadan a través de otros actos administrativos, las disposiciones contenidas en sus fallos", consideró "que de haberse emitido, o de emitirse acto administrativo que contravenga o venga a contravenir lo dispuesto en la sentencia interlocutoria de fecha 27 de Mayo del 2009, sería para evadir lo ordenado en la misma, así como el mandato judicial mismo, por lo que cualquier decisión administrativa dictada en este sentido es improcedente, por no poder evadirse el mandamiento judicial a través de actos administrativos."

Como consecuencia, resolvió aclarar en sentencia de 29 de mayo de 2009, que

> "La Sentencia Interlocutoria de fecha 27 de mayo del 2009 en el sentido que los efectos de la suspensión ordenada, del acto tácito de carácter general que contiene el Decreto Ejecutivo número PCM-05-2009 de fecha 23 de marzo del 2009, incluye a cualquier otro acto administrativo de carácter general o particular, que se haya emitido o se emita, ya sea expreso o tácito, por su publicación o falta de publicación en el Diario Oficial *La Gaceta*, que conlleve al mismo fin del acto administrativo tácito de carácter general que ha sido suspendido, así como cualquier cambio de denominación en el procedimiento de consulta o interrogatorio, que implique evadir el cumplimiento de la sentencia interlocutoria que se aclara."

Es decir, el juez contencioso administrativo censuró, conforme a lo previsto en los Artículos 82, 84, 132 y 134 de la Ley de la Jurisdicción de lo Contencioso Administrativo; y en el artículo 195 del Código de Procedimientos Civiles, cualquier tipo de "reedición" o novación administrativa que pudiera permitir burlar los efectos de la decisión judicial de suspensión de efectos de la "consulta popular" que había sido ordenada por el Presidente de la República, cualquiera que fuese la "forma" que se le pretendiera dar.

Contra las decisiones del Juzgado de Letras de lo Contenciosos Administrativo, es decir, contra la sentencia interlocutoria de 27 de mayo de 2009 y su aclaración de 29 de mayo de 2009, que declaró con lugar la cuestión incidental de suspensión de efectos del Decreto Ejecutivo impugnado, y se prohibió cualquier tipo de publicidad sobre el procedimiento de consulta a los ciudadanos por parte del Poder Ejecutivo que comprometiera la estructura administrativa del Poder Ejecutivo y cualquier otro que se emitiera aunque cambiase de denominación, el Presidente Constitucional de la República en su condición de Titular del Poder Ejecutivo, representado por un abogado, intentó acción de amparo por ante la Corte de Apelaciones de lo Contencioso Administrativo en Tegucigalpa.

Esta Corte, en sentencia de 16 de junio de 2009, consideró que siendo el proceso contencioso administrativo desarrollado ante el Juzgado de Letras, un proceso en el cual las partes eran el Ministerio Público como demandante, y el Estado de Honduras como demandado, la acción de amparo que pudiera intentarse contra las decisiones dictadas en el proceso sólo podían ser interpuestas por las partes interesadas en el mismo; de lo que concluyó resolviendo que "siendo el demandado, el Estado de Honduras, resulta obvio que quien interpone el amparo carece de legitimación para ejercer la presente acción, puesto que constitucionalmente el representante legal del Estado es la Procuraduría General de la República, quien no ha interpuesto recurso alguno y por ende ha consentido la sentencia y la aclaración recurrida." De ello concluyó la Corte de Apelaciones que en el caso sometido a su consideración, la acción de amparo intentada resultaba inadmisible, lo que ocurre "cuando los actos hayan sido consentidos por el agraviado y se entenderán que han sido consentidos por el agraviado, cuando no se hubieren ejercitado, dentro de los términos legales, los recursos o acciones;" resolviendo entonces, en nombre del Estado de Honduras, rechazar de plano la demanda de amparo por considerarla inadmisible, en aplicación de los artículos 183, 228, 303, 304, 321, 322 y 323 de la Constitución de la República; 41, 44, 46 numeral 3 y párrafo ultimo de la Ley Sobre la Justicia Constitucional.

A los efectos de dar cumplimiento a la sentencia interlocutoria antes referida, en fecha 3 de Junio de 2009, el Juzgado de Letras de la Jurisdicción de lo Contencioso Administrativo, libró una primera comunicación judicial dirigida al Presidente de la República, a través del Secretario de Estado en el Despacho de la Presidencia, para que adoptase las medidas que procedieran y practicase lo exigido en cumplimiento de la sentencia interlocutoria dictada.

Posteriormente, uno de los abogados del Ministerio Público, con fecha 18 de junio de 2009, solicitó al Juzgado de Letras Contencioso Administrativo, que nuevamente librara comunicaciones judiciales dirigidas al Presidente de la República y al secretario de Estado de la Presidencia, a efecto de que informasen ante el Juzgado sobre las medidas que hubiesen adoptado para dar estricto cumplimiento a la sentencia interlocutoria de 27 de mayo de 2009 y su aclaratoria de fecha 29 de mayo de 2009, y asimismo para que se abstuviesen de realizar actos de carácter general o particular distintos a lo ordenado en la antes mencionada sentencia interlocutoria y su respectiva aclaratoria.

Acorde con ello, el Juez titular del Juzgado de Letras de lo Contencioso Administrativo, en la misma fecha 18 de junio de 2009, libró sendas comunicaciones judiciales dirigidas Presidente de la República y al Secretario de Estado en el Despacho de la Presidencia, requiriéndoles que informasen sobre las medidas que hubiesen adoptado para dar estricto cumplimiento a la sentencia interlocutoria antes mencionada, y para que se abstuviesen de realizar actos generales y particulares contrarios a la misma, "haciéndole la advertencia que de verificarse el incumplimiento de la sentencia interlocutoria y su respectiva aclaratoria antes mencionadas, se le hace la advertencia de lo establecido en el artículo 349 del Código Penal, sin perjuicio de la responsabilidad civil en que incurriere por los daños y perjuicios que causare a los interesados; asimismo, de infringir lo dispuesto en la sentencia interlocutoria y su respectiva aclaratoria antes mencionadas, este Juzgado le aplicará multa que se hará efectiva mediante el procedimiento de apremio, la que no podrá ser menor de quinientos lempiras (Lps. 500.00), ni mayor de cinco mil lempiras (Lps. 5,000.00)." El informe que se solicitaba, conforme a las notificaciones judiciales, debía ser rendido "bajo su personal y directa responsabilidad ante este Juzgado en el plazo máximo e improrrogable de cinco (5) días hábiles siguientes a recibida la presente, comunicación, advirtiéndole que de no hacerlo así en el plazo señalado, este Juzgado le impondrá multa por cantidad no inferior a los doscientos lempiras (Lps. 200.00), ni superior a los dos mil lempiras (Lps. 2,000.00)."

Luego, el mismo día 18 de junio de 2009, el Juez libró una tercera comunicación judicial dirigida al Presidente de la República, a través de la Secretaría General del Despacho Presidencial, a fin que dentro del plazo de cinco (5) días, informara al órgano jurisdiccional que medidas había adoptado para dar cumplimiento a la sentencia interlocutoria y su respectiva aclaración. Ninguna de las comunicaciones anteriores fueron respondida por el Presidente de la República ni por funcionario alguno del Poder Ejecutivo.

A pesar de las precisas órdenes judiciales emanadas del Juzgado de lo contencioso administrativo, que prohibían al Presidente de la República realizar actos generales y particulares contrarios a la decisión de suspensión de efectos del Decreto presidencial sobre la consulta popular sobre la Asamblea Constituyente, éste continuó con su proyecto de realizar la "encuesta de opinión" prohibida judicialmente.

El Juzgado de Letras Contencioso Administrativo, en atención al requerimiento formulado por el Fiscal General de la República en el cual denunció el desacato por parte del Poder Ejecutivo de las órdenes judiciales, con fecha 26 de junio de 2009 dictó una nueva decisión judicial ordenando a las Fuerzas Armadas de Honduras, por medio del Jefe del Estado Mayor Conjunto, "el *inmediato decomiso* de toda la documentación y material necesario y relacionado con la encuesta de opinión que el Poder Ejecutivo, en *abierta violación a la orden emanada de este Juzgado*, pretende realizar el día domingo 28 de junio de dos mil nueve."

Para adoptar esta decisión judicial, el Juez se había previamente dirigido al Jefe del Estado Mayor Conjunto de las Fuerzas Armadas de Honduras solicitándole información sobre el cumplimiento de lo ordenado por el Juzgado, a lo que las Fuerzas Armadas habían respondido el 24 de junio de 2009, informándole "que han acatado lo ordenado en la misma."

La decisión judicial de decomiso antes indicada se adoptó luego de que el Juez expresara, *primero,* que en virtud de la decisión judicial de fecha 27 de mayo de 2009, se había ordenado la suspensión de "toda actividad tendiente a realizar cualquier tipo de consulta o encuesta de opinión con el objetivo de instalar una cuarta urna en las elecciones generales de noviembre próximo para convocar a una Asamblea Nacional Constituyente; *lo que conlleva inexorablemente la derogatoria de la Constitución de la República;*" *segundo*, "con el objeto de dar cumplimiento a la suspensión decretada mediante el fallo supraindicado se libraron las correspondientes comunicaciones judiciales a efecto de dar conocimiento a distintas instituciones, entre ellas la Presidencia de la República, a que se *abstuviesen de continuar realizando actividades orientadas a la realización de cualquier consulta o encuesta de opinión;*" y *tercero*, "que a pesar de lo anterior, el Poder Ejecutivo, en pleno *desconocimiento del fallo judicial, ha continuado con el intento de realizar la encuesta de opinión* programada para el próximo domingo 28 de los corrientes."

El Juez contencioso administrativo para ordenar el decomiso de toda la documentación y material necesario y relacionado con la encuesta de opinión que el Poder Ejecutivo pretendía realizar "en abierta violación a la orden emanada de este Juzgado," partió de lo dispuesto en el artículo 304 de la Constitución, que atribuye a los "órganos jurisdiccionales aplicar las leyes a casos concretos; juzgar y ejecutar lo juzgado." Consideró, además, que conforme a la previsión del artículo 274 de la Constitución, las Fuerzas Armadas "están sujetas a las disposiciones de su Ley Constitutiva y a las demás leyes y reglamentos que regulen su funcionamiento," y conforme al artículo 1 de la Ley Constitutiva de las Fuerzas Armadas, estas se instituyen para, entre otras cosas, "defender el imperio de la Constitución."

Con base en lo anterior; consideró que "siendo que la celebración de la Encuesta de Opinión tiene como propósito final mancillar la Constitución de la República; las Fuerzas Armadas de Honduras, en apego a las disposiciones anteriormente relacionadas, son la institución llamada a su defensa evitando la consumación de tal propósito," resolviendo de acuerdo con los artículos 272,304 y 274 de la Constitución de la República; 1, 132 y de la Ley de la Jurisdicción Contencioso Administrativo; 1 de la Ley Constitutiva de las Fuerzas Armadas,

> "PRIMERO: Ordenar a las Fuerzas Armadas de Honduras, por medio del Jefe del Estado Mayor Conjunto, el *inmediato decomiso* de toda la documentación y material necesario y relacionado con la *encuesta de opinión que el poder ejecutivo, en abierta violación a la orden emanada de este juzgado, pretende realizar el día domingo 28 de junio de dos mil nueve*. Asimismo se le ordena a las Fuerzas Armadas de Honduras, que dichos documentos y material relacionado, por constituir una amenaza flagrante a la Constitución de la República, sea incinerado de forma inmediata."

A los efectos de que se realizase la medida ordenada, el Juez habilitó todos los días y horas inhábiles, bajo la coordinación técnica y legal de la Fiscalía General de la República; exigiéndose a todos los funcionarios y empleados de las diferentes Secretarías de Estado, entes descentralizados y desconcentrados, brindar toda la colaboración necesaria a fin de que las Fuerzas Armadas de Honduras pudiesen realizar de forma oportuna y eficiente el decomiso del material destinado a ser usado en la Encuesta de Opinión mencionada. A tal efecto, además, el juez facultó a las Fuerzas Armadas de Honduras, con el propósito del efectivo cumplimiento de lo ordenado, a utilizar los bienes e instalaciones de las instituciones del Estado, que considerase necesarias, en especial, las telecomunicaciones."

El mismo día 24 de junio de 2009, al acatar el Jefe del Estado Mayor Conjunto de las Fuerzas Armadas y proceder a decomisar el material destinado a la realización de la encuesta de opinión prohibida por el Juez contencioso administrativa, que se consideraba violatoria de la Constitución, el Presidente de la República mediante resolución, procedió a separar al señor Romeo Orlando Vásquez Velásquez de su cargo de Jefe del Estado Mayor Conjunto de las Fuerzas Armadas de Honduras.

Tanto el General Vásquez Velásquez, mediante abogado, como el Fiscal Especial para la Defensa de la Constitución Rene Mauricio Aceituno Ulloa actuando a favor de *los intereses generales de la sociedad y del orden jurídico constitucional*, interpusieron sendos recursos de amparo contra la resolución presidencial mencionada, por ante la Sala Constitucional de la Corte Suprema de Justicia (Registro Nos. 881 y 883-09), la cual luego de acumular los recursos, en fecha 25 de junio de 2009 decidió con base en lo establecido en el artículo 40 de la Ley Constitutiva de las Fuerzas Armadas, contenida en el decreto 39-2001, de fecha 30 de abril del 2001, que es la Ley Especializada y aplicable en el caso; en los artículos 183, 245, 278, 280, 303, 313 atribución 5ta, 316, 321 y 323 de la Constitución de la República; en el artículo 8 de la Declaración Universal de los Derechos Humanos; en los artículos 8 y 25 de la Convención Americana sobre Derechos Humanos; en los artículos 1, 2, 4, 5, 7, 9 numeral 3 letra a), 41, 43, 44, 45, 48, 49, 59 numeral 1), 119, 124 y demás aplicables de la Ley Sobre Justicia Constitucional; a admitir los recursos de amparo de mérito, y "decretar bajo la responsabilidad de los recurrentes la suspensión provisional del acto reclamado," ordenando "a la autoridad recurrida la inmediata remisión de los antecedentes formados al efecto o en su defecto el correspondiente informe dentro del plazo de un (01) día." La Sala Constitucional, además, mandó que se diera "inmediato cumplimiento a lo ordenado" en la providencia que se ordenó comunicar al Presidente de la República.

El día 25 de junio de 2009, el Presidente de la República, junto a varias personas, entre ellos funcionarios del Poder Ejecutivo, después de haber realizado un pronunciamiento público en las instalaciones de la Casa de Gobierno y que fue de conocimiento general a través de los diferentes medios de comunicación, anunciando qua él tenía que realizar una misión, le pidió a la gente que se encontraba reunida en el lugar que lo acompañara, y se traslado a las instalaciones de la base área "Hernán Acosta Mejía", lugar del cual el Presidente de la República, desacatando de nuevo las decisiones judiciales, retiró 814 cajas que contenían el material que sería utilizado para realizar la encuesta de opinión, que había ordenado realizar a nivel nacional el día domingo 28 de junio del 2009, y que había sido prohibida por el Poder Judicial.

Con motivo de todos los desacatos presidenciales ante las decisiones judiciales, y la actuación del Presidente de la república en contra de la Constitución, el día 25 de junio de 2009, el Fiscal General de la República, "en representación de los mas altos intereses generales de la Sociedad Hondureña," compareció ante la Corte Suprema de Justicia, formulando requerimiento fiscal en contra del Presidente de la República José Manuel Zelaya Rosales, a quien lo acusó como responsable, a título de autor, de los delitos contra la forma de gobierno, traición a la patria, abuso de autoridad y usurpación de funciones, en perjuicio de la administración pública y el Estado de

Honduras, solicitando se librase contra él orden de captura, y luego de que se le comunicasen los hechos que se le imputaban, se le recibiera su declaración de imputado, se le suspendiera en el ejercicio del cargo, y se autorizase allanamiento de morada.

Las diversas actuaciones descritas por el Fiscal General ante la Corte, y atribuidas al Presidente de la República, consideró que se subsumían en los siguientes tipos penales:

Primero, en el Delito contra la Forma de Gobierno tipificado en el artículo 328,3 del Código Penal a cuyo efecto el Fiscal General consideró que si bien es cierto, el Gobierno debe sustentarse en el principio de la democracia participativa, los únicos mecanismos de consulta a los ciudadanos en el ordenamiento de Honduras son el referéndum y el plebiscito, correspondiendo exclusivamente al Congreso Nacional conocer de los mismos y discutir las peticiones, las cuales deben ser aprobadas mediante decreto con el voto afirmativo de las dos terceras partes de la totalidad de sus miembros, en el cual se deben determinar los extremos de la consulta, correspondiendo al Tribunal Supremo Electoral la convocatoria correspondiente, siendo dicho órgano y no el Poder Ejecutivo, el único ente legitimado para convocar, organizar y dirigir las consultas a los ciudadanos (artículo 5 de la Constitución).

El Fiscal General consideró que siendo el tipo penal un delito de peligro abstracto y de mera actividad, basta la sola realización de actos encaminados fuera de las vías legales a cualesquiera de los fines estipulados en el artículo 328 del Código Penal, para que se configure el ilícito penal enunciado; siendo la publicidad difundida a través de los diferentes medios de comunicación, promoviendo la convocatoria para la consulta popular o encuesta de opinión popular, actuaciones que caen dentro del supuesto de la norma penal sustantiva, lesionando la Segundad Interior del Estado como bien jurídico, objeto de protección, al constituir un acto encaminado fuera de las vías legales tendiente a despojar en parte las facultades que la constitución le atribuye al Congreso Nacional y al Tribunal Supremo Electoral.

Segundo, en el delito de Traición a la Patria, que el Fiscal General consideró tipificado en la Constitución de la República, derivado de los intentos de realizar reformas constitucionales contrariando lo dispuesto en los artículos 2, 4, 5, párrafo séptimo, 373 y 374; y estimó como dirigido a "afectar las bases constitucionales de la unidad del Estado como un Ente político, acciones que se consuman a través de actos encaminados fuera de las vías legales a despojar en parte las facultades atribuidas a los Poderes legalmente constituidos, indicando que ese era el caso concreto el Presidente de la República José Manuel Zelaya, quien, estimó

> "suplantó la soberanía popular, la cual se ejerce en este País por representación de conformidad a lo que establece la norma constitucional, donde la soberanía corresponde al pueblo del cual emanan todos los Poderes del Estado, asimismo arrogándose facultades que nunca las tuvo en virtud que las mismas son de competencia del Congreso Nacional, en virtud de que a través de la emisión de tres decretos ejecutivos, convoco a la ciudadanía Hondureña a participar en una encuesta de opinión popular para que "el pueblo decida la convocatoria a una Asamblea Nacional Constituyente."

En tal sentido, consideró el Fiscal General que el hecho de convocar a una Asamblea Nacional Constituyente, "es evidente que con la misma se pretende derogar la actual Constitución," y conforme a los artículos 373, 374 y 375 de la Constitución, "bajo ninguna circunstancia se podrá dictar y aprobar una nueva constitución porque esta traería consigo *la reforma de artículos pétreos,* mismos que no podrán reformarse en ningún caso," todo lo cual configura una "conducta contraria a derecho por parte del Ciudadano Presidente de la República, suplantando al Poder Legislativo a convocado a la Ciudadanía Hondureña a la encuesta de opinión."

Tercero, en el delito de Abuso de Autoridad regulado en el artículo 349,1 del Código Penal y que sanciona al funcionario o empleado público "que se niegue a dar el debido cumplimiento a órdenes, sentencias, providencias, acuerdos o decretos dictados por autoridades judiciales o administrativas dentro de los límites de sus respectivas competencias y con las formalidades legales..." En este caso, consideró el Fiscal General que se reúnen los elementos objetivos de este tipo penal, "en vista de que el Ciudadano Presidente de la República en flagrante omisión a los apercibimientos emanados a través de las comunicaciones libradas por el Juzgado de lo Contencioso Administrativo," incumplió con las disposiciones contenidas relativas a la ejecución de la sentencia, y a pesar de haber sido apercibido, hizo caso omiso, y "con pleno conocimiento y voluntad, procedió a realizar actos contrarios a la sentencia dictada."

Cuarto, en el tipo penal de Usurpación de Funciones conforme el artículo 354 del Código Penal, ya que conforme al artículo 15, numeral 5 y 8 de la Ley Electoral y de las Organizaciones Políticas, es atribución del Tribunal Supremo Electoral, organizar dirigir, administrar y vigilar los procesos electorales y consultas populares; así como convocar a elecciones, referéndums y plebiscitos; y además, conforme al artículo 5, quinto párrafo de la Constitución, "corresponde únicamente al Tribunal Supremo Electoral, convocar, organizar y dirigir las consultas a los ciudadanos señalados en los párrafos anteriores"

En el caso, consideró el Fiscal General que el hecho del Presidente de la República de emitir tres decretos, "referentes a la realización de una consulta, llamada posteriormente encuesta de opinión," cuyo objetivo era "consultar si las personas estaban de acuerdo con la instalación de una cuarta urna en las elecciones generales para decidir si se convoca a una Asamblea Nacional Constituyente que emita una nueva Constitución de la República," lo que era atribución exclusiva del Tribunal Supremo Electoral.

El Fiscal General, además, destacó que en la gama de delitos imputados, el Presidente de la República además "vulneró el principio de legalidad el cual se encuentra descrito en el artículo 321 Constitución de la República, que establece: "Los servidores del Estado no tienen más facultades que las que expresamente les confiere la ley..." ejerciendo arbitrariamente la función pública con desviación y abuso de poder.

Con fundamento en lo que expuso ante la Corte Suprema de Justicia, el Fiscal General consideró que debido a la alta investidura que como alto Funcionario del Estado ostentaba el presidente "y existiendo un peligro de fuga por la gravedad de la pena que pueda imponérsele" como resultado del proceso, solicitó se ordenase el allanamiento de Morada para la aprehensión del acusado José Manuel Zelaya Rosales. El Fiscal General, además, para evitar la impunidad y en virtud de que conforme al artículo 33 de la Ley de la Administración Pública los Secretarios de Estado son colaboradores del Presidente de la República, y teniendo el titular de la Secretaria de

Estado en los Despachos de Seguridad a través de la Policía Nacional, la facultad legal de hacer efectivas las órdenes de captura emanadas de autoridad competente, debido al conflicto de intereses y al temor fundado que tenía el Ministerio Público que no se le diera cumplimento a la orden Judicial, solicitó de la Corte Suprema que se instruyera a las Fuerzas Armadas de Honduras a través del Jefe del Estado Mayor Conjunto, la facultad de hacer que se cumplan los mandatos de la constitución, las leyes y Reglamentos le imponen a las Fuerzas Armadas, y procedieran hacer efectiva la orden de captura del acusado Presidente.

Con fecha 26 de junio de 2009, conforme a lo alegado y solicitado por el Fiscal General, la Corte Suprema de Justicia resolvió y en consecuencia se dirigió al Jefe del Estado Mayor Conjunto de las Fuerzas Armadas, General de División, Romeo Vásquez Velásquez, ordenando la captura del Presidente de la República de Honduras, José Manuel Zelaya Rosales, "a quien se le supone responsable de los delitos de: *contra la forma de gobierno, traición a la patria, abuso de autoridad y usurpación de funciones* en perjuicio de la Administración Pública y del Estado de Honduras." La Corte Suprema también se dirigió en la misma fecha, al Estado Mayor Conjunto de las Fuerzas Armadas de Honduras, ordenando proceder en el momento pertinente al allanamiento de la vivienda del Presidente de la República de Honduras, José Manuel Zelaya Rosales,

> "entre las seis de la mañana y las seis de la tarde y ponerlo a la orden de la autoridad correspondiente por suponerlo responsable de la comisión de los hechos delictivos: contra la forma de gobierno, traición a la patria, abuso de autoridad y usurpación de funciones en perjuicio de la Administración Publica y del Estado de Honduras, lo anterior a raíz del requerimiento fiscal presentado en esta Corte por parte del Ministerio Publico."

El día 28 de junio de 2009, sin embargo, la orden judicial no fue ejecutada tal como se ordenó judicialmente, y el Presidente Zelaya después de haber sido detenido en su residencia durante la noche, fue ilegalmente extrañado del país y un avión lo trasladó a Costa Rica, indudablemente en violación de lo previsto en los artículos 81 y 102 de la Constitución.

Al día siguiente, 29 de junio de 2009, la Corte Suprema de Justicia, consideró que como era "de público y notorio conocimiento que el ciudadano José Manuel Zelaya Rosales, ha dejado de ostentar la condición de Presidente Constitucional de la República," carácter por el cual había sido presentado el Requerimiento Fiscal ante el Supremo Tribunal de Justicia, para que se le siguiese el procedimiento establecido en la normativa procesal penal que regula el enjuiciamiento criminal para los más altos funcionarios del Estado; al haber dejado el Presidente Zelaya de ostentar la condición de alto funcionario del Estado, consideró la Corte que entonces no era procedente seguir su enjuiciamiento de conformidad a los artículos 414, 415, 416, 417 del Código Procesal Penal, debiéndose en consecuencia, conocerse por la vía del procedimiento penal ordinario, "a fin de garantizarle así las reglas propias del debido proceso al imputado." Como consecuencia, resolvió, además de tener por presentado el Requerimiento Fiscal junto con los documentos que se acompañaron, remitirlo al Juzgado de Letras Unificado de lo Penal de Tegucigalpa, para que se continuase con el procedimiento ordinario establecido en el Código Procesal Penal.

En esta decisión, la Corte Suprema, sin embargo, no suministró fundamento jurídico alguno ni indicó con base en qué acto jurídico el Presidente Zelaya el día 28 de junio había "dejado de ostentar la condición de Presidente Constitucional de la República;" limitándose a decir que ello era de "de público y notorio conocimiento." Lo que había ocurrido, en realidad, era que había sido expatriado (eso era quizás lo público y notorio) en forma inconstitucional, pero no por ello habría dejado de ser Presidente Constitucional. En este aspecto, el tema que habría quedado pendiente de resolver es si, para el caso de que el Presidente expatriado llegase a regresar al país, si debería continuar ser procesado por la Corte Suprema de Justicia, en virtud de su condición de Presidente, y no por parte de un tribunal penal ordinario como ex funcionario.

En Honduras, sin la menor duda, el Juzgado de Letras Contencioso Administrativo con sede en Tegucigalpa, al ejercer el control de la constitucionalidad e ilegalidad sobre los actos administrativos dictados por el Presidente de Honduras relativos a la consulta popular sobre la convocatoria de una Asamblea Nacional Constituyente, actuó como juez constitucional, ejerciendo las competencias que le asigna la Ley 29/1998 reguladora de la Jurisdicción Contencioso Administrativa; competencia de control que, lamentablemente, aún por la vía del recurso contencioso administrativo de interpretación, la Sala Político Administrativa de la Corte Suprema de Venezuela actuando como juez contencioso administrativo diez años antes se abstuvo de ejercer, cuando le tocó resolver sobre la misma inconstitucional situación: la convocatoria de un referendo consultivo por el Presidente de la república sin estar previsto este mecanismo de reforma constitucional en el texto de la Constitución.

De las previsiones constitucionales tanto en Honduras como en Venezuela, en efecto, el ejercicio de la justicia constitucional corresponde conforme a la Constitución, no sólo a la Jurisdicción Constitucional que en ambos países ejercen las Salas Constitucionales del Supremo Tribunal, sino a la Jurisdicción Contencioso Administrativa, al ejercer su competencia de anulación de los actos administrativos de efectos generales o particulares contrarios a derecho, es decir, contrarios a la Constitución, a las leyes o a las demás fuentes del derecho administrativo[821]. Es decir, todos los jueces contencioso administrativos, conforme al artículo 259 de la Constitución de Venezuela y a la Ley reguladora de la Jurisdicción Contencioso Administrativa en Honduras, tienen potestad para declarar la nulidad de los actos administrativos, no sólo por ilegalidad sino por inconstitucionalidad, ejerciendo la justicia constitucional.

De lo anterior resulta que así como debe diferenciarse la Jurisdicción Constitucional que se atribuye a las Salas Constitucionales, de la función de justicia constitucional que corresponde conforme a las Constituciones de Venezuela (artículo 334) y Honduras (artículo 320) a todos los jueces; también, debe establecerse claramente la diferenciación entre la Jurisdicción Constitucional y la Jurisdicción Contencioso Administrativa, la cual radica en la competencia *por el objeto* que se atribuye a los Tribunales que las componen: la Jurisdicción Constitucional que corresponde a los

---

821 Véase Allan R. Brewer–Carías, *La Justicia Constitucional*, Universidad Nacional Autónoma de México, México 2007, pp. 447 ss.; y *La Justicia Contencioso Administrativa,* Tomo VII, *Instituciones Políticas y Constitucionales,* Editorial Jurídica Venezolana, Caracas–San Cristóbal 1996, pp. 26 ss.

Tribunales Supremos en *Sala Constitucional,* tiene por objeto conocer de las acciones de nulidad por inconstitucionalidad *contra las leyes y demás actos de rango legal o ejecución directa e inmediata de la Constitución;* en cambio, la Jurisdicción Contencioso Administrativa que corresponde a los tribunales de la misma conforme a la Ley, tiene por objeto, entre otros, conocer de las acciones de nulidad por inconstitucionalidad o ilegalidad *contra los actos administrativos* generales o particulares, que siempre son de rango *sub legal;* o como lo precisa la Ley reguladora de la Jurisdicción Contencioso Administrativa de Honduras, los tribunales de la Jurisdicción "conocerán de las pretensiones que se deduzcan en relación con la actuación de las Administraciones públicas sujeta al Derecho Administrativo, con las disposiciones generales *de rango inferior a la Ley* y con los Decretos legislativos cuando excedan los límites de la delegación" (art. 1). Por ello, de acuerdo con el artículo 76,1 de la Ley Justicia Constitucional de Honduras (2004), la acción de inconstitucionalidad procede "contra las leyes y otras normas de carácter y aplicación general *no sometidos al control de la jurisdicción contencioso administrativa,* que infrinjan preceptos constitucionales."[822]

Esto implica que ambas Jurisdicciones se diferencian por el objeto de las acciones y no por el motivo de las mismas: la Jurisdicción Constitucional conoce de la nulidad de las leyes y demás actos de rango legal o de ejecución directa e inmediata de la Constitución; en cambio, la Jurisdicción Contencioso Administrativa, conoce de la nulidad de los actos administrativos, que son de rango sub-legal, sea cual fuere el motivo de impugnación. En Honduras, a la Sala Constitucional, conforme al artículo 319,12 le corresponde la competencia para "declarar la inconstitucionalidad de las leyes en la forma y casos previstos en esta Constitución", como competencia "originaria y exclusiva" (artículo 184), previéndose que "las sentencias que declaren la inconstitucionalidad de una norma será de ejecución inmediata y tendrá efectos generales, y por tanto derogarán la norma inconstitucional' (art. 316). Con esta previsión incorporada en la Constitución, en la reforma de 2000 se pasó así de un método de control concentrado de constitucionalidad de las leyes con efectos *inter partes*, a un método de control concentrado con efectos generales, *erga omnes*, permaneciendo previsto el método difuso de control de la constitucionalidad de las leyes (art. 320), aún cuando sin operatividad, como potestad atribuida a todos los jueces para desaplicar las leyes que consideren inconstitucionales al decidir los casos concretos que deben resolver.

Con base en estos poderes del juez contencioso administrativo de actuar como juez constitucional, controlando la constitucionalidad y legalidad de las actuaciones del Poder Ejecutivo, fue que se desarrolló en Honduras el proceso judicial contencioso administrativo contra los decretos presidenciales de marzo-mayo de 2009 para la convocatoria de una consulta popular o encuesta de opinión que encubrían una

---

822 Véase en general sobre la ley de Justicia Constitucional de Honduras, nuestros comentarios, Allan R. Brewer-Carías, "El sistema de justicia constitucional en Honduras" en *El sistema de Justicia Constitucional en Honduras (Comentarios a la Ley sobre Justicia Constitucional)*, Instituto Interamericano de Derechos Humanos, Corte Suprema de Justicia. República de Honduras, San José, 2004, pp. 1-148; y "La reforma del sistema de justicia constitucional en Honduras", en *Revista Iberoamericana de Derecho Procesal Constitucional. Proceso y Constitución* (Directores Eduardo Ferrer Mac-Gregor y Aníbal Quiroga León), N° 4, 2005, Editorial Porrúa, México, pp. 57-77.

propuesta de referendo "decisorio" sobre la convocatoria de una Asamblea Nacional Constituyente, y que condujeron finalmente a la orden de detención y a la orden de enjuiciamiento del Presidente de la República, José Manuel Zelaya, entre otros hechos y actos, por desacato a las decisiones del Poder Judicial.

El control judicial desarrollado por la Jurisdicción Contencioso Administrativa, en todo caso, puede decirse que fue un proceso de defensa de la democracia; sin embargo, llama la atención que al ejercerse el control de los actos del Presidente de la República dictados en violación de la Constitución y sobre las vías de hecho en que incurrió contrarias al Poder Judicial y al ordenamiento jurídico de Honduras, en ninguna de las actas procesales fundamentales del proceso se haya usado la palabra "democracia." Sin embargo, en un Estado Constitucional, la defensa de la Constitución es siempre defensa de la democracia entendida como el régimen político que busca asegurar que el ejercicio del poder público por el pueblo, como titular que es de la soberanía, se haga en la forma prescrita en la Constitución, tanto en forma indirecta a través de representantes electos (democracia representativa), como en forma directa manifestando su voluntad para la toma de decisiones mediante referendo (democracia directa).

Para asegurar que el ejercicio de ese poder no sea ni abusivo ni arbitrario, el propio pueblo lo somete a límites establecidos tanto en la Constitución del Estado que él mismo ha adoptado como norma suprema, como en la legislación que deben sancionar sus representantes en los órganos del Estado. La Constitución y las leyes contienen, así, los límites que el propio pueblo se impone a si mismo y a sus representantes para ejercer el poder público, por lo que todo control respecto de la sumisión de los órganos del Estado a la Constitución, es un control de defensa a la propia democracia. Por ello, el Estado que se organiza en una Constitución adoptada en una sociedad democrática, es esencialmente un Estado sometido a controles.

Para garantizar ese Estado y la propia democracia es que se establece un sistema que permita la posibilidad de controlar el ejercicio del poder, de manera que los propios órganos que ejercen el poder en el Estado puedan, mediante su división y distribución, frenar el ejercicio mismo del poder, y así los diversos poderes del Estado puedan limitarse mutuamente. Por ello la existencia de sistemas de justicia constitucional y justicia contencioso administrativa desarrollado en todos los países democráticos.

La democracia como régimen político, por tanto, es mucho más que la sola elección de representantes mediante votación popular, o de la convocatoria a referendos, siendo la democracia representativa, por supuesto, de su esencia, sin la cual como régimen político, no podría existir. Tal como lo precisó la *Carta Democrática Interamericana* adoptada en la Asamblea General de la Organización de Estados Americanos, en Lima, el 11 de septiembre de 2001: además de la celebración de elecciones periódicas, libres, justas y basadas en el sufragio universal y secreto, como expresión de la soberanía del pueblo, la democracia representativa contiene acumulativamente una serie de otros *elementos esenciales*, sin los cuales no puede existir como régimen político, entre los cuales está, el respeto a los derechos humanos y las libertades fundamentales, el acceso al poder y su ejercicio con sujeción al Estado de derecho; el régimen plural de partidos y organizaciones políticas; y la necesaria existencia de la separación e independencia de los poderes públicos (artículo 3). Además, la misma Carta definió que el ejercicio de la democracia, acumulativamente contiene estos otros componentes fundamentales, que son: la transparencia de las actividades gubernamentales, la probidad, la responsabilidad de los gobiernos en la gestión pública, y el respeto por los derechos sociales y la libertad de expresión y de prensa; la subordinación constitucional de todas las instituciones del Estado a la autoridad civil legalmente constituida y el respeto al estado de derecho de todas las entidades y sectores de la sociedad (artículo 4).

La democracia, por tanto, como se dijo, es mucho más que las solas elecciones y votaciones, y entre sus elementos quizás el más esencial es el que se refiere a la separación e independencia de los Poderes Públicos, ya que el mismo es el que asegura que los otros factores de la propia democracia puedan ser una realidad política[823]. En otros términos, sin control del poder no sólo no hay ni puede haber real democracia ni efectivo Estado de derecho, sino que no se puede lograr la efectiva vigencia de todos los mencionados factores esenciales de la democracia. Es decir, sólo controlando al Poder es que puede haber elecciones completamente libres y justas, y representatividad efectiva; sólo controlando al poder es que puede haber pluralismo político; sólo controlando al Poder es que puede haber efectiva participación democrática; sólo controlando al Poder es que puede asegurarse una efectiva transparencia en el ejercicio del gobierno, con exigencia de la rendición de cuentas por parte de los gobernantes; sólo controlando el Poder es que se puede asegurar un gobierno sometido a la Constitución y las leyes, es decir, un Estado de derecho; sólo controlando el Poder es que puede haber un efectivo acceso a la justicia y esta pueda funcionar con efectiva autonomía e independencia; y sólo controlando al Poder es que puede haber real y efectiva garantía de respeto a los derechos humanos.

Al contrario demasiada concentración y centralización del poder, como ocurre en cualquier gobierno autoritario, así tenga origen electoral, si no hay controles efectivos sobre los gobernantes, y peor aún, si estos tienen o creen tener apoyo popular, inevitablemente conduce a la corta o a la larga a la tiranía. Y esa fue la historia de la humanidad durante la primera mitad del Siglo pasado, que nos mostró precisamente a tiranos que usaron el voto de la mayoría para acceder al poder y desde allí aplicaron el autoritarismo para acabar con la propia democracia y con todos sus elementos, comenzando por el respeto a los derechos humanos; y es la historia reciente en América Latina que nos muestra la emergencia de regímenes autoritarios usando y manipulando fraudulentamente las previsiones constitucionales y los medios electorales, como ha sido el caso de Venezuela, para violar la Constitución y destruir la democracia[824].

---

823 Véase sobre la Carta Democrática Interamericana y la crisis de la democracia en Venezuela, Allan R. Brewer-Carías, *La crisis de la democracia venezolana. La Carta Democrática Interamericana y los sucesos de abril de 2002*, Ediciones El Nacional, Caracas 2002. pp. 137 y ss.

824 Véase Allan R. Brewer-Carías, "La demolición del Estado de Derecho en Venezuela Reforma Constitucional y fraude a la Constitución (1999-2009)," en *El Cronista del Estado Social y Democrático de Derecho*, N° 6, Editorial Iustel, Madrid 2009, pp. 52-61; "El autoritarismo establecido en fraude a la Constitución y a la democracia y su formalización en "Venezuela mediante la reforma constitucional. (De cómo en un país democrático se ha utilizado el sistema eleccionario para minar la democracia y establecer un régimen autoritario de supuesta "dictadura de la democracia" que se pretende regularizar mediante la reforma constitucional)" en el libro *Temas constitucionales. Planteamientos ante una Reforma,* Fundación de Estudios de Derecho Administrativo, FUNEDA, Caracas 2007, pp. 13-74; "Constitution Making in Defraudation of the Constitution and Authoritarian Government in Defraudation of Demo-

En Honduras, sin duda, funcionaron los controles, y las actividades del Presidente Zelaya violatorias de la Constitución, fueron controladas por los tribunales de la Jurisdicción Contencioso Administrativa, la cual demostró tener una autonomía e independencia que muchas jurisdicciones de otros países podrían envidiar. En este caso, fue dicha Jurisdicción la que defendió la Constitución y la democracia; y el desacato a sus decisiones, ajustadas a derecho, fueron las que condujeron a la Corte Suprema de Justicia a ordenar el procesamiento del Presidente. Lamentablemente, al final, como se dijo, la orden judicial dada a las Fuerzas Armadas por la Corte Suprema, no fue ejecutada como ordenado, y el Presidente Zelaya fue ilegalmente extrañado del país en violación de lo previsto en los artículos 81 y 102 de la Constitución, con las consecuencias internacionales conocidas.

SECCIÓN SEGUNDA

EL JUEZ CONSTITUCIONAL Y EL CONTROL DE CONSTITUCIONALIDAD DE LOS PODERES Y EJECUTORIAS DE LAS ASAMBLEAS CONSTITUYENTES COMO PODERES CONSTITUIDOS, Y LA ASUNCIÓN O USURPACIÓN POR ÉSTAS DEL PODER CONSTITUYENTE ORIGINARIO.

Como lo indicó Eduardo García de Enterría, un Tribunal Constitucional es el "comisario del poder constituyente, encargado de defender la Constitución y de velar por que todos los órganos constitucionales conserven su estricta calidad de poderes constituidos,"[825] por lo cual el primer reto que tiene la justicia constitucional en América Latina, particularmente frente a las experiencias constitucionales recientes, es precisamente asegurar que la soberanía permanezca en el pueblo como poder constituyente y que no se asuma ni se usurpe por órgano constituido alguno del Estado.

Por ello, en un régimen de Estado constitucional, es esencial la distinción entre el poder constituyente que corresponde al pueblo, y los poderes constituidos que corresponden a los órganos del Estado, incluyendo en estos a las llamadas Asambleas Constituyentes, de manera que el juez constitucional pueda frenar las pretensiones incluso de estas de pretender ejercer en si mismas un poder constituyente "originario" o con "plenos poderes" para imponer su voluntad sobre los órganos constituidos, sobre todo porque como lo afirmó el Tribunal Supremo de Venezuela en la sentencia citada, "Una reforma constitucional sin ningún tipo de límites, constituiría un fraude constitucional."

Eso sucedió precisamente con la Asamblea Nacional Constituyente de Venezuela de 1999,[826] y la Asamblea Constituyente de Ecuador en 2007, con el agravante de

---

cracy. The Recent Venezuelan Experience", en *Lateinamerika Analysen*, 19, 1/2008, GIGA, Germa Institute of Global and Area Studies, Institute of Latin American Studies, Hamburg 2008, pp. 119-142; y *Dismantling Democracy in Venezuela. The Chávez Authoritarian Experiment*, Cambridge University Press, New York, 2010.

825 Véase E. García de Enterría, *La Constitución como norma y el Tribunal constitucional*, Madrid, 1985, p. 198.

826 Véase Allan R. Brewer-Carías, *Reforma Constitucional y Fraude a la Constitución (1999-2009)*, Academia de Ciencias Políticas y Sociales, Caracas 2009.

que ninguna de las dos estaba prevista en las Constituciones vigentes en esos países como mecanismo de reforma de la Constitución, de manera que incluso su elección y conformación no tenía base constitucional. La misma se estableció *ad hoc*, a la medida y mediante sendos referendos consultivos, totalmente manipulados desde el poder, con los cuales se barrió el principio de supremacía constitucional.

El primer reto que la justicia constitucional tiene en América Latina en el futuro, por tanto, es el asumir efectivamente el rol de guardián del poder constituyente e impedir que los órganos constituidos del Estado, incluyendo los circunstanciales, asuman o usurpen el poder constituyente del pueblo.[827]

I. EL CASO DE LA ASAMBLEA NACIONAL CONSTITUYENTE DE VENEZUELA EN 1999: UNA ASAMBLEA CONSTITUYENTE QUE USURPÓ EL "PODER CONSTITUYENTE ORIGINARIO" Y CUYOS ACTOS EL JUEZ CONSTITUCIONAL LOS CONSIDERÓ INMUNES AL CONTROL DE CONSTITUCIONALIDAD

En tal sentido debe recordarse el caso del proceso constituyente venezolano de 1999, el cual fue desarrollado al margen de la Constitución, por una Asamblea Constituyente que asumió poderes constituyentes originarios que el pueblo no le había atribuido.[828]

A tal efecto, el mismo día en el cual el Presidente Hugo Chávez tomó posesión de su cargo para el cual había sido electo conforme a las previsiones de la Constitución de 1961, el 2 de febrero de 1999, dictó un Decreto N° 3 para la realización de un referendo consultivo buscando que el pueblo se pronunciase "sobre la convocatoria de una Asamblea Nacional Constituyente" (Art. 1) que no estaba prevista en la Constitución de 1961 como un mecanismo de reforma constitucional; "con el propósito de transformar el Estado y crear un nuevo ordenamiento jurídico que permita el

---

827 Ello fue precisamente lo que hicieron los tribunales contencioso administrativos en Honduras, incluyendo la Corte Suprema de Justicia en 2009 al decidir como jueces constitucionales la suspensión de los efectos de los actos de convocatoria de una Asamblea Constituyente por el Presidente de la República, no prevista en la Constitución, para modificar una cláusula pétrea constitucional como as la prohibición de la reelección presidencial. Lamentablemente, en ese caso, la labor del juez constitucional, fue empañada por una actuación militar que expulsó al Presidente de la República del territorio, originando una crisis política continental. Véase en general sobre este caso, Allan R. Brewer-Carías, "Reforma Constitucional, Asamblea Nacional Constituyente y Control judicial contencioso administrativo: El caso de Honduras (2009) y el precedente venezolano (1999)", en *Revista de la Facultad de Derecho*, N° 60-61, (2005-2009), Universidad Católica Andrés Bello, Caracas 2009, pp. 63-112; en *Revista Mexicana Statum Rei Romanae de Derecho Administrativo. Homenaje de Nuevo León a Jorge Fernández Ruiz*, Con. 3, Julio-Dic 2009, Asociación Mexicana de Derecho Administrativo, Facultad de Derecho y Criminología de la Universidad Autónoma de Nuevo León, Monterrey, México 2009, pp. 11-77; y en *Revista Aragonesa de Administración Pública*, N° 34, (junio 2009), Gobierno de Aragón, Zaragoza 2009, pp. 481-529. Véase igualmente Allan R. Brewer-Carías, *Reforma Constitucional, Asamblea Constituyente, y Control Judicial: Honduras (2009), Ecuador (2007) y Venezuela (1999)*, Serie Derecho Administrativo N° 7, Universidad Externado de Colombia, Bogotá 2009, 144 pp.

828 Véase Allan R. Brewer-Carías, *Asamblea Constituyente y Ordenamiento Constitucional*, Serie Estudios N° 53, Biblioteca de la Academia de Ciencias Políticas y Sociales, Caracas 1999, 328 pp. Sobre las sentencias de la Corte Suprema de Justicia de 22 de enero de 1999 que avalaron el desencadenamiento del proceso constituyente véase: Allan R. Brewer-Carías, *Poder Constituyente Originario y Asamblea Nacional Constituyente*, Caracas 1999.

funcionamiento efectivo de una Democracia Social y Participativa" (primera pregunta). Con dicho decreto el Presidente buscaba que el pueblo lo autorizara, pura y simplemente, para que fuera él mismo quien fijase "mediante un Acto de Gobierno [...], oída la opinión de los sectores políticos, sociales y económicos, las bases del proceso comicial en el cual se elegirán los integrantes de la Asamblea Nacional Constituyente" (Segunda pregunta).[829] Es decir, pretendió el Presidente que mediante un referendo, el pueblo le delegara la potestad constituyente de establecer el estatuto de una Asamblea Constituyente no establecida en la Constitución que proponía se eligiera.

Del contenido del Decreto de convocatoria, sin embargo, se evidenciaba que lo que se convocaba no era un referendo consultivo que era lo único que autorizaba el artículo 181 de la Ley Orgánica del Sufragio y Participación Política que se había invocado como su base legal, de manera que de las preguntas lo que realmente se evidenciaban es que lo que se estaba convocando en realidad, era un referendo decisorio y autorizatorio no regulado ni previsto en dicha norma legal.[830] Además la convocatoria que se pretendía no era para que la Asamblea reformara la Constitución, sino para que asumiera un poder total y pudiera incluso sustituir a los poderes constituidos aún antes de la aprobación de una nueva Constitución, buscando delegar además en el Presidente de la República el poder soberano mismo de decidir el estatuto de la Constituyente, lo que vulneraba los principios más elementales del Estado de derecho y era incompatible con los valores supremos de una sociedad democrática.

Como era de esperarse, a las pocas semanas, el Decreto N° 3 fue impugnado por inconstitucional ante la Sala Político-Administrativa de la Corte Suprema de Justicia[831], por ser un instrumento destinado a servir para un fraude a la Constitución, impugnándose igualmente los actos del Consejo Supremo Electoral convocando el referendo. Una de las acciones de nulidad fue decidida por la Sala Político Administrativa en sentencia de 18 de marzo de 1999, mediante la cual se anuló la segunda de las preguntas propuestas por el Presidente en la convocatoria al referendo, considerando que el estatuto de la Constituyente tenía que aprobarse por el pueblo.[832]

Para ello, la sentencia afirmó que la actuación de una Asamblea Constituyente era posible porque lo permitía la Constitución de 1961, lo que implicaba considerar que la misma no podía perder vigencia alguna durante la actuación de la Asamblea Nacional Constituyente, la cual debía encontrar en dicho texto el límite de su actua-

---

829 Véase en *Gaceta Oficial* N° 36.634 de 02-02-99.

830 Como lo señaló Ricardo Combellas, "Estamos hablando de un referendo consultivo, no de un referendo decisorio, cuya aprobación demanda necesariamente en Venezuela, tal como lo propuso con visión avanzada la Comisión Bicameral, una reforma constitucional" en *¿Qué es la Constituyente? Voz para el futuro de Venezuela*, COPRE, Caracas 1998.

831 Véase el texto de la acción de nulidad en Allan R. Brewer-Carías, *Asamblea Constituyente y Ordenamiento Constitucional*, Academia de Ciencias Políticas y Sociales, Caracas 1999, pp. 255 a 321. Véase la relación de todas las acciones de nulidad intentadas en Carlos M. Escarrá Malavé, *Proceso Político y Constituyente*, Caracas 1999, anexo 4.

832 Véase el texto de la sentencia en Allan R. Brewer-Carías, *Poder Constituyente Originario y Asamblea Nacional Constituyente*, Caracas 1999, pp. 169 a 185; y en *Revista de Derecho Público*, N° 77-80, Editorial Jurídica Venezolana, Caracas 1999, pp. 73 y ss.

ción. Ello significaba que durante el funcionamiento de la Asamblea, los poderes constituidos debían continuar actuando conforme a la Constitución que estaba vigente, no pudiendo la Asamblea ni disolverlos ni asumir directamente sus competencias constitucionales.

Días antes de ser publicada dicha sentencia, sin embargo, el día 10 de marzo de 1999, y sin duda ya advertido, el Presidente de la República, emitió un nuevo acto administrativo reformatorio del Decreto N° 3, mediante el cual ordenó publicar en Gaceta Oficial la propuesta del Ejecutivo Nacional mediante la cual fijaba las bases de la convocatoria de la Asamblea Nacional Constituyente, conforme a lo que luego decidió la Corte, esta vez disponiendo que las mismas serían sometidas a la aprobación del pueblo en el referendo convocado.[833] En esas bases, sin embargo, se incorporó una frase en la Décima Base, en la cual se afirmaba que:

> "Una vez instalada la Asamblea Nacional Constituyente, como poder originario que recoge la soberanía popular, deberá dictar sus propios estatutos de funcionamiento, teniendo como límites los valores y principios de nuestra historia republicana, así como el cumplimiento de los tratados internacionales, acuerdos y compromisos válidamente suscritos por la República, el carácter progresivo de los derechos fundamentales del hombre y las garantías democráticas dentro del más absoluto respeto de los compromisos asumidos."

Este texto fue reproducido por el Consejo Nacional Electoral en la nueva convocatoria que tuvo que hacer para el referendo consultivo, de manera que la Resolución respectiva que dictó fue de nuevo impugnada por considerarse que desacataba el fallo de la Corte Suprema del 18 de marzo de 1999, cuando le pretendía atribuir "carácter originario" a la futura Asamblea Nacional Constituyente.

Dicha impugnación fue resuelta por la Sala Político Administrativa de la Corte Suprema, en la sentencia de 13 de abril de 1999[834], en la cual observó que ciertamente:

> "en la sentencia dictada por esta Sala el 18 de marzo de 1999 se expresó con meridiana claridad que la Asamblea Constituyente a ser convocada, 'no significa, en modo alguno, por estar precisamente vinculada su estructuración al propio espíritu de la Constitución vigente, bajo cuyos términos se producirá su celebración, la alteración de los principios fundamentales del Estado democrático de derecho', y que 'en consecuencia, es la Constitución vigente la que permite la preservación del Estado de derecho y la actuación de la Asamblea Nacional Constituyente, en caso de que la voluntad popular sea expresada en tal sentido en la respectiva consulta".

---

833 Contenido en un "Aviso Oficial" publicado en *Gaceta Oficial* N° 36.658 de 10–03–99, con las bases de la convocatoria de la asamblea nacional constituyente, para ser sometida para la aprobación del pueblo en el referéndum convocado para el 25 de abril de 1999.

834 Véase el texto en Allan R. Brewer-Carías, *Poder Constituyente Originario y Asamblea Nacional Constituyente*, Caracas 1999, pp. 190 a 198. Igualmente en *Revista de Derecho Público*, N° 77-80, Editorial Jurídica Venezolana, Caracas 1999, pp. 85 y ss.

En consecuencia, a los efectos de que no se indujera "a error al electorado y a los propios integrantes de la Asamblea Nacional Constituyente, si el soberano se manifestase afirmativamente acerca de su celebración, en lo atinente a su alcance y límites", la Sala ordenó que se eliminase la frase "como poder originario que recoge la soberanía popular," a cuyo efecto corrigió y reformuló expresamente el texto de la base comicial octava, sin dicha frase.

Después de todas estas vicisitudes judiciales,[835] y de la corrección del Decreto N° 3 de 2 de febrero de 1999, que fue el primer acto violatorio de la Constitución de 1961 en todo aquél proceso, el proceso constituyente quedó abierto, habiéndose celebrado el referendo consultivo el 25 de abril de 1999, en el cual se aprobó la propuesta de convocar una Asamblea Constituyente la cual fue electa el 25 de julio de 1999, integrada con una mayoría abrumadora de constituyentes propuestos por el Presidente Chávez.[836]

La Asamblea, en todo caso, estaba sometida a las bases aprobadas por la voluntad popular expresada en el referendo consultivo del 25 de abril de 1999; razón por la cual, durante su funcionamiento debió haber respetado la vigencia de la Constitución de 1961, la cual sólo podía perder vigencia cuando el pueblo se pronunciara, mediante posterior referendo aprobatorio sobre la nueva Constitución. Sin embargo, ello no fue así, y fue la Asamblea Constituyente la que materializó el golpe de Estado contra la Constitución,[837] desacatando además las órdenes judiciales emanadas de la Corte Suprema, para lo cual sus miembros incurrieron expresamente en el "error" que quiso evitar la Corte, y, contrariando su decisión, desde su instalación el 3 de agosto de 1999 asumieron expresamente lo que se denominó un "poder constituyente originario" que el pueblo no le había conferido.[838]

En esa oportunidad, en efecto, al aprobar su Estatuto de Funcionamiento en forma inconstitucional por violación a la voluntad popular expresada en el referendo consultivo del 25 de abril,[839] la Asamblea se declaró a si misma "depositaria de la

---

835 Véase sobre las diversas sentencias dictadas en el proceso de conformación de la Constituyente, Allan R. Brewer-Carías, "La configuración judicial del proceso constituyente en Venezuela de 1999 o de cómo el guardián de la Constitución abrió el camino para su violación y para su propia extinción", en *Revista de Derecho Público*, N° 77-80, Editorial Jurídica Venezolana, Caracas 1999, pp. 453-514.

836 De un total de 131 constituyentes electos, 125 con el apoyo del Presidente Chávez, con lo que la "oposición" quedó formada por sólo 6 constituyentes electos como independientes. Cuatro electos en la circunscripción nacional (Allan R. Brewer-Carías, Alberto Franceschi, Claudio Fermín y Jorge Olavarría) y dos en las circunscripciones regionales (Antonio Di'Giampaolo y Virgilio Ávila Vivas).

837 Véase Allan R. Brewer-Carías, *Golpe de Estado y proceso constituyente en Venezuela*, *op. cit*, p. 160.

838 En el acto de instalación, el discurso dado por quien venía de ser electo presidente de la Asamblea concluyó con estas frases "la Asamblea Nacional Constituyente es originaria y soberana", en *Gaceta Constituyente (Diario de Debates), Agosto-Septiembre 1999*, Sesión de 03-08-99, N° 1, p. 4. Véase nuestro voto salvado respecto de la aprobación de dicho Estatuto por la Asamblea Constituyente, en Allan R. Brewer-Carías, *Debate Constituyente (Aportes a la Asamblea Nacional Constituyente)*, Tomo I (8 agosto-8 septiembre 1999), Fundación de Derecho Público, Editorial Jurídica Venezolana, Caracas 1999, pp. 15 a 39.

839 Véase *Gaceta Constituyente* (*Diario de Debates*), Agosto-Septiembre 1999, Sesión de 07-08-99, N° 4, p. 151. Véase también nuestro voto salvado por razones de inconstitucionalidad respecto de la aprobación del Estatuto en *Gaceta Constituyente* (*Diario de Debates*), Agosto-Septiembre 1999, Sesión de 07-08-99, N° 4, pp. 6 a 13.

voluntad popular y expresión de su Soberanía con las atribuciones del Poder Originario para reorganizar el Estado Venezolano y crear un nuevo ordenamiento jurídico democrático," disponiendo además, que "en uso de las atribuciones que le son inherentes, podrá limitar o decidir la cesación de las actividades de las autoridades que conforman el Poder Público" (artículo 1). Como consecuencia de ello, la Asamblea también resolvió que "todos los organismos del Poder Público quedaban subordinados" a la misma y, en consecuencia, que estaban en la obligación de cumplir y hacer cumplir los "actos jurídicos estatales" que emitiera (parágrafo primero, artículo 1°).

En esta forma, la Asamblea se auto atribuyó potestades públicas por encima tanto de la Constitución de 1961 como de las "normas constitucionales" contenidas en la expresión de la voluntad soberana del pueblo en las "bases comiciales" votadas en el referendo de 25 de abril de 1999. En cuanto a las previsiones de la Constitución entonces vigente de 1961, por disposición de la propia Asamblea, en su Estatuto de Funcionamiento se dispuso que sólo se mantendrían en vigencia "en todo aquello que no colida o sea contrario con los actos jurídicos y demás decisiones de la Asamblea Nacional Constituyente" (art. 1, parágrafo segundo).[840]

Con la asunción de este poder, la Asamblea había consumado el golpe de Estado, pues se daba a sí misma una carta blanca para violar una Constitución que estaba vigente, y someter a todos los órganos del Poder Público constituido y electos a estarle "subordinados," imponiéndoles la obligación de cumplir sus "actos jurídicos estatales"; ruptura del hilo constitucional que luego se materializó mediante sucesivos actos constituyentes que la propia antigua Corte Suprema de Justicia como juez constitucional no supo controlar hasta que fue cesada, víctima de su propia debilidad o complicidad. Entre dichos actos constituyentes dictados como "poder constituyente originario" que conformaron el golpe de Estado contra la Constitución de 1961, se destacan:

En *primer* lugar, el "Decreto mediante el cual se declara la reorganización de todos los órganos del Poder Público" de fecha 12 de agosto de 1999,[841] para cuya emisión la Asamblea invocó que supuestamente ejercía "el poder constituyente otorgado por este [el pueblo] mediante referendo..."; es decir, que ejercía un "poder constituyente" que supuestamente le había otorgado el "poder constituyente" (pueblo) en el "referendo," lo cual no era cierto, por lo cual en realidad la Asamblea se fundamentó para aprobar el Decreto, en "lo dispuesto en el artículo primero del Estatuto de esta Asamblea" mediante el cual se había auto conferido, a sí misma, dicho supuesto carácter de poder constituyente originario..

840 Véase en *Gaceta Constituyente* (*Diario de Debates*), Agosto-Septiembre 1999, Sesión de 07-08-99, N° 4, p. 144. Véase el texto, además, en *Gaceta Oficial* N° 36.786 de 14-09-99. Como ha señalado Lolymar Hernández Camargo, con la aprobación del Estatuto "quedó consumada la inobservancia a la voluntad popular que le había impuesto límites a la Asamblea Nacional Constituyente… Se auto proclamó como poder constituyente originario, absoluto e ilimitado, con lo cual el Estado perdió toda razón de ser, pues si se mancilló la voluntad popular y su manifestación normativa (la Constitución), no es posible calificar al Estado como de derecho ni menos aun democrático", en *La Teoría del Poder Constituyente*, *cit.*, p. 73.

841 *Gaceta Oficial* N° 36.764 de 13-08-99. Véase en Allan R. Brewer-Carías, *Debate Constituyente*, tomo I, *op. cit.*, pp. 43 a 56; y en *Gaceta Constituyente* (*Diario de Debates*), Agosto-Septiembre de 1999, *cit.*, Sesión de 12-08-99, N° 8, pp. 2 a 4.

En *segundo* lugar, el decreto de 19 de agosto de 1999 mediante el cual la Asamblea Nacional Constituyente resolvió declarar "al Poder Judicial en emergencia" (Art. 1°), creando una Comisión de Emergencia Judicial, que asumió el proceso de intervención de la Justicia, [842] lesionando la autonomía e independencia del Poder Judicial, suplantando los órganos regulares del gobierno y administración de la Justicia. [843] El Decreto tuvo la misma fundamentación que los anteriores "en ejercicio del poder constituyente originario" supuestamente otorgado por el pueblo a la Asamblea mediante referendo, lo cual no era cierto, pues fue mediante el artículo 1° del Estatuto de Funcionamiento de la propia Asamblea y el artículo único del Decreto de la Asamblea que declaró la reorganización de todos los Poderes Públicos constituidos, con los cuales la Asamblea se auto confirió a dicho poder. Este proceso de intervención política del poder judicial incluso fue formalmente conocido por la Corte Suprema de Justicia, la cual, como juez constitucional, adoptó el 23 de agosto de 1999 un desafortunado Acuerdo, [844] en el cual "fijó posición" ante la ilegítima intervención llegando aceptarla mediante la designación de uno de sus propios magistrados como integrante de la ilegítima Comisión de Emergencia Judicial nombrada por la Asamblea.

En *tercer* lugar, el "Decreto mediante el cual se regulan las funciones del Poder Legislativo"[845] dictado por la Asamblea el 25 de agosto de 1999, reformado cinco días después, el 30 de agosto de 1999[846]; arrogándose esta vez directa y abiertamente un "poder constituyente originario" que nadie le había otorgado, sino ella misma en su propio Estatuto de funcionamiento. Mediante este Decreto, la Asamblea, materialmente, declaró la cesación de las Cámaras Legislativas (Senado y Cámara de Diputados), cuyos miembros habían sido electos unos meses antes, en noviembre de 1998, atribuyéndole además, inconstitucionalmente, la función legislativa del Estado a la Comisión Delegada del Congreso y a la propia Asamblea Constituyente.[847]

En el Decreto de regulación del Poder Legislativo, la Asamblea también intervino y eliminó las Asambleas Legislativas de los Estados de la Federación, violando la Constitución y vulnerando la autonomía de los Estados, al disponer que las funciones de las mismas serían ejercidas por unas Comisiones Delegadas de cada una,

---

842 *Gaceta Oficial* N° 36.772 de 25-08-99 reimpreso en *Gaceta Oficial* N° 36.782 de 08-09-99.

843 Véase en Allan R. Brewer-Carías, Debate Constituyente, Tomo I, *op. cit.*, p. 57 a 73; y en *Gaceta Constituyente (Diario de Debates)*, Agosto-Septiembre de 1999, *cit.*, Sesión de 18-08-99, N° 10, pp. 17 a 22. Véase el texto del Decreto en *Gaceta Oficial* N° 36.782 de 08-09-99.

844 Véanse nuestros comentarios sobre el Acuerdo en Allan R. Brewer-Carías, *Debate Constituyente*, Tomo I, *op. cit.*, pp. 141 y ss. Véanse además, los comentarios de Lolymar Hernández Camargo, *La Teoría del Poder Constituyente*, *cit.*, pp. 75 y ss.

845 *Gaceta Oficial* N° 36.772 de 25-08-99.

846 *Gaceta Oficial* N° 36.776 de 31-08-99.

847 Véase en Allan R. Brewer-Carías, *Debate Constituyente*, Tomo I, *op. cit.*, pp. 75 a 113; y en *Gaceta Constituyente (Diario de Debates)*, Agosto-Septiembre 1999, *cit.*, Sesión de 25-08-99, N° 13, pp. 12 a 13 y 27 a 30 y Sesión de 30-08-99, N° 16, pp. 16 a 19. Véase el texto del Decreto en *Gaceta Oficial* N° 36.772 de 26-08-99. Con posterioridad, sin embargo, y con la intermediación de la Iglesia Católica, el 9-9-99, la directiva de la Asamblea llegó a un acuerdo con la directiva del Congreso, con lo cual, de hecho, se dejó sin efecto el contenido del Decreto, siguiendo el Congreso funcionando conforme al régimen de la Constitución de 1961. Véase el texto del Acuerdo en *El Nacional*, Caracas 10-9-99, p. D-4.

regulando la forma de su integración (Art. 11); y además, revocando el mandato de los Diputados de las Asambleas que no integrasen las Comisiones delegadas respectivas (Art. 12).

Finalmente, en *cuarto* lugar, el Decreto del "Régimen de Transición del Poder Público," [848] dictado el 22 de diciembre de 1999, dos días después de la "proclamación" de la nueva Constitución luego de haber sido aprobada por el pueblo, pero una semana antes de su entrada formal en vigencia, pues la publicación de la Constitución en Gaceta Oficial había sido deliberadamente demorada hasta el 30 de diciembre de 1999, [849] mediante el cual la Asamblea modificó la propia Constitución (y su régimen transitorio) recién aprobada (15-12-1999), sin someter ese "acto constitucional" a la aprobación popular."

El juez constitucional, frente a todos estos actos "constituyentes" dictados en ejercicio de un pretendido "poder constituyente originario," que no tenía atribuido, simplemente se abstuvo de controlar efectivamente su constitucionalidad, para lo cual adoptó varias decisiones avalando el golpe de Estado que se había consumado. Entre ellas se destacan:

Primero, una confusa sentencia del 14 de octubre de 1999 (caso: Impugnación del Decreto de Regulación de las Funciones del Poder Legislativo) [850] mediante la cual, la antigua Corte Suprema, cambiando el criterio que previamente había sustentado en la sentencia anterior de la Sala Político Administrativa del 18 de marzo de 1999, desligó formalmente y *ex post facto* a la Asamblea de su sometimiento a la Constitución de 1961, permitiendo que aquélla pudiera desconocerla, con lo cual "legitimó" el golpe de Estado que la Asamblea había dado al desconocer la Constitución de 1961, particularmente en los diversos actos "constituyentes" e inconstitucionales que había adoptado en los dos meses precedentes.

Segundo, otra sentencia dictada esta vez con motivo de la impugnación del Decreto sobre el Régimen de Transición del Poder Público por el nuevo Tribunal Supremo de Justicia cuyos integrantes habían sido nombrados en dicho Decreto, la Sala Constitucional en sentencia N° 4 de fecha 26 de enero de 2000 (Caso Eduardo García), decidiendo en causa propia reconoció que dicho Decreto, a pesar de que no era emanación de la voluntad popular (no había sido aprobado en el referendo aprobatorio de la Constitución), era "un acto de rango y naturaleza constitucional," concluyendo que:

> "dado el carácter originario del poder conferido por el pueblo de Venezuela a la Asamblea Nacional Constituyente, mediante la pregunta N° 1 y la Base Comicial Octava del referendo consultivo nacional, aprobado el 25 de abril de 1999, y por tanto la no sujeción de este poder al texto constitucional vigente para la época, la demanda propuesta, al fundamentar las presuntas transgresiones

---

848 Véase en *Gaceta Oficial* N° 36.859 de 29-12-99.

849 Véase en *Gaceta Constituyente (Diario de Debates)*, Noviembre 1999-Enero 2000, *cit.*, Sesión de 22-12-99, N° 51, pp. 2 y ss. Véase *Gaceta Oficial* N° 36.859 de 29-12-99; y *Gaceta Oficial* N° 36.860 de 30-12-99.

850 Véase en *Revista de Derecho Público*, N° 77-80, Editorial Jurídica Venezolana, Caracas 1999, pp. 111 y ss.

en la referida Constitución y no en los parámetros y principios consagrados en las bases fijadas en le citado referendo, conduce forzosamente a su improcedencia."

Con ello, *ex post facto*, el juez constitucional no sólo aceptó que la Asamblea Constituyente había sido titular de un "poder constituyente originario" que supuestamente le había conferido el pueblo, lo cual no era cierto, sino que dispuso que los actos de la Asamblea Constituyente no habían estado sujetos a la Constitución de 1961, vigente durante su funcionamiento. Con ello, la Sala Constitucional del Tribunal Supremo en definitiva dispuso la inmunidad jurisdiccional respecto de los actos constituyentes. Ello lo ratificó el Tribunal Supremo en sentencia N° 6 de fecha 27 de enero de 2000, al declarar de nuevo, como improcedente, otra acción de nulidad interpuesta contra el referido Decreto, indicando que la Sala entendía:

> "que hasta la fecha de la publicación de la nueva Constitución, la que le precedió (1961) estuvo vigente, lo cual se desprende de la Disposición Derogatoria Única; y como los actos de la Asamblea Nacional Constituyente no estaban sujetos a la Constitución derogada, los mismos sólo podrían estar regulados -como fuera señalado por la sentencia de la Corte Suprema de Justicia en Pleno antes referida- por normas supra constitucionales. Así, por argumento en contrario, sólo los actos dictados por la Asamblea Nacional Constituyente con posterioridad a la publicación de la nueva Constitución estarían sujetos a ésta."

De todo lo anterior resultó que el acto de la Asamblea Nacional Constituyente (Decreto sobre el Régimen de Transición del Poder Público) impugnado en esta oportunidad, publicado en la Gaceta Oficial número 36.859 del 29 de diciembre de 1999, esto es, con anterioridad a la entrada en vigencia de la nueva Constitución de Venezuela de 1999, se consideró que no estaba sujeto ni a ésta ni a la Constitución precedente de 1961. Reconoció, así, el Tribunal Supremo de Justicia, rango constitucional al régimen transitorio inventado por la Asamblea Nacional Constituyente, pero desligándolo tanto de la Constitución de 1961 como de la propia Constitución de 1999; régimen transitorio que además contenía el acto de designación de los propios Magistrados. Lo menos que podían haber hecho dichos magistrados era inhibirse, pero no fue así; y esa y otras sentencias que juzgaron sobre dicho régimen, constituyeron violación del principio elemental del Estado de derecho conforme al cual nadie puede ser juez en su propia causa.

Tercero, otra sentencia, la N° 186 de 28-03-2000 (caso: Allan R. Brewer-Carías y otros), dictada con motivo de declarar sin lugar la demanda de nulidad intentada contra el Estatuto Electoral del Poder Público dictado el 30 de enero de 2000[851] por la propia Asamblea Constituyente sin tener potestad alguna para ello, la Sala Constitucional legitimó de nuevo el rango constitucional de las disposiciones de "Transición del Poder Público" argumentando esta vez que la Asamblea Nacional Constituyente, para cumplir su misión de transformar el Estado, crear un nuevo ordenamiento jurídico y dictar una nueva Constitución que sustituyera a la de 1961, supuestamente tenía varias alternativas para regular el régimen constitucional transitorio: Una, elaborar unas "Disposiciones Transitorias" que formaran parte de la Constitu-

851 Véase en *Gaceta Oficial* N° 36.884 de 03-02-2000

ción para ser aprobada por el pueblo mediante referendo; y otra, dictar actos constituyentes aparte, de valor y rango constitucional, que originarían un régimen transitorio constitucional paralelo, no aprobado por el pueblo.

Ello, sin embargo no era cierto, pues conforme a la voluntad popular expresada en el referendo de 25 de abril de 1999, sólo el propio pueblo podía aprobar la Constitución mediante referendo aprobatorio, por lo que no podía existir ninguna otra norma de rango constitucional que no fuera aprobada por el propio pueblo. Por tanto, partiendo del falso supuesto de que conforme al referendo del 25 de abril de 1999, la Asamblea Nacional Constituyente podía poner en vigencia normas constitucionales no aprobadas por el pueblo, el Tribunal Supremo de Justicia consideró que el Estatuto Electoral impugnado, al tener rango constitucional, no podía violar la Constitución de 1999, como fue lo que habíamos alegado en el recurso de nulidad.[852]

De esta premisa fundamental, falsa y contradictoria, el Tribunal Supremo de Justicia entonces derivó su decisión, en la cual:

Primero: Reconoció la existencia de un vacío legal (que sólo la Asamblea había creado) en las Disposiciones Transitorias de la Constitución de 1999, y pretendió llenarlo con una interpretación violatoria de la soberanía popular. El "limbo jurídico" que refiere con toda diligencia la sentencia había sido inventado por la Asamblea Nacional Constituyente, y no fue originado por el pueblo al aprobar las Disposiciones Transitorias de la Constitución. Al haber sido creado por dicha Asamblea, por su arbitrariedad, de lo que se requería era de un remedio judicial constitucional por parte del Tribunal Constitucional y no de una bendición. Este, en efecto, lo que hizo fue aceptar la violación constitucional y forzando la interpretación, trató de enderezar un entuerto constitucional.

Segundo: Incurrió en contradicción, al considerar que el régimen transitorio de orden constitucional iniciado el 25 de abril de 1999 "finalizó con la aprobación de la Constitución" del 30 de diciembre de 1999 por el pueblo, y paralelamente, admitió la existencia de otro régimen transitorio "paraconstitucional" no aprobado por el pueblo.

Tercero: Contradijo la sentencia de la propia Sala Constitucional del 27 de febrero de 2000, que había establecido la sumisión de los actos de la Asamblea Nacional Constituyente dictados con posterioridad a la publicación de la Constitución el 30 de diciembre 1999, a la Constitución de 1999, pues en esta nueva sentencia señaló que los actos de la Asamblea Nacional Constituyente dictados después de esa fecha también tenían rango "constitucional." No es que eran "supraconstitucionales" sino de igual rango que la Constitución aprobada por referendo, sin estar ello regulado en las Disposiciones Transitorias de la propia Constitución y sin haber sido aprobadas por el pueblo.

Cuarto: Contradijo y desconoció el poder derogatorio expreso de la nueva Constitución en relación con todas las normas preconstitucionales contrarias a sus disposiciones y no sólo las dictadas con base en la Constitución de 1961. No hay Disposición Transitoria alguna en la Constitución de 30 de diciembre de 1999 que hubiera

852 Véase Allan R. Brewer-Carías, *La Constitución de 1999*, 3ª Edición, Caracas 2001, pp. 270 y ss.

asegurado la supervivencia de normas dictadas por la Asamblea Nacional Constituyente, que después de publicada la Constitución, contrariasen sus disposiciones. El Tribunal Supremo de Justicia, así, pretendió de nuevo suplir el vacío producido por la arbitrariedad de la Asamblea Nacional Constituyente, y marginó la voluntad popular.

Sin embargo, el aspecto más importante de la sentencia que se comenta del Tribunal Supremo es que dejó sentado el principio de que supuestamente la Asamblea Nacional Constituyente podía dictar normas de rango constitucional, no aprobadas por el pueblo mediante referendo, y que por tanto escapaban de todo control judicial por el juez constitucional. Esto, sin duda, era un criterio violatorio de la base comicial novena del referendo del 25 de abril de 1999, que la antigua Corte Suprema de Justicia en Corte Plena, en la citada sentencia de 14 de octubre de 1999 (Caso: *Henrique Capriles Radonski vs. Decreto de Regulación de funciones del Poder Legislativo*) había considerado de rango "supraconstitucional".

En efecto, la base comicial novena del referendo del 25 abril de 1999, que, se insiste, se había considerado de rango supraconstitucional por lo que a ella estaba sometida la Asamblea Nacional Constituyente en su actuación, estableció que la nueva Constitución que elaborara la Asamblea sólo entraría en vigencia una vez aprobada mediante referendo. De ello se deducía que la voluntad popular en Venezuela, expresada en el referendo del 25 de abril de 1999, fue que la Asamblea Nacional Constituyente –a diferencia de lo que había ocurrido en Colombia en 1991- no podía poner en vigencia la nueva Constitución ni norma constitucional alguna, sino que éstas tenían que ser aprobadas por el pueblo, mediante referendo.

Al dictar esta sentencia, el Tribunal Supremo se había olvidado consultar la base comicial Novena (la sentencia sólo hizo referencia a las bases primera y octava) que imponía, con carácter supraconstitucional, la exigencia de que la Constitución y toda norma de rango constitucional producto de la Asamblea Nacional Constituyente tenía que ser aprobada por el pueblo mediante referendo, para poder considerarse aprobada definitivamente. Eso ocurrió con el texto de la Constitución y sus Disposiciones Transitorias aprobadas en el referendo del 15 de diciembre de 1999, pero no ocurrió con el "Régimen Transitorio del Poder Público" dictado por la Asamblea con posterioridad y, al cual, sin embargo, el Tribunal Supremo le reconoció "rango análogo a la Constitución" con vigencia "paralelamente a la Constitución vigente."

La Sala Constitucional, sin embargo, simplemente aceptó que el régimen transitorio dictado al margen de la Constitución de 1999, no aprobado por el pueblo, había sido "emanación del poder constituyente," es decir, habían surgido "del régimen nacido del referendo del 25 de abril de 1999, que es un régimen de producción originaria de rango análogo a la Constitución misma," lo que como se ha visto, no era cierto. Lo grave de la decisión del juez constitucional, además, fue que dispuso, sobre la vigencia de dicho régimen de transición del Poder Público, que el mismo "tendrá vigencia hasta la implantación efectiva de la organización y funcionamiento de las instituciones previstas por la Constitución aprobada, de conformidad con la legislación que a los efectos apruebe la Asamblea Nacional." Con ello, la Constitución de 1999, por decisión del juez constitucional, quedó con muchas de sus disposiciones en suspenso, prolongándose la transitoriedad a veces hasta por una década, como ocurrió con la intervención del Poder Judicial, cuya Comisión de Reorganización sobrevivió hasta 2011[853]..

De lo anterior resulta, por tanto, que conforme a la doctrina sentada por el juez constitucional, en Venezuela, a partir de 2000 existieron dos regímenes constitucionales paralelos: uno contenido en la Constitución de 1999 que fue aprobada por el pueblo; y otro, dictado por la Asamblea Nacional Constituyente con posterioridad a dicha aprobación, no aprobado por el pueblo y de vigencia imprecisa hasta que se aprobase toda la legislación que preveía la propia Constitución de 1999, lo cual en muchos casos ha durado lustros. El Tribunal Supremo de Justicia, lamentablemente, en lugar de cumplir su deber como contralor de la constitucionalidad, quiso resolver el vacío creado por la Asamblea Constituyente después de aprobada la Constitución de 1999 por referendo popular, y así violentó el ordenamiento constitucional y frustró la esperanza de que pudiera apuntalar el Estado de Derecho, precisamente cuando comenzaba a entrar en aplicación la nueva Constitución.

Todo este sistema de doble régimen constitucional paralelo y yuxtapuesto lo confirmó la Sala Constitucional, posteriormente, en el auto dictado el 12 de diciembre de 2000 con motivo de resolver sobre la pretensión de amparo que había acumulado la Defensora del Pueblo a la acción de nulidad por inconstitucionalidad que intentó contra la Ley Especial para la Ratificación o Designación de los Funcionarios y Funcionarias del Poder Ciudadano y Magistrados y Magistradas del Tribunal Supremo de Justicia para el Primer Período Constitucional de 14 de noviembre de 2000[854], en el cual señaló que "a partir de la aprobación de las bases comiciales y la instalación de la Asamblea Nacional Constituyente [...], hasta la promulgación de la actual Constitución" [...] siguió vigente la Constitución de la República de Venezuela de 1961, coexistiendo con los actos que dictó la Asamblea Nacional Constituyente, [que] en lo que contraríen a dicha Constitución, adquirieron la categoría de actos constitucionales, ya que es el pueblo soberano, por medio de sus representantes, quien deroga puntualmente disposiciones constitucionales, creando así un doble régimen, donde como ya lo ha señalado esta Sala, coexistía la Constitución de 1961 con los actos constituyentes."

Es insólito que un tribunal constitucional, encargado de velar por la supremacía constitucional, pudiera llegar a considerar que el Régimen de Transición del Poder Público dictado por la Asamblea Nacional Constituyente, después de aprobada popularmente la Constitución de 1999 y de haber sido proclamada por la propia Asamblea, pudiera tener el mismo rango que la propia Constitución sin haber sido aprobado por el pueblo. ¿Para qué, entonces, la realización de un referendo aprobatorio de la Constitución, si la Asamblea Nacional Constituyente supuestamente podía, a su discreción, poner en vigencia normas de rango constitucional, sin aprobación

853 Véase Allan R. Brewer-Carías, "La Ley del Código de Ética del juez venezolano de 2010 y la interminable transitoriedad del régimen disciplinario judicial" en *Revista de Derecho Público*, N° 128, Editorial Jurídica Venezolana, Caracas, 2012, p 83 y ss. Asimismo "La aceptación por el juez constitucional de la interminable transitoriedad constitucional en materia del régimen disciplinario judicial" en *Práctica y Distorsión de la Justicia Constitucional en Venezuela (2008-2012),* Colección Justicia N° 3, Acceso a la Justicia, Academia de Ciencias Políticas y Sociales, Universidad Metropolitana, Editorial Jurídica Venezolana. Caracas, 2012, pp. 51-62.

854 *Gaceta Oficial* N° 37.077 de 14-11-00.

popular? Este papel del Tribunal Supremo de Justicia en relación con el proceso constituyente venezolano, sin duda, como lo afirmamos en 2002, "se recordará, sí, en los anales de nuestra historia constitucional, pero no precisamente por su apego a la constitucionalidad."[855]

II. EL CASO DE LA ASAMBLEA CONSTITUYENTE DE ECUADOR EN 2007: UNA ASAMBLEA CONSTITUYENTE QUE ASUMIÓ "PLENOS PODERES" Y QUE PROCLAMÓ QUE SUS PROPIOS ACTOS ERAN INMUNES AL CONTROL DE CONSTITUCIONALIDAD POR PARTE DEL JUEZ CONSTITUCIONAL

En Ecuador, en 2007 puede decirse que sucedió algo similar a lo que ocurrió en Venezuela 1999:[856] El presidente Rafael Correa, en lo que materialmente fue su primer decreto de gobierno dictado también en el mismo día de la toma de posesión de su cargo, el 15 de enero de 2007, dictó el Decreto N° 2 convocando a una consulta popular para que se convocara e instalase una Asamblea Constituyente que no estaba prevista en la Constitución vigente en ese momento como mecanismo para reformar la Constitución, en términos muy similares al Decreto N° 3 antes comentado del presidente Hugo Chávez de Venezuela de 1999.

El Decreto presidencial ecuatoriano N° 2, convocando una consulta popular, fue para que el pueblo se pronunciara sobre la siguiente pregunta:

> "¿Aprueba usted que se convoque e instale una Asamblea Constituyente con plenos poderes, de conformidad con el Estatuto Electoral que se adjunta, para que transforme el marco institucional del Estado, y elabore una nueva Constitución?"

El Decreto, ya siguiendo la lección del caso venezolano, sin embargo, dispuso que no sería el Presidente el que pretendía dictar el Estatuto de la Constituyente, sino que en la papeleta de votación se debía incorporar dicho Estatuto relativo a su elección, instalación y funcionamiento, cuyo texto, sin embargo, igual que en el caso venezolano, el Presidente propuso en forma unilateral, sin debate alguno en el país. En dicho Estatuto, sobre la "naturaleza y finalidad de la Asamblea Constituyente" se dispuso en su artículo 1°, lo siguiente:

> "*Artículo 1*. Naturaleza y finalidad de la Asamblea Constituyente. La Asamblea Constituyente es convocada por el pueblo ecuatoriano y está dotada de plenos poderes para transformar el marco institucional del Estado, y para elaborar una nueva Constitución. La Asamblea Constituyente respetará, profundizando en su contenido social y progresivo, los derechos fundamentales de los

---

855 Véase Allan R. Brewer-Carías, *Golpe de Estado y proceso constituyente en Venezuela,* Universidad Nacional Autónoma de México, México 2002, p. 363.

856 Véase sobre el proceso en Ecuador: Allan R. Brewer-Carías, "El inicio del proceso constituyente en Ecuador en 2007 y las lecciones de la experiencia venezolana de 1999," en José Ma. Serna de la Garza (Coordinador), *Procesos Constituyentes contemporáneos en América Latina. Tendencias y perspectivas,* Universidad Nacional Autónoma de México, México 2009, pp. 451-505; y *Reforma Constitucional, Asamblea Constituyente, y Control Judicial: Honduras (2009), Ecuador (2007) y Venezuela (1999),* Serie Derecho Administrativo N° 7, Universidad Externado de Colombia, Bogotá 2009.

ciudadanos y ciudadanas. El texto de la Nueva Constitución será aprobado mediante Referéndum Aprobatorio."

Es decir, en el decreto presidencial del Ecuador, como también se expresó en el mismo sentido de las bases comiciales que había propuesto el Presidente venezolano en 1999, se planteó la convocatoria de una Asamblea Constituyente "con plenos poderes para que transforme el marco institucional del Estado, y elabore una nueva Constitución." Esto planteaba otro tema y era el relativo a si la Asamblea Constituyente, durante su funcionamiento, estaba sometida, como todos los órganos del Estado y los individuos, a la Constitución de 1998 que le había dado origen, la cual conforme se deducía del propio Estatuto de la Asamblea, debería permanecer vigente hasta que el pueblo, mediante referendo, aprobase la nueva Constitución. Ello, como hemos señalado, no quedó claro en Venezuela en 1999, y la Asamblea Nacional Constituyente de ese año, una vez electa, se apartó de la Constitución alegando que tenía poder constituyente originario, que en la terminología utilizada en Ecuador era con "plenos poderes," interviniendo y disolviendo los poderes constituidos, todo al margen de la Constitución entonces vigente.

En Ecuador, en todo caso sucedió algo similar, siendo el tema de los plenos poderes que se querían atribuir a la Asamblea Constituyente uno de los temas centrales en el debate parlamentario, donde en la Comisión de Asuntos Constitucionales se presentaron propuestas para la modificación de la pregunta de la consulta, para reducir los "plenos poderes" sólo para elaborar una nueva Constitución, y para elimina la propuesta inicial para que la Asamblea tuviera la posibilidad de modificar el marco institucional del Estado, circunscribiéndose su labor específica a emitir una nueva Carta Política.

Así, por ejemplo, en la sesión del 8 de febrero de 2007, se buscaba generar consenso en cuanto al tema de la consulta popular y posterior instalación de la Asamblea Constituyente, de manera que la misma respetara "los poderes constituidos y garantizara la participación de todos los ciudadanos". Agregaba la propuesta de uno de los diputados que la Constituyente debía "respetar las funciones de las instituciones legalmente constituidas", aclarando que "dar plenos poderes se corre el riesgo no únicamente de una disolución del Congreso, sino del Ejecutivo, Corte Suprema, Tribunales Constitucional y Supremo Electoral, algo que podría desarticular el aparto institucional del Estado, lo cual nadie apoya." A ello respondió el 9 febrero el Ministro de Gobierno, indicando "que no se pretende, a través de la Asamblea, disolver los poderes del Estado." Otros diputados consideraban, al contrario que "la Asamblea Nacional Constituyente es de plenos poderes aunque otros digan lo contrario, ya que está establecido en diferentes doctrinas que una Asamblea tiene plenos poderes, a diferencia de una reforma constitucional que se podría hacer desde el Congreso."

De acuerdo con este debate, una de las propuestas en el Congreso, apuntaba a que la Asamblea Constituyente respetara "los períodos del Ejecutivo, Legislativo, prefectos, alcaldes, consejeros, concejales y delegados a Juntas Parroquiales", y no interfiriera en sus funciones; otros congresistas plantearon la necesidad de que se le dieran "atribuciones ilimitadas a la Asamblea." En todo caso, el 13 de febrero de 2007, con 57 votos, el Congreso Nacional aprobó dar paso a la consulta popular como paso previo a la instalación de una Asamblea Constituyente, pero con una serie de modificaciones al proyecto original.

El Presidente de la República el 14 de febrero consideraba que con esa decisión, el Congreso "se había sometido a la voluntad popular al haber aprobado la consulta popular con 57 votos"; y en esa misma fecha, se anunciaba la decisión del Tribunal Supremo Electoral, de que la convocatoria oficial de la consulta popular se haría el 1 de marzo y la votación se realizaría el 15 de abril de 2007; aún cuando se encontraba a la espera de "una posible modificación al estatuto para la Asamblea Constituyente, por parte del Ejecutivo." En la misma fecha del 14 de febrero, el Presidente de la República, ya manifestaba su posición sobre el tema central del debate parlamentario, cuestionando la decisión del Congreso y anunciando que "una vez que se haya instalado la Asamblea Nacional Constituyente pondrá a disposición su cargo y pedirá la disolución del Congreso Nacional"; ello a pesar de que el Parlamento en día anterior había negado la posibilidad de que la Constituyente destituya a las dignidades elegidas el 15 de octubre y el 26 de noviembre.

El 27 de febrero, en todo caso, consecuencia del debate, el Presidente de la República emitió un nuevo decreto N° 148, conservando el texto de la pregunta formulada en el Decreto inicial N° 2 del 15 de febrero, anexando el Estatuto Electoral en el cual se incorporaron modificaciones diversas, el cual fue entregado al Tribunal Supremo Electoral el 28 de febrero. Con esos instrumentos el Tribunal Supremo Electoral procedió a la convocatoria de la consulta popular sobre la Asamblea Constituyente, sucediéndose varios debates y conflictos institucionales entre el Poder Ejecutivo, el Tribunal Electoral, el Congreso y el Tribunal Constitucional.

El resultado fue que el Congreso, el 2 de marzo, aprobó demandar ante el Tribunal Constitucional la inconstitucionalidad de la convocatoria de consulta popular realizada por el Tribunal Supremo Electoral, la cual se presentó el 9 de marzo, con expresa solicitud de celeridad, expresando el Presidente de la Comisión de Asuntos Constitucionales que se trataba de un "primer paso para frenar una dictadura." Sobre dicha demanda de inconstitucionalidad que preparó el Congreso, el Presidente de la República el 6 de marzo ya declaraba que la misma no cabía, y que sería una obstrucción a un proceso electoral en marcha, y obstruirlo "sería una descarada intromisión de un poder del Estado en otro poder en principio independiente", advirtiendo que ello no se permitiría "decida lo que decida la mayoría anti patriota, anti histórica, anti ciudadana corrupta," y anunciado que el Gobierno garantizaba "el funcionamiento de este Tribunal Supremo Electoral y la ejecución de la consulta popular."

El 9 de marzo, el Presidente del Tribunal Constitucional, rechazaba las declaraciones del Presidente de la República de que no acatará los fallos de esa institución. El Presidente del Tribunal Supremo Electoral, por su parte, sobre la demanda expresó que un eventual pronunciamiento de inconstitucionalidad a la consulta popular, planteada por el Congreso Nacional al Tribunal Constitucional, "no puede obstaculizar un referéndum ya convocado, puesto que su decisión no tendría un carácter retroactivo."

Agregó además, amenazando al Tribunal Constitucional, que "en estos momentos del periodo electoral nada ni nadie puede detener el proceso", y otro miembro del organismo señalaba que "un fallo en contra de la consulta sería ilegítimo," agregando que "si los vocales del Tribunal Constitucional pretenden tramitar incluso esa demanda, y peor aún resolverla, también están atentando en contra del proceso electoral y serán juzgados."

Las amenazas contra el Tribunal Constitucional siguieron, y el 13 de marzo el Tribunal Supremo Electoral dio a conocer que los vocales de la Comisión de Admisibilidad del Tribunal Constitucional serían sancionados por haber dado acogida y acceder a tramitar la demanda presentada por el Congreso Nacional para evitar la realización de la consulta popular el 15 de abril. Además, uno de los integrantes del Tribunal Supremo Electoral consideró que los vocales del Tribunal Constitucional debían "inadmitir cualquier demanda en contra del Tribunal, [porque] el artículo 155 así lo establece porque se trataría de una interferencia más al proceso electoral que está en marcha."

La reacción del Tribunal Supremo Electoral contra todos los congresistas que votaron por la "demanda de inconstitucionalidad en contra de la consulta popular y también por la destitución del presidente del Tribunal" no se hizo esperar, y todos quienes el 9 de marzo habían votado fueron destituidos. El Presidente del Congreso solicitó al Tribunal Constitucional que dirimiera la constitucionalidad de las actuaciones del Tribunal Supremo Electoral, de destituir a esos 57 legisladores, lo cual no fue admitido por el Tribunal según decisión del 13 de marzo. La razón para ello habría sido que el pedido fue presentado por el Presidente del Congreso, sin ponerlo a consideración de los diputados, por lo que en el caso se carecía de resolución del Congreso Nacional en el que se hubiera autorizado al Presidente a presentar la demanda de "dirimencia de competencia." El Tribunal Constitucional en esta forma se salía del debate y renunció a ser el garante de la supremacía constitucional.

La destitución de los congresistas, quienes conformaban la mayoría del parlamento, por supuesto paralizó al órgano legislativo. Algunos congresistas destituidos intentaron diversos recursos de amparo contra la decisión del Tribunal Supremo Electoral, los cuales, al ser admitidos, provocaron que el Tribunal Supremo Electoral destituyera a los jueces que los habían acordado. El 2 de abril de 2007, el Tribunal Supremo Electoral ratificó la resolución que había adoptado el 7 marzo mediante la cual había destituido de su cargo a 57 legisladores, frente a lo cual el Presidente del Congreso clamaba en la prensa para que el Tribunal Constitucional decidiera la cuestión; "Ni los unos ni los otros, el Tribunal Constitucional es el que tiene la última palabra y voy a acatar lo que diga el Tribunal Constitucional."

Conforme a la Ley de Control Constitucional del Ecuador, el Tribunal Constitucional es el "órgano supremo del control constitucional" (artículo 3), y ante un conflicto constitucional como el que se evidencia del recuento de las vicisitudes jurídicas planteadas en tres meses, desde el 15 de enero al 15 de abril de 2007, tenía que haber decidido. Llama la atención, sin embargo, que en ese período, antes de la votación de la consulta popular, el Tribunal Constitucional no decidió ninguna de las acciones intentadas en su sede, de manera que el 15 de abril de 2007, se efectuó la consulta popular, habiendo resultado aprobado con abrumadora mayoría la convocatoria a la Constituyente.

Sin embargo, posteriormente, y ya quizás demasiado tarde, fue cuando mediante sentencia del 5 de julio de 2007[857] el Tribunal Constitucional decidió la acción de inconstitucionalidad que habían interpuesto los Congresistas contra la Resolución

857 Resolución n° 008-07-TC, R.O. N° 133, 24 de julio de 2007.

PLE-TSE-13-13-2-2007 del Tribunal Supremo Electoral básicamente por el temor a que se produjera una clausura del Congreso. En la decisión, el Tribunal Constitucional se pronunció en relación con la atribución a la Asamblea Constituyente ya electa y los "plenos poderes" que se le asignaron en el artículo 1° del Estatuto, considerando que dicha norma no le otorgaba a la Asamblea Constituyente el poder de asumir facultades de los poderes constituidos sino que quedaba limitada a dictar el nuevo texto constitucional y que mientras ejerciese el poder constituyente el orden constitucional establecido seguiría vigente.

Pero como se dijo, la decisión adoptada después de electa la Asamblea, y no antes como procedía, fue tarde, y la justicia tarde a veces no es justicia. Por ello, una vez electa la Asamblea Constituyente en la cual los partidarios del presidente Correa obtuvieron una mayoría superior al 80 % de los escaños, la Asamblea, en su primera decisión, que fue el del Mandato Constituyente N° 1 del 29 de noviembre de 2007[858] (Artículos 2, 3, 5, 6 y 7), contrariando la decisión del Tribunal Constitucional, hizo su propia interpretación de los "plenos poderes" que le asignaba la pregunta sometida a consulta popular, y procedió a establecer que sus decisiones eran superiores a cualquier otra norma del orden jurídico y que, por ello, no podían ser susceptibles de control o impugnación por parte de los poderes constituidos, lo que por supuesto incluía al propio Tribunal Constitucional.

La Asamblea Constituyente estableció, además, que los jueces y tribunales que tramitaran cualquier acción contraria a sus decisiones serían destituidos de su cargo y sometidos al enjuiciamiento correspondiente. La Asamblea Constituyente, además, asumió la función legislativa del Estado, y procedió a cesar a los parlamentarios que habían sido electos el año anterior, el 15 de octubre de 2006. Al mes siguiente, al aprobar su Reglamento de Funcionamiento del 11 de diciembre de 2007,[859] la Asamblea Constituyente estableció que el ordenamiento jurídico se mantendría vigente "con la excepción de lo que resuelva en sentido contrario la asamblea constituyente."

En Ecuador, por tanto, el Tribunal Constitucional se abstuvo de ejercer oportunamente el control de constitucionalidad de los actos de convocatoria de la Asamblea Constituyente; con la diferencia con Venezuela en que no fue que el Tribunal Constitucional el que declaró la inmunidad jurisdiccional de los actos de la Asamblea Constituyente mediante la asignación a los mismos de un rango "para constitucional", sino que fue la propia Asamblea Constituyente ecuatoriana la que declaró a sus propios actos como inmunes al control de constitucionalidad, lo cual fue aceptado por el Tribunal Constitucional.

Estos dos casos de experiencias constitucionales recientes en América Latina muestran, sin duda, cómo el primero de los retos de la justicia constitucional sigue siendo el que el Juez Constitucional asuma efectivamente el rol de guardián del poder constituyente que sólo corresponde al pueblo, e impida que los órganos constituidos del Estado, incluyendo los circunstanciales Asambleas Constituyentes, asuman o usurpen el poder constituyente del pueblo.

---

858 R.O. N° 223, Suplemento, 30 de noviembre de 2007.

859 Disposición final primera, R.O. n° 236, suplemento, 30 de diciembre de 2007

SEXTA PARTE

EL JUEZ CONSTITUCIONAL Y EL CONTROL DE CONSTITUCIONALIDAD DE LAS REFORMAS A LA CONSTITUCIÓN

Esta Sexta Parte está conformada en parte por el texto de la segunda parte del libro: *La Patología de la Justicia Constitucional*, Tercera edición ampliada, Editorial Jurídica Venezolana, Caracas 2014, pp. 109-167

SECCIÓN PRIMERA:

EL JUEZ CONSTITUCIONAL Y EL CONTROL DE CONSTITUCIONALIDAD DE LAS REFORMAS CONSTITUCIONALES RESPECTO DE LOS PRINCIPIOS "PÉTREOS"

I. EL TEMA DE LOS PRINCIPIOS CONSTITUCIONALES PÉTREOS Y SU POSIBLE MODIFICACIÓN

Las Constituciones con gran frecuencia establecen limitaciones al poder constituyente derivado o instituido para reformar o modificar ciertas cláusulas de las mismas, que el pueblo, en el momento de sancionarla, las ha considerado de la esencia de la organización política del Estado y la sociedad, y las ha formulado como irreformables, es decir, como cláusulas pétreas, que sólo el pueblo mismo como poder constituyente originario podría reformar.

Siendo uno de los límites constitucionales establecidos al poder constituyente derivado, dado el principio de la supremacía constitucional que rige en todas las Constituciones, cualquier intento de reformar dichos principios por el poder constituyente instituido podría ser objeto de control de constitucionalidad por parte del Juez Constitucional. La única excepción de principio se plantearía en los casos de aprobación de las reformas o enmiendas a dichos principios pétreos mediante referendo o consulta popular, en cuyo caso podría considerarse que priva el principio de la soberanía popular sobre el de la supremacía constitucional.

Estas cláusulas pétreas o inmodificables que se establecen en los textos constitucionales recogiendo principios o normas de orden esencial para la organización política, si bien en general son cláusulas expresas, también se consagran en otros casos en forma implícita.

Entre las primeras se destacan las que excluyen toda reforma sobre determinadas materias, como sucede con el artículo 248 de la Constitución de El Salvador de 2000 en el cual se dispone que:

> "*Artículo 248:* ...No podrán reformarse en ningún caso los artículos de esta Constitución que se refieren a la forma y sistema de gobierno, al territorio de la República y a la alternabilidad en el ejercicio de la Presidencia de la República".

En el Salvador, el procedimiento de reforma de la Constitución está a cargo del poder constituyente derivado o instituido que para tal fin corresponde a dos legislaturas subsiguientes: *primero*, a la Asamblea Legislativa en funciones en el período constitucional en el cual se propone la reforma, la cual debe aprobar la reforma con el voto de la mitad más uno de los Diputados electos; y *segundo*, para que la reforma aprobada se pueda decretar, la misma debe "ser ratificada por la siguiente Asamblea Legislativa con el voto de los dos tercios de los Diputados electos." Una vez que así sea ratificada la reforma, se debe emitir el decreto correspondiente, el cual se debe mandar a publicar en el Diario Oficial.

De acuerdo con estas previsiones, sin embargo, no todo en el texto constitucional es reformable por el poder constituyente instituido, del cual queda excluido la forma de gobierno democrático y el sistema presidencial de gobierno que no pueden ser objeto de reforma, al igual que el principio de la alternabilidad republicana en el ejercicio del cargo de Presidente de la República.

A tal punto este principio de la alternabilidad republicana en el ejercicio de la Presidencia de la República se establece con carácter pétreo que en la Constitución, por una parte, el principio se declara en el artículo 88 como "indispensable para el mantenimiento de la forma de gobierno y sistema político establecidos" de manera que "la violación de esta norma obliga a la insurrección;" y por la otra, que en el artículo 75.4 se establece la causal de pérdida de los "derechos de ciudadano," para quienes "suscriban actas, proclamas o adhesiones para promover o apoyar la reelección o la continuación del Presidente de la República, o empleen medios directos encaminados a ese fin."

En la Constitución de la República Dominicana de 2010 se establecen diversos principios pétreos, excluidos por tanto del poder constituyente derivado. Así, el artículo 3 de la Constitución al referirse a la "inviolabilidad de la soberanía y principio de no intervención, concluye afirmando que "el principio de la no intervención constituye una norma invariable de la política internacional dominicana." Por su parte, el artículo 268 de la Constitución precisa sobre la forma de gobierno como norma pétrea, que "ninguna modificación a la Constitución podrá versar sobre la forma de gobierno que deberá ser siempre civil, republicano, democrático y representativo."

En la República Dominicana, las reformas constitucionales pueden proponerse ante el Congreso Nacional por la tercera parte de los miembros de una u otra cámara, o por el Poder Ejecutivo (art. 269). En tal caso, debe convocarse una "Asamblea Nacional Revisora" mediante ley del Congreso que declare la necesidad de la reforma constitucional, ordenándose su reunión e indicándose el objeto de la reforma y los artículos de la Constitución sobre los cuales debe versar (art. 270). Esa Asamblea Nacional Revisora, se forma con la presencia de más de la mitad de los miembros de cada una de las cámaras, y una vez que la misma vote y proclame la reforma, la Constitución debe ser publicada íntegramente con los textos reformados (art.

271). Sin embargo, si la reforma versa "sobre derechos, garantías fundamentales y deberes, el ordenamiento territorial y municipal, el régimen de nacionalidad, ciudadanía y extranjería, el régimen de la moneda, y sobre los procedimientos de reforma instituidos en esta Constitución," una vez votada y aprobada por la Asamblea Nacional Revisora, se requiere que la reforma sea ratificada por la mayoría de los ciudadanos con derecho electoral, en referendo aprobatorio convocado al efecto por la Junta Central Electoral (art. 272).

En la Constitución de Guatemala de 1993 también se establece una enumeración de artículos de la Constitución que se definen como "no reformables", para lo cual el artículo 281 dispone que "en ningún caso podrán reformarse los artículos 140 (independencia del Estado y al sistema de gobierno), 141 (soberanía popular), 165.g (desconocimiento del mandato del Presidente después de vencido su período constitucional), 186 (prohibiciones para optar a cargos de Presidente y Vicepresidente) y 187 (prohibición de reelección)." La norma agrega en forma reiterativa, además, que en forma alguna pueden reformarse "toda cuestión que se refiera a la forma republicana de gobierno, al principio de no reelección para el ejercicio de la Presidencia de la República, ni restársele efectividad o vigencia a los artículos que estatuyen alternabilidad en el ejercicio de la Presidencia de la República, así como tampoco dejárseles en suspenso o de cualquier otra manera de variar o modificar su contenido." La Constitución incluso define en su artículo 136.f, entre los deberes y derechos políticos de los ciudadanos, el "defender el principio de alternabilidad y no reelección en el ejercicio de la Presidencia de la República."

En Guatemala, el poder constituyente para la reforma constitucional se atribuye, primero, a una Asamblea Nacional Constituyente, en los casos de reforma del artículo que la regula (art. 278), y de cualquier artículo de los contenidos en el Capítulo I del Título II de la Constitución sobre "derechos Individuales," a cuyo efecto, el Congreso de la República, con el voto afirmativo de las dos terceras partes de los miembros que lo integran, debe convocar dicha Asamblea Nacional Constituyente (art. 278). En estos casos, la Asamblea Nacional Constituyente y el Congreso de la República pueden funcionar simultáneamente (art. 279). *Segundo*, para cualquier otra reforma constitucional, el Congreso de la República es el llamado a aprobarla con el voto afirmativo de las dos terceras partes del total de diputados, y las mismas sólo pueden entrar en vigencia cuando sean ratificadas mediante la consulta popular (arts. 173, 280)

En el caso de Honduras, el artículo 374 de la Constitución también dispone una enumeración de artículos no reformables, así:

> "*Artículo 374*: No podrán reformarse, en ningún caso, el Artículo anterior (procedimiento para la reforma constitucional), el presente Artículo, los artículos constitucionales que se refieren a la forma de gobierno, al territorio nacional, al período presidencial, a la prohibición para ser nuevamente Presidente de la República, el ciudadano que lo haya desempeñado bajo cualquier título y referente a quienes no pueden ser Presidente de la República por el período subsiguiente".

En cuanto a la forma de gobierno, que el artículo 4 dispone que es republicana, democrática y representativa, la misma norma agrega en cuanto a la alternabilidad en el ejercicio de la Presidencia de la República que la misma "es obligatoria," indicándose que "la infracción de esta norma constituye delito de traición a la Patria." Por otra parte, conforme al artículo 239 de la misma Constitución, quien haya desempeñado la titularidad del Poder Ejecutivo no puede ser Presidente o Designado, de manera que "el que quebrante esta disposición o proponga su reforma, así como aquellos que lo apoyen directa o indirectamente, cesarán de inmediato en el desempeño de sus respectivos cargos, y quedarán inhabilitados por diez años para el ejercicio de toda función pública." Por otra parte, el artículo 42.5 de la Constitución también dispone que la calidad de ciudadano se pierde "por incitar, promover o apoyar el continuismo o la reelección del Presidente de la República."

En todo caso, para la reforma constitucional con las limitaciones mencionadas, el artículo 373 atribuye el poder constituyente a dos legislaturas sucesivas: *primero*, el Congreso Nacional en funciones al proponerse la reforma, el cual la puede decretar en sesiones ordinarias, con dos tercios de votos de la totalidad de sus miembros, señalando en el decreto el artículo o artículos que hayan de reformarse; y *segundo*, a la subsiguiente legislatura ordinaria, la cual debe ratificar el decreto de reforma por igual número de votos, para que entre en vigencia.

En otros casos, como en la Constitución del Brasil, lo que se establece es que no se pueden abolir determinadas instituciones o principios, pero ello no impide la reforma de los artículos que las consagran. En tal sentido, el artículo 60 § 4, establece que:

> "No será objeto de deliberación la propuesta de enmienda tendiente a abolir: I. La forma federal del Estado; II. El voto directo, secreto, universal y periódico; III. La separación de los Poderes; IV. Los derechos y garantías individuales".

Ahora bien, aparte de las cláusulas pétreas expresa y textualmente insertas en los textos constitucionales, de otras disposiciones de las Constituciones también se pueden derivar muchas otras cláusulas que encajarían dentro de tal categoría, por la forma y carácter irrevisable que se establecen respecto de las mismas, por parte del poder constituyente.

Es el caso, por ejemplo, de la Constituciones que establecen en algunos de sus artículos el *carácter eterno* de un principio o disposición constitucional, como resulta del artículo 1 de la Constitución de Venezuela cuando declara que la República "es *irrevocablemente* libre e independiente..."; del artículo 5 que declara que "la soberanía reside *intransferiblemente* en el pueblo", o del artículo 6 de la misma Constitución cuando prescribe que el gobierno de la República "y de las entidades políticas que la componen *es y será siempre* democrático, participativo, electivo, descentralizado, alternativo, responsable, pluralista y de mandatos revocables". Estas previsiones, consagran sin duda principios pétreos, que no pueden revocarse, ni modificarse en forma alguna.

En el caso de la Constitución venezolana de 1999, la misma dispuso en sus artículos 340 a 349, tres procedimientos para la revisión o modificación de la misma, exigiéndose siempre la participación del pueblo como poder constituyente originario, distinguiéndolos según la intensidad de las transformaciones que se proponen, y que son: las Enmiendas Constitucionales, las Reformas Constitucionales y la Asamblea Nacional Constituyente. Cada procedimiento tiene su sentido y ámbito de aplicación según la importancia de las modificaciones a la Constitución, de manera que para la aprobación de las "enmiendas" que pueden surgir de iniciativa popular o de los órganos del Poder Ejecutivo o legislativo, sólo se requiere la aprobación por el pueblo como poder constituyente originario manifestado mediante referendo aprobatorio; para la aprobación de la "reforma constitucional" que puede proponerse también por iniciativa popular o a propuesta del Poder Ejecutivo o Legislativo, requiere la aprobación por uno de los poderes constituidos, que es la Asamblea Nacional, y, además, del pueblo como poder constituyente originario manifestado mediante referendo; y para la revisión constitucional mediante una "Asamblea Nacional Constituyente", se estableció la participación del pueblo como poder constituyente originario, para primero, decidir mediante referendo su convocatoria, y segundo, para la elección de los miembros de la Asamblea Constituyente.

Sobre estos tres mecanismos para la revisión constitucional, la propia Sala Constitucional del Tribunal Supremo de Justicia ha señalado que:

> "Cada uno de estos mecanismos de reforma tiene sus peculiaridades, los cuales con una somera lectura del texto constitucional se puede apreciar que, por ejemplo, el procedimiento de enmienda, va a tener por objeto la adición o modificación de uno o varios artículos de la Constitución, tal como lo señala el artículo 340 de la Carta Magna. Por su parte, la reforma constitucional, se orienta hacia la revisión parcial de la Constitución, así como la sustitución de una o varias de sus normas (artículo 342). Ambos mecanismos, están limitados por la no modificación de la estructura fundamental del texto constitucional, y por un referéndum al cual debe estar sometido para su definitiva aprobación, Ahora bien, en el caso de que se quiera transformar el Estado, crear un nuevo ordenamiento jurídico y redactar una nueva Constitución, el texto constitucional vigente consagra la posibilidad de convocatoria a una Asamblea Nacional Constituyente (Artículo 347 *eiusdem*). Igualmente, las iniciativas para proceder a la enmienda, reforma o convocatoria de la Asamblea Constituyente, están consagradas en el texto constitucional de manera expresa"[860].

De lo anterior resulta que no puede utilizarse uno de los procedimientos de revisión constitucional para fines distintos a los regulados en la propia Constitución, pues de lo contrario, se incurriría en un fraude constitucional[861], tal como ocurrió

860 Véase sentencia N° 1140 de la Sala Constitucional de 05-19-2000, en *Revista de Derecho Público*, N° 84, Editorial Jurídica Venezolana, Caracas, 2000.

861 La Sala Constitucional del Tribunal Supremo de Justicia en la sentencia N° 74 de 25-01-2006 señaló que un *fraude a la Constitución* ocurre cuando se destruyen las teorías democráticas "mediante el procedimiento de cambio en las instituciones existentes aparentando respetar las formas y procedimientos constitucionales", o cuando se utiliza "del procedimiento de reforma constitucional para proceder a la creación de un nuevo régimen político, de un nuevo ordenamiento constitucional, sin alterar el sistema de legalidad establecido, como ocurrió con el *uso fraudulento de los poderes* conferidos por la ley marcial en la Alemania de la Constitución de *Weimar*, forzando al Parlamento a conceder a los líderes fascistas, en términos de dudosa legitimidad, la plenitud del poder constituyente, otorgando un poder legislativo ilimitado"; y que un *falseamiento de la Constitución* ocurre cuando se otorga "a las normas constitucionales una interpretación y un sentido distinto del que realmente tienen, que es en realidad una modificación no formal de la Constitución misma", concluyendo con la afirmación de que "*Una reforma constitucional sin ningún tipo de límites, constituiría un fraude constitucional*". Véase en *Revista de Derecho Público*, N° 105, Editorial Jurídica Venezolana, Caracas 2006, pp. 76 ss.

con la reforma constitucional sancionada por la Asamblea Nacional el 2 de noviembre de 2007, que fue rechazada por voto popular en el referendo del 2 de diciembre de 2007,[862] y con la Enmienda Constitucional de febrero de 2009.

En todo caso, de esa distinción de procedimientos para la reforma constitucional, la posible modificación de un principio pétreo sólo podría ser posible mediante el mecanismo de la Asamblea Nacional Constituyente dispuesto para que el pueblo, como depositario del poder constituyente originario,[863] la convoque "con el objeto de transformar el Estado, crear un nuevo ordenamiento jurídico y redactar una nueva Constitución"(art. 347). Corresponde por tanto siempre al pueblo como poder constituyente originario, convocar la Asamblea Constituyente, por lo que a pesar de que no esté expresamente regulado en el texto de la Constitución, el Consejo Nacional Electoral debe convocar un referendo para que el pueblo se pronuncie sobre dicha convocatoria, y sobre el estatuto básico de la Asamblea en relación con su integración, forma de elección de sus miembros, misión y duración.[864] Luego de que el pueblo se pronuncie sobre la convocatoria de la Asamblea, debe procederse a la elección de los miembros de la misma conforme al resultado de la consulta popular. La aprobación de la Constitución que emane de la Asamblea Nacional Constituyente que se elija, sin embargo, no está sometida a referendo aprobatorio. En contraste, debe recordarse que la Constitución de 1999, sancionada por la Asamblea Nacional Constituyente, fue aprobada mediante referendo del 15 de diciembre de 1999 para poder entrar en vigencia; y que la propia Constitución exige que en los casos de Enmiendas y de Reformas constitucionales, las mismas deben ser sometidas a referendos aprobatorios (Arts. 341 y 344).

Otras cláusulas que implican límites a la revisión constitucional son las que establecen el principio de la progresividad en la protección o garantía de los derechos humanos, por ejemplo en cuanto a los inherentes a la persona humana, las cuales implican que dichas garantías no pueden ser objeto de reformas que reduzcan el ámbito de protección de los derechos. Es el caso de la previsión del artículo 19 de la Constitución de Venezuela.

La consecuencia de todos estos límites constitucionales a la reforma constitucional, es que si se traspasasen por el poder constituyente derivado, las reformas serían contrarias a la Constitución, por lo que deberían ser objeto de control constitucional por parte de los órganos de la Jurisdicción Constitucional. Sin embargo, en esta materia, estamos en el campo de los principios que derivan del postulado de la supremacía constitucional, ya que ninguna Constitución de América Latina establece ex-

---

862 Véase lo expuesto en Allan R. Brewer-Carías "El juez constitucional vs. la supremacía constitucional. (O de cómo la jurisdicción constitucional en Venezuela renunció a controlar la constitucionalidad del procedimiento seguido para la "reforma constitucional" sancionada por la Asamblea Nacional el 02 de noviembre de 2007, antes de que fuera rechazada por el pueblo en el referendo del 02 de diciembre de 2007),"en *Revista de Derecho Público*, Nº 112, Editorial Jurídica Venezolana, Caracas, 2007, pp. 661-694.

863 Véase lo expuesto en Allan R. Brewer-Carías, *Poder Constituyente originario y Asamblea Nacional Constituyente*, Caracas 1999.

864 En esta forma por mi parte quedan superadas las dudas que expresé en esta materia en Allan R. Brewer-Carías, *Las Constituciones de Venezuela*, Academia de Ciencias Políticas y Sociales, tomo I, Caracas 2008, pp. 346-347; y en *Historia Constitucional de Venezuela*, Editorial Alfa, Tono II, pp. 251-252.

presamente competencia de los órganos de la Jurisdicción Constitucional para controlar la constitucionalidad *sustantiva* de las reformas constitucionales.

En cambio, en algunas constituciones lo que existe es una limitación expresa al control de constitucionalidad que puede ejercer el juez constitucional sobre las reformas constitucionales, limitándolas a los aspectos adjetivos o procedimentales de las mismas lo que ha llevado a excluir el control respecto de los contenidos materiales de la reforma constitucional. Es el caso, por ejemplo de Colombia, donde la Constitución expresamente al atribuir competencia a la Corte Constitucional para ejercer el control de constitucionalidad respecto de las leyes de reforma constitucional, dispone expresamente en su artículo 241 que es sólo "sólo por vicios de procedimiento en su formación." Ello ha llevado a la propia Corte Constitucional incluso a decidir en sentencia N° 555 de 2003[865] que tuvo por objeto ejercer el control de constitucionalidad de la Ley 796 de 2003 mediante la cual se proponía un conjunto extenso de reformas constitucionales a ser sometidas a referendo, que el control constitucional sobre las reformas constitucionales "*recae entonces sobre el procedimiento de reforma y no sobre el contenido material del acto reformatorio,*" es decir, considerando que:

> "la exclusión del control constitucional del contenido material de una reforma constitucional es natural, pues el contenido de toda reforma constitucional es por definición contrario a la Constitución vigente, ya que precisamente pretende modificar sus mandatos. Admitir que una reforma constitucional pueda ser declarada inexequible por violar materialmente la Constitución vigente equivale entonces a petrificar el ordenamiento constitucional y anular la propia cláusula de reforma, por lo que la restricción impuesta por el artículo 241 superior a la competencia de la Corte es una consecuencia necesaria del propio mecanismo de reforma constitucional. No le corresponde entonces a la Corte examinar si los contenidos materiales de la ley que convoca a un referendo son o no constitucionales, ni mucho menos políticamente oportunos, sino que debe exclusivamente estudiar si el procedimiento de formación de esa ley se ajusta o no a las exigencias constitucionales, puesto que la ley de referendo está orientada a reformar (esto es, a contradecir materialmente) el ordenamiento constitucional vigente hasta ese momento." [866]

La Corte Constitucional colombiana, al ratificar conforme a la Constitución de 1991 que el ámbito del control de constitucionalidad sobre las reformas constitucionales estaba restringido a los aspectos adjetivos o procedimentales, observó que "la Constitución colombiana de 1991, a diferencia de otras constituciones, como la alemana, la italiana o la francesa, o algunas de nuestras constituciones nacionales, no contiene cláusulas pétreas o irreformables," de manera que "los únicos límites que la Carta prevé para el poder de reforma son de carácter estrictamente formal y procedimental, esto es, que el acto legislativo, el referendo o la convocatoria a una Asam-

865 Véase en http://www.elabedul.net/Documentos/Leyes/2003/C-551-03_sentencia.pdf.

866 Véase en http://www.elabedul.net/Documentos/Leyes/2003/C-551-03_sentencia.pdf.

blea Constituyente hayan sido realizados conforme a los procedimientos establecidos en la Carta."[867]

Sin embargo, y a pesar de esta precisión, la Corte Constitucional en la sentencia C-141 de 2010, donde ejerció el control de constitucionalidad sobre una ley de convocatoria a un referendo con origen en una iniciativa ciudadana para permitir una segunda reelección presidencial, como se trataba de un cuerpo normativo promulgado dentro de un procedimiento de reforma a la Constitución, indicó que la misma no sólo estaba sujeta a requerimientos procedimentales, sino también a "límites competenciales," en el sentido de que mediante la misma no podían afectarse "principios estructurales plasmados originalmente en el texto constitucional" los cuales sólo podían ser modificados mediante la convocatoria de una Asamblea Nacional Constituyente. La Corte, en efecto dijo:

> "El único de los mecanismos contemplados en el artículo 374 constitucional
>
> que no está sujeto a límites de competencia es una Asamblea Nacional Constituyente, siempre que sea convocada para proferir una nueva Carta, siendo la vía del referendo constitucional no idónea para transformar los principios estructurales plasmados originalmente en el texto constitucional."

Y precisamente, con base en ello, como se verá más adelante, la Corte Constitucional Colombiana mediante la sentencia N° C-141 de 2010 declaró la inconstitucionalidad de la Ley de reforma constitucional que proponía la posibilidad de una segunda reelección del Presidente de la República, por considerar que era contraria a los principios democráticos y particularmente al de la alternabilidad republicana, que según la Corte sólo podrían ser reformados mediante una Asamblea Constituyente.

II. EL SÍNDROME DE LA ABSTENCIÓN EN EL CASO VENEZOLANO: LA REFORMA CONSTITUCIONAL VÍA ENMIENDA DEL PRINCIPIO PÉTREO DE LA ALTERNABILIDAD REPUBLICANA, PREVIAMENTE DISTORSIONADO POR EL JUEZ CONSTITUCIONAL, Y LA RENUNCIA A CONTROLAR LA CONSTITUCIONALIDAD DEL PROCEDIMIENTO UTILIZADO PARA LA REFORMA

En todo caso, distinto es el caso de las Constituciones que por una parte contienen cláusulas pétreas y por la otra no tienen la limitación expresa que está en la Constitución colombiana sobre el ámbito del control de constitucionalidad a cargo del juez constitucional, como guardián de la supremacía de la Constitución. En esos casos, en nuestro criterio, el juez constitucional si tiene competencia para controlar la constitucionalidad de las reformas constitucionales antes de su aprobación por el pueblo, cuando incidan sobre cláusulas pétreas, como por ejemplo la prevista en el artículo 6 de la Constitución cuando proclama que:

---

867 Véase en http://www.elabedul.net/Documentos/Leyes/2003/C-551-03_sentencia.pdf.

> "Artículo 6. *El gobierno de la República Bolivariana de Venezuela y de las entidades políticas que la componen **es y será siempre** democrático, participativo, electivo, descentralizado, alternativo, responsable, pluralista y de mandatos revocables".*

Es decir, cualquier reforma constitucional que pretenda cambiar el sistema de gobierno en Venezuela y establecer, por ejemplo un sistema autocrático (contrario a la democracia), excluyente de la participación (contrario a participativo), con magistrados no electos por el pueblo (contrario a electivo), centralizado (contrario a la descentralización), que elimine la alternabilidad en el ejercicio de los cargos (con magistrados a perpetuidad, o de mandatos ilimitados), irresponsable (contrario a responsable), con una doctrina oficial única excluyente de toda otra (contrario a pluralista) y de mandatos no revocables (contrario a manatos revocables), en nuestro criterio puede y tiene que poder ser controlada por el juez constitucional.

Por ejemplo, entre esos principios pétreos en la Constitución venezolana se destaca el principio de la alternabilidad republicana, que implica límites a la reelección, particularmente, la reelección presidencial, que a pesar de la larga tradición constitucional que ha tenido en Venezuela, se quiso reformar en la reforma constitucional que a iniciativa del Presidente de la República se propuso en 2007, y que luego de sancionada por la Asamblea Nacional,[868] fue sin embargo rechazada por el pueblo el referéndum de diciembre de 2007.

El principio de la alternabilidad además de estar en el mencionado artículo 6 de la Constitución de 1999, se reflejaba en el límite constitucional que imponía el artículo 230 de la Constitución para la reelección del Presidente de la República, al prever que sólo podía ser "reelegido de inmediato y por una sola vez, para un nuevo período."

Este principio de la alternabilidad republicana se comenzó a establecer en las Constituciones hace doscientos años, preciosamente en la Constitución Federal de los Estados de Venezuela del 21 de diciembre de 1811 que fue la primera de toda América Hispana, con la que se incorporó el principio al constitucionalismo venezolano e hispanoamericano al prever en su artículo 188, lo siguiente:

> "*Artículo 188*. Una dilatada continuación en los principales funcionarios del Poder Ejecutivo es peligrosa a la libertad, y esta circunstancia reclama poderosamente una rotación periódica entre los miembros del referido Departamento para asegurarla."

Es decir, desde el inicio se incorporó al constitucionalismo el principio de que debía haber una rotación periódica en los titulares del Poder Ejecutivo, considerándose, con razón, que la dilatada continuidad en el ejercicio de sus funciones era peligrosa a la libertad.

---

868 Véase Allan R. Brewer-Carías, *La reforma constitucional de 2007 (Comentarios al proyecto inconstitucionalmente sancionado por la Asamblea Nacional el 2 de noviembre de 2007),* Colección Textos Legislativos, N° 43, Editorial Jurídica Venezolana, Caracas 2007.

El principio lo expresó Simón Bolívar pocos años después, en su Discurso de Angostura de presentación del proyecto de Constitución al Congreso de 1819, al expresar:

> "La continuación de la autoridad en un mismo individuo frecuentemente ha sido el término de los gobiernos democráticos. Las repetidas elecciones son esenciales en los sistemas populares, porque nada es tan peligroso como dejar permanecer largo tiempo en un mismo ciudadano el poder. El pueblo se acostumbra a obedecerle y él se acostumbra a mandarlo; de donde se origina la usurpación y la tiranía. ... nuestros ciudadanos deben temer con sobrada justicia que el mismo Magistrado, que los ha mandado mucho tiempo, los mande perpetuamente."[869].

El principio, sin embargo, no se enunció en el texto de la Constitución de 1819 en el cual no se usa la expresión alternabilidad, estableciéndose sólo expresamente su consecuencia respecto del Presidente de la República, al prever limites a la reelección del mismo, indicándose en el artículo 3, sección primera del Título 7°, que "la duración del presidente será de cuatro años, y no podrá ser reelegido más de una vez sin intermisión." Con ello se inició la tradición de establecer en las Constituciones límites a la reelección presidencial. La misma limitación a la reelección presidencial se incorporó en el artículo 107 de la Constitución de Colombia de 1821.

Fue sin embargo, en la Constitución de 1830, una vez reconstituido el Estado de Venezuela al disolverse la Gran Colombia, cuando el principio enunciado en la Constitución de 1811 y formulado por el Libertador, se incorporó expresamente en forma directa como cláusula pétrea, al establecerse que

> "Art. 6. El Gobierno de Venezuela es y será siempre republicano, popular, representativo, responsable y alternativo."

Expresar en la Constitución que el gobierno "**es y será siempre alternativo**" significa lo que las palabras expresan, que se trata de la formulación de un principio constitucional pétreo que apunta a que nunca el gobierno de la República puede dejar de ser alternativo, el cual en consecuencia siempre se ha expresado como tal, en todos los 26 textos constitucionales que ha tendido Venezuela en toda su historia constitucional, en la misma invariable forma que aún se conserva en la Constitución de 1999 (art 6).

Y la palabra utilizada para expresar el principio ha sido siempre la misma de "alternabilidad," en el sentido de gobierno "alternativo" o de la "alternabilidad republicana" en el poder, y que expresa la idea de que no puede haber cargos producto de la elección popular ocupados por una misma persona, que las personas deben turnarse sucesivamente en los cargos, o que los cargos deben desempeñarse por turnos (*Diccionario de la Real Academia Española).*[870] Por ello, la Sala Electoral del Tribunal Supremo de Justicia de Venezuela en sentencia n° 51 de 18-3-2002, consideró el

---

869 Véase en Simón Bolívar, *Escritos Fundamentales*, Caracas, 1982.

870 Véase el Voto Salvado a la sentencia N° 53, de la Sala Constitucional de 2 de febrero de 2009 (Caso: *Interpretación de los artículos 340,6 y 345 de la Constitución)*, en http:/www.tsj.gov.ve/ decisiones/scon/Febrero/53-3209-2009-08-1610.html

principio de la alternabilidad como "principio general y presupuesto democrático," indicando que el mismo significa "el ejercicio sucesivo de un cargo por personas distintas, pertenezcan o no a un mismo partido."

El principio, sin duda, como se deriva del texto de la Constitución de 1811 y del pensamiento del Libertador, se concibió históricamente para enfrentar las ansias de perpetuación en el poder, es decir, el continuismo, y evitar las ventajas que podrían tener en los procesos electorales quienes ocupan cargos y a la vez puedan ser candidatos para ocupar los mismos cargos. El principio de "gobierno alternativo," por tanto, no es equivalente al de "gobierno electivo;" la elección es una cosa, y la necesidad de que las personas se turnen en los cargos es otra.

La consecuencia de que el principio de la alternabilidad republicana se haya concebido siempre en la Constitución como un principio constitucional pétreo, la expresó el Tribunal Supremo al sostener que es un "principio general y presupuesto democrático" de la organización del Estado, que como tal, no puede ser modificado o reformado por los procedimientos de "reforma constitucional" o de "enmienda constitucional," sino por el procedimiento de la convocatoria de una Asamblea Nacional Constituyente. Ello significa que no puede utilizarse uno de los procedimientos de revisión constitucional para fines distintos a los regulados en la propia Constitución, pues de lo contrario, se incurriría en un *fraude constitucional*[871], tal como ocurrió con la reforma constitucional sancionada por la Asamblea Nacional el 2 de noviembre de 2007, que fue rechazada por voto popular en el referendo del 2 de diciembre de 2007, en la cual precisamente, se pretendió modificar el principio pétreo de la alternabilidad republicana mediante la eliminación de toda limitación a la reelección presidencial.

En efecto, además de su enunciado expreso en el texto de las constituciones como principio de la "alternabilidad," el mismo se materializó en el texto de las Constituciones venezolanas, con la inclusión de limitaciones expresas a las posibilidades de reelección en cargos electivos;[872] entendiendo por reelección, como lo destacó la Sala Constitucional del Tribunal Supremo citando a Dieter Nohlen, como "la posibilidad de que un funcionario sometido a elección pública, cuyo ejercicio se encuentre

---

871 La Sala Constitucional del Tribunal Supremo de Justicia en la sentencia Nº 74 de 25–01–2006 señaló que un *fraude a la Constitución* ocurre cuando se destruyen las teorías democráticas "mediante el procedimiento de cambio en las instituciones existentes aparentando respetar las formas y procedimientos constitucionales", o cuando se utiliza "del procedimiento de reforma constitucional para proceder a la creación de un nuevo régimen político, de un nuevo ordenamiento constitucional, sin alterar el sistema de legalidad establecido, como ocurrió con el *uso fraudulento de los poderes* conferidos por la ley marcial en la Alemania de la Constitución de *Weimar*, forzando al Parlamento a conceder a los líderes fascistas, en términos de dudosa legitimidad, la plenitud del poder constituyente, otorgando un poder legislativo ilimitado"; y que un *falseamiento de la Constitución* ocurre cuando se otorga "a las normas constitucionales una interpretación y un sentido distinto del que realmente tienen, que es en realidad una modificación no formal de la Constitución misma", concluyendo con la afirmación de que "*Una reforma constitucional sin ningún tipo de límites, constituiría un fraude constitucional*". Véase en *Revista de Derecho Público*, Editorial Jurídica Venezolana, Nº 105, Caracas 2006, pp. 76 ss.

872 Las restricciones a la reelección presidencial son tradicionales en los sistemas presidenciales de gobierno, como son los de América Latina, y no en los sistemas parlamentarios como los que existen en Europa. Véase, Allan R. Brewer-Carías, *Reflexiones sobre la Revolución Norteamericana (1776), la Revolución Francesa (1789) y la Revolución Hispanoamericana (1810-1830) y sus aportes al constitucionalismo moderno*, Universidad Externado de Colombia, Bogotá 2008, pp. 106 ff.

sujeto a un período previamente determinado o renovación periódica, pueda ser nuevamente postulado y electo una o más veces a la misma posición de Derecho."[873]

Así sucedió en las Constituciones de 1830, 1858, 1864, 1874, 1881, 1891, 1893, 1901, 1904, 1909, 1936, 1845 y 1947,[874] en las cuales se estableció, por ejemplo, la prohibición de la reelección del Presidente de la República para el período constitucional inmediato.[875] En la historia constitucional del país, en realidad, la prohibición de la reelección presidencial inmediata solamente dejó de establecerse en las Constituciones de los gobiernos autoritarios: ocurrió así en la efímera Constitución de 1857; en las Constituciones de Juan Vicente Gómez de 1914, 1922, 1925, 1928, 1929 y 1931; en la Constitución de Marcos Pérez Jiménez de 1953; y en la enmienda constitucional promovida por Hugo Chávez Frías en 2009. La prohibición de la reelección, en cambio, respecto del Presidente de la República, en el período democrático iniciado en 1958,[876] fue más amplia y la misma se extendió en la Constitución de 1961, a los dos períodos siguientes (10 años).

La flexibilización del principio, en cambio, como antes se dijo, aún cuando sin dejar de establecer limitaciones a la reelección presidencial, se produjo inicialmente en las Constituciones de 1819 y 1821 en las cuales se previó la posibilidad de reelección inmediata por una sola vez del Presidente de la República ("no podrá ser reelegido más de una vez sin intermisión"); y se recogió en la Constitución de 1999, en cuyo artículo 230 se permitió la posibilidad de reelección presidencial de inmediato, pero por una sola vez, para un nuevo período.[877]

---

873 Véase Dieter Nohlen, "La Reelección", en VVAA, *Tratado Electoral Comparado de América Latina,* Fondo de Cultura Económica y otros, México 1998, pp. 140 y ss. Citado en sentencia Nº 51 de 18 de marzo de 2000 (Caso: *Federación Venezolana de Maestros (FVM) vs. Consejo Nacional Electoral*), en *Revista de Derecho Público,* Nº 89-92, Editorial Jurídica Venezolana, Caracas, 2002, p. 109

874 Véase el texto de todas las Constituciones en Allan R. Brewer-Carías, *Las Constituciones de Venezuela,* 2 vols., Academia de Ciencias Políticas y Sociales, Caracas 2008.

875 Sobre estas previsiones constitucionales, la Sala Constitucional del Tribunal Supremo, sin embargo, en sentencia Nº 1.488 de 28 de julio de 2006 (*Caso*: Consejo Nacional Electoral vs. Revisión Decisión Sala Electoral del Tribunal Supremo de Justicia), concluyó indicando que "desde la Constitución de 1830 hasta la de 1947, se prohíbe de forma absoluta la reelección, sin que tal medida, aislada y sin la determinación de un sistema de gobierno que lo hiciera viable, en realidad, no sólo no impidió la existencia de gobiernos no democráticos, sino que sólo sirvió para disfrazar a través de subalternos, la verdadera continuidad de gobiernos con intereses ajenos al bienestar de la sociedad. De este modo, por ejemplo, las Constituciones gomecistas, de 1909 (artículo 84), 1914 (artículo 83), 1919 (artículo 83), 1928 (artículo 103) y 1931 (artículo 103), prohibieron la reelección inmediata con los resultados que han quedado para la historia, por lo que se evidencia que no puede haber divorcio entre una medida individual en el método de gobierno y la concepción general de justicia de un Estado." Véase en *Revista de Derecho Público,* Nº 107, Editorial Jurídica Venezolana, Caracas 2006, pp. 90 ss.

876 Véase Allan R. Brewer-Carías, *Historia Constitucional de Venezuela*, 2 vols., Editorial Alfa, Caracas 2008.

877 Sobre esta previsión de la Constitución de 1999, la Sala Constitucional del Tribunal Supremo expresó en la sentencia mencionada Nº 1488 de 28 de julio de 2006, que: "la Constitución de 1999, retomando la idea de la Constitución de Angostura, y en plena armonía con los principios garantistas a favor del ciudadano y de su rol protagónico en la empresa de desarrollo del Estado, permitió la reelección presidencial, pero dentro de un marco de políticas públicas en el que ello no es una medida aislada de inspiración caudillista, sino que constituye un elemento más dentro de una visión progresista en el que la separación de poderes, los derechos de los ciudadanos y los mecanismos de participación de los mismos, pueden generar los contrapesos y la colaboración necesarios para la satisfacción de los intereses del Es-

Por su parte, el artículo 192 de la Constitución de 1999, respecto de otros cargos electivos dispuso que los diputados a la Asamblea Nacional podían ser reelegidos sólo "por dos periodos consecutivos como máximo"; el artículo 160 dispuso que los Gobernadores de Estado podían ser "reelegidos, de inmediato y por una sola vez, para un nuevo período"; el artículo 162 dispuso que los legisladores a los Consejos Legislativos de los Estados podían ser reelegidos sólo "por dos periodos consecutivos como máximo"; y el artículo 174 dispuso que los Alcaldes podían ser "reelegidos, de inmediato y por una sola vez, para un nuevo período."

En este contexto de las limitaciones a la reelección, y su significado frente al continuismo y al abuso de poder, la misma Sala Electoral del Tribunal Supremo de Justicia en su sentencia N° 51 de 18 de marzo de 2000 (Caso: *Federación Venezolana de Maestros (FVM) vs. Consejo Nacional Electoral*), indicó que:

> "Este calificado "derecho" de reelección, aunque justificado como un mecanismo de extensión del buen gobierno, podría desvirtuarse y convertirse en una grave amenaza para la democracia: las ansias de perpetuación en el poder (continuismo), así como la evidente ventaja en los procesos electorales de quien ocupa el cargo y a su vez es candidato a ocupar el mismo, han producido tanto en Venezuela como en el resto de Hispanoamérica un profundo rechazo a la figura de la reelección. En el caso de la designación del Presidente de la República o el funcionario equivalente, esta desaprobación se ha traducido en rigurosas previsiones constitucionales, así, por ejemplo, en las Constituciones venezolanas de 1830, 1858, 1891, 1893, 1901, 1904, 1909, 1936, 1945 y 1947, se prohibía la reelección inmediata o para el período constitucional inmediatamente siguiente; la Constitución de 1961 prohibía la reelección hasta por diez años o dos períodos constitucionales después de la terminación del mandato, y actualmente, la Constitución de 1999, optando por una modalidad distinta para resguardar la alternabilidad, establece en su artículo 230: "...El Presidente o Presidenta de la República puede ser reelegido, de inmediato y por una sola vez, para un período adicional". Es de resaltar que aunque su formulación rompa con la tradición, las limitaciones a la reelección previstas por la Constitución de la República Bolivariana de Venezuela ("...de inmediato y por una sola vez..."), ponen freno a las distorsiones que siempre han preocupado a nuestra democracia: el continuismo y el ventajismo electoral." [878]

La misma Sala Electoral, para reforzar el argumento de la compatibilidad de las limitaciones a la reelección con el principio de la alternabilidad, y la preocupación democrática frente al continuismo y ventajismo políticos, en la misma sentencia se refirió en particular a lo que se perseguía con el referendo sindical de 2000, exponiendo lo siguiente:

> "En este mismo sentido, la convocatoria a referendo sindical contenida en Resolución del Consejo Nacional Electoral, número 001115-1979 del 15 de noviembre de 2000, publicada en Gaceta Oficial número 37.081 del 20 de no-

---

tado que no son otros que los de los propios ciudadanos." Véase en *Revista de Derecho Público,* N° 107, Editorial Jurídica Venezolana, Caracas 2006, pp. 90 ss.

878 Véase en *Revista de Derecho Público*, N° 89-92, Editorial Jurídica Venezolana, Caracas, 2002, p. 109.

viembre de 2000 y que en referendo celebrado el 3 de diciembre de 2000, resultara favorecida la opción "Si", se preguntaba: ¿Está usted de acuerdo con la renovación de la dirigencia sindical, en los próximos 180 días, bajo Estatuto Especial elaborado por el Poder Electoral, conforme a los principios de alternabilidad y elección universal, directa y secreta, consagrados en el artículo 95 de la Constitución de la República Bolivariana de Venezuela, y que se suspenda durante ese lapso en sus funciones los directivos de las Centrales, Federaciones y Confederaciones Sindicales establecidas en el país? (Énfasis añadido). Resulta entonces claro que la tradicional preocupación democrática, tan evidente en la figura Presidente de la República, se extiende ahora a las asociaciones sindicales, organizaciones de la sociedad en las que resulta imperativo -tanto en la teoría como en la práctica- democratizar, y con ello, la alternancia en los cargos de dirección a través de elecciones libres.

El intento de armonizar el principio de alternabilidad de los cargos de elección pública y las ventajas prácticas de la posibilidad de reelección, han producido, por una parte, fórmulas como las ya mencionadas prohibiciones de reelegirse inmediatamente, aunque ello no impida posteriores reelecciones; y, por la otra, la posibilidad de reelección inmediata, pero sólo una o dos veces más. Asimismo se han aceptado combinaciones de las dos anteriores, como reelección inmediata con posibilidades de una nueva elección después de transcurrido cierto tiempo; y, la no reelección inmediata con una única posibilidad de reelegirse posteriormente una o dos veces más. En todo caso corresponde al órgano legislativo correspondiente, escoger la fórmula más conveniente.[879]

La propia Sala Electoral, sobre la justificación de la limitación a la reelección sucesiva, años después, en sentencia N° 73 de 30 de marzo de 2006 (Caso: Asociados de la Caja de Ahorro Sector Empleados Público), insistiría que:

> "se presenta como una técnica de control legislativo derivada en la inconveniencia de que un ciudadano se perpetúe en el poder, pretendiendo, entre otras cosas, restar capacidad de influencia a quien lo ha ejercido, y sobre todo preservar la necesidad de que los aspirantes estén en un mismo pie de igualdad y que los funcionarios electos no distraigan sus esfuerzos y atención en asuntos diferentes a la completa y cabal realización de su gestión."[880]

No le faltaba razón a la Sala Electoral del Tribunal Supremo en destacar la preocupación por la suerte de la democracia frente al "continuismo y ventajismo electoral," pues a los pocos años, por una parte, la Sala Constitucional del mismo Tribunal Supremo, en 2006, comenzaría a allanar el camino para cambiar el carácter pétreo

879 Véase en *Revista de Derecho Público*, N° 89-92, Editorial Jurídica Venezolana, Caracas, 2002, p. 109. En materia sindical, el principio de la alternabilidad como signo de la democracia sindical se sostuvo luego en la sentencia de la misma Sala N° 175 de 20-10-2003 (Caso: *Solicitud de convocatoria a elecciones en el Sindicato de Trabajadores de la empresa Telenorma (Sitraten) en el Estado Miranda*), en *Revista de Derecho Público*, N° 93-96, Editorial Jurídica Venezolana, Caracas, 2003, pp. 192 ss. Igualmente en materia de elecciones en Colegios profesionales en sentencia N° 194 de 18-11-2003 (Caso *Judith Sayago Briceño y otro vs. Comisión Electoral del Colegio de Médicos del Estado Barinas*), *Idem*, pp. 378 ss.

880 Véase en *Revista de Derecho Público,* N° 105, Editorial Jurídica Venezolana, Caracas 2006, p. 173

del principio de la alternabilidad republicana, despojándolo de su carácter de principio fundamental del ordenamiento constitucional que solo podría ser cambiado mediante la convocatoria de una "Asamblea Nacional Constituyente;" y por la otra, consecuencialmente, el Presidente de la República presentaría en 2007 un proyecto de "reforma constitucional" para eliminar toda restricción a la reelección presidencial.

En efecto, en cuanto al tema de la reelección en los cargos electivos, a pesar del principio de la alternabilidad y de las restricciones constitucionales existentes en la materia, el mismo comenzó a ser tratado por la Sala Constitucional del Tribunal Supremo de Justicia en la sentencia Nº 1.488 de 28 de julio de 2006,[881] dictada con motivo de revisar una sentencia de la Sala Electoral del mismo Tribunal Supremo, al considerar el tema de la constitucionalidad del artículo 126 de la entonces vigente Ley Orgánica del Sufragio y Participación Política de 1998, que imponía a los funcionarios susceptibles de ser reelegidos, la obligación de separarse de sus cargos.

Para declarar que dicha norma era contraria a la Constitución, la Sala, sin embargo, entró a resolver de oficio y en forma general sobre el tema de la reelección presidencial, sin que nadie se lo hubiese pedido y sin que ello hubiera sido necesario para la revisión judicial de una sentencia que estaba realizando, considerando en definitiva que cualquier reforma o cambio que se pudiese adoptar en la materia, permitiendo la reelección indefinida, no afectaba la estructura del Estado, de lo que resultó la negación del carácter pétreo de su fundamento que es el principio de la alternabilidad republicana, y el allanamiento del camino para proceder a establecer la reelección indefinida mediante reforma o enmienda constitucional, y no mediante la convocatoria de una Asamblea Constituyente. Ello, sin duda, fue lo que motivó en definitiva el intento de reforma constitucional de 2007, rechazado por el pueblo, y la posterior propuesta de una enmienda constitucional en 2009, estableciendo la reelección indefinida como principio constitucional, que si fue aprobada por el pueblo.

Para ello, la Sala Constitucional, en su sentencia Nº 1488 de 2006 comenzó por vincular el pensamiento de Bolívar en 1819 con el de Hamilton; analizó la historia de las previsiones constitucionales limitativas sobre la reelección en Venezuela y en toda la América Latina; y analizó, para justificar su tesis, las reformas constitucionales en la materia que se habían efectuado en Colombia y Costa Rica. La Sala Constitucional, en efecto, argumentó así:

Primero, se refirió a la Constitución de 1819 que consideró "inspirada parcialmente en las ideas del Libertador Simón Bolívar, la cual como se ha dicho, estableció la posibilidad de reelección inmediata del Presidente pero por una sola vez "sin intermisión" (artículo 3, sección primera del Título Séptimo), de lo cual dedujo la Sala que planteaba:

881 Véase *Caso*: Consejo Nacional Electoral vs. Revisión Decisión Sala Electoral del Tribunal Supremo de Justicia, en *Revista de Derecho Público,* Nº 107, Editorial Jurídica Venezolana, Caracas 2006, pp. 90 ss.

> "la visión del Padre de la Patria a la par de las del gran pensador norteamericano Alexander Hamilton, quien en "El Federalista" expuso una defensa a la reelección como modelo de gobernabilidad legítimo dentro de un contexto democrático."

Olvidó, sin embargo, la Sala Constitucional, referirse a las ideas de Bolívar que en realidad fueron expresadas en su Discurso de presentación del proyecto de Constitución de 1819, en el cual, como se ha dicho, se refirió a la continuación de la autoridad en un mismo individuo como la mayor amenaza a los gobiernos democráticos, considerando como lo más peligroso, el "dejar permanecer largo tiempo en un mismo ciudadano el poder," pues – decía– "el pueblo se acostumbra a obedecerle y él se acostumbra a mandarlo," lo que origina "la usurpación y la tiranía."

Segundo, pasó luego la Sala Constitucional a referirse a las ideas de Hamilton, considerando que las mismas "a pesar de haber transcurrido más doscientos años de haber sido emitidas, tienen una actualidad que llama a la reflexión y que todavía se invocan en las discusiones que se generan con este motivo." A tal efecto, la Sala destacó que:

> "Hamilton señalaba que la reelección era necesaria para que el pueblo pudiera prolongar una administración positiva en su propio beneficio y aprovechando las virtudes del gobernante reelegido, pues la exclusión de éste a pesar de su buen gobierno, sólo traería más males que beneficios a la sociedad y perjudicaría el conducir del gobierno. Igualmente, consideraba que el impedir la reelección provocaría que disminuyeran los incentivos para el correcto proceder de los gobernantes al no tener el aliciente en la continuidad de su gestión, facilitando la tentación de actuaciones no adecuadas dada la inexistencia del incentivo que implica la aprobación de la gestión a través de la reelección, y además, privaría a la sociedad de una persona con experiencia y conocimiento en el manejo del cargo y que facilitaría por esta misma causa el mantenimiento del sistema político, de modo que su ausencia también tendría consecuencias para dicho sistema (Hamilton, Madison y Jay, El Federalista, Fondo de Cultura Económica, México 1994, artículo 72, pp. 308 y ss.)."

Tercero, pasó luego la Sala a buscar apoyo contemporáneo para justificar el tema de la reelección presidencial, refiriéndose a Sartori, señalando que éste:

> "luego de analizar varios escenarios a favor y en contra de la reelección, llega a la conclusión que "(…) el argumento fundamental a favor de la reelección es que los presidentes que gobiernan bien deben ser recompensados, y que desperdiciar a un buen presidente es indudablemente un grave desperdicio. No se puede negar que ambos bandos tienen razones válidas. No es un problema que tenga la misma solución para todos los países". A esto agregaba "(…) también es cierto que negar la reelección es negar la recompensa, y que esto constituye una grave falla" (Sartori, Giovanni, Ingeniería Constitucional Comparada, Fondo de Cultura Económica, 1994. pp. 191 y 192)."

Cuarto, de lo dicho por Sartori, la Sala Constitucional consideró que se trataba de un "refuerzo de las ideas de Hamilton y de Bolívar," lo cual por supuesto no es cierto, pues Bolívar no argumentó sobre la reelección presidencial como lo hizo

Hamilton, y al contrario, si sobre algo argumentó como no lo hizo Hamilton, fue contra el continuismo presidencial.

Sin embargo, la Sala Constitucional consideró que las reflexiones hechas por Sartori, como investigador contemporáneo dan fe "de la vigencia de las mismas y de lo aplicables que son todavía a nuestra realidad," concluyendo entonces que "no se trata entonces, de una discusión interesada o circunscrita a las coyunturas del momento," sino al contrario, de "una discusión que ha mantenido su vigencia a lo largo del tiempo y que plantea la necesidad de una solución de acuerdo con las necesidades y realidades de cada sociedad, discutidas y planteadas por el poder originario del mismo y que se concretan en el Texto Constitucional, de ahí su trascendencia y la necesidad de verla en el todo del sistema jurídico y en relación con persona alguna."

Quinto, la Sala Constitucional para reforzar su argumento a favor de "la figura de la reelección," recurrió al derecho comparado haciendo una síntesis de su implantación "en diferentes países de nuestro entorno latinoamericano," de la cual concluyó que había una "aplastante mayoría a favor de la reelección ... pues de un total de diecinueve países, quince tienen como norma la reelección, es decir, más del 75% de Latinoamérica se encuentra a favor de dicha figura, mientras otros cuatro (Guatemala, Honduras, México y Paraguay) prohíben de forma absoluta la reelección." De ello, la Sala Constitucional derivó que había una "tendencia" en la "perspectiva de evolución del Derecho Constitucional comparado," que era la de "incorporar la figura de la reelección al sistema democrático," tal como en su criterio había ocurrido en "Colombia y de Costa Rica, países que por distintos medios y con circunstancias también diferentes establecieron la figura dentro de su sistema constitucional, armonizándose en ambos casos, dicha introducción, con el sistema democrático que en ellas se ha establecido, tomando en consideración sus propias realidades," de lo que la Sala concluyó que "la tendencia en nuestro ámbito continental es a favor de la figura de la reelección."

Sexto, con base en lo anterior, la Sala pasó a transcribir párrafos del fallo C-1040/05 del 19 de octubre de 2005 de la Corte Constitucional de Colombia, que estimó como una "valiosa contribución, aún considerando las diferencias con la Constitución venezolana," respecto del tema de la reelección, al referirse al alegato presentado a la consideración de dicha Corte "respecto a que la inclusión de la reelección en la Constitución constituía un cambio en la estructura del Estado," donde señaló lo siguiente:

> "Los elementos esenciales que definen el Estado social y democrático de derecho fundado en la dignidad humana no fueron sustituidos por la reforma. El pueblo decidirá soberanamente a quién elige como Presidente, las instituciones de vigilancia y control conservan la plenitud de sus atribuciones, el sistema de frenos y contrapesos continua operando, la independencia de los órganos constitucionales sigue siendo garantizada, no se atribuyen nuevos poderes al Ejecutivo, la reforma prevé reglas para disminuir la desigualdad en la contienda electoral que será administrada por órganos que continúan s/ iendo autónomos, y los actos que se adopten siguen sometidos al control judicial para garantizar el respeto al Estado Social de Derecho. No cabe señalar, para establecer la presencia de una sustitución de la Constitución, que el Presidente abusaría de su poder, el cual se vería ampliado por la posibilidad de hacer política electoral y que ello conduciría a un régimen de concentración de poder en el que, por otra

parte, el Congreso perdería la independencia para el ejercicio de la función legislativa y de control político, porque en su elección habría podido tener juego el Presidente en ejercicio, con lo cual se habría modificado el sistema de separación de poderes. Como se ha dicho, tales cuestionamientos no apuntan a mostrar la inviabilidad del diseño institucional, sino que reflejan el temor de quienes los plantean, de que contrariando las previsiones expresas de la Carta en materia de límites y controles al ejercicio del poder, este se desbordase en el sentido que anticipan. Se trata de consideraciones de tipo práctico sobre las consecuencias que estiman previsibles de la reforma, pero no un resultado que pueda ser atribuido necesariamente al nuevo diseño institucional".

Esta decisión de la Corte Colombiana, la consideró la Sala Constitucional venezolana como una ratificación "respecto a la necesidad que la inclusión de la reelección no sirve de nada si no se hace dentro de un sistema democrático que garantice la justicia y los derechos inherentes a la persona humana, pues en tal contexto, junto con la existencia de elementos institucionales que hagan los controles necesarios, dicha medida resulta cónsona con la democracia y con las libertades que ésta debe defender," destacando adicionalmente lo expresado por la misma Corte Constitucional colombiana al señalar:

> "En relación con la forma de Estado se tiene que, con o sin reelección presidencial inmediata, Colombia sigue siendo un Estado social de Derecho, organizado en forma de república unitaria, descentralizada, con autonomía de sus entidades territoriales, democrática, participativa y pluralista. Ninguno de esos elementos definitorios de la forma que adopta el Estado colombiano puede tenerse como suprimido, subvertido o integralmente sustituido en razón a que, por virtud del acto legislativo acusado, hoy en Colombia se permite la reelección presidencial, eventualidad que estaba proscrita en la Constitución de 1991".

Como lo destacó la Sala Constitucional en su sentencia, la Corte Colombiana, concluyó señalando que:

> "En dirección contraria a la presentada por la demandante, cabría señalar que el Acto Legislativo 2 de 2004 no solamente no conduce, desde el punto de vista del diseño institucional, a una supresión de los elementos democráticos de la Constitución de 1991, sino que, desde una perspectiva diferente, que puede plantearse legítimamente en el contexto de una democracia pluralista, podría sostenerse que los reafirma, en la medida en que permite que el electorado se pronuncie de manera efectiva sobre la gestión de sus gobernantes, posibilidad que estaba excluida en el diseño previo a la reforma. Se trata de visiones contrapuestas, una que hace énfasis en las oportunidades que deben brindarse a los sectores diversos de la sociedad que no se encuentren en el gobierno para constituirse en alternativas efectivas de poder, y otra que privilegia las bondades de la continuidad en el gobierno de un proyecto político que ha sido encontrado exitoso por el electorado en un libre juego democrático. No obstante las diferencias que sobre el diseño institucional, los mecanismos de participación y las condiciones de equilibrio plantean las dos visiones, no puede señalarse que una de ellas conlleve una sustitución del Estado social, democrático y pluralista de derecho".

De lo anterior, la Sala Constitucional venezolana terminó señalando que "el Tribunal Constitucional de la hermana República" concluyó que:

> "la reelección no constituiría un cambio en el sistema constitucional de su país, sino que por el contrario se convertiría en un medio de reafirmación democrática. Responde igualmente dicho órgano jurisdiccional a los temores respecto de las consecuencias prácticas que puede acarrear la reelección y en tal sentido pone en evidencia que los mismos se presentaran tanto en cuanto no se cuente con los mecanismos que permitan controlar las acciones del Ejecutivo, y que por estar éstas, lo mismo que en nuestra Constitución, expresamente establecidos, sólo habría que velar por su cumplimiento, de modo que la figura en sí no sería la responsable de irregularidad alguna, sino que ello sería responsabilidad de la equilibrada ejecución del sistema de contrapesos y de controles que tenga el Texto Constitucional, por lo que su falta o no de ejecución no queda al arbitrio de una persona, sino de los poderes que al efecto tengan dichas responsabilidades."

Séptimo, la Sala Constitucional pasó luego a analizar la sentencia Nº 02771 del 4 de abril de 2003 de la Sala Constitucional de la Corte Suprema de Costa Rica, en la cual se pronunció "respecto a la nulidad de la reforma constitucional de 1969 por la que se suprimió el artículo de la Constitución que permitía la reelección presidencial luego de dos períodos alternos," en la cual dicha Sala costarricense afirmó lo siguiente:

> "El derecho de elección, como derecho político, también constituye un derecho humano de primer orden, y por ende, es un derecho fundamental. La reelección tal y como se pudo constatar en el considerando V, estaba contemplada en la Constitución Política de 1949 y constituye una garantía del derecho de elección, pues le permite al ciudadano tener la facultad de escoger, en una mayor amplitud de posibilidades, los gobernantes que estima convenientes. Por consiguiente, fue la voluntad popular a través de la Constituyente, la que dispuso que existiera la reelección presidencial, con el fin de garantizarse el pueblo el efectivo derecho de elección. De hecho, a pesar de que la reforma parcial en cuestión se produjo posteriormente, esto se viene a confirmar luego con la suscripción de la Convención Americana de Derechos Humanos, que en el artículo 23 establece: '1. Todos los ciudadanos deben gozar de los siguientes derechos y oportunidades (...) b) de votar y ser elegidos en elecciones periódicas auténticas, realizadas por sufragio universal e igual y por voto secreto que garantice la libre expresión de la voluntad de los electores, (...)'; y que no admite mayores limitaciones, que las siguientes: '2. La ley puede reglamentar el ejercicio de los derechos y oportunidades a que se refiere el inciso anterior, exclusivamente por razones de edad, nacionalidad, residencia, idioma, instrucción, capacidad civil o mental, o condena, por juez competente, en proceso penal.' De este último párrafo de la Convención de Derechos Humanos, se desprenden de manera clara, las únicas razones por las cuales pueden establecerse restricciones al ejercicio de los derechos ahí declarados.

La reelección, según se desprende de la voluntad popular suscrita históricamente, establece la posibilidad para el ciudadano de elegir libremente a sus gobernantes, por lo que al reformarse la Constitución en detrimento de la soberanía del pueblo, y en desgaste de sus derechos fundamentales, lo que se produjo en este caso fue la imposición de más limitaciones que las ya existentes en razón de edad, nacionalidad, residencia, idioma, instrucción, capacidad civil o mental, o condena". (Énfasis de la Sala).

De esta decisión del Alto Tribunal de Costa Rica, la Sala Constitucional venezolana apreció que el mismo:

> "no concibe la reelección sólo como un derecho individual por parte del pasible de serlo, sino que además constituye un derecho de los electores a cuyo arbitrio queda la decisión de confirmar la idoneidad o no del reelegible, y que al serle sustraída dicha posibilidad mediante una reforma realizada por un poder no constituyente, se realizó un acto de sustracción de la soberanía popular, quedando dicha posibilidad de forma exclusiva, y dentro de los límites que impone a todo poder los derechos humanos, inherentes a la persona humana, al poder constituyente, el cual basado en razones de reestructuración del Estado puede imponer condiciones o modificar el ejercicio de derechos en razón de la evolución de toda sociedad así como de la dinámica social.
>
> No puede entonces, alterarse la voluntad del soberano, por medio de instrumentos parciales y que no tengan su origen en el propio poder constituyente, es a él al cual corresponde la última palabra, teniendo como se ha dicho como único límite, los derechos inherentes a la persona humana y derivados de su propia dignidad."

Octavo, partiendo de estos razonamiento, la Sala Constitucional venezolana concluyó compartiendo los criterios expuestos, "despetrificando" el principio de la alternabilidad republicana, al afirmar que en nuestro ordenamiento, la reelección "no supone un cambio de régimen o forma del Estado, y muy por el contrario, reafirma y fortalece los mecanismos de participación dentro del Estado Democrático, Social de Justicia y Derecho que estableció el Constituyente en 1999." Afirmó luego la Sala que:

> "De igual manera, la reelección, amplía y da progresividad al derecho de elección que tienen los ciudadanos, y optimiza los mecanismos de control por parte de la sociedad respecto de sus gobernantes, haciéndolos examinadores y juzgadores directos de la administración que pretenda reelegirse, y por lo mismo, constituye un verdadero acto de soberanía y de ejercicio directo de la contraloría social. Negar lo anterior, es tanto como negar la existencia de sociedades cambiantes y en constante dinámica e interacción. Es pretender concebir el Derecho Constitucional como un derecho pétreo e inconmovible, ajeno a las necesidades sociales. Mas aún, en nuestras sociedades, donde estas necesidades sociales son tan ingentes, los cambios constitucionales son más necesarios en la medida en que se constate su existencia para mejorar las condiciones de los ciudadanos en peor situación socioeconómica, pues la norma constitucional sólo debe estar a su servicio."

Por tales razones, terminó afirmando la Sala Constitucional que "no puede afirmarse que la reelección no sea un principio compatible con la democracia," y por el contrario, puede señalarse que el mismo, "puede ser una herramienta útil que garantice la continuidad en el desarrollo de las iniciativas que beneficien a la sociedad, o simplemente sirva para que dichos ciudadanos manifiesten directamente su censura por un gobierno que considere no ha realizado sus acciones en consonancia con las necesidades sociales."[882]

Fue luego de la anterior aproximación del Juez Constitucional al tema de la reelección presidencial, despetrificando indirectamente el principio de la alternabilidad republicana, que el Presidente de la República, al año siguiente, en 2007, propuso a la Asamblea Nacional una "reforma constitucional" para consolidar el Estado centralizado, militarista, Socialista y Policial, uno de cuyos aspectos era precisamente eliminar todo vestigio del principio de la alternabilidad en la Jefatura del Estado, al proponer que se estableciera la posibilidad de reelección inmediata y sin límites del Presidente de la República. La reforma pretendía modificar el artículo 230 de la Constitución, no sólo aumentando el período constitucional del Presidente de la República de seis a siete años (ya en 1999 se había aumentado de cinco a seis años), sino estableciendo expresamente que el Presidente de la República "puede ser reelegido o reelegida" eliminando la limitación de la Constitución de 1999 de esa posibilidad sólo "por una sola vez, para un nuevo período." En esta forma, el principio de la alternabilidad republicana, cuyo objeto central es la consolidación del pluralismo político, base de los regímenes democráticos, materialmente desaparecía con la reforma constitucional propuesta.[883]

La reforma constitucional, sin embargo, fue rechazada por el pueblo en el referendo del 2 de diciembre de 2007, lo que de acuerdo con el espíritu de las previsiones constitucionales, implicaba que una nueva modificación de la Constitución en el mismo sentido no debía plantearse en el mismo período constitucional, no sólo como "reforma" sino como "enmienda."[884] Ello es lo que se deduce del principio establecido en el artículo 345 de la Constitución. Sin embargo, en los meses siguientes a dicho rechazo popular, el Presidente insistió en la modificación de la Constitución, lo que acogió la Asamblea Nacional, reformulado la rechazada "reforma" constitucional en una "enmienda" constitucional para burlar el sentido de la prohibición antes indicada.

Para entender el fraude cometido es necesario recordar la distinción mencionada entre dos de los procedimientos para la modificación de la Constitución, la reforma y la enmienda constitucionales que se establecen en el texto constitucional de 1999. Ambos procedimientos de modificación de la Constitución tienen en común, que mediante ellos no se puede alterar o modificar la estructura y principios fundamentales de la Constitución (arts. 340 y 342), lo que sólo puede hacerse mediante el procedimiento de la Asamblea Nacional Constituyente (art. 347).

---

882 *Idem*.

883 En la *Exposición de Motivos de la Propuesta de Reforma Constitucional* del Presidente de la República del Proyecto de Reforma Constitucional, agosto de 2007, se afirmó, pura y simplemente, sin fundamento, ni argumento, ni lógica alguna, que "la propuesta de la reelección presidencial profundiza el principio de alternabilidad republicana", basándose sólo, en el derecho del Presidente de la República a ser reelecto en el cargo, y en el derecho del pueblo de elegir su candidato, p. 7.

884 Véase Allan R. Brewer-Carías, *La reforma constitucional de 2007 (Comentarios al proyecto inconstitucionalmente sancionado por la Asamblea Nacional el 2 de noviembre de 2007)*, Editorial Jurídica Venezolana, Caracas 2007.

Por otra parte, también tienen en común el hecho de que ambos procedimientos requieren de aprobación popular mediante referendo para que la modificación constitucional tenga vigencia. En la Constitución no se regula poder constituyente "derivado" alguno. Solo hay un "poder constituyente originario" que es el pueblo, el cual tiene que aprobar por referendo tanto la Enmienda como la Reforma Constitucional, o la convocatoria a Asamblea Nacional Constituyente que es el tercer mecanismo para modificar la Constitución. La Asamblea Nacional y los órganos que tienen la iniciativa de Enmienda y de Reforma Constitucional, sólo coadyuvan en el proceso de modificación constitucional, pero no son "poder constituyente derivado".

En cuanto a la distinción entre la Enmienda Constitucional y la Reforma Constitucional, la misma existe, en *primer* lugar, en cuanto al alcance del procedimiento de modificación: La Enmienda Constitucional tiene por objeto la adición o modificación de artículos de la Constitución (no la supresión de ellos); en cambio, la Reforma Constitucional tiene por objeto la revisión parcial y sustitución de artículos, siempre que no se afecten, como se dijo, los principios y la estructura fundamental del texto (arts. 340, 342).

En *segundo* lugar, la otra distinción entre la Enmienda y la Reforma Constitucional se refiere a la iniciativa y a la intervención de la Asamblea Nacional en el procedimiento de modificación constitucional. La Enmienda Constitucional no necesita ser discutida por la Asamblea Nacional, pero si su iniciativa parte de la propia Asamblea Nacional, la misma debe, primero apoyarla por el voto de al menos el 30% de sus integrantes y luego, aprobarla mediante el procedimiento de formación de las leyes con el voto de la mayoría de sus integrantes (art. 341). En cuanto a la Reforma Constitucional, se debe presentar ante la Asamblea Nacional la cual siempre debe aprobarla en tres discusiones mediante voto de 2/3 de sus integrantes. Cuando la iniciativa de Reforma parta de la propia Asamblea Nacional, debe ser apoyada por mayoría de sus integrantes.

Por último, en *tercer* lugar, en la Constitución también hay una previsión en cuanto a los efectos del rechazo popular de la modificación constitucional, en el sentido de una prohibición constitucional que se establece en el sentido de que no se puede presentar a la Asamblea Nacional otra iniciativa de reforma constitucional cuando la misma ha sido rechazada por el pueblo en el mismo período constitucional. Esta restricción, si bien sólo está establecida expresamente como efecto del rechazo a la "Reforma Constitucional," no estableciéndose nada en cuanto a los efectos del rechazo de la "Enmienda Constitucional," conforme al espíritu y propósito de la Constitución, sin duda, que se puede deducir que también debe extenderse a cualquier otra forma de modificación de la Constitución, pues de lo contrario, la burla al sentido de la misma sería fácil.

Ahora bien, con base en esta grieta formal de la Constitución, fue precisamente que se planteó por la Asamblea Nacional, después del rechazo popular a la "Reforma constitucional" en 2007, la idea de proceder a proponer en 2008 una "Enmienda Constitucional" para reformar el artículo 230 de la Constitución y eliminar toda prohibición sobre la reelección de cargos, y por ende, vaciar de contenido al principio de la alternabilidad republicana.

En realidad, la propuesta inicial del Proyecto de Enmienda Constitucional en 2008 sólo perseguía modificar el artículo 230 de la Constitución sobre reelección del Presidente de la República, lo cual luego se extendió a los artículos 160, 162, 174 y

192 de la Constitución sobre reelección de otros cargos electivos, en los cuales se establecían límites para la reelección, a los efectos de eliminarlos todos. Los Artículos 162 y 192 establecían que los miembros de Consejos Legislativos de los Estados y los Diputados a la Asamblea Nacional, sólo podrían reelegirse por dos períodos como máximo; y los Artículos 160, 174, y 230 establecían que los Gobernadores y Alcaldes, y el Presidente de la República, solo podían reelegirse de inmediato y por una sola vez, para un nuevo período.

Ante la discusión y rechazo que suscitó la propuesta, que significaba volver a someter en el mismo período constitucional al voto popular, como "enmienda," la misma propuesta de modificación de la Constitución que ya había sido rechazada como "reforma", contrariando el espíritu de la prohibición que establece el artículo 345 de la Constitución,[885] la Asamblea decidió en enero de 2009 extender el contenido de la propuesta de "enmienda constitucional" no sólo respecto del artículo 230 de la Constitución, sino de los artículos 160, 162, 174, 192 del texto fundamental en los cuales también se establecía la restricción para la reelección, para también eliminarla respecto de los Gobernadores de Estado, de los miembros de los Consejos Legislativos de los Estados, de los Alcaldes municipales, y de los diputados a la Asamblea Nacional. En esta forma, el principio de la alternabilidad republicana que establece el artículo 6 de la Constitución como principio pétreo, quedaba materialmente eliminado en relación con todos los cargos de elección popular.

Precisamente por ello, y en particular por el uso de la vía de la Enmienda para aprobar lo que ya había sido rechazado por la vía de la reforma, se planteó un recurso e interpretación constitucional que fue introducido el 11 de diciembre de 2008 ante la Sala Constitucional del Tribunal Supremo en relación con el alcance del artículo 345 del texto fundamental a los efectos de que la Sala determinara si la prohibición contenida en dicha norma en el sentido de que la iniciativa de Reforma Constitucional que no fuese aprobada no podía presentarse de nuevo en un mismo período constitucional a la Asamblea Nacional, se extendía también al procedimiento de Enmienda constitucional. Dos temas precisos se sometieron a la interpretación de la Sala Constitucional en un recurso de interpretación:

Primero, determinar si la prohibición constitucional establecida para someter a consulta popular una modificación constitucional ya rechazada popularmente en un mismo período constitucional también se aplica, cuando se somete la misma modificación a referendo por vía de Enmienda Constitucional, en el mismo período constitucional.

Segundo, determinar si la Enmienda de 2008-2009 que buscó establecer el principio de la reelección indefinida para cargos electivos, alteraba el principio de la "alternabilidad" del gobierno que el artículo 6 de la Constitución establece como un principio fundamental, que además es de carácter pétreo ("El gobierno **es y será siempre**... alternativo...), y que es común en los sistemas presidenciales de gobierno.[886]

885 Artículo 345 "...La iniciativa de reforma constitucional que no sea aprobada no podrá presentarse de nuevo en un mismo período constitucional a la Asamblea Nacional."

886 Las restricciones a la reelección presidencial son tradicionales en los sistemas presidenciales de gobierno, como son los de América Latina, y no en los sistemas parlamentarios como los que existen en Euro-

En respuesta, la Sala Constitucional, muy diligentemente y confundiendo deliberadamente el sentido de la norma, en sentencia N° 53 de 3 de febrero de 2009[887] dictada precisamente con el objeto de allanar el camino constitucional para la realización del referendo aprobatorio,[888] sostuvo que la misma no estaba destinada a regular los efectos de la manifestación de rechazo popular de la modificación propuesta, sino que la norma estaba sólo dirigida a *regular a la Asamblea Nacional*, en el sentido de que lo que no podría era exigírsele que debatiera una reforma constitucional una vez que ya la había debatido en el mismo período constitucional y había sido rechazada por el pueblo. La Sala olvidó que la norma constitucional a lo que estaba dirigida era a regular las consultas *a la voluntad popular* en materia de modificación de la Constitución y sus efectos, y no los efectos de los debates en la Asamblea Nacional.

En efecto, la prohibición constitucional de volver a someter a consulta una reforma rechazada, en realidad está dirigida a regular los efectos de la voluntad popular expresada mediante referendo, en el sentido de que no se puede consultar al pueblo de nuevo la misma modificación constitucional que el pueblo ya ha rechazado en un mismo período constitucional.

Lo importante de la prohibición establecida en el Título de la Constitución relativo a la "Reforma Constitucional" que en Venezuela sólo puede realizarse con la participación del pueblo, es que la misma se refiere precisamente a los efectos de la expresión de la voluntad popular que es manifestación del poder constituyente originario, y no a los efectos del debate que pueda haber habido en la Asamblea Nacional en la materia, que no es poder constituyente, ni siquiera derivado, ya que no puede haber modificación constitucional alguna sin aprobación popular.

La decisión de la Sala Constitucional fue una nueva burla a la Constitución al ignorar la prohibición de sucesivas consultas populares, basándose en dos artilugios que se utilizaron en este caso de la Enmienda 2008-2009: *primero*, el utilizado por la Asamblea Nacional, en su iniciativa de Enmienda, al extenderla a otros artículos constitucionales además del 230, para tratar de diferenciar la Enmienda de 2008-2009 de la rechazada Reforma Constitucional de 2007; y *segundo*, el utilizado por la Sala Constitucional al considerar que la prohibición constitucional de consultar al pueblo sobre reformas rechazadas era sólo formal respecto de las discusiones en la Asamblea Nacional, ignorando su propósito esencial de respetar la voluntad popular una vez que ésta se ha expresado en forma negativa respecto de una modificación de la Constitución.

---

pa. Véase, Allan R. Brewer-Carías, *Reflexiones sobre la Revolución Norteamericana (1776), la Revolución Francesa (1789) y la Revolución Hispanoamericana (1810-1830) y sus aportes al constitucionalismo moderno*, Universidad Externado de Colombia, Bogotá 2008, pp. 106 ss.

887 Véase la sentencia N° 53, de la Sala Constitucional de 2 de febrero de 2009 (Caso: *Interpretación de los artículos 340,6 y 345 de la Constitución)*, en http:/www.tsj.gov.ve/decisiones/scon/Febrero/ 53-3209-2009-08-1610.html

888 Véanse los comentarios en Allan R. Brewer-Carías, "El Juez Constitucional vs. la alternabilidad republicana (La reelección continua e indefinida)," en *Revista de Derecho Público*, N° 117, enero marzo 2009, Editorial Jurídica Venezolana, Caracas 2009, pp. 205-214.

Esa voluntad hay que respetarla, que es lo que persigue la Constitución, por lo que una vez que el pueblo se ha manifestado rechazando una modificación al texto constitucional, no se lo puede estar convocando sucesivamente sin límites en el mismo período constitucional para volver a pronunciarse sobre lo mismo.

Pero aparte de burlar la prohibición constitucional de sucesivas consultas populares en un periodo constitucional sobre modificaciones constitucionales, una vez que el pueblo las ha rechazado, la Sala Constitucional, en la misma sentencia, procedió a mutar ilegítimamente la Constitución, eliminando el carácter de principio fundamental del gobierno que además de "democrático" y "electivo" conforme al artículo 6 de la Constitución, debe ser **siempre** "alternativo," considerando que dicho principio no se alteraba con las reformas propuestas en la Enmienda Constitucional 2008-2009.

Esta, como se dijo, propugnó establecer en la Constitución la posibilidad de la reelección continua y sin límites de los cargos electivos lo cual fue aprobado en el referendo, pero sin duda, alterando un principio fundamental del constitucionalismo venezolano establecido desde 1830 en todas las Constituciones, que es el de la "alternabilidad" en el gobierno, y que en el artículo 6 de la Constitución de 1999 se formula como uno de los principios fundamentales del mismo, con una fórmula que lo convierte en una de las llamadas "cláusulas pétreas" o inmodificables. Como se dijo, la norma dispone desde 1930 que "El gobierno **es y será siempre** ...alternativo ...", lo que implica que ello nunca podría ser alterado al menos mediante reformas o enmiendas. Esa fue la voluntad del pueblo al aprobar la Constitución, establecer el principio de alternabilidad republicana como una cláusula pétrea.

La Sala Constitucional del Tribunal Supremo de Justicia, sin embargo, en la mencionada sentencia N° 53 de 3 de febrero de 2009,[889] decidió allanar el camino constitucional para la realización del referendo aprobatorio de la Enmienda Constitucional que se realizó el 15 de febrero de 2009, en el cual se aprobó el proyecto de Enmienda Constitucional relativa a los artículos 160, 162, 174, 192 y 230 de la Constitución, estableciéndose entonces en Venezuela, al contrario de la tradición constitucional precedente, el principio de la reelección continua e indefinida de cargos electivos, contrariando el principio constitucional de la alternabilidad republicana (art. 6), y violando la prohibición constitucional de realizar una consulta popular sobre modificaciones a la Constitución ya rechazadas por el pueblo en un mismo período constitucional (art. 345).

Para ello, la Sala Constitucional "interpretó" como equivalentes los términos gobierno "alternativo" y gobierno "electivo," eliminando así la propia noción de "alternabilidad."

---

889 Véase la sentencia N° 53, de la Sala Constitucional de 2 de febrero de 2009 (Caso: *Interpretación de los artículos 340,6 y 345 de la Constitución)*, en http:/www.tsj.gov.ve/decisiones/scon/Febrero/ 53-3209-2009-08-1610.html .Véase sobre esta sentencia los comentarios en Allan R. Brewer-Carías, "El Juez Constitucional vs. La alternabilidad republicana (La reelección continua e indefinida), en *Revista de Derecho Público*, N° 117, (enero-marzo 2009), Caracas 2009, pp. 205-211 (publicado también en http://www.anali-tica.com/va/politica/opinion/6273405.asp), y Allan R. Brewer-Carías "La ilegítima mutación constitucional del principio pétreo de la alternabilidad republicana" en *Práctica y Distorsión de la Justicia Constitucional en Venezuela (2008-2012), op. cit.*, pp. 101-119.

En efecto, la alternabilidad del gobierno, como principio del constitucionalismo venezolano, que es además, propio de los sistemas presidenciales de gobierno, como se ha dicho, es un principio que se construyó como opuesto al continuismo o a la permanencia en el poder por una misma persona, por lo que toda previsión que permita que esto ocurra, es contraria a dicho principio.

Este principio, por tanto, no se puede confundir con el principio "electivo" del gobierno o el más general principio "democrático" que el mismo artículo 6 de la Constitución establece. Una cosa es poder elegir a los gobernantes, y otra cosa es el principio de alternabilidad que impide poder reelegir al mismo gobernante ilimitadamente.

Es contrario a la Constitución, por tanto, interpretar, como lo hizo la Sala Constitucional en su mencionada sentencia nº 53 del 3 de febrero de 2009, que el principio de la alternabilidad "lo que exige es que el pueblo como titular de la soberanía tenga la posibilidad periódica de escoger sus mandatarios o representantes", confundiendo "gobierno alternativo" con "gobierno electivo."

Por ello es falso lo que afirmó la Sala Constitucional en el sentido de que "sólo se infringiría el mismo si se impide esta posibilidad al evitar o no realizar las elecciones". Con su sentencia, la Sala Constitucional, de nuevo, lo que hizo fue mutar ilegítimamente el texto de la Constitución, y al contrario de lo que afirmó, la eliminación de la causal de inelegibilidad para el ejercicio de cargos públicos derivada de su ejercicio previo por parte de cualquier ciudadano, sí trastocó el principio de alternabilidad en el ejercicio del poder.

Se insiste, lo expuesto por la Sala Constitucional se refirió al principio de gobierno "electivo" que en los términos del mismo artículo 6 de la Constitución, es el que implica que "el electorado, como actor fundamental del proceso democrático, acuda a procesos comiciales periódicamente en los que compitan, en igualdad de condiciones, las diversas opciones políticas que integran el cuerpo social;" pero no al principio de gobierno "alternativo" que implica que no se pueda elegir indefinidamente una misma persona para el mismo cargo, así haya hecho un "buen gobierno."

El principio de la alternabilidad, para evitar el continuismo en el poder, precisamente implica la limitación que el pueblo, como poder constituyente originario, se ha impuesto a si mismo, en cuanto a que supuestamente pueda tener la "oportunidad de decidir entre recompensar a quienes estime como sus mejores gobernantes, o bien renovar completamente las estructuras del poder cuando su desempeño haya sido pobre." Esta supuesta "oportunidad," por el principio de la alternabilidad en la Constitución, pudo haberse ejercido antes de 1999, sólo después de que, en sus casos, transcurrieran uno o dos períodos constitucionales siguientes al ejercicio de la Presidencia por quien pretendiera de nuevo optar a dicho cargo, y en la Constitución de 1999 sólo ocurrió en 2006, por una sola vez para un período inmediato, mediante la reelección ya efectuada del Presidente Chávez. Pero establecer dicha "oportunidad" como reelección continua, sin límite, es contrario al principio de la alternabilidad.

Por tanto, al contrario de que decidió la Sala Constitucional, la posibilidad de reelección continúa sí alteraba el principio fundamental del gobierno "alternativo", que es uno de los valores democráticos que informan nuestro ordenamiento jurídico. Dicho principio, que se alteraba si se establecía la posibilidad de elección continua de cargos electivos y que es distinto del principio del gobierno "electivo," al tener una formulación pétrea en el artículo 6 de la Constitución ("es y será siempre") no podía ser objeto de modificación constitucional alguna, y en el supuesto negado de que pudiera ser modificado, ello no podía realizarse ni por los procedimientos de Enmienda ni de Reforma Constitucional sino sólo mediante la convocatoria de una Asamblea Nacional Constituyente.

La Sala Constitucional, con su sentencia nº 53 del 3 de febrero de 2009, una vez más al servicio del autoritarismo, sin embargo, mutó la Constitución a través de una interpretación de la misma, modificando ilegítimamente el sentido del principio del gobierno 'alternativo" que los venezolanos dispusieron **que siempre** debía regir sus gobiernos, obviando la prohibición constitucional de que se pudiera consultar en un mismo período constitucional la voluntad popular sobre modificaciones constitucionales que ya el pueblo ha rechazado.

Esta inconstitucional sentencia, en todo caso, lo que tuvo por objeto fue, como se dijo, despejar el camino para que el régimen autoritario pudiera someter a referendo una Enmienda Constitucional relativa a un principio fundamental, pétreo, de la Constitución, que sólo podía modificarse mediante la convocatoria a una Asamblea Nacional Constituyente.

Y así fue como entonces en Venezuela se aprobó la Enmienda Constitucional mediante referéndum de 15 de febrero de 2009, para establecer el principio de la elección continua e ilimitada del Presidente de la República y de todos los cargos de elección popular; referéndum en el cual se aprobó el proyecto de Enmienda Constitucional relativa a los artículos 160, 162, 174, 192 y 230 de la Constitución, estableciéndose en Venezuela, al contrario de la tradición constitucional anterior, el principio de la posibilidad de reelección continua e inmediata de cargos electivos, eliminando el principio constitucional de la alternabilidad republicana (Art. 6), y violando la prohibición constitucional de realizar una consulta popular sobre modificaciones a la Constitución ya rechazadas por el pueblo en un mismo período constitucional (Art. 345).

SECCIÓN SEGUNDA:

LA RENUNCIA DEL JUEZ CONSTITUCIONAL A CONTROLAR LA SUPREMACÍA DE LA CONSTITUCIÓN EN EL PROCEDIMIENTO PARA LA REFORMA CONSTITUCIONAL EN 2007

Esta sección contiene el texto del estudio sobre "El juez constitucional vs. la supremacía constitucional. (O de cómo la jurisdicción constitucional en Venezuela renunció a controlar la constitucionalidad del procedimiento seguido para la "reforma constitucional" sancionada por la Asamblea Nacional el 02 de noviembre de 2007, antes de que fuera rechazada por el pueblo en el referendo del 02 de diciembre de 2007)," publicado en *Revista Iberoamericana de Derecho Procesal Constitucional,* Nº 9 enero-junio 2008, Editorial Porrúa, Instituto Iberoamericano de Derecho procesal Constitucional, México 2008, pp. 17-60; en *Revista de Derecho Público*, nº 112, Editorial Jurídica Venezolana, Caracas 2007, pp. 661-694; y en Eduardo Ferrer Mac Gregor y César de Jesús Molina Suárez (Coordinadores), *El juez constitucional en el Siglo XXI,* Universidad Nacional Autónoma de México, Suprema Corte de Jus-

ticia de la Nación, México 2009, Tomo I, pp. 385-435. Publicado en *Práctica y distorsión de la justicia constitucional en Venezuela (2008-2012)*, Colección Justicia Nº 3, Acceso a la Justicia, Academia de Ciencias Políticas y Sociales, Universidad Metropolitana, Editorial Jurídica Venezolana, Caracas 2012, pp. 233-269.

I. LA SUPREMACÍA CONSTITUCIONAL, EL DERECHO CIUDADANO A DICHA SUPREMACÍA Y LA JUSTICIA CONSTITUCIONAL

Si la Constitución es manifestación de la voluntad del pueblo como poder constituyente originario, la misma debe prevalecer sobre la voluntad de los órganos constituidos, por lo que su modificación sólo puede llevarse a cabo conforme se dispone en su propio texto, como expresión-imposición de la voluntad popular producto de ese poder constituyente originario.

Este postulado de la supremacía de la Constitución en tanto que norma fundamental, que además se encuentra expresado en el artículo 7 de la Constitución de 1999, es uno de los pilares fundamentales del Estado Constitucional, que comenzó a desarrollarse desde los propios albores del constitucionalismo moderno, cuando en 1788, Alexander Hamilton en *The Federalist,* afirmó que "ningún acto legislativo contrario a la Constitución, puede ser válido", al punto de que "negar esto significaría afirmar que ... "los representantes del pueblo son superiores al pueblo mismo; que los hombres que actúan en virtud de poderes, puedan hacer no sólo lo que sus poderes no les autorizan sino también lo que les prohíben".[890]

La contrapartida de la obligación de los órganos constituidos de respetar la Constitución, de manera que el poder constituyente originario prevalezca sobre la voluntad de dichos órganos estatales constituidos, es el derecho constitucional que todos los ciudadanos tienen en un Estado Constitucional, a que se respete la voluntad popular expresada en la Constitución, es decir, *el derecho fundamental a la supremacía constitucional.* Nada se ganaría con señalar que la Constitución, como manifestación de la voluntad del pueblo, debe prevalecer sobre la de los órganos del Estado, si no existiere el derecho de los integrantes del pueblo de exigir el respeto de esa Constitución, y además, la obligación de los órganos jurisdiccionales de velar por dicha supremacía.

El constitucionalismo moderno, por tanto, no sólo está montado sobre el principio de la supremacía constitucional, sino que como consecuencia del mismo, también está montado sobre el derecho del ciudadano a esa supremacía[891], que se concreta, conforme al principio de la separación de poderes, en un derecho fundamental a la tutela judicial efectiva de la supremacía constitucional, es decir, a la justicia constitucional.

Por ello, el mismo Hamilton, al referirse al papel de los Jueces en relación con dicha supremacía constitucional también afirmó:

---

890 *The Federalist* (ed. B.F. Wright), Cambridge, Mass. 1961, pp. 491-493.

891 Véase Allan R. Brewer-Carías, "El amparo a los derechos y libertades constitucionales (una aproximación comparativa)" en *La protección jurídica del ciudadano Estudios en Homenaje al Profesor Jesús González Pérez,* Madrid 1993, Tomo III, pp. 2.696 y 2.697.

> Una Constitución es, de hecho, y así debe ser considerada por los jueces, como una ley fundamental. Por tanto, les corresponde establecer su significado así como el de cualquier acto proveniente del cuerpo legislativo. Si se produce una situación irreconciliable entre ambos, por supuesto, la preferencia debe darse a la que tiene la mayor obligatoriedad y validez, o, en otras palabras, la Constitución debe prevalecer sobre las Leyes, así como **la intención del pueblo debe prevalecer sobre la intención de sus representantes**.

Con base en estos postulados se desarrolló, no sólo la doctrina de la supremacía de la Constitución, sino también, aún más importante, la doctrina de "los jueces como guardianes de la Constitución", tal como lo expresó el mismo Hamilton al referirse a la Constitución como limitación de los poderes del Estado y, en particular, de la autoridad legislativa, afirmando que:

> Limitaciones de este tipo sólo pueden ser preservadas, en la práctica, mediante los Tribunales de justicia, **cuyo deber tiene que ser el de declarar nulos todos los actos contrarios al tenor manifiesto de la Constitución**. De lo contrario, todas las reservas de derechos o privilegios particulares, equivaldrían a nada[892].

De estos postulados puede decirse que en el constitucionalismo moderno surgió el sistema de justicia constitucional en sus dos vertientes, como protección de la parte orgánica de la Constitución, y como protección de su parte dogmática, es decir, de los derechos y libertades constitucionales, lo que en definitiva, no es más que la manifestación de la garantía constitucional del derecho fundamental del ciudadano al respecto de la supremacía constitucional.

Este derecho fundamental, en esta forma, se concreta tanto en un derecho al control jurisdiccional de la constitucionalidad de los actos estatales, sea mediante sistemas de justicia constitucional concentrados o difusos, y en un derecho al amparo judicial de los derechos fundamentales de las personas, sea mediante acciones o recursos de amparo u otros medios judiciales de protección inmediata de los mismos. La consecuencia de este derecho fundamental, sin duda, implica el poder atribuido a los jueces de asegurar la supremacía constitucional, sea declarando la nulidad de los actos contrarios a la Constitución, sea restableciendo los derechos fundamentales vulnerados por acciones ilegítimas, tanto de los órganos del Estado como de los particulares.

Ahora bien, tratándose de un derecho fundamental de los ciudadanos el de asegurar la supremacía constitucional mediante la tutela judicial de la misma, dado el principio de la reserva legal es evidente que sólo la Constitución podría limitar dicho derecho, es decir, sería incompatible con la idea misma del derecho fundamental de la supremacía constitucional que se postula, cualquier limitación legal al mismo, sea manifestada en actos estatales excluidos del control judicial de constitucionalidad; sea en derechos constitucionales cuya violación no fuera amparable en forma inmediata.

---

892 *The Federalist* (ed. B.F. Wright), Cambridge, Mass. 1961, pp. 491-493.

La supremacía constitucional es una noción absoluta, que no admite excepciones, por lo que el derecho constitucional a su aseguramiento tampoco puede admitir excepciones, salvo por supuesto, las que establezca la propia Constitución.

De lo anterior resulta que, en definitiva, en el derecho constitucional contemporáneo, la justicia constitucional se ha estructurado como una garantía adjetiva al derecho fundamental del ciudadano a la supremacía constitucional, y como el instrumento jurídico para canalizar los conflictos entre la voluntad popular y los actos de los poderes constituidos. En esta forma, como lo señaló Sylvia Snowiss en su análisis histórico sobre los orígenes de la justicia constitucional, ésta puede decirse que surgió como un sustituto a la revolución,[893] en el sentido de que si los ciudadanos tienen derecho a la supremacía constitucional, como pueblo soberano, cualquier violación de la Constitución podría dar lugar a la revocatoria del mandato a los representantes o a su sustitución por otros, en aplicación del derecho de resistencia o revuelta que defendía John Locke[894].

En caso de opresión de los derechos, de abuso o de usurpación, la revolución era la solución o la vía de solución de conflictos entre el pueblo y los gobernantes. Sin embargo, como sustituto de la misma fue que precisamente surgió con el constitucionalismo moderno, el poder atribuido a los jueces para dirimir los conflictos constitucionales entre los poderes constituidos o entre éstos y el pueblo. Esa es, precisamente, la tarea del juez constitucional, quedando configurada la justicia constitucional como la principal garantía al derecho ciudadano a la supremacía constitucional.

En el caso de Venezuela, ella está establecida conforme al principio de la universalidad del control, al regularse en la propia Constitución el control concentrado de la constitucionalidad de las leyes y demás actos dictados en ejecución directa de la Constitución, atribuido a la Jurisdicción Constitucional (Sala Constitucional del Tribunal Supremo de Justicia) (art. 336); el control difuso de la constitucionalidad de los actos normativos a cargo de todos los jueces (art. 334), y el derecho de amparo a los derechos constitucionales (art. 27).

Todos los actos estatales, por tanto, incluso aquellos que se dicten con motivo de los procedimientos de revisión o reforma constitucional, cualquiera que sea su naturaleza, en tanto que sean manifestaciones de voluntad de los poderes constituidos, están sometidos a la Constitución y al control judicial de constitucionalidad. De lo contrario, no tendría sentido ni la supremacía constitucional ni el derecho ciudadano a dicha supremacía constitucional.

Sin embargo, en Venezuela, la Jurisdicción Constitucional atribuía a la sala Constitucional del Tribunal Supremo de Justicia, violando la misma Constitución, renunció a ejercer el control de la constitucionalidad de los actos de los poderes constituidos cumplidos para llevar adelante una "reforma constitucional" y, en particular, del acto del Presidente de la República de presentación del anteproyecto de reforma ante la Asamblea nacional el 15 de agosto de 2007; del acto definitivo de ésta de sanción del proyecto de reforma de la Constitución del día 2 de noviembre

893 Véase Sylvia Snowiss, *Judicial Review and the Law of the Constitution,* Yale University Press, 1990, p. 113.

894 Véase John Locke, *Two Treatises of Government* (ed. Peter Laslett), Cambridge UK, 1967, pp. 221 y ss.

de 2007, y de la convocatoria a referendo por parte del Consejo Nacional Electoral el mismo día, todo conforme al procedimiento de "reforma constitucional regulado en los artículos 342 y siguientes de la Constitución", cuando por las trasformaciones fundamentales que contenía el proyecto debía haberse sometido al procedimiento de la Asamblea Nacional Constituyente conforme al artículo 347 y siguientes del texto fundamental. En todo caso, el pueblo se encargó de rechazar el proyecto de reforma constitucional en el "referendo aprobatorio" del 2 de diciembre de 2007, en el cual dicho proyecto sólo recibió el voto favorable del 28% de los votantes inscritos en el Registro Electoral.[895]

II. LOS DIVERSOS SISTEMAS PARA LA REFORMA DE LA CONSTITUCIÓN Y LA "REFORMA CONSTITUCIONAL" SANCIONADA POR LA ASAMBLEA NACIONAL EL 2 DE NOVIEMBRE DE 2007

En efecto, el día 2 de noviembre de 2007, la Asamblea Nacional de Venezuela, luego de haberle dado tres discusiones en algo más de un mes al Anteproyecto de reforma constitucional que le presentó el Presidente de la República el 15 de agosto de 2007[896] conforme a la iniciativa que le otorga el mismo artículo 342 de la Constitución, sancionó formalmente un proyecto de reforma a la Constitución de 1999, a los efectos de someterlo a referendo aprobatorio como lo exige el artículo 344 de la misma Constitución, el cual el Consejo Nacional Electoral convocó para el 2 de diciembre de 2007. Mediante este proyecto de reforma constitucional sancionado por la Asamblea, se buscaban transformar aspectos esenciales y fundamentales del Estado, siendo, sin duda, de una de las más sustanciales que se haya propuesto en toda la historia constitucional de Venezuela.

Con ella, en efecto, se pretendía cambiar radicalmente el modelo de Estado descentralizado, democrático, pluralista y social de derecho que se había venido construyendo y consolidando desde la segunda guerra mundial, por el de un **Estado Socialista, centralizado, policial y militarista**, con una doctrina oficial "bolivariana", que se identificó como "el Socialismo del Siglo XXI", y un sistema económico de capitalismo de Estado.

Esa reforma se sancionó, como se dijo, conforme a la propuesta formulada por el Presidente de la República, Hugo Chávez Frías, siguiéndose el procedimiento constitucionalmente previsto para la "reforma constitucional", el cual sin embargo, no podía utilizarse para un cambio tan fundamental. Por ello, se trataba de una reforma

---

895 Tomando en cuenta los resultados anunciados por el Consejo Nacional Electoral en día 2 de diciembre en la noche, de un universo de más de 16 millones de electores inscritos, sólo acudieron a votar 9 millones doscientos mil votantes, lo que significó un 44% de abstención; y de los electores que votaron, sólo votaron **por aprobar** la reforma (voto SI), 4 millones trescientos mil votantes, lo que equivale sólo al 28 % del universo de los electores inscritos en el Registro Electoral o al 49,2% de los electores que fueron a votar. En dicho referendo, por tanto, en realidad, **no fue que "triunfó" el voto NO** por poco margen, sino que lo que ocurrió fue que la propuesta de reforma **fue rechazada por el 72% de los electores inscritos**, quienes o votaron por el NO (50,7%) o simplemente **no acudieron a votar para aprobar la reforma**.

896 Véase el *Proyecto de Exposición de Motivos para la Reforma Constitucional, Presidencia de la República, Proyecto Reforma Constitucional. Propuesta del presidente Hugo Chávez Agosto 2007*, p. 19.

fraudulenta o que se pretendía realizar en fraude a la Constitución, pues para ella se utilizó un procedimiento previsto para otros fines, engañando al pueblo.

En efecto, la Constitución de 1999, en materia de revisión o reforma constitucional, estableció tres procedimientos distintos, según la importancia de las modificaciones a la Constitución: las "enmiendas", para cuya aprobación se estableció la sola participación del pueblo como poder constituyente originario manifestado mediante referendo aprobatorio; la "reforma constitucional", para cuya aprobación se estableció la participación de uno de los poderes constituidos, -la Asamblea Nacional- y, además, del pueblo como poder constituyente originario manifestado mediante referendo; y la "Asamblea Nacional Constituyente", para cuyo funcionamiento se estableció la participación del pueblo como poder constituyente originario, de dos maneras, primero, para la elección de los miembros de la Asamblea Constituyente, y segundo, manifestado mediante referendo.

Sobre estos tres mecanismos para la revisión constitucional, incluso la propia Sala Constitucional del Tribunal Supremo ha señalado lo siguiente:

> Cada uno de estos mecanismos de reforma tiene sus peculiaridades, los cuales con una somera lectura del texto constitucional se puede apreciar que, por ejemplo, el procedimiento de enmienda, va a tener por objeto la adición o modificación de uno o varios artículos de la Constitución, tal como lo señala el artículo 340 de la Carta Magna. Por su parte, la reforma constitucional, se orienta hacia la revisión parcial de la Constitución, así como la sustitución de una o varias de sus normas (artículo 342). Ambos mecanismos, están limitados por la no modificación de la estructura fundamental del texto constitucional, y por un referéndum al cual debe estar sometido para su definitiva aprobación, Ahora bien, en el caso de que se quiera transformar el Estado, crear un nuevo ordenamiento jurídico y redactar una nueva Constitución, el texto constitucional vigente consagra la posibilidad de convocatoria a una Asamblea Nacional Constituyente (Artículo 347 *eiusdem*). Igualmente, las iniciativa para proceder a la enmienda, reforma o convocatoria de la Asamblea Constituyente, están consagradas en el texto constitucional de manera expresa[897].

En todo caso, la última modalidad de revisión que es la de la convocatoria de una Asamblea Nacional Constituyente, y que exige la doble participación del pueblo como poder constituyente originario, tal como se regula en el artículo 347, es la que se tiene que aplicar cuando se trate de "transformar el Estado, crear un nuevo ordenamiento jurídico y redactar una nueva Constitución", y eso es, precisamente, lo que ocurría con la "reforma constitucional" propuesta por el Presidente de la República y sancionada por la Asamblea Nacional el 2 de noviembre de 2007, para lo cual se acudió inconstitucionalmente al procedimiento de la "reforma constitucional" regulado en el artículo 342, aplicable solo para aquellos casos en lo que se efectúe una "revisión parcial de esta Constitución y la sustitución de una o varias de sus normas que no modifiquen la estructura y principios fundamentales del texto Constitucional". Con ello, inconstitucionalmente se buscaba obviar la necesaria participación previa del pueblo

897 Véase sentencia N° 1140 de la Sala Constitucional de 05-19-2000, en *Revista de Derecho Público*, N° 84, (octubre-diciembre), Editorial Jurídica Venezolana, Caracas, 2000.

como poder constituyente originario en la elección de una Asamblea Nacional Constituyente, cuyo rol en este caso, fue usurpado por la Asamblea Nacional.

La reforma constitucional sancionada por la Asamblea Nacional el 2 de noviembre de 2007 era de tal importancia en relación con los ciudadanos en cuanto a la transformación radical del Estado, que en la misma se buscaba establecido formalmente una ideología y doctrina oficial, del Estado, de corte socialista y supuestamente "bolivariana", la cual en consecuencia, a pesar de su imprecisión – y he allí lo más peligroso-, pretendiendo ser doctrina "oficial", no hubiera admitido disidencia alguna. No se olvide que todos los ciudadanos tienen un deber constitucional esencial de cumplir y hacer cumplir la Constitución (art. 131), por lo que de haberse aprobado estas reformas, todos los ciudadanos hubieran tenido el deber de contribuir activamente en la implementación de la doctrina oficial del Estado. En ello no se hubiera admitido ni siquiera la neutralidad. Por tanto, todo pensamiento, toda expresión del pensamiento, toda acción o toda omisión que pudiera haber sido considerada como contraria a la doctrina oficial socialista y "bolivariana", o que simplemente la "autoridad" no hubiera considerado que estaba contribuyendo a la construcción y siembra del socialismo, hubiera constituido una violación a un deber constitucional y hubiera podido, por tanto, ser criminalizada, es decir, hubiera podido dar lugar a sanciones incluso penales. Se trató de crear un pensamiento único, que constitucionalmente no hubiera admitido disidencia.

Todo ello, en ningún caso, podía ser incorporado en la Constitución mediante el procedimiento de reforma constitucional, y exigía la necesidad ineludible de convocar y elegir una Asamblea Nacional Constituyente.

III. EL DESCONOCIMIENTO POR EL JUEZ CONSTITUCIONAL DEL DERECHO CIUDADANO A LA SUPREMACÍA CONSTITUCIONAL Y A LA TUTELA JUDICIAL EFECTIVA

Desde el momento en que la Constitución estableció detalladamente los procedimientos para la revisión de la Constitución, los mismos son obligatorios y debían ser respetados por los órganos constituidos del Estado. De esas previsiones se deriva el derecho ciudadano a que los procedimientos constitucionales se respeten como parte del derecho a la supremacía de la Constitución, de manera que toda violación de esos procedimientos es inconstitucional y atentatoria del derecho ciudadano a esa supremacía, y tiene que ser controlada por el juez constitucional.

Ello, sin embargo, fue desconocido por la Jurisdicción Constitucional en Venezuela, en particular, al decidir varias acciones de amparo constitucional que se ejercieron contra los actos estatales adoptados en sus diversas fases durante el procedimiento de reforma constitucional inconstitucionalmente desarrollado: por el Presidente de la República, quien tuvo la iniciativa, por la Asamblea Nacional que discutió y sancionó el proyecto de reforma, y por el Consejo Nacional Electoral, que convocó a referendo aprobatorio el proyecto inconstitucionalmente sancionado. En todas y cada una de las sentencias que resolvieron las acciones intentadas, la Sala Constitucional desconoció el derecho ciudadano a la supremacía constitucional y a la tutela judicial efectiva, y fue declarando inadmisibles o que no había lugar a ellas, considerando, por una parte, que no había legitimación alguna de parte de los recurrentes para intentar las acciones, y por la otra, con el absurdo argumento de que los actos estatales dictados en el procedimiento de reforma constitucional (la presentación del proyecto y la sanción de la Asamblea Nacional) no eran actos que producían efectos jurídicos externos, ni podían causar gravamen a los derechos de los ciudadanos, concluyendo que solamente hubieran podido ser impugnados cuando concluyera el procedimiento con el referendo aprobatorio de la reforma, y la reforma hubiera sido aprobada.

La primera decisión en esta materia, se adoptó por la Sala Constitucional mediante sentencia N° 1974 de 23 de octubre de 2007, (Ponencia Luisa Estella Morales) en el *Caso José Ignacio Guédez Yépez*, en una acción de amparo constitucional que había sido intentada antes de que la reforma constitucional fuera sancionada por la Asamblea Nacional, ejercida por un ciudadano en su propio nombre y en protección de derechos difusos y colectivos, contra la Asamblea Nacional por la amenaza de violación del derecho constitucional difuso correspondiente "a la alternabilidad democrática del poder" consagrado en el artículo 6 de la Constitución, por la eventual aprobación por la Asamblea Nacional, del proyecto de Reforma constitucional que le había presentado el Presidente de la República.

La Sala declaró **inadmisible** la acción, argumentando que el accionante:

> "no sólo no señaló de qué forma se verían afectados los intereses de la sociedad -o de alguna porción definida de la misma-, sino que al contrario de los planteamientos formulados por el accionante en torno a la interpretación y materialización del principio del alternabilidad, es preciso reiterar que la reelección en nuestro ordenamiento no supone un cambio de régimen o forma del Estado, y muy por el contrario, reafirma y fortalece los mecanismos de participación dentro del Estado Democrático, Social de Derecho y Justicia, que estableció el Constituyente en 1999 (*Cfr.* Sentencia de la Sala N° 1.488 del 28 de julio de 2006)"[898].

La Sala estimó, entonces, que la acción intentada "no corresponde a derechos o intereses difusos, sino a un interés particular del accionante de limitar el ámbito de la reforma constitucional propuesta", razón por la cual estimó que el presunto agraviado **carecía de legitimación** procesal para intentar una acción de amparo en tutela de derechos o intereses difusos o colectivos".

Por otra parte, en cuanto a la posibilidad de admitir una acción de amparo contra las amenazas a los derechos del accionante, la Sala, reiterando su jurisprudencia sobre que la necesidad de que la amenaza sea "inminente, factible y practicable por la persona a quien se le imputa el acto, hecho u omisión que se señala como lesiva", señaló que en el caso concreto de la acción de amparo contra la presunta amenaza que se derivaba de la en ese momento posible sanción del proyecto de reforma constitucional por la Asamblea Nacional, que esta sólo era un órgano que participaba en el proceso de reforma constitucional "pero en el marco del mismo, sólo corresponde al pueblo mediante referendo", concluyendo entonces señalando que "el presunto agraviado no puede pretender la materialización de una lesión constitucional, de un hecho futuro o incierto como lo es la eventual aprobación por parte de la Asamblea

---

898 Véase Sentencia del Tribunal Supremo de Justicia en Sala Constitucional N° 1974 de 23-10-2007, Caso *José Ignacio Guedez Yépez en* http://www.tsj.gov.ve/deci-siones/scon/Octubre/1974-231007-07-1055.htm

Nacional y consecuentemente del correspondiente referendo aprobatorio del texto de reforma constitucional"; y que "para que la supuesta amenaza se concrete y, en consecuencia, surta algún efecto jurídico, es necesario la verificación de un conjunto de circunstancias hipotéticas para que se materialice lo que a decir del accionante, constituye una amenaza de lesión constitucional"[899].

Posteriormente, mediante sentencia N° 2042 (Ponencia de Francisco A. Carrasquero), dictada en el *Caso Néstor Luis Romero* de 2 de noviembre de 2007, es decir, el mismo día en el cual la Asamblea Nacional sancionó el proyecto de reforma constitucional, la Sala Constitucional decidió una acción de amparo también intentada contra la amenaza de lesión de los derechos constitucionales del accionante derivados de los artículos 342 y siguientes de la Constitución, por parte del Presidente de la República y la Asamblea Nacional **al pretender tramitar como reforma constitucional un proyecto que contenía modificaciones a la estructura y principios fundamentales del Estado, violando la Constitución**. La acción había sido intentada específicamente contra el Presidente de la República, por haber presentado el proyecto, y contra la Asamblea Nacional, por haberlo admitido para su discusión. En este caso, la Sala Constitucional también declaró **inadmisible la acción,** pero en este caso por falta de legitimación del recurrente, considerando que al intentar la acción, el mismo "no señaló, ni se evidencia de autos, de qué manera las actuaciones denunciadas como lesivas son susceptibles de vulnerar sus derechos constitucionales."[900]

Para decidir, la Sala recordó el "carácter personalísimo" de la acción de amparo, "de modo que sólo puede ser incoada por el afectado inmediato de la infracción constitucional, dejando a salvo supuestos especiales, como los reclamos efectuados en protección de los derechos colectivos o difusos, que nacen del reconocimiento de esta esfera de derechos por parte del artículo 26 de la Constitución, o el caso del amparo a la libertad y la seguridad personal, en el que cualquier persona está legitimada para intentarlo". En el caso concreto, por tanto, la Sala concluyó que: "el accionante no señaló cuál es la situación jurídica subjetiva lesionada o amenazada por las actuaciones que denunció como lesivas" siendo que "la denuncia planteada está referida a la supuesta amenaza de infracción constitucional producida por la inclusión en el contenido del Proyecto de Reforma presentado ante la Asamblea Nacional por iniciativa del Presidente de la República, de normas que, en opinión del accionante, modifican la estructura y principios fundamentales del Texto Constitucional, en contravención a los límites establecidos en el artículo 342 de la Constitución vigente". Sin embargo, decidió la Sala que el accionante "**no expuso de qué forma su situación jurídica personal se vería afectada por las actuaciones denunciadas, ya que sólo se limitó a señalar la presunta inconstitucionalidad del aludido proyecto de reforma**"[901].

---

899 *Ibídem*

900 Véase sentencia del Tribunal Supremo de Justicia en Sala Constitucional N° 2042 del 2 de Noviembre de 2007, Caso *Néstor Luis Romero Méndez* en http://www.tsj.gov.ve/de-cisiones/scon/Noviembre/2042-021107-07-1374.htm

901 *Ibidem*

Para afirmar esto, la Sala desconoció el derecho ciudadano a la supremacía constitucional, afirmando que del artículo 342 de la Constitución que regula el procedimiento de reforma constitucional, "**no consagra derechos, garantías o libertades de carácter individual**" ni "establece derechos difusos, ya que la misma no prevé una prestación genérica o indeterminada en cuanto a sus posibles beneficiarios, en los términos establecidos por la doctrina de esta Sala." Por último, la Sala consideró que la acción de amparo interpuesta no podía tampoco "ser considerada como ejercido en protección de derechos colectivos, ya que se ejerció en nombre propio y no en nombre de un sector poblacional determinado e identificable." [902]

Con base en estos argumentos declaró la **inadmisibilidad** de la acción de amparo interpuesta, contrariando doctrina de la propia Sala, como la sentada en sentencia que suspendió las elecciones generales de mayo de 2000, que benefició "tanto para las personas naturales y organizaciones que han solicitado la protección de amparo constitucional como para **todos los electores** en su conjunto"[903].

A la anterior decisión N° 2042 -Caso *Néstor Luís Romero*- le siguió la sentencia de la misma Sala Constitucional N° 2191 de 22 de noviembre de 2007 (Ponente Marcos Tulio Dugarte), dictada en el Caso *Yvett Lugo Urbaéz* con motivo de la acción de amparo intentada, en esta oportunidad contra el acto sancionatorio de la reforma constitucional adoptado por la Asamblea Nacional el 2 de noviembre de 2007 y la convocatoria a referendo efectuada por el Consejo Nacional Electoral, porque dichos actos constituían una subversión del trámite procedimental para la modificación de la Constitución, pues el procedimiento de reforma constitucional no podía utilizarse para alterar la estructura y principios fundamentales de la Constitución Nacional.

En este caso, la Sala decidió que "**no ha lugar a la acción**", pues los actos impugnados supuestamente no causaban gravámenes susceptibles de control. Para llegar a esta conclusión, la Sala, citando dos previas decisiones de 7 de noviembre de 2007 (N° 2108, caso *Jorge Paz Nava y otros*)[904] y de 13 de noviembre de 2007 (N° 2147, caso *Rafael Ángel Briceño*)[905] que se comentan más adelante, reiteró su criterio de que "la reforma constitucional es un proceso complejo conformado por la concreción de múltiples factores para asegurar la legitimidad institucional y democrática del cambio"[906], el cual "se configura en etapas sucesivas en la que interactúan autoridades públicas (Presidente de la República), órganos del Estado

---

902 *Ibidem*

903 Véase sentencia de la Sala Constitucional N° 483 de 29–05–2000, Caso: *"Queremos Elegir" y otros*, en *Revista de Derecho Público*, N° 82, Caracas, 2000, EJV, pp. 489–491.

904 Véase la sentencia del Tribunal Supremo de Justicia en Sala Constitucional N° 2108 del 7 de Noviembre de 2007, Caso *Jorge Paz Nava y otros* en http://www.tsj.gov.ve/de-cisiones/scon/Noviembre/2108-071107-07-1484.htm

905 Véase sentencia del Tribunal Supremo de Justicia en Sala Constitucional N° 2147 del 13 de Noviembre de 2007, Caso *Rafael Ángel Briceño,* en http://www.tsj.gov.ve/deci-siones/scon/Noviembre/2147-131107-07-1476.htm

906 Véase sentencia del Tribunal Supremo de Justicia en Sala Constitucional N° 2191 del 22 de Noviembre de 2007, Caso *Yvett Lugo Urbaéz* enhttp://www.tsj.gov.ve/deci-siones/scon/Noviembre/2191-221107-07-1605.htm. Criterio reiterado también en las sentencias 2108/2007; 2147/2007 y 2189/2007 de esta misma sala.

(Asamblea Nacional y Consejo Nacional Electoral) y el pueblo, que en definitiva ostenta el poder para aprobar y validar mediante el voto la reforma propuesta."[907] Con base en ello, la Sala consideró que "las etapas tempranas o de formación del proyecto de reforma constitucional no causan gravamen alguno porque no exteriorizan sus efectos y, por lo tanto, no son susceptibles de control jurisdiccional"[908], de manera que "sólo será el desenvolvimiento de ese proceso el que determine la posibilidad de control de un acto que, sin exteriorizar sus efectos, puede ser objeto de control"[909].

Es decir, conforme al criterio de la Sala, debía esperarse la aprobación de la reforma mediante referendo para poder juzgar su constitucionalidad, pues supuestamente los actos estatales de las diversas fases del procedimiento no producen efectos jurídicos externos. Para llegar a esta conclusión, la Sala afirmó que

> "el acto de la Asamblea Nacional sancionado el 2 de noviembre de 2007 contentivo de la "Reforma de la Constitución de la República Bolivariana de Venezuela" no es un acto normativo, por cuanto al no adquirir eficacia no produce efectos jurídicos externos, esto es, no afecta relaciones jurídicas abstractas o concretas, por lo que mal puede lesionar o amenazar derecho constitucional alguno ya que no posee carácter obligatorio y, por tanto, no puede órgano del Estado alguno o particular darle ejecución".[910]

Luego, analizando el procedimiento de reforma constitucional como si fuera equivalente al de formación de las leyes, concluyó la Sala señalando que en Venezuela no hay control previo de constitucionalidad sobre los proyectos de leyes, declarando entonces que no se puede impugnar en forma previa el acto sancionado por la Asamblea Nacional, declarando en consecuencia que "**no ha lugar a la acción**"[911].

Se observa, con esta decisión, que la Sala no fue que declaró "inadmisible" la acción, sino que con la misma, en realidad, **lo que hizo fue negar el derecho ciudadano de acceso a la justicia y a la tutela judicial efectiva consagrados en la Constitución** (art. 26), al "inventar" la Sala un tipo de "decisión" no prevista en la Ley que rige sus funciones, de que **"no ha lugar a la acción"** que equivale a decidir, **que el ciudadano en ese caso, no tiene derecho de acceder a la justicia. Ello es la negación misma del Estado de derecho**.

Por otra parte, en cuanto a la acción de amparo ejercida contra el acto del Consejo Nacional Electoral convocando el referendo, la Sala lo declaró **inadmisible** porque dicho acto sólo se podía impugnar mediante acción de inconstitucionalidad por supuestamente tratarse de actos de ejecución directa de la Constitución, con lo cual, de otro plumazo, la Sala Constitucional renunció a proteger la Constitución, se negó a reconocer la existencia del derecho ciudadano a la supremacía constitucional, y

---

907 *Ibidem*

908 *Ibidem*

909 *Ibidem*

910 *Ibidem*

911 *Ibidem*

negó la posibilidad de la acción de amparo contra actos del Consejo Nacional Electoral en contra del principio de la universalidad del amparo de otrora arraigada raíz en la jurisprudencia, expresada en la sentencia de la antigua Corte Suprema de Justicia, de 31 de enero de 1991 (Caso *Anselmo Natale)*, en la famosa frase de que "no puede existir ningún acto estatal que no sea susceptible de ser revisado por vía de amparo".[912]

La comentada sentencia Nº 2191[913], se dictó en paralelo con la sentencia Nº 2193 del mismo día 22 de noviembre de 2007 (Ponente: Carmen Zuleta de Merchán), dictada en el Caso *Luis Hueck Henríquez*[914], con motivo de la interposición de una acción de amparo constitucional también contra los actos de la Asamblea Nacional y contra el Consejo Nacional Electoral mediante los cuales se aprobó el texto definitivo de la Reforma Constitucional y se convocó al referendo a que alude el artículo 346 de la Constitución, a cuyo efecto el recurrente adujo actuar "en nombre de los intereses colectivos y difusos de los inscritos en el Registro Electoral Permanente"[915].

Esta acción también fue declarada **inadmisible**, para lo cual la Sala estimó que en el caso concreto, no estaban presentes "aspectos que caracterizan a este tipo de derechos o intereses, y a los cuales se ha referido esta Sala en distintas oportunidades (entre otras, en sentencia del 18 de febrero de 2003, recaída en el caso: *César Pérez Vivas*) como lo son que los hechos en que se funde la acción sean genéricos y que la prestación requerida sea indeterminada"[916], constatando que la acción intentada no perseguía "la protección de la calidad de vida de un grupo determinado o indeterminable de ciudadanos, sino que, en la forma en la cual fue planteada dicha pretensión, persigue un pronunciamiento jurisdiccional de esta Sala tendiente a restringir o anular dos actos dictados por órganos que ejercen el Poder Público en los términos previstos en el artículo 343 y 346 de la Constitución"[917]. De ello concluyó la Sala, señalando que "la pretensión de la parte accionante escapa del carácter protector de la calidad de vida que involucra la tutela de los derechos difusos, por cuanto no se persigue la protección de un bien común"[918].

En el caso concreto, además, la Sala señaló que "la lesión constitucional se le atribuye a un proyecto de reforma aprobado por la Asamblea Nacional y que será sometido a referendo próximamente", lo que supuestamente "quiere decir que la

---

912 Citada por la sentencia de la Sala Político Administrativa de la misma antigua Corte Suprema de 24 de mayo de 1993, en *Revista de Derecho Público,* Nº 55–56, Editorial Jurídica Venezolana, Caracas, 1993, pp. 284–285.

913 Véase sentencia del Tribunal Supremo de Justicia en Sala Constitucional Nº 2191 del 22 de Noviembre de 2007, Caso *Yvett Lugo Urbaéz* enhttp://www.tsj.gov.ve/deci-siones/scon/Noviembre/2191-221107-07-1605.htm.

914 Véase sentencia del Tribunal Supremo de Justicia en Sala Constitucional Nº 2193 del 22 de Noviembre de 2007, Caso *Luis Hueck Henríquez* en http://www.tsj.gov.ve/deci-siones/scon/Noviembre/2193-221107-07-1641.htm

915 *Ibidem*

916 *Ibidem*

917 *Ibidem*

918 *Ibidem*

efectividad del texto definitivo **aún no se ha verificado** y, por lo tanto, no se cumple con el requisito de la inmediatez de la lesión"[919], razón por la cual declaró la inadmisibilidad de la acción.

En otra sentencia Nº 2198 de 23 de noviembre de 2007 (Ponente: Arcadio Delgado Rosales), Caso *Moisés Troconis Villarreal*[920], la misma Sala Constitucional también declaró **inadmisible** otra acción de amparo intentada, esta vez por quien había sido un magistrado del Tribunal Supremo, intentada contra la sanción de la reforma constitucional por la Asamblea Nacional, alegando violación al "**derecho fundamental a la Constitución de la República, a su integridad y a su revisión**", en particular, "**del derecho y de la garantía constitucionales** consagrados en los artículos 334, primer párrafo y 342, primer párrafo, de la Constitución de la República". Para tal fin, la Sala consideró que no evidenciaba "que las precitadas normas consagren derechos, garantías o libertades de carácter individual o de naturaleza colectiva o difusa", sino más bien "estas disposiciones consagran competencias a ser ejercidas por el Poder Público"; decidiendo, en definitiva que "no contempla derechos" y que "al no advertirse en dichas normas ningún derecho o garantía, sino competencias y atribuciones a ser ejercidas por lo poderes públicos, esta Sala considera que en las aludidas disposiciones no existen derechos a ser tutelados."[921]

Por ello la Sala concluyó, en el caso concreto, que no había evidenciado del escrito del accionante "cómo las actuaciones denunciadas como lesivas son susceptibles de vulnerar sus derechos o garantías constitucionales", decidiendo también que carecía "de legitimación activa para incoar la acción de amparo".[922] Desconoció, así, la Sala Constitucional, de nuevo, el derecho ciudadano a la supremacía constitucional.

La Sala Constitucional, en efecto, al declarar la inadmisibilidad de estas acciones de amparo constitucional, en definitiva, lo que consideró fue que la norma del artículo 342 supuestamente **no contenía derecho constitucional alguno**, concluyendo como lo dijo en la antes citada sentencia Nº 2042 (*Caso Néstor Luís Romero*) de 2 de noviembre de 2007, que el accionante "no tiene legitimación activa alguna para incoar la presente acción de amparo constitucional, por cuanto no señaló, ni se evidencia de autos, **de qué manera las actuaciones denunciadas como lesivas son susceptibles de vulnerar sus derechos constitucionales**", por lo cual declaró inadmisible la acción de conformidad con lo dispuesto en el artículo 19,5, de la Ley Orgánica del Tribunal Supremo de Justicia, "por la falta de legitimación del accionante".

El magistrado Pedro Rafael Rondón Haaz, en cambio, en dicha sentencia Nº 2042 salvó su Voto por considerar básicamente que, al contrario, la norma del artículo 342:

---

919 *Ibidem*

920 Véase la sentencia del Tribunal Supremo de Justicia en Sala Constitucional, Nº 2198 del 23 de Noviembre de 2007, Caso *Moisés Troconis Villareal* en http://www.tsj.gov.ve/decisiones/scon/Noviembre/2198-231107-07-1645.htm

921 *Ibidem*

922 *Ibidem*

> "entraña **un evidente derecho de rango constitucional y alcance general para todos los ciudadanos**, en el sentido de que, sólo por su condición de tales, en cuanto suscriptores del pacto social que es, en definitiva, una Constitución, que determina la directa afectación de su esfera jurídica constitucional cuando dicho pacto es alterado, lo cual les proporciona legitimación para la defensa de dicha esfera jurídica y título jurídico suficiente para exigir a los destinatarios directos de la norma (la Asamblea Nacional -mediante acuerdo aprobado por el voto de la mayoría de sus integrantes-, el Presidente o Presidenta de la República en Consejo de Ministros; o un número no menor del quince por ciento de los electores inscritos y electoras inscritas en el Registro Civil y Electoral, que son quienes tienen iniciativa para solicitarla), como conducta determinada de la cual es acreedor aquél, el estricto cumplimiento o apego a ella. En el peor de los casos, se trataría, en términos análogos, de un interés –por oposición a derecho propiamente dicho- igualmente legitimador." [923]

El Magistrado salvante del voto ratificó entonces su criterio de que no cabe duda de que:

> "el artículo 342 entraña **un derecho de todos –como miembros de la sociedad suscriptora del pacto social- a que la reforma constitucional proceda –y solo proceda- para "*una revisión parcial de esta Constitución y la sustitución de una o varias de sus normas que no modifiquen la estructura y principios fundamentales del Texto Constitucional*"**, de manera que, cuando el demandante alegó la supuesta vulneración de esta norma ante una eventual reforma constitucional que incluya modificaciones en la estructura y principios fundamentales del Estado, está, ciertamente, haciendo referencia a la supuesta lesión a derechos constitucionales difusos, los cuales tienen expresa protección constitucional según dispone el artículo 26 de la Constitución de la República Bolivariana de Venezuela." [924]

En la misma orientación restrictiva de las anteriores sentencias, la Sala Constitucional mediante sentencia Nº 2211 (Ponente: Arcadio Delgado Rosales) de 29 de noviembre de 2007, Caso *Claudia Nikken y Flavia Pesci Feltri*[925], también declaró la **inadmisibilidad** de la acción de amparo que estas ciudadanas habían interpuesto en nombre propio como abogadas integrantes del sistema de justicia y asumiendo "la representación del Pueblo de Venezuela" contra el Presidente de la República, la Asamblea Nacional y el Consejo Nacional Electoral, con fundamento en los artículos 26, 27 y 333 de la Constitución, con la finalidad de que se proteja el **derecho del pueblo de Venezuela al reconocimiento de su soberanía**, que consideraron viola-

---

923 Véase sentencia del Tribunal Supremo de Justicia en Sala Constitucional Nº 2042 del 2 de Noviembre de 2007, Caso *Néstor Luis Romero Méndez* en http://www.tsj.gov.ve/de-cisiones/scon/Noviembre/2042-021107-07-1374.htm

924 *Ibidem*

925 Véase Sentencia del Tribunal Supremo de Justicia en Sala Constitucional Nº 2211 de 29-11-2007, Caso *Claudia Nikken y Flavia Pesci Feltri*, en http://www.tsj.gov.ve/de-cisiones/scon/Noviembre/2211-291107-07-1617.htm

do al rebasar dichos órganos los límites sustanciales de su competencia al darle curso a la reforma constitucional.

En este caso, la inadmisibilidad de la acción fue declarada por la Sala, por inepta acumulación de dos acciones que la Sala estimó como no acumulables, que eran la referida en el artículo 26, que es la acción de tutela de intereses colectivos o difusos, y la referida en el artículo 27, que es la acción de amparo. Sin embargo, ello no impidió que la Sala en forma expresa, desconociera el carácter de derecho constitucional del ***"derecho del pueblo de Venezuela al reconocimiento de su soberanía",*** el cual estimó que en "'*sensu stricto'* **no es un derecho** (no está incluido como tal en el Título III de la Constitución), sino un principio contemplado expresamente en el Título I, artículo 5 de la Carta Fundamental," decisión con la cal el juez constitucional redujo la categoría de derechos constitucionales a los incluidos en el Título III de la Constitución, y desconociendo tal condición a los otros derechos fundamentales derivados de la organización del Estado, como el derecho a la democracia, el derecho al control del poder, el derecho a la supremacía constitucional y el derecho al reconocimiento de la soberanía popular.

IV. LA "REFORMA CONSTITUCIONAL" INCONSTITUCIONALMENTE SANCIONADA POR LA ASAMBLEA NACIONAL EL 2 DE NOVIEMBRE DE 2007 PARA TRANSFORMAR RADICALMENTE EL ESTADO Y SUS PRINCIPIOS FUNDAMENTALES

En todo caso, el texto que sancionó la Asamblea Nacional el 2 de noviembre de 2007 como reforma constitucional, evidentemente que no constituyó "una revisión parcial de la Constitución y la sustitución de una o varias de sus normas que no modifiquen la estructura y principios fundamentales del texto Constitucional", que es lo que conforme al artículo 342 puede realizarse mediante el procedimiento de la "reforma constitucional", que se desarrolla mediante la sola discusión y sanción del proyecto por la Asamblea Nacional y posterior sometimiento a referendo aprobatorio. Lo que se sancionó como proyecto de reforma constitucional, en realidad, como se ha dicho, requería la convocatoria de una Asamblea Constituyente, y al no hacerlo, lo que el Presidente de la República y la Asamblea Nacional cometieron fue un fraude a la Constitución, como se advirtió reiteradamente por las instituciones más representativas del país[926].

Sobre la necesidad de haber acudido en este caso al procedimiento de la Asamblea Nacional Constituyente, el Magistrado Jesús Eduardo Cabrera se refirió en términos precisos en su Voto salvado a misma sentencia N° 2042 de la Sala Constitucional de 2 de noviembre de 2007, antes citada, así:

> 1.- En sentencia de 24 de enero de 2002, con ponencia de quien suscribe esta Sala expreso: "Las directrices del Estado Social de Derecho, inciden sobre las libertades económicas y sobre el derecho de propiedad...".

---

926 En tal sentido se han pronunciado, por ejemplo, las Academias de Medicina, Ciencias Políticas y Sociales, y de Ingeniería y el Hábitat (23-10-2007, *El Universal*); la Conferencia Episcopal Venezolana (19-10-2007, *El Nacional*), el Instituto de Previsión Social del Abogado, los Colegios de Abogados de Distrito Capital, de los Estados Miranda, Aragua, Cojedes, Falcón, Lara, Guárico, Carabobo y de Confederación de Profesionales Universitarios de Venezuela (02-11-2007).

Igualmente el fallo citado acotó: "No es que el Estado Social de Derecho propende a un Estado Socialista, o no respete la libertad de empresa o el derecho de propiedad..."; sin embargo puede "restringir la propiedad con fines de utilidad pública o interés general, o limitar legalmente la libertad económica por razones de desarrollo humano, seguridad, sanidad, protección del ambiente u otros de interés social (artículo 112 Constitucional)".

Apuntó igualmente el fallo citado que el Estado Social persigue mantener un equilibrio entre clases, o entre el Estado y los ciudadanos. Ahora bien, los artículos 70, 113, 158, 168, 184, 300, 318 y 321 del Anteproyecto para la primera reforma constitucional propuesta por el Presidente de la República, plantea la construcción del socialismo, de la democracia socialista.

En criterio de quien disiente, un sistema de organización social o económico basado en la propiedad y administración colectiva o estatal de los medios de producción, como lo es básicamente el socialista, en sus distintas concepciones, cual es el propuesto en el Proyecto de Reforma, chocaría con lo que quien suscribe, y la propia Sala, era considerado Estado Social, y ello -en criterio del disidente- puede afectar toda la estructura y los principios fundamentales del Texto Constitucional, hasta el punto que un nuevo ordenamiento jurídico tendría que ser creado para desarrollar la construcción del socialismo.

No es que Venezuela no puede convertirse en un Estado Socialista. Si ello lo decide el pueblo, es posible; pero a juicio del voto salvante, tal logro sería distinto al que la Sala ha sostenido en el fallo de 24 de enero de 2002 (Caso: *Créditos Indexados*) y ello conduciría no a una reforma de la Constitución sino a una nueva Constitución, la cual debería ser votada por el Poder Constituyente Originario. Al menos, en nuestro criterio esto es la consecuencia del fallo N° 85 de 24 de enero de 2002."[927]

Eso mismo, por ejemplo, lo planteó la Corte Constitucional de Colombia al analizar los límites del poder de reforma en ese país en sentencia N° C-551 del 9 de julio de 2003 cuando decidió sobre la constitucionalidad del proceso de reforma constitucional aprobada por el Congreso de la República a través de la Ley N° 796 de 2003, señalando que:

> Por ejemplo, no podría utilizarse el poder de reforma para sustituir el Estado social y democrático de derecho con forma republicana (CP art. 1°) por un Estado totalitario, por una dictadura o por una monarquía, pues ello implicaría que la Constitución de 1991 fue remplazada por otra diferente, aunque formalmente se haya recurrido al poder de reforma. Y por ende, como la Corte debe analizar si la ley convocante conduce indefectiblemente a que el poder de reforma desborde sus límites competenciales, es necesario que al estudiar cada uno de los numerales del artículo 1° de la Ley 796 de 2003, esta Corporación examine si los proyectos de reforma constitucional sometidos a la aprobación del pueblo implican o no una sustitución de la Constitución de 1991.

927 Véase sentencia del Tribunal Supremo de Justicia en Sala Constitucional N° 2042 del 2 de Noviembre de 2007, Caso *Néstor Luis Romero Méndez* en http://www.tsj.gov.ve/de-cisiones/scon/Noviembre/2042-021107-07-1374.htm

Y es que, en Venezuela, el proyecto de reforma constitucional sancionado el 2 de noviembre de 2007 era de tal trascendencia, hasta el punto de cambiar una Constitución por otra, que así incluso lo reconocieron, quizás sin darse cuenta, los propios diputados de la Asamblea Nacional cuando dispusieron que con la misma **se debía sustituir completamente la Constitución de 1999**, ordenando a tal efecto en la **Disposición Final** que la Constitución se imprimiera "íntegramente en un solo texto... con la reforma aquí sancionada y en el correspondiente texto único corríjanse los artículos **aplicando la nueva terminología señalada en esta Reforma Constitucional**, en cuanto sea aplicable suprimiéndose y sustituyéndose de acuerdo al contenido de esta Reforma **así como las firmas, fechas y demás datos de sanción y promulgación**".

Es decir, si la reforma hubiera sido aprobada por referendo, la Constitución hubiera tenido que conocerse como la "**Constitución de 2007**", por tanto, como una Constitución diferente, lo que además efectivamente resultaba del contenido del proyecto. Por lo demás, con esa Disposición final se le estaba dando carta blanca, no se sabe a quién, para que eventualmente cambiase otras normas constitucionales sin procedimiento constitucional alguno, como ya ocurrió con la "reimpresión" de la Constitución de 1999 en marzo de 2000[928].

En todo caso, fue la voluntad de llevar adelante la reforma constitucional contrariando la Constitución y con la sola participación de una Asamblea Nacional, totalmente controlada y dominada por el Presidente y sus seguidores, y evitar los "riesgos" que podían derivar de la elección de una Asamblea Nacional Constituyente, lo que llevó al Presidente de la República y a sus seguidores, a repetir una vez más la táctica política del fraude a la Constitución, que ya es un común denominador del régimen instalado en el país a partir de 1999[929], es decir, utilizar las instituciones existentes aparentando respetar las formas y procedimientos constitucionales (en este caso el procedimiento de "reforma constitucional"), para en cambio proceder a una radical trasformación del Estado, es decir, como lo ha advertido el Tribunal Supremo al definir el fraude constitucional, a pretender realizar "la creación de un nuevo régimen político, de un nuevo ordenamiento constitucional, sin alterar el sistema de legalidad establecido"[930].

---

928 *Gaceta Oficial* N° 5453 Extraordinaria de 24-03-2000.

929 La Sala Constitucional del Tribunal Supremo de Justicia en la sentencia N° 74 de 25-01-2006 señaló que un ***fraude a la Constitución*** ocurre cuando se destruyen las teorías democráticas "mediante el procedimiento de cambio en las instituciones existentes aparentando respetar las formas y procedimientos constitucionales", o cuando se utiliza "del procedimiento de reforma constitucional para proceder a la creación de un nuevo régimen político, de un nuevo ordenamiento constitucional, sin alterar el sistema de legalidad establecido, como ocurrió con el ***uso fraudulento de los poderes*** conferidos por la ley marcial en la Alemania de la Constitución de *Weimar*, forzando al Parlamento a conceder a los líderes fascistas, en términos de dudosa legitimidad, la plenitud del poder constituyente, otorgando un poder legislativo ilimitado"; y que un ***falseamiento de la Constitución*** ocurre cuando se otorga "a las normas constitucionales una interpretación y un sentido distinto del que realmente tienen, que es en realidad una modificación no formal de la Constitución misma", concluyendo con la afirmación de que "***Una reforma constitucional sin ningún tipo de límites, constituiría un fraude constitucional***". Véase en ***Revista de Derecho Público***, Editorial Jurídica Venezolana, N° 105, Caracas 2006, pp. 76 ss.

930 Véase la sentencia de la Sala Constitucional del Tribunal Supremo de Justicia N° 74 de 25-01-2006, en *Revista de Derecho Público,* N° 105, Editorial Jurídica Venezolana, Caracas 2006, pp. 76 y ss.

En este caso, una vez más, para sancionar una reforma a la Constitución se utilizaron fraudulentamente sus propias previsiones pero para fines distintos a los establecidos en ella, acudiéndose al procedimiento de "reforma constitucional" (art. 342), pero para pretender producir una transformación radical del Estado, y trastocar el Estado Social y Democrático de Derecho y de Justicia de orden civil y convertirlo en un Estado Socialista, Centralizado, Policial y Militarista, donde hubiera desaparecido la democracia representativa, la alternabilidad republicana y toda idea de descentralización del poder, se hubiera retrocedido en materia de protección de los derechos humanos, y se hubiera concentrado todo el poder en la Jefatura del Estado, desapareciendo la libertad económica y el derecho de propiedad. Ello no era posible hacerlo constitucionalmente con el procedimiento de la "reforma", sino que requería del procedimiento de convocatoria de una Asamblea Nacional Constituyente (art. 347). Por ello, en sentido similar, como lo reseñó el Tribunal Supremo de Justicia al referirse a un hecho histórico trascendente, ello también ocurrió "con el uso fraudulento de los poderes conferidos por la ley marcial en la Alemania de la Constitución de *Weimar*, forzando al Parlamento a conceder a los líderes fascistas, en términos de dudosa legitimidad, la plenitud del poder constituyente, otorgando un poder legislativo ilimitado"[931].

Todo este fraude constitucional que cometió la Asamblea Nacional al sancionar la reforma propuesta por el Presidente de la República, fraude que también cometió el propio Presidente al proponerla y el Consejo Presidencial para la Reforma Constitucional al avalarla, resulta de la radical transformación que se proponía para el Estado, con el objeto de:

En primer lugar, transformarlo en un **Estado Socialista,** con una doctrina política oficial de carácter socialista, que se denominaba además como "doctrina bolivariana", con lo cual se buscaba eliminar toda posibilidad de pensamiento distinto al oficial y, por tanto, toda disidencia, pues la doctrina política oficial se hubiera incorporado en la Constitución, como política y doctrina del Estado y la Sociedad, lo que hubiera significado la constitución de un deber constitucional de todos los ciudadanos de cumplir y hacerla cumplir. Con ello, se hubieran sentado las bases para la criminalización de la disidencia.

En segundo lugar, transformarlo en un **Estado Centralizado**, de poder concentrado bajo la ilusión del Poder Popular, lo que hubiera implicado la eliminación definitiva de la forma federal del Estado, imposibilitando la participación política y degradando la democracia representativa; todo ello, mediante la supuesta organización de la población para la participación en los Consejos del Poder Popular, como los Comunales, que son instituciones sin autonomía política alguna, cuyos miembros se declaraba que no serían electos, y que hubieran sido controlados desde la Jefatura del gobierno y para cuyo funcionamiento, el instrumento preciso es el partido único que el Estado ha tratado de crear durante 2007.

En tercer lugar, transformarlo en un **Estado de economía estatista, socialista y centralizada**, propia de un capitalismo de Estado, con lo que se hubiera eliminado la libertad económica y la iniciativa privada, y hubiera desaparecido la propiedad

---

931 Véase la sentencia de la Sala Constitucional del Tribunal Supremo de Justicia Nº 74 de 25-01-2006, en *Revista de Derecho Público,* Nº 105, Editorial Jurídica Venezolana, Caracas 2006, pp. 76 y ss.

privada, que con la reforma habrían dejado de ser derechos constitucionales, dándosele al Estado la propiedad de los medios de producción, la planificación centralizada y la posibilidad de confiscar bienes de las personas materialmente sin límites, configurándolo como un Estado del cual todo hubiera dependido, y a cuya burocracia hubiera quedado sujeta la totalidad de la población. Ello chocaba, sin embargo, con las ideas de libertad y solidaridad social que se proclaman en la propia Constitución, y hubiera sentando las bases para que el Estado sustituyera a la propia sociedad y a las iniciativas particulares, minimizándoselas.

En cuarto lugar, transformarlo en un **Estado Policial (represivo)**, con la tarea fundamental de someter a toda la población, a la doctrina oficial socialista y "bolivariana", y velar que la misma se cumpliera en todos los órdenes, lo que se buscaba asegurar mediante la regulación, con acentuado carácter regresivo y represivo, del ejercicio de los derechos civiles en situaciones de excepción, previéndose amplios márgenes de restricción y suspensión.

Y en quinto lugar, transformarlo en un **Estado Militarista**, dado el rol que se le pretendía dar a la "Fuerza Armada Bolivariana" en su configuración y funcionamiento, toda sometida al Jefe de Estado, y con la creación del nuevo componente de la Milicia Popular Bolivariana.

En definitiva, con la reforma constitucional sancionada en noviembre de 2007, se buscaba transformar radicalmente el sistema político constitucional venezolano, estableciendo un Estado Centralizado del Poder Popular, como Estado Socialista, de economía estatal y centralizada, y como Estado Militarista y Policial, de ideología única oficial, lo que se apartaba radicalmente de la concepción del Estado descentralizado, civil, social, democrático y pluralista de derecho y de justicia, y de economía mixta que regula la Constitución de 1999. Con dichas reformas, materialmente hubiera desaparecido la democracia representativa y las autonomías político territoriales, que se quería sustituir por un esquema estatal centralizado supuestamente montado sobre una democracia "participativa y protagónica" controlada total y centralizadamente desde arriba, por el Jefe de Estado, en la cual hubiera quedado proscrita toda forma de descentralización política y autonomía territorial, y que a la vez, restringía los mecanismos de participación política que están directamente regulados en la Constitución, como son los referendos y la participación de la sociedad civil en los Comité de Postulaciones de altos funcionarios.

Como lo resumió el Magistrado Pedro R. Rondón Haaz en su Voto Salvado a la sentencia N° 2148 de la Sala Constitucional del Tribunal Supremo (Exp. 07-1483) que declaró como "**improponible**" una acción de inconstitucionalidad contra la omisión de la Asamblea Nacional al darle curso a la propuesta de reforma constitucional en lugar de rechazar el proyecto y orientarlo hacia la convocatoria de una Asamblea Nacional Constituyente:

> El proyecto de reforma constitucional que se propuso a la Asamblea Nacional en agosto de 2007 y que, para el momento de esta decisión ya fue objeto de aprobación por parte de ese órgano legislativo, si fuera aprobado referendariamente, **cambiaría sustancialmente aspectos esenciales del marco constitucional vigente**. Así, y sin que se deje de admitir que existen otros muchos aspectos de fondo que son modificados por el proyecto, pueden enfocarse dos grandes cambios en la estructura y principios fundamentales del texto Constitucional de 1999:

De una parte, el proyecto de reforma introduce **cambios en la organización político-territorial, a través de la creación del Poder Popular,** que pretende afianzar los principios de democracia participativa de la Constitución de 1999, pero que **alteraría radicalmente el esquema del Estado federal descentralizado del texto vigente, lo que derivaría en un afianzamiento del Poder nacional en franco desmedro del estadal y municipal**, desde que aquél coordina el funcionamiento del nuevo Poder Popular que se superpone a estos últimos. Asimismo, la creación del Poder Popular **mutaría en forma sustancial las bases democráticas de la Constitución** vigente (artículo 2) cuando se propone que el Poder Popular *"no nace del sufragio ni de elección alguna, sino de la condición de los grupos humanos organizados como base de la población"* (artículo 136 del proyecto).

Mención especial debe hacerse al **carácter regresivo que se da, en general, en el proyecto, al tema de los derechos humanos** (p.e.. derechos al sufragio, al debido proceso, a la información, a la participación política, a la elección de quienes ejercen los cargos públicos) **en franca contradicción con el principio de progresividad** de los mismos que tiene su origen en el hecho de que éstos preceden y legitiman al Estado, que no puede desconocerlos ni desmejorarlos.

Asimismo, de otra parte, el Proyecto persigue un **cambio radical del sistema de economía social de mercado** que recoge la vigente Constitución de 1999, y establece un modelo de economía socialista a través de la promoción, por parte del Estado, de un *"modelo económico productivo, intermedio, diversificado e independiente, fundado en los valores humanísticos de la cooperación y la preponderancia de los intereses comunes sobre los individuales, que garantice la satisfacción de las necesidades sociales y materiales del pueblo, la mayor suma de estabilidad política y social y la mayor suma de felicidad posible"* (artículo 112 del proyecto). En este sentido, **el proyecto no reconoce expresamente, como sí lo hace la Constitución de 1999, el derecho fundamental a la libertad económica**, da preponderancia a la iniciativa pública sobre la iniciativa privada, a la iniciativa comunitaria sobre la individual, y condiciona cualquier iniciativa pública, mixta, comunal o privada, al desarrollo de ese nuevo modelo económico socialista.

En definitiva, se trata de la **sustitución del Estado social y democrático de derecho y de justicia** que recogió el vigente artículo 2 constitucional (*Venezuela se constituye en un Estado democrático y social de Derecho y de Justicia, que propugna como valores superiores de su ordenamiento jurídico y de su actuación, la vida, la libertad, la justicia, la igualdad, la solidaridad, la democracia, la responsabilidad social y en general, la preeminencia de los derechos humanos, la ética y el pluralismo político*), **por el de un Estado socialista** que es, a grandes rasgos, un sistema de organización social o económico basado en la propiedad y administración colectiva o estatal de los medios de producción, lo que evidencia una transformación radical del Estado y la creación de un nuevo ordenamiento jurídico que escapa, a todas luces, de los parámetros que, para la reforma constitucional, impone el artículo 342 de la Constitución y cuya concreción exige, de conformidad con el artículo 347 *eiusdem*, una Asamblea Nacional Constituyente.

En consecuencia, cuando recibió una iniciativa de reforma constitucional cuyo contenido, como se ha expuesto anteriormente sólo con algunos ejemplos de su texto, **excedía con mucho de los parámetros objetivos que el artículo 342 de la Constitución de 1999** exige para la procedencia de una reforma, **la Asamblea Nacional estaba en la obligación de rechazar** –o en todo caso suspender- el trámite de discusión de esa iniciativa a través del procedimiento del artículo 343 de la Constitución y, en todo caso, expresar tal situación al proponente para que modificara su propuesta o bien, si así lo consideraba pertinente, ejerciera su iniciativa de convocatoria a una Asamblea Nacional Constituyente, de conformidad con el artículo 348 eiusdem.

Como no hubo actuado de esa manera **la Asamblea Nacional incurrió en una sancionable omisión legislativa**, pues omitió el debido ejercicio de la potestad de aprobación e iniciación del trámite de todo proyecto de reforma constitucional, en los términos del artículo 343 constitucional.[932].

Por tanto, por la trascendencia de los cambios que se pretendía efectuar en esa "reforma constitucional", como se ha dicho, se debió haber recurrido al procedimiento de la convocatoria de una Asamblea Nacional Constituyente y no al procedimiento de "reforma constitucional". Al no haberlo hecho, tanto el Presidente de la República como su Consejo Presidencial –integrado, entre otros por la propia Presidenta del Tribunal Supremo y por el propio Defensor del Pueblo– comenzaron el proceso de reforma violando la Constitución, en fraude a la misma, tarea que completó la Asamblea Nacional en noviembre de 2007. Esta circunstancia fue advertida de inmediato por el Rector del Consejo Nacional Electoral, Sr. Vicente Díaz, quien el día 16 de agosto de 2007 indicó "que la propuesta presidencial para reformar el texto constitucional modifica las disposiciones fundamentales y por ello sería necesario convocar una Asamblea Constituyente para su aprobación".[933] Por ello, este funcionario, quien además era Presidente de la Comisión de Participación Política y Financiamiento del referido Consejo Nacional Electoral, interpuso por ante la Sala Constitucional un recurso de interpretación del artículo 342 de la Constitución para que la Jurisdicción Constitucional, conforme a los poderes que se atribuyó de interpretar en abstracto la Constitución, despejara la duda acerca de si la propuesta formulada por el Presidente de la República en materia de reforma constitucional el 15 de agosto de 2007, enmarcaba en la figura de la reforma constitucional o si, por el contrario, debió acudirse a la vía de la Asamblea Nacional Constituyente. La Sala, mediante sentencia Nº 2207 de 28 de noviembre de 2007 (Ponente: Luisa Estella Morales Lamuño), Caso *Vicente Díaz Silva*,[934] sin embargo, consideró que no existía ninguna duda razonable o punto oscuro que debiera interpretarse en la norma, con-

932 Véase la Sentencia del Tribunal Supremo de Justicia en Sala Constitucional Nº 2148 del 13 de Noviembre de 2007, Caso *Ignacio Orlando Contreras Pulido y otros* en http://www.tsj.gov.ve/decisiones/scon/Noviembre/2148-131107-07-1483.htm

933 Véase en **Unión Radio, 16 de agosto de 2007**, http://www.unionradio.com.ve/Noticias /Noticia.aspx?noticiaid=212503.

934 Véase la Sentencia del Tribunal Supremo de Justicia en Sala Constitucional Nº 2207, del 28 de Noviembre de 2007, Caso *Vicente Díaz Silva* en http://www.tsj.gov.ve/deci-siones/scon/Noviembre/2207-281107-07-1600.htm

siderando que la pretensión del recurrente no encuadraba dentro de los supuestos de admisibilidad que la Sala había establecido respecto del recurso de interpretación citando la sentencia N° 3.125 del 11 de noviembre de 2003, Caso *Jorge Luis Da Silva Baeta*, dado que se dirigía "a cuestionar la naturaleza otorgada al Proyecto de Reforma presentado por el Presidente de la República, lo cual consideró resultaba contrario al objeto de la interpretación". En consecuencia, declaró la **inadmisibilidad** del recurso de interpretación.

V. LA IMPUGNABILIDAD POR INCONSTITUCIONALIDAD DE LOS DIVERSOS ACTOS DICTADOS EN LAS FASES DEL PROCEDIMIENTO DE REFORMA CONSTITUCIONAL Y LA RENUNCIA DE LA JURISDICCIÓN CONSTITUCIONAL A EJERCER LA JUSTICIA CONSTITUCIONAL

La consecuencia de todo ello, es que la utilización inconstitucional del procedimiento de reforma constitucional, y la sanción del proyecto de reforma constitucional por la Asamblea Nacional, podía ser impugnada ante la Jurisdicción Constitucional, es decir, ante la Sala Constitucional del Tribunal Supremo por inconstitucionalidad, conforme a lo previsto en la Constitución (art. 336). Nada en la Constitución lo impedía.

Sin embargo, el día 17 de agosto de 2007, sólo dos días después de que el Presidente de la República presentó su Anteproyecto ante la Asamblea Nacional para inconstitucionalmente y en fraude a la Constitución iniciar el procedimiento de "reforma constitucional", la Presidenta de la Sala Constitucional del Tribunal Supremo (es decir, de la Jurisdicción Constitucional) y del propio Tribunal Supremo, Sra. Luisa Estella Morales Lamuño, quien a la vez era miembro del Consejo Presidencial para la Reforma Constitucional, adelantándose a cualquier posible y previsible impugnación por inconstitucionalidad de la iniciativa presidencial y del trámite parlamentario, y emitiendo opinión impunemente, prejuzgando cualquier asunto, dijo lo siguiente conforme se reseñó en la prensa:

> "dejó en claro que la Sala Constitucional no tramitará ninguna acción relacionada con las modificaciones al texto fundamental, hasta tanto éstas no hayan sido aprobadas por los ciudadanos en el referendo. "Cualquier acción debe ser presentada después del referendo cuando la reforma ya sea norma, porque no podemos interpretar una tentativa de norma. Después de que el proyecto sea una norma podríamos entrar a interpretarla y a conocer las acciones de nulidad".[935]

Y eso fue, precisamente, lo que decidió la Sala Constitucional en su sentencia N° 2189 de Noviembre de 2007 (Caso *Confederación de Profesionales Universitarios de Venezuela (CONFEPUV)* y otros), (Ponente: Arcadio Delgado Rosales), en la cual participó la Magistrado Morales ya que no se inhibió como hubiera correspondido en un Estado de derecho al haber adelantado públicamente opinión sobre lo

935 Reseña del periodista Juan Francisco Alonso, en *El Universal*, Caracas 18-08-07.

decidido comprometiendo su imparcialidad[936], declarando como "**improponible**" una acción de inconstitucionalidad contra el acto de la Asamblea Nacional que había sancionado la reforma constitucional.[937].

Al contrario, la inconstitucionalidad en el procedimiento de revisión constitucionalidad debería ser controlada por la Jurisdicción Constitucional que ejerce la Sala Constitucional, en sus fases, desde la iniciativa, la sanción por la Asamblea y la convocatoria de referendo, para lo cual tenía y tiene competencia al tratarse de acciones de nulidad de dichos actos estatales contrarios a la Constitución.

En efecto, estando los procedimientos para la revisión de la Constitución regulados en el propio texto de la Constitución, el poder constituyente derivado está sujeto a límites constitucionales, sea que se ejerza directamente por el pueblo o por los órganos constituidos del Estado como es la Asamblea Nacional. Entre esos límites están, precisamente, los límites que derivan de las propias regulaciones constitucionales en cuanto al procedimiento de revisión constitucional, que en el caso de Venezuela, como se dijo, están en los artículos 340 a 349.

Siendo límites constitucionales establecidos por el poder constituyente originario, es decir, por el pueblo al aprobar mediante referendo la Constitución el 15 de diciembre de 1999, dado el principio de la supremacía constitucional que rige en la Constitución (art. 7), los mismos pueden ser objeto de control de constitucionalidad por la Jurisdicción Constitucional, es decir, por la Sala Constitucional del Tribunal Supremo conforme a los artículos 266,1; 334, in fine y 336,4 de la Constitución.

Lamentablemente ello no lo entendió así la Sala Constitucional, y sucesivamente, en diversas sentencias dictadas con motivo de variadas acciones de inconstitucionalidad intentadas contra los diversos actos estatales de las diversas fases del procedimiento de reforma constitucional, las fue sucesiva y sistemáticamente declarando como "**improponibles**", es decir, **negó incluso el derecho ciudadano acceder a la justicia y a obtener tutela judicial**.

En efecto, en sentencia Nº 2108 de 7 de noviembre de 2007 (Ponente: Francisco Carrasqueño), dictada en el Caso *Jorge Paz y otros* con motivo de decidir una acción popular de inconstitucionalidad contra los actos ejecutados por el Presidente de la República el 15 de agosto de 2007; los actos del Ministro del Poder Popular del Despacho de la Presidencia; los actos de la Asamblea Nacional y de la Comisión Mixta, todos relacionados con el proyecto de reforma de la Constitución que por iniciativa del Presidente de la República tramitaba la Asamblea Nacional, la Sala la declaró la acción como "**improponible**", "inventando" así una nueva categoría de decisiones de la Jurisdicción Constitucional, distinta a la inadmisibilidad, o a declarar sin lugar la acción, consistente en **la negación del derecho ciudadano de ac-**

936 Conforme al artículo 8 del Código de Ética del Juez, "La imparcialidad constituye supuesto indispensable para la correcta administración de justicia, y por ello el magistrado...juez... que se hallare incurso en alguna causal de inhibición o recusación o viere comprometida su imparcialidad por alguna circunstancia previa o sobreviniente al proceso del cual deba conocer, debe separarse inmediatamente del mismo sin esperar a que se le recuse."

937 Véase la sentencia del Tribunal Supremo de Justicia en Sala Constitucional Nº 2189 de 22 de Noviembre de 2007, Caso *Confederación de Profesionales Universitarios de Venezuela (CONFEPUV) y otros*, en http://www.tsj.gov.ve/decisiones/scon/Noviem-bre/2189-221107-07-1596.htm

cionar, es decir, de acceso a la justicia y a una tutela judicial efectiva que consagra el artículo 26 de la Constitución. Eso, y no otra cosa, es esto de declarar como "**improponible**" una acción.

Para adoptar esta decisión, la Sala, luego de constatar que la solicitud de nulidad o inexistencia planteada versaba, en general, sobre el proceso de Reforma de la Constitución de la República Bolivariana de Venezuela, el cual se inició a instancia del Presidente de la República mediante oficio del 15 de agosto de 2007, procedió a decidir conforme a los siguientes contradictorios argumentos:

Primero, la Sala constató que conforme al artículo 7 de la Constitución, la misma "es la norma suprema y el fundamento del mismo, por lo que todas las personas y órganos que ejercen el Poder Público deberán sujetarse a sus prescripciones o disposiciones", por lo que "a fin de controlar parte de la actividad que ejerzan los órganos más relevantes del Poder Público", el texto fundamental estableció con el objeto de "proteger a la Constitución ... un conjunto de garantías", entre las cuales está "el funcionamiento de una Sala Constitucional en el seno del Tribunal Supremo de Justicia"[938](arts. 334, 335 y 336).

Segundo, la Sala también constató que "precisamente, tales artículos son invocados por los solicitantes a objeto de que esta Sala estime su pretensión, la cual [...] consiste en que se declare la nulidad o inexistencia del acto mediante el cual el Presidente de la República ejerció su potestad de iniciativa de Reforma de la Constitución de la República Bolivariana de Venezuela, así como de los actos posteriores que a fin de darle trámite a dicha iniciativa ha llevado a cabo la Asamblea Nacional."[939]

Tercero, a los efectos de poder ejercer su competencia, la Sala Constitucional entonces pasó de seguidas a analizar el procedimiento de reforma constitucional tal y como está regulado en la Constitución, señalando que:

> "Tal como lo ha señalado la dogmática jurídica, la estructura básica de cualquier procedimiento se compone de tres fases: una de iniciación, otra de instrucción o sustanciación y, la última, de finalización o terminación. En el transcurso de tales fases, se van emitiendo ciertos pronunciamientos. Tales pronunciamientos van decidiendo cuestiones puntuales relativas al estado en que se encuentre el trámite del asunto. Incluso, para alcanzar tales decisiones se implementan procedimientos secundarios que se tramitan simultáneamente con el procedimiento principal. Lo que destaca en todo caso la doctrina es que, tanto el uso de procedimientos secundarios como la emisión de ciertos actos durante el discurrir del procedimiento principal, responden a la necesidad de ir avanzando en el proceso de formación del acto definitivo."[940]

La Sala entonces acudió a una clásica distinción del derecho administrativo aplicable a los procedimientos administrativos, a los efectos de determinar la impugna-

---

938 Véase la sentencia del Tribunal Supremo de Justicia en Sala Constitucional N° 2108 del 7 de Noviembre de 2007, Caso *Jorge Paz Nava y otros* en http://www.tsj.gov.ve/deci-siones/scon/Noviembre/2108-071107-07-1484.htm

939 *Idem*

940 *Ibidem*

bilidad de los actos administrativos ante la jurisdicción contencioso administrativa, entre los "pronunciamientos dictados durante las fases antes mencionadas ...denominados **"actos de trámite"**; y "las decisiones que resuelven el asunto objeto del procedimiento [que] se les denomina **"actos definitivos"**; destacando que la distinción responde no "solamente a la fase en que ambos tipos de actos son formados o respecto del asunto sobre el cual se pronuncian, sino que también responden a los diversos efectos que el ordenamiento jurídico asocia a unos u otros", concluyendo que:

> "para los **actos de trámite** se ha establecido que no son impugnables en forma aislada o independiente, y si lo fuesen lo serían en tanto en cuanto excedieran el fin para el cual fueron dispuestos, ya sea porque sustituyen la decisión definitiva, porque pongan fin al procedimiento o porque causen indefensión. En cambio, los **actos definitivos**, o un grupo importante de ellos (los contentivos de una manifestación de voluntad) sí serían susceptibles de impugnación ante los órganos jurisdiccionales"[941].

Esta distinción y sus efectos en materia contencioso administrativa, fue la que la Sala Constitucional, pura y simplemente, extrapoló a un procedimiento constitucional como el de reforma constitucional, en el cual, sin embargo, al contrario de lo que ocurre en un procedimiento administrativo, **cada fase concluye con un acto definitivo de la misma**, como es el acto de iniciativa, el acto de sanción parlamentaria, y el acto de convocatoria a referendo. Esos actos estatales, **son definitivos, y producen efectos inmediatos respecto de la fase concluida,** teniendo que poder ser controlados, ya que si la iniciativa de reforma no se ajusta a lo previsto en la Constitución, se estaría dando comienzo a un procedimiento inconstitucional; si la sanción por la Asamblea Nacional de un proyecto de reforma constitucional, implica sancionar una trasformación radical del Estado y de sus principios, se estaría adoptando un acto contrario a la Constitución; y si se convoca a un referendo para una reforma constitucional inconstitucionalmente adoptada, este acto de convocatoria también sería inconstitucional. Todos esos actos estatales, con efectos definitivos cada uno de ellos en sus correspondientes etapas, tendrían que poder ser controlados judicialmente por la Jurisdicción Constitucional. Sin embargo, esta, en Venezuela, en este caso decidió, al contrario, la Sala Constitucional renunció al control, estableciendo que:

> "tanto la decisión conforme a la cual el Presidente en Consejo de Ministros hubiere acordado presentar una iniciativa de Reforma; la remisión mediante la cual dicha autoridad ejerció la potestad de iniciativa del procedimiento de Reforma de la Constitución, como los pronunciamientos o decisiones posteriores que ha venido emitiendo o tomando la Asamblea Nacional con ocasión del ejercicio de aquélla potestad, **son actos de trámite, y en tal sentido resultan inimpugnables de forma separada e independiente**."[942]

941 *Ibidem*

942 *Ibidem*

Y cuarto, finalmente, al analizar la acción de nulidad intentada, la Sala Constitucional, para colmo, constató que el supuesto de la solicitud de nulidad o inexistencia intentada,

> "no responde al supuesto del numeral 1 del artículo 336 constitucional, pues no se impugna una ley nacional o un acto con rango de ley nacional; ni al supuesto del numeral 2 del mismo precepto, ya que no es una Constitución o ley estadal, ni una ordenanza municipal, ni un acto en ejecución directa o inmediata de la Constitución; tampoco es un acto con rango de ley dictado por el Ejecutivo Nacional, supuesto éste que contempla el numeral 3 de dicho artículo; **ni es, por último, un acto dictado en ejecución directa e inmediata de la Constitución dictado por cualquier otro órgano estatal en ejercicio del Poder Público,** ya que todos los actos a que se hace referencia en estos supuestos, conforme a las conclusiones a que se llegó anteriormente, deben ser actos definitivos y no de trámite"[943].

Al contrario, es difícil encontrar en el ordenamiento constitucional, otros actos estatales de órganos del Poder Público tan definitivos y que además sean de ejecución tan directa de la Constitución, regulados sólo en esta. Sin embargo, la Sala les negó tal carácter, así como sus efectos definitivos, y concluyó declarando la solicitud de nulidad por inconstitucionalidad como "**improponible** en derecho"[944].

La misma tesis de la **improponibilidad** de las acciones de nulidad contra los actos estatales dictados en las fases del procedimiento de reforma constitucional, la ratificó la Sala Constitucional en su sentencia Nº 2203 de 27 de noviembre de 2007 (Ponente: Francisco Antonio Carrasquero López), Caso *Hermann Escarrá Malavé y otros*[945], para rechazar el recurso de nulidad por inconstitucionalidad que se había intentado contra el acto dictado por la Asamblea Nacional sancionatorio de la reforma constitucional y contra todos los actos de gobierno, administrativos o de autoridad concomitantes", en la cual la Sala incluso llegó a calificarlos como **actos "de instrucción"** (no definitivos); agregando que la "solicitud propuesta no se corresponde (ni podría corresponderse) con ninguno de los supuestos que integran los enunciados normativos contentivos de potestades jurisdiccionales atribuidas a esta Sala Constitucional".[946] Igual decisión se adoptó en la sentencia Nº 2204 de la misma fecha 27 de noviembre de 2007 (Ponente: Francisco Antonio Carrasquero

---

943 *Ibidem*

944 Debe mencionarse que mediante sentencia de la Sala Constitucional Nº 2110 (Ponente: Arcadio Delgado Rosales), Caso *Juan Carlos Jaimes* de 29 noviembre de 2007, la misma citando las sentencias anteriores Nº 2108 del 7 de noviembre de 2007 y Nº 2189 del 22 de noviembre de 2007, en cambio declaró "inadmisible" la acción de nulidad por inconstitucionalidad que se había intentado conjuntamente con medida cautelar innominada contra la totalidad del proyecto de reforma sancionado el 2 de noviembre de 2007 por la Asamblea Nacional, por considerar que el asunto había sido ya decidido con anterioridad. Véase Sentencia del Tribunal Supremo de Justicia en Sala Constitucional Nº 2210 de 29-11-2007, Caso *Juan Carlos Jaimes*, en http://www.tsj.gov.ve/decisio-nes/scon/Noviembre/2210-291107-07-1624.htm.

945 Véase la sentencia del Tribunal Supremo de Justicia en Sala Constitucional Nº 2203 del 27 de Noviembre de 2007, Caso *Hermann Escarra Malavé y otros* en http://www.tsj.gov.ve/decisiones/scon/Noviembre/2203-271107-07-1597.htm.

946 *Ibidem*

López), Caso *Adriana Vigilanza García y otros,* con motivo de declarar también como **improponible**, la acción de nulidad por inconstitucionalidad intentada contra la reforma constitucional sancionada por la Asamblea Nacional y la convocatoria a referendo por parte del Consejo Nacional Electoral.[947]

Debe indicarse además, que la misma Sala Constitucional luego de su sentencia Nº 2108 de 7 de noviembre de 2007 (Ponente: Francisco Carrasqueño), dictada en el Caso *Jorge Paz y otros* antes comentada, dictó la sentencia Nº 2147 de 13 de Noviembre de 2007 en el Caso *Rafael Ángel Briceño*, en la cual había reiterado su criterio de **la imposibilidad de impugnar la iniciativa de reforma constitucional que ejerció el Presidente de la República al presentar su proyecto ante la Asamblea**, refiriéndose a su inserción en un proceso complejo, que al no exteriorizar efectos por sí sola, **escapa de control jurisdiccional.** A tal efecto, la Sala siguió el siguiente razonamiento:

En primer lugar, la Sala constató que "como un acto de adecuación histórica del documento jurídico-político fundamental, la Reforma es la concreción de factores (jurídicos, políticos, sociales, económicos) en el que participan diversidad de órganos para asegurar la legitimidad institucional y democrática del cambio, y que se verifica en un proceso complejo"[948], mediante la iniciativa; la discusión y aprobación realizada por la Asamblea Nacional; el referendo, organizado por el Consejo Nacional Electoral; y la promulgación a cargo del Presidente de la República.

En segundo lugar, la Sala Constitucional, de nuevo impropiamente, acudió a criterios de derecho administrativo para resolver el asunto al constar que en virtud de ser un proceso complejo, "la reforma constitucional se configura en **etapas sucesivas** de una relación inter orgánica", señalando que sobre la misma "se ha sostenido desde épocas tempranas del derecho administrativo, **que no causan gravamen porque no exteriorizan sus efectos y, por tanto, no son susceptibles de control jurisdiccional",** agregando que "en efecto, cumplida cada fase del proceso de formación de normas (bien sea de leyes o, como en este caso, de reforma a la Constitución) debe verificarse la siguiente, y sólo será el desenvolvimiento de ese proceso el que determine la posibilidad de control de un acto que, sin exteriorizar sus efectos, puede ser objeto de control."

En tercer lugar, en particular sobre el acto de iniciativa para la reforma constitucional, la Sala Constitucional sostuvo que:

> "los titulares de la iniciativa son representantes del Poder Constituido y el ejercicio de tal iniciativa está sometido a requisitos formales; pero de acuerdo con el artículo 343 *eiusdem*, el efecto jurídico concreto de esa iniciativa es la concreción de la potestad de la Asamblea de tramitarla, lo que exige distinguir no sólo a quién corresponde verificar el cumplimiento de los requisitos que exige el artículo 342, sino también diferenciar dos momentos del trámite realizado

---

947 Véase sentencia del Tribunal Supremo de Justicia en Sala Constitucional Nº 2204 de 27 de Noviembre de 2007, Caso *Vanesa Sánchez y otros*, en http://www.tsj.gov.ve/deci-siones/scon/Noviembre/2204-271107-07-1625.htm.

948 Véase sentencia del Tribunal Supremo de Justicia en Sala Constitucional Nº 2147 de 13 de Noviembre de 2007, Caso *Rafael Ángel Briceño*, en http://www.tsj.gov.ve/deci-siones/scon/Noviembre/2147-131107-07-1476.htm.

ante la Asamblea Nacional: la decisión política de la iniciativa, esto es, la conveniencia de tramitar o no a la revisión; y la discusión de la iniciativa."[949]

En cuarto lugar, de nuevo acudiendo a aplicar impropiamente al procedimiento de reforma constitucional el procedimiento de formación de las leyes, que tiene otro sentido totalmente distinto (y que si acaso sólo se podría aplicar a las diversas "discusiones" parlamentarias del proyecto, pero no a su sanción), la Sala Constitucional señaló que "los efectos jurídicos normativos surgen cuando se han cumplido los requisitos de validez y eficacia que estipula el ordenamiento", agregando que:

Por ello, los proyectos de leyes escapan del mundo jurídico porque no han adquirido eficacia, de suerte que considerados en sí mismos mal pueden lesionar un derecho constitucional; esto a su vez explica que se haya sostenido que no pueden ser objeto de amparo, pues conforme con el artículo 3 de la Ley Orgánica de Amparo sobre Derechos y Garantías Constitucionales lo que se acciona es el acto aplicativo de la norma, y si ésta no existe mal puede ejercerse válidamente una potestad con base en ella (*Vid.* Por todas Sent. N° 1702/2007). En uso de este criterio tampoco se ha aceptado la nulidad de proyectos de leyes, pues al no existir válidamente ni producir efectos jurídicos *erga omnes* difícilmente podría cuestionarse su nulidad: ningún calificativo cabe respecto de algo que no tiene efectos jurídicos generales de inmediato."[950]

En quinto lugar, la Sala Constitucional, de nuevo, para decidir sobre la impugnación de los actos del Poder constituido en el procedimiento de reforma constitucional, acudió también impropiamente a los criterios jurisprudenciales establecidos en materia de control de la constitucionalidad de las leyes, en particular, en relación con el control previo de la constitucionalidad de las mismas, constatando que en la Constitución:

> "existen de forma excepcional controles previos de posibles actos normativos; pero en el ordenamiento constitucional vigente la regla general es que esta Sala, como máximo y último interprete del Texto Fundamental, se centre en el control posterior de los distintos actos que enumera el artículo 336 y otros de la Carta Magna; excepcionalmente, los únicos controles previos de posibles actos normativos están establecidos en la Constitución vigente para los tratados suscritos por la República -cardinal 5 del artículo 336-; para el carácter orgánico de las leyes -artículo 203-; y para el control de la constitucionalidad de proyectos de Ley establecido a favor del Presidente de la República -artículo 214"[951]-.

De todo lo anterior, trasladando todas estas consideraciones a la iniciativa de reforma constitucional, concluyó señalando pura y simplemente, que "tal acto **no produce en lo inmediato ningún efecto jurídico externo o que supere la relación entre órganos estatales**, por mucho que se comparta o se rechace su contenido", siendo su "único efecto jurídico [que] verificada la iniciativa de la reforma esta será tramitada por la Asamblea Nacional," decidiendo que respecto de la iniciativa,

949 *Idem*

950 *Ibidem*

951 *Ibidem*

"porque no se trata de un acto normativo, como es apenas la fase inicial de la reforma constitucional", caben

> "las mismas consideraciones que frente a los Proyectos de Ley: por no producir efectos jurídicos externos, esto es, que afectan relaciones jurídicas abstractas o concretas, no puede controlarse jurisdiccionalmente *a priori* su contenido; más aún cuando al estipular el artículo 343 de la Constitución tres discusiones para la reforma propuesta es probable y hasta válido que el acto que sea aprobado por la Asamblea Nacional sea distinto al propuesto inicialmente por el Presidente, de modo que existe la posibilidad de que terminen siendo dos actos distintos el que inicia la reforma y el que es sancionado por la Asamblea"[952].

Con base en todos estos argumentos, en este caso, también la Sala Constitucional concluyó declarando como "**improponible**" la acción de nulidad.

Con posterioridad, la Sala Constitucional dictó la sentencia N° 2189 de 22 de noviembre de 2007 (Ponente: Arcadio Delgado Rosa), Caso *Confederación de Profesionales Universitarios de Venezuela CONFEPUV y Colegio de Abogados del Estado Carabobo*[953] en la cual, de nuevo, declaró como **improponible** la acción popular de inconstitucionalidad contra la totalidad del proyecto de reforma sancionado el 2 de noviembre de 2007 por la Asamblea Nacional, como órgano del Poder Constituyente derivado.

Para decidir, la Sala comenzó constatando que "la reforma es un acto normativo (actualmente un proyecto) de la Asamblea Nacional como órgano del Poder Constituyente derivado y, en tal calidad, un acto dictado en ejecución directa e inmediata de la Constitución" dentro de:

> "un *"proceso complejo"* que comienza con la iniciativa (artículo 342); continúa con la discusión y aprobación, que corresponde a la Asamblea Nacional (artículo 343); sigue con el referendo constitucional, regulado en el artículo 344, que corresponde ejercerlo al pueblo *"como validante definitivo de la reforma"*; y, finalmente, la promulgación por el Presidente de la República, según lo dispuesto en el artículo 346 constitucional."[954]

Respecto de dicho procedimiento, a juicio de la Sala y siguiendo razonamientos anteriores, "se trata de un proceso complejo de formación de actos normativos que **se asemeja al ordinario de formación de leye**s; y una de las coincidencias absolutas es que no se puede hablar de un acto definitivo si no se han cumplido todos los pasos de este trámite procedimental"; concluyendo que "conformado en etapas sucesivas de una relación inter orgánica, no causa gravamen hasta tanto no exteriorice sus efectos (mediante la promulgación y publicación en Gaceta Oficial)"; por lo que "mientras el proyecto de reforma esté en proceso de trámite no es susceptible de control jurisdiccional, salvo que el proceso de reforma *"aborte"* en alguna de esas

952 *Ibidem*

953 Véase la sentencia del Tribunal Supremo de Justicia en Sala Constitucional N° 2189 de 22 de Noviembre de 2007, Caso *Confederación de Profesionales Universitarios de Venezuela (CONFEPUV)* y otros en http://www.tsj.gov.ve/decisiones/scon/Noviem-bre/2189-221107-07-1596.htm.

954 *Ibidem*

etapas sucesivas y no se perfeccione el acto normativo (*Vid.* sentencia Nº 2147 del 13 de noviembre de 2007, Caso: *Rafael Ángel Briceño*)"

Por otra parte, en esta sentencia, la Sala introdujo nuevos argumentos sobre el control de la constitucionalidad del acto normativo del poder constituyente derivado, señalando tajantemente que "cualquiera que sea la naturaleza y consecuencias jurídicas del mismo, es posterior al acto definitivo y no previo", considerando que "el control previo de constitucionalidad sobre actos no perfeccionados de los poderes públicos (constituidos) es absolutamente excepcional y la propia Constitución lo determina en artículos como el 336 cardinales 5 y 6; 203 y 214."[955]

De lo anterior concluyó la Sala que "el proyecto de reforma constitucional sancionado por la Asamblea Nacional el día 2 de noviembre de 2007, al tratarse de un **acto normativo no perfeccionado, no puede producir efectos jurídicos externos** y, por lo tanto, **no es posible controlar jurisdiccionalmente a *priori* su contenido**"; razón por la cual en este caso, también declaró "**improponible en derecho** la acción popular de inconstitucionalidad intentada".[956]

Sobre esta inconstitucional decisión, el Magistrado Jesús Eduardo Cabrera salvó su Voto, señalando al contrario que todas las fases del procedimiento de reforma constitucional ante la Asamblea constituyen verdaderos actos de la misma, y si en ellos "no se cumplen con el contenido señalado, o se subvierte su orden, etc, cada fase se hace controlable jurisdiccionalmente, como ocurre con cualquier acto del Poder Público, que no sea de mero trámite, y éstos no lo son". Agregó, dicho Magistrado que:

> Se trata de actos formativos derivados directamente de la Constitución, que pueden devenir en violaciones a la Carta Magna y que como tales pueden ser controlados por cualquier interesado (acción popular), que solicite su nulidad y las medidas preventivas que considere.
>
> La naturaleza jurídica de estos actos no equivalen a leyes, pero sí son actos en ejecución directa e inmediata de la Constitución, dictados por un órgano estadal en ejercicio del Poder Público y que pueden colidir con normas de muestra Carta Fundamental (artículo 336.4 constitucional).
>
> En criterio de quien suscribe, los accionantes están pidiendo se declare la inconstitucionalidad del procedimiento seguido por la Asamblea Nacional, lo que por aplicación del principio *pro actione*, referido en el fallo, significa que piden la nulidad de los actos formativos del acto final aprobatorio, así como éste mismo, como resultado de los vicios constitucionales que en conjunto atribuyen a los actos formativos y el acto mismo.
>
> Tratándose de actos del Poder Legislativo que se dictan en ejecución directa e inmediata de la Constitución, la acción popular existe para controlarlos jurisdiccionalmente, máxime cuando el vicio denunciado contra ellos, es que la Asamblea no podía conocer lo propuesto por el Ejecutivo, como una reforma, por tratarse lo propuesto de un cambio estructural a la Constitución vigente, lo que ameritaba para su

955 *Ibidem*

956 *Ibidem*

conocimiento de una Asamblea Nacional Constituyente (artículos 347 a 350 constitucional).[957]

Por tanto, al contrario de lo decidido por la Sala, cuando las Constituciones establecen precisos procedimientos que el poder constituyente derivado debe seguir para la revisión constitucional, los cuales se constituyen en límites constitucionales adjetivos o procedimentales para la misma, la consecuencia lógica de estas regulaciones y la obligación de sometimiento a la Constitución, es que el cumplimiento de dichos procedimientos de reforma o enmienda constitucional, dado el principio de la supremacía constitucional, debe y tiene que estar sujeto a control de constitucionalidad por parte de los órganos de la Jurisdicción Constitucional.

En todo caso, la doctrina que fue construyendo la Sala Constitucional de **negar el acceso a la justicia y la impugnación de los actos de los poderes constituidos** en el procedimiento de reforma constitucional, la ratificó la Sala en otra sentencia de la misma fecha 22 de noviembre de 2007, Nº 2192 (Ponente: Carmen Zuleta de Merchán), *Caso Gerardo Guzmán* con motivo de decidir la acción de nulidad por inconstitucionalidad de la iniciativa presidencial para la reforma constitucional, en la cual la Sala consideró igualmente que "la propuesta de reforma constitucional es sólo la fase inicial de un procedimiento que genera el desarrollo de distintos actos, que para el momento actual han originado la intervención de los distintos órganos estatales llamados constitucionalmente a hacerlo -Asamblea Nacional- y -Consejo Nacional Electoral-"-; concluyendo su decisión afirmando que "no es posible cuestionar la iniciativa de reforma constitucional propuesta por el Presidente de la República, y los distintos actos que tal propuesta ha desencadenado, basándose en una supuesta falta de cualidad del Presidente, razón por la cual esta Sala declara NO HA LUGAR en derecho el recurso de nulidad interpuesto"[958].

Posteriormente, la misma tesis de la sentencia Nº 2189 de 22 de noviembre de 2007, *Caso Confederación de Profesionales Universitarios de Venezuela(CONFEPUV)*, se repitió en la sentencia Nº 2205 de 27 de noviembre de 2997 (Ponente: Carmen Zuleta De Merchán), Caso *Gonzalo Oliveros Navarro,* al decidir la Sala el recurso de nulidad contra los mismos actos de la Asamblea Nacional y del Consejo Nacional Electoral relativos a la reforma constitucional, insistiendo que "el control de la constitucionalidad del acto normativo del Poder Constituyente derivado, cualquiera que sea la naturaleza y consecuencias jurídicas del mismo, es posterior al acto definitivo y no previo"[959], argumentando además, en este caso, que el planteamiento del recurrente ya había sido "objeto de conocimiento y decisión por parte de esta Sala" con lo que concluyó que "en el presente caso, ha operado la cosa juzgada y,

---

957 *Ibidem*

958 Véase la sentencia del Tribunal Supremo de Justicia en Sala Constitucional Nº 2192 de 22 de Noviembre de 2007, Caso *Gerardo Guzmán*, en http://www.tsj.gov.ve/decisio-nes/scon/Noviembre/2192-221107-07-1671.htm

959 Véase la sentencia del Tribunal Supremo de Justicia en Sala Constitucional Nº 2205 de 27 de Noviembre de 2007, Caso *Gonzalo Oliveros Navarro*, en http://www.tsj.gov.ve/decisiones/scon/Noviembre/2205-271107-07-1606.htm.

por tanto, debe declararse inadmisible el presente recurso de nulidad por inconstitucionalidad"[960].

Por otra parte, en la misma fecha 22 de noviembre de 2007, en la que se publicó la sentencia antes comentada N° 2189, la Sala Constitucional dictó otra decisión N° 2194 (Ponente Luisa Estella Morales Lamuño), Caso *Hermann Escarrá, Helen Torrealba y otros*, en la cual también declaró **improponible** el recurso de nulidad por razones de inconstitucionalidad ejercido conjuntamente con medida cautelar innominada contra el "acto del Ejecutivo Nacional, distinguido con el N° MPPDP-DGSCM-0716 de fecha 15 de agosto de 2007, concerniente al denominado Proyecto de Reforma de la Constitución de la República Bolivariana de Venezuela, iniciativa legislativa del Ejecutivo Nacional aprobado en Consejo de Ministros Extraordinario N° 535 de 15 de agosto de 2007, y que consta de Acta certificada N° 5.321, pretendidamente efectuado en ejecución directa del artículo 342 de la Constitución, por el cual el Ejecutivo Nacional en cabeza del Presidente de la República, el 15 de agosto de 2007, ultimo (*sic*) día del período de sesiones de la Asamblea Nacional, tomó la iniciativa de presentar ante ésta para su tramitación una mal denominada reforma de la vigente Constitución, con base a un supuesto proyecto de reforma que no se adecua a las prescripciones del artículo 342 *eiusdem*".

En dicho recurso, los impugnantes habían alegado que el proyecto había sido presentado a la Asamblea Nacional "como una simple reforma a la vigente Constitución" con el objeto de que fuera sometido por la dicha Asamblea al procedimiento de reforma constitucional, "cuando en realidad ella no responde a la definición de Reforma que la propia Constitución contempla y, por el contrario, pretende establecer un Estado, un sistema político y un sistema económico esencialmente distintos y contrapuestos a los establecidos en la Constitución objeto de la mal denominada Reforma"[961]. Para tomar la decisión de negar el acceso a la justicia en este caso, la Sala Constitucional fue aún más contradictoria en su razonamiento que en las otras sentencias anteriores, ya que en este caso, comenzó por sentar todos los **principios de la universalidad del control constitucional** a cargo de la Sala Constitucional, pero para concluir contradictoriamente, excluyendo el control respecto de los actos del poder constituido en materia de reforma constitucional.

En efecto, la Sala Constitucional, comenzó su sentencia constatando que "el criterio acogido por el Constituyente para definir las competencias de la Sala Constitucional, atiende al rango de las actuaciones objeto de control, esto es, que dichas actuaciones tienen una relación directa con la Constitución que es el cuerpo normativo de más alta jerarquía dentro del ordenamiento jurídico en un Estado de Derecho contemporáneo", afirmando que "ciertamente, bajo el ordenamiento jurídico **vigente es inconcebible aceptar la existencia de ámbitos jurídicos -actos u actuaciones- de los órganos del Poder Público, desprovistos de una efectiva tutela judicial, sin contradecir los valores fundamentales del imperio de la Constitución** de la República Bolivariana de Venezuela;" y que "no cabe, en consecuencia, duda algu-

960 *Ibidem*

961 Véase sentencia del Tribunal Supremo de Justicia en Sala Constitucional N° 2194 de 22 de Noviembre de 2007, Caso *Hermann Escarrá, Helen Torrealba y otros*, en http://www.tsj.gov.ve/decisiones/scon/Noviembre/2194-221107-07-1289.htm.

na sobre la universalidad del control jurisdiccional sobre la actividad del Estado con relevancia jurídica"[962].

Sin embargo, agregó la Sala, que "este control debe ejercerse sobre actos definitivos (perfeccionados) y no sobre actos individualmente considerados de un proceso inter orgánico complejo para la formación de una norma, antes de que dicho acto normativo produzca sus efectos jurídicos externos."[963]; y con ello, pasó de la universalidad del control, a excluir el control de los actos de los órganos del poder constituido en el procedimiento de reforma constitucional, en particular sobre el acto mediante en cual el Presidente de la República presentó un Proyecto de Reforma de la vigente Constitución ante la Asamblea Nacional.

Para ello, la Sala acudió al mismo razonamiento de la existencia de distintas fases en que se lleva a cabo la reforma constitucional, y respecto de la iniciativa presidencial en todos los procedimientos de revisión constitucional, que fue el acto impugnado en el caso concreto, señaló que:

> "a pesar de ser un acto de contenido discrecional, en cuanto a su oportunidad, mérito y conveniencia de cuándo, por qué y cómo ejercer la iniciativa, tiene un alto contenido reglado, no sólo reglado en cuanto a su forma -vgr. Como acto tomado en Consejo de Ministros-, sino en cuanto a su contenido, toda vez que dependiendo del grado de la modificación planteada, el mismo deberá seguir el procedimiento para enmienda, reforma o la convocatoria a una Asamblea Nacional Constituyente, conforme a los artículos 340, 342 y 347 de la Constitución de la República Bolivariana de Venezuela."[964]

La Sala Constitucional, además, afirmó en esta sentencia, que "**la violación del Texto Fundamental respecto de la iniciativa** -acto impugnado- y procedimiento para modificar la Constitución de la Republica Bolivariana de Venezuela, **condiciona la validez de la totalidad de los actos subsecuentes**", lo que por si sólo tenía que llevar a la Sala, precisamente por ello, a ejercer el control de constitucionalidad. Sin embargo, en este caso, la Sala también renunció a ejercer la justicia constitucional, habiendo sin embargo, citado, "criterios jurisprudenciales en el Derecho Comparado que incluso han declarado la nulidad de reformas constitucionales ya aprobadas, tal como ocurrió en sentencia de la Corte Suprema de Justicia de la Nación - República Argentina- del 19 de agosto de 1999, mediante el cual declaró la nulidad del artículo 99, inciso 4 de la Constitución Nacional de la República Argentina, incorporado por la reforma de 1994"[965].

La Sala Constitucional, en esta sentencia que como se dijo, es contradictoria entre su motiva y lo resuelto, incluso llegó a afirmar que:

> "El control judicial sobre el proceso de reforma de la Constitución es posible si se demuestra la falta de concurrencia de requisitos indispensables para la aprobación de la norma constitucional reformada, ya que la modificación del

962 *Ibidem*

963 *Ibidem*

964 *Ibidem*

965 *Ibidem*

Texto Constitucional mediante los procedimientos de enmienda o reforma la Constitución e incluso para la convocatoria de la Asamblea Nacional Constituyente, no pueden exceder o violar el marco de la regulación constitucional en los cuales se fundamenta su procedencia.

Así, es un dogma de nuestro sistema de justicia aquel según el cual todo acto de una autoridad en ejercicio del Poder Público, contrario al ordenamiento jurídico vigente es nulo, ya que ninguna actividad del Estado puede vulnerar la Constitución y pretender mantener su validez. Siendo obligación ineludible del Poder Judicial, declarar nulos todos los actos contrarios a la Constitución, ya que desconocer este fundamental aserto, equivaldría a afirmar la arbitrariedad como principio y excluir los más arraigados valores sobre los cuales se sustenta todo Estado de Derecho"[966].

Pero todo lo anterior, para lo que sirvió fue para que la Sala Constitucional sólo declarara su competencia para el conocimiento del recurso de nulidad por razones de inconstitucionalidad ejercido contra el al acto impugnado, mediante el cual el Presidente de la República presentó el proyecto de reforma constitucional; pero no para ejercer el control constitucional, sino para declarar la acción como **"improponible"**, citando fallos precedentes en la materia (Nos. 2042 del 02/11/07 y 2147 del 13/11/07), decidiendo:

> "que si bien se trata el impugnado mediante la presente acción, de un acto dictado en ejecución directa e inmediata de la Constitución, y como tal controlable jurisdiccionalmente, **al no tratarse de un acto definitivo sino de uno integrante de un proceso complejo que concluye con la ratificación referendaria y la promulgación de la reforma cuya iniciativa correspondió al Presidente de la República; no puede ser objetivamente impugnable de una manera inmediata"**[967].

El mismo razonamiento de la sentencia N° 2194 de 22 de noviembre de 2007 (Caso *Hermán Escarrá y otros*), lo siguió la Sala en la sentencia N° 2200 (Ponencia Luisa Estella Morales Lamuño), Caso *Julio Borges y otros* dictada el 27 de noviembre de 2007, en la cual afirmó con mayor precisión que los efectos jurídicos de los diversos actos de dicho "proceso complejo" de la reforma constitucional "están condicionados a la aprobación popular de las modificaciones a través del mecanismo del referendo aprobatorio", concluyendo con la afirmación de que la demanda de nulidad dirigida contra del proyecto de reforma constitucional sancionado por la Asamblea Nacional y la convocatoria del Consejo Nacional Electoral a referendo aprobatorio de la misma:

> "carece de la entidad suficiente para ser impugnados, hasta tanto se verifiquen los efectos definitivos del procedimiento previo a la consulta popular a celebrarse el venidero 2 de diciembre de 2007, una vez aprobadas o no las normas constitucionales propuestas, en caso de subsistir el interés jurídico de cualquier

---

966 *Ibidem*

967 *Ibidem*

ciudadano en su impugnación podrían ser objeto de un eventual control por parte de esta Sala."[968]

En consecuencia de lo anterior, también en este caso, la Sala declaró **improponible en derecho** el recurso de nulidad interpuesto.

Por lo demás, en exactos términos fueron emitidas la sentencia N° 2201 (Ponente: Luisa Estella Morales Lamuño) de 27 de noviembre de 2007, *Caso Guillermo Morena Alcalá y otro*, al decidir una acción de nulidad por inconstitucionalidad interpuesta conjuntamente con amparo cautelar contra la reforma constitucional sancionada por la Asamblea Nacional[969]; la sentencia No. 2202 (Ponente: Luisa Estella Morales Lamuño), Caso *Alberto Nieves Alberti* de la misma fecha 27 de noviembre de 2007, al decidir la acción de nulidad por inconstitucionalidad conjuntamente con amparo cautelar contra el acto sancionatorio de la reforma constitucional dictado por la Asamblea Nacional y la convocatoria a referendo por parte del Consejo Nacional Electoral[970]; y la sentencia N° 2208 de 28 de noviembre de 2007 (Ponente: Luisa Estella Morales Lamuño), Caso *Antonio José Varela y Elaine Antonieta Calatrava Armas*, también al dictada al decidir una acción de nulidad por inconstitucional contra la sanción de la reforma constitucional por la Asamblea Nacional. En esta última, la Sala reiteró la declaratoria de improponiblidad de la acción, con base al criterio sentado en los fallos Nos. 2042 del 02/11/07 y 2147 del 13/11/07, en el sentido de que "si bien se trata de un acto dictado en ejecución directa e inmediata de la Constitución, y como tal controlable jurisdiccionalmente, al no tratarse de un acto definitivo sino de uno integrante de un proceso complejo que concluye con la ratificación referendaria y la promulgación de la reforma cuya iniciativa correspondió al Presidente de la República; no puede ser objetivamente impugnable de una manera inmediata"[971].

Igualmente, la tesis de la improponibilidad fue ratificada por la misma Sala Constitucional en su sentencia N° 2206 de fecha 27 de noviembre de 207 (Ponencia Luisa Estella Morales Lamuño), Caso *Yon Goicocheay otros,* aún tratándose en este caso de una acción de amparo, al declarársela que **no había lugar** a la misma, que los accionantes habían ejercido contra el acto sancionatorio de la reforma constitucional emanado de la Asamblea Nacional, en la cual habían alegado violación al derecho a la participación política y al derecho a la información, los cuales además, la Sala consideró que no se habían vulnerado en el procedimiento de reforma consti-

---

968 Véase sentencia del Tribunal Supremo de Justicia en Sala Constitucional N° 2200 de 27 de Noviembre de 2007, Caso *Julio Borges y otros*, en http://www.tsj.gov.ve/deci-siones/scon/Noviembre/2200-271107-07-1614.htm.

969 Véase sentencia del Tribunal Supremo de Justicia en Sala Constitucional N° 2201 de 27 de Noviembre de 2007, Caso *Guillermo Moreno Alcalá y otros*, en http://www.tsj.gov.ve/decisiones/scon/Noviembre/2201-271107-07-1621.htm.

970 Véase sentencia del Tribunal Supremo de Justicia en Sala Constitucional N° 2202 de 27 de Noviembre de 2007, Caso *Alberto Nieves Alberti*, en http://www.tsj.gov.ve/deci-siones/scon/Noviembre/2202-271107-07-1672.htm

971 Véase sentencia del Tribunal Supremo de Justicia en Sala Constitucional N° 2208 de 28 de Noviembre de 2007, Caso *Antonio José Varela y otros,* en http://www.tsj.gov.ve/de-cisiones/scon/Noviembre/2208-281107-07-1607.htm

tucional, sino que al contrario, habían sido amplia y plenamente respetados y garantizados por la Asamblea Nacional.[972]

VI. LA RENUNCIA DE LA JURISDICCIÓN CONSTITUCIONAL A EJERCER LA JUSTICIA CONSTITUCIONAL EN VENEZUELA Y EL CONTRASTE LATINOAMERICANO

Con las sentencias anteriores, como se ha dicho, la Sala Constitucional del Tribunal Supremo de Justicia, como Jurisdicción Constitucional, deliberadamente y tal como lo había anunciado públicamente, con anterioridad, la Presidenta de la propia Sala y del Tribunal Supremo de Justicia, **renunció a ejercer el control de constitucionalidad** sobre los actos de los poderes constituidos relativos a la reforma constitucional, lo que sin duda contrasta con lo que sucede en otros países latinoamericanos y con lo que incluso se regula expresamente en muchas Constituciones.

Es el caso por ejemplo, de la Constitución de Colombia, cuyo artículo 241 atribuye a la Corte Constitucional la guarda de la integridad y supremacía de la Constitución, y *en particular de los procedimientos para la revisión constitucional,* asignándole en particular competencia para:

> 1. Decidir sobre las demandas de inconstitucionalidad que promuevan los ciudadanos contra los actos reformatorios de la Constitución, *cualquiera que sea su origen, sólo por vicios de procedimiento en su formación.*
>
> 2. Decidir, con anterioridad al pronunciamiento popular, sobre la constitucionalidad de la convocatoria a un referendo o a una asamblea constituyente para reformar la Constitución, *sólo por vicios de procedimiento en su formación.*
>
> 3. Decidir sobre la constitucionalidad de los referendos sobre leyes y de las consultas populares y plebiscitos del orden nacional. Estos últimos *sólo por vicios de procedimiento en su convocatoria y realización.*

Por su parte, el artículo 379 de la misma Constitución de Colombia dispone expresamente que en todos los procedimientos de revisión constitucional en los cuales haya actos legislativos, convocatoria a referendo, de consulta popular o convocatoria a la Asamblea Constituyente, los mismos pueden ser declarados inconstitucionales por la Corte Constitucional cuando violen los requisitos establecidos en el Título XIII de la Constitución en el cual se regula el proyecto de reforma constitucional. La acción pública contra estos actos sólo procede dentro del año siguiente a su promulgación, con observancia de lo dispuesto en el artículo 241 numeral 2 de la propia Constitución que regula la potestad de la Corte Constitucional de decidir, con anterioridad al pronunciamiento popular, sobre la constitucionalidad de la convocatoria a un referendo o a una asamblea constituyente para reformar la Constitución, sólo por vicios de procedimiento en su formación.

En estos casos, como por ejemplo lo decidió la Corte Constitucional colombiana en sentencia N° C-551 del 9 de julio de 2003 con ocasión del proceso de reforma de

---

972 Véase sentencia del Tribunal Supremo de Justicia en Sala Constitucional N° 2206 de 27 de Noviembre de 2007, Caso *Yon Goicochea y otros,* en http://www.tsj.gov.ve/de-cisiones/scon/Noviembre/2206-271107-07-1595.htm

la que propuso el Presidente de la república y fue aprobada por el Congreso de la República a través de la Ley n° 796 de 2003:

La Constitución ha establecido "un control reforzado sobre la convocatoria de un referendo, porque además del control automático que ejerce la Corte sobre la ley de referendo, es viable la acción pública de inconstitucionalidad contra el acto reformatorio de la Constitución". Y este control reforzado es razonable por cuanto, como lo señaló el citado auto, la "reforma a la Constitución por medio de un referendo es un procedimiento que comprende diversas etapas. Por ende, conforme al artículo 241 ord. 2, la Corte ejerce el control automático definitivo sobre la ley que somete a decisión del pueblo un proyecto de reforma constitucional, sin perjuicio de lo señalado en el artículo 379 superior". Concluyó entonces el citado auto que la "Corte ejerce un control automático sobre todos los eventuales vicios de procedimiento en la formación de la ley que convoca a referendo".

Por otra parte, la Constitución de Bolivia enumera entre las atribuciones del Tribunal Constitucional (Art. 119, VII, 10), la de conocer y resolver sobre las demandas *respecto a procedimientos en la reforma* de la Constitución, las cuales se pueden plantear por cualquier Senador o Diputado o por el Presidente de la República, en relación con los proyectos de reforma.

En Costa Rica, el artículo 10, b) de la Constitución atribuye a la Sala Constitucional de la Corte Suprema de Justicia, competencia para conocer de las *consultas sobre proyectos* de reforma constitucional.

En la Constitución de Chile, el artículo 82, 2 atribuye al Tribunal Constitucional competencia para resolver las *cuestiones sobre constitucionalidad que se susciten durante la tramitación de los proyectos* de reforma constitucional. En este caso, el Tribunal sólo puede conocer de la materia a requerimiento del Presidente de la República, de cualquiera de las Cámaras o de una cuarta parte de sus miembros en ejercicio, siempre que sea formulado antes de la promulgación de la reforma. El Tribunal debe resolver dentro del plazo de diez días contados desde que reciba el requerimiento, a menos que decida prorrogarlo hasta por otros diez días por motivos graves y calificados. Este requerimiento, en todo caso, no suspende la tramitación del proyecto; pero la parte impugnada de éste no podría ser promulgada hasta la expiración del plazo referido.

En consecuencia, durante el desarrollo de los procedimientos para la revisión constitucional, puede decirse que los órganos a los que se atribuye el ejercicio del poder constituyente derivado están sometidos a la Constitución, la cual, como lo indica la Constitución de Nicaragua, tiene que seguir en vigencia "mientras no se apruebe por la Asamblea Nacional Constituyente la nueva Constitución" (Art. 194); o como lo indica la Constitución de República Dominicana "no podrá jamás ser suspendida ni anulada por ningún poder ni autoridad ni tampoco por aclamaciones populares"(art. 120).

No es posible, por tanto, realizar una reforma constitucional mediante un procedimiento distinto al establecido en la propia Constitución, por lo que los procedimientos de reforma o enmienda constitucional que no se desarrollen conforme a las normas constitucionales que los regulan, o que versen sobre asuntos o materias que la Constitución prohíbe, son inconstitucionales y pueden ser controlados por la Jurisdicción Constitucional, que en el caso de Venezuela, es la Sala Constitucional del Tribunal Supremo de Justicia; órgano que sin embargo, como se ha analizado anteriormente, renunció a ejercer la justicia constitucional, con el argumento de que había que esperar que el procedimiento constitucional culminase en todas sus etapas, incluso con la "aprobación" mediante referendo, para que una vez publicada la nueva Constitución en Gaceta Oficial, una reforma constitucional inconstitucionalmente realizada pudiera impugnarse. Para ese momento, sin duda, entonces, como hecho cumplido, hasta hubiera podido surgir una eventual tesis de la prevalencia de la voluntad popular expresada como poder constituyente originario en el referendo frente a la supremacía constitucional. Sobre ello tenemos experiencia en Venezuela.[973] En el caso del procedimiento de reforma constitucional realizado inconstitucionalmente en Venezuela, entre agosto y diciembre de 2007, sin embargo, fue el pueblo el que se encargó de ponerle fin, mediante el **masivo rechazo popular a la reforma**, la cual **no fue aprobada** en el referendo del 2 de diciembre de 2007.

En todo caso, no hay que olvidar que el problema de la relación entre rigidez y revisión constitucional, deriva de la situación fronteriza entre el derecho y los hechos, en la cual se mueven. No ha sido infrecuente en América Latina, que a pesar de las previsiones constitucionales, se hayan producido reformas parciales e incluso totales de los textos constitucionales sin seguirse los procedimientos prescritos para las reformas o enmiendas, originándose sin duda, inconstitucionalidades, que luego, por la fuerza de los hechos, han encontrado alguna legitimación política circunstancial. El problema radica en la duración de la estabilidad constitucional que pueda derivarse de la supuesta legitimación y en el consenso que se haya podido haber obtenido para las reformas[974].

Reformas impuestas por minorías o por mayorías circunstanciales sin que hayan sido producto de acuerdos, compromisos y consensos, es decir, de verdaderos pactos políticos, generalmente no tienen larga vida y las más de las veces, la vida que tienen termina estando vinculada a la vida política del o de los actores que las impusieron.

---

973 Véase Allan R. Brewer-Carías, "El desequilibrio entre soberanía popular y supremacía constitucional y la salida constituyente en Venezuela en 1999", en la *Revista Anuario Iberoamericano de Justicia Constitucional,* Nº 3, 1999, Centro de Estudios Políticos y Constitucionales, Madrid 2000, pp. 31-56

974 Véase sobre este tema de la reforma constitucional y el control de constitucionalidad Allan R. Brewer-Carías, "La reforma constitucional en América Latina y el control de constitucionalidad", en *Reforma de la Constitución y control de constitucionalidad. Congreso Internacional*, Pontificia Universidad Javeriana, Bogotá Colombia, junio 14 al 17 de 2005, Bogotá, 2005, pp. 108-159; "Modelos de revisión constitucional en América Latina", en *Boletín de la Academia de Ciencias Políticas y Sociales*, enero-diciembre 2003, Nº 141, Caracas 2004. pp. 115-156; y "Los procedimientos de revisión constitucional en Venezuela", en Eduardo Rozo Acuña (Coord.), ***I Procedimenti di revisione costituzionale nel Diritto Comparato***, Atti del Convegno Internazionale organizzato dalla Facoltà di Giurisprudenza di Urbino, 23-24 aprile 1997, Università Degli Studi di Urbino, pubblicazioni della Facoltà di Giurisprudenza e della Facoltá di Scienze Politiche, Urbino, Italia, 1999, pp. 137-181.

SECCIÓN TERCERA

EL JUEZ CONSTITUCIONAL Y EL CONTROL DE CONSTITUCIONALIDAD DE LAS REFORMAS CONSTITUCIONALES EFECTUADAS AL MARGEN DE LOS PROCEDIMIENTOS CONSTITUCIONALES

Esta sección recoge un texto tomado del libro: *La Patología de la Justicia Constitucional*, Tercera edición ampliada, Editorial Jurídica Venezolana, 2014, pp. 135-162.

Las Constituciones, como manifestaciones de la voluntad popular, establecen expresamente los mecanismos y procedimientos para su reforma, los cuales confirman el principio de la rigidez, y ellos deben respetarse por los órganos constituidos del Estado. Por consiguiente, toda manipulación de las normas constitucionales para producir su reforma o modificación sin sujetarse a los procedimientos constitucionales no sólo es inconstitucional sino que puede calificarse como un "fraude a la Constitución."

Sobre ello se refirió hace ya varias décadas, G. Liet-Veaux al estudiar las revoluciones de Italia, Alemania y Francia cuando se establecieron los regímenes fascista y nacional-socialista, precisando que el fraude constitucional consiste en crear un nuevo órgano de revisión encargado de dictar una nueva Constitución, distinto al previsto en ésta; o en la utilización del procedimiento de reforma para, sin romper con el sistema de legalidad establecido, proceder a la creación de un nuevo régimen político y un ordenamiento constitucional diferente[975].

Como lo expresó hace unos años la Sala Constitucional del Tribunal Supremo de Justicia de Venezuela en la sentencia N° 74 de 25 de enero de 2006, un fraude a la Constitución ocurre cuando se destruyen las teorías democráticas "mediante el procedimiento de cambio en las instituciones existentes aparentando respetar las formas y procedimientos constitucionales", o cuando se utiliza el "del procedimiento de reforma constitucional para proceder a la creación de un nuevo régimen político, de un nuevo ordenamiento constitucional, sin alterar el sistema de legalidad establecido, como ocurrió con el uso fraudulento de los poderes conferidos por la ley marcial en la Alemania de la Constitución de Weimar, forzando al Parlamento a conceder a los líderes fascistas, en términos de dudosa legitimidad, la plenitud del poder constituyente, otorgando un poder legislativo ilimitado."[976]

De lo anterior resulta que la Constitución como manifestación de la voluntad del pueblo como poder constituyente originario, debe prevalecer sobre la voluntad de los órganos constituidos, por lo que su modificación sólo puede llevarse a cabo conforme se dispone en su propio texto, como expresión-imposición de la voluntad popular producto de ese poder constituyente originario que le corresponde en exclusiva.

Este postulado de la supremacía de la Constitución en tanto que norma fundamental, que además se encuentra expresado en artículos de muchas constituciones (p.e. el artículo 7 de la Constitución venezolana de 1999), es uno de los pilares fun-

975 Véase G. Liet-Veaux, "La fraude à la Constitution", *Revue du Droit Public,* París 1943, pp. 116-150.

976 Véase en *Revista de Derecho Público* N° 105, Editorial Jurídica Venezolana, Caracas 2006, pp. 76 ss.

damentales del Estado Constitucional, que comenzó a desarrollarse desde los propios albores del constitucionalismo moderno, cuando en 1788, Alexander Hamilton en The Federalist, afirmó que "ningún acto legislativo contrario a la Constitución, puede ser válido", al punto de que "negar esto significaría afirmar que ... "los representantes del pueblo son superiores al pueblo mismo; que los hombres que actúan en virtud de poderes, puedan hacer no sólo lo que sus poderes no les autorizan sino también lo que les prohíben".[977]

La contrapartida de la obligación de los órganos constituidos de respetar la Constitución, de manera que el poder constituyente originario prevalezca sobre la voluntad de dichos órganos estatales constituidos, es el derecho constitucional que todos los ciudadanos tienen en un Estado Constitucional, a que se respete la voluntad popular expresada en la Constitución, es decir, el derecho fundamental a la supremacía constitucional. Nada se ganaría con señalar que la Constitución, como manifestación de la voluntad del pueblo, debe prevalecer sobre la de los órganos del Estado, si no existiere el derecho de los integrantes del pueblo de exigir el respeto de esa Constitución, y además, la obligación de los órganos jurisdiccionales de velar por dicha supremacía.

El constitucionalismo moderno, por tanto, no sólo está montado sobre el principio de la supremacía constitucional, sino que como consecuencia del mismo, también está montado sobre el derecho del ciudadano a esa supremacía[978], que se concreta, conforme al principio de la separación de poderes, en un derecho fundamental a la tutela judicial efectiva de la supremacía constitucional, es decir, a la justicia constitucional.

Por ello, el mismo Hamilton, al referirse al papel de los jueces en relación con dicha supremacía constitucional también afirmó:

> "Una Constitución es, de hecho, y así debe ser considerada por los jueces, como una ley fundamental. Por tanto, les corresponde establecer su significado así como el de cualquier acto proveniente del cuerpo legislativo. Si se produce una situación irreconciliable entre ambos, por supuesto, la preferencia debe darse a la que tiene la mayor obligatoriedad y validez, o, en otras palabras, la Constitución debe prevalecer sobre las Leyes, así como la intención del pueblo debe prevalecer sobre la intención de sus representantes."

Con base en estos postulados se desarrolló, no sólo la doctrina de la supremacía de la Constitución, sino también, aún más importante, la doctrina de "los jueces como guardianes de la Constitución", tal como lo expresó el mismo Hamilton al referirse a la Constitución como limitación de los poderes del Estado y, en particular, de la autoridad legislativa, afirmando que:

---

977 *The Federalist* (ed. B.F. Wright), Cambridge, Mass. 1961, pp. 491-493

978 Véase Allan R. Brewer-Carías, "El amparo a los derechos y libertades constitucionales (una aproximación comparativa)" en *La protección jurídica del ciudadano Estudios en Homenaje al Profesor Jesús González Pérez*, Madrid 1993, Tomo III, pp. 2.696 y 2.697.

"Limitaciones de este tipo sólo pueden ser preservadas, en la práctica, mediante los Tribunales de justicia, cuyo deber tiene que ser el de declarar nulos todos los actos contrarios al tenor manifiesto de la Constitución. De lo contrario, todas las reservas de derechos o privilegios particulares, equivaldrían a nada."[979]

De estos postulados puede decirse que en el constitucionalismo moderno surgió el sistema de justicia constitucional en sus dos vertientes, como protección de la parte orgánica de la Constitución, y como protección de su parte dogmática, es decir, de los derechos y libertades constitucionales, lo que en definitiva, no es más que la manifestación de la garantía constitucional del derecho fundamental del ciudadano al respeto de la supremacía constitucional.

Tratándose de un derecho fundamental de los ciudadanos dado el principio de la reserva legal es evidente que sólo la Constitución podría limitarlo, es decir, sería incompatible con la idea misma del derecho fundamental de la supremacía constitucional que se postula, cualquier limitación legal al mismo, sea manifestada en actos estatales excluidos del control judicial de constitucionalidad; sea en derechos constitucionales cuya violación no fuera amparable en forma inmediata.

La supremacía constitucional es una noción absoluta, que no admite excepciones, por lo que el derecho constitucional a su aseguramiento tampoco puede admitir excepciones, salvo por supuesto, las que establezca la propia Constitución. Todos los actos estatales, por tanto, incluso aquellos que se dicten con motivo de los procedimientos de revisión o reforma constitucional, cualquiera que sea su naturaleza, en tanto que sean manifestaciones de voluntad de los poderes constituidos, están sometidos a la Constitución y al control judicial de constitucionalidad. De lo contrario, no tendría sentido ni la supremacía constitucional ni el derecho ciudadano a dicha supremacía constitucional.

Ejemplos hay del ejercicio de este poder de control por el juez constitucional, así como de la ilegítima renuncia del juez constitucional a ejercerlo, bajo el peso del autoritarismo. En el primer caso de ejercicio del control por el juez constitucional está la decisión del la Corte Constitucional de Colombia de 2010, respecto de la Ley sobre la reforma constitucional sobre el tema de la reelección presidencial, la cual fue declarada inexequible por violar la Constitución,[980] de lo que resultó que el Presidente de la República no pudo volver a ser reelecto en 2011; y respecto al segundo caso, es decir, la ilegítima renuncia del juez constitucional a ejercer el control de constitucionalidad, se encuentra la lamentable sentencia de la Sala Constitucional N° 53 del 3 de febrero de 2009.

---

979 *The Federalist* (ed. B.F. Wright), Cambridge, Mass. 1961, pp. 491-493.

980 Véase la sentencia de la Corte Constitucional sobre la Ley N° 1354 de 2009, en Comunicado N° 9, de 26 de febrero de 2010, en www.corteconstitucional.com.

I. EL CASO DE VENEZUELA EN 2009: EL JUEZ CONSTITUCIONAL RENUNCIANDO A CONTROLAR LA CONSTITUCIONALIDAD DEL PROCEDIMIENTO DE REFORMA CONSTITUCIONAL DESARROLLADO EN VIOLACIÓN DE LA CONSTITUCIÓN

A pesar de la previsión expresa de los diversos procedimientos para la reforma constitucional, el Presidente de la República de Venezuela, Hugo Chávez Frías, en enero de 2007, al tomar posesión de su segundo mandato presidencial (2007-2013), anunció al país que propondría una serie de reformas a la Constitución de 1999, para cuya elaboración designó un Consejo Presidencial para la Reforma de la Constitución,[981] el cual estuvo presidido por la Presidenta de la Asamblea Nacional e integrado por altos funcionarios del Estado, como fueron: el Segundo Vicepresidente de la Asamblea Nacional y otros cuatro diputados, la Presidenta del Tribunal Supremo de Justicia, el Defensor del Pueblo, el Ministro del Trabajo, la Procuradora General de la República, y el Fiscal General de la República.

En esta forma, el Presidente de la República comprometió de antemano en su proyecto a los titulares de, materialmente, todos los poderes públicos, indicando en forma expresa en el Decreto que el trabajo de dicho Consejo se debía realizar "de conformidad con los lineamientos del Jefe de Estado en estricta confidencialidad" (art. 2).[982] Es decir, el Consejo no tenía libertad alguna de pensamiento, y su trabajo debía desarrollarse en estricta confidencialidad, lo que de por sí es contrario a los principios que deben guiar cualquier reforma constitucional en un país democrático.

Las pautas para la reforma constitucional que en diversos discursos y alocuciones fue dando el Presidente de la República, apuntaron, por una parte, a la conformación de un Estado del Poder Popular o del Poder Comunal, o Estado Comunal, estructurado desde los Consejos Comunales que ya habían sido creados en 2006, al margen de la Constitución,[983] como unidades u organizaciones sociales no electas mediante sufragio universal, directo y secreto y sin autonomía territorial, supuestamente dispuestos para canalizar la participación ciudadana, pero conforme a un sistema de conducción centralizado desde la cúspide del Poder Ejecutivo Nacional; y por la otra, a la estructuración de un Estado socialista, con una doctrina socialista y "bolivariana" como doctrina oficial, sustituyendo al sistema plural de libertad de pensamiento y acción que siempre ha existido en el país y, en particular, sustituyendo la libertad económica y el estado de economía mixta que siempre ha existido, por un sistema de economía estatista y colectivista, de capitalismo de Estado, sometido a una planificación centralizada, minimizando el rol del individuo y eliminando todo vestigio de libertad económica y de propiedad privada.

Es decir, el objetivo definido por el Presidente era transformar radicalmente al Estado y crear un nuevo ordenamiento jurídico, lo que no podía realizarse mediante

---

981 Véase Decreto N° 5138 de 17-01-2007, *Gaceta Oficial,* N° 38.607, de 18-01-2007.

982 Ello también lo declaró públicamente, además, la Presidenta de la Asamblea Nacional al instalarse el Consejo. Véase en *El Universal*, 20-02-2007.

983 Ley de Consejos Comunales, *Gaceta Oficial,* N° 5806 *Extra.*, 10-04-2006; reformada en *Gaceta Oficial* N° 39.335 del 28 de diciembre de 2009. Véase Allan Brewer-Carías, "Introducción General al Régimen de los Consejos Comunales", en *Ley Orgánica de Consejos Comunales*. Editorial Jurídica Venezolana, Caracas, 2010, pp. 11-66.

el mecanismo de "reforma constitucional" que regula la Constitución, sino que exigía, conforme a su artículo 347, que se convocara y eligiera una Asamblea Nacional Constituyente, lo que, por supuesto, hubiera podido implicar que la reforma se le escapara de su control férreo.

En todo caso, el 2 de noviembre de 2007, la Asamblea Nacional, luego de haberle dado tres discusiones en algo más de un mes al Anteproyecto de reforma que el Presidente de la República le había presentado el 15 de agosto de 2007,[984] sancionó el proyecto de reforma a la Constitución de 1999, el cual fue sometido a referendo que se fijó para el 2 de diciembre de 2007, en el cual, como se ha dicho, el poder constituyente originario se pronunció por rechazarlo por la mayoría de votos.

La rechazada reforma, en todo caso, era una propuesta de modificación constitucional que buscaba transformar aspectos esenciales y fundamentales del Estado, por lo que, sin duda, de haber sido aprobada, hubiera sido una de las más sustanciales de toda la historia constitucional de Venezuela. Con ella, en efecto, se buscaba cambiar radicalmente el modelo de Estado Descentralizado, Democrático, Pluralista y Social de Derecho que, con todos sus problemas, está regulado en la Constitución de 1999, por el de un Estado socialista, centralizado, policial y militarista,[985] con una doctrina oficial "bolivariana", que se identificaba como "el Socialismo del Siglo XXI"[986] y un sistema económico de capitalismo de Estado. Esa reforma se sancionó, como se ha dicho, conforme a la propuesta que durante 2007 formuló el Presidente de la República, Hugo Chávez Frías, burlando el procedimiento que la Constitución requería para un cambio tan fundamental. Se trataba, por tanto, de una reforma fraudulenta o realizada en *fraude a la Constitución*, pues se ha utilizado para ello un procedimiento previsto para otros fines, engañando al pueblo.[987]

La consecuencia de esta propuesta de reforma a la Constitución en relación con los ciudadanos, era que, con la misma, de haber sido aprobada, se hubiera establecido en Venezuela, formalmente, una ideología y doctrina de Estado, de corte socialista y supuestamente "bolivariana", la cual, en consecuencia, a pesar de su imprecisión -y he allí lo más peligroso-, se pretendía que fuera una doctrina "oficial", y por tanto, no hubiera admitido disidencia alguna.[988]. No se olvide que todos los ciudadanos

---

984 Véase el *Proyecto de Exposición de Motivos para la Reforma Constitucional, Presidencia de la República, Proyecto Reforma Constitucional. Propuesta del Presidente Hugo Chávez Agosto 2007.* El texto completo fue publicado como *Proyecto de Reforma Constitucional. Versión atribuida al Consejo Presidencial para la reforma de la Constitución de la República Bolivariana de Venezuela*, Caracas, Atenea, 1 de julio de 2007.

985 Véase Allan R. Brewer-Carías, *Hacia la Consolidación de un Estado Socialista, Centralizado, Policial y Militarista. Comentarios sobre el sentido y alcance de las propuestas de reforma constitucional 2007.* Colección Textos Legislativos, N° 42, Editorial Jurídica Venezolana. Caracas, 2007, 157 pp.

986 Véase el *Proyecto de Exposición de Motivos para la Reforma Constitucional, Presidencia de la República, Proyecto Reforma Constitucional. Propuesta del presidente Hugo Chávez Agosto 2007*, p. 19.

987 Sobre el concepto de fraude a la Constitución véase la sentencia de la Sala Constitucional del Tribunal Supremo de Justicia, N° 74 de 25-01-2006, en *Revista de Derecho Público* N° 105, Editorial Jurídica Venezolana, Caracas, 2006, pp. 76 y ss. Véase Allan R. Brewer-Carías, *Reforma Constitucional y fraude a la Constitución (1999-2009),* Academia de Ciencias Políticas y Sociales, Caracas 2009.

988 Véase Allan R. Brewer-Carías, "El sello socialista que se pretendía imponer al Estado", en *Revista de Derecho Público*, N° 112, Editorial Jurídica Venezolana. Caracas, 2007, pp. 71-75.

tienen un deber constitucional esencial de cumplir y hacer cumplir la Constitución (Art. 131), por lo que, de haberse aprobado la reforma, todos los ciudadanos hubieran tenido el deber de contribuir activamente en la implementación de la doctrina oficial del Estado. En ello no hubiera podido admitirse ni siquiera la neutralidad. Por tanto, todo pensamiento, toda expresión del pensamiento, toda acción o toda omisión que pudiera haber sido considerada como contraria a la doctrina oficial socialista y "bolivariana", o que simplemente la "autoridad" no considerase que contribuía a la construcción y siembra del socialismo, hubiera constituido una violación a un deber constitucional y hubiera podido, por tanto, ser criminalizada; es decir, hubiera podido haber dado lugar a sanciones, incluso, penales. Se trataba de crear un pensamiento único, que constitucionalmente no hubiera admitido disidencia.

En todo caso, lo que planteó el Presidente como "reforma constitucional", lo que propuso su Consejo Presidencial y lo que sancionó la Asamblea Nacional en noviembre de 2007, como se ha dicho, evidentemente no constituía "una revisión parcial de la Constitución y la sustitución de una o varias de sus normas que no modifiquen la estructura y principios fundamentales del texto Constitucional", que es lo que, conforme al artículo 342, puede realizarse mediante el procedimiento de la "reforma constitucional", el cual se desarrolla mediante la sola discusión y sanción del proyecto por la Asamblea Nacional y posterior sometimiento a referendo aprobatorio.

Lo que se sancionó como proyecto de reforma constitucional por la Asamblea Nacional, en realidad, requería la convocatoria de una Asamblea Constituyente, y al no hacerlo, lo que el Presidente de la República y la Asamblea Nacional cometieron fue un *fraude a la Constitución*, como lo advirtieron reiteradamente las instituciones más representativas del país.[989], Incluso, sobre el tema, se refirió en términos precisos el magistrado Jesús Eduardo Cabrera, en su Voto salvado a la sentencia N° 2042 de la Sala Constitucional de 2 de noviembre de 2007:

> "En criterio de quien disiente, un sistema de organización social o económico basado en la propiedad y administración colectiva o estatal de los medios de producción, como lo es básicamente el socialista, en sus distintas concepciones,

989 En tal sentido se han pronunciado, por ejemplo, las Academias de Medicina, Ciencias Políticas y Sociales, y de Ingeniería y el Hábitat (23-10-2007, *El Universal*); la Conferencia Episcopal Venezolana (19-10-2007, *El Nacional*), el Instituto de Previsión Social del Abogado, los Colegios de Abogados de Distrito Capital, de los Estados Miranda, Aragua, Cojedes, Falcón, Lara, Guárico, Carabobo y la Confederación de Profesionales Universitarios de Venezuela (02-11-2007). Incluso, es significativo que el día 5 de noviembre de 2007, el general Raúl Baduel, quien fuera Ministro de la Defensa del Presidente Chávez hasta julio de 2007, se hubiera pronunciado públicamente sobre el tema advirtiendo sobre el proceder de los Poderes Ejecutivo y Legislativo "que innecesariamente y de forma atropellada, mediante procedimientos fraudulentos, quieren imponer una propuesta que requiere una consulta más amplia a través de una Asamblea Nacional Constituyente"; que con ello, ambos Poderes "le están quitando poder al pueblo alterando los valores, los principios y la estructura del Estado sin estar facultados para ello, ya que el Poder Constituyente reside en el pueblo y es el único capaz de llevar a cabo un cambio de esa magnitud", que "esta propuesta de reforma sólo le está quitando poder al pueblo por dos vías, primero, porque usurpa de manera fraudulenta el Poder Constituyente del pueblo y segundo, porque las autoridades de la nueva geometría del poder que se crearía no serían elegidas por el pueblo"; y que "de culminar este proceso con la aprobación del mismo por las vías propuestas y la Asamblea Nacional, se estaría consumando en la práctica un golpe de Estado, violando de manera descarada el texto constitucional y sus mecanismos e introduciendo cambios de manera fraudulenta", *El Universal*, Caracas, 6-11-07

cual es el propuesto en el Proyecto de reforma, chocaría con lo que, para quien suscribe, y la propia Sala, era considerado Estado social, y ello -en criterio del disidente- puede afectar toda la estructura y los principios fundamentales del Texto Constitucional, hasta el punto en que un nuevo ordenamiento jurídico tendría que ser creado para desarrollar la construcción del socialismo.

No es que Venezuela no pueda convertirse en un Estado socialista. Si ello lo decide el pueblo, es posible; pero a juicio del voto salvante, tal logro sería distinto al que la Sala ha sostenido en el fallo de 24 de enero de 2002 (Caso: *Créditos Indexados*) y ello conduciría no a una reforma de la Constitución, sino a una nueva Constitución, la cual debería ser votada por el poder constituyente originario. Al menos, en nuestro criterio, esto es la consecuencia del fallo N° 85 de 24 de enero de 2002."

Y es que, en efecto, la reforma constitucional sancionada el 2 de noviembre de 2007 era de tal trascendencia, que así, incluso, lo reconocieron, quizás sin darse cuenta, los propios diputados de la Asamblea Nacional cuando dispusieron que con la misma se sustituyera completamente la Constitución de 1999, ordenando a tal efecto, en la Disposición Final, que la Constitución -de haber sido aprobada por el pueblo- se imprimiera "íntegramente en un solo texto... Con la reforma aquí sancionada y en el correspondiente texto único corríjanse los artículos aplicando la nueva terminología señalada en esta Reforma Constitucional, en cuanto sea aplicable, suprimiéndose y sustituyéndose de acuerdo al contenido de esta Reforma así como las firmas, fechas y demás datos de sanción y promulgación".

Es decir, de haberse aprobado la reforma por referendo, la Constitución hubiera tenido que conocerse como la "Constitución de 2007", es decir, una Constitución diferente, como efectivamente resultaba de su contenido. Por lo demás, con esa Disposición final se le pretendía dar carta blanca, no se sabe a quién, para que cambiase otras normas constitucionales sin procedimiento constitucional alguno, como ya ocurrió con la "reimpresión" de la Constitución de 1999, en marzo de 2000.[990]

En todo caso, fue la voluntad de llevar adelante la reforma contrariando la Constitución y con la sola participación de una Asamblea Nacional, totalmente controlada y dominada por el Presidente y sus seguidores, y evitar los "riesgos" que podían derivar de la elección de una Asamblea Nacional Constituyente, lo que llevó al Presidente de la República y a sus seguidores, a repetir una vez más la táctica política del fraude a la Constitución, que ya era un común denominador del régimen instalado en el país a partir de 1999, es decir, utilizar las instituciones existentes aparentando respetar las formas y procedimientos constitucionales (en este caso el procedimiento de "reforma constitucional"), para en cambio proceder a una radical trasformación del Estado, o sea, como lo ha advertido el Tribunal Supremo al definir el fraude constitucional, a pretender realizar "la creación de un nuevo régimen político, de un nuevo ordenamiento constitucional, sin alterar el sistema de legalidad establecido"[991].

990 *Gaceta Oficial* N° 5453 Extra. de 24-03-2000.

991 Véase la sentencia N° 74 de 25-01-2006 de la Sala Constitucional del Tribunal Supremo de Justicia en *Revista de Derecho Público*, N° 105, Editorial Jurídica Venezolana, Caracas 2006, pp. 76 ss.

Esto como se dijo anteriormente, ya había ocurrido en febrero de 1999, mediante la convocatoria del referendo consultivo sobre la Asamblea Nacional Constituyente que no estaba entonces prevista en la Constitución vigente de 1961[992]; luego ocurrió con la emisión por dicha Asamblea Constituyente, después de que la nueva Constitución de 1999 ya se había aprobado por referendo popular, con el "Decreto del Régimen Transitorio de los Poderes Públicos" que obviamente no fue sometido a aprobación popular[993]; y continuó ocurriendo en los últimos años, con la destrucción progresiva y sistemática de la democracia y de las instituciones del Estado de derecho, utilizándose sus instituciones desde el ejercicio del poder, secuestrando los derechos y libertades públicas[994].

En 2007, una vez más, para sancionar una reforma a la Constitución se utilizaron fraudulentamente sus propias previsiones pero para fines distintos a los establecidos en ellas, acudiéndose al procedimiento de "reforma constitucional" (art. 342), pero para producir una transformación radical del Estado, y trastocar el Estado Social y Democrático de Derecho y de Justicia de orden civil y convertirlo en un Estado Socialista, Centralizado, Policial y Militarista, donde se buscaba que desapareciera la democracia representativa, la alternabilidad republicana y toda idea de descentralización del poder, se retrocedía en materia de protección de los derechos humanos, y se concentraba todo el poder en la Jefatura del Estado, desapareciendo la libertad económica y el derecho de propiedad.

Ello no era posible hacerlo constitucionalmente con el procedimiento de la "reforma", sino que requería del procedimiento de convocatoria de una Asamblea Nacional Constituyente (Art. 347). Por ello, en sentido similar, como lo reseñó el Tribunal Supremo de Justicia al referirse a un hecho histórico trascendente, ello también ocurrió "con el uso fraudulento de los poderes conferidos por la ley marcial en la Alemania de la Constitución de Weimar, forzando al Parlamento a conceder a los líderes fascistas, en términos de dudosa legitimidad, la plenitud del poder constituyente, otorgando un poder legislativo ilimitado"[995].

Todo este fraude constitucional que cometió la Asamblea Nacional al sancionar la reforma propuesta por el Presidente de la República, fraude que también cometió el propio Presidente al proponerla y el Consejo Presidencial para la Reforma Consti-

---

992 Véase Allan R. Brewer-Carías, *Asamblea Constituyente y Ordenamiento Constitucional*, Academia de Ciencias Políticas y Sociales, Caracas 1999.

993 Véase Allan R. Brewer-Carías, *Golpe de Estado y proceso constituyente en Venezuela*, Universidad Nacional Autónoma de México, México 2002.

994 Véase Allan R. Brewer-Carías, "El autoritarismo establecido en fraude a la Constitución y a la democracia y su formalización en "Venezuela mediante la reforma constitucional. (De cómo en un país democrático se ha utilizado el sistema eleccionario para minar la democracia y establecer un régimen autoritario de supuesta "dictadura de la democracia" que se pretende regularizar mediante la reforma constitucional)" en el libro *Temas constitucionales. Planteamientos ante una Reforma*, Fundación de Estudios de Derecho Administrativo, FUNEDA, Caracas 2007, pp. 13-74. Véase también, "Constitution Making in Defraudation of the Constitution and Authoritarian Government in Defraudation of Democracy. The Recent Venezuelan Experience", en *Lateinamerika Analysen*, 19, 1/2008, GIGA, Germa Institute of Global and Area Studies, Institute of Latin American Studies, Hamburg 2008, pp. 119-142.

995 Véase la sentencia de la Sala Constitucional del Tribunal Supremo de Justicia N° 74 de 25-01-2006, en *Revista de Derecho Público,* N° 105, Editorial Jurídica Venezolana, Caracas 2006, pp. 76 y ss.

tucional al avalarla, y el Consejo Nacional Electoral al convocar el referendo aprobatorio de la misma, comenzó a evidenciarse no sólo del contenido de los discursos y anuncios oficiales, sino de las propuestas formuladas por el mencionado Consejo (integrado, como se dijo, por los titulares de los demás Poderes Públicos) de cambios radicales respecto de una serie de artículos de la Constitución, y cuya divulgación, a pesar del "pacto de confidencialidad" que había ordenado el Presidente, se efectuó mediante documento en junio de 2007[996].

Si bien las propuestas del Consejo, en algunos casos, no fueron acogidas por el Presidente de la República en el "Anteproyecto para la primera reforma constitucional" presentado el 15 de agosto de 2007 ante la Asamblea Nacional[997], con las mismas ya se mostraba cual era el pensamiento y la intención de los más altos funcionarios del gobierno y del Estado que formaron dicho Consejo, razón por la cual, en definitiva, en su casi totalidad fueron luego consideradas y aprobadas por la Asamblea Nacional e incorporadas en el proyecto de reforma constitucional sancionada. Muchas de ellas eran consecuencia de las propuestas de reforma que formuló el Presidente de la República, pero otras no, y en todo caso, el Presidente, en el documento que éste presentó ante la Asamblea, claramente anunció que lo suyo se trataba de un Anteproyecto para una "primera reforma" constitucional, con lo que se abría la puerta para la incorporación de otras reformas.

En todo caso, con el proyecto de reforma constitucional sancionado por la Asamblea Nacional en Noviembre de 2007, en Venezuela se buscaba efectuar una radical transformación del Estado y se sentar las bases para la creación de un nuevo ordenamiento jurídico, para:

Primero, transformar el Estado en un **Estado Socialista,** con una doctrina política oficial de carácter socialista, que se denominaba además como "doctrina bolivariana", con lo cual se eliminaba toda posibilidad de pensamiento distinto al oficial y, por tanto, toda disidencia, pues la doctrina política oficial se incorporaba en la Constitución, como política y doctrina del Estado y la Sociedad, constituyendo un deber constitucional de todos los ciudadanos cumplir y hacerla cumplir. Con ello, se sentaban las bases para la criminalización de la disidencia.

Segundo, transformar el Estado en un **Estado Centralizado**, de poder concentrado bajo la ilusión del "Poder Popular," lo que implicaba la eliminación definitiva de la forma federal del Estado, imposibilitando la participación política y degradan-

---

996 El documento circuló en junio de 2007 con el título Consejo Presidencial para la Reforma de la Constitución de la República Bolivariana de Venezuela, "Modificaciones propuestas". El texto completo fue publicado como *Proyecto de Reforma Constitucional. Versión atribuida al Consejo Presidencial para la reforma de la Constitución de la república Bolivariana de Venezuela*, Editorial Atenea, Caracas 01 de julio de 2007, 146 pp. Véase Allan R. Brewer-Carías, *Hacia la consolidación de un Estado Socialista, Centralizado, Policial y Militarista. Comentarios sobre el sentido y alcance de las propuestas de reforma constitucional 2007,* Colección Textos Legislativos, N° 42, Editorial Jurídica Venezolana, Caracas, 2007, p. 157.

997 Véase *Proyecto de Reforma Constitucional. Elaborado por el ciudadano Presidente de la República Bolivariana de Venezuela, Hugo Chávez Frías* Editorial Atenea, Caracas agosto 2007, 58 pp. En el Anteproyecto presentado por el Presidente de la República a la Asamblea Nacional, se formulan propuestas respecto de los artículos 11, 16, 18, 67, 70, 87, 90, 100, 112, 113, 115, 136, 141, 156, 167, 168, 184, 185, 225, 230, 236, 251, 252, 300, 302, 305, 307, 318, 320, 321, 328 y 329.

do la democracia representativa; todo ello, mediante la supuesta organización de la población para la participación en los Consejos del Poder Popular, como los Comunales, que son instituciones sin autonomía política alguna, cuyos miembros se declaraba que no eran electos, y que son controlados desde la Jefatura del gobierno y para cuyo funcionamiento, el instrumento preciso era el partido único se ha creado a partir de 2007.

Tercero, transformar el Estado en un **Estado de economía estatista, socialista y centralizada,** propia de un capitalismo de Estado, con lo que se eliminaba la libertad económica y la iniciativa privada, y se pretendía que desapareciera la propiedad privada, que con la reforma hubieran dejado de ser derechos constitucionales, dándosele al Estado la propiedad de los medios de producción, la planificación centralizada y la posibilidad de confiscar bienes de las personas materialmente sin límites, configurándolo como un Estado del cual todo dependía, y a cuya burocracia quedaba sujeta la totalidad de la población. Ello chocaba, sin embargo, con las ideas de libertad y solidaridad social que se proclamaban en la propia Constitución, sentando las bases para que el Estado sustituyera a la propia sociedad y a las iniciativas particulares, minimizándoselas.

Cuarto, transformar el Estado en un **Estado Policial** (represivo), con la tarea fundamental de someter a toda la población a la doctrina oficial socialista y "bolivariana", y velar que la misma se cumpliera en todos los órdenes, lo que se aseguraba mediante la regulación, con acentuado carácter regresivo y represivo del ejercicio de los derechos civiles en situaciones de excepción, previéndose amplios márgenes de restricción y suspensión.

Quinto, transformar el Estado en un **Estado Militarista**, dado el rol que se le daba a la "Fuerza Armada Bolivariana" en su configuración y funcionamiento, toda sometida al Jefe de Estado, y con la creación del nuevo componente de la "Milicia Popular Bolivariana.

En esta forma, siete años después de la sanción de la Constitución de 1999, el mismo Presidente de la República que en aquél momento motorizó la concepción y sanción de aquella, a través de sus seguidores, quienes controlaron totalmente la Asamblea Constituyente; en 2007 había conducido el proceso de cambiar de nuevo la Constitución, esta vez por una Asamblea Nacional también totalmente controlada por sus seguidores, pero con el objeto, en este caso, de transformar radicalmente el sistema político constitucional venezolano, estableciendo un Estado Centralizado del Poder Popular, como Estado Socialista, de economía estatal y centralizada, y como Estado Militarista y Policial de ideología única oficial, lo que se apartaba radicalmente de la concepción del Estado descentralizado, civil, social, democrático y pluralista de derecho y de justicia, y de economía mixta que reguló la Constitución de 1999.

Con las reformas sancionadas por la Asamblea, además, materialmente desaparecía la democracia representativa y las autonomías político territoriales, buscando sustituírsela por un esquema estatal centralizado supuestamente montado sobre una democracia "participativa y protagónica" que estaba controlada total y centralizadamente desde arriba, por el Jefe de Estado, en la cual quedaba proscrita toda forma de descentralización política y autonomía territorial, y que a la vez, restringía los mecanismos de participación política que estaban directamente regulados en la Constitución, como son los referendos y la participación de la sociedad civil en los Comité de Postulaciones de altos funcionarios.

Como se ha dicho, las reformas sancionadas tuvieron su origen directo en el "*Anteproyecto para la 1era. Reforma Constitucional, Propuesta del Presidente Hugo Chávez*", que presentó ante la Asamblea Nacional el 15 de agosto de 2007, y en las "Propuestas de Reforma Constitucional" formuladas en junio de 2007 por la Comisión Presidencial para la Reforma Constitucional[998], de cuyo contenido se evidencia la magnitud del fraude constitucional que se buscaba cometer, utilizándose, para engañar al pueblo, un procedimiento inadecuado para hacer unas reformas sustanciales que afectaban casi todo el texto constitucional. Por la trascendencia de los cambios efectuados, como se ha dicho, se debió haber recurrido al procedimiento de la convocatoria de una Asamblea Nacional Constituyente y no al procedimiento de "reforma constitucional". Al hacerlo, tanto el Presidente como su Consejo Presidencial -integrado, entre otros por la propia Presidenta del Tribunal Supremo y por el propio Defensor del Pueblo- comenzaron el proceso de reforma violando la Constitución[999], en fraude a la misma, tarea que completó la Asamblea Nacional en noviembre de 2007.

---

998 En este sentido llama la atención lo afirmado el 17-08-2007 por la Presidenta del Tribunal Supremo de Justicia, Presidenta de la Sala Constitucional y miembro del Consejo Presidencial para la Reforma Constitucional en el sentido de que, según reseñó Juan Francisco Alonso: "los diputados de la Asamblea Nacional no están facultados para realizar ninguna modificación distinta a las 33 que planteó el jefe del Estado, salvo que alguno de los cambios contenidos en el proyecto de reforma altere otras normas. "La reforma fue planteada por el Presidente, por lo tanto es lo que presentó el Presidente lo que debe ser estudiado (...) Si (algún artículo) tuviese conexión con los que se van a reformar, entonces por técnica legislativa deberían adecuarse, porque no puede haber artículos contradictorios", afirmó, al ser consultada sobre la posibilidad de que el Parlamento cambie alguna de las normas referidas a la estructura y funcionamiento del Poder Judicial". Véase en *El Universal*, 18-08-07.

999 Ello incluso fue advertido de inmediato por el Rector del Consejo Nacional Electoral, Sr. Vicente Díaz, quien el día 16-08-2007 indicó "que la propuesta presidencial para reformar el texto constitucional modifica las disposiciones fundamentales y por ello sería necesario convocar una Asamblea Constituyente para su aprobación". Véase en *Unión Radio, 16 de agosto de 2007*, http://www.unionradio.com.ve/Noticias/Noticia.aspx?noticiaid=212503. El inicio del procedimiento de reforma ante la Asamblea Nacional, por tanto, podría ser impugnado ante la Jurisdicción Constitucional, por inconstitucionalidad. Sin embargo, el día 17-08-2007, adelantándose a cualquier impugnación y emitiendo opinión impunemente, prejuzgando cualquier asunto, la Presidenta del Tribunal Supremo de Justicia, Presidenta de la Sala Constitucional (es decir de la Jurisdicción Constitucional) y miembro del Consejo Presidencial para la Reforma Constitucional, "dejó en claro que la Sala Constitucional no tramitará ninguna acción relacionada con las modificaciones al texto fundamental, hasta tanto éstas no hayan sido aprobadas por los ciudadanos en el referendo. "Cualquier acción debe ser presentada después del referendo cuando la reforma ya sea norma, porque no podemos interpretar una tentativa de norma. Después de que el proyecto sea una norma podríamos entrar a interpretarla y a conocer las acciones de nulidad", precisó". Reseña del periodista Juan Francisco Alonso, en *El Universal*, Caracas 18-08-07. Luego de varias solicitudes de recursos de interpretación sobre el artículo 342 de la Constitución, la misma Presidenta de la Sala Constitucional se reservó la elaboración de las ponencias de las sentencias, y con motivo de su recusación que efectuaron los peticionantes por estar comprometida su imparcialidad en la materia al haber formado parte de la Comisión Presidencial para la Reforma Constitucional, en decisión de 01-11-07, el magistrado J.E. Cabrera de la misma Sala, decidió que de la lectura del Decreto de creación del Consejo de Reforma (art. 5), "se desprende que la Secretaria Ejecutiva, cumplía funciones administrativas y no de redacción, corredacción, o ponencia sobre el contenido de un anteproyecto de reforma constitucional; por lo que la Dra. Luisa Estella Morales Lamuño no es -necesariamente- promovente del "Proyecto de Reforma Constitucional" que ha presentado el Presidente de la República, y los recusantes no señalan

Afortunadamente, el pueblo, consultado en referendo el 2 de diciembre de 2007, rechazó la reforma propuesta, la cual por tanto no se pudo materializar.[1000] Pero en realidad, de haber funcionado los mecanismos institucionales para la protección del Estado de derecho, el referendo convocado para el 2 de diciembre de 2007 hubiera podido detenerse por la Sala Constitucional del Tribunal Supremo de Justicia, como supremo guardián de la Constitución. La Sala, sin embargo, renunció a cumplir su obligación y se negó sistemáticamente a controlar la constitucionalidad del procedimiento de reforma constitucional.

En efecto, desde el momento en que la Constitución estableció detalladamente los procedimientos para la revisión de la Constitución, los mismos son obligatorios y debían ser respetados por los órganos constituidos del Estado. De esas previsiones se deriva el derecho ciudadano a que los procedimientos constitucionales se respeten como parte del derecho a la supremacía de la Constitución, de manera que toda violación de esos procedimientos es inconstitucional y atentatoria del derecho ciudadano a esa supremacía, y tiene que ser controlada por el juez constitucional.

Ello, sin embargo, fue desconocido por la Jurisdicción Constitucional en Venezuela, en particular, al decidir varias acciones de amparo constitucional que se ejercieron contra los actos estatales adoptados en sus diversas fases durante el procedimiento de reforma constitucional de 2007 inconstitucionalmente desarrollado: por el Presidente de la República, quien tuvo la iniciativa, por la Asamblea Nacional que discutió y sancionó el proyecto de reforma, y por el Consejo Nacional Electoral, que convocó a referendo aprobatorio el proyecto inconstitucionalmente sancionado.

En todas y cada una de las sentencias que resolvieron las acciones intentadas,[1001] la Sala Constitucional desconoció el derecho ciudadano a la supremacía constitucio-

---

cuál aporte de la Secretaria Ejecutiva fue incorporado al Proyecto de Reforma, ni siquiera alguno que haga presumir la intervención de la Dra. Morales"; agregando que "Además, por ser parte del Consejo Presidencial, la Secretaria Ejecutiva no está dando ninguna recomendación sobre el juicio de nulidad de que trata esta causa, ya que nada ha manifestado en ese sentido, ni se le imputa declaración alguna de su parte que adelante opinión sobre la inconstitucionalidad denunciada en esta causa". Véase también, la Reseña periodística de JFA, *El Universal*, Caracas 2-11-07.

1000 Tomando en cuenta los resultados anunciados por el Consejo Nacional Electoral en día 2 de diciembre en la noche, de un universo de más de 16.109.664 de electores inscritos, sólo acudieron a votar 9.002.439 votantes, lo que significó un 44.11% de abstención; y de los electores que votaron, votaron por rechazar la reforma (voto NO) por el Bloque de artículos marcado A, 4.504.354 de votantes, con 50.70% y por el Bloque de artículos marcado B, 4.522.332 de votantes, con 51.05%. Es decir, sólo votaron por aprobar la reforma (voto SÍ), por el bloque A 4 379 392 votantes, con 49.29%; y por el bloque B 4.335.136 votantes con 48.94%. Ello equivale a que sólo el 28% del universo de los electores inscritos en el Registro Electoral votaron por aprobar la reforma constitucional. En dicho referendo, por tanto, en realidad, no fue que "triunfó" el voto NO por poco margen, como aludió el Presidente de la República, Hugo Chávez, sino que lo que ocurrió fue que su propuesta de reforma fue rechazada por el 72% de los electores inscritos, quienes, o votaron por el NO (50.7%), o simplemente no acudieron a votar para pronunciarse por la reforma.

1001 Véase el estudio de dichas sentencias en Allan R. Brewer-Carías, "El juez constitucional vs. la supremacía constitucional. O de cómo la Jurisdicción Constitucional en Venezuela renunció a controlar la constitucionalidad del procedimiento seguido para la "reforma constitucional" sancionada por la Asamblea Nacional el 2 de noviembre de 2007, antes de que fuera rechazada por el pueblo en el referendo del 2 de diciembre de 2007", en *Revista de Derecho Público*, N° 112, Editorial Jurídica Venezolana, Caracas, 2007, pp. 661-694.

nal y a la tutela judicial efectiva, y fue declarando inadmisibles o que no había lugar a ellas, considerando, por una parte, que no había legitimación alguna de parte de los recurrentes para intentar las acciones, y por la otra, con el absurdo argumento de que los actos estatales dictados en el procedimiento de reforma constitucional (la presentación del proyecto y la sanción de la Asamblea Nacional) no eran actos que producían efectos jurídicos externos, ni podían causar gravamen a los derechos de los ciudadanos, concluyendo que solamente hubieran podido ser impugnados cuando concluyera el procedimiento con el referendo aprobatorio de la reforma, y la reforma hubiera sido aprobada.

La primera decisión en esta materia, se adoptó por la Sala Constitucional mediante sentencia N° 1974 de 23 de octubre de 2007, (Ponencia Luisa Estella Morales) en el *Caso José Ignacio Guédez Yépez*, en una acción de amparo constitucional que había sido intentada antes de que la reforma constitucional fuera sancionada por la Asamblea Nacional, ejercida por un ciudadano en su propio nombre y en protección de derechos difusos y colectivos, contra la Asamblea Nacional por la amenaza de violación del derecho constitucional difuso correspondiente "a la alternabilidad democrática del poder" consagrado en el artículo 6 de la Constitución, por la eventual aprobación por la Asamblea Nacional, del proyecto de Reforma constitucional que le había presentado el Presidente de la República.

La Sala declaró **inadmisible** la acción, argumentando que el accionante:

> "no sólo no señaló de qué forma se verían afectados los intereses de la sociedad -o de alguna porción definida de la misma-, sino que al contrario de los planteamientos formulados por el accionante en torno a la interpretación y materialización del principio del alternabilidad, es preciso reiterar que la reelección en nuestro ordenamiento no supone un cambio de régimen o forma del Estado, y muy por el contrario, reafirma y fortalece los mecanismos de participación dentro del Estado Democrático, Social de Derecho y Justicia, que estableció el Constituyente en 1999 (*Cfr.* Sentencia de la Sala N° 1.488 del 28 de julio de 2006)"[1002].

La Sala estimó, entonces, que la acción intentada "no corresponde a derechos o intereses difusos, sino a un interés particular del accionante de limitar el ámbito de la reforma constitucional propuesta", razón por la cual estimó que el presunto agraviado carecía de legitimación procesal para intentar una acción de amparo en tutela de derechos o intereses difusos o colectivos".

Por otra parte, en cuanto a la posibilidad de admitir una acción de amparo contra las amenazas a los derechos del accionante, la Sala, reiterando su jurisprudencia sobre que la necesidad de que la amenaza sea "inminente, factible y practicable por la persona a quien se le imputa el acto, hecho u omisión que se señala como lesiva", señaló que en el caso concreto de la acción de amparo contra la presunta amenaza que se derivaba de la posible sanción, en ese momento, del proyecto de reforma constitucional por la Asamblea Nacional, que ésta sólo era un órgano que participa-

1002 Véase Sentencia del Tribunal Supremo de Justicia en Sala Constitucional N° 1974 de 23 de octubre de 2007, Caso *José Ignacio Guedez Yépez* en http://www.tsj.gov.ve/decisiones/scon/Octu-bre/1974-231007-07-1055.htm.

ba en el proceso de reforma constitucional "pero en el marco del mismo, sólo corresponde al pueblo mediante referendo", concluyendo entonces señalando que "el presunto agraviado no puede pretender la materialización de una lesión constitucional, de un hecho futuro o incierto como lo es la eventual aprobación por parte de la Asamblea Nacional y consecuentemente del correspondiente referendo aprobatorio del texto de reforma constitucional"; y que "para que la supuesta amenaza se concrete y, en consecuencia, surta algún efecto jurídico, es necesario la verificación de un conjunto de circunstancias hipotéticas para que se materialice lo que a decir del accionante, constituye una amenaza de lesión constitucional"[1003].

Posteriormente, mediante sentencia N° 2042 (Ponencia de Francisco A. Carrasquero), dictada en el Caso *Néstor Luís Romero* de 2 de noviembre de 2007, es decir, el mismo día en el cual la Asamblea Nacional sancionó el proyecto de reforma constitucional, la Sala Constitucional decidió una acción de amparo también intentada contra la amenaza de lesión de los derechos constitucionales del accionante derivados de los artículos 342 y siguientes de la Constitución, por parte del Presidente de la República y la Asamblea Nacional al pretender tramitar como reforma constitucional un proyecto que contenía modificaciones a la estructura y principios fundamentales del Estado, violando la Constitución. La acción había sido intentada específicamente contra el Presidente de la República, por haber presentado el proyecto, y contra la Asamblea Nacional, por haberlo admitido para su discusión. En este caso, la Sala Constitucional también declaró inadmisible la acción, pero en este caso por falta de legitimación del recurrente, considerando que al intentar la acción, el mismo "no señaló, ni se evidencia de autos, de qué manera las actuaciones denunciadas como lesivas son susceptibles de vulnerar sus derechos constitucionales."[1004]

Para decidir, la Sala recordó el "carácter personalísimo" de la acción de amparo, "de modo que sólo puede ser incoada por el afectado inmediato de la infracción constitucional, dejando a salvo supuestos especiales, como los reclamos efectuados en protección de los derechos colectivos o difusos, que nacen del reconocimiento de esta esfera de derechos por parte del artículo 26 de la Constitución, o el caso del amparo a la libertad y la seguridad personal, en el que cualquier persona está legitimada para intentarlo". En el caso concreto, por tanto, la Sala concluyó que: "el accionante no señaló cuál es la situación jurídica subjetiva lesionada o amenazada por las actuaciones que denunció como lesivas" siendo que "la denuncia planteada está referida a la supuesta amenaza de infracción constitucional producida por la inclusión en el contenido del Proyecto de Reforma presentado ante la Asamblea Nacional por iniciativa del Presidente de la República, de normas que, en opinión del accionante, modifican la estructura y principios fundamentales del Texto Constitucional, en contravención a los límites establecidos en el artículo 342 de la Constitución vigente". Sin embargo, decidió la Sala que el accionante "no expuso de qué forma su situación jurídica personal se vería afectada por las actuaciones denunciadas, ya que

---

1003 *Ibídem*

1004 Véase sentencia del Tribunal Supremo de Justicia en Sala Constitucional N° 2042 del 2 de Noviembre de 2007, Caso *Néstor Luis Romero Méndez*, en *Revista de Derecho Público*, N° 112, Editorial Jurídica Venezolana, Caracas, 2007, pp. 636 ss.(Véase también en.http://www.tsj.gov.ve/decisiones/scon/Noviembre/2042-021107-07-1374.htm)

sólo se limitó a señalar la presunta inconstitucionalidad del aludido proyecto de reforma"[1005].

Para afirmar esto, la Sala desconoció el derecho ciudadano a la supremacía constitucional, afirmando que del artículo 342 de la Constitución que regula el procedimiento de reforma constitucional, "no consagra derechos, garantías o libertades de carácter individual" ni "establece derechos difusos, ya que la misma no prevé una prestación genérica o indeterminada en cuanto a sus posibles beneficiarios, en los términos establecidos por la doctrina de esta Sala." Por último, la Sala consideró que la acción de amparo interpuesta no podía tampoco "ser considerada como ejercido en protección de derechos colectivos, ya que se ejerció en nombre propio y no en nombre de un sector poblacional determinado e identificable." [1006]

Con base en estos argumentos declaró la inadmisibilidad de la acción de amparo interpuesta, contrariando doctrina de la propia Sala, como la sentada en sentencia que suspendió las elecciones generales de mayo de 2000, que benefició "tanto para las personas naturales y organizaciones que han solicitado la protección de amparo constitucional como para todos los electores en su conjunto"[1007].

A la anterior decisión N° 2042 -Caso *Néstor Luis Romero*- le siguió la sentencia de la misma Sala Constitucional N° 2191 de 22 de noviembre de 2007 (Ponente Marcos Tulio Dugarte), dictada en el Caso *Yvett Lugo Urbaéz* con motivo de la acción de amparo intentada, en esta oportunidad contra el acto sancionatorio de la reforma constitucional adoptado por la Asamblea Nacional el 2 de noviembre de 2007 y la convocatoria a referendo efectuada por el Consejo Nacional Electoral, porque dichos actos constituían una subversión del trámite procedimental para la modificación de la Constitución, pues el procedimiento de reforma constitucional no podía utilizarse para alterar la estructura y principios fundamentales de la Constitución Nacional.

En este caso, la Sala decidió que "**no ha lugar a la acción**", pues los actos impugnados supuestamente no causaban gravámenes susceptibles de control. Para llegar a esta conclusión, la Sala, citando dos previas decisiones de 7 de noviembre de 2007 (N° 2108, Caso *Jorge Paz Nava y otros*)[1008] y de 13 de noviembre de 2007 (N° 2147, caso *Rafael Ángel Briceño*)[1009] , reiteró su criterio de que "la reforma constitucional es un proceso complejo conformado por la concreción de múltiples

1005 *Ibídem*

1006 *Ibídem*

1007 Véase sentencia de la Sala Constitucional N° 483 de 29-05-2000, Caso: *"Queremos Elegir" y otros*, en *Revista de Derecho Público*, N° 82, Caracas, 2000, Editorial Jurídica Venezolana, pp. 489-491.

1008 Véase la sentencia del Tribunal Supremo de Justicia en Sala Constitucional N° 2108 del 7 de Noviembre de 2007, Caso *Jorge Paz Nava y otros,* en *Revista de Derecho Público*, N° 112, Editorial Jurídica Venezolana, Caracas, 2007, pp. 572 ss. (Véase también en http://www.tsj.gov.ve/decisiones/scon/Noviembre/2108-071107-07-1484.htm).

1009 Véase sentencia del Tribunal Supremo de Justicia en Sala Constitucional N° 2147 de 13 de Noviembre de 2007, Caso *Rafael Ángel Briceño*, en *Revista de Derecho Público*, N° 112, Editorial Jurídica Venezolana, Caracas, 2007, pp. 578 ss.(Véase también en http://www.tsj.gov.ve/decisiones/scon/Noviembre/2147-131107-07-1476.htm).

factores para asegurar la legitimidad institucional y democrática del cambio"[1010], el cual "se configura en etapas sucesivas en la que interactúan autoridades públicas (Presidente de la República), órganos del Estado (Asamblea Nacional y Consejo Nacional Electoral) y el pueblo, que en definitiva ostenta el poder para aprobar y validar mediante el voto la reforma propuesta."[1011] Con base en ello, la Sala consideró que "las etapas tempranas o de formación del proyecto de reforma constitucional no causan gravamen alguno porque no exteriorizan sus efectos y, por lo tanto, no son susceptibles de control jurisdiccional"[1012], de manera que "sólo será el desenvolvimiento de ese proceso el que determine la posibilidad de control de un acto que, sin exteriorizar sus efectos, puede ser objeto de control"[1013].

Es decir, conforme al criterio de la Sala, debía esperarse la aprobación de la reforma mediante referendo para poder juzgar su constitucionalidad, pues supuestamente los actos estatales de las diversas fases del procedimiento no producen efectos jurídicos externos. Para llegar a esta conclusión, la Sala afirmó que:

> "el acto de la Asamblea Nacional sancionado el 2 de noviembre de 2007 contentivo de la "Reforma de la Constitución de la República Bolivariana de Venezuela" no es un acto normativo, por cuanto al no adquirir eficacia no produce efectos jurídicos externos, esto es, no afecta relaciones jurídicas abstractas o concretas, por lo que mal puede lesionar o amenazar derecho constitucional alguno ya que no posee carácter obligatorio y, por tanto, no puede órgano del Estado alguno o particular darle ejecución".[1014]

Luego, analizando el procedimiento de reforma constitucional como si fuera equivalente al de formación de las leyes, concluyó la Sala señalando que en Venezuela no hay control previo de constitucionalidad sobre los proyectos de leyes, declarando entonces que no se puede impugnar en forma previa el acto sancionado por la Asamblea Nacional, declarando en consecuencia que "**no ha lugar a la acción**"[1015].

Se observa, con esta decisión, que la Sala no fue que declaró "inadmisible" la acción, sino que con la misma, en realidad, **lo** que hizo fue negar el derecho ciudadano de acceso a la justicia y a la tutela judicial efectiva consagrados en la Constitución (Art. 26), al "inventar" la Sala un tipo de "decisión" no prevista en la Ley que rige sus funciones, de que "**no ha lugar a la acción**" que equivale a decidir, que el ciudadano en ese caso, no tiene derecho de acceder a la justicia, lo cual es la negación misma del Estado de derecho.

1010 Véase sentencia del Tribunal Supremo de Justicia en Sala Constitucional N° 2191 del 22 de Noviembre de 2007, Caso *Yvett Lugo Urbaéz,* en *Revista de Derecho Público*, N° 112, Editorial Jurídica Venezolana, Caracas, 2007, pp. 584 ss. (Véase también en http://www.tsj.gov.ve/decisiones/scon/Noviembre/2191-221107-07-1605.htm). Criterio reiterado también en las sentencias 2108/2007; 2147/2007 y 2189/2007) de la misma Sala.

1011 *Ibídem*

1012 *Ibídem*

1013 *Ibídem*

1014 *Ibídem*

1015 *Ibídem*

Por otra parte, en cuanto a la acción de amparo ejercida contra el acto del Consejo Nacional Electoral convocando el referendo, la Sala lo declaró **inadmisible** porque dicho acto sólo se podía impugnar mediante acción de inconstitucionalidad por supuestamente tratarse de actos de ejecución directa de la Constitución, con lo cual, de otro plumazo, la Sala Constitucional renunció a proteger la Constitución, se negó a reconocer la existencia del derecho ciudadano a la supremacía constitucional, y negó la posibilidad de la acción de amparo contra actos del Consejo Nacional Electoral en contra del principio de la universalidad del amparo de otrora arraigada raíz en la jurisprudencia, expresada en la sentencia de la antigua Corte Suprema de Justicia, de 31 de enero de 1991 (Caso *Anselmo Natale)*, en la famosa frase de que "no puede existir ningún acto estatal que no sea susceptible de ser revisado por vía de amparo".[1016]

La comentada sentencia N° 2191[1017], se dictó en paralelo con la sentencia N° 2193 del mismo día 22 de noviembre de 2007 (Ponente: Carmen Zuleta de Merchán), dictada en el Caso *Luis Hueck Henríquez*[1018], con motivo de la interposición de una acción de amparo constitucional también contra los actos de la Asamblea Nacional y contra el Consejo Nacional Electoral mediante los cuales se aprobó el texto definitivo de la Reforma Constitucional y se convocó al referendo a que alude el artículo 346 de la Constitución, a cuyo efecto el recurrente adujo actuar "en nombre de los intereses colectivos y difusos de los inscritos en el Registro Electoral Permanente"[1019].

Esta acción también fue declarada **inadmisible**, para lo cual la Sala estimó que en el caso concreto, no estaban presentes "aspectos que caracterizan a este tipo de derechos o intereses, y a los cuales se ha referido esta Sala en distintas oportunidades (entre otras, en sentencia del 18 de febrero de 2003, recaída en el Caso: *César Pérez Vivas*) como lo son que los hechos en que se funde la acción sean genéricos y que la prestación requerida sea indeterminada"[1020], constatando que la acción intentada no perseguía "la protección de la calidad de vida de un grupo determinado o indeterminable de ciudadanos, sino que, en la forma en la cual fue planteada dicha pretensión, persigue un pronunciamiento jurisdiccional de esta Sala tendiente a restringir o anular dos actos dictados por órganos que ejercen el Poder Público en los términos previstos en el artículo 343 y 346 de la Constitución"[1021]. De ello concluyó

1016 Citada por la sentencia de la Sala Político Administrativa de la misma antigua Corte Suprema de 24 de mayo de 1993, en *Revista de Derecho Público,* N° 55-56, Editorial Jurídica Venezolana, Caracas 1993, pp. 284-285.

1017 Véase sentencia del Tribunal Supremo de Justicia en Sala Constitucional N° 2191 del 22 de Noviembre de 2007, Caso *Yvett Lugo Urbaéz* en *Revista de Derecho Público,* N° 112, Editorial Jurídica Venezolana, Caracas, 2007, pp. 584 ss. (Véase también en http://www.tsj.gov.ve/decisiones/scon/Noviembre/2191-221107-07-1605.htm).

1018 Véase sentencia del Tribunal Supremo de Justicia en Sala Constitucional N° 2193 del 22 de Noviembre de 2007, Caso *Luis Hueck Henríquez* en *Revista de Derecho Público,* N° 112, Editorial Jurídica Venezolana, Caracas, 2007, pp. 596 ss. (Véase también en http://www.tsj.gov.ve/decisiones/scon/Noviembre/2193-221107-07-1641.htm)

1019 *Ibídem*

1020 *Ibídem*

1021 *Ibídem*

la Sala, señalando que "la pretensión de la parte accionante escapa del carácter protector de la calidad de vida que involucra la tutela de los derechos difusos, por cuanto no se persigue la protección de un bien común"[1022].

En el caso concreto, además, la Sala señaló que "la lesión constitucional se le atribuye a un proyecto de reforma aprobado por la Asamblea Nacional y que será sometido a referendo próximamente", lo que supuestamente "quiere decir que la efectividad del texto definitivo **aún no se ha verificado** y, por lo tanto, no se cumple con el requisito de la inmediatez de la lesión"[1023], razón por la cual declaró la inadmisibilidad de la acción.

En otra sentencia N° 2198 de 23 de noviembre de 2007 (Ponente: Arcadio Delgado Rosales), Caso *Moisés Troconis Villarreal*[1024], la misma Sala Constitucional también declaró **inadmisible** otra acción de amparo intentada, esta vez por quien había sido un magistrado del Tribunal Supremo, intentada contra la sanción de la reforma constitucional por la Asamblea Nacional, alegando violación al "derecho fundamental a la Constitución de la República, a su integridad y a su revisión", en particular, "del derecho y de la garantía constitucionales consagrados en los artículos 334, primer párrafo y 342, primer párrafo, de la Constitución de la República". Para tal fin, la Sala consideró que no evidenciaba "que las precitadas normas consagren derechos, garantías o libertades de carácter individual o de naturaleza colectiva o difusa", sino más bien "estas disposiciones consagran competencias a ser ejercidas por el Poder Público"; decidiendo, en definitiva que "no contempla derechos" y que "al no advertirse en dichas normas ningún derecho o garantía, sino competencias y atribuciones a ser ejercidas por los poderes públicos, esta Sala considera que en las aludidas disposiciones no existen derechos a ser tutelados."[1025]

Por ello la Sala concluyó, en el caso concreto, que no había evidenciado del escrito del accionante "cómo las actuaciones denunciadas como lesivas son susceptibles de vulnerar sus derechos o garantías constitucionales", decidiendo también que carecía "de legitimación activa para incoar la acción de amparo".[1026] Desconoció, así, la Sala Constitucional, de nuevo, el derecho ciudadano a la supremacía constitucional.

La Sala Constitucional, en efecto, al declarar la inadmisibilidad de estas acciones de amparo constitucional, en definitiva, lo que consideró fue que la norma del artículo 342 supuestamente no contenía derecho constitucional alguno, concluyendo como lo dijo en la antes citada sentencia N° 2042 (Caso *Néstor Luis Romero*) de 2 de noviembre de 2007, que el accionante "no tiene legitimación activa alguna para incoar la presente acción de amparo constitucional, por cuanto no señaló, ni se evidencia de autos, de qué manera las actuaciones denunciadas como lesivas son sus-

---

1022 *Ibídem*

1023 *Ibídem*

1024 Véase la sentencia del Tribunal Supremo de Justicia en Sala Constitucional, N° 2198 de 23 de Noviembre de 2007, Caso *Moisés Troconis Villareal* en http://www.tsj.gov.ve/decisio-nes/scon/Noviembre/2198-231107-07-1645.htm.

1025 *Ibídem*

1026 *Ibídem*

ceptibles de vulnerar sus derechos constitucionales", por lo cual declaró inadmisible la acción de conformidad con lo dispuesto en el artículo 19,5, de la Ley Orgánica del Tribunal Supremo de Justicia, "por la falta de legitimación del accionante".

El magistrado Pedro Rafael Rondón Haaz, en cambio, en dicha sentencia N° 2042 salvó su Voto por considerar básicamente que, al contrario, la norma del artículo 342:

> "entraña un evidente derecho de rango constitucional y alcance general para todos los ciudadanos, en el sentido de que, sólo por su condición de tales, en cuanto suscriptores del pacto social que es, en definitiva, una Constitución, que determina la directa afectación de su esfera jurídica constitucional cuando dicho pacto es alterado, lo cual les proporciona legitimación para la defensa de dicha esfera jurídica y título jurídico suficiente para exigir a los destinatarios directos de la norma (la Asamblea Nacional -mediante acuerdo aprobado por el voto de la mayoría de sus integrantes-, el Presidente o Presidenta de la República en Consejo de Ministros; o un número no menor del quince por ciento de los electores inscritos y electoras inscritas en el Registro Civil y Electoral, que son quienes tienen iniciativa para solicitarla), como conducta determinada de la cual es acreedor aquél, el estricto cumplimiento o apego a ella. En el peor de los casos, se trataría, en términos análogos, de un interés -por oposición a derecho propiamente dicho- igualmente legitimador." [1027]

El Magistrado salvante del voto ratificó entonces su criterio de que no cabe duda de que:

> "el artículo 342 entraña un derecho de todos -como miembros de la sociedad suscriptora del pacto social- a que la reforma constitucional proceda -y solo proceda- para "*una revisión parcial de esta Constitución y la sustitución de una o varias de sus normas que no modifiquen la estructura y principios fundamentales del Texto Constitucional*", de manera que, cuando el demandante alegó la supuesta vulneración de esta norma ante una eventual reforma constitucional que incluya modificaciones en la estructura y principios fundamentales del Estado, está, ciertamente, haciendo referencia a la supuesta lesión a derechos constitucionales difusos, los cuales tienen expresa protección constitucional según dispone el artículo 26 de la Constitución de la República Bolivariana de Venezuela." [1028]

En la misma orientación restrictiva de las anteriores sentencias, la Sala Constitucional mediante sentencia N° 2211 (Ponente: Arcadio Delgado Rosales) de 29 de noviembre de 2007, Caso *Claudia Nikken y Flavia Pesci Feltri*[1029], también declaró

1027 Véase sentencia del Tribunal Supremo de Justicia en Sala Constitucional N° 2042 de 2 de Noviembre de 2007, Caso *Néstor Luis Romero Méndez* en *Revista de Derecho Público*, N° 112, Editorial Jurídica Venezolana, Caracas, 2007, p. 641 (Véase también en http://www.tsj.gov.ve/decisiones/scon/Noviembre/2042-021107-07-1374.htm).

1028 *Ibídem*

1029 Véase Sentencia del Tribunal Supremo de Justicia en Sala Constitucional N° 2211 de 29-11-2007, *Caso Claudia Nikken y Flavia Pesci Feltri*, en http://www.tsj.gov.ve/decisio-nes/scon/Noviem-bre/2211-291107-07-1617.htm

la **inadmisibilidad** de la acción de amparo que estas ciudadanas habían interpuesto en nombre propio como abogadas integrantes del sistema de justicia y asumiendo "la representación del Pueblo de Venezuela" contra el Presidente de la República, la Asamblea Nacional y el Consejo Nacional Electoral, con fundamento en los artículos 26, 27 y 333 de la Constitución, con la finalidad de que se proteja el derecho del pueblo de Venezuela al reconocimiento de su soberanía, que consideraron violado al rebasar dichos órganos los límites sustanciales de su competencia al darle curso a la reforma constitucional.

En este caso, la inadmisibilidad de la acción fue declarada por la Sala, por inepta acumulación de dos acciones que la Sala estimó como no acumulables, que eran la referida en el artículo 26, que es la acción de tutela de intereses colectivos o difusos, y la referida en el artículo 27, que es la acción de amparo. Sin embargo, ello no impidió que la Sala en forma expresa, desconociera el carácter de derecho constitucional del "*derecho del pueblo de Venezuela al reconocimiento de su soberanía",* el cual estimó que en '*sensu stricto'* **no es un derecho** (no está incluido como tal en el Título III de la Constitución), sino un principio contemplado expresamente en el Título I, artículo 5 de la Carta Fundamental," decisión con la cual el juez constitucional redujo la categoría de derechos constitucionales a los incluidos en el Título III de la Constitución, y desconociendo tal condición a los otros derechos fundamentales derivados de la organización del Estado, como el derecho a la democracia, el derecho al control del poder, el derecho a la supremacía constitucional y el derecho al reconocimiento de la soberanía popular.

En todo caso, la actitud de la Sala Constitucional del Tribunal Supremo en 2007 al renunciar a ejercer su rol de guardián de la Constitución, no es de extrañar. El día 17 de agosto de 2007, sólo dos días después de que el Presidente de la República había presentado su Anteproyecto de reforma constitucional ante la Asamblea Nacional para inconstitucionalmente y en fraude a la Constitución iniciar el procedimiento de "reforma constitucional", la Presidenta de la Sala Constitucional del Tribunal Supremo (es decir, de la Jurisdicción Constitucional) y del propio Tribunal Supremo, quien a la vez era miembro del Consejo Presidencial para la Reforma Constitucional, adelantándose a cualquier posible y previsible impugnación por inconstitucionalidad de la iniciativa presidencial y del trámite parlamentario, y emitiendo opinión impunemente, prejuzgando cualquier asunto, dijo lo siguiente conforme se reseñó en la prensa:

> "dejó en claro que la Sala Constitucional no tramitará ninguna acción relacionada con las modificaciones al texto fundamental, hasta tanto éstas no hayan sido aprobadas por los ciudadanos en el referendo. "Cualquier acción debe ser presentada después del referendo cuando la reforma ya sea norma, porque no podemos interpretar una tentativa de norma. Después de que el proyecto sea una norma podríamos entrar a interpretarla y a conocer las acciones de nulidad".[1030]

Y eso fue, precisamente, lo que decidió la Sala Constitucional en su sentencia N° 2189 de Noviembre de 2007 (Caso *Confederación de Profesionales Universitarios*

1030 Reseña del periodista Juan Francisco Alonso, en *El Universal*, Caracas 18-08-2007.

de Venezuela (CONFEPUV) y otros), (Ponente: Arcadio Delgado Rosales), en la cual participó la Magistrado Presidenta, pues no se inhibió como hubiera correspondido en un Estado de derecho al haber adelantado públicamente opinión sobre lo decidido comprometiendo su imparcialidad[1031], declarando como "**improponible**" una acción de inconstitucionalidad contra el acto de la Asamblea Nacional que había sancionado la reforma constitucional.[1032].

Al contrario, la inconstitucionalidad en el procedimiento de revisión constitucional debía ser controlada por la Jurisdicción Constitucional que ejerce la Sala Constitucional, en sus fases, desde la iniciativa, la sanción por la Asamblea y la convocatoria de referendo, para lo cual tenía y tiene competencia al tratarse de acciones de nulidad de dichos actos estatales contrarios a la Constitución.

Lamentablemente ello no lo entendió así la Sala Constitucional, y sucesivamente, en diversas sentencias dictadas con motivo de variadas acciones de inconstitucionalidad intentadas contra los diversos actos estatales de las diversas fases del procedimiento de reforma constitucional, las fue sucesiva y sistemáticamente declarando como "**improponibles**", es decir, **negó incluso el derecho ciudadano acceder a la justicia y a obtener tutela judicial**.

En efecto, en sentencia N° 2108 de 7 de noviembre de 2007 (Ponente: Francisco Carrasqueño), dictada en el Caso *Jorge Paz y otros* con motivo de decidir una acción popular de inconstitucionalidad contra los actos ejecutados por el Presidente de la República el 15 de agosto de 2007; los actos del Ministro del Poder Popular del Despacho de la Presidencia; los actos de la Asamblea Nacional y de la Comisión Mixta, todos relacionados con el proyecto de reforma de la Constitución que por iniciativa del Presidente de la República tramitaba la Asamblea Nacional, la Sala la declaró la acción como "**improponible**", "inventando" así una nueva categoría de decisiones de la Jurisdicción Constitucional, distinta a la inadmisibilidad, o a declarar sin lugar la acción, consistente en **la negación del derecho ciudadano de accionar**, es decir, de acceso a la justicia y a una tutela judicial efectiva que consagra el artículo 26 de la Constitución. Eso, y no otra cosa, es esto de declarar como "**improponible**" una acción.

Con todas las sentencias dictadas en el mismo sentido, la Sala Constitucional del Tribunal Supremo de Justicia, como Jurisdicción Constitucional, deliberadamente y tal como lo había anunciado públicamente, con anterioridad, su Presidenta, renunció a ejercer el control de constitucionalidad sobre los actos de los poderes constituidos relativos a la reforma constitucional, lo que sin duda contrasta con lo que sucede en

---

1031 Conforme al artículo 8 del Código de Ética del Juez, "La imparcialidad constituye supuesto indispensable para la correcta administración de justicia, y por ello el magistrado...juez... que se hallare incurso en alguna causal de inhibición o recusación o viere comprometida su imparcialidad por alguna circunstancia previa o sobreviniente al proceso del cual deba conocer, debe separarse inmediatamente del mismo sin esperar a que se le recuse."

1032 Véase la sentencia del Tribunal Supremo de Justicia en Sala Constitucional Nº 2189 de 22 de Noviembre de 2007, Caso *Confederación de Profesionales Universitarios de Venezuela (CONFEPUV) y otros*, en *Revista de Derecho Público*, N° 112, Editorial Jurídica Venezolana, Caracas, 2007, pp. 581 ss. (Véase también en http://www.tsj.gov.ve/decisiones/scon/Noviem-bre/2189-221107-07-1596.htm).

otros países latinoamericanos y con lo que incluso se regula expresamente en muchas Constituciones.

Fue el caso, por ejemplo, de lo que sucedió en Colombia, no sólo en 2009, sino antes, desde 2003. Conforme a la Constitución colombiana, la Corte Constitucional tiene a su cargo la guarda de la integridad y supremacía de la Constitución, y en particular de los procedimientos para la revisión constitucional, (arts. 241, 379). Sobre ello, la Corte Constitucional en sentencia N° C-551 del 9 de julio de 2003, por ejemplo, con ocasión del proceso de reforma de la que propuso el Presidente de la República y fue aprobada por el Congreso de la República a través de la Ley N° 796 de 2003, decidió que:

> "La Constitución ha establecido "un control reforzado sobre la convocatoria de un referendo, porque además del control automático que ejerce la Corte sobre la ley de referendo, es viable la acción pública de inconstitucionalidad contra el acto reformatorio de la Constitución". Y este control reforzado es razonable por cuanto, como lo señaló el citado auto, la "reforma a la Constitución por medio de un referendo es un procedimiento que comprende diversas etapas. Por ende, conforme al artículo 241 ord 2, la Corte ejerce el control automático definitivo sobre la ley que somete a decisión del pueblo un proyecto de reforma constitucional, sin perjuicio de lo señalado en el artículo 379 superior". Concluyó entonces el citado auto que la "Corte ejerce un control automático sobre todos los eventuales vicios de procedimiento en la formación de la ley que convoca a referendo".

Por otra parte, debe recordarse que en la Constitución de Costa Rica, el artículo 10, b) atribuye a la Sala Constitucional de la Corte Suprema de Justicia, competencia para conocer de las consultas sobre proyectos de reforma constitucional; y que en la Constitución de Chile, el artículo 82, 2 atribuye al Tribunal Constitucional competencia para resolver las cuestiones sobre constitucionalidad que se susciten durante la tramitación de los proyectos de reforma constitucional.

No es posible, por tanto, realizar una reforma constitucional mediante un procedimiento distinto al establecido en la propia Constitución, por lo que los procedimientos de reforma o enmienda constitucional que no se desarrollen conforme a las normas constitucionales que los regulan, o que versen por ejemplo sobre asuntos o materias que la Constitución prohíbe, son inconstitucionales y pueden ser controlados por la Jurisdicción Constitucional, que en el caso de Venezuela, es la Sala Constitucional del Tribunal Supremo de Justicia; órgano que sin embargo, como se ha analizado anteriormente, renunció a ejercer la justicia constitucional, con el argumento de que había que esperar que el procedimiento constitucional culminase en todas sus etapas, incluso con la "aprobación" mediante referendo, para que una vez publicada la nueva Constitución en Gaceta Oficial, una reforma constitucional inconstitucionalmente realizada pudiera impugnarse. Para ese momento, sin duda, entonces, como hecho cumplido, hasta hubiera podido surgir una eventual tesis de la prevalencia de la voluntad popular expresada como poder constituyente originario en el referendo frente a la supremacía constitucional. Sobre ello tenemos experiencia en Venezuela.[1033].

En todo caso, en cuanto al procedimiento de "reforma constitucional" desarrollado inconstitucionalmente en Venezuela entre agosto y diciembre de 2007, sin embargo, como se dijo, fue el pueblo el que se encargó de ponerle fin, mediante el masivo rechazo popular a la reforma, la cual no fue aprobada en el referendo del 2 de diciembre de 2007. Ello, sin embargo, no impidió que esta vez en fraude a la voluntad popular, las reformas se hubiesen implementado, mediante decretos leyes y leyes respecto de las cuales el Juez Constitucional se abstuvo de ejercer control de constitucionalidad alguno.

II. EL CASO DE COLOMBIA EN 2012: EL JUEZ CONSTITUCIONAL CONTROLANDO LAS REFORMAS CONSTITUCIONALES REALIZADAS EN VIOLACIÓN DE LAS PRESCRIPCIONES DEL PROPIO TEXTO CONSTITUCIONAL

La Constitución colombiana de 1991 establece tres procedimientos para su reforma: por el Congreso (art. 114), por una Asamblea Constituyente o por el pueblo mediante referendo (art. 375).

A tal efecto, en cuanto al primer procedimiento, conforme lo dispone el artículo 375, los proyectos de acto legislativo de reforma constitucional pueden ser presentados ante el Congreso, el Gobierno, por diez miembros del propio Congreso, por el veinte por ciento de los concejales o de los diputados, y por los ciudadanos en un número equivalente al menos, al cinco por ciento del censo electoral vigente (art. 155). El trámite del proyecto debe tener lugar en dos períodos ordinarios y consecutivos. Aprobado en el primero de ellos por la mayoría de los asistentes, el proyecto será publicado por el Gobierno. En el segundo período la aprobación requerirá el voto de la mayoría de los miembros de cada Cámara. En este segundo período sólo podrán debatirse iniciativas presentadas en el primero.

El segundo procedimiento, de la Asamblea Constituyente se debe iniciar mediante ley aprobada por mayoría de los miembros de una y otra Cámara, en la cual el Congreso disponga que el pueblo en votación popular decida si convoca una Asamblea Constituyente con la competencia, el período y la composición que la misma ley determine (art. 376). En estos casos, se entiende que el pueblo convoca la Asamblea, si así lo aprueba, cuando menos, una tercera parte de los integrantes del censo electoral. La Asamblea debe ser elegida por el voto directo de los ciudadanos, en acto electoral que no puede coincidir con otro. A partir de la elección de la Asamblea Constituyente, conforme al mismo artículo 376 de la Constitución, la facultad ordinaria del Congreso para reformar la Constitución queda en suspenso durante el término señalado para que la Asamblea cumpla sus funciones. La Asamblea es la que debe adoptar su propio reglamento.

1033 Véase Allan R. Brewer-Carías, "El desequilibrio entre soberanía popular y supremacía constitucional y la salida constituyente en Venezuela en 1999", en *Anuario Iberoamericano de Justicia Constitucional*, N° 3, Centro de Estudios Políticos y Constitucionales, Madrid 2000, pp. 31-56.

El tercer procedimiento se refiere a la votación por el pueblo mediante referendo, lo que debe ocurrir, conforme al artículo 377 de la Constitución en el caso de reformas constitucionales aprobadas por el Congreso referidas a los derechos reconocidos en el Capítulo 1 del Título II y a sus garantías, a los procedimientos de participación popular, o al Congreso, si así lo solicita, si así lo solicita, dentro de los seis meses siguientes a la promulgación del Acto Legislativo, un cinco por ciento de los ciudadanos que integren el censo electoral. La reforma se debe entender derogada por el voto negativo de la mayoría de los sufragantes, siempre que en la votación hubiere participado al menos la cuarta parte del censo electoral.

Por otra parte, conforme al artículo 378 de la Constitución, por iniciativa del Gobierno o de los ciudadanos en las condiciones antes mencionadas (art. 155), el Congreso, mediante ley que requiere la aprobación de la mayoría de los miembros de ambas Cámaras, puede someter a referendo un proyecto de reforma constitucional que el mismo Congreso incorpore a la ley. Dicho referendo debe ser presentado de manera que los electores puedan escoger libremente en el temario o articulado qué votan positivamente y qué votan negativamente.

En todo caso, la aprobación de reformas a la Constitución por vía de referendo requiere el voto afirmativo de más de la mitad de los sufragantes, y que el número de éstos exceda de la cuarta parte del total de ciudadanos que integren el censo electoral.

Ahora bien, por disposición expresa de la Constitución, los Actos Legislativos, la convocatoria a referendo, la consulta popular o el acto de convocación de la Asamblea Constituyente, sólo pueden ser declarados inconstitucionales por la Corte Constitucional "cuando violen los requisitos establecidos" en el Título III (De la Reforma de la Constitución) de la propia Constitución (art. 379), pudiéndose intentar la acción pública contra estos actos sólo dentro del año siguiente a su promulgación, con observancia de lo dispuesto en el artículo 241 numeral 2, en el sentido de que si se trata del control de la constitucionalidad de la convocatoria a un referendo o a una Asamblea Constituyente para reformar la Constitución, ello sólo procede "por vicios de procedimiento en su formación."

La competencia de la Corte Constitucional para ejercer el control de constitucionalidad en estos casos, en su carácter de guardián de la integridad y supremacía de la Constitución, está prevista en el artículo 341, para decidir: (i) sobre las demandas de inconstitucionalidad que promuevan los ciudadanos contra los actos reformatorios de la Constitución, cualquiera que sea su origen, sólo por vicios de procedimiento en su formación; (ii) sobre la constitucionalidad de la convocatoria a un referendo o a una Asamblea Constituyente para reformar la Constitución, con anterioridad al pronunciamiento popular, sólo por vicios de procedimiento en su formación; y (iii), sobre la constitucionalidad de los referendos sobre leyes y de las consultas populares y plebiscitos del orden nacional. Estos últimos sólo por vicios de procedimiento en su convocatoria y realización.[1034]

1034 Véase en general, Allan R. Brewer-Carías, "La reforma constitucional en América Latina y el control de constitucionalidad", en *Reforma de la Constitución y control de constitucionalidad. Congreso Internacional*, Pontificia Universidad Javeriana, Bogotá Colombia, junio 14 al 17 de 2005, Bogotá, 2005, pp. 108-159.

Estas previsiones constitucionales son consecuencia directa del principio de la supremacía y rigidez constitucional, que implican el establecimiento de precisas disposiciones y normas procedimentales para reformar la Constitución, de manera que cualquier inconstitucionalidad en el procedimiento de reforma constitucional que se realice puede ser controlado por la Corte Constitucional.

El antecedente más importante del ejercicio de la competencia de control en Colombia fue el caso de la sentencia N° Sentencia 555 de 2003[1035] que tuvo por objeto ejercer el control de constitucionalidad de la Ley 796 de 2003 mediante la cual se proponía un conjunto extenso de reformas constitucionales a ser sometidas a referendo, a cuyo efecto la Corte precisó el ámbito de su potestad de control sobre las leyes de convocatoria a referendo constitucional, caracterizando dicho control como un control de carácter:

> "*previo* al pronunciamiento popular; *concentrado*, por estar exclusivamente a cargo de la Corte Constitucional; *judicial*, por la naturaleza del órgano que lo lleva a cabo; *automático*, ya que opera por mandato imperativo de la Carta Política; *integral*, pues corresponde a la Corte verificar todos los eventuales vicios en el procedimiento de esa ley; *específico*, por cuanto la Corte sólo puede examinar los vicios de procedimiento de la ley ya que no le corresponde estudiar su contenido material; *participativo*, pues se faculta a los ciudadanos a coadyuvar o impugnar la constitucionalidad; *definitivo*, porque el texto sometido a control no podrá volver a ser objeto de pronunciamiento por parte del Tribunal Constitucional; y delimitado por la propia Constitución en los artículos 379 y 241 ord 2°." [1036]

Con base en esa distinción, la Corte consideró que era razonable concluir que el mandato del artículo 379 de la Constitución restringía "la posibilidad de la declaratoria de inexequibilidad de un acto reformatorio de la Constitución, únicamente a aquellas irregularidades que sean de una entidad suficiente como para constituir un vicio de procedimiento en su formación, entendiendo por éste la violación de los requisitos establecidos por la propia Carta para la aprobación de dichas reformas."

Ahora bien, como lo indicó la Corte Constitucional de Colombia en su sentencia C-141 de 2010[1037] al decidir sobre el control de constitucionalidad respecto de la Ley de reforma constitucional que preveía la posibilidad de una segunda reelección presidencial, acotando lo antes decidido en la Sentencia C-551 de 2003 dos son las fases de control jurídico en torno a las reformas constitucionales cuando se adoptan por medio de referendo: En primer lugar, el control sobre la ley de convocatoria del referendo, que es de carácter automático, integral y limitado a los vicios de procedimiento y de competencia que se encuentren en la tramitación de la citada ley; y en segundo lugar, como también lo resolvió la misma Corte en sentencias C-973 y C-1121 de 2004, el control sobre el acto reformatorio de la Carta Política, una vez entra en vigor, es decir, una vez haya sido promulgado por el Presidente de la República, en cuyo caso, el control "se ejerce sobre el referendo constitucional, acto

1035 Véase en http://www.elabedul.net/Documentos/Leyes/2003/C-551-03_sentencia.pdf

1036 Véase en http://www.elabedul.net/Documentos/Leyes/2003/C-551-03_sentencia.pdf

1037 Véase en http://www.corteconstitucional.gov.co/relatoria/2010/c-141-10.htm

jurídico complejo integrado por los diversos actos emitidos entre la sentencia que declara exequible la ley de convocatoria y la promulgación del decreto que adopta el pronunciamiento popular que contiene la reforma al Texto Superior." Conforme lo resolvió la Corte, "el mecanismo por medio del cual tiene lugar esta segunda fase de control son las demandas de inconstitucionalidad presentadas por los ciudadanos ante la Corte Constitucional, así mismo en estos eventos el control se limita a verificar el cumplimiento de los requisitos en el procedimiento de formación establecidos por la Constitución para esta modalidad de reformas constitucionales."

Y entre esos requisitos en el procedimiento seguido para una reforma de la Constitución estaba, sin duda, el tema de la competencia para mediante determinado procedimiento, poder reformar o no ciertos aspectos de la Constitución. Se trató, en definitiva de lo que la Corte Constitucional calificó como los "límites competenciales" en cuanto a los procedimientos de reforma utilizados, concluyendo en la *sentencia* C-141 de 2010, que en el caso del ejercicio del control de constitucionalidad sobre una ley de convocatoria a un referendo con origen en una iniciativa ciudadana para permitir una segunda reelección presidencial, como se trataba de un cuerpo normativo promulgado dentro de un procedimiento de reforma a la Constitución, el control no sólo se refería a los solos requerimientos procedimentales, sino también a los límites respecto a la competencia para poder afectar mediante los procedimientos los que llamó como "principios estructurales plasmados originalmente en el texto constitucional," considerando que los mismos, en definitiva, sólo podían ser modificados mediante la convocatoria de una Asamblea Nacional Constituyente, y no podían ser afectados por la vía de una ley de reforma sometida a referendo. La Corte, por ello concluyó que "la vía del referendo constitucional no idónea para transformar" dichos principios.

Con estos razonamientos la Corte Constitucional pasó a analizar la constitucionalidad de la reforma constitucional presentada sorteando el tema del control sobre los aspectos materiales de la reforma, distinguiendo entre lo que es un "juicio de sustitución" de la Constitución y lo que sería un "juicio de intangibilidad" o de violación de un contenido material de la Constitución," para lo cual consideró que:

> "la premisa mayor del juicio de sustitución no está específicamente plasmada en un artículo de la Constitución, sino que es toda la Constitución entendida a la luz de los elementos esenciales que definen su identidad. Además, el juicio de sustitución no tiene por objeto constatar una contradicción entre normas -como sucede típicamente en el control material ordinario-, ni se verifica si se presenta la violación de un principio o regla intocable -como sucede en el juicio de intangibilidad-, sino que mediante el juicio de sustitución (a) se aprecia si la reforma introduce un nuevo elemento esencial a la Constitución, (b) se analiza si éste reemplaza al originalmente adoptado por el constituyente y, luego, (c) se compara el nuevo principio con el anterior para verificar, no si son distintos, lo cual siempre ocurrirá, sino si son opuestos o integralmente diferentes, al punto que resulten incompatibles." [1038]

1038 Véase en http://www.elabedul.net/Documentos/Leyes/2003/C-551-03_sentencia.pdf

Fue en definitiva, con estas herramientas, que la Corte Constitucional en definitiva, pasó a juzgar la incidencia en relación con los principios estructurales plasmados en la Constitución, que podía tener la posibilidad de reelección que se establecía en la Ley de reforma constitucional y que estaba dirigida a permitir una nueva reelección del Presidente en funciones que ya había sido reelecto, lo que abría la posibilidad de un tercer mandato consecutivo. La Corte consideró que a causa de la autorización de la reelección por una sola vez, Colombia aparecía ubicada "en el límite máximo de permanencia de una misma persona en el cargo de Presidente," considerando que la experiencia de países con sistemas presidenciales demostraban "que ocho años de mandato presidencial constituyen un límite más allá del cual existen serios riesgos de perversión del régimen y de la estructura definida por el Constituyente." La Corte consideró que:

> "la eventual prolongación del mandato presidencial hasta doce años supondría la ruptura del equilibrio entre la figura del Primer Mandatario investido de relevantes poderes por el sistema de gobierno presidencial, cuyas atribuciones de nominación resultan reforzadas y cuyo período coincide con los de los funcionarios de los distintos organismos de control y judiciales que designó o fueron elegidos de temas por él propuestas, frente al papel que cumplirían estos organismos de control encargados de asegurar el sistema de frenos y contrapesos respecto del poder presidencial."[1039]

La Corte consideró entonces el principio democrático considerándolo como un "elemento esencial de la Constitución de 1991" ligado a la realización "de elecciones transparentes, periódicas, inclusivas, competitivas e igualitarias, de donde la idea misma de representación va ligada por lo tanto a los períodos fijos y a las elecciones periódicas;" vinculando a la misma, el principio de "la alternación" en una doble dimensión: por una parte, "como eje del esquema democrático en la que toda autoridad es rotatoria y no hay previstos cargos de elección popular vitalicios;" y por la otra, "como límite al poder político." Y fue en relación con esto último que la Corte consideró, que si bien la reelección inmediata que se había introducido por la reforma constitucional contenida en el Acto legislativo N° 02 de 2004 "no configuraba una sustitución a la Constitución, porque, en todo caso, se contemplaba un límite absoluto al término del ejercicio del poder por parte del Presidente de la República y se mantenían las elecciones periódicas para la provisión de este cargo," sin embargo,

> "un tercer período en el ejercicio del poder, que fuera el resultado de una segunda reelección presidencial, desvirtuaría el principio de alternación, ya que mantendría en el poder a una persona e impondría la reproducción de una misma tendencia política e ideológica durante un lapso mayor al que es juzgado razonable de acuerdo con las reglas de funcionamiento de un régimen presidencial típico y al que el propio constituyente colombiano estableció, tanto en la versión original de la Carta de 1991, como en la reforma válidamente introducida mediante el Acto Legislativo N° 02 de 2004."[1040]

1039 Véase en http://www.elabedul.net/Documentos/Leyes/2003/C-551-03_sentencia.pdf

1040 Véase en http://www.elabedul.net/Documentos/Leyes/2003/C-551-03_sentencia.pdf

De lo anterior concluyó la Corte Constitucional en su sentencia, que la Ley 1354 de 2009 "Por medio de la cual se convoca a un referendo constitucional y se somete a consideración del pueblo un proyecto de reforma constitucional", con la segunda reelección y el tercer período consiguiente, "implican un quebrantamiento de la Constitución y que esa rotura sustituye varios de los ejes definitorios de la Constitución de 1991 que tienen que ver con la estructura institucional acogida por el Constituyente y con los derechos, principios y valores que, según la concepción plasmada en la Carta, son el soporte de esa estructura que, siendo en sí misma valiosa, adquiere la plenitud de su sentido cuando los sirve de manera efectiva," razón por la cual la Corte la consideró inexequible, es decir, inconstitucional en su totalidad.

SECCIÓN CUARTA

EL JUEZ CONSTITUCIONAL Y EL CONTROL DE CONSTITUCIONALIDAD DE LAS REFORMAS CONSTITUCIONALES EFECTUADAS POR EL LEGISLADOR ORDINARIO: EL CASO DE VENEZUELA ENTRE 2008 Y 2010: LA ABSTENCIÓN DEL JUEZ CONSTITUCIONAL DE CONTROLAR LA CONSTITUCIONALIDAD DE LA IMPLEMENTACIÓN, MEDIANTE LEYES Y DECRETOS LEYES, DE LA RECHAZADA REFORMA CONSTITUCIONAL DE 2007.

En esta sección se recoge otra parte publicada en el libro: *La Patología de la Justicia Constitucional*, Tercera edición ampliada, Editorial Jurídica Venezolana, Caracas 2014, pp. 162-167.

En efecto, los síntomas de la patología de la justicia constitucional en Venezuela no sólo se manifestaron en la abstención por parte del Juez Constitucional de controlar la constitucionalidad del procedimiento seguido para la "reforma constitucional" de 2007, sino en que la misma reforma tramitada inconstitucionalmente y rechazada por el pueblo mediante referendo, fue implementada mediante leyes y decretos leyes evidentemente inconstitucionales que la Sala Constitucional se abstuvo de controlar. En este caso, también fue la abstención del Juez Constitucional lo que permitió la implementación de la rechazada reforma en violación de la Constitución.[1041]

En efecto, Tan pronto fue rechazada por el pueblo la Reforma Constitucional de 2007, el Presidente de la República y los directivos de la Asamblea Nacional anunciaron que a pesar de ello implementarían las reformas rechazadas, mediante leyes y decretos leyes, lo que efectivamente ha ocurrido en muchas áreas.

1041 Véanse los trabajos de Lolymar Hernández Camargo, "Límites del poder ejecutivo en el ejercicio de la habilitación legislativa: Imposibilidad de establecer el contenido de la reforma constitucional rechazada vía habilitación legislativa," en *Revista de Derecho Público*, Nº 115 (Estudios sobre los Decretos Leyes), Editorial Jurídica Venezolana, Caracas 2008, pp. 51 ss.; Jorge Kiriakidis, "Breves reflexiones en torno a los 26 Decretos-Ley de Julio-Agosto de 2008, y la consulta popular refrendaría de diciembre de 2007", *Idem*, pp. 57 ss.; y José Vicente Haro García, Los recientes intentos de reforma constitucional o de cómo se está tratando de establecer una dictadura socialista con apariencia de legalidad (A propósito del proyecto de reforma constitucional de 2007 y los 26 decretos leyes del 31 de julio de 2008 que tratan de imponerla)", *Idem*, pp. 63 ss.

En particular muchas de las rechazadas reformas constitucionales fueron ilegítima y fraudulentamente implementadas mediante decretos leyes dictados por el Presidente de la República en ejecución de la Ley que Autoriza al Presidente de la República para Dictar Decretos con Rango, Valor y Fuerza de Ley, en las materias que se Delegan,"[1042] la cual había sido sancionada coetáneamente con el anuncio presidencial de iniciar el proceso de reforma constitucional de 2007. Como este resultó rechazado por el pueblo, dicha ley de delegación legislativa fue el instrumento utilizado para implementar fraudulentamente muchas de las reformas rechazadas, particularmente en el área económico y social para estructurar un Estado Socialista centralizado.

Ello, incluso se había comenzado a realizar en ejecución de dicha ley de delegación legislativa con el Decreto Ley N° 5841 de 12 de junio de 2007[1043] mediante el cual se dictó la Ley Orgánica de Creación de la Comisión Central de Planificación, la cual constituyó el primer acto estatal formal con el que se comenzó la construcción de un Estado Socialista.[1044] Posteriormente, luego de rechazada la reforma constitucional en el referendo realizado el 2 de diciembre de 2007, en ejecución de dicho Decreto Ley, la Asamblea Nacional aprobó el 13 de diciembre de 2007, al adoptar el *Plan de Desarrollo Económico y Social de la Nación 2007-2013* en ejecución de lo establecido en el artículo 32 del Decreto con Fuerza de Ley Orgánica de Planificación, en el cual se establecieron las bases de un "sistema de planificación, producción y distribución orientado hacia el socialismo, donde lo relevante es el desarrollo progresivo de la propiedad social sobre los medios de producción". A tal efecto, las propuestas de la rechazada Reforma Constitucional de 2007, que buscaban atribuir al Estado la facultad de controlar y asumir sectores de la producción agrícola, pecuaria, pesquera y acuícola, en particular la producción de alimentos, se materializaron en el Decreto Ley de Ley Orgánica de Seguridad y Soberanía Agroalimentaria[1045] en la cual se atribuye al Estado no sólo autorizar la importación de alimentos, sino priorizar su producción, y además asumir directamente las actividades de distribución e intercambio de los mismos.

En la misma orientación, el Decreto Ley N° 6.130 de 03 junio de 2008, de Ley para el fomento y desarrollo de la economía popular, regula el "modelo socioproductivo comunitario", con diversas formas de organizaciones socioproductivas siguiendo el modelo socialista[1046]. En igual orientación abiertamente socialista se dictó el Decreto Ley sobre la Ley para la Defensa de las Personas en el Acceso a los Bienes y Servicios que derogó la Ley de Protección al Consumidor y al Usuario,[1047] con el objeto de regular toda la cadena de comercialización y todos los ámbitos económi-

---

1042 *Gaceta Oficial* 38.617, de fecha 1° de febrero de 2007

1043 *Gaceta Oficial* N° 5.841 Extraordinaria del 22 de junio de 2007.

1044 Véase Allan R. Brewer-Carías, "Comentarios sobre la inconstitucional creación de la Comisión Central de Planificación, centralizada y obligatoria", *Revista de Derecho Público*, N° 110, (abril-junio 2007), Editorial Jurídica Venezolana, Caracas 2007, pp. 79-89.

1045 *Gaceta Oficial* N° 5.889 Extraordinaria con fecha 31 de julio de 2008.

1046 *Gaceta Oficial* N° 5.890 Extraordinaria de 31 julio de 2008.

1047 *Gaceta Oficial* N° 37.930 del 4 de mayo de 2004.

cos en materia de bienes y servicios, ampliando excesivamente las facultades del Estado al punto de poder efectuar confiscaciones de bienes y servicios.

En cuanto a las reformas en la democracia representativa para eliminarla del nivel local, tal y como se buscaba generalizar en la reforma constitucional rechazada de 2007, como se dijo, las mismas ya se habían comenzado a efectuar con la sanción en 2006 de la Ley de los Consejos Comunales,[1048] como unidades u organizaciones sociales no electas mediante sufragio universal, directo y secreto y sin autonomía territorial, supuestamente dispuestos para canalizar la participación ciudadana, pero conforme a un sistema de conducción centralizado desde la cúspide del Poder Ejecutivo Nacional.

En cuanto a la eliminación del principio descentralizador como pilar fundamental del constitucionalismo venezolano, que con la reforma constitucional rechazada de 2007 se buscaba desmantelar completamente, minimizándose la forma Federal del Estado, mediante la centralización de competencias que eran de los Estados, la creación de órganos administrativos creados y dirigidos por el Ejecutivo Nacional, la atribución al Presidente de la República para intervenir en los asuntos regionales y locales; y el vaciamiento adicional de las competencias estadales y municipales mediante su transferencia a los consejos comunales. Para implementar estas reformas, no sólo se ha puesto en ejecución el último de los aspectos señalados, obligando a Estados y Municipios de transferir sus competencias a entes locales controlados por el Poder Central (Consejos Comunales), sino que mediante el Decreto Ley N° 6.217 de 15 de julio de 2008, sobre la Ley Orgánica de la Administración Pública,[1049] que ahora se aplica directamente a las Administraciones Públicas Nacional, Estadal y Municipal, al poner en ejecución el principio de planificación centralizada, las somete todas a lo que defina el Ejecutivo Nacional a través de la Comisión Central de Planificación. Esta Ley, además, atribuye al Presidente de la República, como se propuso en la rechazada reforma constitucional de 2007, la faculta de designar Autoridades Regionales que tendrían la función de planificación, ejecución, seguimiento y control de las políticas, planes y proyectos de ordenación y desarrollo del territorio aprobado conforme a la planificación centralizada.

En cuanto al sistema de distribución territorial de competencias entre el nivel nacional y el nivel estadal, la propuesta de reforma constitucional de 2007 perseguía eliminar la competencia "exclusiva" atribuida a los Estados en el artículo 164,10 de la Constitución en materia de "La conservación, administración y aprovechamiento de carreteras y autopistas nacionales, así como de puertos y aeropuertos de uso comercial, en coordinación con el Poder Nacional." En este caso, la fraudulenta implementación de la rechazada reforma correspondió hacerlo a la Sala Constitucional del Tribunal Supremo de Justicia, al decidir un recurso de interpretación introducido

---

1048 Ley de Consejos Comunales, *Gaceta Oficial,* N° 5806 *Extraordinario,* 10-04-2006. Véase Allan R. Brewer-Carías, "El inicio de la desmunicipalización en Venezuela: La organización del Poder Popular para eliminar la descentralización, la democracia representativa y la participación a nivel local", en *AIDA, Opera Prima de Derecho Administrativo. Revista de la Asociación Internacional de Derecho Administrativo*, Universidad Nacional Autónoma de México, México, 2007, pp. 49 a 67.

1049 *G.O.* Extra N° 5.890 de 31-07-2008. Véase Allan R. Brewer-Carías, "El sentido de la reforma de la Ley Orgánica de la Administración Pública", *Revista de Derecho Público*, N° 115, EJV, Caracas 2008, pp. 155 ss.

por el Procurador General de la República en representación del Ejecutivo Nacional, mediante la sentencia N° 565 de 15 de abril de 2008[1050], en la cual, pura y simplemente "modificó" el contenido de esta norma constitucional y dispuso, mutándola, como interpretación vinculante de la misma, que esa "competencia exclusiva" *no es tal competencia exclusiva*, sino una competencia "concurrente" y que, incluso, el Poder Nacional podía revertir a su favor la materia "descentralizada" eliminando toda competencia de los Estados.

En todo caso, por el trastocamiento al orden jurídico que la sentencia provocó, la Sala Constitucional instó a la Asamblea Nacional a dictar la legislación acorde con la "reforma" constitucional que efectuaba, y por tanto inconstitucional, lo cual efectivamente originó en marzo de 2009, la reforma de la Ley Orgánica de Descentralización, Delimitación y Transferencia de Competencias del Poder Público,[1051] a los efectos de eliminar las competencias exclusivas de los Estados establecidas en los ordinales 3 y 5 del artículo 11 de dicha Ley, agregando dos nuevas normas que autorizan al Ejecutivo Nacional, para revertir la transferencia de las competencias a los Estados (Art. 8); y decretar la intervención de bienes y servicios públicos transferidos a los Estados en la materia (Art. 9). Con ello se completó el fraude constitucional dispuesto por la Sala Constitucional, trastocándose el régimen federal.[1052]

En la misma orientación centralista, mediante la rechazada Reforma Constitucional de 2007 se buscaba eliminar como entidad político territorial dentro de la forma federal del Estado, al Distrito Capital[1053] donde tienen su sede los Poderes nacionales, y recrear la desaparecida figura del "Distrito Federal" como entidad totalmente dependiente del Poder Nacional, en particular del Presidente de la república, sin gobierno propio. Esto último, rechazada la reforma constitucional se ha hecho en fraude a la Constitución, mediante la sanción por la Asamblea Nacional en abril de 2009 de la Ley Especial Sobre la Organización y Régimen del Distrito Capital[1054], mediante la cual, lejos de haber establecido una organización democrática de una entidad política de la Republica, lo ha regulado como una dependencia del Poder Nacional, con ámbito territorial según se indica en el artículo 4 igual al que "correspondían al extinto Distrito Federal a la fecha de entrada en vigencia de la Constitu-

---

1050 *Cfr.* Sentencia de la Sala Constitucional N° 565, Caso *Procuradora General de la República*, recurso de interpretación del artículo 164.10 de la Constitución de 1999 de fecha 15 de Abril de 2008, en http://www.tsj.gov.ve/de-cisiones/scon/Abril/565-150408-07-1108.htm.

1051 *Gaceta Oficial* N° 39 140 del 17 de marzo de 2009. Véase Alfredo Arismendi y Carlos Luna, *Ley Orgánica de Descentralización, Delimitación y Transferencia de Competencias del Poder Público*, Serie Textos Legislativos n° 3, Universidad Central de Venezuela, Caracas 2011.

1052 Véase Allan R. Brewer-Carías, "La Sala Constitucional como poder constituyente: la modificación de la forma federal del estado y del sistema constitucional de división territorial del poder público, en *Revista de Derecho Público*, N° 114, (abril-junio 2008), Editorial Jurídica Venezolana, Caracas 2008, pp. 247-262.

1053 Véase Allan R. Brewer-Carías, "Consideraciones sobre el régimen constitucional del Distrito Capital y del sistema de gobierno municipal de Caracas" en *Revista de Derecho Público*, N° 82, Editorial Jurídica Venezolana. Caracas, 2000, pp. 5-17.

1054 *Gaceta Oficial* N° 39.156 de 13 de abril de 2009. Véase Allan R. Brewer-Carías, "Introducción general al régimen del Distrito capital y su incidencia en el régimen municipal del Distrito Metropolitano de Caracas" en *Leyes sobre el Distrito Capital y el Área metropolitana de Caracas*, Colección Cuadernos Legislativos n° 45, Editorial Jurídica Venezolana, Caracas, 2009, pp. 9-37.

ción de la República Bolivariana de Venezuela y que comprende el territorio del actual Municipio Bolivariano Libertador."

Conforme a esta Ley, el Distrito Capital, contrariando la Constitución, no tiene autoridades propias de gobierno, sino que es gobernada por el Poder Nacional mediante, un "régimen especial de gobierno" que consiste en que el ejercicio de la función legislativa en el Distrito está a cargo de la Asamblea Nacional, y el órgano ejecutivo es un Jefe de Gobierno (Art. 3), que de acuerdo con el artículo 7 de la Ley Especial es "de libre nombramiento y remoción" por parte del Presidente de la República, con lo que en el mismo territorio del Municipio Libertador se le ha superpuesto una estructura nacional, mediante una Ley nacional, totalmente inconstitucional.

Otra de las reformas constitucionales que fueron rechazadas por el pueblo, se refirieron al ámbito militar las cuales buscaban transformar la Fuerza Armada Nacional en una "Fuerza Armada Nacional Bolivariana," agregando al Ejército Nacional Bolivariano, a la Armada Nacional Bolivariana, a la Aviación Nacional Bolivariana y a la Guardia Nacional Bolivariana, un nuevo componente que se denomina "Milicia Nacional Bolivariana." Todo ello, a pesar del rechazo popular a la reforma, se ha hecho mediante el Decreto Ley sobre la Ley Orgánica de la Fuerza Armada Nacional,[1055] mediante el cual efectivamente, la Fuerza Armada Nacional como se la denomina en la Constitución ahora se llama "Fuerza Armada Nacional Bolivariana" sujeta a la "doctrina militar bolivariana," creándose la Milicia Nacional Bolivariana como órgano de apoyo de la Fuerza Armada Nacional Bolivariana, todo conforme se había propuesto en la rechazada reforma constitucional de 2007.

Todas estas leyes fueron objeto de recursos de inconstitucionalidad, no habiendo sido los mismos siquiera decididos por el Juez Constitucional. Lamentablemente para el Estado de derecho, el Presidente de la República estaba absolutamente seguro de que la sumisa Sala Constitucional que controlaba, jamás ejercería el control de constitucionalidad sobre esos textos inconstitucionales.

Por último, lo mismo ocurrió con el conjunto de leyes dictadas por la Asamblea Nacional después de que se realizaron las elecciones legislativas de septiembre de 2010. En las mismas el gobierno perdió la mayoría del voto popular y la mayoría calificada que tenía en la Asamblea, pero sin embargo, antes de que tomaran posesión los nuevos diputados y se instalara la nueva Asamblea electa, la ya deslegitimada Asamblea Nacional procedió a sancionar un conjunto de Leyes Orgánicas con el deliberado propósito de regular, al margen de la Constitución, el marco normativo de un nuevo Estado, distinto y paralelo al Estado Constitucional, que no es otra cosa que el Estado Socialista, Centralizado, Militarista y Policial que se quiso regular en la rechazada reforma constitucional, denominado "Estado Comunal" o "Estado del Poder Popular." Dichas Leyes Orgánicas en efecto, fueron las del Poder Popular, de

1055 Decreto Ley N° 6.239, sobre la Ley Orgánica de la Fuerza Armada Nacional Bolivariana, en *Gaceta Oficial* N° 5.891 Extra. de 31-07-2008. Véase Allan R. Brewer-Carías, *Dismantling Democracy in Venezuela. The Chávez Authoritarian Experiment*. Cambridge University Press,. New York, 2010, pp. 329 ss.; y Jesús María Alvarado Andrade "La nueva Fuerza Armada Bolivariana (comentarios a raíz del Decreto N° 6.239, con rango, valor y fuerza de Ley Orgánica de la Fuerza Armada Nacional Bolivariana)" en *Revista de Derecho Público*, n° 115, Editorial Jurídica Venezolana, Caracas, 2008, pp. 207-214.

las Comunas, del Sistema Económico Comunal, de Planificación Pública y Comunal y de Contraloría Social.[1056]

Además, en el mismo marco de estructuración del Estado Comunal montado sobre el Poder Popular, igualmente en diciembre de 2010 se reformó la Ley Orgánica del Poder Público Municipal eliminándose las Juntas parroquiales, y se reformó las Leyes de los Consejos Estadales de Planificación y Coordinación de Políticas Públicas, y de los Consejos Locales de Planificación Pública.[1057]

Dichas leyes, todas, implementaron aspectos de la rechazada reforma constitucional y todas fueron impugnadas ante la Jurisdicción Constitucional por violar la Constitución y el derecho de participación de los ciudadanos en el proceso de su formación.[1058] Pero frente a ello, la respuesta del Juez Constitucional hasta ahora ha sido el silencio, es decir, la abstención de decidir los recursos de nulidad por inconstitucionalidad intentados, permitiendo así el propio juez constitucional, la implementación de la reforma constitucional de 2007, contra la voluntad popular que la había rechazado.

1056 Véase en *Gaceta Oficial* N° 6.011 Extra. de 21-12-2010. Respecto de todas dichas leyes, la Sala Constitucional declaró en cada caso la constitucionalidad del carácter orgánico de las mismas. Véase por ejemplo, sentencia N° 1330 de 17-12-2010 en http://www.tsj.gov.ve/decisiones/scon/Diciembre/1330-171210-2010-10-1436.html; sentencia N° 1329 de 16-12-2010 en http://www.tsj.gov.ve/decisiones/scon/Diciembre/1329-161210-2010-10-1434.html; y sentencia N° 1329 de 16-12-2010 en http://www.tsj.gov.ve/decisiones/scon/Diciem-bre/%201328-161210-2010-10-1437.html.

1057 Véase en *Gaceta Oficial* N° 6.015 Extra. de 30-12-2010.

1058 Véase el texto del recurso de nulidad por inconstitucionalidad de todas esas leyes en José Ignacio Hernández G., Jesús María Alvarado Andrade, Luis A. Herrera Orellana, "Los vicios de inconstitucionalidad de la Ley Orgánica del Poder Popular," en Allan R. Brewer-Carías *et al.*, *Leyes Orgánicas sobre el Poder Popular y el Estado Comunal*, Editorial Jurídica Venezolana, Caracas 2011, pp. 507-593. Véase además, Allan R. Brewer-Carías, "La desconstitucionalización del Estado de derecho en Venezuela: del Estado Democrático y Social de derecho al Estado Comunal Socialista, sin reformar la Constitución," en *Estado Constitucional*, Año 1, N° 2, Editorial Adrus, Lima, junio 2011, pp. 217-236.

SÉPTIMA PARTE

LA ILEGÍTIMA MUTACIÓN DE LA CONSTITUCIÓN POR LA JURISDICCIÓN CONSTITUCIONAL

SECCIÓN PRIMERA::

SOBRE LA MUTACIÓN ILEGÍTIMA DE LA CONSTITUCIÓN

El texto de esta sección también está tomado del libro: *La Patología de la Justicia Constitucional*, Segunda edición ampliada, Editorial Jurídica Venezolana, Caracas 2014, pp. 169-199.

Otro síntoma que nos muestra la patología de la justicia constitucional, que se le presenta como reto al Juez Constitucional, es que el mismo, como poder constituido que es, por más máximo intérprete que sea de la Constitución, ante todo está sometido a la misma, de manera que tiene siempre que cumplir su función de garante de la aquella, sometido a sus previsiones, las cuales no puede cambiar o mutar ilegítimamente.

Como lo expresó hace años la Sala Constitucional del Tribunal Supremo de Justicia de Venezuela en la sentencia N° 74 de 25 de enero de 2006, cuando el Juez Constitucional otorga "a las normas constitucionales una interpretación y un sentido distinto del que realmente tienen, que es, en realidad, una modificación no formal de la Constitución misma," lo que ocurre es un falseamiento de la Constitución." [1059]

En tal sentido, Manuel García Pelayo, destacó como de la esencia del Estado constitucional en el mundo contemporáneo, el hecho de "que la Constitución en tanto que norma fundamental positiva, vincula a todos los poderes públicos incluido el Parlamento, y que, por tanto, la Ley no puede ser contraria a los preceptos constitucionales, a los principios de que éstos arrancan, o que se infieren de ellos, y a los valores a cuya realización aspira."[1060]

Por supuesto, la referencia era motivada por la idea clave de que la justicia constitucional, como instrumento para finalizar con el absolutismo del parlamento, esta-

---

1059 Véase en *Revista de Derecho Público* N° 105, Editorial Jurídica Venezolana, Caracas 2006, pp. 76 ss.

1060 Véase Manuel García Pelayo, "El 'Status' del Tribunal Constitucional", en *Revista Española da Derecho Constitucional,* Vol. I, N° 1, Madrid 1981, p. 18.

ba llamada a asegurar la sumisión del Parlamento y de la Ley a la Constitución; pero al referirse la Constitución como vinculante para "todos los poderes públicos," en esa expresión tenía que estar por supuesto incluido el Tribunal Constitucional, pues si en términos del mismo García Pelayo, se trataba de "un órgano constitucional instituido y directamente estructurado por la Constitución," [1061] a pesar de ser el guardián último de la propia Constitución, el mismo tenía y tiene que estar también sometido a ella.

Es decir, si el Tribunal Constitucional, "como regulador de la constitucionalidad de la acción estatal, está destinado a dar plena existencia al Estado de derecho y a asegurar la vigencia de la distribución de poderes establecida por la Constitución, ambos componentes inexcusables, en nuestro tiempo, del verdadero "Estado constitucional,"[1062] para ello tiene que adaptarse a lo que la Constitución establece, y someterse a su normativa, estándole vedado mutarla.

Por su parte, en cuanto al mismo Tribunal Constitucional español, como antes dijimos, Eduardo García de Enterría lo calificó como el "comisario del poder constituyente, encargado de defender la Constitución y de velar por que todos los órganos constitucionales conserven su estricta calidad de poderes constituidos."[1063] Si las Constituciones son normas jurídicas efectivas, que prevalecen en el proceso político, en la vida social y económica del país, y que sustentan la validez a todo el orden jurídico,[1064] la solución institucional para preservar su vigencia y la libertad, está precisamente en establecer estos comisarios del poder constituyente, como guardianes de la Constitución, que al tener por misión asegurar que todos los órganos del Estado la acaten, también tienen que adaptarse a lo que el texto fundamental establece, sometiéndose a su normativa, estándole vedado mutarla.

Pero lamentablemente ésta no ha sido siempre la situación con los tribunales constitucionales, y en la historia constitucional, particularmente en los regímenes autoritarios, no ha sido infrecuente que tribunales constitucionales, dado el poder que tienen asignados, lejos de garantizar el Estado de derecho, hayan sido los instrumentos utilizados por regímenes autoritarios para demoler sus bases. Lamentablemente, eso es precisamente lo que ha ocurrido en Venezuela a la vista del mundo democrático en la última década (1999-2012).

En efecto, en la Constitución Venezolana de 1999 el principio de la supremacía constitucional se encuentra formalmente expresado en su artículo 7 ("*La Constitución es la norma suprema y el fundamento del ordenamiento jurídico. Todas las personas y los órganos que ejercen el Poder Público están sujetos a esta Constitución*"), lo que implica que la Constitución debería prevalecer sobre la voluntad de todos los órganos constituidos del Estado, incluyendo el Tribunal Supremo de Justicia, por lo que su reforma sólo puede llevarse a cabo conforme se dispone en su

---

1061 *Idem*, p. 15.

1062 *Idem*, p. 15.

1063 Véase E. García de Enterría, *La Constitución como norma y el Tribunal constitucional,* Madrid, 1985, p. 198.

1064 *Idem*, pp. 33, 39, 66, 71, 177 y 187.

propio texto, como expresión-imposición de la voluntad popular producto de ese poder constituyente originario.

La contrapartida de la obligación de los órganos constituidos de respetar la Constitución, de manera que el poder constituyente originario prevalezca sobre la voluntad de dichos órganos estatales constituidos, es el derecho constitucional que todos los ciudadanos tienen en un Estado Constitucional, a que se respete la voluntad popular expresada en la Constitución, es decir, *el derecho fundamental a la supremacía constitucional.*[1065] Nada se ganaría con señalar que la Constitución, como manifestación de la voluntad del pueblo, debe prevalecer sobre la de los órganos del Estado, si no existiere el derecho de los integrantes del pueblo de exigir el respeto de esa Constitución, y además, la obligación de los órganos jurisdiccionales de velar por dicha supremacía.

La supremacía de la Constitución está asegurada mediante la previsión en el mismo texto constitucional, por una parte, de su máximo carácter rígido al disponerse la necesaria e indispensable intervención popular para efectuar cualquier cambio a la Constitución, [1066] de manera que sólo el poder constituyente originario del pueblo puede aprobar dichas modificaciones, no existiendo en el texto constitucional poder constituyente originario alguno, distinto al propio pueblo; y por la otra, de todo un sistema de justicia constitucional para garantizar dicha supremacía.

Ella se consagra, además, en primer lugar, mediante la asignación a todos los jueces de la República, en el ámbito de sus respectivas competencias y conforme a lo previsto en la Constitución y en la ley, de la obligación "de asegurar la integridad de la Constitución" (Art. 334). Y en segundo lugar, además, mediante la asignación al Tribunal Supremo de Justicia de la tarea de garantizar "la supremacía y efectividad de las normas y principios constitucionales", como "el máximo y último intérprete de la Constitución," y de velar "por su uniforme interpretación y aplicación" (Art. 335). También, la Constitución asigna en concreto a la Sala Constitucional del Tribunal Supremo, la Jurisdicción Constitucional (Arts. 266,1 y 336) mediante la cual ejerce el control concentrado de la constitucionalidad de las leyes y demás actos estatales de rango legal.

Conforme a estas previsiones, la Sala Constitucional del Tribunal Supremo de Justicia de Venezuela, como cualquier tribunal constitucional, sin duda, es el instrumento más poderoso diseñado para garantizar la supremacía de la Constitución y el Estado de Derecho, la cual, por supuesto, como guardián de la Constitución, también está sometida a la Constitución. Como tal guardián, y como sucede en cualquier Estado de derecho, el sometimiento del tribunal constitucional a la Constitución es una preposición absolutamente sobreentendida y no sujeta a discusión, ya que sería inconcebible que el juez constitucional, como el guardián de la Constitución, pueda violarla, cuando es el llamado a aplicarla y garantizarla.

1065 Véase Allan R. Brewer-Carías, "El amparo a los derechos y libertades constitucionales (una aproximación comparativa)" en Manuel José Cepeda (editor), *La Carta de Derechos. Su interpretación y sus implicaciones*, Editorial Temis, Bogotá 1993, pp. 21-81.

1066 Véase Allan R. Brewer-Carías "La intervención del pueblo en la revisión constitucional en América latina". en *El derecho público a los 100 números de la Revista de Derecho Público 1980-2005*, Editorial Jurídica Venezolana, Caracas, 2006, pp. 41-52.

Pero por supuesto, para garantizar la Constitución y su supremacía, el Tribunal Constitucional debe gozar de absoluta independencia y autonomía, pues un Tribunal Constitucional sujeto a la voluntad del poder, en lugar del guardián de la Constitución, se convierte en el instrumento más atroz del autoritarismo. El mejor sistema de justicia constitucional, por tanto, en manos de un juez sometido al poder, es letra muerta para los individuos y es un instrumento para el fraude a la Constitución.[1067].

Lamentablemente, sin embargo, esto último es lo que ha venido ocurriendo en Venezuela en los últimos años, donde la Sala Constitucional del Tribunal Supremo, como Juez Constitucional, lejos de haber actuado en el marco de las atribuciones expresas constitucionales antes indicadas, ha venido efectuando una inconstitucional interpretación constitucional mediante la cual ha venido asumiendo y auto-atribuyéndose competencias[1068] no sólo en materia de interpretación constitucional;[1069]; sino en relación con los poderes de revisión constitucional de cualquier sentencia dictada por cualquier tribunal, incluso por las otras Salas del Tribunal Supremo de Justicia;[1070] con los amplísimos poderes de avocamiento en cualquier causa; con los supuestos poderes de actuación de oficio no autorizados en la Constitución; con los poderes de solución de conflictos entre las Salas; con los poderes de control constitucional de las omisiones del Legislador;[1071]; con la restricción del poder de los jueces de ejercer el control difuso de la constitucionalidad de las leyes; y con la asunción del monopolio de interpretar los casos de prevalencia en el orden interno de los tratados internacionales en materia de derechos humanos.[1072]

En ejercicio de estas competencias y poderes, como máximo intérprete de la Constitución, al margen de la misma y mediante interpretaciones inconstitucionales, la Sala Constitucional al ejercer su facultad de interpretación del contenido y alcance de las normas constitucionales (Art. 334) en muchos casos incluso sin que estas

---

1067 Véase Allan R. Brewer-Carías, *Derecho Procesal Constitucional. Instrumentos para la Justicia Constitucional,* Editorial Investigaciones Jurídicas S.A., San José, Costa Rica, 2012, pp. 11-41.

1068 Véase Allan R. Brewer-Carías, "La ilegitima mutación de la Constitución por el juez constitucional: la inconstitucional ampliación y modificación de su propia competencia en materia de control de constitucionalidad" en *Temas de Derecho Constitucional y Administrativo, Libro Homenaje a Josefina Calcaño de Temeltas*, Funeda, Caracas, 2010, pp. 319-362.

1069 Véase Allan R. Brewer-Carías, *Práctica y Distorsión de la Justicia Constitucional en Venezuela (2008-2012), Colección* Justicia N° 3, Acceso a la Justicia, Academia de Ciencias Políticas y Sociales, Universidad Metropolitana, Editorial Jurídica Venezolana, Caracas, 2012, pp. 285-294.

1070 Véase Allan R. Brewer-Carías, "La metamorfosis jurisprudencial y legal del recurso extraordinario de revisión constitucional de sentencias en Venezuela" en Eduardo Andrés Velandia Canosa (Director Científico), *Derecho Procesal Constitucional*, Tomo III, Vol. III. VC Editores Ltda. y Asociación Colombiana de Derecho Procesal Constitucional, Bogotá, 2012, pp. 269-304 y en *Práctica y Distorsión de la Justicia Constitucional en Venezuela (2008-2012), op. cit*, pp. 309-344.

1071 Véase Allan R. Brewer-Carías, "El control de la constitucionalidad de la omisión legislativa y la sustitución del Legislador por el Juez Constitucional: el caso del nombramiento de los titulares del Poder Electoral en Venezuela" en *Revista Iberoamericana de Derecho Procesal Constitucional*, N° 10, Editorial Porrúa, Instituto Iberoamericano de Derecho Procesal Constitucional, Lima, 2008, pp. 271-283.

1072 Véase Allan R. Brewer-Carías, "*Quis Custodiet Ipsos Custodes*: De la interpretación constitucional a la inconstitucionalidad de la interpretación," en *VIII Congreso Nacional de derecho Constitucional, Perú,* Fondo Editorial 2005, Colegio de Abogados de Arequipa, Arequipa, septiembre 2005, pp. 463-489; y en *Revista de Derecho Público*, N° 105, Editorial Jurídica Venezolana, Caracas 2006, pp. 7-27.

sean ambiguas, imprecisas, mal redactadas y con errores de lenguaje, ha venido ilegítimamente modificando ("reformando") el texto constitucional, legitimando y soportando la estructuración progresiva de un Estado autoritario. Es decir, ha falseado el contenido de la Constitución, mediante una "mutación,"[1073] ilegítima y fraudulenta de la misma.[1074]

Y ello lo ha hecho el Juez Constitucional en Venezuela, lamentablemente, actuando como instrumento que ha sido del régimen autoritario,[1075] como se ha analizado anteriormente, desde el momento mismo en el cual la Constitución fue sancionada y aprobada por el pueblo en diciembre de 1999, habiendo sucesivamente introducido múltiples modificaciones a la Constitución directamente, mediante sentencias interpretativas, o legitimando decisiones inconstitucionales de otros órganos del Estado, usurpando así el poder constituyente originario.

Estas modificaciones ilegítimas a la Constitución, por supuesto, al haber sido realizadas por el máximo guardián de la misma, que no tiene quien lo custodie, han quedado consolidadas en la vida político constitucional del país, al haber asumido la Sala Constitucional un poder constituyente derivado que no tiene y que no está regulado en el texto constitucional. La pregunta de siempre que suscita el poder incontrolado, *Quis custodiet ipsos custodes*, por tanto, aquí también ha adquirido todo su significado, pues no tiene respuesta.[1076].

I. EL JUEZ CONSTITUCIONAL, LA USURPACIÓN DEL PODER CONSTITUYENTE Y LAS MUTACIONES CONSTITUCIONALES: EL CASO DE VENEZUELA: EL JUEZ CONSTITUCIONAL ASUMIENDO COMPETENCIAS EN MATERIA DE JUSTICIA CONSTITUCIONAL NO ESTABLECIDAS EN LA CONSTITUCIÓN

Uno de los principios fundamentales de la justicia constitucional es que las competencias del juez constitucional son en principio de derecho estricto, en el sentido de que deben estar establecidas en la Constitución y en las leyes.

1073 Una mutación constitucional ocurre cuando se modifica el contenido de una norma constitucional de tal forma que aún cuando la misma conserva su contenido, recibe una significación diferente. Véase Salvador O. Nava Gomar, "Interpretación, mutación y reforma de la Constitución. Tres extractos" en Eduardo Ferrer Mac-Gregor (coordinador), Interpretación Constitucional, Tomo II, Ed. Porrúa, Universidad Nacional Autónoma de México, México 2005, pp. 804 ss. Véase en general sobre el tema, Konrad Hesse, "Límites a la mutación constitucional", en *Escritos de derecho constitucional*, Centro de Estudios Constitucionales, Madrid 1992.

1074 Véase Néstor Pedro Sagüés, *La interpretación judicial de la Constitución*, Buenos Aires 2006, pp. 56-59, 80-81, 165 ss.

1075 Véase Allan R. Brewer-Carías, *Crónica sobre la "In" Justicia Constitucional. La Sala Constitucional y el autoritarismo en Venezuela*, Caracas 2007; y Allan R. Brewer-Carías, *Práctica y Distorsión de la Justicia Constitucional en Venezuela (2008-2012), Colección* Justicia Nº 3, Acceso a la Justicia, Academia de Ciencias Políticas y Sociales, Universidad Metropolitana, Editorial Jurídica Venezolana, Caracas 2012.

1076 Véase nuestros comentarios iniciales sobre esta sentencia en Allan R. Brewer-Carías, *El sistema de justicia constitucional en la Constitución de 1999 (Comentarios sobre su desarrollo jurisprudencial y su explicación, a veces errada, en la Exposición de Motivos)*, Editorial Jurídica Venezolana, Caracas 2000.

Este principio, sin embargo, tiene diverso alcance según los sistemas de justicia constitucional. En el sistema difuso o descentralizado de control de constitucionalidad, en efecto, el poder-deber de todos los tribunales y jueces de desechar la aplicación de leyes que estimen contrarias a la Constitución, aplicando ésta preferentemente al decidir casos concretos, no necesita estar expresamente establecido en la Constitución. Estos poderes derivan del principio mismo de supremacía de la Constitución tal como lo delineó el Juez John Marshall, en la conocida decisión de la Corte Suprema de Estados Unidos en el caso *Marbury* vs. *Madison* 1 Cranch 137 (1803). Por ello, en los Estados Unidos, debido a este vínculo esencial entre la supremacía de la Constitución y la *judicial review*, el poder de los jueces de controlar la constitucionalidad de las leyes fue una creación de la Suprema Corte, como también lo fue unas décadas después en Argentina,[1077] donde el control de constitucionalidad también fue producto de la creación jurisprudencial de sus respectivas Cortes Supremas de Justicia.

Sin embargo, en el sistema concentrado de justicia constitucional, el principio es la necesidad de contar con una disposición expresa en la Constitución estableciendo la Jurisdicción Constitucional. Es decir, en contraste con lo que ocurre en los sistemas de control difuso, en los sistemas de control concentrado, la facultad exclusiva de los Tribunales o Cortes Constitucionales o de las Cortes Supremas de controlar la constitucionalidad de las leyes, tiene que estar siempre establecida en forma expresa en la Constitución, no pudiendo ser establecida por deducción a través de decisiones judiciales.[1078] Este es el principio, particularmente en cuanto a las acciones que se pueden ejercer ante el Tribunal constitucional y los poderes de este, el cual sin embargo se ha visto afectado en casos en los cuales el juez constitucional ha creado sus propias facultades de revisión judicial no establecidas en la Constitución.

Esto es lo que ha sucedido en Venezuela, donde la Sala Constitucional del Tribunal Supremo, por ejemplo, ha creado nuevos medios de control de constitucionalidad no previstos en la Constitución, como el llamado "recurso abstracto para la interpretación constitucional,"[1079] que puede ser intentado por cualquier persona interesada en resolver las dudas que resulten de disposiciones constitucionales ambiguas u oscuras; y la "acción innominada de control de la constitucionalidad de las sentencias de la Corte Interamericana de Derechos Humanos."

1077 Véase Allan R. Brewer-Carías, *Judicial Review in Comparative Law*, Cambridge University Press, Cambridge 1989.

1078 Véase Allan R. Brewer-Carías, *Judicial Review in Comparative Law*, Cambridge University Press, Cambridge 1989, pp. 185 ss.; y Jorge Carpizo, *El Tribunal Constitucional y sus límites*, Grijley Ed, Lima 2009, p. 41.

1079 Véase Sentencia N° 1077 de 22 de septiembre de 2000, caso *Servio Tulio León*, en *Revista de Derecho Público*, N° 83, Editorial Jurídica Venezolana, Caracas 2000, pp. 247 ss. Véase Allan R. Brewer-Carías, "Le Recours d'Interprétation Abstrait de la Constitution au Vénézuéla," en *Renouvau du droit constitutionnel. Mélanges en l'honneur de Louis Favoreu*, Paris 2007, pp. 61-70; y "La ilegítima mutación de la constitución por el juez constitucional: la inconstitucional ampliación y modificación de su propia competencia en materia de control de constitucionalidad," en *Libro Homenaje a Josefina Calcaño de Temeltas*, Fundación de Estudios de Derecho Administrativo (FUNEDA), Caracas 2009, pp. 319-362.

La primera de las mutaciones ilegítimas de la Constitución efectuada por el Juez Constitucional, ha sido la creación por la Sala Constitucional de un recurso autónomo de interpretación de la Constitución no establecido ni en la Constitución ni en Ley alguna, que a la vez ha servido de vehículo para las otras mutaciones ilegítimas de la Constitución por la misma Sala Constitucional.

Es decir, muchas de las mutaciones constitucionales ilegítimamente efectuadas tienen su origen en interpretaciones inconstitucionales que ha hecho el Juez Constitucional, no al interpretar la Constitución con motivo de resolver una acción de inconstitucionalidad u otro medio de control de la constitucionalidad de los actos estatales, sino al decidir "acciones o recursos autónomos de interpretación abstracta de la Constitución," muchos de ellos interpuestos por el propio Estado (Procurador General de la República), que la propia Sala Constitucional creó, a la vez, mutando ilegítimamente la Constitución.

En efecto, con anterioridad a la entrada en vigencia de la Constitución de 1999, el artículo 42,24 de la derogada Ley Orgánica de la Corte Suprema de Justicia había atribuido competencia a la Sala Político Administrativa de la antigua Corte Suprema para interpretar los "textos legales, en los casos previstos en la Ley." En esa misma tradición, la Constitución de 1999 estableció en forma expresa la competencia del Tribunal Supremo de Justicia, para "conocer de los recursos de interpretación sobre el contenido y alcance de los textos legales", pero "en los términos contemplados en la ley" (artículo 266,6), atribución que debe ser ejercida "por las diversas Salas conforme a lo previsto en esta Constitución y en la ley" (único aparte, artículo 266). Por ello, el artículo 5, párrafo 1°, de la Ley Orgánica de 2004, atribuyó a todas las Salas del Tribunal Supremo, competencia para:

> "52. Conocer del recurso de interpretación y resolver las consultas que se le formulen acerca del alcance e inteligencia de los textos legales, en los casos previstos en la ley, siempre que dicho conocimiento no signifique una sustitución del mecanismo, medio o recurso previsto en la ley para dirimir la situación si la hubiere."[1080]

Ahora bien, a pesar de que el ordenamiento constitucional y legal venezolano sólo regulaba el recurso de interpretación respecto de textos legales, la Sala Constitucional creó jurisprudencialmente su propia competencia para conocer de recursos autónomos de interpretación abstracta de la Constitución, mediante lo que fue una inconstitucional interpretación que le dio al artículo 335 de la Constitución, que atribuye a todas las Salas del Tribunal Supremo y no sólo a la Sala Constitucional, el carácter de "máximo y último intérprete de la Constitución."

En efecto, la Sala Constitucional en sentencia N° 1077 de 22 de septiembre de 2000, consideró que los ciudadano no requerían "de leyes que contemplen, en parti-

1080 En la reforma, de la Ley Orgánica de del Tribunal Supremo de Justicia de 2010 (*Gaceta Oficial* N° 39.522 del 1 de octubre de 2010), el artículo 31.5 atribuyó a todas las Salas del Tribunal Supremo, competencia para: "Conocer las demandas de interpretación acerca del alcance e inteligencia de los textos legales, siempre que dicho conocimiento no signifique una sustitución del mecanismo, medio o recurso que disponga la ley para dirimir la situación de que se trate."

cular, el recurso de interpretación constitucional, para interponerlo"[1081], procediendo a "crear" un recurso autónomo de interpretación abstracta de las normas constitucionales no previsto constitucional ni legalmente, basándose para ello en el artículo 26 de la Constitución que consagra el derecho de acceso a la justicia, del cual dedujo que si bien dicha acción no estaba prevista en el ordenamiento jurídico, tampoco estaba prohibida, agregando que, por lo tanto:

> "No es necesario que existan normas que contemplen expresamente la posibilidad de incoar una acción con la pretensión que por medio de ella se ventila, bastando para ello que exista una situación semejante a las prevenidas en la ley, para la obtención de sentencias declarativas de mera certeza, de condena, o constitutivas. Este es el resultado de la expansión natural de la juridicidad"[1082].

En esta forma, la acción de interpretación de la Constitución, en criterio de la Sala Constitucional, es una acción de igual naturaleza que la de interpretación de la ley,[1083] es decir, tiene por objeto obtener una sentencia declarativa de mera certeza sobre el alcance y contenido de las normas constitucionales, que no anula el acto en cuestión, pero que busca un efecto semejante, ya que en estos casos, coincide el interés particular con el interés constitucional; agregando que:

> "La finalidad de tal acción de interpretación constitucional sería una declaración de certeza sobre los alcances y el contenido de una norma constitucional, y formaría un sector de la participación ciudadana, que podría hacerse incluso como paso previo a la acción de inconstitucionalidad, ya que la interpretación constitucional podría despejar dudas y ambigüedades sobre la supuesta colisión. Se trata de una tutela preventiva."[1084]

En cuanto a la legitimidad necesaria para interponer la demanda, la Sala Constitucional ha señalado que el recurrente debe tener un interés particular en el sentido de que:

> "Como persona pública o privada debe invocar un interés jurídico actual, legítimo, fundado en una situación jurídica concreta y específica en que se encuentra, y que requiere necesariamente de la interpretación de normas constitucionales aplicables a la situación, a fin de que cese la incertidumbre que impide el desarrollo y efectos de dicha situación jurídica".

La Sala precisó además que se "está ante una acción con legitimación restringida, aunque los efectos del fallo sean generales"; por lo que señaló que "puede declarar inadmisible un recurso de interpretación que no persiga los fines antes mencionados, o que se refiere al supuesto de colisión de leyes con la Constitución, ya que ello origina otra clase de recurso".

1081 Véase Sentencia Nº 1077 de la Sala Constitucional de 22-09-00, caso: *Servio Tulio León Briceño*. Véase en *Revista de Derecho Público*, Nº 83, Caracas, 2000, pp. 247 y ss. Este criterio fue luego ratificado en sentencias de fecha 09-11-00 (Nº 1347), 21-11-00 (Nº 1387), y 05-04-01 (Nº 457), entre otras.

1082 Sentencia Nº 1077 de la Sala Constitucional de 22-09-00, caso: *Servio Tulio León Briceño*. Véase en *Revista de Derecho Público*, Nº 83, Caracas, 2000, pp. 247 y ss.

1083 *Idem*

1084 *Ibídem*

En la antes mencionada sentencia N° 1077 de 22-09-01, la Sala Constitucional reiteró su criterio sobre la legitimación activa para intentar el recurso de interpretación, señalando que el recurrente debe tener un "interés jurídico personal y directo", de manera que en la demanda se exprese con precisión, como condición de admisibilidad, "en qué consiste la oscuridad, ambigüedad o contradicción entre las normas del texto constitucional, o en una de ellas en particular; o sobre la naturaleza y alcance de los principios aplicables; o sobre las situaciones contradictorias o ambiguas surgidas entre la Constitución y las normas del régimen transitorio o del régimen constituyente"[1085].

En este caso de esta acción de interpretación constitucional, puede decirse que se está en presencia de un proceso constitucional, que como tal debería requerir de un accionante, como consecuencia de lo debería abrirse el proceso a un contradictorio; pues así como puede haber personas con interés jurídico en determinada interpretación de la Constitución, igualmente puede haber otras personas con interés jurídico en otra interpretación. En tal sentido, la Sala debería emplazar y citar a los interesados para garantizarles el que puedan hacerse parte en el proceso, y alegar a favor de una u otra interpretación del texto constitucional. Sin embargo, sobre esto, después de haber creado el recurso, la Sala Constitucional, en sentencia N° 2651 de 2 de octubre de 2003 (Caso: *Ricardo Delgado (Interpretación artículo 174 de la Constitución),* le negó el carácter de proceso constitucional señalando que en virtud de que "el recurso de interpretación debe tener como pretensión la exclusiva determinación del alcance de normas" -en este caso constitucionales-, entonces "no hay *litis*, enfrentamiento entre unas partes, respecto de las cuales haya que procurar su defensa".

Por último, debe indicarse que en sentencia N° 1347, de 9 de noviembre de 2000, la Sala Constitucional delimitó el carácter vinculante de las interpretaciones establecidas con motivo de decidir los recursos de interpretación, señalando que:

> "Las interpretaciones de esta Sala Constitucional, en general, o las dictadas en vía de recurso interpretativo, se entenderán vinculantes respecto al núcleo del caso estudiado, todo ello en un sentido de límite mínimo, y no de frontera intraspasable por una jurisprudencia de valores oriunda de la propia Sala, de las demás Salas o del universo de los tribunales de instancia.

Como puede observarse de lo anterior, estamos en presencia de una mutación constitucional mediante la ampliación de competencias constitucionales propias que se ha arrogado la Sala Constitucional, a través de una inconstitucional interpretación de la Constitución, que no establece la posibilidad de este recurso autónomo y abstracto de interpretación de las normas constitucionales,[1086] el cual, por lo demás no

---

1085 Caso: *Servicio Tulio León Briceño*, en *Revista de Derecho Público*, N° 83, Caracas, 2000, pp. 247 y ss. Adicionalmente, en otra sentencia, N° 1029 de 13-06-2001, la Sala Constitucional atemperó el rigorismo de declarar inadmisible el recurso si no precisaba el contenido de la acción, ya que señaló que "La solicitud deberá expresar: 1.- Los datos concernientes a la identificación del accionante y de su representante judicial; 2.- Dirección, teléfono y demás elementos de ubicación de los órganos involucrados; 3.- Descripción narrativa del acto material y demás circunstancias que motiven la acción."

1086 Véase Allan R. Brewer-Carías, "Le recours d'interprétation abstrait de la Constitution au Vénézuéla", en *Le renouveau du droit constitutionnel, Mélanges en l'honneur de Louis Favoreu*, Dalloz, Paris, 2007, pp. 61-70

encuentra ningún antecedente en el derecho comparado sobre los sistemas de justicia constitucional.

Posteriormente, en la reforma de la Ley Orgánica del Tribunal Supremo de Justicia de 2010 se positivizó el recurso de interpretación constitucional, al disponerse en el artículo 25.17 la competencia de la Sala Constitucional del Tribunal Supremo de Justicia, para "Conocer la demanda de interpretación de normas y principios que integran el sistema constitucional."

Pero además del recurso autónomo de interpretación abstracta de la Constitución, la Sala Constitucional del Tribunal Supremo ha "inventado" otra acción de inconstitucionalidad al margen de la Constitución y de la Ley que la regula, para someter a control de constitucionalidad a las sentencias de la Corte Interamericana de Derechos Humanos, lo que aparte de ser contrario a la Convención Americana de Derechos Humanos, que es de obligatorio cumplimiento mientras el Estado no la denuncie, es contrario al propio texto de la Constitución venezolana que en su artículo 31 prevé como obligación del propio Estado el adoptar, conforme a los procedimientos establecidos en la Constitución y en la ley, "las medidas que sean necesarias para dar cumplimiento a las decisiones emanadas de los órganos internacionales" de protección de derechos humanos.

Sin embargo, la Sala Constitucional del Tribunal Supremo de Justicia mediante sentencia N° 1547 de fecha 17 de octubre de 2011 (Caso *Estado Venezolano vs. Corte Interamericana de Derechos Humanos*),[1087] procedió a conocer de una "acción innominada de control de constitucionalidad de las sentencias de la Corte Interamericana de Derechos Humanos," en particular de la dictada el 1° de septiembre de 2011 (caso *Leopoldo López vs. Estado de Venezuela)*, ejercida por el Procurador General de la República, condenada en la sentencia. Dicha sentencia de la Corte Interamericana de Derechos Humanos había decidido, conforme a la Convención Americana de Derechos Humanos (art. 32.2), que la restricción al derecho pasivo al sufragio (derecho a ser elegido) que se le había impuesto al Sr. Leopoldo López por la Contraloría General de la República de Venezuela mediante una decisión administrativa, no judicial, era contraria a la Convención, pues dichas restricciones a derechos políticos sólo pueden establecerse mediante imposición de una condena dictada mediante sentencia judicial, con las debidas garantías del debido proceso.

Frente a la decisión de la Corte Interamericana de Derechos Humanos de condena al Estado Venezolano por violación del derecho político del Sr. Leopoldo López, el Procurador General de la República, como abogado del propio Estado condenado, recurrió ante la Sala Constitucional del Tribunal Supremo solicitándole la revisión judicial por control de constitucionalidad de la misma, de lo cual resultó la sentencia mencionada N° 1547 de 17 de octubre de 2011 de la Sala Constitucional mediante la cual decidió conocer de la mencionada "acción innominada de control de la constitucionalidad" de la sentencia de la Corte Interamericana, y declarar que la sentencia dictada por la misma en protección del Sr. López era "inejecutable" en Venezuela, ratificando así la violación de su derecho constitucional a ser electo, y que le impedía ejercer su derecho a ser electo y ejercer funciones públicas representativas.

1087 Véase en http://www.tsj.gov.ve/decisiones/scon/Octubre/1547-171011-2011-11-1130.html

El Procurador General de la República, al intentar la acción, justificó la supuesta competencia de la Sala Constitucional en su carácter de "garante de la supremacía y efectividad de las normas y principios constitucionales" (Arts. 266.1, 334, 335 y 336 de la Constitución, el artículo 32 de la Ley Orgánica del Tribunal Supremo de Justicia de 2004 y artículo. 4 de la reforma de 2010), considerando básicamente que la República, ante una decisión de la Corte Interamericana de Derechos Humanos, no podía dejar de realizar "el examen de constitucionalidad en cuanto a la aplicación de los fallos dictados por esa Corte y sus efectos en el país," considerando en general que las decisiones de dicha Corte Interamericana sólo pueden tener "ejecutoriedad en Venezuela," en la medida que "el contenido de las mismas cumplan el examen de constitucionalidad y no menoscaben en forma alguna directa o indirectamente el Texto Constitucional;" es decir, que dichas decisiones "para tener ejecución en Venezuela deben estar conformes con el Texto Fundamental."

Después de analizar la sentencia de la Corte Interamericana, el Procurador General de la República en su solicitud consideró que la misma transgredía el ordenamiento jurídico venezolano, pues desconocía:

> "la supremacía de la Constitución y su obligatoria sujeción, violentando el principio de autonomía de los poderes públicos, dado que la misma desconoce abiertamente los procedimientos y actos legalmente dictados por órganos legítimamente constituidos, para el establecimiento de medidas y sanciones contra aquellas actuaciones desplegadas por la Contraloría General de la República que contraríen el principio y postulado esencial de su deber como órgano contralor, que tienen como fin último garantizar la ética como principio fundamental en el ejercicio de las funciones públicas."

Como consecuencia de ello, el Procurador General de la República solicitó de la Sala Constitucional que admitiera lo que llamó la "acción innominada de control de constitucionalidad", a los efectos de que la Sala declarase "inejecutable e inconstitucional la sentencia de la Corte Interamericana de Derechos Humanos del 1 de septiembre de 2011." En definitiva, la Sala concluyó que se trataba de una acción mediante la cual se pretendía:

> "ejercer un "control innominado de constitucionalidad", por existir una aparente antinomia entre la Constitución de la República Bolivariana de Venezuela, la Convención Interamericana de Derechos Humanos, la Convención Americana contra la Corrupción y la Convención de las Naciones Unidas contra la Corrupción, producto de la pretendida ejecución del fallo dictado el 1 de septiembre de 2011, por la Corte Interamericana de Derechos Humanos (CIDH), que condenó a la República Bolivariana de Venezuela a la habilitación para ejercer cargos públicos al ciudadano Leopoldo López Mendoza."

La Sala Constitucional, en definitiva, consideró que le correspondía en "su condición de último interprete de la Constitución," realizar "el debido control de esas normas de rango constitucional" y ponderar "si con la ejecución del fallo de la CIDH se verifica tal confrontación." Todo esto ha originado una bizarra situación de violación de derechos políticos por parte de los órganos del Estado venezolano, incluyendo la Sala Constitucional del Tribunal Supremo, y de formal desconocimiento de las sentencias dictadas por le Corte Interamericana de Derechos Humanos contra el Estado, a requerimiento del abogado del propio Estado condenado, al declararlas como "inejecutables" en el país.

Quedó en esta forma "formalizada" en la jurisprudencia de la Sala Constitucional en Venezuela, actuando como Jurisdicción Constitucional, y sin tener competencia constitucional alguna para ello, la existencia de una "acción innominada de control de constitucionalidad" destinada a revisar las sentencias de la Corte Interamericana de Derechos Humanos. Es decir, el Estado venezolano, con esta sentencia, estableció un control de las sentencias que la Corte Interamericana pueda dictar contra el mismo Estado condenándolo por violación de derechos humanos, cuya ejecución en relación con el Estado condenado, queda a su sola voluntad, determinada por su Tribunal Supremo de Justicia a su propia solicitud (del Estado condenado) a través del Procurador General de la Republica. Se trata, en definitiva, de un absurdo sistema de justicia en el cual el condenado en una decisión judicial es quien determina si la condena que se le ha impuesto es o no ejecutable. Eso es la antítesis de la justicia..

II EL JUEZ CONSTITUCIONAL ASUMIENDO COMPETENCIAS EN MATERIA DE JUSTICIA CONSTITUCIONAL NO ESTABLECIDAS EN LA CONSTITUCIÓN

Un principio esencial en materia de Justicia Constitucional, y es que el juez constitucional no puede asumir el rol de poder constituyente y reformar la Constitución, y si se le reconocen poderes para mutar disposiciones constitucionales, es sólo en aplicación de principios constitucionales prevalentes, como ocurre en materia de derechos humanos por ejemplo con el principio de progresividad. En estos casos, el juez constitucional está llamado en muchos casos a adaptar las disposiciones constitucionales a los tiempos presentes, mediante su interpretación, realizando lo que Laurence Claus y Richard S. Kay, denominan una "legislación constitucional positiva" particularmente cuando el fallo que dictan, crea obligaciones públicas "afirmativas" a cargo de los entes públicos en materia de protección de derechos fundamentales.[1088] En esta materia, el papel de los jueces constitucionales ha sido el resultado de un proceso de "redescubrimiento" de derechos fundamentales no expresamente establecidos en las Constituciones, con lo que se ha ampliado, así, el alcance de sus disposiciones, manteniéndose "viva" la Constitución.[1089]

El papel de la Corte Suprema de los Estados Unidos de Norteamérica en la elaboración de principios y valores constitucionales, proporciona tal vez en esta materia "el ejemplo más destacado de legislación positiva en el transcurso de la jurisprudencia constitucional estadounidense."[1090] Así sucedió, en efecto, en el caso *Brown v.*

1088 Véase Laurence Claus y Richard S. Kay, "*Constitutional Courts as 'Positive Legislators' in the United States,*" *U.S. National Report*, XVIII International Congress of Comparative Law, Washington, July 2010, p. 6.

1089 Véase Mauro Cappelletti, "El formidable problema del control judicial y la contribución del análisis comparado," en *Revista de Estudios Políticos*, N° 13, Centro de Estudios Constitucionales, Madrid 1980, p. 78; "The Mighty Problem" of Judicial Review and the Contribution of Comparative Analysis," en *Southern California Law Review*, 1980, p. 409.

1090 Véase en Laurence Claus y Richard S. Kay, "Constitutional Courts as positive legislators in the United States," en Allan R. Brewer-Carías, *Constitutional Courts as Positive Legislators*, Cambridge University Press, New York 2011, pp. 819.

Board of Education of Topeka, 347 U.S. 483 (1954), cuando la Corte Suprema interpretó la cláusula de "igualdad de protección" de la Cuarta Enmienda con el fin de ampliar la naturaleza del principio de igualdad y no discriminación; o cuando decidió acerca de la garantía constitucional del "debido proceso" (Enmiendas V y XIV), o sobre la cláusula abierta de la Enmienda IX, con el propósito de desarrollar el sentido de la "libertad." Ello transformó a la Corte Suprema en "el legislador [constitucional] actual más poderoso de la nación."[1091] Lo mismo ha ocurrido por ejemplo, en Francia, donde no conteniendo la Constitución una declaración de derechos fundamentales, el papel del Consejo Constitucional durante las últimas décadas fue precisamente la transformar la Constitución, ampliando el *bloc de constitutionnalité*, otorgándole rango constitucional, mediante el Preámbulo de la Constitución de 1958, al Preámbulo de la Constitución de 1946, y finalmente, a la Declaración de los Derechos del Hombre y de los Ciudadanos de 1789.[1092]

Este papel de los jueces constitucionales adaptando las Constituciones con el fin de garantizar los derechos fundamentales, descubriéndolos dentro de sus textos, o deduciéndolos de los previstos en los mismos, puede considerarse en la actualidad como una tendencia principal en el derecho comparado, la cual puede ser identificada en muchos países con diferentes sistemas de control de constitucionalidad, como es el caso de Suiza, Alemania, Portugal, Austria, Polonia, Croacia, Grecia y la India, donde los jueces constitucionales han efectuado cambios importantes a la Constitución, extendiendo el alcance de los derechos fundamentales.[1093]

Pero fuera de la adaptación constitucional con base en el principio de la progresividad en materia de derechos humanos, las modificaciones a la Constitución, conforme al texto expreso de la misma, no pueden realizarse por la Jurisdicción Constitucional por más poder que tenga de interpretar la Constitución, sino sólo mediante los procedimientos precisos que se establecen en las propias Constituciones.

1091 *Idem*, p. 20.

1092 Véase Louis Favoreu, "Le principe de Constitutionalité. Essai de definition d'apres la jurisprudence du Conseil Constitutionnel", *Recueil d'étude en Hommage a Charles Eisenman*, Paris 1977, p. 34. Véase también, en el derecho comparado, Francisco Zúñiga Urbina, *Control de Constitucionalidad y sentencia*, Cuadernos del Tribunal Constitucional, N° 34, Santiago de Chile 2006, pp. 46-68.

1093 Véase Tobias Jaag, "*Constitutional Courts as 'Positive Legislators:' Switzerland,*" *Swiss National Report*, XVIII International Congress of Comparative Law, Washington, July 2010, p 11; I. Härtel, "*Constitutional Courts as Positive Legislators,*" *German National Report*, XVIII International Congress of Comparative Law, Washington, July 2010, p. 12; Marek Safjan, "*The Constitutional Courts as a Positive Legislator,*" *Polish National Report*, XVIII International Congress of Comparative Law, Washington, July 2010, p. 9; Sanja Barić and Petar Bačić, "*Constitutional Courts as positive legislators. National Report: Croatia,*" *Croatian National Report*, XVIII International Congress of Comparative Law, Washington, July 2010, p. 23 ss; Julia Iliopoulos-Strangas and Stylianos-Ioannis G. Koutna, "*Constitutional Courts as Positive Legislators. Greek National Report,*" XVIII International Congress of Comparative Law, Washington, July 2010, p. 14; Joaquim de Sousa Ribeiro and Esperança Mealha, "*The Constitutional Courts as a Positive Legislator,*" *Portuguese National Report*, XVIII International Congress of Comparative Law, Washington, July 2010, pp. 9-10; Surya Deva, "*Constitutional Courts as 'Positive Legislators: The Indian Experience*," *Indian National Report*, XVIII International Congress of Comparative Law, Washington, July 2010, p. 4. El texto de estas Ponencias se publicó en Allan R. Brewer-Carías, *Constitutional Courts as Positive Legislator*s, Cambridge University Press, New York 2011.

Cualquier modificación de la Constitución efectuada fuera de dichos procedimientos, es inconstitucional e ilegítima, razón por la cual la Jurisdicción Constitucional, al ejercer su facultad de interpretación del contenido y alcance de las normas constitucionales no puede, en forma alguna, "modificar" la Constitución, sobre todo si no se trata de normas que sean ambiguas, imprecisas, mal redactadas y con errores de lenguaje. Si lo hace, lo que estaría realizando sería un falseamiento de la Constitución, es decir, una "mutación" ilegítima y fraudulenta de la misma, que falsea su contenido.[1094]

La mutación constitucional ocurre en efecto cuando como resultado de una interpretación de la Constitución realizada por el Juez Constitucional, el resultado es que "se modifica el contenido de una norma constitucional de tal forma que aún cuando la misma conserva su contenido, recibe una significación diferente."[1095] Hay por supuesto mutaciones constitucionales legítimas, lo que ocurre cuando mediante la interpretación de normas constitucionales por el Juez Constitucional con base en la aplicación de los principios fundamentales establecidos en el propio texto fundamental, como por ejemplo el principio de la progresividad, o el principio pro homine, en materia de derechos humanos,[1096] se interpreta el alcance de las normas reguladoras de tales derechos en sentido garantista o protectivo más allá de las previsiones formales del articulado constitucional.

En tal sentido puede decirse que el rol del Juez Constitucional "adaptando" la Constitución a los efectos de garantizar la protección de los derechos fundamentales, incluso de aquellos no enumerados expresamente en la Constitución, y además, a veces sin que siquiera exista una cláusula abierta que proteja los derechos "inherentes a la persona humana," puede decirse que se ha aceptado con gran frecuencia en el mundo contemporáneo,[1097] particularmente cuando el Juez Constitucional como consecuencia de su labor interpretativa formula y crea "deberes afirmativos" a cargo de las entidades públicas para asegurar la protección de los derechos.[1098]

Pero en otros casos, la mutación constitucional, desligada de la protección de los derechos humanos, puede resultar en un ilegítimo falseamiento de la Constitución al

---

1094 Véase Néstor Pedro Sagüés, *La interpretación judicial de la Constitución*, Buenos Aires 2006, pp. 56-59, 80-81, 165 ss.

1095 Véase Salvador O. Nava Gomar, "Interpretación, mutación y reforma de la Constitución. Tres extractos" en Eduardo Ferrer Mac-Gregor (coordinador), *Interpretación Constitucional*, Tomo II, Ed. Porrúa, Universidad Nacional Autónoma de México, México 2005, pp. 804 ss. Véase en general sobre el tema, Konrad Hesse, "Límites a la mutación constitucional", en *Escritos de derecho constitucional*, Centro de Estudios Constitucionales, Madrid 1992.

1096 Véase Pedro Nikken, *La protección internacional de los derechos humanos: Su desarrollo progresivo*, Instituto Interamericano de Derechos Humanos, Ed. Civitas, Madrid 1987; Mónica Pinto, "El principio *pro homine*: Criterio hermenéutico y pautas para la regulación de los derechos humanos," en *La aplicación de los tratados sobre derechos Humanos por los tribunales locales*, Centro de Estudios Legales y Sociales, Buenos Aires 1997, p. 163

1097 Véase en general, Allan R. Brewer-Carías, *Constitutional Courts as Positive Legislators*, Cambridge University Press, New York 2011, pp. 79 ss.

1098 Para poner un solo ejemplo, véase en relación con la evolución de la protección al derecho a la no discriminación en los Estados Unidos, en Laurence Claus y Richard S. Kay, "Constitutional Courts as positive legislators in the United States," en Allan R. Brewer-Carías, *Constitutional Courts as Positive Legislators*, Cambridge University Press, New York 2011, pp. 816 ss.

servicio de un proyecto político autoritario. Por ello, si bien es cierto que los jueces constitucionales pueden considerarse como un vehículo fenomenal, con base en la aplicación de los principios constitucionales democráticos, para procurar la adaptación de la Constitución, reafirmando el Estado de derecho; también es cierto que pueden convertirse en el instrumento más diabólico de dictadura constitucional, cuando en un marco de ausencia de efectiva separación de poderes, adaptan la Constitución democrática a un modelo autoritario, convalidan o se abstienen de controlar violaciones constitucionales realizadas por regímenes autoritarios; no estando sujetos en sí mismo a control alguno.[1099]

En tiempos recientes, en alguno de nuestros países de América Latina se aprecia esta tendencia del Juez Constitucional de mutar ilegítimamente la Constitución, abandonando su rol de poder constituido y garante de la misma, procediendo, desligándose de la misma, a "adaptarla" a un proyecto autoritario o a la política gubernamental del momento. Ha sido el caso, por ejemplo, de la Sala Constitucional del Tribunal Supremo de Venezuela, implementando a fuerza de interpretación constitucional, la rechazada reforma constitucional de 2007, y de la Sala Constitucional de la Corte Suprema de Nicaragua, declarando "inconstitucional" una norma de la Constitución para permitir la reelección presidencial.

III. LA MUTACIÓN DE LA CONSTITUCIÓN POR EL JUEZ CONSTITUCIONAL PARA IMPLEMENTAR LA REFORMA CONSTITUCIONAL RECHAZADA POR EL PUEBLO EN 2007

En Venezuela, en efecto, la Sala Constitucional del Tribunal Supremo de Justicia, una vez que la reforma constitucional propuesta por el Presidente de la república en 2007 fue rechazada por el pueblo en referendo, ha procedido en forma ilegítima a implementarla, no sólo como antes se ha dicho, por su activa omisión en ejercer su función de guardián de la Constitución ante leyes y decretos leyes inconstitucionales que la han implementado, sino también por su positiva acción realizando interpretaciones constitucionales abstractas, en general a petición del propio Poder Ejecutivo, que han conducido a ilegítimas mutaciones constitucionales en fraude a la voluntad popular y a la propia Constitución.[1100]

Entre las múltiples mutaciones ilegítimas que ha efectuado la Sala Constitucional,[1101] se destacan tres que quiero referir destinadas específicamente a la implementación de la reforma constitucional rechazada de 2007, relativas al régimen de protección internacional de los derechos humanos, a la forma federal del Estado y al financiamiento público de los partidos políticos.

1099 Véase Allan R. Brewer-Carías, "La reforma constitucional en América Latina y el control de constitucionalidad," en *Reforma de la Constitución y control de constitucionalidad.* Congreso Internacional junio 14 al 17 de 2005), Pontificia Universidad Javeriana, Bogotá, 2005, pp. 108–159

1100 Véase Allan R. Brewer-Carías, "El juez constitucional al servicio del autoritarismo y la ilegítima mutación de la Constitución: el caso de la Sala Constitucional del Tribunal Supremo de Justicia de Venezuela (1999-2009)", en IUSTEL, *Revista General de Derecho Administrativo*, N° 21, junio 2009, Madrid, ISSN-1696-9650

1101 Véase en general, Allan R. Brewer-Carías, *Constitutional Courts as Positive Legislators*, Cambridge University Press, New York 2011, pp. 79 ss.

1. *Las mutaciones constitucionales en materia de protección internacional de los derechos humanos*

Siguiendo una tendencia universal contemporánea, que ha permitido a los tribunales constitucionales la aplicación directa de los tratados internacionales en materia de derechos humanos para su protección, ampliando progresivamente el elenco de los mismos, en el propio texto de las Constituciones se ha venido progresivamente reconociendo en forma expresa el rango normativo de los referidos tratados,[1102] al punto de que en Venezuela el artículo 23 de la Constitución dispuso que "los tratados, pactos y convenciones relativos a derechos humanos, suscritos y ratificados por Venezuela, tienen jerarquía constitucional y prevalecen en el orden interno, en la medida en que contengan normas sobre su goce y ejercicio más favorables a las establecidas en esta Constitución y en las leyes de la República."

Esta norma, sin duda, fue uno de las más importantes en materia de derechos humanos en el país pues por una parte, le otorga a los tratados internacionales en materia de derechos humanos no sólo rango constitucional, sino rango supra constitucional, es decir, un rango superior respecto de las propias normas constitucionales cuando contengan regulaciones más favorables al ejercicio de los derechos, debiendo prevalecer sobre las mismas. Además, por otra parte, el artículo establece el principio de la aplicación inmediata y directa de dichos tratados por los tribunales y demás autoridades del país. Su inclusión en la Constitución, sin duda, fue un avance significativo en la construcción del esquema de protección de los derechos humanos, que se aplicó por los tribunales declarando la prevalencia de las normas de Convención Americana de Derechos Humanos en relación con normas constitucionales y legales.

Sin embargo, en sentencia Nº 1.939 de 18 de diciembre de 2008 (Caso Gustavo Álvarez Arias y otros) la Sala Constitucional al declarar inejecutable una sentencia de la Corte Interamericana de Derechos Humanos, de fecha 5 de agosto de 2008, dictada en el caso de los ex-magistrados de la Corte Primera de lo Contencioso Administrativo (Apitz Barbera y otros ("Corte Primera de lo Contencioso Administrativo") vs. Venezuela), resolvió definitivamente que el artículo 23 citado de la Constitución "no otorga a los tratados internacionales sobre derechos humanos rango "supraconstitucional", reservándose la Sala la potestad de determinar cuál sería la norma aplicable. En esta forma, la Sala Constitucional dispuso una ilegítima mutación constitucional, reformando el artículo 23 de la Constitución al eliminar el carácter supranacional de la Convención Americana de Derechos Humanos en los casos en

1102 En relación con esta clasificación general, véase: Rodolfo E. Piza R., *Derecho internacional de los derechos humanos: La Convención Americana*, San José 1989; y Carlos Ayala Corao, "La jerarquía de los instrumentos internacionales sobre derechos humanos", en *El nuevo derecho constitucional latinoamericano, IV Congreso venezolano de Derecho constitucional*, Vol. II, Caracas 1996 y *La jerarquía constitucional de los tratados sobre derechos humanos y sus consecuencias,* México, 2003; Humberto Henderson, "Los tratados internacionales de derechos humanos en el orden interno: la importancia del principio *pro homine*", en *Revista IIDH*, Instituto Interamericano de Derechos Humanos, Nº 39, San José 2004, pp. 71 y ss. Véase también, Allan R. Brewer-Carías, *Mecanismos nacionales de protección de los derechos humanos,* Instituto Internacional de Derechos Humanos, San José, 2004, pp. 62 y ss.

los cuales contenga previsiones más favorables al goce y ejercicio de derechos humanos respecto de las que están previstas en la propia Constitución.

Debe advertirse, por otra parte, que tan se trata de una reforma constitucional ilegítima, que esa fue una de las propuestas de reforma que se formularon por el "Consejo Presidencial para la Reforma de la Constitución," designado por el Presidente de la República,[1103] en informe de junio de 2007,[1104] en el cual, en relación con el artículo 23 de la Constitución, lo que se buscaba era eliminar totalmente la jerarquía constitucional de las previsiones de los tratados internacionales de derechos humanos y su prevalencia sobre el orden interno, proponiéndose la formulación de la norma sólo en el sentido de que: "los tratados, pactos y convenciones relativos a derechos humanos, suscritos y ratificados por Venezuela, mientras se mantenga vigentes, forma parte del orden interno, y son de aplicación inmediata y directa por los órganos del Poder Público".

Esa propuesta de reforma constitucional que afortunadamente no llegó a cristalizar, era un duro golpe al principio de la progresividad en la protección de los derechos que se recoge en el artículo 19 de la Constitución, que no permite regresiones en la protección de los mismos.[1105] Sin embargo, lo que no pudo hacer el régimen autoritario mediante una reforma constitucional, la cual al final fue rechazada por el pueblo, lo hizo la Sala Constitucional del Tribunal Supremo en su larga carrera al servicio del autoritarismo.[1106]

Pero en materia de derechos humanos, el artículo 23 de la Constitución dispuso además que las normas de los tratados, pactos y convenciones internacionales relativos a derechos humanos son "de aplicación inmediata y directa por los tribunales y demás órganos del Poder Público" (art. 23). Sobre esta norma, sin embargo, la Sala Constitucional del Tribunal Supremo, al reivindicar su supuesto rol exclusivo de ser máximo y último intérprete de la Constitución y de los tratados, pactos y convenios sobre derechos humanos que no tiene, pues todas las Salas del Tribunal Supremo lo tienen, ha establecido en sentencia N° 1492 de 15 de julio de 2003 (Caso: Impugnación de diversos artículos del Código Penal), que por adquirir los mencionados tratados jerarquía constitucional e integrarse a la Constitución vigente, "el único capaz de interpretarlas, con miras al derecho venezolano, es el juez constitucional, con-

---

1103 Véase Decreto N° 5138 de 17-01-2007, *Gaceta Oficial* N° 38.607 de 18-01-2007

1104 El documento circuló en junio de 2007 con el título Consejo Presidencial para la Reforma de la Constitución de la República Bolivariana de Venezuela, "Modificaciones propuestas". El texto completo fue publicado como *Proyecto de Reforma Constitucional.* Versión atribuida al Consejo Presidencial para la reforma de la Constitución de la república Bolivariana de Venezuela, Editorial Atenea, Caracas 01 de julio de 2007, 146 pp.

1105 Véase esta proyectada reforma constitucional Allan R. Brewer-Carías, *Hacia la consolidación de un Estado Socialista, Centralizado, Policial y Militarista. Comentarios sobre el sentido y alcance de las propuestas de reforma constitucional 2007*, Colección Textos Legislativos, N° 42, Editorial Jurídica Venezolana, Caracas 2007, pp. 122 ss.

1106 Véase lo expuesto en Allan R. Brewer-Carías, *Crónica sobre la "In" Justicia Constitucional. La Sala Constitucional y el autoritarismo en Venezuela*, Colección Instituto de Derecho Público, Universidad Central de Venezuela, N° 2, Caracas 2007; y en *Práctica y Distorsión de la Justicia Constitucional en Venezuela (2008-2012),* Colección Justicia N° 3, Acceso a la Justicia, Academia de Ciencias Políticas y Sociales, Universidad Metropolitana, Editorial Jurídica Venezolana. Caracas, 2012.

forme al artículo 335 de la vigente Constitución, en especial, al intérprete nato de la Constitución de 1999, y, que es la Sala Constitucional, y así se declara". De allí la Sala señaló que

> "es la Sala Constitucional quien determina cuáles normas sobre derechos humanos de esos tratados, pactos y convenios, prevalecen en el orden interno; al igual que cuáles derechos humanos no contemplados en los citados instrumentos internacionales tienen vigencia en Venezuela."[1107].

Con esta decisión inconstitucional, la Sala Constitucional ha mutado ilegítimamente la Constitución, pues conforme a la norma del artículo 23, esa potestad no sólo corresponde a la Sala Constitucional, sino a todos los tribunales de la República cuando actúen como juez constitucional, por ejemplo, al ejercer el control difuso de la constitucionalidad de las leyes o al conocer de acciones de amparo. La pretensión de la Sala Constitucional en concentrar toda la justicia constitucional no se ajusta a la Constitución y al sistema de justicia constitucional que regula, de carácter mixto e integral; y menos aún en materia de derechos humanos, cundo es la propia Constitución la que dispone que los tratados, pactos e instrumentos internacionales sobre derechos humanos ratificados por la República son "de aplicación inmediata y directa por los tribunales" (art. 23).

Por último, en materia de derechos humanos, la Sala Constitucional en la sentencia antes indicada N° 1.939 de 18 de diciembre de 2008 (Caso *Gustavo Álvarez Arias y otros*) que en realidad debería identificarse como Caso: *Estado venezolano vs. La Corte Interamericana de Derechos Humanos*, desconoció las decisiones de la Corte Interamericana de Derechos Humanos, declarándolas inejecutables, contrariando el régimen internacional de los tratados.

Con dicha sentencia, en efecto, dictada en juicio iniciado por la Procuraduría General de la República que es un órgano dependiente del Ejecutivo Nacional, la Sala Constitucional declaró "inejecutable" en Venezuela la sentencia de la Corte Interamericana de Derechos Humanos de fecha 5 de agosto de 2008," que se había dictado en el caso de unos ex-magistrados de la Corte Primera de lo Contencioso Administrativo (Apitz Barbera y otros ("Corte Primera de lo Contencioso Administrativo") vs. Venezuela), separados ilegítima e inconstitucionalmente de sus cargos, y en la cual se había condenado al Estado Venezolano por violación de sus garantías judiciales.[1108]

Ahora bien, en Venezuela es la propia Constitución en el artículo 31 la que garantiza expresamente en Venezuela el acceso de las personas a la protección internacional en materia de derechos humanos, con la obligación del Estado de ejecutar las decisiones de los órganos internacionales,[1109] por lo que la decisión de la Sala

---

1107 Véase en *Revista de Derecho Público*, N° 93-96, Editorial Jurídica Venezolana, Caracas 2003, pp. 135 ss.

1108 Véase en www.corteidh.or.cr . Excepción Preliminar, Fondo, Reparaciones y Costas, Serie C N° 182.

1109 Artículo 31. Toda persona tiene derecho, en los términos establecidos por los tratados, pactos y convenciones sobre derechos humanos ratificados por la República, a dirigir peticiones o quejas ante los órganos internacionales creados para tales fines, con el objeto de solicitar el amparo a sus derechos humanos. // El Estado adoptará, conforme a procedimientos establecidos en esta Constitución y en la

Constitucional, fue por tanto, un acto de rebelión contra la justicia internacional y contra la propia Constitución.

En América latina, sin embargo, no era la primera vez que ello ocurría. En Perú había ocurrido en relación con la sentencia de la Corte Interamericana en el Caso *Castillo Petruzzi* de 30 de mayo de 1999 (Serie C, núm. 52), la cual después de que declarar que el Estado peruano había violado masivamente las garantía judiciales del interesado,[1110] la Sala Plena del Consejo Supremo de Justicia Militar del Perú se negó a ejecutar el fallo, considerando que la misma desconocía la Constitución Política del Perú y la sujetaba a "la Convención Americana sobre Derechos Humanos en la interpretación que los jueces de dicha Corte efectúan ad-libitum en esa sentencia."[1111]

En 2008, entonces, le correspondió a Venezuela seguir los pasos del régimen autoritario del Presidente Fujimori en el Perú, y la Sala Constitucional del Tribunal Supremo también declaró en la mencionada decisión N° 1.939 de 18 de diciembre de 2008 (Caso Abogados Gustavo Álvarez Arias y otros), como "inejecutable" la sentencia de la Corte Interamericana de Derechos Humanos Primera de 5 de agosto de 2008 en el caso Apitz Barbera y otros ("Corte Primera de lo Contencioso Administrativo") vs. Venezuela acusando a la Corte Interamericana de haber usurpado el poder del Tribunal Supremo.[1112]

---

ley, las medidas que sean necesarias para dar cumplimiento a las decisiones emanadas de los órganos internacionales previstos en este artículo.

1110 Como consecuencia, en la sentencia la Corte Interamericana declaró "la invalidez, por ser incompatible con la Convención, del proceso en contra de los señores Jaime Francisco Sebastián Castillo Petruzzi" y otros, ordenando "que se les garantice un nuevo juicio con la plena observancia del debido proceso legal," y además, "al Estado adoptar las medidas apropiadas para reformar las normas que han sido declaradas violatoria de la Convención Americana sobre Derechos Humanos en la presente sentencia y asegurar el goce de los derechos consagrados en la Convención Americana sobre derechos Humanos a todas las personas que se encuentran bajo su jurisdicción, sin excepción alguna." Véase en http://www.tsj.gov.ve/decisiones/scon/Diciembre/1939-181208-2008-08-1572.html

1111 Precisamente frente a esta declaratoria por la Sala Plena del Consejo Supremo de Justicia Militar del Perú sobre la inejecutabilidad del fallo de 30 de mayo de 1999 de la Corte Interamericana de Derechos Humanos en el Perú, fue que la misma Corte Interamericana dictó el fallo subsiguiente, antes indicado, de 7 de noviembre de 1999, declarando que "el Estado tiene el deber de dar pronto cumplimiento a la sentencia de 30 de mayo de 1999 dictada por la Corte Interamericana en el caso Castillo Petruzzi y otros." Sergio García Ramírez (Coord.), La Jurisprudencia de la Corte Interamericana de Derechos Humanos, Universidad Nacional Autónoma de México, Corte Interamericana de Derechos Humanos, México, 2001, p. 629 Ello ocurrió durante el régimen autoritario que tuvo el Perú en la época del Presidente Fujimori, y que condujo a que dos meses después de dictarse la sentencia de la Corte Interamericana del 30 de mayo de 1999, el Congreso del Perú aprobase el 8 de julio de 1999 el retiro del reconocimiento de la competencia contenciosa de la Corte, lo que se depositó al día siguiente en la Secretaría General de la OEA/ Este retiro fue declarado inadmisible por la propia Corte Interamericana, en la sentencia del caso Ivcher Bronstein de 24 de septiembre de 1999, considerando que un "Estado parte sólo puede sustraerse a la competencia de la Corte mediante la denuncia del tratado como un todo." *Idem*, pp. 769-771. En todo caso, posteriormente en 2001 Perú derogó la Resolución de julio de 1999, restableciéndose a plenitud la competencia de la Corte interamericana para el Estado

1112 El tema, ya lo había adelantado la Sala Constitucional en su conocida sentencia N° 1.942 de 15 de julio de 2003 (Caso: *Impugnación de artículos del Código Penal, Leyes de desacato*) (Véase en *Revista de Derecho Público*, N° 93-96, Editorial Jurídica Venezolana, Caracas 2003, pp. 136 ss.) en la cual al referirse a los Tribunales Internacionales "comenzó declarando en general, que en Venezuela "por encima del Tribunal Supremo de Justicia y a los efectos del artículo 7 constitucional, no existe órgano jurisdic-

En su decisión, la Sala Constitucional, citando precisamente como precedente la decisión antes señalada de 1999 de la Sala Plena del Consejo Supremo de Justicia Militar del Perú, precisó que la Corte Interamericana de Derechos Humanos, no podía "pretender excluir o desconocer el ordenamiento constitucional interno," y que había dictado "pautas de carácter obligatorio sobre gobierno y administración del Poder Judicial que son competencia exclusiva y excluyente del Tribunal Supremo de Justicia" y establecido "directrices para el Poder Legislativo, en materia de carrera judicial y responsabilidad de los jueces, violentando la soberanía del Estado venezolano en la organización de los poderes públicos y en la selección de sus funcionarios, lo cual resulta inadmisible." Además, acusó a la Corte Interamericana de haber utilizado su fallo "para intervenir inaceptablemente en el gobierno y administración judicial que corresponde con carácter excluyente al Tribunal Supremo de Justicia," argumentando que con la "sentencia cuestionada" la Corte Interamericana pretendía "desconocer la firmeza de decisiones administrativas y judiciales que han adquirido la fuerza de la cosa juzgada, al ordenar la reincorporación de los jueces destituidos."

Posteriormente, la Sala Constitucional del Tribunal Supremo de Justicia mediante otra sentencia N° 1547 de fecha 17 de octubre de 2011 (Caso Estado Venezolano vs. Corte Interamericana de Derechos Humanos),[1113] también declaró "inejecutable" otra decisión de la Corte Interamericana de Derechos Humanos de 1° de septiembre de 2011 (caso Leopoldo López vs. Estado de Venezuela), al conocer y decidir una "acción innominada de control de constitucionalidad" que no existe en el ordenamiento constitucional venezolano, y que también fue ejercida por el Procurador General de la República contra dicha sentencia de la Corte Interamericana.[1114]

En esta, la Corte Interamericana decidió conforme a la Convención Americana de Derechos Humanos (art. 32.2), que la restricción al derecho pasivo al sufragio (derecho a ser elegido) que se le había impuesto al Sr. Leopoldo López por la Contraloría General de la República de Venezuela mediante una decisión administrativa, no judicial, era contraria a la Convención, pues dichas restricciones a derechos políticos sólo puede establecerse mediante imposición de una condena dictada mediante sentencia judicial, con las debidas garantías del debido proceso.[1115]

En la sentencia dictada por la Sala Constitucional para declarar inejecutable esa decisión internacional en Venezuela, la misma consideró que la Corte Interamerica-

---

cional alguno, a menos que la Constitución o la ley así lo señale, y que aun en este último supuesto, la decisión que se contradiga con las normas constitucionales venezolanas, carece de aplicación en el país, y así se declara."

1113 Véase en http://www.tsj.gov.ve/decisiones/scon/Octubre/1547-171011-2011-11-1130.htmll

1114 Véase Allan R. Brewer-Carías, "El ilegítimo "control de constitucionalidad" de las sentencias de la Corte Interamericana de Derechos Humanos por parte la Sala Constitucional del Tribunal Supremo de Justicia de Venezuela: el caso Leopoldo López vs. Venezuela, septiembre 2011," en *Revista de Derecho Público*, N° 128, Editorial Jurídica Venezolana, Caracas 2011, pp. 227-250.

1115 Véase Allan R. Brewer-Carías, "El derecho político de los ciudadanos a ser electos para cargos de representación popular y el alcance de su exclusión judicial en un régimen democrático (O de cómo la Contraloría General de la República de Venezuela incurre en inconstitucionalidad e inconvencionalidad al imponer sanciones administrativas de inhabilitación política a los ciudadanos)," texto elaborado para el *Libro homenaje a Francisco Cumplido*, Asociación Chilena de Derecho Constitucional, Santiago de Chile, 2011 na se había desviado de la Convención Americana y sus propias competencias, "emitiendo órdenes directas a órganos del Poder Público venezolano (Asamblea Nacional y Consejo Nacional Electoral), usurpando funciones cual si fuera una potencia colonial y pretendiendo imponer a un país soberano e independiente criterios políticos e ideológicos absolutamente incompatibles con nuestro sistema constitucional." [1116]

Así siguió el proceso del gobierno para desligarse de la Convención Americana sobre Derechos Humanos, y de la jurisdicción de la Corte Interamericana de Derechos Humanos, utilizando para ello a su propio Tribunal Supremo de Justicia; lo cual se ha sido expresado formalmente por el Presidente de la República como voluntad del gobierno en mayo de 2012,[1117] y ratificado en julio del mismo año.[1118]

En esta materia, la Sala Constitucional también dispuso una ilegítima mutación constitucional, reformando el artículo 23 de la Constitución en la forma cómo se pretendía en 2007 en la antes mencionada propuesta del "Consejo Presidencial para la Reforma de la Constitución," designado por el Presidente de la República, al buscar agregar al artículo 23 de la Constitución, también en forma regresiva, que "corresponde a los tribunales de la República conocer de las violaciones sobre las materias reguladas en dichos Tratados", con lo que se buscaba establecer una prohibición constitucional para que la Corte Interamericana de Derechos Humanos pudiera conocer de las violaciones de la Convención Americana de Derechos Humanos. Es decir, con una norma de este tipo, Venezuela hubiera quedado excluida constitucionalmente de la jurisdicción de dicha Corte internacional y del sistema interamericano de protección de los derechos humanos.[1119]

En esta materia, también, lo que no pudo hacer el régimen autoritario mediante una reforma constitucional, la cual al final fue rechazada por el pueblo, lo hizo la Sala Constitucional del Tribunal Supremo en su larga carrera al servicio del autoritarismo.

1116 Véase en http://www.tsj.gov.ve/decisiones/scon/Octubre/1547-171011-2011-11-1130.html

1117 El Presidente de la República solicitó formalmente al Consejo de Estado que dictaminara sobre el retiro de Venezuela de la Convención Interamericana de Derechos Humanos; retiro que incluso fue apoyado por la Asamblea nacional en declaración de 9 de mayo de 2012. Véase en http://eltiempo.com.ve/venezuela/politica/asamblea-nacional-aprobo-acuerdo-que-respalda-retiro-de-venezuela-de-la-cidh/52223

1118 Con ocasión del ingreso de Venezuela al MERCOSUR, el presidente de la República, Hugo Chávez Frías, dijo que organismos como "la Comisión Interamericana de Derechos Humanos y la Corte Interamericana de Derechos Humanos deben desparecer, pues "son indignos" y no representan los intereses de los pueblos." Además "Calificó a la Corte Interamericana de "nefasta, podrida y degenerada." "Esos organismos tienen que desaparecer porque no están a la altura del mundo nuevo que está naciendo." Véase en "Chávez sostiene que entes de derechos humanos de la OEA deben desaparecer", *El Universal*, 1 de agosto de 2012 en http://www.eluniversal.com/nacional-y-politica/120801/chavez-sostiene-que-entes-de-derechos-humanos-de-la-oea-deben-desapare. En contra de la decisión presidencial se pronunció el Grupo de Profesores de Derecho Público de Venezuela. Véase en http://www.globovision.com/news.php?nid=241628

1119 Véase sobre esta proyectada reforma constitucional Allan R. Brewer-Carías, *Hacia la consolidación de un Estado Socialista, Centralizado, Policial y Militarista. Comentarios sobre el sentido y alcance de las propuestas de reforma constitucional 2007*, Colección Textos Legislativos, N° 42, Editorial Jurídica Venezolana, Caracas 2007, p. 122

2. *La mutación constitucional en relación con la distribución de competencias en el Estado federal*

Otra mutación constitucional ilegítima realizada por el Juez Constitucional ocurrió en Venezuela en relación con las normas constitucionales relativas a la forma federal del Estado y a la distribución de las competencias territoriales, de acuerdo con lo que se pretendió en la reforma constitucional de 2007, y a pesar de que fue rechazada por el pueblo.

En efecto, Venezuela siempre ha estado organizada como un Estado Federal, para lo cual, aún cuando encubriendo a una federación centralizada, [1120] la Constitución establece un sistema de distribución de competencias entre los niveles territoriales (Poder Municipal, el Poder Estadal y el Poder Nacional), que en definitiva, sólo puede cambiarse mediante una reforma constitucional (artículos 136, 156, 164, 178 y 179).[1121] Específicamente, en materia de infraestructura para la circulación y el transporte, la Constitución establece la competencia "exclusiva" al Poder Nacional en materia de "sistema de vialidad y de ferrocarriles nacionales (artículo 156,27), asignado sin embargo, en forma exclusiva a los Estados, "La conservación, administración y aprovechamiento de carreteras y autopistas nacionales... en coordinación con el Poder Nacional;" competencia que deben ejercer sujetos a "la coordinación con el Poder Nacional," que éste debe regular.

Este sistema se quiso reformar en la propuesta de reforma constitucional de 2007, la cual como se ha dicho fue rechazada por el pueblo en referendo de 2 de diciembre de 2007, con la que se buscaba modificar el mencionado sistema, centralizando aún más al Estado, y terminando de centralizar materialmente todas las competencias del Poder Público en el nivel nacional.[1122] En particular con la reforma se buscaba "nacionalizar," la referida competencia que el artículo 164,10 de la Constitución de 1999 atribuye a los Estados en materia de la conservación, administración y aprovechamiento de autopistas y carreteras nacionales."[1123]

1120 Véase nuestros estudios sobre el tema, elaborados apenas la Constitución fue sancionada: Allan R. Brewer-Carías, *Federalismo y Municipalismo en la Constitución de 1999 (Alcance de una reforma insuficiente y regresiva)*, Editorial Jurídica Venezolana, Caracas-San Cristóbal 2001; "El Estado federal descentralizado y la centralización de la federación en Venezuela. Situación y perspectiva de una contradicción constitucional" en Diego Valadés y José María Serna de la Garza (Coordinadores), *Federalismo y regionalismo*, Universidad Nacional Autónoma de México, Tribunal Superior de Justicia del Estado de Puebla, Instituto de Investigaciones Jurídicas, Serie Doctrina Jurídica Nº 229, México 2005, pp. 717-750

1121 Véase Allan R. Brewer-Carías, "Consideraciones sobre el régimen de distribución de competencias del Poder Público en la Constitución de 1999" en Fernando Parra Aranguren y Armando Rodríguez García Editores, Estudios *de Derecho Administrativo. Libro Homenaje a la Universidad Central de Venezuela,* Facultad de Ciencias Jurídicas y Políticas, con ocasión del Vigésimo Aniversario del Curso de Especialización en Derecho Administrativo, Tomo I, Tribunal Supremo de Justicia, Colección Libros Homenaje Nº 2, Caracas 2001, pp. 107-136

1122 Véase Allan R. Brewer-Carías, *Hacia la Consolidación de un Estado Socialista, Centralizado, Policial y Militarista. Comentarios sobre el sentido y alcance de las propuestas de reforma constitucional 2007*, Colección Textos Legislativos, Nº 42, Editorial Jurídica Venezolana, Caracas 2007, pp. 41 ss.

1123 Véase Allan R. Brewer-Carías, La *Reforma Constitucional de 2007 (Comentarios al Proyecto Inconstitucionalmente sancionado por la Asamblea Nacional el 2 de Noviembre de 2007)*, Colección Textos Legislativos, Nº 43, Editorial Jurídica Venezolana, Caracas 2007, pp. 72 ss.

Sin embargo, la Sala Constitucional, en sentencia N° 565 de 15 de abril de 2008[1124], dictada con motivo de decidir un recurso autónomo de interpretación de dicho artículo formulado por el Poder Ejecutivo nacional, pura y simplemente modificó el contenido de dicha norma constitucional y dispuso, como interpretación vinculante de la misma, que esa "competencia exclusiva" no es tal competencia exclusiva, sino una competencia concurrente y que, incluso, el Poder Nacional puede revertirla a su favor eliminando toda competencia de los Estados. La Sala Constitucional, en efecto, decidió que la Administración Nacional "en ejercicio de la potestad de coordinación pueda asumir directamente la conservación, administración y el aprovechamiento de las carreteras y autopistas nacionales, así como los puertos y aeropuertos de uso comercial," y que "corresponde al Ejecutivo Nacional por órgano del Presidente de la República en Consejo de Ministros, decretar la intervención para asumir la prestación de servicios y bienes de las carreteras y autopistas nacionales, así como los puertos y aeropuertos de uso comercial," en aquellos casos que la prestación del servicio "por parte de los Estados es deficiente o inexistente."

Con esta interpretación, lo que el Juez Constitucional hizo fue mutar el texto constitucional usurpando la soberanía popular a la cual está reservado el poder constituyente, cambiado la forma federal del Estado al trastocar el sistema de distribución territorial de competencias entre el Poder Nacional y los Estados, y en particular "nacionalizando," contra lo que expresamente dispone la Constitución, competencias atribuidas en forma exclusiva a los Estados.[1125] La Sala Constitucional, así, olvidándose de que se trata de una competencia exclusiva de los Estados que había sido descentralizada desde 1989 mediante la Ley de Orgánica de Descentralización,[1126], dispuso que como las carreteras y puentes nacionales son bienes de la República, lo que es obvio, "en caso de haber sido transferidos a los Estados pueden ser cogestionados por éstos a través de convenios, pero también reasumidos por el Poder Público Nacional mediante un procedimiento de reversión, ya que la titularidad originaria de los mismos le corresponde a la República."

Entonces, sin base constitucional o legal alguna, la Sala Constitucional dispuso que "corresponde al Ejecutivo Nacional por órgano del Presidente de la República en Consejo de Ministros, decretar la intervención para asumir la prestación de servicios y bienes de las carreteras y autopistas nacionales, así como los puertos y aeropuertos de uso comercial, en aquellos casos que a pesar de haber sido transferidas esas competencias, la prestación del servicio o bien por parte de los Estados es deficiente o inexistente, sobre la base de los artículos 236 y 164.10 de la Constitución."

1124 Véase. Sentencia de la Sala Constitucional , n° 565 , caso Procuradora General de la República, recurso de interpretación del artículo 164.10 de la Constitución de 1999 de fecha 15 de Abril de 2008, en http://www.tsj.gov.ve/decisiones/scon/Abril/565-150408-07-1108.htm.

1125 Véase Allan R. Brewer-Carías, "La Sala Constitucional como poder constituyente: la modificación de la forma federal del estado y del sistema constitucional de división territorial del poder público, en *Revista de Derecho Público*, N° 114, (abril-junio 2008), Editorial Jurídica Venezolana, Caracas 2008, pp. 247-262.

1126 Véase Allan R. Brewer-Carías, "Bases legislativas para la descentralización política de la federación centralizada (1990): El inicio de una reforma" en *Leyes y Reglamentos para la Descentralización Política de la Federación*, Colección Textos Legislativos, N° 11, Editorial Jurídica Venezolana, Caracas 1990, 1990, pp. 7-53.

Después de una ilegítima "modificación constitucional" de esta naturaleza, realizada mediante interpretación vinculante, que trastocó el orden jurídico o, como lo dijo la propia Sala, la misma "genera una necesaria revisión y modificación de gran alcance y magnitud del sistema legal vigente," por lo cual exhortó a la Asamblea Nacional a que procediera "a la revisión y correspondiente modificación de la normativa legal vinculada con la interpretación vinculante establecida en la presente decisión[1127], en orden a establecer una regulación legal congruente con los principios constitucionales y derivada de la interpretación efectuada por esta Sala en ejercicio de sus competencias."

En cumplimiento de esta exhortación, la Asamblea Nacional muy diligentemente reformó en marzo de 2009, la Ley Orgánica de Descentralización, Delimitación y Transferencia de Competencias del Poder Público,[1128] a los efectos de eliminar las competencias exclusivas de los Estrados establecidas en los ordinales 3 y 5 del artículo 11 de dicha Ley, agregando dos nuevas normas, autorizando al Ejecutivo Nacional para revertir la transferencia de las competencias concedidas a los estados, y para decretar la intervención de bienes y prestaciones de servicios públicos transferidos. Con ello se completó el fraude constitucional dispuesto por la Sala Constitucional, trastocándose el régimen federal.

3. *La mutación constitucional en relación con el financiamiento de los partidos políticos*

El artículo 67 de la Constitución de 1999 expresamente prohibió "el financiamiento de las asociaciones con fines políticos con fondos provenientes del Estado", al establecer enfáticamente que el mismo "no se permitirá",[1129] cambiando así, radicalmente, el régimen de financiamiento público a los partidos políticos que se había previsto en el artículo 230 de la Ley Orgánica del Sufragio y Participación Política de 1998.

En dicha Ley se había buscado establecer un mayor equilibrio y equidad para la participación de los partidos en la vida democrática y en especial en las campañas electorales, tratando de mitigar los desequilibrios y perversiones que podían producirse con el solo financiamiento privado a los partidos, y el eventual financiamiento público indirecto, irregular y corrupto, sólo para los partidos de gobierno.[1130] Con la prohibición constitucional, al derogarse este artículo de la Ley Orgánica, quedó de-

---

1127 De ello resulta según la sentencia: "la necesaria revisión general de la Ley Orgánica de Descentralización, Delimitación y Transferencia de Competencias del Poder Público, Ley General de Puertos y la Ley de Aeronáutica Civil, sin perjuicio de la necesaria consideración de otros textos legales para adecuar su contenido a la vigente interpretación."

1128 *Gaceta Oficial* N° 39 140 del 17 de marzo de 2009.

1129 Véase sobre la versión inicial de esta norma y sobre nuestra propuesta para su redacción en Allan R. Brewer-Carías *Debate Constituyente (Aportes a la Asamblea Nacional Constituyente), Tomo II (9 septiembre - 17 octubre 1999)*, Fundación de Derecho Público - Editorial Jurídica Venezolana, Caracas 1999, p. 129.

1130 Véase en general sobre el tema, Allan R. Brewer-Carías, "Consideraciones sobre el financiamiento de los partidos políticos en Venezuela" en *Financiamiento y democratización interna de partidos políticos. Memoria del IV Curso Anual Interamericano de Elecciones*, San José, Costa Rica, 1991, pp. 121 a 139 rogado el régimen de financiamiento público a los partidos políticos, abandonándose la tendencia inversa que predomina en el derecho comparado.

Esta prohibición constitucional expresa sobre el financiamiento público de los partidos políticos, fue uno de los temas a los que se refirió la reforma constitucional que a iniciativa del Presidente de la República,[1131] se pretendió aprobar durante el año 2007, con la cual expresamente se buscó modificar la mencionada prohibición constitucional del artículo 67, previéndose en la norma, al contrario, que "el Estado podrá financiar las actividades electorales", pero sin indicarse si se trata de un financiamiento a los partidos políticos en general. Como se ha dicho la antes mencionada propuesta de Reforma Constitucional de 2007, fue rechazada por voluntad popular expresada abrumadoramente contra su aprobación en el referendo del 2 de diciembre de 2007,[1132] con lo que el régimen de financiamiento a los partidos políticos, a su funcionamiento interno y a sus actividades electorales continuó prohibida en la Constitución.

Sin embargo, a pesar de dicha prohibición constitucional y del rechazo popular a modificarla, la Sala Constitucional del Tribunal Supremo de Justicia, actuando como Jurisdicción Constitucional, en sentencia N° 780 de 8 de mayo de 2008 (Exp. n° 06-0785), mediante una interpretación constitucional vinculante, mutó de nuevo la Constitución, sustituyéndose a la voluntad popular y al poder constituyente originario, disponiendo que "en lo que respecta al alcance de la prohibición de financiamiento público de asociaciones políticas" contenida en la mencionada norma, la misma:

> "se circunscribe a la imposibilidad de aportar fondos a los gastos corrientes e internos de las distintas formas de asociaciones políticas, pero [...] dicha limitación, no resulta extensiva a la campaña electoral, como etapa fundamental del proceso electoral".

Es decir, la Sala Constitucional, ante una norma tan clara e igualmente tan criticable como la contenida en el artículo 67 de la Constitución, cuya reforma se había intentado hacer en 2007 pero sin lograrse por ser rechazada por la voluntad popular, en esta sentencia ni más ni menos, se erigió en poder constituyente, sustituyendo al pueblo, y dispuso la reforma de la norma, vía su interpretación, en el mismo sentido que se pretendía en la rechazada reforma constitucional, disponiendo en definitiva, que la prohibición constitucional "no limita que en el marco del proceso electoral y como gasto inherente a una fase esencial del mismo, el Estado destine fondos con el objeto de financiar el desarrollo de las campañas electorales, de los partidos y asociaciones políticas," es decir, lo contrario de lo que dispone la Constitución.

1131 Véase el documento Proyecto de Exposición de Motivos para la Reforma Constitucional, Presidencia de la República, *Proyecto Reforma Constitucional*. Propuesta del presidente Hugo Chávez Agosto 2007; y la publicación: Proyecto de Reforma Constitucional. Elaborado por el ciudadano Presidente de la República Bolivariana de Venezuela, Hugo Chávez Frías Editorial Atenea, Caracas agosto 2007, p. 19.

1132 Véase Allan R. Brewer-Carías, "La proyectada reforma constitucional de 2007", rechazada por el poder constituyente originario", en *Anuario de Derecho Público* N° 1, Universidad Monteavila, Caracas 2008.

Así, la Sala Constitucional, dispuso que lo que la Constitución prohíbe es sólo el financiamiento por el Estado de "los gastos corrientes e internos de las distintas formas de asociaciones políticas", pero no de la "campaña electoral, como etapa fundamental del proceso electoral." Es decir, el Juez Constitucional, simplemente, dispuso que la Constitución no dice lo que dice, sino todo lo contrario; que cuando dice que no se permite "el financiamiento de las asociaciones con fines políticos con fondos provenientes del Estado", no es eso lo que establece, sino lo que prohíbe es solamente "el financiamiento de los gastos corrientes e internos de las asociaciones con fines políticos con fondos provenientes del Estado"; y que los gastos de las campañas electorales de dichas asociaciones con fines políticas, en cambio, si pueden ser financiadas con fondos provenientes del Estado. La Sala, finalmente, precisó que una cosa es que el Estado financie "los gastos corrientes e internos" de los partidos políticos y otra cosa es que financie "sus campañas electorales," deduciendo sin fundamento alguno que lo que la Constitución prohíbe es lo primero y no lo segundo.

Pudo ser muy loable la intención del Juez Constitucional de permitir el financiamiento de las campañas electorales de los partidos políticos con fondos provenientes del Estado, pero habiendo sido ello prohibido expresamente por la Constitución,[1133] sólo reformándola es que se podría lograr lo contrario, como se pretendió con la propuesta de reforma de 2007, rechazada por el pueblo. Y ello fue lo que en este caso hizo el Juez Constitucional en Venezuela: reformar la Constitución, usurpando el poder constituyente originario que es del pueblo e, incluso contra su propia voluntad expresada cinco meses antes al rechazar precisamente esa reforma constitucional en igual sentido, estableció la posibilidad de financiar las campañas electorales de los partidos políticos.

4. *La mutación constitucional en relación con los referendos revocatorios y su conversión en referendos ratificatorios*

En Venezuela el artículo 72 de la Constitución estableció como derecho político de los ciudadanos la revocatoria de mandatos de todos los cargos de elección popular, a cuyo efecto se previó que transcurrida la mitad del período para el cual fue elegido el funcionario, por iniciativa popular de un número no menor del 20% de los electores inscritos en la correspondiente circunscripción, para convocar un referendo para revocar su mandato. La Constitución dispuso que "Cuando igual o mayor número de electores o electoras que eligieron al funcionario o funcionaria hubieren votado a favor de la revocación, siempre que haya concurrido al referendo un número de electores o electoras igual o superior al 25% de los electores o electoras inscritos, se considerará revocado su mandato y se procederá de inmediato a cubrir la falta absoluta conforme a lo dispuesto en esta Constitución y en la ley."

Es decir que los votos necesarios para que se produzca la revocatoria del mandato deben ser en un número igual o mayor de los votos de los electores que eligieron al funcionario, con independencia del número de votos que se hayan depositados

---

1133 Por ello fue, incluso, que entre otros aspectos salvamos nuestro voto en relación con dicha norma. Véase Allan R. Brewer-Carías, *Debate Constituyente (Aportes a la Asamblea Nacional Constituyente), Tomo III (18 octubre-30 noviembre 1999),* Fundación de Derecho Público - Editorial Jurídica Venezolana, Caracas 1999, pp. 239, 259.

contra la revocación; como incluso lo ratificó la Sala Constitucional en varias sentencias,[1134] ya que de lo que se trata es de un referendo revocatorio de mandatos de elección popular y no de un referendo "ratificatorio" (plebiscitos) de tales mandatos, el cual no existe en el texto constitucional. Precisamente por ello, nada indica la Constitución para el caso de que si bien voten a favor de la revocación de un mandato un número de electores superior al número de votos que obtuvo el funcionario cuando fue electo, sin embargo, en la votación refrendaria se hubiesen pronunciado por la "no revocación" un número mayor de votos. Ello podría ocurrir, pero conforme al texto de la Constitución, no tendría efecto alguno, pues la regulación constitucional lo que establece es un referendo revocatorio: basta que la votación favorable a la revocación sea igual o mayor que la que el funcionario obtuvo cuando fue electo, para que quede revocado. Y ello es así, incluso a pesar de que el Registro Electoral haya variado con el transcurso del tiempo.

Sin embargo, de manera evidentemente inconstitucional, en las *Normas para regular los procesos de Referendos Revocatorios de mandatos de Elección Popular* dictadas por el Consejo Nacional Electoral en 25 de septiembre de 2003[1135], si bien se estableció que se considera revocado el mandato "si el número de votos a favor de la revocatoria es igual o superior al número de los electores que eligieron al funcionario", se agregó la frase: "y no resulte inferior al número de electores que votaron en contra de la revocatoria" (Art. 60). Con este agregado, en una norma de rango sublegal, se restringió el derecho ciudadano a la participación política mediante la revocación de mandatos populares, al establecerse un elemento que no está en la Constitución relativo al voto por la "no revocación," trastocándose la naturaleza "revocatoria" del referendo que regula el artículo 72 de la Constitución, y en evidente fraude a la Constitución, se lo convirtió en un referendo "ratificatorio" de mandatos de elección popular. A partir de ese momento y luego del secuestro del Poder Electoral, en general en Venezuela se confiscó el derecho ciudadano a la revocatoria de mandatos de cargos de elección popular.[1136]

Lo inaudito de este fraude constitucional, es que dicha "reforma" constitucional ilegítima fue avalada por la propia Sala Constitucional del Tribunal Supremo al de-

---

1134 Sentencia N° 2750 de 21 de octubre de 2003, Caso: *Carlos Enrique Herrera Mendoza, (Interpretación del artículo 72 de la Constitución (Exp. 03-1989). Sentencia* N° 1139 de 5 de junio de 2002 (Caso: *Sergio Omar Calderón Duque y William Dávila Barrios)* Véase en *Revista de Derecho Público,* N° 89-92, Editorial Jurídica Venezolana, Caracas 2002, p. 171. Criterio seguido en la sentencia N° 137 de 13-02-2003 (Caso: *Freddy Lepage Scribani y otros*) (Exp. 03-0287).

1135 Resolución N° 030925-465 de 25-09-2003.

1136 Véase Allan R. Brewer-Carías, "El secuestro del Poder Electoral y la confiscación del derecho a la participación política mediante el referendo revocatorio presidencial: Venezuela 2000-2004", en *Boletín Mexicano de Derecho Comparado*, Instituto de Investigaciones Jurídicas, Universidad Nacional Autónoma de México, N° 112. México, enero-abril 2005 pp. 11-73; en *Revista Jurídica del Perú*, Año LIV N° 55, Lima, marzo-abril 2004, pp. 353-396; en *Revista Costarricense de Derecho Constitucional,* Tomo V, Instituto Costarricense de Derecho Constitucional, Editorial Investigaciones Jurídicas S.A., San José 2004, pp. 167-312; en *Stvdi Vrbinati, Rivista tgrimestrale di Scienze Giuridiche, Politiche ed Economiche*, Año LXXI – 2003/04 Nuova Serie A–N. 55,3, Università degli studi di Urbino, Urbino, Italia 2004, pp.379-436; y en Juan Pérez Royo, Joaquín Pablo Urías Martínez, Manuel Carrasco Durán, Editores), *Derecho Constitucional para el Siglo XXI. Actas del Congreso Iberoamericano de Derecho Constitucional,* Tomo I, Thomson-Aranzadi, Madrid 2006, pp. 1081-1126..

cidir un recurso de interpretación abstracta de la Constitución en la sentencia N° 2750 de 21 de octubre de 2003 (Caso: *Carlos E. Herrera Mendoza, Interpretación del artículo 72 de la Constitución*), en la cual señaló que:

> "Se trata de una especie de relegitimación del funcionario y en ese proceso democrático de mayorías, incluso, **si en el referendo obtuviese más votos la opción de su permanencia, debería seguir en él**, aunque voten en su contra el número suficiente de personas para revocarle el mandato"[1137].

En realidad, en un referendo "revocatorio" no puede haber votos por "la permanencia" del funcionario; lo que puede haber son votos por la "revocación" del mandato o por la "no revocación." El voto por la "no revocación" del mandato es un voto negativo (No); y un voto negativo no puede ser convertido en un voto positivo (Si) por la permanencia del funcionario. Con esta mutación de la Constitución, la Sala Constitucional cambió la naturaleza del referendo revocatorio, ratificando el trastocamiento de la naturaleza de la revocación del mandato, convirtiéndolo en un voto para "relegitimar" o para "ratificar" mandatos de elección popular, cuando ello no sólo no fue la intención del constituyente, sino que no puede derivarse del texto del artículo 72 de la Constitución. Lo único que la Constitución regula es la revocación de mandatos, y para ello, lo único que exige en materia de votación es que un número "igual o mayor de electores que eligieron al funcionario hubieren votado a favor de la revocación."

Todo éste cambio de la Constitución tuvo un objeto preciso: evitar que el mandato del Presidente de República, Hugo Chávez, fuera revocado en 2004: el mismo fue electo en agosto de 2000 con 3.757.774 votos, por lo que bastaba para que su mandato fuese revocado, que el voto a favor de la revocación superara esa cifra. Como lo anunció el Consejo Nacional Electoral el 27 de agosto de 2004, el voto a favor de la revocación del mandato del Presidente de la República en el referendo efectuado ese mismo mes y año, fue de 3.989.008, por lo que constitucionalmente su mandato había quedado revocado.

Sin embargo, ya se había cambiado ilegítimamente la Constitución, e independientemente de las denuncias de fraude que se formularon respecto del referendo revocatorio del 15 de agosto de 2004, el Consejo Nacional Electoral el mencionado día 27 de agosto de 2004, no sólo dio los datos definitivos de la votación efectuada en el referendo revocatorio, sino que acordó "ratificar" al Presidente de la República en su cargo hasta la terminación del período constitucional en enero de 2007.[1138]

1137 Exp. 03-1989.

1138 En efecto, en la *página web* del Consejo Nacional Electoral del día 27 de agosto de 2004, apareció la siguiente nota: "El presidente del Consejo Nacional Electoral, Francisco Carrasquero López, se dirigió al país en cadena nacional para anunciar las cifras definitivas y oficiales del evento electoral celebrado el pasado 15 de agosto, *las cuales dan como ratificado en su cargo al Presidente de la República*, Hugo Rafael Chávez Frías, con un total de 5 millones 800 mil 629 votos a favor de la opción "No". En la contienda electoral participaron 9 millones 815 mil 631 electores, de los cuales 3.989.008 se inclinaron por la opción "Sí" para revocar el mandato del Presidente Chávez. La totalización arrojó que la opción "No" alcanzó el 59,25% de los votos, mientras el "Sí" logró el 40,74% del total general, y la abstención fue del 30,02%. Vale destacar que para estos comicios el Registro Electoral se incrementó significativamente, alcanzando un universo de 14.027.607 de electores con derecho a sufragar en el Refe-

IV. EL CASO DE NICARAGUA EN 2009: LA MUTACIÓN DE LA CONSTITUCIÓN POR EL JUEZ CONSTITUCIONAL EN MATERIA DE REELECCIÓN PRESIDENCIAL

La Constitución de Nicaragua establece en su artículo 147, primer aparte a), que "No podrá ser candidato a Presidente ni Vicepresidente de la República: a) El que ejerciere o hubiere ejercido en propiedad la Presidencia de la República en cualquier tiempo del período en que se efectúa la elección para el período siguiente, ni el que la hubiere ejercido por dos períodos presidenciales."

Se trata, por tanto, de una prohibición constitucional clara y diáfana prohibiendo la reelección presidencial. La norma, sin embargo, fue "reformada" o mutada por la Sala Constitucional de Nicaragua, mediante sentencia N° 504 de las cinco de la tarde del 19 de octubre de 2009,[1139] al decidir, no una acción directa de inconstitucionalidad, sino una acción de amparo constitucional que se había intentado contra una decisión del Consejo Supremo Electoral, en la cual dicho Consejo había rechazado la petición que se le había formulado el 15 de octubre por diversos candidatos a reelección, solicitando se les aplicara el principio de igualdad a todos los funcionarios públicos en materia electoral. En el caso del Consejo Supremo Electoral consistió en el rechazo de la petición debido a la ausencia de competencia del Consejo para decidir sobre tales materias.

En Nicaragua, de acuerdo con el artículo 52.5 de la Ley de Amparo, la acción de amparo no procede en materia electoral, y por tanto, no procedía contra las decisiones del Consejo Supremo Electoral. Sin embargo, a pesar de esta restricción legal, habiendo la Sala Constitucional entrado a conocer de la misma, en su sentencia, en una forma incomprensible declaró que el artículo 147.4.a y b de la Constitución que prohíbe expresamente la reelección presidencial, era "inaplicable," mutando así ilegítimamente la Constitución, eliminando así del texto la rígida prohibición constitucional a la reelección presidencial.[1140] Posteriormente, esta decisión de la Sala Constitucional fue ratificada por la Corte Plena de la Corte Suprema de Justicia, en sentencia de las 2 pm del 30 de septiembre, 2010, con el objeto de establecer su aplicabilidad *erga omnes*.

---

rendo revocatorio. Con base en la expresión de la voluntad popular, el Consejo Nacional Electoral, este viernes 27 de agosto, *ratificará en la Presidencia de la República Bolivariana de Venezuela* a Hugo Chávez Frías, quien culminará su período constitucional en el año 2006. Y en efecto, en acto solemne efectuado ese día, el Consejo Nacional Electoral acordó "ratificar" al Presidente de la República en su cargo, a pesar de que un número de electores mayor que los que lo eligieron hubieran votado a favor de la revocación de su mandato. Otro tanto haría la Asamblea Nacional, sin que esa figura de la ratificación estuviese prevista en norma constitucional alguna." Véase además, *El Nacional*, Caracas, 28-08-2004, pp. A-1 y A-2.

1139 Véase sobre el caso de Nicaragua: Iván Escobar Fornos, "Relaciones y tensiones de la Justicia Constitucional con los poderes del Estado: crisis permanente (Democracia, gobernabilidad y el Tribunal Constitucional)," en *Anuario Iberoamericano de Justicia Constitucional*, N° 15, Centro de Estudios Políticos y Constitucionales, Madrid 2011, pp. 67-137.

1140 Véase Sergio J. Cuarezma Terán and Francisco Enríquez Cabistán, *Nicaragua National Report*, XVIII International Congress of Comparative Law, Washington, July 2010, p. 43; Allan R. Brewer-Carías, Constitutional Courts as Positive Legislators, Cambridge University Press, New York 2011, p. 101

En esta forma, como consecuencia de la sentencia de la Sala Constitucional del 19 de octubre, 2009 dictada sólo cuatro días después de que se presentó la solicitud inicial ante el Consejo Supremo Electoral, se permitió en Nicaragua la reelección presidencial del Presidente Ortega, para lo cual la Sala consideró que la norma del artículo 147.4.a y b de la Constitución violaba el derecho a la igualdad, el derecho al sufragio y el derecho a la personalidad consagrados en los artículos, 27, 47, 48, 50 y 51 de la Constitución, entre otros, declarando en consecuencia que la norma era inconstitucional en la parte antes mencionada.[1141]

La sentencia consideró en efecto, que el derecho a la igualdad era podía considerarse violado porque el artículo 147 contenía una "interdicción electoral solo para el Presidente" lo cual consideró la Sala que "representa un trato desigual, cuando como queda claro hay igualdad de condiciones...". Afirmó además la Sala Constitucional "que los principios constitucionales que informan nuestra Constitución Política en su Preámbulo y Parte Dogmática, prevalecen sobre el resto de Disposiciones Constitucionales que conforman nuestra Constitución Política...". De seguidas, la Sala Constitucional además de referirse a los "principios constitucionales" que informan los derechos fundamentales hace mención a "la Soberanía, al igual que la Igualdad, la Unidad Centroamericana, la Independencia, la Autodeterminación, la Paz Social, el Bien común, la Libertad, la Justicia, el respeto a la dignidad de la persona humana, el pluralismo político, social y étnico, la cooperación internacional, el respeto a la libre autodeterminación de los pueblos," para concluir afirmando sin mucha ilación, que los miembros del Consejo Supremo Electoral no podían "negarse a cumplir con la voluntad del Pueblo Soberano, de elegir y ser elegido de manera directa como sus representantes a los ciudadanos que crean conveniente, aplicando de manera inescrutable [sic] los Principios Fundamentales de Igualdad, Libertad y Soberanía, de no ser así ocurriría una muerte política para los recurrentes, violando también el Derecho al reconocimiento de la personalidad y capacidad jurídica... y el reconocimiento de los derechos inherentes a la persona humana consignados en las Declaraciones Universales de Derechos Humanos..."

De ello, la Sala concluyó afirmando que la decisión accionada en amparo del Consejo Supremo Electoral del 16 de octubre de 2009, transgredía "los ya referidos principios constitucionales de los ciudadanos nicaragüenses, por lo cual resulta falta de motivación y congruencia, violando el derecho de petición y a obtener una reso-

---

1141 Véase el comentario a la sentencia, el Dr. Iván Escobar Fornos, Magistrado de la Corte Suprema de Justicia de Nicaragua, quien indicó que: "Se ha considerado que ésta no es una interpretación [de la Constitución] como se pretende sino más bien una derogación de la prohibición de la reelección antes señalada". Véase Iván Escobar Fornos, "Relaciones y tensiones de la Justicia Constitucional con los poderes del Estado: crisis permanente (Democracia, gobernabilidad y el Tribunal Constitucional)" *ob. cit.*, pp. 67-137; y en Ensayo presentado por el autor ante la Mesa Redonda Jurídica Internacional organizada por la Fundación Alexandre Guzmán y el Instituto de Pesquisa de Relaciones Internacionales (del ITAMARATI, Brasil), Septiembre, 2010, p. 33; citado en el documento de presentado por Renaldy J. Gutiérrez, *Estado de Derecho, Misión de la Federación Interamericana de Abogados (Las Experiencias de Nicaragua y El Salvador), ¿Justicia Constitucional o Activismo Judicial?,* presentado en el Seminario de derecho comparado sobre separación de poderes del Estado y la "Political Questions Doctrine" en los Estados Unidos de América, organizado por Sala Constitucional de la Corte Suprema de Justicia en cooperación con Duquesne University (Pittsburh), San José, Costa Rica, 28 y 29 de marzo de 2012.

lución fundada en derecho; en consecuencia debe ampararse a los recurrentes;" resultando de ello, la decisión de "declarar la inaplicabilidad... del Art. 147 CN., únicamente en la parte que transcribimos al inicio de esta Sección, por existir "una Antinomia constitucional con respecto a" los principios constitucionales antes referidos." Es decir, la Sala Constitucional declaró la inconstitucionalidad de una norma constitucional, con lo cual mutó la Constitución, permitiendo así la reelección presidencial en Nicaragua lo que se materializó en las elecciones generales de noviembre de 2011.

SECCIÓN SEGUNDA

EL JUEZ CONSTITUCIONAL AL SERVICIO DEL AUTORITARISMO Y LA ILEGÍTIMA MUTACIÓN DE LA CONSTITUCIÓN: EL CASO DE LA SALA CONSTITUCIONAL DEL TRIBUNAL SUPREMO DE JUSTICIA DE VENEZUELA (1999-2009)

Esta sección recoge el texto de la conferencia dictada en el Seminario de derecho Público del profesor Eduardo García de Enterría, Universidad Complutense de Madrid, el 1 de abril de 2009, publicado en *Revista de Administración Pública*, Nº 180, Madrid 2009, pp. 383-418. Otras versiones de este trabajo se publicaron en *IUSTEL, Revista General de Derecho Administrativo*, Nº 21, junio 2009, Madrid, ISSN-1696-9650; en *Revista de Derecho Político*, Nº 75-76, Homenaje a Manuel García Pelayo, Universidad Nacional de Educación a Distancia, Madrid, 2009, pp. 289-325; y en *Anuario de Derecho Público*, Centro de Estudios de Derecho Público de la Universidad Monteávila, Año 2, Caracas 2009, pp. 23-65. Fue publicado igualmente en el libro: en *Práctica y distorsión de la justicia constitucional en Venezuela (2008-2012)*, Colección Justicia Nº 3, Acceso a la Justicia, Academia de Ciencias Políticas y Sociales, Universidad Metropolitana, Editorial Jurídica Venezolana, Caracas 2012, pp. 66-99.

El profesor Eduardo García de Enterría, en su muy conocido libro sobre *La Constitución como Norma y el Tribunal constitucional*, al hablar del Tribunal Constitucional español, lo calificó como el "comisario del poder constituyente, encargado de defender la Constitución y de velar por que todos los órganos constitucionales conserven su estricta calidad de poderes constituidos."[1142] Si las Constituciones son normas jurídicas efectivas, que prevalecen en el proceso político, en la vida social y económica del país, y que sustentan la validez a todo el orden jurídico,[1143] la solución institucional para preservar su vigencia y la libertad, está precisamente en establecer estos comisarios del poder constituyente, como guardianes de la Constitución, que al tener por misión asegurar que todos los órganos del Estado la acaten, también tienen que adaptarse a lo que el texto fundamental establece, sometiéndose a su normativa, estándole vedado mutarla.

1142 Véase E. García de Enterría, *La Constitución como norma y el Tribunal constitucional,* Madrid, 1985, p. 198.

1143 *Idem*, pp. 33, 39, 66, 71, 177 y 187.

Pero lamentablemente esta no ha sido siempre la situación con los tribunales constitucionales, y en la historia constitucional, particularmente en los autoritarismos, no ha sido infrecuente que tribunales constitucionales, dado el poder que tienen asignados, lejos de garantizar el Estado de derecho, hayan sido los instrumentos utilizados por regímenes autoritarios para demoler sus bases. Lamentablemente, eso es precisamente lo que ha ocurrido en Venezuela a la vista del mundo democrático en la última década (1999-2009); y a ello es que quisiera referirme en esta exposición.

En efecto, la Constitución Venezolana de 1999 fue adoptada luego de su sanción por una Asamblea Nacional Constituyente, como manifestación de la voluntad del pueblo expresada como poder constituyente originario en el referendo aprobatorio del 15 de diciembre de 1999.[1144] El principio de la supremacía constitucional se encuentra incluso formalmente expresado en su artículo 7 ("*La Constitución es la norma suprema y el fundamento del ordenamiento jurídico. Todas las personas y los órganos que ejercen el Poder Público están sujetos a esta Constitución*"), lo que implica que la Constitución prevalece y debe prevalecer sobre la voluntad de todos los órganos constituidos del Estado, incluyendo el Tribunal Supremo de Justicia, por lo que su modificación sólo puede llevarse a cabo conforme se dispone en su propio texto, como expresión-imposición de la voluntad popular producto de ese poder constituyente originario.

La contrapartida de la obligación de los órganos constituidos de respetar la Constitución, de manera que el poder constituyente originario prevalezca sobre la voluntad de dichos órganos estatales constituidos, es el derecho constitucional que todos los ciudadanos tienen en un Estado Constitucional, a que se respete la voluntad popular expresada en la Constitución, es decir, *el derecho fundamental a la supremacía constitucional.*[1145] Nada se ganaría con señalar que la Constitución, como manifestación de la voluntad del pueblo, debe prevalecer sobre la de los órganos del Estado, si no existiere el derecho de los integrantes del pueblo de exigir el respeto de esa Constitución, y además, la obligación de los órganos jurisdiccionales de velar por dicha supremacía.

La supremacía de la Constitución está asegurada mediante la previsión en el mismo texto constitucional, por una parte, de su máximo carácter rígido al disponerse la necesaria e indispensable intervención popular para efectuar cualquier cambio a la Constitución, de manera que sólo el poder constituyente originario del pueblo puede aprobar dichas modificaciones, no existiendo en el texto constitucional poder constituyente derivado alguno; y por la otra, de todo un sistema de justicia constitucional para garantizar dicha supremacía.

En cuanto al sistema institucional para la reforma de la Constitución, en el texto se distinguen tres procedimientos diferentes: la Reforma constitucional, la Enmienda constitucional y la Asamblea Nacional Constituyente. El último medio de la convo-

---

1144 Véase sobre la Constitución de 1999, Allan R. Brewer-Carías, *La Constitución de 1999. Derecho Constitucional Venezolano*, Editorial Jurídica Venezolana, Caracas 2004, 2 vols.

1145 Véase Allan R. Brewer-Carías, "El amparo a los derechos y libertades constitucionales (una aproximación comparativa)" en Manuel José Cepeda (editor), *La Carta de Derechos. Su interpretación y sus implicaciones*, Editorial Temis, Bogotá 1993, pp. 21-81.

catoria por referendo de una *Asamblea Nacional Constituyente* está dirigido a transformar el Estado, a establecer un nuevo orden jurídico y a reformar íntegramente la Constitución (artículo 347). En cambio, en los casos de los procedimientos de "Reforma Constitucional" y de "Enmienda Constitucional," los mismos están destinados a introducir reformas al texto sin alterar o modificar la estructura y principios fundamentales de la Constitución (arts. 340 y 342), requiriendo en todo caso, también, de la intervención del pueblo mediante la aprobación popular por referendo de las reformas.

En la Constitución, como se dijo, no se regula "poder constituyente derivado" alguno, y solo hay un "poder constituyente originario" que es el pueblo, el cual tiene que aprobar por referendo tanto la Enmienda como la Reforma Constitucional, o la convocatoria a Asamblea Nacional Constituyente. Es decir en el sistema venezolano, ninguna modificación a la Constitución se puede adoptar sin aprobación popular,[1146] y cualquier modificación de la Constitución efectuada fuera de estos tres procedimientos, es inconstitucional e ilegítima.

En cuanto al sistema de justicia constitucional, la Constitución de 1999[1147] como consecuencia de los principios de la supremacía y de la rigidez constitucional, ha establecido todo un sistema de justicia constitucional[1148] de carácter mixto o integral[1149], que combina el llamado método difuso con el método concentrado de control de constitucionalidad.

1146 Véase Allan R. Brewer-Carías, "La intervención del pueblo en la revisión constitucional en América latina", en *El derecho público a los 100 números de la Revista de Derecho Público 1980-2005*, Editorial Jurídica Venezolana, Caracas 2006, pp. 41-52.

1147 Véase los comentarios a la Constitución en Allan R. Brewer-Carías, *La Constitución de 1999. Derecho Constitucional Venezolano*, Editorial Jurídica Venezolana, 2 Tomos, Caracas 2004.

1148 En cuanto a nuestros trabajos, véase Allan R. Brewer-Carías, *El Sistema de Justicia Constitucional en la Constitución de 1999: Comentarios sobre su desarrollo jurisprudencial y su explicación a veces errada, en la Exposición de Motivos,* Editorial Jurídica Venezolana, Caracas, 2000; *Justicia Constitucional, Tomo VII, Instituciones Políticas y Constitucionales*, Editorial Jurídica Venezolana, Caracas, 1996; "La Justicia Constitucional en la Nueva Constitución" en *Revista de Derecho Constitucional*, Nº 1, Septiembre-Diciembre 1999, Editorial Sherwood, Caracas, 1999, pp. 35-44; Allan R. Brewer-Carías, "La justicia constitucional en la Constitución de 1999", en *Derecho Procesal Constitucional*, Colegio de Secretarios de la Suprema Corte de Justicia de la Nación, A.C., Editorial Porrúa, México 2001, pp. 931-961; publicado también en *Reflexiones sobre el Constitucionalismo en América*, Editorial Jurídica Venezolana, Caracas, 2001, pp. 255-285; "Instrumentos de justicia constitucional en Venezuela (acción de inconstitucionalidad, controversia constitucional, protección constitucional frente a particulares)", en Juan Vega Gómez y Edgar Corzo Sosa (Coordinadores) *Instrumentos de tutela y justicia constitucional Memoria del VII Congreso Iberoamericano de Derecho Constitucional*, Instituto de Investigaciones Jurídicas, Serie Doctrina Jurídica, Nº 99, México 2002, pp. 75-99.

1149 En cuanto a nuestros trabajos, véase Allan R. Brewer-Carías, *Judicial Review in Comparative Law*, Cambridge University Press, Cambridge, 1989; *El sistema mixto o integral de control de la constitucionalidad en Colombia y Venezuela*, Universidad Externado de Colombia (Temas de Derecho Público Nº 39) y Pontificia Universidad Javeriana (Quaestiones Juridicae Nº 5), Bogotá 1995; publicado también en *Revista Tachirense de Derecho*, Universidad Católica del Táchira, Nº 5-6, San Cristóbal, enero-diciembre 1994, pp. 111-164; en *Anuario de Derecho Constitucional Latinoamericano,* Fundación Konrad Adenauer, Medellín-Colombia 1996, pp. 163-246; y en G. J. Bidart Campos y J. F. Palomino Manchego (Coordinadores), *Jurisdicción Militar y Constitución en Iberoamérica, Libro Homenaje a Domingo García Belaúnde*, Instituto Iberoamericano de Derecho Constitucional (Sección Peruana), Lima 1997, pp. 483-560.

Así, la garantía de la supremacía constitucional se consagra, en primer lugar, mediante la asignación a todos los jueces de la República, en el ámbito de sus respectivas competencias y conforme a lo previsto en la Constitución y en la ley, de la obligación "de asegurar la integridad de la Constitución" (art. 334). Y en segundo lugar, además, mediante la asignación al Tribunal Supremo de Justicia de la tarea de garantizar "la supremacía y efectividad de las normas y principios constitucionales", como "el máximo y último intérprete de la Constitución," y de velar "por su uniforme interpretación y aplicación" (art. 335). También, la Constitución asigna en concreto a la Sala Constitucional del Tribunal Supremo, la Jurisdicción Constitucional (arts. 266,1 y 336) mediante la cual ejerce el control concentrado de la constitucionalidad de las leyes y demás actos estatales de rango legal. A tal efecto, el artículo 336 de la Constitución atribuye a la Sala Constitucional del Tribunal Supremo de Justicia, como Jurisdicción Constitucional, las siguientes competencias:

1. Declarar la nulidad total o parcial de las leyes nacionales y demás actos con rango de ley de la Asamblea Nacional que colidan con esta Constitución.
2. Declarar la nulidad total o parcial de las Constituciones y leyes estadales, de las ordenanzas municipales y demás actos de los cuerpos deliberantes de los Estados y Municipios dictados en ejecución directa e inmediata de esta Constitución y que colidan con ella.
3. Declarar la nulidad total o parcial de los actos con rango de ley dictados por el Ejecutivo Nacional que colidan con esta Constitución.
4. Declarar la nulidad total o parcial de los actos en ejecución directa e inmediata de esta Constitución, dictados por cualquier otro órgano estatal en ejercicio del Poder Público, cuando colidan con ésta.
5. Verificar, a solicitud del Presidente o Presidenta de la República o de la Asamblea Nacional, la conformidad con esta Constitución de los tratados internacionales suscritos por la República antes de su ratificación.
6. Revisar en todo caso, aun de oficio, la constitucionalidad de los decretos que declaren estados de excepción dictados por el Presidente o Presidenta de la República.
7. Declarar la inconstitucionalidad de las omisiones del poder legislativo municipal, estadal o nacional, cuando haya dejado de dictar las normas o medidas indispensables para garantizar el cumplimiento de esta Constitución, o las haya dictado en forma incompleta; y establecer el plazo y, de ser necesario, los lineamientos de su corrección.
8. Resolver las colisiones que existan entre diversas disposiciones legales y declarar cuál debe prevalecer.
9. Dirimir las controversias constitucionales que se susciten entre cualesquiera de los órganos del Poder Público.
10. Revisar las sentencias definitivamente firmes de amparo constitucional y de control de constitucionalidad de leyes o normas jurídicas dictadas por los tribunales de la República, en los términos establecidos por la ley orgánica respectiva.
11. Las demás que establezcan esta Constitución y la ley.

Conforme a estas previsiones, la Sala Constitucional del Tribunal Supremo de Justicia de Venezuela, sin duda, el instrumento más poderoso diseñado para garantizar la supremacía de la Constitución y el Estado de Derecho, la cual, por supuesto, como guardián de la Constitución, también está sometida a la Constitución. Como tal guardián, y como sucede en cualquier Estado de derecho, el sometimiento del tribunal constitucional a la Constitución es una preposición absolutamente sobreentendida y no sujeta a discusión, ya que sería inconcebible que el juez constitucional pueda violar la Constitución que esta llamado a aplicar y garantizar. Esa la pueden violar los otros poderes del Estado, pero no el guardián de la Constitución. Pero por supuesto, para garantizar que ello no ocurra, el Tribunal Constitucional debe gozar de absoluta independencia y autonomía, pues un Tribunal Constitucional sujeto a la voluntad del poder en lugar del guardián de la Constitución se convierte en el instrumento más atroz del autoritarismo. El mejor sistema de justicia constitucional, por tanto, en manos de un juez sometido al poder, es letra muerta para los individuos y es un instrumento para el fraude a la Constitución.

Lamentablemente, sin embargo, esto último es lo que ha venido ocurriendo en Venezuela en los últimos años, donde la Sala Constitucional del Tribunal Supremo, como Juez Constitucional, lejos de haber actuado en el marco de las atribuciones expresas constitucionales antes indicadas, ha venido efectuando una inconstitucional interpretación constitucional mediante la cual ha venido asumiendo y autoatribuyéndose competencias no sólo en materia de interpretación constitucional; sino en relación con los poderes de revisión constitucional de cualquier sentencia dictada por cualquier tribunal, incluso por las otras Salas del Tribunal Supremo de Justicia; con los amplísimos poderes de avocamiento en cualquier causa; con los supuestos poderes de actuación de oficio no autorizados en la Constitución; con los poderes de solución de conflictos entre las Salas; con los poderes de control constitucional de las omisiones del Legislador; con la restricción del poder de los jueces de ejercer el control difuso de la constitucionalidad de las leyes; y con la asunción del monopolio de interpretar los casos de prevalencia en el orden interno de los tratados internacionales en materia de derechos humanos.[1150]

En ejercicio de estas competencias y poderes, como máximo intérprete de la Constitución, al margen de la misma y mediante interpretaciones inconstitucionales, la Sala Constitucional al ejercer su facultad de interpretación del contenido y alcance de las normas constitucionales (art. 334) en muchos casos incluso sin que estas sean ambiguas, imprecisas, mal redactadas y con errores de lenguaje, ha venido ilegítimamente modificando el texto constitucional, legitimando y soportando la estructuración progresiva de un Estado autoritario. Es decir, ha falseado el contenido de la Constitución, mediante una "mutación,"[1151] ilegítima y fraudulenta de la misma.[1152]

1150 Véase Allan R. Brewer-Carías, "*Quis Custodiet Ipsos Custodes*: De la interpretación constitucional a la inconstitucionalidad de la interpretación," en *VIII Congreso Nacional de derecho Constitucional, Perú*, Fondo Editorial 2005, Colegio de Abogados de Arequipa, Arequipa, septiembre 2005, pp. 463-489; y en *Revista de Derecho Público*, N° 105, Editorial Jurídica Venezolana, Caracas 2006, pp. 7-27.

1151 Una mutación constitucional ocurre cuando se modifica el contenido de una norma constitucional de tal forma que aún cuando la misma conserva su contenido, recibe una significación diferente. Véase Salvador O. Nava Gomar, "Interpretación, mutación y reforma de la Constitución. Tres extractos" en

Y ello lo ha hecho el Juez Constitucional en Venezuela, lamentablemente, actuando como instrumento que ha sido del régimen autoritario,[1153] desde el momento mismo en el cual la Constitución fue sancionada y aprobada por el pueblo en diciembre de 1999, habiendo sucesivamente introducido múltiples modificaciones a la Constitución directamente, mediante sentencias interpretativas, o legitimando decisiones inconstitucionales de otros órganos del Estado, usurpando así el poder constituyente originario.

Estas modificaciones ilegítimas a la Constitución, por supuesto, al haber sido realizadas por el máximo guardián de la misma, que no tiene quien lo custodie, han quedado consolidadas en la vida político constitucional del país, al haber asumido la Sala Constitucional un poder constituyente derivado que no tiene y que no está regulado en el texto constitucional. La pregunta de siempre que suscita el poder incontrolado, ***Quis custodiet ipsos custodes,*** por tanto, aquí también ha adquirido todo su significado, pues no tiene respuesta.[1154] A continuación me referiré a las mutaciones ilegítimas a la Constitución que considero más destacadas, ocurridas en la última década.

I. LA CREACIÓN JURISPRUDENCIAL DEL RECURSO AUTÓNOMO DE INTERPRETACIÓN ABSTRACTA DE LA CONSTITUCIÓN

La primera de las mutaciones ilegítimas de la Constitución efectuada por el Juez Constitucional, ha sido la creación por la Sala Constitucional de un recurso autónomo de interpretación de la Constitución no establecido ni en la Constitución ni en Ley alguna, que a la vez ha servido de vehículo para las otras mutaciones ilegítimas de la Constitución por la misma Sala Constitucional.

Es decir, muchas de las mutaciones constitucionales ilegítimamente efectuadas tienen su origen en interpretaciones inconstitucionales que ha hecho el Juez Constitucional, no al interpretar la Constitución con motivo de resolver una acción de inconstitucionalidad u otro medio de control de la constitucionalidad de los actos estatales, sino al decidir "acciones o recursos autónomos de interpretación abstracta de la Constitución," muchos de ellos interpuestos por el propio Estado (Procurador

---

Eduardo Ferrer Mac-Gregor (coordinador), Interpretación Constitucional, Tomo II, Ed. Porrúa, Universidad Nacional Autónoma de México, México 2005, pp. 804 ss. Véase en general sobre el tema, Konrad Hesse, "Límites a la mutación constitucional", en *Escritos de derecho constitucional*, Centro de Estudios Constitucionales, Madrid 1992. Véase sobre el tema José Vicente Haro, "La mutación de la Constitución "Bolivariana," en Gonzalo Pérez Salazar y Luis Petit Guerra (Coord.), *Los retos del derecho procesal constitucional en Latinoamérica. En Homenaje al Dr. Román José Duque Corredor*, Universidad Monteávila, Funeda, Vol I, Caracas 2011, pp. 93-141.

1152 Véase Néstor Pedro Sagües, *La interpretación judicial de la Constitución*, Buenos Aires 2006, pp. 56-59, 80-81, 165 ss.

1153 Véase Allan R. Brewer-Carías, *Crónica sobre la "In" Justicia Constitucional. La Sala Constitucional y el autoritarismo en Venezuela*, Caracas 2007.

1154 Véase nuestros comentarios iniciales sobre esta sentencia en Allan R. Brewer-Carías, *El sistema de justicia constitucional en la Constitución de 1999 (Comentarios sobre su desarrollo jurisprudencial y su explicación, a veces errada, en la Exposición de Motivos)*, Editorial Jurídica Venezolana, Caracas 2000.

General de la República), que la propia Sala Constitucional creó, a la vez, mutando ilegítimamente la Constitución.

En efecto, con anterioridad a la entrada en vigencia de la Constitución de 1999, el artículo 42,24 de la derogada Ley Orgánica de la Corte Suprema de Justicia había atribuido competencia a la Sala Político Administrativa de la antigua Corte Suprema para interpretar los "textos legales, en los casos previstos en la Ley." En esa misma tradición, la Constitución de 1999 estableció en forma expresa, la competencia del Tribunal Supremo de Justicia, para "conocer de los recursos de interpretación sobre el contenido y alcance de los textos legales", pero "en los términos contemplados en la ley" (artículo 266,6), atribución que debe ser ejercida "por las diversas Salas conforme a lo previsto en esta Constitución y en la ley" (único aparte, artículo 266). Por ello, el artículo 5, párrafo 1°, de la Ley Orgánica de 2004, atribuye a todas las Salas del Tribunal Supremo, competencia para:

> 52. Conocer del recurso de interpretación y resolver las consultas que se le formulen acerca del alcance e inteligencia de los textos legales, en los casos previstos en la ley, siempre que dicho conocimiento no signifique una sustitución del mecanismo, medio o recurso previsto en la ley para dirimir la situación si la hubiere.

Ahora bien, a pesar de que el ordenamiento constitucional y legal venezolano sólo regulaba y regula el recurso de interpretación respecto de textos legales, la Sala Constitucional creó jurisprudencialmente su propia competencia para conocer de recursos autónomos de interpretación abstracta e la Constitución, mediante una inconstitucional interpretación que le dio artículo 335 de la Constitución, que atribuye a todas las salas del Tribunal Supremo y no sólo a la Sala Constitucional, el carácter de "máximo y último intérprete de la Constitución"

En efecto, la Sala Constitucional en sentencia N° 1077 de 22 de septiembre de 2000, consideró que los ciudadano no requieren "de leyes que contemplen, en particular, el recurso de interpretación constitucional, para interponerlo"[1155], procediendo a "crear" un recurso autónomo de interpretación abstracta de las normas constitucionales no previsto constitucional ni legalmente, basándose para ello en el artículo 26 de la Constitución que consagra el derecho de acceso a la justicia, del cual dedujo que si bien dicha acción no estaba prevista en el ordenamiento jurídico, tampoco estaba prohibida, agregando que, por lo tanto:

> No es necesario que existan normas que contemplen expresamente la posibilidad de incoar una acción con la pretensión que por medio de ella se ventila, bastando para ello que exista una situación semejante a las prevenidas en la ley, para la obtención de sentencias declarativas de mera certeza, de condena, o constitutivas. Este es el resultado de la expansión natural de la juridicidad[1156].

1155 Véase Sentencia N° 1077 de la Sala Constitucional de 22-09-00, caso: *Servio Tulio León Briceño*. Véase en *Revista de Derecho Público,* N° 83, Caracas, 2000, pp. 247 y ss. Este criterio fue luego ratificado en sentencias de fecha 09-11-00 (N° 1347), 21-11-00 (N° 1387), y 05-04-01 (N° 457), entre otras.

1156 Sentencia N° 1077 de la Sala Constitucional de 22-09-00, caso: *Servio Tulio León Briceño*. Véase en *Revista de Derecho Público,* N° 83, Caracas, 2000, pp. 247 y ss.

En esta forma, la acción de interpretación de la Constitución, en criterio de la Sala Constitucional, es una acción de igual naturaleza que la de interpretación de la ley[1157], es decir, tiene por objeto obtener una sentencia declarativa de mera certeza sobre el alcance y contenido de las normas constitucionales, que no anula el acto en cuestión, pero que busca en efecto semejante, ya que en estos casos, coincide el interés particular con el interés constitucional; agregando que:

> La finalidad de tal acción de interpretación constitucional sería una declaración de certeza sobre los alcances y el contenido de una norma constitucional, y formaría un sector de la participación ciudadana, que podría hacerse incluso como paso previo a la acción de inconstitucionalidad, ya que la interpretación constitucional podría despejar dudas y ambigüedades sobre la supuesta colisión. Se trata de una tutela preventiva[1158].

En cuanto a la legitimidad necesaria para interponer la demanda, la Sala Constitucional ha señalado que el recurrente debe tener un interés particular en el sentido de que:

> Como persona pública o privada debe invocar un interés jurídico actual, legítimo, fundado en una situación jurídica concreta y específica en que se encuentra, y que requiere necesariamente de la interpretación de normas constitucionales aplicables a la situación, a fin de que cese la incertidumbre que impide el desarrollo y efectos de dicha situación jurídica.

La Sala precisó además que se "está ante una acción con legitimación restringida, aunque los efectos del fallo sean generales"; por lo que señaló que "puede declarar inadmisible un recurso de interpretación que no persiga los fines antes mencionados, o que se refiere al supuesto de colisión de leyes con la Constitución, ya que ello origina otra clase de recurso".

En la antes mencionada sentencia Nº 1077 de 22-09-01, la Sala Constitucional reiteró su criterio sobre la legitimación activa para intentar el recurso de interpretación, señalando que el recurrente debe tener un "interés jurídico personal y directo", de manera que en la demanda se exprese con precisión, como condición de admisibilidad, "en qué consiste la oscuridad, ambigüedad o contradicción entre las normas del texto constitucional, o en una de ellas en particular; o sobre la naturaleza y alcance de los principios aplicables; o sobre las situaciones contradictorias o ambiguas surgidas entre la Constitución y las normas del régimen transitorio o del régimen constituyente"[1159].

En este caso de esta acción de interpretación constitucional, puede decirse que se está en presencia de un proceso constitucional, que requeriría de un accionante, co-

---

1157 *Idem*

1158 *Ibidem*

1159 Caso: *Servicio Tulio León Briceño*, en *Revista de Derecho Público*, Nº 83, Caracas, 2000, pp. 247 y ss. Adicionalmente, en otra sentencia, Nº 1029 de 13-06-2001, la Sala Constitucional atemperó el rigorismo de declarar inadmisible el recurso si no precisaba el contenido de la acción, ya que señaló que "La solicitud deberá expresar: 1.- Los datos concernientes a la identificación del accionante y de su representante judicial; 2.- Dirección, teléfono y demás elementos de ubicación de los órganos involucrados; 3.- Descripción narrativa del acto material y demás circunstancias que motiven la acción."

mo consecuencia de lo debería abrirse el proceso a un contradictorio; pues así como puede haber personas con interés jurídico en determinada interpretación de la Constitución, igualmente puede haber otras personas con interés jurídico en otra interpretación. En tal sentido, la Sala debería emplazar y citar a los interesados para garantizarles el que puedan hacerse parte en el proceso, y alegar a favor de una u otra interpretación del texto constitucional. Sin embargo, sobre esto, después de haber creado el recurso, la Sala Constitucional, en sentencia N° 2651 de 2 de octubre de 2003 (Caso: *Ricardo Delgado (Interpretación artículo 174 de la Constitución),* le negó el carácter de proceso constitucional señalando que en virtud de que "el recurso de interpretación debe tener como pretensión la exclusiva determinación del alcance de normas –en este caso constitucionales-", entonces "no hay *litis*, enfrentamiento entre unas partes, respecto de las cuales haya que procurar su defensa".

Por último, debe indicarse que en sentencia N° 1347, de 9 de noviembre de 2000, la Sala Constitucional delimitó el carácter vinculante de las interpretaciones establecidas con motivo de decidir los recursos de interpretación, señalando que:

> Las interpretaciones de esta Sala Constitucional, en general, o las dictadas en vía de recurso interpretativo, se entenderán vinculantes respecto al núcleo del caso estudiado, todo ello en un sentido de límite mínimo, y no de frontera intraspasable por una jurisprudencia de valores oriunda de la propia Sala, de las demás Salas o del universo de los tribunales de instancia.

Como puede observarse de lo anterior, estamos en presencia de una mutación constitucional mediante la ampliación de competencias constitucionales propias que se ha arrogado la Sala Constitucional, a través de una inconstitucional interpretación de la Constitución, que no establece la posibilidad de este recurso autónomo y abstracto de interpretación de las normas constitucionales,[1160] el cual, por lo demás no encuentra ningún antecedente en el derecho comparado sobre los sistemas de justicia constitucional.

II. LA ACEPTACIÓN POR EL JUEZ CONSTITUCIONAL DE UN RÉGIMEN CONSTITUCIONAL TRANSITORIO NO APROBADO POR EL PUEBLO, EN PARALELO AL RÉGIMEN TRANSITORIO INCORPORADO EN LA CONSTITUCIÓN

La Constitución de 1999 fue sancionada por una Asamblea Nacional Constituyente conforme a un estatuto adoptado en referendo consultivo realizado en abril de 1999, en el cual se dispuso que la misma luego de sancionada tenía que someterse a aprobación popular. Y así fue que el pueblo, el 15 de diciembre de 1999, mediante referendo aprobó la Constitución, con lo cual concluyó la misión de la Asamblea Nacional Constituyente.

Sin embargo ello no ocurrió así, pues una semana después de aprobada la Constitución, el 22 de diciembre de 1999, la Asamblea nacional Constituyente sancionó un

1160 Véase Allan R. Brewer-Carías, "Le recours d'interprétation abstrait de la Constitution au Vénézuéla", en *Le renouveau du droit constitutionnel, Mélanges en l'honneur de Louis Favoreu*, Dalloz, Paris, 2007, pp. 61-70

Decreto de "Régimen de Transición del Poder Público,"[1161] fundamentándose en supuestos poderes que se había auto atribuido en el artículo 1° de su Estatuto de Funcionamiento, respecto de la potestad de decidir la cesación de las autoridades de los órganos del Poder Público "para hacer efectivo el proceso de transición hacia el régimen establecido en la Constitución de 1999", y en el supuesto "carácter supraconstitucional" de las normas que aprobase la Asamblea, lo que por supuesto no estaba establecido en previsión alguna del ordenamiento. Para supuestamente "permitir la vigencia inmediata de la Constitución" (art. 1), en el decreto la Asamblea procedió dictar normas constitucionales que supuestamente "desarrollan y complementan las Disposiciones Transitorias" (art. 2) de la nueva Constitución, procediendo sin atribución alguna prevista en la nueva Constitución, a eliminar el anterior Congreso con sus Senadores y Diputados, y a nombrar en su lugar una Comisión Legislativa Nacional no prevista en la Constitución; a disolver las Asambleas Legislativas de los Estados, y nombrar en su lugar unas Comisiones Legislativas Estadales tampoco previstas en la Constitución; a intervenir las Alcaldías y Concejos Municipales; a eliminar la anterior Corte Suprema de Justicia, crear las Salas del Tribunal Supremo y fijarles el número de magistrados, lo que no estaba establecido en la Constitución, y nombrarlos sin cumplir lo que la Constitución exigía; a crear una Comisión de reorganización y Funcionamiento del Poder Judicial para intervenirlo, destituyendo jueces sin debido proceso, la cual aún en 2009 convive con el Tribunal Supremo, con su complicidad; a designar a los altos funcionarios de los diversos Poderes del Estado; y a dictar un Estatuto Electoral sin poder alguno para ello.

Ninguna de estas reformas fue aprobada por el pueblo. El Decreto de Régimen de Transición fue impugnado ante la Sala Constitucional por violación de la Constitución que venía de ser aprobada por el pueblo, la dicha Sala Constitucional que había sido producto de ese régimen de Transición constitucional, decidió en causa propia (la impugnación de su propia existencia), considerando que la Asamblea Nacional Constituyente tenía poder supraconstitucional para crear "normas constitucionales" sin aprobación popular, y que como consecuencia, en Venezuela existían dos regímenes constitucionales de transición: el que estaba en las disposiciones Transitorias aprobadas por el pueblo al aprobar la Constitución mediante referendo; y las aprobadas por la Asamblea Nacional Constituyente después de esa aprobación popular de la Constitución, sin que el pueblo las hubiera aprobado, pero antes de publicarla.

En sentencia N° 6 de fecha 27 de enero de 2000, la Sala Constitucional decidió que como el régimen de transición era un acto "publicado en la Gaceta Oficial número 36.859 del 29 de diciembre de 1999, esto es, con anterioridad a la vigencia de la Constitución de la República Bolivariana de Venezuela de 1999, no esta sujeto ni a ésta, ni a la Constitución de 1961.[1162] Luego en sentencia de 28 de marzo de 2000 (caso: *Allan R. Brewer-Carías y otros*), con motivo de declarar sin lugar la demanda de nulidad intentada contra el Estatuto Electoral del Poder Público dictado por la

1161 *Gaceta Oficial* N° 36.859 de 29-12-1999

1162 Véase en *Revista de Derecho Público*, N° 81, (enero-marzo), Editorial Jurídica Venezolana, Caracas, 2000, pp. 81 y ss.

Asamblea Constituyente el 30 de enero de 2000,[1163] el Juez Constitucional ratificó su tesis de que para crear un nuevo ordenamiento jurídico y dictar una nueva Constitución que sustituyera a la de 1961, supuestamente la Asamblea Constituyente tenía varias alternativas para regular el régimen constitucional transitorio: *Una*, elaborar unas Disposiciones Transitorias que formaran parte de la Constitución para ser aprobada por el pueblo mediante referendo; y *otra*, dictar actos constituyentes aparte, de valor y rango constitucional, que originarían un régimen transitorio constitucional paralelo, no aprobado por el pueblo.

Con ello, fue el Juez Constitucional el que procedió a mutar ilegítimamente la Constitución, violando la soberanía popular, admitiendo que supuestamente, la Asamblea Nacional Constituyente podía dictar normas de rango constitucional, no aprobadas mediante referendo por el pueblo,[1164] con lo que se inició un largo período de transitoriedad constitucional que diez años después no ha concluido, como se evidencia de la supervivencia de la misma Comisión de reorganización y funcionamiento del Poder Judicial, que ejerce las funciones disciplinarias sobre los jueces, que la Constitución exige que se realice solo por jueces disciplinarios integrantes de una jurisdicción disciplinaria (art. 267). Venezuela, así ha tenido un régimen de transición constitucional no aprobado por el pueblo, por obra y gracia del Juez Constitucional el cual legitimó la usurpación de la voluntad popular.

III. LA TRANSFORMACIÓN DE LOS REFERENDOS REVOCATORIOS DE CARGOS ELECTIVOS EN REFERENDOS "RATIFICATORIOS"

En Venezuela el artículo 72 de la Constitución estableció como derecho político de los ciudadano la revocatoria de mandatos de todos los cargos de elección popular, a cuyo efecto se previó que transcurrida la mitad del período para el cual fue elegido el funcionario, por iniciativa popular de un número no menor del 20% de los electores inscritos en la correspondiente circunscripción, para convocar un referendo para revocar su mandato. La Constitución dispuso que "*Cuando igual o mayor número de electores o electoras* que eligieron al funcionario o funcionaria hubieren votado a favor de la revocación, siempre que haya concurrido al referendo un número de electores o electoras igual o superior al 25% de los electores o electoras inscritos, se considerará revocado su mandato y se procederá de inmediato a cubrir la falta absoluta conforme a lo dispuesto en esta Constitución y en la ley."

Es decir que los votos necesarios para que se produzca la revocatoria del mandato deben ser en un número igual o mayor de los votos de los electores que eligieron al funcionario, con independencia del número de votos que se hayan depositados contra la revocación; como incluso lo ratificó la Sala Constitucional en varias sen-

---

1163 Véase en *G.O.* N° 36.884 de 03-02-00.

1164 La Sala Constitucional llegó a afirmar que "Tal disposición, emanada del poder constituyente *que podía lo más,* cual era la transformación del Estado, lo que iba a adelantar mediante la aprobación de una nueva Constitución y del régimen de transición, claro *que podía lo menos,* dentro de su cometido de transformación del Estado, cual era dictar las normas que permitirían la transición entre el sistema constitucional abrogado y el nuevo, que conforme al texto constitucional de 1999, no podía de inmediato constituirse en todas sus instituciones". Véase en *Revista de Derecho Público*, N° 81, (enero-marzo), Editorial Jurídica Venezolana, Caracas, 2000, p. 86.

tencias,[1165] ya que de lo que se trata es de un referendo revocatorio de mandatos de elección popular y no de un referendo "ratificatorio" (plebiscitos) de tales mandatos, el cual no existe en el texto constitucional. Precisamente por ello, nada indica la Constitución para el caso de que si bien voten a favor de la revocación de un mandato un número de electores superior al número de votos que obtuvo el funcionario cuando fue electo, sin embargo, en la votación refrendaria se hubiesen pronunciado por la "no revocación" un número mayor de votos. Ello podría ocurrir, pero conforme al texto de la Constitución, no tendría efecto alguno, pues la regulación constitucional lo que establece es un referendo revocatorio: basta que la votación favorable a la revocación sea igual o mayor que la que el funcionario obtuvo cuando fue electo, para que quede revocado. Y ello es así, incluso a pesar de que el Registro Electoral haya variado con el transcurso del tiempo.

Sin embargo, de manera evidentemente inconstitucional, en las *Normas para regular los procesos de Referendos Revocatorios de mandatos de Elección Popular* dictadas por el Consejo Nacional Electoral en 25 de septiembre de 2003[1166], si bien se estableció que se considera revocado el mandato "si el número de votos a favor de la revocatoria es igual o superior al número de los electores que eligieron al funcionario", se agregó la frase: "y no resulte inferior al número de electores que votaron en contra de la revocatoria" (Art. 60). Con este agregado, en una norma de rango sublegal, se restringió el derecho ciudadano a la participación política mediante la revocación de mandatos populares, al establecerse un elemento que no está en la Constitución relativo al voto por la "no revocación," trastocándose la naturaleza "revocatoria" del referendo que regula el artículo 72 de la Constitución, y en evidente fraude a la Constitución, se lo convirtió en un referendo "ratificatorio" de mandatos de elección popular.

Lo inaudito de este fraude constitucional, es que dicha "reforma" constitucional ilegítima fue avalada por la propia Sala Constitucional del Tribunal Supremo al decidir un recurso de interpretación abstracta de la Constitución en la sentencia N° 2750 de 21 de octubre de 2003 (Caso: *Carlos E. Herrera Mendoza, Interpretación del artículo 72 de la Constitución*), en la cual señaló que:

> Se trata de una especie de relegitimación del funcionario y en ese proceso democrático de mayorías, incluso, **si en el referendo obtuviese más votos la opción de su permanencia, debería seguir en él**, aunque voten en su contra el número suficiente de personas para revocarle el mandato[1167].

En realidad, en un referendo "revocatorio" no puede haber votos por "la permanencia" del funcionario; lo que puede haber son votos por la "revocación" del mandato o por la "no revocación." El voto por la "no revocación" del mandato es un

1165 Sentencia N° 2750 de 21 de octubre de 2003, Caso: *Carlos Enrique Herrera Mendoza, (Interpretación del artículo 72 de la Constitución (Exp. 03-1989). Sentencia* N° 1139 de 5 de junio de 2002 (Caso: *Sergio Omar Calderón Duque y William Dávila Barrios)* Véase en *Revista de Derecho Público,* N° 89-92, Editorial Jurídica Venezolana, Caracas 2002, p. 171. Criterio seguido en la sentencia N° 137 de 13-02-2003 (Caso: *Freddy Lepage Scribani y otros*) (Exp. 03-0287).

1166 Resolución N° 030925-465 de 25-09-2003.

1167 Exp. 03-1989.

voto negativo (No); y un voto negativo no puede ser convertido en un voto positivo (Si) por la permanencia del funcionario. Con esta mutación de la Constitución, la Sala Constitucional cambió la naturaleza del referendo revocatorio, ratificando el trastocamiento de la naturaleza de la revocación del mandato, convirtiéndolo en un voto para "relegitimar" o para "ratificar" mandatos de elección popular, cuando ello no sólo no fue la intención del constituyente, sino que no puede derivarse del texto del artículo 72 de la Constitución. Lo único que la Constitución regula es la revocación de mandatos, y para ello, lo único que exige en materia de votación es que un número "igual o mayor de electores que eligieron al funcionario hubieren votado a favor de la revocación." Todo éste cambio de la Constitución tuvo un objeto preciso: evitar que el mandato del Presidente de República, Hugo Chávez, fuera revocado en 2004: el mismo fue electo en agosto de 2000 con 3.757.774 votos, por lo que bastaba para que su mandato fuese revocado, que el voto a favor de la revocación superara esa cifra. Como lo anunció el Consejo Nacional Electoral el 27 de agosto de 2004, el voto a favor de la revocación del mandato del Presidente de la República en el referendo efectuado ese mismo mes y año, fue de 3.989.008, por lo que constitucionalmente su mandato había quedado revocado.

Sin embargo, ya se había cambiado ilegítimamente la Constitución, e independientemente de las denuncias de fraude que se formularon respecto del referendo revocatorio del 15 de agosto de 2004, el Consejo Nacional Electoral el mencionado día 27 de agosto de 2004, no sólo dio los datos definitivos de la votación efectuada en el referendo revocatorio, sino que acordó "ratificar" al Presidente de la República en su cargo hasta la terminación del período constitucional en enero de 2007.[1168]

IV. LA ELIMINACIÓN DEL PRINCIPIO CONSTITUCIONAL DE GOBIERNO ALTERNATIVO Y LA REELECCIÓN CONTINUA

El artículo 6 de la Constitución establece los principios fundamentales del gobierno republicano, en una cláusula de las denominadas "pétreas,", en la cual se dispone que

1168 En efecto, en la *página web* del Consejo Nacional Electoral del día 27 de agosto de 2004, apareció la siguiente nota: "El presidente del Consejo Nacional Electoral, Francisco Carrasquero López, se dirigió al país en cadena nacional para anunciar las cifras definitivas y oficiales del evento electoral celebrado el pasado 15 de agosto, *las cuales dan como ratificado en su cargo al Presidente de la República*, Hugo Rafael Chávez Frías, con un total de 5 millones 800 mil 629 votos a favor de la opción "No". En la contienda electoral participaron 9 millones 815 mil 631 electores, de los cuales 3.989.008 se inclinaron por la opción "Sí" para revocar el mandato del Presidente Chávez. La totalización arrojó que la opción "No" alcanzó el 59,25% de los votos, mientras el "Sí" logró el 40,74% del total general, y la abstención fue del 30,02%. Vale destacar que para estos comicios el Registro Electoral se incrementó significativamente, alcanzando un universo de 14. 027.607 de electores con derecho a sufragar en el RR. Con base en la expresión de la voluntad popular, el Consejo Nacional Electoral, este viernes 27 de agosto, *ratificará en la Presidencia de la República* Bolivariana de Venezuela a Hugo Chávez Frías, quien culminará su período constitucional en el año 2006. Y en efecto, en acto solemne efectuado ese día, el Consejo Nacional Electoral acordó "ratificar" al Presidente de la República en su cargo, a pesar de que un número de electores mayor que los que lo eligieron hubieran votado a favor de la revocación de su mandato. Otro tanto haría la Asamblea Nacional, sin que esa figura de la ratificación estuviese prevista en norma constitucional alguna." Véase además, *El Nacional*, Caracas, 28-08-2004, pp. A-1 y A-2

Artículo 6. El gobierno de la República Bolivariana de Venezuela y de las entidades políticas que la componen es y será siempre democrático, participativo, electivo, descentralizado, alternativo, responsable, pluralista y de mandatos revocables."

Entre estos principios fundamentales del sistema constitucional, que por tanto, no pueden ser modificados ni mediante los procedimientos de reforma constitucional ni de enmienda constitucional, sino sólo mediante la convocatoria de una Asamblea Nacional Constituyente, está el principio de que el gobierno además de ser "democrático" y "electivo" debe ser siempre "alternativo," y es por tanto, inmodificable. "El gobierno **es y será siempre**... alternativo", dice la norma, lo que implica que ello nunca podría ser alterado. Esa fue la voluntad del pueblo al aprobar la Constitución.

El principio fue incorporado por primera vez en la historia constitucional como reacción al continuismo en el poder y entre otros aspectos, con base en la propia "doctrina de Simón Bolívar" en la cual la República se fundamenta conforme al artículo 1 de la Constitución, al expresar en uno de sus escritos que:

> "..nada es tan peligroso como dejar permanecer largo tiempo en un mismo ciudadano el poder. El pueblo se acostumbra a obedecerle y él se acostumbra a mandarlo. ... nuestros ciudadanos deben temer con sobrada justicia que el mismo Magistrado, que los ha mandado mucho tiempo, los mande perpetuamente".[1169]

De acuerdo con esta doctrina, que como "bolivariana" forma parte de los valores de la propia constitución (artículo 1), en el constitucionalismo venezolano la palabra usada de gobierno "alternativo" o de la "alternabilidad" en el poder, en relación con los cargos públicos siempre ha tenido el significado de que las personas deben **turnarse sucesivamente** en los mismos o que los cargos deben desempeñarse **por turnos** (Diccionario de la Real Academia Española). Como lo señaló la Sala Electoral del Tribunal Supremo de Justicia en sentencia N° 51 de 18-3-2002, alternabilidad significa "**el ejercicio sucesivo de un cargo por personas distintas, pertenezcan o no a un mismo partido**."

Este principio de la alternabilidad, como principio fundamental, se concibió históricamente para enfrentar las ansias de perpetuación en el poder, es decir, el continuismo, y evitar las ventajas en los procesos electorales de quienes ocupan cargos y a la vez puedan ser candidatos para ocupar los mismos cargos. El principio de "gobierno alternativo," por tanto, no es equivalente al de "gobierno electivo." La elección es una cosa, y la necesidad de que las personas se turnen en los cargos es otra, y por ello el principio se ha reflejado siempre en el establecimiento de límites a la reelección de los funcionarios electos, lo que por lo demás es propio de los sistemas presidenciales de gobierno. Así sucedió en las Constituciones de 1830, 1858, 1864, 1874, 1881, 1891, 1893, 1901, 1904, 1909, 1936, 1845 y 1947 en las cuales

1169 Veáse Simón Bolívar, "Discurso de Angostura" (1819), en *Escritos Fundamentales*, Caracas, 1982.

se estableció, por ejemplo, la prohibición de la reelección del Presidente de la República para el período constitucional inmediato.[1170]

Esta prohibición, en cambio, respecto del Presidente de la República, en el período democrático iniciado en 1958 fue más amplia y se extendió en la Constitución de 1961 a los dos períodos siguientes (10 años). La flexibilización del principio se produjo en la Constitución de 1999, en la cual se permitió la posibilidad de reelección presidencial de inmediato y por una sola vez, para un nuevo período. Conforme a ella, el Presidente de la República después de haber sido "ratificado" en 2004, fue reelecto en 2006.

La alternabilidad del gobierno, por tanto, es un principio del constitucionalismo que se opone al continuismo o a la permanencia en el poder por una misma persona, por lo que toda previsión que permita que esto pudiera ocurrir, sería contraria al mismo. El principio, por tanto, no se puede confundir con el principio "electivo" del gobierno o con el más general principio "democrático" que el mismo artículo 6 de la Constitución establece. Una cosa es poder elegir a los gobernantes, y otra cosa es el principio de alternabilidad que impide poder escoger al mismo gobernante ilimitadamente.

Es contrario a la Constitución, por tanto, interpretar, como lo ha hecho la Sala Constitucional en su sentencia No. 53 de 3 de febrero de 2009, que el principio de la alternabilidad "lo que exige es que el pueblo como titular de la soberanía tenga la posibilidad periódica de escoger sus mandatarios o representantes", confundiendo "gobierno alternativo" con "gobierno electivo." Por ello es falso lo que ha afirmado la Sala Constitucional en el sentido de que "sólo se infringiría el mismo si se impide esta posibilidad al evitar o no realizar las elecciones". Con su sentencia, la Sala Constitucional de nuevo lo que ha hecho es mutar ilegítimamente el texto de la Constitución, y al contrario de lo que ha afirmado, la eliminación de la causal de inelegibilidad para el ejercicio de cargos públicos derivada de su ejercicio previo por parte de cualquier ciudadano, sí trastoca el principio de alternabilidad en el ejercicio del poder.

Lo expuesto por la Sala Constitucional se refiere al principio de gobierno "electivo" que en los términos del mismo artículo 6 de la Constitución, es el que implica que "el electorado, como actor fundamental del proceso democrático, acuda a procesos comiciales periódicamente en los que compitan, en igualdad de condiciones, las diversas opciones políticas que integran el cuerpo social;" pero no al principio de gobierno "alternativo" que implica que no se pueda elegir indefinidamente una misma persona para el mismo cargo, así haya hecho un "buen gobierno." El principio de la alternabilidad, para evitar el continuismo en el poder, precisamente implica la limitación que el pueblo, como poder constituyente originario, se ha impuesto a si mismo, en cuanto a que supuestamente pueda tener la "oportunidad de decidir entre recompensar a quienes estime como sus mejores gobernantes, o bien renovar completamente las estructuras del poder cuando su desempeño haya sido pobre." Esta

1170 En la historia constitucional del país, en realidad, la prohibición de la reelección presidencial inmediata solamente dejó de establecerse en las Constituciones de los gobiernos autoritarios: en la efímera Constitución de 1857; en las Constituciones de Juan Vicente Gómez de 1914, 1922, 1925, 1928, 1929 y 1931, y en la Constitución de Marcos Pérez Jiménez de 1953.

supuesta "oportunidad," por el principio de la alternabilidad en la Constitución, pudo ejercerse antes de 1999, sólo después de que, en sus casos, transcurrieron uno o dos períodos constitucionales siguientes al ejercicio de la Presidencia por quien pretendiera de nuevo optar a dicho cargo, y en la Constitución de 1999 sólo ocurrió en 2006, por una sola vez para un período inmediato, mediante la reelección ya efectuada del Presidente Chávez. Pero establecer dicha "oportunidad" como reelección continua, sin límite, sería contrario al principio de la alternabilidad.

Por tanto, al contrario de lo decidido por la Sala Constitucional, la posibilidad de reelección continua sí altera el principio fundamental del gobierno "alternativo", que es uno de los valores democráticos que informan nuestro ordenamiento jurídico. Dicho principio, que se altera si se establece la posibilidad de elección continua de cargos electivos y que es distinto del principio del gobierno "electivo," al tener una formulación pétrea en el artículo 6 de la Constitución (es y será siempre) no puede ser objeto de modificación constitucional alguna, y en el supuesto negado de que pudiera ser modificado, ello no se podría realizarse ni por los procedimientos de Enmienda ni de Reforma Constitucional sino sólo mediante la convocatoria de una Asamblea Nacional Constituyente.

La Sala Constitucional, con su sentencia Nº 53 de 3 de febrero de 2009, en realidad mutó la Constitución a través de una interpretación, modificando ilegítimamente el sentido del principio del gobierno 'alternativo" que los venezolanos dispusieron que siempre debe regir sus gobiernos, obviando la prohibición constitucional de que se pueda consultar en un mismo período constitucional, la voluntad popular sobre modificaciones constitucionales que ya el pueblo ha rechazado.

Con esta sentencia, en todo caso, lo que hizo la Sala Constitucional fue allanar el camino para que se realizara el referendo aprobatorio que fue convocado para el 15 de febrero de 2009 a los efectos de votar por la aprobación o rechazo de un proyecto de "Enmienda Constitucional" relativa a los artículos 160, 162, 174, 192 y 230 de la Constitución, para establecer en Venezuela el principio de la reelección continua de cargos electivos, contrariando el principio constitucional de la alternabilidad republicana (art. 6).

V. LA MODIFICACIÓN DE LA PROHIBICIÓN DE CONSULTAS POPULARES REPETIDAS SOBRE MODIFICACIONES DE LA CONSTITUCIÓN RECHAZADAS POR EL PUEBLO EN UN MISMO PERÍODO CONSTITUCIONAL

Además, en la sentencia antes citada de la Sala Constitucional, Nº 53 de 3 de febrero de 2009, la misma también realizó otra ilegítima mutación adicional a la Constitución, al allanar el camino para la violación de la prohibición constitucional de realizar una consulta popular sobre modificaciones a la Constitución que ya habían sido rechazadas por el pueblo en un mismo período constitucional (art. 345).

En efecto, en los procedimientos de reforma constitucional la Constitución establece una prohibición expresa de que se pueda presentar a la Asamblea Nacional otra iniciativa de "reforma constitucional" rechazada por el pueblo en el mismo período constitucional. Nada se establece, en cambio en cuanto a los efectos del rechazo de la "Enmienda Constitucional," ni si rechazada una "reforma constitucional" por el pueblo la misma modificación se puede presentar de seguidas mediante el procedimiento de "enmienda constitucional." Fue precisamente en este marco constitucional, en el cual la Asamblea Nacional en enero de 2009 tomó la iniciativa y aprobó un proyecto de Enmienda Constitucional, que si bien inicialmente sólo perseguía modificar el artículo 230 de la Constitución sobre reelección del Presidente, luego se extendió a los artículos 160, 162, 174 y 192 de la Constitución sobre reelección de otros cargos electivos, en los cuales se establecen límites para la reelección, a los efectos de eliminar dichos límites.

Sin embargo, en 2 de diciembre de 2007 el pueblo ya había rechazado con su voto popular en el referendo convocado para aprobar una "Reforma Constitucional" formulada a iniciativa del Presidente de la Republica ante la Asamblea Nacional, la propuesta de reforma para establecer, entre otros aspectos, la posibilidad de la reelección continua del Presidente de la República mediante la eliminación de la limitación constitucional a la reelección, antes indicada. Siendo la manifestación de la voluntad popular el rechazar la propuesta de modificación constitucional, conforme al artículo 345 de la Constitución no se podía someter de nuevo a consulta popular, de nuevo, la misma reforma en el mismo período constitucional.

Este fue otro de los temas que se había solicitado a la sala Constitucional que interpretara. Sin embargo, sobre este primer punto respecto de si la prohibición contenida en el artículo 345 de la Constitución en el sentido de que la iniciativa de reforma constitucional que no fuese aprobada no podía presentarse de nuevo en un mismo período constitucional a la Asamblea Nacional, la Sala Constitucional, confundiendo el sentido de la norma, sostuvo que la misma no estaba destinada a regular los efectos de la manifestación de rechazo popular de la modificación propuesta, sino que sostuvo que la norma estaba sólo **dirigida a regular a la Asamblea Nacional**, en el sentido de que lo que no podría era exigírsele que debatiera una reforma constitucional una vez que ya la ha debatido en el mismo período constitucional y había sido rechazada por el pueblo. La Sala olvidó que la norma constitucional a lo que está dirigido es a regular las consultas a la voluntad popular en materia de modificación de la Constitución y sus efectos, y no los efectos de los debates en la Asamblea Nacional.

En efecto, la prohibición constitucional de volver a someter a consulta una reforma rechazada, en realidad está dirigida a regular los efectos de la voluntad popular expresada mediante referendo, en el sentido de que no se puede consultar al pueblo de nuevo la misma modificación constitucional que el pueblo ya ha rechazado en un mismo período constitucional.

Lo importante de la prohibición establecida en un Título de la Constitución relativo a la "Reforma Constitucional," que en Venezuela sólo puede realizarse con la participación del pueblo, es que la misma se refiere precisamente a los efectos de la expresión de la voluntad popular que es manifestación del poder constituyente originario, y no a los efectos del debate que pueda haber habido en la Asamblea Nacional en la materia, que no es poder constituyente, ni siquiera derivado, ya que no puede haber modificación constitucional alguna sin aprobación popular.

La decisión de la Sala Constitucional es una nueva burla a la Constitución al ignorar la prohibición de sucesivas consultas populares, basándose en dos artilugios que se utilizaron en este caso de la Enmienda constitucional de febrero de 2009: primero, el utilizado por la Asamblea Nacional, en su iniciativa de Enmienda, al extenderla a otros artículos constitucionales además del 230, para tratar de diferenciar la Enmienda Constitucional de 2009 de la rechazada Reforma Constitucional de

2007; y segundo, el utilizado por la Sala Constitucional al considerar que la prohibición constitucional de consultar al pueblo sobre reformas rechazadas es sólo formal respecto de las discusiones en la Asamblea Nacional, ignorando su propósito esencial de respetar la voluntad popular una vez que esta se ha expresado en forma negativa respecto de una modificación de la Constitución.

Esa voluntad hay que respetarla, que es lo que persigue la Constitución, por lo que una vez que el pueblo se ha manifestado rechazando una modificación al texto constitucional no se lo puede estar convocando sucesivamente sin límites en el mismo período constitucional para volver a pronunciarse sobre lo mismo.

VI. LA TRANSFORMACIÓN DE LAS BASES DEL SISTEMA FEDERAL TRASTOCANDO LAS COMPETENCIAS EXCLUSIVAS DE LOS ESTADOS EN COMPETENCIAS CONCURRENTES SOMETIDAS AL PODER NACIONAL

El artículo 4 de la Constitución de 1999 declara que "la República Bolivariana de Venezuela es un *Estado federal descentralizado* en los términos consagrados en esta Constitución," norma que sin embargo, se contradice en otras previsiones de la propia Constitución que permiten calificar la forma de Estado como la de una federación Centralizada."[1171] Pero en todo caso, y a pesar de esas contradicciones, en la Constitución se puede identificar un núcleo esencial del sistema de distribución de competencias entre los niveles territoriales, es decir, entre el Poder Municipal, el Poder Estadal y el Poder Nacional, que no puede cambiarse sino mediante una reforma constitucional (artículos 136, 156, 164, 178 y 179).[1172]

Específicamente, en materia de infraestructura para la circulación y el transporte, la Constitución establece por una parte que, corresponde en forma exclusiva al Poder Nacional "el sistema de vialidad y de ferrocarriles nacionales (artículo 156,27),[1173] pero que corresponde en forma exclusiva a los Estados, "La conservación, administración y aprovechamiento de carreteras y autopistas nacionales... en coordinación con el Poder Nacional;" competencia que deben ejercer sujetos a "la coordinación con el Poder Nacional," que éste debe regular.

1171 Véase nuestros estudios sobre el tema, elaborados apenas la Constitución fue sancionada: Allan R. Brewer-Carías, *Federalismo y Municipalismo en la Constitución de 1999 (Alcance de una reforma insuficiente y regresiva),* Editorial Jurídica Venezolana, Caracas-San Cristóbal 2001; "El Estado federal descentralizado y la centralización de la federación en Venezuela. Situación y perspectiva de una contradicción constitucional" en Diego Valadés y José María Serna de la Garza (Coordinadores), *Federalismo y regionalismo*, Universidad Nacional Autónoma de México, Tribunal Superior de Justicia del Estado de Puebla, Instituto de Investigaciones Jurídicas, Serie Doctrina Jurídica N° 229, México 2005, pp. 717-750

1172 Véase Allan R. Brewer-Carías, "Consideraciones sobre el régimen de distribución de competencias del Poder Público en la Constitución de 1999" en Fernando Parra Aranguren y Armando Rodríguez García Editores, *Estudios de Derecho Administrativo. Libro Homenaje a la Universidad Central de Venezuela, Facultad de Ciencias Jurídicas y Políticas, con ocasión del Vigésimo Aniversario del Curso de Especialización en Derecho Administrativo*, Tomo I, Tribunal Supremo de Justicia, Colección Libros Homenaje N° 2, Caracas 2001, pp. 107-136.

1173 Véase Decreto N° 1.445, con fuerza de Ley de Sistema de Transporte Ferroviario Nacional en *G.O.* N° 37.313 del 30 de octubre de 2001.

Este tema de la forma federal del Estado y de la distribución territorial de competencias establecidas en los artículos 156 y 164 de la Constitución, fue uno de los que se quiso cambiar con la propuesta de reforma constitucional que a iniciativa del Presidente de la República, se pretendió aprobar durante el año 2007, y que fue rechazada por el pueblo en referendo de 2 de diciembre de 2007, con la que se buscaba modificar el mencionado sistema, centralizando aún más al Estado, y terminando de centralizar materialmente todas las competencias del Poder Público en el nivel nacional.[1174] En particular con la reforma se buscaba "nacionalizar," la referida competencia que el artículo 164,10 de la Constitución de 1999 atribuye a los Estados en materia de la conservación, administración y aprovechamiento de autopistas y carreteras nacionales."[1175]

Como se ha dicho, la reforma constitucional propuesta fue rechazada expresa y abrumadoramente por el pueblo en el referendo de diciembre de 2007, por lo que la competencia de los Estados establecida en el referido artículo 164,10 de la Constitución, quedó sin modificación. Sin embargo, la Sala Constitucional, en sentencia No. 565 de 15 de abril de 2008[1176], dictada con motivo de decidir un recurso autónomo de interpretación de dicho artículo formulado por el Procurador General de la República, pura y simplemente ha modificado el contenido de esta norma constitucional y dispuso, como interpretación vinculante de la misma, que esa "competencia exclusiva" *no es tal competencia exclusiva*, sino una competencia concurrente y que, incluso, el Poder Nacional puede revertirla a su favor eliminando toda competencia de los Estados.

La Sala Constitucional, en efecto, decidió que la Administración Nacional "en ejercicio de la potestad de coordinación pueda asumir directamente la conservación, administración y el aprovechamiento de las carreteras y autopistas nacionales, así como los puertos y aeropuertos de uso comercial,", y que "corresponde al Ejecutivo Nacional por órgano del Presidente de la República en Consejo de Ministros, decretar la intervención para asumir la prestación de servicios y bienes de las carreteras y autopistas nacionales, así como los puertos y aeropuertos de uso comercial," en aquellos casos que la prestación del servicio "por parte de los Estados es deficiente o inexistente."

Con esta interpretación, lo que el Juez Constitucional ha hecho es mutar el texto constitucional usurpando la soberanía popular a la cual está reservado el poder constituyente, cambiado la forma federal del Estado al trastocar el sistema de distribución territorial de competencias entre el Poder Nacional y los Estados, y en particular "nacionalizando," contra lo que expresamente dispone la Constitución, competencias atribuidas en forma exclusiva a los Estados. La reforma constitucional de

---

1174 Véase Allan R. Brewer-Carías, *Hacia la Consolidación de un Estado Socialista, Centralizado, Policial y Militarista. Comentarios sobre el sentido y alcance de las propuestas de reforma constitucional 2007,* Colección Textos Legislativos, N° 42, Editorial Jurídica Venezolana, Caracas 2007, pp. 41 ss.

1175 Véase Allan R. Brewer-Carías, *La Reforma Constitucional de 2007 (Comentarios al Proyecto Inconstitucionalmente sancionado por la Asamblea Nacional el 2 de Noviembre de 2007),* Colección Textos Legislativos, N° 43, Editorial Jurídica Venezolana, Caracas 2007, pp. 72 ss.

1176 *Cfr.* Sentencia de la Sala Constitucional, n° 565, caso *Procuradora General de la República*, recurso de interpretación del artículo 164.10 de la Constitución de 1999 de fecha 15 de Abril de 2008, en http://www.tsj.gov.ve/decisiones/scon/Abril/565-150408-07-1108.htm

2007 que fue rechazada por el pueblo, en fraude a la Constitución, y a solicitud del representante del Poder Nacional (Procurador General de la República) fundamentándose en la existencia de una supuesta "incertidumbre jurídica en cuanto al alcance y límites de su competencia" que existía en el Ministerio de Infraestructura." El Procurador General de la República, en efecto, consideró que la norma "no era lo suficientemente clara para lograr establecer de una forma eficiente y precisa el ámbito y forma de actuación del Ejecutivo Nacional, respecto a la coordinación con los Estados de la administración, conservación y aprovechamiento de carreteras y autopistas nacionales, así como de puertos y aeropuertos de uso comercial."

El resultado de la petición de interpretación, fue que la Sala Constitucional, de oficio, reformó la Constitución, y pura y simplemente, eliminó la competencia exclusiva de los Estados en la materia, y la convirtió en una competencia concurrente sujeta a la técnica puntual de "descentralización" que puede ser intervenida, revertida y reasumida por el Poder Nacional. La Sala, en efecto, olvidándose de que se trata de una competencia exclusiva de los Estados que había sido descentralizada desde 1989 mediante la Ley de Orgánica de Descentralización, dispuso que como las carreteras y puentes nacionales son bienes de la República, lo que es obvio, "en caso de haber sido transferidos a los Estados *pueden ser cogestionados por éstos a través de convenios, pero también reasumidos por el Poder Público Nacional mediante un procedimiento de reversión, ya que la titularidad originaria de los mismos le corresponde a la República*." Al contrario, de acuerdo con la Constitución, el hecho de que los puertos o aeropuertos comerciales, autopistas, carreteras y puentes sean "nacionales", en tanto bienes públicos, no autoriza en forma alguna como lo afirmó la Sala, que "Ejecutivo Nacional, podrá ejercer competencias exorbitantes como la *intervención* en aras de garantizar la continuidad, calidad, y normalidad de tales servicios; hayan sido o no, transferidos a los Estados."

Después de muchos argumentos y malabarismos interpretativos la Sala Constitucional pasó a modificar el artículo 164,10 de la Constitución y dispuso entonces como interpretación vinculante de dicha norma, que la misma no dice lo que dice, sino que lo que dice, es supuestamente lo contrario, así:

a. Que *no se trata de una competencia exclusiva*, sino de una *competencia concurrente* sobre la cual el legislador nacional debe "establecer mediante *leyes de base* reguladoras… de las *competencias concurrentes*, de la República con los Estados y los Municipios, sino también de las de estos últimos entre sí."

b. Que los Estados *no tienen la competencia exclusiva que la Constitución les asigna* sino que lo que pueden es "ejercer *conforme a la legislación base* y en coordinación con el Ejecutivo Nacional la conservación, administración y el aprovechamiento de las carreteras y autopistas nacionales, así como los puertos y aeropuertos de uso comercial, *previa transferencia de competencias conforme al procedimiento de descentralización territorial*."

c. Que, por tanto, la Constitución no ha dispuesto distribución de competencias alguna en esta materia a favor de los Estados, sino que estos pueden sólo ser destinatarios "de una descentralización territorial" en la materia. Por ello, la Sala fue terminante en afirmar que "Sólo los Estados como entes político territoriales pueden ser objeto de una descentralización territorial sobre dichas materias."

d. Que los Estados no tienen la competencia exclusiva que les asigna la Constitución, en materia de carreteras y autopistas nacionales, así como de los puertos y aeropuertos de uso comercial nacionales (no Estadales), que son bienes y servicios nacionales; y que sólo en caso de sean "transferidos a los Estados (descentralización funcional) pueden ser cogestionados por éstos a través de convenios, pero también *revertidos*, ya que la titularidad originaria de los mismos le corresponde a la República, conforme al ordenamiento jurídico vigente." Sin embargo, de acuerdo con la Sala Constitucional, en estos casos, "se concibe que la Administración en ejercicio de la potestad de coordinación pueda *asumir directamente* la conservación, administración y el aprovechamiento de las carreteras y autopistas nacionales, así como los puertos y aeropuertos de uso comercial, en aras de mantener a buen resguardo los derechos de los usuarios a la prestación de un servicio público en condiciones de calidad."

En estos casos, sin base constitucional o legal alguna, la Sala Constitucional dispuso que "corresponde al Ejecutivo Nacional por órgano del Presidente de la República en Consejo de Ministros, decretar la intervención para asumir la prestación de servicios y bienes de las carreteras y autopistas nacionales, así como los puertos y aeropuertos de uso comercial, en aquellos casos que a pesar de haber sido transferidas esas competencias, la prestación del servicio o bien por parte de los Estados es deficiente o inexistente, sobre la base de los artículos 236 y 164.10 de la Constitución"."

Después de una ilegítima "modificación constitucional" de esta naturaleza, realizada mediante interpretación vinculante, que trastocó el orden jurídico o, como lo dijo la propia Sala, la misma "genera una necesaria revisión y modificación de gran alcance y magnitud del sistema legal vigente." Por supuesto, después de lo que hizo, la Sala Constitucional no pudo concluir en otra forma que no fuera advirtiendo "de oficio y por razones de orden público constitucional, ... que el contenido de la presente decisión debe generar una necesaria revisión y modificación del ordenamiento jurídico legal vigente," para lo cual exhortó a la Asamblea Nacional que "proceda a la revisión y correspondiente modificación de la normativa legal vinculada con la interpretación vinculante establecida en la presente decisión[1177], en orden a establecer una regulación legal congruente con los principios constitucionales y derivada de la interpretación efectuada por esta Sala en ejercicio de sus competencias." Es decir, la Sala conminó al legislador a legislar en contra de la Constitución de 1999, y conforme a una ilegítima modificación constitucional de la misma impuesta por la propia Sala. Ello provocó que después del triunfo electoral de la oposición en Estados y Municipios claves, desplazando los Gobernadores oficialistas en las elecciones de diciembre de 2008, la Asamblea Nacional muy diligentemente reformara en marzo de 2009, entre otras, la Ley Orgánica de Descentralización, Delimitación y Transferencia de Competencias del Poder Público,[1178] a los efectos de eliminar las competencias exclusivas de los Estrados establecidas en los ordinales 3 y 5 del artículo 11 de dicha Ley, agregando dos nuevas normas en dicha Ley en las cuales se

---

1177 De ello resulta según la sentencia: "la necesaria revisión general de la Ley Orgánica de Descentralización, Delimitación y Transferencia de Competencias del Poder Público, Ley General de Puertos y la Ley de Aeronáutica Civil, sin perjuicio de la necesaria consideración de otros textos legales para adecuar su contenido a la vigente interpretación."

1178 *Gaceta Oficial* N° 39 140 del 17 de marzo de 2009

dispone que "el Poder Público Nacional por órgano del Ejecutivo Nacional, podrá revertir por razones estratégicas, de mérito, oportunidad o conveniencia, la transferencia de las competencias concedidas a los estados, para la conservación, administración y aprovechamiento de los bienes o servicios considerados de interés público general, conforme con lo previsto en el ordenamiento jurídico y al instrumento que dio origen a la transferencia" (art. 8); y que "El Ejecutivo Nacional, por órgano del Presidente o Presidenta de la República en Consejo de Ministros, podrá decretar la intervención conforme al ordenamiento jurídico, de bienes y prestaciones de servicios públicos transferidos para su conservación, administración y aprovechamiento, a fin de asegurar a los usuarios, usuarias, consumidores y consumidoras un servicio de calidad en condiciones idóneas y de respeto de los derechos constitucionales, fundamentales para la satisfacción de necesidades públicas de alcance e influencia en diversos aspectos de la sociedad" (art. 9). Con ello se completó el fraude constitucional dispuesto por la Sala Constitucional, trastocándose el régimen federal.

VII. LA ELIMINACIÓN DE LA PROHIBICIÓN CONSTITUCIONAL DE FINANCIAMIENTO PÚBLICO A LAS ACTIVIDADES DE LOS PARTIDOS POLÍTICOS

El artículo 67 de la Constitución de 1999 expresamente prohibió "el financiamiento de las asociaciones con fines políticos con fondos provenientes del Estado", al establecer enfáticamente que el mismo "no se permitirá",[1179] cambiando así, radicalmente, el régimen de financiamiento público a los partidos políticos que se había previsto en el artículo 230 de la Ley Orgánica del Sufragio y Participación Política de 1998. En dicha Ley se había buscado establecer un mayor equilibrio y equidad para la participación de los partidos en la vida democrática y en especial en las campañas electorales, tratando de mitigar los desequilibrios y perversiones que podían producirse con el solo financiamiento privado a los partidos, con el riesgo de presencia de "narcofinanciamiento" por ejemplo, y el eventual financiamiento público indirecto, irregular y corrupto, sólo para los partidos de gobierno,[1180] que en un sistema donde no existe control fiscal ni parlamentario del ejercicio del poder, puede magnificarse. Con la prohibición constitucional, al derogarse este artículo de la Ley Orgánica, quedó derogado con el régimen de financiamiento público a los partidos políticos, abandonándose la tendencia inversa que predomina en el derecho comparado.

Esta prohibición constitucional expresa sobre el financiamiento público de los partidos políticos, fue uno de los temas a los que se refirió la reforma constitucional

1179 Véase sobre la versión inicial de esta norma y sobre nuestra propuesta para su redacción en Allan R. Brewer-Carías *Debate Constituyente (Aportes a la Asamblea Nacional Constituyente),* Tomo II (9 septiembre - 17 octubre 1999). Fundación de Derecho Público - Editorial Jurídica Venezolana. Caracas 1999, pp. 129 ss.

1180 Véase en general sobre el tema, Allan R. Brewer-Carías, "Consideraciones sobre el financiamiento de los partidos políticos en Venezuela" en *Financiamiento y democratización interna de partidos políticos. Memoria del IV Curso Anual Interamericano de Elecciones,* San José, Costa Rica, 1991, pp. 121 a 139.

que a iniciativa del Presidente de la República,[1181] se pretendió aprobar durante el año 2007, con la cual expresamente se buscó modificar la mencionada prohibición constitucional del artículo 67, previéndose en la norma, al contrario, que "el Estado podrá financiar las actividades electorales", pero sin indicarse si se trata de un financiamiento a los partidos políticos en general. Como es sabido, la antes mencionada propuesta de Reforma Constitucional de 2007, fue rechazada por voluntad popular expresada abrumadoramente contra su aprobación en el referendo del 2 de diciembre de 2007,[1182] con lo que el régimen de financiamiento a los partidos políticos, a su funcionamiento interno y a sus actividades electorales continuó prohibida en la Constitución.

Sin embargo, a pesar de dicha prohibición constitucional y del rechazo popular a modificarla, la Sala Constitucional del Tribunal Supremo de Justicia, actuando como Jurisdicción Constitucional, en sentencia N° 780 de 8 de mayo de 2008 (Exp. n° 06-0785), mediante una interpretación constitucional vinculante, ha mutado la Constitución, sustituyéndose a la voluntad popular y al poder constituyente originario, disponiendo que "en lo que respecta al alcance de la prohibición de financiamiento público de asociaciones políticas" contenida en la mencionada norma, la misma:

> "se circunscribe a la imposibilidad de aportar fondos a los gastos corrientes e internos de las distintas formas de asociaciones políticas, pero ...dicha limitación, no resulta extensiva a la campaña electoral, como etapa fundamental del proceso electoral".

Es decir, la Sala Constitucional, ante una norma tan clara e igualmente tan criticable como la contenida en el artículo 67 de la Constitución, cuya reforma se había intentado hacer en 2007 pero sin lograrse por ser rechazada por la voluntad popular, en esta sentencia ni más ni menos, se ha erigido en poder constituyente, sustituyendo al pueblo, y ha dispuesto la reforma de la norma, vía su interpretación, en el mismo sentido que se pretendía en la rechazada reforma constitucional, disponiendo en definitiva, que la prohibición constitucional "no limita que en el marco del proceso electoral y como gasto inherente a una fase esencial del mismo, el Estado destine fondos con el objeto de financiar el desarrollo de las campañas electorales, de los partidos y asociaciones políticas," es decir, lo contrario de lo que dispone la Constitución.

Es evidente que siendo el financiamiento de las campañas electorales la motivación fundamental del financiamiento de los partidos políticos, pues los mismos tienen por objeto conducir a la ciudadanía en las opciones democráticas que necesariamente desembocan en elecciones, la Ley Orgánica del Sufragio y participación Política había dispuesto el financiamiento de los paridos políticos; y ello fue lo que

---

1181 Véase el documento *Proyecto de Exposición de Motivos para la Reforma Constitucional, Presidencia de la República, Proyecto Reforma Constitucional. Propuesta del presidente Hugo Chávez Agosto 2007; y la publicación: Proyecto de Reforma Constitucional. Elaborado por el ciudadano Presidente de la República Bolivariana de Venezuela, Hugo Chávez Frías* Editorial Atenea, Caracas agosto 2007, p. 19.

1182 Véase Allan R. Brewer-Carías, "La proyectada reforma constitucional de 2007", rechazada por el poder constituyente originario", en *Anuario de Derecho Público 2007,* Universidad Monteávila, Caracas 2008.

sin embargo, se eliminó expresamente en la Constitución de 1999. En la Constitución de 1999, sin embargo, en su clara concepción anti partidos entre otras normas dispuso precisamente la prohibición constitucional del financiamiento público a los partidos políticos (art. 67) lo cual lamentablemente ha provocado la posibilidad no sólo al financiamiento privado ilegítimo (narcotráfico, comisiones de partidos), sino al financiamiento público irregular.[1183] Y eso fue precisamente lo que se quiso corregir, de nuevo, con la proyectada Reforma Constitucional de 2007, la cual, sin embargo, fue rechazada por el pueblo.

Pero la Sala Constitucional, sin límite alguno, se sustituyó al pueblo y asumió el rol de poder constituyente originario, disponiendo que lo que la Constitución prohíbe cuando establece en el artículo 67 que no se permite "el financiamiento de las asociaciones con fines políticos con fondos provenientes del Estado", es sólo una prohibición al financiamiento por el Estado de "los gastos corrientes e internos de las distintas formas de asociaciones políticas", pero no de la "campaña electoral, como etapa fundamental del proceso electoral."

Es decir, el Juez Constitucional, simplemente, dispuso que la Constitución no dice lo que dice, sino todo lo contrario; que cuando dice que no se permite "el financiamiento de las asociaciones con fines políticos con fondos provenientes del Estado", no es eso lo que establece, sino lo que prohíbe es solamente "el financiamiento de los gastos corrientes e internos de las asociaciones con fines políticos con fondos provenientes del Estado"; y que los gastos de las campañas electorales de dichas asociaciones con fines políticas, en cambio, si pueden ser financiadas con fondos provenientes del Estado.

Y para llegar a esta conclusión, en una sentencia innecesariamente atiborrada de citas de autores sobre las técnicas de interpretación y la noción de democracia, y sobre las bondades del financiamiento público de las campañas electorales de los partidos políticos, concluyó en la mencionada distinción, de que una cosa es que el Estado financie "los gastos corrientes e internos" de los partidos políticos y otra cosa es que financie "sus campañas electorales," deduciendo sin fundamento alguno que lo que la Constitución prohíbe es lo primero y no lo segundo.

Se trata de una conclusión absurda, que contra toda lógica democrática, se deriva de una premisa falsa, y es que en sistemas democráticos supuestamente podría ocurrir que el Estado financie los gastos corrientes e internos de los partidos. Ello no se concibe en las democracias, por lo que no requiere de prohibición alguna. En democracias lo que se financia es el funcionamiento de los partidos pero con miras siempre a las campañas electorales, al punto de que este se suspende si los mismos no llegan a obtener un determinado porcentaje de votación en las elecciones.

Puede ser muy loable la intención del Juez Constitucional de permitir el financiamiento de las campañas electorales de los partidos políticos con fondos provenientes del Estado, pero habiendo sido ello prohibido expresamente por la Constitu-

1183 Véase en Allan R. Brewer-Carías, "Regulación jurídica de los partidos políticos en Venezuela" en *Estudios sobre el Estado Constitucional (2005-2006)*, Cuadernos de la Cátedra Fundacional Allan R. Brewer Carías de Derecho Público, Universidad Católica del Táchira, N° 9, Editorial Jurídica Venezolana. Caracas, 2007, pp. 655-686.

ción[1184] (ya que no tiene lógica afirmar que lo que se prohíbe es lo que nunca se ha permitido: el financiamiento de los gastos corrientes e internos de los partidos), sólo reformándola es que se podría lograr lo contrario. Y ello fue lo que en este caso hizo el Juez Constitucional en Venezuela: reformar la Constitución, usurpando el poder constituyente originario que es del pueblo e, incluso contra su propia voluntad expresada cinco meses antes al rechazar precisamente esa reforma constitucional en igual sentido, estableció la posibilidad de financiar las campañas electorales de los partidos políticos.

VIII. LA ELIMINACIÓN DEL RANGO SUPRACONSTITUCIONAL DE LOS TRATADOS INTERNACIONALES EN MATERIA DE DERECHOS HUMANOS

Siguiendo una tendencia universal contemporánea, que ha permitido a los tribunales constitucionales la aplicación directa de los tratados internacionales en materia de derechos humanos para su protección, ampliando progresivamente el elenco de los mismos, en el propio texto de las Constituciones se ha venido progresivamente reconociendo en forma expresa el rango normativo de los referidos tratados, de manera que en la actualidad pueden distinguirse cuatro rangos diversos reconocidos en el derecho interno, rango supra constitucional, rango constitucional, rango supra legal o rango legal.[1185]

En el caso de la Constitución venezolana de 1999, el artículo 23 dispuso expresamente lo siguiente:

> *Artículo 23*. Los tratados, pactos y convenciones relativos a derechos humanos, suscritos y ratificados por Venezuela, tienen jerarquía constitucional y prevalecen en el orden interno, en la medida en que contengan normas sobre su goce y ejercicio más favorables a las establecidas en esta Constitución y en las leyes de la República, y son de aplicación inmediata y directa por los tribunales y demás órganos del Poder Público.

Esta norma, sin duda, es uno de las más importantes en materia de derechos humanos en el país, única en su concepción en América Latina, pues por una parte, le otorga a los tratados internacionales en materia de derechos humanos no sólo rango constitucional, sino rango *supra constitucional,* es decir, un rango superior respecto de las propias normas constitucionales, los cuales deben prevalecer sobre

---

1184 Por ello fue, incluso, que entre otros aspectos salvamos nuestro voto en relación con dicha norma. Véase Allan R. Brewer-Carías, *Debate Constituyente (Aportes a la Asamblea Nacional Constituyente)*, Tomo III (18 octubre-30 noviembre 1999). Fundación de Derecho Público - Editorial Jurídica Venezolana. Caracas, 1999. pp. 239, 259.

1185 En relación con esta clasificación general, véase: Rodolfo E. Piza R., *Derecho internacional de los derechos humanos: La Convención Americana*, San José 1989; y Carlos Ayala Corao, "La jerarquía de los instrumentos internacionales sobre derechos humanos", en *El nuevo derecho constitucional latinoamericano*, IV Congreso venezolano de Derecho constitucional, Vol. II, Caracas 1996 y *La jerarquía constitucional de los tratados sobre derechos humanos y sus consecuencias*, México, 2003; Humberto Henderson, "Los tratados internacionales de derechos humanos en el orden interno: la importancia del principio *pro homine*", en *Revista IIDH*, Instituto Interamericano de Derechos Humanos, Nº 39, San José 2004, pp. 71 y ss. Véase también, Allan R. Brewer-Carías, *Mecanismos nacionales de protección de los derechos humanos*, Instituto Internacional de Derechos Humanos, San José, 2004, pp. 62 y ss.

las mismas en caso de regulaciones más favorables a su ejercicio. Además, por otra parte, el artículo establece el principio de la aplicación inmediata y directa de dichos tratados por los tribunales y demás autoridades del país. Su inclusión en la Constitución, sin duda, fue un avance significativo en la construcción del esquema de protección de los derechos humanos, que se aplicó por los tribunales declarando la prevalencia de las normas de Convención Americana de Derechos Humanos en relación con normas constitucionales y legales. Fue el caso, por ejemplo, del derecho a la revisión judicial de sentencias, a la apelación o derecho a la segunda instancia que en materia contencioso administrativa se excluía en la derogada Ley Orgánica de la Corte Suprema de Justicia de 1976,[1186] respecto de la impugnación de actos administrativos ante la Jurisdicción contencioso administrativa emanados de institutos autónomos o Administraciones independientes'. La Constitución de 1999 solo reguló como derecho constitucional el derecho de apelación en materia de juicios penales a favor de la persona declarada culpable (art. 40,1); por lo que en el mencionado caso de juicios contencioso administrativos, no existía una garantía constitucional expresa a la apelación, habiendo sido siempre declarada inadmisible la apelación contra las decisiones de única instancia de la Corte Primera de lo Contencioso. La aplicación del artículo 23 de la Constitución llevó finalmente a la Sala Constitucional del Tribunal Supremo, a resolver en 2000 la aplicación prevalente de la Convención Interamericana de Derechos Humanos, considerando:

> "que el artículo 8, numerales 1 y 2 (literal h), de la Convención Americana sobre Derechos Humanos, forma parte del ordenamiento constitucional de Venezuela; que las disposiciones que contiene, declaratorias del derecho a recurrir del fallo, son más favorables, en lo que concierne al goce y ejercicio del citado derecho, que la prevista en el artículo 49, numeral 1, de dicha Constitución; y que son de aplicación inmediata y directa por los tribunales y demás órganos del Poder Público."[1187].

1186 Véase los comentarios en Allan R. Brewer-Carías y Josefina Calcaño de Temeltas, *Ley Orgánica de la Corte Suprema de Justicia,* Editorial Jurídica Venezolana, Caracas 1978.

1187 Sentencia Nº 87 del 13 de marzo de 2000, Caso: *C.A. Electricidad del Centro (Elecentro) y otra vs. Superintendencia para la Promoción y Protección de la Libre Competencia. (Procompetencia)*, en *Revista de Derecho Público*, Nº 81, Editorial Jurídica Venezolana, Caracas 2000, pp. 157. La Sala Constitucional incluso resolvió el caso estableciendo una interpretación obligatoria, que exigía la reredacción de la Ley Orgánica, disponiendo lo siguiente: "En consecuencia, visto que el último aparte, primer párrafo, del artículo 185 de la Ley Orgánica de la Corte Suprema de Justicia, dispone lo siguiente: "Contra las decisiones que dicto dicho Tribunal en los asuntos señalados en los ordinales 1 al 4 de este artículo no se oirá recurso alguno"; visto que la citada disposición es incompatible con las contenidas en el artículo 8, numerales 1 y 2 (literal h), de la Convención Americana sobre Derechos Humanos, las cuales están provistas de jerarquía constitucional y son de aplicación preferente; visto que el segundo aparte del artículo 334 de la Constitución de la República establece lo siguiente: "En caso de incompatibilidad entre esta Constitución y una ley u otra norma jurídica, se aplicarán las disposiciones constitucionales, correspondiendo a los tribunales en cualquier causa, aun de oficio, decidir lo conducente", ésta Sala acuerda dejar sin aplicación la disposición transcrita, contenida en el último aparte, primer párrafo, del artículo 185 de la Ley Orgánica en referencia, debiendo aplicarse en su lugar, en el caso de la sentencia que se pronuncie, de ser el caso, sobre el recurso contencioso administrativo de anulación interpuesto por la parte actora ante la Corte Primera de lo Contencioso Administrativo (expediente Nº 99-22167), la disposición prevista en el último aparte, segundo párrafo, del artículo 185 eiusdem, y la cual es del tenor siguiente: 'Contra las sentencias definitivas que dicte el mismo Tribunal

Sin embargo, en sentencia N° 1.939 de 18 de diciembre de 2008 (Caso *Gustavo Álvarez Arias y otros*) la Sala Constitucional al declarar inejecutable una sentencia de la Corte Interamericana de Derechos Humanos, de fecha 5 de agosto de 2008, dictada en el caso de los ex-magistrados de la Corte Primera de lo Contencioso Administrativo (*Apitz Barbera y otros ("Corte Primera de lo Contencioso Administrativo") vs. Venezuela*), ha resuelto definitivamente que:

> "el citado artículo 23 de la Constitución no otorga a los tratados internacionales sobre derechos humanos rango "supraconstitucional", por lo que, en caso de antinomia o contradicción entre una disposición de la Carta Fundamental y una norma de un pacto internacional, correspondería al Poder Judicial determinar cuál sería la aplicable, tomando en consideración tanto lo dispuesto en la citada norma como en la jurisprudencia de esta Sala Constitucional del Tribunal Supremo de Justicia, atendiendo al contenido de los artículos 7, 266.6, 334, 335, 336.11 eiusdem y el fallo número 1077/2000 de esta Sala."

A los efectos de fundamentar su decisión, y rechazar la existencia de valores superiores no moldeables por el proyecto político autoritario, la Sala aclaró los siguientes conceptos:

> "Sobre este tema, la sentencia de esta Sala N° 1309/2001, entre otras, aclara que el derecho es una teoría normativa puesta al servicio de la política que subyace tras el proyecto axiológico de la Constitución y que la interpretación debe comprometerse, si se quiere mantener la supremacía de la Carta Fundamental cuando se ejerce la jurisdicción constitucional atribuida a los jueces, con la mejor teoría política que subyace tras el sistema que se interpreta o se integra y con la moralidad institucional que le sirve de base axiológica (*interpretatio favor Constitutione*). Agrega el fallo citado: "en este orden de ideas, los estándares para dirimir el conflicto entre los principios y las normas deben ser compatibles con el proyecto político de la Constitución (Estado Democrático y Social de Derecho y de Justicia) y no deben afectar la vigencia de dicho proyecto con elecciones interpretativas ideológicas que privilegien los derechos individuales a ultranza o que acojan la primacía del orden jurídico internacional sobre el derecho nacional en detrimento de la soberanía del Estado".
>
> Concluye la sentencia que: "no puede ponerse un sistema de principios supuestamente absoluto y suprahistórico por encima de la Constitución" y que son inaceptables las teorías que pretenden limitar "so pretexto de valideces universales, la soberanía y la autodeterminación nacional".
>
> En el mismo sentido, la sentencia de esta Sala N° 1265/2008 estableció que en caso de evidenciarse una contradicción entre la Constitución y una convención o tratado internacional, "deben prevalecer las normas constitucionales que privilegien el interés general y el bien común, debiendo aplicarse las disposi-

---

... podrá interponerse apelación dentro del término de cinco días, ante la Corte Suprema de Justicia (rectius: Tribunal Supremo de Justicia)'. Así se decide." *Idem* p. 158

ciones que privilegien los intereses colectivos...(...) sobre los intereses particulares...”[1188]

En esta forma, la Sala Constitucional en el Venezuela ha dispuesto una ilegítima mutación constitucional, reformando el artículo 23 de la Constitución al eliminar el carácter supranacional de la Convención Americana de Derechos Humanos en los casos en los cuales contenga previsiones más favorables al goce y ejercicio de derechos humanos respecto de las que están previstas en la propia Constitución.

Debe advertirse, por otra parte, que tan se trata de una reforma constitucional ilegítima, que esa fue una de las propuestas de reforma que se formularon por el “Consejo Presidencial para la Reforma de la Constitución,” designado por el Presidente de la República,[1189] en informe de junio de 2007,[1190] en el cual, en relación con el artículo 23 de la Constitución, lo que se buscaba era eliminar totalmente la jerarquía constitucional de las previsiones de los tratados internacionales de derechos humanos y su prevalencia sobre el orden interno, proponiéndose la formulación de la norma sólo en el sentido de que: “los tratados, pactos y convenciones relativos a derechos humanos, suscritos y ratificados por Venezuela, mientras se mantenga vigentes, forma parte del orden interno, y son de aplicación inmediata y directa por los órganos del Poder Público”.

Esa propuesta de reforma constitucional que afortunadamente no llegó a cristalizar, era un duro golpe al principio de la progresividad en la protección de los derechos que se recoge en el artículo 19 de la Constitución, que no permite regresiones en la protección de los mismos.[1191] Sin embargo, lo que no pudo hacer el régimen autoritario mediante una reforma constitucional, la cual al final fue rechazada por el pueblo, lo hizo la Sala Constitucional del Tribunal Supremo en su larga carrera al servicio del autoritarismo.[1192]

IX. LA ELIMINACIÓN DE LA POTESTAD DE LOS JUECES PARA APLICABILIDAD INMEDIATA DE LOS TRATADOS INTERNACIONALES EN MATERIA DE DERECHOS HUMANOS

En materia de derechos humanos, el artículo 23 de la Constitución no sólo otorga rango supraconstitucional a las normas de los tratados, pactos y convenciones inter-

---

1188 Véase en http://www.tsj.gov.ve/decisiones/scon/Diciembre/1939-181208-2008-08-1572.html

1189 Véase Decreto N° 5138 de 17-01-2007, *Gaceta Oficial* N° 38.607 de 18-01-2007

1190 El documento circuló en junio de 2007 con el título Consejo Presidencial para la Reforma de la Constitución de la República Bolivariana de Venezuela, “Modificaciones propuestas”. El texto completo fue publicado como *Proyecto de Reforma Constitucional. Versión atribuida al Consejo Presidencial para la reforma de la Constitución de la república Bolivariana de Venezuela*, Editorial Atenea, Caracas 01 de julio de 2007, 146 pp.

1191 Véase esta proyectada reforma constitucional Allan R. Brewer-Carías, *Hacia la consolidación de un Estado Socialista, Centralizado, Policial y Militarista. Comentarios sobre el sentido y alcance de las propuestas de reforma constitucional 2007*, Colección Textos Legislativos, N° 42, Editorial Jurídica Venezolana, Caracas 2007, pp. 122 ss.

1192 Véase entre otros aspectos, los contenidos en el libro Allan R. Brewer-Carías, *Crónica sobre la “In” Justicia Constitucional. La Sala Constitucional y el autoritarismo en Venezuela*, Colección Instituto de Derecho Público, Universidad Central de Venezuela, N° 2, Caracas 2007.

nacionales relativos a derechos humanos suscritos y ratificados por Venezuela, "en la medida en que contengan normas sobre su goce y ejercicio más favorables a las establecidas en esta Constitución y en las leyes de la República", lo que como antes se ha visto ya ha sido mutado ilegítimamente; sino que declara además expresamente que los mismos son "de aplicación inmediata y directa por los tribunales y demás órganos del Poder Público" (art. 23).

Sobre esta norma, la Sala Constitucional del Tribunal Supremo, al reivindicar un carácter de máximo y último intérprete de la Constitución y de los tratados, pactos y convenios sobre derechos humanos que no tiene, pues todas las Salas del Tribunal Supremo lo tienen, ha establecido en sentencia N° 1492 de 15 de julio de 2003 (Caso: *Impugnación de diversos artículos del Código Penal*), que por adquirir los mencionados tratados jerarquía constitucional e integrarse a la Constitución vigente, "*el único capaz de interpretarlas*, con miras al derecho venezolano, es el juez constitucional, conforme al artículo 335 de la vigente Constitución, en especial, al intérprete nato de la Constitución de 1999, y, que es la Sala Constitucional, y así se declara". De allí la Sala señaló que

> "es la Sala Constitucional quien determina cuáles normas sobre derechos humanos de esos tratados, pactos y convenios, prevalecen en el orden interno; al igual que cuáles derechos humanos no contemplados en los citados instrumentos internacionales tienen vigencia en Venezuela"[1193].

Con esta decisión inconstitucional, la Sala Constitucional ha mutado ilegítimamente la Constitución, pues conforme a la norma de su artículo 23, esa potestad no sólo corresponde a la Sala Constitucional, sino a todos los tribunales de la República cuando actúen como juez constitucional, por ejemplo, al ejercer el control difuso de la constitucionalidad de las leyes o al conocer de acciones de amparo. La pretensión de la Sala Constitucional en concentrar toda la justicia constitucional no se ajusta a la Constitución y al sistema de justicia constitucional que regula, de carácter mixto e integral; y menos aún en materia de derechos humanos, cundo es la propia Constitución la que dispone que los tratados, pactos e instrumentos internacionales sobre derechos humanos ratificados por la República son "de aplicación inmediata y directa por los tribunales" (art. 23).

X. LA NEGACIÓN DEL DERECHO CIUDADANO A LA PROTECCIÓN INTERNACIONAL DE LOS DERECHOS HUMANOS Y LA "INEJECUTABILIDAD" DE LAS SENTENCIAS DE LA CORTE INTERAMERICANA DE DERECHOS HUMANOS

Pero además del desconocimiento del rango supra constitucional de la Convención Americana de Derechos Humanos, la Sala Constitucional en la sentencia indicada N° 1.939 de 18 de diciembre de 2008, que se identifica como Caso *Gustavo Álvarez Arias y otros*, cuando en realidad es el Caso: *Estado venezolano vs. La Corte Interamericana de Derechos Humanos*, ha desconocido las decisiones de la Corte

---

1193 Véase en *Revista de Derecho Público*, N° 93-96, Editorial Jurídica Venezolana, Caracas 2003, pp. 135 ss.

Interamericana de Derechos Humanos, declarándolas inejecutables, contrariando el régimen internacional de los tratados.

Con dicha sentencia, dictada en juicio iniciado por la Procuraduría General de la República que es un órgano dependiente del Ejecutivo Nacional, la sala Constitucional declaró "inejecutable" en Venezuela la sentencia de la Corte Interamericana de Derechos Humanos de fecha 5 de agosto de 2008," dictada en el caso de los ex-magistrados de la Corte Primera de lo Contencioso Administrativo (*Apitz Barbera y otros ("Corte Primera de lo Contencioso Administrativo") vs. Venezuela*). En dicha sentencia, la Corte Interamericana en demanda contra el Estado formulada por la Comisión Interamericana de derechos Humanos a petición de dichos ex magistrados de la Corte Primera de lo Contencioso Administrativo, decidió que el Estado Venezolano les había violado las garantías judiciales establecidas en la Convención Americana al haberlos destituido de sus cargos, condenando al Estado a pagar las compensaciones prescritas, a reincorporarlos en sus cargos o en cargos similares, y a publicar el fallo en la prensa venezolana.[1194]

Ahora bien, aparte de que el caso de la Convención Americana de Derechos Humanos una vez que los Estados Partes han reconocido la jurisdicción de la Corte Interamericana de Derechos Humanos, conforme al artículo 68.1 de la Convención, los mismos "se comprometen a cumplir la decisión de la Corte en todo caso en que sean partes;"[1195] es la propia Constitución la que ha garantizado expresamente en Venezuela el acceso de las personas a la protección internacional en materia de derechos humanos, con la obligación del Estado de ejecutar las decisiones de los órganos internacionales. A tal efecto el artículo 31 de de la Constitución dispone:

> ***Artículo 31.*** Toda persona tiene derecho, en los términos establecidos por los tratados, pactos y convenciones sobre derechos humanos ratificados por la República, a dirigir peticiones o quejas ante los órganos internacionales creados para tales fines, con el objeto de solicitar el amparo a sus derechos humanos.
>
> El Estado adoptará, conforme a procedimientos establecidos en esta Constitución y en la ley, las medidas que sean necesarias para dar cumplimiento a las decisiones emanadas de los órganos internacionales previstos en este artículo.

No han faltado Estados, sin embargo, que se hayan rebelado contra las decisiones de la Corte Interamericana y hayan pretendido eludir su responsabilidad en el cumplimiento de las mismas. La sentencia de la Corte Interamericana en el Caso *Castillo Petruzzi* de 30 de mayo de 1999 (Serie C, núm. 52), es prueba de ello, pues

---

1194 Véase en www.corteidh.or.cr . Excepción Preliminar, Fondo, Reparaciones y Costas, Serie C Nº 182.

1195 Como lo señaló la Corte Interamericana de Derechos Humanos en la decisión del *Caso Castillo Petruzzi*, sobre "Cumplimiento de sentencia" del 7 de noviembre de 1999 (Serie C, núm. 59), "Las obligaciones convencionales de los Estados parte vinculan a todos los poderes y órganos del Estado," (par. 3) agregando "Que esta obligación corresponde a un principio básico del derecho de la responsabilidad internacional del Estado, respaldado por la jurisprudencia internacional, según el cual los Estados deben cumplir sus obligaciones convencionales de buena fe (*pacta sunt servanda*) y, como ya ha señalado esta Corte, no pueden por razones de orden interno dejar de asumir la responsabilidad internacional ya establecida." (par. 4). Véase en Sergio García Ramírez (Coord.), *La Jurisprudencia de la Corte Interamericana de Derechos Humanos*, Universidad Nacional Autónoma de México, Corte Interamericana de Derechos Humanos, México, 2001, pp. 628-629.

después de que declarar que el Estado peruano había violado en un proceso los artículos 20; 7.5; 9; 8.1; 8.2.b,c,d y f; 8.2.h; 8.5; 25; 7.6; 5; 1.1 y 2,[1196] la Sala Plena del Consejo Supremo de Justicia Militar del Perú se negó a ejecutar el fallo, considerando que la misma desconocía la Constitución Política del Perú y la sujetaba a "la Convención Americana sobre Derechos Humanos en la interpretación que los jueces de dicha Corte efectúan *ad-libitum* en esa sentencia."[1197]

Ahora le ha correspondido a Venezuela seguir los pasos del régimen autoritario del Presidente Fujimori en el Perú, y la Sala Constitucional del Tribunal Supremo también ha declarado en la mencionada decisión N° 1.939 de 18 de diciembre de 2008 (Caso *Abogados Gustavo Álvarez Arias y otros*), como "inejecutable" la sentencia de la Corte Interamericana de Derechos Humanos Primera de 5 de agosto de 2008 en el caso *Apitz Barbera y otros ("Corte Primera de lo Contencioso Administrativo") vs. Venezuela* acusando a la Corte Interamericana de haber usurpado el poder del Tribunal Supremo.[1198]

En su decisión, la Sala Constitucional, citando la previa decisión N° 1.942 de 15 de julio de 2003, y considerando que se trataba de una petición de interpretación formulada por la República, precisó que la Corte Interamericana de Derechos Humanos, no podía "pretender excluir o desconocer el ordenamiento constitucional

---

1196 Como consecuencia, en la sentencia la Corte Interamericana declaró "la invalidez, por ser incompatible con la Convención, del proceso en contra de los señores Jaime Francisco Sebastián Castillo Petruzzi" y otros, ordenando "que se les garantice un nuevo juicio con la plena observancia del debido proceso legal," y además, "al Estado adoptar las medidas apropiadas para reformar las normas que han sido declaradas violatoria de la Convención Americana sobre Derechos Humanos en la presente sentencia y asegurar el goce de los derechos consagrados en la Convención Americana sobre derechos Humanos a todas las personas que se encuentran bajo su jurisdicción, sin excepción alguna." Véase en http://www.tsj.gov.ve/decisiones/scon/Diciembre/1939-181208-2008-08-1572.html

1197 Precisamente frente a esta declaratoria por la Sala Plena del Consejo Supremo de Justicia Militar del Perú sobre la inejecutabilidad del fallo de 30 de mayo de 1999 de la Corte Interamericana de Derechos Humanos en el Perú, fue que la misma Corte Interamericana dictó el fallo subsiguiente, antes indicado, de 7 de noviembre de 1999, declarando que "el Estado tiene el deber de dar pronto cumplimiento a la sentencia de 30 de mayo de 1999 dictada por la Corte Interamericana en el caso *Castillo Petruzzi y otros.*" Sergio García Ramírez (Coord.), *La Jurisprudencia de la Corte Interamericana de Derechos Humanos*, Universidad Nacional Autónoma de México, Corte Interamericana de Derechos Humanos, México, 2001, p. 629 Ello ocurrió durante el régimen autoritario que tuvo el Perú en la época del Presidente Fujimori, y que condujo a que dos meses después de dictarse la sentencia de la Corte Interamericana del 30 de mayo de 1999, el Congreso del Perú aprobase el 8 de julio de 1999 el retiro del reconocimiento de la competencia contenciosa de la Corte, lo que se depositó al día siguiente en la Secretaría General de la OEA/ Este retiro fue declarado inadmisible por la propia Corte Interamericana, en la sentencia del caso *Ivcher Bronstein* de 24 de septiembre de 1999, considerando que un "Estado parte sólo puede sustraerse a la competencia de la Corte mediante la denuncia del tratado como un todo." *Idem*, pp. 769-771. En todo caso, posteriormente en 2001 Perú derogó la Resolución de julio de 1999, restableciéndose a plenitud la competencia de la Corte interamericana para el Estado

1198 El tema, ya lo había adelantado la Sala Constitucional en su conocida sentencia N° 1.942 de 15 de julio de 2003 (Caso: *Impugnación de artículos del Código Penal, Leyes de desacato*) (Véase en *Revista de Derecho Público*, N° 93-96, Editorial Jurídica Venezolana, Caracas 2003, pp. 136 ss.) en la cual al referirse a los Tribunales Internacionales "comenzó declarando en general, que en Venezuela "por encima del Tribunal Supremo de Justicia y a los efectos del artículo 7 constitucional, no existe órgano jurisdiccional alguno, a menos que la Constitución o la ley así lo señale, y que aun en este último supuesto, la decisión que se contradiga con las normas constitucionales venezolanas, carece de aplicación en el país, y así se declara."

interno," y que había dictado "pautas de carácter obligatorio sobre gobierno y administración del Poder Judicial que son competencia exclusiva y excluyente del Tribunal Supremo de Justicia" y establecido "directrices para el Poder Legislativo, en materia de carrera judicial y responsabilidad de los jueces, violentando la soberanía del Estado venezolano en la organización de los poderes públicos y en la selección de sus funcionarios, lo cual resulta inadmisible." Acusó además, a la Corte Interamericana de haber utilizado su fallo "para intervenir inaceptablemente en el gobierno y administración judicial que corresponde con carácter excluyente al Tribunal Supremo de Justicia," argumentando que con la "sentencia cuestionada" la Corte Interamericana pretendía "desconocer la firmeza de decisiones administrativas y judiciales que han adquirido la fuerza de la cosa juzgada, al ordenar la reincorporación de los jueces destituidos." Para realizar estas afirmaciones, la Sala Constitucional recurrió como precedente para considerar que la sentencia de la Corte Interamericana de Derechos Humanos era inejecutable en Venezuela, precisamente la decisión antes señalada de 1999 de la Sala Plena del Consejo Supremo de Justicia Militar del Perú, que consideró inejecutable la sentencia de la Corte Interamericana de 30 de mayo de 1999, dictada en el caso: *Castillo Petruzzi y otro*.

Pero no se quedó allí la Sala Constitucional, sino en una evidente usurpación de poderes, ya que las relaciones internacionales es materia exclusiva del Poder Ejecutivo, solicitó instó "al Ejecutivo Nacional proceda a denunciar esta Convención, ante la evidente usurpación de funciones en que ha incurrido la Corte Interamericana de los Derechos Humanos con el fallo objeto de la presente decisión; y el hecho de que tal actuación se fundamenta institucional y competencialmente en el aludido Tratado."

Así concluyó el proceso de desligarse de la Convención Americana sobre Derechos Humanos, y de la jurisdicción de la Corte Interamericana de Derechos Humanos por parte del Estado Venezolano, utilizando para ello a su propio Tribunal Supremo de Justicia.

Debe recordarse en efecto, que en esta materia la Sala Constitucional también ha dispuesto una ilegítima mutación constitucional, reformando el artículo 23 de la Constitución en la forma cómo se pretendía en 2007 en la antes mencionada propuesta del "Consejo Presidencial para la Reforma de la Constitución," designado por el Presidente de la República, al buscar agregar al artículo 23 de la Constitución, también en forma regresiva, que "corresponde a los tribunales de la República conocer de las violaciones sobre las materias reguladas en dichos Tratados", con lo que se buscaba establecer una prohibición constitucional para que la Corte Interamericana de Derechos Humanos pudiera conocer de las violaciones de la Convención Americana de Derechos Humanos. Es decir, con una norma de este tipo, Venezuela hubiera quedado excluida constitucionalmente de la jurisdicción de dicha Corte internacional y del sistema interamericano de protección de los derechos humanos.[1199]

1199 Véase sobre esta proyectada reforma constitucional Allan R. Brewer-Carías, *Hacia la consolidación de un Estado Socialista, Centralizado, Policial y Militarista. Comentarios sobre el sentido y alcance de las propuestas de reforma constitucional 2007,* Colección Textos Legislativos, N° 42, Editorial Jurídica Venezolana, Caracas 2007, p. 122.

En esta materia, también, lo que no pudo hacer el régimen autoritario mediante una reforma constitucional, la cual al final fue rechazada por el pueblo, lo hizo la Sala Constitucional del Tribunal Supremo en su larga carrera al servicio del autoritarismo.

APRECIACIÓN FINAL

Un recurso autónomo de interpretación abstracta de la Constitución como el que hemos señalado, en manos de un Juez Constitucional autónomo e independiente, sin duda que podría ser un instrumento eficaz para adaptar las normas constitución a los cambios operados en el orden constitucional de un país en un momento determinado. Sin embargo, un recurso de esa naturaleza en manos de un Juez Constitucional totalmente dependiente del Poder Ejecutivo, en un régimen autoritario como el que se ha estructurado en Venezuela en los últimos 10 años, resolviendo en particular las peticiones interesadas que le formule el propio Poder Ejecutivo a través del Procurador General de la República, es un instrumento de mutación ilegítima de la Constitución, para cambiarla y ajustarla a la voluntad a los efectos de afianzar el autoritarismo. Eso es lo que ha ocurrido en Venezuela, donde el Tribunal Supremo de Justicia ha sido intervenido políticamente, al distorsionarse las normas constitucionales destinadas a asegurar su nombramiento a propuesta de la sociedad civil y su remoción sólo en casos excepcionales.

En efecto, en cuanto a la selección de los Magistrados del Tribunal Supremo de Justicia, la Constitución de 1999 creó un novedoso sistema, mediante el establecimiento de un Comité de Postulaciones Judiciales (art. 270), que debería estar integrado por representantes de los diferentes sectores de la sociedad. Ello, sin embargo, no se ha garantizado en los 10 años de vigencia de la Constitución: No se garantizó en la designación de Magistrados en 1999 por la Asamblea Nacional Constituyente; ni se garantizó en 2001, con la nueva la designación de Magistrados mediante una "Ley Especial" que convirtió dicho Comité en una comisión parlamentaria ampliada. Luego, después de años de transitoriedad constitucional, tampoco se garantizó en la Ley Orgánica del Tribunal Supremo de Justicia de 2004, la cual en lugar de regular dicho Comité, lo que estableció fue una Comisión parlamentaria ampliada, totalmente controlada por la mayoría oficialista del Parlamento, burlando la disposición constitucional[1200]. Con dicha reforma, además, se aumentó el número de Magistrados de 20 a 32, los cuales fueron elegidos por la Asamblea Nacional en un procedimiento que estuvo enteramente controlado por el Presidente de la República, lo que incluso fue anunciado públicamente en víspera de los nombramientos, por el entonces Pre-

1200 Véase los comentarios en Allan R. Brewer-Carías, *Ley Orgánica del Tribunal Supremo de Justicia*, Editorial Jurídica Venezolana, Caracas 200, pp. 32 ss. El asalto al Tribunal Supremo de Justicia se inició antes con el nombramiento "transitorio", en 1999, por la Asamblea Nacional Constituyente, de los nuevos Magistrados del Tribunal Supremo de Justicia sin cumplirse los requisitos constitucionales ni asegurarse la participación de la sociedad civil en los nombramientos. Las previsiones constitucionales sobre condiciones para ser magistrado y los procedimientos para su designación con participación de los sectores de la sociedad, se continuaron violando por la Asamblea Nacional al hacer las primeras designaciones en 2002 conforme a una "Ley especial" sancionada para efectuarlas transitoriamente, con contenido completamente al margen de las exigencias constitucionales sidente de la Comisión parlamentaria encargada de escoger los candidatos a Magistrado.[1201]

Por otra parte, en cuanto a la estabilidad de los Magistrados del Tribunal Supremo de Justicia, el artículo 265 de la Constitución dispuso que los mismos sólo podían ser removidos por la Asamblea Nacional mediante una mayoría calificada de las dos terceras partes de sus integrantes, previa audiencia concedida al interesado, en caso de faltas graves calificadas por el Poder Ciudadano. Con esta sola disposición, sin embargo, podía decirse que la autonomía e independencia de los Magistrados quedaba cuestionada pues permitía una inconveniente e inaceptable injerencia de la instancia política del Poder en relación con la administración de Justicia, y con ella, efectivamente, la Asamblea Nacional comenzó a ejercer un control político directo sobre los Magistrados del Tribunal Supremo, los cuales permanentemente han sabido que en cualquier momento pueden ser investigados y removidos. Pero en la norma constitucional al menos había la garantía con la exigencia de una mayoría calificada para la votación, lo cual sin embargo fue absurdamente eliminada, al preverse otra modalidad de remoción, llamada de "revocación del acto administrativo de nombramiento" con el voto de la mayoría absoluta de los diputados, lo que se estableció en evidente fraude a la Constitución, en la Ley Orgánica del Tribunal Supremo de Justicia en 2004.[1202] Esta inconstitucional previsión legal, incluso, se buscó constitucionalizar con la rechazada reforma constitucional de 2007.[1203]

En esta forma, el Tribunal Supremo de Justicia de Venezuela, y dentro del mismo, su Sala Constitucional, se ha configurado como un cuerpo altamente politizado[1204], lamentablemente sujeto a la voluntad del Presidente de la República, lo que

---

1201 El diputado Pedro Carreño, quien un tiempo después fue designado Ministro del Interior y de Justicia, afirmó lo siguiente: "Si bien los diputados tenemos la potestad de esta escogencia, el Presidente de la República fue consultado y su opinión fue tenida muy en cuenta." Agregó: "Vamos a estar claros, nosotros no nos vamos a meter autogoles. En la lista había gente de la oposición que cumple con todos los requisitos. La oposición hubiera podido usarlos para llegar a un acuerdo en las últimas sesiones, pero no quisieron. Así que nosotros no lo vamos a hacer por ellos. En el grupo de los postulados no hay nadie que vaya a actuar contra nosotros y, así sea en una sesión de 10 horas, lo aprobaremos." Véase en *El Nacional*, Caracas, 13-12-2004. Con razón, la Comisión Interamericana de Derechos Humanos indicó en su *Informe* a la Asamblea General de la OEA correspondiente a 2004 que "estas normas de la Ley Orgánica del Tribunal Supremo de Justicia habrían facilitado que el Poder Ejecutivo manipulara el proceso de elección de magistrados llevado a cabo durante 2004. Comisión Interamericana de Derechos Humanos, *Informe sobre Venezuela 2004*, párrafo 180.

1202 Se estableció, en efecto, la posibilidad de la "revocación del acto administrativo de nombramiento los Magistrados" por mayoría para burlar la exigencia de la mayoría calificada prevista para la "remoción". Véase los comentarios en Allan R. Brewer-Carías, *Ley Orgánica del Tribunal Supremo de Justicia*, Editorial Jurídica Venezolana, Caracas 200, pp. 41 ss.

1203 Véase Allan R. Brewer-Carías, *Hacia la consolidación de un Estado Socialista, Centralista, Policial y Militarista. Comentarios sobre el alcance y sentido de las propuestas de reforma constitucional 2007*, Editorial Jurídica Venezolana, Caracas 2007, pp. 114 ss.; *La Reforma Constitucional de 2007 (Inconstitucionalmente sancionada por la Asamblea nacional el 2 de noviembre de 2007)*, Editorial Jurídica Venezolana, Caracas 2007. pp. 108 ss.

1204 Véase lo expresado por el magistrado Francisco Carrasqueño, en la apertura del año judicial en enero de 2008, al explicar que: "no es cierto que el ejercicio del poder político se limite al Legislativo, sino que tiene su continuación en los tribunales, en la misma medida que el Ejecutivo", dejando claro que la "aplicación del Derecho no es neutra y menos aun la actividad de los magistrados, porque según se dice en la práctica ha significado la eliminación de toda la autonomía del Poder Judicial. Con ello, el propio postulado de la separación de los poderes, como piedra angular del Estado de Derecho y de la vigencia de las instituciones democráticas, ha sido eliminando desapareciendo toda posibilidad de control judicial efectivo del poder por parte de los ciudadanos. El propio Presidente de la República incluso, llegó a decir en 2007 que para poder dictar sentencias, el Tribunal Supremo debía consultarlo previamente.[1205] Con todo esto, el Poder Judicial ha pospuesto su función fundamental de servir de instrumento de control de las actividades de los otros órganos del Estado para asegurar su sometimiento a la ley, habiendo materialmente desaparecido el derecho ciudadano a la tutela judicial efectiva y al controlar del poder. En esa situación, por tanto, es difícil hablar siquiera de posibilidad alguna de equilibrio entre poderes y prerrogativas del Estado y derechos y garantías ciudadanas.

La Constitución de Venezuela de 1999, sin duda, formalmente contiene en su texto el elenco de valores del Estado democrático y social de derecho más completo que pueda desearse así como una de las declaraciones de derechos humanos más completas de América Latina, con especificación de los medios para su protección por medio de la acción de amparo, y los recursos ante la Jurisdicción Constitucional y la Jurisdicción Contencioso Administrativa difícilmente contenidos con tanto detalle en otros textos constitucionales. Esas declaraciones, sin embargo, en contraste con la realidad del sistema autoritario, lo que confirman es que para que exista control de la actuación del Estado es indispensable que el Poder Judicial sea autónomo e independiente, y fuera del alcance del Poder Ejecutivo. Al contrario, cuando el Poder Judicial está controlado por el Poder Ejecutivo, las declaraciones constitucionales de derechos se convierten en letra muerta. En otras palabras, para que exista democracia como régimen político en un Estado constitucional y democrático de derecho, no son suficientes las declaraciones contenidas en los textos constitucionales que hablen del derecho al sufragio y a la participación política; ni de la división o separación horizontal del Poder Público, ni de su distribución vertical o territorial del poder público, de manera que los diversos poderes del Estado puedan limitarse mutuamente; así como tampoco bastan las declaraciones que se refieran a la posibilidad de los ciudadanos de controlar el poder del Estado, mediante elecciones libres y justas que garanticen la alternabilidad republicana; mediante un sistema de partidos que permita el libre juego del pluralismo democrático; mediante la libre manifestación y expresión del pensamiento y de la información que movilice la opinión pública; o mediante el ejercicio de recursos judiciales ante jueces independientes que permitan asegurar la vigencia de los derechos humanos y el sometimiento del

---

en la doctrina, deben ser reflejo de la política, sin vulnerar la independencia de la actividad judicial". Véase en *El Universal*, Caracas 29-01-2008.

1205 Así lo afirmó el Jefe de Estado, cuando al referirse a una sentencia de la Sala Constitucional muy criticada, en la cual reformó de oficio una norma de la Ley del Impuesto sobre la renta, simplemente dijo: "Muchas veces llegan, viene el Gobierno Nacional Revolucionario y quiere tomar una decisión contra algo por ejemplo que tiene que ver o que tiene que pasar por decisiones judiciales y ellos empiezan a moverse en contrario a la sombra, y muchas veces logran neutralizar decisiones de la Revolución a través de un juez, o de un tribunal, o hasta en el mismísimo Tribunal Supremo de Justicia, a espaldas del líder de la Revolución, actuando por dentro contra la Revolución. Eso es, repito, traición al pueblo, traición a la Revolución." Discurso del Presidente de la Republica en el Primer Evento con propulsores del Partido Socialista Unido de Venezuela, Teatro Teresa Carreño, Caracas 24 marzo 2007.

Estado al derecho. Tampoco bastan las declaraciones constitucionales sobre la "democracia participativa y protagónica" o la descentralización del Estado; así como tampoco la declaración extensa de derechos humanos.

Además de todas esas declaraciones, es necesaria que la práctica política democrática asegure efectivamente la posibilidad de controlar el poder, como única forma de garantizar la vigencia del Estado de derecho, y el ejercicio real de los derechos humanos; y que el derecho administrativo pueda consolidarse como un régimen jurídico de la Administración que disponga el equilibrio entre los poderes del Estado y los derechos de los administrados. Para lograr ese equilibrio, sin duda, nuevos derechos ciudadanos deben identificarse en el Estado democrático de derecho y entre ellos, el derecho a la democracia.

Lamentablemente, en Venezuela, después de cuatro décadas de práctica democrática que tuvimos entre 1959 y 1999, durante esta última década entre 1999 y 2009, en fraude continuo a la Constitución efectuado por el Legislador y por el Tribunal Supremo de Justicia, guiados por el Poder Ejecutivo, a pesar de las excelentes normas constitucionales que están insertas en el Texto fundamental, se ha venido estructurando un Estado autoritario en contra de las mismas, que ha aniquilado toda posibilidad de control del ejercicio del poder y, en definitiva, el derecho mismo de los ciudadanos a la democracia. Ello es lo único que puede explicar que un Jefe de Estado en pleno comienzo del Siglo XXI, pueda llegar a afirmar públicamente retando a sus opositores frente a las críticas por el uso desmedido de poderes de legislación delegada: "*Yo soy la Ley. Yo soy el Estado,*"[1206] o "*La Ley soy yo. El Estado soy yo.*"[1207] Esas frases, repetidas por el Presidente de Venezuela en 2001 y 2008, fueron textualmente atribuidas en 1661 a Luis XIV, al asumir, a la muerte del cardenal Mazarino, el ejercicio del poder sin nombrar un sustituto como ministro de Estado, quien sin embargo nunca la llegó a expresar.[1208]

Por ello, pensar sólo que puedan pronunciarse por un Jefe de Estado de nuestros tiempos, lo que pone en evidencia es una tragedia institucional, precisamente caracterizada por la completa ausencia de separación de poderes, de independencia y autonomía del Poder Judicial y, en consecuencia, de gobierno democrático y de derecho ciudadano a la democracia.[1209]

1206 Expresión del Presidente Hugo Chávez Frías, el 28 de agosto de 2008. Ver en Gustavo Coronel, *Las Armas de Coronel*, 15 de octubre de 2008: http://lasarmasdecoro-nel.blogspot.com/2008/10/yo-soy-la-leyyo-soy-el-estado.html

1207 "*La ley soy yo. El Estado soy yo*". Véase en *El Universal*, Caracas 4–12–01, pp. 1,1 y 2,1.

1208 La frase atribuida a Luis XIV cuando en 1661 decidió gobernar solo después de la muerte del Cardenal Mazarin, nunca llegó a pronunciarla. Véase Yves Guchet, *Histoire Constitutionnelle Française (1789–1958)*, Ed. Erasme, Paris 1990, p.8

1209 Véase el resumen de esta situación en Teodoro Petkoff, "Election and Political Power. Challenges for the Opposition", en *ReVista. Harvard Review of Latin America*, David Rockefeller Center for Latin American Studies, Harvard University, Fall 2008, pp. 12. Véase además, Allan R. Brewer-Carías, "Los problemas de la gobernabilidad democrática en Venezuela: el autoritarismo constitucional y la concentración y centralización del poder," en Diego Valadés (Coord.), *Gobernabilidad y constitucionalismo en América Latina*, Universidad Nacional Autónoma de México, México 2005, pp. 73-96.

SECCIÓN TERCERA:

LA ILEGÍTIMA MUTACIÓN CONSTITUCIONAL DEL PRINCIPIO PÉTREO DE LA ALTERNABILIDAD REPUBLICANA

Esta sección recoge el texto de la Ponencia sobre "El principio de la alternabilidad republicana como cláusula pétrea en la Constitución venezolana y su mutación dispuesta por el juez constitucional," presentada en el *Seminario Internacional sobre reelección del titular del Poder Ejecutivo en las Américas*, Instituto de Investigaciones Jurídicas de la UNAM, Universidad Externado de Colombia, Fundación Konrad Adenauer, Bogotá, 12-15 de abril de 2011. El tema también lo traté en el trabajo sobre "El Juez Constitucional vs. La alternabilidad republicana (La reelección continua e indefinida), en *Revista de Derecho Público*, nº 117, (enero-marzo 2009), Caracas 2009, pp. 205-211. Publicado también en *Práctica y distorsión de la justicia constitucional en Venezuela (2008-2012)*, Colección Justicia Nº 3, Acceso a la Justicia, Academia de Ciencias Políticas y Sociales, Universidad Metropolitana, Editorial Jurídica Venezolana, Caracas 2012, pp. 101-119.

I. EL PRINCIPIO DE LA ALTERNABILIDAD REPUBLICANA FRENTE AL CONTINUISMO COMO CLÁUSULA CONSTITUCIONAL PÉTREA

La Constitución Federal de los Estados de Venezuela del 21 de diciembre de 1811, cuyo segundo centenario estamos celebrando este año, incorporó al constitucionalismo venezolano e hispanoamericano el principio de la alternabilidad republicana al prever en su artículo 188, lo siguiente:

> "*Artículo 188*. Una dilatada continuación en los principales funcionarios del Poder Ejecutivo es peligrosa a la libertad, y esta circunstancia reclama poderosamente una rotación periódica entre los miembros del referido Departamento para asegurarla."

Es decir, desde el inicio se incorporó al constitucionalismo el principio de que debía haber una rotación periódica en los titulares del Poder Ejecutivo, considerándose, con razón, que la dilatada continuidad en el ejercicio de sus funciones era peligrosa a la libertad.

El principio lo expresó Simón Bolívar pocos años después, en su Discurso de Angostura de presentación del proyecto de Constitución al Congreso de 1819, al expresar:

> "…La continuación de la autoridad en un mismo individuo frecuentemente ha sido el término de los gobiernos democráticos. Las repetidas elecciones son esenciales en los sistemas populares, porque nada es tan peligroso como dejar permanecer largo tiempo en un mismo ciudadano el poder. El pueblo se acostumbra a obedecerle y él se acostumbra a mandarlo; de donde se origina la usurpación y la tiranía. … nuestros ciudadanos deben temer con sobrada justi-

cia que el mismo Magistrado, que los ha mandado mucho tiempo, los mande perpetuamente."[1210].

El principio, sin embargo, no se enunció en el texto de la Constitución de 1819 en el cual no se usa la expresión alternabilidad, estableciéndose sólo expresamente su consecuencia respecto del Presidente de la República, al prever limites a la reelección del mismo, indicándose en el artículo 3, sección primera del Título 7°, que "la duración del presidente será de cuatro años, y no podrá ser reelegido más de una vez sin intermisión." Con ello se inició la tradición de establecer en las Constituciones límites a la reelección presidencial. La misma limitación a la reelección presidencial se incorporó en el artículo 107 de la Constitución de Colombia de 1821.

Fue sin embargo, en la Constitución de 1830, una vez reconstituido el Estado de Venezuela al disolverse la Gran Colombia, cuando el principio enunciado en la Constitución de 1811 y formulado por el Libertador, se incorporó expresamente en forma directa como cláusula pétrea, al establecerse que

> "*Art. 6.* El Gobierno de Venezuela es y será siempre republicano, popular, representativo, responsable y alternativo."

Expresar en la Constitución que el gobierno "**es y será siempre alternativo**" significa lo que las palabras expresan, que se trata de la formulación de un principio constitucional pétreo que apunta a que nunca el gobierno de la República puede dejar de ser alternativo, el cual en consecuencia siempre se ha expresado como tal, en todos los 26 textos constitucionales que ha tendido Venezuela en toda su historia constitucional, en la misma invariable forma que aún se conserva en la Constitución de 1999 (art 6).

Y la palabra utilizada para expresar el principio ha sido siempre la misma de "alternabilidad," en el sentido de gobierno "alternativo" o de la "alternabilidad republicana" en el poder, y que expresa la idea de que no puede haber cargos producto de la elección popular ocupados por una misma persona, que las personas deben turnarse sucesivamente en los cargos, o que los cargos deben desempeñarse por turnos (*Diccionario de la Real Academia Española).*[1211] Por ello, la Sala Electoral del Tribunal Supremo de Justicia de Venezuela en sentencia n° 51 de 18-3-2002, consideró el principio de la alternabilidad como "principio general y presupuesto democrático," indicando que el mismo significa "el ejercicio sucesivo de un cargo por personas distintas, pertenezcan o no a un mismo partido."

El principio, sin duda, como se deriva del texto de la Constitución de 1811 y del pensamiento del Libertador, se concibió históricamente para enfrentar las ansias de perpetuación en el poder, es decir, el continuismo, y evitar las ventajas que podrían tener en los procesos electorales quienes ocupan cargos y a la vez puedan ser candidatos para ocupar los mismos cargos. El principio de "gobierno alternativo," por

---

1210 Véase en Simón Bolívar, *Escritos Fundamentales*, Caracas, 1982.

1211 Véase el Voto Salvado a la sentencia N° 53, de la Sala Constitucional de 2 de febrero de 2009 (Caso: *Interpretación de los artículos 340,6 y 345 de la Constitución)*, en http:/www.tsj.gov.ve/decisiones/scon/Febrero/53-3209-2009-08-1610.html

tanto, no es equivalente al de "gobierno electivo;" la elección es una cosa, y la necesidad de que las personas se turnen en los cargos es otra.

La consecuencia de que el principio de la alternabilidad republicana se haya concebido siempre en la Constitución como un principio constitucional pétreo, es que como lo expresó el Tribunal Supremo, es un "principio general y presupuesto democrático" de la organización del Estado, que como tal, no puede ser modificado o reformado por los procedimientos de "reforma constitucional" o de "enmienda constitucional," sino por el procedimiento de la convocatoria de una Asamblea Nacional Constituyente.

En efecto, en la Constitución de 1999 se establecieron tres mecanismos institucionales para la revisión constitucional que se distinguen según la intensidad de las transformaciones que se proponen, y que son las Enmiendas constitucionales, las Reformas Constitucionales y la Asamblea Nacional Constituyente. Cada procedimiento tiene su sentido y ámbito de aplicación según la importancia de las modificaciones a la Constitución, de manera que para la aprobación de las "enmiendas," que sólo pueden tener por objeto la adición o modificación de uno o varios artículos de la Constitución, "sin alterar su estructura fundamental" (art. 340).se estableció la sola participación del pueblo como poder constituyente originario manifestado mediante referendo aprobatorio; para la aprobación de la "reforma constitucional," que sólo puede tener por objeto una revisión parcial de la Constitución y la sustitución de una o varias de sus normas "que no modifiquen la estructura y principios fundamentales" del texto constitucional (art. 342), se estableció la participación de uno de los poderes constituidos, –la Asamblea Nacional– y, además, del pueblo como poder constituyente originario manifestado mediante referendo; y para la revisión constitucional "con el objeto de transformar al Estado, crear un nuevo ordenamiento jurídico y redactar una nueva Constitución," incluyendo por exclusión la modificación de los principios pétreos, se previó la "Asamblea Nacional Constituyente," (art. 347) mediante la participación del pueblo como poder constituyente originario,[1212] de dos maneras, primero, para la convocatoria y aprobación por referéndum del estatuto de la Asamblea Constituyente, y segundo, para la elección de los miembros de la Asamblea Constituyente.

Sobre estos tres mecanismos para la revisión constitucional, la propia Sala Constitucional del Tribunal Supremo de Justicia ha señalado que:

> "Cada uno de estos mecanismos de reforma tiene sus peculiaridades, los cuales con una somera lectura del texto constitucional se puede apreciar que, por ejemplo, el procedimiento de enmienda, va a tener por objeto la adición o modificación de uno o varios artículos de la Constitución, tal como lo señala el artículo 340 de la Carta Magna. Por su parte, la reforma constitucional, se orienta hacia la revisión parcial de la Constitución, así como la sustitución de una o varias de sus normas (artículo 342). Ambos mecanismos, están limitados por la no modificación de la estructura fundamental del texto constitucional, y por un referéndum al cual debe estar sometido para su definitiva aprobación,

1212 Véase lo expuesto en Allan R. Brewer–Carías, *Poder Constituyente originario y Asamblea Nacional Constituyente*, Caracas 1999.

Ahora bien, en el caso de que se quiera transformar el Estado, crear un nuevo ordenamiento jurídico y redactar una nueva Constitución, el texto constitucional vigente consagra la posibilidad de convocatoria a una Asamblea Nacional Constituyente (Artículo 347 eiusdem)."[1213]

De lo anterior resulta que no puede utilizarse uno de los procedimientos de revisión constitucional para fines distintos a los regulados en la propia Constitución, pues de lo contrario, se incurriría en un fraude constitucional[1214], tal como ocurrió con la reforma constitucional sancionada por la Asamblea Nacional el 2 de noviembre de 2007, que fue rechazada por voto popular en el referendo del 2 de diciembre de 2007, en la cual precisamente, se pretendió modificar el principio pétreo de la alternabilidad republicana mediante la eliminación de toda limitación a la reelección presidencial.

II. LA CONSECUENCIA DEL PRINCIPIO DE LA ALTERNABILIDAD REPUBLICANA: LAS LIMITACIONES A LA REELECCIÓN

Además de su enunciado expreso en el texto de las constituciones como principio de la "alternabilidad," el mismo se materializó en el texto de las Constituciones venezolanas, con la inclusión de limitaciones expresas a las posibilidades de reelección en cargos electivos;[1215] entendiendo por reelección, como lo destacó la Sala Constitucional del Tribunal Supremo citando a Dieter Nohlen, como "la posibilidad de que un funcionario sometido a elección pública, cuyo ejercicio se encuentre sujeto a un período previamente determinado o renovación periódica, pueda ser nuevamente postulado y electo una o más veces a la misma posición de Derecho."[1216]

1213 Véase sentencia N° 1140 de la Sala Constitucional de 05–19–2000, en *Revista de Derecho Público*, N° 84, Editorial Jurídica Venezolana, Caracas, 2000.

1214 La Sala Constitucional del Tribunal Supremo de Justicia en la sentencia N° 74 de 25–01–2006 señaló que un *fraude a la Constitución* ocurre cuando se destruyen las teorías democráticas "mediante el procedimiento de cambio en las instituciones existentes aparentando respetar las formas y procedimientos constitucionales", o cuando se utiliza "del procedimiento de reforma constitucional para proceder a la creación de un nuevo régimen político, de un nuevo ordenamiento constitucional, sin alterar el sistema de legalidad establecido, como ocurrió con el *uso fraudulento de los poderes* conferidos por la ley marcial en la Alemania de la Constitución de *Weimar*, forzando al Parlamento a conceder a los líderes fascistas, en términos de dudosa legitimidad, la plenitud del poder constituyente, otorgando un poder legislativo ilimitado"; y que un *falseamiento de la Constitución* ocurre cuando se otorga "a las normas constitucionales una interpretación y un sentido distinto del que realmente tienen, que es en realidad una modificación no formal de la Constitución misma", concluyendo con la afirmación de que "*Una reforma constitucional sin ningún tipo de límites, constituiría un fraude constitucional*". Véase en *Revista de Derecho Público*, Editorial Jurídica Venezolana, N° 105, Caracas 2006, pp. 76 ss.

1215 Las restricciones a la reelección presidencial son tradicionales en los sistemas presidenciales de gobierno, como son los de América Latina, y no en los sistemas parlamentarios como los que existen en Europa. Véase, Allan R. Brewer-Carías, *Reflexiones sobre la Revolución Norteamericana (1776), la Revolución Francesa (1789) y la Revolución Hispanoamericana (1810-1830) y sus aportes al constitucionalismo moderno*, Universidad Externado de Colombia, Bogotá 2008, pp. 106 ss.

1216 Véase Dieter Nohlen, "La Reelección", en VVAA, *Tratado Electoral Comparado de América Latina*, Fondo de Cultura Económica y otros, México 1998, pp. 140 y ss. Citado en sentencia N° 51 de 18 de marzo de 2000 (Caso: *Federación Venezolana de Maestros (FVM) vs. Consejo Nacional Electoral*), en *Revista de Derecho Público*, N° 89-92, Editorial Jurídica Venezolana, Caracas, 2002, p. 109.

Así sucedió en las Constituciones de 1830, 1858, 1864, 1874, 1881, 1891, 1893, 1901, 1904, 1909, 1936, 1845 y 1947,[1217] en las cuales se estableció, por ejemplo, la prohibición de la reelección del Presidente de la República para el período constitucional inmediato.[1218] En la historia constitucional del país, en realidad, la prohibición de la reelección presidencial inmediata solamente dejó de establecerse en las Constituciones de los gobiernos autoritarios: ocurrió así en la efímera Constitución de 1857; en las Constituciones de Juan Vicente Gómez de 1914, 1922, 1925, 1928, 1929 y 1931; en la Constitución de Marcos Pérez Jiménez de 1953; y en la enmienda constitucional promovida por Hugo Chávez Frías en 2009. La prohibición de la reelección, en cambio, respecto del Presidente de la República, en el período democrático iniciado en 1958,[1219] fue más amplia y la misma se extendió en la Constitución de 1961, a los dos períodos siguientes (10 años).

La flexibilización del principio, en cambio, como antes se dijo, aún cuando sin dejar de establecer limitaciones a la reelección presidencial, se produjo inicialmente en las Constituciones de 1819 y 1821 en las cuales se previó la posibilidad de reelección inmediata por una sola vez del Presidente de la República ("no podrá ser reelegido más de una vez sin intermisión"); y se recogió en la Constitución de 1999, en cuyo artículo 230 se permitió la posibilidad de reelección presidencial de inmediato, pero por una sola vez, para un nuevo período.[1220]

Por su parte, el artículo 192 de la Constitución de 1999, respecto de otros cargos electivos dispuso que los diputados a la Asamblea Nacional podían ser reelegidos sólo "por dos periodos consecutivos como máximo"; el artículo 160 dispuso que los Gobernadores de Estado podían ser "reelegidos, de inmediato y por una sola vez,

---

1217 Véase el texto de todas las Constituciones en Allan R. Brewer-Carías, *Las Constituciones de Venezuela*, 2 vols., Academia de Ciencias Políticas y Sociales, Caracas 2008.

1218 Sobre estas previsiones constitucionales, la Sala Constitucional del Tribunal Supremo, sin embargo, en sentencia Nº 1.488 de 28 de julio de 2006 (Caso: *Consejo Nacional Electoral vs. Revisión Decisión Sala Electoral del Tribunal Supremo de Justicia*), concluyó indicando que "desde la Constitución de 1830 hasta la de 1947, se prohíbe de forma absoluta la reelección, sin que tal medida, aislada y sin la determinación de un sistema de gobierno que lo hiciera viable, en realidad, no sólo no impidió la existencia de gobiernos no democráticos, sino que sólo sirvió para disfrazar a través de subalternos, la verdadera continuidad de gobiernos con intereses ajenos al bienestar de la sociedad. De este modo, por ejemplo, las Constituciones gomecistas, de 1909 (artículo 84), 1914 (artículo 83), 1919 (artículo 83), 1928 (artículo 103) y 1931 (artículo 103), prohibieron la reelección inmediata con los resultados que han quedado para la historia, por lo que se evidencia que no puede haber divorcio entre una medida individual en el método de gobierno y la concepción general de justicia de un Estado." Véase en *Revista de Derecho Público,* Nº 107, Editorial Jurídica Venezolana, Caracas 2006, pp. 90 ss.

1219 Ver Allan R. Brewer-Carías, *Historia Constitucional de Venezuela*, 2 vols., Editorial Alfa, Caracas 2008.

1220 Sobre esta previsión de la Constitución de 1999, la Sala Constitucional del Tribunal Supremo expresó en la sentencia mencionada Nº 1488 de 28 de julio de 2006, que: "la Constitución de 1999, retomando la idea de la Constitución de Angostura, y en plena armonía con los principios garantistas a favor del ciudadano y de su rol protagónico en la empresa de desarrollo del Estado, permitió la reelección presidencial, pero dentro de un marco de políticas públicas en el que ello no es una medida aislada de inspiración caudillista, sino que constituye un elemento más dentro de una visión progresista en el que la separación de poderes, los derechos de los ciudadanos y los mecanismos de participación de los mismos, pueden generar los contrapesos y la colaboración necesarios para la satisfacción de los intereses del Estado que no son otros que los de los propios ciudadanos." Véase en *Revista de Derecho Público,* Nº 107, Editorial Jurídica Venezolana, Caracas 2006, pp. 90 ss.

para un nuevo período"; el artículo 162 dispuso que los legisladores a los Consejos Legislativos de los Estados podían ser reelegidos sólo "por dos periodos consecutivos como máximo"; y el artículo 174 dispuso que los Alcaldes podían ser "reelegidos, de inmediato y por una sola vez, para un nuevo período."

En este contexto de las limitaciones a la reelección, y su significado frente al continuismo y al abuso de poder, la misma Sala Electoral del Tribunal Supremo de Justicia en su sentencia Nº 51 de 18 de marzo de 2000 (Caso: *Federación Venezolana de Maestros (FVM) vs. Consejo Nacional Electoral*), indicó que:

> "Este calificado "derecho" de reelección, aunque justificado como un mecanismo de extensión del buen gobierno, podría desvirtuarse y convertirse en una grave amenaza para la democracia: las ansias de perpetuación en el poder (continuismo), así como la evidente ventaja en los procesos electorales de quien ocupa el cargo y a su vez es candidato a ocupar el mismo, han producido tanto en Venezuela como en el resto de Hispanoamérica un profundo rechazo a la figura de la reelección. En el caso de la designación del Presidente de la República o el funcionario equivalente, esta desaprobación se ha traducido en rigurosas previsiones constitucionales, así, por ejemplo, en las Constituciones venezolanas de 1830, 1858, 1891, 1893, 1901, 1904, 1909, 1936, 1945 y 1947, se prohibía la reelección inmediata o para el período constitucional inmediatamente siguiente; la Constitución de 1961 prohibía la reelección hasta por diez años o dos períodos constitucionales después de la terminación del mandato, y actualmente, la Constitución de 1999, optando por una modalidad distinta para resguardar la alternabilidad, establece en su artículo 230: "...El Presidente o Presidenta de la República puede ser reelegido, de inmediato y por una sola vez, para un período adicional". Es de resaltar que aunque su formulación rompa con la tradición, las limitaciones a la reelección previstas por la Constitución de la República Bolivariana de Venezuela ("...de inmediato y por una sola vez..."), ponen freno a las distorsiones que siempre han preocupado a nuestra democracia: el continuismo y el ventajismo electoral."[1221]

La misma Sala Electoral, para reforzar el argumento de la compatibilidad de las limitaciones a la reelección con el principio de la alternabilidad, y la preocupación democrática frente al continuismo y ventajismo políticos, en la misma sentencia se refirió en particular a lo que se perseguía con el referendo sindical de 2000, exponiendo lo siguiente:

> "En este mismo sentido, la convocatoria a referendo sindical contenida en Resolución del Consejo Nacional Electoral, número 001115-1979 del 15 de noviembre de 2000, publicada en Gaceta Oficial número 37.081 del 20 de noviembre de 2000 y que en referendo celebrado el 3 de diciembre de 2000, resultara favorecida la opción "Si", se preguntaba: ¿Está usted de acuerdo con la renovación de la dirigencia sindical, en los próximos 180 días, bajo Estatuto Especial elaborado por el Poder Electoral, conforme a los principios de alternabilidad y elección universal, directa y secreta, consagrados en el artículo 95 de la Constitución de la República Bolivariana de Venezuela, y que se suspenda du-

1221 Véase en *Revista de Derecho Público*, Nº 89-92, Editorial Jurídica Venezolana, Caracas, 2002, p. 109.

rante ese lapso en sus funciones los directivos de las Centrales, Federaciones y Confederaciones Sindicales establecidas en el país? Resulta entonces claro que la tradicional preocupación democrática, tan evidente en la figura Presidente de la República, se extiende ahora a las asociaciones sindicales, organizaciones de la sociedad en las que resulta imperativo -tanto en la teoría como en la práctica- democratizar, y con ello, la alternancia en los cargos de dirección a través de elecciones libres.

El intento de armonizar el principio de alternabilidad de los cargos de elección pública y las ventajas prácticas de la posibilidad de reelección, han producido, por una parte, fórmulas como las ya mencionadas prohibiciones de reelegirse inmediatamente, aunque ello no impida posteriores reelecciones y, por la otra, la posibilidad de reelegirse inmediatamente, pero sólo una o dos veces más. Asimismo se aceptan combinaciones de las dos anteriores: reelegirse inmediatamente con posibilidades de una nueva elección después de transcurrido cierto tiempo, y, la no reelección inmediata con una única posibilidad de reelegirse una o dos veces más. En todo caso corresponderá al órgano legislativo correspondiente, escoger la fórmula más conveniente."[1222]

La propia Sala Electoral, sobre la justificación de la limitación a la reelección sucesiva, años después, en sentencia N° 73 de 30 de marzo de 2006 (Caso: Asociados de la Caja de Ahorro Sector Empleados Público), insistiría que:

> "se presenta como una técnica de control legislativo derivada en la inconveniencia de que un ciudadano se perpetúe en el poder, pretendiendo, entre otras cosas, restar capacidad de influencia a quien lo ha ejercido, y sobre todo preservar la necesidad de que los aspirantes estén en un mismo pie de igualdad y que los funcionarios electos no distraigan sus esfuerzos y atención en asuntos diferentes a la completa y cabal realización de su gestión."[1223]

III. EL COMIENZO DEL PROCESO DE MUTACIÓN CONSTITUCIONAL: LA DES PETRIFICACIÓN DEL PRINCIPIO DE LA ALTERNABILIDAD REPUBLICANA PARA JUSTIFICAR LA REELECCIÓN ILIMITADA

No le faltaba razón a la Sala Electoral del Tribunal Supremo en destacar la preocupación por la suerte de la democracia frente al "continuismo y ventajismo electoral," pues a los pocos años, por una parte, la Sala Constitucional del mismo Tribunal Supremo, en 2006, comenzaría a allanar el camino para cambiar el carácter pétreo del principio de la alternabilidad republicana, despojándolo de su carácter de princi-

---

1222 Véase en *Revista de Derecho Público*, N° 89-92, Editorial Jurídica Venezolana, Caracas, 2002, p. 109. En materia sindical, el principio de la alternabilidad como signo de la democracia sindical se sostuvo luego en la sentencia de la misma Sala N° 175 de 20-10-2003 (Caso: *Solicitud de convocatoria a elecciones en el Sindicato de Trabajadores de la empresa Telenorma (Sitraten) en el Estado Miranda*), en *Revista de Derecho Público*, N° 93-96, Editorial Jurídica Venezolana, Caracas, 2003, pp. 192 ss. Igualmente en materia de elecciones en Colegios profesionales en sentencia N° 194 de 18-11-2003 (Caso *Judith Sayago Briceño y otro vs. Comisión Electoral del Colegio de Médicos del Estado Barinas*), *Idem*, pp. 378 ss.

1223 Véase en *Revista de Derecho Público,* N° 105, Editorial Jurídica Venezolana, Caracas 2006, p. 173

pio fundamental del ordenamiento constitucional que solo podría ser cambiado mediante la convocatoria de una "Asamblea Nacional Constituyente;" y por la otra, consecuencialmente, el Presidente de la República presentaría en 2007 un proyecto de "reforma constitucional" para eliminar toda restricción a la reelección presidencial.

En efecto, en cuanto al tema de la reelección en los cargos electivos, a pesar del principio de la alternabilidad y de las restricciones constitucionales existentes en la materia, el mismo comenzó a ser tratado por la Sala Constitucional del Tribunal Supremo de Justicia en la sentencia Nº 1.488 de 28 de julio de 2006,[1224] dictada con motivo de revisar una sentencia de la Sala Electoral del mismo Tribunal Supremo, al considerar el tema de la constitucionalidad del artículo 126 de la entonces vigente Ley Orgánica del Sufragio y Participación Política de 1998, que imponía a los funcionarios susceptibles de ser reelegidos, la obligación de separarse de sus cargos.

Para declarar que dicha norma era contraria a la Constitución, la Sala sin embargo, entró a resolver de oficio y en forma en general el tema de la reelección presidencial, sin que nadie se lo hubiese pedido y sin que ello hubiera sido necesario para la revisión judicial de una sentencia que estaba realizando, considerando en definitiva que cualquier reforma o cambio que se pudiese adoptar en la materia, permitiendo la reelección indefinida, no afectaba la estructura del Estado, de lo que resultó la negación del carácter pétreo de su fundamento que es el principio de la alternabilidad republicana, y el allanamiento del camino para proceder a establecer la reelección indefinida mediante reforma o enmienda constitucional, y no mediante la convocatoria de una Asamblea Constituyente. Ello, sin duda, fue lo que motivó en definitiva el intento de reforma constitucional de 2007, rechazado por el pueblo, y la posterior propuesta de una enmienda constitucional en 2009, estableciendo la reelección indefinida como principio constitucional, que si fue aprobada por el pueblo.

Para ello, la Sala Constitucional, en su sentencia Nº 1488 de 2006 comenzó por vincular el pensamiento de Bolívar en 1819 con el de Hamilton; analizó la historia de las previsiones constitucionales limitativas sobre la reelección en Venezuela y en toda la América Latina; y analizó, para justificar su tesis, las reformas constitucionales en la materia que se habían efectuado en Colombia y Costa Rica. La Sala Constitucional, en efecto, argumentó así:

Primero, se refirió a la Constitución de 1819 que consideró "inspirada parcialmente en las ideas del Libertador Simón Bolívar, la cual como se ha dicho, estableció la posibilidad de reelección inmediata del Presidente pero por una sola vez "sin intermisión (artículo 3, sección primera del Título Séptimo), de lo cual dedujo la Sala que planteaba:

> "la visión del Padre de la Patria a la par de las del gran pensador norteamericano Alexander Hamilton, quien en "El Federalista" expuso una defensa a la reelección como modelo de gobernabilidad legítimo dentro de un contexto democrático."

1224 Véase *Caso*: Consejo Nacional Electoral vs. Revisión Decisión Sala Electoral del Tribunal Supremo de Justicia, en *Revista de Derecho Público,* Nº 107, Editorial Jurídica Venezolana, Caracas 2006, pp. 90 ss.

Olvidó, sin embargo, la Sala Constitucional, referirse a las ideas de Bolívar que en realidad fueron expresadas en su Discurso de presentación del proyecto de Constitución de 1819, en el cual, como se ha dicho, se refirió a la continuación de la autoridad en un mismo individuo como la mayor amenaza a los gobiernos democráticos, considerando como lo más peligroso, el "dejar permanecer largo tiempo en un mismo ciudadano el poder," pues –decía– "el pueblo se acostumbra a obedecerle y él se acostumbra a mandarlo," lo que origina "la usurpación y la tiranía."

Segundo, pasó luego la Sala Constitucional a referirse a las ideas de Hamilton, considerando que las mismas "a pesar de haber transcurrido más doscientos años de haber sido emitidas, tienen una actualidad que llama a la reflexión y que todavía se invocan en las discusiones que se generan con este motivo." A tal efecto, la Sala destacó que:

> "Hamilton señalaba que la reelección era necesaria para que el pueblo pudiera prolongar una administración positiva en su propio beneficio y aprovechando las virtudes del gobernante reelegido, pues la exclusión de éste a pesar de su buen gobierno, sólo traería más males que beneficios a la sociedad y perjudicaría el conducir del gobierno. Igualmente, consideraba que el impedir la reelección provocaría que disminuyeran los incentivos para el correcto proceder de los gobernantes al no tener el aliciente en la continuidad de su gestión, facilitando la tentación de actuaciones no adecuadas dada la inexistencia del incentivo que implica la aprobación de la gestión a través de la reelección, y además, privaría a la sociedad de una persona con experiencia y conocimiento en el manejo del cargo y que facilitaría por esta misma causa el mantenimiento del sistema político, de modo que su ausencia también tendría consecuencias para dicho sistema (Hamilton, Madison y Jay, *El Federalista*, Fondo de Cultura Económica, México 1994, artículo 72, pp. 308 y ss.)."

Tercero, pasó luego la Sala a buscar apoyo contemporáneo para justificar el tema de la reelección presidencial, refiriéndose a Sartori, señalando que éste:

> "luego de analizar varios escenarios a favor y en contra de la reelección, llega a la conclusión que "(...) el argumento fundamental a favor de la reelección es que los presidentes que gobiernan bien deben ser recompensados, y que desperdiciar a un buen presidente es indudablemente un grave desperdicio. No se puede negar que ambos bandos tienen razones válidas. No es un problema que tenga la misma solución para todos los países". A esto agregaba "(...) también es cierto que negar la reelección es negar la recompensa, y que esto constituye una grave falla" (Sartori, Giovanni, *Ingeniería Constitucional Comparada*, Fondo de Cultura Económica, 1994. pp. 191 y 192)."

Cuarto, de lo dicho por Sartori, la Sala Constitucional consideró que se trataba de un "refuerzo de las ideas de Hamilton y de Bolívar," lo cual por supuesto no es cierto, pues Bolívar no argumentó sobre la reelección presidencial como lo hizo Hamilton, y al contrario, si sobre algo argumentó como no lo hizo Hamilton, fue contra el continuismo presidencial.

Sin embargo, la Sala Constitucional consideró que las reflexiones hechas por Sartori, como investigador contemporáneo dan fe "de la vigencia de las mismas y de lo aplicables que son todavía a nuestra realidad," concluyendo entonces que "no se trata entonces, de una discusión interesada o circunscrita a las coyunturas del momento," sino al contrario, de "una discusión que ha mantenido su vigencia a lo largo del tiempo y que plantea la necesidad de una solución de acuerdo con las necesidades y realidades de cada sociedad, discutidas y planteadas por el poder originario del mismo y que se concretan en el Texto Constitucional, de ahí su trascendencia y la necesidad de verla en el todo del sistema jurídico y en relación con persona alguna."

Quinto, la Sala Constitucional para reforzar su argumento a favor de "la figura de la reelección," recurrió al derecho comparado haciendo una síntesis de su implantación "en diferentes países de nuestro entorno latinoamericano," de la cual concluyó que había una "aplastante mayoría a favor de la reelección ... pues de un total de diecinueve países, quince tienen como norma la reelección, es decir, más del 75% de Latinoamérica se encuentra a favor de dicha figura, mientras otros cuatro (Guatemala, Honduras, México y Paraguay) prohíben de forma absoluta la reelección." De ello, la Sala Constitucional derivó que había una "tendencia" en la "perspectiva de evolución del Derecho Constitucional comparado," que era la de "incorporar la figura de la reelección al sistema democrático," tal como en su criterio había ocurrido en "Colombia y de Costa Rica, países que por distintos medios y con circunstancias también diferentes establecieron la figura dentro de su sistema constitucional, armonizándose en ambos casos, dicha introducción, con el sistema democrático que en ellas se ha establecido, tomando en consideración sus propias realidades," de lo que la Sala concluyó que "la tendencia en nuestro ámbito continental es a favor de la figura de la reelección."

Sexto, con base en lo anterior, la Sala pasó a transcribir párrafos del fallo C-1040/05 del 19 de octubre de 2005 de la Corte Constitucional de Colombia, que estimó como una "valiosa contribución, aún considerando las diferencias con la Constitución venezolana," respecto del tema de la reelección, al referirse al alegato presentado a la consideración de dicha Corte "respecto a que la inclusión de la reelección en la Constitución constituía un cambio en la estructura del Estado," donde señaló lo siguiente:

> "Los elementos esenciales que definen el Estado social y democrático de derecho fundado en la dignidad humana no fueron sustituidos por la reforma. El pueblo decidirá soberanamente a quién elige como Presidente, las instituciones de vigilancia y control conservan la plenitud de sus atribuciones, el sistema de frenos y contrapesos continua operando, la independencia de los órganos constitucionales sigue siendo garantizada, no se atribuyen nuevos poderes al Ejecutivo, la reforma prevé reglas para disminuir la desigualdad en la contienda electoral que será administrada por órganos que continúan siendo autónomos, y los actos que se adopten siguen sometidos al control judicial para garantizar el respeto al Estado Social de Derecho. No cabe señalar, para establecer la presencia de una sustitución de la Constitución, que el Presidente abusaría de su poder, el cual se vería ampliado por la posibilidad de hacer política electoral y que ello conduciría a un régimen de concentración de poder en el que, por otra parte, el Congreso perdería la independencia para el ejercicio de la función legislativa y de control político, porque en su elección habría podido tener juego el Presidente en ejercicio, con lo cual se habría modificado el sistema de separación de poderes. Como se ha dicho, tales cuestionamientos no apuntan a mostrar la inviabilidad del diseño institucional, sino que reflejan el temor de quienes los plante-

an, de que contrariando las previsiones expresas de la Carta en materia de límites y controles al ejercicio del poder, este se desbordase en el sentido que anticipan. Se trata de consideraciones de tipo práctico sobre las consecuencias que estiman previsibles de la reforma, pero no un resultado que pueda ser atribuido necesariamente al nuevo diseño institucional".

Esta decisión de la Corte Colombiana, la consideró la Sala Constitucional venezolana como una ratificación "respecto a la necesidad que la inclusión de la reelección no sirve de nada si no se hace dentro de un sistema democrático que garantice la justicia y los derechos inherentes a la persona humana, pues en tal contexto, junto con la existencia de elementos institucionales que hagan los controles necesarios, dicha medida resulta cónsona con la democracia y con las libertades que ésta debe defender," destacando adicionalmente lo expresado por la misma Corte Constitucional colombiana al señalar:

> "En relación con la forma de Estado se tiene que, con o sin reelección presidencial inmediata, Colombia sigue siendo un Estado social de Derecho, organizado en forma de república unitaria, descentralizada, con autonomía de sus entidades territoriales, democrática, participativa y pluralista. Ninguno de esos elementos definitorios de la forma que adopta el Estado colombiano puede tenerse como suprimido, subvertido o integralmente sustituido en razón a que, por virtud del acto legislativo acusado, hoy en Colombia se permite la reelección presidencial, eventualidad que estaba proscrita en la Constitución de 1991".

Como lo destacó la Sala Constitucional en su sentencia, la Corte Colombiana, concluyó señalando que:

> "En dirección contraria a la presentada por la demandante, cabría señalar que el Acto Legislativo 2 de 2004 no solamente no conduce, desde el punto de vista del diseño institucional, a una supresión de los elementos democráticos de la Constitución de 1991, sino que, desde una perspectiva diferente, que puede plantearse legítimamente en el contexto de una democracia pluralista, podría sostenerse que los reafirma, en la medida en que permite que el electorado se pronuncie de manera efectiva sobre la gestión de sus gobernantes, posibilidad que estaba excluida en el diseño previo a la reforma. Se trata de visiones contrapuestas, una que hace énfasis en las oportunidades que deben brindarse a los sectores diversos de la sociedad que no se encuentren en el gobierno para constituirse en alternativas efectivas de poder, y otra que privilegia las bondades de la continuidad en el gobierno de un proyecto político que ha sido encontrado exitoso por el electorado en un libre juego democrático. No obstante las diferencias que sobre el diseño institucional, los mecanismos de participación y las condiciones de equilibrio plantean las dos visiones, no puede señalarse que una de ellas conlleve una sustitución del Estado social, democrático y pluralista de derecho".

De lo anterior, la Sala Constitucional venezolana terminó señalando que "el Tribunal Constitucional de la hermana República" concluyó que:

> "la reelección no constituiría un cambio en el sistema constitucional de su país, sino que por el contrario se convertiría en un medio de reafirmación de-

mocrática. Responde igualmente dicho órgano jurisdiccional a los temores respecto de las consecuencias prácticas que puede acarrear la reelección y en tal sentido pone en evidencia que los mismos se presentaran tanto en cuanto no se cuente con los mecanismos que permitan controlar las acciones del Ejecutivo, y que por estar éstas, lo mismo que en nuestra Constitución, expresamente establecidos, sólo habría que velar por su cumplimiento, de modo que la figura en sí no sería la responsable de irregularidad alguna, sino que ello sería responsabilidad de la equilibrada ejecución del sistema de contrapesos y de controles que tenga el Texto Constitucional, por lo que su falta o no de ejecución no queda al arbitrio de una persona, sino de los poderes que al efecto tengan dichas responsabilidades."

Séptimo, la Sala Constitucional pasó luego a analizar la sentencia Nº 02771 del 4 de abril de 2003 de la Sala Constitucional de la Corte Suprema de Costa Rica, en la cual se pronunció "respecto a la nulidad de la reforma constitucional de 1969 por la que se suprimió el artículo de la Constitución que permitía la reelección presidencial luego de dos períodos alternos," en la cual dicha Sala costarricense afirmó lo siguiente:

> "El derecho de elección, como derecho político, también constituye un derecho humano de primer orden, y por ende, es un derecho fundamental. La reelección tal y como se pudo constatar en el considerando V, estaba contemplada en la Constitución Política de 1949 y constituye una garantía del derecho de elección, pues le permite al ciudadano tener la facultad de escoger, en una mayor amplitud de posibilidades, los gobernantes que estima convenientes. Por consiguiente, fue la voluntad popular a través de la Constituyente, la que dispuso que existiera la reelección presidencial, con el fin de garantizarse el pueblo el efectivo derecho de elección. De hecho, a pesar de que la reforma parcial en cuestión se produjo posteriormente, esto se viene a confirmar luego con la suscripción de la Convención Americana de Derechos Humanos, que en el artículo 23 establece: '1. Todos los ciudadanos deben gozar de los siguientes derechos y oportunidades (...) b) de votar y ser elegidos en elecciones periódicas auténticas, realizadas por sufragio universal e igual y por voto secreto que garantice la libre expresión de la voluntad de los electores, (...)'; y que no admite mayores limitaciones, que las siguientes: '2. La ley puede reglamentar el ejercicio de los derechos y oportunidades a que se refiere el inciso anterior, exclusivamente por razones de edad, nacionalidad, residencia, idioma, instrucción, capacidad civil o mental, o condena, por juez competente, en proceso penal.' De este último párrafo de la Convención de Derechos Humanos, se desprenden de manera clara, las únicas razones por las cuales pueden establecerse restricciones al ejercicio de los derechos ahí declarados.

La reelección, según se desprende de la voluntad popular suscrita históricamente, establece la posibilidad para el ciudadano de elegir libremente a sus gobernantes, por lo que al reformarse la Constitución en detrimento de la soberanía del pueblo, y en desgaste de sus derechos fundamentales, lo que se produjo en este caso fue la imposición de más limitaciones que las ya existentes en razón de edad, nacionalidad, residencia, idioma, instrucción, capacidad civil o mental, o condena". (Énfasis de la Sala).

De esta decisión del Alto Tribunal de Costa Rica, la Sala Constitucional venezolana apreció que el mismo:

> "no concibe la reelección sólo como un derecho individual por parte del pasible de serlo, sino que además constituye un derecho de los electores a cuyo arbitrio queda la decisión de confirmar la idoneidad o no del reelegible, y que al serle sustraída dicha posibilidad mediante una reforma realizada por un poder no constituyente, se realizó un acto de sustracción de la soberanía popular, quedando dicha posibilidad de forma exclusiva, y dentro de los límites que impone a todo poder los derechos humanos, inherentes a la persona humana, al poder constituyente, el cual basado en razones de reestructuración del Estado puede imponer condiciones o modificar el ejercicio de derechos en razón de la evolución de toda sociedad así como de la dinámica social.

No puede entonces, alterarse la voluntad del soberano, por medio de instrumentos parciales y que no tengan su origen en el propio poder constituyente, es a él al cual corresponde la última palabra, teniendo como se ha dicho como único límite, los derechos inherentes a la persona humana y derivados de su propia dignidad."

Octavo, partiendo de estos razonamiento, la Sala Constitucional venezolana concluyó compartiendo los criterios expuestos, "despetrificando" el principio de la alternabilidad republicana, al afirmar que en nuestro ordenamiento, la reelección "no supone un cambio de régimen o forma del Estado, y muy por el contrario, reafirma y fortalece los mecanismos de participación dentro del Estado Democrático, Social de Justicia y Derecho que estableció el Constituyente en 1999." Afirmó luego la Sala que:

> "De igual manera, la reelección, amplía y da progresividad al derecho de elección que tienen los ciudadanos, y optimiza los mecanismos de control por parte de la sociedad respecto de sus gobernantes, haciéndolos examinadores y juzgadores directos de la administración que pretenda reelegirse, y por lo mismo, constituye un verdadero acto de soberanía y de ejercicio directo de la contraloría social. Negar lo anterior, es tanto como negar la existencia de sociedades cambiantes y en constante dinámica e interacción. Es pretender concebir el Derecho Constitucional como un derecho pétreo e inconmovible, ajeno a las necesidades sociales. Mas aún, en nuestras sociedades, donde estas necesidades sociales son tan ingentes, los cambios constitucionales son más necesarios en la medida en que se constate su existencia para mejorar las condiciones de los ciudadanos en peor situación socioeconómica, pues la norma constitucional sólo debe estar a su servicio."

Por tales razones, terminó afirmando la Sala Constitucional que "no puede afirmarse que la reelección no sea un principio compatible con la democracia," y por el contrario, puede señalarse que el mismo, "puede ser una herramienta útil que garantice la continuidad en el desarrollo de las iniciativas que beneficien a la sociedad, o simplemente sirva para que dichos ciudadanos manifiesten directamente su censura por un gobierno que considere no ha realizado sus acciones en consonancia con las necesidades sociales."[1225]

IV. EL INTENTO DE REFORMA CONSTITUCIONAL DE 2007 PARA ESTABLECER LA REELECCIÓN PRESIDENCIAL INDEFINIDA Y SU RECHAZO POPULAR

Fue luego de esta aproximación del Juez Constitucional al tema de la reelección presidencial, despetrificando indirectamente el principio de la alternabilidad republicana, que el Presidente de la República, al año siguiente, en 2007, propuso a la Asamblea Nacional una "reforma constitucional" para consolidad el Estado centralizado, militarista, Socialista y Policial, uno de cuyos aspectos era precisamente eliminar todo vestigio del principio de la alternabilidad en la Jefatura del Estado, al proponer que se estableciera la posibilidad de reelección inmediata y sin límites del Presidente de la República. La reforma pretendía modificar el artículo 230 de la Constitución, no sólo aumentando el período constitucional del Presidente de la República de seis a siete años (ya en 1999 se había aumentado de cinco a seis años), sino estableciendo expresamente que el Presidente de la República "puede ser reelegido o reelegida" eliminando la limitación de la Constitución de 1999 de esa posibilidad sólo "por una sola vez, para un nuevo período." En esta forma, el principio de la alternabilidad republicana, cuyo objeto central es la consolidación del pluralismo político, base de los regímenes democráticos, materialmente desaparecía con la reforma constitucional propuesta.[1226]

La reforma constitucional, sin embargo, fue rechazada por el pueblo en el referendo del 2 de diciembre de 2007, lo que de acuerdo con el espíritu de las previsiones constitucionales, implicaba que una nueva modificación de la Constitución en el mismo sentido no debía plantearse en el mismo período constitucional, no sólo como "reforma" sino como "enmienda."[1227] Ello es lo que se deduce del principio establecido en el artículo 345 de la Constitución. Sin embargo, en los meses siguientes a dicho rechazo popular, el Presidente insistió en la modificación de la Constitución, lo que acogió la Asamblea Nacional, reformulado la rechazada "reforma" constitucional en una "enmienda" constitucional para burlar el sentido de la prohibición antes indicada.

Para entender el fraude cometido es necesario recordar la distinción mencionada entre dos de los procedimientos para la modificación de la Constitución, la reforma y la enmienda constitucionales que se establecen en el texto constitucional de 1999. Ambos procedimientos de modificación de la Constitución tienen en común, que mediante ellos no se puede alterar o modificar la estructura y principios fundamenta-

---

1225 *Idem.*

1226 En la *Exposición de Motivos de la Propuesta de Reforma Constitucional* del Presidente de la República del Proyecto de Reforma Constitucional, agosto de 2007, se afirmó, pura y simplemente, sin fundamento, ni argumento, ni lógica alguna, que "la propuesta de la reelección presidencial profundiza el principio de alternabilidad republicana", basándose sólo, en el derecho del Presidente de la República a ser reelecto en el cargo, y en el derecho del pueblo de elegir su candidato, p. 7.

1227 Véase Allan R. Brewer-Carías, *La reforma constitucional de 2007 (Comentarios al proyecto inconstitucionalmente sancionado por la Asamblea Nacional el 2 de noviembre de 2007)*, Editorial Jurídica Venezolana, Caracas 2007.

les de la Constitución (arts. 340 y 342), lo que sólo puede hacerse mediante el procedimiento de la Asamblea Nacional Constituyente (art. 347). Por otra parte, también tienen en común el hecho de que ambos procedimientos requieren de aprobación popular mediante referendo para que la modificación constitucional tenga vigencia. En la Constitución no se regula poder constituyente "derivado" alguno. Solo hay un "poder constituyente originario" que es el pueblo, el cual tiene que aprobar por referendo tanto la Enmienda como la Reforma Constitucional, o la convocatoria a Asamblea Nacional Constituyente que es el tercer mecanismo para modificar la Constitución. La Asamblea Nacional y los órganos que tienen la iniciativa de Enmienda y de Reforma Constitucional, sólo coadyuvan en el proceso de modificación constitucional, pero no son "poder constituyente derivado".

En cuanto a la distinción entre la Enmienda Constitucional y la Reforma Constitucional, la misma existe, en primer lugar, en cuanto al alcance del procedimiento de modificación: La Enmienda Constitucional tiene por objeto la adición o modificación de artículos de la Constitución (no la supresión de ellos); en cambio, la Reforma Constitucional tiene por objeto la revisión parcial y sustitución de artículos, siempre que no se afecten, como se dijo, los principios y la estructura fundamental del texto (arts. 340, 342).

En segundo lugar, la otra distinción entre la Enmienda y la Reforma Constitucional se refiere a la iniciativa y a la intervención de la Asamblea Nacional en el procedimiento de modificación constitucional. La Enmienda Constitucional no necesita ser discutida por la Asamblea Nacional, pero si su iniciativa parte de la propia Asamblea Nacional, la misma debe, primero apoyarla por el voto de al menos el 30% de sus integrantes y luego, aprobarla mediante el procedimiento de formación de las leyes con el voto de la mayoría de sus integrantes (art. 341). En cuanto a la Reforma Constitucional, se debe presentar ante la Asamblea Nacional la cual siempre debe aprobarla en tres discusiones mediante voto de 2/3 de sus integrantes. Cuando la iniciativa de Reforma parta de la propia Asamblea Nacional, debe ser apoyada por mayoría de sus integrantes.

Por último, en tercer lugar, la Constitución también hay una previsión en cuanto a los efectos del rechazo popular de la modificación constitucional, en el sentido de que la prohibición constitucional de que se pueda presentar a la Asamblea Nacional otra iniciativa de reforma constitucional rechazada por el pueblo en el mismo período constitucional, sólo está establecida expresamente como efecto del rechazo a la "Reforma Constitucional."Nada se establece en cuanto a los efectos del rechazo de la Enmienda Constitucional, pero del espíritu y propósito de la Constitución, sin duda, puede deducirse que esa prohibición debería extenderse a cualquier otra forma de modificación de la Constitución, pues de lo contrario, la burla al sentido de la misma sería fácil.

V. LA ENMIENDA CONSTITUCIONAL DE 2009 ESTABLECIENDO LA REELECCIÓN INDEFINIDA DE TODOS LOS CARGOS DE ELECCIÓN POPULAR

Ahora bien, con base en esta grieta formal de la Constitución, fue precisamente que se planteó por la Asamblea Nacional, después del rechazo popular a la "Reforma constitucional" en 2007, la idea de proceder a proponer en 2008 una "Enmienda

Constitucional" para eliminar toda prohibición sobre la reelección de cargos, y por ende, vaciar de contenido al principio de la alternabilidad republicana.

En realidad, la propuesta inicial del Proyecto de Enmienda Constitucional en 2008 sólo perseguía modificar el artículo 230 de la Constitución sobre reelección del Presidente de la República, lo cual luego se extendió a los artículos 160, 162, 174 y 192 de la Constitución sobre reelección de otros cargos electivos, en los cuales se establecían límites para la reelección, a los efectos de eliminarlos todos. Los Artículos 162 y 192 establecían que los miembros de Consejos Legislativos de los Estados y los Diputados a la Asamblea Nacional, sólo podrían reelegirse por dos períodos como máximo; y los Artículos 160, 174, y 230 establecían que los Gobernadores y Alcaldes, y el Presidente de la República, solo podían reelegirse de inmediato y por una sola vez, para un nuevo período.

Precisamente por ello, y en particular por el uso de la vía de la Enmienda para aprobar lo que ya había sido rechazado por la vía de la reforma, se planteó un recurso e interpretación constitucional que fe introducido el 11 de diciembre de 2008 ante la Sala Constitucional del Tribunal Supremo en relación con el alcance del artículo 345 el texto fundamental a los efectos de que la Sala determinara si la prohibición contenida en dicha norma en el sentido de que la iniciativa de Reforma Constitucional que no fuese aprobada no podía presentarse de nuevo en un mismo período constitucional a la Asamblea Nacional, se extendía también al procedimiento de Enmienda constitucional.

En respuesta, la Sala Constitucional, confundiendo deliberadamente el sentido de la norma, en sentencia N° 53 de 3 de febrero de 2009[1228] sostuvo que la misma no estaba destinada a regular los efectos de la manifestación de rechazo popular de la modificación propuesta, sino que la norma estaba sólo dirigida a *regular a la Asamblea Nacional*, en el sentido de que lo que no podría era exigírsele que debatiera una reforma constitucional una vez que ya la había debatido en el mismo período constitucional y había sido rechazada por el pueblo. La Sala olvidó que la norma constitucional a lo que estaba dirigida era a regular las consultas *a la voluntad popular* en materia de modificación de la Constitución y sus efectos, y no los efectos de los debates en la Asamblea Nacional.

En efecto, la prohibición constitucional de volver a someter a consulta una reforma rechazada, en realidad está dirigida a regular los efectos de la voluntad popular expresada mediante referendo, en el sentido de que no se puede consultar al pueblo de nuevo la misma modificación constitucional que el pueblo ya ha rechazado en un mismo período constitucional.

Lo importante de la prohibición establecida en el Título de la Constitución relativo a la "Reforma Constitucional" que en Venezuela sólo puede realizarse con la participación del pueblo, es que la misma se refiere precisamente a los efectos de la expresión de la voluntad popular que es manifestación del poder constituyente originario, y no a los efectos del debate que pueda haber habido en la Asamblea Nacional

1228 Véase la sentencia N° 53, de la Sala Constitucional de 2 de febrero de 2009 (Caso: *Interpretación de los artículos 340,6 y 345 de la Constitución)*, en http:/www.tsj.gov.ve/deci-sions/scon/Febrero/ 53-3209-2009-08-1610.html en la materia, que no es poder constituyente, ni siquiera derivado, ya que no puede haber modificación constitucional alguna sin aprobación popular.

La decisión de la Sala Constitucional fue una nueva burla a la Constitución al ignorar la prohibición de sucesivas consultas populares, basándose en dos artilugios que se utilizaron en este caso de la Enmienda 2008-2009: primero, el utilizado por la Asamblea Nacional, en su iniciativa de Enmienda, al extenderla a otros artículos constitucionales además del 230, para tratar de diferenciar la Enmienda de 2008-2009 de la rechazada Reforma Constitucional de 2007; y segundo, el utilizado por la Sala Constitucional al considerar que la prohibición constitucional de consultar al pueblo sobre reformas rechazadas era sólo formal respecto de las discusiones en la Asamblea Nacional, ignorando su propósito esencial de respetar la voluntad popular una vez que esta se ha expresado en forma negativa respecto de una modificación de la Constitución.

Esa voluntad hay que respetarla, que es lo que persigue la Constitución, por lo que una vez que el pueblo se ha manifestado rechazando una modificación al texto constitucional, no se lo puede estar convocando sucesivamente sin límites en el mismo período constitucional para volver a pronunciarse sobre lo mismo.

VI. LA MUTACIÓN CONSTITUCIONAL DEL PRINCIPIO DE LA ALTERNABILIDAD MEDIANTE EL VACIAMIENTO JUDICIAL DE SU CONTENIDO

Pero aparte de burlar la prohibición constitucional de sucesivas consultas populares en un periodo constitucional sobre modificaciones constitucionales una vez que el pueblo las ha rechazado, la Sala Constitucional, en la misma sentencia, procedió a mutar ilegítimamente la Constitución, eliminando el carácter de principio fundamental del gobierno que además de "democrático" y "electivo" conforme al artículo 6 de la Constitución, debe ser **siempre** "alternativo," considerando que dicho principio no se alteraba con las reformas propuestas en la Enmienda Constitucional 2008-2009.

Esta, como se dijo, propugnó establecer en la Constitución la posibilidad de la reelección continua y sin límites de los cargos electivos lo cual fue aprobado en el referendo, pero sin duda, alterando un principio fundamental del constitucionalismo venezolano establecido desde 1830 en todas las Constituciones, que es el de la "alternabilidad" en el gobierno, y que en el artículo 6 de la Constitución de 1999 se formula como uno de los principios fundamentales del mismo, con una fórmula que lo convierte en una de las llamadas "cláusulas pétreas" o inmodificables. Como se dijo, la norma dispone desde 1930 que "El gobierno **es y será siempre**... alternativo ...", lo que implica que ello nunca podría ser alterado al menos mediante reformas o enmiendas. Esa fue la voluntad del pueblo al aprobar la Constitución, establecer el principio de alternabilidad republicana como una cláusula pétrea.

La Sala Constitucional del Tribunal Supremo de Justicia, sin embargo, en la mencionada sentencia N° 53 de 3 de febrero de 2009,[1229] decidió allanar el camino

1229 Véase la sentencia N° 53, de la Sala Constitucional de 2 de febrero de 2009 (Caso: *Interpretación de los artículos 340,6 y 345 de la Constitución)*, en http:/www.tsj.gov.ve/decisions/scon/Febrero/ 53-3209-2009-08-1610.html .Véase sobre esta sentencia los comentarios en Allan R. Brewer-Carías, "El constitucional para la realización del referendo aprobatorio de la Enmienda Constitucional que se realizó el 15 de febrero de 2009, en el cual se aprobó el proyecto de Enmienda Constitucional relativa a los artículos 160, 162, 174, 192 y 230 de la Constitución, estableciéndose entonces en Venezuela, al contrario de la tradición constitucional precedente, el principio de la reelección continua e indefinida de cargos electivos, contrariando el principio constitucional de la alternabilidad republicana (art. 6), y violando la prohibición constitucional de realizar una consulta popular sobre modificaciones a la Constitución ya rechazadas por el pueblo en un mismo período constitucional (art. 345).

Para ello, la Sala Constitucional "interpretó" como equivalentes los términos gobierno "alternativo" y gobierno "electivo," eliminando así la propia noción de "alternabilidad."

En efecto, la alternabilidad del gobierno, como principio del constitucionalismo venezolano, que es además, propio de los sistemas presidenciales de gobierno, como se ha dicho, es un principio que se construyó como opuesto al continuismo o a la permanencia en el poder por una misma persona, por lo que toda previsión que permita que esto ocurra, es contraria a dicho principio.

Este principio, por tanto, no se puede confundir con el principio "electivo" del gobierno o el más general principio "democrático" que el mismo artículo 6 de la Constitución establece. Una cosa es poder elegir a los gobernantes, y otra cosa es el principio de alternabilidad que impide poder reelegir al mismo gobernante ilimitadamente.

Es contrario a la Constitución, por tanto, interpretar, como lo hizo la Sala Constitucional en su mencionada sentencia nº 53 del 3 de febrero de 2009, que el principio de la alternabilidad "lo que exige es que el pueblo como titular de la soberanía tenga la posibilidad periódica de escoger sus mandatarios o representantes", confundiendo "gobierno alternativo" con "gobierno electivo."

Por ello es falso lo que afirmó la Sala Constitucional en el sentido de que "sólo se infringiría el mismo si se impide esta posibilidad al evitar o no realizar las elecciones". Con su sentencia, la Sala Constitucional, de nuevo, lo que hizo fue mutar ilegítimamente el texto de la Constitución, y al contrario de lo que afirmó, la eliminación de la causal de inelegibilidad para el ejercicio de cargos públicos derivada de su ejercicio previo por parte de cualquier ciudadano, sí trastocó el principio de alternabilidad en el ejercicio del poder.

Se insiste, lo expuesto por la Sala Constitucional se refirió al principio de gobierno "electivo" que en los términos del mismo artículo 6 de la Constitución, es el que implica que "el electorado, como actor fundamental del proceso democrático, acuda a procesos comiciales periódicamente en los que compitan, en igualdad de condiciones, las diversas opciones políticas que integran el cuerpo social;" pero no al principio de gobierno "alternativo" que implica que no se pueda elegir indefinidamente una misma persona para el mismo cargo, así haya hecho un "buen gobier-

---

Juez Constitucional vs. La alternabilidad republicana (La reelección continua e indefinida), en *Revista de Derecho Público*, Nº 117, (enero-marzo 2009), Caracas 2009, pp. 205-211. Publicado también en http://www.analiti-ca.com/va/politica/opinion/6273405.asp

no." El principio de la alternabilidad, para evitar el continuismo en el poder, precisamente implica la limitación que el pueblo, como poder constituyente originario, se ha impuesto a si mismo, en cuanto a que supuestamente pueda tener la "oportunidad de decidir entre recompensar a quienes estime como sus mejores gobernantes, o bien renovar completamente las estructuras del poder cuando su desempeño haya sido pobre." Esta supuesta "oportunidad," por el principio de la alternabilidad en la Constitución, pudo haberse ejercido antes de 1999, sólo después de que, en sus casos, transcurrieran uno o dos períodos constitucionales siguientes al ejercicio de la Presidencia por quien pretendiera de nuevo optar a dicho cargo, y en la Constitución de 1999 sólo ocurrió en 2006, por una sola vez para un período inmediato, mediante la reelección ya efectuada del Presidente Chávez. Pero establecer dicha "oportunidad" como reelección continua, sin límite, es contrario al principio de la alternabilidad.

Por tanto, al contrario de que decidió la Sala Constitucional, la posibilidad de reelección continúa sí alteraba el principio fundamental del gobierno "alternativo", que es uno de los valores democráticos que informan nuestro ordenamiento jurídico. Dicho principio, que se alteraba si se establecía la posibilidad de elección continua de cargos electivos y que es distinto del principio del gobierno "electivo," al tener una formulación pétrea en el artículo 6 de la Constitución ("es y será siempre") no podía ser objeto de modificación constitucional alguna, y en el supuesto negado de que pudiera ser modificado, ello no podía realizarse ni por los procedimientos de Enmienda ni de Reforma Constitucional sino sólo mediante la convocatoria de una Asamblea Nacional Constituyente.

La Sala Constitucional, con su sentencia nº 53 del 3 de febrero de 2009, una vez más al servicio del autoritarismo, sin embargo, mutó la Constitución a través de una interpretación de la misma, modificando ilegítimamente el sentido del principio del gobierno 'alternativo" que los venezolanos dispusieron **que siempre** debía regir sus gobiernos, obviando la prohibición constitucional de que se pudiera consultar en un mismo período constitucional la voluntad popular sobre modificaciones constitucionales que ya el pueblo ha rechazado.

Esta inconstitucional sentencia, en todo caso, lo que tuvo por objeto fue, como se dijo, despejar el camino para que el régimen autoritario pudiera someter a referendo una Enmienda Constitucional relativa a un principio fundamental, pétreo, de la Constitución, que sólo podía modificarse mediante la convocatoria a una Asamblea Nacional Constituyente.

Y así fue como entonces en Venezuela se aprobó la Enmienda Constitucional de 2009, para establecer el principio de la elección continua e ilimitada del Presidente de la República y de todos los cargos de elección popular.

SECCIÓN CUARTA

LA ILEGÍTIMA MUTACIÓN CONSTITUCIONAL DE LA FORMA FEDERAL DEL ESTADO

El texto de esta sección es el de la Ponencia sobre "La ilegítima mutación de la Constitución y la legitimidad de la jurisdicción constitucional: la "reforma" de la forma federal del Estado en Venezuela mediante interpretación constitu-

cional," presentada al *X Congreso Iberoamericano de Derecho Constitucional,* celebrado en Lima, Perú entre el 16 y el 19 de Septiembre de 200, publicado en *Memoria del X Congreso Iberoamericano de Derecho Constitucional,* Instituto Iberoamericano de Derecho Constitucional, Asociación Peruana de Derecho Constitucional, Instituto de Investigaciones Jurídicas-UNAM y Maestría en Derecho Constitucional-PUCP, IDEMSA, Lima 2009, tomo 1, pp. 29-51; en *Anuario nº 4, Diciembre 2010,* Instituto de Investigación Jurídicas, Facultad de Jurisprudencia y Ciencias Sociales, Universidad Dr. José Matías Delgado de El Salvador, El Salvador 2010, pp. 111-143 (ISSN 2071-2472); Otra versión de este estudio se publicó en *Revista de Derecho Público*, nº 114, (abril-junio 2008), Editorial Jurídica Venezolana, Caracas 2008, pp. 247-262. Publicado también en Publicado en *Práctica y distorsión de la justicia constitucional en Venezuela (2008-2012),* Colección Justicia Nº 3, Acceso a la Justicia, Academia de Ciencias Políticas y Sociales, Universidad Metropolitana, Editorial Jurídica Venezolana, Caracas 2012, pp. 121-140.

La Constitución de 1999 fue, en Venezuela, la manifestación de la voluntad del pueblo expresada como poder constituyente originario en el referendo aprobatorio del 15 de diciembre de 1999. En consecuencia, la Constitución prevalece y debe prevalecer sobre la voluntad de todos los órganos constituidos del Estado, incluyendo la Jurisdicción Constitucional a cargo del Tribunal Supremo de Justicia, por lo que su modificación sólo puede llevarse a cabo conforme se dispone en su propio texto, como expresión-imposición de la voluntad popular producto de ese poder constituyente originario.

I. LA SUPREMACÍA CONSTITUCIONAL COMO PRINCIPIO QUE RIGE PARA TODOS LOS ÓRGANOS DEL ESTADO, INCLUYENDO AL JUEZ CONSTITUCIONAL, Y LA PROHIBICIÓN DE MUTACIONES CONSTITUCIONALES ILEGÍTIMAS

Este postulado de la supremacía de la Constitución en tanto que norma fundamental, que además se encuentra expresado en su artículo 7, lo que implica, como lo dijo Alexander Hamilton en 1788, no sólo que "ningún acto legislativo contrario a la Constitución, puede ser válido", sino que "negar esto significaría afirmar que … "los representantes del pueblo son superiores al pueblo mismo; que los hombres que actúan en virtud de poderes, puedan hacer no sólo lo que sus poderes no les autorizan sino también lo que les prohíben".[1230]

La contrapartida de la obligación de los órganos constituidos de respetar la Constitución, de manera que el poder constituyente originario prevalezca sobre la voluntad de dichos órganos estatales constituidos, es el derecho constitucional que todos los ciudadanos tienen en un Estado Constitucional, a que se respete la voluntad popular expresada en la Constitución, es decir, *el derecho fundamental a la supremacía constitucional.* Nada se ganaría con señalar que la Constitución, como manifestación de la voluntad del pueblo, debe prevalecer sobre la de los órganos del Estado, si no existiere el derecho de los integrantes del pueblo de exigir el respeto de esa

1230 *The Federalist* (ed. B.F. Wright), Cambridge, Mass. 1961, pp. 491-493.

Constitución, y además, la obligación de los órganos jurisdiccionales de velar por dicha supremacía.

El constitucionalismo moderno, por tanto, no sólo está montado sobre el principio de la supremacía constitucional, sino que como consecuencia del mismo, también está montado sobre el derecho del ciudadano a esa supremacía[1231], que se concreta, conforme al principio de la separación de poderes, en un derecho fundamental a la tutela judicial efectiva de la supremacía constitucional, es decir, a la justicia constitucional.

Por ello, el mismo Hamilton, al referirse al papel de los Jueces en relación con dicha supremacía constitucional también afirmó:

> "Una Constitución es, de hecho, y así debe ser considerada por los jueces, como una ley fundamental. Por tanto, les corresponde establecer su significado así como el de cualquier acto proveniente del cuerpo legislativo. Si se produce una situación irreconciliable entre ambos, por supuesto, la preferencia debe darse a la que tiene la mayor obligatoriedad y validez, o, en otras palabras, la Constitución debe prevalecer sobre las Leyes, así como la intención del pueblo debe prevalecer sobre la intención de sus representantes."

Con base en estos postulados se desarrolló, no sólo la doctrina de la supremacía de la Constitución, sino también, aún más importante, la doctrina de "los jueces como guardianes de la Constitución", tal como lo expresó el mismo Hamilton al referirse a la Constitución como limitación de los poderes del Estado y, en particular, de la autoridad legislativa, afirmando que:

> "Limitaciones de este tipo sólo pueden ser preservadas, en la práctica, mediante los Tribunales de justicia, cuyo deber tiene que ser el de declarar nulos todos los actos contrarios al tenor manifiesto de la Constitución. De lo contrario, todas las reservas de derechos o privilegios particulares, equivaldrían a nada."[1232]

De estos postulados puede decirse que en el constitucionalismo moderno surgió el sistema de justicia constitucional en sus dos vertientes, como protección de la parte orgánica de la Constitución, y como protección de su parte dogmática, es decir, de los derechos y libertades constitucionales, lo que en definitiva, no es más que la manifestación de la garantía constitucional del derecho fundamental del ciudadano al respecto de la supremacía constitucional. Esa garantía es la que precisamente implica el poder atribuido a los jueces de asegurar la supremacía constitucional, sea declarando la nulidad de los actos contrarios a la Constitución, sea restableciendo los derechos fundamentales vulnerados por acciones ilegítimas, tanto de los órganos del Estado como de los particulares. La justicia constitucional es, así, el instrumento jurídico para canalizar los conflictos entre la voluntad popular y los actos de los poderes constituidos; razón por la cual se la ha considerado históricamente como el

---

1231 Véase Allan R. Brewer-Carías, "El amparo a los derechos y libertades constitucionales (una aproximación comparativa)" en Manuel José Cepeda (editor), *La Carta de Derechos. Su interpretación y sus implicaciones*, Editorial Temis, Bogotá 1993, pp. 21-81.

1232 *The Federalist* (ed. B.F. Wright), Cambridge, Mass. 1961, pp. 491-493.

sustituto a la revolución[1233] o del ejercicio del derecho de resistencia o revuelta que defendía John Locke[1234].

Pero por supuesto, en esta concepción del juez constitucional para en caso de opresión de los derechos, de abuso o de usurpación, sustituyera a la revolución como la vía de solución de conflictos entre el pueblo y los gobernantes, los constructores del Estado Constitucional nunca pensaron que podía ser el propio juez constitucional el que usurpara el poder constituyente y violara la constitución. En el esquema del Estado constitucional no hay forma alguna de controlar judicialmente al juez constitucional, por lo que incluso se establece expresamente que las sentencias de Tribunal Supremo de Justicia no son revisables.

En todo caso, lo cierto es que las modificaciones a la Constitución, conforme al texto expreso de la misma, no pueden realizarse por la Jurisdicción Constitucional por más poder que tenga de interpretar la Constitución, sino sólo mediante los tres procedimientos precisos que con intervención del pueblo se establecen en la Constitución: primero, mediante las "enmiendas", con el objeto de agregar o modificar uno o varios artículos de la Constitución (artículo 340), para cuya aprobación se estableció la sola participación del pueblo como poder constituyente originario manifestado mediante referendo aprobatorio; segundo, mediante la "reforma constitucional", orientada hacia la revisión parcial de la Constitución, así como la sustitución de una o varias de sus normas (artículo 342), para cuya aprobación se estableció la participación de uno de los poderes constituidos, la Asamblea Nacional y, además, del pueblo como poder constituyente originario manifestado mediante referendo; y tercer, la "Asamblea Nacional Constituyente" en el caso de que se quiera transformar el Estado, crear un nuevo ordenamiento jurídico y redactar una nueva Constitución (Artículo 347), para cuyo funcionamiento se estableció la necesaria participación del pueblo como poder constituyente originario, en la convocatoria de la Asamblea Constituyente y en la elección de sus miembros.

Cualquier modificación de la Constitución efectuada fuera de estos tres procedimientos, es inconstitucional e ilegítima, razón por la cual la Sala Constitucional del Tribunal Supremo, como Jurisdicción Constitucional, al ejercer su facultad de interpretación del contenido y alcance de las normas constitucionales (art. 334), no puede, en forma alguna, "modificar" la Constitución, sobre todo si no se trata de normas que sean ambiguas, imprecisas, mal redactadas y con errores de lenguaje. Si lo hace, lo que estaría realizando sería un falseamiento de la Constitución, es decir, una "mutación" ilegítima y fraudulenta de la misma, que falsea su contenido.[1235] Ello es, precisamente, lo que ha venido ocurriendo en Venezuela en varios casos, y en particular en relación con las previsiones constitucionales destinadas a regular la forma federal del Estado, en relación a las cuales, luego de que una propuesta de reforma constitucional que fue sancionada en 2007 y que sometida a referendo fue expresa-

---

1233 Véase Sylvia Snowiss, *Judicial Review and the Law of the Constitution,* Yale University Press, 1990, p. 113.

1234 Véase John Locke, *Two Treatises of Government* (ed. Peter Laslett), Cambridge UK, 1967, pp. 221 y ss.

1235 Véase Néstor Pedro Sagües, *La interpretación judicial de la Constitución*, Buenos Aires 2006, pp. 56-59, 80-81, 165 ss.

mente rechazada por el pueblo, la Sala Constitucional como "máximo y último intérprete de la Constitución" (art. 335), ha impuesto la mismas modificación rechazada mediante una mutación fraudulenta de la Constitución.

II. EL SISTEMA DE DISTRIBUCIÓN DE COMPETENCIAS DEL PODER PÚBLICO EN LA "FEDERACIÓN DESCENTRALIZADA" VENEZOLANA

1. *La "federación" en el constitucionalismo venezolano*

Uno de los pilares fundamentales de la Constitución venezolana es la forma federal del Estado que siempre se ha adoptado en todo la historia Constitucional del país, aún cuando por supuesto, no sin contradicciones fundamentales. [1236]

En todo caso, conforme se declara en el artículo 4 de la Constitución de 1999, "la República Bolivariana de Venezuela es un *Estado federal descentralizado* en los términos consagrados en esta Constitución, y se rige por los principios de integridad territorial, cooperación, solidaridad, concurrencia y corresponsabilidad." Ello es así, aún cuando dicha declaración encubra a un Estado federal "centralizado," pues el primera se contradice en muchas regulaciones que establece la propia Constitución."

A pesar de esas contradicciones, en la conformación del Estado con forma federal, se puede identificar al menos un núcleo esencial de la misma en la Constitución, que es expreso y que no puede cambiarse sino mediante una reforma constitucional, el cual se refiere, precisamente, al sistema de "distribución" del Poder Público que regula el artículo 136 "entre el Poder Municipal, el Poder Estadal y el Poder Nacional," el cual se materializa en la distribución de una serie de competencias entre los tres niveles territoriales.

Esa asignación de competencias, ciertamente tiene un acentuado desbalance, primero, por el conjunto de competencias que se asignan a favor del Poder Nacional (artículo 156) y, segundo, por las que se asignan a favor del Poder Municipal (artículos 178, 179), las cuales, comparadas con las competencias que se asignan al Poder Estatal, en cambio, muestran una lista bien exigua (artículo 164). En efecto, esta distribución de competencias además de referirse a *atribuciones* asignadas a los órganos de los tres niveles territoriales, enumera las *materias* sobre las cuales se ejercen esas atribuciones en los tres niveles territoriales.[1237]

1236 Véase nuestros estudios sobre el tema elaborados apenas la Constitución fue sancionada: Allan R. Brewer-Carías, *Federalismo y Municipalismo en la Constitución de 1999 (Alcance de una reforma insuficiente y regresiva)*, Editorial Jurídica Venezolana, Caracas-San Cristóbal 2001; "El Estado federal descentralizado y la centralización de la federación en Venezuela. Situación y perspectiva de una contradicción constitucional" en Diego Valadés y José María Serna de la Garza (Coordinadores), *Federalismo y regionalismo*, Universidad Nacional Autónoma de México, Tribunal Superior de Justicia del Estado de Puebla, Instituto de Investigaciones Jurídicas, Serie Doctrina Jurídica Nº 229, México 2005, pp. 717-750.

1237 Véase Allan R. Brewer-Carías, "Consideraciones sobre el régimen de distribución de competencias del Poder Público en la Constitución de 1999" en Fernando Parra Aranguren y Armando Rodríguez García Editores, *Estudios de Derecho Administrativo. Libro Homenaje a la Universidad Central de Venezuela, Facultad de Ciencias Jurídicas y Políticas, con ocasión del Vigésimo Aniversario del Curso de*

En esta forma, el artículo 156 de la Constitución enumera como de la "competencia del Poder Público Nacional..." un conjunto de *materias,* muchas de las cuales son de carácter exclusivo, como por ejemplo, la relativa a "La política y la actuación internacional de la República" (arts. 156,1; 152; 154); y otras de carácter concurrente con otros niveles territoriales. En relación con los Estados, el artículo 164 de la Constitución, además de un conjunto de atribuciones, también define unas *materias* que califica como de la "competencia *exclusiva* de los Estados", entre las cuales está, por ejemplo, "la ejecución, conservación, administración y aprovechamiento de las vías terrestres estadales" (ord. 9); y la "la conservación, administración y aprovechamiento de carreteras y autopistas nacionales, así como de puertos y aeropuertos de uso comercial…." (ord. 10).

En cuanto a los Municipios, en el artículo 178 se regula "la competencia del Municipio" traducida en un conjunto de *materias* que son de ejercicio exclusivo sólo en los aspectos que estrictamente conciernen a la vida local.

2. *El sistema de distribución de competencias exclusivas en materia de infraestructura*

Ahora bien, específicamente, en materia de infraestructura para la circulación y el transporte, la Constitución establece el siguiente sistema de distribución de competencias:

A. *Las materias de competencia exclusiva del Poder Nacional*

El artículo 156 de la Constitución atribuye al Poder nacional en materia de infraestructura para la circulación y el transporte, las siguientes competencias exclusivas entre los tres niveles territoriales:

a. *La ordenación normativa de las obras de infraestructura*

Corresponde en forma exclusiva al Poder Nacional *regular* el sistema normativo de las obras de infraestructura, para lo cual el artículo 156,19 le asigna competencia para "el establecimiento, coordinación y unificación de *normas* y procedimientos técnicos para obras de ingeniería, de arquitectura y de urbanismo." Además, corresponde al Poder Nacional la competencia exclusiva para establecer "el *régimen...* de los puertos[1238], aeropuertos y su infraestructura" (art. 156,26).

b. *Las obras públicas nacionales*

En materia de obras públicas, la Constitución asigna competencia exclusiva al Poder Nacional, en materia de "obras públicas de interés nacional" (art. 156,20), por

---

Especialización en Derecho Administrativo, Tomo I, Tribunal Supremo de Justicia, Colección Libros Homenaje Nº 2, Caracas 2001, pp. 107-136.

1238 Véase Ley de Reforma Parcial del Decreto con Fuerza de Ley General de Puertos en *G.O.* Nº 37.589 del 11 de diciembre de 2002. Decreto Nº 1.380 con Fuerza de Ley General de Marinas y Actividades Conexas en *G.O.* Nº 37.321 del 9 de noviembre de 2001. Véase en general, sobre los puertos: Ricardo Baroni Uzcátegui, "Las competencias portuarias a la luz de la Constitución de 1999" en *DOCTUM. Revista Marítima Venezolana de Investigación y Postgrado,* Vol. 3, Nº 2 (mayo-diciembre). Caracas, 2000, pp. 191-206.

lo que la competencia en materia de obras públicas estadales y municipales corresponde, respectivamente, a los Estados y Municipios.

c. *La vialidad nacional*

Conforme al artículo 156,27, corresponde en forma exclusiva al Poder Nacional "el sistema de vialidad y de ferrocarriles nacionales[1239]. Esta norma no reserva al Poder Nacional la vialidad, sino el *sistema* (se entiende, nacional) de vialidad nacional. Por ello, los Estados y Municipios, tienen competencia en materia de vialidad estadal y municipal, sometidos a las normas establecidas en materia de ingeniería por el Poder Nacional (art. 156,19).

d. *El transporte nacional*

El artículo 156,26 de la Constitución atribuye competencia exclusiva al Poder Nacional, en materia de "El régimen de la navegación y del transporte aéreo, terrestre[1240], marítimo fluvial y lacustre, de carácter *nacional*..." Además, como se dijo, el artículo 156,27, atribuye al Poder Nacional competencia en materia de "ferrocarriles nacionales".

En consecuencia, también puede haber transporte estadal y municipal, cuyo régimen compete a Estados y Municipios. Sin embargo, sólo compete al Poder Nacional "las políticas nacionales y la legislación en materia naviera" (art. 156,23), lo que no excluye que pueda haber políticas estadales y municipales en esa materia.

e. *La competencia en materia de legislación general*

De acuerdo con el artículo 156,32, el Poder Nacional además de las competencias legislativas que tiene respecto de las materias que se le atribuyen, tiene la competencia exclusiva general respecto de la legislación en las "todas las materias de la competencia nacional." (art. 156,32)

B. *Las materias de la competencia exclusiva del poder público estadal*

Al contrario de lo que sucede con el artículo 156 de la Constitución relativo a las materias de la competencia del Poder Nacional (algunas de las cuales son exclusivas y otras no), el artículo 164 de la Constitución sólo regula competencias *exclusiva* de los Estados, las cuales sin dejar de ser "exclusivas", están reguladas como una exclusividad parcial, pues otros aspectos de las mismas materias se asignan a otros órganos del Poder Público.

a. *Las obras públicas estadales*

Al atribuirse al Poder Nacional competencia exclusiva en materia de obras públicas nacionales (art. 156,20), corresponde a los Estados la competencia exclusiva en

---

1239 Véase Decreto N° 6.069, con fuerza de Ley de Sistema de Transporte Ferroviario Nacional en *G.O.* Extra. N° 5.889 del 31 de julio de 2008.

1240 Véase Decreto N° 1.535 con Fuerza de Ley de Tránsito y Transporte Terrestre en *G.O.* N° 37.332 del 26 de noviembre de 2001.

materia de obras públicas estadales, con sujeción a las normas sobre ingeniería establecidas por el Poder nacional (art. 156,19).

b. *La vialidad estadal*

El artículo 164,9 de la Constitución atribuye a los Estados competencia exclusiva en materia de "La ejecución, conservación, administración y aprovechamiento de las vías terrestres estadales." Estas vías terrestres estadales son "las que conforman la red vial dentro del territorio de cada Estado, con exclusión de las vías de comunicación nacionales que se encuentren en el mismo y de las vías urbanas municipales", tal como las definió el artículo 6 del Reglamento Parcial N° 7 de la Ley Orgánica de Descentralización, Delimitación y Transferencia de Competencias del Poder Público, en materia de vialidad terrestre[1241]; siendo vías de comunicación nacionales, "las carreteras que atraviesan un Estado y salgan de sus límites" (art. 4,1).

La precisión del ámbito de la materia objeto de esta competencia exclusiva es importante, ya que el artículo 156 asigna al Poder Nacional competencia en cuanto al "sistema de vialidad y de ferrocarriles nacionales" (ord. 27); y el artículo 178,2 atribuye a los Municipios competencia en materia de "vialidad urbana".

c. *La administración de la vialidad nacional*

Siguiendo la decisión adoptada por la Ley Orgánica de Descentralización, Delimitación y Transferencia de Competencias del Poder Público de 1989[1242] (art. 11,3), que tenía rango constitucional,[1243] el artículo 164,10 de la Constitución, constitucionalizando esa materia, como se ha dicho, asignó competencia exclusiva a los Estados, en materia de "La conservación, administración y aprovechamiento de carreteras y autopistas nacionales... en coordinación con el Poder Nacional."

Esta competencia, sin embargo, está sujeta al ejercicio de la competencia nacional en materia de "sistema de vialidad y ferrocarriles nacionales" (art. 156,27) y además, la deben ejercer los Estados sujetos a "la coordinación con el Poder Nacional," que éste debe regular.

d. *Administración de puertos y aeropuertos comerciales*

La Constitución, también siguiendo la política de descentralización de competencias efectuada a favor de los Estados por el artículo 11,5 de la Ley Orgánica de Descentralización, Delimitación y Transferencia de Competencias del Poder Público de 1989, constitucionalizó la previsión legal, e igualmente asignó competencia exclusiva a los Estados en materia de "la conservación, administración y aprovecha-

---

1241 Véase en *G.O.* N° 35.327 de 28-10-1993.

1242 Véase en *G.O.* N° 37.753 del 14-08-2003.

1243 Véase Carlos Ayala Corao, "Naturaleza y alcance de la descentralización estadal" en Allan R. Brewer-Carías *et al.*, *Leyes para la Descentralización Política de la Federación*, Caracas 1994, pp. 99 y ss.; Allan R. Brewer-Carías, *Asamblea Constituyente y Ordenamiento Constitucional,* Caracas 1999, pp. 122 y ss.

miento de... puertos y aeropuertos de uso comercial, en coordinación con el Poder Nacional"[1244] (art. 164,10).

En esta materia, sin embargo, la competencia exclusiva estadal es de ejercicio parcial, pues el Poder Nacional tiene competencia en materia de "el régimen de... los puertos, aeropuertos y su infraestructura" (art. 156,26) y, en todo caso, la competencia exclusiva estadal debe ejercerse "en coordinación con el Poder Nacional" conforme al régimen que se establezca en la legislación nacional.

C. *Las materias de la competencia exclusiva del Poder Municipal en cuanto concierne a la vida local*

El artículo 178 de la Constitución contiene una larga enumeración de materias que se atribuyen a los Municipios, pero en la mayoría de los casos no son materias de la competencia exclusiva de los mismos. Lo que es exclusivo de los Municipios es "el gobierno y administración de sus intereses y la gestión de las materias que le asigne esta Constitución y las leyes nacionales, *en cuanto concierne a la vida local*", es decir, los aspectos de esas materias que *"conciernen a la vida local"*, pero las materias, en sí mismas, abarcan competencias atribuidas concurrentemente al Poder Nacional y al Poder Estadal.

Entre esas materias asignadas a los Municipios en el artículo 178 están, precisamente, las siguientes referidas a infraestructura: la ordenación territorial y urbanística (ord. 1); arquitectura civil, nomenclatura y ornato público; vialidad urbana (ord. 2); circulación y ordenación del tránsito de vehículos y personas por vías municipales (ord. 2); servicios de transporte público urbano de pasajeros (ord. 2). A este listado debe agregarse la competencia municipal en materia de "obras públicas municipales" dado que el artículo 156,20 atribuye al Poder Nacional competencia exclusiva sólo en materia de obras públicas *nacionales*.

D. *El contraste del régimen constitucional de intervención del Poder Nacional en materia de competencias concurrentes*

Aparte de las competencias exclusivas de los tres niveles territoriales del Poder Público, la gran mayoría de las materias referidas a las competencias que en los artículos 156, 164 y 178 se distribuyen entre los mismos, en realidad, son materias de la competencia concurrente entre la República, los Estados y los Municipios, o entre la República y los Municipios o entre la República y los Estados, quedando su precisión, en ausencia de una "enumeración" constitucional (como las relativas a la salud, educación, servicios sociales, ordenación del territorio, medio ambiente, promoción de la agricultura, ganadería, industria y comercio, defensa civil, promoción de la ciencia y la tecnología, deporte y servicios públicos)[1245], a lo que disponga la ley nacional.

1244 Véase sentencia de la Sala Constitucional, n° 2495, caso *Estado Carabobo vs Decreto 1.436 con Fuerza de Ley General de Puertos de fecha 19 de Diciembre de 2006*, en http://www.tsj.gov.ve/decisiones/scon/Diciembre/2495-191206-02-0265.htm

1245 Ello sin embargo, no se hizo, lo que originó nuestro voto salvado al respecto. Véase en Allan R. Brewer-Carías, *Debate Constituyente, (Aportes a la Asamblea Nacional Constituyente)*, Tomo III, (18 oc-

En todo caso, son estas materias de competencias concurrentes las que conforme al artículo 165 de la Constitución deben ser reguladas mediante *leyes de bases*[1246] dictadas por el Poder Nacional y, además por *leyes de desarrollo* que deben sancionar los Consejos Legislativos de los Estados.

Lo importante a destacar aquí es que estas *leyes de base* no pueden referirse a las materias de la competencia exclusiva, global o parcial, que se asignan a los Estados indicadas en el artículo 164, sino sólo a las materias de la competencia *concurrente*. Además, esas leyes, en todo caso, conforme al artículo 206 de la Constitución, durante el proceso de su discusión, deben obligatoriamente someterse a consulta de los Estados, a través de los Consejos Legislativos.

III. EL INTENTO DE REFORMA CONSTITUCIONAL DE 2007, RECHAZADA POR EL PUEBLO, PARA CAMBIAR LAS BASES DE LA FORMA FEDERAL DEL ESTADO

La forma federal del Estado y la distribución territorial de competencias establecidas en los artículos 156 y 164 de la Constitución, fue uno de los temas a los que se refirió la reforma constitucional que a iniciativa del Presidente de la República, se pretendió aprobar durante el año 2007, y que fue rechazada por el pueblo en referendo de 2 de diciembre de 2007, con la cual expresamente se buscaba modificar el mencionado sistema, centralizando aún más al Estado.

En efecto, tanto en las *Propuestas de Reforma Constitucional* que formuló la Comisión Presidencial para la Reforma Constitucional en junio de 2007,[1247] como en el *Anteproyecto para la 1era. Reforma Constitucional* presentado por el Presidente de la República el 15 de agosto de 2007 ante la Asamblea Nacional[1248] y que la misma sancionó en noviembre de 2007, en relación con la distribución de competencias públicas entre los tres niveles territoriales de gobierno, por una parte, se buscaba terminar de centralizar materialmente todas las competencias del Poder Público en el nivel nacional, mediante la asignación de nuevas competencias al Poder Nacional, centralizándose las competencias que se atribuyen en la Constitución a los Estados, que se buscaban eliminar; y por la otra, se pretendía terminar de vaciar a los Estados y Municipios de las competencias que le quedan en la Constitución,

---

tubre-30 noviembre de 1999), Fundación de Derecho Público-Editorial Jurídica Venezolana, Caracas, 1999, pp. 193 y 194.

1246 Cuya noción, que estaba en el proyecto de Constitución discutido en la Asamblea Constituyente (art. 203), pero fue eliminado en el texto sancionado. Véase en general, Véase José Peña Solís, "Dos nuevos tipos de leyes en la Constitución de 1999: leyes habilitantes y leyes de bases", en *Revista de la Facultad de Ciencias Jurídicas y Políticas de la UCV*, Nº 119, Caracas, 2000, pp. 79-123.

1247 El documento circuló en junio de 2007 con el título "Consejo Presidencial para la Reforma de la Constitución de la República Bolivariana de Venezuela, "Modificaciones propuestas". El texto completo fue publicado como *Proyecto de Reforma Constitucional. Versión atribuida al Consejo Presidencial para la reforma de la Constitución de la república Bolivariana de Venezuela*, Editorial Atenea, Caracas, 1 de julio de 2007.

1248 Véase el documento ya citado: *Proyecto de Exposición de Motivos para la Reforma Constitucional, Presidencia de la República, Proyecto Reforma Constitucional. Propuesta del presidente Hugo Chávez Agosto 2007;* y la publicación *Proyecto de Reforma Constitucional. Elaborado por el ciudadano Presidente de la República Bolivariana de Venezuela, Hugo Chávez Frías* Editorial Atenea, Caracas agosto 2007.

mediante la obligación que se les imponía de transferir sus competencias a los Consejos Comunales, con lo que en definitiva hubieran quedado como entelequias vacías.[1249]

En cuanto a la centralización de competencias en el nivel nacional en particular se buscaba atribuir al Poder Nacional, en el artículo 156,27, es decir se pretendió "nacionalizar" la competencia que el artículo 164,10 de la Constitución de 1999 atribuye a los Estados en materia de la conservación, administración y aprovechamiento de autopistas y carreteras nacionales, lo que hubiera implicado la modificación de los ordinales 9 y 10 del artículo 164 de la Constitución, que como se ha visto, asignan competencia a los Estados en materia de "la conservación, administración y aprovechamiento de carreteras y autopistas nacionales, así como de puertos y aeropuertos de uso comercial, en coordinación con el Ejecutivo Nacional."[1250]

Ahora bien, como se dijo, la reforma constitucional propuesta fue rechazada expresa y abrumadoramente por el pueblo en el referendo de diciembre de 2007,[1251] por lo que la competencia de los Estados establecida en el referido artículo 164,10 quedó sin modificación, estableciendo lo que establece, es decir, diciendo lo que dice, sin que exista duda alguna sobre su redacción o sentido, cuando atribuye expresamente a los Estados competencia "exclusiva" para conservar, administrar y aprovechar las carreteras y autopistas nacionales, así como de puertos y aeropuertos de uso comercial, en coordinación con el Poder Nacional. Tan clara es la disposición que, precisamente por ello, el régimen autoritario existente en el país propuso su reforma para centralizar o "nacionalizar" la competencia, lo cual afortunadamente fue rechazada por el pueblo.

Sin embargo, en fraude a la Constitución y utilizando al Juez Constitucional que ha estado a su servicio,[1252] el régimen autoritario ha logrado burlar la voluntad popular y ha logrado obtener de la Sala Constitucional del Tribunal Supremo de Justicia, una "interpretación constitucional" contraria a la norma, habiéndose producido una usurpación ilegítima de la voluntad popular y una ilegítima "mutación constitucio-

---

1249 Véase Allan R. Brewer-Carías, *Hacia la Consolidación de un Estado Socialista, Centralizado, Policial y Militarista. Comentarios sobre el sentido y alcance de las propuestas de reforma constitucional 2007,* Colección Textos Legislativos, N° 42, Editorial Jurídica Venezolana, Caracas 2007, pp. 43 ss.

1250 Véase Allan R. Brewer-Carías, *La Reforma Constitucional de 2007 (Comentarios al Proyecto Inconstitucionalmente sancionado por la Asamblea Nacional el 2 de Noviembre de 2007),* Colección Textos Legislativos, N° 43, Editorial Jurídica Venezolana, Caracas 2007, pp. 75 ss.

1251 El proyecto de reforma constitucional sólo recibió el voto favorable del 28% de los votantes inscritos en el Registro Electoral. Como aún en julio de 2008 no se conocen los resultados definitivos de la votación en el referendo, si sólo se toma en cuenta los resultados anunciados por el Consejo Nacional Electoral el día 2 de diciembre de 2007 en la noche, del un universo de más de 16 millones de electores inscritos, sólo acudieron a votar 9 millones doscientos mil votantes, lo que significó un 44% de abstención; y de los electores que votaron, sólo votaron por aprobar la reforma (voto SI), 4 millones trescientos mil votantes, lo que equivale sólo al 28 % del universo de los electores inscritos en el Registro Electoral o al 49,2% de los electores que fueron a votar. En dicho referendo, por tanto, en realidad, no fue que "triunfó" el voto NO por poco margen, sino que lo que ocurrió fue que la propuesta de reforma fue rechazada por el 72% de los electores inscritos, quienes votaron por el NO (50,7%) o simplemente no acudieron a votar para aprobar la reforma.

1252 Véase Allan R. Brewer-Carías, *Crónica sobre la "In" Justicia Constitucional. La Sala Constitucional y el autoritarismo en Venezuela*, Caracas 2007.

nal" sin cambiar formalmente el texto de la Constitución.[1253] Por tanto, no sólo se trata de una mutación constitucional ilegítima e inconstitucional, sino que ha sido hecha en fraude a la Constitución, es decir, al procedimiento de revisión de la misma.

Ello ocurrió mediante sentencia de N° 565 de 15 de abril de 2008[1254], en la cual, la Sala Constitucional a petición del Procurador general de la República resolvió que la competencia exclusiva antes mencionada que tienen los Estados, ya no es una competencia exclusiva, sino concurrente y sujeta a la voluntad del Ejecutivo Nacional, el cual puede intervenirla y reasumirla. Para dictar la sentencia mencionada, la Jurisdicción Constitucional no sólo desconoció el principio de la supremacía constitucional que se impone a todos los órganos del Estado, incluyendo al Juez Constitucional, sino que ejerció ilegítimamente su potestad de interpretación de la Constitución para mutarla, es decir, modificarla sin alterar su texto.

IV. LA FRAUDULENTA MUTACIÓN DE LA FORMA FEDERAL DEL ESTADO POR LA JURISDICCIÓN CONSTITUCIONAL

En efecto, como se dijo, la Sala Constitucional del Tribunal Supremo de Justicia, con la impunidad que le garantiza el ser el más alto Tribunal de la República, ha usurpado la voluntad popular y el poder constituyente que corresponde al pueblo, y ha "modificado" la Constitución, cambiando la forma federal del Estado, al trastocar el sistema de distribución territorial de competencias entre el Poder Nacional y los Estados de la federación en materia de infraestructura para la circulación y transporte, "nacionalizando" (centralizando) competencias exclusivas en contra de lo expresamente previsto en la Constitución.

El artículo 164,10 de la Constitución, como se dijo, asignó competencia *exclusiva* a los Estados, en materia de "La conservación, administración y aprovechamiento de carreteras y autopistas nacionales, así como de puertos y aeropuertos de uso comercial, en coordinación con el Poder Nacional."

Sin embargo, la Sala Constitucional, en sentencia N° 565 de 15 de abril de 2008[1255], dictada con motivo de decidir un recurso autónomo de interpretación de dicho artículo formulado por el propio representante de la República (Poder nacional), el Procurador General de la República, pura y simplemente "modificó" esta norma constitucional y dispuso, como interpretación vinculante de dicho artículo,

---

1253 Una mutación constitucional ocurre cuando se modifica el contenido de una norma constitucional de tal forma que aún cuando la misma conserva su contenido, recibe una significación diferente. Véase Salvador O. Nava Gomar, "Interpretación, mutación y reforma de la Constitución. Tres extractos" en Eduardo Ferrer Mac-Gregor (coordinador), Interpretación Constitucional, Tomo II, Ed. Porrúa, Universidad Nacional Autónoma de México, México 2005, pp. 804 ss. Véase en general sobre el tema, Konrad Hesse, "Límites a la mutación constitucional", en *Escritos de derecho constitucional*, Centro de Estudios Constitucionales, Madrid 1992.

1254 Véase sentencia de la Sala Constitucional, n° 565, caso *Procuradora General de la República,* recurso de interpretación del artículo 164.10 de la Constitución de 1999 de fecha 15 de Abril de 2008, en http://www.tsj.gov.ve/decisiones/scon/Abril/565-150408-07-1108.htm

1255 Véase sentencia de la Sala Constitucional, n° 565, caso *Procuradora General de la República,* recurso de interpretación del artículo 164.10 de la Constitución de 1999 de fecha 15 de Abril de 2008, en http://www.tsj.gov.ve/decisiones/scon/Abril/565-150408-07-1108.htm

que esa "competencia exclusiva" *no es tal competencia exclusiva*, sino que es una competencia concurrente y que, incluso, el Poder Nacional puede revertir a su favor la materia supuestamente "descentralizada" eliminando toda competencia de los Estados.

La Sala Constitucional, en efecto, decidió que la Administración Nacional "en ejercicio de la potestad de coordinación pueda asumir directamente la conservación, administración y el aprovechamiento de las carreteras y autopistas nacionales, así como los puertos y aeropuertos de uso comercial,", y que "corresponde al Ejecutivo Nacional por órgano del Presidente de la República en Consejo de Ministros, decretar la intervención para asumir la prestación de servicios y bienes de las carreteras y autopistas nacionales, así como los puertos y aeropuertos de uso comercial," en aquellos casos que la prestación del servicio "por parte de los Estados es deficiente o inexistente."

Esa decisión del Juez Constitucional, más que una "interpretación" de la Constitución lo que contiene es una ilegítima mutación de la misma, que responde a la tendencia centralizante del régimen autoritario al cual sirve y que constituye una usurpación de la soberanía popular a la cual está reservado el poder constituyente.

1. *La solicitud de interpretación formulada por el Ejecutivo Nacional ante la Sala Constitucional*

Como se dijo, fueron los abogados de la Procuraduría General de la República, institución que ejerce la representación judicial de la república (Poder Nacional), quienes el 26 de julio de 2007 interpusieron un recurso autónomo de interpretación ante la Sala Constitucional de la norma contenida en el numeral 10 del artículo 164 de la Constitución de la República Bolivariana de Venezuela, referido al tema de la "coordinación con el Ejecutivo Nacional de la competencia exclusiva atribuida a los Estados para conservar, administrar y aprovechar las carreteras y autopistas nacionales, así como de puertos y aeropuertos."

El recurso se fundamentó en la supuesta "incertidumbre jurídica en cuanto al alcance y límites de su competencia" que existía en el Ministerio de Infraestructura, el cual "sin invadir las competencias atribuidas a los Estados," consideraba que el precepto mencionado "*no es lo suficientemente claro para lograr establecer de una forma eficiente y precisa el ámbito y forma de actuación del Ejecutivo Nacional, respecto a la coordinación con los Estados de la administración, conservación y aprovechamiento de carreteras y autopistas nacionales, así como de puertos y aeropuertos de uso comercial.*[1256]

1256 La situación concreta que originó la consulta, según se narra en la sentencia, se refería "a la coordinación con el Estado Trujillo de la administración, conservación y aprovechamiento del Puerto La Ceiba, ubicado en el Municipio La Ceiba de dicho estado, cuya propiedad pertenece a la República y que en fecha 19 de noviembre de 1990, fue dado en concesión por el extinto Instituto Nacional de Puertos a la sociedad mercantil Suramericana de Puertos, C.A., por un lapso de veinte años." *Cfr.* Sentencia N° 565 de la Sala Constitucional, (Caso *Procuradora General de la República, recurso de interpretación del artículo 164.10 de la Constitución de 1999*) de 15-04-2008, en http://www.tsj.gov.ve/decisiones/scon/Abril/565-150408-071108.htm

En definitiva, la interpretación del artículo 164,10 de la Constitución se solicitó, dada "la ambigüedad que envuelve a la naturaleza de la relación de coordinación entre los estados y el Ejecutivo Nacional, respecto a las potestades de administración, conservación y aprovechamiento, genera numerosos inconvenientes de orden interpretativo en la diaria gestión del Ministerio del Poder Popular para la Infraestructura", con el objeto de que la Sala estableciera con claridad lo siguiente:

> "1.- Naturaleza jurídico-constitucional de la relación de coordinación que vincula la competencia de los estados con el Ejecutivo Nacional; y [el] (...) 2. Ámbito de actuación del Ejecutivo Nacional en cuanto a la conservación, administración y aprovechamiento de carreteras y autopistas nacionales, así como de puertos y aeropuertos de uso comercial, en virtud de la relación de coordinación que vincula la competencia de los estados con el Ejecutivo Nacional..."

La solicitud de interpretación, por tanto, se hizo respetando la competencia exclusiva de los Estados, sin intención de invadirla, referida al alcance de la "coordinación" que corresponde al Ejecutivo nacional. El resultado, sin embargo, fue distinto, pues la Sala de oficio reformó la Constitución, y pura y simplemente, eliminó la competencia exclusiva de los Estados en la materia, y la convirtió en una competencia concurrente sujeta a la técnica puntual de "descentralización" que puede ser intervenida, revertida y reasumida por el Poder Nacional.

2. *La argumentación malabarista de la Sala Constitucional para resolver la supuesta "confusión" constitucional*

Para efectuar esa ilegítima mutación de la Constitución, la Sala comenzó por afirmar que la redacción del artículo 164.10 constitucional resultaba "confusa, en lo relativo a la *coordinación* entre el Ejecutivo Nacional y los Estados en ejercicio de las *denominadas* competencias exclusivas de dichos entes político territoriales," lo cual supuestamente generaba "una aparente antinomia que debe resolverse a fin de viabilizar la gestión eficaz y eficiente de los servicios públicos de puertos y aeropuertos de uso comercial, así como de las carreteras y autopistas nacionales."

Para resolver la confusión, la Sala Constitucional se refirió a "la competencia *normativa* del Poder Público Nacional y Estadal respecto de las materias reguladas en el artículo 164.10 de la Constitución," indicando que la interpretación del alcance y sentido de dicha norma, exigía un "análisis concatenado" con el artículo 156.26 de la Constitución, pues "la materia de navegación, transporte aéreo, terrestre, marítimo, fluvial y lacustre, de carácter nacional, puertos, aeropuertos y su infraestructura, es competencia del Poder Público Nacional;" según el cual, "al Poder Público Nacional, le corresponde legislar" sobre dichas materias desde el momento que dicha norma "otorga al Poder Legislativo Nacional, la competencia para dictar "*el régimen*", cuya acepción es precisamente la de un "conjunto de normas que gobiernan o rigen una cosa o una actividad."

En cuanto al artículo 164.10 de la Constitución, la Sala estimó que la misma atribuye al Poder Público Estadal la competencia *"exclusiva"*, de "conservar, administrar y aprovechar las carreteras y autopistas nacionales, así como de puertos y aeropuertos de uso comercial que se encuentren dentro de la jurisdicción de que se trate." De esta concurrencia de competencias que ostentan tanto el Poder Público Nacional como el Estadal, dedujo la Sala que en la materia, el Poder nacional y los

Estados tienen competencia "en diversos grados ... pues al legislador nacional le compete elaborar el régimen general" de las mismas, y a los Estados les compete "la conservación, administración y aprovechamiento" de dicha infraestructura.

En otras palabras, la Sala Constitucional estimó que conforme al artículo 156.26 de la Constitución, compete al legislador nacional no solo "definir el contenido de ese régimen o legislación básica en materia de navegación, transporte de carácter nacional, puertos, aeropuertos y su infraestructura" sino en consecuencia, *regular* "la conservación, administración y aprovechamiento de las carreteras y autopistas nacionales, así como de puertos y aeropuertos de uso comercial."

Ello sin embargo, es contrario a la Constitución, pues en la materia de conservación, administración y aprovechamiento de las carreteras y autopistas nacionales, así como de puertos y aeropuertos de uso comercial, el artículo 164,10 no estableció una materia de "competencia concurrente" sino de competencia *exclusiva* de los Estados, por lo que en la materia, es falso que haya una "asignación de la *legislación básica* al nivel nacional del ejercicio del Poder Público, y la *legislación de desarrollo* de ésta al nivel estadal", que sólo existe, constitucionalmente, en materias de competencia *concurrente* y no en los casos de competencias exclusivas.

La Sala, en efecto, erradamente dijo:

> "Ciertamente, esa homogeneidad o estandarización por normas de rango legal, que viabilizan la consecución de un funcionamiento eficaz y adecuado de la prestación de servicios y bienes a los intereses generales de la nación, sólo es posible si el nivel nacional en ejercicio del Poder Público, determina una normativa básica que delimite la actividad que en ejecución de la competencia concurrente desplieguen los Estados."

Es decir, la Sala Constitucional desconoció el carácter de competencia exclusiva de los Estados en esta materia, y la trastocó, contrario a la Constitución, en competencia concurrente, reconociéndole entonces al Poder nacional poderes que no tiene en la Constitución como fijar los "principios o pautas generales en cuanto al funcionamiento o a la prestación igualitaria de los servicios, sino que puede incidir en la planificación de las actividades, en la organización interna del ente ejecutor, en la creación de órganos mixtos y en otros aspectos similares;" y todo ello, porque el artículo 164.10 de la Constitución somete la conservación, la administración y el aprovechamiento que hagan de las carreteras y autopistas nacionales, así como de puertos y aeropuertos de uso comercial a los estados a la "*coordinación con el Ejecutivo Nacional*". De ello, concluyó la Sala que las normas constitucionales supuestamente permiten "que el legislador nacional intervenga en un mayor grado con su regulación sobre la ejecución, conservación y administración que de las carreteras y autopistas nacionales, así como de puertos y aeropuertos de uso comercial hicieren los Estados en coordinación con el Ejecutivo Nacional," lo cual no tiene asidero constitucional alguno.

De lo anterior, la Sala volvió a referirse, en su sentencia, a la existencia de una "aparente contradicción" entre "la *coordinación* entre el Ejecutivo Nacional y los Estados en ejercicio de las *denominadas competencias exclusivas* de dichos entes político territoriales," y para resolverla, se refirió a "los antecedentes constitucionales de la descentralización político territorial regulada en los artículos 136.20 y 137 de la Constitución de 1961 y desarrollada por los artículos 11.3 y 11.5 la Ley Orgánica de Descentralización, Delimitación y Transferencia de Competencias del Poder Público" de 1989. Sin embargo, la Sala pasó por alto que en la materia, la norma del artículo 11,3 de la mencionada Ley Orgánica de Descentralización que se refería a la "transferencia" a los Estados de la competencia exclusiva en la "la conservación, administración y aprovechamiento de las carreteras, puentes y autopistas en sus territorios", había quedado tácitamente derogada con la previsión de la Constitución de 1999 (art. 164,10); y más bien se refirió a la reforma parcial de dicha Ley de 2003, que reprodujo las disposiciones de la de 1989 sin que el Legislador hubiera tenido el cuidado de adaptarla a la nueva Constitución, particularmente en cuanto al cambio de naturaleza de la competencia, que en lugar de ser concurrente pasó a ser exclusiva de los Estados.

En tal sentido la Sala expresó erradamente, como si la Constitución de 1999 nada hubiera cambiado y la Ley de Descentralización de 1989 reformada en 2003 hubiera seguido íntegramente en vigencia, que:

> "En tal sentido, la Ley Orgánica de Descentralización, Delimitación y Transferencia de Competencias del Poder Público reguló un conjunto de competencias concurrentes, las cuales permiten la gestión coordinada de la República y los Estados; la posibilidad de la República de transferir esas competencias concurrentes a los Estados mediante el procedimiento establecido en la ley y, en caso de haberse verificado la transferencia de competencias, prevé la posibilidad de una reversión por parte del Ejecutivo Nacional con fundamento en razones de mérito, oportunidad y conveniencia."

De estas normas de la Ley Orgánica, la Sala pasó a argumentar sobre las competencias exclusivas de los Estados sobre las "vías terrestres estadales" (artículo 164,9) y trastocó el sentido de la norma constitucional del artículo 164,10 al indicar que lo que regulaba era "la competencia de conservación, administración y aprovechamiento de carreteras y autopistas nacionales, así como de puertos y aeropuertos de uso comercial conforme al contenido del artículo 164.10, *conjuntamente con el Ejecutivo Nacional* (y no al Poder Público Nacional, cuya competencia es de naturaleza normativa y no de gestión)", lo que no está establecido en la Constitución. Una cosa es una competencia exclusiva de los Estados que deben ejercer en coordinación con el Ejecutivo Nacional, y otra cosa en el ejercicio conjunto de competencias entre los Estados y el Ejecutivo Nacional, lo que no esta regulado en la Constitución.

De esta falsedad, la Sala pasó a referirse a otro tema relativo al origen de las inversiones y a la naturaleza de los bienes de la infraestructura vial resultante de las mismas, señalando que en materia de construcción de "puentes y vías terrestres estadales" los mismos son de competencia exclusiva y originaria de los Estados no sólo en virtud de su carácter regional, sino fundamentalmente debido a su origen demanial; y que en cuanto a las "carreteras y autopistas nacionales, así como los puertos y aeropuertos de uso comercial nacionales (no Estadales)", resultado de la "ejecución de planes de desarrollo realizados directamente por el Poder Nacional", la Sala los consideró como "bienes y servicios cuya titularidad corresponde a la República, ya que los mismos son producto de la inversión de ese ente político territorial dado su carácter de obras y servicios de interés nacional." Hasta aquí la Sala Constitucional no hizo otra cosa que parafrasear, en algunos casos erradamente, la Constitución, pero para llegar a una conclusión falsa: que como las carreteras y puentes nacionales son bienes de la República, lo que es obvio, "en caso de haber sido transferidos a los Estados *pueden ser cogestionados por éstos a través de convenios, pero también reasumidos por el Poder Público Nacional mediante un procedimiento de reversión, ya que la titularidad originaria de los mismos le corresponde a la República.*"

Simplemente, para argumentar en esta forma, la Sala Constitucional se olvidó que fue la propia Constitución de 1999 la que declaró como competencia *exclusiva* de los Estados, la "conservación, administración y aprovechamiento de carreteras y autopistas nacionales, así como de puertos y aeropuertos de uso comercial," independientemente y sin desconocer que se trate de bienes nacionales; y ninguna importancia tiene el que se pueda calificar como servicio público la gestión de esas competencias, en los términos de los artículos 106 al 109 de la Ley de Tránsito y Transporte Terrestre, del artículo 22 de la Ley General de Puertos y en lo relacionado a los aeropuertos comerciales, y de los artículos 44, 45 y 62 de la Ley de Aeronáutica Civil. La verdad es que esas citas legales son inocuas y en nada influye el que se trate de actividades de servicio público a los efectos de la competencia exclusiva de los Estados.

Y de esta referencia a los servicios públicos, de la nada, la Sala concluyó afirmando, lapidariamente, que:

> "cuando el artículo 164 de la Constitución de la República Bolivariana de Venezuela señala que los Estados tienen exclusividad sobre las competencias descritas en el numeral 10 -y no así en el resto del contenido normativo del artículo sub examine-, debe interpretarse en el sentido que sólo los Estados como entes político territoriales pueden ser objeto de una descentralización territorial sobre dichas materias, lo cual no excluye la descentralización funcional o la cogestión, sobre bienes y servicios cuya titularidad originaria mantiene la República."

Es decir, la Sala se olvidó que no fue la Ley de Descentralización de 1989 ni su reforma de 2003 la que "descentralizó" en los Estados la competencia mencionada, sino que fue la propia Constitución de 1999, directamente, la que constitucionalizó la transferencia de competencia que se había efectuado en 1989, calificándola ahora como "competencia exclusiva" de los Estados. Como tal, la misma ni es una competencia de ejercicio "conjunto" con órganos del Poder Nacional, ni estos pueden "reasumirla" en forma alguna; y el hecho de que los puertos o aeropuertos comerciales, autopistas, carreteras y puentes sean "nacionales", en tanto bienes públicos, no autoriza en forma alguna como lo afirmó la Sala, que "Ejecutivo Nacional, podrá ejercer competencias exorbitantes como la *intervención* en aras de garantizar la continuidad, calidad, y normalidad de tales servicios; hayan sido o no, transferidos a los Estados."

Después de estas afirmaciones sin asidero constitucional, la Sala Constitucional pasó a analizar teóricamente el tema de la distribución territorial de competencias en la Constitución en el sentido de que no puede ser interpretada en el sentido de postular "una distribución de competencias formulada conforme al modelo de separación absoluta de competencias," la cual consideró incompatible con el sistema federal venezolano el cual consideró, citando una anterior sentencia de la Sala N° 2.495/06, que seguía el "modelo de federación descentralizado cooperativo."[1257] En este contexto, la Sala pasó entonces a analizar el sentido de voz *"coordinación"* en el artículo 164.10 de la Constitución, considerando que "implica la integración de órganos y entes a un objetivo, la jerarquía o superioridad del ente u órgano que coordina y la estandarización de la prestación de un servicio o bien público."

Después de este argumento, que nada agrega, la Sala Constitucional pasó inmediatamente a "modificar" la Constitución en la materia de la competencia exclusiva de los Estados en la "conservación, administración y aprovechamiento de carreteras y autopistas nacionales, así como de puertos y aeropuertos de uso comercial", distinguiendo las situaciones que pudieron haber resultado de la ejecución de la Ley de Descentralización de 1998, y que en todo caso no era procedente hacer, pues la Constitución de 1999 derogó en la materia, la norma de aquella Ley.

En efecto, la Sala pasó a hacer una distinción inexistente después de la entrada en vigencia de la Constitución de 1999, entre: (i) que la "competencia en materia de carreteras y autopistas nacionales, así como de puertos y aeropuertos de uso comercial no la ejerzan los Estados;" (ii) que la ejerzan "parcialmente" o, (iii) que "a pesar de haber sido transferidas el servicio prestado es deficiente o inexistente." Esta distinción no es posible hacerla después de que la Constitución de 1999 entró en vigencia, en la cual se asignó a los Estados competencia exclusiva en la materia, independientemente de que algunos no la hubieran asumido.

Por tanto, en cuanto a la primera hipótesis, es falso que después de 1999, la mismo pudiera existir, y menos que conforme lo decidió la Sala Constitucional, en caso de que no se hubiese producido conforme a la Ley de Descentralización de 1989 y durante la vigencia de la Constitución de 1961 "la correspondiente transferencia", después de la entrada en vigencia de la Constitución de 1999, corresponda entonces a la República continuar:

> "prestando el servicio y mantenimiento de los bienes, de carreteras y autopistas nacionales, así como de puertos y aeropuertos de uso comercial, según sea el caso, lo cual genera no sólo la obligación de administrar y conservar, sino la posibilidad de aprovecharse de los mismos, en aquellos casos que exista una contraprestación por el ejercicio de tales competencias."

Esto no es más que una burda e ilegítima mutación del contenido del artículo 164,10 de la Constitución de 1999 que al contrario, sin distingo alguno atribuye esa materia a la competencia "exclusiva" de los Estados, sin perjuicio de que en la ejecución de la misma deba haber una coordinación con el Ejecutivo Nacional.

Es también igualmente falsa la segunda hipótesis que distinguió la Sala, referida a los casos en los cuales los Estados hubieran asumido conforme a la Ley de Descentralización de 1989, la competencia de conservación, administración y aprovechamiento de carreteras y autopistas nacionales, y que en la misma pudiera suceder que conforme a supuestos "convenios interadministrativos", "la República pudiera ejercer las competencias de conservación, administración y aprovechamiento de

---

1257 *Cfr.* Sentencia de la Sala Constitucional, N° 2495 (Caso *Estado Carabobo vs Decreto 1.436 con Fuerza de Ley General de Puertos*) de 19-12-2006, en http://www.tsj.gov.ve/decisiones/scon/Diciembre/2495-191206-02-0265.htm

manera directa, conforme a la correspondiente ley y demás normas aplicables." Ello simplemente sería violatorio de la Constitución.

En cuanto a la tercera hipótesis, cuando se hubiera producido la transferencia a los Estados de las competencias para la conservación, administración y aprovechamiento del servicio o bien, es falso que en caso de que "la prestación del servicio o bien por parte de los Estados es deficiente o inexistente, resulta ineludible que en estos supuestos se deba producir una *intervención* directa del Poder Público Nacional; y menos que "la Administración disponga de un *poder general implícito* o de la cláusula general de orden público, para poder condicionar, limitar o intervenir los derechos y libertades constitucionalmente proclamados en orden a una hipotética articulación de los mismos con la utilidad común o general." No sólo ello es contrario a la garantía de la reserva legal, sino que no está regulado en la Constitución, y además, fue el artículo 164 de la misma y no la ley de 1989 el que definió la distribución de competencias, no disponiendo nada sobre la supuesta prestación deficiente del servicio y la potestad del Poder Nacional de "intervenir" el servicio, lo cual, por lo demás, no hay forma cómo la Sala pueda convertirlo en algún "poder implícito" de la República para desconocer el principio de legalidad que exige que las competencias estén consagrada en norma expresa. Y menos puede argumentar la Sala que en estos caso, pudiera el Ejecutivo Nacional, supuestamente tener "facultad de ejercer la *reversión* de la transferencia conforme al ordenamiento jurídico', ya que la tal "transferencia" si se produjo fue por la Constitución de 1999 y no por alguna Ley o convenio.

3. *La ilegitima "mutación" de la Constitución por la Sala constitucional*

Después de todos los argumentos y malabarismos interpretativos realizados por la Sala Constitucional, antes analizados, la misma pasó a modificar el contenido del artículo 164,10 de la Constitución que atribuye a los Estados *competencia exclusiva* en materia de "la conservación, administración y aprovechamiento de carreteras y autopistas nacionales, así como de los puertos y aeropuertos de uso comercial, en coordinación con el Poder Nacional," y en su lugar dispuso como interpretación vinculante de dicha norma, que la misma no dice lo que dice, sino que lo que dice lo contrario:

a. Que no se trata de una competencia exclusiva, sino de una *competencia concurrente* sobre la cual el legislador nacional debe "establecer mediante *leyes de base* reguladoras... de las *competencias concurrentes*, de la República con los Estados y los Municipios, sino también de las de estos últimos entre sí."

b. Que los Estados *no tienen la competencia exclusiva que la Constitución les asigna* sino que lo que pueden es "ejercer *conforme a la legislación base* y en coordinación con el Ejecutivo Nacional la conservación, administración y el aprovechamiento de las carreteras y autopistas nacionales, así como los puertos y aeropuertos de uso comercial, *previa transferencia de competencias conforme al procedimiento de descentralización territorial*."

c. Que, por tanto, la Constitución no ha dispuesto distribución de competencias alguna en esta materia a favor de los Estados, sino que estos pueden sólo ser destinatarios "de una descentralización territorial" en la materia. Por ello, la Sala fue terminante en afirmar que "Sólo los Estados como entes político territoriales pueden ser objeto de una descentralización territorial sobre dichas materias."

d. Que los Estados no tienen la competencia exclusiva que les asigna la Constitución, en materia de carreteras y autopistas nacionales, así como de los puertos y aeropuertos de uso comercial nacionales (no Estadales), que son bienes y servicios nacionales; y que sólo en caso de sean "transferidos a los Estados (descentralización funcional) pueden ser cogestionados por éstos a través de convenios, pero también *revertidos*, ya que la titularidad originaria de los mismos le corresponde a la República, conforme al ordenamiento jurídico vigente." Sin embargo, de acuerdo con la Sala Constitucional, en estos casos, "se concibe que la Administración en ejercicio de la potestad de coordinación pueda *asumir directamente* la conservación, administración y el aprovechamiento de las carreteras y autopistas nacionales, así como los puertos y aeropuertos de uso comercial, en aras de mantener a buen resguardo los derechos de los usuarios a la prestación de un servicio público en condiciones de calidad."

En estos casos, sin base constitucional o legal alguna, la Sala Constitucional dispuso que "corresponde al Ejecutivo Nacional por órgano del Presidente de la República en Consejo de Ministros, decretar la intervención para asumir la prestación de servicios y bienes de las carreteras y autopistas nacionales, así como los puertos y aeropuertos de uso comercial, en aquellos casos que a pesar de haber sido transferidas esas competencias, la prestación del servicio o bien por parte de los Estados es deficiente o inexistente, sobre la base de los artículos 236 y 164.10 de la Constitución"."

Después de una ilegítima "mutación constitucional" de esta naturaleza, realizada mediante interpretación vinculante, que trastocó el orden jurídico, como lo dijo la propia Sala, "genera una necesaria revisión y modificación de gran alcance y magnitud del sistema legal vigente." Por ello no pudo la Sala Constitucional concluir en otra forma que no fuera advirtiendo "de oficio y por razones de orden público constitucional, … que el contenido de la presente decisión debe generar una necesaria revisión y modificación del ordenamiento jurídico legal vigente," para lo cual exhortó a la Asamblea Nacional que "proceda a la revisión y correspondiente modificación de la normativa legal vinculada con la interpretación vinculante establecida en la presente decisión[1258], en orden a establecer una regulación legal congruente con los principios constitucionales y derivada de la interpretación efectuada por esta Sala en ejercicio de sus competencias." Es decir, la Sala conminó al legislador a legislar en contra de la Constitución de 1999, y conforme a una ilegítima modificación constitucional de la misma impuesta por la propia Sala.

***

Con esta sentencia, la Sala Constitucional de Venezuela lo que ha hecho es poner en evidencia el peligro que representa para el Estado constitucional de derecho y para la legitimidad de la justicia constitucional, que el órgano encargado de ejercerla sea un órgano sometido al Poder, instrumento del autoritarismo, que en frases de

1258 De ello resulta, según la sentencia, "la necesaria revisión general de la Ley Orgánica de Descentralización, Delimitación y Transferencia de Competencias del Poder Público, Ley General de Puertos y la Ley de Aeronáutica Civil, sin perjuicio de la necesaria consideración de otros textos legales para adecuar su contenido a la vigente interpretación."

Sagües, mediante la "manipulación interpretativa", lamentablemente puede conducir al "bastardeo" o "perversión" de la Constitución al convertir en "tramposa" la propia interpretación.[1259] Por ello, con razón ha dicho Sagües, que "las interpretaciones constitucionales inocentes no abundan demasiado: un jurista ingenioso podrá hacerle decir a la misma cláusula de la ley suprema blanco o negro, verde o azul, según ese 'intérprete' guste o el gobernante de turno prefiera."[1260] Y esto es lo que ha ocurrido en este caso, en el cual, como se ha visto, la Sala Constitucional una vez rechazada por el pueblo una reforma constitucional, ha hecho que la norma de la Constitución de 1999 que el Poder autoritario quería reformar, diga ahora lo que se quería que dijera con la rechazada reformas, que es una cosa distinta de lo que efectivamente dice.

Y en este caso, lo peor es que los ciudadanos, el pueblo, quedan inermes, pues se les modifica su Constitución mediante una mutación ilegítima, sin su participación, y sin seguirse el procedimiento prescrito para su revisión; quedando entonces la pregunta de siempre, *Quis Custodiet Ipsos Custodes?*[1261] sin respuesta, pues el pueblo carece de mecanismos para exigir el control de los actos judiciales ilegítimos contrarios a la Constitución, salvo que no sea su desconocimiento conforme al artículo 350 constitucional.

SECCIÓN QUINTA:

LA ERRADA MUTACIÓN CONSTITUCIONAL POR LA CONFUSIÓN DEL JUEZ CONSTITUCIONAL SOBRE LOS TÉRMINOS: REPÚBLICA, ESTADO Y NACIÓN

Esta sección recoge el texto del trabajo preparado para el *Libro Homenaje al profesor Alfredo Arismendi*, Instituto de Derecho Público, Universidad Central de Venezuela, Caracas 2012. Publicado en *Práctica y distorsión de la justicia constitucional en Venezuela (2008-2012)*, Colección Justicia Nº 3, Acceso a la Justicia, Academia de Ciencias Políticas y Sociales, Universidad Metropolitana, Editorial Jurídica Venezolana, Caracas 2012, pp. 141-153.

La Sala Constitucional del Tribunal Supremo de Justicia, en sentencia No. 1080 de 7 de julio de 2011,[1262] luego de analizar el "régimen estatutario de derecho público del derecho agrario," constató que el "derecho a la seguridad agroalimentaria" se había levantado como un "nuevo paradigma en la sociedad venezolana" en el artículo 305 de la Constitución, en el cual, además se dispuso como principio que "La

1259 Véase Néstor Pedro Sagües, *La interpretación judicial de la Constitución*, *cit.* p. 2

1260 *Idem*, p. 2

1261 Véase Allan R. Brewer-Carías, "*Quis Custodiet Ipsos Custodes*: De la interpretación constitucional a la inconstitucionalidad de la interpretación", en *Revista de Derecho Público*, Nº 105, Editorial Jurídica Venezolana, Caracas 2006, pp. 7-27

1262 Sentencia Nº 1080/2011 dictada con motivo de la revisión constitucional de una sentencia dictada por un Juez Superior Agrario en la cual desaplicó los artículos 699 al 711 del Código de Procedimiento Civil en un proceso agrario. Véase en http://www.tsj.gov.ve/decisiones/scon/Julio/1080-7711-2011-09-0558.html

producción de alimentos es de interés nacional y fundamental para el desarrollo económico y social de la Nación."

La Sala Constitucional, sin embargo, cuestionó que en dicha norma se hubiese utilizado el término "Nación," precisamente para referirse a la "sociedad venezolana," y dijo al interpretar dicho artículo 305, que debía:

> "[…] la Sala aclarar que el Constituyente en el artículo 305 *eiusdem* cometió un error, al confundir un término eminentemente sociológico como lo es el de Nación cuando debe referirse a estructuras político territoriales como Estado o República".

Por supuesto, en este caso, el Constituyente no cometió error alguno, ni el artículo 305 está errado. El error, y garrafal, es el que ha cometido la Sala Constitucional al confundir a la "Nación" con la República o con el Estado.

El artículo 305 de la Constitución, en efecto, está destinado a regular los principios de la seguridad alimentaria y del desarrollo agrícola, a cuyo efecto el Constituyente deliberadamente utilizó los términos "Estado" y "Nación" en dos sentidos diferentes, por una parte, al establecer, obligaciones asignadas a los entes públicos; y por la otra, al definir los objetivos de políticas públicas, en la forma siguiente:

En el primer sentido, en efecto, la noma precisó una serie de obligaciones a cargo del Estado, en particular, las de promover la agricultura sustentable como base del desarrollo rural integral; las de dictar las medidas necesarias para alcanzar niveles estratégicos de autoabastecimiento; y las de proteger los pescadores artesanales y caladeros de pesca en las costas.

En el segundo sentido, la norma definió como marco general de política pública en materia de seguridad alimentaria y desarrollo agrícola, declarando como se indicó, que "la producción de alimentos es de interés nacional y fundamental para el desarrollo económico y social de la Nación."

Es evidente de dicha norma, que ambos términos, Estado y Nación, fueron utilizados con sentido diferente: la palabra Estado, para referirse al conjunto de entes públicos, que en definitiva son sujetos de derecho público, a los cuales se asignan obligaciones públicas que deben cumplir; y la palabra Nación, para referirse al objetivo final del cumplimiento de sus obligaciones por el Estado, que como política pública no es otro que lograr el desarrollo de la "Nación" en el sentido de la globalidad de la sociedad venezolana.

Por tanto, la Sala Constitucional no tiene nada que "aclarar" y menos señalar que el Constituyente supuestamente habría cometido un "error" al utilizar correctamente la palabra "Nación" en dicha norma, precisamente en su sentido propio como "término eminentemente sociológico" para distinguirlo de Estado, como término jurídico que apunta a identificar sujetos de derecho público.

No sólo el error no existe, sino que de existir, la propia Sala Constitucional habría incurrido en él, en su propia sentencia, cuando en párrafos anteriores, utilizando precisamente las mismas expresiones "Estado" y "Nación" indicadas en el artículo 305, pero respecto de la "competencia agraria," puntualizó que la Constitución había concebido "una reforma del marco institucional del Estado, que traza una redefinición estructural del arquetipo para el desarrollo de la nación y, particularmente de las competencias del Estado -los órganos del Poder Público- (*Vid.* Sentencia de esta Sala N° 1.444/08), la legislación vigente y la sociedad, en orden a armonizarlo con los fines que le han sido constitucionalmente encomendados."[1263]

Al atribuir erradamente un "error" al Constituyente, la Sala Constitucional no se percató de que ella misma, en la misma sentencia, en párrafos anteriores a su desacertada afirmación, había incurrido en el mismo supuesto 'error.'"

En todo caso, la acusación infundada de la Sala Constitucional, amerita aclararle, para evidenciar su propio error que precisemos, en el ordenamiento constitucional venezolano, el significado y alcance de los términos: Estado, República y Nación, los cuales se utilizan a lo largo del articulado de la Constitución con sentido esencialmente diferente, particularmente en relación con el tema de la personalidad jurídica en derecho público.[1264]

I. EL ESTADO EN LA CONSTITUCIÓN

El "Estado" en Venezuela es un término que se utiliza en la Constitución para identificar a Venezuela como la comunidad política independiente (art. 1) organizada como Estado federal descentralizado (art. 4), denominada "República Bolivariana de Venezuela" (art. 1), con su sistema de gobierno (art. 6) y agrupando a sus habitantes en el territorio nacional (art. 16). Aun cuando sólo los ciudadanos son los que tienen derechos políticos para la elección de sus autoridades como sus representantes (Art. 40), excepcionalmente, sin embargo, los extranjeros tienen derecho a voto en las elecciones estadales y municipales (Art. 64).

En esta forma, el Estado, así considerado, se lo identifica en la Constitución utilizándose dos términos jurídicos: el de Estado y el de República Bolivariana de Venezuela, teniendo dos ámbitos de proyección: uno, en el orden internacional, como sujeto de la comunidad internacional; y otro, en el orden interno, integrado por un conjunto de personas jurídicas o sujetos de derecho público que derivan de la organización política y territorial del Estado.

1263 *Idem.*

1264 Sobre lo cual nos hemos ocupado repetidamente durante las últimas décadas, en Allan R. Brewer-Carías, "Sobre las personas jurídicas en la Constitución de 1999" en *Derecho Público Contemporáneo. Libro Homenaje a Jesús Leopoldo Sánchez*, Estudios del Instituto de Derecho Público, Universidad Central de Venezuela, enero-abril 2003, Volumen 1, pp. 48-54; "El régimen de las personas jurídicas estatales político-territoriales en la Constitución de 1999" en *El Derecho constitucional y público en Venezuela. Homenaje a Gustavo Planchart Manrique*, Tomo I, Universidad Católica Andrés Bello, Caracas 2003, pp. 99-121; "La distinción entre las personas jurídicas y las personas privadas y el sentido de la problemática actual de la clasificación de los sujetos de derecho" en *Revista Argentina de Derecho Administrativo*, N° 17, Buenos Aires 1977, pp. 15-29, y en *Revista de la Facultad de Derecho*, N° 57, Universidad Central de Venezuela, Caracas 1976, pp. 115-135.

1. *El uso de la palabra Estado en la Constitución*

En una sentencia dictada por la propia Sala Constitucional del Tribunal Supremo en sentencia N° 285 de 4 de marzo de 2004, al interpretar con carácter vinculante el artículo 304 de la Constitución, la misma señaló:

> "El Estado, al menos entre nosotros, es visto como la personificación de la República a efectos internacionales (en el entendido de que sólo la República tiene poder para las relaciones exteriores) e incluso como la forma de englobar el conjunto de personas públicas a ciertos efectos nacionales (como sería el caso de asuntos atribuidos a todas las personas públicas, incluso no territoriales, por lo que no es necesario distinguir entre ellas y se les trata en común; tal es el supuesto del deber del Estado de procurar la salud o la educación de la población, que en ningún caso puede ser considerado como una obligación exclusiva de un ente)."[1265]

Es decir, la palabra Estado se utiliza para identificar, por una parte, al Estado venezolano o a la República Bolivariana de Venezuela como sujeto de derecho internacional; y como la representación del conjunto de personas jurídicas de derecho público estatales que lo integran en el orden interno, y que son la República como persona jurídica estatal en el ámbito nacional, los Estados de la federación como personas jurídicas estatales en el ámbito estadal y los Municipios como personas jurídicas municipales en el ámbito municipal. Como lo dijo la misma Sala Constitucional en la sentencia antes citada de 2004: "en Venezuela existe una división político-territorial a tres niveles –República, Estados y Municipios-, y los entes de cada uno de ellos gozan de personalidad jurídica (la República, que es una sola; 23 Estados y 335 Municipios)."[1266]

En relación con la utilización de la palabra "Estado" en la Constitución, en su proyección hacia el ámbito interno, por ejemplo, se la emplea para establecer la responsabilidad patrimonial (Art. 140) o para prever obligaciones prestacionales por ejemplo en materia de salud o educación (Arts. 83 y 102), casos en los cuales, por supuesto, las normas se refieren en global y en conjunto a todas las personas que en el ámbito interno puedan configurar al Estado, es decir, a la República, a los estados de la Federación, a los municipios, al Distrito capital y a los distritos municipales.

El "Estado", en ese contexto, no sólo es la "República" como persona jurídica nacional, sino el conjunto de entidades o comunidades políticas que conforman la organización política de la sociedad venezolana. Es en este sentido global que la Constitución también utiliza la expresión "Estado" en el Preámbulo y en los artículos 2; 3; 4; 5; 15; 19; 26; 29; 30; 31; 43; 46;49,1,8; 52; 55; 56; 59; 62; 67; 75; 76; 78; 79; 80; 81; 82; 83; 84; 85; 86; 87; 88; 89; 89,6; 91; 94; 96; 98; 99; 100; 101; 102; 103; 104; 106; 108; 109; 110; 111; 112; 113; 118; 119; 120; 121; 122; 123; 125; 126; 127; 128; 129; 135; 136; 140; 142; 145; 152; 156,32; 189,1,3; 211; 226; 272; 274; 281,2; 281,9; 285,4; 299; 305; 306; 307; 308; 309; 310; 312; 318; 321;

1265 Véase en *Revista de Derecho Público*, N° 97-98, Editorial Jurídica Venezolana, Caracas, 2004, pp. 278-279. Véase igualmente en http://www.tsj.gov.ve/decisio-nes/scon/marzo/285-040304-01-2306%20.htm

1266 *Idem.*

322; 326 y 347. Esta puede decirse, por tanto, que es la regla en la Constitución, es decir, la utilización de la palabra "Estado" principalmente para calificar a Venezuela como la globalidad de su comunidad política; siendo excepcionales los casos en que se utiliza la expresión para identificar a una sola de las personas jurídicas que conformen al Estado en el ámbito interno.

Este último es el caso, por ejemplo, de los artículos 37; 49,8; 250; 251; 254; 273; 301; 302; 313; 320; 324 y 328 de la Constitución donde se utiliza la expresión "Estado" pero para referirse, en realidad, sólo a una de las personas jurídicas del Estado en el ámbito interno, a la "República" como persona jurídica político territorial nacional.

2. *El uso de la expresión República Bolivariana de Venezuela en la Constitución*

Por otra parte, como se dijo, la Constitución también utiliza para identificar al Estado, globalmente considerado, la expresión "República Bolivariana de Venezuela," lo que ocurre, por ejemplo, los artículos 1, 4 y 6 de la Constitución, al referirse a la "República Bolivariana de Venezuela" como Estado independiente, al Estado Federal descentralizado o para determinar los principios del gobierno. En esos casos, los artículos se refieren al "Estado" venezolano como organización política de la sociedad que comprende a la República, a los estados y a los municipios y demás entidades locales. En igual sentido los artículos 69; 186; 299; 318 emplean la expresión "República Bolivariana de Venezuela" como sinónimo de "Estado."

Sin embargo, también en este caso de la frase República Bolivariana de Venezuela, se pueden encontrar normas de la Constitución donde se la utiliza para referirse sólo a una de las personas jurídicas que en el orden interno organizan al Estado, es decir a la República como persona jurídica "nacional," en contraposición con los Estados y los Municipios, como sucede en los artículos 312 y 315 cuando se refiere a la "República Bolivariana de Venezuela." En estos casos, en realidad las normas se refieren a la República como persona jurídica nacional y no a las diversas personificaciones del Estado.

En otros casos, en lugar de República Bolivariana de Venezuela para identificar al "Estado" como titular del Poder Público (en todas sus ramas nacional, estadal y municipal) y comprensivo de las diversas personas jurídicas políticos territoriales que lo comprenden (República, estados, municipios y otras entidades locales), se ha recurrido a la palabra "República" como ocurre en el Preámbulo de la Constitución y sus artículos 8, 10, 11, 19, 32, 36, 50 y 278.

Por todo lo anterior, y a pesar de algunas inconsistencias, no en todos los casos los conceptos, Estado y República, tienen el mismo significado,[1267] y menos aún con el concepto de Nación.

1267 Véase Allan R. Brewer-Carías, *Estado de derecho y control judicial*, Madrid 1985, pp. 571 y ss., donde se critica la sentencia de la Sala Político Administrativa de 20-01-83, (Véase *Revista de Derecho Público*, N° 13, Caracas, 1983, pp. 110-163), en la cual se confunden inadecuadamente, dichos conceptos.

II. LA REPÚBLICA COMO PERSONA JURÍDICA NACIONAL Y LAS OTRAS PERSONAS ESTATALES EN EL ÁMBITO INTERNO

Conforme a la Constitución, como se ha dicho, el Estado, en el ámbito interno, está configurado por un conjunto de personas jurídicas político territoriales, que como entidades o comunidades políticas resultan de la distribución vertical del Poder Público en el territorio y que conforman, por tanto, la división político territorial del Estado venezolano.

En este campo, en particular, la forma federal del Estado venezolano como sistema de descentralización político en tres niveles territoriales, es la que origina estas personas jurídicas de derecho público, cuyo establecimiento, en definitiva, lo hizo el Constituyente al sancionar la Constitución, y que son:

(i) *la República*, concebida aquí como una de las personas jurídicas en el ámbito interno (no confundible, en general, con el 'Estado" o con la "República Bolivariana de Venezuela"), cuyos órganos ejercen el Poder Público Nacional y cuyo ámbito de actuación territorial es todo el territorio nacional;

(ii) los *23 estados* federados, cuyos órganos ejercen el Poder Público Estadal, y cuyo ámbito territorial es el territorio que tiene cada estado de acuerdo a la división político territorial de la República, y

(iii) los *municipios*, cuyos órganos ejercen el Poder Público Municipal, y cuyo ámbito territorial es el territorio que tiene cada municipio de acuerdo a las leyes de división territorial de cada estado de la federación. También constituyen personas de derecho público político territoriales, el Distrito Capital y los distritos municipales y, en particular, el Distrito Metropolitano de Caracas[1268] y el Distrito del Alto Apure[1269], cuyos órganos también ejercen el Poder Municipal

Todas estas personas jurídicas político-territoriales, por supuesto, son personas jurídicas *estatales*, en cuanto a que conforman la organización política del Estado venezolano.

Ahora bien, concentrándonos en la comunidad política nacional con personalidad jurídica sujeto de derechos y obligaciones, cuyos órganos son los que ejercen el Poder Público Nacional, la Constitución, en general y como se ha dicho, la identifica con el término "República." Esta es la persona jurídica político territorial nacional, como titular del Poder Público Nacional y, por tanto, diferenciada de los estados y municipios, siendo como se dijo, en este sentido, que se emplea en general el término "República" en la mayoría de las normas constitucionales. Es el caso de los artículos 11; 18; 19; 129; 145; 152; 153; 154; 155; 236,4; 253; 266,4; 267; 324; 336,5 de la Constitución.

Esa personalidad jurídica nacional surge de la Constitución, aun cuando no haya una norma constitucional que señale expresamente que la República "es una persona jurídica," o que tenga personalidad jurídica como, en cambio, sí lo señala respecto de los estados (Art. 159) y respecto de los municipios (Art. 168).

1268 Ley Especial sobre el Régimen del Distrito Metropolitano de Caracas, *Gaceta Oficial* Nº 36.906 de 08-03-2000.

1269 Ley Especial que crea el Distrito del Alto Apure (Ley Nº 56), *Gaceta Oficial* Nº 37.326 de 16-11-2001.

En todo caso, la referencia a la República como persona jurídica nacional, por ejemplo, deriva de los artículos 129 y 145 que la identifican como sujeto de derecho contractual, sin necesidad de acudir a la vieja ficción del Fisco como persona, conforme lo regulaba la vieja Ley Orgánica de la Hacienda Pública Nacional; norma que fue expresamente derogada por la Ley Orgánica de la Administración Financiera del Sector Público.

Ahora bien, la República, como persona jurídica, actúa a través de los órganos que ejercen el Poder Público Nacional en sus cinco ramas: Poder Legislativo, Poder Ejecutivo, Poder Judicial, Poder Ciudadano y Poder Electoral (Art. 136). En particular, la República actúa a través de la Asamblea Nacional, integrada por diputados electos que ejercen el Poder Legislativo Nacional; del Presidente de la República, también electo popularmente y del vicepresidente de la República, de los ministros, del Procurador General de la República y demás órganos ejecutivos, los cuales ejercen el Poder Ejecutivo Nacional; del Tribunal Supremo de Justicia y demás tribunales, los cuales ejercen el Poder Judicial; del Contralor General de la República, del Fiscal General de la República y del Defensor del Pueblo, los cuales ejercen el Poder Ciudadano; y del Consejo Nacional Electoral, que ejerce el Poder Electoral. Todos estos son órganos de una y única persona jurídica que es la República, y ninguno de dichos órganos, por tanto tiene ni puede tener personalidad jurídica propia.

Todos estos órganos, por tanto, al actuar, actualizan la personalidad jurídica de la República aun cuando, por supuesto, ésta se manifiesta fundamentalmente cuando actúan los órganos de la Administración Pública en ejercicio del Poder Ejecutivo Nacional, conforme a la Ley Orgánica de la Administración Pública.

Es en todo caso, en este contexto de la expresión "República" como referente a la persona jurídico pública nacional, que puede decirse como lo ha dicho la Sala Constitucional en sentencia N° 794 de la Sala Constitucional de 27 de mayo de 2011, que en el texto constitucional hay una "asimilación entre lo nacional y la República;"[1270] no siendo correcto en absoluto decir, como también lo ha dicho la Sala Constitucional, que "Nación es República, de la misma forma en que nacional es lo que a esa República se concede o le interesa." [1271]

Es insólitamente simplista asociar lo que son competencias "nacionales" (de los entes u órganos nacionales) establecidas en la Constitución con el término "Nación," sobre todo cuando éste en todos los casos en los cuales se usa y no excepcionalmente como lo afirma la Sala Constitucional, para usar su propia terminología se "emplea como sinónimo de pueblo." Es decir, en ninguno de los artículos en los cuales el Constituyente utilizó la palabra "Nación" lo hizo refiriéndose a la "República" como persona jurídica nacional. Siempre lo hizo correctamente, es su acepción sociológica.

1270 Caso, *avocamiento procesos penales y desaplicación por control difuso del artículo 231 de la Ley de Instituciones del Sector Bancario de 2010*, en http://www.tsj.gov.ve:80/de-cisiones/scon/mayo/11-0439-27511-2011-794.html

1271 *Idem.*

III. LA NACIÓN EN LA CONSTITUCIÓN

En efecto, cuanto al término Nación, en la Constitución se lo utiliza en general como un concepto sociológico o socio político, referido a la sociedad venezolana en su conjunto, como comunidad organizada y con su población asentada en un territorio, con sus propias y definidoras características y tradiciones históricas y culturales que la han moldeado durante más de doscientos años.

Ese concepto de Nación no apunta a ninguna persona jurídica específica, ni a identificar ningún sujeto de derecho público específico. No se refiere en general, ni al Estado venezolano o a la República Bolivariana de Venezuela, ni a sus personas territoriales, como la República, los Estados o los Municipios. Se refiere a la sociedad venezolana como comunidad organizada con todos sus componentes, incluso los que configuran al Estado. Por tanto, esencialmente, no es posible confundir la Nación con el Estado ni con la República como persona jurídica nacional.

Por ello, la Sala Constitucional del Tribunal Supremo en la sentencia No. 285 de 4 de marzo de 2004, al interpretar el artículo 304 de la Constitución sobre la declaración de las aguas como del "dominio público de la Nación" se refirió al concepto de Nación, como

> "un vocablo de indudable interés jurídico, pero que tiene un sustrato sociológico: es una forma de referirse a un pueblo, entendido como tal aquél que la Teoría General del Derecho Público exige como uno de los tres elementos definidores del Estado: un conjunto de personas que, sin necesidad de vínculos concretos entre sí, tienen un sentimiento de cercanía que les une indefectiblemente."[1272]

El artículo 304 de la Constitución en efecto declara que "Todas las aguas son bienes de dominio público de la Nación, insustituibles para la vida y el desarrollo." La norma no declaró que fueran del dominio público del "Estado" ni de la "República," ni de alguna otra persona jurídico pública; las declaró del dominio público "de la Nación," es decir de todos, precisamente por ser las aguas insustituibles para la vida y el desarrollo.

Las aguas, en realidad, pertenecen a todos, son por ello esencialmente de uso común conforme a la Ley de Aguas[1273] para beber, bañarse o navegar (art. 61.1), la cual además aclara que "el acceso al agua es un derecho humano fundamental" y que "el agua es un bien social" (art. 5). Otra cosa es la gestión y el manejo de las aguas que por supuesto, corresponde a las personas de derecho público que indica la Ley.

Pero sin embargo, luego de identificar el concepto de Nación, tan diferente del de Estado, la Sala Constitucional en dicha sentencia pasó a afirmar sin mayor argumentación lógica ni jurídica que "en Venezuela no existe dificultad en asimilar Nación y Estado, estimándose que la Nación es el pueblo que lo forma," y así a esta-

---

1272 Véase en *Revista de Derecho Público*, Nº 97-98, Editorial Jurídica Venezolana, Caracas, 2004, pp. 278-279.

1273 Véase en *Gaceta Oficial* Nº 38.595 de 2-1-2007. Véase en general, Allan R. Brewer-Carías, *Ley de Aguas*, Editorial Jurídica Venezolana, Caracas 2007.

blecer una interpretación constitucional vinculante dicha norma el artículo 304 de la Constitución [1274] indicando en sentido diametralmente contrario a lo en ella establecido, que "el término Nación debe ser entendido como sinónimo de República" lo cual es un error; garrafal, por cierto.

Para ello, la Sala Constitucional incluso llegó a afirmar, también erradamente, que "en la Constitución venezolana figura escasamente el término Nación," siendo el artículo 304 "una de las contadas normas que lo recogen." Nada más errado.

Al contrario, la Constitución usa el término Nación en muchos artículos, y en todos ellos, bien diferenciado del término Estado o República. Así resulta de los siguientes artículos donde la Constitución usa la palabra Nación: El artículo 1, cuando identifica los "derechos irrenunciables de la Nación" (la independencia, la libertad, la soberanía, la inmunidad, la integridad territorial y la autodeterminación nacional); el artículo 9, cuando indica que los idiomas indígenas constituyen "patrimonio cultural de la Nación y de la humanidad;" el artículo 41 cuando se refiere a los Ministros "de los despachos relacionados con la seguridad de la Nación;" el artículo 99, cuando dispone la inalienabilidad, imprescriptibilidad e inembargabilidad de los "bienes que constituyen el patrimonio cultural de la Nación;" el artículo 109, al regular a la Universidad y su autonomía, "para beneficio espiritual y material de la Nación;" el artículo 113 al regular la explotación de los "recursos naturales propiedad de la Nación;" el artículo 126, al declarar que los pueblos indígenas " forman parte de la Nación, del Estado y del pueblo venezolano como único, soberano e indivisible;" el artículo 130, al establecer los deberes de los venezolanos de "resguardar y proteger[...] los intereses de la Nación;" el artículo 187.8, al atribuir a la Asamblea Nacional competencia para "aprobar las líneas generales del plan de desarrollo económico y social de la Nación;" el artículo 187.8, al atribuir también a la Asamblea Nacional competencia para "autorizar al Ejecutivo Nacional para enajenar bienes inmuebles del dominio privado de la Nación;" el artículo 236. 23, al atribuir al Presidente de la República, competencia para "convocar y presidir el Consejo de Defensa de la Nación;" el artículo 304, al declarar que "todas las aguas son bienes de dominio público de la Nación, insustituibles para la vida y el desarrollo;" el artículo 305, al declarar que "la producción de alimentos es de interés nacional y fundamental para el desarrollo económico y social de la Nación;" el artículo 309, al disponer que exigir "la artesanía e industrias populares típicas de la Nación, gozarán

---

1274 Fue por ello que recogiendo esa "interpretación vinculante," al citar la sentencia de la Sala Constitucional, indiqué en 2005 que "La República, en la normativa constitucional, como persona político territorial nacional equivale a la Nación, en los términos de titularidad, por ejemplo, del dominio público sobre las aguas." Véase Allan R. Brewer-Carías, *Derecho Administrativo* Tomo I, Universidad externado de Colombia, Bogotá 2005, pp. 366 ss. La afirmación, insisto, la hice al recoger lo decidido por la Sala Constitucional, pero con cuyo contenido no estaba ni estoy de acuerdo, particularmente en relación con el tema de la declaratoria del dominio público de las aguas. Véase Allan R. Brewer-Carías, "La declaratoria de todas las aguas como del dominio público en el Derecho Venezolano" en *Revista de la Facultad de Derecho y Ciencias Sociales*, Universidad de Montevideo, Nos. 3-4, año XXIII, Montevideo 1975, pp. 157-169; y "El régimen de las aguas en Venezuela. Efectos de su declaratoria general y constitucional como bienes del dominio público," en Jorge Fernández Ruiz y Javier Santiago Sánchez (Coord), *Régimen jurídico del agua. Culturas y Sistemas Jurídicos Comparados, Congreso Internacional de Derecho Administrativo*, Instituto de Investigaciones Jurídicas, Universidad Nacional Autónoma de México, México 2007, pp. 33-86.

de protección especial del Estado;" el artículo 318, donde además de regularse al bolívar como "la unidad monetaria de la República Bolivariana de Venezuela," se disponen las funciones del Banco Central de Venezuela "para alcanzar los objetivos superiores del Estado y la Nación;' el artículo 322, en el cual se dispone que "la seguridad de la Nación" si bien "es competencia esencial y responsabilidad del Estado," está "fundamentada en el desarrollo integral de ésta y su defensa es responsabilidad de los venezolanos" y "también de las personas naturales y jurídicas, tanto de derecho público como de derecho privado, que se encuentren en el espacio geográfico nacional;"el artículo 323, que se refiere al Consejo de Defensa de la Nación como máximo órgano de consulta "para la planificación y asesoramiento del Poder Público en los asuntos relacionados con la defensa integral de la Nación, su soberanía y la integridad de su espacio geográfico;" el artículo 325 que se refiere a la reserva de "operaciones concernientes a la seguridad de la Nación;" el artículo 326 que regula la corresponsabilidad "entre el Estado y la sociedad civil" en materia de "seguridad de la Nación;" el artículo 327, que vincula la atención de las fronteras con "los principios de seguridad de la Nación;" el artículo 328, que concibe a la Fuerza Armada Nacional como institución "organizada por el Estado para garantizar la independencia y soberanía de la Nación," que está "al servicio exclusivo de la Nación y en ningún caso al de persona o parcialidad política alguna;" el artículo 329 que regula los componentes de la Fuerza Armada a cargo de "la defensa de la Nación;" el artículo 337, sobre la atribución al Presidente de la República para declarar estados de excepción, en "circunstancias de orden social, económico, político, natural o ecológico, que afecten gravemente la seguridad de la Nación:"el artículo 338 sobre el "estado de alarma" en caso de acontecimientos "que pongan seriamente en peligro la seguridad de la Nación," sobre el "estado emergencia económica" en casos de circunstancias "que afecten gravemente la vida económica de la Nación," y sobre el "estado de conmoción interior o exterior en caso de conflicto interno o externo, que ponga seriamente en peligro la seguridad de la Nación." Además, la palabra nación se utilizó en la Disposición Transitoria Cuarta al disponerse que la ley debía establecer que los miembros del directorio del Banco Central de Venezuela debían representar "exclusivamente el interés de la Nación;" y en la Disposición Transitoria Decimosexta, al referirse al "acervo histórico de la Nación," y al "Archivo General de la Nación."

Incluso, se puede apreciar de estas normas, que en algunas de ellas, al emplear la palabra Nación, en la misma disposición se utiliza la palabra Estado como diferenciada e incluso la palabra República, también como diferenciada. Así ocurre, por ejemplo, en el artículo 126, al declarar que los pueblos indígenas " forman parte de la **Nación**, del **Estado** y del pueblo venezolano como único, soberano e indivisible;" en el artículo 309, al disponer que "la artesanía e industrias populares típicas de la **Nación**, gozarán de protección especial del **Estado**;" y en el artículo 318, donde además de regularse al bolívar como "la unidad monetaria de la **República Bolivariana de Venezuela**," se regulan las funciones del Banco Central de Venezuela "para alcanzar los objetivos superiores del **Estado** y la **Nación."**

En ninguno de esos artículos, por tanto, incluyendo los artículos 305 y 306, la expresión Nación significa República como persona jurídica nacional.

Distinto es el tema de la expresión Nación usada en la legislación, sobre todo aquella de origen preconstitucional. Bien es sabido que hasta la Constitución de

1961, la palabra Nación era utilizada en el sentido de República, como persona de derecho público nacional, titular del Poder Nacional. Ello se debió a que en la Constitución de 1953 se identificó a lo que es hoy la República como persona jurídica nacional con "Nación," al punto de que los órganos fundamentales de esa persona político territorial nacional (Nación) se los denominó en la Constitución por ejemplo, como Procuraduría General de la Nación o Contraloría General de la Nación; donde el término Nación era utilizado como equivalente y con el significado de lo que hoy es la República, y en algún caso, como equivalente del Estado.

El ejemplo más clásico de la legislación antigua que emplea el término Nación, como equivalente por ejemplo a República, está en el artículo 19.1 del Código Civil en el cual al regularse las "personas jurídicas" y, por lo tanto, capaces de obligaciones y derechos, se hace referencia a "la Nación y las entidades políticas que la componen." En esta norma, obviamente, la nación es lo que conocemos hoy como república; ocurriendo lo mismo en el artículo 539 del mismo Código al disponer que "los bienes pertenecen a la Nación, a los Estados, a las Municipalidades, a los establecimientos públicos y demás personas jurídicas y a los particulares;" y en el artículo 539, al prescribir que "los bienes de la Nación, de los Estados y de las Municipalidades, son del dominio público o del dominio privado."

Por ello, por ejemplo, y con razón, desde el punto de vista constitucional, la Sala Constitucional en otra sentencia N° 172 de 18 de febrero de 2001 (Caso: Interpretación de los artículos 21, numerales 1 y 2, y 26 de la Constitución de la República Bolivariana de Venezuela),[1275] al analizar el artículo 287 del Código de Procedimiento Civil que proviene de las versiones antiguas del mismo, relativo a las costas procesales, que dispone que "Las costas proceden contra las Municipalidades, contra los Institutos Autónomos, empresas del Estado y demás establecimientos públicos, pero no proceden contra la Nación"; llegó a la conclusión correcta de "sólo la Nación, la cual se equipara a la República o al Estado, en la terminología legal, no será condenada en costas."

Para decidir en esta forma, la Sala Constitucional además, destacó que en sintonía con el referido artículo del Código de Procedimiento Civil estaba el artículo 10 de la vieja Ley Orgánica de la Hacienda Pública Nacional que disponía que: "En ninguna instancia podrá ser condenada la Nación en costas, aun cuando se declaren confirmadas las sentencias apeladas, se nieguen los recursos interpuestos, se declaren sin lugar, se dejen perecer o se desista de ellos." Sobre ello, destacó la Sala, que el artículo 74 de la Ley Orgánica de la Procuraduría General de la República en cambio dispuso que: "La República no puede ser condenada en costas, aun cuando sean declaradas sin lugar las sentencias apeladas, se nieguen los recursos interpuestos, se dejen perecer o se desista de ellos."

No es un error por tanto que en leyes viejas y de origen preconstitucional se pueda encontrar la palabra nación para identificar a la República. Sin embargo, tal inconsistencia si se podría calificar de "error" cuando se trata de leyes dictadas con posterioridad a la entrada en vigencia de la Constitución de 1999, como fue el caso,

1275 Véase Caso: *Interpretación de los artículos 21, numerales 1 y 2, y 26 de la Constitución de la República Bolivariana de Venezuela*, en *Revista de Derecho Público*, N° 97-98, Editorial Jurídica Venezolana, Caracas, 2004, pp. 195 ss.

por ejemplo, del artículo 5 de la Ley de Instituciones del Sector Bancario de 2010,[1276] en la cual se debió seguir la terminología constitucional.

En efecto, este artículo 5 de dicha Ley, define a la actividad de "intermediación financiera" como aquella "que realizan las instituciones bancarias y que consiste en la captación de fondos bajo cualquier modalidad y su colocación en créditos o en inversiones en títulos valores emitidos o avalados por la Nación o empresas del Estado, mediante la realización de las operaciones permitidas por las Leyes de la República." Sin duda, el término Nación se utilizó allí incorrectamente, en el sentido clásico de las viejas leyes financieras, pues allí debió decir "República," razón por la cual, la Sala Constitucional en sentencia de 794 de 27 de mayo de 2011 (Caso, *inaplicación del artículo 312 de la ley de Instituciones del Sector bancario*), advirtió que debía aclarar que:

> "el legislador en el artículo 5 *eiusdem* cometió un error al confundir un término eminentemente sociológico como lo es el de Nación cuando debe referirse a estructuras político territoriales como Estado o República."[1277]

La Sala Constitucional, sin embargo, ignorando la razón fundamental histórica de la utilización en la legislación, sobre todo en la de arraigo preconstitucional, de la expresión Nación en lugar de República, afirmó en la mencionada sentencia de N° 285 de 4 de marzo de 2004 sobre interpretación vinculante del artículo 304 de la Constitución, que "ese significado del término Nación es ya tradicional en Venezuela, al menos en lo referente a la propiedad de los bienes y a la calificación de algunos como del dominio público,"[1278] para lo cual citó los antes mencionados artículos 538 y 539 del Código Civil, expresando, sin siquiera haber tenido la curiosidad histórica de averiguar de dónde provenía la expresión, que:

> "Aunque la Sala no interpreta las normas constitucionales con base en disposiciones legales, no puede relegarse al olvido el hecho de que una tradición consolidada ha dado un sentido a las palabras y no es banal el hecho de que precisamente ese sentido se ve reflejado en uno de los textos más antiguos con que cuenta nuestro ordenamiento jurídico."[1279]

Y todo ello, para concluir señalando erradamente que "debe entenderse que el término Nación equivale a República en el artículo 304 de la Constitución."[1280]

De allí dedujo su aún más errada afirmación de que

> "entendida Nación como sinónimo de República, la conclusión sería que las aguas le pertenecen a ella, como ente político-territorial, negándose entonces la

1276 Véase *G.O.* N° 6.015 extraordinario, del 28 de diciembre de 2010.

1277 Sentencia N° 794/2011 Caso: *Avocamiento procesos penales sobre delitos bancarios*. Véase en http://www.tsj.gov.ve:80/decisiones/scon/mayo/11-0439-27511-2011-794.html

1278 Véase en *Revista de Derecho Público*, N° 97-98, Editorial Jurídica Venezolana, Caracas, 2004, pp. 278-279. Véase igualmente en http://www.tsj.gov.ve/decisiones/scon/mar-zo/285-040304-01-2306%20.htm

1279 *Idem*

1280 *Idem*

titularidad de las mismas por parte de los estados y los municipios, y más aún por parte de los particulares, sin perjuicio de que, por mecanismos típicos del Derecho Público, personas distintas a la República puedan servirse de las aguas."[1281]

Con esta afirmación, además, la Sala Constitucional evidenció su completa ignorancia sobre el significado de lo que son bienes del dominio público por afectación natural, como lo son precisamente las aguas del mar, de los lagos, de los ríos, de lluvia o subterráneas o lo son las costas, donde no cabe modernamente usar la expresión de que puedan ser de "propiedad" de nadie, como llegó a expresarlo en la misma sentencia al hablar de bienes considerados "*res comunes omnium,*" en el sentido de "bienes del uso común de todos, por lo que se justifica la inalienabilidad y la imprescriptibilidad que les caracteriza."[1282] Pero ignorando esos mismos conceptos concluyó la sentencia señalando en un párrafo por lo demás confuso que:

> "las aguas son del dominio público de la República, sin perder de vista que ese carácter le exige aprovecharlas en beneficio colectivo, es decir en beneficio del Pueblo. Nación tiene entonces, en el artículo 304 de la Constitución, un doble sentido: propiedad de la República de unas aguas que deben servir a la población en su conjunto." Así se declara.[1283]

En fin, como puede apreciarse de todas estas confusas e incoherentes sentencias que se han analizado, y particularmente las que se refieren a las interpretaciones vinculantes de los artículos 304 y 305 de la Constitución, lo que se evidencia es que la Sala Constitucional confundió Nación con República y aún con Estado, habiendo sido entonces la Sala, realmente la que ha cometido un error, y garrafal. Como lo hemos explicado, el Constituyente no cometió error alguno al utilizar la palabra Nación, en su sentido sociológico y político en los artículos 304 y 305 de la Constitución, como tampoco lo cometió en ninguno de los artículos constitucionales en los cuales utilizó dicho término, en su preciso significado eminentemente sociológico.

Por lo demás, y como Constituyente que fui en la Asamblea que elaboró la Constitución de 1999, me veo en la necesidad de recordarle una vez más a la Sala Constitucional del Tribunal Supremo que no es quien para juzgar los supuestos "errores" del Constituyente, ni para enmendar la Constitución en lo que arbitrariamente piensen sus Magistrados que pueda haber estado errada. La Sala Constitucional está sometida a la Constitución, como lo están todos los órganos del Estado, y no tiene competencia para juzgar la inconstitucionalidad de la Constitución, ni los supuestos errores en los cuales piense que hubiera podido haber incurrido el Constituyente, y menos cuando no los ha habido.

1281 *Idem*

1282 *Idem*

1283 *Idem*

SECCIÓN SEXTA: LA ILEGÍTIMA MUTACIÓN CONSTITUCIONAL DE LA PROHIBICIÓN DEL FINANCIAMIENTO DE LAS CAMPAÑAS ELECTORALES DE LOS PARTIDOS POLÍTICOS

Esta sección recoge el texto del estudio sobre "El juez constitucional como Constituyente: el caso del financiamiento de las campañas electorales de los partidos políticos en Venezuela," publicado en *Revista de Derecho Público*, nº 117, (enero-marzo 2009), Caracas 2009, pp. 195-203. Publicado en *Práctica y distorsión de la justicia constitucional en Venezuela (2008-2012),* Colección Justicia Nº 3, Acceso a la Justicia, Academia de Ciencias Políticas y Sociales, Universidad Metropolitana, Editorial Jurídica Venezolana, Caracas 2012, pp. 155-164.

I. LA PROHIBICIÓN DEL FINANCIAMIENTO PÚBLICO DE LOS PARTIDOS POLÍTICOS Y SUS CAMPAÑAS ELECTORALES EN LA CONSTITUCIÓN DE 1999

El artículo 67 de la Constitución de 1999 expresamente prohibió "el financiamiento de las asociaciones con fines políticos con fondos provenientes del Estado", al establecer enfáticamente que el mismo "no se permitirá",[1284] cambiando así, radicalmente, el régimen de financiamiento público a los partidos políticos que se había previsto en la Ley Orgánica del Sufragio y Participación Política de 1998.

En dicha Ley se había buscado establecer un mayor equilibrio y equidad para la participación de los partidos en la vida democrática y en especial en las campañas electorales, tratando de mitigar los desequilibrios y perversiones que podían producirse con el solo financiamiento privado a los partidos, con el riesgo de presencia de "narcofinanciamiento" por ejemplo, y el eventual financiamiento público indirecto, irregular y corrupto, sólo para los partidos de gobierno,[1285] que en un sistema donde no existe control fiscal ni parlamentario del ejercicio del poder, puede magnificarse.

A tal efecto, en el artículo 203 de la Ley Orgánica se dispuso lo siguiente:

> *Artículo 203*. El Consejo Nacional Electoral fijará en su presupuesto anual una partida destinada al financiamiento ordinario de los partidos políticos nacionales. En el presupuesto correspondiente al año de celebración de elecciones nacionales o regionales, se incluirá también una partida destinada a contribuir al financiamiento de la propaganda electoral de los partidos. Ambas partidas se

---

1284 Véase sobre la versión inicial de esta norma y sobre nuestra propuesta para su redacción en Allan R. Brewer-Carías *Debate Constituyente (Aportes a la Asamblea Nacional Constituyente),* Tomo II (9 septiembre - 17 octubre 1999). Fundación de Derecho Público - Editorial Jurídica Venezolana. Caracas 1999, pp. 129 ss.

1285 Véase en general sobre el tema, Allan R. Brewer-Carías, "Consideraciones sobre el financiamiento de los partidos políticos en Venezuela" en *Financiamiento y democratización interna de partidos políticos. Memoria del IV Curso Anual Interamericano de Elecciones,* San José, Costa Rica, 1991, pp. 121 a 139.

distribuirán en forma proporcional a la votación respectiva nacional obtenida en las elecciones inmediatamente anteriores para la Cámara de Diputados. Las erogaciones correspondientes las hará el Consejo Nacional Electoral en el transcurso de ese año electoral.

El Consejo Nacional Electoral, de acuerdo con sus disponibilidades presupuestarias, podrá contratar espacio en las televisoras y radioemisoras comerciales para facilitar la propaganda electoral de los partidos. Estos espacios se distribuirán en la forma anteriormente indicada, entre los partidos que tengan acreditados representantes ante en ese organismo. El Consejo Nacional Electoral podrá, en lugar de contratar los espacios, asignar directamente los recursos correspondientes a los partidos.

Los partidos políticos y grupos de electores estarán obligados a llevar una contabilidad especial donde consten, junto con los ingresos, los egresos por concepto de propaganda. Los libros de contabilidad y sus soportes estarán a la disposición del Consejo Nacional Electoral y de la Contraloría General de la República.

Dichos partidos y grupos de electores presentarán pruebas fehacientes del gasto en los términos señalados en la ley que rige esta materia y esta Ley.

Las partidas presupuestarias señaladas en este artículo, se incluirán en la asignación destinada al Consejo Nacional Electoral. Este organismo depositará los fondos correspondiente a dicha partida en el Banco Central de Venezuela y éste pagará, durante el primer trimestre del ejercicio presupuestario, directamente a los Partidos Políticos o grupos de electores beneficiarios, ateniéndose, en caso de retraso, a lo establecido en la Ley Orgánica de Procedimientos Administrativo.

Con la prohibición constitucional de este artículo, quedó entonces derogado el régimen de financiamiento público a los partidos políticos, abandonándose la tendencia inversa que predomina en el derecho comparado.

Incluso, para evitar cualquier financiamiento público indirecto, no sólo la Constitución estableció expresamente que los funcionarios públicos están al servicio del Estado y no de parcialidad política alguna (Art. 145); sino que las direcciones de las asociaciones con fines políticos no pueden contratar con entidades del sector público (Art. 67). El primer principio, sin embargo, desde que se publicó la Constitución, ha sido sistemáticamente vulnerado al ejercer el Presidente de la República, algunos de sus Ministros y otros altos funcionarios de la Administración Pública, y el Presidente de la Asamblea Nacional, los principales cargos directivos del partido de gobierno.

Lo cierto, en todo caso, es que desde la Ley de Presupuesto Nacional de 2000, cesó el financiamiento público a los partidos políticos o asociaciones con fines políticos, eliminándose la mencionada partida presupuestaria que exigía la Ley Orgánica.

II. LA PROPUESTA DE REFORMA CONSTITUCIONAL EN 2007 PARA PERMITIR EL FINANCIAMIENTO PÚBLICO DE LOS PARTIDOS POLÍTICOS Y SU RECHAZO POR LA VOLUNTAD POPULAR

Esta prohibición constitucional expresa sobre el financiamiento público de los partidos políticos, fue uno de los temas a los que se refirió la reforma constitucional que a iniciativa del Presidente de la República, se pretendió aprobar durante el año 2007, con la cual expresamente se buscó modificar la mencionada prohibición constitucional.

En efecto, tanto en las *Propuestas de Reforma Constitucional* que formuló la Comisión Presidencial para la Reforma Constitucional en junio de 2007,[1286] como en el *Anteproyecto para la 1era. Reforma Constitucional* presentado por el Presidente de la República el 15 de agosto de 2007 ante la Asamblea Nacional,[1287] se buscó modificar la prohibición establecida en el artículo 67 de financiamiento de los partidos políticos con fondos provenientes del Estado, previéndose en la norma, al contrario, que "el Estado podrá financiar las actividades electorales", pero sin indicarse si se trata de un financiamiento a los partidos políticos en general. En las propuestas se preveía, además, una remisión a la ley para establecer "los mecanismos para el financiamiento, el uso de los espacios públicos y accesos a los medios de comunicación social en las campañas electorales, por parte de las referidas asociaciones con fines políticos".

En las *Propuestas de Reforma Constitucional* de junio 2007, se agregaba que la ley debía establecer esos mecanismos "para el financiamiento transparente de las actividades electorales", el uso de los espacios públicos y acceso a los medios de comunicación social en las campañas electorales, por parte de las asociaciones con fines políticos".

Sin embargo, tanto en las *Propuestas de Reforma Constitucional* de junio 2007 como en el *Anteproyecto para la 1era. Reforma Constitucional* de agosto 2007, contradictoriamente se buscó eliminar la prohibición general que regula el artículo 67 de la Constitución de 1999, en el sentido de que "Las direcciones de las asociaciones con fines políticos no podrán contratar con entidades del sector público". En un sistema de partido único oficialista, la eliminación en la propuesta era sin duda, un llamado a la legitimación de la imbricación total entre el partido y el Estado.

Por otra parte, tanto en las *Propuestas de Reforma Constitucional* como en el *Anteproyecto para la 1era. Reforma Constitucional,* en relación con el mismo artículo 67 se buscaba establecer una prohibición general en cuanto al "financiamiento

---

1286 El documento circuló en junio de 2007 con el título "Consejo Presidencial para la Reforma de la Constitución de la República Bolivariana de Venezuela, "Modificaciones propuestas". El texto completo fue publicado como *Proyecto de Reforma Constitucional. Versión atribuida al Consejo Presidencial para la reforma de la Constitución de la república Bolivariana de Venezuela*, Editorial Atenea, Caracas, 1 de julio de 2007.

1287 Véase el documento *Proyecto de Exposición de Motivos para la Reforma Constitucional, Presidencia de la República, Proyecto Reforma Constitucional. Propuesta del presidente Hugo Chávez Agosto 2007; y la publicación: Proyecto de Reforma Constitucional. Elaborado por el ciudadano Presidente de la República Bolivariana de Venezuela, Hugo Chávez Frías* Editorial Atenea, Caracas agosto 2007, p. 19

a las asociaciones con fines políticos o a quienes participen en procesos electorales por iniciativa propia, por parte de gobiernos o cualquier otra entidad pública o privada extranjeros".[1288]

El Proyecto de Reforma Constitucional fue definitivamente sancionado por la Asamblea Nacional el 2 de noviembre de 2007, y en el mismo en definitiva se buscaba eliminar la prohibición que se establece en el artículo 67, y en cambio se disponía que "el Estado podrá financiar las actividades electorales", pero sin precisar nada sobre el financiamiento en general a los partidos políticos como organizaciones con fines políticos.

Por otra parte, en la reforma sancionada se estableció, además, como se dijo, una remisión a la ley para establecer "los mecanismos para el financiamiento, el uso de los espacios públicos y accesos a los medios de comunicación social en las campañas electorales, por parte de las referidas asociaciones con fines políticos" (y no sólo de las "organizaciones con fines políticos").

Por otra parte, en una forma evidentemente regresiva, la Reforma Constitucional sancionada en noviembre de 2007 eliminó la prohibición general que regula el artículo 67 de la Constitución de 1999, en el sentido de que "las direcciones de las asociaciones con fines políticos no podrán contratar con entidades del sector público".

Por último, en la Reforma Constitucional sancionada, en el mismo artículo 67 se estableció una prohibición general en cuanto al "financiamiento a las asociaciones con fines políticos" y no sólo de las "organizaciones con fines políticos" o "a quienes participen en procesos electorales por iniciativa propia, por parte de gobiernos o cualquier otra entidad pública o privada extranjeros". Esto implicaba, que ninguna asociación de la sociedad civil u ONG que pudiera tener fines políticos, como podría ser la defensa de los derechos humanos, podría recibir financiamiento ni siquiera de entidades privadas o fundaciones extranjeras.[1289]

Como es sabido, la antes comentada Reforma Constitucional de 2007, sancionada por la Asamblea Nacional el 2 de noviembre de 2007, fue rechazada por voluntad popular expresada abrumadoramente contra su aprobación en el referendo del 2 de diciembre de 2007,[1290] con lo que el régimen de financiamiento a los partidos políticos, a su funcionamiento interno y a sus actividades electorales continuó prohibida en la Constitución.

1288 Véase Allan R. Brewer-Carías, *Hacia la Consolidación de un Estado Socialista, Centralizado, Policial y Militarista. Comentarios sobre el sentido y alcance de las propuestas de reforma constitucional 2007,* Colección Textos Legislativos, N° 42, Editorial Jurídica Venezolana, Caracas 2007, pp. 41 ss.

1289 Véase Allan R. Brewer-Carías, *La Reforma Constitucional de 2007 (Comentarios al Proyecto Inconstitucionalmente sancionado por la Asamblea Nacional el 2 de Noviembre de 2007),* Colección Textos Legislativos, N° 43, Editorial Jurídica Venezolana, Caracas 2007, pp. 72 ss.

1290 Véase Allan R. Brewer-Carías, "La proyectada reforma constitucional de 2007", rechazada por el poder constituyente originario", en *Anuario de Derecho Público 2007,* Universidad Monteávila, Caracas 2008.

III. DE CÓMO EL JUEZ CONSTITUCIONAL, MEDIANTE INTERPRETACIÓN CONSTITUCIONAL, REFORMÓ LA CONSTITUCIÓN, SUSTITUYÉNDOSE AL PODER CONSTITUYENTE ORIGINARIO PARA ADMITIR EL FINANCIAMIENTO DE LAS ACTIVIDADES ELECTORALES DE LOS PARTIDOS POLÍTICOS

Sin embargo, a pesar de dicha prohibición constitucional y del rechazo popular, es decir, por el poder constituyente originario que es el pueblo, expresada su voluntad en el referendo del 2 de diciembre de 2007, la Sala Constitucional del Tribunal Supremo de Justicia, actuando como Jurisdicción Constitucional, en sentencia N° 780 de 8 de mayo de 2008 (Exp. n° 06-0785),[1291] ha dispuesto mediante una interpretación constitucional vinculante, reformar la Constitución, sustituirse a la voluntad popular y al poder constituyente originario, al disponer que "en lo que respecta al alcance de la prohibición de financiamiento público de asociaciones políticas" contenida en la mencionada norma, la misma:

> "se circunscribe a la imposibilidad de aportar fondos a los gastos corrientes e internos de las distintas formas de asociaciones políticas, pero ...dicha limitación, no resulta extensiva a la campaña electoral, como etapa fundamental del proceso electoral".

Es decir, la Sala Constitucional, ante una norma tan clara e igualmente tan criticable como la contenida en el artículo 67 de la Constitución, cuya reforma se había intentado hacer en 2007 pero sin lograrse por ser rechazada por la voluntad popular, en esta sentencia ni más ni menos, se ha erigido en poder constituyente, sustituyendo al pueblo, y ha dispuesto la reforma de la norma, vía su interpretación, en el mismo sentido que se pretendía en la rechazada reforma constitucional, disponiendo en definitiva, que:

> "el contenido y alcance de la norma contenida en el artículo 67 de la Constitución de la República Bolivariana de Venezuela, respecto a la **proscripción de aportar fondos públicos a las asociaciones políticas**, **no limita que en el marco del proceso electoral y como gasto inherente a una fase esencial del mismo, el Estado** (de acuerdo con el principio de legalidad presupuestaria y observando el principio de reserva legal que impera en materia de elecciones, según dispone el artículo 156.32 de la Carta Fundamental), **destine fondos con el objeto de financiar el desarrollo de las campañas electorales, de los partidos y asociaciones políticas** inscritos ante el ente comicial, en el contexto del pluralismo político como elemento esencial de la democracia participativa racional, pero que en todo caso, requiere ex profeso, de regulación normativa por parte de la Asamblea Nacional, porque en esto descansa el ejercicio de la reserva legal."

La sentencia de la Sala Constitucional se dictó con motivo de un recurso de interpretación constitucional que dos partidos políticos que habían sido aliados gubernamentales hasta esos tiempos (Patria para Todos –PPT– y Por la Democracia Social -Podemos-) habían formulado ante la misma, el 25 de mayo de 2006, respecto

1291 Véase en *Revista de Derecho Público*, N° 114, Editorial Jurídica Venezolana, caracas 1008, pp. 129 ss.

del mencionado artículo 67 de la Constitución de la República Bolivariana de Venezuela, "en lo que respecta al alcance de la prohibición de financiamiento público de asociaciones políticas," alegando que la norma al establecer que no se permitirá el financiamiento de origen público de los partidos políticos, sin embargo "no establece nada con respecto al financiamiento de las campañas electorales," y que la norma "hace una distinción entre el financiamiento de las organizaciones con fines políticos y la regulación de la campaña electoral, por lo que resulta plausible concluir que la prohibición de financiamiento público está circunscrita a la actuación diaria de dichas organizaciones, sin que tal interdicción pueda extenderse a las campañas electorales;" la cual consideraron que era necesaria para "impedir que grupos económicos o "irregulares" se posesionen del Poder Público, lo cual, atentaría contra el orden democrático."

Para resolver el recurso de interpretación interpuesto, la Sala Constitucional consideró que el poder de garantía constitucional que le ha sido atribuido, mediante el recurso de interpretación, tiene un fin "esclarecedor y completivo y, en este estricto sentido, judicialmente creador; en ningún caso legislativo;" consistente:

> "primordialmente en una mera declaración, con efectos vinculantes sobre el núcleo mínimo de la norma estudiada o sobre su "intención" (comprensión) o extensión, es decir, sobre los rasgos o propiedades que se predican de los términos que forman el precepto y del conjunto de objetos o de dimensiones de la realidad abarcadas por él, cuando resulten dudosos u oscuros, respetando, a la vez, la concentración o generalidad de las normas constitucionales."

Para ello, ratificó la Sala que su doctrina de que la hermenéutica constitucional, debe realizarse de un modo sistemático, donde las normas deben ser analizadas a la luz de todo el bloque de la constitucionalidad.[1292]

Partiendo de este supuesto, la Sala entró a interpretar el concepto de democracia, deduciendo que la misma "exige la celebración periódica de elecciones, como elemento legitimador del poder, y precisamente, ello sirvió de fundamento para la constitucionalización del Poder Electoral, y de su carácter instrumental en la manifestación de soberanía popular. Sin embargo, el principio democrático, como manifestación de confianza en la sociedad y en su capacidad de autodeterminarse, es modernamente concebida como un supra concepto, que trasciende los meros esquemas electorales, para adentrarse en lo [que se] como el poder del pueblo, pues éste es el titular del poder político."

En la sentencia, la Sala continuó con sucesivas citas y transcripciones de textos y opiniones sobre la democracia de diversos autores, en particular, de Sartori, Araújo

---

1292 Tal como lo decidió en sentencia Nº 1581, dictada el 12 de julio de 2005 (caso: *Ángel Rafael Ávila y otros*), al considerar que la Constitución "...es un conjunto sistemático de valores, principios y normas racionalmente entrelazados, informados por una filosofía política determinada, según la cual se organizan los Poderes Públicos, se atribuyen competencias a los órganos del Estado y se fijan las metas de su actuación. Por ello, ninguno de sus preceptos debe considerarse de manera aislada, ni independiente de los demás, ya que su sentido y alcance se encuentra conectado con los restantes preceptos constitucionales. De este modo, la interpretación intrasistemática de la Constitución obliga a entender sus normas en armonía, sin magnificar el sentido de algunos preceptos, ni minimizar el de otros, con el propósito de compatibilizarlos positivamente para garantizar su homogeneidad, cohesión y coherencia".

Renterría, García Pelayo, Hariou, Naranjo Díaz y Calero, y terminó por referirse a la concepción de la democracia en la Constitución, y particularmente sobre "carácter participativo, lo cual, parte de una visión protagonista del pueblo y del espíritu cívico de su población; " precisando que la "democracia participativa supone la armonización entre la titularidad y el ejercicio de la soberanía, pues el pueblo incide libre y directamente en los asuntos públicos, en concordancia con el principio de soberanía popular y con la noción de un Poder Público abierto o permeable a las aspiraciones populares, adaptándose a las exigencias que la propia sociedad plantea."

De allí pasó la Sala a considerar que "parte esencial del sistema de democracia participativa, lo constituye el derecho de asociación política a que hace referencia la norma bajo análisis, pues éstas, como género asociativo que da lugar a una pluralidad de estructuras subjetivas, entre las cuales se encuentran los partidos, los grupos de electores, etc., constituyen organizaciones ciudadanas de carácter permanente, que articulan la actuación política, combaten la quietud ideológica, promueven sus ideales programáticos, suscitan la evolución y maduración ciudadana, y propugnan la conformación de nuevos actores que desde una visión particular de la política, pretenden incidir en el debate público."

La conclusión de la Sala sobre el tema de los partidos políticos y la norma prohibitiva de su financiamiento público, fue en definitiva que "el Poder Público se debe a toda la población y, por tanto, no debe promover a una parcialidad política, con su visión fragmentada de la realidad de la nación," por lo que

> "dentro de los parámetros del artículo 67 de la norma normarum, el Estado no puede promocionar el gasto ordinario de las asociaciones políticas, pues ello, equivaldría a fomentar la visión y los objetivos particulares de una organización con intereses propios. Empero, una cosa son las finanzas internas de la organización y su gasto ordinario, y otra cosa, lo que De Esteban (1993, Curso de Derecho Constitucional Español II. Madrid. Pág. 522), concibe, como uno de los temas más conflictivos en materia electoral, a saber, el fomento económico de los procesos electorales. De allí, que tanto en los países europeos como en algunos de América Latina, se tienen mecanismos de subvención pública como apoyo de campañas electorales. La importancia de los partidos políticos y asociaciones, la transparencia de los fondos y la equidad entre candidaturas, así lo han impuesto."

De lo anterior pasó la Sala Constitucional a distinguir lo que lamentablemente no está distinguido en la Constitución y que fue lo que se quiso reformar con la Reforma Constitucional rechazada por el pueblo, y es precisamente,

> "entre **la financiación de los costos internos de una asociación política** determinada (cualquiera sea su especie, verbigracia: partido, grupo electoral u otra unión concebida para la práctica política), que deben ser sostenidos por los miembros de la misma, pues su existencia obedece a la voluntad personal de los asociados, y **el fomento patrimonial del proceso electoral**, que encuentra en la campaña, una fase esencial, cuya finalidad es dar a conocer a los candidatos y sus programas, de manera que los electores se puedan pronunciar racionalmente y no de manera volitiva, sobre las diferentes opciones políticas, lo cual constituye en vez de un gasto, una inversión por constituir educación cívica electoral para el ejercicio del sufragio y la convivencia democrática."

Como resultado de esta distinción, la Sala Constitucional constató que la campaña electoral, "no es sólo la expresión individual o asociativa del derecho a postulación de cualquier tipo de asociación política debidamente inscrita, sino que forma parte esencial de los procesos electorales, que exigen como condición primaria, que las fuerzas políticas intervengan en la contienda electoral, en una mínima paridad entre los que concurren como aspirantes a cargos de elección popular." Para ello es necesario vencer la desigualdad y establecer un equilibro que surge, a juicio de la Sala y siguiendo lo expuesto por De Esteban (1993, *Curso de Derecho Constitucional Español* II. Madrid. Pág. 522, "entre actores con acceso a capitales particulares que facilitan la penetración de estos candidatos en el electorado, a través de los medios de comunicación masivos y los aspirantes sin soporte económico particular;" y por la otra, "a la limitación económica de carácter privado y el control del Estado sobre la misma, con el fin adicional, de impedir la corrupción y la ilicitud de los fondos utilizados para las campañas." Tales inconvenientes, dijo la Sala, que a juicio del referido autor "se solventa a través de la financiación pública de las campañas, no en cuanto actividad de los actores políticos, sino, en cuanto a la fase fundamental del proceso electoral, cuyo desarrollo fomenta el pluralismo ideológico-político, la salvaguarda del principio de racionalidad del sufragio, la garantía de diversidad para el electorado y la exigencia de claridad económica en la obtención y gasto del presupuesto utilizado para campañas electorales."

De ello concluyó la Sala, lo que por demás es sabido en todo el mundo democrático, que

> "el financiamiento público de los procesos electorales y dentro de ellos, de la campaña de los aspirantes a cargos de elección popular, constituye una exigencia de control sobre los actores políticos, su presupuesto y la relación competitiva que comprenden las operaciones electorales y al mismo tiempo, una actividad inherente a un sistema electoral transparente, que propugna el debate, la participación y el protagonismo del pueblo y, por ende, desarrolla el desiderátum del preámbulo constitucional, en cuanto al carácter participativo de la democracia venezolana."

Precisamente por ello, siendo el financiamiento de las campañas electorales la motivación fundamental del financiamiento de los partidos políticos, pues los mismos tienen por objeto conducir a la ciudadanía en las opciones democráticas que necesariamente desembocan en elecciones, la Ley Orgánica del Sufragio y participación Política había dispuesto el financiamiento de los paridos políticos; y ello fue lo que sin embargo, se eliminó expresamente en la Constitución de 1999.

En la Constitución de 1999, en efecto, se establecieron formalmente un conjunto de regulaciones que evidenciaron lo que podría denominarse una reacción contra los partidos políticos, muchas de las cuales, sin embargo, en la práctica han constituido letra muerta. Entre estas se destacan las siguientes: primero, la eliminación del léxico constitucional de la misma expresión "partidos políticos" y su sustitución por el de organizaciones con fines políticos (art. 67); segundo, la imposición constitucional a los diputados de representar al pueblo en su conjunto y del voto a conciencia, sin estar sujetos a mandatos ni instrucciones, ni a ataduras partidistas (art. 201); tercero, la pretendida eliminación de las fracciones parlamentarias en la Asamblea Nacional, existiendo en su lugar "bloques de opinión", los cuales controlan los votos en la misma forma; cuarto, la obligación de los representantes de rendir cuenta pública de su gestión (art. 197) y de acompañar su candidatura con un programa (art. 66); quinto, la obligación de los partidos políticos de escoger sus directivos y candidatos mediante procesos de votación internos (art. 67), lo cual no se ha cumplido; sexto, la atribución al Consejo Nacional Electoral de la organización de las elecciones internas de los partidos políticos (art. 293,6), lo cual si bien constituye una intolerable ingerencia estatal en la sociedad política tampoco se ha cumplido; y séptimo, precisamente la prohibición constitucional del financiamiento público a los partidos políticos (art. 67) lo cual lamentablemente ha provocado la posibilidad no sólo al financiamiento privado ilegítimo (narcotráfico, comisiones de partidos), sino al financiamiento público irregular.[1293]

Y eso fue precisamente lo que se quiso corregir, de nuevo, con la proyectada Reforma Constitucional de 2007, la cual, sin embargo, fue rechazada por el pueblo.

Pero la Sala Constitucional, sin mayor rubor, se sustituyó al pueblo y asumió el rol de poder constituyente originario, disponiendo que lo que la Constitución prohíbe cuando establece en el artículo 67 que no se permite "el financiamiento de las asociaciones con fines políticos con fondos provenientes del Estado", es sólo una prohibición al financiamiento por el Estado de "los gastos corrientes e internos de las distintas formas de asociaciones políticas", pero no de la "campaña electoral, como etapa fundamental del proceso electoral."

Es decir, el Juez Constitucional, simplemente, dispuso que la Constitución no dice lo que dice, sino todo lo contrario; que cuando dice que no se permite "el financiamiento de las asociaciones con fines políticos con fondos provenientes del Estado", no es eso lo que establece, sino lo que prohíbe es solamente "el financiamiento de los gastos corrientes e internos de las asociaciones con fines políticos con fondos provenientes del Estado"; y que los gastos de las campañas electorales de dichas asociaciones con fines políticas, en cambio, si pueden ser financiadas con fondos provenientes del Estado.

Y para llegar a esta conclusión, en una sentencia innecesariamente atiborrada de citas de autores sobre las técnicas de interpretación y la noción de democracia, y sobre las bondades del financiamiento público de las campañas electorales de los partidos políticos, concluyó en la mencionada distinción, de que una cosa es que el Estado financie "los gastos corrientes e internos" de los partidos políticos y otra cosa es que financie "sus campañas electorales," deduciendo sin fundamento alguno que lo que la Constitución prohíbe es lo primero y no lo segundo.

Se trata de una conclusión absurda, que contra toda lógica democrática, se deriva de una premisa falsa, y es que en sistemas democráticos supuestamente podría ocurrir que el Estado financie los gastos corrientes e internos de los partidos. Ello no se concibe en las democracias, por lo que no requiere de prohibición alguna. En democracias lo que se financia es el funcionamiento de los partidos pero con miras siempre a las campañas electorales, al punto de que este se suspende si los mismos no llegan a obtener un determinado porcentaje de votación en las elecciones.

1293 Véase en Allan R. Brewer-Carías, "Regulación jurídica de los partidos políticos en Venezuela" en *Estudios sobre el Estado Constitucional (2005-2006)*, Cuadernos de la Cátedra Fundacional Allan R. Brewer Carías de Derecho Público, Universidad Católica del Táchira, Nº 9, Editorial Jurídica Venezolana. Caracas, 2007, pp. 655-686

Puede ser muy loable la intención del Juez Constitucional de permitir el financiamiento de las campañas electorales de los partidos políticos con fondos provenientes del Estado, pero habiendo sido ello prohibido expresamente por la Constitución[1294] (ya que no tiene lógica afirmar que lo que se prohíbe es lo que nunca se ha permitido: el financiamiento de los gastos corrientes e internos de los partidos), sólo reformándola es que se podría lograr lo contrario. Y ello fue lo que en este caso hizo el Juez Constitucional en Venezuela: reformar la Constitución, usurpando el poder constituyente originario que es del pueblo e, incluso contra su propia voluntad expresada cinco meses antes al rechazar precisamente esa reforma constitucional en igual sentido, estableció la posibilidad de financiar las campañas electorales de los partidos políticos.

SECCIÓN SÉPTIMA:

LA ILEGÍTIMA MUTACIÓN CONSTITUCIONAL SOBRE EL RÉGIMEN DE LOS ANTEJUICIOS DE MÉRITO DE ALTOS FUNCIONARIOS DEL ESTADO

Esta sección recoge el texto del estudio sobre "La ilegítima mutación de la Constitución hecha por el juez constitucional en materia de antejuicios de mérito de altos funcionarios del Estado," publicado en *Revista de Derecho Público*, Nº 116, (julio-septiembre 2008), Editorial Jurídica Venezolana, Caracas 2008, pp. 261-266. Publicado en *Práctica y distorsión de la justicia constitucional en Venezuela (2008-2012)*, Colección Justicia Nº 3, Acceso a la Justicia, Academia de Ciencias Políticas y Sociales, Universidad Metropolitana, Editorial Jurídica Venezolana, Caracas 2012, pp. 164-171.

I. El artículo 266,3 de la Constitución establece un privilegio a favor de altos funcionarios públicos, en el sentido de que para poder ser enjuiciados se requiere que previamente se declare, por el Tribunal Supremo de Justicia, si hay o no méritos para tal enjuiciamiento. Se trata del denominado antejuicio de mérito, siendo atribución del Tribunal Supremo:

> "3. Declarar si hay o no mérito para el enjuiciamiento del Vicepresidente Ejecutivo o Vicepresidenta Ejecutiva, de los o las integrantes de la Asamblea Nacional o del propio Tribunal Supremo de Justicia, de los Ministros o Ministras, del Procurador o Procuradora General, del Fiscal o la Fiscal General, del Contralor o Contralora General de la República, del Defensor o Defensora del Pueblo, los Gobernadores o Gobernadoras, oficiales, generales y almirantes de la Fuerza Armada Nacional y de los jefes o jefas de misiones diplomáticas de la República y, en caso afirmativo, remitir los autos al Fiscal o a la Fiscal General de la República o a quien haga sus veces, si fuere el caso; y si el delito fuere común, continuará conociendo de la causa hasta la sentencia definitiva.

1294 Por ello fue, incluso, que entre otros aspectos salvamos nuestro voto en relación con dicha norma. Véase Allan R. Brewer-Carías, *Debate Constituyente (Aportes a la Asamblea Nacional Constituyente)*, Tomo III (18 octubre-30 noviembre 1999). Fundación de Derecho Público - Editorial Jurídica Venezolana. Caracas, 1999. pp. 239, 259.

En cuanto a la competencia para conocer de los juicios, la norma, dispone claramente lo que se desprende de su propio texto y del sentido propio de las palabras utilizadas: que en los casos en los cuales el Tribunal Supremo declare que hay méritos para enjuiciar a altos funcionarios indicados (distintos al Presidente de la República), si se trata de delitos comunes es el Tribunal Supremo el que debe conocer de la causa hasta sentencia definitiva; lo que significa que respecto de otros delitos, incluidos los políticos, los autos se deben remitir al Fiscal General de la República para que este siga el proceso ante la jurisdicción ordinaria. Sean cuales fueren las fallas que el interprete le encuentre a esta regulación, eso es lo que dispone la Constitución.

Sin embargo, la Sala Constitucional del Tribunal Supremo de Justicia, en sentencia N° 1684 del 4 de noviembre de 2008 (Caso: *Carlos Eduardo Giménez Colmenárez*, Expediente N° 08-1016), [1295] ha cambiado la redacción de la norma constitucional, usurpando la voluntad del pueblo al asumir el poder constituyente originario en contravención con las exigencias del propio texto fundamental que expresamente dispone, no sólo los procedimientos que pueden ser seguidos para las reformas constitucionales (Enmienda, Reforma, Asamblea Constituyente) (arts. 340-349), sino la necesaria intervención del pueblo para efectuarla, mediante referendo o mediante la elección de una Asamblea Constituyente.

II. La Sala Constitucional, en efecto, en dicha sentencia, ha dispuesto que si el Tribunal Supremo declarase que hay méritos para enjuiciar a esos mismos altos funcionarios, en ese caso:

> "deben remitirse los autos al Fiscal o a la Fiscal General de la República o a quien haga sus veces, si el delito fuere común a los fines contemplados en el Código Orgánico Procesal Penal; y si el delito fuere político, continuará conociendo de la causa el Tribunal Supremo de Justicia en Sala Plena, hasta la sentencia definitiva."

Es decir, la Sala Constitucional reformó completamente la norma, estableciendo una regulación radicalmente distinta, en el sentido de que en casos de delitos comunes, en lugar de ser el Tribunal Supremo el que conozca de la causa hasta sentencia definitiva como lo dice expresamente el artículo 266,3 de la Constitución, sean los tribunales ordinarios los que conozcan de dichas causas; agregando, además, una previsión que no estaba en el texto de la Constitución, y es la relativa a los "delitos políticos", disponiendo una nueva competencia del Tribunal Supremo para conocer de las causas sobre los mismos, que no existe en la Constitución.

Para materializar esta usurpación la Sala Constitucional siguió un camino tortuoso, a través de los siguientes pasos:

Primero, partió de un auto de la Sala Plena del Tribunal Supremo en el cual ésta había renunciado a aplicar la Constitución y, consecuencialmente, declinó en la Sala Constitucional la competencia para conocer, no de un "recurso o acción de interpretación constitucional", sino de una declinatoria de competencia para resolver una colisión de leyes.

1295 Véase en *Revista de Derecho Público*, N° 116, Editorial Jurídica Venezolana, Caracas 2008, pp. 169 ss.

Segundo, la Sala Constitucional, al recibir los autos, convirtió de oficio, es decir, sin que nadie se lo hubiese pedido, dicha declinación de competencia en un "recurso o acción de interpretación constitucional," que supuestamente había intentado o interpuesto el propio Tribunal Supremo de Justicia en Sala Plena, para lo cual declaró que el máximo Tribunal de la República, tenía la "legitimación activa" necesaria para intentarlo; y que en virtud de ello, entonces, la Sala Constitucional tenía que resolverlo, cuando la Sala Plena, en realidad, no había intentado "recurso" o "acción" algunos y menos uno de interpretación constitucional, y lo único que había hecho era haber declinado la competencia para conocer de una colisión de leyes en la Sala Constitucional, que era lo que había solicitado la Fiscal General de la República.

III. En efecto, el origen remoto del proceso fue una solicitud de antejuicio de mérito que formuló la Fiscal General de la República ante la Sala Plena del Tribunal Supremo, contra un Gobernador de uno de los Estados de la Federación (Estado Yaracuy), en la cual se planteó la necesidad de resolver una colisión de leyes que supuestamente existía entre los artículos 5 y 22 de la Ley Orgánica del Tribunal Supremo de Justicia y el artículo 378 del Código Orgánico Procesal Penal a los efectos de determinar el Tribunal que debía conocer el juicio penal contra un Gobernador de un Estado de la República, por la presunta comisión de los delitos de peculado doloso impropio, evasión de procesos licitatorios y concierto con contratista, tipificados en los artículos 52, 58 y 70 de la Ley contra la Corrupción.

En tal sentido, la Ley Orgánica del Tribunal Supremo de Justicia, en su artículo 5,2, siguiendo lo expresado en la Constitución, disponía que si el delito fuere común, el Tribunal Supremo era el que debía continuar conociendo de la causa hasta sentencia definitiva; y el Código Orgánico Procesal Penal, por su parte, establecía en su artículo 378, que "Cuando se trate de los otros altos funcionarios del Estado y se declare que hay lugar al enjuiciamiento, el Tribunal Supremo de Justicia deberá pasar los autos al tribunal ordinario competente si el delito fuere común, y continuará conociendo de la causa hasta sentencia definitiva, cuando se trate de delitos políticos, salvo lo dispuesto en la Constitución de la República respecto del allanamiento de la inmunidad de los miembros de la Asamblea Nacional". Se trataba, por tanto, de una previsión que no se ajustaba a lo dispuesto en la Constitución, por lo que debía considerarse como tácitamente derogada o contraria a la previsión constitucional.

Pero la Sala Plena (es decir, el Tribunal Supremo en pleno), a pesar de constatar esta situación, se declaró incompetente para aplicar la Constitución, lo que fue insólito, y resolvió que existía una colisión normativa entre el Código Orgánico Procesal Penal, por un lado, y la Constitución y la Ley Orgánica del Tribunal Supremo de Justicia, por el otro, que exigía "el examen y análisis de la disposición constitucional y de las disposiciones legales," pero renunciando a hacerlo, indicando:

> "que la Sala Plena sólo tiene competencia para decidir si procede o no la solicitud de antejuicio de mérito. Por consiguiente, no tiene competencia para examinar y analizar los artículos constitucional y legales que regulan la competencia del tribunal que conocerá un eventual juicio penal producto de la declaratoria con lugar del antejuicio de mérito; en casos como el presente, en los cuales se hace imprescindible acudir a la interpretación constitucional para resolver la

colisión de normas supra referida; determinándose que tal competencia está atribuida constitucional y legalmente a la Sala Constitucional...."

Para llegar a esta conclusión, la Sala Plena consideró que la Constitución otorgaba a la Sala Constitucional "la competencia exclusiva para conocer de cualquier acción cuya naturaleza sea de orden constitucional," y que "consecuencia de ello, constituye la interpretación que del artículo 266 (numeral 3) de la Constitución de la República Bolivariana de Venezuela debe hacer la Sala Constitucional en relación con los artículos 5 y 22 de la Ley Orgánica del Tribunal Supremo de Justicia y el artículo 378 del Código Orgánico Procesal Penal." Planteado en esa forma, era evidente que la Sala Plena del Tribunal Supremo no tenía competencia para resolver sobre la colisión de leyes, que es una competencia expresa de la Sala Constitucional, por lo que la petición de la Fiscal General condujo a que la Sala Plena, mediante sentencia N° 90 de 22 de julio de 2008, declinara la competencia para conocer de tal colisión de leyes denunciada, en la Sala Constitucional.

IV. Pero en lugar de resolver sobre la colisión de leyes, la Sala Constitucional, estimó de oficio, "de la solicitud planteada," que la misma se traducía "en realidad en una pretensión de interpretación" del contenido del artículo 266,3 de la Constitución, "específicamente en lo concerniente a la determinación del tribunal competente para seguir conociendo de la causa, una vez declarada con lugar la solicitud de antejuicio de mérito presentada en contra de cualquiera de los altos funcionarios públicos;" agregando además, que "la presunta colisión no se limita a las disposiciones aludidas contenidas en dos leyes orgánicas, sino que la antinomia también involucra una norma constitucional cuya redacción coincide con una de las disposiciones legales, es decir, la Ley Orgánica del Tribunal Supremo de Justicia."

De allí, en lugar de resolver la Sala Constitucional que la otra disposición legal (Código Orgánico Procesal Penal) era contraria a la disposición constitucional y a la propia la Ley Orgánica del Tribunal Supremo, por lo que debía considerarse derogada, sin embargo lo que hizo fue decidir que debía resolver la "antinomia entre leyes" pero considerando "imprescindible precisar mediante la interpretación" el adecuado sentido que debe darse al artículo 266.3 de la Constitución vigente, todo de conformidad con lo dispuesto en el artículo 5,52 y primer aparte de la Ley Orgánica del Tribunal Supremo de Justicia que regulan la acción de interpretación constitucional, es decir, como si se tratase de una "acción de interpretación constitucional," la cual sin embargo nadie había intentado. Para ello comenzó analizando los requisitos de admisibilidad de estas acciones, considerando que en este caso, "el recurso fue planteado" (cuando ningún recurso o acción había sido interpuesto) cumpliéndose dichos requisitos, en particular, el referente a la legitimación activa, considerando que la acción "la había interpuesto" el Tribunal Supremo de Justicia, en Sala Plena, como "interesada en la interpretación," ante otra de sus Salas, la Constitucional.

V. Después de hacer un recorrido histórico sobre la institución del antejuicio de mérito en las Constituciones anteriores, la Sala constató que la Constitución de 1961, que había sido derogada por la Constitución de 1999, en su artículo 215,2 establecía que en el caso de altos funcionarios del Estado, si la Corte Suprema de Justicia declaraba que *había mérito para el enjuiciamiento, debía* "pasar los autos al Tribunal ordinario competente, si el delito fuere común, o continuar conociendo la causa hasta sentencia definitiva, cuando se trate de delitos políticos, *salvo lo dis-*

puesto en el artículo 144 con respecto a los miembros del Congreso…". (Subrayado de la Sala). Es decir, la Sala constató que la Constitución anterior, que fue derogada por la Constitución de de 1999, sí distinguía entre delitos comunes y delitos políticos para disponer la competencia judicial para la continuación del proceso, lo que expresamente fue "suprimido" de esta última, y con ello se modificó "el criterio para determinar el órgano jurisdiccional competente que deberá continuar conociendo de la causa una vez declarada ha lugar la solicitud de antejuicio de mérito."

Sin atender al hecho de que esa fue precisamente la voluntad del Constituyente al cambiar el régimen, la Sala simplemente expresó que de la nueva norma le llamaba la atención "su inconsistencia con los antecedentes históricos de su creación," entrando en una larga disquisición sobre lo que debe entenderse por "delito común" y por "delito político," la cual concluyó señalando que "delitos comunes" son los "sancionados en la legislación criminal ordinaria," y que pueden lesionar u ofender bienes jurídicos individuales (como los delitos de violación, robo, hurto, lesiones, etc.) o causar daños o afectación de trascendencia social, como los delitos perpetrados contra la cosa o erario público, tipificados, por ejemplo, en la Ley contra la Corrupción; y los "delitos políticos" son aquellos "que atentan contra los poderes públicos y el orden constitucional, concretamente, los delitos de rebelión y sedición, así como también los que atentan contra la seguridad de la Nación, entre ellos la traición y el espionaje."

VI. En cuanto al cambio introducido en el artículo 266,3 de la Constitución, la Sala simplemente concluyó señalando que "a pesar de representar un cambio, no se puede entender como una eliminación absoluta del vocablo, ya que el mismo se encuentra presente de manera tácita en el contenido de la norma, es decir, cuando el delito no sea común este se debe considerar político," lo que por lo demás, nadie duda. Pero de que el cambio en la norma constitucional se estableció, no hay la menor duda, aún cuando la Sala lo haya considerado en cuanto a "determinar el órgano jurisdiccional competente que deberá continuar conociendo de la causa una vez declarada ha lugar la solicitud de antejuicio de mérito" como "una sustancial alteración del espíritu, propósito y razón de la referida norma -en lo que respecta a sus antecedes históricos- …"

Continuó la Corte considerando que la consecuencia jurídica que presenta la nueva norma constitucional al atribuirle al Tribunal Supremo continuar conociendo de las causas sólo en los casos de delitos comunes, "constituye una situación inconsistente con el criterio que históricamente se ha mantenido en nuestro ordenamiento jurídico sobre la naturaleza del delito común y del delito político y con ello del tribunal competente para conocer de los mismos;" considerando al contrario de lo dispuesto en la norma que:

> "en virtud de la respectiva entidad de los delitos y la distinta afectación del orden social, la competencia para el conocimiento de los delitos comunes debe corresponder a los tribunales ordinarios, mientras que en el caso de los delitos políticos el bien jurídico protegido a través del mismo es el orden jurídico y social del Estado."

Pero esto en realidad no fue así, siendo la voluntad del Constituyente que sólo quedaran en el conocimiento del Tribunal Supremo las causas por delitos comunes.

Pero en lugar de respetar lo que decidió el pueblo al sancionar la Constitución, la Sala Constitucional consideró que:

> "atribuirle a la Sala Plena de este Máximo Tribunal el conocimiento de las causas instauradas contra los altos funcionarios públicos cuando el delito por ellos presuntamente cometido fuese calificado como "delito común", revela la existencia de un error material del Constituyente de 1999, y con ello una inconsistencia de la norma, es decir, que la solución aportada no responde a las propiedades que tomó en cuenta el mismo Constituyente para establecer el supuesto de hecho de dicha consecuencia jurídica. Siendo así, se está en presencia de un enunciado que presenta una laguna, que a su vez conduce a una solución jurídica ilógica e inaceptable."

En otras palabras, la Sala Constitucional consideró "absurdo" que el Constituyente hubiese dispuesto lo que dispuso: "que solo si el delito es común corresponderá a la Sala Plena el enjuiciamiento de los altos funcionarios comprendidos en el cardinal 3 del artículo 266; mientras que si se tratare de un delito de naturaleza política deberán seguir conociendo del juicio los tribunales ordinarios."

VII. Frente a esta solución constitucional del artículo 266,3 de la Constitución, que la Sala Constitucional consideró como una "solución inconsistente," la misma Sala Constitucional se preguntó en la sentencia si un juez podía "apartarse de la solución que le ha dado el constituyente a un caso;" y si "un juez, a la hora de resolver una controversia, sólo puede aplicar el derecho según el sentido evidente de las expresiones usadas por el 'legislador', sea éste constituyente o constituido;" concluyendo su inquisición con la afirmación de que "si bien los jueces están vinculados al derecho, el propio derecho los habilita para elaborar un juicio en caso de incongruencia, inconsistencia o falta de pertinencia en una norma, y corregir dicha situación;" y, además, de que los jueces tienen potestad "de corregir una falta de previsión normativa o apartarse de la solución dada por el legislador ante su evidente injusticia o incoherencia."

En otras palabras, que existe "la posibilidad de que los jueces, ante la ausencia de norma aplicable, o ante la incoherencia de la solución que una norma contiene, resuelva integrar el derecho en ambos casos;" y que "el juez no está atado de manos frente a una posible incoherencia o inconsistencia por parte del legislador."

En definitiva, la Sala consideró que en el caso había una "laguna axiológica" debido a la inconsistencia del enunciado del artículo 266,3 de la Constitución, en cuyo caso, consideró que "puede darse la posibilidad política y jurídica **de acudir a un texto constitucional derogado** para integrar dicha laguna," resolviendo, entonces que el artículo 266,3 de la Constitución no dice lo que dice sino que dice otra cosa; es decir, que dicha norma, a pesar de que dispone que en caso de declararse que hay méritos para el enjuiciamiento de los altos funcionarios, el Tribunal Supremo debe remitir los autos al Fiscal General de la República, si fuere el caso, "y si el delito fuere común, continuará conociendo de la causa hasta la sentencia definitiva," sin embargo no dispone lo que dispone sino que lo que dice es que en esos supuestos de declararse que hay méritos para el enjuiciamiento de los altos funcionarios, "deben remitirse los autos al Fiscal o a la Fiscal General de la República o a quien haga sus veces, si el delito fuere común a los fines contemplados en el Código Orgánico Procesal Penal; y si el delito fuere político, continuará conociendo de la causa el Tribunal Supremo de Justicia en Sala Plena, hasta la sentencia definitiva." (destacado de la Sala).

Y en esa forma, pura y simplemente, "vista la integración de la laguna axiológica de que adolecía la norma constitucional," la Sala declaró "resuelta la interpretación solicitada" modificando o "corrigiendo" ilegítimamente la Constitución.

El artículo 67 de la Constitución de 1999 expresamente prohibió "el financiamiento de las asociaciones con fines políticos con fondos provenientes del Estado", al establecer enfáticamente que el mismo "no se permitirá",[1296] cambiando así, radicalmente, el régimen de financiamiento público a los partidos políticos que se había previsto en la Ley Orgánica del Sufragio y Participación Política de 1998.

SECCIÓN OCTAVA:

LA ILEGÍTIMA MUTACIÓN DEL RÉGIMEN DEL REFERENDO REVOCATORIO Y SU INCONSTITUCIONAL CONVERSIÓN EN UN "REFERENDO RATIFICATORIO

En esta sección se publica el texto del trabajo con el título: "La Sala Constitucional vs. el derecho ciudadano a la revocatoria de mandatos populares o de cómo un referendo revocatorio fue inconstitucionalmente convertido en un "referendo ratificatorio," que fue publicado en el libro: *Crónica sobre la "in" justicia constitucional. La Sala Constitucional y el autoritarismo en Venezuela*, Colección Instituto de Derecho Público, Universidad Central de Venezuela, Nº 2, Editorial Jurídica Venezolana, Caracas 2007, pp. 349-378.

El 15 de agosto de 2004 se efectuó en Venezuela un referendo revocatorio del mandato del Presidente de la República, Hugo Chávez Frías, quien había sido electo en agosto de 2000 con una votación de 3.757.774 electores. En dicho referendo votaron a favor de la revocatoria de su mandato 3.989.008 electores, es decir, un número mayor que aquellos que lo eligieron, por lo que conforme al artículo 72 de la Constitución, se debía considerar revocado su mandato y se debía proceder de inmediato a realizar una elección para cubrir la falta absoluta que se había producido.

Dicho referendo revocatorio del mandato presidencial, sin embargo, por una interpretación del Consejo Nacional Electoral, evidentemente contraria a la Constitución, contenida en una norma de un acto administrativo, y luego, por una frase inserta en una sentencia de la Sala Constitucional del Tribunal Supremo de Justicia, fue convertido, de golpe, en un "referendo ratificatorio" del mandato del Presidente de la República, sin asidero constitucional alguno.

1296 Véase sobre la versión inicial de esta norma y sobre nuestra propuesta para su redacción en Allan R. Brewer-Carías *Debate Constituyente (Aportes a la Asamblea Nacional Constituyente),* Tomo II (9 septiembre - 17 octubre 1999). Fundación de Derecho Público - Editorial Jurídica Venezolana. Caracas 1999, pp. 129 ss.

En efecto, el artículo 72 de la Constitución dispone:

> "*Artículo 72.* Todos los cargos y magistraturas de elección popular son revocables.
>
> Transcurrida la mitad del período para el cual fue elegido el funcionario o funcionaria, un número no menor del veinte por ciento de los electores o electoras inscritos en la correspondiente circunscripción podrá solicitar la convocatoria de un referendo para revocar su mandato.
>
> ***Cuando igual o mayor número de electores o electoras que eligieron al funcionario o funcionaria hubieren votado a favor de la revocación***, siempre que haya concurrido al referendo un número de electores o electoras igual o superior al veinticinco por ciento de los electores o electoras inscritos, se considerará revocado su mandato y se procederá de inmediato a cubrir la falta absoluta conforme a lo dispuesto en esta Constitución y en la ley.
>
> La revocación del mandato para los cuerpos colegiados se realizará de acuerdo con lo que establezca la ley.
>
> Durante el período para el cual fue elegido el funcionario o funcionaria no podrá hacerse más de una solicitud de revocación de su mandato"[1297].

Como se observa, esta norma regula con cierta precisión el mecanismo para hacer efectivo el sistema de gobierno de mandatos revocables que establece la Constitución; pero dadas las interpretaciones de la Sala Constitucional, su texto ha resultado inocuo y trastocado.

I. EL GOBIERNO DE MANDATOS REVOCABLES

El artículo 6 de la Constitución de 1999 establece que el gobierno de la República y de las entidades políticas que la componen, es decir, básicamente, de los Estados y de los Municipios, "es y será siempre democrático, participativo, electivo, descentralizado, alternativo, responsable, pluralista y *de mandatos revocables*".

Debe recordarse que el calificativo del gobierno como "representativo", que siempre había estado en todas las Constituciones de los Siglos XIX y XX, fue deliberadamente eliminado de la Constitución en 1999 con base en un discurso político supuestamente de carácter "participativo"[1298]; y, en cambio, se estableció la revocación de los mandatos de elección popular como de la esencia del sistema de gobierno de Venezuela y, además, como un derecho ciudadano. Por ello, el artículo 62 de la Constitución establece el derecho de los ciudadanos a participar libremente en los asuntos públicos, directamente o por medio de sus representantes elegidos; el artículo 70 de la Constitución enumera los "medios de participación y protagonismo del pueblo en ejercicio de su soberanía, en lo político: la elección de cargos públicos, el referendo, la consulta popular, *la revocación del mandato*, las iniciativas legislativa, constitucional y constituyente, el cabildo abierto y la asamblea de ciudadanos cuyas

---

1297 Destacados del autor. Sobre la Constitución de 1999 *V.*: Allan R. Brewer-Carías, *La Constitución de 1999. Derecho Constitucional Venezolano,* 2 tomos, Editorial Jurídica venezolana, Caracas 2004.

1298 *V.* nuestro voto salvado en relación con esta norma en Allan R. Brewer-Carías, *Debate Constituyente, (Aportes a la Asamblea Nacional Constituyente)*, Tomo III, Caracas 1999, pp. 237 y 252.

decisiones serán de carácter vinculante, entre otros"; y el artículo 72 antes citado, regula específicamente el referendo revocatorio de mandatos de iniciativa popular.

Adicionalmente, el artículo 198 de la Constitución establece cuáles son los efectos de la revocatoria del mandato de los diputados a la Asamblea Nacional, disponiendo que aquellos cuyo mandato fuese revocado no pueden optar a cargos de elección popular en el siguiente período; y el artículo 233 enumera como causa de falta absoluta del Presidente de la República "la revocación popular de su mandato".

La revocatoria del mandato de los representantes electos, por tanto, conforme lo ha establecido la sala Electoral del tribunal Supremo de Justicia, es un mecanismo constitucional de "participación política del soberano en los asuntos que le conciernen", que exige al juez interpretar el ordenamiento jurídico, adaptando sus normas "a los valores, principios y reglas que pauta el nuevo Texto Fundamental, que resulta ser la guía orientadora en toda labor hermenéutica progresiva y ajustada a los nuevos valores de nuestro ordenamiento"[1299].

II. LA PETICIÓN POPULAR PARA LA REALIZACIÓN DEL REFERENDO REVOCATORIO DE MANDATOS DE ELECCIÓN POPULAR

En coincidencia con lo dispuesto en el artículo 70 de la Constitución, que identifica como uno de los medios de participación en lo político a "la revocación del mandato"; el artículo 72 de la Constitución regula el mecanismo del referendo revocatorio de mandatos de elección popular, disponiendo que en virtud de que todos los cargos y magistraturas de elección popular son revocables (art. 6), transcurrida la mitad del período para el cual fue elegido un funcionario, un número no menor del 20% de los electores inscritos en la correspondiente circunscripción electoral al momento de formular la solicitud, puede solicitar la convocatoria de un referendo para revocar dicho mandato.

En ausencia de una normativa legal que desarrollara el texto del artículo 72 de la Constitución, el Consejo Nacional Electoral en septiembre de 2003, con motivo de rechazar una solicitud de referendo revocatorio del mandato del Presidente de la República ("El Firmazo"), mediante Resolución nº 030912-461 de fecha 12 de septiembre de 2003, resumió lo que consideró era la doctrina de la Sala Constitucional[1300] sobre los requisitos mínimos de orden formal que se requerían para ejercer el *derecho constitucional al referendo revocatorio*, los cuales pueden ser resumidos como sigue:

a) Está sujeto a un límite de naturaleza temporal como es, sin duda, que el derecho al referendo revocatorio sólo puede ejercerse una vez que haya transcurrido la mitad del período del funcionario cuya revocación se persigue;

b) Entre los requisitos formales de la solicitud, como formas esenciales que se deben cumplir inexorablemente, como "imprescindibles", está la exigencia de que la

1299 *V.* la sentencia de la Sala Electoral del Tribunal Supremo de Justicia, Nº 170 de 22 de diciembre de 2000 (Caso: *Club Social Layalina), en Revista de Derecho Público,* Nº 84 (octubre-diciembre), Editorial Jurídica Venezolana, Caracas, 2000, pp. 49 y ss.

1300 Sentada en la sentencia Nº 1139 de 05-06-2002 (Caso: *Sergio Omar Calderón y William Dávila*), *Revista de Derecho Público*, Nº 89-92, Editorial Jurídica Venezolana, Caracas 2002, pp. 164 y ss.

petición o solicitud de revocación exprese con precisión "el nombre y apellido del funcionario cuestionado y el cargo para el cual fue elegido popularmente, con indicación de la fecha de toma de posesión efectiva del mismo";

c) Teniendo el referendo revocatorio como único origen la *iniciativa popular,* el derecho al referendo revocatorio tiene como titulares a los ciudadanos integrantes del cuerpo electoral, por lo que la solicitud debe ir acompañada, "de los nombres y apellidos, números de cédula de identidad y las firmas respectivas", para que sean verificadas por el Consejo Nacional Electoral, el cual debe constatar, a través de la Comisión de Registro Civil y Electoral, "la debida inscripción de los electores y electoras que figuran como solicitantes de la revocación del mandato en el Registro Electoral de la correspondiente circunscripción, pues, es éste el único organismo autorizado para verificar tales datos";

d) La solicitud debe formularse ante el Consejo Nacional Electoral;

e) La actividad del Consejo Nacional Electoral se ciñe a verificar las reglas del artículo 72 de la Constitución, con lo cual tiene prohibido cualquier "margen de discrecionalidad que autorice al Consejo Nacional Electoral a emitir pronunciamiento alguno sobre el mérito o conveniencia de la solicitud"; y

f) El Consejo Nacional Electoral no puede "establecer -en las normativas de carácter sub legal que dicte- nuevas condiciones para la procedencia de la revocación del mandato, no contempladas en el marco constitucional vigente".

La materia, sin embargo, fue regulada días después por el mismo Consejo Nacional Electoral en la Resolución nº 030925-465 de 25 de septiembre de 2003, mediante la cual se dictaron las "Normas para Regular los Procesos de Referendos Revocatorios de Mandatos de Cargos de Elección Popular"[1301], en las cuales, en nuestro criterio, se vulneró el derecho a la participación política consagrado en la Constitución, pues antes que facilitar su ejercicio, establecieron trabas y requisitos que afectaron su ejercicio y lo limitaron más allá de lo permitido en la Constitución.

Estas limitaciones afectaron el ejercicio del derecho de petición de los electores, pues sin fundamento constitucional alguno, establecieron entre otras cosas, que las firmas en respaldo de la petición de los referendos sólo podían estamparse en un formulario preestablecido en papel especial diseñado por el Consejo Nacional Electoral; que las dichas firmas sólo se podían estampar en unos lugares precisos y en un plazo de sólo unos días preestablecidos, eliminándose además, el derecho de aquellos ciudadanos que estuviesen fuera del país de poder respaldar con su firma la petición. Posteriormente, en forma sobrevenida, con motivo de la presentación de una solicitud de revocatoria de mandato del Presidente de la República ("El Reafirmazo"), el Consejo Nacional Electoral estableció en una nueva Resolución[1302], requisitos formales adicionales, como el que la inscripción de los datos de los solicitantes debían ser escritos de puño y letra de cada uno de ellos, lo que llevó al cuestionamiento de un número considerable de peticiones ("Los Reparos")[1303].

1301 *G.O.* Nº 37.784 del 26 de septiembre de 2003.

1302 Resolución Nº 040302-131 del Consejo Nacional Electoral de 2 de marzo de 2004.

1303 Del total de 3.467.050 firmas o peticiones presentadas, fueron objetadas 876.017 firmas aproximadamente. La antes indicada, que estableció en forma sobrevenida los señalados requisitos, fue impugnada

Es de advertir que la manifestación de voluntad de respaldo a una solicitud de referendo revocatorio es un derecho constitucional que todos los ciudadanos tienen a la participación política, el cual no puede restringirse ni siquiera por ley, por lo que menos aún puede restringirse mediante actos reglamentarios, como el contenido en la mencionada Resolución. Así lo había afirmado la Sala Constitucional del Tribunal Supremo de Justicia en sentencia nº 321 de 22-02-2002, en la cual señaló que las limitaciones a los derechos constitucionales "derivan por sí mismas del texto constitucional, y si el legislador amplía el espectro de tales limitaciones, las mismas devienen en ilegítimas". Por tanto, la condición de ciudadano y el ejercicio de los derechos políticos de los mismos no pueden restringirse a sólo unos días; y esa condición no se pierde, en forma alguna, por encontrarse la persona fuera del país.

III. LA ILEGÍTIMA TRANSFORMACIÓN POR LA SALA CONSTITUCIONAL, DEL REFERENDO REVOCATORIO DE MANDATOS EN UN REFERENDO DE "RATIFICACIÓN" DE MANDATOS

Como antes se ha señalado, en el artículo 72 de la Constitución se establece que para que un referendo revocatorio sea válido, no sólo se requiere que al menos el 20% de los electores inscritos en la circunscripción de que se trate solicite la convocatoria a referendo; sino que, al menos, participe en el referendo un 25% de los electores inscritos.

Como lo ha dicho la Sala Constitucional del Tribunal Supremo de Justicia, en sentencia Nº 2750 de 21 de octubre de 2003, con estos porcentajes mínimos para solicitar el referendo y para que pueda tomarse en cuenta el resultado del mismo, un referendo revocatorio "aunque hubiera sido convocado correctamente, no tendrá valor alguno si existe escasa participación"; lo que tiene por objeto "evitar que pueda ser revocado el mandato de un funcionario electo con base en el resultado de un referendo con alta abstención".

En cuanto a los votos necesarios para que se produzca la revocatoria del mandato, la Sala Constitucional en la misma sentencia señaló:

> "El artículo 72 también dispone que sólo se revocará el mandato del funcionario *si votan a favor* de ello al menos una cantidad de personas igual al número de quienes lo eligieron en su momento, como una manera de impedir que funcionarios que alcanzaron su puesto con altos porcentajes de apoyo popular puedan perderlo por simple mayoría"[1304].

---

ante la Sala Electoral del Tribunal Supremo, la cual la anuló; pero la Sala Constitucional del mismo Tribunal Supremo, a su vez, al conocer de un recurso de revisión y de una posterior solicitud de avocamiento al conocimiento de la causa, la admitió y anuló la sentencia de la Sala Electoral. Se produjo, así, el secuestro de la Sala Electoral y la confiscación del derecho a la participación política de los ciudadanos. *V.* Allan R. Brewer-Carías, *La Sala Electoral vs. El Estado democrático de derecho (El secuestro del Poder Electoral y de la Sala Electoral del Tribunal Supremo y la confiscación del derecho a la participación política)*, Ediciones El Nacional, Caracas, 2004. *V.* este trabajo en la Tercera Parte de este libro, páginas 197 y ss.

1304 Caso: *Carlos E. Herrera Mendoza, Interpretación del artículo 72 de la Constitución,* en *Revista de Derecho Público*, Nº 93-96, Editorial Jurídica Venezolana, Caracas 2003.

En consecuencia, a los efectos de que se produzca la revocatoria del mandato, se requiere, en *primer lugar,* que se produzca un quórum de asistencia consistente en que concurran al referendo un número de electores igual o superior al 25% de aquellos que estén inscritos en el registro civil y electoral. Sobre esto, la Sala Constitucional en la antes referida sentencia nº 1139 de 5 de junio de 2002 (Caso: *Sergio Omar Calderón Duque y William Dávila Barrios)* ha interpretado:

> "Que el quórum mínimo de participación efectiva en el referéndum revocatorio, debe estar representado necesariamente –por lo menos-, por el 25% de los electores inscritos en el Registro Electoral de la circunscripción correspondiente para el momento de la celebración de los comicios referendarios"[1305].

En *segundo lugar*, se requiere que voten a favor de tal revocatoria un número de electores inscritos en el Registro Electoral para el momento de la celebración del referendo, igual o mayor de los que eligieron al funcionario. En el caso del referendo revocatorio del mandato del Presidente de la República ocurrido el 15 de agosto de 2004 bastaba, para la revocatoria del mismo, que votaran a favor de tal revocatoria un número de electores igual o mayor a 3.757.774, que había sido el número de votantes que lo habían elegido en agosto de 2000.

Sobre ello, la Sala Constitucional precisó en la misma sentencia nº 1139 de 5 de junio de 2002 (Caso: *Sergio Omar Calderón y William Dávila*) que:

> "La revocación del mandato no es producto de la arbitrariedad, sino una consecuencia lógica que se deriva del principio de soberanía popular, pues, por ser el pueblo soberano, puede ejercer el poder con la finalidad de dejar sin efecto el mandato de sus representantes elegidos popularmente, que han dejado de merecerles confianza, por haberse desempañado en el ejercicio de sus funciones de forma inconveniente o contraria a los intereses populares o del Estado en general, quienes quedan entonces sometidos a la decisión del cuerpo electoral.
>
> Siendo así las cosas, considera la Sala que el requerimiento del constituyente de 1999, cuando estableció en el segundo aparte del artículo 72, determinadas condiciones cuantitativas para que se considere revocado el mandato del funcionario electo, tiene como propósito demostrar fehacientemente la veracidad de los resultados obtenidos en el referéndum revocatorio ejecutado, de manera que no haya duda sobre la pérdida tan grave de popularidad del funcionario que deviene en ilegítimo, y la desaprobación de su gestión, por lo que resulta lógico que se exija que su revocación se produzca en virtud de la misma cantidad de votos, e incluso uno más, de los que previamente lo favorecieron cuando quedó investido del cargo público que ejercía, siempre que un quórum mínimo considerable de electores inscritos en el Registro Electoral hayan concurrido a desaprobar la gestión del mandatario cuestionado.
>
> Según los planteamientos anteriores, interpreta la Sala que el quórum mínimo de participación efectiva en el referéndum revocatorio, debe estar represen-

1305 En *Revista de Derecho Público*, Nº 89-92, Editorial Jurídica Venezolana, Caracas 2002, pp. 165 y ss. Este criterio fue rectificado en la sentencia Nº 137 de 13-02-2003 (Caso: *Freddy Lepage y otros*), en *Revista de Derecho Público*, Nº 93-96, Editorial Jurídica Venezolana, Caracas 2003.

tado necesariamente -por lo menos-, por el 25% de los electores inscritos en el Registro Electoral de la circunscripción correspondiente para el momento de la celebración de los comicios referendarios, y además, que la votación favorable a la revocación debe ser igual o mayor que la que el funcionario obtuvo cuando fue electo, sin que puedan someterse tales condiciones numéricas a procesos de ajuste o de proporción alguno".

En consecuencia, conforme a esta doctrina jurisprudencial de la Sala Constitucional y a la expresa disposición constitucional, se produce la revocación de un mandato de elección popular como consecuencia de un referendo revocatorio, cuando "la votación favorable a la revocación [sea] igual o mayor que la que el funcionario obtuvo cuando fue electo". Y nada más.

Se trata de un referendo revocatorio de mandatos de elección popular y no de un referendo "ratificatorio" de tales mandatos, el cual no existe en el texto constitucional. Este no regula plebiscito alguno, sino un referendo revocatorio de mandatos; y precisamente por ello, nada indica la Constitución para el caso de que si bien voten a favor de la revocatoria de un mandato un número de electores superior al número de votos que obtuvo el funcionario cuando fue electo, paralelamente, en dicha votación refrendaria se pronunciaren por la no revocación, un número mayor de votos. Ello podría ocurrir, pero la Constitución no le atribuye a ese hecho efecto jurídico constitucional alguno, limitándose a regular los efectos revocatorios del referendo, y nada más.: basta que la votación a favor de la revocación del mandato sea igual o mayor que la que el funcionario obtuvo cuando fue electo, para que quede el mandato revocado. Y ello es así, incluso a pesar de que el Registro Electoral haya variado con el transcurso del tiempo.

Sin embargo, de manera evidentemente inconstitucional, en las *Normas para regular los procesos de Referendos Revocatorias de mandatos de Elección Popular* dictadas por el Consejo Nacional Electoral mediante acto administrativo de 25 de septiembre de 2003[1306], si bien se estableció que se considera revocado el mandato "si el número de votos a favor de la revocatoria es igual o superior al número de los electores que eligieron al funcionario", se agregó la frase: "***y no resulte inferior al número de electores que votaron en contra de la revocatoria***" (Art. 60). Con este agregado, en una norma contenida en un acto administrativo que por tanto es de rango sublegal, se restringió el derecho ciudadano a la revocatoria de mandatos populares, al establecerse un elemento que no está en la Constitución relativo al los efectos del voto por la "no revocación". Con ello se pretendió trastocar la naturaleza "revocatoria" del referendo que regula el artículo 72 de la Constitución, y se lo quiso convertir en un referendo "ratificatorio" de mandatos de elección popular.

Lo inaudito de este fraude constitucional, es que dicho criterio luego sería avalado por la propia Sala Constitucional del Tribunal Supremo en una frase contenida en la sentencia N° 2750 de 21 de octubre de 2003 (Caso: *Carlos E. Herrera Mendoza, Interpretación del artículo 72 de la Constitución*), en la cual señaló que:

> "Se trata de una especie de relegitimación del funcionario y en ese proceso democrático de mayorías, incluso, si en el referendo obtuviese más votos la op-

1306 Resolución N° 030925-465 de 25-09-2003.

ción de su permanencia, debería seguir en él, aunque voten en su contra el número suficiente de personas para revocarle el mandato”[1307].

Se trataba, en efecto, de una simple “apreciación” de la Sala Constitucional, sobre un criterio de que el funcionario revocado constitucionalmente, sin embargo, en esa circunstancia “debería” permanecer en el cargo. En el texto de la sentencia, además, nada se dijo de que se tratara de una “interpretación vinculante” de la Constitución.

En un referendo revocatorio no puede haber votos “por la permanencia” del funcionario en el cargo; lo que hay son votos por la revocatoria o por la no revocatoria del mandato; es decir, hay votos SI o votos NO. Los votos por la no revocatoria del mandato son votos negativos (NO); y un voto negativo “por la no revocatoria” del mandato no puede ser convertido en un voto positivo (SI) “por la permanencia” del funcionario en su cargo o por la “ratificación del mandato”. Ello sería cambiar la naturaleza del referendo revocatorio, lo que efectivamente ocurrió en Venezuela en agosto de 2004.

En efecto, en esa frase de la sentencia antes citada, la Sala Constitucional cambió la naturaleza de la revocación del mandato, y lo convirtió en un mecanismo para “relegitimar” o para “ratificar” mandatos de elección popular, cuando ello no fue la intención del Constituyente. Lo que la Constitución regula es la revocatoria popular de mandatos, y para ello, lo único que exige en materia de votación es que un número “igual o mayor de electores que eligieron al funcionario hubieren votado a favor de la revocación”.

Es tan evidente que la citada sentencia modificó la Constitución, que con ocasión de la realización del referendo revocatorio del mandato del Presidente de la República que se efectuó el 15 de agosto de 2004, e independientemente de las denuncias que se formularon en relación a los manejos fraudulentos que acompañaron el proceso de votación, y que se formularon ante el Consejo Nacional Electoral, este órgano, mediante Resolución nº 040826-1118 de 26 de agosto de 2004, no sólo dio los datos definitivos de la votación efectuada en el referendo revocatorio, sino que acordó “ratificar” al Presidente de la República en su cargo en “acto solemne”, hasta la terminación del período constitucional en enero de 2007.

En efecto, en la *página web* del Consejo Nacional Electoral del día 27 de agosto de 2004, apareció la siguiente nota en la cual se informaba que:

> “El Presidente del Consejo Nacional Electoral, Francisco Carrasquero López, se dirigió al país en cadena nacional para anunciar las cifras definitivas y oficiales del evento electoral celebrado el pasado 15 de agosto, ***las cuales dan como ratificado en su cargo al Presidente de la República,*** Hugo Rafael Chávez Frías, con un total de 5 millones 800 mil 629 votos a favor de la opción “No”
>
> En la contienda electoral participaron 9 millones 815 mil 631 electores, de los cuales 3.989.008 se inclinaron por la opción “Sí” para revocar el mandato del Presidente Chávez. La totalización arrojó que la opción “No” alcanzó el

1307 En *Revista de Derecho Público*, Nº 93-96, Editorial Jurídica Venezolana, Caracas 2003 (en prensa).

59,25% de los votos, mientras el "Sí" logró el 40,74% del total general, y la abstención fue del 30,02%.

Vale destacar que para estos comicios el Registro Electoral se incrementó significativamente, alcanzando un universo de 14.027.607 de electores con derecho a sufragar en el RR.

Con base en la expresión de la voluntad popular, el Consejo Nacional Electoral, este viernes 27 de agosto, ratificará en la Presidencia de la República Bolivariana de Venezuela a Hugo Chávez Frías, quien culminará su período constitucional en el año 2006".

De la información contenida en dicha nota, resultaba claro que los electores que votaron por la revocatoria del mandato del Presidente, que fueron 3.989.008, constituían un número mayor que el de los electores que en su momento habían elegido al Presidente, que fueron 3.757.774, lo que conforme al texto expreso del artículo 72 de la Constitución bastaba para que se considerara revocado el mandato. Sin embargo, en la misma nota, y al contrario de lo que se establecía en la Constitución, se consideraba que con la referida votación el Presidente de la República habría sido "ratificado" en su cargo.

Además, siguiendo la orientación de esta nota, el Consejo Nacional Electoral en la mencionada Resolución nº 040826-1118 de 26 de agosto de 2004, resolvió "publicar los resultados de la totalización de actas de escrutinio correspondiente al referendo revocatorio presidencial, celebrado el 15 de agosto de 2004"; siendo su texto leído en el acto solemne efectuado en la sede de dicho organismo el día 27 de agosto de 2004. En dicha Resolución, que sólo fue publicada días después en *Gaceta Electoral* del 30 de agosto de 2004[1308], el Consejo Nacional Electoral publicó "los resultados de la totalización de Actas de Escrutinio correspondientes al referendo revocatorio presidencial celebrado el 15 de agosto de 2004", indicando que los votos por la opción SI, es decir, por la revocatoria del mandato del Presidente de la República fueron de 3.989.008 votos; y que los votos por la opción NO fueron de 5.800.629 votos. El Presidente de la República, como se dijo, había sido electo en agosto de 2000 con 3.757.774 votos, por lo que conforme al artículo 72 de la Constitución su mandato había quedado revocado.

Sin embargo, el Consejo Nacional Electoral en la mencionada Resolución de 26 de agosto de 2004, señaló que vistos los resultados de la votación señalados,

"[Con] con fundamento en el artículo 20 de las Normas para la Totalización y Proclamación de los Resultados del Referendo Revocatorio Presidencial del 15 de agosto de 2004 y *especialmente,* ***con atención a lo dispuesto en la doctrina vinculante con el artículo 72 de la Constitución*** *de la República establecida por la Sala Constitucional del Tribunal Supremo de Justicia en su sentencia de fecha 21 de octubre de 2001,* el Consejo Nacional Electoral *hace constar que el mandato* popular del ciudadano Hugo Rafael Chávez Frías, titular de la cédula de identidad nº 4.258.228, como Presidente de la República de la República, ***ha sido ratificado*** *por el pueblo venezolano en la jornada electoral del*

1308 *Gaceta Electoral* Nº 210 de 30-08-2004.

15 de agosto pasado y, por consiguiente, el mencionado ciudadano tiene derecho a ocupar y ejercer el señalado cargo público, hasta la culminación del actual período constitucional".

Con esta Resolución, puede decirse que se consolidó el fraude constitucional que había ido configurándose, al trastocarse una "revocación de mandato" en una supuesta "ratificación de mandato" de un funcionario que había quedado constitucionalmente revocado.

Además, la propia Asamblea Nacional participó en la configuración del fraude constitucional, y en la misma fecha 27 de agosto de 2004 realizó una sesión solemne para entregarle al Presidente de la República, un "Acuerdo de la Asamblea Nacional *sobre ratificación* del Presidente de la República", en uno de cuyos Considerandos se afirmó:

> "Que el resultado del proceso refrendario ha expresado de manera clara e inequívoca *la ratificación del mandato* del Presidente Constitucional Hugo Chávez Frías, representando una incuestionable victoria democrática de la voluntad mayoritaria del pueblo heroico del Libertador Simón Bolívar, en el esfuerzo colectivo para consolidar y profundizar la revolución democrática, pacífica, la justicia social y la autodeterminación nacional, proceso y proyecto político comprometido con el logro de los fines y propósitos contenidos en la Constitución de la Republica Bolivariana de Venezuela".

IV. LOS EFECTOS DE LA REVOCATORIA DEL MANDATO

Pero el trastrocamiento del sentido de la revocación de mandatos en la Constitución, tanto por la Sala Constitucional del Tribunal Supremo como por el Consejo Nacional Electoral, no sólo ha ocurrido al cambiarse la naturaleza "revocatoria" del referendo por una supuesta "ratificación" de mandatos; sino que además se ha evidenciado por las imprecisiones interpretativas de la mencionada Sala Constitucional del Tribunal Supremo.

En efecto, en caso de que se produzca la revocatoria del mandato de un funcionario electo, los efectos de tal revocatoria es que debe procederse de inmediato a cubrir la falta absoluta conforme a lo dispuesto en la Constitución y en la Ley. Si se trata de un Diputado a la Asamblea Nacional, debería realizarse una nueva elección, pero la Sala Constitucional ha determinado que lo sustituye su suplente por el resto del período[1309]. En caso de que no existan suplentes, por supuesto que debería efectuarse una nueva elección.

En relación con el Presidente de la República, la forma de proceder para cubrir la falta absoluta que se produciría con la revocación del mandato, conforme al artículo 233, varía según que ésta ocurra durante los primeros cuatro años de los seis del período constitucional o durante los dos últimos: En el primer caso, debe procederse a una nueva elección presidencial para que quien resulte electo *complete* el período constitucional por los dos años restantes; y en el segundo caso, el Vicepresidente Ejecutivo es quien debe asumir la Presidencia hasta completar dicho período.

1309 Sentencia de 05-06-2003 (Caso: *Sergio Omar Calderón Duque y William Dávila*).

Ahora bien, la revocación del mandato de cargos de elección popular, sin duda, confronta claramente dos derechos constitucionales. Por una parte, el derecho individual de cada ciudadano a ser postulado como candidato y ser electo popularmente para cargos o mandatos representativos; y por la otra, el derecho colectivo de los ciudadanos a revocar el mandato de aquellos a quienes el pueblo eligió.

El juez constitucional y, en general, el interprete, por tanto, al momento de considerar los efectos de la revocatoria del mandato, tiene que poner en la balanza judicial ambos derechos, y determinar cuál tiene mayor valor en caso de conflicto o duda. En una democracia puramente representativa, quizás el derecho del representante podría privar; pero en una democracia que además de ser representativa, la participación popular como derecho constitucional tiene un valor preponderante, sin duda que el derecho colectivo del pueblo soberano de revocar el mandato de los elegidos tiene que tener un mayor valor.

Esto tiene particular importancia en cuanto a los efectos de la revocación del mandato. Este es un acto político del pueblo a rechazo de un funcionario, desalojándolo del ejercicio de su cargo; razón por la cual, como sanción popular que es, ello tendría que impedir que el funcionario revocado pueda presentarse de nuevo como candidato al mismo cargo en las elecciones subsiguientes para completar el período constitucional que le habría sido truncado por el pueblo.

Ahora bien, en cuanto a los efectos de la revocatoria de los mandatos, en lo que se refiere a la revocación del mandato de los diputados a la Asamblea Nacional, la Constitución es explícita en cuanto a la determinación de los efectos de la revocatoria, al señalar expresamente que el diputado revocado "no podrá optar a cargos de elección popular en el siguiente período" (art. 198). Sin embargo, nada indica la Constitución sobre los efectos de la revocación del mandato en el caso del Presidente de la República y de los otros funcionarios electos, como son los Legisladores miembros de los Consejos Legislativos estadales, los Concejales miembros de Concejos Municipales, o los Gobernadores y Alcaldes. En estos casos, sin embargo, lo cierto es que el intérprete tiene que considerar la existencia de los dos derechos constitucionales antes señalados y que se encontrarían confrontados. Por una parte, el derecho político colectivo de los ciudadanos a revocarle el mandato a los funcionarios de elección popular, incluido el Presidente de la República; y por la otra, el derecho político individual de éste a ser electo; conflicto en el cual la balanza se tendría que inclinar, sin duda, a favor del derecho político colectivo de los ciudadanos a revocarle el mandato, lo que acarrearía lógicamente que el funcionario revocado no podría presentarse como candidato en la elección que resultara necesario hacer para que un "nuevo Presidente" complete el período constitucional correspondiente[1310]. De lo contrario se estaría configurando otro fraude a la Constitución.

1310 *V.* las declaraciones de Allan R. Brewer-Carías, "El derecho de los ciudadanos a revocar priva sobre la candidatura de Chávez", dadas al periodista Edgar López, *El Nacional*, Caracas 11-06-2004, pp. A-1 y A-4.

V. LA INCERTIDUMBRE CONSTRUIDA POR LA SALA CONSTITUCIONAL PARA ELIMINAR EL CARÁCTER DEL GOBIERNO COMO DE MANDATOS REVOCABLES

La Sala Constitucional del Tribunal Supremo de Justicia, sin duda, es la llamada a resolver el conflicto entre los dos derechos antes indicados; y acorde con los valores y principios constitucionales, descartar la posibilidad de que un Presidente de la República cuyo mandato haya sido revocado, pudiera ser candidato en la elección que debiera realizarse como consecuencia de la revocatoria de su mandato. Estas nuevas votaciones deberían tener por objeto elegir a un nuevo Presidente para completar el mandato del revocado, dándole primacía al derecho político colectivo de los ciudadanos a la revocación del mismo, como manifestación de la democracia de participación consagrada en la Constitución, y del gobierno de mandatos revocables que ella establece[1311].

Lamentablemente, sin embargo, la Sala Constitucional, en esta materia, no sólo no ha sido el máxime interprete de la Constitución acorde con sus valores y principios, sino que más bien ha sido complaciente con el Poder, lo que ha quedado en clara evidencia a través de sus sucesivas decisiones en la materia.

En efecto, dado el silencio de la Constitución, la Sala Constitucional comenzó estableciendo en su sentencia nº 2404 de 28 de agosto de 2003 (Caso: *Exssel Alí Betancourt Orozco, Interpretación del artículo 72 de la Constitución*), que en el supuesto de la revocatoria del mandato del Presidente de la República, en la elección del nuevo Presidente:

> "Evidentemente no podría participar dicho funcionario (revocado), pues cualquier falta absoluta del Presidente implica la separación del cargo y la consecuente sustitución del mismo. Lo contrario supondría una amenaza de fraude a la soberanía popular"[1312].

El texto de esta sentencia, sin embargo, fue desconocido posteriormente por la propia Sala Constitucional del Tribunal Supremo, de manera por demás insólita: Su contenido fue publicado por el Tribunal Supremo incluso hacia los medios de comunicación, pero no llegó a ser publicada en la *página web* del Tribunal Supremo. La Sala Constitucional, en una inusual "Aclaratoria" emitida de oficio en fecha 1° de septiembre de 2003, *desconoció lo expresado en el fallo*, considerando el tema como no decidido. El texto de la "Aclaratoria", sin embargo, luego da haber sido incorporada en la *página web* del Tribunal Supremo, fue posteriormente eliminado de la misma, y tiene el tenor siguiente:

> "*ACLARATORIA*; El 28 de agosto de 2003 esta Sala Constitucional, en el expediente 03-0763, pronunció sentencia nº 2404, en la que declaró inadmisible el recurso de interpretación que interpuso el ciudadano EXSSEL ALÍ BETAN-

---

1311 Nótese que la Constitución de 1999 sustituyó el calificativo de "gobierno representativo" que contenía el artículo 3 de la Constitución de 1961 por el de "gobierno de mandatos revocables" que contiene el artículo 6, equivalente, en la Constitución de 1999.

1312 *V.* la reseña del periodista Edgar López, *El Nacional*, Caracas, 04-01-2004, p. A-2

COURT OROZCO, en relación con el artículo 72 de la Constitución de la República Bolivariana de Venezuela.

Como se observa que en el texto de dicha decisión aparecen expresiones que erróneamente pudieran entenderse como una definitiva interpretación de la norma constitucional que se mencionó (art. 72) en el punto que requirió el solicitante, la Sala de oficio aclara y decide que, por cuanto la pretensión del actor fue declarada inadmisible, los alcances de dicho fallo nº 2404 quedan estrictamente limitados y sujetos al pronunciamiento de inadmisibilidad, sin que, en consecuencia, puedan extenderse a otros aspectos de cualquier naturaleza que pudieran extraerse de la redacción del mismo, máxime cuando, equivocadamente, se invocan pronunciamientos precedentes que la Sala no ha hecho. Por otra parte, ante esta misma Sala cursa expediente número 02-3215 (solicitud hecha por el ciudadano Estaban Gerbasi), cuyo ponente es el Magistrado Dr. José Manuel Delgado Ocando, en el que corresponderá a la Sala Constitucional la decisión sobre si un funcionario de elección popular, a quien le sea revocado el mandato, podrá participar o no en un inmediato y nuevo comicio. Sépase, pues, que sólo en la oportunidad cuando recaiga sentencia que expresamente decida la interpretación del asunto que se refirió habrá certeza sobre el punto"[1313].

En las actas procesales del expediente, en todo caso, la única referencia que quedó relativa a este espinoso asunto, es un "Auto" de la Sala Constitucional del mismo día, 1° de septiembre de 2003, ordenando abrir una averiguación penal para establecer responsabilidades sobre el contenido de la sentencia que supuestamente no se correspondía con el texto del fallo que habían aprobado los Magistrados. Todo este incidente, que originó la apertura de una investigación criminal inusitada, la cual por supuesto, no ha concluido y seguramente concluirá en nada, fue calificado, con razón, como una polémica "con características escandalosas"[1314].

Con el desconocimiento de su decisión por la propia Sala Constitucional, quedó abierta entonces la cuestión jurídica aún por resolver, sobre si un Presidente de la República revocado podría presentarse como candidato en la elección subsiguiente: No sólo la que debía efectuarse para completar el período constitucional si es revocado después de cumplir tres años de mandato pero antes de que se cumplan cuatro del período presidencial; sino en la elección para el período constitucional subsiguiente. El asunto, como se dijo, no esta resuelto expresamente en la Constitución, como sí lo esta respecto de la revocación de los mandatos de los diputados a la Asamblea Nacional[1315].

Posteriormente, el 10 de junio de 2004 ya se reseñaba sobre la existencia de una ponencia de sentencia que circulaba en la Sala Constitucional, de interpretación del artículo 72 de la Constitución, y que aparentemente no resolvía la duda que había

---

1313 El texto ha sido tomado de la cita que hizo el Magistrado Antonio J. García García en su *voto salvado* a la sentencia Nº 1173 de 15-06-2004 (Caso: *Esteban Gerbasi*).

1314 *V.* la reseña de Edgar López, *El Nacional*, Caracas, 04-01-2004, p. A-2.

1315 El artículo 198 dispone que los diputados cuyo mandato fuera revocado no pueden optar a cargos de lección popular en el siguiente período.

quedado con el texto de la sentencia Nº 2042 de 28-08-2003, (Caso *Exssel Alí Bentancourt Orozco*), que había sido desconocido por la propia Sala Constitucional[1316].

Y así, conforme a ese anuncio, días después, la Sala Constitucional dictaría la sentencia nº 1173 de 15 de junio de 2004 (Caso: *Esteban Grebasi*) con motivo de la solicitud de interpretación del artículo 72 de la Constitución, en virtud de la duda razonable que el recurrente había alegado "consistente en saber si un funcionario cuyo mandato le fuere revocado con base en el citado artículo 72 puede optar a algún cargo de elección popular durante el siguiente período correspondiente". El recurrente también había argumentado que la "prohibición de postulación a cargos de elección popular prevista en el artículo 198 de la Carta Magna" debía "entenderse comprendida dentro del alcance del artículo ... ya que resulta contrario a la razón y, en consecuencia, a toda regla lógica, que un funcionario cuyo mandato ha sido revocado por el propio pueblo que lo eligió opte inmediatamente a un cargo (al) que debe ser también elegido"; considerando que un funcionario, al serle revocado su mandato con fundamento en el mecanismo previsto en el artículo 72 de la Carta Magna, "pierde el derecho a ser elegido al mismo cargo del cual le ha sido revocado por mandato popular".

La Sala Constitucional, para decidir, delimitó el ámbito de la solicitud en relación a "la duda existente en el ánimo del solicitante al interponer la presente acción de interpretación constitucional ...en saber si el Presidente de la República, dado el caso que se le revocara su mandato de conformidad con el mecanismo de participación política previsto en el artículo 72 de la Constitución de la República Bolivariana de Venezuela, le sería aplicable la inhabilitación prevista en el artículo 198 *eiusdem*, respecto de los Diputados a la Asamblea Nacional"; pasando entonces a decidir interpretando "las disposiciones constitucionales en concordancia con el resto de la Carta Magna, considerada ésta *in totum*".

La Sala Constitucional, después de argumentar sobre las técnicas de interpretación constitucional, recordó la "restricción para el empleo de la interpretación modificativa, contenida en el aforismo romano *favorabilia amplianda, odiosa restringenda*, según el cual las disposiciones de carácter prohibitivo deben ser interpretadas restrictivamente y aquéllas favorables a las libertades consagradas en el ordenamiento deben serlo extensivamente", concluyendo que la interpretación en materia de derechos humanos debe "siempre hacerse conforme al principio de preeminencia de los derechos humanos, el cual, junto con los pactos internacionales suscritos y ratificados por Venezuela relativos a la materia, forma parte del bloque de la constitucionalidad".

A continuación la Sala Constitucional analizó el artículo 233 de la Constitución, y estableció que la revocatoria del mandato otorgado al Presidente de la República, conforme al mecanismo previsto en el artículo 72 de la Carta Magna, generaría una falta absoluta de dicho funcionario, la cual debía ser cubierta de los modos siguientes:

1316 *V.* la reseña de Edgard López en El Nacional, Caracas 10-06-2004; *V.* los comentarios en Allan R. Brewer-Carías, *La Sala Constitucional vs. El Estado democrático de derecho (El secuestro del Poder Electoral y de la sala Electoral del Tribunal Supremo y la confiscación del derecho a la participación política)*, Caracas 2004, pp. 58-59. *V.* este trabajo en la Tercera Parte de este libro, páginas 197 y ss.

"a.- Si la revocatoria del mandato opera antes de concluido el cuarto año de su período constitucional (en el caso del corriente, de conformidad con lo señalado por esta Sala en sus sentencias núms. 457/2001 y 759/2001, del 5 de abril y 16 de mayo de 2001, respectivamente, casos: Francisco Encinas Verde y otros, y Willian Lara, en su orden; antes del 19 de agosto de 2004), tal falta sería cubierta por un nuevo Presidente de la República, resultante de una nueva elección universal, directa y secreta a realizarse dentro de los treinta (30) días consecutivos siguientes a la revocatoria, al cual correspondería concluir el período en curso; y

b.- En el caso de que la revocatoria se produzca durante los últimos dos años del período constitucional (en el caso del presente período presidencial, si se produjera con posterioridad al 19 de agosto de 2004), la falta sería cubierta por el Vicepresidente Ejecutivo o Vicepresidenta Ejecutiva, quien asumiría la Presidencia de la República hasta completar dicho período".

Luego de estos razonamientos, la Sala fue concluyente al afirmar que:

"Visto lo anterior, esta Sala observa que la revocatoria popular del mandato del Presidente de la República, de conformidad con los artículos 72 y 233 de la Constitución de la República Bolivariana de Venezuela, acarrea su falta absoluta en el *cargo y, por ende, su separación definitiva del mismo por el período correspondiente* (subrayado nuestro)".

Pero en relación con los alegatos del solicitante en cuanto a la aplicación al Presidente de la República del artículo 198 de la Carta Magna, relativo a la restricción a los Diputados de la Asamblea Nacional para postularse a cargos de elección popular en el período siguiente a la revocatoria popular de su mandato, la Sala Constitucional juzgó "que de ser cierta tal afirmación constituiría una limitación al ejercicio de un derecho fundamental, cual es, el derecho a la participación del Presidente de la República (*cfr.* sentencia de la Sala Plena de la extinta Corte Suprema de Justicia del 5 de diciembre de 1996, Caso: *Ley de División Político-Territorial del Estado Amazonas*), en una de sus vertientes, el derecho de postulación, consagrado en el último párrafo del artículo 67 de la Carta Magna"; estimando además, que "dicha restricción no se encuentra en la Constitución ni en ley alguna, y pertinente es señalar que la Convención Americana sobre Derechos Humanos, suscrita y ratificada por Venezuela (*Gaceta Oficial* N° 31.256 del 14 de junio de 1977), la cual, de conformidad con el artículo 23 de la Constitución, es de aplicación preferente cuando contenga disposiciones sobre el goce y ejercicio de los derechos humanos más favorables a las establecidas en el ordenamiento interno, y son de aplicación inmediata y directa por los tribunales y demás órganos del Poder Público". Por todo ello, la Sala concluyó su sentencia resolviendo que:

"Sobre la base de la anterior motivación y en atención al principio constitucional de preeminencia de los derechos fundamentales establecido en el artículo 2 de la Carta Magna, esta Sala Constitucional del Tribunal Supremo de Justicia declara que la restricción contenida en el artículo 198 de la Constitución de la República Bolivariana de Venezuela, según la cual los Diputados a la Asamblea Nacional, cuyo mandato fuere revocado de conformidad con el mecanismo previsto en el artículo 72 *eiusdem*, no podrán optar a cargos de elección popular en el siguiente período, no es aplicable al Presidente de la República, y así se decide".

Olvidó la Sala, sin embargo, que en el caso concreto de la revocatoria del mandato del Presidente de la República estaban en juego dos derechos constitucionales y no sólo uno de ellos: la Sala razonó con base en el solo derecho político individual del Presidente de la República a ser postulado y a ser electo; pero para ello se había olvidado que existía otro derecho constitucional en juego, el derecho político colectivo de los ciudadanos a revocarle el mandato al Presidente de la República, el cual debía privar sobre el primero.

Además, la Sala olvidó analizar el artículo 230 de la Constitución que establece que el período presidencial es de seis años, pudiendo el Presidente "ser reelegido, *de inmediato* y por una sola vez, *para un nuevo período*". Olvidó la Sala considerar que para que un Presidente de la República pueda ser reelecto, tiene que haber completado su período presidencial para poder ser electo "de inmediato y por una sola vez, para un nuevo período". Si un Presidente no termina su mandato, porque renunció o porque fue revocado, tendría entonces una imposibilidad de ser reelecto "de inmediato". Por lo que en caso de revocarse el mandato del Presidente de la República, en forma alguna podría ser candidato en la elección para el próximo período presidencial.

Mucho menos, por supuesto, podría ser candidato un Presidente revocado antes de cumplirse los cuatro primeros años de su mandato, en la elección subsiguiente para elegir un "nuevo Presidente" para completar el resto del período del Presidente revocado. Como lo dijo la propia Sala Constitucional en su sentencia: La revocatoria del mandato "acarrea su falta absoluta en el cargo y, por ende, su separación definitiva del mismo por el período correspondiente", por lo cual no puede pretender ser electo por el resto de dicho período en el cual fue revocado.

Pero ello no había sido resuelto expresamente, por lo que una vez se prolongó la incertidumbre sobre la posibilidad –absurda- que podía deducirse en forma indirecta, de que un Presidente revocado al no aplicársele la restricción del artículo 198 de la Constitución, pudiera ser candidato y electo en las elecciones presidenciales para el próximo período constitucional. Continuó existiendo la supuesta "duda" sobre si el Presidente revocado antes de cumplirse los primeros cuatro años de su mandato, podía presentarse a la elección para elegir un "nuevo Presidente" que completara el resto del período presidencial.

La antes mencionada sentencia nº 1173 de la Sala Constitucional tuvo dos votos salvados de los Magistrados Antonio J. García García y Rondón Haaz.

El Magistrado Antonio J. García García consideró que los planteamientos de la sentencia de la Sala "confunden los efectos de la revocatoria de mandato de los Diputados a la Asamblea Nacional y del Presidente de la República, en virtud del error en que se incurrió en la elaboración de una de sus premisas", considerando que:

> "[la] Sala, en ejercicio de una interpretación sistemática de la Constitución, debió pronunciarse con claridad sobre cada uno de los supuestos que la solicitud de interpretación encierra. Particularmente, frente a la actual realidad política y electoral que vive el país, se estima importante la definitiva posición de la Sala respecto a la posibilidad de que el Presidente de la República que sea revocado por vía de referendo, intervenga pasivamente en el proceso electoral

convocado tanto para proveer –por el resto del período- la vacante producida por la revocatoria del mandato, como para escoger a un nuevo Presidente por el período constitucional siguiente, pues, si bien expresamente se resolvió, como ya se indicó, el último escenario mencionado, quien suscribe observa que, aún cuando resultara obvia la consecuencia lógica de la revocatoria del mandato, nada se dice sobre el impedimento que tendría dicho funcionario para ser candidato en el otro escenario planteado, esto es, en las elecciones a realizarse dentro de los treinta (30) días consecutivos siguientes a la eventual remoción del Presidente por vía de referendo revocatorio, cuando la mayoría sentenciadora señaló que *"la revocatoria popular del mandato del Presidente de la República, de conformidad con los artículos 72 y 233 de la Constitución de la República Bolivariana de Venezuela, acarrea su falta absoluta en el cargo y, por ende, su separación definitiva del mismo por el período correspondiente"*.

En caso de revocatoria del mandado, como falta absoluta del Presidente de la República, el Magistrado García consideró que:

> "[una] interpretación armónica de la Constitución y de la institución de la figura del revocatorio, nos permitiría decir que el constituyente exige la elección de un nuevo Presidente, sin la posibilidad de que el funcionario revocado pueda medirse en ese proceso electoral convocado para suplir la falta absoluta, de manera que, lógicamente, debe entenderse que la afirmación que se ha hecho en el fallo que antecede con respecto a que la restricción contenida en el artículo 198 eiusdem no es aplicable al Presidente de la República, sólo conduce a concluir que quien haya sido revocado en el cargo de Presidente de la República podrá optar para ser nuevamente elegido por un período constitucional distinto al que no concluyó por la voluntad popular expresada en el referendo revocatorio.
>
> Resultaría un contrasentido que un funcionario al que se le revocó el mandato pueda presentarse como candidato en la elección que se convoque para proveer la vacante causada por la sanción que los electores le propinaron, improbando su gestión, dado que la propia Constitución, en su artículo 233, determina que 'el nuevo Presidente' asumirá sus funciones para completar el período, lo que indica claramente que se trata de otro Presidente, pues cualquier falta absoluta implica la separación categórica del funcionario y la consiguiente sustitución personal del mismo. Pretender un efecto contrario significaría una amenaza de fraude a la soberanía de la voluntad popular que, expresada por vía de referendo revocatorio, ha interrumpido el desempeño de un cargo de elección popular, bien por motivos de legitimidad, cuando ha dejado de merecerles su confianza, o bien por resultar inconveniente o inoportuna para los intereses del país la gestión que en el ejercicio del mismo realiza su titular.
>
> Siendo ello así, la inhabilitación natural producida por la revocatoria popular que excluye la aspiración del Presidente removido para culminar el período correspondiente, no podría asimilarse a la inhabilitación a que se refiere el artículo 198 de la Constitución, ya que, según dispone el propio texto constitucional, la forma de cubrir la falta absoluta de los Diputados a la Asamblea Nacional cuyo mandato sea revocado es distinta a la que se preceptúa para proveer la vacante al cargo de Presidente de la República, dada la ausencia en este último

caso de un suplente que, junto con el principal, haya sido también elegido popularmente".

Concluyó el Magistrado García su voto salvado señalando que:

> "[una] interpretación integrada de las normas constitucionales lleva a concluir que, independientemente de la falta de prohibición expresa que inhabilite al Presidente de la República removido, para optar a cargos de elección popular, el efecto práctico del referendo revocatorio no puede ser otro que una nueva elección para completar el período presidencial, en la cual no puede participar quien ha sido revocado. Sostener un criterio distinto, bajo el argumento del derecho a ser elegido y el consecuente derecho a postularse que tiene toda persona en cabeza del revocado, dejaría completamente sin efecto la finalidad esencial de todo proceso revocatorio, cual es la sanción política de separarlo del ejercicio del cargo e inhabilitarlo para ello por el período por el cual fue elegido. En definitiva, se irrespetaría con ello la voluntad popular manifestada en el referendo correspondiente".

Por su parte, el Magistrado Rondón Haaz, en particular destacó que la sentencia no daba respuesta a la duda que expresó el solicitante de la interpretación en cuanto a la posibilidad de participación del Presidente de la República, a quien se le hubiere revocado el mandato, en la elección *inmediata* a que se refiere el artículo 233 de la Constitución de la República Bolivariana de Venezuela como fórmula para la cobertura de falta absoluta que tal revocatoria produce. Agregó el Magistrado que:

> "Más allá del error del solicitante respecto a la posibilidad, que la Sala descartó, de extensión de la inhabilitación a que se contrae el artículo 198 de la Constitución a funcionarios distintos a los que éste se refiere, la Sala ha debido agotar la interpretación que se le requirió para la resolución, de una vez y en forma integral, de las dudas interpretativas que han generado las disposiciones constitucionales en cuestión y que se reflejan en un grueso número de solicitudes de interpretación de las mismas que cursan en sus archivos".

Pero lamentablemente, la línea de acción de la mayoría de la Sala Constitucional en esta materia parecía ser más bien no agotar la interpretación de las normas constitucionales sino, al contrario, mantener siempre alguna incertidumbre para tener un hilo de poder permanente. Ello se evidenció de la sentencia nº 1378 del 22 de julio de 2004 (Caso: *Braulio Jatar Alonso y otros*), dictada días después, con motivo de un recurso de interpretación interpuesto precisamente sobre el artículo 233 de la Constitución, el cual fue declarado sin lugar[1317], perdiéndose la oportunidad que tenía la Sala de interpretar definitivamente su contenido.

1317 La Sala Constitucional, en efecto, se limitó a interpretar el término de los dos últimos años del período presidencial iniciado en 2000, así: "Así las cosas, es claro que en la decisión parcialmente transcrita, la Sala sentenció que el actual período presidencial, cuya duración es de seis (6) años de acuerdo con el artículo 230 constitucional, culmina el 19 de agosto de 2006, pero que el actual Presidente de la República –o quien desempeñe conforme a la Constitución dicho cargo en caso de falta absoluta de aquél- seguirá ocupando dicho cargo hasta la fecha de inicio del primer año del siguiente período constitucional, esto es, hasta el 10 de enero de 2007, para ajustar la realidad electoral del órgano Presidencia de la República a la exigencia del Texto Constitucional sin que sea menester para ello efectuar una enmienda del artículo 231 de la vigente Constitución; en tal sentido, del contenido de la sentencia examinada se

Ahora bien, en cuanto a la sentencia nº 1173, y por lo que respecta al Voto Salvado del Magistrado Rondón Haaz, luego de concordar con la opinión del Magistrado García García, señaló que:

> "[Cuando] la Carta Magna exige la elección de un nuevo Presidente, impide la posibilidad de que el funcionario cuyo mandato hubiere sido revocado pueda participar como candidato en el proceso electoral que se convoque para que supla su propia falta absoluta. Y es que, además de que la simple lógica repudia que un funcionario al que se le hubiere revocado el mandato pudiera presentarse como candidato en la elección que se convocase para la provisión de la vacante que habría causado la improbación de su gestión por el electorado, la propia norma constitucional determina que, en esto oportunidad (elección inmediata) deberá elegirse a un nuevo Presidente que completará el período del Presidente saliente.
>
> Por otra parte, la pretensión de lo contrario, con cualquier fundamento (como podría ser el derecho al sufragio pasivo y a postulación de aquel cuyo mandato hubiere sido revocado), enervaría la finalidad de todo proceso revocatorio, cual es, como apuntó el Magistrado García García, la sanción política al funcionario en cuestión, que comporta, además de la separación del ejercicio del cargo, la inhabilitación para su ejercicio por el período por el cual fue elegido, en abierto fraude a la voluntad popular".

En todo caso, las dudas que habían quedado de la interpretación constitucional que había efectuado la Sala Constitucional, hechas incluso antes de que la sentencia se conociera, dada la divulgación del contenido de la ponencia respectiva[1318] fueron inmediatamente advertidas[1319]; razón por la cual el solicitante de la interpretación anunció que solicitaría la aclaratoria de la sentencia[1320]. La sentencia, en realidad, se había limitado a señalar que el texto del artículo 198 de la Constitución que contiene una restricción respecto de los diputados revocados, no se podía aplicar al Presidente de la República, lo que era de lógica interpretativa constitucional elemental; pero dejaba sin resolver lo esencial: *Primero*, si el Presidente revocado podía presentarse como candidato en la elección que dentro del mes siguiente debía efectuarse para elegir un "nuevo Presidente" que concluyera el período constitucional para el cual había sido electo el Presidente revocado; y *segundo*, si el Presidente revocado, quien por ello no habría completado su período presidencial, podía presentarse como candidato a la nueva elección presidencial para el próximo período presidencial, una vez completado por un nuevo Presidente el período del cual hubiera sido revocado.

---

desprende de manera indubitable que los (2) dos últimos años del actual período presidencial, iniciado el día 19 de agosto de 2000, comienzan el día 19 de agosto de 2004, sin que para declarar tal situación cronológica sea necesario realizar una interpretación de la norma contenida en el artículo 233 de la Norma Fundamental, o efectuar una interpretación de las normas incluidas en los artículos 230 y 231 *eiusdem*, adicional o complementaria a la hecha en la decisión nº 457/2001, del 5 de abril, caso*: Francisco Encinas Verde y otros"*.

1318 *V.* la reseña de Edgar López, en *El Nacional*, Caracas 10-06-2004, p. A-6.

1319 *V.* la opinión de Hermann Escarrá en *El Nacional*, Caracas, 10-06-2004, p. A-6.

1320 *V.* en *El Nacional*, Caracas 16-06-2004, p. A-2; *El Nacional*, Caracas 17-06-2004, p. A-2; 4.

En cuanto a la elección presidencial para elegir a un nuevo Presidente para completar el período constitucional del Presidente revocado, la sentencia sí dijo que la revocación del mandato del Presidente de la república "acarrea su falta absoluta en el cargo y, por ende, su separación definitiva del mismo por el período correspondiente", lo que significa que no podría el Presidente pretender presentarse como candidato para ser electo y terminar el período constitucional del cual habría sido popularmente revocado.

Pero el propio Presidente de la República, cuyo mandato se había solicitado fuera revocado en la votación que se efectuó el día 15 de agosto de 2004, antes de esa fecha, el día 8 de julio de 2004 desde Puerto Iguazú, donde había asistido como invitado a la XXVI Cumbre del Mercado Común del Sur, se encargaría de "aclararle" a quien quisiera oír o leer, que si llegaba a perder el referendo revocatorio, entregaría la Presidencia "porque al mes siguiente estaré peleando nuevamente por la Presidencia"[1321]. Lamentablemente, esta "aclaratoria" afectaba la que se había solicitado a la Sala Constitucional, particularmente por las simultáneas declaraciones del Presidente del Tribunal Supremo y de la Sala Constitucional, Iván Rincón, dadas con toda diligencia, y que aparecieron publicadas en la prensa al día siguiente, cuyo contenido permitía pensar que el mandado ya estaba hecho.

En efecto, por encima de cualquier duda que pudiera existir, el Presidente del Tribunal Supremo de Justicia y de la Sala Constitucional, en declaraciones publicadas en la prensa el 10 de julio de 2004, ratificaría lo que el Presidente de la República había anunciado la víspera. Dicho Magistrado declaró que ya existía una ponencia de sentencia de "aclaratoria" de la sentencia nº 1173 de la Sala Constitucional, elaborada por el Magistrado Delgado Ocando, cuyo texto dijo que ya conocía, pero había que esperar que la vieran los otros Magistrados, y sin rubor alguno y sin recordar que los jueces no pueden adelantar opinión sobre fallos no publicados, indicó que la confusión que existía en la materia se debía a:

> "[Las] declaraciones encontradas de los famosos juristas que siempre están desglosando sentencias y leyes, olvidándose de lo que aprendieron en las Universidades, de las investigaciones que han hecho y de lo que saben… juristas que pertenecen a las famosas Academias de Caracas…"[1322]

1321 *V. El Nacional*, Caracas 9-06-2004.

1322 Pedro Llorens, sobre esta frase del Magistrado, señaló que "no es capaz de redactar una sentencia medianamente correcta y se limita a leer las que elaboran los otros", en "El hacedor de sentencias", *El Nacional*, Caracas 11-07-2004, p. A-9. Por su parte, el profesor José Muci Abraham, ex Presidente de la Academia de Ciencias Políticas y Sociales, dijo: "Los vendedores de sentencias despotrican de los juristas que orgullosamente pertenecemos 'a las famosas academias de Caracas'. El complejo de provincialismo le sale por los poros. Los punza el dolor de sentirse inferiores y de haberse destacado sólo a expensas de servir los intereses de los poderosos, por una dádiva compensatoria de su servilismo. ¿Han pensado esos bufones del foro, que con su torcida interpretación exponen al país a una contienda de impredecibles consecuencias? ¿Han meditado sobre los efectos de constreñir insensatamente a un pueblo a que vuelva a los comicios para enfrentar de nuevo al gobernante proscrito 30 días antes?, en "Supina ignorancia del supremo", *El Nacional*, Caracas, 14-07-22004, p. A-9.

Agregando que:

> "La sentencia es muy clara y tiene solo una lectura...La sentencia dice: Señores, los derechos consagrados en la Constitución son iguales para todos, salvo en casos de excepciones establecidas en la misma Carta Magna, en las leyes o en los Tratados Internacionales.
>
> En materia de derechos constitucionales, las restricciones tienen que estar expresamente establecidas en leyes formales, como se desprende de la Convención Americana sobre Derechos Humanos y de la resolución de la Comisión Interamericana de Derechos Humanos, con las cuales se nos amenaza constantemente.
>
> Nosotros, lo que decimos es que la Constitución establece expresamente la imposibilidad de que un diputado al que se le haya revocado su mandato, opte a cargos de elección popular en el siguiente período, pero no indica nada respecto de los alcaldes, los gobernadores y el Presidente de la República. Terminamos diciendo que no puede haber restricciones si no están en ley o en la Constitución
>
> La gente lo que pregunta es: pero ¿Chávez puede participar? Señores, no hay restricciones si no están en la Constitución o en la ley y ahora nosotros tenemos que responder en la aclaratoria si Hugo Chávez Frías puede participar o no en caso de que le sea revocado el mandato"[1323].

El Magistrado, al dar dichas declaraciones, no sólo olvidó su condición de tal Magistrado, sino que olvidó de nuevo que lo que estaba en juego en este caso judicial, no solo era el ejercicio de un derecho político individual del Presidente revocado de postularse y ser electo; sino el derecho político colectivo de los ciudadanos a revocarle el mandato a los representantes electos. La Sala Constitucional no podía resolver la cuestión tomando en cuenta el sólo derecho individual del Presidente e ignorando el derecho político colectivo de los ciudadanos. Al hacer tal afirmación, en todo caso, el Magistrado había ignorado que el gobierno en Venezuela "es de mandatos revocables" (Art. 6 de la Constitución); y había olvidado que al menos tenía que ponderar ambos derechos en la balanza de la justicia, y establecer por qué uno privaría sobre el otro.

El abogado Gerbasi, quien había sido el recurrente en el recurso de interpretación, el día 13 de julio de 2004 no tuvo otra alternativa que recusar al Magistrado Presidente de la Sala Constitucional, por haber adelantado opinión sobre la anunciada "aclaratoria" de la sentencia[1324]; pero al día siguiente, el 14 de julio de 2004, el propio Magistrado Iván Rincón, Presidente del Juzgado de Sustanciación (además de ser Presidente de la Sala Constitucional y del propio Tribunal Supremo), declararía sin lugar la recusación por considerarla extemporánea, ya que después de dictarse sentencia definitiva no habría recusación, y en el caso concreto se trataba de

---

1323 *V.* en la entrevista con Edgard López, *El Nacional*, Caracas 10-07-2004, p. A-2.

1324 Gerbasi dijo a la prensa: "Después de un año y seis meses que no contestaron el recurso de interpretación, solicitamos una aclaratoria. Chávez le dejó una orden expresa a Rincón desde Argentina", *El Nacional*, Caracas, 11-07-2004, p. A-7. *V.* además, *El Nacional*, 14-07-2004, p. A-6.

una aclaratoria de una sentencia. Argumentó además el Magistrado que las declaraciones que aparecieron en la nota del periodista Edgar López en el diario *El Nacional*, supuestamente eran "el producto de interpretación que realizó el periodista y no una trascripción exacta" de lo que había expresado en la entrevista; a lo cual respondió el periodista Edgar López, en la "Nota del redactor" que publicó, que "Es inútil aclarar que en el texto publicado no hay interpretación ni inexactitud que pudiera alterar el sentido de lo dicho por el presidente del TSJ... La grabación no permitirá a nadie mentir"[1325].

En definitiva, la Sala Constitucional del Tribunal Supremo, a pesar de haber tenido en sus manos la posibilidad de resolver la interpretación constitucional de los artículos 72, 230 y 233 de la Constitución antes de la realización del referendo revocatorio del mandato del Presidente de la República, el cual finalmente se efectuó el 15 de agosto de 2004 a solicitud popular conforme al artículo 72 de la Constitución[1326]; sin embargo, no lo hizo y continuaron las dudas que existían sobre dos aspectos esenciales en esta materia de los efectos de un referendo revocatorio de mandato presidencial: Primero, si el Presidente cuyo mandato era revocado podía presentarse como candidato y ser electo como "nuevo Presidente", en las elecciones que debían convocarse dentro del mes siguiente a su revocación para completar los dos años restantes (2004-2006) del período constitucional presidencial (que había iniciado en 2000 y culminaba en 2006) del cual había sido revocado; y segundo, si un Presidente revocado podía presentarse como candidato a la "reelección", en las elecciones presidenciales que debían realizarse a finales de 2006, para el período constitucional presidencial subsiguiente (2007-2013).

La duda interpretativa continuó, y el órgano constitucional llamado a interpretar la Constitución y a aclarar las dudas, lo que había hecho era prolongar la incertidumbre, con el objeto, sin duda, de seguir ejerciendo el poder último de decisión en la materia.

El Presidente de la República, antes de que se realizara el acto de votación del referendo sobre la revocatoria de su mandato el 15 de agosto de 2004, en todo caso, sobre el primer aspecto que había quedado constitucionalmente sin resolver, ya se había anticipado a los posibles acontecimientos y había anunciado públicamente que en caso de ser revocado su mandato, el Vicepresidente Ejecutivo quedaría encargado de la Presidencia de la República y él, "al mes siguiente ya sería candidato a la Presidencia de la República otra vez"[1327].

Sin embargo, no tuvo oportunidad de violentar la Constitución, pues se le había adelantado el Consejo Nacional Electoral, el cual, como se ha dicho, el 26 de agosto de 2004, sin competencia constitucional alguna, decidiría "ratificar" al Presidente de la República en su cargo, dado que según las cifras de votación que anunció, a pesar

---

1325 *V.* en *El Nacional*, Caracas 15-07-2004, p. A-4

1326 Sobre las vicisitudes para dicha convocatoria *V.* Allan R. Brewer-Carías, *La Sala Constitucional vs. El Estado democrático de derecho (El secuestro del Poder Electoral y de la sala Electoral del Tribunal Supremo y la confiscación del derecho a la participación política)*, Ediciones El Nacional, Caracas, 2004. *V.* este trabajo en la Tercera Parte de este libro, páginas 197 y ss.

1327 *V. El Nacional*, Caracas 06-08-2004, p. A-6. La misma declaración la formuló ante los corresponsales extranjeros el 12-08-2004. *V. El Nacional*, Caracas, 13-08-2004, p. A-4 de que había suficientes votos para que constitucionalmente hubiera quedado revocado el mandato (más de los que había sacado cuando fue electo), sin embargo, habría habido más votos por la no revocación de su mandato.

SECCIÓN OCTAVA:

LA ILEGÍTIMA MUTACIÓN CONSTITUCIONAL PARA PERMITIR EL PROSELITISMO POLÍTICO EN LA FUERZA ARMADA

Esta sección se configura con el texto del estudio sobre "Una nueva mutación constitucional: el fin de la prohibición de la militancia política de la Fuerza Armada Nacional, y el reconocimiento del derecho de los militares activos de participar en la actividad política, incluso en cumplimiento de las órdenes de la superioridad jerárquica," publicado en *Revista de Derecho Público,* Nº 138 (Segundo Trimestre 2014, Editorial Jurídica Venezolana, Caracas 2014, pp. 170-175.

Apenas se publicó la Constitución de 1999 y sobre la base de mi participación como Constituyente en los trabajos de la Asamblea Nacional Constituyente, en un trabajo denominado "Reflexiones Críticas sobre la Constitución venezolana de 1999" que se publicó en 2000 con ocasión de diversas presentaciones que hice sobre el nuevo texto constitucional,[1328] advertí sobre el "acentuado esquema militarista" que se había incorporado en la Constitución, y cómo, al agregarse dicho esquema, "al presidencialismo [extremo] como forma de gobierno, y a la concentración del Poder en la Asamblea Nacional," resultaba una "combinación que podía "conducir fácilmente al autoritarismo"[1329] como lamentable, pero efectivamente ocurrió.

En particular, sobre el régimen militar en la Constitución, ya en 2000 destacábamos que:

> "en el texto constitucional quedó eliminada toda idea de sujeción o subordinación de la autoridad militar a la autoridad civil, consagrándose, al contrario,

1328 Véase Allan R. Brewer-Carías, "Reflexiones críticas sobre la Constitución de Venezuela de 1999", en Diego Valadés, Miguel Carbonell (Coordinadores), *Constitucionalismo Iberoamericano del Siglo XXI*, Cámara de Diputados. LVII Legislatura, Universidad Nacional Autónoma de México, México 2000, pp. 171-193; en *Revista de Derecho Público*, Nº 81, Editorial Jurídica Venezolana, Caracas, enero-marzo 2000, pp. 7-21; en *Revista Facultad de Derecho, Derechos y Valores*, Volumen III Nº 5, Universidad Militar Nueva Granada, Santafé de Bogotá, D.C., Colombia, Julio 2000, pp. 9-26; y en el libro *La Constitución de 1999*, Biblioteca de la Academia de Ciencias Políticas y Sociales, Serie Eventos 14, Caracas 2000, pp. 63-88.

1329 Ya en nuestro pronunciamiento sobre las "Razones del voto "NO" en el referéndum sobre la Constitución," que publicamos el 30 de noviembre de 1999, expresamos: "en cuanto a la *Constitución política* en el Proyecto de Constitución, cuando se analiza globalmente, particularmente en los elementos antes mencionados, pone en evidencia un esquema institucional para el autoritarismo, que deriva de la combinación del centralismo de Estado, del presidencialismo exacerbado, de la partidocracia y del militarismo que constituyen los elementos centrales diseñados para la organización del Poder del Estado." Véase en Allan R. Brewer-Carías, *Debate Constituyente (Aportes a la Asamblea Nacional Constituyente),* Tomo III *(18 octubre-30 noviembre 1999)*, Fundación de Derecho Público-Editorial Jurídica Venezolana, Caracas 1999, p. 325.

una gran autonomía de la autoridad militar y de la Fuerza Armada Nacional, unificadas las cuatro fuerzas, con la posibilidad de intervenir en funciones civiles.

Ello se evidencia de las siguientes regulaciones: primero, de la eliminación de la tradicional prohibición de que la autoridad militar y la civil no pueden ejercerse simultáneamente, que establecía el artículo 131 de la Constitución de 1961; segundo, de la eliminación del control, por parte de la Asamblea Nacional, respecto de los ascensos de los militares de alta graduación, que en el constitucionalismo histórico siempre se había previsto, disponiéndose en el texto constitucional, al contrario, que ello es competencia exclusiva de la Fuerza Armada (art. 331); tercero, de la eliminación del carácter no deliberante y apolítica de la institución militar, como lo establecía el artículo 132 de la Constitución de 1961, lo que abre la vía para que la Fuerza Armada, como institución militar, comience a deliberar políticamente y a intervenir y dar su parecer sobre los asuntos de los que estén resolviendo los órganos del Estado; cuarto, de la eliminación de la obligación de la Fuerza Armada de velar por la estabilidad de las instituciones democráticas que preveía el artículo 132 de la Constitución de 1961; quinto, lo que es más grave aún, de la eliminación de la obligación de la Fuerza Armada de respetar la Constitución y las leyes "cuyo acatamiento estará siempre por encima de cualquier otra obligación", como lo decía el artículo 132 de la Constitución de 1961; sexto, de la atribución a los militares, en forma expresa, del derecho al sufragio (art. 330), lo cual podría ser incompatible, políticamente, con el principio de obediencia; séptimo, del establecimiento del privilegio procesal, tradicionalmente reservado a los altos funcionarios del Estado, a los altos oficiales de la Fuerza Armada de que para ser enjuiciados se requiera una decisión del Tribunal Supremo sobre si hay o no méritos para ello (art. 266,3); octavo, del sometimiento a la autoridad de la Fuerza Armada de todo lo concerniente con el uso de armas y no sólo las de guerra, lo que se le quita a la Administración civil del Estado (art. 324); noveno, de la atribución, en general, a la Fuerza Armada de competencias en materia de policía administrativa (art. 329); y décimo, de la adopción en el texto constitucional del concepto ya histórico de la doctrina de la seguridad nacional, por ser esta de carácter globalizante, totalizante y omnicomprensiva, conforme a la cual todo lo que acaece en el Estado y la Nación, concierne a la seguridad del Estado, incluso el desarrollo económico y social (art. 326)."

Esta situación –concluía- da origen a un esquema militarista que constitucionalmente es una novedad, pero que puede conducir a un apoderamiento de la Administración civil del Estado por la Fuerza Armada, a la cual, incluso se le atribuye en la Constitución "la participación activa en el desarrollo nacional" (art. 328).

Todo lo anterior, muestra un cuadro de militarismo realmente único en nuestra historia constitucional que ni siquiera se encuentra en las Constituciones de los regímenes militares."[1330]

1330 *Idem*., pp. 327-329

A pesar de ese cuadro de acentuado militarismo, sin embargo, en el texto constitucional se logró preservar en forma expresa, sobre la relación entre la Fuerza Armada nacional y sus integrantes y la actividad política, lo siguiente: primero, que "la Fuerza Armada Nacional constituye una institución esencialmente profesional, sin militancia política, organizada por el Estado para garantizar la independencia y soberanía de la Nación y asegurar la integridad del espacio geográfico" (Artículo 328.); segundo, que "en el cumplimiento de sus funciones, está al servicio exclusivo de la Nación y en ningún caso al de persona o parcialidad política alguna" (Artículo 328.); tercero, que a los integrantes de la Fuerza Armada Nacional no "les esté permitido optar a cargo de elección popular (Artículo 330); y cuarto, que a los integrantes de la Fuerza Armada Nacional, tampoco les está permitido "participar en actos de propaganda, militancia o proselitismo político" (Artículo 330).

Estos postulados esenciales, por supuesto, sólo podrían cambiarse mediante una reforma del texto constitucional, como se pretendió hacer con la rechazada reforma constitucional de 2007, cuando por ejemplo, respecto de la norma del artículo 328, en primer lugar, se buscaba eliminar la previsión constitucional de que la Fuerza Armada es "institución esencialmente profesional, sin militancia política", y en su lugar se proponía establecer que constituye "un cuerpo esencialmente patriótico popular y antiimperialista". Con ello, hubiera desaparecido la institución militar como institución profesional, y desaparecido la prohibición de que la misma no tenga militancia política, definiéndosela como "patriótico popular y antiimperialista," lo que buscaba abrir como lo expresamos en 2007, "el camino constitucional para la integración de la Fuerza Armada Bolivariana en el partido político de su Comandante en Jefe, quien ejerce la Suprema Autoridad Jerárquica en todos sus Cuerpos, Componentes y Unidades, como se propuso en la reforma del artículo 236,6 de la Constitución."[1331]

Sin embargo, como ya ha ocurrido con tantos otros aspectos de la fallida rechazada reforma de 2007, ha sido la Sala Constitucional del Tribunal Supremo de Justicia, como ha sucedido en otras ocasiones, el órgano del Estado encargado de implementar dicha reforma, en fraude a la Constitución y además, en fraude a la voluntad popular que la rechazó el 7 de diciembre de 2007, lo que se ha materializado mediante sentencia No. 651 de 11 de junio de 2014 (Caso *Rafael Huizi Clavier y otros*).[1332] Esta sentencia, en efecto, ha producido una nueva e ilegítima mutación constitucional,[1333] impuesta impunemente a través de un *obiter dictum* pronunciado

---

1331 Véase Allan R. Brewer-Carías, *Hacia la Consolidación de un Estado Socialista, Centralizado, Policial y Militarista. Comentarios sobre el sentido y alcance de las propuestas de reforma constitucional 2007,* Colección Textos Legislativos, Nº 42, Editorial Jurídica Venezolana, Caracas 2007, p. 94; y en *La reforma constitucional de 2007 (Comentarios al Proyecto inconstitucionalmente sancionado por la Asamblea Nacional el 2 de noviembre de 2007*), Colección Textos Legislativos, No.43, Editorial Jurídica Venezolana, Caracas 2007, p. 150.

1332 Véase en http://www.tsj.gov.ve/decisiones/scon/junio/165491-651-11614-2014-14-0313.HTML

1333 Una mutación constitucional ocurre cuando se modifica el contenido de una norma constitucional de tal forma que aún cuando la misma conserva su contenido, recibe una significación diferente. Véase Salvador O. Nava Gomar, "Interpretación, mutación y reforma de la Constitución. Tres extractos" en Eduardo Ferrer Mac-Gregor (coordinador), Interpretación Constitucional, Tomo II, Ed. Porrúa, Universidad Nacional Autónoma de México, México 2005, pp. 804 ss. Véase en general sobre el tema, Koncon ocasión de negar la homologación de un desistimiento y de declarar la improcedencia *in limene lítis* de una acción de amparo que habían intentado en 28 de marzo de 2014 un grupo de militares retirados, alegando la violación por parte de la Ministro de Defensa, de los derechos de los militares en servicio activo de "mantenerse al margen de participar en actos de propaganda, militancia o proselitismo político," garantizados entre otros en los artículos citados 328 y 330 de la Constitución, al haber sido obligados a:

"participar uniformados en marchas partidistas (15 de marzo de 2014), confeccionar pancartas con mensajes políticos y ordenarles mediante comunicación escrita hacerse acompañar con sus familiares a tales actos; a proferir como mensajes institucionales, expresiones tales como *"patria, socialismo o muerte", "Chávez vive", "la lucha sigue", "hasta la victoria siempre"*, y *"plagar"* las instalaciones operacionales, administrativas y sociales militares, con innumerables expresiones escritas y gráficas de proselitismo del partido político *"PSUV"* y de quien fuera Presidente de la República y presidente fundador del mencionado partido político; así como, de igual forma, que ordenen a los subalternos izar en cuarteles y dependencias militares la bandera de la República de Cuba y difundir, publicar y exhibir en cuarteles y otras instalaciones fotografías del *"dictador cubano Fidel Castro y del reconocido asesino internacional el 'che' Guevara, lo que configura una burla al honor del militar venezolano y la una* (sic) *violación a la nacionalidad, que podría calificarse como traición a la patria".*

Frente a estos alegatos, la Sala Constitucional comenzó por recordar que "en todos los ejércitos del mundo existe el saludo militar, cuya manifestación responde a la idiosincrasia o cultura del país o al momento histórico, social y político por las que hayan atravesado," lo que inevitablemente me hizo recordar el saludo de los ejércitos nazis al Fuhrer, propio de la "idiosincrasia" o "cultura" de Alemania en el "momento histórico, social y político por la que estaba atravesando" a partir de la caída de la República de Weimar en 1933, hasta la conclusión de la segunda guerra mundial, que fue el más negro de su historia.

Pasó luego a agregar la Sala que el saludo militar además, "indica una muestra simbólica, profesional e institucional, de respeto, disciplina, obediencia y subordinación ante la superioridad jerárquica y a la comandancia en jefe a la cual responde," lo que está bien si el comandante en jefe fuera sólo el Jefe del Estado, y el respeto, disciplina, obediencia y subordinación se refirieran a la Nación venezolana; pero no es admisible cuando el jefe de Estado, al ser jefe de un partido político, es decir, de una parcialidad política, el saludo militar, como "muestra simbólica, profesional e institucional, de respeto, disciplina, obediencia y subordinación" se hace ante la "superioridad jerárquica" de dicho partido político.

Hacer este tipo de manifestaciones, como las denunciadas, no puede considerarse en forma alguna, como lo hizo la Sala Constitucional, pues nada tiene que ver con ello, la representación de:

---

rad Hesse, "Límites a la mutación constitucional", en *Escritos de derecho constitucional*, Centro de Estudios Constitucionales, Madrid 1992.

"una expresión, gestual u oral, del sentimiento patriótico que involucra, para el caso de la República Bolivariana de Venezuela, el cumplimiento del deber fundamental "*de honrar y defender a la patria, sus símbolos y, valores culturales, resguardar y proteger la soberanía, la nacionalidad, la integridad territorial, la autodeterminación y los intereses de la Nación*", tal y como lo consagra el artículo 130 de nuestro Texto Fundamental."

Luego de hacer referencia a normas generales de la Ley Orgánica de la Fuerza Armada Nacional Bolivariana, a las líneas generales definidas por el Ejecutivo Nacional respecto del "Plan de Desarrollo Económico y Social de la Nación (hoy en día reconocido como el Plan de la Patria 2013-2019), y que, además, se encuentra debidamente aprobado por el órgano del Poder Legislativo Nacional para su implementación en toda la República," y al Reglamento Orgánico del Ministerio del Poder Popular para la Defensa, sobre las funciones del Ministro para la Defensa, la Sala destacó que los accionantes no sólo no habían probado – cuando no era necesario por ser público y notorio y además, comunicacional en los términos de la doctrina judicial de la Sala válida para otros casos - que lo denunciado implicara "un fin de propaganda o de proselitismo político," sino que declaró, en contra lo que dispone la Constitución, que supuestamente "la participación de los integrantes de la Fuerza Armada Nacional Bolivariana en actos con fines políticos no constituye un menoscabo a su profesionalidad," y que más bien es "un baluarte de participación democrática y protagónica" derivado del derecho a la participación sin discriminación que tiene todo ciudadano, incluyendo los militares en situación de actividad. Estos, afirmó la Sala, tendrían el derecho, como cualquier ciudadano, "de participar libremente en los asuntos políticos y en la formación, ejecución y control de la gestión pública," al punto de considerar que el "ejercicio de este derecho se erige como un acto progresivo de consolidación de la unión cívico-militar, máxime cuando su participación se encuentra debidamente autorizada por la superioridad orgánica de la institución que de ellos se apresta."

Con las consideraciones que ha formulado la Sala Constitucional en esta sentencia sobre la relación de la actividad militar con la actividad política, los principios esenciales establecidos en la Constitución han sido modificados sin que haya habido una reforma constitucional, en lo que sin duda ha sido una mutación ilegítima más de la misma.

A partir de la sentencia, por tanto, en primer lugar, a pesar de que la Constitución diga que la Fuerza Armada Nacional es una institución "esencialmente sin militancia política" (art. 328), con el reconocimiento generalizado en la sentencia del derecho de los militares activos "de participar libremente en los asuntos políticos y en la formación, ejecución y control de la gestión pública," pero sometidos como están al "respeto, disciplina, obediencia y subordinación" respecto de la "superioridad jerárquica," si esta superioridad es la que preside un partido político, los integrantes de la Fuerza Armada Nacional están sin duda obligados a seguir disciplinadamente lo que la misma ordene desde el punto de vista político, pasando automáticamente a tener la institución, la militancia política del Comandante en Jefe de la misma.

En segundo lugar, y como consecuencia de lo anterior, a pesar de que la Constitución disponga que la Fuerza Armada Nacional "en el cumplimiento de sus funciones, está al servicio exclusivo de la Nación y en ningún caso al de persona o parcialidad política alguna" (Artículo 328.), al reconocer la sentencia y declarar en forma general que los militares activos tienen derecho de "participar libremente en los asuntos políticos y en la formación, ejecución y control de la gestión pública," en la forma "debidamente autorizada por la superioridad orgánica de la institución que de ellos se apresta," lo que ha establecido la Sala Constitucional es que estando los militares activos sometidos a la "superioridad jerárquica," y a los principios de "respeto, disciplina, obediencia y subordinación" respecto de la misma, están en consecuencia obligados a estar al servicio de la parcialidad política que la superioridad les indique, conforme a las instrucciones del Comandante en Jefe de la Fuerza Armada Nacional.

Y en tercer lugar, a pesar de que la Constitución establezca que a los integrantes de la Fuerza Armada Nacional, no les está permitido "participar en actos de propaganda, militancia o proselitismo político" (Artículo 330), al reconocerse en la sentencia el derecho de los integrantes de la Fuerza Armada Nacional "de participar libremente en los asuntos políticos y en la formación, ejecución y control de la gestión pública," sometidos incluso a las instrucciones de la superioridad jerárquica a la cual deben respeto, disciplina obediencia y subordinación, los mismos tienen derecho e incluso la obligación de participar en cuanto acto de propaganda, militancia y proselitismo político decidan o se les ordene o instruya.

De todo lo anterior resulta que a partir de la sentencia, simplemente la Constitución dejó de decir lo que decía, y pasó a decir lo que a la Sala Constitucional se le ocurrió que dice, con lo cual, sin ser reformada y con la misma fraseología, pasó en esta materia a decir otra cosa, es decir, su texto fue mutado. Al hacer esto, la Sala Constitucional usurpó el Poder Constituyente que sólo el pueblo tiene para poder reformar o enmendar la Constitución conforme a los procedimientos previstos en ella, no existiendo mecanismo alguno para controlar lo que hace el guardián de la Constitución.

El resultado, en todo caso, es que por ejemplo, cuando la Constitución prescribe que la Fuerza Armada Nacional no puede tener "militancia política," según lo dispuesto por la Sala Constitucional, lo que dice es que si puede tener dicha militancia, conforme lo ordene la superioridad jerárquica, incuso expresada en el uso de símbolos partidistas; cuando la Constitución prescribe que la Fuerza Armada Nacional no puede estar al servicio de "parcialidad política alguna," según lo dispuesto por la Sala Constitucional, lo que dice es que sí puede o debe tener la parcialidad política del Comandante en Jefe de la misma; y cuando la Constitución dice que los integrantes de la Fuerza Armada Nacional no pueden "participar en actos de propaganda, militancia o proselitismo político," según lo dispuesto por la Sala Constitucional, lo que ello significa es que si pueden "participar libremente en los asuntos políticos y en la formación, ejecución y control de la gestión pública." Tan simple como eso.

En esa forma la Constitución se violó abiertamente, y lo inconstitucional se convirtió en constitucional, mediante una ilegítima mutación constitucional hecha por el juez constitucional, realizada no sólo en fraude a la Constitución, sino en fraude a la voluntad popular expresada en el rechazo de la reforma constitucional de 2007, que tenía la misma finalidad de eliminar la prohibición constitucional de que la Fuerza Armada pudiera tener "militancia política."

Berlín, 27 de junio de 2014

OCTAVA PARTE

EL JUEZ CONSTITUCIONAL VS. EL PODER ELECTORAL

Esta Parte está básicamente compuesta por el texto del libro *La Sala Constitucional Versus El Estado Democrático de Derecho. El secuestro del poder electoral y de la Sala Electoral del Tribunal Supremo y la confiscación del derecho a la participación política*, Los Libros de El Nacional, Colección Ares, Caracas 2004, 172 pp; y además, parcialmente publicado, como «El secuestro del Poder Electoral y la confiscación del derecho a la participación política mediante el referendo revocatorio presidencial: Venezuela 2000-2004» en *Revista Jurídica del Perú*, Año LIV Nº 55, Lima, marzo-abril 2004, pp. 353-396; «El secuestro del Poder Electoral y de la Sala Electoral del Tribunal Supremo y la confiscación del derecho a la participación política mediante el referendo revocatorio presidencial: Venezuela: 2000-2004» en *Revista Costarricense de Derecho Constitucional*, Tomo V, Instituto Costarricense de Derecho Constitucional, Editorial Investigaciones Jurídicas S.A., San José 2004, pp. 167-312; «El secuestro del Poder Electoral y la confiscación del derecho a la participación política mediante el referendo revocatorio presidencial: Venezuela 2000-2004», en *Boletín Mexicano de Derecho Comparado*, Instituto de Investigaciones Jurídicas, Universidad Nacional Autónoma de México, Nº 112. México, enero-abril 2005 pp. 11-73; "El secuestro de la Sala Electoral por la Sala Constitucional del Tribunal Supremo de Justicia, en el libro *La Guerra de las Salas del TSJ frente al Referendum Revocatorio*, Editorial Aequitas, Caracas 2004, C.A., pp. 13-58; y "El secuestro del poder electoral y la confiscación del derecho a la participación política mediante el referendo revocatorio presidencial: Venezuela 2000-2004", *Stvdi Vrbinati*, *Rivista trimestrale di Scienze Giuridiche*, Politiche ed Economiche, Año LXXI – 2003/04 Nuova Serie A – N. 55,3, Università degli studi di Urbino, Urbino, Italia 2004, pp. 379-436.

SECCIÓN PRIMERA:

LA SALA CONSTITUCIONAL VS. EL ESTADO DEMOCRÁTICO DE DERECHO: EL SECUESTRO DEL PODER ELECTORAL

El texto de esta Sección se publicó también en el libro: *Crónica sobre la "in" justicia constitucional. La Sala Constitucional y el autoritarismo en Venezuela*, Colección Instituto de Derecho Público, Universidad Central de Venezuela, Nº 2. Editorial Jurídica Venezolana, Caracas 2007, pp. 197-230.

En octubre de 2002, cuando se comenzó a plantear en Venezuela la posibilidad de solicitar la convocatoria de un referendo consultivo sobre la renuncia del Presidente de la República, señalábamos que ante la crisis política que existía y sigue existiendo, y ante el derrumbamiento progresivo de las instituciones que se estaba produciendo y sigue ocurriendo, en democracia no había otra salida que no fuera la de consultar la voluntad del pueblo, y agregábamos:

> "Una consulta, por supuesto, podría ser sobre la renuncia del Presidente de la República o sobre la terminación de su mandato. Ello, en todo caso, en definitiva significaría un pronunciamiento popular sobre el fracaso de su gestión presidencial, para en consecuencia pedirle su renuncia o para desalojarlo de su cargo. Creemos que es difícil que en una negociación política para superar la crisis, incluso con la intermediación internacional del Secretario General de Estados Americanos, César Gaviria, el Presidente de la República acepte fácilmente que se realice un referéndum consultivo para que el pueblo se pronuncie sobre si quiere o no que renuncie, o un referéndum revocatorio para pedirle al pueblo que se pronuncie sobre si quiere o no revocarle su mandato. Ello significaría someter a la voluntad popular un juicio abierto sobre su fracaso, lo que creemos muy difícil que acepte"[1334].

El Presidente Chávez, por supuesto, como en efecto ha ocurrido, no ha aceptado esa salida democrática a la crisis, pero para ello, es decir, para impedir la realización de toda consulta popular que pueda significar la evaluación de su mandato, por supuesto que tenía que apartarse de la Constitución, es decir, tenía que secuestrar tanto al Poder Electoral como a la Sala Electoral del Tribunal Supremo para que no sirvieran de garantes del derecho de los ciudadanos a la convocatoria de referendos, y también tenía que confiscarles a estos su derecho a la participación política. Y ello fue precisamente lo que ha sucedido, pero para el asombro de todos, bajo la conducción de la Sala Constitucional del Tribunal Supremo de Justicia, la cual sirvió de instrumento para tales propósitos.

En esta forma, la Sala Constitucional, a la cual la Constitución le atribuye el ejercicio de la Jurisdicción Constitucional (art. 334), lejos de haber sido el supremo guardián o garante de la Constitución, es decir, de la efectiva vigencia del Estado de derecho con fundamento en el principio de la separación de poderes, y del efectivo ejercicio y disfrute de los derechos constitucionales por los ciudadanos; en los últimos años, en realidad, ha sido el instrumento del poder político controlado desde el Poder Ejecutivo para someter a los Poderes Públicos y desmantelar el Estado democrático de derecho, así como para conculcar, entre otros, el ejercicio por los ciudadanos del derecho a la participación política mediante la solicitud de convocatoria

1334 Además agregábamos: "Por ello estimamos que la salida democrática que debería buscarse para resolver la crisis política que nos agobia, por supuesto que tiene que ser de carácter electoral, pero mediante un proceso de elecciones generales para la renovación y legitimación de todos los poderes públicos incluyendo la Presidencia de la República, y que incluso pueda permitir que el propio Chávez intervenga como candidato. Para ello la decisión a negociar, en definitiva, sería la de la reducción del término del mandato de los poderes públicos, mediante la aprobación de una enmienda constitucional". *V.*, Allan R. Brewer-Carías, *La crisis de la democracia venezolana. La Carta Democrática Interamericana y los sucesos de abril de 2002*, Libros El Nacional, Caracas, 2002, p. 17. Esa posibilidad, sin embargo, se perdió.

de un referendo revocatorio del mandato del Presidente de la República expresamente garantizado en la Constitución (art. 72).

Por eso bien podría decirse que en Venezuela, en los últimos años, el "*caso judicial*" más notorio que se ha desarrollado ante la Jurisdicción Constitucional, ha sido el de ***La Sala Constitucional vs. El Estado democrático de derecho,*** y que ha conducido al secuestro del Poder Electoral (Consejo Supremo Electoral) y de la Sala Electoral del Tribunal Supremo de Justicia (Jurisdicción contencioso electoral) y a la confiscación del derecho ciudadano a la participación política. Este libro trata de ese "proceso", el cual, sin embargo, se inició apenas fue aprobada popularmente la Constitución de 1999, configurándose como un Golpe de Estado continuado e interminable contra la Constitución[1335], siempre lamentablemente avalado por la Jurisdicción Constitucional.

Debe destacarse que entre las muchas innovaciones introducidas al sistema constitucional venezolano por la Constitución de 1999, una de ellas fue, precisamente, la consagración específica en materia de derechos políticos y más allá del sólo derecho al sufragio, del derecho a la participación política (arts. 62 y 70), incluso mediante nuevos mecanismos de democracia directa como son los referendos (consultivos, autorizatorios, aprobatorios, abrogatorios y revocatorios) (art. 71 y ss.).

Específicamente para garantizar el pleno ejercicio de dicho derecho constitucional, la Constitución de 1999 buscó crear y consolidar dos nuevas instituciones constitucionales en el marco de la separación orgánica del Poder Público: por una parte, configuró al Poder Electoral como una rama del Poder Público, y por la otra, instituyó a la Jurisdicción contencioso electoral a cargo de una Sala del Tribunal Supremo de Justicia, la Sala Electoral.

En esta forma, al establecer una *penta* división del Poder Público, la Constitución de 1999 creó el Poder Electoral como una rama específica del Poder Público establecida con autonomía e independencia plenas (art. 294) respecto de los otros cuatro Poderes del Estado (Legislativo, Ejecutivo, Judicial y Ciudadano) (art. 136). Por ello, de la clásica separación tripartita de poderes, en Venezuela se pasó a una separación *penta partita* del Poder Público.

El órgano constitucional al cual corresponde el ejercicio de dicho Poder Electoral es el Consejo Nacional Electoral (art. 292), al cual la Constitución garantiza la mencionada autonomía e independencia. Es el Poder Electoral, por tanto, el llamado a garantizar el ejercicio de los derechos políticos de los ciudadanos al sufragio y a la participación política mediante los referendos.

Pero además, como se dijo, la Constitución de 1999 también creó un órgano judicial específico con competencia exclusiva para garantizarle a los ciudadanos el control de constitucionalidad y legalidad de los actos administrativos emanados del Consejo Nacional Electoral. Se trata de una Sala específica del Tribunal Supremo de Justicia, la Sala Electoral (art. 262), establecida en forma separada y autónoma respecto de las otras Salas (Plena, Constitucional, Contencioso-Administrativa, Penal y

---

1335 *V.* Allan R. Brewer-Carías, *Golpe de Estado y proceso constituyente en Venezuela*, Universidad Nacional Autónoma de México, México, 2002; y Ediciones Goberna & Derecho, Guayaquil, 2007.

Social) a la cual se atribuyó el conocimiento exclusivo de la Jurisdicción contencioso electoral (art. 297).

Para vigilar la efectiva vigencia del Estado de derecho conforme al principio de la separación de poderes y el efectivo ejercicio de los derechos constitucionales, la Constitución además, configuró a la Jurisdicción Constitucional a cargo de la Sala Constitucional del Tribunal Supremo de Justicia.

Sin embargo, la realidad ha sido que a pesar de todo ese andamiaje institucional para preservar la Constitución, durante sus más de cuatro años de vigencia, el Poder Electoral ha sido sucesivamente secuestrado, al haberse intervenido su autonomía e independencia; y el ejercicio ciudadano del derecho a la participación política ha sido sucesivamente confiscado.

El secuestro del Poder Electoral se perpetró, primero, en 1999 y 2000, por la propia Asamblea Nacional Constituyente que lo había concebido; segundo, en 2001 y 2002, por la Asamblea Nacional que lo reguló legislativamente; tercero, en 2003, por la Sala Electoral del Tribunal Supremo de Justicia que bloqué su actividad; y cuarto, en 2004, por la Sala Constitucional del mismo Tribunal Supremo de Justicia.

Por otra parte, la autonomía e independencia de la propia Sala Electoral del Tribunal Supremo de Justicia fue también secuestrada en 2004 por la Sala Constitucional del mismo Tribunal Supremo de Justicia, con lo cual, como se ha dicho, este órgano, en lugar de actuar como el garante último de la efectiva vigencia de la Constitución y del Estado de derecho, se ha convertido en el instrumento del poder político instalado en el Poder Ejecutivo, para impedir el funcionamiento autónomo de los Poderes Públicos, y para frustrar toda posibilidad del ejercicio del derecho ciudadano a la participación política mediante referendos, el cual, en definitiva, ha sido confiscado por el poder político.

Este libro, como se dijo, tiene por objeto, precisamente, estudiar este proceso de secuestro institucional y de confiscación política ocurrido en los últimos cuatro años en Venezuela, con graves consecuencias para la vigencia efectiva del Estado democrático y social de derecho y de justicia que la propia Constitución proclama (art. 2).

Por supuesto, el atentado que ha perpetrado la Sala Constitucional del Tribunal Supremo de Justicia contra el Poder Electoral y contra la Sala Electoral del mismo Tribunal Supremo, así como contra el derecho a la participación política, no es sino una muestra más de la crisis generalizada del sistema político venezolano que lejos de haberse solucionado a partir del proceso constituyente de 1999, al contrario se ha agravado, afectando gravemente la gobernabilidad de la propia democracia.

La representatividad democrática en Venezuela, en 2004, sigue siendo exclusivamente de unos pocos partidos políticos, ahora en menor número que antes, y a pesar de las previsiones constitucionales y del discurso gubernamental, la democracia no es nada participativa y el Estado ha quedado al servicio de un solo bloque de partidos. La excepcional oportunidad histórica que tuvo en sus manos el Presidente Hugo Chávez Frías para realizar los cambios que la democracia requería y hacerla mas representativa y participativa, puede considerarse que se perdió y ya es irrecuperable bajo su conducción. Bajo ese ángulo puede decirse que Chávez fracasó estruendosamente[1336] como gobernante. Por supuesto, si su proyecto político era desmantelar el Estado de derecho y destruir la democracia como régimen político como parece evidenciarse de sus ejecutorias, no podría hablarse de fracaso ya que lo ha estado logrando, pero por supuesto, a costa de una irresponsabilidad gubernamental y un despilfarro de recursos nunca antes visto, cuyas consecuencias institucionales, económicas y sociales las estamos sufriendo todos los venezolanos, y lamentablemente las seguiremos sufriendo por unos lustros más, independiente de su permanencia en el poder.

Debe destacarse, por otra parte, que a pesar de todos los esfuerzos por conculcar la democracia desarrollados por el desgobierno de Chávez y de todos los problemas derivados del asalto que ha efectuado al poder, los venezolanos estoicamente continuamos habituados a la democracia que, como régimen político, fue implantada desde finales de los años cincuenta del Siglo pasado; y no otra conclusión resulta del empecinado empeño de la mayoría de los ciudadanos por ejercer su derecho a la participación política mediante la convocatoria de un referendo revocatorio del Presidente de la República, sorteando todos los obstáculos imaginables[1337], enfrentándose al también sistemático empeño por impedirlo de parte de quienes controlan el poder, y quienes han venido utilizado como su instrumento, cual marionetas, a diversos órganos del Estado.

Por ello, el secuestro del Poder Electoral y de la Sala Electoral del Tribunal Supremo de Justicia y la confiscación del derecho a la participación política que se ha producido en los últimos cuatro años, lo que ha puesto en evidencia es que el gobierno de Chávez, antes que haber hecho realidad cambio democrático alguno en el sistema político, en realidad se configura como el signo del agotamiento definitivo del proyecto político y del liderazgo que a partir de 1958 implementó el sistema de Estado Democrático Centralizado en Partidos del cual, con suerte y quizás, como también lo hemos señalado[1338], su último representante podría ser Hugo Chávez Frías. Su gobierno ha resultado ser el producto más acabado de todos los vicios del sistema: partidismo a ultranza; centralismo avasallante; ausencia de efectivo control del poder; sumisión del Poder Legislativo al Ejecutivo; avasallamiento del Tribunal

---

1336 *V.* Allan R.Brewer-Carías, *La crisis de la democracia en Venezuela, cit.*, pp. 7 y ss.

1337 La Coordinadora Democrática de Venezuela, en *Comunicado* del 05-04-2004, resumía así el camino recorrido en el empeño de buscar una salida democrática y electoral a la crisis política: "En los últimos años, hemos recorrido las diferentes opciones electorales que nos brinda nuestra Constitución. Se recogieron y entregaron suficientes firmas para activar el Referendo Consultivo y luego de que este fue convocado por el Consejo Nacional Electoral, el proceso fue abortado por la Sala Electoral del Tribunal Supremo de Justicia, la misma a la que hoy el gobierno le niega competencia para decidir sobre temas electorales. Luego se realizó el Firmazo; las firmas recogidas en esa oportunidad fueron suficientes otra vez para activar el Referéndum, pero quedaron invalidadas por el CNE por considerarlas extemporáneas. Finalmente, se realizó el Reafirmazo y por tercera vez se recogieron suficientes firmas siguiendo un procedimiento sumamente estricto y blindado en el cual participaron funcionarios del propio CNE, efectivos del Plan República, testigos del oficialismo y Observadores Nacionales e Internacionales. Sin embargo, a pesar de todo esto, la Directiva del CNE ha puesto en duda la validez de la voluntad popular expresada durante esa histórica jornada". *V.* en *Globovisión.com,* Caracas 05-04-2004.

1338 *V.* Allan R. Brewer-Carías, "Venezuela: Historia y crisis política" en *Derecho y Sociedad. Revista de Estudiantes de Derecho de la Universidad Monteávila,* N° 3, Caracas, Abril 2002, pp. 217-244; y Allan R. Brewer-Carías, *La crisis de la democracia en Venezuela, cit.*, p. 8.

Supremo de Justicia y control político generalizado de los tribunales; inexistencia del Poder Ciudadano; e impunidad y corrupción rampantes.

Lamentablemente, entonces, a pesar de todo lo ocurrido, prometido y hablado, en estos últimos cinco años la crisis política se ha agravado, constituyendo la destrucción institucional el principal objetivo de la política gubernamental, al punto que hoy, definitivamente, nadie cree ni confía en la Asamblea Nacional, ni en el Poder Judicial, ni en el Poder Ciudadano, ni en el Poder Electoral, ni en la Administración Pública. Además, la material inexistencia de un efectivo sistema de separación de poderes, donde el poder controle al poder en un sistema de balances y contrapesos, incluso se ha evidenciado en la propia expresión dicha públicamente por el Presidente de la República, al señalar sin ningún rubor que "la ley soy yo. El Estado soy yo"[1339].

Ante esa situación, puede decirse que a comienzos de 2004 sólo existía como contrapeso al poder político centralizado y centralizante que ejercía el Presidente de la República: por una parte, el poder regional (estadal) y local (municipal) representado por los Gobernadores y Alcaldes electos opuestos al Gobierno del Presidente Chávez, que luchaban incluso por preservar sus propias instituciones; y por otra parte, el poder soberano del pueblo con posibilidad de expresarse a través de los mecanismos de democracia directa como los referendos previstos en la Constitución. Además, en estos últimos tiempos, la lucha por la preservación de la democracia ha estado unida a la sobrevivencia de la libertad de manifestación y de expresión, también como contrapeso al poder. Precisamente por ello es que se explica, por una parte, los esfuerzos del poder central por perseguir y acorralar, personal e institucionalmente a los Gobernadores y Alcaldes de oposición; por la otra, la confiscación del derecho a la participación política perpetrada con la complicidad de los poderes del Estado; y además, la despiadada persecución del gobierno contra los medios de comunicación y la brutal represión policial contra las manifestaciones públicas de la oposición, lo cual se ha acrecentado en 2004.

La mayoría de nuestro país, sin duda, quería cambios radicales, pero no para que un Presidente pretendiera encarnar, él sólo, la ley y el Estado, iniciando a un proceso de violaciones constitucionales desde el mismo momento en el cual asumió el poder; violaciones que no han cesado. Lo cierto es que lo que pudo haber sido un gobierno de cambio para profundizar la democracia que permitiera iniciar con el propio Siglo XXI un nuevo ciclo histórico político de democracia descentralizada y participativa, no ha resultado otra cosa que una deformación y caricatura de todos los vicios del ciclo iniciado en 1945, el cual, por tanto, no ha concluido. En el cuadro de la historia ese será el mayor castigo que tendrá el Presidente Chávez y sus tropas de asalto: haberse constituido en lo peor del ciclo del partidismo centralista, con todos los problemas económicos y sociales agravados. Además, como también lo hemos expresado en otro lugar[1340], estamos en presencia de un gobernante que gobierna basado en

---

1339 *V.* en *El Universal,* Caracas 04-12-01, pp. 1-1 y 2-1 *V.* en general, los trabajos publicados en la Edición Especial aniversaria (95 años) de *El Universal*, bajo el título *Control Total (El Estado soy yo)*, Caracas, 01-04-2004.

1340 *V.* Allan R. Brewer-Carías, "Venezuela: Historia y crisis política" en *Derecho y Sociedad. Revista de Estudiantes de Derecho de la Universidad Monteávila,* N° 3, Caracas, Abril 2002, pp. 217-244; y Allan R. Brewer-Carías, *La crisis de la democracia en Venezuela, cit.*, p. 9.

el arte del desconcierto, lo que contribuye a impedir que el país pueda fijar la atención sobre sus problemas más graves. Pero todo indica que por su fracaso, cuando tome realmente conciencia del mismo, terminará desconcertándose a su mismo; y con ello, originará su propio desmoronamiento.

En ese momento, entonces, se abrirá la posibilidad de iniciar la reconstrucción institucional de la democracia en Venezuela, con fundamento en una efectiva separación de poderes que evite cualquier secuestro institucional como el que se produjo en relación con el Poder Electoral y la Sala Electoral del Tribunal Supremo, con la consiguiente confiscación del derecho a la participación política.

I. LAS PREVISIONES CONSTITUCIONALES SOBRE LA AUTONOMÍA E INDEPENDENCIA DEL PODER ELECTORAL

1. *La separación de poderes y el Poder Electoral*

La Constitución de 1999, en su artículo 136, además de organizar al Estado en Venezuela conforme al principio de la distribución vertical del Poder Público (Nacional, Estadal y Municipal), establece el régimen del Poder Público Nacional conforme al principio de la *separación orgánica de poderes,* rompiendo con la tradicional división tripartita del Poder Público (Legislativo, Ejecutivo y Judicial) y agregando dos más (Ciudadano y Electoral)[1341] en la siguiente forma:

> "El Poder Público Nacional se divide en Legislativo, Ejecutivo, Judicial, Ciudadano y Electoral.
>
> Cada una de las ramas del Poder Público tiene sus funciones propias, pero los órganos a los que incumbe su ejercicio colaborarán entre sí en la realización de los fines del Estado".

Sobre esta innovación constitucional, la Sala Electoral del Tribunal Supremo, en sentencia de fecha 10 de febrero de 2000, la justificó de la siguiente manera:

> "[...] La Constitución de la República Bolivariana de Venezuela, publicada en la Gaceta Oficial N° 36.860 del 30 de diciembre de 1999, modificó sustancialmente las bases del sistema político y del ordenamiento jurídico venezolano transformando las Instituciones que integran el Poder Público en sus diversas ramas. Una de las principales reformas concierne a la regulación de los derechos políticos (Titulo III, Capítulo IV, Sección Primera), tanto en lo que se refiere a la participación protagónica de los ciudadanos en los asuntos públicos mediante diversas modalidades especificadas en el correspondiente precepto constitucional (artículo 70), como respecto a la conformación orgánica de las

---

1341 *V.* en general, sobre la organización del Poder nacional, Cecilia Sosa Gómez, "La organización política del Estado venezolano: El Poder Público Nacional", *Revista de Derecho Público,* N° 82 (abril-Junio), Editorial Jurídica Venezolana, Caracas 2000, pp. 71-83; C. Kiriadis Iongui, "Notas sobre la estructura orgánica del Estado venezolano en la Constitución de 1999", en *Temas de Derecho Administrativo: Libro Homenaje a Gonzalo Pérez Luciani,* Volumen I. Editorial Torino, Caracas, 2002, pp.1031-1082; e Hildegard Rondón de Sansó, "Las transformaciones fundamentales en la organización y dinámica del Estado derivadas de la Constitución de 1999", en *Temas de Derecho Administrativo: Libro Homenaje a Gonzalo Pérez Luciani,* Volumen I, Editorial Torino, Caracas, 2002, pp. 619-643.

Instituciones encargadas de instrumentar dicha participación (Cap. V del Poder Electoral). Es así como siguiendo esa línea transformadora, a la clásica trilogía de las ramas del Poder Público Nacional, esto es, Ejecutivo, Legislativo y Judicial, se adicionó el Poder Ciudadano y el Poder Electoral (artículo 136 de la Constitución de 1961). Cabe destacar que esta modificación no ha obedecido a meras razones de técnica legislativa o de racionalidad en la distribución orgánica del Poder, sino que refleja -se insiste- en una concepción del Estado, y ello explica que se hayan consagrado sendos capítulos del Título referido a la organización del Poder Público Nacional destinados a regular esos dos nuevos Poderes, regulación constitucional que en el caso del Poder Electoral, expresa coherente y sistemáticamente la nueva concepción, pues supera claramente la tesis de la Constitución de 1961, que aludía genéricamente a unos órganos electorales, que debían ser contemplados en la Ley, con la finalidad exclusiva de permitir el ejercicio periódico (cada tres o cinco años) del derecho al sufragio activo y pasivo..."[1342].

Por tanto, los órganos estatales encargados en Venezuela de garantizar la igualdad, confiabilidad, imparcialidad, transparencia y eficiencia de los procesos electorales, así como la aplicación de la personalización del sufragio y la representación proporcional[1343], conforme al artículo 293 de la Constitución, de 1999, son los que conforman el "Poder Electoral". Esta fue, precisamente, como se ha dicho, una de las innovaciones de la Constitución de 1999, la de elevar a rango constitucional al órgano de control electoral, el Consejo Nacional Electoral, como órgano del Poder Electoral, el cual conforme a la Constitución de 1961 (art. 113) sólo tenía rango legal. En 2002 se sancionó la Ley Orgánica del Poder Electoral[1344] que regula en detalle su organización y funcionamiento.

Ahora bien, la consecuencia fundamental de la división pentapartita del Poder Público es que todos los Poderes Públicos gozan de la misma autonomía e independencia. Por ello, en cuanto al Poder Electoral, el artículo 294 de la Constitución establece que sus órganos se rigen por los principios de independencia orgánica, autonomía funcional y presupuestaria, despartidización de los organismos electorales, imparcialidad y participación ciudadana; descentralización de la administración electoral, transparencia y celeridad del acto de votación y escrutinios.

2. *La autonomía del Poder Electoral*

La autonomía de los órganos del Poder Electoral persigue básicamente asegurar su sujeción exclusivamente a la Constitución y a la ley, y garantizar su no sujeción

1342 Sentencia citada en la sentencia N° 94 de 02-12-03 (Caso: *Robert Osuna y otros*) del Juzgado de Sustanciación de la Sala Constitucional del Tribunas Supremo de Justicia.

1343 *V.* María A. Correa de Baumeister, "El Poder Ciudadano y el Poder Electoral en la Constitución de 1999", en *El Derecho Público a comienzos del siglo XXI. Estudios homenaje al Profesor Allan R. Brewer-Carías,* Tomo I. Civitas Ediciones, Madrid, 2003, pp. 982-995; Rafael Méndez García, "Estudio del Poder Electoral (controles)", en *Bases y principios del sistema constitucional venezolano (Ponencias del VII Congreso Venezolano de Derecho Constitucional realizado en San Cristóbal del 21 al 23 de Noviembre de 2001),* Volumen II, pp. 355-383.

1344 *G.O.* N° 37.573 del 19 de noviembre de 2002

respecto de los partidos políticos o respecto de las mayorías parlamentarias. Para garantizar la autonomía de los órganos del Poder Electoral de los partidos políticos, como se dijo, la Constitución estableció el principio de la "despartidización" de los mismos. Ello llevó, por ejemplo, a la Sala Electoral del Tribunal Supremo de Justicia a considerar en sentencia nº 71 de 23 de junio de 2000, que los artículos 75 y 76 de la Ley Orgánica del Sufragio y Participación Política habían quedado tácitamente derogados por la Constitución en lo que se refiere al derecho que tenían los partidos políticos para designar representantes ante el máximo organismo electoral[1345]. En esa misma sentencia y en otras anteriores y posteriores, la Sala sin embargo, aclaró que esa despartidización "no comporta la necesaria exclusión de todo tipo de mecanismo de participación de los partidos políticos en los procesos electorales"[1346].

Para garantizar la autonomía de los órganos del Poder Electoral respecto de las mayorías parlamentarias y de los propios partidos políticos a través de ellas, la Constitución limitó el poder discrecional que había tenido el anterior Congreso, quitándole entonces a la Asamblea Nacional toda discrecionalidad para efectuar los nombramientos de los titulares de dichos órganos del Poder Electoral.

En efecto, el artículo 296 de la Constitución exige que el Consejo Nacional Electoral debe estar integrado por cinco personas no vinculadas a organizaciones con fines políticos; exigiendo que tres de ellos sean postulados por la sociedad civil, uno por las Facultades de ciencias jurídicas y políticas de las Universidades nacionales, y uno por el Poder Ciudadano. Los tres integrantes postulados por la sociedad civil deben tener seis suplentes en secuencia ordinal, y cada designado por las Universidades y el Poder Ciudadano tendrá dos suplentes, respectivamente.

Se estableció así, una primera limitación al poder de designación por parte de la Asamblea Nacional, al exigirse que la misma no pueda libremente escoger a los designados, sino que los mimos deben necesariamente ser postulados por los sectores e instituciones indicados. Perola Constitución fue más limitante aún al crear en el artículo 295, un "Comité de Postulaciones Electorales de candidatos a integrantes del Consejo Nacional Electoral", el cual debe estar "integrado por representantes de los diferentes sectores de la sociedad, de conformidad con lo que establezca la ley".

Es decir, que los candidatos postulados por la sociedad civil, las Facultades de derecho y el Poder Ciudadano, tienen que ser presentados por ante el Comité de Postulaciones Electorales, y es este Comité el que debe hacer la selección y, en definitiva, hacer la propuesta a la Asamblea. La Asamblea Nacional, por tanto, no puede designar persona alguna que no venga incluida en las propuestas del Comité de Postulaciones. En esta forma se quiso garantizar en el propio texto de la Constitución un mecanismo de participación de la sociedad civil en la designación de los miembros del Consejo Nacional Electoral: primero, al indicar que necesariamente tres de los cinco miembros del órgano electoral deben ser postulados "por la sociedad civil" y segundo, al exigir que todas las postulaciones se deban presentar necesariamente ante un Comité de Postulaciones Electorales, que tiene que estar integrado exclusi-

1345 *V.* en *Revista de Derecho Público*, N° 82, (abril-junio), Caracas, 2000, pp. 236 y ss

1346 *V.* la sentencias de la Sala Electoral N° 10 de 25-02-2000 en *Revista de Derecho Público*, N° 81, (enero-marzo) Caracas, 2000, pp. 170 y ss. y N° 7 de 05-2-2001 en *Revista de Derecho Público*, N° 85-86, Caracas, 2001, pp. 188 y ss.

vamente "por representantes de los diferentes sectores de la sociedad, de conformidad con lo que establezca la ley".

3. *La independencia del Poder Electoral y el germen de su limitación*

En cuanto a la independencia del Poder Electoral, el principio tiene por objeto garantizar la no sujeción de los órganos del Poder Electoral respecto de los otros Poderes del Estado, es decir, respecto de los Poderes Legislativo, Ejecutivo, Judicial y Ciudadano, en el sentido de que no pueden recibir órdenes ni presiones. El principio de la independencia incluso estaba garantizado en la legislación preconstitucional, al disponerse que una vez nombrados los integrantes del Consejo Nacional Electoral por el antiguo Congreso, los mismos no podía ser removidos en forma alguna por dicho Congreso. Lamentablemente, este principio fue gravemente minimizado en el propio texto constitucional al establecerse que los integrantes del Consejo Nacional Electoral pueden ser removidos por la Asamblea Nacional, previo pronunciamiento del Tribunal Supremo de Justicia (art. 296). Aún cuando se precise en la Ley, como efectivamente ha ocurrido en la Ley Orgánica del Poder Electoral dictada en 2002, las posibles causales de remoción; el sólo hecho de prever dicha posibilidad de remoción por la Asamblea, sin límite alguno respecto de causales previstas en la propia Constitución sino conforme a una ley que dicte la propia Asamblea, implica una sujeción del Consejo a la Asamblea Nacional (y por tanto a las mayorías parlamentarias)) y una grave contradicción con el principio de la independencia de los Poderes del Estado.

Como se ha indicado, la independencia del Poder Electoral que garantiza la Constitución se encuentra neutralizada y minimizada en la propia Constitución. Pero ello en relación con la autonomía, puede decirse que el principio no encuentra limitación ni restricción alguna en el propio texto de la Constitución. Sin embargo, a pesar de estar garantizada en la Constitución, en la práctica política el principio de la autonomía con todas sus implicaciones antes señaladas, ha sido minimizada, y además, puede decirse que ha sido secuestrado por la Asamblea Nacional Constituyente al dictar un régimen transitorio fuera de la Constitución, por la Asamblea Nacional al sancionar la Ley Orgánica del Poder Electoral de noviembre de 2002[1347], desnaturalizando el Comité de Postulaciones Electorales y, por tanto, violando el derecho a la participación política; y por las Salas Electoral y Constitucional del Tribunal Supremo al impedir el funcionamiento del Consejo Nacional Electoral.

II. EL SECUESTRO DEL PODER ELECTORAL PERPETRADO POR LA ASAMBLEA NACIONAL CONSTITUYENTE

El secuestro del Poder Electoral comenzó a ser ejecutado por la propia Asamblea Nacional que había sancionado la Constitución de 1999, la cual había sido aprobada por el pueblo en referendo de 15 de diciembre de 1999. En las Disposiciones Transitorias de la Constitución nada se regulaba sobre la posible designación inmediata de los titulares de los órganos del Poder Electoral, por lo que los miembros del Consejo Supremo Electoral, debían permanecer en sus cargos, hasta tanto la nueva *Asamblea Nacional* que se eligiese, y designara sus sustitutos conforme al procedimiento y

---

1347 *Gaceta Oficial* N° 37573 de 19-11-2002.

criterios de transparencia de postulación y selección previstos en la nueva Constitución. Nada en contrario se disponía en la Constitución aprobada por el pueblo. En realidad, la única previsión del texto constitucional sobre designación inmediata de algún funcionario público fue la relativa al Defensor del Pueblo, cargo que era creación de la nueva Constitución. Por ello fue la única solución constitucional que con razón se previó en las Disposiciones Transitorias (Novena) aprobadas por el pueblo, atribuyéndole expresamente a la Asamblea Nacional Constituyente su nombramiento provisional, hasta tanto la nueva Asamblea Nacional que se eligiese designare definitivamente a dicho funcionario.

La primera manifestación de secuestro del Poder Electoral por el poder político, y la primera violación de la Constitución de 1999, luego de su aprobación por el pueblo en el referendo de 15 de diciembre de 1999, y antes de su publicación el 30 de diciembre de 1999, fue realizada por la propia Asamblea Nacional Constituyente en los días posteriores al referendo aprobatorio, mediante la emisión de un Decreto de "Régimen de Transición del Poder Público", el 22 de diciembre de 1999[1348], dos días después de la "proclamación" de la Constitución y como se dijo, antes de su entrada en vigencia, cuya publicación fue deliberadamente demorada hasta el 30-12-99[1349]. Así, ante la ausencia de alguna regulación en las Disposiciones Transitorias de la nueva Constitución que se refiriera a cesación en sus cargos de los titulares de los órganos del Poder Público y al nombramiento de nuevos funcionarios para ello, el afán sobrevenido de quienes controlaban el Poder del Estado de asaltar todos los poderes mediante la sustitución de todos los titulares de los órganos del Estado sin esperar la elección de la nueva Asamblea Nacional; la Asamblea Nacional Constituyente, sin tener competencia constitucional alguna para ello y, por tanto, en forma ilegítima, dictó el mencionado Decreto de Régimen de Transición, destituyendo a todos los titulares del Poder Público constituido (excepto el Presidente de la República), creando entonces un "vacío institucional" que la propia Asamblea luego se encargaría de llenaría a su gusto y discreción. Así se nombró en el mismo Decreto a los miembros del primer Consejo Nacional Electoral post constitucional, pero por supuesto, sin que la Asamblea Constituyente respetara las precisas normas que ella misma había diseñado para garantizar la autonomía e independencia del Poder Electoral y las normas que regulaban el derecho a la participación política de la sociedad civil.

En esta forma la Asamblea Nacional Constituyente, careciendo totalmente de competencia para ello, y en forma ilegítima, en el Decreto del 22-12-99 se auto atribuyó competencia para designar a los integrantes del Consejo Nacional Electoral (art. 40), designaciones que realizó días después, con carácter provisorio, al nombrar a personas, todas vinculadas al nuevo poder y a los partidos que apoyaban al gobierno, lo que incluso no garantizaba la imparcialidad electoral necesaria, burlándose del artículo 296 de la nueva Constitución. Así, el nuevo Poder Electoral inició sus funciones, "dejando sin efecto las elecciones efectuadas en los gremios profesionales a partir del 30 de diciembre de 1999" y suspendiendo "todos los procesos electo-

---

1348 *V.* en *Gaceta Oficial* N° 36.859 de 29-12-99.

1349 *V.* en *Gaceta Constituyente (Diario de Debates), Noviembre 1999-Enero 2000, cit.* Sesión de 22-12-9, N° 51, pp. 2 y ss. *V. Gaceta Oficial* N° 36.859 de 29-12-99; y *Gaceta Oficial* N° 36.860 de 30-12-99.

rales en curso en los gremios profesionales" disponiendo que los mismos sólo podían realizarse a partir del segundo semestre de 2000[1350].

Pero además, la Asamblea Nacional Constituyente en su Decreto de 22 de diciembre de 1999, se había auto atribuido competencia para fijar la oportunidad de las primeras elecciones para los cargos representativos previstos en la Constitución (art. 39), y para dictar un Estatuto Electoral del Poder Público que debería regir en los primeros comicios para la elección de todos los cuerpos representativos legislativos y los órganos ejecutivos del Poder Público, que sancionó el 30 de enero de 2000[1351], con el cual se derogó parcialmente la Ley Orgánica del Sufragio y Participación Política. En la misma fecha, la misma Asamblea Nacional Constituyente, sin autoridad alguna para ello, mediante otro Decreto fijó para el día 28 de mayo del 2000 la realización de las primeras elecciones nacionales, estadales y municipales y para representantes ante el Parlamento Andino y el Parlamento Latinoamericano. En el Estatuto Electoral a fin de controlar sus decisiones, se dispuso que las relativas a "la organización de los comicios previstos en el presente Estatuto Electoral (los primeros procesos comiciales de 2000) requerirán del voto de una mayoría calificada de por lo menos cuatro (4) de sus integrantes" (art. 29).

Dichas elecciones, ante el fracaso del Consejo Nacional Electoral nombrado por la propia Asamblea Constituyente, tuvieron que ser suspendidas con la intervención de la Sala Constitucional del Tribunal Supremo (a la cual el Estatuto Electoral otorgaba la competencia exclusiva en materia de amparo contra las decisiones del Consejo Nacional Electoral, art. 30, Parágrafo Primero), mediante sentencia nº 483 de 29 de mayo de 2000 (Caso: *Queremos Elegir y otros*) en la cual se declaró con lugar un amparo constitucional con efectos *erga omnes*[1352], debiendo entonces realizarse varios meses después, en agosto de 2000. Ese fracaso el Consejo Nacional Electoral obligó a la destitución-renuncia de sus integrantes, razón por la cual la Comisión Legislativa Nacional, órgano legislativo también transitorio no regulado en la Constitución y por tanto ilegítimo, que había sido también nombrado a dedo por la misma Asamblea Nacional Constituyente el mismo 22 de diciembre de 1999, entonces designó un nuevo Consejo Nacional Electoral. Si bien para ello no respetó la estricta normativa constitucional sobre el Comité de Postulaciones y la participación de la sociedad civil, la Comisión parlamentaria respectiva oyó a diversos sectores de la misma, resultando el nombramiento de un grupo de personas la mayoría independientes[1353]. Ese Consejo Nacional Electoral organizó las elecciones de agosto de 2000, y dada su composición, para fines del año 2002 aparecía con una mayoría de miembros independientes del poder político.

1350 Resolución Nº 000204-25 de 04-02-2000, *G.O.* Nº 36.892 de 15-02-2000.

1351 *V.* en *Gaceta Oficial* Nº 36.884 de 03-02-00.

1352 *V.* en *Revista de Derecho Público*, Nº 82, (abril-junio), Caracas 2000, pp. 332 y ss.

1353 *V.* Decreto publicado en *G.O.* Nº 36.965 de 05-06-2000.

III. EL SECUESTRO DEL DERECHO A LA PARTICIPACIÓN DE LA SOCIEDAD CIVIL REALIZADO POR LA ASAMBLEA NACIONAL

La urgencia del poder político, para volver a controlar el Poder Electoral mediante el nombramiento definitivo de los integrantes del Consejo Nacional Electoral en sustitución de los transitoriamente nombrados con anterioridad, llevó a la Asamblea Nacional, aún cuando bien tardíamente, a sancionar la Ley Orgánica del Poder Electoral sancionada el 20 de septiembre de 2000 y promulgada el 19 de noviembre de 2002[1354]. Dicha Ley Orgánica, sin embargo, no respetó la exigencia constitucional respecto de la integración del Comité de Postulaciones Electorales con representantes de los diversos sectores de la sociedad, y en cambio lo que estableció fue una "comisión parlamentaria" ampliada con el nombre de Comité de Postulaciones. En efecto, el artículo 19 de la Ley Orgánica dispuso que el "Comité de Postulaciones Electorales está integrado por veintiún (21) miembros, de los cuales once (11) son Diputadas o Diputados designados por la plenaria de la Asamblea Nacional con las dos terceras (2/3) partes de los presentes, y diez (10) postuladas o postulados por los otros sectores de la sociedad", con lo que se confiscó el derecho a la participación política de los diversos sectores de la sociedad civil de integrar en forma exclusiva el Comité de Postulaciones. Al contrario, violándose la norma constitucional, se conformó un "Comité" con mayoría de diputados los cuales por ser parte del Poder Legislativo, no son parte de la sociedad civil, tal y como la ha definido la propia Sala Constitucional del Tribunal Supremo.

En todo caso, en la Ley Orgánica del Poder Electoral se dispuso expresamente el quórum de constitución y de decisión del Consejo Nacional Electoral, al establecerse que requería de un mínimo de tres (3) Rectores para su funcionamiento, y que "las decisiones del órgano se tomarán con el voto favorable de por lo menos tres (3) de sus miembros, salvo los casos en que la ley exija cuatro (4) votos" (art. 15). El Estatuto Electoral de 2000 en todo caso, había cesado en su vigencia una vez cumplido se objeto que había sido regir sólo en los *primeros comicios* para la elección de todos los cuerpos representativos legislativos y los órganos ejecutivos del Poder Público, que se efectuaron en 2000. Además, la Ley Orgánica del Poder Electoral en su Disposición Final Quinta había dispuesto que "quedan derogadas todas las normas legales que colidan con la presente Ley", entre las cuales, por supuesto, estaba la que establecía el quórum de decisión de cuatro votos sobre cinco de los miembros del Consejo Nacional Electoral que había establecido el mencionado Estatuto Electoral. La Disposición Transitoria Séptima de la Ley Orgánica, además, precisó que "Los integrantes de la Junta Directiva del actual Consejo Nacional Electoral continuarán en el ejercicio de las funciones inherentes al cargo que desempeñan hasta tanto se designen y tomen posesión de sus cargos las nuevas autoridades de ese organismo, *y sus decisiones se harán de conformidad con esta Ley*".

1354 *V.* en *G.O.* N° 37.573 de 19-11-2002.

IV. EL PRIMER SECUESTRO DEL PODER ELECTORAL EJECUTADO POR LA SALA CONSTITUCIONAL DEL TRIBUNAL SUPREMO DE JUSTICIA

Dada la material imposibilidad política, por la correlación de fuerzas entre los partidos que apoyaban al gobierno y a la oposición, de la Asamblea Nacional de poder reunir la mayoría requerida de las 2/3 partes de sus integrantes (art. 296) para designar a los miembros del Consejo Nacional Electoral, y ante las manifestaciones de autonomía respecto del poder político que había evidenciado el viejo Consejo Nacional Electoral, le tocó el turno para secuestrar la autonomía del Poder Electoral, a la Sala Constitucional creada en el Decreto sobre Régimen de Transición del Poder Público de la Asamblea Nacional Constituyente de 22 de diciembre de 1999 y cuyos Magistrados, en su mayoría, también habían sido designados por dicha Asamblea Nacional Constituyente en el asalto al poder perpetrado con dicho Decreto.

En efecto, con ocasión de conocer de una solicitud de pronunciamiento sobre la inconstitucionalidad de la antes mencionada Disposición Transitoria Séptima de la Ley Orgánica del Poder Electoral formulada por el Presidente de la República con ocasión de la promulgación de la referida Ley, la Sala Constitucional, mediante sentencia Nº 2747 de 7 de noviembre de 2002 (Exp. 02-2736), declaró sin lugar la solicitud presidencial pero sentó el criterio de que si bien la Ley Orgánica, a la cual en definitiva se refiere el artículo 292 de la Constitución, es la Ley Orgánica del Poder Electoral, mientras se eligen los miembros del Consejo Nacional Electoral por la Asamblea Nacional,

> "[...] régimen transitorio sobre los organismos del Poder Electoral, creado por el Decreto emanado de la Asamblea Nacional Constituyente que contiene el Régimen de Transición del Poder Público (*Gaceta Oficial de la República Bolivariana de Venezuela* nº 36.920 del 28 de marzo de 2000), sigue vigente y con él no colide la Disposición Transitoria Séptima de la Ley Orgánica del Poder Electoral, el cual más bien lo complementa, y así se declara.
>
> Una vez en vigencia la Ley Orgánica del Poder Electoral, y mientras se designen los miembros del Consejo Nacional Electoral, quienes ostenten los cargos de dicho Consejo, en razón de la Disposición Transitoria impugnada, aplicarán la Ley Orgánica del Poder Electoral".

A pesar de lo que se indica con toda claridad en el último párrafo de la sentencia antes citada (aplicación por el Consejo Nacional Electoral existente de la Ley Orgánica del Poder Electoral), a pesar de la posterior promulgación de la Ley Orgánica del Poder Electoral (19-11-2002) y de que ésta, expresamente disponía que hasta tanto no se nombraran por la Asamblea Nacional los miembros del Consejo Nacional Electoral es sustitución de los anteriores que seguían teniendo carácter provisorio, la Sala Constitucional en la misma sentencia también anunciaba que, sin embargo, el Régimen de Transición del Poder Público que había dictado la Asamblea Nacional Constituyente en diciembre de 1999, seguía vigente. Había, sin duda, una abierta contradicción en el mismo texto de la sentencia.

Pero adicionalmente, en la mencionada sentencia nº 2747, debe destacarse que la Sala Constitucional en respuesta a razones alegadas por el Presidente de la República en su carácter de impugnante, ya presagiaba que pudiera llegarse a producir un "vacío" institucional en el Poder Electoral, anunciando que de producirse tal situación, la misma Sala establecería los "correctivos" necesarios, así:

> "El impugnante señala razones de hecho sobre el actual funcionamiento del Consejo Nacional Electoral, con la indicación de la existencia de un posible vacío institucional. Ello no es materia que regule el artículo 214 constitucional, y no es objeto de esta decisión. La Sala ha tratado el punto en fallo del 23 de septiembre de 2002 (Exp. 02-2050, Caso: *Fiscal General de la República*), por lo que de darse efectivamente el vacío, una vez que las instituciones incumplan los mandatos legítimos constitucionales, la Sala, a petición de cualquier interesado, tomará los correctivos necesarios".

Ahora bien, en cuanto a la contradicción que contenía la sentencia sobre la aplicabilidad de la Ley Orgánica del Poder Electoral una vez que entrara en vigencia al Consejo Nacional Electoral existente, el sentido de la decisión sólo apareció clarificado 10 días después, cuando la misma Sala Constitucional, al decidir un recurso de interpretación que había sido introducido por el propio Consejo Nacional Electoral el 9 de julio de 2002, para "determinar la vigencia del artículo 29 del Estatuto Electoral del Poder Público, relativo al quórum para la toma de decisiones del Directorio del Consejo Nacional Electoral, en aquellos asuntos distintos al ámbito de aplicación de ese Decreto", mediante la sentencia nº 2816 de 18 de noviembre de 2002 (Caso: *Consejo Nacional Electoral*) concluyó señalado que si estaba vigente. Era evidente que no lo estaba pues el Estatuto Electoral se había dictado para regir en las primeras elecciones post constitucionales de 2000, por lo que una vez que estas se realizaron, sus normas habrían decaído. La verdad es que dada la integración del Consejo Nacional Electoral que había designado la Comisión Legislativa Nacional, que por estar conformado por una mayoría de independientes (3/2) que no seguían la línea política del gobierno, en el seno del cuerpo se había planteado la duda sobre el quórum, pues si la mayoría necesaria para decidir era la calificada entonces no se podrían, por ejemplo, convocar referendos.

La Sala Constitucional, sin embargo, para llegar a su absurda conclusión, revivió el régimen transitorio que la Asamblea Nacional había expresamente sustituido con la Ley Orgánica del Poder Electoral "estratégicamente" publicada en *Gaceta Oficial* el 19 de noviembre de 2002. Para hacer esto, en la sentencia nº 2816 del día anterior, 18 de noviembre de 2002 Caso: *Consejo Nacional Electoral*), la Sala aparte de reconocer que el Estatuto Electoral del Poder Público había integrado el régimen constitucional nacido del proceso constituyente ("dado el carácter constitucional que esta Sala le ha reconocido... tienen un valor superior a cualquier normativa preconstitucional), concluyó que sólo perdería "validez en tanto en cuanto los órganos transitorios se adapten, en su organización y funcionamiento, a las leyes que dicte la Asamblea Nacional, de tal forma que, mientras ello no suceda, dicha transitoriedad sigue en vigor, en lo que no haya sido derogado". Constatado esto, en virtud de que "uno de los aspectos regulados por el Estatuto Electoral del Poder Público se refiere al mínimo requerido (*quórum*) para la toma de decisiones por parte de la Junta Directa del Consejo Nacional Electoral"(art. 29)", la Sala consideró que "resulta desatinado pretender que el *quórum* especial a que hace referencia la norma antes transcrita, solamente se refiera a los primeros procesos comiciales". La Sala consideró además, que el artículo 25 de la Ley Orgánica del Sufragio y Participación Política de 1998, al prever un *quórum* de mayoría simple para la toma de decisiones por parte del Directorio del Consejo Nacional Electoral, había quedado necesariamente derogada, "no sólo porque el Régimen de Transición del Poder Público y, particularmente, el Estatuto Electoral del Poder Público señaló una mayoría calificada y no una mayoría simple, sino que cuando dicha norma legal establece el último *quórum* mencionado, lo hace con fundamento en el artículo 50 de la misma Ley Orgánica, que prevé una conformación del Consejo Nacional Electoral (siete miembros) que no concuerda con la nueva estructura del referido ente comicial, prevista en el artículo 296 de la Constitución de la República Bolivariana de Venezuela".

En definitiva, luego de toda esta argumentación, la Sala, a pesar de que ya tenía conocimiento de que la Ley Orgánica del Poder Electoral ya había sido sancionada (pues había dictado sobre ella, diez días antes la sentencia nº 2747 antes citada), concluyó que el Estatuto Electoral del Poder Público, regiría:

> "[...] los venideros procesos comiciales, especialmente en cuanto al mínimo requerido (*quórum*) de, por lo menos, cuatro de los cinco integrantes del Consejo Nacional Electoral, para la decisiones relativas a su organización, hasta tanto finalice la transición una vez promulgada la Ley Orgánica del Poder Electoral, que regulará su organización y funcionamiento, y sean designados por la Asamblea Nacional, conforme a la Constitución vigente, los nuevos integrantes del Consejo Nacional Electoral"".

Ello significaba, en definitiva, que a pesar de que al día siguiente (19-11-2002) entraría en vigencia la nueva Ley Orgánica del Poder Electoral, en cuanto al quórum de decisión del Consejo Nacional Electoral, hasta tanto se nombrasen los nuevos miembros del Cuerpo conforme a esa Ley, no regiría el artículo 14 de dicha Ley Orgánica (que establecía una mayoría simple de 3/5) sino el artículo 29 del mencionado Estatuto, que requería una mayoría calificada (4/5).

La razón política de esta decisión era clara: impedir que el Consejo Nacional Electoral pudiera funcionar con la mayoría simple de tres votos de cinco pues los miembros afectos al gobierno eran minoría, y sólo eran dos. Pero con el correr del tiempo, y ante la imposibilidad de la Asamblea Nacional de poder designar a los nuevos miembros del Consejo Nacional Electoral, la correlación de fuerzas internas en el Consejo existente habrían variado aún más, contando el gobierno sólo con uno de los cinco votos del cuerpo. La única forma de impedir que el Consejo Nacional Electoral pudiera decidir, y por ejemplo, convocar referendos, era materialmente impedir que pudiera tomar decisiones, eliminando a uno de los miembros del Cuerpo no afecto al gobierno, de manera que sólo quedaran cuatro votos, en cuyo caso el Consejo sólo podría funcionar con decisiones unánimes, lo que era lo mismo que congelarlo.

V. EL SECUESTRO DEL PODER ELECTORAL EJECUTADO POR LA SALA ELECTORAL DEL TRIBUNAL SUPREMO DE JUSTICIA

El Consejo Nacional Electoral, en efecto, en fecha 3 de diciembre de 2002, en una votación 4/1, mediante Resolución nº 021203-457 del 3 de diciembre de 2002[1355] había resuelto aceptar la solicitud que le habían formulado un grupo de más

1355 *Gaceta Electoral* Nº 168 del 5 de diciembre de 2002.

de dos millones de electores para la convocatoria de un referendo consultivo (art. 71) con el objeto de preguntarle a los ciudadanos si estaban o no "de acuerdo con solicitar al Presidente de la República Ciudadano Hugo Rafael Chávez Frías la renuncia voluntaria a su cargo"; fijando la fecha de realización del referendo para el 2 de febrero de 2003.

Un grupo de diputados a la Asamblea Nacional impugnó por ilegalidad la referida Resolución así como los actos dictados por el Consejo Nacional Electoral "...contenidos en el acta de la sesión del Directorio (...) de fecha 18 de noviembre de 2002, por el cual se acordó la incorporación del ciudadano Leonardo Pizani como miembro Suplente". Esta fue la excusa para congelar el funcionamiento del órgano del Poder Electoral.

El turno para secuestrar el Poder Electoral esta vez correspondió a una Sala Electoral Accidental del Tribunal Supremo de Justicia. Al igual que la Sala Constitucional, la Sala Electoral había sido creada en el Decreto sobre Régimen de Transición del Poder Público de la Asamblea Nacional Constituyente de 22 de diciembre de 1999 y cuyos Magistrados, en su mayoría, también habían sido designados a dedo por dicha Asamblea Nacional Constituyente en el asalto al poder perpetrado con dicho Decreto.

Ahora bien, con ocasión del mencionado recurso de nulidad, se alegó que el 5 de junio de 2000, la Comisión Legislativa Nacional había designado a Leonardo Pizani como miembro Suplente del Consejo Nacional Electoral, y que sin embargo, éste había renunciado a su cargo por escrito ante el Presidente de la Asamblea Nacional en octubre del mismo año; renuncia que no había sido tramitada ni aceptada. No obstante, luego de transcurridos más de dos (2) años de la consignación de la renuncia, el día 11 de noviembre de 2002 el Presidente de la Asamblea Nacional recibió comunicación mediante la cual Leonardo Pizani manifestó su voluntad de *"retirar"* su renuncia, bajo la justificación de la *"necesidad imperiosa de conformar un Consejo Nacional Electoral"*. El Directorio del Consejo Nacional Electoral, mediante la decisión impugnada del 18 de noviembre de 2002, procedió a admitir la incorporación del mencionado ciudadano en su condición de Suplente, conformándose la mayoría de miembros y adoptando una serie de decisiones que los recurrentes también procedieron "a impugnar toda vez que no fueron dictadas por el órgano competente, al no estar debidamente integrado", interponiendo además un amparo constitucional en representación de los intereses difusos y colectivos de los electores. La Sala Electoral Accidental, entonces, mediante sentencia nº 3 de 22 de enero de 2003 (Caso: *Darío Vivas y otros*) luego de analizar los efectos de las renuncias de funcionarios públicos concluyó señalando que en el caso del Sr. Pizani no había razón que justificara "la exigencia adicional de la aceptación por parte del órgano competente, para que pueda considerarse válida y eficaz la renuncia", de lo cual, para acordar el amparo cautelar que se le había solicitado, la Sala Electoral consideró "procedente presumir que en la actualidad la integración del Directorio del Consejo Nacional Electoral no resulta apegada a la legalidad, al haberse procedido a incorporar como miembro Principal de éste a un ciudadano que no ostentaba el cargo de Suplente, condición *sine qua non* para que exista la posibilidad de su incorporación como Principal".

Por ello, la Sala Electoral Accidental decidió, entonces, ordenar "a la actual Directiva del Consejo Nacional Electoral abstenerse de sesionar con la presencia y participación como Miembro Principal, del ciudadano Leonardo Pizani", suspendiendo a la vez "los efectos de la Resolución emanada del Consejo Nacional Electoral distinguida con el nº 021203-457 del 3 de diciembre de 2002, publicada en la *Gaceta Electoral* nº 168 del 5 de diciembre de 2002" mediante la cual se había convocado al referendo consultivo sobre la renuncia del Presidente de la República. En esta forma, el Poder Electoral, con sólo cuatro miembros, fue compelido ilegítimamente a actuar con la mayoría calificada de cuatro miembros derivada de la interpretación del régimen constitucional transitorio que había hecho la Sala Constitucional en sentencia antes comentada, es decir, por unanimidad. Ello fue lo mismo que haber decretado el secuestro del Poder Electoral, el cual no pudo adoptar ninguna nueva decisión, dada la correlación de fuerzas en su seno.

Pero lo más destacado e insólito de esta decisión de la Sala Electoral Accidental, fue la parte en la cual:

> "1) Se ordena a la actual Junta Directiva del Consejo Nacional Electoral, abstenerse de realizar aquellos actos que no resulten indispensables para garantizar el normal funcionamiento administrativo del referido órgano, y especialmente, abstenerse de iniciar la organización de procesos electorales, referendarios, u otros mecanismos de participación ciudadana en los asuntos públicos, así como suspender los ya iniciados de ser el caso, hasta tanto se resuelva la presente controversia".

En esta forma, de manera *extrapetita* pero expedita, la Sala Electoral en una sentencia de carácter cautelar redujo al Consejo Nacional Electoral a ser un simple conserje o guardián de sus bienes. Dos meses después, al dictar sentencia definitiva en el recurso de nulidad que había sido interpuesto, mediante sentencia nº 32 de 19 de marzo de 2003 (Caso: *Darío Vivas y otros*) pero publicada el 26 de marzo de 2003, la Sala Electoral declaró la nulidad "de los actos del Consejo Nacional Electoral atinentes a la realización del referendo consultivo cuya celebración estaba prevista para el 2 de febrero del presente año" (2003)... actos en cuya formación intervino el ciudadano Leonardo Pizani como miembro principal de la Directiva del referido órgano rector del Poder Electoral". Adicionalmente, la Sala además de ordenar "la desincorporación del ciudadano Leonardo Pizani de la actual Junta Directiva del Consejo Nacional Electoral" estableció:

> [...] que la aludida Junta Directiva podrá, a partir de la publicación del presente fallo, sesionar y adoptar válidamente decisiones vinculadas con el ejercicio de las competencias atribuidas por el artículo 293 constitucional, siempre y cuando cumpla con el quórum exigido por el contenido del artículo 29 del Estatuto Electoral del Poder Público conforme a lo establecido por las sentencia nº 2816 del 18 de noviembre de 2003 emanada de la Sala Constitucional de este Tribunal Supremo de Justicia".
>
> En consecuencia, las decisiones de la referida Directiva del Consejo Nacional Electoral deberán ser adoptadas de manera unánime por cuatro (4) de sus integrantes actuales, hasta tanto la Asamblea Nacional, de conformidad con lo establecido en la Constitución y desarrollado en la Disposición Transitoria Primera de la Ley Orgánica del Poder Electoral, designe a los nuevos integrantes, principales y suplentes, de la Junta Directiva del referido órgano rector del Poder Electoral. Así se decide".

Quedó así el Consejo Nacional Electoral completamente paralizado y secuestrado el Poder Electoral por la Sala Electoral del Tribunal Suprema.

Pero la situación de extrema polarización política del país impedía toda posibilidad de que los nuevos miembros del Consejo Nacional Electoral pudieran ser designados por la Asamblea Nacional. Lamentablemente, en dicho cuerpo representativo que es esencialmente político, se había pretendido designar el Consejo Electoral en la más pura tradición de los acuerdos parlamentarios que la Constitución quiso superar. Se pretendía volver a los intentos del "comercio de caballos" o a pretender utilizar la precaria mayoría parlamentaria que tenían los partidos que apoyaban al Presidente de la República, para designar a los miembros del Consejo Nacional Electoral pero asegurando en él una mayoría controlada.

No era posible, por tanto, que se produjera la designación de los miembros del Consejo Nacional Electoral; no había un Consejo Nacional Electoral que pudiera tomar decisiones y la crisis política sólo podía tener una solución electoral, particularmente mediante un referendo revocatorio del mandato del Presidente de la República conforme a lo dispuesto en el artículo 72 de la Constitución. En efecto, con motivo del fallido intento de realizar un referendo consultivo para requerir la opinión del electorado sobre si estaba o no de acuerdo con solicitarle la renuncia al Presidente de la República, la Sala Constitucional del Tribunal Supremo se había encargado de descartar esa vía de participación política para tal efecto. Así, en sentencia dictada coincidencialmente el mismo día 22 de enero de 2003 en el cual la Sala Electoral del Tribunal Supremo había dictado la medida cautelar (Sentencia nº 3) en el juicio de nulidad contra la Resolución del Consejo Nacional Electoral, suspendiendo la realización del referendo consultivo convocado (Caso: *Darío Vivas y otros*), la Sala Constitucional del Tribunal Supremo dictó la sentencia nº 23 (de 22 de enero de 2003) (caso: *Harry Gutiérrez Benavides y Johbing Richard Álvarez Andrade*), en la cual interpretó el artículo 71 de la Constitución en relación con el referendo consultivo que había sido convocado por el Consejo Nacional Electoral señalando que el mismo no tiene carácter vinculante, así:

> "Ahora bien, el referendo consultivo es un mecanismo inspirado en el principio de participación, que otorga mayor legitimidad a las decisiones de especial trascendencia -las cuales competen a determinados órganos del Estado- y permite la realización -*a posteriori*- de una prueba de legitimidad a dichas decisiones asumidas por la elite política, de mandato revocable en nuestro ordenamiento constitucional, sea conforme a lo establecido en el artículo 72 de la Constitución de la República Bolivariana de Venezuela, o mediante su no reelección y, en ese sentido, el referendo consultivo legitima -directamente- la asunción de determinadas decisiones y, consecuentemente, a quienes ejercen las funciones de dirección política.
>
> En consecuencia, con fundamento en los razonamientos precedentes, esta Sala considera que el resultado del referéndum consultivo previsto en el artículo 71 de la Constitución de la República Bolivariana de Venezuela no tiene carácter vinculante en términos jurídicos, respecto de las autoridades legítima y legalmente constituidas, por ser éste un mecanismo de democracia participativa cuya finalidad no es la toma de decisiones por parte del electorado en materias de especial trascendencia nacional, sino su participación en el dictamen destinado a quienes han de decidir lo relacionado con tales materias".

Descartada la vía del referendo consultivo como una decisión que pudiera tener algún efecto en relación con la renuncia del Presidente de la República, se planteó entonces la vía del referendo revocatorio de su mandato; y así quedó plasmado luego de arduas negociaciones en una Mesa de Negociación y Acuerdos que se estableció como consecuencia de la crisis del 12-13 de abril de 2002[1356], en el Acuerdo suscrito entre el gobierno y la oposición que firmaron el 23 de mayo de 2003, denominado "Acuerdo entre la representación del Gobierno de la República Bolivariana de Venezuela y los Factores Políticos y Sociales que lo apoyan y la Coordinadora Democrática y las Organizaciones Políticas y de la Sociedad Civil que la conforman", en el cual entre, otros asuntos, se expresó lo siguiente:

> "12. Las partes, en cumplimiento del objetivo establecido en la Síntesis Operativa para buscar acuerdos con el fin de contribuir a la *solución de la crisis del país por la vía electoral*, coincidimos en que dicha solución se logra con la aplicación del Artículo 72 de la Constitución de la República Bolivariana de Venezuela, en el que se prevé la eventual celebración de referendos revocatorios del mandato de todos los cargos y magistraturas de elección popular que han arribado a la mitad del período para el cual fueron elegidos (Gobernadores, Alcaldes, Legisladores Regionales y Diputados a la Asamblea Nacional), o arribarán a dicha mitad en el transcurso de este año, como es el caso del Presidente de la República conforme a la sentencia del Tribunal Supremo de Justicia del 13 de febrero del 2003. Tales referendos, incluyendo los ya solicitados y los que se solicitaren en adelante, serán posibles si son formalmente requeridos por el número exigido de electores y se aprueban por el nuevo Consejo Nacional Electoral, una vez que se establezca que se han cumplido los requisitos constitucionales y legales".

VI. EL NUEVO SECUESTRO DEL PODER ELECTORAL REALIZADO POR LA SALA CONSTITUCIONAL DEL TRIBUNAL SUPREMO DE JUSTICIA

Quedaba entonces fijada la salida constitucional a la crisis política en la realización de un referendo revocatorio del mandato del Presidente de la República. Era necesario, sin embargo, que se designara el nuevo Consejo Nacional Electoral, lo que también se había plasmado en el Acuerdo antes mencionado suscrito en la Mesa de Negociación y Acuerdos entre el gobierno y la oposición, al declarar:

> "Coincidimos en que resulta indispensable contar a la brevedad posible con un árbitro electoral confiable, transparente e imparcial, a ser designado en la forma prevista en la Constitución. En este sentido, se considera muy importante el trabajo que se está adelantando en la Asamblea Nacional. Las dos partes manifestamos su disposición a coadyuvar como factor de entendimiento en todo lo referente a la conformación y operatividad del Árbitro Electoral, sin interferir en el proceso normal que se está llevando a cabo por el Poder Legislativo Nacional".

1356 *V.* Allan R. Brewer-Carías, *La Crisis de la democracia en Venezuela*, Caracas 2002

La Asamblea Nacional había cumplido los pasos previos para la designación de los miembros del Consejo Nacional Electoral, mediante la recepción y selección de postulaciones conforme a lo que la Ley Orgánica del Poder Electoral establecía; sin embargo, dada la imposibilidad de lograr una decisión política de la Asamblea Nacional para la designación del nuevo Consejo Nacional Electoral que pudiera tomar decisiones, y dado que judicialmente se había prohibido al Consejo Nacional Electoral existente el poder tomar decisiones como la que se había acordado en la Mesa de Negociación y Acuerdos, ello condujo a que la Sala Constitucional del Tribunal Supremo, a tratar de remendar las consecuencias del secuestro anterior que junto con la Sala Electoral había realizado del Poder Electoral, procediendo de nuevo, a un nuevo secuestro del Poder Electoral, esta vez con motivo de conocer de un recurso de inconstitucionalidad por omisión que se había intentado contra la Asamblea Nacional, por no haber designado a los miembros del Consejo Nacional Electoral.

En efecto, la Sala Constitucional del Tribunal Supremo en la sentencia nº 2073 de 4 de agosto de 2003 (Caso: *Hermánn Escarrá Malaver y otros*) para resolver sobre la omisión del órgano legislativo, comenzó por reconocer la realidad del funcionamiento político de los cuerpos deliberantes, descartando toda inconstitucionalidad en la situación, al señalar que:

> "[...] el régimen parlamentario, en muchas oportunidades, exige la toma de decisiones por mayorías calificadas y no por mayorías absolutas o simples; y cuando ello sucede (lo que incluso puede ocurrir en el caso de la mayoría simple), si los integrantes de la Asamblea no logran el acuerdo necesario para llegar a la mayoría requerida, la elección no puede realizarse, sin que ello, en puridad de principios, pueda considerarse una omisión legislativa, ya que es de la naturaleza de este tipo de órganos y de sus votaciones, que puede existir disenso entre los miembros de los órganos legislativos nacionales, estadales o municipales, y que no puede lograrse el número de votos necesarios, sin que pueda obligarse a quienes disienten, a lograr un acuerdo que iría contra la conciencia de los votantes. Desde este ángulo no puede considerarse que existe una omisión constitucional que involucra la responsabilidad de los órganos aludidos en el artículo 336.7 constitucional".

Ahora bien, la falta de acuerdo parlamentario, si bien en algunas materias podría no producir efecto inmediato alguno, en lo concerniente a la designación del Poder Electoral respecto del cual la propia Constitución y la Ley Orgánica del Poder Electoral ordenan a la Asamblea Nacional su designación, la Sala Constitucional consideró que la omisión en esta materia -aun sin ser ilegítima- podía conducir a que la propia Sala con base en el artículo 336,7 de la Constitución declarase la inconstitucionalidad de la omisión, y estableciera el plazo para corregirla y, de ser necesario, los lineamientos de esa concreción. Y eso fue lo que ocurrió, por lo que la Sala Constitucional le otorgó a la Asamblea Nacional omisa, un plazo de 10 días para que cumpliera con su obligación y, si no lo hacía dentro de dicho término, anunciaba que corregiría en lo que fuese posible la situación que naciera de la omisión concreta, que no era otra que "Si transcurrido el lapso aquí señalado, la Asamblea Nacional no ha procedido a nombrarlos, la Sala lo hará dentro de un término de diez (10) días continuos". En la sentencia, a todo evento, la Sala hizo los siguientes razonamientos y dejó sentado los siguientes criterios, que enmarcaron la forma conforme a la cual se operaría el secuestro del Poder Electoral:

En *primer lugar*, que en caso de omisión de nombramientos, las designaciones que pudiera hacer la Sala no podían ser sino provisorias, pero "acompañadas o no de los lineamientos que según este sentenciador se consideren necesarios para el cumplimiento de la función". Siendo provisorios los nombramientos, los nombrados cesarían en sus funciones cuando el órgano competente asumiera su competencia e hiciera los nombramientos, "en el tiempo que lo crea conveniente; o cuando la propia Sala -por motivos justificados- les revoca el cargo conferido". La Sala Constitucional, así, anunciaba desde ya que como consecuencia de la omisión legislativa en hacer los nombramientos, para el caso de que la propia Sala lo hiciera, se arrogaba la potestad también de revocarlos.

En *segundo lugar*, la Sala consideró que para realizar los nombramientos provisorios, debía "adaptarse a las condiciones que la Ley exige al funcionario", pero aclarando sin embargo, que "debido a la naturaleza provisoria y a la necesidad de que el órgano funcione", la Sala no requería "cumplir paso a paso las formalidades legales que exige la Ley al elector competente, ya que lo importante es llenar el vacío institucional, hasta cuando se formalice lo definitivo". Se desligaba así la Sala, de las exigencias legales que en cambio sí debía cumplir el elector omiso, para llenar el "vacío institucional" que ella misma había contribuido a crear. Para ello dejó sentado el criterio de que "de corresponder a esta Sala llenar los vacíos, ella puede hacerlo con personas de la lista de postulados admitidos como aspirantes a rectores, o puede hacerlo con personas fuera de la lista, o combinando ambos grupos. Con respecto a las personas, a tomarse en cuenta, que no hayan sido presentadas por el Comité de Postulaciones, éstas deberán reunir los mismos requisitos legales que los postulados".

Insistió la Sala sobre su desvinculación con la Ley para hacer las designaciones provisorias señalando que al ser "urgente y necesario el funcionamiento del Poder Electoral y por ello, y por ser provisorio, no aplica en todo su alcance la Ley Orgánica del Poder Electoral, sino lo establecido en el artículo 296 constitucional en cuanto a la procedencia de los rectores electorales, los cuales no deben tener vinculación con organizaciones políticas, lo que significa que no tienen militancia política pública, ni se hayan manifestado públicamente a favor de partidos políticos o grupos electorales favorables al gobierno, a la oposición, o a cualquier otra tendencia política". La Sala Constitucional, sin embargo, consideró que los rectores que pudiere nombrar debían cumplir los requisitos del artículo 9 de la Ley Orgánica del Poder Electoral.

En *tercer lugar*, la Sala Constitucional constató la existencia del "vacío institucional", a pesar de que existiera un Consejo Nacional Electoral, el cual conforme al Decreto sobre Régimen de Transición del Poder Público, consideró que tenía "carácter provisorio". Consideró la Sala que "la falta de designación de los rectores, en el lapso legal, constituye un vacío que debe esta Sala llenar, si no lo hace la Asamblea Nacional".

En *cuarto lugar*, la Sala Constitucional decidió que en virtud de que "el nombramiento de los rectores -así sean provisorios- se trata de un hecho que trasciende lo jurídico"..."a partir de esta fecha, podrá oír a los Presidentes o Secretarios Generales de las organizaciones políticas representadas en la Asamblea, así como a los representantes de la sociedad civil que ella escoja, utilizando para determinar quienes conforman a la sociedad civil, el criterio expuesto por la Sala en fallos del 23 de agosto de 2000 y 21 de noviembre de 2000 (Casos: *Ruth Capriles Méndez y William Dávila Barrios y otros)*; e, igualmente, podrá consultar al Poder Ciudadano y a los representantes de las facultades de Ciencias Jurídicas y Políticas que considere necesarios, a fin de cumplir con lo dispuesto en el artículo 296 constitucional". En esta forma, la Sala anunciaba que si suplía la omisión del Legislador, no sólo lo haría con criterio jurídico sino político. Se apartaba así, la Sala, de lo que había expresado en sentencia N° 457 de 5 de abril de 2001 (Caso: *Francisco Encinas Verde y otros*) en la cual había clarificado que si bien "la Jurisdicción Constitucional es *eo ipso*, jurisdicción sobre lo político... no es equiparable a jurisdicción política". La Sala, en las sentencia N° 2073 que comentamos, al contrario, anunciaba que actuaría como jurisdicción política.

En *quinto lugar*, en forma congruente con el anuncio de ingerencia en lo político, la Sala Constitucional anunció no sólo que "si la Asamblea no hace los nombramientos, los hará la Sala", sino que podía "señalar a los rectores algunas disposiciones -que sin alterar su independencia- sean por ellos cumplidas, y pudiendo, igualmente, proveer la integración de alguno o todos de los órganos subordinados, señalando quien los dirigirá, y decretando un cronograma de actuaciones para que el ente cumpla sus cometidos". Es decir, la Sala Constitucional anunciaba que iría mucho más allá que a suplir la omisión legislativa, y prescribiría lineamientos que los nombrados debían cumplir y haría nombramientos adicionales, quitándole tal potestad a los miembros del consejo nacional Electoral que nombrara. La salvedad respecto de la independencia del Poder Electoral, por tanto, no era más que un simple saludo a la bandera.

En *sexto lugar*, la Sala Constitucional, al reconocer el derecho de los ciudadanos a solicitar referendos consultivos y revocatorios, y constatar que para la fecha no existía una legislación sobre los mismos que garantizaran si ejercicio, prescribió que "a fin que no se haga nugatorio tal derecho, y para lograr la primacía de las normas constitucionales, la Sala estima que el Consejo Nacional Electoral puede dictar normas dirigidas al ejercicio de esos derechos políticos, los cuales perderán vigencia cuando se dicten las normas respectivas por la Asamblea Nacional; a objeto de garantizar el carácter normativo de la Constitución". Es decir, la Sala Constitucional, al constatar ahora de oficio la omisión legislativa en dictar las leyes reguladoras de ese derecho ciudadano, también de oficio se pronunciaba sobre tal omisión, "autorizando" al Consejo Nacional Electoral nada menos que para suplir al Legislador y dictar "leyes orgánicas" que son las que pueden regular los derechos políticos conforme al artículo 203 de la Constitución, agregando en su decisión que "para lograr la consulta electoral, el Consejo Nacional Electoral provisorio, deberá regular los referendos, la autenticidad de quienes los solicitan, etc., a fin de dar cumplimiento a la Disposición Transitoria Tercera citada, que es del tenor siguiente: 'Tercera: El Consejo Nacional Electoral dentro del primer año siguiente a su instalación elaborará el Proyecto de Ley de Registro del Estado Civil de las Personas, el Proyecto de Ley de los Procesos Electorales y de Referendos, y lo presentará ante la Asamblea Nacional'". Una cosa ciertamente era la competencia del Consejo Nacional Electoral para elaborar los proyectos de ley, y otra cosa era "regular" esas materias como lo "autorizaba" la Sala, al insistir que "La Sala estima que el Consejo Nacional Electoral puede dictar normas dirigidas al ejercicio de esos derechos políticos, los cuales perderán vigencia cuando se dicten las normas respectivas por la Asamblea Nacional".

La Sala Constitucional, transcurridos los 10 días que le había otorgado a la Asamblea Nacional para cumplir su obligación, al no haber logrado la mayoría de la Asamblea poder imponer su criterio y obtener el apoyo de las 3/4 partes de sus integrantes en el nombramiento de los miembros del Consejo Nacional Electoral, procedió a suplir la omisión de la Asamblea Nacional pero no sólo desde el punto de vista jurídico sino político, por lo que lo que no pudo lograr la mayoría de la Asamblea en su propio seno, lo lograría a través de la Sala Constitucional del Tribunal Supremo: el control del Consejo Nacional Electoral. No en balde la propia Sala Constitucional había anunciado en su sentencia previa nº 2073 de 4 de agosto de 2003, que dichos nombramientos "trasciende lo jurídico".

El la sentencia Nº 2341 del 25 de agosto de 2003 (Caso: *Hermann Escarrá M. y otros*), la Sala Constitucional, en efecto, para adoptar las decisiones respecto de la omisión constatada, señaló lo siguiente:

En *primer lugar*, reiteró el criterio de que como se trataba de un nombramiento provisional no previsto en la Ley Orgánica del Poder Electoral, pero, producto de la omisión del nombramiento de los rectores electorales, la Sala, "en lo posible, aplicará la Ley Orgánica del Poder Electoral con las variables necesarias derivadas de la naturaleza de las medidas provisorias". Es decir, la Sala reiteraba que se desvinculaba de los términos de la Ley Orgánica, la cual aplicaría sólo "en lo posible". Por ello precisó que "en las designaciones, la Sala nombrará rectores principales o suplentes a las personas que postuló la sociedad civil, el Poder Ciudadano y las Universidades Nacionales que podían hacerlo; ello sin menoscabo de su poder para la elección de personas fuera de los que fueron candidateados". En tal sentido la Sala nombró a los miembros del Consejo Nacional Electoral y a sus suplentes "de acuerdo con el artículo 13 de la Ley Orgánica del Poder Electoral".

En *segundo lugar*, la Sala declaró que garantizaría "al Poder Electoral que ella nombre en forma provisoria, la mayor autonomía, tal como corresponde a uno de los Poderes Públicos"; pero en la propia sentencia procedió "con el fin de facilitar la integración del Consejo Nacional Electoral y sus órganos subordinados", a designarlos estableciendo "su composición, así como la del Consejo de Participación Política, el cual de manera provisoria y ante el vacío constitucional, funcionará como un ente consultivo del Poder Electoral. Para este último nombramiento, la Sala tomó en cuenta las consultas que se hicieron a los partidos políticos representados en la Asamblea Nacional y que se llevaron a cabo en el Tribunal". En esta forma, en la sentencia, la Sala Constitucional procedió a limitar la autonomía del Cuerpo que nombraba, designando ella misma quién sería su Presidente y su Vicepresidente, violando lo establecido en el artículo 296 de la Constitución que expresamente establece que: "Los o las integrantes del Consejo Nacional Electoral escogerán de su seno a su Presidente o Presidenta, de conformidad con la Ley". La Sala Constitucional, además, volvió a secuestrar y violar la autonomía del Poder Electoral al cercenarle al Consejo Nacional Electoral su potestad conforme a la Ley Orgánica del Poder Electoral, para designar a los titulares de los órganos del Poder Electoral; designando en la propia sentencia al Secretario y al Consultor Jurídico del Consejo Nacional Electoral; a los integrantes de los órganos subordinados (Junta Nacional Electoral; Comisión de Registro Civil y Electoral; Comisión de Participación Política y Financiamiento), integrándolos con miembros principales y suplentes del organismo, en la forma como la propia Sala lo determinó; y a los miembros de un Consejo de Participación Política.

En *tercer lugar,* la Sala reiteró el criterio de que "podrá desarrollar la normativa que le asigna la Ley Orgánica del Poder Electoral". El Consejo Nacional Electoral debía "elaborar los proyectos de leyes que le corresponden con exclusividad conforme a las Disposición Transitoria Tercera de la citada Ley, y presentarlas ante la Asamblea Nacional" así como dictar "la normativa tendente a la reglamentación de los procesos electorales y los referendos, en desarrollo de la Ley Orgánica del Poder Electoral, en particular la que regula las peticiones sobre los procesos electorales y referendos, así como las condiciones para ellos, la autenticidad de los peticionarios, la propaganda electoral, etc, así como resolver las dudas y vacíos que susciten las leyes electorales".

Los miembros del Consejo Nacional Electoral y todo los otros funcionarios nombrados por la Sala Constitucional, fueron juramentados por ella el día 27 de agosto de 2003; y a partir de entonces, ese Consejo Nacional Electoral secuestrado por la Sala Constitucional, comenzó a confiscarle a los ciudadanos el derecho a la participación política.

SECCIÓN SEGUNDA

EL DERECHO A LA PARTICIPACIÓN POLÍTICA MEDIANTE EL REFERENDO REVOCATORIO DE MANDATOS Y SU CONFISCACIÓN POR EL PODER ELECTORAL

El texto de esta sección se publicó también en el libro: *Crónica sobre la "in" justicia constitucional. La Sala Constitucional y el autoritarismo en Venezuela,* Colección Instituto de Derecho Público, Universidad Central de Venezuela, Nº 2. Editorial Jurídica Venezolana, Caracas 2007, pp. 231--272.

I. LAS PREVISIONES CONSTITUCIONALES SOBRE EL REFERENDO REVOCATORIO

El artículo 62 de la Constitución establece el derecho de los ciudadanos de participar libremente en los asuntos públicos, directamente o por medio de sus representantes elegidos; y el artículo 70 de la Constitución define como "medios de participación y protagonismo del pueblo en ejercicio de su soberanía, en lo político: la elección de cargos públicos, el referendo, la consulta popular, la revocación del mandato, las iniciativas legislativa, constitucional y constituyente, el cabildo abierto y la asamblea de ciudadanos cuyas decisiones serán de carácter vinculante, entre otros".

Sobre estos mecanismos de participación, la Sala Electoral del Tribunal Supremo de Justicia, en sentencia nº 170 de 22 de diciembre de 2000 (Caso: *Club Social Layalina)* señaló que:

> "La Constitución de la República Bolivariana de Venezuela plantea un nuevo marco conceptual y teleológico en materia de participación política del ciudadano en los asuntos públicos. Es así que, los artículos 5 y 6 de la Carta Fundamental, consagran un nuevo modelo de democracia participativa, evolucio-

nando de la clásica concepción de la democracia representativa, limitada al ejercicio de la soberanía popular únicamente por medio de la elección periódica de representantes. Por el contrario, la novel Carta Magna establece que la soberanía se ejerce directamente en la forma prevista en la Constitución y en las leyes, e indirectamente mediante el sufragio, por los órganos que ejercen el Poder Público. En consonancia con tales principios, el texto constitucional dedica una serie de normas a la consagración y regulación de las pautas fundamentales de novedosos mecanismos en el ordenamiento jurídico venezolano que permiten la participación política del soberano en los asuntos que le conciernen, mecanismos que enumera el artículo 70 de la Constitución, entre los cuales se encuentra el referendo, en sus distintas modalidades: revocatorio, abrogatorio, consultivo y aprobatorio. De igual manera, se prevé la participación soberana en el ejercicio de los mecanismos de enmienda y reforma constitucional, así como en la iniciativa de convocatoria en la Asamblea Nacional Constituyente.

De tal manera que, a la luz de tal regulación, y de los principios constitucionales de participación ciudadana protagónica en los asuntos de interés público, es evidente que la figura del referendo, u otras modalidades de consultas populares, que en el ordenamiento jurídico preconstitucional constituía prácticamente un mecanismo excepcional de participación ciudadana, el cual se encontraba regulado (si se quiere de una manera tímida) en diversas materias (electoral, municipal, urbanística y de ordenación territorial, etc.) ha pasado a ser uno de los más variados que prevé la Carta Magna. Esta consideración resulta ser de importancia fundamental al momento de interpretar el ordenamiento jurídico, puesto que, en virtud del principio de supremacía constitucional (artículo 7 de la Constitución de la República Bolivariana de Venezuela) el intérprete jurídico, mucho más el juez, está llamado a aprehender el sentido de las normas preconstitucionales, adaptándolas a los valores, principios y reglas que pauta el nuevo Texto Fundamental, que resulta ser la guía orientadora en toda labor hermenéutica progresiva y ajustada a los nuevos valores de nuestro ordenamiento"[1357].

En coincidencia con el artículo 70 de la Constitución, que identifica como uno de los medios de participación en lo político, "la revocación del mandato"; de acuerdo con el artículo 72, todos los cargos y magistraturas de elección popular son revocables (art. 6). A tal efecto, dispone dicha norma que transcurrida la mitad del período para el cual fue elegido un funcionario, un número no menor del 20% de los electores inscritos en la correspondiente circunscripción en el momento de formular la solicitud, puede solicitar la convocatoria de un referendo para revocar su mandato[1358].

1357 *V.* en *Revista de Derecho Público,* N° 84 (octubre-diciembre), Editorial Jurídica Venezolana, Caracas, 2000, pp. 49 y ss.

1358 La materia ha sido regulada en la Resolución N° 030925-465, mediante la cual se dictan las "Normas para Regular los Procesos de Referendos Revocatorios de Mandatos de Cargos de Elección Popular", en *G.O.* N° 37.784 del 26 de septiembre de 2003. Estas normas, en nuestro criterio, vulneraron el derecho a la participación política consagrado en la Constitución, pues antes que facilitar su ejercicio, establecieron trabas y requisitos que afectaron su ejercicio y lo limitaron más allá de lo permitido en la Constitución. Estas limitaciones afectaron la formulación de la petición por los electores, pues sin fun-

Ahora bien, en ausencia de una normativa legal que desarrollara la norma del artículo 72 de la Constitución, el Consejo Supremo Electoral en septiembre de 2003, con motivo de rechazar una solicitud de referendo revocatorio del mandato del Presidente de la República (el "Firmazo"), mediante Resolución nº 030912-461 de fecha 12 de septiembre de 2003, resumió lo que consideró era la doctrina de la Sala Constitucional[1359] sobre los requisitos mínimos de orden formal que se requería para ejercer el derecho, los cuales a la vez pueden ser resumidos como sigue:

"a) Está sujeto a un límite de naturaleza temporal como es, sin duda, que el derecho al referendo revocatorio sólo puede ejercerse una vez que haya transcurrido la mitad del período del funcionario cuya revocación se persigue;

b) Entre los requisitos formales de la solicitud, como formas esenciales que se deben cumplir inexorablemente, como "imprescindibles", está la exigencia de que la petición o solicitud de revocación exprese con precisión "el nombre y apellido del funcionario cuestionado y el cargo para el cual fue elegido popularmente, con indicación de la fecha de toma de posesión efectiva del mismo";

c) Teniendo el referendo revocatorio como único origen la *iniciativa popular*; el derecho al referendo revocatorio lo tiene como titulares a los ciudadanos integrantes del cuerpo electoral, por lo que la solicitud debe ir acompañada, "de los nombres y apellidos, números de cédula de identidad y las firmas respectivas", para que sean verificadas por el Consejo Nacional Electoral, el cual debe constatar, a través de la Comisión de Registro Civil y Electoral, "la debida inscripción de los electores y electoral que figuran como solicitantes de la revocación del mandato en el registro Electoral de la correspondiente circunscripción, pues, es éste el único organismo autorizado para verificar tales datos";

d) La solicitud debe formularse ante el Consejo Nacional Electoral;

e) La actividad del Consejo Nacional Electoral se ciñe a verificar las reglas del artículo 72 de la Constitución, con lo cual tiene prohibido cualquier "margen de discrecionalidad que autorice al Consejo Nacional Electoral a

---

damento constitucional alguno establecieron que las firmas en respaldo de la petición de los referendos sólo podía estamparse en un formulario preestablecido en papel especial diseñado por el Consejo Nacional Electoral, que las dichas firmas sólo se podían estampar en unos lugares precisos y en un plazo de sólo unos días preestablecidos, eliminándose además, el derecho de los ciudadanos que estuviesen fuera del país de poder respaldar con su firma la petición. Al contrario, la manifestación de voluntad de respaldo a una solicitud de referendo revocatorio es un derecho constitucional que todos los ciudadanos tienen a la participación política, el cual no puede restringirse ni siquiera por ley, por lo que menos aún puede restringirse mediante actos reglamentarios, como el contenido en la mencionada Resolución. Así, por lo demás, lo ha afirmado la Sala Constitucional del Tribunal Supremo de Justicia en sentencia Nº 321 de 22-02-2002, en la cual señaló que las limitaciones a los derechos constitucionales "derivan por sí mismas del texto constitucional, y si el legislador amplía el espectro de tales limitaciones, las mismas devienen en ilegítimas". La condición de ciudadano y el ejercicio de los derechos políticos de los mismos, por tanto, no puede restringirse a sólo unos días; y esa condición no se pierde, en forma alguna, por encontrarse la persona fuera del país.

1359 Sentada en la sentencia Nº 1139 de 05-06-2002 (Caso: *Sergio Omar Calderón y William Dávila*).

emitir pronunciamiento alguno sobre el mérito o conveniencia de la solicitud"; y

d) El Consejo Nacional Electoral no puede "establecer – en las normativas de carácter sub legal que dicte- nuevas condiciones para la procedencia de la revocación del mandato, no contempladas en el marco constitucional vigente…" .

1. *Oportunidad en la cual se puede ejercer el derecho a solicitar la revocación del mandato*

Ahora bien, de acuerdo con el mencionado artículo 72 de la Constitución, el derecho político para solicitar la revocación del mandato nace una vez que transcurra la mitad del período para el cual fue elegido el funcionario. En otras palabras, la revocación del mandato de un funcionario electo sólo puede solicitarse a partir del momento en el cual cumpla la mitad del período para el cual fue electo el funcionario[1360]. En el caso del Presidente de la República el mandato es de seis años (art. 230); en el caso de los Diputados a la Asamblea Nacional el mandato es de cinco (5) años (art. 192); y en el caso de los Gobernadores de Estado (art. 160), los Diputados a los Consejos Legislativos estadales (art. 162); los Alcaldes (174) y los miembros de los Concejos Municipales (art. 174) el mandato es de cuatro (4) años.

2. *La legitimación para formular la solicitud de iniciativa popular*

La manifestación de voluntad de respaldo a la solicitud de revocación del mandato, por ejemplo, del Presidente de la República, puede formularla cualquier ciudadano venezolano siempre que ello ocurra a partir del momento en el cual se puede formular, es decir, la mitad del período constitucional; solicitud que, incluso, podría formularse desde el exterior. Sin embargo, conforme al artículo 72 de la Constitución, no puede hacerse más de una solicitud de revocación del mandato, durante el período para el cual fue elegido el funcionario.

Ahora bien, la Sala Constitucional en sentencia nº 1139 de 5 de junio de 2002 (Caso: *Sergio Omar Calderón Duque y William Dávila Barrios*) ha precisado sobre esto que:

1360 En el caso del Presidente de la República, al haberse juramentado el 18 de agosto de 2000 la mitad de su período fue el 18 de agosto de 2003. Era a partir de esa fecha cuando podía presentarse la solicitud de revocatoria de su mandato. La Sala Constitucional en sentencia Nº 457 de 05-04-2001 (Caso: *Francisco Encinas Verde*) resolvió que: "a) el inicio del actual período del Presidente es la fecha de su toma de posesión, previa juramentación ante la Asamblea Nacional, el día 19-08-99, de acuerdo con los artículos 3 y 31 del Estatuto Electoral del Poder Público, y la duración es la de un período completo, es decir, por seis años, a tenor de lo dispuesto en el citado artículo 3 *eiusdem*; si se admitiera el acortamiento del actual período se violaría este artículo; b) el próximo período constitucional comienza el 10-01-07, según lo dispone el artículo 231 de la Constitución de la República Bolivariana de Venezuela; c) el Presidente de la República deberá continuar en el ejercicio de sus funciones de acuerdo a lo establecido en el artículo 231 de la Constitución de la República Bolivariana de Venezuela, es decir, hasta el 10-01-07". Este criterio fue ratificado en sentencia de la misma Sala Nº 759 de 16-05-2001 (Caso: *Asamblea Nacional*), y por la Sala Constitucional en "Comunicado" de 04-02-2003 (*V.* la cita en sentencia Nº 137 de 13-02-2003 (Caso: *Freddy Lepage y otros*).

"La frase "electores inscritos" tiene relación con el momento de la solicitud del referendo revocatorio, por lo que es en esa oportunidad que la mencionada Comisión de Registro Civil y Electoral verificará la "inscripción de los electores y electoras que figuran como solicitantes de la revocación del mandato"[1361].

A los efectos de la norma constitucional, por tanto, el derecho a formular la solicitud corresponde a todos los electores inscritos en ese momento en el cual se puede formularla solicitud, se encuentren o no en el país. Al respeto, la Sala Constitucional en sentencia nº 2432 del 29 de agosto de 2003 (caso: *Luis Eduardo Franceschi y otros*), precisó que quiénes pueden hacer la solicitud son los que estén inscritos para la fecha en la cual se puede formular, sin importar si estaban o no inscritos para el momento de la elección del funcionario cuyo mandato se pretende revocar. La Sala expresó en esa decisión que, "se entienden legitimados para la solicitud de convocatoria a referendo revocatorio los electores que estuvieron inscritos al momento del ejercicio de ese derecho electoral, es decir, al momento de su iniciativa, en la circunscripción electoral correspondiente"[1362].

Este criterio fue ratificado por la misma Sala Constitucional del Tribunal Supremo de Justicia en sentencia nº 2750 de 21 de octubre de 2003 (Caso: Carlos E. Herrera Mendoza) al considerar que el derecho de los electores inscritos en el registro electoral para el momento de la solicitud, lo tienen "cualquiera que haya sido la razón para no estar inscrito en el registro electoral en el momento de la elección o sin importar si la persona que pudo votar no lo hubiera hecho -por el motivo que fuese-"; agregando que:

> "En realidad no importa si se votó o no, si se estaba inscrito o no. Ha sido el pueblo del momento el que confirió el mandato y es el pueblo de ese segundo momento el que puede revocarlo. La integración del pueblo puede haber variado, aumentando o disminuyendo en número, y el registro electoral de la fecha de que se trate debe ser la única referencia"[1363].

En todo caso, dada la doctrina jurisprudencial de la Sala Constitucional, en las Normas para Regular los Procesos de Referendos Revocatorios de Mandatos de Elección Popular de septiembre de 2003 se estableció que la iniciativa para solicitar la convocatoria de un referendo revocatorio le corresponde a "un número no menor del veinte por ciento (20%) de los electores inscritos en el registro electoral para el momento de la solicitud, en la correspondiente circunscripción electoral".

Por otra parte, debe destacarse, que el derecho ciudadano a presentar la solicitud de revocatoria del mandato de un funcionario electo, corresponde a los ciudadanos inscritos en el registro electoral para el momento en que se pueda formular, y tal derecho, por supuesto, como la ciudadanía misma, no se pierde por el hecho de que el ciudadano se encuentre en el exterior, es decir, no se encuentre físicamente en el

---

1361 Criterio adoptado en la sentencia Nº 1139 de 05-06-2002 (Caso: *Sergio Omar Calderón Duque y William Dávila Barrios*); y seguido en la sentencia Nº 137 de 13-02-2003 (Caso: *Freddy Lepage y otros*).

1362 Criterio ratificado en la sentencia Nº 2750 (Caso: *Carlos E. Herrera Mendoza*) de 21-10-2003.

1363 En sentido coincidente las sentencias de la Sala Constitucional Nº 1139 de 05-06-2002 (Caso: *Sergio Omar Calderón Duque y William Dávila Barrios*) y de 13-02-2003 (Caso: *Freddy Lepage y otros*).

territorio nacional. Es decir, al igual que el derecho de voto se puede ejercer en el exterior, la firma para la solicitud de la revocatoria del mandato de un funcionario también se puede formular en el exterior.

3. *Los requisitos de la solicitud de convocatoria del referendo revocatorio*

Como la legitimación para presentar la solicitud corresponde a los electores inscritos en el registro electoral para el momento de presentarla, los requisitos de la solicitud, como lo ha establecido la Sala Constitucional en la sentencia nº 1139 de 5 de junio de 2002 (Caso: *Sergio Omar Calderón y William Dávila Barrios*), son que la misma" debe ir acompañada de los nombres y apellidos, números de cédulas de identidad y las firmas respectivas, para que sea verificada por el Consejo Nacional Electoral"[1364].

Por tanto, la solicitud debe indicar el nombre y apellido, la cédula de identidad y la firma del elector solicitante, así como la manifestación de voluntad dirigida al Consejo Nacional Electoral de solicitud de convocatoria de un referendo de revocación del mandato del funcionario respectivo, el cual debe también ser identificado, indicando el cargo que ocupa y la fecha de inicio de su mandato. Así también lo estableció la Sala Constitucional en la citada sentencia nº 1139 de 5 de junio de 2002, en el sentido de que resulta imprescindible "que la solicitud de revocación del mandato exprese con claridad el nombre y apellido del funcionario cuestionado y el cargo para el cual fue elegido popularmente, con indicación de la fecha de toma de posesión efectiva del mismo"... "tal solicitud debe ir acompañada de los nombres y apellidos, números de cédulas de identidad y las firmas respectivas, para que sea verificada por el Consejo Nacional Electoral"..."la solicitud de convocatoria a referéndum revocatorio que reúna las condiciones anteriores, se formula ante el Consejo Nacional Electoral".

4. *La oportunidad para formular la solicitud*

La solicitud de referendo revocatorio conforme a la Constitución sólo puede formularse una vez transcurrida la mitad del período para el cual fue electo el funcionario cuyo mandato se requiere revocar; límite temporal que conforme lo indicó la Sala Constitucional en sentencia Nº 1139 de 5 de junio de 2002 (Caso: *Sergio Omar Calderón Duque y William Dávila Barrios*), se justifica porque "representa un plazo prudencial que permite a los electores tener una visión del desempeño del representante"[1365].

La recolección de firmas que respaldan la solicitud, por tanto, debe hacerse a partir del momento en que se puede formular la solicitud, es decir, después de transcurrida la mitad del período para el cual fue elegido el funcionario, y por supuesto, antes de que tal solicitud se presente, no autorizando la Constitución el establecimiento de un lapso único de tiempo durante el cual se puedan recoger las firmas. Tal como lo resolvió la Sala Constitucional en su sentencia nº 137 de 13 de febrero de

---

1364 Criterio ratificado por sentencias de 13-02-2003 (Caso: *Freddy Lepage y otros*); Nº 2432 de 29-08-2003 (Caso: *Luis Eduardo Franseschi y otros*).

1365 Sentencia Nº 1139 de 05-06-2002 (Caso: *Sergio Omar Calderón Duque y William Dávila Barrios*).

2003 (Caso: *Freddy Lepage y otros*) al señalar que "establecer un requisito temporal para la recolección de las mencionadas firmas conllevaría menoscabar dicho principio fundamental" (reserva legal)[1366].

Por otra parte, una vez consignada la solicitud popular de revocatoria del mandato de un funcionario, el Consejo Nacional Electoral lo que debe verificar es que los solicitantes, identificados con su nombre y apellido, cédula de identidad y firma, estén inscritos en el Registro Electoral[1367]

5. *Quórum para la revocación*

Como lo ha dicho la Sala Constitucional del Tribunal Supremo de Justicia, en sentencia N° 2750 de 21 de octubre de 2003 (Caso: *Carlos E. Herrera Mendoza, Interpretación del artículo 72 de la Constitución*):

> "En el referido artículo 72 del Texto Fundamental se prevé que al menos el: a) 20% de electores inscritos en la circunscripción de que se trate solicite la convocatoria a referendo; b) que al menos participe en el referendo un 25% de los electores inscritos para que pueda ser válido.
>
> Se establecen, así, un porcentaje mínimo para solicitar el referendo y uno para que pueda tomarse en cuenta el resultado del mismo, con lo que aunque hubiera sido convocado correctamente, no tendrá valor alguno si existe escasa participación. Esto último, sin duda, es una forma de evitar que pueda ser revocado el mandato de un funcionario electo con base en el resultado de un referendo con alta abstención.
>
> El artículo 72 también dispone que sólo se revocará el mandato del funcionario si votan a favor de ello al menos una cantidad de personas igual al número de quienes lo eligieron en su momento, como una manera de impedir que fun-

---

1366 En nuestro criterio, por tanto, conforme a esa doctrina de la Sala Constitucional, la exigencia establecida en las "Normas para regular los procesos de Referendos Revocatorias de mandatos de Elección Popular" dictadas por el Consejo Nacional Electoral mediante Resolución N° 030925-465 de 25-09-2003 (*G.O.* N° 37.784 de fecha 26-09-2003), en el sentido de que las firmas de respaldo a una solicitud de referendo revocatorio sólo pueden plasmarse o recogerse durante unos días precisos sería contraria a la Constitución.

1367 Así lo resolvió la Sala Constitucional del Tribunal Supremo en su sentencia N° 2432 de 29-08-2003 (Caso: *Luis Franceschi y otros*). Para ello, la solicitud, como se dijo, debe indicar el nombre y apellido del funcionario cuyo mandato se quiere revocar, el cargo que desempeña y la fecha de toma de posesión; y el nombre y apellido, cédula de identidad y firma del peticionario de la revocación; y nada autoriza para que, además, se exija la huella digital de los solicitantes, como se estableció en la mencionadas "Normas para regular los procesos de Referendos Revocatorias de mandatos de Elección Popular Normas". Además, nada autoriza para que se pueda exigir que todos los datos antes indicaos (nombre, apellido y número de cédula de identidad), con excepción de la firma por supuesto, tengan que ser manuscritos única y exclusivamente por los propios solicitantes, con su puño y letra, como lo anunció el Consejo Nacional Electoral el los días 28 y 29 de febrero de 2004 y lo decidió el día 3 de marzo de 2004 (Resolución N° 040302-131 de 02-03-2004), al objetar 876.017 solicitudes para el referendo revocatorio del mandato del Presidente de la República de 3.086.013 de solicitudes que admitía habían sido efectivamente firmadas entre el 28 de noviembre y el 1° de diciembre de 2003, con el argumento, precisamente, de que los referidos datos (nombre, apellido y número de la cédula) habían sido estampados por la persona que gestionaba la firma en presencia del observador del Consejo Nacional Electoral y no de puño y letra del firmante. *V. El Universal*, Caracas, 3 de marzo de 2004, p. A-1.

cionarios que alcanzaron su puesto con altos porcentajes de apoyo popular puedan perderlo por simple mayoría".

En consecuencia, a los efectos de que se produzca la revocatoria del mandato, se requiere, en *primer lugar,* que se produzca un quórum de asistencia consistente en que concurran al referendo un número de electores igual o superior al 25% de los electores inscritos en el registro civil y electoral. Sobre esto, la Sala Constitucional en sentencia N° 1139 de 5 de junio de 2002 (Caso: *Sergio Omar Calderón Duque y William Dávila Barrios)* ha interpretado:

> "Que el quórum mínimo de participación efectiva en el referéndum revocatorio, debe estar representado necesariamente -por lo menos-, por el 25% de los electores inscritos en el Registro Electoral de la circunscripción correspondiente para el momento de la celebración de los comicios referendarios"[1368].

En *segundo lugar*, se requiere que voten a favor de tal revocatoria un número de electores inscritos en el Registro Electoral para el momento de la celebración del referendo, igual o mayor de los que eligieron al funcionario[1369]. Sobre ello ha precisado la Sala Constitucional en la misma sentencia n° 1139 de 5 de junio de 2002 (Caso: *Sergio Omar Calderón y William Dávila*) que:

> "La revocación del mandato no es producto de la arbitrariedad, sino una consecuencia lógica que se deriva del principio de soberanía popular, pues, por ser el pueblo soberano puede ejercer el poder con la finalidad de dejar sin efecto el mandato de sus representantes elegidos popularmente, que han dejado de merecerles confianza, por haberse desempañado en el ejercicio de sus funciones de forma inconveniente o contraria a los intereses populares o del Estado en general, quienes quedan entonces sometidos a la decisión del cuerpo electoral.
>
> Siendo así las cosas, considera la Sala que el requerimiento del constituyente de 1999, cuando estableció en el segundo aparte del artículo 72, determinadas condiciones cuantitativas para que se considere revocado el mandato del funcionario electo, tiene como propósito demostrar fehacientemente la veracidad de los resultados obtenidos en el referéndum revocatorio ejecutado, de manera que no haya duda sobre la pérdida tan grave de popularidad del funcionario que deviene en ilegítimo, y la desaprobación de su gestión, por lo que resulta lógico que se exija que su revocación se produzca en virtud de la misma cantidad de votos, e incluso uno más, de los que previamente lo favorecieron cuando quedó investido del cargo público que ejercía, siempre que un quórum mínimo considerable de electores inscritos en el Registro Electoral hayan concurrido a desaprobar la gestión del mandatario cuestionado.
>
> Según los planteamientos anteriores, interpreta la Sala que el quórum mínimo de participación efectiva en el referéndum revocatorio, debe estar represen-

---

1368 Criterio adoptado en la sentencia N° 1139 de 05-06-2002 (Caso: *Sergio Omar Calderón Duque y William Dávila Barrios*); y seguido en la sentencia N° 137 de 13-02-2003 (Caso: *Freddy Lepage y otros*).

1369 En el caso del Presidente de la República Hugo Chávez Frías, éste fue electo en agosto de 2000 con 3.757.774 votos.

tado necesariamente -por lo menos-, por el 25% de los electores inscritos en el Registro Electoral de la circunscripción correspondiente para el momento de la celebración de los comicios referendarios, y además, que la votación favorable a la revocación debe ser igual o mayor que la que el funcionario obtuvo cuando fue electo, sin que puedan someterse tales condiciones numéricas a procesos de ajuste o de proporción alguno".

Nada indica la Constitución para el caso de que si bien voten a favor de la revocación un número de electores superior al número de votos que obtuvo el funcionario cuando fue electo, sin embargo, en la votación se pronuncien por su permanencia un número mayor de votos[1370].

6. *Efectos de la revocatoria del mandato*

En cuanto la revocación del mandato de los diputados a la Asamblea Nacional, la Constitución es explícita al señalar expresamente que el diputado revocado "no podrá optar a cargos de elección popular en el siguiente período" (art. 198). Nada indica la Constitución sobre los efectos de la revocación del mandato en el caso del Presidente de la República y de los otros funcionarios electos. Sin embargo, la Sala Constitucional del Tribunal Supremo de Justicia, en cuanto a la posibilidad de que un Presidente revocado pueda ser candidato en la elección que pueda hacerse como consecuencia de la revocatoria, dado el silencio de la Constitución, estableció en su sentencia nº 2404 de 28 de agosto de 2003 (Caso: *Exssel Alí Betancourt Orozco, Interpretación del artículo 72 de la Constitución*), que en la elección del nuevo Presidente:

> "Evidentemente no podría participar dicho funcionario (revocado), pues cualquier falta absoluta del Presidente implica la separación del cargo y la consecuente sustitución del mismo. Lo contrario supondría una amenaza de fraude a la soberanía popular"[1371].

1370 En las referidas *Normas para regular los procesos de Referendos Revocatorias de mandatos de Elección Popular* dictadas por el Consejo Nacional Electoral en 25-09-2003 se estableció que se considerará revocado el mandato "si el número de votos a favor de la revocatoria es igual o superior al número de los electores que eligieron al funcionario, y no resulte inferior al número de electores que votaron en contra de la revocatoria" (Art. 60). Este criterio luego sería avalado por la Sala Constitucional en la sentencia Nº 2750 de 21 de octubre de 2003 (Caso: *Carlos E. Herrera Mendoza, Interpretación del artículo 72 de la Constitución*), en la cual señaló que "Se trata de una especie de relegitimación del funcionario y en ese proceso democrático de mayorías, incluso, si en el referendo obtuviese más votos la opción de su permanencia, debería seguir en él, aunque voten en su contra el número suficiente de personas para revocarle el mandato".

1371 La sentencia fue publicada en los medios de comunicación, pero no en la página web del Tribunal Supremo. La Sala Constitucional, en una inusual "Aclaratoria", emitida de oficio en fecha 01-09-2003, desconoció lo expresado en el fallo, considerando el tema como no decidido. La "Aclaratoria",sin embargo, también fue eliminada de la página web del Tribunal Supremo, y la única referencia relativa al asunto está en un "Auto" de la Sala Constitucional del mismo día 01-09-2003 ordenando abrir una averiguación para establecer responsabilidades sobre el contenido de la sentencia que supuestamente no se correspondía con el texto del fallo aprobado por los Magistrados. Todo este incidente fue calificado, con razón, como una polémica "con características escandalosas". *V.* Edgar López, *El Nacional*, Caracas, 04-01-2004, p. A-2

Ahora bien, en caso de que se produzca la revocatoria del mandato de un funcionario electo, debe procederse de inmediato a cubrir la falta absoluta conforme a lo dispuesto en la Constitución y en la Ley. Si se trata de un Diputado a la Asamblea Nacional, debería realizarse una nueva elección, pero la Sala Constitucional ha determinado que lo sustituye su suplente por el resto del período[1372].

En relación con el Presidente de la República, la forma de proceder para cubrir la falta absoluta que se produciría con la revocación del mandato, conforme al artículo 233, varía según que ésta ocurra durante los primeros cuatro años de los seis de su mandato o durante los dos últimos: en el primer caso, debe procederse a una nueva elección presidencial para que quien resulte electo complete el período constitucional; y en el segundo caso, el Vicepresidente Ejecutivo es quien debe asumir la Presidencia hasta completar dicho período.

II. LA CONFISCACIÓN DEL DERECHO A LA PARTICIPACIÓN POLÍTICA MEDIANTE LA SOLICITUD DE REFERENDO REVOCATORIO

Como se ha dicho, en el caso del Presidente de la República, de acuerdo con el artículo 72 de la Constitución, los electores podían solicitar la convocatoria de la celebración de un referendo revocatorio de sus mandatos, una vez transcurrida la mitad del período para el cual fue elegido. Como se ha dicho, la Sala Constitucional ya había establecido desde 2001 que habiendo sido electo el Presidente de la República el 19 de agosto de 2000, la mitad del período constitucional se cumplía el 18 de agosto de 2003[1373], pudiendo por tanto, a partir del 19 de agosto de 2003, presentarse la solicitud de revocatoria de su mandato; solicitud que siempre es de iniciativa popular.

1. *La discusión sobre el momento para recolectar las firmas: el "Firmazo"*

La Constitución, como lo dijo la Sala Constitucional, "nada menciona respecto del momento en el cual puede iniciarse la recolección de firmas al objeto de solicitar la realización del referendo revocatorio"[1374], pero es evidente que si el derecho para presentar la solicitud nace una vez transcurrida la mitad del período constitucional, entonces las firmas, que son la expresión concreta de la manifestación de voluntad, deben recogerse con posterioridad a esa fecha.

En todo caso, el tema es de reserva legal, en el sentido de que el legislador es quien puede regular la materia. La Sala Constitucional, en todo caso, así lo reconoció en la sentencia nº 137 de fecha 13 de febrero de 2003 (caso: *Freddy Lepage y otros)*, pero agregando lo que era obvio, es decir, que "las firmas deben preceder a una solicitud". La Sala en efecto, dijo "que el artículo 72 se limitaba a señalar la oportunidad a partir de la cual podía efectuarse la solicitud de referendo revocatorio ante el Consejo Nacional Electoral, esto es, una vez transcurrida la mitad del período, pero "nada señala respecto de la oportunidad para recolectar las firmas, las cua-

---

1372 Sentencia de 05-06-2003 (Caso: *Sergio Omar Calderón Duque y William Dávila*).

1373 Sentencias de la Sala Constitucional Nº 457 de 05-04-2001 (Caso: *Francisco Encinas Verde*); y Nº 759 de 16-05-2001 (Caso: *Asamblea Nacional*).

1374 Sentencia Nº 137 de fecha 13 de febrero de 2003 (Caso*: Freddy Lepage y otros)*

les, lógicamente deben preceder a la solicitud, sólo podrían recolectarse en el término establecido en dicho precepto constitucional." En todo caso, señaló también la Sala "establecer un requisito temporal para la recolección de las mencionadas firmas conllevaría menoscabar dicho principio de técnica fundamental".

La expresión de esta sentencia en el sentido de que las firmas "lógicamente deben preceder a la solicitud", condujo a que se llegase a interpretar que ese proceso podía ejecutarse aún antes de transcurrida la mitad del período del mandato del Presidente Chávez, para presentar la solicitud posteriormente, una vez transcurrido ese lapso.

En tal sentido, la oposición al Presidente de la República convocó a un proceso de recolección de firmas para respaldar una declaración sobre la revocación del mandato del Presidente[1375], denominado el "Firmazo", el cual se realizó el 2 de febrero de 2003, es decir, más de seis meses antes de que hubiera transcurrido la mitad del período constitucional del Presidente[1376]. Las firmas fueron presentadas ante el Consejo Nacional Electoral el día 20 de agosto de 2003 por un grupo de partidos políticos y organizaciones con fines políticos, pero la presentación estuvo signada por la discusión sobre la oportunidad para recoger las firmas en respaldo de la solicitud de referendo y la forma cómo debió haberse formulado la petición, solicitud pregunta.

La discusión y la interpretación que se había hecho de la frase antes mencionada de que las firmas lógicamente debían preceder a la solicitud contenida en la sentencia de la Sala Constitucional nº 137 de fecha 13 de febrero de 2003 (caso: *Freddy Lepage y otros)*, había llegado al mismo Tribunal Supremo, por lo que la Sala Constitucional una semana antes de la consignación de las firmas ante el Consejo Nacional Electoral, se vio en la necesidad de publicar una "nota de prensa", el 14 de agosto de 2003, en la cual informaba que la Sala no se había pronunciado sobre el tema de la oportunidad para la recolección de las firmas, ni tampoco sobre "lo relacionado con la validez de dichas firmas, todo lo cual es competencia del Consejo Nacional Electoral, según las normas que rigen su funcionamiento".

En respuesta a la documentación y firmas sobre la revocatoria del mandato del Presidente de la República, que se habían consignado ante el Consejo Nacional Electoral el 20 de agosto de 2003, dicho organismo, mediante Resolución nº 030912-461 de fecha 12 de septiembre de 2003, después de constatar la incertidumbre que originaba la ausencia de regulación legal sobre la materia[1377], declaró inad-

---

1375 El texto del encabezamiento de las planillas rezaba así: "INICIATIVA DE CONVOCATORIA A UN REFERENDO REVOCATORIO DEL MANDATO DEL PRESIDENTE DE LA REPÚBLICA". Nosotros, los firmantes de esta Planilla, inscritos en el registro Electoral, tomamos la iniciativa de convocar a un referendo revocatorio del mandato del Presidente de la república, ciudadano Hugo Rafael Chávez Frías, de conformidad con lo establecido en el artículo 72 de la Constitución. A tal efecto, sugerimos la siguiente pregunta: ¿De conformidad con lo previsto en el artículo 72 de la Constitución de la República Bolivariana de Venezuela, está usted de acuerdo con revocar el mandato al Presidente de la República Hugo Rafael Chávez Frías?.

1376 En esa oportunidad se informó que se habían recogido en respaldo de la solicitud, 3.236.320 firmas de electores inscritos en el registro electoral.

1377 El Consejo expuso en la Resolución lo siguiente: "estos medios de participación política como derechos constitucionales que son, pueden ser ejercitados desde su sola regulación constitucional, pero la

misible la solicitud presentada al considerar, entre otros aspectos[1378], que las firmas que respaldaban las solicitudes "fueron suscritas de manera extemporánea por anticipada, esto es, antes de que naciera la titularidad del derecho del referendo revocatorio". El Consejo Nacional Electoral señaló, en efecto, que:

> "[...] no es un ejercicio legítimo del derecho previsto en el artículo 72 de la Constitución solicitar el referendo revocatorio de un funcionario electivo mediante peticiones que sean anteriores al momento en que nace o se origina el derecho. Así como no se puede cursar solicitud ante el Poder Electoral antes de que se cumpla el momento constitucional fijado, en el cual se consolida la titularidad del derecho y puede ejercer el derecho de solicitarlo; de esa misma manera no pueden recabarse las firmas para acompañar una solicitud para cuyo objeto el firmante no tiene derecho todavía".

Ello se regula ahora en forma expresa, en las Normas de Referendos Revocatorios que habían sido dictadas por el Consejo Nacional Electoral, estableciéndose que la recolección de firmas para la solicitud de los referendos revocatorios, sólo puede tener lugar una vez que haya trascurrido la mitad del período del funcionario electo.

2. *La confiscación del derecho de petición para solicitar la convocatoria de referendo revocatorio por el Consejo Nacional Electoral*

Como antes se ha dicho, la Sala Constitucional del Tribunal Supremo de Justicia, mediante sentencia nº 2341 del 25 de agosto de 2003 (Caso: *Hermánn Escarrá M. y otros*) designó por la inconstitucional omisión legislativa en hacerlo, a los miembros del Consejo Nacional Electoral, quienes fueron juramentados el 27 de agosto de 2003. Al mes de esta decisión, el nuevo el Consejo Nacional Electoral, mediante Resolución nº 030925-465 de 25 de septiembre de 2003, dictó las "Normas para regular los procesos de referendos revocatorios de mandatos de cargos de elección popular"[1379]. Con estas normas puede decirse que el Poder Electoral, cuya autonomía había sido secuestrada por los Poderes del estado, a su vez inició la confiscación del derecho ciudadano a la participación política mediante la iniciativa popular de

---

ausencia de desarrollo legislativo de los mismos hace que su ejercicio esté sujeto a un contexto de altísima incertidumbre. Por consiguiente, a los fines de completar el régimen del derecho constitucional, se harán necesarias la intervención del legislador por vía general o bien la intervención pretoriana del juez, caso por caso, como fuentes de desarrollo y complementación del derecho tal y como aparece regulado en la Constitución".

1378 La Resolución expresó sobre la forma de la solicitud, lo siguiente: "En estricto sentido, pues, el texto firmado por quienes participaron el "Firmazo" no es expresión de una solicitud o petición dirigida a este Organismo Electoral del que se prescinde totalmente y, de otro lado, se omiten datos formales, estimados por la Sala Constitucional como formas esenciales que las solicitudes deben cumplir inexorablemente, tales como la indicación de la "fecha de toma de posesión efectiva " del cargo del funcionario cuestionado y la mención del Poder Electoral como destinatario de la solicitud". Por ello, el Consejo Nacional Electoral la declaró "inadmisible...porque las planillas cuyas firmas respaldarían la solicitud de los presentantes no contienen una manifestación de voluntad que llene los requisitos del artículo 72 de la Constitución, según la jurisprudencia citada de la Sala Constitucional del Tribunal Supremo de Justicia y, en todo caso, tales planillas no contienen una solicitud o petición dirigida a este Poder Electoral".

1379 La Resolución fue modificada en cuanto al artículo 24 mediante Resolución Nº 031030-717 de 30-10-2003.

solicitud de convocatoria de referendos revocatorios, al encasillar de tal manera el ejercicio del derecho, que lo ha hecho de casi imposible ejercicio, en contradicción incluso con las declaraciones iniciales de la misma Resolución (art. 3) en el sentido de las mismas supuestamente tenían como propósito:

"1. Garantizar el derecho del elector a solicitar la convocatoria de referendo revocatorio de mandato de los funcionarios electos popularmente.
2. Garantizar que los procesos de referendos revocatorios de mandatos se realicen en igualdad de condiciones y sin discriminación alguna.
3. Garantizar la imparcialidad, transparencia, celeridad, confiabilidad y oportunidad de los actos relativos a los procesos de referendos revocatorios de mandatos.
4. Garantizar el respeto a la voluntad del elector, así como los derechos del funcionario público electo popularmente a quien se le pretende revocar su mandato.
5. Garantizar el respeto de la voluntad de los electores expresada a través del ejercicio del voto".

Al contrario, con las normas dictadas, no se ha garantizado el derecho del elector a solicitar la convocatoria de referendos revocatorios; no se ha garantizado que estos se realicen en igualdad de condiciones y sin discriminación alguna; ni se ha garantizar la imparcialidad, transparencia, celeridad, confiabilidad y oportunidad de los actos relativos a los procesos de referendos revocatorios.

La Sala Constitucional del Tribunal Supremo, en la citada sentencia nº 1139 de 5 de junio de 2002 (Caso: *Sergio Omar Calderón y William Dávila*), había establecido el criterio de que el referendo revocatorio "se encuentra sometido a las reglas previstas en el artículo 72 de la Constitución, sin que deje ningún margen de discrecionalidad que autorice al Consejo Nacional Electoral a emitir pronunciamiento alguno sobre el mérito o conveniencia de la solicitud formulada, *ni a establecer -en las normativas de carácter sub legal que dicte-, nuevas condiciones para la procedencia de la revocación del mandato, no contempladas en el marco constitucional vigente"*. El Consejo Nacional Electoral en las normas antes citadas, que son de carácter sub legal, precisamente estableció nuevas condiciones para la procedencia de la revocación del mandato no contempladas en el marco constitucional vigente. Estimamos que no es posible que se pueda sostener que estas normas puedan tener carácter y rango de Ley, y menos de ley orgánica que son las únicas que pueden regular los derechos constitucionales, especialmente los derechos políticos (art. 203).

En todo caso, los requisitos y formalidades establecidos en las citadas normas para ejercer el derecho ciudadano de peticionar o solicitar la convocatoria de un referendo revocatorio son de tal naturaleza, que casi se confunden con el derecho mismo de revocar el mandato del funcionario electo.

A. *El control estatal del derecho ciudadano de peticionar*

Ante todo, el Consejo Nacional Electoral mediante las Normas, ha asumido el control total del derecho de petición a los efectos de solicitar la convocatoria de un referendo revocatorio, el cual sólo puede ejercerse en la forma y con las formalidades fijadas por la autoridad electoral y bajo su estricta supervisión mediante observadores del Consejo Nacional Electoral. Se trata de una limitación al derecho de petición que la propia Constitución garantiza en forma general, no admitida en su texto (art. 51).

B. *La participación de inicio del procedimiento y la admisión oficial del mismo*

Las Normas convirtieron el simple derecho de peticionar, el cual puede ejercerse en cualquier tiempo y lugar después de que se cumpla la mitad del período del funcionario cuyo mandato se quiere revocar, en todo un complejo procedimiento, que se tiene que iniciar necesariamente con una participación por escrito a la autoridad electoral por parte de las organizaciones con fines políticos o las agrupaciones de ciudadanos debidamente inscritas, sobre "el inicio del procedimiento de convocatoria de referendo revocatorio del mandato". (art. 17).

El escrito de participación del inicio del procedimiento conforme al artículo 16 de las Normas debe contener:

"1. Nombre, apellido y cargo que ejerce el funcionario cuyo mandato se pretende revocar, así como indicación de la fecha de la toma de posesión efectiva del mismo.
2. Nombre, apellido, cédula de identidad, fecha de nacimiento, nombre de la entidad o de la circunscripción electoral, domicilio y firma o, en su defecto, huella dactilar de los ciudadanos presentantes de la participación.
3. Objeto de la participación.
4. El número de lugares y su distribución por cada entidad federal en los cuales se recolectarán las firmas como respaldo de la solicitud de referendo".

Con este último requisito se estableció una limitación intolerable al derecho de petición, el cual en estos casos se debería poder ejercer en cualquier parte y forma siempre que sea después de que se cumpla la mitad del período del funcionario sujeto a revocación y obviamente, antes de que se presente la solicitud, y siempre que conste la manifestación de voluntad con la firma de la persona. Se trata de un derecho ciudadano que incluso puede ejercer el elector encontrándose fuera del país. Incluso la manifestación de voluntad podría manifestarse individualmente por los ciudadanos en forma auténtica ante Notario, en el país y en los Consulados en el exterior. Pero no; las Normas desde que se inicia el procedimiento prescriben que los que deben participar dicho inicio, tienen que indicar los lugares donde se recolectarán las firmas, es decir, donde los ciudadanos tienen que acudir para manifestar se derecho de peticionar. Un ciudadano residenciado en el exterior, por tanto, no podría ejercer su derecho de petición para solicitar la convocatoria de un referendo para la revocación del mandato de un funcionario, pero contradictoriamente si podría votar en el referendo respectivo conforme lo indica el artículo 51 de las Normas.

En todo caso, la participación de apertura del procedimiento debe ser revisada por un funcionario receptor, quién debe constatar inmediatamente que cumple con los requisitos antes indicados; debiendo observar si faltare cualquiera de los requisitos exigidos, a fin de que sean subsanar las omisiones (art. 17). Solo cuando la participación cumpla con los requisitos exigidos, el funcionario receptor debe entregar un recibo a los presentantes (art. 18).

Una vez verificado el cumplimiento de los requisitos anteriores, entonces las Normas exigen que, el Consejo Nacional Electoral en el plazo de dos días continuos siguientes dicté una Resolución de admisión del inicio del procedimiento (art. 19). El único supuesto en el cual las Normas prevén la posibilidad de negar la admisión del inicio del procedimiento, a fin de garantizar el ejercicio del derecho y de impedir fraude a la Constitución y la ley, es cuando las participaciones formuladas se presenten por organizaciones de ciudadanos que ostenten una manifiesta identificación o apoyo con el funcionario susceptible de revocación (art. 19).

C. *El apoderamiento estatal del proceso de recolección de firmas*

Como se dijo, la firma de una solicitud o petición, cualquiera que sea su contenido, es un derecho ciudadano, de ejercicio personal. Ello sin embargo, en el caso de las peticiones para los referendos revocatorios, se ha convertido en un acto público a ser realizado en unos lugares predeterminados, en unas planillas preestablecidas, en unos días fijos y bajo la vigilancia del Estado. Por ello, lo primero que el Consejo Nacional Electoral debe hacer conforme a las Normas es dentro de los veinte (20) días continuos siguientes, seleccionar a los ciudadanos que desempeñarán el papel de *observadores* de la recolección de firmas (art. 21).

Estos observadores del Consejo Nacional Electoral deben precisamente "observar" todo el proceso de recolección de firmas, y firmar las actas respectivas que deben levantarse. Las Normas disponen que "en caso de que en el día de la recolección de firmas faltaren los observadores del Consejo Nacional Electoral y sus suplentes, los agentes de recolección solicitarán el correspondiente reemplazo sin perjuicio de que el acta pueda levantarse con la firma de tres (3) testigos presentes en el acto de recolección" (art. 24). Estos observadores del Consejo Nacional Electoral, conforme al artículo 25 de la Normas, deben "limitarán su actuación a presenciar la recolección de firmas en los lugares destinados para ello y además a suscribir y elaborar el acta... con las observaciones pertinentes, si las hubiere".

Por otra parte, en la fase preparatoria para la recolección de las firmas, los presentantes deben señalar al Consejo Nacional Electoral la lista de los *lugares y la fechas* en los cuales proyectan hacer la recolección de firmas, respecto de lo cual el Consejo Nacional Electoral debe "decidir lo conducente para establecer las condiciones de seguridad y logística correspondiente". Agrega el artículo 23 que "Sin perjuicio de su recolección itinerante, el número de lugares que los presentantes aspiren establecer como sitios de recolección de firmas no podrá exceder de dos mil setecientos".

Las firmas, por otra parte, sólo pueden recolectarse en las fechas establecidas en los centros de recolección establecidos para tal fin y en *planillas, debidamente numeradas y foliadas*, en las cuales sólo se permitirá la recolección de diez firmas (art. 21).

Estas planillas, que constituyen la solicitud de convocatoria del referendo revocatorio, conforme al artículo 22 de las Normas deben necesariamente contener:

"1. Nombre, apellido y cargo que ejerce el funcionario cuyo mandato se pretende revocar, así como indicación de la fecha de la toma de posesión efectiva del mismo.
2. Nombre, apellido, cédula de identidad, fecha de nacimiento, nombre de la entidad o de la circunscripción electoral, firma manuscrita original y huella dactilar, de los electores solicitantes de la convocatoria de referendo revocatorio de mandato, en forma legible".

Es inconcebible, por supuesto, que se exija estampar una huella dactilar para una petición ciudadana, lo que contraría las normas legales en materia de identificación que remiten a la Cédula de Identidad, y la posibilidad legal misma de hacerse representar el los procedimientos administrativos. La norma agrega, por otra parte, que "La solicitud de convocatoria de referendo es un acto personalísimo, por lo que no se admitirá poder de representación o autorización para firmar por otro". Esta disposición también contraría las disposiciones del Código de Procedimiento Civil de aplicación supletoria en materia de procedimientos administrativos, y las de la Ley Orgánica de Procedimientos Administrativos sobre representación. No se puede negar a las personas, su derecho a ser representadas en un procedimiento administrativo de petición. El Consejo Nacional Electoral en realidad, confundió ilegalmente el ejercicio del derecho de petición con el derecho al sufragio o acto de votación en si mismo, el cual sí podría considerarse como ese acto "personalísimo" que no admite la posibilidad de que se pueda ejercer a través de apoderados o representantes.

Por otra parte, la recolección de firmas sólo debe hacerse en un *lapso de cuatro (4) días* continuos en los lugares señalados por los presentantes y con la observación del Consejo Nacional Electoral; y a cada elector que firme la planilla, se le informará sobre el número de ésta y el renglón donde ha estampado su rúbrica a fin de garantizar el ejercicio de su derecho al reparo (art. 23).

Por último, el artículo 24 de las Normas dispone que al cierre de cada día de recolección de firmas, se levantará *acta original* y tres copias, en la cual se debe dejar expresa mención del lugar y fecha en que se inició y cerró el proceso de recolección de firmas, el número de planillas y su serial, el número de firmas recogidas ese día y los datos legibles de los observadores y de los agentes de recolección de los presentantes"; y en cuanto a la recolección de firmas para los agentes de recolección de firmas itinerantes el horario se estableció "de seis de la mañana a seis de la tarde, debiendo entregar las planillas el mismo día en un lapso que no exceda de las seis y treinta de la tarde".

Las Normas imponen a los observadores y a los agentes de recolección de los presentantes la *obligación de firmar* el acta original y las copias, las cuales una vez firmadas, el original debe ser remitido al Consejo Nacional Electoral; y las copias se distribuirán así: una debe quedar en poder del agente de recolección; y la segunda y la tercera deben entregarse a cada uno de los observadores (art. 24). Estas actas, conforme al artículo 26 de las Normas, deben ser distribuidas por los observadores del Consejo Nacional Electoral de la siguiente forma:

"1. Al cierre de cada día de recolección de firmas, las actas originales correspondientes a los lugares ubicados en el Distrito Metropolitano de Caracas, serán entregadas por los observadores en la Dirección de Correspondencia de la sede principal del Consejo Nacional Electoral.

2. Al cierre de cada día de recolección de firmas, las actas originales correspondientes a los lugares de recolección ubicados en los municipios cercanos a las capitales de los estados, serán entregadas por los observadores en las Oficinas Regionales Electorales de la entidad respectiva, con acuse de recibo.
3. En aquellos casos en los cuales los lugares de recolección estén ubicados en municipios lejanos de las capitales de los estados, los observadores se trasladarán al cierre del último día de recolección a la Oficina Regional Electoral de la entidad respectiva y entregarán las actas con acuse de recibo".

En definitiva, es imposible concebir mayor control estatal para el ejercicio de un derecho de petición.

Además, para asegurar aún más la autenticidad del procedimiento, las Normas establecen que "sin excepción las planillas de recolección de firmas quedarán en posesión y bajo la custodia de los agentes de recolección, los cuales quedarán obligados a consignar al Consejo Nacional Electoral las planillas en blanco que no hayan sido utilizadas".

D. *La verificación de los requisitos y el rechazo de firmas*

Las organizaciones con fines políticos o las agrupaciones de ciudadanos que promovieron la iniciativa, deben consignar las planillas firmadas ante el Consejo Nacional Electoral, el cual debe entonces proceder "a efectuar la verificación de los requisitos previstos en el artículo 72 de la Constitución de la República Bolivariana de Venezuela" (art. 27). Por tanto, sólo los requisitos establecidos en dicha norma constitucional deben ser los que han de verificarse, y ellos sólo son, básicamente, la inscripción de los electores firmantes en el registro electoral.

A tal efecto, el artículo 28 de las Normas dispone que en un plazo no mayor de treinta días continuos contados a partir de la presentación de las planillas, el Consejo Nacional Electoral debe proceder a la verificación de los datos de los electores contenidos en la solicitud de convocatoria, de acuerdo al siguiente procedimiento:

"1. Se transcribirán los datos correspondientes a la cédula de identidad, nombres, apellidos y fecha de nacimiento de los solicitantes de la convocatoria.
2. Los datos de los solicitantes serán confrontados con los datos del Registro Electoral, a los fines de establecer su condición de elector en la circunscripción correspondiente.
3. Del proceso de validación se discriminará entre cantidad y porcentaje de solicitantes validados, aceptados y rechazados.
4. Una vez realizada la trascripción, se procederá a verificar si las firmas y datos que contienen las planillas son fidedignos de conformidad con los criterios establecidos en el artículo 29 de las presentes normas. La revisión abarcará la totalidad del número de planillas presentadas al Consejo Nacional Electoral".

De acuerdo con el artículo 29 de las Normas, las firmas o solicitudes *no se considerarán fidedignas y en consecuencia se estimarán como solicitudes inválidas*, en cualquiera de los siguientes supuestos:

"1. Si existe incongruencia entre el nombre, apellido, fecha de nacimiento y cédula de identidad del firmante.
2. Si el firmante no está inscrito en la circunscripción electoral correspondiente al referendo de que se trate.
3. Si la firma no es manuscrita.
4. Si la firma es producto de fotocopias o cualquier otro medio de reproducción.
5. Si se determina que más de una firma proviene de la misma persona".

Debe observarse, que conforme a esta norma, no se considerarán fidedignas y en consecuencia se estimarán como solicitudes inválidas cuando las firmas no sean manuscritas por el solicitante. Nada se indica en las Normas respecto de que los datos de identificación (nombre y apellido y número de cédula) deban ser manuscritos de puño y letra de los solicitantes, por lo que si éstos se estamparon por otra persona no puede considerarse la firma como no fidedigna e inválida.

Ahora bien, con fecha 20 de noviembre de 2003, el Consejo Nacional Electoral dictó la Resolución nº 031120-794, contentiva de las "Normas sobre los criterios de validación de las firmas y de las planillas de recolección de firmas para los procesos de referendo revocatorio de mandatos de cargos de elección popular", en la cual se fijaron los siguientes criterios:

a). A los fines de la verificación de las firmas, sólo se considerarán fidedignas aquellas rúbricas que se encuentren recogidas en las Planillas para la Recolección de Firmas debidamente numeradas y seriadas expedidas por el Consejo Nacional Electoral (art. 1).

b) Conforme al artículo 3 de las Normas sobre los criterios, se estableció que *una firma no se considerará válida* en cualquiera de los siguientes supuestos:

"1. Cuando no contenga por lo menos uno de los nombres y uno de los apellidos; no contenga el número de cédula de identidad y de la fecha de nacimiento o si los datos antes indicados son ilegibles.
2. Cuando carezca de la firma o de la huella dactilar del elector.
3. Cuando el renglón en el cual está estampada la firma y la huella dactilar presenta tachaduras o enmendaduras o la huella haya sido estampada indebidamente, según criterios técnicos.
4. Cuando los datos y las firmas aparezcan repetidas, caso en el cual quedarán todas invalidadas.
5. Cuando las huellas hayan sido superpuestas totalmente, y no en forma tangencial o unidas por los extremos de los bordes".

c) Conforme al artículo 4 de las "Normas sobre criterios*" no se considerarán válidas las Planillas* de Recolección de Firmas que adolezcan de las siguientes omisiones:

"1. Cuando la Planilla no contenga el nombre, apellido y la indicación del cargo que ejerce el funcionario cuyo mandato se pretende revocar, así como la Entidad Federal o Circunscripción Electoral de que se trate.

2. Cuando el número de la Planilla entregada por el Observador del Consejo Nacional Electoral al Agente de Recolección no coincida con los números contenidos en la base de dato elaborada por el Consejo Nacional Electoral.
3. Cuando los datos del funcionario cuyo mandato se pretenda revocar que aparecen en la Planilla no coincidan con el destino de las Planillas que fueron entregadas para tal fin por el Observador del Consejo Nacional Electoral al Recolector de Firmas mediante la respectiva Acta de Entrega.
4. Cuando el número de la Planilla no aparece reflejado en el Acta del Cierre del mismo día en el cual fue entregada al Agente de Recolección por parte del Observador del Consejo Nacional Electoral.
5. Cuando el número de la Planilla de carácter itinerante no aparece reflejado en el Acta del Cierre del mismo día en el cual le fue entregada al Agente de Recolección por parte del Observador del Consejo Nacional Electoral.
6. Cuando la Planilla de Recolección de Firmas presente evidencias de haber sido borrada alterando los elementos de seguridad, tales como el tramado o el serial de la Planilla.
7. Cuando esté mutilada de tal manera que afecte la inteligibilidad de los datos recogidos en la misma".

Ahora bien, como consecuencia de la verificación, el órgano encargado del Poder Electoral debe elaborar un informe a los efectos de ser sometido a la consideración del Directorio del Consejo Nacional Electoral, en el cual conforme a los ordinales 5 y 6 del artículo 28 de las Normas, se debe dejar constancia de " si el porcentaje de los solicitantes aceptados es mayor o igual al porcentaje de los electores previsto en el artículo 72 de la Constitución"; o "si efectuada la validación, la solicitud no cumpliera con el porcentaje exigido por el artículo 72 de la Constitución". El Directorio del Consejo Nacional Electoral aprobará o rechazará el informe presentado en los dos días siguientes cumplida como sea la verificación (art. 29).

Debe observarse que esta disposición excede la potestad que puede tener el Consejo Nacional Electoral. Este no tiene por tanto potestad discrecional alguna en la materia: si se cumplen los requisitos, el informe tiene que ser aprobado, no pudiendo ser rechazado. Ello había sido clarificado por la Sala Constitucional en su citada sentencia de fecha 5 de junio de 2002 (caso: *Sergio Omar Calderón Duque y William Dávila*), al establecer que el artículo 72 de la Constitución, no deja margen alguno "de discrecionalidad que autorice al Consejo Nacional Electoral a emitir pronunciamiento alguno sobre el mérito o conveniencia de la solicitud formulada", agregando que:

> "Una vez que el Consejo Nacional Electoral verifica el cumplimiento irrestricto de las condiciones mencionadas *ut supra* -referentes a que haya transcurrido, al menos, la mitad del período para el cual se había elegido al funcionario o funcionaria, y que un número no inferior del veinte por ciento (20%) de los electores inscritos en el Registro Electoral en la correspondiente circunscripción así lo pidiesen-, y por ende, declare que las mismas se encuentran satisfechas, correspondería a dicho órgano comicial convocar al referéndum revocatorio solicitado, fijando la oportunidad de su celebración, y organizando, dirigiendo y supervisando los comicios correspondientes".

El artículo 31 de las Normas dispone que el Consejo Nacional Electoral debe publicar en al menos un medio impreso de circulación nacional los resultados del proceso de validación a que se refiere el numeral 3 del artículo 28 (cantidad y porcentaje de solicitantes validados, aceptados y rechazados) mediante la mención de los números de cédula de identidad de los solicitantes del referendo. En el plazo de cinco días continuos siguientes a la publicación, "el elector firmante que fuera rechazado, podrá acudir personalmente ante el Consejo Nacional Electoral, a los fines de subsanar cualquier error material en que haya incurrido la Administración Electoral durante la verificación de sus datos. En caso contrario, quedará firme su rechazo. Asimismo, el elector que alegue que no firmó la planilla, podrá acudir al Consejo Nacional Electoral a los fines de solicitar su exclusión inmediata del cómputo de las firmas. En ambos supuestos, el Consejo Nacional Electoral publicará el formato de las comunicaciones mediante las cuales los electores harán sus solicitudes".

3. *Las vicisitudes de la petición de convocatoria a referendo revocatorio del mandato del Presidente de la República, o "El Reafirmazo"*

Una vez dictadas las Normas antes reseñadas de 23 de septiembre de 2003, y a pesar de su carácter extremadamente limitante para el ejercicio del derecho de petición, organizaciones políticas de oposición formularon ante el Consejo Nacional Electoral la participación correspondiente sobre el inicio del procedimiento para la solicitud de revocatoria del mandato del Presidente de la República conocida como El Reafirmazo. El Consejo Nacional Electoral, mediante Resolución nº 031015-529 de fecha 15 de octubre de 2003 fijó como fecha para efectuar la recolección de firmas relativas a la solicitud para la convocatoria, el día 28 de noviembre de 2003, con un plazo de cuatro días hasta el día 1° de diciembre de ese año. A tal efecto, el Consejo Nacional Electoral publicó en a prensa la información sobre los Centros de recolección de firmas[1380].

Después de cumplirse todas las formalidades y los muy engorrosos requisitos que conforman el procedimiento para la obtención de firmas, antes de que terminara el plazo para ello ya el Presidente de la República calificaba el proceso como un "megafraude"[1381]. En todo caso, las organizaciones promotoras de la solicitud, anunciaron haber consignado el 19 de diciembre de 2003 ante el Consejo Nacional Electoral un total de planillas con 3.467.050 firmas[1382]. Aún antes de la consignación de las firmas, sin embargo, se había iniciado una polémica en el seno del Consejo Nacional Electoral sobre los criterios, no para validarlas sino para anularlas, y si ello se refería a las firmas o a las planillas[1383]. Sólo fue en la segunda semana de enero de 2004 cuando se comenzó a realizar la verificación de las firmas, mediante un instructivo

---

1380 *V.* por ejemplo, *El Nacional*, Caracas 27-11-200, p. A-7; *El Nacional*, Caracas 30-11-200, p. A-9.

1381 *V. El Nacional*, Caracas 01-12-2003, p. A-4, y en particular, las declaraciones sobre ello de Cesar Gaviria, Secretario General de la OEA. Miembros del Consejo Nacional Electoral, en respuesta, solicitaban que cualquier denuncia se presentara ante el organismo. *Idem. V.* la declaración del Presidente del Consejo Nacional Electoral en *El Nacional*, Caracas 01-12-2003, p. A-4.

1382 *V. El Nacional*, Caracas 17-12-2003, p. A-1 y A-4. *V.* también *El Nacional*, Caracas 19-12-2003, p. A-2.

1383 *V. El Nacional*, Caracas 13-12-2003, p. A-1; *El Nacional*, Caracas 16-12-2003, p. A-2.

relativo a la validación de planillas y actas[1384]. El excesivo formalismo que comenzó a aplicarse en la revisión fue advertido por los observadores internacionales[1385]; y el 7 de febrero de 2004 uno de los Ministros del Poder Ejecutivo ya indicaba la necesidad de invalidar muchas firmas, lo que fue protestado por miembros del Poder Electoral considerando las declaraciones como irrespeto a la autonomía de dicho Poder[1386].

En todo caso, en materia de validación de las firmas y planillas, para el 9 de febrero de 2004, la discusión en el propio Consejo Nacional Electoral comenzó a centrarse sobre las objeciones que se habían formulado respecto de las planillas con firmas en las cuales los nombres y apellidos de las personas firmantes y sus números de cédulas de identidad, se habían escrito en caligrafía similar por personas distinta. En las Normas que regían el procedimiento de verificación y validación nada se decía al respecto, y más bien lo único que se exigía fuera manuscrita era la firma (art. 29,3) pero no los datos de identificación (nombre, apellido y número de cédula de identidad), respecto de los cuales no se exigía que fueran de puño y letra de los peticionantes[1387]. Por ello, en medio de denuncias varias[1388], los observadores internacionales en el proceso advertían, con razón, que el Consejo Nacional Electoral en el proceso de verificación de las firmas, debía privilegiar la voluntad del firmante sobre los tecnicismos[1389]. Ello por lo demás es lo que derivaba del principio del Estado de Justicia, que conforme al artículo 26 de la Constitución debe ser "sin formalismos".

Pero para el 17 de febrero de 2004, ya la prensa anunciaba que de las casi 3 millones y medio de firmas entregadas respaldando la petición de convocatoria de un referendo revocatorio del mandato del Presidente de la República, sólo algo más de un millón de firmas no tendían observaciones[1390]; y a la vez, que se había intentado ante la Sala Electoral del Tribunal Supremo de Justicia una acción de amparo para proteger el derecho a la participación política contra el supuesto criterio de validación sobrevenido que se anunciaba respecto de las planillas de firmas donde los

1384 *V. El Nacional*, Caracas 09-01-2004, p. A-3; *El Nacional*, Caracas 13-01-2004, p. A-2.

1385 *V.* las observaciones de los representantes del Centro Carter y de la OEA en *El Nacional*, Caracas 03-02-2004, p. A-1.

1386 *V.* en *El Nacional*, Caracas 08-01-2004, p. A-2.

1387 Solamente en unas "Normas para Regular las Actividades de los Observadores del Consejo Nacional Electoral en la Recolección de Firmas y de los Agentes de Recolección de Firmas de los Presentantes de las solicitudes de Convocatorias de Referendos Revocatorios de Mandatos de Cargos de Elección Popular" (Resolución Nº 031030-74 de 30-10-2003) se disponía que los observadores debían "Entregar a los firmantes formato en el cual estos mismos plasmarán, con base a la información que le suministre el Agente de Recolección de Firmas, los datos de la Planilla de Recolección de Firmas en la cual han manifestado su voluntad" (Art. 4). *V.* el reportaje de Alfredo Meza, *El Nacional*, Caracas 09-02-2004.

1388 *V.* las declaraciones del Diputado Carlos Berrisbeitia, denunciando que "se está gestando un fraude con la anulación de las planillas tipo planas" en *El Nacional*, Caracas 09-02-2004, p. A-2.

1389 *V.* las declaraciones de los representantes del Centro Carter y de la OEA, en *El Nacional*, Caracas 14-02-2004, p. A-2.

1390 *V. El Nacional*, Caracas 17-02-2004, p. A-1 y A-2.

datos de identificación de los firmantes se habían escrito con la misma caligrafía[1391]. El 20 de febrero de 2004 ya el Presidente del Consejo Nacional Electoral anunciaba sobre la objeción que se habían formulado a 213.190 planillas, de las cuales 148.190 era por presentar similar caligrafía[1392].

Entre el 21 y 23 de febrero de 2004 se discutió en el Consejo Nacional Electoral sobre un "instructivo" que debía guiar el trabajo del Comité Técnico Superior mediante el cual se formalizaría el rechazo de las planillas con similar caligrafía (planillas planas) que afectaba 148.000 planillas, pero el mismo no pudo ser aprobado[1393] hasta el día 24 de febrero de 2004[1394] en una votación de tres a dos. Al día siguiente, el Vicepresidente de la República se apresuró a señalar que la decisión adoptada era "impecable desde el punto de vista jurídico y procedimental", y el Ministro de la Defensa diría que la haría respetar[1395].

Los dos miembros del Consejo Nacional Electoral que habían salvado su voto en la decisión adoptada, destacaron la crisis institucional que se había abierto en el Cuerpo con la decisión. Uno de ellos expresó que "Aquí no se están respetando las normas establecidas. El nuevo criterio de planillas planas no estaba en las normas. Choca contra todo lo que estaba establecido. Es un grave golpe el que se ha dado al referendo revocatorio"[1396]; la otra rectora miembro del Consejo "consideró la decisión como una abierta violación de la Constitución y de las normas del referéndum revocatorio aprobadas por el directorio". Se ha confundido el acto personalísimo que establecen las normas con la transcripción de datos. La normativa decía que sólo la firma y la huella. La manifestación de la voluntad debe respetarse"[1397].

En todo caso, con la decisión tomada se terminaba de confiscar el derecho ciudadano a la participación política mediante la solicitud de convocatoria de un referendo revocatorio. El día 28 de febrero ya se leía en la prensa un "aviso" del Conse-

---

1391 *V.* las declaraciones Enrique Ochoa Antich, accionante del amparo, en *El Nacional*, Caracas 17-02-2004, p. A-2. *V.* la información sobre el criterio de la Consultoría Jurídica del Consejo Nacional Electoral en *El Nacional*, Caracas 19-02-2004, p. A-1.

1392 Reconocía, además, que si bien el tema de las "planillas planas" no estaba contemplado en las Normas, se trataba de "hechos sobrevenidos que provocan duda que debe resolver el directorio". *V.* reportaje de Marianela Palacios, *El Nacional*, Caracas 20-02-2004, p. A-2.

1393 *V. El Universal*, Caracas 21-02-2004, p. 1-1; *El Universal*, Caracas 22-02-2004, p. 11-1; *El Nacional*, Caracas 24-02-2004, p. 1-3.

1394 Según lo informó el periodista Alfredo Meza, había triunfado la propuesta "que sostenía que era una violación de la norma que los agentes que recogieron las firmas transcribieran el nombre y el número de cédula de los participantes, por lo que había que colocar en observación todas aquellas rúbricas que se derivaron de esa mecánica". *El Nacional,* Caracas 25-02-2004, p. A-2. La "norma" sin embargo, no aparece en Resolución alguna del Poder Electoral y sólo se adoptaría *ex post facto* en un "Instructivo" el día 24-02-2004, denominado "Instructivo sobre el tratamiento por el Comité Técnico Superior de las Firmas de Caligrafía Similar o Renglones de Planillas Llenadas por la misma Persona", el cual tampoco fue publicado ni en Gaceta Oficial ni siquiera en la página web del Consejo Nacional Electoral. *V.* las referencias al "Instructivo" en la sentencia de la Sala Electoral Nº 24 del 15-032994, en la cual suspendió los efectos de dicho Instructivo.

1395 *V. El Nacional*, Caracas 26-02-2004, p. A-6.

1396 *V.* lo expresado por Ezequiel Zamora al periodista Alfredo Meza en *El Nacional*, Caracas 25-02-2004, p. A-2.

1397 *V.* lo expresado por Sobella Mejías, en *El Nacional*, Caracas 25-02-2004, p. A-2.

jo Nacional Electoral donde informaba "en relación a las solicitudes del referéndum revocatorio" que "Tu firma será reconocida en los siguientes casos: A) Cuando llenaste legalmente tus datos de identidad con tu puño y letra, firmaste y colocaste tu huella dactilar"[1398], con lo que se formulaban normas de invalidación de firmas que no estaban en vigencia para cuando se inició el procedimiento, aplicándoselas, además, retroactivamente.

El proceso confiscatorio del derecho ciudadano concluyó con la adopción de la Resolución nº 040302-131 del Consejo Nacional Electoral de 2 de marzo de 2004[1399], en la cual el organismo hizo "del conocimiento público que en el procedimiento revocatorio iniciado en relación con el ciudadano Hugo Rafael Chávez Frías, Presidente de la República, la actividad de verificación de las solicitudes y firmas adelantada por este Poder Electoral", había arrojado los siguientes "resultados preliminares":

a) 388.108 planillas procesadas sometidas a la verificación física por el Organismo.

b) 7.297 planillas vacías y/o inutilizadas en la jornada de recolección de firmas.

c) 39.060 planillas invalidadas en razón del incumplimiento de las "Normas sobre los Criterios de Validación de las Firmas y de las Planillas de recolección de firmas para los proceso de Referendo Revocatorio de Mandatos de Cargos de Elección Popular", en especial, "los numerales 2; 3; 4 y 5".

Se entiende que los numerales citados son los del artículo 29 de las citadas Normas que establecen que las firmas o solicitudes *no se considerarán fidedignas y en consecuencia se estimarán como solicitudes inválidas*, en cualquiera de los siguientes supuestos:

"2. Si el firmante no está inscrito en la circunscripción electoral correspondiente al referendo de que se trate; 3. Si la firma no es manuscrita; 4. Si la firma es producto de fotocopias o cualquier otro medio de reproducción; 5. Si se determina que más de una firma proviene de la misma persona".

d) 3.086.013 solicitudes procesadas del universo de planillas validadas según actas.

e) 1.832.493 solicitudes validadas para la convocatoria del referendo revocatorio.

f) 143.930 solicitudes rechazadas en razón del Registro Electoral (no inscritos; menores de edad; extranjeros; fallecidos; inhabilitación electoral e incongruencia de datos de la solicitud con el registro).

g) 233.573 solicitudes rechazadas en razón del artículo 3 y los numerales 1, 6 y 7 de las "Normas sobre los Criterios de Validación de las Firmas y de las Planillas de recolección de firmas para los proceso de Referendo Revocatorio de Mandatos de

1398 *V.* en *El Nacional*, Caracas 28-02-2004, p. A-9; *El Nacional*, Caracas 29-02-2004, p. A-11.

1399 *V.* en *El Nacional*, Caracas 03-02-2004, p. A-2. La Resolución se publicó en la página web del Consejo Nacional Electoral, indicándose erradamente como fecha de la misma el "8 de enero de 2004", cuando al final del texto se afirma que fue aprobada el 02-03-2004.

Cargos de Elección Popular", ratificadas por la opinión unánime de los cinco supervisores del Comité Técnico Superior.

En cuanto al artículo 3 de las Normas sobre criterios que se cita en este literal, el mismo establece que *"no se considerarán válidas las Planillas* de Recolección de Firmas que adolezcan de las siguientes omisiones:

> "1. Cuando la Planilla no contenga el nombre, apellido y la indicación del cargo que ejerce el funcionario cuyo mandato se pretende revocar, así como la Entidad Federal o Circunscripción Electoral de que se trate; 2. Cuando el número de la Planilla entregada por el Observador del Consejo Nacional Electoral al Agente de Recolección no coincida con los números contenidos en la base de dato elaborada por el Consejo Nacional Electoral. 3. Cuando los datos del funcionario cuyo mandato se pretenda revocar que aparecen en la Planilla no coincidan con el destino de las Planillas que fueron entregadas para tal fin por el Observador del Consejo Nacional Electoral al Recolector de Firmas mediante la respectiva Acta de Entrega. 4. Cuando el número de la Planilla no aparece reflejado en el Acta del Cierre del mismo día en el cual fue entregada al Agente de Recolección por parte del Observador del Consejo Nacional Electoral; 5. Cuando el número de la Planilla de carácter itinerante no aparece reflejado en el Acta del Cierre del mismo día en el cual le fue entregada al Agente de Recolección por parte del Observador del Consejo Nacional Electoral. 6. Cuando la Planilla de Recolección de Firmas presente evidencias de haber sido borrada alterando los elementos de seguridad, tales como el tramado o el serial de la Planilla. 7. Cuando esté mutilada de tal manera que afecte la inteligibilidad de los datos recogidos en la misma".

En cuanto a los "numerales 1, 6 y 7" que se citan en la Resolución, se presumen que son los del artículo 4 de las "Normas sobre criterios" que establece que *"no se considerarán válidas las Planillas* de Recolección de Firmas que adolezcan de las siguientes omisiones:

> "1. Cuando la Planilla no contenga el nombre, apellido y la indicación del cargo que ejerce el funcionario cuyo mandato se pretende revocar, así como la Entidad Federal o Circunscripción Electoral de que se trate. 6. Cuando la Planilla de Recolección de Firmas presente evidencias de haber sido borrada alterando los elementos de seguridad, tales como el tramado o el serial de la Planilla. 7. Cuando esté mutilada de tal manera que afecte la inteligibilidad de los datos recogidos en la misma".

h) 876.017 solicitudes se colocaron "bajo observación, calificadas por la opinión unánime de los cinco supervisores del Comité Técnico Superior, susceptibles de ser ratificadas por la vía del reparo, en razón de constituir solicitudes o firmas de similar caligrafía, de acuerdo a lo previsto en el artículo 31, Capítulo V, de las Normas para regular los Procesos de Referendos Revocatorios de Mandatos de Cargos de Elección Popular, instrumento publicado en la *Gaceta Electoral* nº 181, de fecha 20 de noviembre de 2003".

Esta norma del artículo 31 que se cita en este literal, sin embargo, a diferencia de los anteriores literales de la Resolución, no es ni puede ser el fundamento o causa de la decisión que contiene, pues en la norma lo que regula es la consecuencia de la invalidación y no su causa. Allí lo que se establece, en efecto, es el procedimiento de los "reparos" así:

> "El Consejo Nacional Electoral publicará en al menos un medio impreso de circulación nacional los resultados del proceso de validación a que se refiere el numeral 3 del artículo 28 mediante la mención de los números de cédula de identidad de los solicitantes del referendo.
>
> En el plazo de cinco días continuos siguientes a la publicación, el elector firmante que fuera rechazado podrá acudir personalmente ante el Consejo Nacional Electoral, a los fines de subsanar cualquier error material en que haya incurrido la Administración Electoral durante la verificación de sus datos. En caso contrario, quedará firme su rechazo.
>
> Asimismo, el elector que alegue que no firmó la planilla, podrá acudir al Consejo Nacional Electoral a los fines de solicitar su exclusión inmediata del cómputo de las firmas.
>
> En ambos supuestos, el Consejo Nacional Electoral publicará el formato de las comunicaciones mediante las cuales los electores harán sus solicitudes".

Como puede apreciarse de lo antes expuesto, la Resolución nº 040302-131 del Consejo Nacional Electoral de 2 de marzo de 2004 en su último literal g) era completamente ilegal, por carecer de motivación al no indicar el motivo o fundamento legal de la misma, pues el Consejo no indicó con base en cuál norma jurídica decidió pasar 876.017 peticiones o solicitudes de convocatoria de referendo revocatorio al procedimiento de reparo, el cual sólo se aplicaba como resultado del proceso de validación de firmas cuando se las considerara que no son válidas. El único motivo que se indicó en la Resolución para colocar "bajo observación" las peticiones susceptibles de ser ratificadas por la vía del reparo, era que constituían "solicitudes o firmas de similar caligrafía". Como se ha dicho, este hecho no aparecía en norma alguna reguladora de los procesos de referendo revocatorio. La Resolución, por tanto, estaba viciada de inmotivación por ausencia de fundamentos de derecho y, por tanto, de ausencia de base legal. Por supuesto, además la Resolución era inconstitucional por violar el derecho constitucional a la participación política y violar el derecho constitucional al debido proceso que rige también para los procedimientos administrativos, al violentar el principio de la presunción de inocencia e invertir la carga de la prueba. El principio de la progresividad que conforme al artículo 19 de la Constitución debe regir en materia de derechos constitucionales exigía, al contrario, interpretar las normas a favor del ejercicio del derecho a la participación política y no para negarlo. La Resolución violaba, además, los principios más elementales del procedimiento administrativo, como los de la buena fe y de la confianza legítima,

Por lo demás, debe observarse que los propios observadores internacionales que estuvieron presentes en el transcurso de todo el procedimiento, sobre este último literal de la Resolución expresaron lo siguiente:

> "Hemos tenido algunas discrepancias con el CNE sobre criterios utilizados en el proceso de validación. En el caso de las planillas planas, en el que los datos del firmante, aunque no las firmas, fueron aparentemente llenadas con una caligrafía similar, no compartimos el criterio de separar esas firmas para que se-

an ratificadas por el ciudadano; esta decisión podría cambiar el resultado final del proceso"[1400].

Y en efecto, la Resolución adoptada lo cambió todo. Terminó de confiscar el derecho ciudadano a formular una petición para la convocatoria de un referendo revocatorio del mandato del Presidente de la República. Los solicitantes de la convocatoria del referendo informaron habían consignado 3.467.050 firmas; el Consejo Nacional Electoral admitía en su Resolución que después del proceso de validación, existían 1.832.493 solicitudes validadas para la convocatoria del referendo revocatorio. Si a esa cifra se le sumaban las 876.017 firmas que se colocaron bajo observación, el total era de 2.708.510 firmas. Para solicitar el referendo revocatorio en el caso del Presidente de la República[1401] bastaban 2.405.856 de firmas. La Resolución había cambiado todo: con ella se le había confiscado a los ciudadanos su derecho ciudadano a solicitar o formular una petición para convocar un referendo revocatorio del mandato del Presidente de la República. Nada menos se podía esperar de un Poder Electoral secuestrado por el poder político, a través de decisiones de la Sala Constitucional del Tribunal Supremo de Justicia.

Efectivamente, la Resolución había cambiado todo: llevó al país a una situación de violencia generalizada nunca antes conocida, precisamente porque el ciudadano sintió que le había sido impunemente arrebatado su derecho.

4. *La confiscación de las solicitudes de "El Reafirmazo" al exigirse la "ratificación" de parte de las peticiones en un impreciso procedimiento de "reparo"*

El Consejo Nacional Electoral, en su Resolución nº 040302-131 del 2 de marzo de 2004, indicó que había recibido de las organizaciones promotoras del referendo revocatorio presidencial, 388.108 planillas las cuales fueron "procesadas sometidas a la verificación física por el Organismo". Si estas planillas hubieran tenido 10 firmas cada una, el número de solicitudes para la convocatoria del referendo revocatorio del mandato del Presidente de la República hubiera sido de 3.881.080 peticiones. Pero la Asociación Civil Súmate que coordinó el proceso de la obtención de las firmas y todos los aspectos técnicos que rodearon su procesamiento, informó que se habían entregado al Consejo Nacional Electoral, 388.400 planillas, en las cuales, como antes se ha dicho, había 3.448.747 solicitudes, de las cuales la propia Asociación Súmate reconocía que 407.310 no cumplían con los criterios originales que habían sido establecidos para la validación de las firmas. Ello significa que los promotores de la convocatoria del referendo revocatorio presidencial habrían consignado ante el Consejo Nacional Electoral, 3.041.437 solicitudes[1402]. El Consejo Nacional Electoral, en cambio, en su Resolución estimó que de las solicitudes presentadas, 740.237 eran las que no cumplían con los mencionados criterios originales; y adicionalmente, sin apegarse a los criterios originales establecidos para la validación, determinó que 876.017 solicitudes "pasaban a observación", es decir, no se aceptaban, por presentar los datos sobre identidad de los solicitantes "caligrafía similar",

1400 *V.* en *El Nacional*, Caracas, 02-03-2004, p. A-2

1401 El Presidente de la República, fue electo en 2000 con 3.757.774 votos.

1402 *V.* "Comunicado" de la Asociación Civil Súmate, en *El Nacional*, Caracas 05-03-2004, p. A-17.

exigiendo sobre las mismas que fueran "reparadas", es decir, que los firmantes acudieran ante los centros que se establecerían, en los días precisos para ello, a ratificar sus firmas o a objetarlas.

Esto, en efecto, desde el 28 de febrero de 2004, es decir, varios días antes de que la Resolución fuera aprobada por el Consejo Nacional Electoral, era lo que el mismo organismo ya anunciaba en "Avisos" publicados en la prensa. En ellos, como se ha dicho antes, se afirmaba que *sólo serían reconocidas las firmas* de los solicitantes, cuando éstos hubieran llenado "legalmente los datos de identidad con tu puño y letra, firmaste y colocaste tu huella dactilar", o cuando las personas hubieran sido "asistidos para llenar la planilla con tus datos, debido a algún impedimento y quedó constancia de ello". El no "reconocimiento" de las firmas conforme a esos criterios, significaba que las mismas entonces pasarían a "observación"; y entonces:

> "2) En el supuesto de que tu firma haya pasado a observación, por errores en los recolectores al no cumplir con las Normas de Referendo, éstos podrán ser subsanados en las jornadas de reparación a realizarse próximamente, de acuerdo al Artículo 31 de las Normas para Regular los Procesos de Referendos Revocatorios, si acudes personalmente al centro de reparo para tal fin.
>
> 3) En el supuesto de que tus datos de identificación aparezcan en las planillas, sin que ésta haya sido tu voluntad o no firmaste, igualmente podrás acudir a las jornadas de reparación para solicitar ser excluido automáticamente de la solicitud de referendo"[1403].

Esto fue, precisamente, lo que luego "decidió" o ratificó el Consejo Nacional Electoral en su Resolución, al indicar que:

> "SEGUNDO: El Consejo Nacional Electoral participa a la colectividad la próxima publicación, en los medios masivos de comunicación, del total de números de cédula de identidad de los firmantes participantes en el presente procedimiento revocatorio, con indicación de su condición a los fines de que los ciudadanos expresen su voluntad en la siguiente fase del procedimiento previsto en el artículo 31, Capítulo V, de las Normas para regular los Procesos de Referendos Revocatorios de Mandatos de Cargos de Elección Popular, instrumento publicado en la *Gaceta Electoral* nº 181, de fecha 20 de noviembre de 2003".

Esta decisión del organismo electoral, adoptada después de que una gran marcha de protesta organizada por la oposición el día 27 de febrero de 2004, precisamente en defensa de las firmas y solicitudes consignadas, fuera brutalmente reprimida por las fuerzas de seguridad del Estado, aún antes de que se pretendiera entregar un documento en la reunión de Presidentes del "Grupo de los 15" en Caracas[1404]; fue precisamente la que originó una ola de protestas cívicas generalizadas en todo el

1403 *V.* en *El Nacional*, Caracas 28-02-2004, p. A-9.

1404 *V. El Nacional*, Caracas 28-02-2004, p. A-1 y A-2. Dos semanas antes, otra multitudinaria marca de la oposición con el mismo fin se había realizado en Caracas, *V. El Universal*, Caracas, 15-02-2004, p.1-1; *El Nacional*, Caracas 1-02-2004, p. A-1.

país[1405], la mayoría de ellas de carácter espontáneo. Estas fueron de nuevo y en forma continuada, brutalmente reprimidas por la Guardia Nacional, en una forma nunca antes vista en el país (por la nueva tecnología de represión existente y por el odio demostrado por la fuerza pública en la represión), originando detenciones ilegales y violaciones generalizadas a los derechos a la vida, libertad, seguridad e integridad personales[1406]. La protesta contra la brutal represión fue nacional[1407] y mundialmente[1408] expresada, y el 6 de marzo de 2004 se efectuó en Caracas una extraordinaria y multitudinaria manifestación de rechazo contra la represión del gobierno[1409].

Sin embargo, el secuestro del Poder Judicial por el poder político que ha ocurrido en Venezuela desde 1999[1410], llevó con razón a Pedro Nikken, ex Presidente y Consejero Permanente del Instituto Interamericano de Derechos Humanos, a dudar que el Estado venezolano cumpliera con su "deber de investigar, juzgar y sancionar los excesos en la represión de las más recientes manifestaciones públicas contra la obstaculización del referéndum revocatorio del mandato del presidente Hugo Chávez, los cuales han generado homicidios, torturas y detenciones arbitrarias"[1411]. El secuestro del Poder Judicial en Venezuela había sido de tal naturaleza, que cuando dos juezas penales dieron libertad a algunos detenidos en las manifestaciones de protesta (el principio procesal penal vigente en el país es el derecho a ser juzgado en libertad, siendo la excepción la privación de la libertad del procesado) fueron inmediatamente destituidas por el Tribunal Supremo de Justicia, sin respetarse, por supuesto el derecho al debido proceso, lo que originó nuevas protestas públicas[1412] y jurídicas[1413].

La decisión del Consejo Nacional Electoral, en todo caso, era un acto administrativo definitivo, cuya revisión, si bien lo plantearon en una u otra forma diversos sectores de la oposición[1414], parecía difícil que fuera el propio Consejo Nacional Electoral el que fuera a reformarlo, salvo por lo que se refería a la "flexibilización" del procedimiento de "reparo" de las firmas que habían sido colocadas en "observa-

1405 *V.* por ejemplo, *El Universal*, Caracas 28-02-2004, p. 1-1; *El Nacional*, Caracas 01-03-2004, p. A-1; *El Nacional*, Caracas 02-03-2004, p. A-1.

1406 *V. El Nacional*, Caracas 04-03-2004, p. A-1; *El Nacional*, Caracas 06-03-2004, p. A-1.

1407 *V.* por ejemplo la declaración de los decanos de las facultades de derecho y miembros de la Academia de Ciencias Políticas y Sociales, en *El Nacional*, Caracas 06-03-2004, p. A-4.

1408 *V.* por ejemplo la manifestación de la Sociedad Internacional para los Derechos Humanos, firmada entre otros por los Presidentes de Polonia, Lituania y República Checa, Lech Walesa, Vitautas Landsbergis y Vaclav Havel. *V.* en *El Nacional*, Caracas 06-03-2004, p. A-2.

1409 *V. El Nacional*, Caracas, 07-03-2004, pp. A-1; A-2; A-3

1410 *V.* Allan R. Brewer-Carías, *Golpe de Estado y Proceso Constituyente en Venezuela,* UNAM, México 2002, pp. 224 y ss. y 395 y ss.

1411 *V.* en *El Nacional,* Caracas 05-03-2004, p. A-2.

1412 *V.* sobre la manifestación ante la Dirección Ejecutiva de la Magistratura del Tribunal Supremo de Justicia, en *El Nacional*, Caracas, 05-03-2004, p. A-4.

1413 *V.* la declaración de los decanos de las facultades de derecho y miembros de la Academia de Ciencias Políticas y Sociales, en *El Nacional*, Caracas 06-03-2004, p. A-4.

1414 *V.* la posición de la Coordinadora Democrática en; *El Nacional*, Caracas, 04-03-2004,p. A-4; *El Universal*, Caracas, 04-03-2004,p. 1-2.

ción"[1415], con el objeto, entre otros factores, de que el referido procedimiento de "reparo" no se convirtiera en un "tercer firmazo con menos posibilidades y con menos días"[1416].

Ahora bien, siendo la decisión del Consejo Nacional Electoral un acto administrativo definitivo, el mismo estaba sujeto a impugnación por ante la Jurisdicción contencioso electoral, es decir, por ante la Sala Electoral del Tribunal Supremo de Justicia, por lo que un nuevo frente de lucha se abría por el control de la decisión judicial por parte del poder político. La Sala Electoral, en efecto, conocería de un recurso de nulidad con pretensión de amparo contra dicha decisión, suspendiendo sus efectos en medida cautelar de amparo dictada mediante sentencia nº 24 del 15 de marzo de 2004; pero dicha sentencia, una semana después, sería anulada a su vez por la Sala Constitucional del Tribunal Supremo mediante sentencia nº 442 del 23 de marzo de 2004, produciéndose en este caso, el secuestro de la Sala Electoral del Tribunal Supremo por parte de la Sala Constitucional del mismo Tribunal Supremo.

La Sala Electoral, a pesar de los intentos de la Sala Constitucional por impedir que llegara a tomar decisión definitiva sobre el asunto en virtud de estar estudiando una solicitud de avocamiento que se le había formulada a esta última, rechazó las pretensiones de la Sala Constitucional mediante sentencia nº 27 del 29 de marzo de 2004, en la cual no sólo afirmó su competencia para ejercer la Jurisdicción contencioso electoral, reiterando el principio de la igualdad de todas Salas del Tribunal Supremo", sino que rechazando toda posibilidad de avocamiento por parte de la Sala Constitucional, resolvió elevar al conocimiento de la Sala Plena la resolución del "conflicto de funcionamiento" que se estaba planteando entre las dos Salas. Posteriormente, además, resistiendo las presiones de la Sala Constitucional, la Sala Electoral dictó sin embargo su decisión definitiva en el juicio de nulidad mediante sentencia nº 37 de 12 de abril de 2004, anulando los actos del Consejo Nacional Electoral. El mismo día, sin embargo, la Sala Constitucional mediante sentencia nº 566 de 12 de abril de 2004 (la cual había sido supuestamente anunciada el día 31 de marzo de 2004), decidiría avocarse al conocimiento de la causa, y posteriormente, al resolver una solicitud de aclaratoria de dicha sentencia nº 566, mediante sentencia nº 628 de 23 de abril de 2004, declararía la sentencia nº 37 de la Sala Electoral como nula de nulidad absoluta. Con ello, de nuevo y por segunda vez se produciría el secuestro de la Sala Electoral del Tribunal Supremo por parte de la Sala Constitucional del mismo Tribunal Supremo.

Con esta decisión de la Sala Constitucional, quedaba entonces confirmada la confiscación del derecho a la participación política mediante la solicitud de convocatoria del referendo revocatorio del mandato del Presidente de la República, que había quedado consolidada con la Resolución nº 040302-131 del 2 de marzo de 2004 del Consejo Nacional Electoral,. Ello significa que los promotores de la convocatoria del referéndum en la cual se había resuelto de que las, 3.041.437 de solicitudes consignadas ante el organismo electoral, 740.237 no cumplían con los criterios originales establecidos para la validación, y que además, 876.017 solicitudes "pasa-

---

1415 *V.* las declaraciones de los representantes de dos partidos políticos de la oposición (La Causa R y Primero Justicia) en *El Nacional*, Caracas, 2004, p. A-6.

1416 *V.* en *El Nacional*, Caracas, 03-03-2004, p. A-3.

ban a observación", es decir, no se aceptaban, por presentar los datos sobre identidad de los solicitantes en "caligrafía similar", exigiendo sobre las mismas que fueran "reparadas", es decir, que los firmantes acudieran ante los centros que se establecerían, en los días precisos para ello, a ratificar sus firmas o a objetarlas.

5. *La ratificación de la confiscación de las solicitudes de "El Reafirmazo" con las Normas establecidas para los "reparos" de las solicitudes*

Paralelamente a la adopción de las decisiones judiciales que consolidaron el secuestro de la Sala Electoral, el Consejo nacional Electoral había estado elaborando en discusiones con los "actores" de las solicitudes de referendos revocatorios[1417], las *Normas que tienen por objeto regular la fase de reparo* las cuales fueron aprobadas el 20 de abril de 2004, con los votos salvados de dos de los cinco rectores del organismo, Ezequiel Zamora y Sobilla Mejías en relación con los artículos 6, 7, 13 y 23[1418].

En dichas normas se estableció un procedimiento de reparo no sólo para subsanar las solicitudes o firmas que hubieran sido rechazadas (susceptibles de subsanación), sino las validadas (art. 1), a los efectos de subsanar la razón del reparo o excluirse de los listados de firmantes publicados por el Consejo Nacional Electoral (art. 2,1). A tal efecto, el artículo 12 de las Normas estableció que el Consejo Nacional Electoral debía elaborar y publicar con 20 días continuos de antelación, la base de datos de los ciudadanos que participaron en el evento de recolección de

---

1417 La Coordinadora Democrática, en comunicado de 05-04-2004 y en representación de la oposición, señaló que, a pesar de que estaba convencida de que la razón le asistía, sin embargo, estaba dispuesta a hacer pública una propuesta de reparos que consideró haría factible la realización del Referendo Revocatorio Presidencial en el corto plazo, que contempló los siguientes 4 puntos: // "1. Garantizar la transparencia de los resultados. Ello comienza por convocar a los ciudadanos que participarán en el proceso de reparos para que acudan al Centro de Votación Electoral más cercano al sitio donde firmaron. De esa forma los funcionarios del CNE, los testigos y los observadores nacionales e internacionales acreditados podrán efectuar su labor en establecimientos debidamente acondicionados. Igualmente los procesos deben ser auditables previo al evento y los observadores podrán realizar sus conteos muestrales para emitir sus resultados al finalizar cada jornada de los 5 días fijados en las normas para efectuar los reparos. // 2. Garantizar un procedimiento eficaz de reparo. Esto parte por establecer un mecanismo sencillo según el cual los firmantes que acudan a su Centro de Reparo puedan confirmar su voluntad o demostrar que no firmaron, con solo presentar su Cédula de Identidad laminada y firmar en el cuaderno electoral correspondiente preimpreso con los datos del firmante y subdividido en 10 tomos separados por el último dígito de su cédula, para que de esta forma las colas puedan fluir adecuadamente. Igualmente, una totalización diaria basada en los cuadernos de firmas que permita tener la cifra de firmas al final de cada jornada (muerte súbita). En este sentido, es vital que los actores del proceso puedan colocar en la parte externa del Centro de Votación, los mecanismos de información al elector sin restricciones. (afiches, computadoras, teléfonos, etc.). 3. Garantizar un punto de partida adecuado. Ello implica partir de una cifra de firmantes válidos y de firmas a reparo suficientes para hacer viable el proceso de reparos. Es de destacar que pueden ser reparadas firmas pertenecientes al conjunto de solicitudes objetadas como planas más las firmas válidas encontradas en planillas que según el CNE no estaban debidamente relacionadas en las actas // 4. Las fechas pare el mecanismo de reparos y la celebración del Referendo Revocatorio debería establecerse de manera tal que el RR estuviera convocado a más tardar en los primeros días de agosto. En este sentido, nos oponemos a la celebración del RR de los diputados de oposición, antes de que se efectúe el RR presidencial. Ese cronograma no tiene lógica, dado las importancias relativas de ambos eventos y la fecha tope del 19 de agosto 2004, que afecta el RR Presidencial y no, al de los diputados". *V.* la posición de la Coordinadora Democrática en *El Nacional*, Caracas, 04-03-2004, p. A-4; *El Universal*, Caracas, 04-03-2004, p. 12-; y en Globovisión.com (Documentos).

1418 *V.* el texto en *Globovisión.com* (Documentos).

firmas correspondiente al evento de reparo (solicitudes validada y rechazadas susceptibles de subsanación), "ordenados por entidad federal y número de cédula de identidad de manera consecutiva de menor a mayor y que servirá para que los mismo verifiquen la condición o tipo de su reparo, así como también, para la elaboración de los Cuadernos de Reparo".

A los efectos del reparo, se estableció que los interesados debían acudir personalmente (no admitiéndose representación alguna) a los Centros de Reparo establecidos (en los Centros de Votación) para manifestar su voluntad atendiendo al tipo de reparo (arts. 5 y 6). Las Mesas en dichos Centros de Reparo estarían integradas por Agentes designados por el Consejo Nacional Electoral, y debían funcionar durante un período de 5 días continuos por un lapso de 12 horas continuas para cada día, entre las 6:00 am y 6:00 pm (art. 7), pudiendo los actores de los procedimientos revocatorios nombrar un testigo por cada Mesa (art. 10).

El artículo 13 de las Normas reiteró que el procedimiento de reparo se debía realizar durante un lapso de 5 días continuos, pero precisando que el primer día correspondería a la instalación de las Mesas y el último día correspondería a las actividades relativas al cierre definitivo del evento, con lo cual sólo 3 días estarían efectivamente destinados al ejercicio del derecho de los ciudadanos titulares a reparar (art. 13).

Este mecanismo, en todo caso, desvirtuaba una vez más el derecho ciudadano de peticionar, convirtiendo una solicitud para convocar un referendo revocatorio en un procedimiento más complejo que el de una propia votación.

SECCIÓN TERCERA:

LA SALA ELECTORAL DEL TRIBUNAL SUPREMO DE JUSTICIA Y SU SECUESTRO POR LA SALA CONSTITUCIONAL

El texto de esta Sección se publicó igualmente en el libro: *Crónica sobre la "in" justicia constitucional. La Sala Constitucional y el autoritarismo en Venezuela*, Colección Instituto de Derecho Público, Universidad Central de Venezuela, Nº 2. Editorial Jurídica Venezolana, Caracas 2007, pp. 273-333.

I. LA SALA ELECTORAL DEL TRIBUNAL SUPREMO DE JUSTICIA

La Constitución de 1999 estableció expresamente la división del Tribunal Supremo de Justicia en Salas, de manera que el mismo funciona en Sala Plena y en Salas Constitucional, Político Administrativa, Electoral, de Casación Civil, Casación Penal y de Casación Social, remitiendo la regulación de su integración y competencia a lo que determine la ley orgánica (art. 262).

En relación con la Sala Constitucional y su relación con las otras Salas del Tribunal Supremo en el sentido de que no puede conocer de recursos contra las sentencias de estas, la propia Sala Constitucional en sentencia nº 158 de 28 de marzo de 2000 (Caso: *Impugnación del artículo 1 de la Ley Orgánica de la Corte Suprema de Justicia*), precisó que "dentro de la estructura del Alto Tribunal, no se encuentra una Sala que tenga preeminencia sobre el resto de las mismas, ya que tal como quedó expuesto, todas las Salas conservan el mismo grado de jerarquía dentro de dicho órgano, atendiendo a las materias que le competen a cada una de ellas". Agregó la Sala Constitucional en dicha sentencia, "con el fin de sustentar aún más lo dispuesto anteriormente", que ni en la Constitución ni en la Ley Orgánica Corte Suprema de Justicia "se encuentra facultad alguna de dicha Sala (Constitucional) para controlar las decisiones del resto de las Salas que integran el Tribunal Supremo de Justicia". En definitiva, la Sala Constitucional precisó que "el Tribunal Supremo de Justicia se encuentra conformado por las Salas que lo integran, las cuales conservan el mismo grado jerárquico y todas representan en el ámbito de sus competencias al Tribunal Supremo de Justicia como máximo representante del Poder Judicial"[1419].

Con posterioridad, sin embargo, la Sala Constitucional estimó que la previsión del artículo 1° de la Ley Orgánica de la Corte Suprema de Justicia que impedía todo recurso contra las decisiones de las Salas del Tribunal Supremo, sólo se aplicaba a los recursos existentes antes de la entrada en vigencia de la Constitución, por lo que mediante sentencia nº 33 de 25 de enero de 2001 (Caso: *Revisión de la sentencia dictada por la Sala de Casación Social del Tribunal Supremo de Justicia de fecha 10 de mayo de 2001, interpuesta por Baker Hugher S.R.L.)* admitió conocer del recurso de revisión constitucional previsto en la nueva Constitución (art. 336, 10), ejercido contra sentencias de las otras Salas del Tribunal Supremo, argumentando que al vincular la Constitución a las demás Salas del Tribunal Supremo de Justicia a la doctrina de la Sala Constitucional (artículo 334, primer párrafo, y artículo 335, segundo párrafo), según el principio de supremacía de la Constitución, y al darle potestad a esa Sala para tutelar la Carta Magna como cúspide de la jurisdicción constitucional, estaba autorizada para revisar tanto las decisiones que dicten las demás Salas en contravención de la norma fundamental, como en oposición a las interpretaciones que de la Constitución ella hubiera establecido. La Sala, en efecto, señaló respecto a la igualdad jerárquica de las Salas del Tribunal Supremo de Justicia, que en el fallo nº 158 de 28 de marzo de 2000 antes indicado, había dejado "sentada la igualdad jerárquica entre las Salas que componen al Tribunal Supremo", estimado que en definitiva:

> "El ejercicio de la jurisdicción constitucional, conforme lo prevé el artículo 266.1 y el Título VIII sobre la Protección de la Constitución de la República Bolivariana de Venezuela, no implica superioridad jerárquica de la Sala Constitucional, sino potestad para garantizar la supremacía Constitucional, conforme al Estado de derecho y de justicia, proclamado por la Constitución de la República Bolivariana de Venezuela. La doctrina constitucional clásica ha asignado al Máximo Tribunal la atribución de dirimir los conflictos dentro de los poderes públicos *ex auctoritate*, pese al principio de la división del poder y la propiedad de las potestades que corresponden a cada rama del poder público. De modo que cuando el artículo 335 *eiusdem* atribuye a la Sala competencia para revisar las sentencias de las otras Salas, conforme a las disposiciones constitucionales citadas, no afecta el artículo 136 *eiusdem*, sino que consagra una atribución exigida por la racionalidad del sistema democrático, a saber, la de la garantía jurisdiccional de la supremacía y efectividad de las normas y principios constitucionales, conforme lo dispone el artículo 335 de la Constitución de la

1419 *V.* en *Revista de Derecho Público,* N° 81, (enero-marzo), Editorial Jurídica Venezolana, Caracas, 2000, p. 109. *V.* igualmente la sentencia de la misma Sala Constitucional N° 100 de 15-03-2000, en *Idem,* pp. 108 y ss.

República Bolivariana de Venezuela. En suma, la competencia revisora de la Sala Constitucional no es jerárquica sino potestativa, y así se declara"[1420].

Pero en cuanto al Tribunal Supremo de Justicia en materia de justicia constitucional, debe señalarse que todas sus Salas tienen expresamente como competencia garantizar "la supremacía y efectividad de las normas y principios constitucionales", correspondiéndoles *a todas* ser "el máximo y último intérprete de la Constitución" y velar "por su uniforme interpretación y aplicación" (art. 335). No es cierto, por tanto, como se ha afirmado, que la Sala Constitucional sea "el máximo y último intérprete de la Constitución"[1421], o como lo ha señalado la propia Sala Constitucional de tener "el monopolio interpretativo último de la Constitución"[1422]. Esta es una apreciación completamente errada, que no deriva del texto de la Constitución, de cuyo artículo 335, al contrario, se deriva que *todas las Salas* ejercen la justicia constitucional conforme a sus respectivas competencias y son el máximo y último intérprete de la Constitución. También lo es la Sala Constitucional, mediante la cual el Tribunal Supremo de Justicia, concentra la Jurisdicción Constitucional (arts. 266, ord. 1° y 336).

Conforme al marco competencial antes indicado, una de las innovaciones más destacadas de la Constitución de 1999 en materia judicial, fue la creación de la Sala Electoral del Tribunal Supremo de Justicia (art. 262), como Jurisdicción Electoral, con competencia exclusiva en materia contencioso electoral (art. 297); como una rama aparte de la Jurisdicción Contencioso Administrativa[1423], especializada en conocer de la nulidad por inconstitucionalidad e ilegalidad de los actos administrativos emanados de los órganos del Poder Electoral.

Ello implica que las decisiones del Consejo Nacional Electoral sólo pueden ser revisadas por razones de inconstitucionalidad e ilegalidad por la Sala Electoral del Tribunal Supremo de Justicia y por más ninguna otra de sus Salas. Tal como lo ha precisado el Juzgado de Sustanciación de la Sala Constitucional del Tribunal Supremo de Justicia en sentencia nº 94 de 2 de diciembre de 2003 (Caso: *Robert Osuna y otros*), al hacer suya la sentencia de la propia Sala Electoral de 10 de febrero de 2000, mientras se dicta las ley Orgánica del Tribunal Supremo, le corresponde a la Sala Electoral conocer:

> "1) Los recursos que se interpongan, por razones de inconstitucionalidad o ilegalidad, contra los actos, actuaciones y omisiones de los órganos del Poder Electoral, tanto los vinculados con los procesos comiciales, como aquellos rela-

---

1420 *V.* sentencia de la Sala Constitucional N° 33 de 25-01-2001 (Caso: *Revisión de la sentencia dictada por la Sala de casación Social del tribunal Supremo de Justicia de fecha 10 de mayo de 2001, interpuesta por Baker Hugher SRL),* en *Revista de Derecho Público*, N° 85-88, Editorial Jurídica Venezolana, Caracas, 2001, p. 405.

1421 *V.* en José Vicente Haro G., "La justicia constitucional en Venezuela y la Constitución de 1999" en *Revista de Derecho Constitucional*, Editorial Sherwood, N° 1, Caracas, sep-dic. 1999, pp. 137 y 146.

1422 *V.* sentencia N° 1374 de 09-11-2000, en *Revista de Derecho Público*, N° 84, (octubre-diciembre), Editorial Jurídica Venezolana, Caracas, 2000, p. 267.

1423 Hasta su creación por la Constitución, el control inconstitucionalidad de ilegalidad de los actos administrativos del Consejo Nacional Electoral correspondió a la Sala Político Administrativa de la antigua Corte Suprema de Justicia.

cionados con su organización, administración y funcionamiento. 2) Los recursos que se interpongan, por razones de inconstitucionalidad o ilegalidad, contra los actos de naturaleza electoral emanados de sindicatos, organizaciones gremiales o colegios profesionales, organizaciones con fines políticos, universidades nacionales, y de otras organizaciones de la sociedad civil. 3) Los recursos que se interpongan, por razones de inconstitucionalidad o ilegalidad, contra actos, actuaciones u omisiones relacionados con los medios de participación y protagonismo del pueblo en ejercicio de su soberanía en lo político. 4) Los recursos de interpretación que se interpongan con el objeto de determinar el sentido y el alcance de la Ley Orgánica del Sufragio y Participación Política, de otras leyes que regulen la materia electoral y la organización, funcionamiento y cancelación de las organizaciones políticas, en cuanto sean compatibles con la Constitución de la República Bolivariana de Venezuela...".

II. EL NUEVO FRENTE JUDICIAL DEL CONFLICTO POLÍTICO EN TORNO AL REFERENDO REVOCATORIO Y LOS INTENTOS DE SECUESTRO DE LA SALA ELECTORAL DEL TRIBUNAL SUPREMO POR LA SALA CONSTITUCIONAL DEL MISMO TRIBUNAL

Ahora bien, conforme a las competencias propias y exclusivas de la Sala Electoral del Tribunal Supremo, varios diputados a la Asamblea Nacional actuando además como representantes de varios partidos de oposición, con fecha 8 de marzo de 2004 intentaron un recurso de nulidad por legalidad e inconstitucionalidad con pretensión de amparo cautelar tanto contra la Resolución del Consejo Nacional Electoral nº 131 del 2 de marzo de 2004 como del "Instructivo" de fecha 24 de febrero de 2004 mediante los cuales se había colocado las solicitudes de convocatoria de referendo revocatorio presidencial "en observación".

La Sala Electoral del Tribunal Supremo de Justicia, contrariamente a lo que había sucedido en años anteriores, puede decirse que en marzo de 2004 no estaba controlada por el poder político gubernamental, como lo había estado en el pasado. Por ello, la acción del gobierno se dirigió, a través de sus dirigentes político partidistas, a recusar a los dos de los tres Magistrados de la Sala Electoral que consideraban podían votar en contra de la posición oficialista[1424] y a su vez, la de la oposición, se dirigió a recusar el tercer Magistrado. Además, adicionalmente, y en forma totalmente incomprensible en el ámbito de la jurisdicción contencioso electoral, el propio Consultor Jurídico del Consejo Nacional Electoral, cuyos actos eran precisamente los impugnados ante la Sala, también recusaría a los mismos Magistrados[1425].

Por su parte, los representantes de los partidos de gobierno, y a todo evento, también acudieron ante la Sala Constitucional del Tribunal Supremo solicitándole, que aún no teniendo competencia específica en la materia, se avocara al conocimien-

---

1424 *V.* las informaciones sobre las recusaciones interpuestas por Ismael García del Comando Ayacucho, de las fuerzas políticas del gobierno, y por William Dávila, Diputado del partido de gobierno contra los Magistrados Alberto Martini Urdaneta y Rafael Hernández Uzcátegui, en *El Universal*, Caracas, 04-03-2004, p. 1-5; *El Nacional*, Caracas, 04-03-2004, p. A-7; y *El Nacional*, Caracas, 05-03-2004, p. 1-4.

1425 *V.* la referencia en Juan M. Raffalli, "Portazos en la cara", en *El Universal*, Caracas 14-03-2004.

to de los recursos que habían sido intentados por ante la Sala Electoral, e impedir, así, que ésta pudiera decidir dichos recursos[1426]. Por su parte, un diputado de la oposición había, a su vez, recusado a dos Magistrados de esta Sala Constitucional en la solicitud de avocamiento de los juicios sobre el referendo revocatorio[1427].

La Sala Constitucional había sido la que había secuestrado al Poder Electoral al haber designado a los miembros (rectores) del Consejo Nacional Electoral, con toda la lesión a la autonomía de dicho organismo, como antes se ha analizado. En consecuencia, en fecha 11 de marzo de 2004, declararía inadmisible la recusación intentada contra sus Magistrados, por haberse formulado antes de que la solicitud de avocamiento fuera admitida[1428]; y además, en una decisión que según anunciaba la prensa, se habría adoptado por tres de los cinco Magistrados de la Sala y sin el quórum necesario para constituirse (de cuatro magistrados) requerido en el artículo 54 de la Ley Orgánica de la Corte Suprema de Justicia, habría ordenado a la Sala Electoral que se inhibiera de tomar decisiones en los casos relacionados con el referendo revocatorio, hasta tanto la Sala Constitucional se pronunciara sobre si se avocaba o no a conocer de dichos asuntos[1429]. En un "comunicado" público inusitado, el presidente de la Sala Constitucional, días después, el 15 de marzo de 2004, "explicaría" sus argumentos sobre la "legalidad" de la forma como se habría tomado la decisión[1430], y sólo el 16 de marzo de 2004 se ordenaría publicar la decisión adoptada por los tres Magistrados[1431].

1426 *V.* la información, corroborada por el Magistrado Iván Rincón, Presidente de la Sala Constitucional, en el reportaje de Edgar López, en *El Nacional*, Caracas, 04-03-2004, p. A-7; 1-5; y la información publicada en *El Nacional*, Caracas, 06-03-2004, p. A-2.

1427 La recusación fue presentada por el diputado Gerardo Blyde. *V.* la referencia en Sentencia de la Sala Constitucional N° 347 de 11-03-2004, Exp. 04-0475.

1428 Sentencia N° 347 de 11-03-2004, Exp. 04-0475. La Sala Electoral, a su vez, también habría declarado inadmisible la recusación intentada contra sus Magistrados. *V.* la información en *El Universal*, Caracas 12-03-2004. Dicha decisión, a su vez, fue objeto de un recurso de revisión por ante la Sala Constitucional, ante la cual los representantes de los sectores oficiales insistieron en recusar a los Magistrados de dicha Sala Electoral. *V.* la información en *Globovisión.com*, Caracas 12-03-2004.

1429 *V.* la información en *El Universal*, Caracas 12-03-2004; y *Globovisión.com*, Caracas 12-03-2004. Esta irregular situación la constataría posteriormente el Magistrado Rondón Haaz de la Sala Constitucional en su Voto Salvado a la sentencia N° 566 de la Sala Constitucional de 12-04-2004 en la cual se avocaría al conocimiento de las causas que cursaban ante la Sala Electoral, señalando que el 11-03-2004 "tres Magistrados habrían llamado a otro para informarle que habían tomado una decisión ("se le explico -*sic*- y se le advirtió que quedaba aprobada con el voto de los tres magistrados")..".

1430 En efecto en el "Comunicado" hecho público el 15-03-2004 "donde ratifica la validez de la decisión de la Sala Constitucional que impide a la Sala Electoral pronunciarse sobre el referéndum revocatorio", el Presidente de la Sala Constitucional señaló que vista la diligencia que habían formulado los dos Magistrados quienes no participaron en la decisión, que en una reunión convocada el 11-03-2004 aclarando dicho hecho, que "Presentes los cuatro magistrados Iván Rincón, José Manuel Delgado Ocando, Jesús Eduardo Cabrera (ponente) y Antonio García García se le explicó la grave situación que se estaba presentando en la Sala Electoral, el avocamiento que cursaba ante la Sala Constitucional y además el contenido de la ponencia del magistrado Jesús Eduardo Cabrera con la urgencia de la decisión que el caso ameritaba y se le explicó que el Poder Electoral había actuado con la potestad normativa que le delegó la Sala Constitucional y la que esta misma Sala dictó por excepción para el funcionamiento del Poder Electoral y que a fin de resolver sobre la procedencia o no del avocamiento se le estaba ordenando a la Sala Electoral paralizar cualquier acción de nulidad, amparo o cualquier otro recurso incoados contra los actos del Poder Electoral referidos a los procedimientos de referéndum revocatorio de cargos de elección popular e igualmente se le ordenaba abstenerse de decidir los mismos, paralizarlos y remitirlos

Con esta decisión de impedir que la Sala Electoral pudiera dictar las decisiones en materias de su exclusiva competencia (contencioso-electoral), se intentaba un nuevo secuestro institucional por parte de la Sala Constitucional, pero esta vez respecto de otra Sala del Tribunal Supremo de Justicia, de igual jerarquía en el orden judicial, lo que por supuesto no podría tener otra explicación que no fuera la de orden político. La figura del "avocamiento", mediante el cual la Sala Constitucional del Tribunal Supremo podría asumir (se podría avocar) al conocimiento de una causa que curse ante un tribunal inferior, respecto de lo cual la Sala Constitucional, en su propia jurisprudencia se había "auto creado" su propia competencia, en ningún caso podría proceder en relación con causas que se pudieran estar ventilando en otras Salas del propio Tribunal Supremo de Justicia conforme a sus propias competencias constitucionales, sino eventualmente ante tribunales inferiores en materias en las cuales la Sala Constitucional pudiera tener competencia[1432]; y además, el solicitante del avocamiento al menos debía ser parte en el proceso judicial respecto del cual se requería que la Sala asumiera el conocimiento.

En todo caso, con esta solicitud, de nuevo se planteaba el reto institucional que con frecuencia debe enfrentar toda jurisdicción constitucional, y que simplemente es el del deber-poder de actuar ante el hecho político, como juez constitucional imparcial ante el poder político, enfrentando las presiones que este ejerce y apartándose de sus tentaciones. Lo contrario, es decir, actuar con una mascara de juez, pero como diabólico instrumento al servicio de dicho poder político, como lamentablemente ya había ocurrido antes en la historia reciente venezolana, parecía que se repetía.

III. LA DECISIÓN CAUTELAR DE LA SALA ELECTORAL Y LAS REACCIONES DEL PODER POLÍTICO CONTRA SU AUTONOMÍA E INDEPENDENCIA

Pero la Sala Electoral del Tribunal Supremo, sin embargo, reaccionó contra la pretensión de la Sala Constitucional como lo hace un órgano judicial al servicio de la justicia, rebelándose ante el intento de secuestro. Fue la primera vez que una Sala

---

a la Sala Constitucional al igual que todas las acciones que incoasen en este sentido. Los magistrados Iván Rincón Urdaneta, Jesús Eduardo Cabrera y José Manuel Delgado Ocando manifestaron estar de acuerdo con la sentencia y se le advirtió al magistrado Antonio García García que quedaba aprobada; *el cual exigió el texto escrito; se le entregó firmado ya por los tres magistrados que lo aprobaron* y se retiró del despacho" (cursivas agregadas). No es difícil deducir de este "comunicado" cómo el Presidente de la Sala Constitucional lo que hizo en él fue confesar que la decisión la tomaron tres Magistrados y así se la presentaron firmada al cuarto, el cual por tanto no pudo haber "participado" en la toma de la misma. *V.* el texto en *Globovisión.com.* Caracas 15-03-2004.

1431 En una "diligencia" que se estampó en el expediente por la propia Sala, se dejaría constancia que "en el día de hoy, 16 de marzo de 2004, siendo las 4:50 de la tarde, se recibió del despacho del Magistrado Antonio García García ... la sentencia aprobada en la sesión del 11 de marzo de 2004 a las 2:30 p.m. en el expediente N° 04-0475, la cual fue devuelta sin la firma del mencionado Magistrado" por lo que entonces, la Sala lo remitía a la Secretaría para su publicación.

1432 El profesor José Peña Solís, ex Magistrado de la Sala Electoral y quien había sido Presidente de la misma sobre esto recordó, en declaraciones dadas a María Lilibeth da Corte, que la figura del avocamiento está prevista "sólo para tribunales inferiores. Una Sala no es un tribunal, todas constituyen el TSJ. No se puede pretender que una Sala pueda avocarse a lo de otra Sala, porque eso crea una crisis institucional de incalculables dimensiones", en *El Universal*, Caracas 13-03-2004.

del mismo Tribunal Supremo pondría en duda el rol de la Sala Constitucional, la cual lejos de haber sido el pilar de la construcción del Estado de Derecho, en muchas de sus actuaciones había sido un instrumento del autoritarismo.

Así, el 15 de marzo de 2004 el Presidente de la Sala Electoral respondió el "memorando" que le había remitido la Sala Constitucional acusando a dicha Sala de haber intentado "violentar el Estado de Derecho" al querer impedir que la Sala Electoral decidiera en las causas de su propia competencia[1433], anunciando que ejercería sus competencias constitucionales en la decisión del recurso de nulidad y amparo que se había intentado contra la Resolución del Consejo Nacional Electoral.

Y así lo hizo, además, declarando con lugar el amparo cautelar que se le había solicitado en protección del derecho constitucional a la participación política en el juicio de nulidad contra la Resolución del Consejo Nacional Electoral, mediante sentencia nº 24 del 15 de marzo de 2004[1434] (Caso*: Julio Borges, César Pérez Vivas, Henry Ramos Allup, Jorge Sucre Castillo, Ramón José Medina y Gerardo Blyde vs. Consejo Nacional Electoral*). En esta decisión, el Tribunal Supremo estimó que los efectos de la Resolución nº 040302-131 de fecha 2 de marzo de 2004, dictada con fundamento en el *Instructivo sobre el tratamiento por el comité técnico superior de las firmas de caligrafía similar o renglones de planillas llenadas por la misma persona*, colocando "bajo observación", la cantidad de 876.017 firmas o solicitudes de revocatoria de mandato presidencial, sometiéndolas, al denominado "procedimiento de reparo", por considerar que los datos de identificación habían sido escritos con "caligrafía similar", debían suspenderse a cuyo efecto, la Sala Electoral argumentó que:

> "Se denuncia la creación de nuevos criterios de validación, que podrían impedir alcanzar el número de firmas necesarias para convocar el referéndum revocatorio presidencial, y de ser ello así, existe una presunción grave de violación del mencionado derecho fundamental, consagrado en el artículo 62 de la Constitución de la República Bolivariana de Venezuela y garantizado en el artículo 70 *ejusdem,* por tanto, considera la Sala en el presente caso, satisfecho el requisito de procedencia de esta acción de amparo cautelar, constituido por el *fumus boni iuris*, que en este caso lo constituye la violación o amenaza de violación de un derecho constitucional. Así se decide".

1433 En un inusitado "Comunicado" leído por el Presidente de la Sala Electoral y dirigido a los Magistrados de la Sala Constitucional, según el resumen hecho por la periodista Irma Álvarez, aquél cuestionó las comunicaciones que los días 11-03-2004 y 12-03-1004 se habían recibido de ésta, a través de las cuales le participaba a la Sala Electoral que estaba impedida de actuar en los casos relacionados con el referendo, en virtud de la solicitud de avocamiento formulada ante la Sala Constitucional; manifestándoles que "las referidas comunicaciones pretenden constituirse en una orden dictada, sin estar respaldada por sentencia alguna, razón por la cual la Sala Electoral ostenta todo el poder necesario para sustanciar y pronunciarse, de acuerdo a lo previsto en el artículo 297 de la Constitución y la jurisprudencia". Además dijo no entender cuál es la motivación que tuvieron estos magistrados "al pretender sustraer de su juez natural los recursos" o "al participar que hubo una sesión de Sala que no se efectuó, como lo hacen constar los magistrados Antonio García y Pedro Rondón". Sus preguntas fueron pues: ¿qué pretenden? ¿Violentar el Estado de Derecho?. *V.* en *El Universal*, caracas 16-03-2004.

1434 Exp. AA70-E 2004-000021 (Exp. x-04-00006).

La Sala consideró además, en cuanto al *periculum in mora,* que también resultaba igualmente evidente "por ser un hecho notorio comunicacional la inminencia del establecimiento de la fecha destinada al procedimiento de los reparos por parte del Consejo Nacional Electoral, que conforme a los actos cuya nulidad ha sido solicitada" al cual debían:

> "Acudir los ochocientos setenta y seis mil diecisiete (876.017) ciudadanos cuyas firmas fueron colocadas "bajo observación" por el máximo órgano electoral, por una parte, y por la otra, impide a los electores firmantes contenidos en las 39.060 planillas que han sido invalidadas por el Consejo Nacional Electoral, con fundamento en lo establecido en los numerales 2, 3, 4 y 5 del artículo 4 de las Normas sobre los Criterios de Validación de las Firmas y de las Planillas de Recolección de Firmas para los Procesos de Referendo Revocatorio de Mandatos de Cargos de Elección Popular, acudir a tal procedimiento de reparo a ratificar su voluntad de suscribir la solicitud de convocatoria del referéndum revocatorio presidencial, lo cual, a juicio de la Sala, reitera la necesidad de suspensión de los efectos de los actos impugnados, que de no acordarse podrían hacer ilusoria la ejecución del fallo definitivo de ser éste declarado con lugar. Así se decide".

Como consecuencia de la anterior declaratoria, la Sala, a los fines de restablecer la situación jurídica lesionada al estado en que se encontraba antes de que ocurriera la violación, y mientras se dictaba la sentencia de fondo, ordenó al Consejo Nacional Electoral que *desaplicara* a las 876.017 firmas colocadas "bajo observación" en la Resolución impugnada el criterio contenido en el Instructivo antes mencionado, que también había sido impugnado, que imponía la exigencia de ratificación de la manifestación de voluntad de los titulares de esas firmas (denominado reparo negativo). La Sala Electoral, además, con el mismo fin restablecedor de la situación jurídica infringida, *acordó incluir o sumar* a las solicitudes validadas por el Consejo Nacional Electoral para la convocatoria del referendo revocatorio que alcanzaba a 1.832.493 de solicitudes las 876.017 firmas o solicitudes antes indicadas, operación ésta que arrojaba "la cifra total de *2.708.510* de solicitudes o firmas". Como consecuencia de dicha operación aritmética la Sala Electoral ordenó al Consejo Nacional Electoral *aplicar*, a tales solicitudes, el procedimiento de reparo de conformidad con lo establecido en el artículo 31 de las "Normas para regular los procesos de referendos revocatorios de mandatos de cargos de elección popular", a los fines de que los ciudadanos que manifiesten no haber firmado soliciten su exclusión.

En cuanto a las planillas que habían sido invalidadas por el Consejo Nacional Electoral, en razón del incumplimiento de los numerales 2; 3; 4 y 5 del artículo 4 de las "Normas sobre los Criterios de Validación de las Firmas y de las Planillas de Recolección de Firmas para los Procesos de Referendo Revocatorio de Mandatos de Cargos de Elección Popular", y que alcanzaba la suma de 39.060, la Sala Electoral *ordenó* al Consejo Nacional Electoral "permitir a los electores firmantes contenidos en ellas acudir al procedimiento de reparo establecido en el artículo 31 de las mencionadas Normas".

Por último, la Sala, en su sentencia, ordenó al Consejo Nacional Electoral procediera a *efectuar el procedimiento de reparo* en el lapso establecido en el artículo 31 de las Normas citadas y luego de realizado éste procedimiento, y de existir al menos el veinte por ciento (20%) de solicitudes válidas, "proceda a convocar el referéndum revocatorio a que se refiere el presente fallo, en el lapso establecido en el artículo 33 de dichas Normas".

Con esta importante decisión[1435], la solicitud popular del referendo revocatorio del mandato del Presidente de la República, se encontraba entonces con un camino libre de obstáculos, pero no exento de consecuencias políticas ni de que en el mismo se colocaran nuevos obstáculos políticos, los cuales se anunciaron el mismo día de la decisión.

En cuanto a las consecuencias políticas, en un sistema constitucional donde la separación de poderes no garantiza totalmente su independencia, dado que la Asamblea Nacional tiene la potestad de remover a los titulares de los Poderes Públicos no electos (Poder Judicial, Poder Electoral, Poder Ciudadano: arts. 265, 279, 296) las reacciones y amenazas no se hicieron esperar, tanto de parte del Poder Legislativo como del Poder Ejecutivo, e incluso, de órganos del Poder Ciudadano[1436].

En cuanto al Poder Legislativo, fue primero la Junta directiva de la Asamblea Nacional, y después, la plenaria de la misma, el 16 de marzo de 2004, las que adoptarían un "acuerdo" donde se "condena enfáticamente" el fallo por considerarlo "absolutamente irrito y nulo", y lo más grave, exhortaban al Poder Ciudadano para que calificara la conducta de los magistrados como "falta grave" a los efectos de poder ser removidos por la propia Asamblea Nacional, señalando entre otras cosas que:

> "De conformidad con el artículo 265 de la Constitución, en virtud de la gravedad de las faltas éticas, morales e institucionales de los magistrados, doctores Alberto Martini Urdaneta, Rafael Hernández Uzcátegui y Orlando Gravina Alvarado, insta al Poder Ciudadano a que inicie el procedimiento de calificación de la conducta de los magistrados, como falta grave, a los fines de que el pleno de la Asamblea Nacional decida con la votación correspondiente la remoción de sus cargos"[1437].

La sugerencia de la Asamblea Nacional, por supuesto, surtió efectos de inmediato, y en mismo día 16 de marzo de 2004, por una parte, representantes del partido de gobierno solicitarían ante el Tribunal Supremo de Justicia en Pleno, el inicio de un antejuicio de mérito para enjuiciar a los Magistrados Alberto Martini Urdaneta, Ra-

---

1435 En un inusitado "comunicado" público de fecha 16-03-2004, sin embargo, el Magistrado Luis Martínez de la Sala Electoral, quien no había firmado la decisión, pondría en entredicho "la honorabilidad de sus colegas Martini y Hernández, quienes con su decisión -dijo- "ponen en duda, no sólo su falta de objetividad e imparcialidad para conocer y decidir del presente recurso, sino su idoneidad ética para desempeñarse como jueces de la República". *V. Globovisión.com*, Caracas 16-03-2004.

1436 La decisión fue públicamente cuestionada por el Fiscal General de la República, Isaías Rodríguez, quien estimó que más que una medida cautelar lo que había dictado la Sala Electoral había sido una decisión de fondo. Señaló que el contenido de la decisión: " hace de la cautelar una decisión de fondo y no una medida provisoria, y se corre el riesgo de que cause en sí misma el agravio o el daño que pretende evitar, desnaturalizándose el contenido de ella. Es decir, pasa a ser una decisión de fondo mas no provisoria"...Por lo demás, la cautelar adelanta opinión sobre la nulidad y pudiéramos estar ante una extralimitación de atribuciones. La decisión de la Sala Electoral ha incurrido en un evidente desorden procesal, puesto que pareciera que con una medida provisional se pretende anular un acto administrativo que para los promotores del amparo constituye el verdadero fondo de la acción. *V.* en *El Universal*, Caracas 16-03-2004.

1437 *V.* en *Globovisión.com*, Caracas 16-03-2004.

fael Hernández Uzcátegui y Orlando Gravina Alvarado de la Sala Electoral[1438], seguramente por el "delito" de haber sido independientes y autónomos como jueces; y por la otra, el Consejo Moral Republicano (Poder Ciudadano), como consecuencia de la solicitud de la Asamblea Nacional, acordaría con base en el artículo 275 de la Constitución y el artículo 32 de la Ley Orgánica del Poder Ciudadano, iniciar el procedimiento de calificación de las presuntas faltas atribuidas a los mismos Magistrados de la Sala Electoral del Tribunal Supremo, en relación con la decisión anunciada por esa instancia del máximo Tribunal sobre el proceso refrendario[1439].

Pero también se produciría la reacción del Poder Ejecutivo contra una Sala del Tribunal Supremo, a través del Vice Presidente Ejecutivo de la República, quién calificaría a la sentencia como inconstitucional, subversiva, mafiosa e inmoral, reivindicando además un supuesto tutelaje de la Sala Constitucional del Tribunal Supremo de Justicia sobre el Consejo Nacional Electoral y en general sobre la materia electoral, en razón que haber sido esa Sala la que había nombrado al Consejo Nacional Electoral por la omisión de la Asamblea Nacional, lo que en criterio del representante Poder Ejecutivo "significa que todo lo relativo a la cuestión electoral corresponde estrictamente al CNE, y vía recurso a la Sala Constitucional", a cuyas decisiones se acogerían por supuestamente ser la única con "jurisdicción en esta materia, y que es la que resguarda precisamente a la Constitución de 1999"[1440].

En efecto, como hemos analizado, la Sala Constitucional había secuestrado al Poder Electoral, cuyo órgano, entonces, se pretendía que quedara sometido sólo al control de dicha Sala y no al de su juez natural que era la Sala Electoral.

En todo caso, todas las manifestaciones de los Poderes Legislativo, Ciudadano y Ejecutivo en contra de la decisión adoptada por la Sala Electoral al suspender los efectos de la decisión del Consejo Nacional Electoral, lo que evidenciaban una vez más, en general, era la reacción del poder político contra un órgano del Poder Judicial, cuando se sintió que podía actuar con autonomía e independencia, es decir, que escapaba de su control y que no lo tenían totalmente a su servicio. Así estaba, en marzo de 2004, la flamante "penta separación" del Poder Público en Venezuela.

IV. EL SECUESTRO DE LA SALA ELECTORAL POR LA SALA CONSTITUCIONAL DEL TRIBUNAL SUPREMO CON OCASIÓN DE SU DECISIÓN CAUTELAR

No había, por tanto, otra forma de callar a la Sala Electoral del Tribunal Supremo y de impedirle que siguiera ejerciendo sus competencias constitucionales y si-

---

1438 *Idem.*

1439 *Ibidem.* En dicho procedimiento, con fecha 18-03-2004, el Consejo Moral Republicano requeriría de la Sala Constitucional del Tribunal Supremo de Justicia copia del Expediente de la solicitud de avocamiento que cursaba ante la misma. *V. El Universal*, Caracas 19-03-2004.

1440 *V.* en *El Universal*, Caracas, 17-03-2004. Incluso, en un inusitado "Comunicado" emitido por la Embajada de Venezuela en Washington el día anterior, 15-03-2004, su afirmaba tajantemente que: "La decisión de la Sala Electoral es contraria a los artículos 335 y 336 de la Constitución de la República Bolivariana de Venezuela. Bajo la Constitución, esta Sala no tiene la competencia para tomar decisiones en materia constitucional. En cambio, el árbitro final de la interpretación constitucional es la Sala Constitucional de la Corte Suprema. Por lo tanto, la decisión de la Sala Electoral está en contra de los principios del debido proceso y en contra de la Ley". *V.* también en *Globovisión.com*, Caracas 16-03-2004.

guiera decidiendo sobre ellas, que no fuera inhabilitándola para ello, en definitiva, secuestrándola.

Y a ese objetivo se dirigieron todas las acciones imaginables, siendo la Sala Constitucional el instrumento para el secuestro y, por tanto, para de nuevo obstaculizar el camino del referendo revocatorio.

1. *El abanico de recursos intentados ante la Sala Constitucional*

En esta forma, el mismo día de la decisión de la Sala Electoral, el Alcalde del Municipio Libertador del Distrito Capital en nombre del partido de gobierno intentaría por ante la Sala Constitucional, según se informaba en nota de prensa emitida por el propio Tribunal Supremo de Justicia, un supuesto "recurso de protección" contra la referida decisión de la Sala Electoral, alegando que la misma era supuestamente ilegal "por violatoria del artículo 135 (*sic*) de la Constitución... en cuanto a que la decisión de la Sala Constitucional del viernes pasado es vinculante o sea es de uso obligatorio por el resto de las Sala. Es así que la Sala Electoral no podía, en el día de hoy, emitir ninguna decisión con respecto al recurso de amparo porque la Sala Constitucional se había avocado al respecto". La inconstitucional tesis de que la Sala Constitucional supuestamente sería la única que podía resolver sobre la materia, se concretaba así en un recurso que, en definitiva sería un recurso de revisión de sentencias (art. 336,10 de la Constitución), en el cual se solicitaba se suspendieran "los efectos del fallo de la Sala Electoral hasta tanto se produzca una decisión firme de la Sala Constitucional"[1441].

En esta forma, de nuevo, la Sala Constitucional del Tribunal Supremo de Justicia volvía a tener en sus manos el destino del referendo revocatorio del mandato presidencial, y la posibilidad de reaccionar, a través de una decisión judicial, contra la Sala Electoral del mismo Tribunal Supremo de Justicia que había "osado" cuestionar públicamente sus pretensiones hegemónicas y la había acusado, incluso, de haber querido "violentar el Estado de Derecho"; y que además, había tenido el "atrevimiento" de asumir las competencias que tenía conforme a la Constitución y había decidido el recurso que se había interpuesto ante ella.

El primer paso para asumir el control político sobre la materia que daría la Sala Constitucional, se produjo el 16 de marzo de 2004, cuando la Sala consignó en el expediente de la solicitud de avocamiento que para impedir que la Sala Electoral decidiera en el recurso de nulidad contra la decisión del Consejo Nacional Electoral había formulado por el Sr. Ismael García, como representante del denominado Comando Nacional de Campaña Ayacucho, de los partidos que apoyaban al gobierno (aún no siendo "parte" en proceso judicial alguno que cursara ante la Sala Electoral para poder "solicitar" el avocamiento de una causa por parte de la Sala Constitucional), un "auto" con las siguientes motivaciones:

> "Visto que en sentencia de esta Sala nº 2748 de 20 de diciembre de 2001 (Caso: *Javier Elechiguerra*), la Sala se declaró competente para conocer de los recursos de nulidad por inconstitucionalidad de actos emanados del Poder Electoral.

1441 *V.* la información en *El Universal*, Caracas 16-03-2004.

Visto que es esta Sala quien dictó, por excepción, la normativa para el funcionamiento del Poder Electoral, y delegó en él, la potestad normativa para garantizar a los ciudadanos el ejercicio de los derechos políticos".

Con base en ello, la Sala Constitucional resolvió entonces paralizar toda actividad judicial de la Sala Electoral en la materia "a fin de resolver si es procedente o no el avocamiento solicitado", ordenándole, "que envíe todos los expedientes contentivos de las acciones de nulidad, amparo o cualquier otro recurso incoado contra los actos del Poder Electoral, relativos a los procesos de referendos revocatorios de mandatos de cargos de elección popular", resolviendo que:

"En consecuencia, desde el momento en que la Sala Electoral de este Tribunal Supremo reciba la comunicación respectiva, deberá paralizar todos los procesos y se abstendrá de decidir los mismo, debiendo remitir -de inmediato- a esta Sala, hasta que se resuelva el avocamiento, cualquier acción que se incoase en dicho sentido"[1442].

Debe destacarse en la motivación de este "auto" la aparentemente innecesaria referencia a que había sido la Sala Constitucional la que había dictado "la normativa para el funcionamiento del Poder Electoral" y que había sido la que había "delegado" en el Consejo Nacional Electoral "la potestad normativa para garantizar a los ciudadanos el ejercicio de los derechos políticos". Ello, sin duda, permitía vislumbrar el argumento de que la Sala Constitucional se podía considerar como una especie de "tutor" del Poder Electoral al cual le había secuestrado y limitado su autonomía, para entonces asumir en exclusividad el control jurisdiccional sobre sus actos (durante el régimen transitorio *sine die*, por supuesto!), quitándole sus competencias en la materia a la Sala Electoral. Y ello fue precisamente lo que ocurrió, el 31 de marzo de 2004, cuando la Sala Constitucional finalmente anunciaría que se avocaría al conocimiento de la causa.

En esta forma, el secuestro de la Sala Electoral por la Sala Constitucional se comenzaba a consolidar, aún cuando *ex post facto*, pues como se ha dicho, ya para el 16 de marzo de 2004 la Sala Electoral había adoptado la decisión cautelar de suspender los efectos de la Resolución del Consejo Nacional Electoral en las materias del referendo revocatorio presidencial. El paso siguiente para impedir el referendo

---

1442 *V.* en *El Universal*, Caracas 17-03-2004. Para el día 18-03-2004, el Presidente de la Sala Electoral seguía argumentando que se trataba de una decisión inexistente, como lo reseña la periodista Irma Álvarez: "Por otra parte, el presidente de la Sala Electoral cuestionó el hecho de que le estén solicitando remitir, a la mayor brevedad posible, los expedientes en curso y las acciones que sean ejercidas con relación a los referendos revocatorios, partiendo para ello de una "sentencia inexistente".

En este sentido recordó que los magistrados Antonio García García y Pedro Rondón Haaz estamparon una diligencia, en el expediente en el cual el Comando Ayacucho requirió el avocamiento presto de la Sala Constitucional.

En dicha diligencia denunciaron que no estuvieron presentes en sesión alguna en la que se hubiera publicado una sentencia sobre el revocatorio.

Por ello acotó que según el art. 246 del Código de Procedimiento Civil: "no se considerará como sentencia, ni se ejecutará, la decisión a cuyo pronunciamiento aparezca que no han concurrido todos los jueces llamados por ley ni la que no esté firmada por todos". *V.* en *El Universal*, 19-03-2004.

revocatorio, por tanto, no podía ser otro que no fuera anular dicha decisión de la Sala Electoral del Tribunal Supremo e impedirle que siguiera conociendo del asunto.

Con la decisión de la Sala Constitucional, en efecto, se buscaba sustraer del conocimiento de la Sala Electoral la cuestión de fondo que era el recuso de nulidad de la Resolución del Consejo Nacional Electoral. Por ello se le ordenaba a la Sala Electoral paralizar todos los procesos, abstenerse de decidir los mismos, y remitir de inmediato a la Sala Constitucional, hasta que se resolviera el avocamiento, cualquier acción que se incoase en dicho sentido.

Pero algo imprevisto surgiría en el proceso de secuestro, y fue que la referida decisión de la Sala Constitucional sería públicamente rechazada por la Sala Electoral, de nuevo, a través de un inusitado "comunicado" de su Presidente, Martini Urdaneta, de fecha 18 de marzo de 2004, en el cual aseguraba que no remitiría a la Sala Constitucional el expediente contentivo de los casos relacionados con el referendo revocatorio presidencial, tal como lo habría solicitado esta última el día anterior, 17 de marzo de 2004, agregando que "Esta Sala Electoral ratifica su competencia para el conocimiento de la causa que se ventila en esta Sala accidental, y declara no a lugar los requerimientos en el oficio antes identificado, por cuanto los mismos son inaccedibles en derecho y así se declara"[1443].

Pero a la polémica por el control de los juicios, también se agregaría el propio Consejo Nacional Electoral al intentar ante la Sala Constitucional, como lo informara su presidente Francisco Carrasquero, "en protección y defensa de los derechos e intereses del CNE", un "recurso de controversia constitucional por conflicto de poderes" entre la Sala Electoral y el Consejo Nacional Electoral con el objeto, primero, de "preservar la autonomía del Poder Electoral como el competente para resolver toda la controversia y actos relacionados con la materia electoral"; segundo, de solicitar se decretase "una medida cautelar innominada de suspensión de los efectos de la sentencia del 15 de marzo de 2004 "que había dictado la Sala Electoral; tercero, solicitar que se acumulasen "a la causa constitucional todos los procesos que se encuentren en curso y, en especial, el proceso contencioso electoral que cursa ante la Sala Electoral"; y, cuarto, que una vez dirimida "la controversia entre la Sala Electoral y el organismo comicial, la Sala Constitucional declare la nulidad de la sentencia

1443 La periodista Irma Álvarez reseñó lo expuesto por el Magistrado Martini Urdaneta así: En el oficio de tres páginas indicó que estas medidas las está tomando ante la existencia de un fallo emitido por la misma Sala Constitucional, el 4 de abril del 2003, según el cual el avocamiento de las causas que cursaban en la Sala Electoral sobre el referendo consultivo era "inaccedible en derecho", porque tanto la Sala Electoral como la Constitucional "cuentan con igual rango, siendo ambas en su orden las cúspides de la jurisdicción constitucional y electoral".

Con esto intentó salirle al paso a las afirmaciones según las cuales la Sala Constitucional puede avocarse y conocer los expedientes sobre el revocatorio, alegando para ello el riesgo de violación de derechos constitucionales o que el Instructivo sobre el Tratamiento de las Firmas de Caligrafía Similar tiene "efectos generales" o "colectivos".

Acto seguido, destacó Martini Urdaneta que la Sala Electoral recurrió a dicha jurisprudencia y se declaró competente para conocer los casos del revocatorio, no sólo por ser "la cúspide de la jurisdicción electoral, sino por mandato del artículo 297 de la Constitución".

De acuerdo con esta norma, "la jurisdicción contencioso electoral será ejercida por la Sala Electoral del TSJ". *V.* en *El Universal*, Caracas 20-03-2004.

de fecha 15 de marzo de 2004 y se ratifique la competencia del CNE como rector del Poder Electoral"[1444].

Demás está decir que tal "recurso de controversia constitucional" entre un órgano del Poder Electoral (Consejo Nacional Electoral) y el órgano del Poder Judicial (Sala Electoral) llamado constitucionalmente a controlar los actos del primero, es una imposibilidad lógica y constitucional, pues de proceder no habría posibilidad alguna de control judicial de los actos del Poder Público, pues siempre se podría alegar tal "conflicto constitucional".

En todo caso, y por más ausencia de fundamento jurídico que pudieran tener las solicitudes y "recursos" que se habían intentado por ante la Sala Constitucional, lo cierto es que la misma disponía de instrumentos, así fueran inadmisibles, para poder perpetrar el secuestro final de la Sala Electoral del mismo Tribunal Supremo y consolidar la confiscación del derecho a la participación política que había hecho el Consejo Nacional Electoral. En efecto, en primer lugar, se le había formulado una solicitud de avocamiento para impedir que la Sala Electoral decidiera sobre la nulidad de la decisión del Consejo Nacional Electoral, formulada por el representante del Comando de campaña de los partidos políticos que apoyaban al gobierno, que no tenía la condición de parte en el proceso ante aquélla Sala; en segundo lugar, se había interpuesto un supuesto "recurso de protección" que no existe en el ordenamiento procesal constitucional y que más bien podía ser un recurso de revisión constitucional, que había intentado el Alcalde del Municipio Libertador en representación del partido de gobierno, contra la sentencia que ya había dictado la Sala Electoral; y en tercer lugar, también se había intentado un inexistente y absurdo "recurso de controversia constitucional por conflicto de poderes" que había intentado el Consejo Nacional Electoral que también buscaba la anulación de dicha sentencia.

No era difícil imaginarse lo que con ese cuadro podía ocurrir: por una parte, que la Sala Constitucional podía acordar el avocamiento (lo que anunció el 30 de marzo de 2004 y efectivamente hizo el 12 de abril de 2004), para lo cual el mismo día 16 de marzo la Sala, formalmente, había ordenado publicar la sentencia firmada por sólo tres Magistrados que habían ordenado a la Sala Electoral abstenerse de dictar sentencia y, en consecuencia, anular la sentencia de la Sala Electoral por haberse dictado contra lo ordenado en su decisión por la Sala Constitucional; y en segundo lugar, que la Sala también revisara la sentencia de la Sala Electoral, y la anulara por considerarla inconstitucional al haber vulnerado su "doctrina" (Lo que efectivamente también ocurrió el 23 de marzo de 2004). Es decir, ambas cosas sucedieron, y así, por lo demás, lo vaticinaba el titular de la primera página del diario *El Universal* de Caracas del día 18 de marzo de 2004 al anunciar que: "Anularán fallo del Sala Electoral", sobre lo cual la periodista Irma Álvarez reportó lo siguiente:

> "Como nula será declarada la sentencia que le ordenó al Consejo Nacional Electoral convocar a referendo revocatorio del mandato presidencial, después de que ejerzan su derecho a reparo las personas que no firmaron; y validar las 876 mil 017 rúbricas que fueron pasadas a observación...

1444 *V.* la información en *El Universal*, Caracas 17-03-2004. El día 19-03-2004, dos de los miembros del Consejo Nacional Electoral expresaban su desacuerdo con tal solicitud. *V.* en *El Universal*, Caracas, 20-03-2004.

Los argumentos para emitir el fallo ya están claros. Según aseveró una fuente oficial, en primer lugar reiterarán que la Sala Constitucional es la competente para actuar, de acuerdo a lo previsto en el artículo 334 de la Constitución, el cual establece que les corresponde "exclusivamente" a los miembros de esta instancia "declarar la nulidad de las leyes y demás actos de los órganos que ejercen el Poder Público dictados en ejecución directa e inmediata de la Constitución o que tengan rango de ley"...

Igualmente indicarán, por otra parte, que están capacitados para analizar el Instructivo sobre el tratamiento de las firmas de caligrafía similar o renglones de planillas llenadas por la misma persona que objetó la oposición, porque el mismo es considerado como "un acto administrativo de efectos generales".

En consecuencia, y puesto que la aplicación de dicho instructivo afecta al colectivo, el cuestionado sólo sería un acto electoral en la medida en que fue dictado por el CNE y su revisión escaparía de las manos de la Sala Electoral".

La periodista destacaba además, en su información, como "Camino al avocamiento" lo siguiente:

"Toda esta información fue dada a conocer por fuentes oficiales, después de que el presidente del Tribunal Supremo, Iván Rincón, y los magistrados José Delgado y Jesús Eduardo Cabrera (ponente), ordenaron publicar con tan sólo tres firmas una sentencia y la diligencia que inhabilitaban a la Sala Electoral para actuar en los casos sobre el referendo, desde el 11 de marzo.

La referencia es relevante tomando en consideración que dichos actos les permitirían a los tres jueces insistir en la paralización de los procesos y la entrega de todos los expedientes vinculados con el mismo tema, por parte de la Sala Electoral, para luego determinar si procede el avocamiento"[1445].

2. *La anulación de la sentencia cautelar de la Sala Electoral por la Sala Constitucional*

Y en efecto, la muerte anunciada de la sentencia de la Sala Electoral ocurrió una semana después, cuando la Sala Constitucional mediante sentencia nº 442 de 23 de marzo de 2004 (Caso: *Ismael García vs. Sentencia nº 24 de la Sala Electoral*), al conocer el recurso de revisión que un diputado en nombre del Comando Ayacucho de los partidos de gobierno había interpuesto contra la sentencia, lo declaró con lugar, anulándola.

En efecto, la Sala Constitucional comenzó por reafirmar su competencia conforme al artículo 336,10 de la Constitución para revisar las sentencias en materia de amparo dictadas por las otras Salas del mismo Tribunal Supremo de Justicia que contrariasen las normas y principios contenidos en la Constitución, así como aquellas que se opusieran a las interpretaciones que sobre tales, hubiera realizado la Sala. A tal efecto, constató que la solicitud de revisión había sido interpuesta contra la antes mencionada y comentada sentencia nº 24 dictada por la Sala Electoral Accidental que había declarado con lugar una acción de amparo constitucional ejercida

1445 *V.* en *El Universal*, Caracas 18-03-2004.

conjuntamente con recurso contencioso-electoral de nulidad contra diversos actos dictados por el Consejo Nacional Electoral, pero que a pesar de su carácter cautelar, consideró que no era susceptible de impugnación por vía de los medios judiciales ordinarios, por lo que adquiría carácter de sentencia definitivamente firme. En este sentido, la Sala Constitucional variaba en sentido contrario su propio criterio expuesto en la sentencia nº 2.841 de 29 de octubre de 2003 (Caso: *Tulio A. Álvarez, revisión de la sentencia nº 3 de la Sala Electoral*), en la cual había señalado que en virtud de que sólo "de manera extraordinaria, excepcional, restringida y discrecional" tenía potestad constitucional para revisar decisiones judiciales, entonces no procedía el recurso de revisión contra una decisión de la Sala Electoral que había declarado con lugar una solicitud de amparo cautelar (sentencia nº 3 de 22-01-2003) mediante la cual había suspendió la realización de un referéndum consultivo convocado por dicho órgano por el Consejo Nacional Electoral para el 2 de febrero de 2003, en virtud de que la misma era "de naturaleza incidental o interlocutoria, pues pende de una causa principal que cursa ante la misma Sala Electoral de este máximo Tribunal, a saber, el juicio contencioso electoral de nulidad iniciado por los diputados...". Agregó la Sala Constitucional entonces, que:

> "Visto que la sentencia emanada de la Sala Electoral Accidental objeto de la presente solicitud de revisión, en virtud de sus efectos provisionales no podía adquirir la condición de una sentencia definitivamente firme, lo cual constituye un requisito *sine qua non* para que esta Sala pueda ejercer la potestad extraordinaria, excepcional y discrecional de revisión que tiene atribuida de conformidad con lo previsto en el texto fundamental, con base en el criterio contenido en su decisión nº 93-2001, de 6 de febrero, complementado por la doctrina reiterada en las sentencias números 910-2001, de 1° de junio, y 3090-2002, de 3 de diciembre, en las que se estableció la inadmisibilidad de la revisión constitucional cuando sea solicitada respecto de sentencias interlocutorias, como son las que resuelven amparos cautelares, resulta en consecuencia forzoso declarar inadmisible la solicitud de revisión planteada en el caso de autos. Así se decide"[1446].

Tales argumentos, sin embargo, si bien eran válidos para no revisar un amparo cautelar de la Sala Electoral que había suspendido el ejercicio del derecho a la participación política mediante un referendo consultivo, en cambio, dejarían de ser válidos cuando se trató de revisar otro amparo cautelar de la misma Sala Electoral pero que, al contrario, permitía el ejercicio del mismo derecho mediante la solicitud de un referendo revocatorio. La Sala Constitucional, por tanto, ponía al descubierto su criterio contrario a la progresividad de los derechos humanos: siempre que fuera para impedir el ejercicio de un derecho político procedía a revisar la sentencia de la Sala Electoral, pero si esta impedía dicho ejercicio, entonces se negaba a revisarla[1447]. Esta sentencia fue rechazada por la Sala Electoral mediante sentencia nº 27

1446 Exp. 03-0218.

1447 Sobre este aspecto, la Academia de Ciencias Políticas y Sociales, en Dictamen de 12-04-2004, al advertir la contradicción de criterios aplicados por la Sala Constitucional para la revisión de sentencias, señaló: "Como se puede apreciar, se utilizan dos criterios opuestos para lograr un mismo fin: en un caso, que no haya referéndum consultivo sobre la gestión del Presidente de la República; en el otro, impedir

del 29 de marzo de 2004[1448], dictada en el mismo expediente (Caso: *Julio Borges, César Pérez Vivas, Henry Ramos Allup, Jorge Sucre Castillo, Ramón José Medina Y Gerardo Blyde vs. Consejo Nacional Electoral*), en la cual, como se analizará más adelante, planteó ante la Sala Plena del Tribunal Supremo la "resolución de un conflicto de funcionamiento" entre las Salas Electoral y Constitucional, derivado de las "ordenes" que la segunda pretendía darle a la primera, cuando ambas tienen igual jerarquía. Tal posibilidad jurisdiccional de la Sala Plena resolviendo conflictos "de funcionamiento" entre las Salas del Tribunal Supremo, sin embargo, no estaba prevista en el ordenamiento procesal; y la misma sentencia dictada no resolvía un conflicto entre partes en un proceso, y más bien era un auto de la Sala planteando el referido conflicto de "funcionamiento". Se debe señalar, por otra parte, que el artículo 42,21 de la Ley Orgánica de la Corte Suprema de Justicia le atribuye competencia a las Salas de Casación Civil y Penal para "decidir los conflictos de competencia entre tribunales, sean ordinarios o especiales, cuando no exista otro tribunal superior y común a ellos en el orden jerárquico.

Ahora bien, conforme al criterio revisor manifestado en su decisión, la Sala Constitucional puede decirse que descargó toda su antidemocrática posición contra la Sala Electoral, resolviendo lo siguiente:

En *primer lugar*, la Sala consideró que la Sala Electoral no había respetado su doctrina relativa a la naturaleza y al trámite del amparo cautelar establecida en sentencia de la Sala Constitucional N° 88 de 2000 (Caso: *Ducharne de Venezuela, C.A)*[1449], así como tampoco la doctrina de interpretación constitucional establecida por la Sala en el mismo fallo, "al decidir la pretensión cautelar incoada *inaudita altera pars,* sin permitir al presunto agraviante plantear su oposición a la presunta

---

los efectos de una sentencia de la Sala Electoral que convalidaba las firmas de los ciudadanos para solicitar la celebración de un referéndum revocatorio del Presidente de la República".

1448 Exp. AA70-E-2004-000021- AA70-V-2004-000006.

1449 La doctrina sentada en dicha sentencia fue la siguiente: "Una vez recibida en esta Sala la acción de nulidad, interpuesta conjuntamente con amparo constitucional, el Juzgado de Sustanciación de la Sala decidirá mediante auto sobre la admisibilidad de la acción principal, a menos que por la urgencia del caso la Sala decida pronunciarse sobre la admisión de la misma, supuesto en que también la Sala se pronunciará sobre el amparo ejercido conjuntamente con la referida acción de nulidad. / En caso de que se declare inadmisible la acción principal, se dará por concluido el juicio y se ordenará el archivo del expediente. / Para el supuesto que se admita la acción de nulidad, en el mismo auto se ordenará abrir cuaderno separado en el cual se designará Ponente, a los efectos de decidir sobre el amparo constitucional. / El procedimiento de nulidad continuará su trámite por ante el Juzgado de Sustanciación, y la Sala decidirá sobre la procedencia o no del amparo constitucional. En el caso que se acuerde el amparo se le notificará de dicha decisión al presunto agraviante, para que, si lo estima pertinente, formule oposición contra la medida acordada, dentro de las cuarenta y ocho (48) horas siguientes a su notificación, supuesto en el cual se convocará para una audiencia oral y pública que se efectuará en el tercer (3°) día siguiente a la formulación de la oposición, a fin de que las partes expongan sus alegatos. En el auto en el que se fije la celebración de la audiencia oral y pública, se ordenará la notificación del Ministerio Público. / Una vez concluido el debate oral, la Sala en el mismo día deliberará, y podrá: / Pronunciarse inmediatamente sobre la oposición, en cuyo caso se expondrá de forma oral los términos de la decisión, la cual deberá ser publicada íntegramente dentro de los cinco (5) días siguientes a la audiencia en la cual se dictó aquélla. / Diferir la audiencia oral por un lapso que en ningún momento será mayor de cuarenta y ocho (48) horas por estimar que es necesario la presentación o evacuación de alguna prueba que sea fundamental para decidir el caso, o a petición de alguna de las partes o del Ministerio Público. / La decisión recaída sobre el amparo constitucional en nada afecta la tramitación de la causa principal".

cautela otorgada". La Sala señaló que del dispositivo del fallo cuestionado se habría constatado que la remisión que se había hecho al Consejo Nacional Electoral de la copia certificada de la aludida decisión, se habría hecho "con la finalidad de notificarle sobre lo ordenado, y no para que, si lo considerase pertinente, pudiera oponerse a la medida acordada, ya que la referida sentencia ordena el envío del cuaderno separado relativo a la incidencia al Juzgado de Sustanciación para la continuación de la causa".

En consecuencia de ello la Sala consideró que:

> "El quebrantamiento total del procedimiento establecido para la tramitación de las pretensiones de amparo cautelar que se acumulan a acciones de nulidad, constituye un evidente desacato a la doctrina vinculante establecida por la Sala, así como una crasa violación del derecho a la defensa y al debido proceso consagrados en el artículo 49 del Texto Fundamental, por cuanto el Consejo Nacional Electoral no pudo participar en un procedimiento que excluyó el trámite contradictorio. Todo lo anterior conduce, inevitablemente, a declarar la nulidad de la sentencia objeto de la presente solicitud de revisión, tal y como lo ha decidido esta Sala en otras oportunidades (*Vid.* Sentencia nº 1122/2000 del 4 de octubre, caso: *Elis Enaís Ramos*). Así se declara".

Esta decisión de la Sala Constitucional fue rechazada por la Sala Electoral en su mencionada sentencia nº 27 de 29 de marzo de 2004, en la cual señaló que la misma no podía:

> "[…] menos que causar asombro, por decir lo menos, pues además de manifestar desconocimiento de las actuaciones cursantes en el cuaderno separado en el cual se dictó la sentencia de naturaleza interlocutoria por ella revisada -y en el que consta que si hubo oposición a la medida de amparo cautelar por distintos interesados- constituye un pronunciamiento que la vicia de falso supuesto, de hecho y de derecho [...]"

La Sala Electoral rechazó y desestimó el argumento de la Sala Constitucional, considerando que resultaba "falso" en cuanto a la afirmación de que la Sala Electoral hubiera desconocido el procedimiento establecido por ella en el mencionado fallo Nº 88 de 2000, agregando, con razón, que:

> "En el referido fallo nº 88, en modo alguno se impone al órgano jurisdiccional la obligación de indicar espesamente, en la notificación de la medida cautelar que se haga al presunto agraviante, de los recursos que dispone para oponerse a tal providencia, y es que no podría una sentencia contener tal orden, toda vez que, por una parte, estaría supliendo defensas que sólo a las partes corresponde efectuar y, por otra parte, estaría colocando en los órganos jurisdiccionales (incluyendo la misma Sala Constitucional) la carga prevista en el artículo 73 de la Ley Orgánica de Procedimientos Administrativos para los órganos de la Administración Pública..."[1450].

1450 Sobre este mismo aspecto de la sentencia, la Academia de Ciencias Políticas y Sociales, en el Dictamen antes citado, con razón advirtió que: "Llama la atención la defensa que la sentencia de la Sala Constitu-

En *segundo lugar*, la Sala Constitucional advirtió que la Sala Electoral Accidental había otorgado la tutela cautelar que se le había solicitado "con fundamento en que la presunta aplicación retroactiva de criterios de validación instaurados en los actos impugnados, '*podría impedir alcanzar el número de firmas necesarias para convocar el referéndum revocatorio presidencial*', lo cual, constituiría una presunción grave de amenaza de violación del derecho a la participación política, consagrado en el artículo 62 de la Constitución". Sin embargo, la Sala Constitucional señaló al respecto que:

> 1. "Las circunstancias derivadas de la insatisfacción de los requisitos de validación establecidos por el Entre Rector del Poder Electoral, en ningún caso, puede constituir amenaza de violación del derecho a la participación política positivizado en el artículo 62 del Texto Fundamental, ya que el ejercicio del mismo depende del cumplimiento de los extremos previstos en el ordenamiento jurídico para cada caso, por lo que respecto al referendo revocatorio del mandato de funcionarios de elección popular, la mera solicitud de su convocatoria no genera expectativas plausibles de su efectiva realización, ya que la misma dependerá de la debida observancia de las condiciones y requisitos previstos en la Constitución y en la ley"[1451].

Tal decisión de la Sala Constitucional dictada al "revisar" una sentencia de la Sala Electoral, sin duda constituía un pronunciamiento de fondo sobre la causa que cursaba ante la Sala Electoral, como si la Sala Constitucional estuviera conociendo de una "apelación". Un pronunciamiento de tal naturaleza era totalmente improcedente, por lo que la Sala Electoral en su sentencia nº 27 de 29 de marzo de 2004 lo rechazó señalando que con el mismo:

> "La Sala Constitucional Accidental se aparta abiertamente de las competencias que le han sido atribuidas por la Constitución... y delineadas por su propia jurisprudencia, para hacer pronunciamientos acerca del mérito de la causa, que

---

cional hace del derecho a la defensa y al debido proceso de un órgano de la Administración Pública cuya actuación contraria a las solicitudes de los ciudadanos fue el objeto de la sentencia de la Sala Electoral, sentencia que fue remitida a tal órgano de la Administración Pública a todos los efectos y no a los de simple notificación o conocimiento, como afirma la Sala Constitucional, de modo que si el Consejo Nacional Electoral no hizo uso de recurso o defensa alguna fue asunto de su incumbencia. La Sala Constitucional no encuentra satisfactoria –a los efectos del derecho a la defensa y al debido proceso- la comunicación hecha por la Sala Electoral al Consejo Nacional Electoral y olvida que en el asunto controvertido están envueltos principios de altísimo rango e importancia, como es el derecho a la participación ciudadana en los asuntos públicos (art. 62 de la Constitución), derecho cuya protección deben garantizar la propia Sala Constitucional, el Consejo Nacional Electoral y los demás órganos del Poder Público".

1451 Sobre este aspecto de la sentencia, la Academia de Ciencias Políticas y Sociales en el Dictamen citado de 12-04-2004 señaló que: "la Sala Constitucional omite la revisión de los instrumentos adoptados por el Consejo Nacional Electoral para determinar si éstos se conforman al precepto de participación ciudadana contenido en el artículo 72 y proclamado con énfasis en el Preámbulo de la Constitución. En su lugar, establece un criterio de legalidad genérico para las condiciones y requisitos que se establezcan para el ejercicio de tal derecho ciudadano. El criterio de la Sala Constitucional, lejos de favorecer el derecho de participación política, consustancial a la democracia, lo limita peligrosamente. Se contraría así el principio que obliga a favorecer los derechos fundamentales, entre los cuales se encuentran los derechos políticos".

la sentencia revisada se abstiene de proferir por tratarse de una sentencia de amparo cautelar en la que, como bien sabe, le esta prohibido hacer pronunciamientos que impliquen un examen del fondo del asunto debatido, lo cual, sin duda, esta circunscrito a determinar si los actos impugnados violan o contradicen la normativa aplicable al caso de autos".

Antes, en la misma sentencia, la Sala Electoral había destacado la inconsistencia procesal en la que había incurrido la Sala Constitucional al señalar que en su sentencia, "se emite pronunciamientos sobre el fondo del asunto debatido, sin que se hubiere avocado al conocimiento de la causa -figura por demás absolutamente improcedente- y sin haber tenido a la vista el expediente".

En *tercer lugar*, en relación con la presunta aplicación retroactiva de criterios de validación instaurados en el Instructivo sobre el Tratamiento por el Comité Técnico Superior de las Firmas de Caligrafía Similar o Renglones de Planillas Llenadas por la Misma Persona dictado por el Consejo Nacional, el 24 de febrero de 2004, la Sala Constitucional advirtió que:

> "El referido instructivo no consagra un nuevo criterio de validación de las solicitudes de convocatoria del referendo revocatorio del mandato de funcionarios de elección popular, ya que tal criterio motivador del acto de validación de las firmas no proviene de dicho instrumento jurídico, sino de las Normas para Regular los Procesos de Referendos Revocatorios de Mandatos de Cargos de Elección Popular dictadas por el Ente Rector del Poder Electoral, el 25 de septiembre de 2003, conforme a las cuales se validaron un millón ochocientas treinta y dos cuatrocientas noventa y tres (1.832.493) solicitudes, se invalidaron treinta y nueve mil sesenta (39.060) peticiones y a los efectos similares de un auto para mejor proveer, se ordenó someter a reparo las firmas colocadas "bajo observación" que alcanzan el número de ochocientos setenta y seis mil diecisiete (876.017), según lo decidido por el Consejo Nacional Electoral mediante Resolución nº 040302-131 del 2 de marzo de 2004".

Con esta decisión, de nuevo, la Sala Constitucional se pronunciaba sobre el fondo del recurso contencioso electoral en cuyo proceso se había dictado la sentencia cautelar de amparo era el objeto de revisión, con el agravante de que lo hacía sin tener siquiera a la vista el expediente. Además, como lo observó la Academia de Ciencias Políticas y Sociales en el Dictamen `citado de fecha 12 de abril de 2004:

La sentencia no contiene una trascripción de las disposiciones objeto de discusión, a fin de apreciar si es cierto que hay aplicación retroactiva de normas, tal como lo ha admitido la Sala Electoral, sino una declaración inadmisible de *auctoritas* por parte de la Sala Constitucional que rompe el principio de autointegración de la sentencia, según el cual las decisiones judiciales deben bastarse a sí mismas; así como también subvierte el precepto de la motivación, requisito indispensable de toda sentencia. Es más, un examen de las Normas para Regular los Procesos de Referendos Revocatorios revela que este instrumento no contiene disposiciones como las del instructivo cuya aplicación fue considerada retroactiva por la Sala Electoral.

En *cuarto lugar*, en relación con los principios de buena fe y de confianza legítima, la Sala Constitucional consideró que no eran aplicables en la constatación de la validez de actos de participación política, donde debía "verificarse la autenticidad de quienes manifestaron su voluntad de solicitar la revocatoria del mandato del Presidente de la República, y también la voluntad de quienes no se adhieren al referendo peticionado". En consecuencia, señaló la Sala que no siendo tal voluntad:

> "Un ejercicio de derechos civiles regidos por la autonomía y del principio contractual de derecho privado, corresponde al Consejo Nacional Electoral garantizar, por medio de su competencia inquisitiva, propia de la Administración Pública, que la voluntad del electorado se ajuste a la manifestación propia de lo querido por ésta para el funcionamiento del principio democrático. La Sala no encuentra, por tanto, que el Consejo Nacional Electoral haya incurrido en violación de los artículos 24 (irretroactividad de la ley) y 49, 1 y 2 (debido proceso y presunción de inocencia), y así también se declara"[1452].

Sobre ello, la Sala Electoral en su mencionada sentencia nº 27 del 29 de marzo de 2004, señalaría que la Sala Constitucional pretendía "negar el beneficio de principios constitucionales como el de buena fe y el de confianza legítima a derechos fundamentales de los ciudadanos, sin razonamiento lógico y jurídico alguno, protegiendo con ello, y sin que medie un estudio y análisis profundo del caso, actuaciones de un órgano del poder público que han sido cuestionadas por sus destinatarios, alegando violaciones a sus derechos fundamentales"; acusando a la Sala Constitucional de utilizar la vía de la revisión de sentencias para:

> "[...] así (actuando fuera del ámbito de su competencia) entrar a analizar el fondo del asunto objeto de un recurso contencioso electoral de nulidad, para pretender preestablecer, con ello, criterios que pudieran ser calificados como "interpretación constitucional", lo que evidencia una clara extralimitación de competencia jurisdiccional arrebatándosela a su juez natural que es la Sala Electoral, órgano con igual jerarquía e integrante del mismo órgano judicial (Tribunal Supremo de Justicia), como lo ha reconocido reiteradamente la Sala Constitucional".

En todo caso, de la decisión antes referida de la Sala Constitucional deben destacarse dos aspectos: el primero se refiere a la supuesta potestad del Consejo Nacional Electoral para revisar la "autenticidad" de la manifestación de voluntad de las solicitudes de convocatoria a referendo. Sobre ello, la Academia de Ciencias Políticas y Sociales en el documento de 12 de abril de 2004, señaló acertadamente que las solicitudes de referéndum revocatorio "no están concebidas como actos auténticos en el sentido que tal expresión tiene en el derecho civil y registral", formulando las siguientes apreciaciones críticas:

> "[...] la declaración según la cual la Administración Electoral, en uso de su competencia inquisitiva, puede colocar su propia voluntad para el ejercicio del

---

1452 Sobre este aspecto, la Academia de Ciencias Políticas y Sociales en el Dictamen citado de 12-04-2004, elaborado en relación con la sentencia Nº 442 de la Sala Constitucional señaló, con razón, que "El principio de buena fe es un elemento que integra el ordenamiento jurídico en su totalidad. De él forman parte el principio de presunción de inocencia del derecho penal y el principio de presunción de no culpabilidad del administrado en el derecho administrativo. Estas manifestaciones concretas no limitan ni restringen la aplicación del principio general, sino que lo matizan o modulan. La limitación de la vigencia del principio de la buena fe al ámbito contractual de derecho privado no tiene fundamento en normas de derecho positivo ni en principios generales de derecho".

principio democrático por encima de la voluntad del ciudadano, carece de fundamento constitucional;

la actuación de la Administración Electoral en el proceso de recolección de firmas para el referéndum revocatorio atribuye una presunción de *autenticidad* electoral al acto de recolección de firmas, quedando a los firmantes su derecho a impugnar su propia firma si no emana de ellos o a los terceros proponer un recurso de falsedad, si éste fuera procedente;

la Administración no puede desconocer su propia intervención en la *autenticidad* de los actos electorales; la intervención de testigos del gobierno y de la oposición; la participación de observadores internacionales, Fuerza Armada y ciudadanos, porque ese desconocimiento se configuraría como inadmisible al ir contra sus propios actos (*venire contra factum proprium*), además que, conforme a la Constitución, es obligación del Estado facilitar las condiciones más favorables para la práctica de la participación y del protagonismo políticos".

El segundo aspecto que se debe destacar de la decisión de la Sala Constitucional en la parte que se comenta, es la referencia a la supuesta potestad del Poder Electoral de verificar la autenticidad "también la voluntad de quienes no se adhieren al referendo peticionado", cuando ello no existe, es decir, en el proceso del referendo revocatorio no habían establecido previsiones para determinar manifestación de voluntad alguna contraria al mismo.

En *quinto lugar*, la Sala Constitucional estimó que lo afirmado en el fallo objeto de la revisión referido a que "resulta evidente por ser un hecho notorio comunicacional la inminencia del establecimiento de la fecha destinada al procedimiento de los reparos por parte del Consejo Nacional Electoral", carecía "de sustentación fáctica, por cuanto la fecha para la realización de dicho evento no ha sido establecida por el Ente Rector del Poder Electoral".

En *sexto lugar*, la Sala Constitucional, después de constatar que "cuando se insta el amparo como pretensión cautelar, su procedencia, de ser el caso, tiende a la suspensión temporal de los efectos del acto o norma impugnada mientras dure el proceso principal, por ello, no tiene efectos anulatorios ni constitutivos, ya que no persigue la creación de derechos a favor del accionante", señaló en relación con la sentencia de la Sala Electoral que estaba revisando que su dispositivo:

> "Excedió la índole de un pronunciamiento de naturaleza cautelar, en virtud de que resolvió por anticipado el fondo de la *litis*, pues, no sólo suspendió los efectos de los actos impugnados, sino que las órdenes impartidas al Órgano Rector del Poder Electoral referidas a la desaplicación del criterio contenido en el *Instructivo Sobre el Tratamiento por el Comité Técnico Superior de las Firmas de Caligrafía Similar o Renglones de Planillas Llenadas por la Misma Persona*, a las firmas colocadas "bajo observación", implicó una declaratoria de nulidad del literal "h" del Primer Resuelve de la Resolución nº 040302-131 del 2 de marzo de 2004, lo cual, no le era dado otorgar en sede cautelar".

En *séptimo lugar*, la Sala Constitucional advirtió en su sentencia, que la Sala Electoral en su sentencia al haber acordado sumar a las solicitudes validadas por el Consejo Nacional Electoral para la convocatoria del referendo revocatorio, las 876.017 solicitudes colocadas "bajo observación" y ordenar al Consejo Nacional

Electoral aplicar a tales solicitudes el procedimiento de reparo establecido en el artículo 31 de las *Normas para Regular los Procesos de Referendos Revocatorios de Mandatos de Cargos de Elección Popular*, "creó derechos subjetivos a favor de los accionantes, lo cual resulta contrario a la naturaleza del amparo cautelar", el cual tiene "como fin la suspensión de los efectos del acto o norma señalados como lesivos, al detener la realización de ciertas actividades o impedir que las mismas se consoliden" por lo que "suspender los efectos de los actos impugnados jamás implica que se ordene hacer algo al Poder Electoral para crear nuevas situaciones jurídicas".

En *octavo lugar*, la Sala Constitucional consideró que con el dispositivo del fallo objeto de la revisión, la Sala Electoral Accidental habría negado "las facultades inquisitivas de la Administración Electoral a fin de verificar el cumplimiento de los requisitos constitucionales para la convocatoria de referendo revocatorio del mandato de funcionarios de elección popular, ya que este órgano del Poder Público se encuentra obligado a determinar el carácter fidedigno de la manifestación de voluntad de los firmantes, requisito que no puede presumirse como satisfecho, sin infringir el artículo 72 del Texto Fundamental".

En *noveno lugar,* la Sala Constitucional estimó que la sentencia impugnada habría violado los numerales 1 y 5 del artículo 293, el artículo 294 y los artículos 136, 137 y 138 de la Constitución, pues no sólo había suspendido "normas reglamentarias estatuidas por el Consejo Nacional Electoral, sino que se subrogó en éste para dictar reglas sobre validación de las firmas, que únicamente competen al Ente Rector del Poder Electoral conforme a las disposiciones constitucionales indicadas. Así igualmente, se declara".

En relación con tal afirmación, la Sala Electoral señaló que "la Sala Constitucional Accidental, llamada a '*..garantizar el cumplimiento, vigencia y respeto de los postulados constitucionales..*', como ella misma lo ha indicado tantas veces en su jurisprudencia, olvida que no existe acto del Poder Público que pueda escapar del control jurisdiccional" agregando que la aseveración de la Sala Constitucional "lesiona abiertamente lo dispuesto en los artículos 7, 25, 26, 139 y 297 de la Constitución de la República Bolivariana de Venezuela, que impiden que actos del poder público puedan ejercerse sin control alguno por parte de los órganos llamados por la Constitución a impartir justicia."[1453]

En *décimo lugar*, la Sala Constitucional además advirtió que la Sala Electoral Accidental, aparte de las infracciones antes indicadas, habría incurrido:

> "En desacato a la medida que la intimó a suspender el trámite del recurso contencioso-electoral al cual se acumuló la pretensión de amparo cautelar en la

1453 Con razón, por tanto, la Academia de Ciencias Políticas y Sociales señaló en relación con esta decisión de la Sala Constitucional que "La aceptación de ese criterio significaría la supresión implícita del control judicial sobre los actos de los poderes públicos, porque con tal criterio una sentencia de la Sala Constitucional que anulara, suspendiera u ordenara la desaplicación de un artículo de una ley debería calificarse como una usurpación de la función legislativa; por lo mismo, cuando la Sala Político-Administrativa anulara, suspendiera u ordenara la desaplicación de una disposición reglamentaria emanada del Ejecutivo Nacional o de una decisión del Contralor General de la República, habría usurpación de la función ejecutiva o de la función contralora, ya que también los poderes públicos que las desempeñan son independientes y autónomos".

cual se produjo el fallo objeto de la presente revisión, y remitir los expedientes relativos a los recursos que ante ella cursaron, mientras esta Sala Constitucional proveyera lo conducente a la admisión del avocamiento que le fuera solicitado. Ello así, la Sala Constitucional juzga que tal desacato viola flagrantemente la competencia de ésta sobre sus interpretaciones vinculantes, al objeto de garantizar la supremacía de la Constitución y la efectividad de las normas y principios constitucionales, lo que hace incurrir a la Sala Electoral Accidental en desobediencia a la autoridad, conforme lo dispone el artículo 29 de la Ley Orgánica de Amparo sobre Derechos y Garantías Constitucionales. Así, del mismo modo, se decide".

Sobre esta decisión, la Sala Electoral consideró que la Sala Constitucional la había dictado "sin justificación ni motivación alguna extralimitándose en sus atribuciones revisoras "pretendiendo "ratificar el contenido de su decisión nº 387 de fecha 16 de marzo de 2004, cuyo contenido (causa y efectos), no formó parte del *thema decidendum* que con ocasión de tal revisión conoció, inherente a una solicitud formulada en un expediente distinto (nº 2004-0475), cuya orden esta Sala Electoral Accidental resolvió no cumplir, por no existir obligación constitucional, legal ni jurisprudencial alguna para ello, en los términos que le fueron expresamente señalados al Presidente de la Sala Constitucional en la oportunidad de dar acuse a sus oficios Nº 04-570, 04-571 y 04-611, mediante oficio nº 04.052 que en fecha 18 de marzo de 2004 la Sala Electoral le remitiera y cuyo contenido se ratifica en el presente fallo". La Sala Electoral, además, destacó que con esa decisión, "la Sala Constitucional Accidental pretende derivar la comisión del desacato a la inobservancia de una orden genérica y absolutamente impropia que pretendió impartir a la Sala Electoral (no sólo a la Sala Electoral Accidental que se constituyó para conocer del asunto contenido en el expediente nº 2004-000021), comprendida en los oficios ya referidos y la decisión NC 387/2004, a pesar de estar en conocimiento de las razones por las cuales esta Sala no dio cumplimiento a la aludida "orden", por considerar que la decisión no tiene el carácter ni la fuerza vinculante de una decisión legalmente proferida", y además, porque:

> "1. La Sala Electoral no es órgano subordinado ni jerárquicamente dependiente de la Sala Constitucional, natural o Accidental, ni en el plano jurisdiccional ni de organización administrativa, además de ser la especializada por la materia conforme a lo establecido en el artículo 297 de la Constitución de la República Bolivariana de Venezuela".

Por lo demás, la Sala Electoral destacó en relación con el invocado artículo 29 de la Ley Orgánica de Amparo sobre Derechos y Garantías Constitucionales, que el mismo "sólo es aplicable en caso de desacatos a mandamientos de amparo constitucional, no siendo esta la situación planteada por la Sala Constitucional Accidental, ya que la misma señaló estar conociendo de una *solicitud de avocamiento* y no de una *acción de amparo constitucional*". De allí que la Sala Electoral destacara que:

> "Mal podría la Sala Constitucional Accidental pretender asimilar el desacato previsto en el mencionada Ley a la actuación de la Sala Electoral Accidental en defensa de su competencia, salvo que con ello pretenda, por una parte, amedrentar y, por la otra, distraer, mediante una sentencia de revisión constitucional, la sustracción de esta Sala del conocimiento de un recurso contencioso

electoral para el cual sólo ella detenta la competencia, a los fines de ratificar con ello hacer valer una sentencia de avocamiento que, como ha quedado demostrado, es inexistente y, en consecuencia, no puede ser ejecutada".

En *décimo primer* lugar, la Sala Constitucional en su sentencia, ratificó:

> "La competencia del Poder Electoral para desarrollar la normativa que le asigna la Ley Orgánica del Poder Electoral y, en especial, la normativa tendente a la reglamentación de los procesos electorales y referendos, en particular los que regulan las peticiones sobre dichos procesos, así como las condiciones para ellos, la autenticidad de los peticionarios, la propaganda electoral etc., así como las dudas y vacíos que susciten las leyes electorales, en cumplimiento, además, de los artículos 293, numerales 1 y 5 de la Constitución de la República Bolivariana de Venezuela, conforme a lo decidido por esta Sala en sentencia nº 2341 del 25 de agosto de 2003 y, así finalmente se declara".

En relación con esta decisión, la Sala Electoral señaló que la misma no causaría perjuicio alguno al sistema de derecho si le fuera "inmediatamente añadida la fórmula sobre el principio de legalidad (constitucional y legal) del cual deriva la posibilidad de revisión jurisdiccional de todos y cada uno de los órganos del Poder Público"; destacando que más bien, la afirmación "de la Sala Constitucional Accidental, en los términos antes referidos, constituye, más que un pronunciamiento sobre la revisión del fallo por ella efectuada, un alegato empleado en el supuesto Conflicto o Controversia Constitucional entre el Consejo Nacional Electoral y la Sala Electoral Accidental del Tribunal Supremo de Justicia, planteado ante la Sala Constitucional por el representante del órgano comicial (expediente nº 04-642), que no objeto de la revisión que de la sentencia de la Sala Electoral Accidental nº 24 de fecha 15 de marzo de 2004 hace la Sala Constitucional Accidental".

Como consecuencia de todo lo anterior, la Sala Constitucional "a fin de garantizar el imperio, la supremacía y la efectividad de las normas y principios constitucionales", declaró que había lugar a la revisión que le fue solicitada y, en consecuencia, anuló la sentencia nº 24, dictada el 15 de marzo de 2004 por la Sala Electoral Accidental antes referida, "por haber incurrido en extralimitación de funciones en desacato a la doctrina de interpretación constitucional establecida por esta Sala en sentencia nº 88/2000, antes referida, así como, por infracción de lo dispuesto en los artículos 136, 137, 138, 293.1 y 294 de la Constitución".

Sobre ello, la Sala Electoral en su mencionada sentencia del 29 de marzo de 2004, destacó "la evidente y manifiesta improcedencia del dispositivo contenido en la sentencia (nº 442) dictada por la Sala Constitucional Accidental del Tribunal Supremo de Justicia, en fecha 23 de marzo de 2004, que declara la nulidad de la medida cautelar acordada por esta Sala el día 15 de marzo de 2004, pretendiendo enervar sus efectos, pues observa que es, justamente, la Sala Constitucional Accidental la que quebranta además de los principios constitucionales y legales que rigen la atribución de competencia en nuestro ordenamiento jurídico, los criterios doctrinarios establecidos por ella misma y violenta así el Estado de Derecho y de Justicia que ella misma está llamada a garantizar. Así se declara"[1454].

Por último, en *décimo segundo lugar,* la Sala Constitucional ratificó:

> "La intimación realizada a Sala Electoral de este Tribunal Supremo de Justicia, en sentencia nº 387 del 16 de los corrientes, en la cual se le ordenó paralizar todos los procesos referidos a acciones de nulidad, amparo o cualquier otro recurso incoado contra los actos del Poder Electoral, relativos a los procesos de referendos revocatorios de mandatos de cargos de elección popular y de abstenerse de decidir los mismos, así como remitir, de inmediato, a esta Sala, todos los expedientes contentivos de dichas acciones, hasta que se resuelva la solicitud de avocamiento interpuesta por el ciudadano Ismael García"[1455].

En esta forma ocurrió lo que estaba anunciado: la Sala Constitucional había concluido el secuestro de la Sala Electoral del mismo Tribunal Supremo, pretendiendo someterla a su autoridad y a la obligación de acatar "su doctrina" jurisprudencial, desconociendo que la Sala Electoral tenía y tiene la misma competencia que la Sala Constitucional de ser el máximo y último interprete de la Constitución cuando decide los asuntos de su competencia (art. 335). Al consumar dicho secuestro, la Sala Constitucional también pretendía confirmar la confiscación que el Consejo Nacional Electoral ya había decretado del derecho a la participación política de los ciudadanos mediante la petición del referendo revocatorio presidencial. Ello, sin embargo, tampoco era de extrañar pues, en definitiva, se había dictado por un órgano del Poder Público (Poder Electoral) que ya había sido previamente secuestrado por la misma Sala Constitucional.

Pero la Sala Electoral, como se ha analizado, resistió al ataque de la Sala Constitucional, y en la antes analizada sentencia nº 27 del 29 de marzo de 2004, no sólo afirmó su competencia para ejercer la Jurisdicción contencioso electoral, constatando que las distintas Salas del Tribunal Supremo "tienen la misma jerarquía en sus respectivas competencias y atribuciones", y rechazando "la intimación" que le había hecho la Sala Constitucional con base en el principio de "la igualdad que existe entre todas y cada una de las Salas que conforman el Tribunal Supremo"; sino que resolvió elevar "a la Sala Plena la resolución de un conflicto de funcionamiento derivado de una 'intimación' u 'orden' a fin de que sea analizado, por esa Sala Plena, lo perjudicial que resulta para el normal funcionamiento y administración de justicia el uso de términos imperativos de una Sala a otra de igual jerarquía".

Como ya se ha señalado, todas las antes mencionadas y analizadas ejecutorias de la Sala Constitucional del Tribunal Supremo de Justicia en Venezuela, lo que harían

---

1454 Sobre ello, la Academia de Ciencias Políticas y Sociales en el Dictamen antes citado advirtió que "La Sala Constitucional, al interrumpir el curso de un proceso relativo a un recurso electoral, ha invadido indebidamente la competencia exclusiva de la Sala Electoral; ha ignorado de manera patente el artículo 297 de la Constitución, según el cual la jurisdicción contencioso electoral será ejercida por la Sala Electoral del Tribunal Supremo de Justicia y los demás tribunales que determine la ley; ha sustraído una causa a su juez natural y ha extendido la potestad de revisión, antes limitada por ella misma a las sentencias definitivamente firmes, hasta las decisiones que se adopten en el curso de un proceso sin que éste haya concluido".

1455 Exp. N° 04-0620

sería poner en evidencia cómo un instrumento tan importante para afianzar el Estado de derecho como lo es la Jurisdicción Constitucional, podía también ser un instrumento al servicio del autoritarismo, particularmente cuando sus decisiones, como ninguna de las decisiones de cualesquiera de las otras Salas, en principio son irrevisables. Con decisiones como la reseñada y con procesos como los descritos en relación con el Poder Electoral y con la Jurisdicción contencioso electoral, puede decirse que a comienzos de 2004, del Estado de derecho en Venezuela sólo había quedado la expresión verbal del artículo 2 de la Constitución, y muy poco más.

3. *El avocamiento de la causa por la Sala Constitucional a costa de la destrucción de la "pirámide de Kelsen"*

La fórmula para despojar a la Sala Electoral de toda posibilidad de decidir en la causa contencioso electoral en la que era juez natural (Caso: *Julio Borges, César Pérez Vivas, Henry Ramos Allup, Jorge Sucre Castillo, Ramón José Medina Y Gerardo Blyde vs. Consejo Nacional Electoral*), sin duda, era que la Sala Constitucional se avocara al conocimiento de la misma, tal como se le había solicitado, lo cual por supuesto no era procedente.

Ya la misma Sala Electoral, en su sentencia nº 27 del 29 de marzo de 2004, antes comentada, había sido enfática en considerar que el mencionado avocamiento era "a todas luces, inadmisible o en todo caso improcedente de conformidad con la pertinente jurisprudencia (*Vid.* Sentencia nº 806 de fecha 24 de abril de 2002, Caso: *Sintracemento*), además de la circunstancia de haber sido solicitado por una persona que no es parte en los procesos judiciales involucrados cuyo avocamiento solicita y haber pretendido, la Sala Constitucional Accidental hacer valer los efectos de tal avocamiento mediante una sentencia evidentemente inexistente...". El mismo Magistrado Presidente del Tribunal Supremo Iván Rincón Urdaneta, actuando como Juez de Sustanciación de la Sala Constitucional del Tribunal Supremo, en sentencia nº 94 de 2 de diciembre de 2003 (Caso: *Robert Osuna y otros vs. Consejo Nacional Electoral*), ya había incluso sido expreso y enfático en declarar incompetente a la Sala Constitucional para conocer de la impugnación de la Resolución nº 030925-465 de fecha 25 de septiembre de 2003, emanada del Consejo Nacional Electoral, mediante la cual dictó Normas para Regular los Procesos de Referendos Revocatorios de Mandatos de Cargos de Elección Popular, por considerar que era de naturaleza electoral, siendo:

> "Para este Juzgado de Sustanciación, declarar la incompetencia de la Sala para conocer el presente asunto, todo de conformidad con el ordinal 2° del artículo 84, en concordancia con el ordinal 4° del artículo 124, ambos de la Ley Orgánica de la Corte Suprema de Justicia. Así se declara"[1456].

En consecuencia, el avocamiento por la Sala Constitucional del juicio de nulidad de actos administrativos de efectos externos (Resolución) y de efectos internos (Instructivo) del Consejo Nacional Electoral, jurídicamente no era posible, pues la competencia exclusiva para controlar la constitucionalidad y legalidad de dichos actos corresponde a la Sala Electoral (Jurisdicción contencioso electoral). La Sala Consti-

---

1456 Exp. Nº AA50-T-2003-002900

tucional en forma alguna podía llegar a tener competencia para controlar la constitucionalidad de dichos actos administrativos, dado su rango sublegal y dado que sus atribuciones como Jurisdicción constitucional, en cuanto a juicios de nulidad, estaban limitadas al conocimiento de la inconstitucionalidad de los actos de rango legal, es decir, de las leyes, de los actos con valor de ley y de los actos dictados en ejecución directa e inmediata de la Constitución que tienen, por tanto, rango de ley. Los actos impugnados ante la Sala Electoral, sin duda alguna, no encajaban en dichas categorías, por lo que no teniendo competencia la Sala Constitucional para conocer de su nulidad, no tenía posibilidad alguna de avocarse al conocimiento de la causa.

Sin embargo, en solo tres meses el Magistrado Iván Rincón Urdaneta cambiaría se opinión, y la Sala Constitucional con su voto, mediante una sentencia anunciada en su página web el 31 de marzo de 2004, que después resultó que no existía[1457], anunciaría que había decidido avocarse al conocimiento de la causa contencioso electoral antes mencionada que se había iniciado con la impugnación de la Resolución del Consejo Nacional Electoral nº 040302-131 de 2 de marzo de 2004, lo cual haría a costa de la irresponsable destrucción, de un sólo plumazo, de uno de los principios fundamentales del ordenamiento constitucional formal venezolano, como lo es el de la formación del derecho por grados partiendo de la Constitución, conforme al llamado principio de la "pirámide de Kelsen".

La falaz argumentación construida por la Sala Constitucional para perpetrar este atentado contra el orden constitucional fue la siguiente: que el Consejo Nacional Electoral, al normar lo relativo a los referendos revocatorios (ya que no se había dictado aún una ley específica sobre referendos), estaría "actuando en ejecución directa e inmediata del artículo 72 de la vigente Constitución" como consecuencia "del fallo del 25 de agosto de 2003 de la Sala Constitucional que designó el Poder Electoral", por lo que el conocimiento de la nulidad de tal tipo de actos, correspondía entonces a la Sala Constitucional, siendo por tanto incompetente *per se* para ello, la Sala Electoral.

Tal fundamentación, sin duda, no era más que una construcción jurídica elaborada con el único objetivo de concluir el secuestro de la Sala Electoral, pues una Resolución del Consejo Nacional Electoral y un Instructivo para un Comité Técnico dictado por un órgano subalterno de dicho Cuerpo, jamás podrían llegar a considerarse como actos de ejecución directa e inmediata de la Constitución, es decir, de "rango legal". Dichos actos en todo caso eran actos de rango sublegal, es decir, actos administrativos dictados en ejecución de normas de rango legal como la Ley Orgánica del Poder Electoral e, incluso, en ejecución de las Normas para Regular los Procesos de Referendos Revocatorios de Mandatos de Cargos de Elección Popular dictadas por el propio Consejo Nacional Electoral conforme a la autorización constitucional que tiene. El carácter sublegal de dichos actos administrativos impugnados resultaba, incluso, de la propia "base legal" plasmada en sus textos.

1457 La Sala Constitucional en un inusitado "Comunicado" difundido el 16-04-2004 "frente al uso político del derecho, ante la pretendida judicialización de la política, y ante las falsas, temerarias y tendenciosas declaraciones en los diversos medios de comunicación social" del Magistrado de la propia Sala Pedro Rondón Haaz, señalaría que el proyecto de sentencia Nº 566 de 12-04-2004 habría sido aprobado el 31-04-2004. Esto fue nuevamente señalado en el texto de la sentencia Nº 628 de 23-04-2004 mediante la cual se declararon improcedentes las aclaratorias a la sentencia Nº 566 de 12-04-2004.

Para llegar a la absurda mutación de unos actos administrativos de rango sub legal dictados en ejecución directa e inmediata de la legislación e indirecta y mediata de la Constitución, en actos estatales de rango legal supuestamente dictados en ejecución directa e inmediata de la Constitución, la Sala Constitucional en la anunciada "sentencia"[1458], que luego resultó no existir o ser sólo el proyecto de la sentencia nº 566 de 12 de abril de 2004, fundamentó su competencia como Jurisdicción constitucional para poder avocarse al conocimiento de la causa en lo siguiente:

"4) Que la Sala Constitucional, conforme a sentencia de 20 de diciembre de 2001 (caso: *Javier Elechiguerra*), ratificó su competencia para conocer de los recursos que se interpongan contra las leyes o actos de los poderes públicos que se dicten en ejecución directa de la Constitución.

5) Que el Poder Electoral al normar lo relativo a los referendos revocatorios, los cuales carecen de una ley que los regule, está actuando en ejecución directa e inmediata del artículo 72 de la vigente Constitución.

6) Que tal potestad del Poder Electoral es producto del fallo del 25 de agosto de 2003 de la Sala Constitucional que designó el Poder Electoral...

8) Que a pesar que las Salas se encuentran en igual plano jerárquico dentro del Tribunal Supremo de Justicia, dada la potestad de la Sala Constitucional, conforme lo prevén el artículo 266.1 Constitucional y el Título VIII sobre la protección a la Constitución, para garantizar la supremacía constitucional, ella tiene la competencia sobre las nulidades de los actos del Poder Electoral, a los cuales se les atribuye violación directa de normas constitucionales...

11) Que en vista de no haber enviado la Sala Electoral a la Constitucional, los expedientes que se le solicitaron según oficio nº 04-0570, y constarle que dicha Sala Electoral conocía de causas para las cuales carecía de competencia, la Sala Constitucional decidió avocarse a conocer dichas causas, aunado a que constató un desorden procesal proveniente de que la Sala Electoral Accidental resolvió una solicitud de amparo cautelar en uno de los procesos de nulidad incoado contra los actos del Poder Electoral, sin haber admitido el juicio de nulidad; y donde sentenció el fondo de la acción de nulidad dentro de una medida cautelar, desnaturalizando dicha me-

---

1458 Así se anunció en la página web del Tribunal Supremo de Justicia, el 01-04-04. El Magistrado Rondón Haaz de la Sala Constitucional en su Voto Salvado a la sentencia Nº 566 de 12-04-2004 diría que "La nota de prensa que apareció en el sitio web del Tribunal el 31 de marzo de 2004 es violatoria del artículo 59 de la Ley Orgánica de la Corte Suprema de Justicia y, por tanto, es inaceptable... la nota de prensa en cuestión informó sobre el contenido de la sentencia, antes de su publicación y, por tanto, de su existencia misma como actuación judicial, en evidente esguince evasivo del cumplimiento de la norma que se precitó". Dicho Voto Salvado, aun cuando no fue publicado junto con la sentencia, se incorporó al Voto Salvado presentado por el mismo Magistrado a la sentencia Nº 628 de 23-04-2004 que declaró improcedentes las aclaratorias respecto de la sentencia Nº 566. La sentencia, con el Nº 566, en todo caso, sólo sería publicada el día 12-04-04, coincidencialmente el mismo día en el cual la Sala Electoral, mediante sentencia Nº 37, decidiría el recurso de nulidad intentado contra de los actos del Consejo Nacional Electoral referidos a las llamadas solicitudes (del referendo revocatorio presidencial) con caligrafía similar, declarándolo con lugar, juicio cuyo conocimiento pretendía avocarse la Sala Constitucional.

dida, lo que originó el fallo n° 442 del 23 de marzo de 2004 de esta Sala que anuló lo decidido en dicho amparo, y el cual se dictó en el juicio de revisión incoado por el ciudadano Ismael García, en su carácter de Diputado de la Asamblea Nacional por el estado Aragua y Coordinador Nacional de la agrupación de ciudadanos Comando Nacional de Campaña Ayacucho, de la sentencia n° 24 dictada, el 15 de marzo de 2004, por la Sala Electoral Accidental de este Tribunal Supremo de Justicia".

Con la "anunciada" anulación de la sentencia cautelar N° 24 del 15 de marzo de 2004 de la Sala Electoral y con el "anunciado" avocamiento de la causa supuestamente decidido por la Sala Constitucional, habría quedado consolidado, por tanto, el secuestro de la Sala Electoral al pretenderse imposibilitarla para decidir en cualquier caso vinculado a los referendos revocatorios, quedando confiscado el derecho ciudadano a la participación política; y todo ello, mediante decisiones que luego se constató no existían, de la Sala Constitucional la cual, al contrario, tenía por misión asegurar el funcionamiento de los órganos del Poder Público y el ejercicio de los derechos ciudadanos.

Como se dijo, la sentencia de avocamiento que había sido anunciada públicamente por la Sala Constitucional el 31 de marzo de 2004, resultó que no existía o que sólo era un proyecto de una decisión que se adoptaría el 12 de abril de 2004 cuando la Sala publicó la sentencia n° 566, sin el Voto Salvado de un de sus Magistrados, avocándose al conocimiento de la causa[1459]. El avocamiento entre Salas del Tribunal Supremo evidentemente que no es procedente, pues ninguna Sala es superior a las otras; por tanto, sólo violando la Constitución podía la Sala Constitucional avocarse al conocimiento de una causa cursante ante otra Sala del Tribunal Supremo, como lo hizo en la sentencia n° 566[1460], en la cual, además, indicó que ello supuestamente ya tenía como precedente una decisión de la Sala Político Administrativa de la antigua Corte Suprema de Justicia respecto de una causa que cursaba ante la Sala de Casación Civil en 1999[1461], lo cual era completamente falso.

En esta sentencia n° 566, la Sala Constitucional de nuevo justificó su competencia para avocarse en el supuesto carácter de actos de ejecución directa de la Consti-

---

1459 El Magistrado Rondón Haaz de la Sala Constitucional, calificaría la sentencia de nula, por haber sido publicada sin su voto salvado, para cuya consignación disponía de cinco días. *V. Globovisión. Com,* Caracas 15-04-2004.

1460 El Magistrado Rondón Haaz, en su Voto Salvado a la sentencia, en efecto señaló con razón que: "Determina así, la Ley, que, para la procedencia del avocamiento, debe ser otro Tribunal en donde curse el expediente que será solicitado, lo cual excluye, como es evidente, a las otras Salas del Tribunal Supremo de Justicia; y no podría ser de otra forma, tanto por la igualdad de jerarquía entre las Salas como por el caos que supondría, para el proceso y los justiciables, que unas Salas pudiesen avocar las causas de las otras". *V.* el texto del Voto salvado en el Voto salvado que presentó a la sentencia N° 628 de 23-04-2004.

1461 El Magistrado Rondón Haaz, en su Voto Salvado a la sentencia, calificó de "mendaz la declaratoria de la mayoría sentenciadora", calificándola como una "violación al Código de Ética del Abogado en que incurrieron los Magistrados que suscribieron la sentencia", pues la Sala Político Administrativa nunca había decidido avocarse al conocimiento de causa alguna que cursaba ante la Sala de Casación Civil, habiéndose limitado en decisión de 11-11-1999 a solicitarle a la Sala de Casación Civil un expediente sólo para estudiar una solicitud de avocamiento que había formulado el Procurador General de la República en unos juicios (Caso *Capriles*), solicitud que luego fue desistida por el Procurador.

tución de los dictados por el Consejo Nacional Electoral, y que eran objeto del juicio de nulidad ante la Sala Electoral. La Sala Constitucional para ello, señaló que su propia doctrina sobre su competencia para avocarse del conocimiento de causas (sentencia nº 806 del 24 de abril de 2002, Caso: *Sintracemento*), merecía "ser ajustada a la realidad jurídico-procesal, por cuanto para avocarse al conocimiento de un asunto *se requiere del poder de decisión sobre el fondo o mérito de la causa, y ello porque justamente con el avocamiento se deroga la competencia del juez que conoce, basada en causas que lo justifiquen, siempre que el avocante sea también competente*".

En consecuencia, para justificar lo injustificable, es decir, la derogación de la competencia de la Sala Electoral como juez natural de la Jurisdicción contencioso electoral, se refirió a su competencia para conocer de los recursos de inconstitucionalidad que se interpongan contra leyes o actos de los poderes públicos "que se dicten en ejecución directa de la Constitución o que tengan rango de ley", reiterando el criterio establecido en sentencia nº 2748 del 20 de diciembre de 2001 (Caso: *Fiscal General de la República (Javier Elechiguerra Naranjo)*), en la cual ya se había confundido el criterio para la calificación de dichos actos dictados en ejecución directa de la Constitución. En efecto, en la sentencia nº 566 de 12 de abril de 2004, la Sala citó parcialmente la referida sentencia Nº 2748 de 20 de diciembre de 2004, copiando el siguiente extracto donde señaló que el criterio se basaba en:

> "[...] la forma de cómo un determinado acto jurídico se articula con las normas constitucionales, es decir si su ejecución obedece en primer término a una disposición legal que regula su práctica o si deriva directamente de una norma constitucional que no requiere de ley alguna que regule el ejercicio del derecho o de la atribución que fundamenta el acto. Es un hecho bastante generalizado que los derechos fundamentales y la normativa que se refiere a la creación de órganos de los poderes públicos y su habilitación, en la mayoría de las constituciones vigentes en distintos países, son considerados de aplicación inmediata y directa".

La Sala Constitucional, en dicha sentencia nº 2748, con anterioridad al párrafo citado, había señalado que el hecho de que algunos actos estatales sean dictados *en ejecución directa de normas constitucionales:*

> "[...] significa que la competencia para ejecutar dichos actos esté de tal manera, clara e indubitable, atribuida por la Constitución al órgano ejecutante que no requiera de una ley habilitante que regule su ejercicio y que, la misma Constitución no lo reserve (su ejercicio) a la creación de una ley por el Poder Legislativo"[1462].

En realidad, en dicha sentencia la Sala, en efecto, confundió dos principios constitucionales: una cosa es el principio de la aplicación directa e inmediata de las normas constitucionales que en materia de derechos fundamentales o de competencia de los órganos del Poder Público no requieren (pero no excluyen) la existencia previa

---

1462 *V.* en *Revista de Derecho Público*, Nº 85-88, Editorial Jurídica Venezolana, Caracas, 2001, pp. 389-390 (En prensa).

de leyes para ser aplicadas (este es el criterio desarrollado en la sentencia); y otra cosa es el rango que tiene los diversos actos del Poder Público en ordenamiento jurídico en relación con la Constitución, en el sentido de que algunos son dictados en ejecución directa e inmediata de la Constitución (rango legal) no siendo posible su regulación por ley y otros lo son en ejecución directa e inmediata de la legislación e indirecta y mediata de la Constitución (rango sub legal).

En efecto, en su sentencia, para impropiamente atribuirse una competencia que no tiene, la Sala Constitucional confundió la noción de actos estatales de ejecución directa e inmediata de la Constitución, con las normas constitucionales de aplicación directa e inmediata. Se insiste, los primeros, los actos de "ejecución directa e inmediata de la Constitución" no sólo no requieren de ley alguna que los regule, sino que constitucionalmente no podría dictarse ley alguna que se interponga entre la norma constitucional y el acto estatal[1463]. Por ello es que se dice que son actos dictados en ejecución directa e inmediata de la Constitución, es decir, de rango legal conforme a la teoría de la formación escalonada del orden jurídico, que están sometidos al control de constitucionalidad por parte de la Sala Constitucional (Jurisdicción constitucional), ya que no son actos en cuya emisión el órgano respectivo pueda estar condicionado por la ley alguna. Otra cosa son las normas constitucionales de "aplicación directa e inmediata" de la Constitución, que no requieren de ley alguna para su aplicación, pero que no excluyen su necesaria sanción. Los actos que se dicten para ejecutar estas normas son actos administrativos que por ser de rango sub legal están sometidos no sólo a la Constitución sino a la ley, y por eso es que su control corresponde a la Jurisdicción contencioso-administrativa a la Jurisdicción contencioso electoral, en su caso.

La Sala Constitucional, muy interesadamente, confundió dichas nociones, pretendiendo aplicar su competencia de control de constitucionalidad respecto de actos administrativos como los dictados por el Consejo Nacional Electoral, basándose en el argumento circunstancial de que "no se ha dictado una ley para regular ninguna de las modalidades "referendarias", (ignorando de paso, por ejemplo, a la Ley Orgánica del Sufragio y Participación Política), llegando entonces a la absurda conclusión -que el Magistrado Rondón Haaz en su Voto Salvado calificó como un "dislate"- de que los actos dictados a tales efectos por el Consejo Nacional Electoral serían:

> "[...] actos en ejecución directa e inmediata de la Constitución, fundados en el artículo 72 y en la Disposición Transitoria Octava de la Carta Magna. La invocatoria de la Ley Orgánica del Poder Electoral y el mismo artículo 293 constitucional es a los solos efectos de fundamentar la competencia, pero no hay texto legal pre o post-constitucional que regule los procesos de referendos revocatorios de mandatos de cargos de elección popular".

1463 En materia electoral, con razón, el Magistrado Rondón Haaz en su Voto Salvado a la sentencia señaló: "No cabe duda, según el tenor de las normas en cuestión, que la materia electoral debe ser regulada por ley -y no podría ser de otra forma, puesto que atañe al ejercicio de derechos constitucionales como a la participación y al sufragio-, de modo que no se trata de un materia que no requiera de ley alguna que regule el ejercicio del derecho o de la atribución que fundamenta el acto; todo lo contrario".

La Sala Constitucional, luego de "justificar" de esa manera su supuesta competencia para conocer de la nulidad de los actos mencionados del Consejo Nacional Electoral, y de analizar las vicisitudes del caso en el cual la Sala Electoral ratificó su competencia en la materia, decidió avocarse al conocimiento de las causas, con el siguiente argumento:

> "Esta Sala atendiendo a la razonabilidad y ponderación de los hechos suscitados con ocasión de las causas sobre las cuales se ha formulado la presente solicitud, y en aras de preservar la correcta administración de justicia, que conlleva al desarrollo de un proceso donde se garantice la aplicación de los principios y garantías constitucionales, visto que se ha producido al menos en un proceso un desorden procesal en la Sala Electoral que atenta contra el Estado de Derecho y la transparencia de la justicia, juzga pertinente avocarse al conocimiento de las causas señaladas por el solicitante, las cuales resolverá con carácter definitivo. Así se decide".

La consecuencia del avocamiento fue la orden a la Sala Electoral de remitirle de inmediato los expedientes respectivos "así como todos los expedientes contentivos de las acciones de nulidad, amparo o cualquier otro recurso incoado contra los actos del Poder Electoral, relativos a los procesos de referendos revocatorios de mandatos de cargos de elección popular". Además, declaró nula cualquier decisión que en dichos expedientes se hubiera podido haber tomado por la Sala Electoral "a partir de la fecha de recepción de la orden de remisión de los expedientes, comunicada según oficio N° 04-0570 de esta Sala. Además, de lo ya anulado según sentencia de esta Sala N° 442 del 23 de marzo de 2004". Concluyó la Sala informándole al Consejo Nacional Electoral "que sólo debe acatar las decisiones de esta Sala Constitucional en la materia de que se trata este fallo", declarando que "la doctrina contenida en el presente fallo tiene carácter vinculante".

Sobre esto último, por supuesto, salvo para tratar de imponer "a la fuerza" lo resuelto en la sentencia, no se entiende cual es la doctrina vinculante que establece, pues la Sala no "interpretó" en su sentencia norma o principio constitucional alguno, respecto de la cual se pueda identificar su carácter vinculante[1464].

En definitiva, la sentencia nº 566 de la Sala Constitucional, al subvertir principios fundamentales del ordenamiento constitucional como el de la formación del derecho por grado; al subvertir el orden procesal al pretender despojar a la Jurisdicción electoral de sus competencias, pretendiendo convertir a la Sala Electoral en un órgano judicial subordinado, creó un desorden procesal inaceptable y, como lo destacó el Voto Salvado del Magistrado Rondón Haaz, las "evidentes contradicciones de dicho fallo y las groseras incongruencias del mismo con los criterios conforman-

---

1464 Como lo advirtió el Magistrado Rondón Haaz en su Voto Salvado:

> "El fallo del que se difiere solucionó -en forma por demás desacertada- un caso concreto y analizó la potestad de avocamiento que la Ley Orgánica de la Corte Suprema de Justicia otorga al Tribunal Supremo de Justicia, pero no interpretó el contenido o alcance de norma, principio o valor alguno de rango constitucional, de modo que sus razonamientos para la resolución del caso de autos no gozan del carácter vinculante a que se refiere el artículo 335 de la Constitución de la República Bolivariana de Venezuela, cuya finalidad, como revela el título y capítulo de la Constitución en donde se inserta la norma, es la protección y garantía de la Carta Magna"

tes de la jurisprudencia de la Sala, la divorcian y distancian abismalmente del propósito de uniformidad en la interpretación y aplicación de la Constitución de la República Bolivariana de Venezuela que preceptúa el artículo 335 *eiusdem*".

V. EL NUEVO SECUESTRO DE LA SALA ELECTORAL CON OCASIÓN DE LA DECISIÓN DEFINITIVA ANULANDO LOS ACTOS DEL CONSEJO NACIONAL ELECTORAL.

Ahora bien, el mismo día en el cual la Sala Constitucional publicaba la sentencia nº 566 de 12 de abril de 2004 avocándose al conocimiento de la causa en el juicio de nulidad que había sido intentado por Julio Borges, César Pérez Vivas, Henry Ramos Allup, Jorge Sucre Castillo, Ramón José Medina y Gerardo Blyde contra el "Instructivo sobre el tratamiento por el Comité Técnico Superior de las firmas de caligrafía similar o renglones de planillas llenadas por la misma persona" del 24 de febrero de 2004 y, la Resolución nº 040302-131 del 2 de marzo de 2004 del Consejo Nacional Electoral, la Sala Electoral del Tribunal Supremo dictó la sentencia nº 37 de 12 de abril de 2004 en la cual, no sólo anuló dichos actos administrativos, sino que planteó "ante la Sala Plena del Tribunal Supremo de Justicia, de conformidad con lo dispuesto en el artículo 42, numeral 21 de la Ley Orgánica de la Corte Suprema de Justicia, el conflicto de competencia entre esta Sala Electoral Accidental y la Sala Constitucional Accidental".

1. *Los argumentos de la Sala Electoral para anular los actos del Consejo Nacional Electoral*

La Sala Electoral en su sentencia, comenzó por analizar como punto previo las irregularidades vinculadas a la supuesta sentencia de la Sala Constitucional de 31 de marzo de 2004 fecha en la cual había anunciado que se avocaba al conocimiento de la causa, al señalar que la Sala había recibido el 1° de abril de 2004 el oficio nº 04-0697 de la Sala Constitucional, del cual se daba cuenta en la Sala Electoral el mismo 12 de abril de 2004, notificándole a la Sala que "el *31 de marzo de 2004, había aprobado una sentencia mediante el cual se había declarado procedente el avocamiento solicitado por el ciudadano Ismael García, de diversas causas* expresando además, "*...la sentencia aprobada por es*[a] *Sala declara nula cualquier decisión que en dichos expedientes se haya tomado por parte de es*[ta] *Sala Electoral Accidental o Principal, a partir de la fecha de recepción de la orden de remisión de los expedientes mencionados, y que fue comunicada a es*[ta] *Sala según oficio nº 04-0570 emanado de es*[a] *Sala Constitucional; además de lo anulado anteriormente según sentencia Nº 442 del 23 de marzo de 2004, dictada por es*[a] *Sala.*".

De lo anterior concluyó la Sala Electoral señalando que:

> "[...] del contenido del mencionado oficio se evidencia, de manera inequívoca, que esa Sala Constitucional Accidental pretende darle a tal comunicación la fuerza ejecutoria de la sentencia de avocamiento que la misma expresa haber dictado el día 31 de marzo de 2004 y que a la fecha no se encuentra publicada, de manera que aún no cumple con los extremos que establece el artículo 247 del Código de Procedimiento Civil.
>
> No obstante ello la Sala Constitucional Accidental emitió, el miércoles 31 de marzo de 2004, una Nota de Prensa publicada en la página web del Tribunal

Supremo de Justicia, constituyendo un hecho público comunicacional, y a pesar de la referida irregularidad procesal, pues vulnera lo dispuesto en el artículo 59 de la Ley Orgánica de la Corte Suprema de Justicia, señala que establece doctrina vinculante, obviando que la publicación de los fallos se erige como un requisito *sine qua non* a los fines de que éstos puedan ser considerados como válidos y, en consecuencia, surtir los efectos de ley, evidenciando la clara intención de la Sala Constitucional Accidental de abrogarse una competencia que no le corresponde y sustraer con ello a esta Sala Electoral -natural y Accidental- del conocimiento de todas las causas relacionadas con *"...los procesos de referendos de mandatos de cargos de elección popular"*

La Sala Electoral, por otra parte, rechazó y negó que existiera en la causa un supuesto "desorden procesal", acusando a la Sala Constitucional de pretender con dicha orden":

> "[...] construir un imaginario desacato por parte de esta Sala Electoral, (que) no tiene sustento legal alguno que avale su procedencia, ya que su pretendido fundamento es una sentencia inexistente por la indebida constitución del órgano y por la omisión de las firmas de todos los Magistrados, de lo cual da fe el Comunicado que el Presidente de la Sala Constitucional emitió en vista de la diligencia suscrita por los Magistrados Antonio García García y Pedro Rondón Haaz. En efecto, en dicho Comunicado el Magistrado Iván Rincón Urdaneta reconoce que se le *"advirtió"* al Magistrado Antonio García García que la sentencia ya estaba aprobada por los Magistrados Iván Rincón, José Delgado Ocando y Jesús Eduardo Cabrera, que "*...se le entregó el texto escrito firmado* ya *por los tres magistrados que lo aprobaron"*, sin que a la presente fecha esta situación hubiere sido "aclarada" por los organismos competentes, toda vez que en la misma se discute la veracidad de las afirmaciones que expresan unos y otros Magistrados de igual jerarquía".

Finalmente, la Sala Electoral Accidental reafirmó su competencia para conocer de todas las acciones interpuestas, razón por la cual pasó a decidir la causa", analizando separadamente el Instructivo y la Resolución impugnados.

En cuanto al "Instructivo sobre el tratamiento por el Comité Técnico Superior de las firmas de caligrafía similar o renglones de planillas llenadas por la misma persona", la Sala Electoral comenzó por precisar que el mismo había sido dictado por el Consejo Nacional Electoral conforme *"...las atribuciones que le confieren los artículos 1, 5 y los numerales 1, 4 y 33 de la Ley Orgánica del Poder Electoral, y en general, con base en las Normas para regular los Procesos de Referendos Revocatorios de Mandatos de Cargos de Elección Popular..."*. Las primeras normas, conforme al análisis de la Sala "no atribuyen, de manera directa, al Consejo Nacional Electoral la atribución para dictar el Instructivo bajo estudio", y en cuanto al artículo 33 de la Ley Orgánica, su ordinal 33 le atribuye al Consejo la competencia para "*establecer las directrices vinculantes a sus órganos subordinados y a las oficinas regionales electorales."*. Conforme a esa base legal, la Sala concluyó señalando, con razón, que el Instructivo, "como su nombre lo indica, es un acto de carácter interno, dictado por el máximo órgano electoral, cuya eficacia está limitada a su acatamiento por parte del Comité Técnico Superior -órgano este jerárquicamente inferior a aquél- a quien está dirigido"; y que como todos los actos de carácter interno "tienen como característica general que carecen de valor normativo, pues no son actos externos y no son vinculantes para los administrados, en consecuencia, no surgen de ellos derechos en la esfera de los administrados, ni a través de los mismos se puede incidir, legítimamente, sobre su esfera jurídica subjetiva, lo cual no obsta para que, en algunos casos y siendo esto contrario a derecho, puedan afectar dicha esfera jurídica subjetiva". Precisamente, por la naturaleza del Instructivo, la Sala Electoral consideró que mediante el mismo no podía "afectarse la esfera jurídica subjetiva de los ciudadanos cuyas "firmas o solicitudes" se vean involucradas en la interpretación que se hace en dicho Instructivo (firmas cuyos datos han sido escritos con caligrafía similar)".

Sentado lo anterior, la Sala Electoral pasó a analizar si el contenido del Instructivo aplicaba e interpretaba de manera correcta, lo dispuesto en los artículos 29, numeral 5 de las "Normas para regular los Procesos de Referendos Revocatorios de Mandatos de Cargos de Elección Popular", y los numerales 1 y 3 de las "Normas sobre los Criterios de Validación de las Firmas y de las Planillas de Recolección de Firmas para los Procesos de Referendo Revocatorio de Mandatos de Cargos de Elección Popular". Del análisis de dichas normas, la Sala concluyó señalando:

> "Lo anterior le permite a este sentenciador concluir, *prima facie*, que lo que exige el legislador en el numeral 5 del artículo 29 de las Normas para regular los Procesos de Referendos Revocatorios de Mandatos de Cargos de Elección Popular es que no exista mas de una firma o rúbrica proveniente de la misma persona para que ésta pueda ser considerada fidedigna y, en consecuencia válida, debiendo entenderse, en primer término, que lo que se pretende evitar, con tal disposición, es que una persona suscriba mas de una manifestación de voluntad (que se expresa mediante la firma y la huella dactilar*), lo cual no guarda relación alguna con el llenado de los datos del firmante en la planilla,* cuya única exigencia normativa para determinar su validez -contenida en el numeral 1 del mismo artículo 29- es que entre ellos (nombre y apellido, cédula de identidad y fecha de nacimiento) exista congruencia, a efectos de constatar, de manera cierta, la identificación del ciudadano que, con su firma y su huella dactilar -como únicos elementos determinantes de la manifestación de voluntad exigidos por la norma bajo análisis-, suscribe la solicitud correspondiente, y su condición de elector. Ello se confirma con lo establecido en los numerales 1 y 2 del artículo 28 de las referidas Normas, los cuales establecen que para verificar los datos de los electores contenidos en la solicitud, los mismos se transcribirán y serán confrontados con los datos del Registro Electoral *"...a los fines de establecer su condición de elector en la circunscripción correspondiente."*, igualmente, y a efectos de ratificar esta interpretación, es indispensable referirse a lo establecido en el numeral 2 del artículo 3 de las "Normas sobre los Criterios de Validación de las Firmas y de las Planillas de Recolección de Firmas para los Procesos de Referendo Revocatorio de Mandatos de Cargos de Elección Popular" que establece que una *"firma"* no se considerará válida "[c]*uando carezca de la firma o de la huella dactilar del elector."*, lo que lleva, inevitablemente, a colegir que los datos pueden estar impresos en la planilla pero lo que determina su validez como solicitud es la existencia de la firma y la huella, como elementos determinantes para considerar perfeccionada la manifestación de voluntad de la

persona a quien corresponden los datos y que le otorgan el atributo de personalísima a la solicitud...

Determinado todo lo anterior, esta Sala considera que el espíritu de la disposición contenida en el numeral 5 del artículo 29 de las Normas para regular los Procesos de Referendos Revocatorios de Mandatos de Cargos de Elección Popular, está dirigido a establecer, como causa de invalidez de la solicitud, el que más de una firma provenga de una misma persona, lo cual está referido, sin dudas, a que una misma persona efectúe más de una solicitud para la misma convocatoria a referendo revocatorio de mandato de cargo de elección popular. Tal disposición se complementa con lo dispuesto en el numeral 4 del artículo 3 de las "Normas sobre los Criterios de Validación de las Firmas y de las Planillas de Recolección de Firmas para los Procesos de Referendos Revocatorios de Mandatos de Cargos de Elección Popular" que establece, como causal de invalidez de la firma, *"4.- Cuando los datos y las firmas aparezcan repetidas, caso en el cual quedarán todas invalidadas"*, sin que pueda entenderse, como pretende interpretar el órgano electoral mediante el Instructivo cuya nulidad ha sido solicitada, que el espíritu de esa norma está orientada a considerar que el llenado de los datos de diferentes ciudadanos en la planilla -que no la firma y la huella dactilar- por una misma persona equivale a que tal solicitud ha sido suscrita varias veces por esa persona, y proceder, entonces, a encuadrarlas dentro del supuesto de invalidez previsto en el numeral 5 del artículo 29 tantas veces referido, y, en consecuencia, calificarlas de "firmas bajo observación" por el solo hecho de haber sido llenados los datos por una misma persona, aunque la firma y la huella dactilar hayan sido estampadas por los ciudadanos a quienes realmente tales datos corresponden, lo cual no sólo resulta absurdo sino totalmente contrario a lo que la norma interpretada quiso sancionar con la invalidez y que, como se dijo, se contrae a la realización de varias solicitudes efectuadas por un mismo ciudadano o ciudadana para convocar a un mismo referendo revocatorio de mandato de cargo de elección popular...

Esta Sala, en virtud de todas las anteriores consideraciones, observa que la equiparación que el Consejo Nacional Electoral hace en el "Instructivo sobre el tratamiento por el Comité Técnico Superior de las firmas de caligrafía similar o renglones de planillas llenadas por la misma persona" entre firma y huella, por una parte, y los datos, por la otra, para imponerle a estos últimos las condiciones exigidas en el numeral 5 del artículo 29, con el fin de aplicar a las solicitudes que se encuentren en el supuesto de hecho contenido en el criterio establecido en el Instructivo que se analiza (datos escritos con caligrafía similar) las consecuencias jurídicas derivadas de la inobservancia de la mencionada norma (su invalidación por no considerarse fidedignas) produce efectos jurídicos no perseguidas por dicha norma, lo que implica, de suyo, su total contrariedad con el espíritu que la inspira y que busca la autenticidad de la manifestación de voluntad expresada por el ciudadano o ciudadana que la suscribe, lo que hace a dicho instrumento ilegal por su contrariedad a la disposición que le sirve de base, y que, por tanto, determina su nulidad. Así se declara".

La Sala, además, precisó sobre el carácter personalísimo de la solicitud de referendo revocatorio, que tal carácter "sólo es capaz de proporcionarlo la firma y la huella dactilar que son, justamente, los elementos previstos en la normativa aplicable para imprimirle a los datos tal carácter".

De todo lo anterior, la Sala concluyó señalando respecto del Instructivo que el mismo había impuesto:

> "A los ciudadanos, cuyas solicitudes se encuentran en ese supuesto de hecho, una carga no prevista por la norma, al colocarlas "bajo observación", justificándola en su imposibilidad o incapacidad para verificar los requisitos impuestos en dicha normativa (firma y huella dactilar) creando, mediante un criterio interpretativo contenido en un acto interno, condiciones de validez no establecidas en la norma interpretada y que, como se dijo antes, traen consigo consecuencias jurídicas contrarias a su espíritu, y que indirectamente inciden en la esfera jurídica subjetiva de los solicitantes del Referéndum Revocatorio del mandato de Presidente de la República, lo cual conduce a este sentenciador a declarar la nulidad por ilegalidad del "Instructivo sobre el tratamiento por el Comité Técnico Superior de las firmas de caligrafía similar o renglones de planillas llenadas por la misma persona", y así se decide".

En cuanto a la Resolución, la Sala Electoral consideró que al haberse dictado parcialmente "con fundamento en el criterio de interpretación impartido al Comité Técnico Superior mediante el referido Instructivo, tal motivación resulta suficiente para declarar la consecuente nulidad de dicha Resolución. Así se decide".

La Sala, por último, se refirió a la decisión que contenía la Resolución anulada, de invalidar 39.060 planillas no recogidas en Actas de Cierre, considerándola lesiva de los derechos de los recurrentes, pues los vicios que se les imputaban eran "vicios que si bien las hacen nulas conforme a dicha norma, constituyen causales de invalidación no imputables a los firmantes contenidos en tales planillas, pues consisten en errores o vicios atribuibles a los funcionarios designados por el Consejo Nacional Electoral"; concluyéndola Sala que:

> "En virtud de ello, y no resultando posible ni admisible en derecho que las consecuencias que se deriven de errores de la administración le sean imputadas a los particulares, esta Sala considera necesario restituir los derechos vulnerados mediante tal decisión, ordenando al Consejo Nacional Electoral la aplicación, a tales planillas, de lo dispuesto en el artículo 31 de las Normas para regular los Procesos de Referendos Revocatorios de Mandatos de Cargos de Elección Popular, por considerar que las mismas encuadran en el supuesto de hecho previsto en el primer aparte de dicho artículo, por tanto, el máximo órgano electoral deberá aplicar a las mencionadas planillas la consecuencia jurídica prevista en la norma referida que establece la posibilidad de someter al procedimiento de reparo las solicitudes contenidas en las 39.060 planillas relacionadas en el literal C de la mencionada resolución, a fin de que tales ciudadanos puedan ratificar su voluntad de solicitar la convocatoria de un referendo revocatorio presidencial. Así se decide".

Como consecuencia de todo lo anteriormente expuesto, la Sala Electoral, en su sentencia, concluyó declarando con lugar el recurso contencioso electoral que habían interpuesto conjuntamente con acción de amparo cautelar, los ciudadanos Julio Borges, César Pérez Vivas, Henry Ramos Allup, Jorge Sucre Castillo; Ramón José

Medina y Gerardo Blyde, anulando, en consecuencia, el "Instructivo sobre el tratamiento por el Comité Técnico Superior de las firmas de caligrafía similar o renglones de planillas llenadas por la misma persona" y la Resolución n° 040302-131 de fecha 2 de marzo de 2004, dictada por el Consejo Nacional Electoral.

En virtud de ello, la Sala Electoral ordenó al Consejo Nacional Electoral, *primero*, validar las firmas colocadas "bajo observación" relacionadas en el literal "h" del Primer Resuelve de la Resolución anulada, y que alcanzaba el número de 876.017, "dentro del lapso de cinco (5) días continuos siguientes a la notificación de la presente decisión"; *segundo*, aplicar a tales solicitudes el procedimiento de reparo conforme a lo establecido en el segundo aparte del artículo 31 de las Normas para regular los procesos de Referendos Revocatorios de mandatos de cargos de elección popular, "a los fines de que los ciudadanos que manifiesten no haber firmado soliciten su exclusión, dentro del lapso de cinco (5) días continuos siguientes a la notificación de la presente decisión"; *tercero,* incluir en el proceso de reparo a ser convocado, a los electores firmantes contenidos en las 39.060 planillas que habían sido invalidadas por dicho órgano electoral, con fundamento en lo establecido en los numerales 2, 3, 4 y 5 del artículo 4 de las Normas sobre los Criterios de Validación de las Firmas y de las Planillas de Recolección de Firmas para los Procesos de Referendo Revocatorio de Mandatos de Cargos de Elección Popular, conforme lo dispone el primer aparte del artículo 31 de las Normas para regular los procesos de referendos revocatorios de mandatos de cargos de elección popular, "dentro del lapso de cinco (5) días continuos siguientes a la notificación de la presente decisión"; *cuarto,* procediera a efectuar el procedimiento de reparo en el lapso establecido en el artículo 31 de las citadas Normas "y luego de realizado éste procedimiento, y de existir al menos el veinte por ciento (20%) de solicitudes válidas, proceda a convocar el referéndum revocatorio a que se refiere el presente fallo, en el lapso establecido en el artículo 33 de dichas Normas".

Finalmente, la Sala Electoral, en virtud de la decisión que había anunciado la Sala Constitucional el 31 de marzo de 2004, planteó "ante la Sala Plena del Tribunal Supremo de Justicia, de conformidad con lo dispuesto en el artículo 42, numeral 21 de la Ley Orgánica de la Corte Suprema de Justicia, el conflicto de competencia entre esta Sala Electoral Accidental y la Sala Constitucional Accidental". Como hemos dicho, esa norma atribuye competencias a las Salas de Casación Civil y Penal para dirimir conflictos entre tribunales de sus jurisdicciones, pero no a la Sala Plena.

La sentencia n° 37 de la Sala Electoral, como se dijo, se publicó a las 9:45 a.m. del día 12 de abril de 2004. Ese mismo día, como se ha analizado anteriormente, la Sala Constitucional mediante sentencia n° 566 (publicada irregularmente sin el Voto Salvado del Magistrado Rondón Haaz)[1465] resolvería avocarse al conocimiento de la causa.

Pero cabía preguntarse: ¿Cuál causa? ¿Una donde ya existía sentencia definitivamente firme como la antes comentada de la Sala Electoral? La Sala Constitucional, por ello, también decidiría en su sentencia de avocamiento, que "Se declara **NULA** cualquier decisión que en dichos expedientes se haya tomado por la Sala

---

1465 *V.* el reportaje de Juan Francisco Alonso en *El Universal*, Caracas 15-04-2004.

Electoral Accidental o Principal, a partir de la fecha de recepción de la orden de remisión de los expedientes, comunicada según oficio n° 04-0570 de esta Sala". La Sala Constitucional, además, en su sentencia de avocamiento reiteraría "lo ya anulado según sentencia de esta Sala n° 442 del 23 de marzo de 2004", es decir, la nulidad de la sentencia de la Sala Electoral dictada al decidir la medida cautelar de amparo en la misma causa; decisión que, por lo demás, se podía considerar que había cesado en sus efectos ese mismo día, al haber la Sala Electoral dictado la sentencia definitiva en la causa.

Lo cierto, en todo caso, es que, por una parte, el Consejo Nacional Electoral había continuado el proceso de elaboración del reglamento destinado a regular los procedimientos de "reparos" de las firmas o solicitudes del referendo revocatorio, cuyo texto había venido discutiendo con los diversos "actores" de los diversos procedimientos de referendos revocatorios, tanto del oficialismo como de la oposición[1466], a pesar de la anulación judicial por la Sala Electoral de los actos del Consejo Nacional Electoral que exigían los reparos de las firmas rechazadas en el referendo revocatorio presidencial[1467]; y por la otra, para el día 15 de abril de 2004, ya se anunciaba en la prensa que la Sala Constitucional anularía la sentencia definitiva de la Sala Electoral[1468] con motivo de decidir sobre las solicitudes de "aclaratoria" de la sentencia nº 566 de 12 de abril de 2004, que habían sido formuladas por el Consejo Nacional Electoral y el denominado Comando Ayacucho. El viernes 16 de abril de 2004, desde la Secretaría de la Sala Constitucional se informaría a la prensa que "la invalidación había sido acordada" y uno de los conjueces "había confirmado el anuncio a los representantes de los medios de comunicación"[1469]; y el martes 20, diputados de la

1466 En la prensa del día 20-04-2004, el Presidente de la Junta Electoral Nacional, Jorge Rodríguez anunciaba que el proceso de consultas había concluido y que el Reglamento sería aprobado ese día. *V. El Universal*, Caracas 20-04-2004.

1467 Por ello, con razón, Hermánn Escarrá advertía sobre la incongruencia que resultaba que se estuviese discutiendo y negociando sobre los reparos cuando había una sentencia definitiva que había anulado los actos del Consejo Nacional Electoral. Esto, dijo, "nos puede colocar a nosotros en contumacia frente a una sentencia que ha ordenado que las más de 800 mil firmas sean sumadas aritméticamente, cuya consecuencia inmediata no es otra que la convocatoria del referendo revocatorio presidencial". *V.* en *El Universal,* Caracas 16-04-2004.

1468 En el reportaje de Juan Francisco Alonso, se indicaba que "La invalidación se producirá bajo el argumento de que la instancia que interpreta la Carta Magna es la única competente para conocer los casos relacionados con los referendos, debido a la ausencia de un instrumento legal que los regule y que los magistrados Alberto Martini, Rafael Hernández y Orlando Gravina (suplente de Luis Martínez) desacataron a la Constitucional cuando se pronunciaron sobre la validez de las llamadas rúbricas asistidas, aun cuando se lo habían prohibido", *El Universal*, Caracas 15-04-2004

1469 Sin embargo, como lo reseñó el periodista Juan Francisco Alonso: "Pero a las 2:30 p.m. De La Hoz corrigió la versión: "Cuenta con la aprobación de cuatro magistrados, pero no ha sido aprobada". Aseguró que todo se debió "a una confusión" y ofreció disculpas a los periodistas... Por su parte, el conjuez Vadell afirmó que el fallo había contado con su respaldo y con el de los magistrados Rincón y Cabrera. Del mismo modo aseguró que el magistrado Pedro Rondón Haaz había participado en la reunión y que había salvado su voto". *V.* en El Universal, Caracas 17-04-2004.

oposición solicitarían a la Sala Electoral procediera a la ejecución forzosa de su sentencia[1470].

El dilema que se plantaba en esa situación y en ese momento era diabólico para la oposición: si hubiera aceptado ir al procedimiento de reparos de solicitudes del referendo presidencial, conforme al Reglamento que aprobara el Consejo Nacional Electoral, ello hubiera podido significar no sólo el desconocimiento por la propia oposición de la sentencia de la Sala Electoral que había anulado tal exigencia de ir a reparos de firmas o solicitudes, en cuyo caso, la Sala Constitucional no tendría apremio alguno en hacer efectiva la anunciada anulación de dicha sentencia, sino la aceptación de la confiscación que se había producido del derecho ciudadano a solicitar la realización de un referendo revocatorio presidencial. Si la oposición, en cambio, se negaba a ir al procedimiento de reparos de solicitudes, alegando que la sentencia de la Sala Electoral surtía plenos efectos ya que no había sido anulada por la Sala Constitucional, entonces la propia oposición hubiera sido la que habría renunciando a ejercer tales derechos de reparos en la "oportunidad" que fijare el Reglamento. Una vez que ello ocurriera, quedaba siempre la posibilidad de que la Sala Constitucional anularía con efectos *ex tunc* la sentencia de la Sala Electoral, con lo que confirmaría que las decisiones del Consejo Nacional Electoral nunca habrían perdido vigencia, y habiendo la oposición entonces renunciado a ejercer los reparos, el referendo revocatorio presencial no se llegaría a realizar.

El dilema, sin embrago, no llegaría a plantearse efectivamente en esos términos, y sería simplificado por la Sala Constitucional el 23 de abril de 2004, mediante la sentencia nº 628 dictada con ocasión de decidir las solicitudes de aclaratoria que se le habían formulado respecto de la sentencia nº 566 de 12 de abril de 2004 mediante la cual se había avocado al conocimiento de la causa; con la cual volvió a secuestrar a la Sala Electoral, negándole sus competencias y declarando nulas de nulidad absoluta sus decisiones, y negando, además, de antemano, las posibles competencias de la Sala Plena del mismo Tribunal Supremo.

2. *La anulación extrapetita de la sentencia definitiva de la Sala Electoral por la Sala Constitucional*

En la sentencia nº 628 de 23 de abril de 2004, en efecto, la Sala Constitucional Accidental resolvió (declarándolas improcedentes) las solicitudes de aclaratoria de

---

1470 El Diputado Gerardo Blyde informaría que: "una vez vencido el plazo de cinco días -que la propia decisión establecía como lapso para cumplir con el dictamen-, el TSJ debe emplazar al ente comicial a decir cuáles han sido sus gestiones para acatar la medida.

"Una vez que sea recibido el informe o si no es recibido en el CNE, entonces solicitaremos la ejecución forzosa y los siguientes pasos que, en este proceso de ejecución de sentencia, vamos a continuar ante la Sala Electoral", dijo el dirigente de la tolda amarilla.

El diputado también solicitó formalmente ante la Sala Constitucional que -hasta no decidirse el conflicto de competencias planteado ante la Sala Plena- se abstenga de producir nuevas decisiones respecto al avocamiento del caso de las firmas.

Tras una visita a la secretaría de la Sala Plena, Blyde pudo confirmar que el caso del conflicto de competencias está siendo enviado del Juzgado de Sustanciación a la cuenta de la Sala para nombrar ponentes, de modo que ya se estaría aproximando una decisión al respecto". *V.* en *El Universal.com*, Caracas, 20-04-2004.

la sentencia nº 566 de "31 de marzo de 2004 y publicada el 12 de abril de 2004", en la cual se había declarado procedente el avocamiento solicitado por el ciudadano Ismael García, en su carácter de representante del Comando Nacional de Campaña Ayacucho"; y que le había sido solicitada tanto el apoderado del Consejo Nacional Electoral como el mismo solicitante inicial, Ismael García; señalando lo siguiente:

En primer lugar, que no existían:

> "[...] dudas acerca de la actuación irregular de la Sala Electoral Accidental, a partir del 11 de marzo de 2004, fecha en la cual esta Sala hizo el requerimiento de todos los expedientes antes indicados; de modo que, tal y como se expresó en la motiva del fallo objeto de la presente aclaratoria, se produjo un desorden procesal y una serie de infracciones constitucionales que conllevaron a que "*...Se declara(ra) nula cualquier decisión que en dichos expedientes se haya tomado por la Sala Electoral Accidental o Principal, a partir de la fecha de recepción de la orden de remisión de los expedientes, comunicada según oficio nº 04-0570 de esta Sala. Además, de lo ya anulado según sentencia de esta Sala nº 442 del 23 de marzo de 2004*", y por ende es **nula** de nulidad absoluta y por lo tanto **carente de efectos jurídicos** la sentencia nº 37 dictada por la Sala Electoral Accidental el 12 de abril de 2004. Así se decide".

En segundo lugar, en relación con las decisiones que debía acatar el Consejo Nacional Electoral que la Sala Constitucional, en su sentencia, había dicho que en materia referendaria eran sólo las dictadas por dicha Sala Constitucional, esta ratificó el criterio de que *"la materia referendaria atiende a una Ley especial que no se ha dictado, motivo por el cual lo que a ella se refiere es ejecución directa del artículo 72 constitucional",* siendo dicha materia de su competencia exclusiva, aclarando que:

> "[...] la Ley Orgánica del Sufragio y Participación Política (publicada en Gaceta Oficial nº 5.223 Extraordinario del 28 de mayo de 1998) que es preconstitucional, si bien contiene un conjunto de normas que se refieren a "referendos", las mismas como se desprende de su texto (veáse, Título VI "De los Referendos") no se compadecen con los referendos contemplados en la Constitución de 1999 (v. artículos 181 y 185 de la Ley citada), y por tanto no tiene aplicación dicha Ley en los procesos referendarios actuales.
>
> Ahora bien, sin negar la competencia que esta Sala Constitucional ha reconocido a la Sala Electoral en la materia propia que le asigna la Constitución, no pueden confundirse las normas sobre elecciones (sean éstas o no populares), de las normas que regulan los procesos de referendos revocatorios de mandatos de cargos de elección popular, las cuales no han sido consagradas aún expresamente en una ley. Por ello, independientemente de la jurisdicción contencioso electoral que ejerce como antes se apuntó la Sala Electoral a través del conocimiento de determinadas acciones, lo relativo a la materia referendaria en cuanto a los actos del ente electoral destinados al desarrollo concreto del derecho a referendo, por ser, actualmente, ejecución directa e inmediata del Texto Constitucional compete única y exclusivamente a esta Sala Constitucional".

En tercer lugar, en relación con el "carácter vinculante" que la Sala Constitucional había atribuido a lo resuelto en su sentencia nº 566 conforme al artículo 335 de la Constitución, la Sala señaló que:

> "Las interpretaciones que efectúe esta Sala Constitucional son vinculantes para los tribunales de la República y para las otras Salas que conforman este Alto Tribunal (esto es, Sala Político-Administrativa, Sala Electoral, Sala de Casación Civil, Sala de Casación Penal, Sala de Casación Social y Sala Plena inclusive, pues la norma en referencia no la excluye y más bien a ella hace referencia el artículo 262 constitucional cuando se refiere al funcionamiento del Tribunal Supremo de Justicia)".

De ello, la Sala señaló que "cualquier decisión que contraríe lo sostenido en tal doctrina es inconstitucional y por ende objeto de revisión por parte de esta Sala", por lo cual:

> "Al haberse declarado procedente el avocamiento solicitado por el ciudadano ISMAEL GARCÍA, no existe la incertidumbre planteada, ya que lo ordenado por esta Sala Constitucional en la sentencia objeto de la presente aclaratoria no puede ser alterado, mucho menos considerando un supuesto conflicto de competencia ante la Sala Plena de este Alto Tribunal en una sentencia nula de nulidad absoluta como lo es la nº 37 de la Sala Electoral Accidental del 12 de abril de 2004 (véase punto nº 7 del dispositivo), pues reiterando lo antes dicho, la doctrina contenida en la sentencia nº 566 aprobada por esta Sala el 31 de marzo de 2004 y publicada el 12 de abril de 2004 tiene carácter vinculante y por tanto debe ser acatada por las demás Salas de este Tribunal y por los demás tribunales de la República. Así se decide".

Después de haber "decidido" sobre todas las cuestiones antes indicadas, sin embargo, la Sala Constitucional concluyó señalando que no tenía nada que aclarar, ya que supuestamente no existían puntos dudosos u oscuros en la sentencia nº 566 del 12 de abril de 2004, razón por la cual declaró improcedentes las aclaratorias solicitadas.

En esta forma, la Sala Constitucional, con la excusa de declarar improcedentes las aclaratorias que se le solicitaron respecto de la sentencia nº 566 de 12 de abril de 2004, no sólo cambió la fecha de dicha sentencia al señalar que no era del 12 de abril de 2004 sino del "31 de marzo de 2004 y publicada el 12 de abril de 2004", sino que decidió sobre una materia que no se le había solicitado declarando que la sentencia de la Sala Electoral nº 38 de esa misma fecha de 12 de abril de 2004, era una "sentencia nula de nulidad absoluta"; y además, de paso, habría sentado el criterio de que las sentencias de la Sala Plena también serían revisables por la Sala Constitucional si se apartaban de sus "interpretaciones vinculantes", lo cual sería un disparate, pues los Magistrados de la Sala Constitucional son también miembros de la Sala Plena.

El Magistrado Rondón Haaz salvó su voto en relación con dicha decisión, en cuyo texto materialmente transcribió su Voto salvado a la sentencia nº 566 de la Sala Constitucional que antes se ha comentado y que no había sido publicado con la misma, agregando sin embargo, que:

"Por otra parte, no consta que la sentencia n° 566, que, en todo caso, es la que pudo sustraer a la Sala Electoral el conocimiento de la causa, haya sido notificada a dicha Sala antes de que dictara la sentencia n° 37. Si, como lo apuntó la Sala Constitucional en la decisión n° 566 (CONSIDERACIONES PARA DECIDIR, punto 3.-), la remisión del expediente no era necesaria para la decisión sobre el avocamiento, ningún sentido tenía ordenar la paralización de una causa (mediante decisión inexistente por carecer de las firmas de dos Magistrados, como se razonará *infra*), cuyo conocimiento no había asumido todavía la Sala Constitucional".

Además, el Magistrado disidente advirtió con razón, que la "sentencia aclaratoria, a pesar de que declara la improcedencia de las solicitudes de aclaración, innovó respecto del fallo a que se refiere, en violación del artículo 252 del Código de Procedimiento Civil", señalando entre otros aspectos, lo siguiente:

"Es incomprensible que se desestimen las solicitudes de "aclaratorias" que fueron examinadas, y, a la vez, la Sala Constitucional declare la nulidad de la sentencia n° 37 de la Sala Electoral, que fue pronunciada después del fallo n° 566 de aquélla, a pesar de que la nulidad "declarada" se refirió, con absoluta indeterminación, a cualquier decisión que "*se haya tomado por la Sala Electoral Accidental...*", es decir, incluso las que ya habían sido pronunciadas el 12 de abril de 2004, cuando se dictó el pronunciamiento n° 566. Ni siquiera mediante una solicitud de ampliación era procedente la nulidad de la sentencia n° 37 de la Sala Electoral, porque no formó parte del *thema decidendum* respecto de la petición de avocamiento y, por ende, del dispositivo del fallo n° 566 de la Sala Constitucional".

En esta forma, la posibilidad de realización del referendo revocatorio del mandato del Presidente de la República, conforme a las solicitudes que se habían formulado ante el Consejo nacional Electoral, quedaba sometida a lo que había resuelto el Consejo Nacional Electoral mediante Resolución nº 040302-131 del Consejo Nacional Electoral de 2 de marzo de 2004, antes comentada, complementada con las *Normas que tienen por objeto regular la fase de reparo* aprobadas el 20 de abril de 2004, que también hemos comentado. Con ello, el referido procedimiento de "reparo" se había convertido en un "tercer firmazo" con menos posibilidades y con menos días, sometiéndose a los ciudadanos a intensas presiones políticas y gubernamentales, pues en definitiva, lo que constitucionalmente era el simple ejercicio de un derecho ciudadano de peticionar, a los ojos y oídos del poder político y del Gobierno se había convertido en una afrenta contra el Presidente de la República y contra todos los órganos del Estado, dispuestos a vengarla contra más de tres millones de venezolanos, que quedaban marginados de toda posible relación con el Estado, incluso para el ejercicio de sus más elementales derechos.

Quedaba sin embargo abierta la remota posibilidad de que la Sala Plena del Tribunal Supremo de Justicia -dentro del interminable y nefasto régimen de transitoriedad constitucional a que nos ha sometido el mismo- pudiera llegar a "resolver" el "conflicto de funcionamiento" que le había planteado la Sala Electoral en relación con la Sala Constitucional[1471]. Pero fuera cual fuera el resultado de ello, lo que había quedado claro durante los años de vigencia de la Constitución, había sido su constante violación, el desdibujamiento de la *penta división* del Poder Público, y cómo la Sala Constitucional del Tribunal Supremo en lugar de ser garante último de la supremacía de la Constitución había sido el instrumento para el secuestro del Poder Electoral y de la Sala Electoral del Tribunal Supremo y para la confiscación del derecho ciudadano a la participación política.

SECCIÓN CUARTA:

EL JUEZ CONSTITUCIONAL USURPANDO, DE OFICIO, FUNCIONES DEL PODER ELECTORAL EN MATERIA DE CONTROL DE PARTIDOS POLÍTICOS Y DE RESPALDO DE CANDIDATURAS PRESIDENCIALES

La Sala Constitucional del Tribunal Supremo de Justicia, en abierta intervención en las funciones del Consejo Nacional Electoral y de la Sala Electoral del Tribunal Supremo de Justicia, y asumiendo ilegítimamente la conducción del proceso político gubernamental en materia de respaldos a las candidaturas presidenciales en el proceso electoral de las elecciones presidenciales de 2012, mediante sentencia N° 793 de 7 de junio de 2012,[1472] después de declarar sin lugar una solicitud de revisión constitucional de una sentencia de la Sala Electoral del Tribunal Supremo, procedió, de oficio, a ejercer funciones de control sobre el partido político Movimiento Por la Democracia Social (PODEMOS), decidiendo sobre su directiva, usurpando las competencias que corresponden al Consejo Nacional Electoral, para en definitiva anular la decisión de dicho partido político, que antes había apoyado al gobierno del Presidente Chávez, de apoyar al candidato de la oposición en las elecciones presidenciales de octubre de 2012; y todo ello, supuestamente "revisando" una sentencia después de que había declarado inadmisible dicha revisión.

En efecto, entre las competencias del Consejo Nacional Electoral, en el marco de la Ley de Partidos Políticos y Manifestaciones de 1965,[1473] está la que le corresponde ejercer en casos de conflictos internos en los partidos, cuando diferentes directivas se disputan su representación, mediante el reconocimiento de las autoridades de los mismos. En efecto, si bien la estructura interna de los partidos políticos no está regulada ni definida expresamente en dicha la Ley de Partidos Políticos, siendo esta una materia que corresponde ser regulada en los estatutos de los propios partidos, sin embargo, el Consejo Nacional Electoral tiene competencia en la materia al estar los partidos políticos obligados, conforme al artículo 25,6 de la misma Ley, a participar por escrito al Consejo Nacional Electoral, en cada oportunidad, los nombres de las personas que integren los supremos órganos directivos del partido y los cargos

1471 *V.* la información sobre la posible reunión de la Sala Plena del Tribunal Supremo de Justicia anunciada para el día 28-04-2004, y sobre los eventuales problemas por que pudiera una decisión en la materia, dada la "correlación de fuerzas" que existía (oficialismo y oposición) entre los Magistrados que la componen., en el reportaje de Juan Francisco Alonso, en *El Universal*, Caracas, 27-04-2004.

1472 Exp. 12-0402. Véase en http://www.tsj.gov.ve/decisiones/scon/Junio/793-7612-2012-12-0402.html

1473 Véase la *Ley de Partidos Políticos, Reuniones Públicas y Manifestaciones* en *Gaceta Oficial* N° 27.725 de 30-04-1965.

que dentro de ellos desempeñen. En los Estados y en el Distrito Capital, esta participación debe hacerse ante la Gobernación respectiva, la cual debe remitir copia al Consejo Nacional Electoral.

Como consecuencia de esta participación, en caso de conflicto entre directivas paralelas que puedan designar por facciones distintas dentro de los partidos políticos, el Consejo Nacional Electoral es el órgano llamado a determinar a os efectos de las relaciones entre el parido y el Estado, cuál de las directivas, a su juicio y conforme a los Estatutos del partido, es la que reconoce como tal. Esta decisión puede ser impugnada por vía de recurso contencioso-electoral ante la Sala Electoral del Tribunal Supremo.[1474]

El Consejo Nacional Electoral es el órgano competente, por tanto, para resolver los conflictos internos que se pudieran originar en el seno del partido PODEMOS con motivo de conflictos que pudieran surgir en su dirección y en las decisiones adoptadas, cuando se cuestionara la legitimidad de los directivos de los mismos.

En efecto, en los primeros meses de 2012, y con ocasión del proceso abierto para la campaña electoral para la elección del Presidente de la República fijada para octubre de 2012, el partido PODEMOS, que años atrás había apoyado la gestión de gobierno del Presidente Chávez, a través de uno de sus directivos, el Sr. Ismael García, quien años antes había sido solicitante importante para que en 2004 la Sala Constitucional del Tribunal Supremo secuestrara a la Sala Electoral en la época del referendo revocatorio presidencial, expresó el apoyo formal del partido al candidato de la oposición (Henrique Capriles Radonsky). Ello fue cuestionado por otra persona que había sido miembro de la directiva de dicho partido (Didalco Bolívar), pero no reclamando ante el Consejo Nacional Electoral como correspondía, y que era el órgano competente para pronunciarse sobre el tema, sino mediante el ejercicio, de una acción de amparo constitucional que interpuso ante la Sala Electoral, solicitando que se permitiera realizar:

> "una Consulta General de la Militancia en todas las instancias, para la postulación de cargos de Elección Popular ... Convocar Elecciones Internas en todas las instancias del Partido a Nivel Nacional ... Revisar cualquier Decisión que haya sido tomada sin consultar a la Base del Partido, revocando el respaldo de candidaturas que carezcan de legitimidad ... Prohibición de Enajenar y Gravar sobre Bienes del Partido hasta tanto se defina el escenario de las nuevas autoridades ... Anular la Asamblea Nacional de Podemos VI, efectuada el 19 de marzo de 2011...".

Mediante decisión N° 53 del 28 de marzo de 2012, la Sala Electoral del Tribunal Supremo de Justicia, luego de declarase competente para conocer la acción de amparo intentada conforme al artículo 27.3 de la Ley Orgánica del Tribunal Supremo de Justicia, por tratarse de una materia de evidente naturaleza electoral, terminó

1474 Véase sobre esto, Allan R. Brewer-Carías, "Algunas notas sobre el régimen jurídico-administrativo de los partidos políticos en el derecho venezolano" en *Revista de Derecho Español y Americano*, Instituto de Cultura Hispánica, N° 8, Año X, Madrid, abril-junio 1965, pp. 27-46; Regulación jurídica de los partidos políticos en Venezuela", en Daniel Zovatto (Coordinador), *Regulación jurídica de los partidos políticos en América Latina*, Universidad nacional Autónoma de México, International IDEA, México 2006, pp, 893-937.

declarando la acción inadmisible porque de las denuncias efectuadas por el accionante no se desprendía que hubiera sido invocado expresamente la violación de algún derecho constitucional, "circunscribiéndose las circunstancias expuestas en el líbelo, a la presunta violación de normas estrictamente estatutarias;" y porque con la acción intentada lo que se pretendía era que se decretase "un mandamiento de amparo con efectos anulatorios y no restitutorios como corresponde a este tipo de acciones;" pues en particular se pretendía que la Sala Electoral declarara la nulidad de "decisiones" partidistas que incluían el apoyo otorgado por el partido PODEMOS al precandidato presidencial Henrique Carriles Radonski. Ello, para la Sala Electoral, supondría un análisis detallado de la normativa interna del partido PODEMOS, a fin de verificar el cumplimiento del procedimiento previsto para ello, sobre lo cual, a juicio de la Sala Electoral, el recurrente tenía a su disposición la interposición de recursos ordinarios que no habían sido ejercidos.

Dicha decisión de la Sala Electoral fue objeto de un recurso de revisión constitucional interpuesto el 30 de marzo de 2012 por ante la Sala Constitucional del Tribunal Supremo ejercida por una abogado (Glesis Johana Machado Fernández) actuando con el carácter de apoderada judicial del Sr. Didalco Bolívar, "en su condición de Secretario General Nacional Adjunto y Miembro de la Dirección Nacional del Movimiento por la Democracia Social (PODEMOS)" considerando que el referido respaldo político antes mencionado dado por el partido al candidato de la oposición no había sido "consultada, discutida, ni aprobada por ninguna de las instancias que conforman su organización política," sobre todo "si el candidato a respaldar pertenece a una organización política ajena al Movimiento por la Democracia Social (PODEMOS), y cuyo plan de gobierno es incompatible con el espíritu que identifica a su organización, identificado como un partido de izquierda, profundamente democrático y con asidero social." El Sr. Ismael García, en su carácter de Secretario General Nacional del Movimiento Por la Democracia Social (PODEMOS) solicitó se declarase la inadmisibilidad de la solicitud de revisión planteada. En realidad, con el recurso de revisión constitucional, lo que se había solicitado a la Sala Constitucional era lo mismo que se había requerido de la Sala Electoral, como si la revisión constitucional fuese una tercera instancia.

La Sala Constitucional, sin entrar a analizar el fondo de la controversia, sólo constató que quien se identificaba como apoderada del Sr. Didalco Bolívar, no había consignado mandado alguno, y que además, tampoco se había consignado copia certificada de la sentencia cuya revisión se solicitaba, razón por la cual, conforme a los numerales 2 y 3 del artículo 133 de la Ley Orgánica del Tribunal Supremo de Justicia, declaró inadmisible la solicitud de revisión.

Pero no concluyó allí la decisión, pues a pesar de declarar inadmisible la solicitud de revisión, con lo que ya había cesado con ello su competencia para decidir, tomando en cuenta los argumentos de los intervinientes, y a pesar de que uno de ellos efectivamente no lo hizo pues quien dijo ser su apoderado no lo había acreditado, consideró que de ellos se podía:

> "advertir la existencia de una potencial lesión a una serie de derechos de significativo carácter constitucional, además de evidente trascendencia nacional, pues, en particular, refieren a derechos políticos reconocidos en los artículos 62, 63 y 67 de la Constitución de la República Bolivariana de Venezuela, y a la materia electoral, que es de eminente orden público."

De esto, la Sala Constitucional entonces resolvió que lo planteado por quien ni siquiera tenía poder para actuar en el juicio, "requiere la intervención de oficio de la máxima autoridad constitucional a través de la potestad extraordinaria de revisión constitucional, por ser la llamada a garantizar la supremacía y efectividad de las normas y principios constitucionales," de manera que después que haber declarado inadmisible tal revisión solicitada, procedió sin embargo "de oficio a conocer de la revisión constitucional formulada contra la sentencia N° 53, dictada el 28 de marzo de 2012, por la Sala Electoral de este Alto Tribunal." A renglón seguido, la Sala Constitucional procedió a asumir la conducción de la política gubernamental, actuando en contra de las pretensiones de la oposición en la campaña presidencial, negándole al partido PODEMOS la posibilidad misma de apoyar al candidato de la oposición.

Para ello, la Sala Constitucional, también de oficio, sin ninguna argumentación adicional, pasó a dictar las siguientes medidas cautelares: *primero*, decidió la suspensión de los efectos de la sentencia de la mencionada Sala Electoral de 28 de marzo de 2012, "hasta tanto sea resuelta la presente causa;" segundo, decidió suspender "hasta tanto sea resuelta la presente causa, de los efectos del acto de la asamblea de la Organización con fines políticos PODEMOS, de fecha 19 de marzo de 2011;" tercero, acordó directamente, sin que nadie lo hubiese requerido, destituir de su cargo en el partido PODEMOS al Sr. Ismael García, y nombrar encargado del partido, incluso con el cargo de Presidente, al solicitante del recurso de revisión, decidiendo nombrar una "Junta *ad hoc*, la cual estará integrada, provisionalmente, hasta tanto se resuelva el fondo de la presente causa, por los ciudadanos: Didalco Bolívar y Baudilio Reinoso, quienes ejercerán, en el mismo orden en que son mencionados, los siguientes cargos: Presidente y Vicepresidente, cumpliendo las funciones directivas y de representación de la organización política PODEMOS"; cuarto, ordenó "al Consejo Nacional Electoral (CNE), remitir información respecto, a la existencia o no, de algún documento relacionado con la manifestación de voluntad por parte del Movimiento por la Democracia Social (PODEMOS), mediante la cual acuerden respaldar la candidatura del ciudadano Henrique Capriles Radonsky, para el evento electoral de carácter presidencial fijado para el próximo siete (07) de octubre de 2012," y quinto, prohibió enajenar y gravar el inmueble de la Casa Nacional del Movimiento por la Democracia Social (PODEMOS)."

Leída esta sentencia, la conclusión es que hubiera sido imposible para el gobierno del Presidente Chávez haber podido obtener una decisión similar de ningún otro órgano del Estado, para neutralizar lo decidido por un partido político. La Sala Constitucional, en efecto, con esta sentencia entregó la conducción del partido PODEMOS al solicitante de la revisión (Sr. Didalco Bolívar), desplazando a quien conducía el partido hasta ese momento (Sr. Ismael García), inclinándose a favor del gobierno, anulando el apoyo que dicho partido había dado al candidato de la oposición.

Pero incluso, para asegurar que esto no fuese cambiado, la Sala Constitucional, en sexto lugar, ordenó "al Consejo Nacional Electoral abstenerse de aceptar cualquier postulación que derive de los acuerdos realizados por la Organización con fines políticos PODEMOS, posteriores a los del acto de asamblea que este fallo ordena suspender; salvo aquellos que sean acordados, conforme a los procedimientos de rigor, por la Junta *ad hoc* nombrada en este fallo." Con ello la Sala Constitucional aseguraba que el partido PODEMOS no pudiera apoyar la postulación del candidato de la oposición, y aseguraba que bajo la dirección del Sr. Didalco Bolívar apoyara la postulación del candidato del gobierno.

Esta decisión, de la Sala Constitucional, usurpó abiertamente competencias que sólo podían corresponder al Consejo Nacional Electoral, órgano que en ningún caso ni siquiera hubiera podido "decidir" todo lo que la Sala acordó. Ello lo hizo la Sala, además, violando el principio de la imparcialidad y tomando partido abiertamente a favor del gobierno y en contra de la oposición democrática. La actuación, además, la realizó la Sala Constitucional *de oficio*, es decir, asumiendo directamente la conducción de la política electoral del gobierno, contraria a la de la oposición.

La Sala Constitucional, como cualquier tribunal, sólo puede ejercer sus competencias conforme a las previsiones constitucionales y legales, y en principio, conforme al principio dispositivo, es decir, a instancia de parte. En materia de actuación de oficio sobre control de constitucionalidad,[1475] la Constitución establece solo dos previsiones específicas, primero, en materia de control difuso de la constitucionalidad (art. 334); y segundo en materia de revisión de la constitucionalidad de los decretos de estados de excepción (art. 336.6).

La Ley Orgánica del Tribunal Supremo, sin embargo, luego de que en el artículo 89 garantiza el principio dispositivo al establecer que el Tribunal Supremo de Justicia debe conocer de los asuntos que le competen a instancia de parte interesada, en varias normas ha ampliado la actuación de oficio de la Sala Constitucional conforme a la previsión de dicho artículo 89 en el sentido de que el Tribunal pueda actuar de oficio, "en los casos que disponga la ley." Se eliminó, así, de la LOSJ 2010, la absurda previsión del artículo 18, párrafo 7° de la Ley Orgánica del Tribunal Supremo de 2004, en la cual se había regulado la posibilidad de actuación de oficio sin tener en cuenta el principio de la reserva legal, disponiéndose que el Tribunal y sus Salas podían actuar de oficio, no sólo en los casos contemplados en la propia Ley Orgánica, sino "cuando así lo amerite". Esto, lamentablemente, dejaba a la libre apreciación de los Magistrados del Tribunal Supremo la posibilidad sin límites de actuación de oficio, lo que afortunadamente ha sido eliminado en la Ley de 2010.

Uno de los casos previstos en la Ley para la actuación de oficio está en su artículo 32 de la Ley Orgánica, que dispone que el control concentrado de constitucionalidad "sólo corresponderá a la Sala Constitucional en los términos previstos en esta Ley, mediante demanda popular de inconstitucionalidad, en cuyo caso, no privará el principio dispositivo, pudiendo la Sala suplir, de oficio, las deficiencias o técnicas del demandante por tratarse de un asunto de orden público." Se trata de una actuación de oficio, exclusivamente limitada a autorizar a la sala a suplir las deficiencias de la demanda.

Otra excepción al principio dispositivo previsto en la Ley se refiere a permitir el inicio de un proceso de control concentrado de la constitucionalidad como consecuencia del ejercicio del control difuso, a cuyo efecto el artículo 33 de la Ley Orgánica, dispone que cuando cualquiera de las Salas del Tribunal Supremo de Justicia y

1475 Véase Allan R. Brewer-Carías, "Régimen y alcance de la actuación judicial de oficio en materia de justicia constitucional en Venezuela", en *Estudios Constitucionales. Revista Semestral del Centro de Estudios Constitucionales*, Año 4, N° 2, Universidad de Talca, Santiago, Chile 2006, pp. 221-250.

los demás tribunales de la República ejerzan dicho control difuso, al informar a la Sala Constitucional sobre los fundamentos y alcance de la desaplicación que sea adoptada, ésta, de acuerdo con el artículo 34 de la misma Ley puede s casos, conforme al artículo 34 de la Ley, puede "ordenar el inicio del procedimiento de nulidad que dispone esta Ley. Igualmente procederá cuando el control difuso de la constitucionalidad sea ejercido por dicha Sala."

En material de avocamiento, la Ley Orgánica siguiendo una jurisprudencia de la propia Sala dispuso que el mismo procede "de oficio o a petición de parte" (art. 31.1).

Además, en materia de medidas cautelares el artículo 130 de la Ley Orgánica dispone que en cualquier estado y grado del proceso las partes pueden solicitar, y la Sala Constitucional puede acordar, "aun de oficio," las medidas cautelares que estime pertinentes. Para esto, por supuesto, se requiere de la existencia de un proceso en curso.

En norma alguna del ordenamiento se autoriza a la Sala Constitucional a proceder a revisar de oficio sentencias por razones de constitucionalidad, habiendo sido ello construido por la propia Sala Constitucional, cuando además de ampliar el ámbito de las sentencias sujetas a revisión, en sentencia N° 93 de 6 de febrero de 2001 (Caso: *Olimpia Tours and Travel vs. Corporación de Turismo de Venezuela*), dispuso que:

> "En cuanto a la potestad de esta Sala para revisar de oficio las sentencias definitivamente firmes en los mismos términos expuestos en la presente decisión, esta Sala posee la potestad discrecional de hacerlo siempre y cuando lo considere conveniente para el mantenimiento de una coherencia en la interpretación de la Constitución en todas las decisiones judiciales emanadas por los órganos de administración de justicia."[1476]

A pesar de que ello se configuró como un abuso de su poder, la competencia que se auto atribuyó la Sala fue para poder revisar de oficio las sentencias definitivamente firmes. Para ello, lo menos que tendría que haber es un proceso previo en el cual haya resultado una sentencia, y la Corte haya decidido revisar la sentencia para mantener la coherencia en la interpretación de la Constitución. Si no hay proceso ni hay sentencia definitivamente firme, no procedería la revisión; y ésta, en todo caso, tendría que ser con base a cuestiones de constitucionalidad.

Si volvemos al caso analizado se destaca que la sentencia dictada por la Sala Electoral sobre la cual se solicitó revisión, fue de declaración de inadmisibilidad de la acción de amparo intentada, por lo que en realidad no hubo proceso alguno. La decisión de la Sala Constitucional fue la de declarar la inadmisibilidad del recurso de revisión, por lo que ya había cesado el procedimiento de revisión. Pero sin embargo, en lugar de proceder a archivar el expediente, la Sala procedió de oficio a dictar una sentencia sin que en la misma se hubiese que "revisar" nada. A lo que estuvo destinada la sentencia fue a resolver autónomamente un tema de representación de partidos políticos, lo cual ni siquiera se consideró en la sentencia de cuya

---

1476 Véase en *Revista de Derecho Público*, N° 85-88, Editorial Jurídica Venezolana, Caracas, 2001, pp. 415.

revisión se solicitó, y que era una materia que en realidad correspondía exclusivamente al Consejo Nacional Electoral, cuyas atribuciones fueron usurpadas por la Sala Constitucional.

Esta sentencia es una muestra más de lo que el juez constitucional, sin que se lo pueda controlar, es capaz de hacer en un régimen autoritario, asumiendo directamente la conducción política de la posición gubernamental frente a procesos electorales.

New York, Junio 2012

NOVENA PARTE

LA USURPACIÓN POR PARTE DEL JUEZ CONSTITUCIONAL DE LA POTESTAD DE LA ASAMBLEA COMO CUERPO ELECTOR DE SEGUNDO GRADO EN LA DESIGNACIÓN DE LOS TITULARES DEL PODER JUDICIAL, DEL PODER CIUDADANO Y DEL PODER ELECTORAL

SECCIÓN PRIMERA

EL CONTROL DE LA CONSTITUCIONALIDAD DE LA OMISIÓN LEGISLATIVA Y LA SUSTITUCIÓN DE LA ASAMBLEA NACIONAL POR EL JUEZ CONSTITUCIONAL: EL CASO DEL NOMBRAMIENTO DE LOS TITULARES DEL PODER ELECTORAL EN VENEZUELA EN 2004

Esta sección recoge el texto del estudio sobre "El control de la constitucionalidad de la omisión legislativa y la sustitución del Legislador por el juez constitucional: el caso del nombramiento de los titulares del poder electoral en Venezuela," publicado en *Revista Iberoamericana de Derecho Procesal Constitucional,* Nº 10 Julio-Diciembre 2008, Editorial Porrúa, Instituto Iberoamericano de Derecho Procesal Constitucional, México 2008, pp. 271-286. Publicado en *Práctica y distorsión de la justicia constitucional en Venezuela (2008-2012),* Colección Justicia Nº 3, Acceso a la Justicia, Academia de Ciencias Políticas y Sociales, Universidad Metropolitana, Editorial Jurídica Venezolana, Caracas 2012, pp. 373-387

I. EL CONTROL DE LA CONSTITUCIONALIDAD DE LA OMISIÓN LEGISLATIVA EN LA CONSTITUCIÓN DE 1999

Uno de los novedosos procesos constitucionales que se incorporaron en la Constitución de 1999, fue el destinado a asegurar el control de la constitucionalidad de las omisiones del Legislador[1477], mediante la atribución en los artículos 266,1 y

1477 Como lo ha calificado la Sala Constitucional: "Silencio legislativo y el funcionamiento anormal legislativo", en sentencia Nº 1819 de 08–08–2000 de la Sala Político Administrativa (Caso: *René Molina vs. Comisión Legislativa Nacional*), en *Revista de Derecho Público,* Nº 83, Editorial Jurídica Venezolana, caracas 2000, p. 266.

336,7 de la Constitución, a la Sala Constitucional del Tribunal Supremo de Justicia como Jurisdicción Constitucional, de la competencia para:

> "Declarar la inconstitucionalidad de las omisiones del poder legislativo municipal, estadal o nacional, cuando hayan dejado de dictar las normas o medidas indispensables para garantizar el cumplimiento de la Constitución, o las hayan dictado en forma incompleta, y establecer el plazo y, de ser necesario, los lineamientos de su corrección".[1478]

La Ley Orgánica del Tribunal Supremo de Justicia de 2004,[1479] en su el artículo 5, párrafo 1°, reiteró esta competencia de la Jurisdicción Constitucional, asignándole a la sala Constitucional potestad para:

> "13. Declarar la inconstitucionalidad de las omisiones del Poder Legislativo Municipal, Estadal o Nacional cuando haya dejado de dictar las normas o medidas indispensables para garantizar el cumplimiento de la Constitución de la República Bolivariana de Venezuela, o las haya dictado en forma incompleta, y establecer el plazo y, de ser necesario, los lineamientos generales esenciales para su corrección, sin que ello implique usurpación de funciones de otro órgano del Poder Público, o extralimitación de atribuciones".

La Ley Orgánica agregó, además, en el mismo artículo, la competencia general de la Sala Constitucional para:

> "13. Declarar la inconstitucionalidad de las omisiones de cualquiera de los órganos que ejerzan el Poder Público de rango nacional, respecto a obligaciones o deberes establecidos directamente por la Constitución de la República Bolivariana de Venezuela".

Estas normas, sin duda, consagran una amplísima potestad de la Jurisdicción Constitucional para controlar de las conductas omisivas del Legislador, en una forma incluso más amplia que la del inicial antecedente portugués en la materia, en el cual la legitimación para requerir el ejercicio de esta potestad de control de constitucionalidad se atribuyó solamente el Presidente de la República, el Ombudsman o los Presidentes de las Regiones Autónomas[1480]; previéndose en cambio, en el caso venezolano, sin condicionamiento alguno, la legitimación activa amplia similar a la de la *acción popular* de inconstitucionalidad de las leyes, en el sentido de que para requerir el ejercicio del control bastaría el simple interés del recurrente en la constitucionalidad.

Por ello, aún cuando la Ley Orgánica no reguló procedimiento alguno en este caso, la naturaleza popular de la acción conduce al desarrollo de un proceso constitucional contradictorio, en el sentido de que la Sala debe citar al titular del órgano

---

1478 Véase Allan R. Brewer-Carías, *El sistema de justicia constitucional en la Constitución de 1999 (Comentarios sobre su desarrollo jurisprudencial y su explicación, a veces errada, en la Exposición de Motivos)*, Editorial Jurídica Venezolana, Caracas 2000.

1479 Véase en *Gaceta Oficial* N° 37.942 de 19-05-2004. Véase el comentario en Allan R. Brewer-Carías, *Ley Orgánica del Tribunal Supremo de Justicia,* Caracas 2006, p. 100.

1480 Véase Allan R. Brewer–Carías, *Judicial Review in Comparative Law,* Cambridge University Press, Cambridge 1989, p. 269.

omiso y, además, mediante cartel, emplazar a todas las personas interesadas a los efectos de que puedan hacerse parte en el proceso, aplicando analógicamente el procedimiento para los casos de control de la constitucionalidad iniciados mediante la acción popular.

En esta materia, la Sala Constitucional en sentencia N° 3118 de 6 octubre de 2003, al resolver sobre un recurso de interpretación de la Disposición Transitoria constitucional que obligaba a la Asamblea Nacional a sancionar en un lapso determinado la Ley Orgánica del Poder Público Municipal, dejó sentado que "la existencia de una omisión de la Asamblea Nacional que es contraria a la Constitución [por lo que] no tiene más posibilidad que declararla y ordenar lo que sea necesario para darle fin. Otra actitud implicaría aceptación de una infracción;"[1481] y de allí, de oficio ordenó a la Asamblea Nacional preparar, discutir y sancionar dentro del plazo máximo de tres meses contados a partir de la notificación del fallo, la mencionada Ley sobre régimen municipal que debía adaptase a las previsiones del Capítulo IV del Título IV de la Constitución y, en especial, a los principios contenidos en su artículo 169, lo que sin embargo no cumplió la Asamblea sino dos años después.[1482]

En estos casos de omisión legislativa, evidentemente que la Sala Constitucional no podría sustituirse en el Legislador y dictar la ley respectiva, obviando los pasos constitucionales fundamentales que pueden permitir la sanción de una ley, y que son, primero, la intervención del órgano de representación popular integrado por diputados electos, sin lo cual un acto normativo nunca podría llegar a ser ley (salvo que se emita por delegación legislativa); segundo, que para la sanción se siga el procedimiento constitucionalmente prescrito para la formación de las leyes, con dos discusiones de los diputados; y tercero, que se garantice el derecho ciudadano a la participación política mediante la consulta popular previa de los proyectos de ley antes de la sanción (arts. 203 ss.).

Estos pasos constitucionales solo los puede desarrollar la Asamblea nacional, por lo que como lo dijo la Sala Constitucional, "es constitucionalmente imposible incluso para esta Sala, pese a su amplia competencia constitucional, trasformarse en legislador y proporcionar a la colectividad las normas que exige." La sala, si bien consideró que si estaba facultada para proporcionar soluciones a aspectos concretos, incluso por medio de la adopción de reglas generales que ocupen temporalmente el lugar de las normas ausentes, pero no para corregir por completo la inactividad del legislador y dictar las normas que se requieran[1483].

En todo caso, la necesidad del control de la omisión legislativa no sólo se refiere a los supuestos de carencia referidos a la sanción de leyes, sino que también puede surgir en caso de incumplimiento en la emisión de otros actos parlamentarios sin forma de ley por parte de la Asamblea Nacional. En efecto, dejando aparte los *inter-*

1481 Véase Caso: *Inconstitucionalidad de la omisión de la Asamblea Nacional por no haber dictado dentro del plazo fijado por el Constituyente de 1999 una Ley sobre Régimen Municipal*), en *Revista de Derecho Público*, N° 93–96, Editorial Jurídica Venezolana, Caracas, 2003, pp. 525 ss.

1482 Véase sobre esta Ley y las vicisitudes de su sanción, en Allan R. Brewer-Carías *et al.*, *Ley Orgánica del Poder Público Municipal,* Caracas 2007, p. 17.

1483 Véase sentencia N° 1043 de 31–5–2004 (Caso: *Consejo Legislativo del Estado Zulia*), en *Revista de Derecho Público*, N° 97–98, EJV, Caracas 2004, p. 408.

na corporis y los actos dictados en ejercicio del control parlamentario (art. 222), por ejemplo, la Asamblea Nacional tiene competencia para nombrar y remover a los Magistrados del Tribunal Supremo de Justicia (art. 265), al Contralor General de la República, al Fiscal General de la República y al Defensor del Pueblo (art. 279); y a los integrantes del Consejo Nacional Electoral (art. 296); así como para autorizar el nombramiento del Procurador General de la República y de los Jefes de Misiones Diplomáticas Permanentes.

En los mencionados casos de nombramiento de altos funcionarios del Estado, la Sala Constitucional también tiene competencia para declarar la nulidad de la omisión legislativa, y exhortar a la Asamblea la realización de los nombramientos. Sin embargo, así como la Sala no puede legislar en sustitución de la Asamblea, tampoco puede realizar los nombramientos de los titulares de los Poderes Públicos en sustitución de la misma. También, en este caso, hay una serie de pasos constitucionales que sólo el órgano de representación popular puede cumplir, y que ningún otro órgano del Estado puede suplir.

Sin embargo, contra todos los principios derivados del régimen constitucional democrático representativo, ante la omisión por parte de la Asamblea Nacional, en 2003, en hacer los nombramientos de los miembros (rectores) del Consejo Nacional Electoral, la Sala Constitucional no sólo declaró la inconstitucionalidad de la omisión legislativa en que había incurrido la Asamblea Nacional, sino que se sustituyó a ella en el ejercicio de tal atribución, efectuando directamente tales nombramientos mediante sentencia N° 2341 de 25 de agosto de 2003.[1484]

El objetivo de estas notas es precisamente analizar dicha sentencia, en la cual el juez constitucional sin duda incurrió en usurpación de funciones legislativas, viciando su actuación al efectuar nombramientos de altos funcionarios del Estado que sólo la Asamblea nacional podía hacer como órgano de la representación popular.

II. EL PODER ELECTORAL Y EL NOMBRAMIENTO DE SUS TITULARES POR EL PODER LEGISLATIVO

En efecto, entre las otras importantes innovaciones de la Constitución de 1999, estuvo el establecimiento de una penta división o separación orgánica de poderes (del Poder Público), distinguiendo los Poderes Legislativo, Ejecutivo, Judicial, Ciudadano y Electoral (art. 136), elevando este último a rango constitucional. En consecuencia, se atribuyó al Consejo Nacional Electoral competencia para garantizar la igualdad, confiabilidad, imparcialidad, transparencia y eficiencia de los procesos electorales, así como la aplicación de la personalización del sufragio y la representación proporcional (art. 293).[1485] Las funciones del Poder Electoral, conforme se las define en el artículo 293 de la Constitución, son las siguientes:

1484 Véase caso: *Hermann E. Escarrá Malavé; acción de inconstitucionalidad por omisión contra la Asamblea Nacional*), en *Revista de Derecho Público*, N° 93–96, Editorial Jurídica Venezolana, Caracas, 2003, pp. 525 ss.

1485 Véase María A. Correa de Baumeister, "El Poder Ciudadano y el Poder Electoral en la Constitución de 1999", en *El Derecho Público a comienzos del siglo XXI. Estudios homenaje al Profesor Allan R. Brewer-Carías,* Tomo I, Instituto de Derecho Público, UCV, Civitas Ediciones, Madrid, 2003, pp. 982-995; Y Rafael Méndez García, "Estudio del Poder Electoral (controles)", en *Bases y principios del sis-*

1. Reglamentar las leyes electorales y resolver las dudas y vacíos que éstas susciten o contengan.
2. Formular su presupuesto, el cual tramitará directamente ante la Asamblea Nacional y administrará autónomamente.
3. Emitir directivas vinculantes en materia de financiamiento y publicidad político-electorales y aplicar sanciones cuando no sean acatadas.
4. Declarar la nulidad total o parcial de las elecciones.
5. La organización, administración, dirección y vigilancia de todos los actos relativos a la elección de los cargos de representación popular de los poderes públicos, así como de los referendos.
6. Organizar las elecciones de sindicatos, gremios profesionales y organizaciones con fines políticos en los términos que señale la ley. Así mismo, podrán organizar procesos electorales de otras organizaciones de la sociedad civil a solicitud de éstas, o por orden de la Sala Electoral del Tribunal Supremo de Justicia. Las corporaciones, entidades y organizaciones aquí referidas cubrirán los costos de sus procesos eleccionarios.
7. Mantener, organizar, dirigir y supervisar el Registro Civil y Electoral.
8. Organizar la inscripción y registro de las organizaciones con fines políticos y velar porque éstas cumplan las disposiciones sobre su régimen establecidas en la Constitución y la ley. En especial, decidirá sobre las solicitudes de constitución, renovación y cancelación de organizaciones con fines políticos, la determinación de sus autoridades legítimas y sus denominaciones provisionales, colores y símbolos.
9. Controlar, regular e investigar los fondos de financiamiento de las organizaciones con fines políticos.

A los efectos de garantizar la independencia y autonomía del Poder Electoral, la Constitución garantiza en su artículo 294, que sus órganos se rigen por los principios de independencia orgánica, autonomía funcional y presupuestaria, despartidización, imparcialidad y participación ciudadana; a cuyo efecto estableció un complejo proceso para la designación de los titulares del Consejo Nacional Electoral. Este órgano constitucional integrado por cinco personas no vinculadas a organizaciones con fines políticos, debe estar compuesto por personas que tienen que ser postuladas ante la Asamblea nacional, necesariamente así: tres por la sociedad civil, uno por las facultades de ciencias jurídicas y políticas de las universidades nacionales, y uno por el Poder Ciudadano. (art. 296). Los tres integrantes postulados por la sociedad civil deben tener seis suplentes en secuencia ordinal, y cada uno designado por las Universidades y el Poder Ciudadano deben tener dos suplentes, respectivamente.

El artículo 295 de la Constitución además, para garantizar este proceso de postulación, creó el Comité de Postulaciones Electorales para la postulación de los candidatos a ser nombrados en el Consejo Nacional Electoral, el cual debe estar "integra-

---

tema constitucional venezolano (Ponencias del VII Congreso Venezolano de Derecho Constitucional realizado en San Cristóbal del 21 al 23 de Noviembre de 2001), Volumen II, pp. 355-383.

do por representantes de los diferentes sectores de la sociedad, de conformidad con lo que establezca la ley".

A los efectos de la designación de los integrantes del Consejo Nacional, la Constitución dispuso que la misma debía ser efectuada por la Asamblea Nacional con el voto de las 2/3 partes de sus integrantes.

La Constitución también dispuso que a los efectos de dicha elección por la Asamblea nacional, dichos integrantes del Consejo Nacional Electoral deben necesariamente ser elegidos por separado: los tres postulados por la sociedad civil, al inicio de cada período de la Asamblea Nacional, y los otros dos a la mitad del mismo (art. 296). Se estableció, además, que corresponde exclusivamente a los integrantes del Consejo Nacional Electoral la escogencia, de su seno, de su Presidente

Como puede apreciarse, la designación por la Asamblea Nacional de los miembros del Consejo Nacional Electoral se configuró como un proceso complejo sometido a estrictos límites en la Constitución, reduciendo la discrecionalidad que antaño tenía el antiguo Congreso, al someterse a determinadas condiciones tanto la postulación de los candidatos como su designación, requiriéndose en definitiva el voto de las 2/3 partes de los diputados integrantes del órgano de representación popular. Por ello, un acto de esa naturaleza sólo podría ser adoptado por la Asamblea Nacional, ya que ni la representación popular ni el voto de las 2/3 partes de los diputados electos podría ser sustituido por ningún otro órgano del Estado.

La Sala Constitucional, sin embargo, en la sentencia antes mencionada del 25 de agosto de 2003, al controlar la omisión de la Asamblea en el nombramiento de los integrantes del Consejo una vez que en 2002 se sancionó la Ley Orgánica del Poder Electoral,[1486] no sólo designó a los Rectores del Consejo Nacional Electoral, sino que eligió su directiva, nombrando directamente al Presidente, y además, al Secretario y al Consultor Jurídico del Cuerpo. El Tribunal Supremo de Justicia, en esta forma, en una sentencia que excedió todo límite en cuanto al control de las omisiones del Legislador, en definitiva, se sustituyó en el mismo, usurpando la función legislativa. En cierta forma, la Sala Constitucional, como instrumento del autoritarismo,[1487] con dicha sentencia culminó el proceso de reducción política de la autonomía e independencia del Poder Electoral que se había iniciado en 1999 con el régimen transitorio dictado por la Asamblea nacional Constituyente sin aprobación popular.

Es indispensable, por ello, que para poder entender adecuadamente la magnitud de la usurpación de funciones en la que incurrió la jurisdicción Constitucional en el caso del Poder Electoral, nos refiramos a los antecedentes que la originaron.

1486 *G.O.* Nº 37.573 del 19-11-2002.

1487 Véase, Allan R. Brewer-Carías, *Crónica sobre la "In" justicia constitucional. La Sala Constitucional y el autoritarismo en Venezuela,* Colección Instituto de Derecho Público, Universidad Central de Venezuela, Nº 2, Caracas 2007, pp. 197 ss.

III. EL "REDUCCIÓN" DE LA AUTONOMÍA E INDEPENDENCIA DEL PODER ELECTORAL POR PARTE DEL JUEZ CONSTITUCIONAL

En efecto, una vez sancionada la Constitución de 1999 y aprobada por el pueblo mediante referendo del 15 de diciembre de ese año, los miembros del Consejo Nacional Electoral fueron designados provisoriamente por la Asamblea Nacional Constituyente el 22 de diciembre del mismo año 1999, mediante un cuestionado decreto de Régimen de Transición del Poder Público[1488] con el objeto de asegurar con personas todas afectas al gobierno, la organización y realización de las elecciones generales para elegir las nuevas autoridades de acuerdo con la nueva Constitución, que se habían fijado para mayo de 2000.

Dicho Consejo nacional Electoral fracasó en su labor, al punto de que dichas elecciones tuvieron que ser suspendidas con la intervención de la Sala Constitucional del Tribunal Supremo (a la cual un Estatuto Electoral también provisorio[1489] le otorgaba la competencia exclusiva en materia de amparo contra las decisiones del Consejo Nacional Electoral, art. 30, Parágrafo Primero). La Sala Constitucional, en efecto, mediante sentencia nº 483 de 29 de mayo de 2000, declaró con lugar un amparo constitucional interpuesto en representación de intereses difusos, con efectos *erga omnes*[1490], protegiendo el derecho al sufragio de todos los electores; y luego de suspender las elecciones, las mismas se efectuaron varios meses después, en agosto de 2000.

Ese fracaso el Consejo Nacional Electoral obligó a la destitución-renuncia de sus integrantes, razón por la cual la Comisión Legislativa Nacional que era el órgano legislativo también transitorio (no regulado en la Constitución, que había sido también nombrado por la misma Asamblea Nacional Constituyente en el mismo régimen transitorio del 22 de diciembre de 1999, entonces designó un nuevo Consejo Nacional Electoral. Para efectuar el nombramiento, si bien dicha Comisión legislativa no respetó la estricta normativa constitucional sobre el Comité de Postulaciones y la participación de la sociedad civil en el proceso de escogencia, la Comisión parlamentaria que se designó al efecto, oyó a diversos sectores de la misma, resultando el nombramiento de un grupo de personas la mayoría independientes[1491].

Ese nuevo Consejo Nacional Electoral organizó exitosamente las elecciones generales de agosto de 2000, y dada su composición, para fines del año 2002 ya aparecía con una mayoría de miembros independientes del poder político, es decir, no controlados desde el Ejecutivo Nacional.

Para ese mismo tiempo, la crisis política, debido a la polarización, se había agudizado y comenzaba a tomar cuerpo el régimen autoritario que en el país, por lo que la prioridad para el Poder Ejecutivo era que la Asamblea Nacional designase a un nuevo Consejo Nacional Electoral que fuera controlable. Para ello, sin embargo, era necesario que previamente se dictase la Ley Orgánica del Poder Electoral, la que

---

1488 V. en *Gaceta Oficial* nº 36.859 de 29-12-1999.

1489 Véase en *Gaceta Oficial* Nº 36.884 de 03-02-2000

1490 Véase caso: *Queremos Elegir y otros*, en *Revista de Derecho Público*, Nº 82, (abril-junio), Caracas 2000, pp. 332 y ss.

1491 V. Decreto publicado en *G.O.* Nº 36.965 de 05-06-2000.

efectivamente se sancionó en noviembre de 2002. A pesar de que en ella se reguló un inconstitucional Comité de Postulaciones controlado por Diputados, sin embargo, la Asamblea Nacional no pudo lograr acuerdos políticos para reunir un voto de las 2/3 partes de sus integrantes y designar a los integrantes del Consejo Nacional Electoral.

Ello presentaba un problema político fundamental, y era que con el Consejo Nacional Electoral existente se corría el "riesgo" de que se diese curso a la petición que se había formulado el 22 de enero de 2003, ante el Consejo Nacional Electoral respaldada por más de tres millones de firmas, sobre la convocatoria a un referendo consultivo sobre la renuncia del Presidente de la República. Ese riesgo derivaba del hecho de que la misma Ley había dispuesto expresamente que el quórum de constitución y de decisión del Consejo Nacional Electoral era de un mínimo de tres de sus cinco miembros, y además, que "las decisiones del órgano se tomarán con el voto favorable de por lo menos tres de sus miembros" (art. 15). La Ley Orgánica, además, en su Disposición Final Quinta derogó "todas las normas legales" que colidieran con ella, entre las cuales estaban las del Estatuto Electoral provisional dictado por la Asamblea Nacional Constituyente para las elecciones de 2000, que había establecido el quórum de decisión de cuatro votos sobre cinco de los miembros del Consejo Nacional Electoral.

La Disposición Transitoria Séptima de la Ley Orgánica, además, precisó que "Los integrantes de la Junta Directiva del *actual* Consejo Nacional Electoral (el que existía en 2002) continuarán en el ejercicio de las funciones inherentes al cargo que desempeñan hasta tanto se designen y tomen posesión de sus cargos las nuevas autoridades de ese organismo, *y sus decisiones se harán de conformidad con esta Ley*". Esta situación legal, que permitía al Consejo Nacional Electoral existente en 2002-2003 actuar con entera autonomía respecto de los otros Poderes del Estado, fue precisamente la que desencadenó una serie de decisiones adoptadas por la Sala Constitucional tendientes a "reducir" al Consejo Nacional Electoral.

En efecto, con ocasión de conocer de una solicitud formulada por el Presidente de la República de pronunciamiento sobre la inconstitucionalidad de la antes mencionada Disposición Transitoria Séptima de la Ley Orgánica del Poder Electoral, la Sala Constitucional, mediante sentencia nº 2747 de 7 de noviembre de 2002 (Exp. 02-2736), declaró sin lugar dicha solicitud presidencial pero sentó el criterio de que la vigencia dicha Ley Orgánica, en definitiva, quedaba en suspenso mientras se elegían a los nuevos miembros del Consejo Nacional Electoral por la Asamblea Nacional, proceso durante el cual dispuso, contra toda lógica legislativa, que seguía vigente "el régimen transitorio sobre los organismos del Poder Electoral, creado por el Decreto emanado de la Asamblea Nacional Constituyente" en diciembre de 1999.

Adicionalmente, en la mencionada sentencia nº 2747, la Sala Constitucional en respuesta a los alegatos del Presidente de la República como impugnante, presagiaba que por la situación política del país que podía impedir la conformación de una mayoría calificada en la Asamblea, se podría llegar a producir un "vacío" institucional en el Poder Electoral, anunciando que de producirse tal situación, la misma Sala establecería los "correctivos" necesarios, así:

> "El impugnante [el Presidente de la República] señala razones de hecho sobre el actual funcionamiento del Consejo Nacional Electoral, con la indicación de la existencia de un posible vacío institucional. Ello no es materia que regule

el artículo 214 constitucional, y no es objeto de esta decisión. La Sala ha tratado el punto en fallo del 23 de septiembre de 2002 (Exp. 02-2050, Caso: *Fiscal General de la República*), por lo que de darse efectivamente el vacío, una vez que las instituciones incumplan los mandatos legítimos constitucionales, la Sala, a petición de cualquier interesado, tomará los correctivos necesarios".

Ahora bien, en cuanto a la contradicción que contenía la sentencia sobre la aplicabilidad de la nueva Ley Orgánica del Poder Electoral al Consejo Nacional Electoral existente, el sentido críptico de la anterior premonición de "vacío institucional" apareció clarificado 10 días después, cuando la misma Sala Constitucional, al decidir un recurso de interpretación que había sido introducido por el propio Consejo Nacional Electoral el 9 de julio de 2002, para "determinar la vigencia del artículo 29 del Estatuto Electoral del Poder Público, relativo al quórum para la toma de decisiones del Directorio del Consejo Nacional Electoral, en aquellos asuntos distintos al ámbito de aplicación de ese Decreto", mediante la sentencia nº 2816 de 18 de noviembre de 2002[1492], concluyó señalado que dicho Estatuto si estaba vigente.

Al contrario, lo que era evidente es que no estaba vigente, pues el Estatuto Electoral se había dictado sólo para regir en las primeras elecciones post constitucionales de 2000, por lo que una vez que estas se realizaron, sus normas habrían decaído. Además, el Estatuto Electoral había sido derogado por la ley Orgánica del poder Electoral de 2002.

La Sala Constitucional, sin embargo, para llegar a su absurda conclusión, precedió a revivir por arte de magia el régimen transitorio que la Asamblea Nacional había expresamente sustituido con la Ley Orgánica del Poder Electoral la cual fue "estratégicamente" publicada en *Gaceta Oficial* el 19 de noviembre de 2002, es decir, un día después de dictada la sentencia. Para hacer esto, en esa sentencia nº 2816 del día anterior, 18 de noviembre de 2002, la Sala aparte de reconocer que el Estatuto Electoral del Poder Público había integrado el régimen constitucional nacido del proceso constituyente ("dado el carácter constitucional que esta Sala le ha reconocido... tienen un valor superior a cualquier normativa preconstitucional), concluyó que sólo perdería "validez en tanto en cuanto los órganos transitorios se adapten, en su organización y funcionamiento, a las leyes que dicte la Asamblea Nacional, de tal forma que, mientras ello no suceda, dicha transitoriedad sigue en vigor, en lo que no haya sido derogado". Constatado esto, en virtud de que "uno de los aspectos regulados por el Estatuto Electoral del Poder Público se refiere al mínimo requerido (*quórum*) para la toma de decisiones por parte de la Junta Directa del Consejo Nacional Electoral"(art. 29)", la Sala consideró que "resulta desatinado pretender que el *quórum* especial a que hace referencia la norma antes transcrita, solamente se refiera a los primeros procesos comiciales". La Sala consideró además, que el artículo 25 de la Ley Orgánica del Sufragio y Participación Política de 1998, al prever un *quórum* de mayoría simple para la toma de decisiones por parte del Directorio del Consejo Nacional Electoral, había quedado necesariamente derogada, "no sólo porque el Régimen de Transición del Poder Público y, particularmente, el Estatuto Electoral del Poder Público señaló una mayoría calificada y no una mayoría simple, sino que

1492 Caso: *Consejo Nacional Electoral.*

cuando dicha norma legal establece el último *quórum* mencionado, lo hace con fundamento en el artículo 50 de la misma Ley Orgánica, que prevé una conformación del Consejo Nacional Electoral (siete miembros) que no concuerda con la nueva estructura del referido ente comicial, prevista en el artículo 296 de la Constitución de la República Bolivariana de Venezuela".

En definitiva, luego de toda esta argumentación, la Sala, a pesar de que ya tenía conocimiento de que la Ley Orgánica del Poder Electoral ya había sido sancionada (pues había dictado sobre ella, diez días antes la sentencia nº 2747 antes citada con motivo de la impugnación presidencial), concluyó que el Estatuto Electoral del Poder Público, regiría:

> "[...] los venideros procesos comiciales, especialmente en cuanto al mínimo requerido (*quórum*) de, por lo menos, cuatro de los cinco integrantes del Consejo Nacional Electoral, para la decisiones relativas a su organización, hasta tanto finalice la transición una vez promulgada la Ley Orgánica del Poder Electoral, que regulará su organización y funcionamiento, y sean designados por la Asamblea Nacional, conforme a la Constitución vigente, los nuevos integrantes del Consejo Nacional Electoral".

Ello significaba, en definitiva, que a pesar de que al día siguiente (19-11-2002) entraría en vigencia la nueva Ley Orgánica del Poder Electoral, en cuanto al quórum de decisión del Consejo Nacional Electoral, hasta tanto se nombrasen los nuevos miembros del Cuerpo conforme a esa Ley, no regiría el artículo 14 de dicha Ley Orgánica (que establecía una mayoría simple de 3/5) sino el artículo 29 del mencionado derogado Estatuto Electoral, que requería una mayoría calificada (4/5).

La razón política de esta decisión era clara: impedir que el Consejo Nacional Electoral pudiera funcionar con la mayoría simple de tres votos de cinco pues los miembros afectos al gobierno eran minoría, y sólo eran dos.

Pero con el correr del tiempo, y ante la persistente imposibilidad de que en la Asamblea Nacional se pudiera obtener el voto de las 2/3 partes de sus diputados para poder designar a los nuevos miembros del Consejo Nacional Electoral, la correlación de fuerzas internas en el Consejo existente habrían variado aún más, contando el gobierno sólo con uno de los cinco votos del cuerpo. Por ello, entonces, la única forma de impedir que el Consejo Nacional Electoral pudiera decidir, y por ejemplo, convocar referendos como el relativo a la renuncia del Presidente de la República, era impedir que materialmente pudiera tomar decisiones, eliminando a uno de los cuatro miembros del Cuerpo no afectos al gobierno, de manera que sólo quedaran cuatro miembros, en cuyo caso el Consejo sólo podría funcionar con decisiones unánimes de cuatro votos, lo que era lo mismo que congelarlo.

Esta primera tarea de reducción del poder electoral correspondió a Sala Electoral del Tribunal Supremo de Justicia para frenar la posibilidad de que se pudiera convocar a un referendo consultivo sobre la renuncia del Presidente de la República. En efecto, el Consejo Nacional Electoral en fecha 3 de diciembre de 2002, en una votación 4/1, mediante Resolución nº 021203-457 del 3 de diciembre de 2002[1493], había

---

1493 *Gaceta Electoral* Nº 168 de 05-12-2002.

resuelto aceptar la solicitud que le habían formulado un grupo de más de dos millones de electores para la convocatoria de un referendo consultivo (art. 71) con el objeto de preguntarle a los ciudadanos si estaban o no "de acuerdo con solicitar al Presidente de la República Ciudadano Hugo Rafael Chávez Frías la renuncia voluntaria a su cargo"; fijando la fecha de realización de dicho referendo para el 2 de febrero de 2003.

Un grupo de diputados a la Asamblea Nacional afectos al gobierno impugnó ante la Sala Electoral por ilegalidad la referida Resolución así como los actos dictados por el Consejo Nacional Electoral de fecha 18 de noviembre de 2002, por el cual se había acordado la incorporación del ciudadano Leonardo Pizani como miembro Suplente del organismo, quien había previamente renunciado, pero sin que la renuncia se hubiese aceptado. Esta fue la excusa que se esgrimió para congelar el funcionamiento del órgano del Poder Electoral, para lo cual la Sala Electoral del Tribunal Supremo, con ocasión del mencionado recurso de nulidad, mediante sentencia nº 3 de 22 de enero de 2003, [1494] luego de analizar los efectos de las renuncias de los funcionarios públicos concluyó señalando que en el caso del Sr. Pizani no había razón que justificara "la exigencia adicional de la aceptación por parte del órgano competente, para que pueda considerarse válida y eficaz la renuncia", de lo cual, para acordar el amparo cautelar que se le había solicitado, la Sala Electoral consideró "procedente presumir que en la actualidad la integración del Directorio del Consejo Nacional Electoral no resulta apegada a la legalidad, al haberse procedido a incorporar como miembro Principal de éste a un ciudadano que no ostentaba el cargo de Suplente, condición *sine qua non* para que exista la posibilidad de su incorporación como Principal".

La consecuencia de lo anterior fue que la Sala Electoral Accidental decidió ordenar "a la actual Directiva del Consejo Nacional Electoral abstenerse de sesionar con la presencia y participación como Miembro Principal, del ciudadano Leonardo Pizani", suspendiendo a la vez "los efectos de la Resolución emanada del Consejo Nacional Electoral distinguida con el nº 021203-457 del 3 de diciembre de 2002"[1495] mediante la cual se había convocado al referendo consultivo sobre la renuncia del Presidente de la República.

En esta forma, el Poder Electoral, con sólo cuatro miembros, ya que el Sr. Leonardo Pisan fue formalmente desincorporado, fue compelido ilegítimamente a actuar con la mayoría calificada de cuatro miembros derivada de la interpretación del régimen constitucional transitorio que había hecho la Sala Constitucional en sentencia antes comentada, es decir, por unanimidad. Ello fue lo mismo que haber decretado el secuestro del Poder Electoral, el cual no pudo adoptar ninguna nueva decisión, dada la correlación de fuerzas en su seno, paralizándose su funcionamiento, habiendo quedado en suspenso el derecho a la participación política.

En todo caso, la solución a la parálisis del Cuerpo Electoral sólo podía lograrse con la nueva designación de sus miembros por la Asamblea Nacional, para lo cual se requería el voto de las 2/3 partes de sus miembros. Sin embargo, la extrema pola-

---

1494 Caso: *Darío Vivas y otros.*

1495 *Gaceta Electoral* Nº 168 de 05-12-2002

rización política del país impedía toda posibilidad de lograr dicha mayoría, por lo que los nuevos miembros del Consejo Nacional Electoral no pudieron ser designados. Y fue precisamente contra esta omisión de la Asamblea Nacional, contra la cual se ejercieron diversos recursos ante la Sala Constitucional, lo en definitiva originó a que fuera la propia Sala Constitucional la que sustituyera al Poder legislativo, e hiciera las designaciones, en una evidente usurpación de funciones contraria a la Constitución, con lo que el Poder Electoral terminó quedando totalmente sometido al poder Ejecutivo. El instrumento para ello, había sido, prevista y lamentablemente, el juez Constitucional.

IV. LA SUSTITUCIÓN DEL LEGISLADOR POR EL JUEZ CONSTITUCIONAL MEDIANTE EL CONTROL DE LA OMISIÓN: UNA USURPACIÓN DE FUNCIONES NO CONTROLABLE

En efecto, con motivo de las acciones de inconstitucional que se intentaron contra la omisión legislativa en la designación de los mencionados integrantes del Consejo Nacional Electoral, la Sala Constitucional mediante sentencia Nº 2073 de 4 de agosto de 2003,[1496] comenzó por fijarle un plazo a la Asamblea Nacional para hacer los nombramientos, y luego de constatar que la designación de los titulares del Consejo Nacional Electoral no se pudo realizar por la Asamblea Nacional, por no haber podido lograr los acuerdos políticos necesarios que aseguraran la mayoría calificada (2/3) que exige la Constitución para hacer tales nombramientos, la Sala Constitucional mediante sentencia Nº 2341 de 25 de agosto de 2003,[1497] procedió a hacer los nombramientos.

En efecto, en la primera sentencia Nº 2073 de 4 de agosto de 2003, la Sala Constitucional le había otorgado a la Asamblea Nacional omisa, un plazo de 10 días para que cumpliera con su obligación de hacer los nombramientos, anunciando que si no lo hacía dentro de dicho término, la sala corregiría en lo que fuese posible la situación que naciera de la omisión concreta, que no era otra que "Si transcurrido el lapso aquí señalado, la Asamblea Nacional no ha procedido a nombrarlos, la Sala lo hará dentro de un término de diez (10) días continuos". En la sentencia, a todo evento, la Sala hizo los siguientes razonamientos para justificarla, dejando sentados los siguientes criterios que enmarcaron la forma conforme a la cual se operaría el secuestro del Poder Electoral:

En *primer lugar*, que en caso de omisión de nombramientos, las designaciones que pudiera hacer la Sala no podían ser sino "provisorias", pero "acompañadas o no de los lineamientos que según este sentenciador se consideren necesarios para el

---

1496 Caso: *Hernann E. Escarrá Malavé; acción de inconstitucionalidad por omisión contra la Asamblea Nacional,* en *Revista de Derecho Público*, Nº 93–96, Editorial Jurídica Venezolana, Caracas, 2003. pp. 525 ss. Véase los comentarios a esa sentencia en *Allan R. Brewer-Carías*, "El secuestro del Poder Electoral y la confiscación del derecho a la participación política mediante el referendo revocatorio presidencial: Venezuela 2000-2004", en Juan Pérez Royo, Joaquín Pablo Urías Martínez, Manuel Carrasco Durán, Editores), *Derecho Constitucional para el Siglo XXI. Actas del Congreso Iberoameriacno de Derecho Constitucional,* Tomo I, Thomson-Aranzadi, Madrid 2006, pp. 1081-1126.

1497 Caso: *Hernann E. Escarrá Malavé; acción de inconstitucionalidad por omisión contra la Asamblea Nacional,* en *Revista de Derecho Público*, Nº 93–96, Editorial Jurídica Venezolana, Caracas, 2003, pp. 525 ss. Véase los comentarios en *idem* cumplimiento de la función". Siendo provisorios los nombramientos, los nombrados cesarían en sus funciones cuando el órgano competente asumiera su competencia e hiciera los nombramientos, "en el tiempo que lo crea conveniente; o cuando la propia Sala -por motivos justificados- les revoca el cargo conferido". La Sala Constitucional, así, anunciaba que como consecuencia de la omisión legislativa haría los nombramientos, y para el caso de que lo hiciera, también se arrogaba en forma evidentemente contraria a la Constitución, la potestad de revocarlos.

En *segundo lugar*, la Sala consideró que para realizar los nombramientos provisorios, debía "adaptarse a las condiciones que la Ley exige al funcionario", pero aclarando sin embargo, que "debido a la naturaleza provisoria y a la necesidad de que el órgano funcione", la Sala no requería "cumplir paso a paso las formalidades legales que exige la Ley al elector competente, ya que lo importante es llenar el vacío institucional, hasta cuando se formalice lo definitivo". La Sala se desligaba, así, de las exigencias constitucionales y legales que en cambio sí debía cumplir el elector (Asamblea Nacional) omiso, para llenar el "vacío institucional" que ella misma había contribuido a crear.

Para ello dejó sentado el criterio de que "de corresponder a esta Sala llenar los vacíos, ella puede hacerlo con personas de la lista de postulados admitidos como aspirantes a rectores, o puede hacerlo con *personas fuera de la lista,* o combinando ambos grupos. Con respecto a las personas, a tomarse en cuenta, que no hayan sido presentadas por el Comité de Postulaciones, éstas deberán reunir los mismos requisitos legales que los postulados". Es decir, el Juez Constitucional se desligaba de lo que la Constitución disponía para los nombramientos de los miembros del órgano Electoral, y señalaba que "por ser provisorio, no aplica en todo su alcance la Ley Orgánica del Poder Electoral", excepto no tener vinculación con organizaciones políticas.

En *tercer lugar*, la Sala Constitucional constató la supuesta existencia de un "vacío institucional" a pesar de que existía un Consejo Nacional Electoral, el cual conforme al Decreto sobre Régimen de Transición del Poder Público, consideró que tenía "carácter provisorio". Consideró la Sala que "la falta de designación de los rectores, en el lapso legal, constituye un vacío que debe esta Sala llenar, si no lo hace la Asamblea Nacional".

En *cuarto lugar*, la Sala Constitucional decidió que en virtud de que "el nombramiento de los rectores -así sean provisorios– se trata de un hecho que trasciende lo jurídico," para ello podía oír a los Presidentes o Secretarios Generales de las organizaciones políticas representadas en la Asamblea, así como a los representantes de la sociedad civil *que ella escoja*; e, igualmente, "a los representantes de las facultades de Ciencias Jurídicas y Políticas que considere necesarios". En esta forma, la Sala anunciaba que si suplía la omisión del Legislador, no sólo lo haría con criterio jurídico sino político, y sin necesidad de participación de la sociedad civil.

En *quinto lugar*, en forma congruente con el anuncio de ingerencia en lo político, la Sala Constitucional anunció no sólo que "si la Asamblea no hace los nombramientos, los hará la Sala", sino que podía señalarles a los miembros del Consejo Nacional Electoral rectores algunas disposiciones -que sin alterar su independencia-*sean por ellos cumplidas*, y pudiendo, igualmente, *proveer la integración de alguno o todos de los órganos subordinados*, señalando *quien los dirigirá*, y decretando un cronograma de actuaciones para que el ente cumpla sus cometidos". Es decir, la Sala

Constitucional anunciaba que iría mucho más allá de lo que supuestamente implicaba suplir la omisión legislativa, y prescribiría lineamientos que los futuros nombrados debían cumplir y que además haría nombramientos adicionales quitándoles tal potestad a los propios miembros del Consejo Nacional Electoral que nombrara. La salvedad respecto de la independencia del Poder Electoral, por tanto, no era más que una frase vacía.

En *sexto lugar*, la Sala Constitucional, al reconocer el derecho de los ciudadanos a solicitar referendos consultivos y revocatorios, y constatar que para la fecha no existía una legislación sobre los mismos que garantizaran si ejercicio, prescribió que "a fin que no se haga nugatorio tal derecho, y para lograr la primacía de las normas constitucionales, la Sala estima que el Consejo Nacional Electoral puede dictar normas dirigidas al ejercicio de esos derechos políticos, los cuales perderán vigencia cuando se dicten las normas respectivas por la Asamblea Nacional; a objeto de garantizar el carácter normativo de la Constitución". Es decir, la Sala Constitucional, al constatar en ese caso, de oficio, la omisión legislativa en dictar las leyes reguladoras de ese derecho ciudadano, también de oficio se pronunciaba sobre tal omisión, "autorizando" al Consejo Nacional Electoral nada menos que para suplir al Legislador y dictar normas equivalentes a "leyes orgánicas" que son las que pueden regular los derechos políticos conforme al artículo 203 de la Constitución.

Luego de esa decisión, la Sala Constitucional, transcurridos los 10 días que le había otorgado a la Asamblea Nacional para cumplir su obligación, al no haber esta logrado la mayoría de las 2/3 partes de sus integrantes para el nombramiento de los miembros del Consejo Nacional Electoral, procedió a suplir la omisión de la Asamblea Nacional, por lo que, lo que no pudieron lograr el partido de gobierno y el Poder Ejecutivo en la Asamblea Nacional donde no pudieron reunir el voto de 2/3 partes de sus integrantes para nombrar un Consejo Nacional Electoral totalmente afecto al gobierno, lo lograrían a través de la Jurisdicción Constitucional (Sala Constitucional del Tribunal Supremo), que estaba controlada por el Ejecutivo, quedando así el Consejo Nacional Electoral sometido a control.

En la sentencia mencionada nº 2341 del 25 de agosto de 2003, en efecto, la Sala Constitucional, para adoptar las decisiones respecto de la omisión constatada, señaló lo siguiente:

En *primer lugar*, reiteró el criterio de que como se trataba de un nombramiento provisional no previsto en la Ley Orgánica del Poder Electoral, pero, producto de la omisión del nombramiento de los rectores electorales, la Sala, sólo "*en lo posible*, aplicará la Ley Orgánica del Poder Electoral con las variables necesarias derivadas de la naturaleza de las medidas provisorias". Es decir, la Sala reiteraba que *se desvinculaba de los términos de la Ley Orgánica*, la cual aplicaría sólo "en lo posible". Por ello precisó que "en las designaciones, la Sala nombrará rectores principales o suplentes a las personas que postuló la sociedad civil, el Poder Ciudadano y las Universidades Nacionales que podían hacerlo; ello sin menoscabo de *su poder para la elección de personas fuera de los que fueron candidateados*". De donde sacaba ese "poder", por supuesto que debe preguntarse, pues ni la propia Asamblea Nacional que sustituyó, lo tiene.

En *segundo lugar*, la Sala declaró que garantizaría "al Poder Electoral que ella nombre en forma provisoria, la mayor autonomía, tal como corresponde a uno de los Poderes Públicos"; pero en la propia sentencia procedió "con el fin de facilitar la integración del Consejo Nacional Electoral y sus órganos subordinados", no sólo a designarlos sino a establecer "su composición, así como la del Consejo de Participación Política, el cual de manera provisoria y ante el vacío constitucional, funcionará como un ente consultivo del Poder Electoral. Para este último nombramiento, la Sala tomó en cuenta las consultas que se hicieron a los partidos políticos representados en la Asamblea Nacional y que se llevaron a cabo en el Tribunal".

En esta forma, en la sentencia, la Sala Constitucional procedió a *limitar la autonomía del Cuerpo* que nombraba, designando ella misma quién sería su Presidente y su Vicepresidente, violando lo establecido en el artículo 296 de la Constitución que expresamente establece que: "Los o las integrantes del Consejo Nacional Electoral escogerán de su seno a su Presidente o Presidenta, de conformidad con la Ley". La Sala Constitucional, además, volvió a secuestrar y violar la autonomía del Poder Electoral al cercenarle al Consejo Nacional Electoral su potestad, conforme a la Ley Orgánica del Poder Electoral, para designar a los titulares de los órganos del Poder Electoral; designando en la propia sentencia hasta al Secretario y al Consultor Jurídico del Consejo Nacional Electoral; a los integrantes de los órganos subordinados (Junta Nacional Electoral; Comisión de Registro Civil y Electoral; Comisión de Participación Política y Financiamiento), integrándolos con miembros principales y suplentes del organismo, en la forma como la propia Sala lo determinó; y a los miembros de un Consejo de Participación Política.[1498]. Los miembros del Consejo Nacional Electoral y todos los otros funcionarios nombrados por la Sala Constitucional, fueron juramentados por ella misma el día 27 de agosto de 2003.

En esta forma, en esta sentencia dictada con ocasión de controlar la omisión legislativa, la Sala Constitucional no sólo se sustituyó al Legislador en el nombramiento de los rectores del Consejo Nacional Electoral, obviando los procedimientos constitucionales de postulación y de mayoría calificada de la Asamblea Nacional como representación popular, lo que no eras sustituible, incurriendo un usurpación de funciones; sino que incluso se extralimitó en el ejercicio de las funciones usurpadas, al limitar injustificada e ilegítimamente la propia autonomía del Consejo Nacional Electoral como órgano rector de dicho Poder Público, lo que ni siquiera hubiera podido hacer la Asamblea Nacional.

En consecuencia, procedió a nombrar directamente a todos los funcionarios directivos del organismo, competencia que no correspondía a la Asamblea Nacional (sino al propio Consejo Nacional Electoral que estaba nombrando) y respecto de cuyo ejercicio no se había producido omisión alguna que hubiera podido justificar tales nombramientos.[1499]

Como consecuencia de este proceso, el Poder electoral en Venezuela perdió toda autonomía e independencia, pasando a ser controlado por el Poder Ejecutivo que controla a su vez a la Asamblea Nacional.

1498 Véase en *Revista de Derecho Público*, Nº 93–96, Editorial Jurídica Venezolana, Caracas, 2003, pp. 525 ss.

1499 Véase Allan R. Brewer–Carías, "El secuestro del Poder Electoral y la confiscación del derecho a la participación política mediante el referendo revocatorio presidencial: Venezuela 2000–2004", en *Boletín Mexicano de Derecho Comparado*, Instituto de Investigaciones Jurídicas, Universidad Nacional Autónoma de México, Nº 112. México, enero–abril 2005 pp. 11–73.

La verdad es que la omisión legislativa en hacer los nombramientos de los miembros del Consejo nacional Electoral en 2003, el único efecto jurídico que hubiera producido, de perdurar, era la continuidad en sus cargos de los miembros del Consejo que habían sido designados con anterioridad. Ello de por sí, no originaba "vacío" institucional alguno. Este, en realidad, había sido provocado, reduciéndose y paralizándose el funcionamiento del Consejo, lo que sistemáticamente hizo el Tribunal Supremo de Justicia a través de las Sala Electoral y de la Sala Constitucional; y una vez que ello se consolidó, entonces pudieron hablar de "vacío", para llenarlo rápidamente, y asegurar el control del Poder Electoral por el régimen autoritario. El resultado ha sido que el ejercicio de un poder de control de constitucionalidad tan importante como el de la omisión legislativa, cuando se ejerce por un Juez Constitucional sometido a un régimen autoritario, en lugar de apuntalar el Estado de derecho, es un instrumento para su destrucción.

SECCIÓN SEGUNDA

EL GOLPE DE ESTADO DADO POR EL JUEZ CONSTITUCIONAL EN EL PROCESO DE DESIGNACIÓN DE LOS TITULARES DEL PODER JUDICIAL, DEL PODER CIUDADANO Y DEL PODER ELECTORAL EN DICIEMBRE DE 2014

El texto de esta sección es el del trabajo redactado en diciembre 2014/enero 2015, con ocasión de la inconstitucional elección de los Magistrados del Tribunal Supremo de Justicia, del Contralor General de la República, del Fiscal General de la República y del Defensor del Pueblo y de los rectores del Consejo Nacional Electoral, efectuada por la Asamblea Nacional en combinación con la Sala Constitucional del Tribunal Supremo de Justicia en diciembre de 2014. Fue publicado como "El golpe de Estado dado en diciembre de 2014 en Venezuela con la inconstitucional designación de las altas autoridades del Poder Público", en *El Cronista del Estado Social y Democrático de Derecho,* Nº 52, Madrid 2015, pp. 18-33.

Un golpe de Estado ocurre, como lo ha señalado Diego Valadés, cuando se produce "el desconocimiento de la Constitución por parte de un órgano constitucionalmente electo;" agregando, incluso, como ejemplo que "un presidente elegido conforme a la Constitución no puede invocar una votación, así sea abrumadoramente mayoritaria, para desconocer el orden constitucional. Si lo hace habrá dado un golpe de Estado"[1500].

Y esto es precisamente lo que sucedió en diciembre de 2014, cuando el Presidente de la Asamblea Nacional y un grupo de parlamentarios, que en su momento fueron electos, en algunos casos mediando una conspiración con los magistrados de la

1500 Véase Diego Valadés, *Constitución y democracia,* Universidad Nacional Autónoma de México, México 2000, p. 35; y Diego Valadés, "La Constitución y el Poder," en Diego Valadés y Miguel Carbonell (Coordinadores), *Constitucionalismo Iberoamericano del siglo XXI*, Cámara de Diputados, Universidad Nacional Autónoma de México, México 2000, p.145

Sala Constitucional del Tribunal Supremo de Justicia, desconocieron la Constitución y han procedido a designar, violando sus disposiciones, a los altos funcionarios de los Poderes Públicos no son electos en forma directa por el pueblo, es decir, los que integran el Poder Ciudadano, el Poder Electoral y el propio Tribunal Supremo de Justicia, como cabeza del Poder Judicial.

Con esto, no han hecho otra cosa que no sea haber seguido la misma línea inconstitucional de golpe de Estado sistemático y continuo que se ha producido en Venezuela desde cuando el Presidente Hugo Chávez, al tomar posesión por primera vez de su cargo el 2 de febrero de 1999, convocó una Asamblea Nacional Constituyente no prevista en la Constitución que entonces estaba vigente.[1501]

Lo ocurrido en diciembre de 2014, en el mismo sentido, no es otra cosa que un golpe de Estado, dado en este caso pues los propios órganos del Estado, al haber designado sin competencia alguna para ello y violando la Constitución, a un conjunto de altos funcionarios públicos. Esto ocurrió primero, con la designación de los integrantes del Poder Ciudadano (Contralor General de la República, Fiscal General de la República y Defensor del Pueblo), por la Asamblea Nacional con el solo voto de una mayoría simple de diputados, es decir, un órgano distinto a la Asamblea Nacional con el voto de más de los 2/3 de sus integrantes que impone la Constitución; con la designación de los integrantes del Poder Electoral por la Sala Constitucional del Tribunal Supremo de Justicia, es decir, un órgano distinto a la Asamblea Nacional con el voto de más de los 2/3 de sus integrantes que impone la Constitución; y con la designación de los Magistrados del Tribunal Supremo de Justicia por la Asamblea Nacional con el voto de una mayoría simple de diputados, es decir, un órgano distinto a la Asamblea Nacional con el voto de más de los 2/3 de sus integrantes que impone la Constitución; y todo ello, sin participación ciudadana alguna o en algunos casos, con fraudulenta participación ciudadana.

I. LA PENTA DIVISIÓN DEL PODER PÚBLICO Y LA ELECCIÓN POPULAR (DIRECTA E INDIRECTA) DE TODOS LOS TITULARES DE LOS ÓRGANOS DE LOS PODERES DEL ESTADO

1. *La elección popular de los altos funcionarios del Estado*

Una de las innovaciones de la Constitución de 1999 fue, sin duda, el establecimiento de una penta división del Poder Público, entre cinco poderes, siendo en tal sentido, la única Constitución del mundo en la cual, además de los tres clásicos poderes públicos (Poder Legislativo, Poder Ejecutivo y Poder Judicial), se establecieron otros dos poderes adicionales: el Poder Ciudadano integrado por el Contralor General de la República, el Fiscal General de la República y el Defensor del Pueblo, y el Poder Electoral.

Todos los cinco poderes están regulados en la Constitución en plano de igualdad, con autonomía e independencia entre unos de otros, previéndose, para asegurarla, una específica forma de elección de los titulares de los mismos consistente en su

---

1501 Véase Allan R, Brewer-Carías, *Golpe de Estado y proceso constituyente en Venezuela,* Universidad Nacional Autónoma de México, México 2002.

elección popular por el pueblo, en forma directa en algunos casos, y en forma indirecta en otros, es decir, mediante elecciones de primer y de segundo grado, todo con el objeto de asegurar que ningún Poder dependa de otro, y pueda haber contrapesos entre ellos.

Esta conformación democrática en la elección de los titulares de los Poderes Públicos, por lo demás, deriva del principio establecido en el artículo 6 de la Constitución el cual declara que el gobierno de Venezuela "es y será siempre democrático, participativo y electivo," lo que exige precisamente que todos los titulares de todos los órganos de los poderes públicos deben ser electos popularmente en forma democrática y participativa.

La diferencia en la elección popular entre unos y otros, está sin embargo en la forma de la misma, en el sentido de que en algunos casos, la elección popular es directa por el pueblo, mediante sufragio universal y secreto, es decir, en primer grado, como es el caso de la elección del Presidente de la República (art. 228) y de los diputados a la Asamblea Nacional (art. 186); y en otros casos, la elección popular es indirecta, en segundo grado, mediante elección realizada en nombre del pueblo, por sus representantes electos en forma directa como diputados a la Asamblea Nacional, como es el caso de los Magistrados del Tribunal Supremo de Justicia (art. 264, 265), del Contralor General de la República, del Fiscal General de la República y del Defensor del Pueblo (art. 279), y de los miembros del Consejo Nacional Electoral (art. 296).

Ello implica que en ambos casos, conforme a las previsiones constitucionales, todos los titulares de los órganos de los poderes públicos tienen que ser electos popularmente, sea en forma directa o sea indirectamente. Por tanto, conforme a las previsiones de la Constitución, nadie que no sea electo directa por el pueblo puede ejercer el cargo de Presidente de la República o de diputado a la Asamblea Nacional; y nadie que no sea electo indirectamente por el pueblo a través de una mayoría calificada de diputados a la Asamblea Nacional, puede ejercer los altos cargos de los Poderes Ciudadano, Electoral y Judicial.

En el segundo caso de elección popular indirecta, por tanto, solo la Asamblea Nacional actuando como cuerpo elector, puede designar a los titulares de los órganos de los Poderes Ciudadano, Electoral y Judicial, y ello exclusivamente por la mayoría calificada de las 2/3 partes de los diputados a la misma como representantes del pueblo que son.

2. *La lógica democrática representativa y participativa en la elección*

Todas estas previsiones constitucionales que regulan la elección popular de los titulares de todos los Poderes Públicos, para asegurar la autonomía e independencia de los mismos, responden a la lógica democrática representativa y participativa que deriva de la mencionada declaración del artículo 6 de la Constitución que impone como principio pétreo que "el gobierno es y será siempre democrático, participativo, electivo."

En cuanto a la lógica democrático representativa, además de asegurar la elección mediante sufragio universal, directo y secreto del Presidente de la república y de los diputados a la Asamblea nacional, a los efectos de garantizar la mayor representatividad democrática en la elección popular indirecta de los Magistrados del Tribunal

Supremo de Justicia, del Contralor General de la República, del Fiscal General de la República, del Defensor del Pueblo y de los miembros del Consejo Nacional Electoral, la Constitución dispone que la misma sólo puede hacerse con el voto de una mayoría calificada de las 2/3 de los diputados que integran la Asamblea Nacional. Esta mayoría calificada está establecida en forma expresa respecto de la elección del Contralor General de la República, del Fiscal General de la República y del Defensor del Pueblo (art.279), y de los miembros del Consejo Nacional Electoral (art. 296); y en forma implícita respecto de la elección de los Magistrados del Tribunal Supremo de Justicia al exigirse dicha votación calificada para su remoción (art. 264, 265).

Con ello, el Constituyente, a falta de prever la elección popular directa de dichos altos funcionarios, estableció la elección indirecta, pero asegurando una representatividad democrática calificada.

La consecuencia de todo ello es que la técnica de la elección difiere según se trate de elección directa o indirecta. En el caso de la elección directa por el pueblo, cada persona o elector vota por el candidato de su preferencia; en cambio que en la elección indirecta, el cuerpo electoral de segundo grado que es el integrado por los diputados a la Asamblea Nacional, tiene que llegar a un acuerdo para elegir, lo que es la lógica democrática de funcionamiento cuando un grupo político no controla la mayoría calificada de los diputados. En estos casos, por más mayoritario que sea, tiene que renunciar a pretensiones hegemónicas y necesariamente tiene que llegar a acuerdos, compromisos o consensos con las diversas fuerzas políticas, de manera que se pueda asegurar la mayoría calificada de los votos. En democracia, no hay otra forma de realizar la elección indirecta, y en ningún caso, la fuerza política que sea mayoritaria, pero que no controla la mayoría calificada de votos, puede pretender imponer su voluntad individualmente, pues ello sería antidemocrático.

Lo importante a destacar, en todo caso, es que en estos casos de elección indirecta de los altos funcionarios del Estado, la Asamblea Nacional no actúa constitucionalmente como cuerpo legislador ordinario o general, sino como cuerpo electoral, al punto que las competencias que le corresponden como tal cuerpo electoral ni siquiera están incluidas entre las competencias generales de la Asamblea enumeradas en el artículo 187 de la Constitución. Ello implica que en el ejercicio de las competencias como cuerpo elector, la Asamblea Nacional en virtud de la Constitución, no está sometida al régimen general de mayorías que se aplican y rigen para su funcionamiento general de la misma como cuerpo legislador, estando en cambio sometida sólo al régimen de mayoría calificada que regulan los artículos 264, 265, 279 y 296 de la propia Constitución.

Por su parte, en cuanto a la lógica democrático participativa en los casos de elección popular indirecta, ello implica, también para garantizar la mayor participación democrática, que la elección popular indirecta de los Magistrados del Tribunal Supremo de Justicia, del Contralor General de la República, del Fiscal General de la República, del Defensor del Pueblo y de los miembros del Consejo Nacional Electoral, no puede hacerse mediante la sola voluntad de los diputados de la Asamblea Nacional con la mayoría calificada exigida, sino que sólo puede hacerse mediante un procedimiento en el cual se asegure, que antes de que se efectúe la elección mediante dicha mayoría, se asegure la participación ciudadana a través de unos Comités de Postulaciones que son: el Comité de Postulaciones Judiciales (arts. 264,

270),[1502] el Comité de Evaluación de Postulaciones del Poder Ciudadano (art. 279)[1503] y Comité de Postulaciones Electorales (art. 295),[1504] que deben estar integrados con representantes de los diversos sectores de la sociedad; es decir, con personas provenientes de la sociedad civil, lo que implica que en los mismos no tienen cabida los funcionarios públicos. Por tanto, los diputados a la Asamblea Nacional no podrían formar parte de dichos Comités, siendo inconstitucional su inclusión en los mismos.[1505]

Ahora bien, la lógica democrática representativa y participativa en la elección indirecta de los titulares de los Poderes Públicos es de tal naturaleza en la Constitución[1506] que, por ejemplo, en cuanto a la elección de los titulares de los órganos del Poder Ciudadano, el artículo 279 dispone que si de la terna de candidatos para cada cargo que presente el Comité de Evaluación de Postulaciones del Poder Ciudadano ante la Asamblea Nacional, ésta, en un lapso no mayor de treinta días continuos, no logra acuerdo para escoger al titular del órgano del Poder Ciudadano que esté en consideración con el voto favorable de las dos terceras partes de sus integrantes, entonces "el Poder Electoral someterá la terna a consulta popular."

Nada de esto, sin embargo, se cumplió en diciembre de 2014, y los titulares de los órganos del Poder Ciudadano, es decir, el Contralor General de la República, el Fiscal General de la República y el Defensor del Pueblo; los miembros del Consejo Nacional Electoral y los Magistrados del Tribunal Supremo de Justicia, fueron designados inconstitucionalmente por una mayoría simple de los diputados de la Asamblea Nacional o por la Sala Constitucional del Tribunal Supremo de Justicia, violándose la Constitución en lo que fue un golpe de Estado. Para darlo, el Presidente de la Asamblea Nacional y un conjunto de diputados, conspiraron con la Fiscal General de la República, los otros miembros del Consejo Moral Republicano, y con los magistrados de la Sala Constitucional del Tribunal Supremo, en un caso, cometiendo un fraude a la Constitución, y en otro, mutando ilegítimamente su texto.

1502 De acuerdo con el artículo 270, el Comité de Postulaciones Judiciales "estará integrado por representantes de los diferentes sectores de la sociedad."

1503 De acuerdo con el artículo 279, el Comité de Evaluación de Postulaciones del Poder Ciudadano, "estará integrado por representantes de diversos sectores de la sociedad."

1504 De acuerdo con el artículo 295, el Comité de Postulaciones Electorales "estará integrado por representantes de los diferentes sectores de la sociedad."

1505 Véase los comentarios sobre esto en Allan R. Brewer-Carías, "La participación ciudadana en la designación de los titulares de los órganos no electos de los Poderes Públicos en Venezuela y sus vicisitudes políticas", en *Revista Iberoamericana de Derecho Público y Administrativo*, Año 5, Nº 5-2005, San José, Costa Rica 2005, pp. 76-95.

1506 A ello se agrega, como lo indica María Amparo Grau: la importancia de las funciones de dichos órganos del Poder Ciudadano, que requieren el mayor consenso en su selección, a estos competen atribuciones de control de la legalidad y actuación ética de los funcionarios públicos, control del uso legal y ético del dinero y de los bienes del Estado, la protección de los derechos humanos, la buena marcha de la justicia y la investigación y acción penal. Debe evitarse su dependencia política, de allí el necesario consenso para garantizar que este Poder sea un muro de contención a la arbitrariedad, a la corrupción y a la delincuencia." Véase en maria Amparo Grau, *"Golpe a la Constitución ¡de nuevo!,"* en *El Nacional*, Caracas, 24 de diciembre 2014.

II. LA INCONSTITUCIONAL ELECCIÓN DE LOS TITULARES DEL PODER CIUDADANO Y LA ILEGÍTIMA MUTACIÓN DEL ARTÍCULO 297 DE LA CONSTITUCIÓN.

En efecto, con fecha 22 de diciembre de 2014, la Asamblea Nacional, por mayoría simple, como si estuviese actuado como órgano legislador general, ignorando el status de cuerpo electoral que para ello tenía conforme a la Constitución, designó a los titulares de los órganos del Poder Ciudadano, es decir, al Contralor General de la República, al Fiscal General de la República y al Defensor del Pueblo, en franca violación al artículo 279 de la Constitución, y contra toda la lógica democrático representativa y participativa que establece el artículo 6 de la misma, y que desarrolla en este caso el artículo 279 de la misma..

En efecto, dicha norma del artículo 279 dispone que:

> ***Artículo 279.*** El Consejo Moral Republicano convocará un Comité de Evaluación de Postulaciones del Poder Ciudadano, el cual estará integrado por representantes de diversos sectores de la sociedad; adelantará un proceso público de cuyo resultado se obtendrá una terna por cada órgano del Poder Ciudadano, la cual será sometida a la consideración de la Asamblea Nacional. Esta, mediante el voto favorable de las dos terceras partes de sus integrantes, escogerá en un lapso no mayor de treinta días continuos, al o a la titular del órgano del Poder Ciudadano que esté en consideración. Si concluido este lapso no hay acuerdo en la Asamblea Nacional, el Poder Electoral someterá la terna a consulta popular.
>
> En caso de no haber sido convocado el Comité de Evaluación de Postulaciones del Poder Ciudadano, la Asamblea Nacional procederá, dentro del plazo que determine la ley, a la designación del titular o la titular del órgano del Poder Ciudadano correspondiente.
>
> Los o las integrantes del Poder Ciudadano serán removidos o removidas por la Asamblea Nacional, previo pronunciamiento del Tribunal Supremo de Justicia, de acuerdo con lo establecido en la ley.
>
> Para cualquier lector ligeramente informado, en cuanto a la elección de los titulares del Poder Ciudadano, la norma dice esencialmente lo que expresa su propio texto, sin que sea necesaria interpretación alguna, en el sentido de que la elección de dichos altos funcionarios la hace la Asamblea Nacional "*mediante el voto favorable de las dos terceras partes de sus integrantes*," lo que responde a la lógica constitucional representativa y participativa de la configuración de la Asamblea como cuerpo elector. Ello implica, *primero*, que para garantizar la máxima representatividad de la elección a su cargo, en segundo grado, en representación del pueblo, la Asamblea Nacional debe designar a los titulares del Poder Ciudadano mediante el voto favorable de las dos terceras partes de los integrantes de la misma; y *segundo*, que para garantizar la máxima participación ciudadana en la elección, la Asamblea Nacional, para tal efecto, no puede nombrar a quien sólo escoja y decida dicha mayoría calificada de diputados, sino sólo entre los candidatos que se le indiquen en una terna que le debe presentar el Comité de Evaluación de Postulaciones del Poder Ciudadano, el cual debe estar integrado por representantes de diversos sectores de la sociedad.
>
> La única excepción a esta lógica constitucional democrática representativa y participativa que el texto fundamental le impone a la Asamblea Nacional actuando como tal órgano elector, no se refiere al principio democrático representativo del

mismo, sino sólo al principio democrático participativo, al disponer que en caso de no que no se haya podido convocar el Comité de Evaluación de Postulaciones del Poder Ciudadano y, por tanto, aún en ausencia del mecanismo de participación popular que regula la Constitución, la Asamblea Nacional debe proceder como tal órgano elector, "a la designación del titular o la titular del órgano del Poder Ciudadano correspondiente," por supuesto, únicamente en la forma indicada con el voto favorable de las dos terceras partes de sus integrantes, pues dicha lógica democrática representativa no está sujeta a excepción alguna.

Por tanto, no es necesario siquiera ser curioso en leyes, para leer y entender bien lo que la norma dice.

Sin embargo, en un evidente fraude a la Constitución,[1507] y mutando su contenido, todo ejecutado como parte de una conspiración para violarla y cambiarla con violencia institucional, en la cual participaron el Presidente de la Asamblea Nacional y un grupo de diputados, la Presidenta del Consejo Moral Republicano y sus otros miembros y los magistrados de la Sala Constitucional del Tribunal Supremo de Justicia, el 22 de diciembre de 2014 la Asamblea Nacional procedió a designar al Contralor General de la República, al Fiscal General de la República y al Defensor del Pueblo sin sujetarse a la mayoría calificada con la cual sólo puede actuar como órgano elector, procediendo a hacerlo con el voto de una mayoría simple de los diputados como si se tratase de una actuación más del órgano legislativo general, violando el principio democrático representativo de la elección popular indirecta de dichos altos funcionarios de los Poderes Públicos establecido den la Constitución.[1508]

1507 Lo que no ha sido infrecuente en la conducta de los Poderes Públicos en los últimos tres lustros. Véase por ejemplo, lo indicado en Allan R. Brewer-Carías: *Reforma constitucional y fraude a la constitución (1999-2009)*, Academia de Ciencias Políticas y Sociales, Caracas 2009; "Reforma Constitucional y fraude a la Constitución: el caso de Venezuela 1999-2009," en Pedro Rubén Torres Estrada y Michael Núñez Torres (Coordinadores), La reforma constitucional. Sus implicaciones jurídicas y políticas en el contexto comparado, Cátedra Estado de Derecho, Editorial Porrúa, México 2010, pp. 421-533; "La demolición del Estado de Derecho en Venezuela Reforma Constitucional y fraude a la Constitución (1999-2009)," en El Cronista del Estado Social y Democrático de Derecho, Nº 6, Editorial Iustel, Madrid 2009, pp. 52-61; "El autoritarismo establecido en fraude a la Constitución y a la democracia, y su formalización en "Venezuela mediante la reforma constitucional. (De cómo en un país democrático se ha utilizado el sistema eleccionario para minar la democracia y establecer un régimen autoritario de supuesta "dictadura de la democracia" que se pretende regularizar mediante la reforma constitucional)" en el libro: Temas constitucionales. Planteamientos ante una Reforma, Fundación de Estudios de Derecho Administrativo, FUNEDA, Caracas 2007, pp. 13-74.

1508 Como lo observó Sergio Sáez, apenas se adoptó la decisión de la Asamblea Nacional:"Queda en el ambiente el sabor amargo de complicidad entre los poderes. Unos por no cumplir con sus obligaciones ante la evidencia de haber estado acéfala la Contraloría General de la República por tanto tiempo; otros ante la proximidad del vencimiento de los restantes titulares del Consejo Moral Republicano, y haber planteado la imposibilidad que de cumplir con el proceso contemplado en la Constitución, para salvaguardar la reelección de sus miembros; otro poder al buscar los vericuetos de la Ley para desprenderse de la responsabilidad de verse obligado a escoger los titulares en cumplimiento estricto de la Ley; y, el último, al hacer uso de su capacidad discrecional nuevamente para mutar la Constitución en lugar de interpretarla ajustada al legítimo canon del Derecho Constitucional." Véase en Sergio Sáez, "Bochorno y desgracia en la Asamblea Nacional," 23 de diciembre de 2014, en http://www.academia.edu/9879823/Venezuela_Bochorno_y_desgracia_en_la_Asamblea._de_Ing._Sergio_Saez y en http://www.frentepatriotico.com/inicio/2014/12/24/bochorno-y-desgracia-en-la-asamblea-nacional/

Este fraude constitucional, como lo destacó José Ignacio Hernández, se cometió en "seis actos,"[1509] que en esencia fueron los siguientes:

Primer acto: El Consejo Moral Republicano, integrado por los titulares de los tres órganos que lo forman (Contraloría General de la República, Fiscalía General de la República y Defensor del Pueblo), en septiembre de 2014, y bajo la presidencia de la Fiscal General de la República, elaboró, conforme al artículo 279 de la Constitución, unas *Normas Relativas para la convocatoria y conformación del Comité de Evaluación de Postulaciones del Poder Ciudadano, que debía ser integrado* "por representantes de diversos sectores de la sociedad," y cuyos miembros debían haber sido designados por dicho Consejo Moral Republicano. A tal efecto, sus miembros se declararon en sesión permanente.[1510]

Segundo acto: A finales de noviembre de 2014, la Presidenta del Consejo Moral Republicana informó públicamente que no hubo "consenso" para designar a los miembros del Comité de Evaluaciones, sin dar explicación de naturaleza alguna, sobre todo cuando en ese momento los titulares de dichos órganos, todos, eran adeptos al gobierno y a su partido. Nadie, por supuesto, podrá creer , que esos altos funcionarios gubernamentales no pudieron ponerse de acuerdo en designar unos miembros de dicho Comité.

Tercer acto: La Asamblea Nacional, sin competencia alguna para ello, el 2 de diciembre de 2014 designo a los miembros del referido Comité de Evaluación de Postulaciones del Poder Ciudadano. Sin embargo, ningún órgano del Estado que no sea el Consejo Moral Republicano, tiene competencia constitucional alguna para designar dichos miembros del Comité de Postulaciones, por lo que al efectuar la designación de dicho Comité por la Asamblea Nacional, se violó el artículo 279 de la Constitución, aun cuando la Asamblea haya reconocido que el Consejo Moral Republicano había incumplido su obligación constitucional de designarlos.

Cuarto acto: El Presidente de la Asamblea Nacional, el viernes 19 de diciembre de 2014, declaró públicamente que la Asamblea procedería a designar a los titulares de los órganos del Poder Ciudadano, para lo cual procedió a solicitar a la Sala Constitucional del Tribunal Supremo de Justicia la "interpretación constitucional" del artículo 279 de la Constitución, para que ésta avalara la posibilidad de la elección de los titulares de los órganos del Poder Ciudadano por parte de la Asamblea con el voto de solo una mayoría simple, ignorando su status, en esos casos, de órgano elector que sólo puede decidir con una mayoría calificada de las 2/3 partes de sus miembros. Paralelamente, el Presidente de la Asamblea Nacional, procedió a convocar a una sesión de la Asamblea a realizarse el sábado 20 de diciembre de 2014; sin embargo, como seguramente habría constatado que la Sala Constitucional no podía sacar la sentencia que él mismo había solicitada se dictara, de un día para otro, la sesión convocada para el 20 de diciembre fue entonces estratégicamente diferida

1509 Véase José Ignacio Hernández, "La designación del Poder Ciudadano: fraude a la Constitución en 6 actos;" en *Prodavinci,* 22 de diciembre, 2014, en http://prodavinci.com/blogs/la-designacion-del-poder-ciudadano-fraude-a-la-constitucion-en-6-actos-por-jose-i-hernandez/

1510 Véase la nota: "Consejo Moral activa conformación del Comité que evaluará postulaciones de aspirantes al Poder Ciudadano,"en http://www.cmr.gob.ve/index.php/noticia/84-cmr-aspirante.

para el lunes 22 de diciembre de 2014. Así se le dejaba tiempo a la Sala Constitucional para dictar sentencia durante el fin de semana.

Quinto acto: La Sala Constitucional, entonces, muy diligentemente y con ponencia conjunta, pudo elaborar la sentencia solicitada entre los días sábado 20 y domingo 21 de diciembre de 2014, la cual fue publicada el lunes 22 de diciembre de 2014, justo antes de que tuviera lugar la sesión de la Asamblea Nacional que había sido convocada para elegir los titulares de los poderes públicos. La Sala Constitucional en dicha sentencia concluyó, en esencia, y por supuesto en forma inconstitucional, que como el segundo párrafo del Artículo 279 de la Constitución supuestamente no especificaba cuál mayoría se requería para designar a los representantes del Poder Ciudadano – lo que por supuesto no era necesario pues ya estaba indicado en el primer párrafo de la norma - , entonces debía entenderse que esa designación era por la "mitad más uno de los diputados y diputadas presentes en la sesión parlamentaria que corresponda," ignorando el carácter de órgano elector de la Asamblea Nacional en esos casos, para realizar, en representación del pueblo, una elección de segundo grado

Sexto acto: La Asamblea Nacional procedió a designar a los titulares de los órganos del Poder Ciudadano, y entre ellos, ratificando en la Fiscalía General de la República, a la misma Fiscal General de la República quien como Presidenta del Consejo Moral Republicano no había logrado un consenso para designar a los miembros del Comité de Evaluación de Postulaciones del Poder Ciudadano, y había conspirado con los otros mencionados funcionarios para cambiar con violencia institucional, inconstitucionalmente, la Constitución. Su nombramiento ilegítimo, fue reincidente, pues también había sido nombrada ilegítimamente en 2007.[1511] La Asamblea Nacional, además, nombró como Contralor General de la república, para controlar a los funcionarios del Poder Ejecutivo, a quien estaba ejerciendo de Procurador General de la república, es decir, abogado del Estado sujeto a las instrucciones del Poder Ejecutivo. Y como Defensor del Pueblo a un conocido militante del partido de gobierno, ex Gobernador del uno de los Estados de la República. [1512]

1511 Véase el comentario en Allan R. Brewer-Carías, "Sobre el nombramiento irregular por la Asamblea Nacional de los titulares de los órganos del poder ciudadano en 2007", en Revista *de Derecho Público*, N° 113, Editorial Jurídica Venezolana, Caracas 2008, pp. 85-88.

1512 Véase el Acuerdo de la Asamblea Nacional en *Gaceta Oficial* N° 40.567 de 22 de diciembre de 2014. Así resumió el periodista Alex Velázquez lo ocurrido en la Asamblea Nacional para justificar la inconstitucional decisión de elegir con mayoría simple de diputados presentes a los titulares del Poder Ciudadano: "El chavismo jugó sus cartas. En las cuatro horas que duró la sesión extraordinaria de ayer, la bancada oficialista de la Asamblea Nacional se garantizó –en contra de lo que señala la Constitución, pero con el visto bueno del TSJ– el control del Poder Ciudadano.[…]. ¿Cómo lo hicieron? Con una explicación engorrosa, el diputado Pedro Carreño dijo que los 110 votos que ordena el artículo 279 de la Constitución solo son necesarios si la selección se hace luego de que el Consejo Moral Republicano instala el Comité de Postulaciones del Poder Ciudadano. Pero como eso no ocurrió, la carta magna señala que le corresponde a la Asamblea la designación y "no menciona cuántos votos son necesarios" en ese caso. Como le toca al Parlamento, dijo el diputado, se aplica el Reglamento Interior y de Debate, que indica que las decisiones de la Asamblea serán por mayoría absoluta –la mitad más uno de los presentes–, "salvo las que la Constitución o este reglamento especifiquen". En caso de que quedara alguna duda, el presidente del Parlamento, Diosdado Cabello, sorprendió con un anuncio: acudió el 19 de diciembre al TSJ a pedir "de urgencia" que la Sala Constitucional aclarara cuántos votos son necesarios. "Como no soy abogado, y para que no vengan a decir que soy bruto, fui al TSJ para que explique el

Como bien lo intuyó José Ignacio Hernández en su análisis del caso, el primer acto de la conspiración estuvo a cargo de la Fiscal General de la República, como Presidenta del Consejo Moral Republicano, al supuestamente no haber podido llegar a un "acuerdo" o "consenso" con los otros titulares del Poder Ciudadano para designar los miembros del Comité de Evaluación del Consejo Moral Republicano. Con ello, permitió que se abriera la posibilidad del fraude constitucional en la designación de los titulares del Poder Ciudadano por la Asamblea Nacional, sin la mayoría calificada que exigía su condición de órgano elector, recurriéndose en forma aislada al segundo párrafo del Artículo 279 de la Constitución, y proceder así a su elección por mayoría simple. El tercer acto de la conspiración estuvo a cargo del Presidente de la Asamblea Nacional al diferir la sesión de la misma prevista para la designación mencionada, y solicitar a la Sala Constitucional la interpretación constitucional de la norma, con lo que tuvo lugar el quinto acto de la conspiración, esta vez a cargo de los magistrados de la Sala Constitucional, al pronunciarse en el sentido solicitado, desconocer el status de la Asamblea nacional en estos casos como cuerpo elector, y materializar el fraude constitucional, permitiendo la elección de los titulares del Poder ciudadano por mayoría simple de votos de los diputados, como si se tratase de un acto más de un órgano legislador.

De todo esto, José Ignacio Hernández concluyó indicando, con razón, que:

> "con esa designación, se materializó el fraude a la Constitución: una mayoría de las 2/3 partes pasó a ser una mayoría "simple" o "absoluta". La designación de los representantes del Poder Ciudadano por la mayoría simple o absoluta de los integrantes de la Asamblea puede ser calificado técnicamente de "fraude a la Constitución", pues la violación de la Constitución resulta de una serie de actos que en apariencia son válidos, pero en el fondo implican una clara violación al Artículo 279 de la Constitución, de acuerdo con el cual la designación de los representantes del Poder Ciudadano debe hacerse por la mayoría de las 2/3 partes de los integrantes de la Asamblea Nacional. De hecho, el Artículo 279 constitucional fue modificado, para avalar la designación de los representantes del Poder Ciudadano por mayoría "simple" o "absoluta".[1513]

El artífice del fraude constitucional, en todo caso, finalmente fue la Sala Constitucional del Tribunal Supremo, al dictar la sentencia N° 1864 de 22 de diciembre de

---

proceso de selección del Poder Ciudadano", dijo. La respuesta fue publicada ayer mismo en la página del máximo tribunal. Reafirmó, exacta, la tesis de Carreño: que como el dictamen recae en la Asamblea porque el Consejo Moral no realizó el proceso, las decisiones "se toman por mayoría absoluta, salvo las que la Constitución o el reglamento especifiquen".El diputado Stalin González (UNT) aclaró que no son dos procedimientos distintos y que en ambos casos se necesitan las dos terceras partes de los diputados. Se preguntó si el comité nunca se instaló, precisamente, para cometer fraude a la Constitución.". Véase Alex Vásquez, "Imponen al Poder Ciudadano al margen de la Constitución," en *El Nacional*, 23 de diciembre de 2014, en http://www.el-nacional.com/politica/Imponen-Poder-Ciudadano-margen-Constitucion_0_542345921.html

1513 Véase José Ignacio Hernández, "La designación del Poder Ciudadano: fraude a la Constitución en 6 actos;" en *Prodavinci,* 22 de diciembre, 2014, en http://prodavinci.com/blogs/la-designacion-del-poder-ciudadano-fraude-a-la-constitucion-en-6-actos-por-jose-i-hernandez/

2014,[1514] en respuesta a la solicitud que le formuló "el ciudadano General de División[1515] Diosdado Cabello Rondón, en su condición de Presidente de la Asamblea Nacional" "de interpretación acerca del contenido y alcance del artículo 279 de la Constitución," alegando incorrecta y falsamente que la

"Constitución establece claramente dos procedimientos para la designación y cada uno con su metodología. En la primera acepción cuando la Asamblea recibe la terna del comité de postulaciones del Poder Ciudadano, se establecen tres condiciones: a) el lapso para la designación (30 días), b) votación por las (2/3) dos terceras partes y c) de no tenerse dicha votación procede el Poder Electoral al sometimiento de la terna a consulta pública.

Para el segundo procedimiento cuando el Poder Ciudadano no logra conformar el comité de evaluación de postulaciones del Poder Ciudadano, el constituyente impone a la Asamblea Nacional la responsabilidad directa de dicha designación, sin otro requerimiento que el lapso de 30 días. En ese sentido se asume que al no estar expresamente establecida la votación calificada, el procedimiento de designación es por mayoría absoluta, a tenor de lo establecido en el artículo 89 del Reglamento de Interior y Debates de la Asamblea Nacional."

La premisa de la cual partió el mencionado "general de división" para formular su recurso de interpretación es falsa, pues la norma constitucional cuya "interpretación" se buscaba no establece sino un solo procedimiento para que, actuando como cuerpo elector y con un mecanismo de participación ciudadana, la Asamblea elija a los titulares de los mencionados Poderes Públicos, con el voto de las 2/3 partes de sus miembros, siendo la segunda parte del artículo una excepción exclusivamente referida al mecanismo de participación ciudadana revisto, que no afecta el sistema de votación. Por tanto, en realidad, la norma no da origen a "duda compleja" alguna, siendo sencillamente falso el argumento del Presidente de la Asamblea de que primero, "las dos terceras partes solamente son requeridas para el caso, en que se haya convocado al Comité de Evaluación de Postulaciones del Poder Ciudadano," y segundo de que en caso de que "no se haya convocado al Comité de Evaluación de Postulaciones del Poder Ciudadano, entonces procedería la designación de los titulares del mismo por la mayoría absoluta o simple.

1514 La sentencia se publicó inicialmente el 22 de diciembre de 2014 en http://www.tsj.gob.ve/decisiones/scon/diciembre/173494-1864-221214-2014-14-1341.HTML. A los pocos días se montó en: http://historico.tsj.gov.ve/decisiones/scon/diciembre/173494-1864-221214-2014-14-1341.HTML

1515 Así apareció en la página web del Tribunal Supremo de Justicia cuando personalmente la consulté el mismo día 22 de diciembre de 2014 (en http://www.tsj.gob.ve/decisiones/scon/diciembre/173494-1864-221214-2014-14-1341.HTML). Posteriormente el texto de la sentencia fue modificado en dicha página web, eliminándose el grado militar de esa persona, y por supuesto, sin que el lector pueda saber en qué otros aspectos el texto de la sentencia pudo haber sido ilegítimamente modificado. Véase en http://historico.tsj.gov.ve/decisiones/scon/diciembre/173494-1864-221214-2014-14-1341.HTML Véase sobre esto, lo indicado en la Nota: "Sala Constitucional forjó sentencia que autoriza nombrar autoridades con mayoría simple,"enhttps://cloud-1416351791-cache.cdn-cachefront.net/sala-constitucional-forjo-sentencia-que-autoriza-nombrar-autoridades-con-mayoria-simple/#.VJ2Y5U9KGAE.twitter.

Con estas premisas falsas, y conforme se adujo, se solicitó "con urgencia" a la "docta Sala Constitucional del Tribunal Supremo de Justicia, última y máxima intérprete de nuestra Carta Magna, la interpretación del artículo 279 de la Constitución.

Y efectivamente, la Sala Constitucional, sin mayor argumentación, y sin referirse a la supuesta "duda razonable en cuanto al contenido, alcance y aplicabilidad de las normas constitucionales, respecto del supuesto fáctico" en que se encontraba el militar accionante, actuando además como Presidente de la Asamblea Nacional, muy diligente y sumisamente, durante un fin de semana, hizo lo que aquél le pidió (¿ordenó?). Para ello, consideró que el asunto era de mero derecho, eliminó el derecho de los diputados que tuvieran otra opinión distinta sobre la "interpretación" solicitada y sobre su actuación en el cuerpo elector, a ser oídos y a formular alegatos, en violación del artículo 49 de la Constitución, procediendo a decidir "sin más trámites," sin tomar en cuenta "los valores y principios axiológicos en los cuales se asienta el Estado Constitucional venezolano" como Estado democrático, que exige que los titulares del Poder Ciudadano sean designados mediante elección popular de segundo grado por la Asamblea Nacional con el voto de las 2/3 partes de los diputados, que son los términos establecidos en la Constitución.

Al contrario, la Sala lo que decidió fue que ese carácter de cuerpo elector de la Asamblea Nacional actuando con mayoría calificada, sólo existiría cuando el Consejo Moran republicano "haya convocado un Comité de Evaluación de Postulaciones del Poder Ciudadano," de manera que supuestamente, si el mismo no se convoca, la Asamblea deja de ser cuerpo elector, y pasa a ser el órgano legislativo general, pudiendo entonces proceder a realizar la elección de dichos altos funcionarios, con mayoría simple, conforme al Reglamento Interior y de Debates de la Asamblea Nacional (art. 89), entendiendo por ello la "mayoría absoluta, que es aquella consistente en la manifestación afirmativa de la mitad más uno de los diputados y diputadas presentes."[1516] Es decir, ni siquiera la mitad más uno de los diputados electos que componen la Asamblea, sino sólo de los presentes en la sesión, lo que por supuesto es contrario a "los valores y principios axiológicos en los cuales se asienta el Estado Constitucional" que en este caso son los principios democráticos que derivan del carácter de cuerpo elector de segundo grado que la norma le asigna a la Asamblea Nacional.

1516 Como se informó en *El Carabobeño* sobre lo dicho por Pablo Aure: "El Gobierno nacional utiliza al Tribunal Supremo de Justicia para violar la Constitución nacional y permanecer en el poder, afirmó Pablo Aure, coordinador del movimiento Valencia se Respeta. Puso como ejemplo "la confabulación de la Asamblea Nacional con la Sala Constitucional del Tribunal Supremo de Justicia para "con un grosero ardid" interpretar el artículo 279 de la Constitución que establece que, para nombrar el Poder Ciudadano, se requiere la aprobación de las dos terceras partes de los integrantes de la Asamblea Nacional. Sin embargo, la Sala Constitucional de manera fraudulenta interpretó que dicho porcentaje solo se requiere en el caso de que los candidatos a conformar el Poder Ciudadano sean propuestos por el Comité de Evaluación de Postulaciones del Poder Ciudadano. Pero, como de allí no partió la propuesta, bastaba con una mayoría simple, señaló Aure. Eso es una barbaridad, porque es ilógico pensar que la Constitución sea menos exigente para nombrar a esos funcionarios, en el caso de que los mismos hubiesen sido previamente preseleccionados por un comité de evaluación de postulaciones, pues la calificación para tales nombramientos, no viene dada por la forma de su preselección sino por la importancia de los cargos del Poder Ciudadano, explicó la autoridad universitaria" Véase en Alfredo Fermín, "Aure: El Gobierno utiliza al TSJ para violar la Constitución," en *El Carabobeño,* Valencia, 24 de diciembre de 2014.

Como lo ha destacado María Amparo Grau, a la Sala Constitucional "no le está dado dictar sentencias contrarias al requisito que el texto, claro, diáfano y meridiano de la Constitución expresa, aunque el partido de gobierno confío que la solución del tema saldría de la sabia decisión de este órgano judicial."[1517] Pero en lugar de haber sido una sabia decisión, la interpretación dada por la Sala es tan absurda que de una elección popular en segundo grado atribuida a un cuerpo elector como la Asamblea nacional asegurando una máxima representatividad democrática con el voto de las 2/3 partes de los diputados electos, pasó a permitir la elección de los altos funcionarios con la mayoría simple (la mitad más uno) de los diputados presentes en la sesión respectiva, lo que es una distorsión total del sentido democrático de la elección de segundo grado regulada. De manera que al contrario de lo decidido por la Sala, la no especificación en el segundo párrafo del artículo 279 Constitucional de un régimen de mayoría específico para la adopción del nombramiento por la Asamblea Nacional, de los titulares del Consejo Moral Republicano, lo que tiene que entenderse es que ello no cambia el régimen de mayoría calificada previsto en la norma, no teniendo ningún asidero constitucional indicar que se aplica la mayoría absoluta propia del funcionamiento ordinario del órgano legislador.

Con lo decidido por la Sala, por tanto, lo que ha se ha producido es una mutación constitucional totalmente ilegitima, pues conservando el mismo texto del artículo 279 de la Constitución, la Sala Constitucional ha cambiado su propósito y sentido, desnaturalizando el carácter de cuerpo elector de segundo grado de la Asamblea nacional que sólo puede actuar con voto de las 2/3 partes de los diputados electos, permitiendo en cambio que con una mayoría simple de los diputados presentes en una sesión se pueda elegir a los titulares del Poder Ciudadano; todo ello, para materializar la conspiración para cambiar con violencia institucional la Constitución, que desarrollaron la Fiscal General de la República y los otros miembros del Consejo Moral Republicano, y el Presidente y algunos diputados de la Asamblea Nacional.

Sobre ello, Román José Duque Corredor observó con razón que:

La anterior interpretación resulta acomodaticia y forzada porque al no poder obtener el partido oficial las dos terceras partes requeridas, en el lapso constitucionalmente establecido, se debía someter a una consulta popular las designaciones, por lo que por esta Sentencia se sustituyó la soberanía popular por una mayoría simple, dado que estando bajo discusión en la Asamblea Nacional la designación de los miembros del Poder Ciudadano, mediante los debates pertinentes, y puesto que el Consejo Moral Republicano había enviado las respectivas ternas, subrepticiamente éste participa que no se había cumplido con la designación del Comité de Postulaciones por falta de acuerdo entre ellos para que así se designara al Poder Ciudadano por la Asamblea Nacional y no por la voluntad popular. En todo caso, en el supuesto negado que pudiera hacerlo la Asamblea Nacional, el principio intangible para la designación del Poder Ciudadano, conforme se desprende del artículo 279, constitucional, es el de la votación una mayoría calificada de dos terceras partes y no por una mayoría simple. Con esta Sentencia se violaron normas de la Constitución rela-

---

1517 Véase en María Amparo Grau, "Golpe a la Constitución ¡de nuevo!," en *El Nacional*, Caracas, 24 de diciembre 2014.

tivas a la legitimidad de los miembros del Poder Ciudadano y de respeto a la soberanía popular por la interpretación torticera que efectúo la Sala Constitucional.[1518]

Ahora, en cuanto a los funcionarios electos en esa forma contraria a la letra y el espíritu de la Constitución, como lo ha destacado María Amparo Grau, su ilegitimidad es de origen, "independientemente del desempeño, tales funcionarios lo serán de hecho, nunca de derecho," pero con el agravante de que en este caso no se aplicaría la doctrina del "funcionario de hecho" puesto que en este caso:

> "no existe buena fe en el proceder de una Asamblea que violenta de forma flagrante el procedimiento de selección de estas autoridades para imponer a los candidatos de su preferencia, sin pasar por el necesario acuerdo parlamentario con los representantes de otras tendencias políticas y sin someterse si quiera a la voluntad popular, que es la que en última instancia ha debido resolver, a falta de acuerdo sobre quienes han debido pasar a ocupar las principales posiciones de los órganos del Poder que integran el Consejo Moral Republicano. A unos días de haber celebrado oficialmente los 15 años de la Constitución, vuelven a violarla con descaro, pero esta vez pasando por encima incluso de la competencia atribuida por esta al propio soberano. Los cargos así designados están viciados por una ilegitimidad de origen que los convierte en funcionarios de facto. Estamos en un régimen caracterizado por la hipernormatividad y el discurso, pero en el que el valor de la norma, incluida la constitucional, no existe."[1519]

III. LA INCONSTITUCIONAL ELECCIÓN DE LOS MIEMBROS DEL CONSEJO NACIONAL ELECTORAL POR LA SALA CONSTITUCIONAL DEL TRIBUNAL SUPREMO DE JUSTICIA.

El mismo día 22 de diciembre de 2014, al no poder la fracción parlamentaria del partido de gobierno designar por su cuenta, sin acuerdo alguno con los otros grupos parlamentarios, a los miembros del Poder Electoral, específicamente del Consejo Nacional Electoral, por no reunir la mayoría calificada de las 2/3 partes de los diputados, el mismo Presidente de la Asamblea Nacional, Sr. Diosdado Cabello, anunció públicamente "que el Tribunal Supremo de Justicia **se encargará de designar a los rectores y suplentes del Consejo Nacional Electoral (CNE),** pues no se lograron las dos terceras partes necesarias en el Parlamento para la designación."[1520] En otra noticia relativa a la decisión adoptada por la Asamblea Nacional, se reportó que:

"La designación de los nuevos rectores del Consejo Nacional Electoral (CNE) fue enviada por la Asamblea Nacional al Tribunal Supremo de Justicia (TSJ) por no contar con la mayoría requerida por la Constitución de la República Bolivariana de

1518 Véase Carta de Román Duque Corredor por designación del Defensor del Pueblo,al Presidente del Instituto Latinoamericano del Ombudsman, 27 de diciembre de 2014, en En http://cronicasvenezuela.com/2014/12/27/carta-de-romn-duque-corredor-por-designacin-del-defensor-del-pueblo/

1519 Véase en María Amparo Grau, "Golpe a la Constitución ¡de nuevo!," en *El Nacional*, Caracas, 24 de diciembre 2014.

1520 Véase "TSJ decidirá cargos de rectores del CNE", Noticias "Globovisión, Caracas, 22 diciembre de 2014, en http://globovision.com/tsj-decidira-cargos-de-rectores-del-cne/

Venezuela y por ello corresponde a la sala Constitucional del TSJ designar a los rectores del Poder Electoral."[1521]

En consecuencia se informó en la prensa que: **"Cabello leyó y firmó la comunicación que fue** enviada "de inmediato" al máximo órgano de justicia del país,"[1522]

Esta decisión del Presidente de la Asamblea Nacional, por supuesto fue esencialmente inconstitucional, pues la misma, como cuerpo elector en segundo grado, no puede delegar sus funciones constitucionales en órgano alguno del Estado, y menos en el Tribunal Supremo de Justicia.

Por lo demás, es falso que cuando no se logre la mayoría requerida de votos de diputados para la elección de los miembros del Consejo Nacional Electoral "corresponda" al Tribunal Supremo de Justicia, realizar tal elección. Al contrario, el Tribunal Supremo carece de competencia para realizar dicha elección; y mucho menos competencia con el argumento de que en la Asamblea Nacional "no se pudo contar con la mayoría requerida por la Constitución."

La Sala Constitucional, en efecto, es ningún caso puede suplir a la Asamblea Nacional, como cuerpo elector en segundo grado, y al hacer la elección de dichos funcionarios, como en efecto lo hizo, incurrió en usurpación de autoridad que conforme al artículo 138 de la Constitución "es ineficaz y sus actos son nulos."

1. *El inconstitucional antecedente de 2003 con ocasión del control de constitucionalidad de la omisión legislativa*

Es muy probable que el Presidente de la Asamblea Nacional, para haber tomado la decisión, haya recordado la inconstitucional actuación de la Sala Constitucional del Tribunal Supremo, en designar en 2003 a los miembros del Consejo Nacional Electoral, al ejercer el control de constitucionalidad de la omisión legislativa en hacerlo, a requerimiento de un ciudadano, en ejercicio de la competencia establecida en el artículo 336.7 de la Constitución que dispone que la Sala tiene competencia para

> "Declarar la inconstitucionalidad de las omisiones del poder legislativo municipal, estadal o nacional cuando haya dejado de dictar las normas o medidas indispensables para garantizar el cumplimiento de esta Constitución, o las haya dictado en forma incompleta; y establecer el plazo y, de ser necesario, los lineamientos de su corrección."

En relación con la competencia de la Sala Constitucional de controlar la inconstitucionalidad de la omisión legislativa hemos considerado que la misma no puede conducir a la sustitución del legislador y a dictar la ley o medida respectiva, obviando la función de deliberación de la representación popular. Sin embargo, la Sala Constitucional ha forzado su rol en la materia y si bien ha reconocido que por la complejidad de la materia la Jurisdicción Constitucional difícilmente podría suplir la

---

1521 Véase "Designación de rectores y suplentes del CNE pasa al TSJ," en *Informe21.com*, Caracas, 22 de diciembre de 2014, en http://informe21.com/cne/designacion-de-rectores-y-suplentes-del-cne-pasa-al-tsj

1522 Véase "TSJ decidirá cargos de rectores del CNE", Caracas Noticias "Globovisión, 22 diciembre de 2014 en http://globovision.com/tsj-decidira-cargos-de-rectores-del-cne/

omisión del Legislador en su totalidad, señalando que "es constitucionalmente imposible incluso para esta Sala, pese a su amplia competencia constitucional, transformarse en legislador y proporcionar a la colectividad las normas que exige", sin embargo ha considerado que si está facultada para proporcionar soluciones a aspectos concretos, incluso por medio de la adopción de reglas generales que ocupen temporalmente el lugar de las normas ausentes, pero no para corregir por completo la inactividad del legislador y dictar las normas que se requieran[1523].

En estos casos, la Sala Constitucional, ha conocido del recurso por omisión de sus funciones por parte de la Asamblea Nacional, precisamente para efectuar los nombramientos de altos funcionarios públicos no electos popularmente que debe hacer conforme a la Constitución. Y eso fue lo que ocurrió en 2003 respecto del nombramiento de los miembros (rectores) del Consejo Nacional Electoral ante la omisión de la Asamblea, pero con la peculiaridad de que la Sala Constitucional no sólo declaró como inconstitucional la omisión legislativa, sino que se sustituyó en el ejercicio de tal atribución.[1524]

En efecto, en 2003, la Sala Constitucional, mediante sentencia Nº 2073 de 4 de agosto de 2003 (Caso: *Hermánn Escarrá Malaver y otros*)[1525] dictada para resolver sobre la omisión del órgano legislativo, y nombrar provisionalmente a los miembros de dicho Consejo, comenzó sin embargo por reconocer la realidad del funcionamiento político de los cuerpos deliberantes, descartando toda inconstitucionalidad en la situación, al señalar que:

> "el régimen parlamentario, en muchas oportunidades, exige la toma de decisiones por mayorías calificadas y no por mayorías absolutas o simples; y cuando ello sucede (lo que incluso puede ocurrir en el caso de la mayoría simple), si los integrantes de la Asamblea no logran el acuerdo necesario para llegar a la mayoría requerida, la elección no puede realizarse, sin que ello, en puridad de principios, pueda considerarse una omisión legislativa, ya que es de la naturaleza de este tipo de órganos y de sus votaciones, que puede existir disenso entre los miembros de los órganos legislativos nacionales, estadales o municipales, y que no puede lograrse el número de votos necesarios, sin que pueda obligarse a quienes disienten, a lograr un acuerdo que iría contra la conciencia de los votantes. Desde este ángulo no puede considerarse que existe una omisión constitucional que involucra la responsabilidad de los órganos aludidos en el artículo 336.7 constitucional."

1523 Véase sentencia Nº 1043 de 31–5–2004 (Caso: Consejo Legislativo del Estado Zulia), en *Revista de Derecho Público*, Nº 97–98, Editorial Jurídica Venezolana, Caracas 2004, p. 408.

1524 Véase Allan R. Brewer-Carías, *La Justicia Constitucional. Procesos y procedimientos constitucionales*, México, 2007, pp. 392 ss.

1525 Véase en http://historico.tsj.gov.ve/decisiones/scon/agosto/2073-040803-03-1254%20Y%201308.HTM. Véanse los comentarios en Allan R. Brewer-Carías, "El control de la constitucionalidad de la omisión legislativa y la sustitución del Legislador por el Juez Constitucional: el caso del nombramiento de los titulares del Poder Electoral en Venezuela," en *Revista Iberoamericana de Derecho Procesal Constitucional*, Nº 10 Julio-Diciembre 2008, Editorial Porrúa, Instituto Iberoamericano de Derecho Procesal Constitucional, México 2008, pp. 271-286

Ahora bien, si bien la falta de acuerdo parlamentario, es algo normal en la actuación parlamentaria representativa, en este caso, la Sala Constitucional consideró que la omisión en la designación de los miembros del Consejo nacional Electoral -aun sin ser ilegítima- podía conducir a ejercer la competencia prevista en el artículo 336.7 de la Constitución y declararla inconstitucionalidad de la omisión, estableciendo un plazo para corregirla y, de ser necesario, los lineamientos de esa concreción. Y eso fue lo que ocurrió, por lo que la Sala Constitucional en esa sentencia sólo conminó a la Asamblea Nacional omisa, otorgándole un plazo de 10 días, para que cumpliera con su obligación, expresándole que si no lo hacía dentro de dicho término, la Sala entonces procedería a corregir en lo que fuese posible la situación que naciera de la omisión concreta, que no era otra en ese caso que proceder a hacer la elección "dentro de un término de diez (10) días continuos". En la sentencia, a todo evento, la Sala hizo los siguientes razonamientos y dejó sentado los siguientes criterios, que enmarcaron la forma conforme a la cual se operaría lo que en definitiva fue un secuestro del Poder Electoral[1526]:

En *primer lugar*, que en caso de omisión de nombramientos, las designaciones que pudiera hacer la Sala no podían ser sino provisorias, de manera que los nombramientos cesarían cuando el órgano competente asumiera su competencia e hiciera los nombramientos.

En *segundo lugar*, la Sala consideró que para realizar los nombramientos provisorios, debía "adaptarse a las condiciones que la Ley exige al funcionario", pero aclarando sin embargo, que "debido a la naturaleza provisoria y a la necesidad de que el órgano funcione", la Sala no requería "cumplir paso a paso las formalidades legales que exige la Ley al elector competente, ya que lo importante es llenar el vacío institucional, hasta cuando se formalice lo definitivo," desligándose así la Sala de las exigencias legales que en cambio sí debía cumplir el elector omiso, para los nombramientos.

En *tercer lugar*, la Sala Constitucional constató la existencia del "vacío institucional", considerando que "la falta de designación de los rectores, en el lapso legal, constituye un vacío que debe esta Sala llenar, si no lo hace la Asamblea Nacional" pues la propia Sala Constitucional en sentencia precedente N° 2816 de 18 de noviembre de 2002 (Caso: *Consejo Nacional Electoral*),[1527] había materialmente paralizado, por supuesto inconstitucionalmente, el funcionamiento del Consejo Nacional Electoral que había sido designado por la Asamblea Constituyente.

La Sala Constitucional, transcurridos los 10 días que le había otorgado a la Asamblea Nacional para cumplir su obligación, al no haber logrado el partido de gobierno la mayoría de las 2/3 partes de sus integrantes de la Asamblea para imponer su criterio y elegir a los miembros del Consejo Nacional Electoral, procedió entonces en ese caso a suplir la omisión de la Asamblea Nacional, y a decidir conforme lo había querido el partido de gobierno, lo que hizo mediante sentencia N°

1526 Véase en general sobre estas decisiones Allan R. Brewer-Carías, La sala Constitucional vs. El Estado democrático de derecho,*(El secuestro del Poder Electoral y de la Sala Electoral del Tribunal Supremo y la confiscación del derecho a la participación política)*. Ediciones El nacional, Caracas 2004.

1527 Véase en http://historico.tsj.gov.ve/decisiones/scon/noviembre/2816-181102-02-1662.HTM

2341 del 25 de agosto de 2003 (Caso: *Hermánn Escarrá M. y otros*),[1528] en la cual procedió a elegir a los miembros del Consejo Nacional Electoral y a sus suplentes "de acuerdo con el artículo 13 de la Ley Orgánica del Poder Electoral," sin duda, usurpando una competencia que es exclusiva de la Asamblea Nacional,[1529] y por tanto, "extralimitándose en sus funciones y limitando injustificada e ilegítimamente la propia autonomía del Consejo Nacional Electoral como órgano rector de dicho Poder Público."[1530].

Sin embargo, se trataba, sin duda, de un antecedente, aun cuando inconstitucional, de designación de los miembros del Consejo Nacional Electoral por la Sala Constitucional, pero al cual no se hizo siquiera alusión ni en la solicitud del Presidente de la Asamblea Nacional, ni en la sentencia de la Sala Constitucional de diciembre de 2014.[1531]

2. *La nueva usurpación de las funciones de la Asamblea Nacional, como cuerpo elector, por la Sala Constitucional del Tribunal Supremo.*

En efecto, el Presidente de la Asamblea Nacional, por su cuenta y sin que ello por supuesto hubiese sido decidido por la Asamblea Nacional como cuerpo colegiado, considerando erradamente que al no haberse logrado la mayoría calificada para designar a los rectores del Consejo Nacional Electoral, supuestamente, en forma automática, le correspondía a la Sala Constitucional hacer los nombramientos, se dirigió a la misma con fecha 22 de diciembre de 2014, solicitando se procediese a materializar esa usurpación de autoridad, lo que la Sala Constitucional ejecutó, muy diligentemente, mediante sentencia N° 1865 de 26 de diciembre de 2014.[1532]

1528 Véase en http://historico.tsj.gov.ve/decisiones/scon/agosto/PODER%20ELECTORAL.HTM Véanse los comentarios en Allan R. Brewer-Carías, "El control de la constitucionalidad de la omisión legislativa y la sustitución del Legislador por el Juez Constitucional: el caso del nombramiento de los titulares del Poder Electoral en Venezuela," en *Revista Iberoamericana de Derecho Procesal Constitucional*, N° 10 Julio-Diciembre 2008, Editorial Porrúa, Instituto Iberoamericano de Derecho Procesal Constitucional, México 2008, pp. 271-286

1529 Véase Allan R. Brewer-Carías, Allan R. Brewer–Carías, "El secuestro del Poder Electoral y la confiscación del derecho a la participación política mediante el referendo revocatorio presidencial: Venezuela 2000–2004", en *Boletín Mexicano de Derecho Comparado*, Instituto de Investigaciones Jurídicas, Universidad Nacional Autónoma de México, N° 112. México, enero–abril 2005 pp. 11–73; y "La autonomía e independencia del Poder Electoral y de la Jurisdicción Electoral en Venezuela, y su secuestro y sometimiento por la Jurisdicción Constitucional," Ponencia presentada al *III Congreso Iberoamericano de Derecho Electoral*, Facultad de Estudios Superiores de Aragón de la Universidad Nacional Autónoma de México, Estado de México, 27-29 Septiembre de 2012.

1530 Véase.Allan R. Brewer-Carías, *La Justicia Constitucional. Procesos y procedimientos constitucionales*, México, 2007, p. 392.

1531 Solo fue ex post facto, mediante declaraciones públicas que la Presidenta del Tribunal Supremo el día 29 de diciembre de 2014, la misma "recordó" que "la Sala "ya actuó de la misma forma en 2003 y 2005, cuando asimismo se registraron casos de la "omisión legislativa" Véase en "Gladys Gutiérrez: En elección de rectores del CNE se siguió estrictamente el procedimiento,: Caracas 29 de diciembre de 2014, en http://www.lapatilla.com/site/2014/12/29/gladys-gutierrez-en-eleccion-de-rectores-del-cne-se-siguio-estrictamente-el-procedimiento/

1532 La sentencia inicialmente la consulté en http://www.tsj.gob.ve/decisiones/scon/diciembre/173497-1865-261214-2014-14-1343.HTML Posteriormente sólo está disponible en http://historico.tsj.gov.ve/decisiones/scon/diciembre/173497-1865-261214-2014-14-1343.HTML .

La solicitud del Presidente de la Asamblea, como lo resume la sentencia, en efecto, se limitó a señalar que en la Asamblea "no se logró alcanzar la mayoría requerida por la Constitución en su artículo 296, de las dos terceras partes de sus integrantes, para la designación de los Rectores y Rectoras del Consejo Nacional Electoral postulados o postuladas por la Sociedad Civil," razón por la cual decidió remitir "a ese máximo Tribunal, la presente información, para su consideración y fines correspondientes, según lo establecido en la Constitución de la República Bolivariana de Venezuela, en su artículo 336, numeral 7." De ello, fue la Sala Constitucional la que "dedujo" que se trataba de una solicitud de declaratoria de omisión, para lo cual elaboró sobre su competencia en los casos de ejercicio de la acción de inconstitucionalidad por omisión, desde su sentencia N° 1.556 del 9 de julio de 2002, prevista en el mencionado artículo 336.7 de la Constitución.

Sin embargo, dicha norma, como resulta de su propio texto, sólo autoriza a la Sala Constitucional a declarar que la Asamblea Nacional por ejemplo, no ha dictado una decisión prevista en la Constitución, como una ley o una medida indispensable para garantizar el cumplimiento de la Constitución, ordenando a la Asamblea a dictarla norma o medida, y eventualmente fijar los lineamientos para la corrección de la omisión, pero nunca puede la Sala Constitucional sustituir la voluntad de la Asamblea, ni dictar por si misma ni la ley ni la medida de su específica competencia.

Ahora bien, la Sala, en este caso, al analizar la legitimación activa del Presidente de la Asamblea para formular la solicitud, dado el carácter de acción popular de la acción por omisión, expresó falsamente que dicho funcionario ejerciendo "la representación del órgano parlamentario y en ejercicio de la cual declaró la imposibilidad de ese cuerpo deliberante de designar a los Rectores y Rectoras del Consejo Nacional Electoral," había solicitado a la Sala "*supla la aludida omisión*," lo cual no era cierto. Eso no lo dijo en su solicitud el mencionado funcionario. Una cosa es controlar la inconstitucionalidad de la omisión que es lo que dispone el artículo 336.7 de la Constitución, y que fue a lo único a lo cual hizo referencia el solicitante, y otra cosa es pedirle a la Sala que "supliera" a la Asamblea, es decir, que hiciera la elección en lugar del cuerpo elector, lo cual no podía hacer por ser ello inconstitucional. Pero ello fue lo que en definitiva hizo la Sala Constitucional, en un "proceso" que discrecionalmente consideró como de mero derecho, decidiéndolo "sin necesidad de abrir procedimiento alguno," para negarle a los interesados, como por ejemplo, a los propios diputados de la Asamblea Nacional que no estuviesen conformes con la petición, su derecho a ser oídos, violándose así el artículo 49 de la Constitución.

Por otra parte, como bien lo observó José Ignacio Hernández,

> "en este caso, quien ejerció la omisión fue, precisamente, el Presidente de la Asamblea Nacional, que es el órgano controlado por la acción de omisión.
>
> Al hacer ello, se llegó a una situación paradójica: la Asamblea Nacional se demandó a sí misma. En efecto, quien demandó la omisión legislativa fue el Presidente de la Asamblea, órgano que según la demanda habría incurrido en

esa omisión. Una especie de "auto-demanda", tan incoherente, que devela la inconstitucionalidad de la sentencia comentada."[1533]

Para decidir el caso, la Sala Constitucional, además de narrar lugares comunes sobre la penta división del Poder Público, e indicar que todos los cinco poderes nacionales, entre ellos el Electoral, deben contar con titulares designados conforme a los términos establecidos en la Constitución, se refirió a la información dada a la Sala por el propio Presidente de la Asamblea Nacional, lo que además consideró que era un "hecho notorio comunicacional," en el sentido de que no se había logrado "acuerdo de la mayoría respectiva de los integrantes de ese órgano al que le compete la designación de los rectores del Consejo Nacional Electoral," de lo cual la Sala evidenció "la ocurrencia de una omisión por parte del órgano parlamentario nacional," además de constatar que se habían agotado los procedimientos previstos en el artículo 296 del Texto Fundamental y en el artículo 30 de la Ley Orgánica del Poder Electoral, todo lo cual, a juicio de la Sala Constitucional, había sido reconocido por el Presidente de la Asamblea Nacional.

Precisó la Sala, que "la omisión de designación es un hecho objetivo que se constata de la solicitud que efectuó el Presidente de la Asamblea Nacional, y que obedece a que no existe en el órgano parlamentario la mayoría calificada, consistente en el voto favorable de las dos terceras partes de sus integrantes, tal como lo exige el artículo 296 del Texto Fundamental," de lo cual entonces dedujo la Sala Constitucional," declarándolo, que había entonces "la existencia de la omisión por parte de la Asamblea Nacional de designar a los Rectores y Rectoras del Consejo Nacional Electoral conforme a las postulaciones realizadas por la sociedad civil."

Bastó este simple e infundado razonamiento para que entonces, la Sala Constitucional "en atención al mandato estatuido en los artículos 296, 335 y 336, numeral 7, de la Constitución," resolviese, no conminar a la Asamblea a que cumpliera sus funciones fijándole por ejemplo un plazo para ello como ocurrió en el antecedente jurisprudencial de 2003, sino directamente a designar a los miembros del Consejo Nacional Electoral, así: "como primera rectora principal a la ciudadana Tibisay Lucena, y como sus suplentes a los ciudadanos Abdón Rodolfo Hernández y Alí Ernesto Padrón Paredes; como segunda rectora principal a la ciudadana Sandra Oblitas, y como sus suplentes a los ciudadanos Carlos Enrique Quintero Cuevas y Pablo José Durán; y como tercer rector principal al ciudadano Luis Emilio Rondón, y como sus suplentes a los ciudadanos Marcos Octavio Méndez y Andrés Eloy Brito." Luego de ello, la Sala convocó a los Rectores y Rectoras designados como principales y suplentes para su juramentación, la cual se llevó a cabo el día lunes 29 de diciembre de 2014.

La designación de estos rectores del Consejo Nacional Electoral por la Sala Constitucional, por otra parte, fue hecha en forma definitiva para el período constitucional correspondiente, abandonándose la idea de la "provisionalidad" en la designación que había prevalecido en el antecedente jurisprudencial mencionado de 2003.

1533 Véase José Ignacio Hernández, "La inconstitucional designación de los rectores del CNE," en *Prodavinci*, Caracas 27 de diciembre de 2014, en http://prodavinci.com/blogs/la-inscostitucional-designacion-de-los-rectores-del-cne-por-jose-ignacio-hernandez/

Todo ello, por supuesto, que fue inconstitucional, pues en la Asamblea Nacional, en diciembre de 2014, en realidad, no hubo omisión inconstitucional alguna por parte de la Asamblea Nacional en la elección, al punto de que el propio Presidente de la misma ni siquiera usó la palabra "omisión" en su solicitud. Es falso, por tanto lo afirmado por la Sala Constitucional en el sentido de que la referida "omisión de designación" haya sido un "hecho objetivo que se constata de la solicitud que efectuó el Presidente de la Asamblea Nacional," pues éste nada dijo al respecto.[1534] Lo único que expresó el solicitante fue que no se logró la mayoría calificada de las 2/3 partes de sus integrantes para que se pudiera materializar la elección de los miembros del Consejo Nacional Electoral. De ello, sin embargo, fue la Sala Constitucional la que falsamente dedujo que dicha mayoría calificada no existía ("no existe en el órgano parlamentario"), deduciendo entonces, como consecuencia, una supuesta "existencia de la omisión por parte de la Asamblea Nacional."

En un órgano deliberante como la Asamblea Nacional, el que no se lleguen a acuerdos parlamentarios mediante discusión y consensos, en ocasiones determinadas, no significa que haya "omisión" y menos inconstitucional. De ello se trata la democracia, precisamente de acuerdos y consensos cuando una sola fuerza política no controla la mayoría requerida para decidir. En esos casos, tiene que llegar a un acuerdo con las otras fuerzas políticas. Como lo expresó la propia Sala Constitucional en 2003, en la antes mencionada sentencia Nº 2073 de 4 de agosto de 2003 (Caso: *Hermánn Escarrá Malaver y otros*),[1535] cuando "los integrantes de la Asamblea no logran el acuerdo necesario para llegar a la mayoría requerida, la elección no puede realizarse, sin que ello, en puridad de principios, pueda considerarse una omisión legislativa, ya que es de la naturaleza de este tipo de órganos y de sus votaciones, que puede existir disenso entre los miembros de los órganos legislativos, y que no puede lograrse el número de votos necesarios, sin que pueda obligarse a quienes disienten, a lograr un acuerdo que iría contra la conciencia de los votantes." En esos casos, por tanto no hay inconstitucionalidad alguna sino necesidad de que las fuerzas políticas lleguen a un acuerdo, cediendo y acordándose mutuamente, que es lo propio en la democracia.

Como lo observó Román José Duque Corredor, la Sala Constitucional:

> "consideró como una omisión inconstitucional la falta del acuerdo político entre los integrantes de la Asamblea Nacional para alcanzar la mayoría de las 2/3 partes necesarias para designar los Rectores del CNE, cuando no se trata de falta alguna para dictar una ley o alguna medida jurídica indispensable para que se cumpla la Constitución, sino de la falta del consenso, en las discusiones par-

---

1534 Por ello José Ignacio Hernández indicó, con razón, que "se declaró una omisión que en realidad no existía." Véase José Ignacio Hernández, "La inconstitucional designación de los rectores del CNE," en *Prodavinci*, Caracas 27 de diciembre de 2014, en http://prodavinci.com/blogs/la-inscostitucional-designacion-de-los-rectores-del-cne-por-jose-ignacio-hernandez/

1535 Véase en http://historico.tsj.gov.ve/decisiones/scon/agosto/2073-040803-03-1254%20Y%201308.HTM. Véanse los comentarios en Allan R. Brewer-Carías, "El control de la constitucionalidad de la omisión legislativa y la sustitución del Legislador por el Juez Constitucional: el caso del nombramiento de los titulares del Poder Electoral en Venezuela," en *Revista Iberoamericana de Derecho Procesal Constitucional*, Nº 10 Julio-Diciembre 2008, Editorial Porrúa, Instituto Iberoamericano de Derecho Procesal Constitucional, México 2008, pp. 271-286 lamentarias, para lograr la decisión política requerida para la legitimidad democrática de origen de un órgano del Poder Público. Ese desacuerdo político no es propiamente una inactividad de la Asamblea Nacional, como lo quiere hacer ver la Sala Constitucional."[1536]

Por tanto, al decidir la Sala Constitucional, de oficio, que por no haberse logrado una determinada mayoría en la Asamblea, como la quería el partido de gobierno, ya ello es una omisión inconstitucional, lo que ha establecido es que la democracia parlamentaria en si misma es inconstitucional, siendo al contrario "constitucional" la situación en la cual un partido imponga su voluntad sin necesidad de llegar a acuerdos con los otros partidos o grupos políticos representados en la Asamblea. Se trata, en definitiva, de una decisión que legitima el autoritarismo, considerándose en ella como "constitucional" que el partido de gobierno adopte decisiones sin oposición alguna, y al contrario, como "inconstitucional" que entre en juego la democracia parlamentaria representativa, y que en alguna sesión de la Asamblea el partido de gobierno no logre imponer su voluntad por no disponer de la mayoría calificada de las 2/3 partes de los diputados, y deba llegar a acuerdos o consensos con otros grupos.[1537]

Y en medio de este absurdo, es todavía más absurdo que en forma muy antidemocrática, la Sala Constitucional no sólo usurpe el carácter de órgano elector que tiene la Asamblea Nacional en estos casos para decidir con mayoría calificada de votos de las 2/3 partes de sus miembros, sino que considere "constitucional" el hecho de que sus siete magistrados, que son personas no electas por voto directo, asumiendo dicha condición de órgano elector de la Asamblea, sustituyan la voluntad de los 2/3 de sus diputados, y designen, sin cumplir los requisitos constitucionales, a los miembros del Consejo Supremo Electoral.

Toda esta aberrante situación la resumió Román José Duque Corredor, al analizar lo que llamó el "logaritmo inconstitucional":

> "La Sala In-Constitucional , o mejor dicho , la Sala Celestina, del Tribunal Supremo de Justicia, manipula torticeramente los artículos 336.7 y 296, de la

---

1536 Véase Román José Duque Corredor, "El logaritmo inconstitucional: 7 Magistrados de la Sala Constitucional son iguales a 2/3 partes de la representación popular de la Asamblea Nacional,: Caracas 29 de diciembre de 2014, en http://www.frentepatriotico.com/inicio/2014/12/29/logaritmo-inconstitucional/

1537 Como lo ha destacado José Ignacio Hernández, "La existencia de mayorías calificadas para designar a ciertos funcionarios, como es el caso de las dos terceras partes de los integrantes de la Asamblea necesarias para designar a los Rectores del CNE, tiene un claro propósito: forzar al acuerdo de voluntades entre los distintos partidos políticos, evitando que el partido de la mayoría simple (o absoluta) dicte todas las decisiones. Esto es así, pues si un solo partido político en la Asamblea puede dictar todas las decisiones, sin tener que pactar con otros partidos, estaríamos ante lo que Alexis de Tocqueville llamó la "tiranía de la mayoría". [...] Por eso es que la Constitución de 1999 no permite a la Sala Constitucional asumir la designación de los Rectores del CNE, pues esa designación solo podía ser efectuada por la voluntad de las dos terceras partes de los diputados de la Asamblea. Es decir, no basta –no debe bastar– la voluntad de uno solo para efectuar esa designación. La Sala Constitucional asumió, así, de manera unilateral, una designación que por Constitución debía ser plural. Lo hizo, además, ignorando a esas dos terceras partes de la Asamblea –que es una entidad distinta a quien preside la Asamblea– pues ni siquiera siguió previo juicio." Véase José Ignacio Hernández, "La inconstitucional designación de los rectores del CNE," en *Prodavinci*, Caracas 27 de diciembre de 2014, en http://prodavinci.com/blogs/la-inscostitucional-designacion-de-los-rectores-del-cne-por-jose-ignacio-hernandez/

Constitución, para designar para el Consejo Nacional Electoral, en lugar de las 2/3 partes de los integrantes de la Asamblea Nacional, los postulados por el PSUV que no obtuvieron el acuerdo de esa mayoría calificada. Para ello dicha Sala declaró como inconstitucional el que en las sesiones parlamentarias los diputados no hubieren alcanzado esa mayoría de las 2/3 partes y consideró competente a sus 7 Magistrados para sustituir esa mayoría calificada en un nuevo logaritmo. Es decir, que exponencialmente 7 Magistrados equivalen a 110 diputados. Con esta fórmula la Sala Celestina designó los Rectores del CNE que 99 oficialistas no pudieron designar. La base de este logaritmo inconstitucional es la tergiversación de normas constitucionales que para que esa designación tenga la legitimidad democrática de una elección de segundo grado, exigen un consenso o una gran mayoría de la representación popular por la que sufragó el pueblo al elegir la Asamblea Nacional. Con esas 2/3 partes lo que la Constitución pretende es garantizar la autenticidad de la base popular de dicha designación. En otras palabras, que la exigencia de esa mayoría calificada es una manera de que la soberanía popular indirectamente intervenga en la conformación del Poder Electoral, cuya titularidad le corresponde en los términos del artículo 5° de la Constitución. [...]

En base, pues, a su torticera interpretación, la Sala Constitucional, de nuevo en su función de Sala Celestina del gobierno y de ejecutora de ordenes cuartelarías, mediante un logaritmo inconstitucional sustituyó a las 2/3 partes de la representación popular de la Asamblea Nacional, es decir, a 110 de sus diputados, por sus 7 Magistrados, con lo que una vez más contribuye con la perdida de vigencia y con la desinstitucionalización del Estado de Derecho democrático en Venezuela."[1538]

IV. LA INCONSTITUCIONAL ELECCIÓN DE LOS MAGISTRADOS DEL TRIBUNAL SUPREMO DE JUSTICIA POR LA ASAMBLEA NACIONAL

El último paso de la conspiración para consolidar en diciembre de 2014 el total acaparamiento y control de los Poderes públicos por parte del partido de gobierno, ocurrió el 28 de diciembre de 2014 con la elección por parte de la Asamblea Nacional de 12 de los magistrados del Tribunal Supremo de Justicia

Conforme a lo establecido en los artículos 264 y 265 de la Constitución, en efecto, como hemos señalado también se dispone la elección popular en segundo grado de los magistrados del Tribunal Supremo de por la Asamblea nacional, como cuerpo elector, y si bien en los mismos no se precisa como en los otros casos de funcionamiento del cuerpo elector que la elección debe hacerse con el voto de las 2/3 partes de los diputados que la integran, al preverse sin embargo que la remoción de los mismos sólo puede realizarse con el voto de dichas 2/3 partes, se debe entender dentro de la lógica constitucional democrática, que la elección también tiene que realizarse mediante dicha mayoría calificada.

1538 Véase Román José Duque Corredor, "El logaritmo inconstitucional: 7 Magistrados de la Sala Constitucional son iguales a 2/3 partes de la representación popular de la Asamblea Nacional,: Caracas 29 de diciembre de 2014, en http://www.frentepatriotico.com/inicio/2014/12/29/logaritmo-inconstitucional/

Ello se estableció como principio en el artículo 38 de la Ley Orgánica del Tribunal Supremo de Justicia, pero con una lamentable e incongruente previsión, al regularse la designación de los Magistrados del Tribunal Supremo de Justicia por la Asamblea Nacional por un período único de 12 años, conforme al siguiente procedimiento:

> "Cuando sea recibida la segunda preselección que consigne el Poder Ciudadano, de conformidad con el artículo 264 de la Constitución y la presente Ley, en sesión plenaria que sea convocada, por lo menos, con tres días hábiles de anticipación, la Asamblea Nacional hará la selección definitiva con el voto favorable de las dos terceras (2/3) partes de sus miembros. En caso de que no se logre el voto favorable de la mayoría calificada que se requiere, se convocará a una segunda sesión plenaria, de conformidad con este artículo; y si tampoco se obtuviese el voto favorable de las dos terceras (2/3) partes, se convocará a una tercera sesión y, si en ésta tampoco se consiguiera el voto favorable de las dos terceras (2/3) partes de los miembros de la Asamblea Nacional, se convocará a una cuarta sesión plenaria, en la cual se harán las designaciones con el voto favorable de la mayoría simple de los miembros de la Asamblea Nacional".

Mediante la previsión de la última parte de este artículo 38 de la Ley, en definitiva, si no se logra reunir la mayoría calificada para la designación de los Magistrados, los mismos se podrían elegir con una mayoría simple, lo cual hemos considerado que "es completamente incongruente" con la mayoría requerida para su remoción conforme al artículo 265 de la Constitución.[1539]

Ahora bien, precisamente conforme a esa incongruencia legislativa, el 27 de diciembre de 2014, se informó en la prensa que el Presidente de la Asamblea Nacional, en virtud de que en la sesión de ese día, "no hubo **mayoría calificada**, dos terceras partes con 110 diputados, para la designación de magistrados para el Tribunal Supremo de Justicia,[...] **convocó a una cuarta sesión extraordinaria para este domingo** 28 de diciembre a las 10:00 am.," anunciando simplemente que *"Vamos a designarlos con el voto favorable de la mayoría simple (99 diputados)."*[1540]

Y efectivamente eso fue lo que ocurrió en la sesión de la Asamblea Nacional del 28 de diciembre de 2014, en la cual, con una votación de mayoría simple,[1541] los diputados oficialistas designaron a doce magistrados del Tribunal Supremo de Justicia,[1542] sin que además se hubiera garantizado efectivamente la participación de los diversos sectores de la sociedad en el Comité de Postulaciones Judiciales, el cual, en la Ley Orgánica del Tribunal Supremo de Justicia, se configuró como una comisión parlamentaria "ampliada," controlada por la Asamblea Nacional.

1539 Véase Allan R. Brewer-Carías y Víctor Hernández Mendible, *Ley Orgánica del Tribunal Supremo de Justicia 2010*, Editorial Jurídica Venezolana, Caracas 2010, p. 34.

1540 Véase en: "AN convoca a cuarta sesión para designar a magistrados del TSJ," en Globovisión.com, Caracas 27 de diciembre de 2014, en http://globovision.com/an-convoca-a-cuarta-sesion-para-designar-a-magistrados-del-tsj-2/

1541 Véase en: "AN designa a los magistrados del TSJ," en Globovisión.com, 28 diciembre de 2014, en http://globovision.com/an-designa-a-los-magistrados-del-tsj/

1542 Véase el Acuerdo de la Asamblea Nacional con los nombramientos, en *Gaceta Oficial* N° 40.570, 29 de diciembre de 2014, y N 6.165 Extra., 28 de diciembre de 2014.

V. EL RESTABLECIMIENTO DE LA CONSTITUCIÓN Y EL DERECHO A LA RESISTENCIA FRENTE A AUTORIDADES ILEGÍTIMAS

En esta forma, en apenas una semana, y como producto de una conspiración para cambiar con violencia institucional la Constitución, de la cual formaron parte la Presidenta del Consejo Moral Republicano y los otros órganos del Poder Ciudadano, el Presidente de la Asamblea Nacional y el grupo de diputados oficialistas, y los magistrados de la Sala Constitucional del Tribunal Supremo de Justicia, se dio un golpe de Estado y se mutó ilegítimamente la Constitución para elegir inconstitucionalmente a los titulares de los órganos del Poder Ciudadano, del Poder Electoral y del Tribunal Supremo de Justicia, por un órgano que carece de competencia para ello, como es la Asamblea Nacional actuando como órgano legislativo ordinario, cuando ello le corresponde a la Asamblea como cuerpo elector de segundo grado que sólo puede actuar con la mayoría de las 2/3 partes de sus integrantes, o por la Sala Constitucional del Tribunal Supremo de Justicia. En ambos casos ha habido una usurpación de funciones que hace nulos los actos dictados, quedando las designaciones efectuadas como ilegitimas de origen.

La Constitución violada, sin embargo, como lo precisa su artículo 333, por el hecho de haberse dejado de observar por el acto de fuerza institucional antes mencionado, no ha perdido vigencia, estando obligado todo ciudadano, esté investido o no de autoridad, de colaborar con los medios de los cuales dispone al restablecimiento de su efectiva vigencia.

Y en cuanto a las autoridades ilegitimas designadas mediante el golpe de Estado de diciembre de 2015, conforme al artículo 350 de la misma Constitución, el pueblo de Venezuela, fiel a su tradición republicana, a su lucha por la independencia, la paz y la libertad, está en la obligación de desconocerlas, por contrariar los valores, principios y garantías democráticos, y por menoscabar al menos el derecho ciudadano a la democracia y a la supremacía constitucional.

Este derecho de resistencia a la opresión o a la tiranía, como lo ha señalado la Sala Constitucional en sentencia N° 24 de 22 de enero de 2003 (Caso: *Interpretación del artículo 350 de la Constitución*), es precisamente el que "está reconocido en el artículo 333 de la Constitución, cuya redacción es casi idéntica al artículo 250 de la Carta de 1961" agregando la Sala que:

> "Esta disposición está vinculada, asimismo, con el artículo 138 *eiusdem*, que declara que 'Toda autoridad usurpada es ineficaz y sus actos son nulos.'

El derecho a la restauración democrática (defensa del régimen constitucional) contemplado en el artículo 333, es un mecanismo legítimo de desobediencia civil que comporta la resistencia a un régimen usurpador y no constitucional."[1543]

Pero sin embargo, la misma Sala Constitucional conspiradora, al "interpretar" dicho artículo 350, en la misma sentencia N° 24 de 22 de enero de 2003 argumentó, restrictivamente, que el derecho del pueblo de desconocer las autoridades ilegítimas en él previsto, sólo:

1543 Véase en *Revista de Derecho Público*, N° 93-96, Editorial Jurídica Venezolana, Caracas 2003, pp. 126-127.

> "puede manifestarse constitucionalmente mediante los diversos mecanismos para la participación ciudadana contenidos en la Carta Fundamental, en particular los de naturaleza política, preceptuados en el artículo 70, a saber: "la elección de cargos públicos, el referendo, la consulta popular, la revocación del mandato, las iniciativas legislativa, constitucional y constituyente, el cabildo abierto y la asamblea de ciudadanos y ciudadanas."[1544]

Es decir, en general, la Sala Constitucional, materialmente redujo las formas de ejercer dicho derecho a la resistencia a los mecanismos de sufragio (de elección o de votación), cuyo ejercicio esta precisamente controlado por uno de los órganos ilegítimos que el pueblo tiene derecho a desconocer, como es el Consejo Nacional Electoral cuyos titulares fueron recién electos por la propia Sala Constitucional usurpando la función de la Asamblea Nacional como cuerpo elector de segundo grado.

Ello, al hacer imposible que se pueda ejercer dicho derecho a la resistencia, tanto por la actuación de la Sala Constitucional usurpadora como contra el Consejo Nacional Electoral ilegítimo, necesariamente tiene que abrir otras alternativas democráticas para su manifestación.[1545]

Paris, en la rue des Saints Pères, 1° de enero de 2015

1544 *Idem.*

1545 Véase sobre ello Allan R. Brewer-Carías, "El derecho a la desobediencia y a la resistencia contra la opresión, a la luz de la *Declaración de Santiago*" en Carlos Villán Durán y Carmelo Faleh Pérez (directores), *El derecho humano a la paz: de la teoría a la práctica*, CIDEAL/AEDIDH, Madrid 2013, pp. 167-189. Véase igualmente: "El Juez Constitucional vs. El derecho a la desobediencia civil, y de cómo dicho derecho fue ejercido contra el Juez Constitucional desacatando una decisión ilegítima (El caso de los Cuadernos de Votación de las elecciones primarias de la oposición democrática de febrero de 2012)", en *Revista de Derecho Público*, N° 129 (enero-marzo 2012), Editorial Jurídica Venezolana, Caracas 2012, pp. 241-249.

ÍNDICE GENERAL

SEGUNDA PARTE

LOS INSTRUMENTOS PARA LA "IN" JUSTICIA CONSTITUCIONAL

CUARTA PARTE
LA DISTORSIÓN DE LOS INSTRUMENTOS DE LA JUSTICIA CONSTITUCIONAL

SÉPTIMA PARTE
LA ILEGÍTIMA MUTACIÓN DE LA CONSTITUCIÓN POR LA JURISDICCIÓN CONSTITUCIONAL

OCTAVA PARTE
EL JUEZ CONSTITUCIONAL VS. EL PODER ELECTORAL

www.ingramcontent.com/pod-product-compliance
Lightning Source LLC
LaVergne TN
LVHW080102011026
849160LV00013B/1014